LEI DE LICITAÇÕES E CONTRATOS COMENTADA

ANÁLISE DA LEI Nº 14.133, DE 1º DE ABRIL DE 2021, ARTIGO POR ARTIGO, SEGUNDO UMA VISÃO CRÍTICA E PROSPECTIVA DA JURISPRUDÊNCIA DO TRIBUNAL DE CONTAS DA UNIÃO

FRANCISCO SÉRGIO MAIA ALVES

Benjamin Zymler
Prefácio

LEI DE LICITAÇÕES E CONTRATOS COMENTADA

ANÁLISE DA LEI Nº 14.133, DE 1º DE ABRIL DE 2021, ARTIGO POR ARTIGO, SEGUNDO UMA VISÃO CRÍTICA E PROSPECTIVA DA JURISPRUDÊNCIA DO TRIBUNAL DE CONTAS DA UNIÃO

Belo Horizonte

2023

© 2023 Editora Fórum Ltda.

É proibida a reprodução total ou parcial desta obra, por qualquer meio eletrônico, inclusive por processos xerográficos, sem autorização expressa do Editor.

Conselho Editorial

Adilson Abreu Dallari	Floriano de Azevedo Marques Neto
Alécia Paolucci Nogueira Bicalho	Gustavo Justino de Oliveira
Alexandre Coutinho Pagliarini	Inês Virgínia Prado Soares
André Ramos Tavares	Jorge Ulisses Jacoby Fernandes
Carlos Ayres Britto	Juarez Freitas
Carlos Mário da Silva Velloso	Luciano Ferraz
Cármen Lúcia Antunes Rocha	Lúcio Delfino
Cesar Augusto Guimarães Pereira	Marcia Carla Pereira Ribeiro
Clovis Beznos	Márcio Cammarosano
Cristiana Fortini	Marcos Ehrhardt Jr.
Dinorá Adelaide Musetti Grotti	Maria Sylvia Zanella Di Pietro
Diogo de Figueiredo Moreira Neto (*in memoriam*)	Ney José de Freitas
Egon Bockmann Moreira	Oswaldo Othon de Pontes Saraiva Filho
Emerson Gabardo	Paulo Modesto
Fabrício Motta	Romeu Felipe Bacellar Filho
Fernando Rossi	Sérgio Guerra
Flávio Henrique Unes Pereira	Walber de Moura Agra

Luís Cláudio Rodrigues Ferreira
Presidente e Editor

Coordenação editorial: Leonardo Eustáquio Siqueira Araújo
Aline Sobreira de Oliveira

Rua Paulo Ribeiro Bastos, 211 – Jardim Atlântico – CEP 31710-430
Belo Horizonte – Minas Gerais – Tel.: (31) 99412.0131
www.editoraforum.com.br – editoraforum@editoraforum.com.br

Técnica. Empenho. Zelo. Esses foram alguns dos cuidados aplicados na edição desta obra. No entanto, podem ocorrer erros de impressão, digitação ou mesmo restar alguma dúvida conceitual. Caso se constate algo assim, solicitamos a gentileza de nos comunicar através do *e-mail* editorial@editoraforum.com.br para que possamos esclarecer, no que couber. A sua contribuição é muito importante para mantermos a excelência editorial. A Editora Fórum agradece a sua contribuição.

Dados Internacionais de Catalogação na Publicação (CIP) de acordo com ISBD

A474l	Alves, Francisco Sérgio Maia
	Lei de Licitações e Contratos comentada: análise da Lei nº 14.133, de 1º de abril de 2021, artigo por artigo, segundo uma visão crítica e prospectiva da jurisprudência do Tribunal de Contas da União / Francisco Sérgio Maia Alves. - Belo Horizonte : Fórum, 2023.
	707p. ; 17cm x 24cm.
	ISBN: 978-65-5518-464-8
	1. Direito. 2. Direito Administrativo. 3. Controle Externo. 4. Licitação. 5. Contrato Administrativo. 6. Tribunal de Contas da União. I. Título.
	CDD 341.3
2022-2225	CDU 342.9

Elaborado por Vagner Rodolfo da Silva - CRB-8/9410

Informação bibliográfica deste livro, conforme a NBR 6023:2018 da Associação Brasileira de Normas Técnicas (ABNT):

ALVES, Francisco Sérgio Maia. *Lei de Licitações e Contratos comentada*: análise da Lei nº 14.133, de 1º de abril de 2021, artigo por artigo, segundo uma visão crítica e prospectiva da jurisprudência do Tribunal de Contas da União. Belo Horizonte: Fórum, 2023. 707p. ISBN 978-65-5518-464-8.

Dedico esta obra aos meus irmãos, Sandra, Oscar e Gardênia.

Agradecimentos

Agradeço aos meus pais, Liduína e Cordeiro, por terem proporcionado as condições afetivas e materiais para que eu pudesse me desenvolver como pessoa.
À minha esposa Amanda, por ser uma fonte perene de inspiração e perseverança.
Aos filhos, Beatriz, Sophia e Davi, por tornarem a vida mais alegre e desafiante.
Ao Ministro Benjamin Zymler e aos colegas de Gabinete, por me proporcionarem um ambiente de constante aprendizagem, amizade e respeito profissional.
A todos os professores que passaram em minha trajetória.

SUMÁRIO

PREFÁCIO
Benjamin Zymler 19

CAPÍTULO 1
ABRANGÊNCIA DA LEI 23
1.1   Fundamento constitucional da lei e o conceito de normas gerais 24
1.2   Espaço de abrangência da nova lei.. 33
1.3   Afastamento da legislação nacional e adoção de normas específicas: licitações
      internacionais e gestão das reservas internacionais do país..................................... 36
1.4   Abrangência material da lei 40
1.4.1 Alienações 40
1.4.2 Concessão para utilização privativa de bem público 41
1.4.2.1 Concessão de uso de bem público.. 41
1.4.2.2 Concessão de direito real de uso 44
1.4.3 Locação 45
1.4.4 Permissão de uso... 47
1.4.5 Serviços de publicidade 48
1.4.6 Demais objetos.. 48
1.4.7 Espaço de não incidência da nova lei.. 48

CAPÍTULO 2
TRATAMENTO DIFERENCIADO PARA MICROEMPRESAS E EMPRESAS DE
PEQUENO PORTE.. 49
2.1   Regras da Lei Complementar nº 123, de 14.12.2006, aplicáveis às licitações 50
2.2   Regras da Lei nº 14.133/2021 envolvendo microempresas e empresas de
      pequeno porte... 60

CAPÍTULO 3
PRINCÍPIOS APLICÁVEIS...63
3.1   Teoria dos princípios 63
3.1.1 Teorias de Ronald Dworkin e Robert Alexy.. 65
3.1.2 Críticas às teorias de Ronald Dworkin e Robert Alexy 66
3.1.3 Problemas decorrentes do neoconstitucionalismo... 69
3.1.4 Conceito de princípio na doutrina brasileira 70
3.2   Princípios licitatórios em espécie... 70
3.2.1 Princípio da legalidade 71
3.2.2 Princípio da impessoalidade 73
3.2.3 Princípio da moralidade 74
3.2.4 Princípio da publicidade 76
3.2.5 Princípio da eficiência 78
3.2.6 Princípio do interesse público 82
3.2.6.1 Noção de interesse público 82
3.2.6.2 Existe o princípio da supremacia do interesse público sobre o privado?............... 85

3.2.6.3	Concretização escalonada	88
3.2.6.4	Aplicação em concreto do princípio	90
3.2.6.5	Aplicação em concreto do princípio da supremacia do interesse público pelo TCU	91
3.2.7	Princípio da probidade administrativa	92
3.2.8	Princípio da igualdade	93
3.2.9	Princípio do planejamento	97
3.2.10	Princípio da transparência	99
3.2.11	Princípio da eficácia	100
3.2.12	Princípio da segregação de funções	101
3.2.13	Princípio da motivação	103
3.2.14	Princípio da vinculação ao edital	104
3.2.15	Princípio do julgamento objetivo	106
3.2.16	Princípio da segurança jurídica	107
3.2.16.1	Ideias gerais e evolução do princípio na legislação brasileira	108
3.2.16.2	O princípio da segurança jurídica e os contratos	114
3.2.16.3	O princípio da segurança jurídica e as sanções	118
3.2.16.4	O princípio da segurança jurídica em face da atuação do TCU no controle objetivo de atos e contratos	121
3.2.16.5	Manifestação do princípio da segurança jurídica na nova Lei de Licitações	128
3.2.16.6	Jurisprudência selecionada	128
3.2.17	Princípio da razoabilidade	129
3.2.18	Princípio da competitividade	131
3.2.19	Princípio da proporcionalidade	131
3.2.20	Princípio da celeridade	133
3.2.21	Princípio da economicidade	133
3.2.22	Princípio do desenvolvimento nacional sustentável	135

CAPÍTULO 4
DEFINIÇÕES 139

4.1	Conceito amplo de licitante	146
4.2	Alteração do conceito de obra	148
4.3	Serviços de engenharia	148
4.4	Serviços contínuos com regime de dedicação exclusiva de mão de obra	150
4.5	Ampliação do conceito de notória especialidade	151
4.6	Estudo técnico preliminar	152
4.7	Termo de referência	153
4.8	Fornecimento e prestação de serviço associado	154
4.9	Institutos incorporados de normas especiais em matéria de contratações públicas	155
4.10	Diálogo competitivo	156
4.11	Credenciamento	156
4.12	Sobrepreço	157
4.13	Superfaturamento	159
4.14	Reajustamento em sentido estrito	160
4.15	Repactuação	160
4.16	Agente de contratação	161

CAPÍTULO 5
DOS AGENTES PÚBLICOS 163

5.1	Das regras de nomeação dos agentes públicos destinados à execução da nova Lei de Licitações	163

5.2	Das pessoas e profissionais designados para dar impulso e auxiliar nos atos pertinentes à licitação e ao acompanhamento de contratos públicos	165
5.2.1	Do agente de contratação	166
5.2.2	Da comissão de contratação	167
5.2.3	Da estrutura interna de suporte às licitações e contratos públicos	168
5.2.4	Da contratação de terceiros para apoio aos atos praticados no âmbito das contratações públicas	168
5.3	Das vedações aos agentes públicos e terceiros responsáveis pela condução das contratações públicas	169
5.4	Da defesa das autoridades e servidores públicos perante as esferas administrativa, controladora ou judicial	170

CAPÍTULO 6
DO PROCESSO LICITATÓRIO 173

6.1	Objetivos	173
6.2	Aspectos formais	175
6.3	Publicidade	179
6.4	Vedações à participação	180
6.5	Consórcios	187
6.6	Cooperativas	191
6.7	Estruturação da licitação	195

CAPÍTULO 7
DA FASE PREPARATÓRIA 199

7.1	Da instrução do processo licitatório	199
7.1.1	Atividades de planejamento	199
7.1.2	Atribuições dos órgãos com competências regulamentares	203
7.1.3	Itens de consumo comuns e de luxo	207
7.1.4	Audiência e consulta públicas	208
7.1.5	Matriz de alocação de riscos	209
7.1.6	Valor estimado da contratação	212
7.1.7	Orçamento sigiloso	223
7.1.8	Edital	224
7.1.9	Margens de preferência	229
7.2	Das modalidades de licitação	232
7.2.1	Pregão	235
7.2.2	Concorrência	236
7.2.3	Concurso	236
7.2.4	Leilão	236
7.2.5	Diálogo competitivo	238
7.3	Dos critérios de julgamento	240
7.3.1	Julgamento por menor preço ou maior desconto	243
7.3.2	Julgamento por melhor técnica ou por técnica e preço	244
7.3.3	Julgamento por maior retorno econômico	247
7.4	Disposições setoriais	249
7.4.1	Das compras	249
7.4.2	Das obras e serviços de engenharia	255
7.4.3	Dos serviços em geral	261
7.4.4	Locação de imóveis	268
7.4.5	Das licitações internacionais	270

CAPÍTULO 8
DA DIVULGAÇÃO DO EDITAL DE LICITAÇÃO 273
8.1 Controle prévio de legalidade dos atos administrativos da fase preparatória da licitação 274
8.2 Publicidade do edital de licitação 278

CAPÍTULO 9
DA APRESENTAÇÃO DE PROPOSTAS E LANCES 281
9.1 Prazos mínimos para apresentação de propostas e lances 283
9.2 Modos de disputa 283

CAPÍTULO 10
DO JULGAMENTO 287
10.1 Verificação da conformidade das propostas 288
10.2 Empate 292
10.3 Negociação 294

CAPÍTULO 11
DA HABILITAÇÃO 297
11.1 Habilitação jurídica 305
11.2 Habilitação técnica 305
11.2.1 Qualificação técnico-profissional 307
11.2.2 Qualificação técnico-operacional 310
11.3 Habilitações fiscal, social e trabalhista 317
11.4 Habilitação econômico-financeira 319
11.5 Disposições gerais 324

CAPÍTULO 12
DO ENCERRAMENTO DA LICITAÇÃO 327

CAPÍTULO 13
DA CONTRATAÇÃO DIRETA 333
13.1 Do processo de contratação direta 333
13.2 Da responsabilidade reintegratória 338
13.3 Da inexigibilidade de licitação 340
13.3.1 Contratação de fornecedor ou prestador de serviços exclusivo 342
13.3.2 Contratação de profissional do setor artístico 344
13.3.3 Contratação de serviços técnicos especializados de natureza predominantemente intelectual designados na lei como empresa de notória especialização 345
13.3.4 Contratação de objeto por credenciamento 348
13.3.5 Aquisição ou locação de imóvel 349
13.4 Da dispensa de licitação 351
13.4.1 Obras e serviços de engenharia ou de serviços de manutenção de veículos automotores de baixo valor 355
13.4.2 Outros serviços e compras de baixo valor 358
13.4.3 Licitação deserta e licitação fracassada 359
13.4.4 Bens, componentes ou peças necessárias à manutenção durante o prazo de garantia técnica 360
13.4.5 Bens, serviços, alienações ou obras no âmbito de acordo internacional 361
13.4.6 Produtos para pesquisa e desenvolvimento 362

13.4.7	Transferência de tecnologia ou licenciamento de direito de uso ou de exploração de criação protegida por instituição científica, tecnológica e de inovação (ICT) pública ou por agência de fomento	363
13.4.8	Hortifrutigranjeiros, pães e outros gêneros perecíveis	364
13.4.9	Bens ou serviços produzidos ou prestados no país de alta complexidade tecnológica e defesa nacional	365
13.4.10	Materiais padronizados de uso das Forças Armadas	365
13.4.11	Bens e serviços para atendimento dos contingentes militares das forças singulares brasileiras empregadas em operações de paz no exterior	366
13.4.12	Abastecimento ou suprimento de efetivos militares em estada eventual de curta duração	367
13.4.13	Coleta, processamento e comercialização de resíduos sólidos urbanos recicláveis ou reutilizáveis, realizados por associações ou cooperativas formadas exclusivamente de pessoas físicas de baixa renda	368
13.4.14	Aquisição ou restauração de obras de arte e objetos históricos	368
13.4.15	Serviços especializados ou aquisição ou locação de equipamentos destinados ao rastreamento e à obtenção de provas mediante captação ambiental de sinais eletromagnéticos, ópticos ou acústicos e interceptação de comunicações telefônicas e telemáticas	370
13.4.16	Aquisição de medicamentos destinados exclusivamente ao tratamento de doenças raras	370
13.4.17	Contratação no âmbito de alianças estratégicas e o desenvolvimento de projetos de cooperação envolvendo empresas, instituições científica, tecnológica e de inovação e entidades privadas sem fins lucrativos voltados para atividades de pesquisa e desenvolvimento	371
13.4.18	Contratação que possa acarretar comprometimento da segurança nacional	373
13.4.19	Casos de guerra, estado de defesa, estado de sítio, intervenção federal ou de grave perturbação da ordem	374
13.4.20	Casos de emergência ou de calamidade pública	376
13.4.21	Aquisição de bens produzidos ou serviços prestados por órgão ou entidade que integrem a Administração Pública e que tenham sido criados para esse fim específico	378
13.4.22	Intervenção no domínio econômico para regular preços ou normalizar o abastecimento	382
13.4.23	Celebração de contrato de programa com ente federativo ou com entidade de sua Administração Pública indireta	383
13.4.24	Contratação em que houver transferência de tecnologia de produtos estratégicos para o Sistema Único de Saúde (SUS)	384
13.4.25	Contratação de profissionais para compor a comissão de avaliação de critérios de técnica	387
13.4.26	Contratação de associação de pessoas com deficiência, sem fins lucrativos e de comprovada idoneidade	388
13.4.27	Contratação de instituição brasileira que tenha por finalidade estatutária apoiar, captar e executar atividades de ensino, pesquisa, extensão, desenvolvimento institucional, científico e tecnológico e estímulo à inovação	389
13.4.28	Aquisição de insumos estratégicos para a saúde produzidos por fundação que, regimental ou estatutariamente, tenha por finalidade apoiar órgão da Administração Pública direta, sua autarquia ou fundação	392
13.4.29	Dispositivos excluídos	394
13.4.30	Dispensas de licitação verificadas em outras leis	398

CAPÍTULO 14
DAS ALIENAÇÕES 401

14.1 Licitação dispensada envolvendo bens imóveis da Administração Pública direta, autárquica e fundacional 405
14.1.1 Dação em pagamento 405
14.1.2 Doação para outro órgão ou entidade da Administração Pública de qualquer esfera de governo 406
14.1.3 Doação para particulares 406
14.1.4 Permuta por outros imóveis que atendam aos requisitos relacionados às finalidades precípuas da Administração 408
14.1.5 Investidura 410
14.1.6 Venda a outro órgão ou entidade da Administração Pública de qualquer esfera de governo 411
14.1.7 Alienação, aforamento, concessão de direito real de uso, locação e permissão de uso de bens imóveis residenciais no âmbito de programas de habitação ou de regularização fundiária de interesse social 412
14.1.8 Alienação, aforamento, concessão de direito real de uso, locação e permissão de uso de bens imóveis comerciais de âmbito local no âmbito de programas de regularização fundiária de interesse social 413
14.1.9 Alienação e concessão de direito real de uso de terras públicas rurais da União e do Incra ocupadas 414
14.1.10 Legitimação de posse de ocupante de terras públicas – Lei nº 6.983/1976 416
14.1.11 Legitimação fundiária e legitimação de posse de que trata a Lei nº 13.465, de 11.7.2017 417
14.2 Licitação dispensada envolvendo bens móveis da Administração Pública direta, autárquica e fundacional 418
14.2.1 Doação para fins e uso de interesse social 418
14.2.2 Permuta entre órgãos ou entidades da Administração Pública 419
14.2.3 Venda de ações 419
14.2.4 Venda de títulos 420
14.2.5 Venda de bens produzidos ou comercializados 420
14.2.6 Venda de materiais e equipamentos para outros órgãos ou entidades da Administração Pública 421

CAPÍTULO 15
DOS PROCEDIMENTOS AUXILIARES 423

15.1 Do credenciamento 424
15.2 Da pré-qualificação 428
15.3 Do procedimento de manifestação de interesse 433
15.4 Do sistema de registro de preços 439
15.4.1 Cláusulas obrigatórias do edital da licitação para registro de preços 443
15.4.2 Critério de julgamento do menor preço por grupo de itens 451
15.4.3 Adjudicação por lote ou grupo de itens 453
15.4.4 Registro de preços apenas com indicação da unidade de contratação 454
15.4.5 Condições para o sistema de registro de preços 455
15.4.6 Registro de preços a partir de contratação direta 458
15.4.7 Registro de preços para obras e serviços de engenharia 458
15.4.8 Participação em ata de registro de preços 459
15.4.9 Adesão à ata de registro de preços 460
15.5 Do registro cadastral 464
15.5.1 Cadastro de atesto de cumprimento de obrigações contratuais 467

CAPÍTULO 16
DOS CONTRATOS ADMINISTRATIVOS 469
16.1 Da formalização dos contratos... 469
16.2 Das garantias 490
16.2.1 Seguro-garantia de execução.. 492
16.3 Alocação de riscos.. 500
16.4 Das prerrogativas da Administração 502
16.5 Duração dos contratos.. 505
16.5.1 Contratos de serviços e fornecimentos contínuos................................ 508
16.5.2 Contratos decorrentes de dispensa de licitação com duração especial...... 511
16.5.3 Contratos de vigência indeterminada... 512
16.5.4 Contratos que gerem receita e contratos de eficiência......................... 513
16.5.5 Contratos de escopo 513
16.5.6 Prazos especiais.. 515
16.5.7 Contrato de fornecimento e prestação de serviço associado................ 515
16.5.8 Contrato de operação continuada de sistemas estruturantes de tecnologia da informação... 516
16.6 Da execução dos contratos... 517
16.6.1 Da fiscalização da execução dos contratos 521
16.6.2 Da responsabilidade contratual 526
16.6.3 Da subcontratação.. 531
16.6.4 Do dever da Administração de decidir as solicitações contratuais 532
16.7 Das alterações contratuais 533
16.7.1 Aditivos nos regimes de contratação integrada ou semi-integrada...... 547
16.7.2 Aditivos em razão de fato do príncipe 550
16.7.3 Repactuação... 550
16.7.4 Apostilamento.. 553
16.8 Extinção dos contratos 553
16.9 Do recebimento do objeto do contrato... 564
16.10 Dos pagamentos 568
16.10.1 Regras gerais de pagamento... 568
16.10.2 Remuneração variável.. 572
16.10.3 Pagamento antecipado... 574
16.10.4 Obrigações acessórias em matéria de pagamento................................ 575
16.11 Das nulidades... 575
16.12 Dos meios alternativos de resolução de controvérsias......................... 581

CAPÍTULO 17
DAS IRREGULARIDADES 583
17.1 Das infrações e sanções administrativas.. 583
17.1.1 Dar causa à inexecução parcial do contrato... 587
17.1.2 Dar causa à inexecução parcial do contrato que cause grave dano...... 588
17.1.3 Dar causa à inexecução total do contrato 589
17.1.4 Deixar de entregar a documentação exigida para o certame 590
17.1.5 Não manter a proposta, salvo em decorrência de fato superveniente devidamente justificado.. 591
17.1.6 Não celebrar o contrato ou não entregar a documentação exigida para a contratação.. 592
17.1.7 Ensejar o retardamento da execução ou da entrega do objeto da licitação sem motivo justificado 593
17.1.8 Apresentar declaração ou documentação falsa exigida para o certame ou prestar declaração falsa durante a licitação ou a execução do cor.trato 594

17.1.9	Fraudar a licitação ou praticar ato fraudulento na execução do contrato	595
17.1.10	Comportar-se de modo inidôneo ou cometer fraude de qualquer natureza	597
17.1.11	Praticar atos ilícitos com vistas a frustrar os objetivos da licitação	597
17.1.12	Praticar ato lesivo previsto no art. 5º da Lei nº 12.846/2013	598
17.1.13	Atraso injustificado na execução do contrato	600
17.2	Do processo administrativo para a configuração das infrações administrativas licitatórias e aplicação de sanção	601
17.2.1	Normas processuais da Lei Anticorrupção	601
17.2.2	Normas processuais da Lei nº 14.133/2021	604
17.3	Das impugnações, dos pedidos de esclarecimento e dos recursos	611
17.3.1	Das impugnações e pedidos de esclarecimentos	611
17.3.2	Do sistema recursal	613

CAPÍTULO 18
DO CONTROLE DAS CONTRATAÇÕES 617

18.1	Das principais noções sobre controle	619
18.2	Dos instrumentos de controle	622
18.3	Das disposições específicas aos órgãos de controle	629

CAPÍTULO 19
DO PORTAL NACIONAL DE CONTRATAÇÕES PÚBLICAS 643

CAPÍTULO 20
DAS NORMAS PENAIS 653

20.1	Do regime prescricional	657
20.2	Dos dispositivos excluídos	658
20.3	Das principais características das infrações penais licitatórias	659
20.4	Dos tipos penais	660
20.4.1	Contratação direta ilegal	660
20.4.2	Frustração do caráter competitivo de licitação	662
20.4.3	Patrocínio de contratação indevida	667
20.4.4	Modificação ou pagamento irregular em contrato administrativo	669
20.4.5	Perturbação de processo licitatório	672
20.4.6	Violação de sigilo em licitação	674
20.4.7	Afastamento de licitante	675
20.4.8	Fraude em licitação ou contrato	677
20.4.9	Contratação inidônea	680
20.4.10	Impedimento indevido	681
20.4.11	Omissão grave de dado ou de informação por projetista	682
20.5	Das multas penais	684

CAPÍTULO 21
DAS MODIFICAÇÕES OCORRIDAS EM DISPOSIÇÕES DE OUTRAS NORMAS 687

CAPÍTULO 22
DAS DISPOSIÇÕES FINAIS TRANSITÓRIAS 689

22.1	Centrais de compras	690
22.2	Atualização dos valores da lei	694
22.3	Dos prazos da lei	694
22.4	Da aplicação da nova lei à disciplina de convênios e instrumentos congêneres	695
22.5	Da aplicação da nova lei às licitações e contratos das empresas estatais	697

22.6	Da aplicação da nova lei às contratações de serviços de publicidade junto a agências de propaganda, às concessões de serviço público e às parcerias público-privadas	698
22.7	Da aplicação dos decretos federais pelos demais entes	698
22.8	Aplicação da nova lei às hipóteses em que há referência expressa a dispositivos do regime anterior	699
22.9	Incidência do regime jurídico anterior durante o período de vigência da lei nova	699
22.10	Incidência de ambos os regimes licitatórios durante o período de transição para aplicação da nova lei	700
22.11	Regime jurídico das licitações e contratos envolvendo bens imóveis do patrimônio da União	700
22.12	Dos dispositivos revogados	701
22.13	Da vigência do novo estatuto	701

REFERÊNCIAS 703

PREFÁCIO

Além do árduo trabalho dos parlamentares durante o longo período de tramitação da Lei nº 14.133/2021 no Congresso Nacional, a proposição legislativa original também recebeu contribuições de diversos segmentos da sociedade e de servidores integrantes de carreiras do funcionalismo público federal, de forma a obter um modelo que pudesse contar com o apoio necessário para substituir a Lei nº 8.666/1993.

Nesse aspecto, várias sugestões de autoridades e servidores do Tribunal de Contas da União acabaram influenciando o texto do diploma legal, que positivou numerosas interpretações adotadas pela jurisprudência do TCU, como os dispositivos da Lei nº 14.133/2021 enumerados a seguir:

a) a imposição de práticas de planejamento, gestão de riscos e melhor governança nas contratações públicas (Acórdão nº 2.622/2015-Plenário), que são tratadas em extenso rol de artigos sobre a fase preparatória da licitação;

b) a especificação de fontes de pesquisa de preço para estimativa do valor da licitação para aquisição de bens e contratação de serviços em geral (art. 23, §1º), que são bastante similares às existentes na antiga Instrução Normativa-SLTI nº 5, de 27.6.2014, que, por sua vez, reflete entendimentos de vários julgados, como o Acórdão nº 2.170/2007-Plenário;

c) a possibilidade de indicação de marca, desde que circunstancialmente motivada (art. 41), em linha com os acórdãos plenários nºs 113/2016 e 1.521/2003, entre vários outros;

d) a possibilidade de realização de diligências para aferir a exequibilidade das propostas ou exigir dos licitantes que ela seja demonstrada (Súmula TCU nº 262), nos termos previstos no art. 59, §2º;

e) a vistoria prévia ao local da prestação dos serviços somente quando for imprescindível ao cumprimento adequado das obrigações contratuais, podendo ser substituída por declaração, conforme disposto nos §§2º a 4º do art. 63 (acórdãos nº 234/2015, 802/2016 e 2.361/2018, todos do Plenário);

f) a possibilidade de saneamento dos documentos da proposta por meio de diligência (art. 64), a exemplo do entendimento consignado no Acórdão nº 2.459/2013-Plenário;

g) o credenciamento, previsto nos arts. 6º, inc. XLII, e 79 (Acórdão nº 351/2010-Plenário);

h) a diferenciação entre reajuste e repactuação na contratação de serviços contínuos (Acórdão nº 1.827/2008-Plenário), conforme disciplinado no art. 92, §4º;

i) a vedação à redução do desconto obtido na licitação de obras e serviços de engenharia em virtude de aditamentos contratuais que alterem a planilha orçamentária (acórdãos plenários nºs 1.755/2004, 2.596/2010, 2.196/2017, 2.654/2012, 622/2013, 855/2016 e 2.699/2019, entre muitos outros), que é a matéria tratada nos arts. 127 e 128.

A relação acima não é exaustiva, sendo possível afirmar que há vários outros institutos e práticas que foram fruto da construção jurisprudencial do TCU, a partir da interpretação das disposições do regime jurídico anterior, conforme princípios superiores como a eficiência, a economicidade e a busca do interesse público.

Em minha visão, aí reside a contribuição dada à construção e consolidação das novas regras licitatórias pelo autor desta obra, o amigo Francisco Sérgio Maia Alves, que exerce há mais de 20 anos o cargo de Auditor Federal de Controle Externo no TCU, boa parte deles prestando relevantes serviços na minha assessoria, especificamente no exame de processos de controle externo versando sobre contratações públicas. Posso dizer que a construção dos entendimentos do TCU é em grande medida fruto da atuação diuturna de servidores como Francisco Sérgio.

Nas discussões que corriqueiramente mantenho com a minha assessoria sobre os processos em apreciação pelo TCU, sempre se sobressai a argumentação de Francisco Sérgio, com uma visão muito racional e profunda do direito, oriunda não apenas de sua sólida formação em Direito na UFPB e pelo grau de Mestre em Direito e Políticas Públicas pelo UniCEUB – Centro Universitário de Brasília, mas também originada de sua graduação em Engenharia Civil pelo ITA. Sua forma de interpretar a lei conjuga ao mesmo tempo o pragmatismo típico da formação de um engenheiro com a mais refinada doutrina e filosofia jurídica. Com efeito, essa será, provavelmente, a opinião dos leitores ao final do estudo do texto contido nesta obra.

Não tenho dúvidas em afirmar que o livro *Lei de Licitações e Contratos comentada – Análise da Lei nº 14.133, de 1º de abril de 2021, artigo por artigo, segundo uma visão crítica e prospectiva da jurisprudência do Tribunal de Contas da União* foi escrito pela pessoa certa, pois poucos teriam a competência para o realizar com tamanha profundidade e densidade jurídica, como fez Francisco Sérgio.

Trata-se indiscutivelmente de um trabalho ímpar, que efetivamente aborda cada um dos 194 artigos da Lei nº 14.133/2021, contextualizando-os à luz da legislação revogada e da jurisprudência que foi construída sob a égide das leis nºs 8.666/1993, 10.520/2002 e 12.462/2011, mas sem descuidar de prognosticar as novas interpretações que deverão exsurgir com o pleno uso da novel lei.

É com muita honra, portanto, que prefacio este livro, que, além de um guia completo para o aprendizado das compras governamentais, será um verdadeiro marco para a construção doutrinária sobre a Lei nº 14.133/2021.

Benjamin Zymler
Ministro do Tribunal de Contas da União – TCU desde 2001, tendo ingressado no cargo de ministro-substituto em 1998 por meio de concurso público de provas e títulos. Mestre em Direito e Estado pela Universidade de Brasília. Graduado em Direito pela Universidade de Brasília e em Engenharia Elétrica pelo Instituto Militar de Engenharia – IME. Autor de livros e diversos artigos jurídicos. Professor universitário e palestrante.

CAPÍTULO 1

ABRANGÊNCIA DA LEI

Art. 1º Esta Lei estabelece normas gerais de licitação e contratação para as Administrações Públicas diretas, autárquicas e fundacionais da União, dos Estados, do Distrito Federal e dos Municípios, e abrange:

I - os órgãos dos Poderes Legislativo e Judiciário da União, dos Estados e do Distrito Federal e os órgãos do Poder Legislativo dos Municípios, quando no desempenho de função administrativa;

II - os fundos especiais e as demais entidades controladas direta ou indiretamente pela Administração Pública.

§1º Não são abrangidas por esta Lei as empresas públicas, as sociedades de economia mista e as suas subsidiárias, regidas pela Lei nº 13.303, de 30 de junho de 2016, ressalvado o disposto no art. 178 desta Lei.

§2º As contratações realizadas no âmbito das repartições públicas sediadas no exterior obedecerão às peculiaridades locais e aos princípios básicos estabelecidos nesta Lei, na forma de regulamentação específica a ser editada por ministro de Estado.

§3º Nas licitações e contratações que envolvam recursos provenientes de empréstimo ou doação oriundos de agência oficial de cooperação estrangeira ou de organismo financeiro de que o Brasil seja parte, podem ser admitidas:

I - condições decorrentes de acordos internacionais aprovados pelo Congresso Nacional e ratificados pelo Presidente da República;

II - condições peculiares à seleção e à contratação constantes de normas e procedimentos das agências ou dos organismos, desde que:

a) sejam exigidas para a obtenção do empréstimo ou doação;

b) não conflitem com os princípios constitucionais em vigor;

> c) sejam indicadas no respectivo contrato de empréstimo ou doação e tenham sido objeto de parecer favorável do órgão jurídico do contratante do financiamento previamente à celebração do referido contrato;
> d) (VETADO).
> §4º A documentação encaminhada ao Senado Federal para autorização do empréstimo de que trata o §3º deste artigo deverá fazer referência às condições contratuais que incidam na hipótese do referido parágrafo.
> §5º As contratações relativas à gestão, direta e indireta, das reservas internacionais do País, inclusive as de serviços conexos ou acessórios a essa atividade, serão disciplinadas em ato normativo próprio do Banco Central do Brasil, assegurada a observância dos princípios estabelecidos no caput do art. 37 da Constituição Federal.
> Art. 2º Esta Lei aplica-se a:
> I - alienação e concessão de direito real de uso de bens;
> II - compra, inclusive por encomenda;
> III - locação;
> IV - concessão e permissão de uso de bens públicos;
> V - prestação de serviços, inclusive os técnico-profissionais especializados;
> VI - obras e serviços de arquitetura e engenharia;
> VII - contratações de tecnologia da informação e de comunicação.
> Art. 3º Não se subordinam ao regime desta Lei:
> I - contratos que tenham por objeto operação de crédito, interno ou externo, e gestão de dívida pública, incluídas as contratações de agente financeiro e a concessão de garantia relacionadas a esses contratos;
> II - contratações sujeitas a normas previstas em legislação própria.

1.1 Fundamento constitucional da lei e o conceito de normas gerais

O fundamento constitucional da Lei nº 14.133/2021 é o art. 22, inc. XXVII, da Constituição Federal, que atribuiu à União a competência de legislar sobre normas gerais de licitação e contratação, em todas as modalidades, para as administrações públicas diretas, autárquicas e fundacionais da União, estados, Distrito Federal e municípios.

O exercício de dessa competência pela União não afasta, pelo contrário, pressupõe a dos demais entes federativos de elaborar normas que atendam a suas peculiaridades regionais e locais, desde que não contrariem aquelas.

Tal entendimento pode ser deduzido do dispositivo constitucional supramencionado e da noção de que a competência para tratar de assuntos afetos ao direito administrativo pertence a todos os entes que compõem a federação, em face de suas autonomia e capacidade de auto-organização. Nesse sentido se manifestou Celso Antônio Bandeira de Mello:

A competência para legislar sobre licitação assiste às quatro ordens de pessoas jurídicas de capacidade política, isto é: União, Estados, Municípios e Distrito Federal. Entretanto, compete à União editar 'normas gerais' sobre o assunto [...]. Com efeito, o tema é estritamente de Direito Administrativo, dizendo, pois com um campo de competência próprio das várias pessoas referidas, pelo quê cada qual legislará para si própria em sua esfera específica.[1]

Por essa razão, abalizada doutrina entende que o constituinte originário agiu mal em incluir a disciplina do assunto no art. 22 da Constituição Federal, em vez de no art. 24, onde estão as matérias sujeitas à competência concorrente. Essa é a posição de Fernanda Dias Menezes de Almeida:

> Em termos técnicos, cabe fazer uma crítica à inclusão, no artigo 22, de matérias que serão objeto de normas gerais ou de diretrizes estabelecidas pela União. [...].
> O constituinte houve por bem adotar a técnica de separar, como já se sabe, as competências legislativas privativas das competências legislativas concorrentes.
> No caso das competências privativas, a regra é que seu exercício seja conferido em plenitude à respectiva esfera de poder. Isto é, o poder competente fica autorizado a normatizar todos os aspectos, gerais e específicos, das matérias submetidas à sua competência.
> Já nas hipóteses de competência legislativa concorrente, a regra – que examinaremos melhor no momento certo – é a de que à União cabe editar normas gerais, ficando os Estados, o Distrito Federal e os Municípios com a legislação suplementar.
> Ora, se assim é, deveriam ter figurado entre as matérias objeto de competência legislativa concorrente, arroladas no artigo 24, aquelas que, impropriamente, constaram nos incisos IX; XXI; XXIV e XXVII do artigo 22.[2]

No mesmo sentido é a lição de José Afonso da Silva, que, após admitir que o tema é afeto à competência legislativa concorrente, reconheceu o poder dos estados e do Distrito Federal de editar normas suplementares sobre o tema:

> Não é, porém, porque não consta na competência comum [concorrente] que Estados e Distrito Federal [...] não podem legislar suplementarmente sobre esses assuntos. Podem e é de sua competência fazê-lo, pois que nos termos do §2º do art. 24, a competência da União para legislar sobre normas gerais não exclui (na verdade até pressupõe) a competência suplementar dos Estados (e também do Distrito Federal, embora não se diga aí), e isso abrange não apenas as normas gerais referidas no §1º desse mesmo artigo no tocante à matéria neste relacionada, mas também as normas gerais indicadas em outros dispositivos constitucionais, porque justamente a característica da legislação principiológica (normas gerais, diretrizes, bases), na repartição de competências federativas, consiste em sua correlação com competência suplementar (complementar e supletiva) dos Estados.[3]

---

[1] BANDEIRA DE MELLO, Celso Antônio. *Curso de direito administrativo*. São Paulo: Malheiros, 2008. p. 517.
[2] ALMEIDA, Fernanda Dias Menezes de. *Competências na Constituição de 1988*. São Paulo: Atlas, 2010. p. 87.
[3] SILVA, José Afonso da. *Curso de direito constitucional positivo*. São Paulo: Malheiros, 2007. p. 503-504.

Em verdade, essa competência suplementar não pertence unicamente aos estados e ao Distrito Federal, mas também aos municípios. Nesse sentido, cabe transcrever excerto do voto proferido pelo Ministro Teori Zavascki, no julgamento da ADI nº 3.735:

> No arranjo de competências legislativas instituído pelo texto da CF/88, a responsabilidade pelo estabelecimento de normas gerais sobre licitações e contratos foi privativamente outorgada ao descortino da União (art. 22, XXVII). Esta privatividade, contudo, não elidiu a competência dos demais entes federativos para legislar sobre o tema. Na medida em que se limitou ao plano das "normas gerais", a própria regra de competência do art. 22, XXVII, da CF pressupôs a integração da disciplina jurídica da matéria pela edição de outras normas, "não gerais", a serem editadas pelos demais entes federativos, no desempenho das competências próprias que lhes cabem, seja com fundamento nos arts. 24 e 25, §1º, da CF – no caso dos Estados-membros – ou no art. 30, II, da CF – no tocante aos Municípios. [...] Não há dúvidas, portanto, de que o estatuto constitucional brasileiro reconhece em favor de seus Estados-membros autonomia para criar direito em matéria de licitações e contratos, o que independe de autorização formal da União. Todavia, esta autonomia não é incondicionada, devendo ser exercida apenas para a suplementação das normas gerais expedidas pela União, que, no caso, encontram-se previstas na Lei 8.666/93" (Grifos nossos).

É justamente em razão dessa arquitetura constitucional de distribuição de competências que o tema licitações e contratos é objeto de tanta controvérsia no que se refere à eventual invasão de um ente sobre a competência legislativa do outro. Tal decorre da imensa dificuldade em se conceituar "normas gerais" e "normas não gerais" e, por conseguinte, de identificar as disposições da legislação federal que tenham a natureza de umas ou de outras. Essa situação persiste na Lei nº 14.133/2021, a qual foi bastante detalhista, assim como o regime jurídico anterior.

É preciso deixar claro que nem todas as disposições da nova lei podem ser reputadas como normas gerais. Assim como a Lei nº 8.666/1993, ela contém dispositivos que têm essa característica, sendo de observância obrigatória por toda a Administração Pública de todas as esferas, e outros que configuram normas não gerais, de incidência apenas para a Administração Pública federal. Diante desse contexto, surge a questão de como distinguir umas e outras.

O ponto de partida para essa diferenciação seria a estipulação de um conceito de norma geral. A propósito do assunto, vários doutrinadores se debruçaram sobre essa tarefa, nos mais diversos campos do direito, sem que a iniciativa tenha eliminado controvérsias acadêmicas e judiciais.

Talvez o mais adequado fosse o legislador federal ter definido, na própria Lei nº 14.133/2021, as disposições que constituiriam normas gerais e as que poderiam ser disciplinadas pelos entes federativos.

Aliás, essa prática foi adotada, ainda que de forma tímida, no Decreto-Lei nº 2.300, de 21.11.1986, o estatuto licitatório anterior à Lei nº 8.666/1993, como se percebe no dispositivo transcrito a seguir:

> Art. 85. Aplicam-se aos Estados, Municípios; Distrito Federal e Territórios as normas gerais estabelecidas neste decreto-lei.

Parágrafo único. As entidades mencionadas neste artigo não poderão:
a) ampliar os casos de dispensa, de inexigibilidade e de vedação de licitação, nem os limites máximos de valor fixados para as diversas modalidades de licitação;
b) reduzir os prazos de publicidade do edital ou do convite, nem os estabelecidos para a interposição e decisão de recursos.

Por evidente, a delimitação do legislador federal não estaria imune ao controle de constitucionalidade pelo Poder Judiciário, até porque a disciplina do assunto afetaria a distribuição de competências legislativas entre os diversos entes federativos, que deve estar de acordo com os parâmetros estabelecidos na Constituição.

Porém, essa iniciativa poderia aumentar a segurança jurídica e ser um importante ponto de partida para uma discussão mais embasada sobre a linha sistemática da Lei nº 14.133/2021 que deveria ser seguida pelos demais estatutos licitatórios e sobre o espectro residual da norma, o qual estaria sujeito a uma ampla liberdade regulatória pelos demais entes da federação.

Aliás, a própria atuação do STF ao discutir o assunto não contribui para um tratamento mais sistemático e científico do assunto, a despeito de todas as dificuldades inerentes ao tema. Isso porque os precedentes exarados em face do regime jurídico anterior se mostram erráticos quanto ao critério de decisão usado e, por vezes, carecem de uma melhor fundamentação.

Em nossa opinião, a definição, pelo próprio legislador, do núcleo da Lei nº 14.133/2021 com natureza de norma geral ajudaria a tarefa da Corte Suprema de extrair o sentido do art. 22, inc. XXVII, da Constituição Federal que fosse mais condizente com o nosso federalismo e com a necessidade de segurança jurídica e eficiência nas contratações públicas.

Ainda que seja tormentosa a tarefa de se precisar um conceito de norma geral, como bem disse Marçal Justen Filho, é importante trazer à baila o esforço de alguns autores e magistrados nesse propósito, até mesmo para incitar uma mudança de postura acadêmica e jurisprudencial a respeito do tema, no sentido de melhor justificar o caráter geral ou não das disposições da nova Lei de Licitações.

Partindo da doutrina de Alice Maria Gonzalez Borges, o Ministro Carlos Veloso destacou que o sentido de norma geral implica um grau de abstração maior do que o que carrega uma lei ordinária comum (não geral segundo essa taxonomia), até porque a generalidade é um atributo de toda e qualquer lei. Tal posição constou do voto condutor da decisão cautelar proferida no âmbito da ADI nº 927 MC/RS, como se depreende a seguir:

> A formulação do conceito de "normas gerais" é tanto mais complexa quando se tem presente o conceito de lei em sentido material – norma geral, abstrata. Ora, se a lei, em sentido material, é norma geral, como seria a lei de "normas gerais" referida na Constituição? Penso que essas "normas gerais" devem apresentar generalidade maior do que apresentam, de regra, as leis. Penso que "norma geral", tal como posta na Constituição, tem o sentido de diretriz, de princípio geral. A norma geral federal, melhor será dizer nacional,

seria a moldura do quadro a ser pintado pelos Estados e Municípios no âmbito de suas competências.

Na sequência, o então ministro do STF anuncia o pensamento de Alice Maria Gonzalez Borges a respeito do tema:

"normas gerais", leis nacionais, "são necessariamente de caráter mais genérico e abstrato do que as normas locais. Constituem normas de leis, direito sobre direito, determinam parâmetros, com maior nível de generalidade e abstração, estabelecidos para que sejam desenvolvidos pela ação normativa subsequente das ordens federadas", pelo que "não são normas gerais as que se ocupem de detalhamentos, pormenores, minúcias, de modo que nada deixam à criação própria do legislador a quem se destinam, exaurindo o assunto de que tratam". Depois de considerações outras, no sentido da caracterização de "norma geral", conclui: *são normas gerais as que se contenham no mínimo indispensável ao cumprimento dos preceitos fundamentais, abrindo espaço para que o legislador possa abordar aspectos diferentes, diversificados, sem desrespeito a seus comandos genéricos, básicos.*" (Alice Gonzales Borges, "Normas Gerais nas Licitações e Contratos Administrativos", RDP 96/81).

Esse mesmo pensamento pode ser extraído da doutrina de Celso Antônio Bandeira de Mello:

7. É próprio de quaisquer leis serem gerais. Assim, quando o Texto Constitucional reporta-se a "normas gerais", está, por certo, reportando-se a normas cujo "nível de generalidade" é peculiar em seu confronto com as demais leis. Normas, portanto, que, ao contrário das outras veiculam apenas:
a) preceitos que estabelecem os princípios, os fundamentos, as diretrizes, os critérios básicos, conformadores das leis que necessariamente terão de sucedê-las para completar a regência da matéria. Isto é: daquelas outras que produzirão a ulterior disciplina específica e suficiente, ou seja, indispensável, para regular o assunto que foi objeto de normas apenas "gerais". [...]
b) preceitos que podem ser aplicados uniformemente em todo o país, por se adscreverem a aspectos nacionalmente indiferenciados, de tal sorte que repercutem com neutralidade, indiferentemente, em quaisquer de suas regiões ou localidades. [...]
c) cumpre reconhecer, ainda, como incluído no campo das normas gerais a fixação, pela União, de padrões mínimos de defesa do interesse público concernente àquelas matérias em que tais padrões deveriam estar assegurados em todo o País, sob pena de ditos interesses ficarem à míngua de proteção, o que poderia ocorrer, seja por inércia de certos Estados, seja mesmo, em determinados casos mais específicos, por carecerem alguns deles de preparo ou informação técnica suficientes para o reconhecimento e definição dos ditos padrões mínimos indispensáveis ao resguardo do interesse público quando envolvida matéria técnica.[4]

Bem se vê, a partir do conceito dos mencionados autores e do pensamento desenvolvido pelo Ministro Carlos Veloso no voto condutor da decisão liminar proferida na

---

[4] BANDEIRA DE MELLO, Celso Antônio. *Curso de direito administrativo*. São Paulo: Malheiros, 2012, p. 535-538.

ADI nº 927 MC/RS, que eram poucas as disposições da Lei nº 8.666/1993 que poderiam ser consideradas normas gerais. O mesmo problema se repete na Lei nº 14.133/2021.

A despeito disso, a doutrina especializada em licitações e contratos foi bastante benevolente quanto à catalogação dos dispositivos que poderiam ser considerados normas gerais e, por conseguinte, constituíram leis nacionais, de cumprimento obrigatório por todos os entes.

Apesar de reconhecer a impossibilidade de se estabelecer uma interpretação de natureza "aritmética" sobre o tema, ou seja, identificar critérios abstratos e gerais para diferenciar normas gerais e não gerais, Marçal Justen Filho pontuou que haveria regras inquestionavelmente qualificáveis entre as primeiras, e outras claramente entre as segundas. Porém, haveria uma zona cinzenta que produz muitas dúvidas e dificuldades.

Para ele, "o núcleo de certeza e determinação do conceito de 'normas gerais' compreende os princípios e as regras destinadas a assegurar um regime jurídico uniforme para as licitações e contratações administrativas em todas as órbitas federativas".[5] Tal decorreria da necessidade de se assegurar a padronização mínima da atuação administrativa, a fim de promover segurança (jurídica) e viabilizar a ampla competição, que seria prejudicada se houvesse institutos e soluções distintas, que serviriam de obstáculos ao livre acesso às contratações administrativas.[6]

Jessé Torres Pereira Filho cataloga como norma geral de licitação e contratação "[...] toda disposição da Lei nº 8.666/93 que se mostre indispensável para implementar os princípios constitucionais reitores da Administração Pública e os básicos arrolados em seu art. 3º".[7]

Partindo desses critérios, bastante vagos, diga-se de passagem, os autores enumeraram as disposições da Lei nº 8.666/1993 que poderiam ser consideradas normas gerais, a saber:

Para Marçal Justen Filho, seriam aquelas que dispõem sobre:[8]
  a) requisitos mínimos necessários e indispensáveis à validade da contratação administrativa;
  b) hipótese de obrigatoriedade e não obrigatoriedade de licitação;
  c) requisitos de participação em licitação;
  d) modalidades de licitação;
  e) tipos de licitação;
  f) regime jurídico de contratação administrativa.

---

[5] JUSTEN FILHO, Marçal. *Comentários à Lei de Licitações e Contratos Administrativos*. São Paulo: Dialética, 2009. p. 15.
[6] JUSTEN FILHO, Marçal. *Comentários à Lei de Licitações e Contratos Administrativos*. São Paulo: Dialética, 2009. p. 16.
[7] PEREIRA JÚNIOR, Jessé Torres. *Comentários à Lei de Licitações e Contratações da Administração Pública*. Rio de Janeiro: Renovar, 2002. p. 19.
[8] PEREIRA JÚNIOR, Jessé Torres. *Comentários à Lei de Licitações e Contratações da Administração Pública*. Rio de Janeiro: Renovar, 2002. p. 19.

Para Jessé Torres Pereira Júnior, as normas gerais seriam as que tratam de modalidade licitatórias; restrições à participação na licitação; habilitação; regimes de execução; critérios de julgamento; exceções à obrigatoriedade de licitar; sanções; e prerrogativas extraordinárias do contrato administrativo. Na visão do autor, as que chama de normas específicas seriam aquelas que cuidam de prazos recursais, regras procedimentais, formato da comissão de licitação, denominações das comissões, funções administrativas e definições de competências.[9]

O STF foi desafiado em várias oportunidades para resolver conflitos entre leis estaduais e municipais, por um lado, e a Lei nº 8.666/1993, por outro, envolvendo a interpretação de dispositivos desta como "norma geral" e a ocorrência ou não de violação do art. 22, inc. XXVII, da Constituição.

A complexidade do tema mereceria uma análise exaustiva e crítica das decisões e dos fundamentos adotados, porém, a realização desse mister ultrapassa o plano acadêmico desta obra, que é voltada à interpretação dos dispositivos da nova Lei de Licitações, com vistas à sua melhor aplicação. Não obstante, a menção ao assunto pode servir como inspiração a futuros trabalhos acadêmicos, no afã de contribuir para o melhor tratamento desse assunto.

A despeito disso, cabe apresentar algumas decisões importantes abrangendo a temática:

a) Regras licitatórias sobre doação e permuta de bens imóveis – normas não gerais:

EMENTA: CONSTITUCIONAL. LICITAÇÃO. CONTRATAÇÃO ADMINISTRATIVA. Lei n. 8.666, de 21.06.93.
I. - Interpretação conforme dada ao art. 17, I, b (doação de bem imóvel) e art. 17, II, b (permuta de bem móvel), para esclarecer que *a vedação tem aplicação no* âmbito *da União Federal, apenas*. Idêntico entendimento em relação ao art. 17, I, c e par.1. do art. 17. Vencido o Relator, nesta parte.
II. - Cautelar deferida, em parte. (ADI nº 927 MC/RS. Tribunal Pleno. Rel. Min. Carlos Veloso, j. 3.11.1993, public. 11.11.1994)

b) Regras de publicidade sobre contratos administrativos, ampliando a sua transparência – normas não gerais:

EMENTA Ação direta de inconstitucionalidade. Lei nº 11.521/2000 do Estado do Rio Grande do Sul. Obrigação do Governo de divulgar na imprensa oficial e na internet dados relativos a contratos de obras públicas. Ausência de vício formal e material. Princípio da publicidade e da transparência. Fiscalização. Constitucionalidade. 1. O art. 22, inciso XXVII, da Constituição Federal atribuiu à União a competência para editar normas gerais de licitações e contratos. A legislação questionada não traz regramento geral de contratos administrativos, mas simplesmente determina a publicação de dados básicos dos contratos de obras públicas realizadas em rodovias, portos e aeroportos. Sua incidência é pontual

---

[9] TORRES, Ronny Charles Lopes de. *Leis de licitações públicas comentadas*. São Paulo: JusPodivm, 2021. p. 47-49.

e restrita a contratos específicos da administração pública estadual, carecendo, nesse ponto, de teor de generalidade suficiente para caracterizá-la como "norma geral". [...]. 6. Ação julgada improcedente. (ADI nº 2.444/RS. Tribunal Pleno. Rel. Min. Dias Toffoli, j. 6.11.2014, public. 2.2.2015)

c) Especificação de objetos preferenciais em contratações públicas, desde que, abstratamente, não limite ou restrinja o universo de potenciais competidores – normas não gerais:

Ementa: AÇÃO DIRETA DE INCONSTITUCIONALIDADE. DIREITO ADMINISTRATIVO E CONSTITUCIONAL. LEI Nº 11.871/02, DO ESTADO DO RIO GRANDE DO SUL, QUE INSTITUI, NO ÂMBITO DA ADMINISTRAÇÃO PÚBLICA REGIONAL, PREFERÊNCIA ABSTRATA PELA AQUISIÇÃO DE SOFTWARES LIVRES OU SEM RESTRIÇÕES PROPRIETÁRIAS. EXERCÍCIO REGULAR DE COMPETÊNCIA LEGISLATIVA PELO ESTADO-MEMBRO. INEXISTÊNCIA DE USURPAÇÃO DE COMPETÊNCIA LEGIFERANTE RESERVADA À UNIÃO PARA PRODUZIR NORMAS GERAIS EM TEMA DE LICITAÇÃO. LEGISLAÇÃO COMPATÍVEL COM OS PRINCÍPIOS CONSTITUCIONAIS DA SEPARAÇÃO DOS PODERES, DA IMPESSOALIDADE, DA EFICIÊNCIA E DA ECONOMICIDADE. PEDIDO JULGADO IMPROCEDENTE. 1. *A competência legislativa do Estado-membro para dispor sobre licitações e contratos administrativos respalda a fixação por lei de preferência para a aquisição de softwares livres pela Administração Pública regional*, sem que se configure usurpação da competência legislativa da União para fixar normas gerais sobre o tema (CRFB, art. 22, XXVII). [...] 3. A Lei nº 11.871/2002 do Estado do Rio Grande do Sul não engessou a Administração Pública regional, revelando-se compatível com o princípio da Separação dos Poderes (CRFB, art. 2º), uma vez que a regra de precedência abstrata em favor dos softwares livres pode ser afastada sempre que presentes razões tecnicamente justificadas. 4. *A Lei nº 11.871/2002 do Estado do Rio Grande do Sul não exclui do universo de possíveis contratantes pelo Poder Público nenhum sujeito*, sendo certo que todo fabricante de programas de computador poderá participar do certame, independentemente do seu produto, bastando que esteja disposto a celebrar licenciamento amplo desejado pela Administração. 5. Os postulados constitucionais da eficiência e da economicidade (CRFB, arts. 37, caput e 70, caput) justificam a iniciativa do legislador estadual em estabelecer a preferência em favor de softwares livres a serem adquiridos pela Administração Pública. 6. Pedido de declaração de inconstitucionalidade julgado improcedente. (ADI nº 3.059/RS. Tribunal Pleno. Rel. Min. Ayres Britto. Red. p/ acórdão Min. Luiz Fux, j. 9.4.2015, public. 8.5.2015)

d) Estabelecimento de desequiparações entre os concorrentes e de restrições ao direito de participar de licitações em condições de igualdade – normas gerais:
Ementa: CONSTITUCIONAL E ADMINISTRATIVO. LEI 3.041/05, DO ESTADO DO MATO GROSSO DO SUL. LICITAÇÕES E CONTRATAÇÕES COM O PODER PÚBLICO. DOCUMENTOS EXIGIDOS PARA HABILITAÇÃO. *CERTIDÃO NEGATIVA DE VIOLAÇÃO A DIREITOS DO CONSUMIDOR*. DISPOSIÇÃO COM SENTIDO AMPLO, NÃO VINCULADA A QUALQUER ESPECIFICIDADE. INCONSTITUCIONALIDADE FORMAL, POR INVASÃO DA COMPETÊNCIA PRIVATIVA DA UNIÃO PARA LEGISLAR SOBRE A MATÉRIA (ART. 22, INCISO XXVII, DA CF).
1. A igualdade de condições dos concorrentes em licitações, embora seja enaltecida pela Constituição (art. 37, XXI), pode ser relativizada por duas vias: (a) pela lei, mediante o estabelecimento de condições de diferenciação exigíveis em abstrato; e (b) pela autoridade responsável pela condução do processo licitatório, que poderá estabelecer elementos

de distinção circunstanciais, de qualificação técnica e econômica, sempre vinculados à garantia de cumprimento de obrigações específicas.

2. Somente a lei federal poderá, em âmbito geral, estabelecer desequiparações entre os concorrentes e assim restringir o direito de participar de licitações em condições de igualdade. Ao direito estadual (ou municipal) somente será legítimo inovar neste particular se tiver como objetivo estabelecer condições específicas, nomeadamente quando relacionadas a uma classe de objetos a serem contratados ou a peculiares circunstâncias de interesse local.

3. Ao inserir a Certidão de Violação aos Direitos do Consumidor no rol de documentos exigidos para a habilitação, o legislador estadual se arvorou na condição de intérprete primeiro do direito constitucional de acesso a licitações e criou uma presunção legal, de sentido e alcance amplíssimos, segundo a qual a existência de registros desabonadores nos cadastros públicos de proteção do consumidor é motivo suficiente para justificar o impedimento de contratar com a Administração local.

4. Ao dispor nesse sentido, a Lei Estadual 3.041/05 se dissociou dos termos gerais do ordenamento nacional de licitações e contratos, e, com isso, usurpou a competência privativa da União de dispor sobre normas gerais na matéria (art. 22, XXVII, da CF).

5. Ação direta de inconstitucionalidade julgada procedente. (ADI nº 3.735/MS. Tribunal Pleno. Rel. Min. Teori Zavascki, j. 8.9.2016, public. 1º.8.2017)

e) Imposição de obrigação de contratar em sistema de registro de preços – norma geral:

EMENTA: AÇÃO DIRETA DE INCONSTITUCIONALIDADE. LEI PARANAENSE N. 17.081/2012. SISTEMA DE REGISTRO DE PREÇOS. VÍCIO FORMAL DE INCONSTITUCIONALIDADE. COMPETÊNCIA PRIVATIVA DA UNIÃO PARA LEGISLAR SOBRE NORMAS GERAIS DE LICITAÇÃO E CONTRATAÇÃO: INC. XXVII DO ART. 22 DA CONSTITUIÇÃO DA REPÚBLICA. 1. Ao *se determinar que o poder público adquira o mínimo de 65% (sessenta e cinco por cento) dos bens e serviços definidos em sistema de registro de preços*, na Lei estadual se invadiu a competência privativa da União para estabelecer normas gerais sobre licitação e contratação, em todas as modalidades, para as administrações públicas diretas, autárquicas e fundacionais da União, dos Estados, do Distrito Federal e dos Municípios, prevista no inc. XXVII do art. 22 da Constituição da República. 2. No §4º do art. 15 da Lei n. 8.666/1993 se dispõe que "a *existência de preços registrados não obriga a Administração a firmar as contratações que deles poderão advir*, ficando-lhe facultada a utilização de outros meios, respeitada a legislação relativa às licitações, sendo assegurado ao beneficiário do registro preferência em igualdade de condições". 3. Ação direta de inconstitucionalidade julgada procedente.

EMENTA: AÇÃO DIRETA DE INCONSTITUCIONALIDADE. DIREITO CONSTITUCIONAL. ARTIGO 34, VII DA LEI ESTADUAL PARANAENSE N. 15608/2007. LICITAÇÃO E CONTRATAÇÃO. NORMAS GERAIS. HIPÓTESE INOVADORA DE DISPENSA DE LICITAÇÃO. INVASÃO DA COMPETÊNCIA LEGISLATIVA DA UNIÃO. INCONSTITUCIONALIDADE FORMAL. PROCEDÊNCIA DA AÇÃO DIRETA DE INCONSTITUCIONALIDADE. MODULAÇÃO DOS EFEITOS. [...]

2. Lei estadual que ampliou hipótese de dispensa de licitação em dissonância do que estabelece a Lei 8.666/1993.

3. Usurpa a competência da União para legislar sobre normais gerais de licitação norma estadual que prevê ser dispensável o procedimento licitatório para aquisição por pessoa jurídica de direito interno, de bens produzidos ou serviços prestados por órgão ou entidade que integre a Administração Pública, e que tenha sido criado especificamente para este fim específico, sem a limitação temporal estabelecida pela Lei 8.666/1993 para

essa hipótese de dispensa de licitação. (ADI nº 4.658/PR. Tribunal Pleno. Rel. Min. Edson Fachin, j. 25.10.2019, public. 11.11.2019)

Algumas dessas deliberações não possuem mais aplicação em razão do advento do novo estatuto licitatório. De toda sorte, a leitura dessas decisões se mostra importante para tentar extrair o pensamento do máximo intérprete da Constituição Federal, no que se refere à divisão de competências entre os diversos entes federativos em matéria de licitação e contratações à luz do art. 22, inc. XXVII, da Constituição Federal.

1.2 Espaço de abrangência da nova lei

Conforme visto, a Lei nº 14.133/2021 se aplica às administrações públicas diretas, autárquicas e fundacionais da União, dos estados, do Distrito Federal e dos municípios.

Ademais, estão inseridos no espaço de abrangência da nova lei, na condição de destinatários, segundo o art. 1º da norma: os órgãos do Poder Legislativo de todos os entes e do Poder Judiciário da União, dos estados e do Distrito Federal, quando no desempenho de função administrativa (inc. I); e os fundos especiais e as demais entidades controladas direta ou indiretamente pela Administração Pública (inc. II).

O primeiro dispositivo tem o propósito de tornar claro algo que poderia ser deduzido da interpretação do *caput*, pois os órgãos supramencionados, ainda que pertencentes a outros poderes, fazem parte da Administração direta dos entes federativos, porquanto estão imbuídos do exercício da função administrativa.[10] Esse entendimento se aplica aos órgãos administrativos do Ministério Público e dos tribunais de contas, a despeito da ausência de menção expressa a eles na disposição em análise.

Quanto aos fundos especiais, eles são definidos no art. 71 da Lei nº 4.320, de 17.3.1964, como "o produto de receitas especificadas que por lei se vinculam à realização de determinados objetivos ou serviços, facultada a adoção de normas peculiares de aplicação". Eles não possuem personalidade jurídica própria, estando vinculados a determinado órgão, que fica encarregado de sua administração.[11] [12] Assim, o inciso em exame também buscou esclarecer algo que poderia ser objeto de interpretação, uma vez que as unidades administrativas encarregadas de administrar os fundos especiais estão sujeitas às regras da Lei nº 14.133/2021.

---

[10] Segundo Maria Sylvia Zanella Di Pietro, compõem a Administração Pública, em sentido subjetivo, todos os órgãos integrantes das pessoas jurídicas políticas (União, estados, municípios e Distrito Federal), aos quais a lei confere o exercício de funções administrativas. São os órgãos da Administração direta do Estado (DI PIETRO, Maria Sylvia Zanella. *Direito administrativo*. Rio de Janeiro: Forense, 2017. p. 128).
[11] DI PIETRO, Maria Sylvia Zanella. *Direito administrativo*. Rio de Janeiro: Forense, 2017. p. 717.
[12] A título de exemplo, menciona-se o Fundo do Regime Geral de Previdência Social, que é vinculado ao atual Ministério do Trabalho e Previdência Social e tem como finalidade prover recursos para o pagamento dos benefícios do regime geral de previdência social.

Quanto às demais entidades controladas direta ou indiretamente pela Administração Pública, compreende-se que houve certa imprecisão na redação da nova lei, pois ela repete expressão usada no parágrafo único do art. 1º da Lei nº 8.666/1993, a qual estava sujeita a certo dissenso doutrinário quanto à sua abrangência e à sua própria constitucionalidade.

Em verdade, o seu sentido atual difere do que poderia ser deduzido da norma anterior, pois o atual regime não abrange as empresas estatais e suas subsidiárias, ou seja, as entidades que estão sob controle direto ou indireto da Administração Pública, segundo o conceito de controle extraído do art. 116 da Lei nº 6.404, de 15.12.1976.[13]

Assim, permanece aplicável, com adaptações, o entendimento de Marçal Justen Filho, interpretando o parágrafo único do art. 1º da Lei nº 8.666/1993, de que o vocábulo "controle" tem acepção mais ampla que a consagrada na legislação societária, estando relacionado ao poder de dirigir as atividades da entidade, ainda que de modo indireto, e de orientar o seu funcionamento.[14]

O propósito do legislador seria atribuir um caráter exemplificativo ao rol de entidades vinculadas ao novel estatuto licitatório, permitindo a extensão do atual regime a outras figuras jurídicas de natureza estatal, mesmo que não sejam formalmente um órgão da Administração direta ou um fundo especial.

Quanto a esse objetivo, a lei padece do mesmo vício da anterior, pois estende indiscriminadamente suas disposições a entidades que não integrariam a Administração direta, tomando como base um conceito vago, que é o de controle.

A tendência, portanto, é continuarem as discussões quanto à abrangência da nova lei, especialmente sobre certas entidades de natureza privada com funções públicas, o que vem ocorrendo dentro do processo de privatização na execução de algumas tarefas públicas, algo que vem sendo observado no atual direito administrativo.[15]

De toda sorte, avalia-se que permanece aplicável o entendimento do TCU de que os serviços sociais autônomos, as organizações sociais (OS) e as organizações da sociedade civil de interesse público (Oscip) *não* são obrigadas a realizar licitação pública sob o formato, agora, da Lei nº 14.133/2021, bastando a realização de procedimento público simplificado que assegure respeito aos princípios constitucionais (Acórdão nº 5.262/2008-1ª Câmara. Rel. Min. Subst. Marcos Bemquerer; Acórdão nº 3.493/2010-1ª Câmara. Rel. Min. Walton Alencar; Acórdão nº 5.236/2015-2ª Câmara. Rel. Min. Raimundo Carreiro; Acórdão nº 2.057/2016-Plenário. Rel. Min. Bruno Dantas).

---

[13] "Art. 116. Entende-se por acionista controlador a pessoa, natural ou jurídica, ou o grupo de pessoas vinculadas por acordo de voto, ou sob controle comum, que: a) é titular de direitos de sócio que lhe assegurem, de modo permanente, a maioria dos votos nas deliberações da assembleia-geral e o poder de eleger a maioria dos administradores da companhia; e b) usa efetivamente seu poder para dirigir as atividades sociais e orientar o funcionamento dos órgãos da companhia".

[14] JUSTEN FILHO, Marçal. *Comentários à Lei de Licitações e Contratos Administrativos*. São Paulo: Dialética, 2009. p. 35.

[15] GONÇALVES, Pedro. *Entidades privadas com poderes públicos*: o exercício de poderes públicos de autoridade por entidades privadas com funções administrativas. Coimbra: Editora Almedina, 2008. p. 321-396.

Conforme o §1º do art. 1º, as empresas públicas, as sociedades de economia mista e as suas subsidiárias *não* são regidas pela Lei nº 14.133/2021. Trata-se de outra disposição de caráter meramente esclarecedor, pois tais entidades estão sujeitas a estatuto próprio, a Lei nº 13.303, de 30.6.2016. A propósito, a última norma foi editada em cumprimento ao art. 173, §1º, inc. III, da Constituição Federal.

A despeito dessa previsão, cabe mencionar recente entendimento do TCU, veiculado no Acórdão nº 533/2022-Plenário (Rel. Min. Antônio Anastasia):

> 15. Apesar de a Lei 14.133/2021 não se aplicar às sociedades de economia mista, regidas pela Lei 13.303/2006, é razoável admitir que as novas regras de flexibilização e busca de eficiência dos processos seletivos para contratações públicas, ao ser aprovadas pelo Poder Legislativo para aplicação no âmbito da administração direta, autárquica e fundacional - de rito administrativo mais rigoroso -, podem, e devem, ser estendidas, por analogia, às sociedades de economia mista, que, sujeitas ao regime de mercado concorrencial, exigem, com mais razão, instrumentos mais flexíveis e eficientes de contratação. Assim, embora o credenciamento não esteja previsto expressamente na Lei 13.303/2006, é razoável admitir, na espécie, a aplicação analógica das regras previstas nos arts. 6º, XLIII, e 79, da Lei 14.133/2021 às empresas estatais.

A parte final do §1º do art. 1º esclarece que as empresas estatais estão subordinadas ao art. 178 do novel estatuto, que cuida das normas criminais. Conforme será analisado adiante, este dispositivo transferiu para o Código Penal, com modificações, as regras pertinentes a crimes e penas licitatórias que antes constavam da Lei nº 8.666/1993. Assim, o que o §1º tornou expresso foi que as condutas indicadas nos diversos artigos também são consideradas crimes, se verificadas em licitações e contratos celebrados por empresas públicas, sociedades de economia mista e suas subsidiárias.

O §2º basicamente repete a disciplina da lei anterior (art. 123), ao estatuir que as contratações realizadas no âmbito das repartições públicas sediadas no exterior obedecerão às peculiaridades locais e aos princípios básicos estabelecidos na norma atual, na forma de regulamentação específica a ser editada por ministro de Estado. A diferença entre os dispositivos reside no fato de a Lei nº 14.133/2021 ter explicitado a autoridade encarregada de regulamentar as contratações de que trata o presente parágrafo. Deduz-se que essa autoridade seria o ministro ao qual se vincula a unidade administrativa sediada no estrangeiro: o titular do Ministério das Relações Exteriores, no caso das embaixadas e consulados, e os respectivos titulares das pastas que tenham órgãos com representação no exterior.

1.3 Afastamento da legislação nacional e adoção de normas específicas: licitações internacionais e gestão das reservas internacionais do país

Da mesma forma que a Lei nº 8.666/1993 (art. 42, §5º), o §3º permite o afastamento da legislação nacional e a adoção de normas específicas em licitações e contratações que envolvam recursos provenientes de empréstimo ou doação oriundos de agência oficial de cooperação estrangeira ou de organismo financeiro de que o Brasil seja parte.

Pela literalidade do dispositivo, não é necessário que os ajustes sejam custeados integralmente por valores oriundos da entidade internacional. Basta que eles sejam arcados, ainda que parcialmente, por recursos dessa fonte para que não incida a Lei nº 14.133/2021.

A *contrario sensu*, se os ajustes forem custeados totalmente com recursos públicos nacionais, aplica-se a legislação brasileira, *in casu*, a Lei nº 14.133/2021. A propósito, o TCU tem entendimento expresso nesse sentido, ao interpretar o dispositivo equivalente da Lei nº 8.666/1993. Segue a parte dispositiva da Decisão nº 178/2001-Plenário (Rel. Min. Guilherme Palmeira):

> 8.2. firmar o entendimento, em caráter normativo, de que a faculdade prevista no art. 42, §5º, da Lei nº 8.666/93 não se aplica às despesas realizadas, em sede de acordo ou projeto de cooperação, com recursos próprios nacionais, ainda que tais recursos sejam previamente repassados a agências oficiais estrangeiras ou organismos financeiros multilaterais; [...].

Posteriormente, o Tribunal abrandou, de certa forma, essa posição, ao admitir a utilização do *Manual de convergência de normas licitatórias* na aquisição de bens e contratação de serviços custeados com recursos próprios nacionais, consoante o Acórdão nº 1.918/2004-Plenário (Rel. Min. Adylson Motta). Transcreve-se o excerto pertinente da mencionada deliberação:

> 9.2. informar ao Exmo. Sr. Ministro das Relações Exteriores que:
> 9.2.1. quanto a adoção do Manual de Convergência ou da Lei 8666/93 na aquisição de bens e contratação de serviços custeados com recursos próprios nacionais, no âmbito de projetos de cooperação técnica internacional, seja dado o entendimento de que é possível a utilização do Manual de Convergência de Normas Licitatórias, uma vez que aquelas regras e procedimentos coadunam-se com os princípios constitucionais que regem a Administração Pública e harmonizam-se com o que dispõe a Lei nº 8666/93; [...].

A nosso juízo, esse entendimento pode ser aplicado no contexto da atual lei, desde que seja verificado se o manual atende ao pressuposto invocado no aludido *decisum*, que é a compatibilidade da norma internacional com o novel estatuto licitatório.

Ainda de acordo com o §3º, as licitações e contratações que envolvam recursos provenientes de empréstimo ou doação oriundos de agência oficial de cooperação

estrangeira ou de organismo financeiro de que o Brasil seja parte poderão se sujeitar às seguintes condições:
 a) as decorrentes de acordos internacionais aprovados pelo Congresso Nacional e ratificados pelo presidente da República (inc. I); ou
 b) as peculiares à seleção e contratação constantes de normas e procedimentos das agências oficiais de cooperação estrangeira ou dos organismos financeiros de que o Brasil seja parte (inc. II).

Todavia, o legislador incluiu quatro requisitos para a admissão da normatização elaborada pelas instituições catalogadas no inc. II *supra*:
 a) que o uso dessas normas seja exigido para a obtenção do empréstimo ou doação;
 b) que elas não conflitem com os princípios constitucionais em vigor;
 c) que sejam indicadas no respectivo contrato de empréstimo ou doação; e
 d) tenham sido objeto de parecer favorável do órgão jurídico do contratante do financiamento previamente à celebração do referido contrato.

Pela interpretação direta do §3º, a utilização das regras estatuídas em acordos internacionais aprovados pelo Congresso Nacional e ratificados pelo presidente da República *não* está sujeita a nenhuma outra limitação, a não ser a origem dos recursos – provenientes de empréstimo ou doação oriundos de agência oficial de cooperação estrangeira ou de organismo financeiro de que o Brasil seja parte.

Isso decorre do fato de tais acordos terem *status* de lei ordinária, após completados os requisitos para a sua incorporação ao ordenamento jurídico nacional. Como sói ocorrer com qualquer norma editada pelo Parlamento, há uma presunção relativa de constitucionalidade de tais acordos, não cabendo ao operador do direito negar eficácia aos seus comandos ou estabelecer condições não veiculadas no texto para o seu uso.

Assim, no caso de eventual antinomia entre a redação desses instrumentos e os princípios de extração constitucional, não identificada por ocasião de sua aprovação do acordo pelo Congresso Nacional e a sua ratificação do presidente da República, deve o aplicador da norma promover a concordância prática dos dispositivos e a sua interpretação conforme, sem prejuízo do posterior e eventual controle de constitucionalidade pelo Poder Judiciário.

Quanto aos requisitos elencados no inc. II, *não* cabe afastar a incidência da Lei nº 14.133/2021, se a agência oficial de cooperação estrangeira ou o organismo financeiro não exigir a utilização de suas regras próprias, como condição para a concessão do empréstimo ou doação. No silêncio do contrato entre o ente nacional e as referidas instituições, é mandatório o uso do novel estatuto licitatório, ainda que o projeto seja integralmente custeado com recursos internacionais.

Com relação à hipótese de conflito entre as regras da agência oficial de cooperação estrangeira ou do organismo financeiro, por um lado, e os princípios constitucionais, por outro, há vários precedentes do TCU, exarados sob à égide da Lei nº 8.666/1993, afastando pontualmente as normas internacionais e determinando a incidência das regras do estatuto licitatório pátrio.

A título de exemplo, menciona-se a seguinte tese extraída do repositório da jurisprudência selecionada do Tribunal:

> A ausência, em edital de licitação internacional, de previsão de equalização das propostas ofertadas por licitantes nacionais e estrangeiros configura desobediência aos princípios da isonomia, da eficiência e do julgamento objetivo da licitação, previstos no art. 37, inciso XXI, da Constituição Federal c/c o art. 42, §§4º e 5º, da Lei 8.666/1993. (Acórdão nº 2.238/2013-Plenário. Rel. Min. José Jorge)

Outro interessante precedente analisou a legalidade da imposição de sigilo aos atos de julgamento das propostas e da não exigência de pareceres jurídicos em licitações internacionais. Ao apreciar a matéria, o Tribunal lavrou o Acórdão nº 715/2004-Plenário, acolhendo o voto do relator, Ministro Ubiratan Aguiar, no sentido de que tais condutas eram irregulares e deveriam ser aplicadas as disposições pertinentes da Lei nº 8.666/1993. Segue a fundamentação do *decisum*:

> 18. A justificativa apresentada pelo responsável para negar a solicitação da empresa é desarrazoada, visto que não consta do edital cláusula de sigilo em relação ao conteúdo do processo licitatório. Mesmo que houvesse, tal cláusula seria nula de pleno direito, visto que fere princípio básico da publicidade.
> 19. Ademais, a própria Lei de licitações, em seu art. 3º, §3º, é claríssima ao afirmar que "a licitação não será sigilosa, sendo públicos e acessíveis ao público os atos de seu procedimento, salvo quanto ao conteúdo das propostas, até a respectiva abertura."
> 20. Quanto às exigências do Banco Mundial, nem mesmo o art. 42, §5º, da referida lei respaldaria um possível sigilo, visto que o atendimento do edital às exigências de organismos internacionais não pode ferir princípio administrativo brasileiro, que é o que fundamenta a própria Lei de licitações. Seria como se a Lei fosse de encontro aos seus próprios fundamentos de existência. [...]
> 46. Devo considerar que o atendimento das regras e modelos do BIRD, o que é preconizado no parágrafo 5º do art. 42 da Lei nº 8.666/93, não pode se furtar à exigência da lei pátria que, em alguns momentos, não coincide com os normativos do BIRD. Caso a divergência seja mantida, vê-se atacado o princípio da legalidade e o da tutela ou controle da administração pública.
> 47. Analisando a justificativa apresentada, devo acolhê-la parcialmente, uma vez que a orientação e supervisão, por si só, ainda que auxiliem, não garantem o exame jurídico necessário para que os instrumentos de licitação e contratação atendam às diretrizes dos organismos internacionais simultaneamente à regra pátria.
> 48. *Considero indispensáveis os pareceres jurídicos*, para que fiquem esclarecidos todos os pontos exigidos pelos organismos internacionais e suas adequações às normas e princípios legais nacionais, razão pela qual entendo cabível a determinação ao órgão para que garanta o perfeito atendimento ao disposto no art. 38, parágrafo único, da Lei 8.666/93, comprovando a atuação dos órgãos jurídicos competentes.

É preciso notar, quanto à última irregularidade, que o §3º, inc. II, alínea "c", da Lei nº 14.133/2021 estipulou, como um dos requisitos para a incidência das condições peculiares estabelecidas nas normas e procedimentos das agências ou dos organismos internacionais, que estas sejam indicadas no respectivo contrato de empréstimo ou doação e que tenham sido objeto de parecer favorável do órgão jurídico do contratante do financiamento, previamente à celebração do referido contrato.

Diante dessa previsão de controle prévio das normas de regência da licitação internacional, antes da celebração do contrato de empréstimo ou doação, cabe discutir se o entendimento esposado no Acórdão nº 715/2004-Plenário permanece válido – exigência de parecer jurídico em licitações internacionais.

A pergunta que sobressai é se será necessária a análise jurídica da contratação pelo órgão de assessoramento jurídico da entidade responsável pela licitação internacional, ao final da fase preparatória, como impõe o do art. 53 da Lei nº 14.133/2021, ou se valerá eventual regra de agência oficial de cooperação estrangeira ou de organismo financeiro que não o exija, caso esta tenha sido aprovada por ocasião da assinatura do contrato de empréstimo ou doação.

A nosso juízo, seria mais adequado à lisura do certame que essa providência de controle prévio fosse, de fato, realizada, mesmo em licitações internacionais. Afinal, o objetivo do parecer jurídico de que trata o art. 53 da Lei nº 14.133/2021 é verificar se o edital e a licitação descumpriram as condições peculiares à seleção e à contratação consignadas nas próprias normas e procedimentos das agências ou dos organismos internacionais. Nada obstante, compreende-se que a sua não efetivação não impõe a invalidação do certame, especialmente se não houver ilegalidade detectada a partir do controle *a posteriori*.

Retomando a análise da lei, o §4º impõe um requisito adicional para o afastamento da legislação nacional e o uso das normas extravagantes, na hipótese de empréstimo oriundo de agência oficial de cooperação estrangeira ou de organismo financeiro de que o Brasil seja parte: que a documentação encaminhada ao Senado Federal para autorização do empréstimo faça referência às condições contratuais que incidirão sobre tais contratos.

Conforme o art. 52, inc. V, da Constituição Federal, compete privativamente ao Senado Federal "autorizar operações externas de natureza financeira, de interesse da União, dos Estados, do Distrito Federal, dos Territórios e dos Municípios". É nesse momento, portanto, que a entidade interessada deve juntar a documentação suscitada no §4º.

O objetivo dessa regra é permitir que a Câmara Alta faça uma espécie de controle prévio das regras internacionais que serão aplicadas às licitações custeadas com recursos desses empréstimos. Caso elas impliquem grave violação dos princípios constitucionais aplicáveis à espécie, o Senado Federal pode deixar de aprovar a operação de crédito externo, evitando a violação da nossa ordem jurídica.

O §5º traz uma última hipótese de não incidência da norma geral de licitações: as contratações relativas à gestão, direta e indireta, das reservas internacionais do país, inclusive as de serviços conexos ou acessórios a essa atividade. Segundo o dispositivo, elas serão disciplinadas em ato normativo próprio do Banco Central do Brasil, assegurada a observância dos princípios estabelecidos no *caput* do art. 37 da Constituição Federal.

1.4 Abrangência material da lei

Segundo o art. 37, inc. XXI, da Constituição Federal, a licitação é obrigatória para a contratação de obras, serviços, compras e alienações. Além desses objetos, a Lei nº 8.666/1993 havia imposto o dever de licitar para as concessões, permissões e locações (art. 2º), ressalvadas as situações de dispensa e inexigibilidade.

A Lei nº 14.133/2021 não contém dispositivo similar ao dispositivo legal supramencionado, mas é possível deduzir, a partir do art. 2º do novel estatuto, que a licitação é impositiva para os seguintes objetos:

a) alienação e concessão de direito real de uso de bens;
b) compra, inclusive por encomenda;
c) locação;
d) concessão e permissão de uso de bens públicos;
e) prestação de serviços, inclusive os técnico-profissionais especializados;
f) obras e serviços de arquitetura e engenharia; e
g) contratações de tecnologia da informação e de comunicação.

A lista anunciada acima constitui o espaço de abrangência material da nova Lei de Licitações e Contratos. Antes de avançar na interpretação dos diversos incisos do art. 2º, é preciso ressaltar um ponto: o dever de licitar não se exaure na Lei nº 14.133/2021, sendo possível estabelecer essa obrigação para outros objetos, mediante a edição de leis específicas. Em verdade, há várias normas esparsas que estatuíram esse dever, como será exposto adiante.

1.4.1 Alienações

A alienação é o negócio jurídico bilateral por meio do qual o titular do bem, *in casu*, o Estado, transfere a sua propriedade a outra pessoa. Pode ser a título oneroso, configurando um contrato de compra e venda, ou a título gratuito, caracterizando uma doação.[16] Conforme o art. 76, a alienação se dará mediante leilão, ressalvadas as hipóteses de dispensa de licitação especificadas no referido dispositivo. No que se refere à doação, apenas a realizada com encargo será licitada (§6º), sendo aplicável a modalidade leilão.

---

[16] GONÇALVES, Carlos Roberto. *Direito civil brasileiro*: direito das coisas. São Paulo: Saraiva, 2017. p. 366.

1.4.2 Concessão para utilização privativa de bem público

Como é cediço, os bens públicos servem à satisfação do interesse da coletividade, estando subdivididos em três tipos, quanto à destinação: os de uso comum do povo; os de uso especial, porquanto destinados a serviço ou estabelecimento da Administração Pública; e os dominicais, que constituem o patrimônio das pessoas jurídicas de direito público a que pertencem, como objeto de direito pessoal, ou real.

O Estado pode autorizar o uso privativo de seu patrimônio, segundo condições previamente estabelecidas, mediante a expedição de título jurídico individual a pessoa ou grupo de pessoas determinadas.

A utilização privativa desse patrimônio pode recair sobre bens de qualquer natureza (de uso comum, de uso especial e dominical), variando as condições e a duração. Com relação aos bens dominicais, a doutrina admite a sua constituição a partir de títulos de direito privado, como a locação, o arrendamento, o comodato e o aforamento, não obstante o regime privatístico que os rege seja parcialmente alterado por normas de direito público.[17]

Já a utilização privada de bens de uso comum e especial somente pode ocorrer a partir de títulos jurídicos de direito público: autorização, permissão e concessão. Todavia, é preciso destacar a falta de uniformidade na terminologia adotada pela legislação, o que dificulta a sistematização da matéria e impõe a necessidade de se interpretar os institutos, a fim de extrair a sua natureza jurídica e as normas de incidência.

Essa dificuldade se impõe ao instituto da concessão administrativa. No caso, o novel estatuto licitatório tornou expressa a sua aplicação à concessão de direito real de uso de bens e à concessão de uso de bens públicos, algo que era apenas deduzido pela interpretação da expressão "concessão" consignada no art. 1º da Lei nº 8.666/1993.

1.4.2.1 Concessão de uso de bem público

A concessão de uso de bem público é uma espécie de concessão administrativa. Em verdade, a doutrina diverge quanto à inclusão daquela no conceito desta, havendo autores que preferem excluí-la da abrangência do termo, de modo a considerar como tal apenas a delegação de poderes para a prestação de serviços públicos.[18]

Tomando como base a realidade brasileira extraída de nosso direito positivo, preferimos seguir a doutrina de Maria Sylvia Zanella Di Pietro, no sentido de que a concessão administrativa possui duas espécies.[19]

---

[17] DI PIETRO, Maria Sylvia Zanella. *Uso privativo de bem por particular*. São Paulo: Atlas, 2014. p. 35.
[18] DI PIETRO, Maria Sylvia Zanella. *Uso privativo de bem por particular*. São Paulo: Atlas, 2014. p. 105.
[19] DI PIETRO, Maria Sylvia Zanella. *Uso privativo de bem por particular*. São Paulo: Atlas, 2014. p. 108.

A primeira seria a concessão de serviço público, precedida ou não da execução de obra pública. Por meio desta, o Estado delega a prestação de um serviço público à pessoa jurídica ou consórcio de empresas que demonstre capacidade para seu desempenho, por sua conta e risco e por prazo determinado. Caso tenham sido previstos construção, total ou parcial, conservação, reforma, ampliação ou melhoramento de quaisquer obras de interesse público, o investimento da concessionária será remunerado e amortizado mediante a exploração do serviço ou da obra por prazo determinado.

A contratação dessas modalidades de concessão administrativa deve ser precedida de licitação na modalidade concorrência ou diálogo competitivo, conforme os incs. II e III do art. 2º da Lei nº 8.987, de 13.2.1995. Esse, portanto, é um dos casos em que a obrigação de licitar foi estabelecida em legislação esparsa, de forma que a Lei nº 14.133/2021 se aplica apenas subsidiariamente a tais concessões, a teor do art. 186 desta norma.

Já a concessão de uso de bem público consiste no contrato por meio do qual o Estado faculta ao particular a utilização privativa de um bem de seu patrimônio para que ele a exerça conforme a destinação do bem.[20] Segundo Maria Sylvia Zanella Di Pietro, a concessão de uso, quando remunerada, assemelha-se à locação de coisas (para fins residenciais) e ao arrendamento (para fins comerciais) e, quando gratuita, ao comodato.[21]

A concessão de uso pode ocorrer com ou sem a exploração do bem, sendo disciplinada por legislação esparsa. Há várias leis que preveem esse instrumento para a utilização privativa de bens públicos. Seguem alguns exemplos extraídos da obra de Maria Sylvia Zanella Di Pietro:

a) derivação de águas públicas estaduais e do Distrito Federal para atender a fins de utilidade pública (art. 43 do Decreto nº 24.643, de 10.7.1934 – Código de Águas).[22] Segundo o art. 44 da aludida norma, "a concessão para o aproveitamento das águas que se destinem a um serviço público será feita mediante concorrência pública, salvo os casos em que as leis ou regulamentos a dispensem";

b) uso de áreas aeroportuárias para abrigo, reparação, abastecimento de aeronaves e serviços auxiliares, diretamente às empresas ou pessoas físicas ou jurídicas concessionárias do serviço aéreo ou pertinentes à aviação (Lei nº 5.332, de 11.10.1967);

c) cessão onerosa do porto organizado, com vistas à administração e à exploração de sua infraestrutura por prazo determinado (Lei nº 12.815, de 5.6.2013); e

---

[20] DI PIETRO, Maria Sylvia Zanella. *Uso privativo de bem por particular*. São Paulo: Atlas, 2014. p. 110.
[21] DI PIETRO, Maria Sylvia Zanella. *Uso privativo de bem por particular*. São Paulo: Atlas, 2014. p. 115.
[22] DI PIETRO, Maria Sylvia Zanella. *Uso privativo de bem por particular*. São Paulo: Atlas, 2014. p. 130.

d) manejo sustentável de área de floresta pública para exploração de produtos e serviços, mediante licitação, à pessoa jurídica, em consórcio ou não, que atenda às exigências do respectivo edital de licitação e demonstre capacidade para seu desempenho, por sua conta e risco e por prazo determinado (Lei nº 11.284, de 2.3.2006).

Todavia, é preciso destacar que a aplicação da Lei nº 14.133/2021 a cada uma das contratações supramencionadas depende, por evidente, do que está previsto em cada uma das normas específicas.

Por exemplo, o art. 1º da Lei nº 5.332/1967 dispensou a realização de concorrência pública para a concessão de áreas aeroportuárias para as empresas e pessoas físicas ou jurídicas concessionárias do serviço aéreo ou de serviços pertinentes à aviação. Em nossa visão, trata-se de uma situação de inexigibilidade de licitação por inviabilidade de competição ou ausência de situação de excludência, sendo aplicável a Lei nº 14.133/2021 ao procedimento administrativo, na ausência de outras disposições a respeito do assunto naquela lei.

Já a Lei nº 12.815/2013 estabeleceu, em seu art. 4º, que a concessão de bem público destinado à exploração do porto organizado será realizada mediante a celebração de contrato, sempre precedida de licitação, em conformidade com as suas disposições e com as de seu regulamento, o Decreto nº 8.033, de 27.6.2013. O art. 5º-B da Lei nº 12.815/2013 trouxe comando similar para o arrendamento de bem público destinado à atividade portuária.

Ao disciplinar o tema, a Lei nº 12.815/2013 e o seu decreto fizeram remissão a vários dispositivos da Lei nº 8.666/1993 e das leis nºs 12.462, de 4.8.2011, e 8.987, de 13.2.1995. Além disso, o art. 66 da Lei dos Portos assinalou que essas normas se aplicam subsidiariamente às licitações de concessão de porto organizado e de arrendamento de instalação portuária.

Conforme o art. 189 do novel estatuto, este é aplicável às hipóteses previstas na legislação que façam referência expressa à Lei nº 8.666/1993. Por via de consequência, a Lei nº 14.133/2021 disciplinará subsidiariamente as licitações e os contratos relativos à concessão e ao arrendamento de áreas aeroportuárias, por ocasião de sua vigência plena.

A Lei nº 11.284/2006 dispôs sobre a gestão de florestas públicas para a produção sustentável. O art. 3º, inc. VII, estabeleceu a chamada concessão florestal, definida como:

> delegação onerosa, feita pelo poder concedente, do direito de praticar manejo florestal sustentável para exploração de produtos e serviços numa unidade de manejo, mediante licitação, à pessoa jurídica, em consórcio ou não, que atenda às exigências do respectivo edital de licitação e demonstre capacidade para seu desempenho, por sua conta e risco e por prazo determinado.

O art. 20 da mencionada norma estabeleceu que o edital de licitação deveria observar os critérios e as normas gerais da Lei nº 8.666/1993, sem prejuízo das exigências ali estabelecidas. À vista do disposto no art. 189 do novel estatuto licitatório, mencionado acima, a Lei nº 14.133/2021 também incidirá sobre concessões florestais, por ocasião de sua vigência plena.

1.4.2.2 Concessão de direito real de uso

A concessão de direito real de uso de bem público é uma submodalidade da concessão de uso privativo de bem público. Enquanto a concessão de uso pode ter por objeto qualquer bem, a de direito real de uso somente abrange terrenos não edificados. Conforme Maria Sylvia Zanella Di Pietro, esta tem a natureza de direito real sobre coisa alheia, podendo ser transferida por ato *inter* vivos ou sucessão legítima e testamentária e envolve a realização de um interesse social.[23]

Tais características da concessão de direito real de uso são extraídas de sua legislação de regência. Segundo o art. 7º do Decreto-Lei nº 271, de 28.2.1967, com a redação dada pela Lei nº 11.481, de 31.5.2007, ela pode ser gratuita ou remunerada, por tempo certo ou indeterminado, constituindo:

> [...] um direito real resolúvel, para fins específicos de regularização fundiária de interesse social, urbanização, industrialização, edificação, cultivo da terra, aproveitamento sustentável das várzeas, preservação das comunidades tradicionais e seus meios de subsistência ou outras modalidades de interesse social em áreas urbanas.

Esse tipo de contrato também foi previsto na Lei nº 10.257, de 10.7.2001 (Estatuto da Cidade), como instrumento de política urbana, e na Lei nº 11.952, de 25.6.2009, como instrumento de regularização fundiária das ocupações incidentes em terras situadas em áreas da União, no âmbito da Amazônia Legal.

A Lei nº 8.666/1993 estabelecia, em seu art. 23, §3º, que a concorrência era a modalidade de licitação cabível, qualquer que fosse o valor de seu objeto, tanto na compra ou alienação de bens imóveis como nas concessões de direito real de uso – ressalvadas, por evidente, as hipóteses de contratação direta estabelecidas na própria lei.

A Lei nº 14.133/2021 não contém dispositivo similar definindo a modalidade de licitação aplicável à concessão de direito real de uso de bem imóvel, nas situações em que existe viabilidade de competição. A despeito do silêncio da norma, compreende-se que a Administração deve adotar o leilão, pois esta é a modalidade cabível para a alienação na atual lei.

---

[23] DI PIETRO, Maria Sylvia Zanella. *Uso privativo de bem por particular*. São Paulo: Atlas, 2014. p. 203.

1.4.3 Locação

Segundo o inc. III do art. 2º, a Lei nº 14.133/2021 é aplicável à locação. O dispositivo exige interpretação.

A locação é um contrato por meio do qual o proprietário de um bem, doravante chamado de locador, transfere o domínio direto ou a posse deste a uma outra pessoa (locatário), mediante o pagamento de uma remuneração chamada aluguel.

Tomando como base o art. 192 da nova lei, o contrato relativo a imóvel do patrimônio da União ou de suas autarquias e fundações continuará regido pela legislação pertinente, de modo que a Lei nº 14.133/2021 é aplicada apenas subsidiariamente.

Isso implica dizer que o contrato de locação, no qual a União ou qualquer entidade de sua administração autárquica ou fundacional figura na condição locadora, permanece disciplinado pelos arts. 64, §1º e 86 a 98 do Decreto-Lei nº 9.760, de 18.10.1946. Tais ajustes têm natureza de contrato administrativo, sendo válido todo o regime excepcional desse instituto, com vistas à proteção do interesse público.

Conforme o primeiro dispositivo, o instituto é utilizado quando "houver conveniência em tornar o imóvel produtivo, conservando porém, a União, sua plena propriedade". A exploração de frutos ou prestação de serviços será denominada arrendamento mediante condições especiais, consoante a referida disposição.

Além disso, o Código Civil também é aplicável a esses ajustes, à vista do disposto no art. 1º, parágrafo único, alínea "a", inc. I, da Lei nº 8.245, de 18.10.1991, *in verbis*: "Continuam regulados pelo Código Civil e pelas leis especiais: a) as locações: 1. de imóveis de propriedade da União, dos Estados e dos Municípios, de suas autarquias e fundações públicas". Porém, entende-se que o Código Civil é aplicável apenas subsidiariamente, inclusive com relação à Lei nº 14.133/2021.

Na esfera federal, cabe destacar, ainda, a incidência do Decreto nº 980, de 11.11.1993 e de suas alterações posteriores sobre a cessão de uso e a administração de imóveis residenciais de propriedade da União a agentes políticos e servidores públicos federais.

Todas essas regras constituem a normatização especial que disciplina os contratos de locação de imóveis públicos, de forma que a Lei nº 14.133/2021 se aplica quando não houver disposição a respeito. Incide, aqui, a vetusta regra de hermenêutica segundo o qual lei geral não revoga a especial.

Eis a ordem de prevalência da legislação em matéria de contratos de locação de bens imóveis do patrimônio da União ou de suas autarquias e fundações:

No que se refere aos procedimentos licitatórios para locação, a Lei nº 13.133/2021 têm aplicação plena, não obstante ela tenha sido bastante econômica quanto à disciplina da matéria. Em verdade, não há nenhum capítulo que trate dessa espécie de objeto, estando em aberto, inclusive, a modalidade de licitação aplicável.

Não obstante, entende-se que devem ser aplicadas as disposições pertinentes ao leilão, nas licitações para a locação de imóveis do patrimônio da administração, que vem a ser modalidade licitatória imposta para as alienações. Tal conclusão também pode ser depreendida do parágrafo único do art. 95 do Decreto-Lei nº 9.760/1946, que impôs a realização de "concorrência pública e pelo maior preço oferecido". Tal modalidade nada mais é do que o leilão, usando a terminologia da atual lei.

Da mesma forma, a Lei nº 14.133/2021 aplica-se integralmente ao procedimento licitatório para a locação de bens de terceiros pela Administração Pública. Também nesse caso, o novel estatuto foi bastante econômico ao dispor do assunto.

Há apenas dois dispositivos tratando do tema. No que se refere a bens móveis, o art. 44 estabeleceu que "quando houver a possibilidade de compra ou de locação de bens, o estudo técnico preliminar deverá considerar os custos e os benefícios de cada opção, com indicação da alternativa mais vantajosa". Já no caso de bens imóveis, o art. 51 prescreveu que, "ressalvado o disposto no inc. V do caput do art. 74 desta Lei, a locação de imóveis deverá ser precedida de licitação e avaliação prévia do bem, do seu estado de conservação, dos custos de adaptações e do prazo de amortização dos investimentos necessários".

Não houve, como visto, nenhuma menção à modalidade de licitação nem aos procedimentos aplicáveis para a locação de bens de terceiros pela Administração Pública. Tomando como base o art. 6º, inc. XLV, que admite o uso de sistema de registro de preços para esse objeto, entende-se que a locação pode ser contratada mediante concorrência ou pregão, quando não se configurar a hipótese de inexigibilidade de licitação (art. 74, inc. V).

A parte final do art. 51, ao dispor sobre custos de adaptações do objeto e de prazo de amortização dos investimentos, parece abarcar a contratação das locações sob medida, também chamada de *built to suit*, usando a terminologia na língua inglesa. Todavia, o não detalhamento do assunto pela nova lei nos parece uma solução legislativa inadequada, à vista da complexidade de tais ajustes, que abrangem dois objetos contratuais distintos: construção, reforma, recuperação ou ampliação do bem imóvel, por um lado, e a locação propriamente dita, por outro.

Os contratos nos quais a Administração figure como locatária serão disciplinados integralmente pela legislação civil específica, *in casu*, a Lei nº 8.245, de 18.10.1991, no caso de bens imóveis urbanos, e o Código Civil nos demais casos.

Tal conclusão decorre do fato de o novel estatuto não possuir dispositivo equivalente ao art. 62, §3º, inc. I, da Lei nº 8.666/1993, que determinava a aplicação de algumas de suas disposições aos contratos de direito privado, a exemplo do de locação.[24] Além disso, o art. 3º, inc. II, da Lei nº 14.133/2021 prescreve que a nova lei não se impõe às contratações sujeitas a normas previstas em legislação própria, o que afasta a incidência do novel estatuto aos contratos de locação que a Administração figure como locatária.

1.4.4 Permissão de uso

A permissão de uso de bem público é ato administrativo unilateral, discricionário e precário, gratuito ou remunerado, pelo qual a Administração Pública faculta ao particular a utilização privativa de bem público.[25]

O art. 2º da Lei nº 8.666/1993 estabelecia que as permissões eram necessariamente precedidas de licitação. A despeito disso, a doutrina e a jurisprudência do TCU entendiam que a permissão de uso de bem público não estava abarcada pelo dispositivo, como se depreende da seguinte passagem do voto condutor do Acórdão nº 29/200-2ª Câmara, da lavra do Ministro Adhemar Ghisi:

> 20. No que concerne à obrigatoriedade de realização de licitação para a outorga em comento, *importa salientar que a permissão de uso de bem público, pelas suas características, está excluída da exigência do art. 2º do Estatuto de Licitações*, pelas definições ali contidas, especialmente a do seu parágrafo único que, ao definir contrato, estabelece: 'Para os fins desta Lei, considera-se contrato todo e qualquer ajuste entre órgãos ou entidades da Administração Pública e particulares, em que haja um acordo de vontades para a formação de vínculo e a estipulação de obrigações recíprocas, seja qual for a denominação utilizada.' *Com efeito, a permissão, concedida a título precário, não cria obrigações para a Administração Pública, que a concede e a retira, estritamente em razão de interesse público, e sem que haja necessidade de consentimento do permissionário.* Nesses casos, como a permissão de uso não tem natureza contratual, preleciona a administrativista Maria Sylvia Zanella di Pietro (Temas Polêmicos sobre Licitações e Contratos, Malheiros Editores, 2ª ed., 1995): "... não está abrangida pela Lei nº 8.666/93, o que não impede a Administração" de fazer licitação ou instituir outro processo de seleção, sempre recomendável quando se trata de assegurar igualdade de oportunidade a todos os eventuais interessados.

Esse entendimento deve ser revisitado, pois o novel estatuto, diferentemente do anterior, expressamente estendeu a abrangência da lei às permissões de uso de bens públicos.

---

[24] "Art. 62. [...] §3º Aplica-se o disposto nos arts. 55 e 58 a 61 desta Lei e demais normas gerais, no que couber: I - aos contratos de seguro, de financiamento, de locação em que o Poder Público seja locatário, e aos demais cujo conteúdo seja regido, predominantemente, por norma de direito privado; [...]".

[25] DI PIETRO, Maria Sylvia Zanella. *Uso privativo de bem por particular*. São Paulo: Atlas, 2014. p. 96.

1.4.5 Serviços de publicidade

De modo distinto da Lei nº 8.666/1993, a norma atual não incluiu os serviços de publicidade em seu espaço de abrangência material. Em verdade, o próprio estatuto anterior já tinha uma incidência apenas subsidiária sobre o assunto, em face da edição da Lei nº 12.232, de 29.4.2010, que passou a reger os serviços de publicidade prestados por intermédio de agências de propaganda, no âmbito da União, dos estados, do Distrito Federal e dos municípios.

Segundo o art. 186 do novel estatuto, as suas disposições se aplicam apenas subsidiariamente à Lei nº 12.232/2010, que vem a ser a regra matriz dos serviços de publicidade, nos termos do art. 22, inc. XXVII, da Constituição Federal.

1.4.6 Demais objetos

Os outros objetos indicados nos demais incisos do art. 2º (compra, inclusive por encomenda; prestação de serviços, inclusive os técnico-profissionais especializados; obras e serviços de arquitetura e engenharia; e contratações de tecnologia da informação e de comunicação) não configuram nenhuma novidade ante a disciplina da norma anterior, já que constituem o espaço de abrangência natural da Lei Geral de Licitações e Contratos, considerando a sua pretensão de regular o art. 37, inc. XXI, da Constituição Federal e substituir a legislação anterior.

Não obstante, a Lei nº 14.133/2021 fez menção expressa ao contrato de compra por encomenda e às contratações de tecnologia da informação e de comunicação, algo que poderia ser deduzido da legislação, uma vez que eles constituem espécies de compras e serviços.

1.4.7 Espaço de não incidência da nova lei

Segundo o art. 3º, a nova lei não se aplica aos contratos que tenham por objeto operação de crédito, interno ou externo, e gestão de dívida pública, incluídas as contratações de agente financeiro e a concessão de garantia relacionadas a esses contratos; e às contratações sujeitas a normas previstas em legislação própria. Houve, portanto, uma clara opção do legislador em submeter tais objetos a uma disciplina própria, inteiramente sujeita a uma normatização especial.

CAPÍTULO 2

TRATAMENTO DIFERENCIADO PARA MICROEMPRESAS E EMPRESAS DE PEQUENO PORTE

Art. 4º Aplicam-se às licitações e contratos disciplinados por esta Lei as disposições constantes dos arts. 42 a 49 da Lei Complementar nº 123, de 14 de dezembro de 2006.
§1º As disposições a que se refere o caput deste artigo não são aplicadas:
I - no caso de licitação para aquisição de bens ou contratação de serviços em geral, ao item cujo valor estimado for superior à receita bruta máxima admitida para fins de enquadramento como empresa de pequeno porte;
II - no caso de contratação de obras e serviços de engenharia, às licitações cujo valor estimado for superior à receita bruta máxima admitida para fins de enquadramento como empresa de pequeno porte.
§2º A obtenção de benefícios a que se refere o caput deste artigo fica limitada às microempresas e às empresas de pequeno porte que, no ano-calendário de realização da licitação, ainda não tenham celebrado contratos com a Administração Pública cujos valores somados extrapolem a receita bruta máxima admitida para fins de enquadramento como empresa de pequeno porte, devendo o órgão ou entidade exigir do licitante declaração de observância desse limite na licitação.
§3º Nas contratações com prazo de vigência superior a 1 (um) ano, será considerado o valor anual do contrato na aplicação dos limites previstos nos §§1º e 2º deste artigo.

2.1 Regras da Lei Complementar nº 123, de 14.12.2006, aplicáveis às licitações

A Lei nº 14.133/2021 manteve a incidência das regras que conferem tratamento diferenciado e favorecido às microempresas e empresas de pequeno porte, consignadas nos arts. 42 a 49 da Lei Complementar nº 123, de 14.12.2006, sobre as licitações e contratos disciplinados pelo novel estatuto.

Como é cediço, a Lei Complementar nº 123/2006 instituiu, entre outros, o Estatuto Nacional da Microempresa e da Empresa de Pequeno Porte.

Segundo o seu art. 3º, consideram-se microempresas ou empresas de pequeno porte a sociedade empresária, a sociedade simples, a empresa individual de responsabilidade limitada e o empresário a que se refere o art. 966 do Código Civil, devidamente registrados no Registro de Empresas Mercantis ou no Registro Civil de Pessoas Jurídicas, conforme o caso, desde que:

a) no caso da microempresa, aufira, em *cada ano-calendário*, receita bruta igual ou inferior a R$360.000,00;

b) no caso da empresa de pequeno porte, aufira, em cada ano-calendário, receita bruta superior a R$360.000,00 e igual ou inferior a R$4.800.000,00.

Conforme o art. 30, incs. III e IV da Lei Complementar nº 123/2006, as microempresas ou as empresas de pequeno porte serão excluídas do regime tributário denominado Simples, de modo obrigatório, nas seguintes condições:

a) quando ultrapassado, no ano-calendário de início de atividade, o limite proporcional de receita bruta de que trata o §2º do art. 3º (número de meses em que a microempresa ou a empresa de pequeno porte houver exercido atividade, inclusive as frações de meses);

b) quando ultrapassado, no ano-calendário, o limite de receita bruta previsto no inc. II do *caput* do art. 3º (R$4.800.000,00), quando não estiver no ano-calendário de início de atividade.

Com relação à base de cálculo para a verificação do enquadramento da empresa como microempresa ou empresa de pequeno porte, cabe transcrever as seguintes decisões do TCU, exaradas sob a égide do regime licitatório anterior:

> Deve ser aferido o faturamento do ano anterior para que a empresa seja beneficiada com o tratamento diferenciado dado às microempresas e empresas de pequeno porte, em razão da Lei Complementar 123/2006 (Estatuto das Micros e Pequenas Empresas). (Acórdão nº 298/2011-Plenário. Rel. Min. José Múcio Monteiro) (tese extraída do repositório da jurisprudência selecionada do Tribunal)
>
> O que se observa, portanto, é que a empresa que, no ano-calendário, exceder o limite de receita bruta anual ou o limite adicional para exportação de mercadorias, fica, como regra, excluída do Simples Nacional no mês subsequente à ocorrência do excesso. No entanto, os efeitos da exclusão somente ocorrerão no ano-calendário subsequente, se o excesso verificado em relação à receita bruta não for superior a 20% de cada um dos limites, no

mercado interno e no mercado externo. (Voto condutor do Acórdão nº 2.862/2018-Plenário. Rel. Min. Substituto Marcos Bemquerer)

Tais parâmetros vêm sendo adotados pelo TCU para examinar se foi ou não legítimo o tratamento privilegiado conferido a licitantes, que se autodeclararam microempresa ou empresa de pequeno porte, quando de sua habilitação. Caso seja identificado que a empresa se beneficiou indevidamente dessa condição, o Tribunal tem enquadrado a situação como fraude comprovada à licitação e imputado sanção de inidoneidade para participar, por até cinco anos, de licitação na Administração Pública Federal, nos termos do art. 46 da Lei nº 8.443, de 16.7.1992.

Há vasta jurisprudência do TCU nesse sentido, sendo oportuno transcrever as seguintes teses extraídas do repositório da jurisprudência selecionada do Tribunal:

> Cabe ao TCU analisar a regularidade de situação cadastral de sociedade empresarial como microempresa (ME) ou empresa de pequeno porte (EPP), por força de atribuição constitucional para fiscalizar atos de que resulte receita ou despesa, praticados por responsáveis sujeitos à sua jurisdição. A omissão de empresa acerca de sua situação, que a permitiu participar de certame exclusivo a ME e EPP, configura fraude à licitação. (Acórdão nº 1.439/2011-Plenário, Rel. Min. Walton Alencar)
>
> A mera participação de licitante como microempresa ou empresa de pequeno porte, amparada por declaração com conteúdo falso, configura fraude à licitação e enseja a aplicação das penalidades da lei, não sendo necessário, para a configuração do ilícito, que a autora da fraude obtenha a vantagem esperada. (Acórdão nº 1.702/2017-Plenário. Rel. Min. Walton Alencar; Acórdão nº 1.797/2014-Plenário. Rel. Min. Aroldo Cedraz; Acórdão nº 61/2019-Plenário. Rel. Min. Bruno Dantas)
>
> O uso ilícito do direito de preferência assegurado às microempresas (ME) e às empresas de pequeno porte (EPP) para oferta de lances em licitações, pelo amparo em declaração com conteúdo falso, configura fraude à licitação e enseja a declaração de inidoneidade do licitante fraudador (art. 46 da Lei 8.443/1992). Entretanto, a ausência de obtenção de vantagem econômica, a não reincidência na fraude e o fato de não haver outras condenações no âmbito do TCU podem ser consideradas circunstâncias atenuantes na dosimetria da pena. (Acórdão nº 68/2021-Plenário. Rel. Min. Aroldo Cedraz; Acórdão nº 2.549/2019-Plenário. Rel. Min. Subst. Weder de Oliveira; Acórdão nº 1.677/2018-Plenário. Rel. Min. Augusto Nardes)
>
> Constitui fraude à licitação, ensejando a declaração de inidoneidade do fraudador, a mera participação em certames licitatórios de pessoa jurídica autodeclarada como microempresa ou empresa de pequeno porte, visando os benefícios concedidos pela LC 123/2006, que tenha participação societária em outra pessoa jurídica, fato que contraria o art. 3º, §4º, inciso VII, dessa lei, bem como sua finalidade. (Acórdão nº 2.891/2019-Plenário. Rel. Min. Subst. André de Carvalho)
>
> A participação em licitação reservada a microempresas e empresas de pequeno porte por sociedade que não se enquadra na definição legal reservada a essas categorias configura fraude ao certame e enseja a declaração de inidoneidade da empresa fraudadora. A responsabilidade pela manutenção, atualização e veracidade das declarações de enquadramento compete às firmas licitantes. (Acórdão nº 3.217/2010-Plenário. Rel. Min. Walton Alencar; Acórdão nº 2.846/2010-Plenário. Rel. Min. Walton Alencar)

Passa-se à análise dos dispositivos da Lei Complementar nº 123/2006 suscitados pelo art. 4º da Lei nº 14.133/2021.

Conforme o art. 42 da aludida norma, "nas licitações públicas, a comprovação de regularidade fiscal e trabalhista das microempresas e das empresas de pequeno porte somente será exigida para efeito de assinatura do contrato".

Trata-se de um privilégio importante para as microempresas e as empresas de pequeno porte, já que isso possibilita a regularização de eventuais obrigações tributárias e trabalhistas após o encerramento da licitação, quando o suposto beneficiário já sabe se saiu ou não vencedor do certame.

Isso significa que a conclusão da fase de habilitação ocorrerá após o término de todas as outras, ou seja, após a homologação da licitação pela autoridade superior. Afinal, é somente a partir do encerramento do certame que a Administração poderá convocar regularmente o licitante vencedor para assinar o termo de contrato, quando ele deverá apresentar a documentação pertinente à habilitação fiscal e trabalhista.

Na prática, é como se a etapa de habilitação ficasse suspensa e fosse retomada no momento imediatamente anterior à assinatura do contrato. Caso o licitante não regularize a documentação exigida para a habilitação, a microempresa ou empresa de pequeno porte deverá ser inabilitada, ficando automaticamente desfeitos todos os atos posteriores. Além disso, poderá ser aplicada sanção administrativa, como será explicitado adiante. Por evidente, o licitante terá direito a interposição do recurso administrativo de que trata o art. 165, inc. I, alínea "c".

Na sequência, haverá a retomada do certame licitatório mediante a análise dos documentos de habilitação do licitante classificado em segundo lugar e assim por diante. Isso somente não ocorrerá se a fase de habilitação tiver ocorrido antes do julgamento (inversão de fases), circunstância que ensejará a convocação dos licitantes remanescentes, na ordem de classificação, para a assinatura do contrato.

Não obstante o privilégio acima anunciado, é necessário cumprir o disposto no art. 43 da Lei Complementar nº 123/2006, a saber: "as microempresas e as empresas de pequeno porte, por ocasião da participação em certames licitatórios, deverão apresentar toda a documentação exigida para efeito de comprovação de regularidade fiscal e trabalhista, mesmo que esta apresente alguma restrição".

Isso significa que a microempresa e a empresa de pequeno porte não podem deixar de juntar os documentos referentes à essas modalidades de habilitação, quando da apresentação de suas propostas. Caso isso ocorra, as licitantes serão imediatamente inabilitadas, não cabendo a aplicação dos arts. 42 e 43 supramencionados. Por evidente, é possível a realização de diligência, nas condições especificadas no art. 64, a ser comentado adiante.[26]

---

[26] "Art. 64. Após a entrega dos documentos para habilitação, não será permitida a substituição ou a apresentação de novos documentos, salvo em sede de diligência, para: I - complementação de informações acerca dos documentos já apresentados pelos licitantes e desde que necessária para apurar fatos existentes à época da

Os parágrafos seguintes do art. 43 da Lei Complementar nº 123/2006 anunciam o rito que se segue para a conclusão da etapa de habilitação das microempresas e empresas de pequeno porte. Consoante o §1º, havendo alguma restrição na comprovação da regularidade fiscal e trabalhista, será assegurado o prazo de cinco dias úteis "para a regularização da documentação, para pagamento ou parcelamento do débito e para emissão de eventuais certidões negativas ou positivas com efeito de certidão negativa". O mencionado dispositivo prescreve que o termo inicial desse prazo corresponderá ao momento em que o proponente for declarado vencedor do certame, prorrogável por igual período, a critério da Administração Pública.

Segundo o §2º, a não regularização da documentação, no prazo supramencionado, importará na

> [...] decadência do direito à contratação, sem prejuízo das sanções previstas no art. 81 da Lei nº 8.666, de 21 de junho de 1993, sendo facultado à Administração convocar os licitantes remanescentes, na ordem de classificação, para a assinatura do contrato, ou revogar a licitação.

Tomando como referência o novel estatuto licitatório, a sanção cabível será a declaração de impedimento de licitar e contratar devido à não entrega da documentação exigida para o certame, nos termos dos incs. IV e VI do art. 155 c/c o §4º da Lei nº 14.133/2021. A parte final do dispositivo merece interpretação. Conforme exposto acima, antes da convocação dos licitantes remanescentes para a assinatura do contrato, é preciso analisar os respectivos documentos de habilitação. Por óbvio, isso não ocorrerá se a etapa de habilitação anteceder a de julgamento.

O art. 44 da Lei Complementar nº 123/2006 prescreve mais um privilégio às microempresas e empresas de pequeno porte. Conforme o dispositivo, "nas licitações será assegurada, como critério de desempate, preferência de contratação para as microempresas e empresas de pequeno porte". Além disso, os parágrafos do mencionado dispositivo estipulam uma espécie de empate ficto, ao estabelecer uma margem em torno da qual as propostas serão consideradas empatadas.

Segundo o §1º, consideram-se empatadas as propostas apresentadas pelas microempresas e empresas de pequeno porte que sejam iguais ou até 10% superiores à proposta mais bem classificada. No caso de pregão, esse intervalo percentual para a configuração do empate ficto é reduzido para até 5%, nos termos do §2º.

A operacionalização do tratamento privilegiado conferido às microempresas e empresas de pequeno porte em caso de empate ficto é explicada no art. 45. Consoante o dispositivo, ocorrendo o empate, proceder-se-á da seguinte forma:

---

abertura do certame; II - atualização de documentos cuja validade tenha expirado após a data de recebimento das propostas".

I - a microempresa ou empresa de pequeno porte mais bem classificada poderá apresentar proposta de preço *inferior* àquela *considerada vencedora do certame*, situação em que será adjudicado em seu favor o objeto licitado;

II - não ocorrendo a contratação da microempresa ou empresa de pequeno porte, na forma do inciso I do caput deste artigo, serão convocadas as remanescentes que porventura se enquadrem na hipótese dos §§1º e 2º do art. 44 desta Lei Complementar, na ordem classificatória, para o exercício do mesmo direito;

III - no caso de equivalência dos valores apresentados pelas microempresas e empresas de pequeno porte que se encontrem nos intervalos estabelecidos nos §§1º e 2º do art. 44 desta Lei Complementar, será realizado sorteio entre elas para que se identifique aquela que primeiro poderá apresentar melhor oferta.

Tomando como base o disposto no inc. I do art. 45, o intervalo de 10% ou 5% para o reconhecimento de empate ficto, estipulado no art. 44, deve ser calculado com relação à proposta mais bem classificada que *tenha sido considerada vencedora do certame*. A assertiva comporta intepretação.

Como é cediço, um licitante será considerado vencedor após o transcurso das fases de julgamento e habilitação, não necessariamente nessa ordem, e depois do exaurimento dos recursos. Tal afirmação implicaria a conclusão de que, no caso do pregão e de não ocorrência de inversão de fase nas demais modalidades licitatórias estabelecidas na Lei nº 14.133/2021, as propostas que tivessem sido desclassificadas ou inabilitadas, após a etapa de lances, não poderiam ser consideradas para efeito do cálculo do intervalo de empate ficto.

Essa foi a posição adotada na decisão monocrática proferida pelo Ministro Og Fernandes, que deliberou pelo não conhecimento do REsp nº 1.579.896 (public. 10.8.2018), por considerar suficiente o fundamento da decisão recorrida:

> A irresignação não merece acolhida.
> Com efeito, a Corte local entendeu pela configuração do empate ficto em licitação na modalidade pregão eletrônico, amparada nos seguintes fundamentos (e-STJ, fls. 172/173 e 175):
> *"A divergência entre as partes cinge-se em qual proposta a ser considerada: se a primeira ofertada, ainda que desclassificada, ou a reputada válida para efeitos de disputa (exequível).*
> In casu, os 02 (dois) primeiros lances foram desclassificados, restando como proposta válida aquela apresentada pela Mercantil Brasil Ltda.
> O parágrafo 1º do art. 44 da Lei nº 123/2006 resolve a questão, quando dispõe que a situação de empate *considera a "proposta mais bem classificada", por* óbvio *excluindo aquelas desclassificadas, a exemplo dos primeiros e segunda lugares, considerando este caso concreto.*
> Absorvida a premissa, denota-se a efetiva ocorrência do empate ficto entre a terceira colocada, a Mercantil Brasil Ltda. e a empresa Comercial Brasil Alimentos e Limpeza EIRELI, cuja diferença entre os lances indicados não ultrapassou o limite assentado no §2º do art. 44 da Lei nº 123/2006.
> *Cumpre no momento registrar que seria descabido, senão desarrazoado, se inferir que as primeira e segunda propostas funcionariam como paradigmas de empate, notadamente porque, além de desclassificadas, e por tal razão inválidas, a primeira empresa licitante afirmou que o valor foi equivocadamente inserido no certame, o que motivou seu pedido de desistência."*
> No entanto, a insurgência deixou incólumes tais justificativas. (Grifos nossos)

No mesmo sentido, invoca-se a doutrina de Ronny Charles, em versão anterior à sua obra a respeito da nova Lei de Licitações e Contratos.[27]

Todavia, esse entendimento não parece compatível com a sistemática estabelecida no §3º do art. 45, a saber: "no caso de pregão, a microempresa ou empresa de pequeno porte mais bem classificada será convocada para apresentar nova proposta no prazo máximo de 5 (cinco) minutos após o encerramento dos lances, sob pena de preclusão". Isso implica dizer que o licitante vencedor, para fins de avaliação da ocorrência de empate ficto, é o que tiver apresentado a melhor proposta após o encerramento da fase de lances.

Há, inclusive, precedente do TCU, consignado no Acórdão nº 2.992/2016-Plenário, no sentido de que a verificação da ocorrência de empate ficto e a eventual oferta de lance de desempate deve ocorrer após a conclusão da fase de lances e antes da de negociação. Segue o excerto do voto condutor do aludido *decisum*, proferido pelo Ministro Walton Alencar:

> Essa sociedade argumenta, ainda, que a sua proposta negociada representa uma economia de 8,19% em relação à apresentada pela representante no grupo 1 (peça 52, p. 11). *Todavia, a verificação da ocorrência do "empate ficto" (art. 44, §§1º e 2º, LC 123/06) deve considerar os melhores lances dados antes da negociação, em respeito ao princípio da isonomia.*
> Corrobora esse entendimento a norma prevista no artigo 45, §3º, da Lei Complementar 123/2006, no sentido de que, em um pregão, a ME ou EPP mais bem classificada deve apresentar lance vencedor no prazo máximo de 5 minutos após o encerramento dos lances, antes, portanto, da negociação com o pregoeiro. (Grifos nossos)

Assim, tentando compatibilizar os fundamentos adotados nas duas posições, entende-se que o entendimento adotado pelo STJ somente pode ser legitimamente aplicado no caso de licitações com o modo de disputa fechado, ou seja, quando não houver fase de lances, pois, neste caso, a Lei Complementar nº 123/2006 não definiu expressamente o momento no qual será avaliada a ocorrência de empate ficto, com vistas à eventual apresentação de proposta de cobertura.

No caso de pregão ou em licitações com o modo de disputa aberto, como há regra expressa contida no §3º do art. 45, essa verificação ocorrerá tão logo seja concluída a etapa de lances, quando as microempresas e empresas de pequeno porte devem apresentar novo lance, sob pena de preclusão.

Diante do exposto no art. 45 da Lei Complementar nº 123/2006, é preciso destacar que o tratamento privilegiado conferido às microempresas e empresas de pequeno porte em caso de empate ficto não implica que elas poderão ser contratadas por preço superior ao da melhor proposta. A empresa enquadrada em uma das referidas categorias deve cobrir a proposta do licitante vencedor, pois, do contrário, o objeto será adjudicado a este. Tal conclusão consta expressamente do §1º do mencionado dispositivo: "na hipótese da não-contratação nos termos previstos no caput deste artigo, o objeto licitado será adjudicado em favor da proposta originalmente vencedora do certame".

---

[27] TORRES, Ronny Charles Lopes de. *Leis de licitações públicas comentadas*. Salvador: JusPodivm, 2013. p. 796.

Consoante o §2º, o disposto no art. 45 somente se aplicará quando a melhor oferta inicial não tiver sido apresentada por microempresa ou empresa de pequeno porte. A regra contida nesse dispositivo poderia ser deduzida da interpretação do artigo, até porque não faria nenhum sentido estabelecer tratamento privilegiado à microempresa ou empresa de pequeno porte ante outra enquadrada nessa categoria.

O art. 46 da Lei Complementar nº 123/2006 estipula:

> a microempresa e a empresa de pequeno porte titular de direitos creditórios decorrentes de empenhos liquidados por órgãos e entidades da União, Estados, Distrito Federal e Município não pagos em até 30 (trinta) dias contados da data de liquidação poderão emitir cédula de crédito microempresarial.

A disposição permanece aplicável no contexto do novel estatuto licitatório, constituindo um importante instrumento para o funcionamento de tais empresas, por propiciar uma alternativa a eventuais problemas de fluxo de caixa.

Conforme o art. 47 da mencionada lei:

> nas contratações públicas da administração direta e indireta, autárquica e fundacional, federal, estadual e municipal, deverá ser concedido tratamento diferenciado e simplificado para as microempresas e empresas de pequeno porte objetivando a promoção do desenvolvimento econômico e social no âmbito municipal e regional, a ampliação da eficiência das políticas públicas e o incentivo à inovação tecnológica.

A norma traz fatores adicionais de diferenciação que são o tratamento prioritário a microempresas e empresas de pequeno porte do local ou da região na qual o objeto será executado, que sejam contempladas em políticas públicas ou que desenvolvam bens e serviços de inovação tecnológica.

Conforme o parágrafo único do art. 47, essa distinção adicional será regulamentada em nível federal, estadual e municipal e no âmbito de cada órgão, podendo os três últimos adotar a legislação federal, no que diz respeito às compras públicas, enquanto não sobrevier norma mais favorável à microempresa e empresa de pequeno porte.

Para o cumprimento do disposto no art. 47 da Lei Complementar nº 123/2006, a Administração Pública poderá adotar as seguintes medidas, nos termos do art. 48:

> I - deverá realizar processo licitatório destinado exclusivamente à participação de microempresas e empresas de pequeno porte nos itens de contratação cujo valor seja de até R$80.000,00 (oitenta mil reais);
> II - poderá, em relação aos processos licitatórios destinados à aquisição de obras e serviços, exigir dos licitantes a subcontratação de microempresa ou empresa de pequeno porte;
> III - deverá estabelecer, em certames para aquisição de bens de natureza divisível, cota de até 25% (vinte e cinco por cento) do objeto para a contratação de microempresas e empresas de pequeno porte.

Todas essas regras devem ser expressamente consignadas no edital, a fim de viabilizar o amplo acesso de tais empresas a essa reserva de mercado, em matéria de contratações públicas. No caso do inc. II, essa previsão deve constar do edital e do contrato, pois somente assim a obrigação poderá ser legitimamente imposta ao licitante vencedor do certame.

A propósito da interpretação do inc. I, cabe ressaltar decisão proferida pelo TCU, em sede de consulta, no seguinte sentido:

> nos editais de licitação em que for conferido o tratamento diferenciado previsto no inciso I do artigo 48 da Lei Complementar nº 123, de 14 de dezembro de 2006, e no art. 6º do Decreto nº 6.204, de 5 de setembro de 2007, não se deve restringir o universo de participantes às empresas sediadas no estado em que estiver localizado o órgão ou a entidade licitante; [...]. (Acórdão nº 2.957/2011-Plenário, Rel. Min. Subst. André de Carvalho)

Quanto ao inc. III, o TCU concluiu que a divisão do objeto para fins de contratação de microempresa e empresa de pequeno porte não é obrigatória, sendo aplicável apenas quando satisfizer o interesse público. Nesse sentido, oportuno transcrever o entendimento esposado pela Ministra Ana Arraes, o qual foi reiterado no voto condutor do Acórdão nº 1.238/2016-Plenário:

> [...] Apesar de o art. 47 da Lei Complementar 123/2006 determinar que, nas contratações públicas, deverá ser concedido tratamento diferenciado e simplificado para microempresas e empresas de pequeno porte, não existe determinação para que as aquisições realizadas pela administração pública sejam divididas em parcelas com o objetivo de permitir a participação dessas empresas.
> 6. É relevante destacar que o tratamento diferenciado e simplificado somente poderá ser concedido caso seja vantajoso para a administração pública e não represente prejuízo ao conjunto ou complexo do objeto a ser contratado, conforme determina o art. 49 da Lei Complementar 123/2006. Como veremos adiante, não existe qualquer vantagem na divisão do objeto, mesmo que seja para atender aos interesses das micro e pequenas empresas.

Segundo o §2º do art. 48, "na hipótese do inc. II do caput deste artigo, os empenhos e pagamentos do órgão ou entidade da administração pública poderão ser destinados diretamente às microempresas e empresas de pequeno porte subcontratadas".

Trata-se de privilégio relevante para tais empresas, pois em situações usuais de subcontratação a relação jurídica se dá exclusivamente entre a contratada e a subcontratada, não havendo qualquer vínculo entre a Administração contratante e a empresa subcontratada, nem obrigação daquela perante esta.[28] O dispositivo citado vem, portanto, subverter essa regra geral.

---

[28] Esse é o entendimento pacífico da doutrina e da jurisprudência, como se verifica na seguinte decisão no âmbito do STJ: "a subcontratação de terceiros não estabelece uma relação jurídica de natureza contratual entre a administração e o subcontratado, permanecendo sob exclusiva responsabilidade do contratado o cumprimento das obrigações advindas do contrato administrativo" (Suspensão de Segurança nº 3.230 – MA. Min. João Otávio de Noronha, 5.6.2020).

Para operacionalizar o disposto no §2º do art. 48, é preciso que essa possibilidade esteja prevista no ajuste firmado entre a Administração e a empresa contratada. Além disso, é necessário que esta última peticione ao órgão ou entidade, requerendo que a Administração proceda aos empenhos e pagamentos diretamente à microempresa ou empresa de pequeno porte subcontratada, caso esse compromisso tenha sido pactuado no ajuste que ultimou a subcontratação.

Nessa ocasião, a contratada deve enviar os dados relativos à subcontratação, como a parcela do objeto da subcontratada, com a discriminação dos itens ou etapas que serão executados pela subcontratada, bem como dos preços totais e unitários dos itens correspondentes da planilha contratual. O valor do subcontrato será abatido do contrato principal, de forma que a contratada receberá os valores remanescentes.

O ideal é que os deveres associados às atividades de empenho e pagamento sejam estipulados em novo contrato firmado entre a Administração, o contratado e o subcontratado, o qual deve conter todas as informações pertinentes à subcontratação.

Os dados relacionados acima serão utilizados pela fiscalização do contratante para o ateste e a medição dos serviços efetivamente executados pela subcontratada, servindo de suporte aos empenhos e aos pagamentos. O título jurídico firmado entre as partes poderá ser usado pela subcontratada para a cobrança dos valores pertinentes diretamente à Administração.

É preciso destacar que a contratada mantém a responsabilidade contratual pela parcela subcontratada, a teor do art. 122 da Lei nº 14.133/2021. Isso significa que, se os serviços executados pela subcontratada forem recusados, total ou parcialmente, pela Administração, por estarem desconformes às especificações pactuadas ou em quantidade inferior à declarada, o órgão ou a entidade poderá responsabilizar diretamente a contratada, aplicando as sanções cabíveis se os vícios não forem solucionados. Isso ocorre porque a relação jurídica entre a Administração e a subcontratada é apenas para fins de empenho e pagamento de parcela do ajuste, permanecendo a contratada inteiramente responsável pela satisfação do contrato principal.

O §3º do art. 48 prevê mais um privilégio às microempresas e empresas de pequeno porte, no afã de dar cumprimento às diretrizes do art. 48 da Lei Complementar nº 123/2006. Conforme aquele dispositivo, a Administração poderá, justificadamente, "[...] estabelecer a prioridade de contratação para as microempresas e empresas de pequeno porte sediadas local ou regionalmente, até o limite de 10% (dez por cento) do melhor preço válido".

Em nossa visão, tal possibilidade deve ser justificada no estudo técnico preliminar da licitação e prevista no edital. Diferentemente dos arts. 44 e 45, as microempresas e as empresas de pequeno porte não serão instadas a cobrir a melhor proposta, numa situação de empate ficto. A mais bem classificada simplesmente será contratada pelo valor de sua proposta, se esta for até 10% maior que o melhor preço válido. Isso implica que a Administração será instada a contratar com a proposta menos vantajosa, desde que ela tenha sido ofertada por empresa enquadrada nos critérios da Lei Complementar nº 123/2006, sediada no local ou na região especificada no edital. Apesar do silêncio da norma, é preciso que o valor desta proposta atenda aos critérios de aceitabilidade de preço unitário e preço global, ou seja, esteja abaixo do orçamento de referência e seja compatível com os parâmetros de mercado.

Nesse caso, há uma clara opção do legislador pelo princípio constitucional do tratamento privilegiado das microempresas e das empresas de pequeno porte, consubstanciado no capítulo pertinente à ordem econômica, e os princípios da eficiência e da economicidade, aplicáveis à Administração Pública.

Não obstante, o administrador tem a liberdade de adotar ou não a regra de preferência estabelecida no §3º do art. 48, em cada edital. Assim, ele terá uma ampla margem de discricionariedade para usar ou não o aludido tratamento diferenciado, podendo assim proceder na exata medida em que não haja prejuízo ao atendimento de outras políticas públicas de responsabilidade do órgão ou entidade, considerando as limitações orçamentárias existentes.

A propósito, o art. 49 da Lei Complementar nº 123/2006 estabelece as situações em que o disposto nos arts. 47 e 48 não será aplicável. Tal ocorrerá quando:

I - (Revogado);
II - não houver um mínimo de 3 (três) fornecedores competitivos enquadrados como microempresas ou empresas de pequeno porte sediados local ou regionalmente e capazes de cumprir as exigências estabelecidas no instrumento convocatório;
III - o tratamento diferenciado e simplificado para as microempresas e empresas de pequeno porte não for vantajoso para a administração pública ou representar prejuízo ao conjunto ou complexo do objeto a ser contratado;
IV - a licitação for dispensável ou inexigível, nos termos dos arts. 24 e 25 da Lei nº 8.666, de 21 de junho de 1993, excetuando-se as dispensas tratadas pelos incisos I e II do art. 24 da mesma Lei, nas quais a compra deverá ser feita preferencialmente de microempresas e empresas de pequeno porte, aplicando-se o disposto no inciso I do art. 48.

As situações anunciadas nos incs. II e III refletem as preocupações elencadas a pretexto do comentário do §3º do art. 47, de buscar compatibilizar, de forma razoável, os princípios do tratamento privilegiado das microempresas e das empresas de pequeno porte e os da eficiência e da economicidade.

Quanto ao inc. IV do dispositivo em exame, o texto merece interpretação. De sua redação, é possível concluir que não há tratamento diferenciado para microempresas e empresas de pequeno porte em situações de inexigibilidade e dispensa de licitação, agora estatuídas nos arts. 74 e 75 da Lei nº 14.133/2021. A exceção diz respeito às dispensas de valor, consignadas nos incs. I e II do último dispositivo.

Neste caso, a contratação direta deverá ser feita preferencialmente junto às microempresas e empresas de pequeno porte, podendo a Administração limitar a participação no processo administrativo de contratação direta às empresas enquadradas nos critérios da Lei Complementar nº 123/2006, se o valor da contratação for de até R$80.000,00. Assim, as cotações e o procedimento de manifestação de interesse da Administração em obter propostas adicionais de eventuais interessados, de que trata o §3º do art. 75,[29] poderão ser direcionados apenas a microempresas e empresas de pequeno porte.

Os critérios do art. 49 devem ser aplicados alternativamente, ou seja, basta a ocorrência de uma das circunstâncias elencadas nos aludidos incisos para que não seja possível o oferecimento de tratamento privilegiado às microempresas e empresas de pequeno porte, nos termos dos arts. 47 e 48 da Lei Complementar nº 123/2006.

2.2 Regras da Lei nº 14.133/2021 envolvendo microempresas e empresas de pequeno porte

O art. 4º da Lei nº 14.133/2021 trouxe regras interessantes não previstas no regime da Lei Complementar nº 123/2006.

Segundo o §1º, o tratamento privilegiado a microempresa e empresa de pequeno porte, por ocasião de contratações públicas, não se aplica no caso de licitação para aquisição de bens ou contratação de serviços em geral e obras e obras e serviços de engenharia, cujos valores estimados forem superiores à receita bruta máxima admitida para fins de enquadramento como empresa de pequeno porte (R$4.800.000,00).

A regra do §2º é importante para antecipar os efeitos de eventual desenquadramento de microempresa e EPP no regime da Lei Complementar nº 123/2006, no mesmo ano em que elas extrapolarem o limite legal (R$4.8000,00). Segundo o dispositivo, deve ser verificada a receita bruta da empresa *no ano-calendário de realização da licitação, referente a contratos celebrados com a Administração Pública*. A empresa receberá tratamento diferenciado se o montante somado não ultrapassar a receita bruta máxima admitida para fins de enquadramento como empresa de pequeno porte (R$4.800.000,00), devendo o órgão ou entidade exigir do licitante declaração de observância desse limite na licitação.

Segundo o §3º do art. 4º, "nas contratações com prazo de vigência superior a 1 (um) ano, será considerado o valor anual do contrato na aplicação dos limites previstos nos §§1º e 2º deste artigo".

A dúvida reside na forma de calcular o valor anual do contrato, se mediante a divisão do seu montante pelo prazo em ano; ou pela verificação do cronograma de desembolso do contrato. Em nossa visão, o mais adequado para verificar o faturamento previsto seria apurar o valor a ser recebido em cada ano, conforme o cronograma. Todavia, a primeira fórmula parece ser mais adequada pela sua simplicidade, especialmente para examinar o atendimento do §2º.

Assim, se uma empresa de pequeno porte tiver celebrado um contrato no valor de R$6 milhões em janeiro de 20XX, com prazo de vigência de 18 meses, ela ainda poderá

---

[29] "§3º As contratações de que tratam os incisos I e II do caput deste artigo serão preferencialmente precedidas de divulgação de aviso em sítio eletrônico oficial, pelo prazo mínimo de 3 (três) dias úteis, com a especificação do objeto pretendido e com a manifestação de interesse da Administração em obter propostas adicionais de eventuais interessados, devendo ser selecionada a proposta mais vantajosa".

usufruir do tratamento privilegiado em licitação realizada em fevereiro de 20XX, pois, conforme o segundo método de cálculo, o valor anual do seu contrato é de R$4 milhões (6 dividido por 1,5), abaixo, portanto, do limite legal.

Pelo segundo método de cálculo, seria necessário examinar o cronograma de desembolso, a fim de verificar se a empresa iria receber, no ano calendário, um montante acima do limite de R$4,8 milhões.

De todo modo, a nova disciplina da nova Lei de Licitações impõe uma maior restrição ao tratamento privilegiado de microempresas e empresas de pequeno porte, seja pela antecipação do desenquadramento no próprio exercício, seja pela consideração de um valor fictício que ainda não tenha entrado no caixa da empresa e, eventualmente, no caso de atrasos, possa nem entrar.

CAPÍTULO 3

PRINCÍPIOS APLICÁVEIS

Art. 5º Na aplicação desta Lei, serão observados os princípios da legalidade, da impessoalidade, da moralidade, da publicidade, da eficiência, do interesse público, da probidade administrativa, da igualdade, do planejamento, da transparência, da eficácia, da segregação de funções, da motivação, da vinculação ao edital, do julgamento objetivo, da segurança jurídica, da razoabilidade, da competitividade, da proporcionalidade, da celeridade, da economicidade e do desenvolvimento nacional sustentável, assim como as disposições do Decreto-Lei nº 4.657, de 4 de setembro de 1942 (Lei de Introdução às Normas do Direito Brasileiro).

3.1 Teoria dos princípios

O estudo dos princípios jurídicos surgiu no contexto da reaproximação entre o direito e a moral, cujo ponto de partida foi a releitura do papel atribuído às constituições, de meros programas políticos que deveriam inspirar a atuação do legislador para fonte central do direito.

Tal ocorreu no segundo pós-guerra, na Europa, quando se percebeu que era preciso frear as maiorias políticas eventuais, com vistas à proteção de direitos fundamentais. Houve, portanto, a aproximação do constitucionalismo europeu do praticado desde as suas origens nos Estados Unidos. Nessa ordem de ideias, a Constituição é vista como uma norma jurídica que limita o exercício do Poder Legislativo e pode justificar a invalidação das leis.[30]

O reconhecimento da força normativa das constituições trouxe, consigo, o problema da aplicação de normas com maior grau de indeterminação e com elevada carga valorativa. Como boa parte de suas disposições caracteriza-se pela abertura e indeterminação semânticas – em boa medida, veiculam princípios e não regras –, a sua aplicação direta pelo Poder Judiciário importou na adoção de novas técnicas e estilos hermenêuticos, como a ponderação e o recurso ao princípio da proporcionalidade, e no desenvolvimento de diversas teorias de argumentação jurídica.[31]

Surge, então, o movimento denominado neoconstitucionalismo, que pode ser sintetizado como o conjunto de doutrinas que prestigiam a centralidade da Constituição no ordenamento jurídico, a força normativa dos princípios e o papel do Poder Judiciário na concretização do direito, em sua essência de realização da justiça. Ele se dedica à discussão de métodos ou de teorias da argumentação que permitam o controle racional e intersubjetivamente controlável da melhor resposta para os casos difíceis do direito.[32]

A teoria dos princípios foi desenvolvida a partir da ideia de que as normas se dividem em regras e princípios. Essa distinção teve início com o movimento chamado de Jurisprudência dos Valores, que defendia a possibilidade de aplicação do direito com base em pautas supralegais de valoração, mediante a reintrodução da moral no direito.[33]

A partir de então, passou-se a defender a normatividade dos princípios, que poderiam ser usados como critério de decisão, especialmente em casos difíceis. O critério de diferenciação entre princípios e regras era, segundo os teóricos desse movimento, o grau de abstratividade e a indeterminação, mais presentes nos primeiros.

Todavia, essa distinção se notabilizou e se disseminou após a construção teórica do filósofo americano Ronald Dworkin, seguida das contribuições do constitucionalista alemão Robert Alexy.[34] Esses autores desenvolveram suas teorias em torno da ideia de que havia diferenças estruturais entre essas espécies normativas, o que repercutia em seu modo de aplicação e na forma de solução de conflitos.

A ideia de princípio comporta diferentes acepções. Geralmente, é entendida como sinônimo de normas amplas, com características muito genéricas e vagas, expressas por meio de conceitos indeterminados, que expressam valores, direitos fundamentais

---

[30] SARMENTO, Daniel. O neoconstitucionalismo no Brasil. *In*: FELLET, André Luiz Fernandes; PAULA, Daniel Giotti de; NOVELINO, Marcelo (Org.). *As novas faces do ativismo judicial*. Salvador: JusPodivm, 2011. p. 77.
[31] SARMENTO, Daniel. O neoconstitucionalismo no Brasil. *In*: FELLET, André Luiz Fernandes; PAULA, Daniel Giotti de; NOVELINO, Marcelo (Org.). *As novas faces do ativismo judicial*. Salvador: JusPodivm, 2011. p. 78-79.
[32] SARMENTO, Daniel. O neoconstitucionalismo no Brasil. *In*: FELLET, André Luiz Fernandes; PAULA, Daniel Giotti de; NOVELINO, Marcelo (Org.). *As novas faces do ativismo judicial*. Salvador: JusPodivm, 2011. p. 79.
[33] COSTA, Frederico Magalhães. A (in)diferença entre princípios e regras: repensando a teoria dos princípios com Aulios Aarnio. *Revista de Teorias do Direito e Realismo Jurídico*, Brasília, v. 3, n. 1, p. 104-126, jan./jun. 2017. p. 111.
[34] COSTA, Frederico Magalhães. A (in)diferença entre princípios e regras: repensando a teoria dos princípios com Aulios Aarnio. *Revista de Teorias do Direito e Realismo Jurídico*, Brasília, v. 3, n. 1, p. 104-126, jan./jun. 2017. p. 104.

e máximas do direito ou preceitos de elevado grau hierárquico. Tal polissemia resulta em que o termo "princípio" seja adotado em contextos bastante diversos.[35]

3.1.1 Teorias de Ronald Dworkin e Robert Alexy

Ronald Dworkin dá ênfase ao aspecto substancial da norma, ao seu valor intrínseco, ao distinguir os princípios das regras. O princípio é definido como "um padrão que deve ser observado porque é uma exigência de justiça ou equidade ou alguma outra dimensão da moralidade".[36]

Além disso, o autor diferencia essas espécies normativas quanto ao modo de aplicação. Para ele, as regras são aplicáveis à maneira tudo-ou-nada. Assim, ocorrendo os fatos que uma regra estipula, ou a regra é válida e, neste caso, a resposta que ela fornece deve ser aceita, ou não é válida e, neste caso, em nada contribui para a decisão.[37]

Já os princípios são aplicados em uma dimensão de peso ou importância. Nas palavras de Ronald Dworkin, "quando os princípios se intercruzam [...], aquele que vai resolver o conflito tem de levar em conta a força relativa de cada um".[38]

Robert Alexy entende que o principal critério de diferenciação entre regras e princípios reside na forma de solucionar os conflitos. Para ele, o verdadeiro núcleo de distinção está no fato de que os princípios são normas que ordenam a realização de algo na maior medida possível. Os princípios veiculam mandados de otimização e são caracterizados por aceitarem diversos graus de cumprimento. Assim, ele prescreve a técnica da ponderação dos princípios para a solução de casos difíceis.

A teoria de Robert Alexy é, portanto, procedimental. Letícia Balsamão Amorim elenca as seguintes fases do método de ponderação proposto por Alexy:

> (i) primeiro se investigam e identificam os princípios (valores, direitos, interesses) em conflito, e quanto mais elementos forem trazidos mais correto poderá ser o resultado final da ponderação; (ii) segundo, atribui-se o peso ou importância que lhes corresponda, conforme as circunstâncias do caso concreto; e (iii) por fim, decide-se sobre a prevalência de um deles sobre o outro (ou outros).[39]

A aplicação desse método deve se dar argumentativamente.

---

[35] CAJU, Oona de Oliveira; GONCALVES, Roberta Candeia. Princípios, teoria da argumentação jurídica e técnica da ponderação como referenciais hermenêuticos no processo de decisão judicial. In: SILVA, Artur Stamford da; BEÇAK, Rubens; LEISTER, Margareth Anne (Org.). Hermenêutica I. Florianópolis: Compedi, 2014. v. 1. p. 360.
[36] DWORKIN, Ronald. Levando os direitos a sério. São Paulo: Martins Fontes, 2002. p. 141.
[37] DWORKIN, Ronald. Levando os direitos a sério. São Paulo: Martins Fontes, 2002. p. 39.
[38] DWORKIN, Ronald. Levando os direitos a sério. São Paulo: Martins Fontes, 2002. p. 42.
[39] AMORIM, Letícia Balsamão. A distinção entre regras e princípios segundo Robert Alexy: esboço e críticas. Revista de Informação Legislativa, Brasília, v. 42, n. 165, p. 123-134, jan./mar. 2005. p. 128. Disponível em: http://www2.senado.leg.br/bdsf/handle/id/273. Acesso em: 16 jan. 2022.

Assim, a teoria de Robert Alexy busca conferir certa racionalidade à decisão judicial baseada em princípios e valores, a partir do estabelecimento de um procedimento para a tomada de decisão. Na descrição de Oona Caju e Roberta Gonçalves, "esta atingiria a qualidade de racional ou razoável por meio da observância a regras que garantam a racionalidade do discurso e incorporem valores subjacentes ao ordenamento".[40]

O autor desenvolveu a teoria da argumentação jurídica, cujo pressuposto básico é a concepção do discurso jurídico como forma especial do discurso prático geral. Por meio dela, seria possível garantir que as ações e as decisões jurídicas sejam adotadas a partir de critérios racionais, garantidos por meio da observância de um procedimento também racional.[41] [42]

3.1.2 Críticas às teorias de Ronald Dworkin e Robert Alexy

Humberto Ávila desenvolveu sua teoria dos princípios assumindo uma postura crítica quanto aos critérios distintivos entre regras e princípios anunciados por Ronald Dworkin e Robert Alexy.

Segundo ele, tais espécies normativas não se diferenciam segundo os modos finais de aplicação e de solução de antinomias, na medida em que toda norma jurídica pode ser aplicada mediante um processo de ponderação.[43] Para o autor, as regras se distinguem dos princípios conforme três critérios: quanto ao modo como prescrevem o comportamento; à natureza da justificação exigida; e ao modo como contribuem para a decisão.

Consoante o primeiro parâmetro, as regras são normas imediatamente descritivas, na medida em que estabelecem obrigações, permissões e proibições mediante a descrição da conduta a ser adotada. Já os princípios são normas imediatamente finalísticas, pois estabelecem um estado de coisas para cuja realização é necessária a adoção de determinados comportamentos.[44]

---

[40] CAJU, Oona de Oliveira; GONCALVES, Roberta Candeia. Princípios, teoria da argumentação jurídica e técnica da ponderação como referenciais hermenêuticos no processo de decisão judicial. *In*: SILVA, Artur Stamford da; BEÇAK, Rubens; LEISTER, Margareth Anne (Org.). *Hermenêutica I*. Florianópolis: Compedi, 2014. v. 1. p. 363.

[41] CAJU, Oona de Oliveira; GONCALVES, Roberta Candeia. Princípios, teoria da argumentação jurídica e técnica da ponderação como referenciais hermenêuticos no processo de decisão judicial. *In*: SILVA, Artur Stamford da; BEÇAK, Rubens; LEISTER, Margareth Anne (Org.). *Hermenêutica I*. Florianópolis: Compedi, 2014. v. 1. p. 354.

[42] Neil MacCormick é outro autor com trabalho relevante no desenvolvimento da teoria da argumentação jurídica. Ele divide os argumentos usados nas decisões judiciais em três tipos: consequencialistas, de coerência e de coesão. Em sua visão, a adoção inter-relacionada desses cânones de argumentação garantem uma concepção bem fundamentada do Estado de direito (MACCORMICK, Neil. *Argumentação jurídica e teoria do direito*. São Paulo: Martins Fontes, 2006. p. 327).

[43] ÁVILA, Humberto. *Teoria dos princípios*: da definição à aplicação dos princípios jurídicos. São Paulo: Malheiros, 2011. p. 88.

[44] ÁVILA, Humberto. *Teoria dos princípios*: da definição à aplicação dos princípios jurídicos. São Paulo: Malheiros, 2011. p. 71.

Quanto ao segundo critério, a interpretação e a aplicação das regras exigem uma avaliação da correspondência entre a construção conceitual dos fatos e a construção conceitual da norma e da finalidade que lhe dá suporte. A interpretação e a aplicação dos princípios demandam uma avaliação da correlação entre o estado de coisas posto como fim e os efeitos do comportamento a ser adotado.[45]

O autor ressalta a necessidade de um maior ônus argumentativo nas decisões baseadas em princípios, independentemente da complexidade do caso. Como não há descrição do conteúdo do comportamento no enunciado do princípio, a interpretação do seu conteúdo normativo depende, com maior intensidade, do exame problemático.

Nesse contexto, Humberto Ávila propõe uma espécie de método indutivo de interpretação dos princípios, pelo qual a construção de seu sentido não pode ocorrer sem o exame de casos em que foram ou deveriam ter sido aplicados. Isso implica:

> [...] a maior necessidade da análise de casos paradigmáticos para a investigação do conteúdo normativo dos princípios: é preciso investigar casos cuja solução, porque baseada em valores passíveis de generalização, possa servir de paradigma para outros casos similares [...].[46]

Pelo terceiro critério, os princípios consistem em normas primariamente complementares e preliminarmente parciais, na medida em que não têm a pretensão de gerar uma solução específica, mas de contribuir, ao lado de outras razões, para a tomada de decisão. Já as regras consistem em normas preliminarmente decisivas e abarcantes, na medida em que têm a aspiração de gerar uma solução específica para o conflito entre razões.[47]

Friedrich Müller critica o que chama de irracionalidade e subjetividade do uso da técnica da proporcionalidade na solução de conflito entre princípios, objetando, assim, a doutrina de Robert Alexy. Segundo aquele autor, o sopesamento é um método irracional, uma mistura de "sugestionamento linguístico", "pré-compreensões mal esclarecidas" e "envolvimento afetivo em problemas jurídicos concretos", cujo resultado não passa de mera suposição.[48]

Ele desenvolveu a teoria estruturante do direito, segundo a qual a racionalidade e a possibilidade de controle intersubjetivo na interpretação e na aplicação do direito só são possíveis por intermédio de uma concretização da norma jurídica após árdua análise e limitação do âmbito de cada norma. Essa concretização ocorre mediante a

---

[45] ÁVILA, Humberto. *Teoria dos princípios*: da definição à aplicação dos princípios jurídicos. São Paulo: Malheiros, 2011. p. 73.
[46] ÁVILA, Humberto. *Teoria dos princípios*: da definição à aplicação dos princípios jurídicos. São Paulo: Malheiros, 2011. p. 75.
[47] ÁVILA, Humberto. *Teoria dos princípios*: da definição à aplicação dos princípios jurídicos. São Paulo: Malheiros, 2011. p. 76.
[48] CALETTI, Leandro; STAFFEN, Márcio Ricardo. O conflito entre princípios na teoria estruturante do direito de Friedrich Müller. *Revista Jurídica*, v. 4, n. 6, p. 74-87, abr. 2016. p. 649. Disponível em: https://www.indexlaw.org/index.php/rdb/article/view/2966/2749. Acesso em: 17 jan. 2022.

análise do texto normativo, dos fatos relacionados ao caso, dos estudos doutrinários e da jurisprudência, ou seja, do programa normativo e dos dados reais. Realizada essa tarefa, não há espaço para colisões, porque a norma simplesmente se revela como não aplicável ao caso concreto e não se vê envolvida, portanto, em qualquer colisão jurídica relevante.[49]

Por fim, há a teoria de Aulis Aarnio, que defende não haver nenhuma diferença entre regras e princípios do ponto de vista linguístico. Além disso, ele não vê importância na distinção analítica entre essas espécies normativas para a decisão de determinado caso. Na visão ao autor, o princípio, assim como a regra, na condição de norma jurídica (não como texto normativo) é o resultado de determinada interpretação. Assim, a eventual distinção entre essas espécies somente é possível, *a posteriori*, jamais antes de sua interpretação-aplicação do dispositivo jurídico, sendo, portanto, irrelevante como parâmetro de fundamentação.

O trabalho do autor foi sintetizado dessa forma por Frederico Magalhães Costa:

> [...] o raciocínio que o jurista-intérprete utilizará para fundamentar a sua compreensão-decisão não levará em conta uma suposta categoria prévia a que pertença o texto normativo, se regra ou princípio, mas, sim, a sua importância para resolver o conflito jurídico. Isso porque de nada lhe será útil saber a natureza a priori de determinada norma, afinal é o seu sentido que interessa na aplicação e não uma suposta diferenciação dogmática ornamental que em nada alterará o procedimento de feição normativo-prescritiva inerente ao processo compreensivo ou de justificação do ato decisório.[50]

Não há dúvida de que os textos normativos apresentam diferentes graus de abstração e imprecisão, havendo situações mais extremas em que o dispositivo somente anuncia determinado valor ou fim, sem especificar determinada consequência ou comportamento, nem o suporte fático sobre o qual haverá a incidência do texto, nem a solução jurídica para o caso.

Tal ocorre, por exemplo, no art. 5º da Lei nº 14.133/2021, que se limitou a descrever os princípios aplicáveis às licitações e contratos, sem anunciar as situações em que um e outro deve preponderar, nem a medida jurídica a ser adotada a partir da ocorrência de determinado fato que imponha a sua observância. Sob essa perspectiva, é possível afirmar que o dispositivo foi estruturalmente escrito como um texto que veicula um princípio, exigindo um maior esforço de interpretação e argumentação.

A aplicação de dispositivo requer, portanto, a extração do sentido de cada um dos princípios, a partir da identificação de seus fins e dos valores que eles buscam proteger. Ademais, essa concretização exige a avaliação das circunstâncias concretas e a verificação da existência ou não de outros textos normativos que possam incidir sobre os

---

[49] CALETTI, Leandro; STAFFEN, Márcio Ricardo. O conflito entre princípios na teoria estruturante do direito de Friedrich Müller. *Revista Jurídica*, v. 4, n. 6, p. 74-87, abr. 2016. p. 649. Disponível em: https://www.indexlaw.org/index.php/rdb/article/view/2966/2749. Acesso em: 17 jan. 2022.

[50] COSTA, Frederico Magalhães. A (in)diferença entre princípios e regras: repensando a teoria dos princípios com Aulios Aarnio. *Revista de Teorias do Direito e Realismo Jurídico*, Brasília, v. 3, n. 1, p. 104-126, jan./jun. 2017. p. 124.

fatos, de forma que somente após essa interação entre textos-fatos-contexto será possível determinar o comportamento desejado ou proibido. Por evidente, todo esse caminho de interpretação-aplicação deve ser exposto na decisão para que seja controlada a sua racionalidade e, dentro de uma visão indutiva da construção da norma jurídica, seja possível a aplicação do paradigma a outros casos concretos.

3.1.3 Problemas decorrentes do neoconstitucionalismo

Há ampla doutrina enfatizando as facetas negativas no neoconstitucionalismo. Thiago Magalhães Pires elenca quatro críticas:[51]
a) constitucionalização de tudo, a partir da releitura ou alteração do sentido de uma lei, a partir de uma interpretação da Constituição, para ajustar a norma ao sentimento pessoal de justiça do julgador;
b) expansão do direito a determinados ambientes em que a intervenção do Estado é, em si, questionável ou mesmo opressiva;
c) ampliação da atuação judicial, com o emprego cada vez mais frequentes de normas abertas, o que implica um aumento na margem de criação do direito e, por conseguinte, no risco de decisões conflitantes; e
d) o decisionismo e o subjetivismo, calcados na ideia de que o respeito à forma prescrita cede sempre em qualquer caso à solução que pareça mais justa ao juiz de plantão.

Em sentido próximo, Frederico Magalhães Costa assinala que a pretensão de regresso dos *standards* éticos e cânones morais como balizas das teorias da norma e da decisão "[...] trouxe consigo a franca liberdade de atribuição de sentidos às pautas valorativas de conduta e o consequente decisionismo, diminuindo, dessa forma, a importância do padrão regulatório das regras".[52]

Essa expansão da atividade do juiz para além do limite semântico da norma corresponde ao que parte da doutrina denomina ativismo judicial, como algo representativo de uma indevida invasão do Poder Judiciário no espaço legítimo de atuação de outros poderes. Tal crítica também alcança a atuação dos tribunais de contas, o que não poderia ser diferente, na medida em que estes órgãos também realizam, no exercício de sua função de controle externo, a subsunção dos fatos às normas relativas à fiscalização contábil, financeira, orçamentária, operacional e patrimonial.[53]

---

[51] PIRES, Thiago Magalhães. Pós-positivismo sem trauma: o possível e o indesejável no reencontro do direito com a moral. *In*: FELLET, André Luiz Fernandes; PAULA, Daniel Giotti de; NOVELINO, Marcelo (Org.). *As novas faces do ativismo judicial*. Salvador: JusPodivm, 2011. p. 37-43.

[52] COSTA, Frederico Magalhães. A (in)diferença entre princípios e regras: repensando a teoria dos princípios com Aulios Aarnio. *Revista de Teorias do Direito e Realismo Jurídico*, Brasília, v. 3, n. 1, p. 104-126, jan./jun. 2017. p. 105.

[53] Nesse sentido, ver ALVES, Francisco Sérgio Maia. O ativismo na atuação jurídico-administrativa do Tribunal de Contas da União: estudo de casos. *Revista de Informação Legislativa: RIL*, v. 53, n. 209, p. 303-328, jan./mar. 2016. Disponível em: https://www12.senado.leg.br/ril/edicoes/53/209/ril_v53_n209_p303.

É justamente em razão dos riscos que o uso desmesurado dos princípios pode representar à segurança jurídica e à pretensão de previsibilidade do direito que a sua aplicação aos casos concretos deve ser precedida de rigorosa fundamentação. Além disso, é preciso cautela nas decisões baseadas em princípios jurídicos, a fim de evitar a invasão da esfera judicial e controladora nos espaços legítimos de atuação discricionária do administrador e do próprio legislador.

3.1.4 Conceito de princípio na doutrina brasileira

Antes de se avançar no estudo dos princípios licitatórios em espécie, não se pode deixar de mencionar o conceito de princípio segundo a doutrina nacional.

Conforme o clássico conceito de Celso Antônio Bandeira de Mello, princípio é:

> um mandamento nuclear de um sistema, verdadeiro alicerce dele, disposição fundamental que se irradia sobre diferentes normas compondo-lhes o espírito e servindo de critério para a sua exata compreensão e inteligência, exatamente para definir a lógica e racionalidade do sistema normativo, no que lhe confere a tônica de lhe dá sentido harmônico.[54]

Como se vê, o autor dá ênfase à fundamentalidade da norma, não fazendo nenhuma menção às suas características estruturais, nem à forma de sua aplicação na solução de casos concretos.

Esse traço também é visto na teoria de Rafael Carvalho Rezende Oliveira, segundo o qual os princípios jurídicos condensam os valores fundamentais da ordem jurídica e, devido à sua fundamentalidade e à sua abertura linguística, irradiam-se sobre todo o sistema jurídico, garantindo-lhe harmonia e coerência.[55]

3.2 Princípios licitatórios em espécie

Os princípios anunciados no art. 5º servem para definir a lógica e a racionalidade do regime jurídico das licitações e dos contratos celebrados pelas administrações diretas, autárquicas e fundacionais da União, dos estados, do Distrito Federal e dos municípios, de forma que eles devem ser usados como vetores interpretativos não apenas da Lei nº 14.133/2021 como das normas que eventualmente forem elaboradas pelos demais entes federativos, no exercício de sua competência suplementar.

São princípios novos, em relação ao regime anterior, pelo menos no que se refere à sua expressa previsão legal: os da motivação, da segurança jurídica, da razoabilidade,

---

[54] BANDEIRA DE MELLO, Celso Antônio. *Curso de direito administrativo*. São Paulo: Malheiros, 2008. p. 53.
[55] OLIVEIRA, Rafael Carvalho Rezende. *Curso de direito administrativo*. São Paulo: Método, 2016. p. 34.

da competitividade, da proporcionalidade, da celeridade, do planejamento, da transparência, da eficácia e da segregação de funções.

Da mesma forma, a nova lei positivou a necessidade de serem atendidas as disposições da Lei de Introdução às Normas do Direito Brasileiro (LINDB), o que evidentemente já seria exigível, mesmo no silêncio do novel estatuto. Afinal, os dispositivos introduzidos pela Lei nº 13.655, de 25.4.2018, versam sobre segurança jurídica e eficiência na criação e na aplicação do direito público, o que, evidentemente, abrange as normas gerais sobre licitações e contratos. A incidência desta norma sobre as licitações e contratos será objeto de análise no curso deste livro.

Passa-se à análise dos princípios em espécie.

3.2.1 Princípio da legalidade

O princípio da legalidade é nuclear do regime jurídico-administrativo, estando previsto no *caput* do art. 37 da Constituição Federal. Além disso, ele consta do rol de princípios anunciados no art. 2º da Lei nº 9.874, de 29.1.1999, que trata do processo administrativo no âmbito federal.

Segundo Celso Antônio Bandeira de Mello, ele consubstancia a ideia de que a administração somente pode ser exercida na conformidade da lei, ou seja, que a atividade administrativa é sublegal, consistente na expedição de comandos complementares à lei.[56]

Assim, ele impõe que a atuação do gestor ocorra dentro do espaço permitido pela lei, que deve estabelecer a moldura para o exercício da função administrativa, ou seja, as regras de competência, a forma e os fins a serem perseguidos no exercício da função administrativa.

Por conseguinte, a disciplina das contratações públicas deve ocorrer por meio de lei, o que se mostra importante para reduzir o espaço de arbitrariedade e dar maior segurança jurídica a quem deseja celebrar negócios com o Poder Público. Além disso, a intervenção do Parlamento permite uma maior legitimidade democrática na regulamentação do assunto, bem como o próprio controle do Poder Legislativo quanto a esse importante instrumento de execução do orçamento público.

O princípio da legalidade em matéria de licitações e contratos encontra seu berço no art. 37, inc. XXI, da Constituição Federal. Conforme o dispositivo, obras, serviços, compras e alienações serão contratados mediante processo de licitação pública que assegure igualdade de condições a todos os concorrentes, ressalvados os casos especificados na legislação. Com isso, apenas a lei pode estabelecer exceções ao dever de licitar, ou seja, estabelecer hipóteses de dispensa e inexigibilidade de licitação.

Além disso, o dispositivo constitucional supramencionado previu que a lei somente permitirá as exigências de qualificação técnica e econômica indispensáveis à

---

[56] BANDEIRA DE MELLO, Celso Antônio. *Curso de direito administrativo*. São Paulo: Malheiros, 2008. p. 100.

garantia do cumprimento das obrigações. Assim, há uma vedação absoluta ao estabelecimento de outros critérios de habilitação técnica e econômica além dos especificados pelo legislador.

Ademais, o art. 22, inc. XXVII, da Constituição Federal, impôs à União a competência de editar normas gerais de licitação e contratação, em todas as modalidades, para as administrações públicas diretas, autárquicas e fundacionais da União, estados, Distrito Federal e municípios.

Assim, tirando esses dois espaços de normatização obrigatória por meio de lei – hipóteses de contratação direta e requisitos de habilitação técnica e econômica –, haveria ampla margem de liberdade para o legislador federal escolher as matérias que seriam regulamentadas mediante essa espécie normativa, o que se daria dentro do espaço de discricionariedade do Parlamento para disciplinar os assuntos de interesse público, segundo a orientação política vigente a cada tempo.

Conforme já comentado, o Congresso Nacional optou por elaborar um estatuto licitatório bastante minucioso, havendo pouco espaço para que se possa inovar a ordem jurídica mediante a edição de uma norma infralegal. A abrangência da Lei nº 14.133/2021, assim como da lei anterior, fez com que o princípio da legalidade tivesse ampla ascendência no regramento das licitações e contratos, tolhendo, de certa forma, a possibilidade de inovações e soluções pontuais, extraídas a partir das experiências e das particularidades de cada unidade administrativa. A despeito dos vários temas que foram remetidos à regulamentação, o Poder Executivo deve atentar para não descumprir as regras específicas do novel estatuto, sob pena de violar o princípio da legalidade.

O advento do neoconstitucionalismo, por meio do reconhecimento da força normativa dos princípios e da centralidade da constituição na disciplina da ordem normativa, como visto, fez com que o princípio da legalidade tivesse uma leitura ainda mais ampliada. Não é por outra razão que a doutrina costuma substituir o princípio da legalidade pelo da juridicidade, o qual exige a submissão da atuação administrativa não apenas à lei, mas ao direito como um todo, ou seja, a compatibilidade de sua atuação ao que se chama de "bloco de legalidade".[57]

Apresentam-se as seguintes decisões do TCU nas quais o princípio da legalidade foi usado como critério de decisão (teses extraídas do repositório da jurisprudência selecionada do Tribunal):

> A adjudicação e a homologação do objeto do certame à empresa declarada vencedora com base em critério de classificação desconforme com os requisitos do edital e do termo de referência, introduzido em sistema oficial (Comprasnet) sem a republicação do instrumento convocatório, *afronta os princípios da legalidade*, da vinculação ao instrumento convocatório e do julgamento objetivo. (Acórdão nº 1.681/2013-Plenário. Rel. Min. Benjamin Zymler)
>
> A inabilitação com base em critério não previsto em edital e a ocultação de informações relevantes à habilitação dos licitantes ferem os *princípios da legalidade*, publicidade, do

---

[57] OLIVEIRA, Rafael Carvalho Rezende. *Curso de direito administrativo*. São Paulo: Método, 2016. p. 36.

julgamento objetivo e da vinculação ao disposto no instrumento convocatório. (Acórdão nº 6.979/2014-Primeira Câmara. Rel. Min. Subst. Augusto Sherman)

A fixação de taxa de encargos sociais das empresas participantes de processos de licitação não encontra amparo na legislação ou na jurisprudência do TCU, que entende que o *engessamento do percentual de encargos sociais fere o princípio da legalidade*, contribui para a restrição do caráter competitivo do certame licitatório e prejudica a obtenção de melhores preços. (Acórdão nº 9.036/2011-Primeira Câmara. Rel. Min. Subst. Augusto Sherman)

É irregular a exigência de que a planilha orçamentária, integrante da proposta de preços, seja assinada por profissional legalmente habilitado, com registro junto ao Conselho de Engenharia e Agronomia (Crea) ou ao Conselho de Arquitetura e Urbanismo (CAU), e acompanhada da respectiva anotação de responsabilidade técnica (ART) ou do registro de responsabilidade técnica (RRT), por violar o *princípio da legalidade* e restringir a ampla concorrência. (Acórdão nº 2.143/2021-Plenário. Rel. Min. Walton Alencar)

A observância das normas e das disposições do edital, consoante o art. 41, caput, da Lei 8.666/93, deve ser aplicada mediante a consideração dos princípios basilares que norteiam o procedimento licitatório, dentre eles os da eficiência e da seleção da proposta mais vantajosa. Diante do caso concreto, e a fim de melhor viabilizar a concretização do interesse público, *pode o princípio da legalidade estrita ser afastado frente a outros princípios*. (Acórdão nº 119/2016-Plenário. Rel. Min. Vital do Rêgo)

3.2.2 Princípio da impessoalidade

O princípio da impessoalidade também é nuclear do regime jurídico-administrativo, estando previsto no *caput* do art. 37 da Constituição Federal.

Ele veda que se estabeleçam preferências e perseguições no exercício da função administrativa, assim como se promova tratamento diferenciado a pessoas que estejam nas mesmas condições fáticas, segundo os critérios estabelecidos na lei. Em matéria de aquisições públicas, o aludido princípio é o que fundamenta a necessidade de realização de licitação toda vez que o Estado precisa de bens, obras e serviços para o cumprimento de sua missão finalística.

O princípio da impessoalidade, de certa forma, se confunde com os princípios da igualdade, da moralidade e do interesse público. No campo das licitações, ele é instrumentalizado pelo princípio da vinculação ao edital, desde que este tenha sido elaborado de acordo com o interesse público, sem o estabelecimento de regras que restrinjam indevidamente a participação de potenciais interessados e/ou direcionem o objeto para determinado licitante.

Assim, o princípio da impessoalidade é pressuposto para que se cumpra o princípio da competitividade e, por conseguinte, o da economicidade em matéria de contratação pública.

O princípio em exame é concretizado por algumas disposições da Lei nº 14.133/2021, como a que a veda a participação no certame licitatório daquele que mantenha vínculo de natureza familiar, técnica, comercial, econômica, financeira, trabalhista ou civil com dirigente da entidade contratante ou com agente público que desempenhe função na licitação ou atue na fiscalização ou na gestão do contrato, nos termos do inc. V do art. 14.

Além disso, o art. 88, §4º exige o respeito do aludido princípio no preenchimento do cadastro de atesto de cumprimento de obrigações contratuais, o qual será baseado em indicadores objetivamente definidos e aferidos, justamente para evitar privilégios e perseguições.

Eis alguns precedentes do TCU envolvendo a aplicação do princípio da impessoalidade no regime da lei anterior (teses extraídas do repositório da jurisprudência selecionada do Tribunal):

> A *utilização de critérios subjetivos de julgamento de propostas* de técnica e preço prejudica a competitividade do procedimento licitatório e está em desacordo com o art. 20 da Lei 12.462/2011 (Regime Diferenciado de Contratações Públicas - RDC), bem como ofende os princípios constitucionais da *impessoalidade* e da eficiência. (Acórdão nº 2.438/2015-Plenário. Rel. Min. Subst. Marcos Bemquerer)
>
> Viola o princípio da impessoalidade a participação de licitante da qual o proprietário tenha vínculo de parentesco com agente público que detenha poder de decisão na contratação. (Acórdão nº 3.153/2011-Plenário. Rel. Min. José Jorge)

3.2.3 Princípio da moralidade

O princípio da moralidade também é nuclear do regime jurídico-administrativo, estando previsto no *caput* do art. 37 da Constituição Federal. Além disso, ele consta do rol de princípios anunciados no art. 2º da Lei nº 9.874/1999.

Segundo Maria Sylvia Zanella Di Pietro, o princípio em exame exige que a atuação do administrador esteja de acordo com a moral, os bons costumes, as regras de boa administração, os princípios de justiça e de equidade, e a ideia comum de honestidade.[58]

Márcio Cammarosano dá uma acepção mais restrita ao princípio da moralidade administrativa, ao sustentar que ele tutela apenas os valores morais albergados pelo direito. Nessa perspectiva, ele não se confundiria com a moral comum, nem com as convicções pessoais de quem quer que seja. O seu objeto seria o que chama de moral jurídica.[59]

Em arrimo a essa posição, Celso Antônio Bandeira de Mello prescreve que não é qualquer ofensa à moral social que implicará a violação do princípio da moralidade administrativa, mas sim aquelas que menosprezem um bem juridicamente valorado. Nessa perspectiva, o aludido princípio seria um reforço ao da legalidade, dando-lhe um âmbito mais compreensivo do que normalmente teria.[60]

---

[58] DI PIETRO, Maria Sylvia Zanella. *Direito administrativo*. Rio de Janeiro: Forense, 2017. p. 79.
[59] CAMMAROSANO, Márcio. *O princípio constitucional da moralidade e o exercício da função administrativa*. Belo Horizonte: Fórum, 2006. p. 66; 74-75.
[60] BANDEIRA DE MELLO, Celso Antônio. *Curso de direito administrativo*. São Paulo: Malheiros, 2008. p. 120.

Em sentido próximo, Marcelo Figueiredo e Mônica Garcia assinalam que o princípio da moralidade, "[...] muito antigo nas formulações jurídicas, ao ser contemplado na Constituição, reforça os demais princípios e tende a superar a separação enganosa entre ética e direito, que pretende separar o direito da sociedade".[61]

Tomando como base essas ideias, o princípio da moralidade, em matéria de contratações públicas, exige que todos que participem de uma licitação e/ou da execução de um contrato administrativo atuem com lealdade e boa-fé, adotando comportamentos que prestigiem os valores almejados pela Lei nº 14.133/2021 e pela ordem normativa.

Apresentam-se as seguintes decisões do TCU nas quais o princípio da moralidade foi usado como critério de decisão (teses extraídas do repositório da jurisprudência selecionada do Tribunal):

> Diante da *relação de parentesco entre agente público*, com capacidade de influir no resultado do processo licitatório, e sócio da empresa vencedora do certame, resta *configurada grave violação aos princípios da moralidade*, da impessoalidade e da legalidade, assim como desobediência ao art. 9º, inciso III, §3º e §4º, da Lei 8.666/9193, e aos arts. 18, inciso I, e 19 da Lei 9.784/1999. (Acórdão nº 3.368/2013-Plenário. Rel. Min. José Jorge)
>
> A contratação pela Administração de *empresas pertencentes a parentes de gestor público envolvido no processo caracteriza*, diante do manifesto conflito de interesses, violação aos princípios constitucionais da *moralidade* e da impessoalidade. (Acórdão nº 1.941/2013-Plenário. Rel. Min. José Mucio Monteiro)
>
> Viola os princípios da igualdade e da *moralidade* a participação de licitante que possua quaisquer *relações de parentesco* com agente público que detenha poder de influência na decisão de contratação. (Acórdão nº 5.277/2009-Segunda Câmara. Rel. Min. Substituto André de Carvalho; Acórdão nº 1.620/2013-Plenário, Rel. Min. José Mucio Monteiro)
>
> A previsão de *itens de luxo em edital de pregão realizado com base na Lei 10.520/2002, sem a devida justificativa* acerca da necessidade e incompatíveis com a finalidade da contratação, contraria os princípios da economicidade e *da moralidade administrativa*. (Acórdão nº 1.895/2021-Plenário. Rel. Min. Subst. Marcos Bemquerer)
>
> A *visita técnica coletiva ao local de execução dos serviços contraria os princípios da moralidade* e da probidade administrativa, pois permite ao gestor público ter prévio conhecimento das licitantes, bem como às próprias empresas terem ciência do universo de concorrentes, criando condições favoráveis à prática de conluio. (Acórdão nº 2.672/2016-Plenário. Rel. Min. Benjamin Zymler; Acórdão nº 234/2015-Plenário. Rel. Min. Benjamin Zymler; Acórdão nº 7.982/2017-Segunda Câmara. Rel. Min. Ana Arraes)
>
> A vedação a que se refere o art. 9º, inciso III, da Lei 8.666/1993 diz respeito tanto à *participação na licitação, como pessoa física, de servidor do* órgão *contratante*, quanto à participação de pessoas jurídicas cujos sócios sejam servidores do contratante, em observância aos *princípios da moralidade* e da impessoalidade. (Acórdão nº 1.628/2018-Plenário. Rel. Min. Benjamin Zymler)
>
> A *participação de servidor na fase interna do pregão eletrônico (como integrante da equipe de planejamento) e na condução da licitação (como pregoeiro ou membro da equipe de apoio)* viola os princípios da *moralidade* e da segregação de funções. (Acórdão nº 1.278/2020-Primeira Câmara. Rel. Min. Walton Alencar)

---

[61] FIGUEIREDO, Marcelo; GARCIA, Mônica Nicida. Corrupção e direito administrativo. *In*: SPECK, Bruno Wilhelm. *Caminhos da transparência*. Campinas: Editora da Unicamp, 2002. p. 24.

3.2.4 Princípio da publicidade

O princípio da publicidade também é nuclear do regime jurídico-administrativo, estando previsto no *caput* do art. 37 da Constituição Federal.

Ele exige a divulgação de todos os atos que digam respeito à gestão do patrimônio público e/ou sejam do interesse da coletividade. Ao lado dos princípios da igualdade e isonomia, ele é um dos elementos de sustentação dos princípios republicano e democrático, já que permite o conhecimento pela sociedade dos fatos que lhe digam respeito, viabilizando a participação no governo e o controle dos atos do Poder Público.

O princípio da publicidade tem como contrapartida o direito à informação, o qual foi inserido no rol de direitos individuais e coletivos, estando expresso no art. 5º, inc. XXXIII, da Constituição Federal:

> todos têm direito a receber dos órgãos públicos informações de seu interesse particular, ou de interesse coletivo ou geral, que serão prestadas no prazo da lei, sob pena de responsabilidade, ressalvadas aquelas cujo sigilo seja imprescindível à segurança da sociedade e do Estado.

Em matéria de licitações e contratos, o princípio da publicidade é um dos princípios fundamentais da licitação, estando presente na Lei nº 8.666/1993 e no estatuto anterior, o Decreto-Lei nº 2.300, de 21.11.1986.

Ele exige que os interessados tomem ciência dos procedimentos de contratação pública, a fim de que possam participar e, eventualmente, contratar com o Poder Público ou tão somente fiscalizar a regularidade dos atos praticados. Ele é pressuposto do princípio da competitividade, pois o seu atendimento efetivo permite a ampliação do rol de licitantes, o que acaba repercutindo no preço final do bem, da obra ou do serviço a ser contratado pelo Poder Público.

O aludido princípio foi objeto da Súmula TCU nº 177, editada sob a égide da legislação anterior:

> A definição precisa e suficiente do objeto licitado constitui regra indispensável da competição, até mesmo como pressuposto do postulado de igualdade entre os licitantes, do qual é subsidiário o princípio da publicidade, que envolve o conhecimento, pelos concorrentes potenciais das condições básicas da licitação, constituindo, na hipótese particular da licitação para compra, a quantidade demandada uma das especificações mínimas e essenciais à definição do objeto do pregão.

Ele é expresso em várias disposições da Lei nº 14.133/2021, cabendo destacar o art. 13, que estabelece a natureza pública de todos os atos praticados no processo licitatório, ressalvadas as hipóteses de informações cujo sigilo seja imprescindível à segurança da sociedade e do Estado, na forma da lei.

Além disso, há regras específicas para a divulgação do edital de licitação (art. 53), sendo relevante ressaltar a criação do Portal Nacional de Contratações Públicas

(PNCP), como um marco relevante de transparência e publicidade dos atos relativos às contratações públicas.

A lei traz, ainda, exceções ao princípio em exame, quando anunciou, no parágrafo único do art. 13, que a publicidade será diferida quanto ao conteúdo das propostas, até a respectiva abertura (sigilo das propostas), e quanto ao orçamento da Administração, nos termos do art. 24 (orçamento sigiloso).

Eis alguns precedentes do TCU envolvendo a aplicação do princípio da publicidade no regime da lei anterior (teses extraídas do repositório da jurisprudência selecionada do Tribunal):

> Em respeito ao *princípio da publicidade*, o órgão ou entidade que promoveu audiência pública deve *motivar e divulgar as razões que a levaram a aceitar ou rejeitar os pleitos apresentados*. (Acórdão nº 1.756/2003-Plenário. Rel. Min. Walton Alencar)
>
> As contribuições e sugestões colhidas em audiência pública devem ser divulgadas no sítio na Internet da instituição pública que a promoveu, assim como a análise e a consolidação efetuadas acerca das contribuições recebidas, aceitas ou rejeitadas, de acordo com o *princípio da publicidade*. (Acórdão nº 2.104/2008-Plenário. Rel. Ubiratan Aguiar)
>
> Em observância aos princípios da publicidade e da motivação, os questionamentos, solicitações, reclamações, recursos ou impugnações e respectivas respostas e decisões, em procedimentos licitatórios, devem ser tornados públicos. (Acórdão nº 2.249/2007-Plenário. Rel. Raimundo Carreiro)
>
> Em *licitações internacionais, exige-se a publicação do edital em idioma estrangeiro e sua divulgação no exterior*, uma vez que o atendimento ao princípio da publicidade deve estar em consonância com o âmbito que se pretende dar à licitação e, em consequência, com o conjunto de interessados que se intenta atrair, o qual deve incluir empresas estrangeiras não estabelecidas no país. (Acórdão nº 2.672/2017-Plenário. Rel. Min. Subst. Augusto Sherman)
>
> No pregão eletrônico, desde sessão inicial de lances até o resultado final do certame, *o pregoeiro deverá sempre avisar previamente, via sistema (chat), a suspensão temporária dos trabalhos*, bem como a data e o horário previstos de *reabertura da sessão para o seu prosseguimento, em observância aos princípios da publicidade* e da razoabilidade. (Acórdão nº 2.273/2016-Plenário. Rel. Min. Subst. Marcos Bemquerer; Acórdão nº 2.842/2016-Plenário. Rel. Min. Bruno Dantas; Acórdão nº 3.486/2014-Plenário. Rel. Min. Subst. Marcos Bemquerer)
>
> Havendo divergência entre o edital da licitação e os avisos publicados quanto à data de abertura da sessão pública, deve haver *nova divulgação do edital*, sob pena de o certame ser anulado, uma vez que o fato atenta contra o *princípio da publicidade* e restringe o caráter competitivo da licitação, configurando grave infração à norma legal. (Acórdão nº 179/2015-Plenário. Rel. Min. Bruno Dantas)
>
> A deficiência ou o erro na publicidade das licitações somente podem ser considerados falha formal quando não comprometem o caráter competitivo do certame. (Acórdão nº 1.778/2015-Plenário. Rel. Min. Benjamin Zymler)
>
> A *redefinição dos requisitos de qualificação técnica* relativos às parcelas de maior relevância e valor significativo do objeto no decorrer da licitação, ainda que objetive o estabelecimento de parâmetros de avaliação mais adequados, além de infringir o art. 30, §2º, da Lei 8.666/1993, ofende os princípios da isonomia, da impessoalidade, *da publicidade* e da vinculação ao instrumento convocatório. A alteração desses critérios exige nova publicação do edital, observados os prazos e as exigências legais. (Acórdão nº 6.750/2018-Primeira Câmara. Rel. Min. Walton Alencar)

Em licitações que requeiram prova de conceito ou apresentação de amostras, deve ser viabilizado o acompanhamento dessas etapas a todos licitantes interessados, em consonância com o *princípio da publicidade*. (Acórdão nº 1.823/2017-Plenário. Rel. Min. Walton Alencar)

3.2.5 Princípio da eficiência

O princípio da eficiência também é nuclear do regime jurídico-administrativo, estando previsto no *caput* do art. 37 da Constituição Federal, após a alteração de sua redação promovida pela Emenda Constitucional nº 19, de 4.6.1998.

Ele constitui, expressamente, um dos parâmetros de controle utilizados pelo sistema de controle interno, na avaliação dos resultados da gestão orçamentária, financeira e patrimonial nos órgãos e entidades da Administração Federal, bem como da aplicação de recursos públicos por entidades de direito privado, nos termos do art. 74, inc. II, da Constituição Federal.

Além disso, ele consta do rol de princípios anunciados no art. 2º da Lei nº 9.874/1999.

Em verdade, o princípio em exame é o mais recente entre os anunciados no aludido dispositivo constitucional, tendo sido introduzido no contexto das mudanças ocorridas na Reforma Administrativa levada a cabo pela Emenda Constitucional nº 19/1998.

Tal mudança constitucional quis instituir um modelo de Estado gerencial, no qual a atuação administrativa fosse orientada pelo atingimento de resultados de forma mais eficiente possível. Para tanto, buscou-se incluir uma nova diretriz para a ação estatal, que pudesse induzir alterações estruturais em seu funcionamento, de modo a permitir a economia de custos e a melhoria de desempenho da Administração Pública.

Esse propósito está evidente na exposição de motivos da referida emenda constitucional, quando restou assentado que a incorporação do princípio da eficiência no texto constitucional almejava permitir que o aparelho de Estado se revelasse "[...] apto a gerar mais benefícios, na forma de prestação de serviços à sociedade, com os recursos disponíveis, em respeito ao cidadão contribuinte".[62]

Assim, concorda-se com Daniele Lanius, Ivo Gico Júnior e Raquel Straiotto no sentido de que o princípio em análise tem o mesmo sentido de eficiência produtiva, qual seja, o de aproveitamento ótimo dos recursos de produção, visando produzir mais com os mesmos recursos ou produzir o mesmo com menos recursos.[63] Assim,

---

[62] BRASIL. *Exposição de Motivos nº 49, de 18 de agosto de 1995*. Brasília: Câmara dos Deputados, 1995. Disponível em: https://www2.camara.leg.br/legin/fed/emecon/1998/emendaconstitucional-19-4-junho-1998-372816-exposicaodemotivos-148914-pl.html. Acesso em: 25 jan. 2022.
[63] LANNIUS, Daniele Cristina; GICO JÚNIOR, Ivo Teixeira; STRAIOTTO, Raquel Maia. O princípio da eficiência na jurisprudência do STF. *Revista de Direito Administrativo*, Belo Horizonte, v. 277, n. 2, p. 107-148, maio/ago. 2018. p. 109.

o princípio da eficiência impõe a avaliação da relação custo-benefício em toda e qualquer atuação administrativa.

O aludido princípio constitui um dos critérios para o exercício da função administrativa, nos espaços de atuação discricionária deixados pela lei. Nesse particular, ele guarda relação com o princípio da proporcionalidade, já que é considerado na avaliação dos seus três elementos (necessidade, adequação e proporcionalidade em sentido estrito), ou seja, na escolha dos meios para a realização dos fins. Com isso, o princípio da eficiência atua em complemento ao da legalidade, como diretriz do exercício da função administrativa.

Nesse propósito, é falsa a oposição que por vezes se busca enfatizar entre os princípios da legalidade e da eficiência, como se o atendimento do último servisse de pretexto para afastar a lei. Considerando que o princípio da eficiência somente atua nas zonas discricionárias deixadas pela legalidade, é possível afirmar que o atendimento daquele implica o cumprimento qualificado do plano da norma. Dito de outra forma, a eficiência deve ser buscada dentro da moldura institucional permitida pelo direito.

O princípio da eficiência também guarda relação com os princípios do interesse público, pois, ao fim e ao cabo, o que se busca é a satisfação dos anseios da sociedade, a entrega de bens e a prestação de serviços públicos que propiciem utilidade e atendam a alguma necessidade da comunidade, com a máxima qualidade e menor dispêndio de recursos.

Essa forma de atuação administrativa é vantajosa para os administrados, pois a economia de recursos gerada pela atuação eficiente pode, em tese, viabilizar a ampliação dos serviços públicos, o atendimento de outras demandas ou, até mesmo, a própria redução do peso do Estado, mediante uma eventual – e inimaginada – redução da carga tributária.

Considerando que as contratações públicas são instrumentais para a realização dos fins almejados pela administração pública, isto é, para a prestação de serviços públicos, nada mais natural que o princípio da eficiência também seja uma diretriz para o regime jurídico das licitações e dos contratos.

O princípio em estudo exige um melhor planejamento das contratações públicas, a fim de que estas possam ser capazes de atender aos fins almejados pela entidade contratante, proporcionando o melhor resultado possível com o menor dispêndio de recursos do orçamento público.

Para tanto, é necessário que a Administração Pública defina, de modo adequado: o problema a ser resolvido ou a necessidade pública a ser suprida; o bem, a obra ou o serviço que solucionará o problema ou satisfará a necessidade da Administração Pública, ao menor custo possível e gerando os melhores resultados; os requisitos de habilitação necessários à garantia do cumprimento do objeto, de forma a possibilitar a ampla participação de interessados, mitigando o risco de contratar alguém que não seja capaz de entregar o bem pretendido, no tempo e no custo pactuados; as condições contratuais necessárias a induzir o comportamento eficiente das partes envolvidas, visando à entrega do objeto, dentro do prazo ajustado e de acordo com as especificações.

Ademais, é preciso buscar a eficiência na execução do que foi planejado, seja na etapa da licitação, seja na gestão do contrato. Para tanto, o Poder Público precisa se estruturar para cumprir as diversas etapas do ciclo de contratação, o que exige a profissionalização dos agentes encarregados de dar impulso ao procedimento licitatório e de fiscalizar e acompanhar a execução do contrato.

Quanto a este último aspecto, um fator crucial e bastante sensível para uma gestão contratual eficiente é a adoção de medidas que conduzam à rápida solução de pleitos de modificação dos contratos. Também nesse particular é preciso preparar tecnicamente os setores competentes, podendo ser avaliada, ainda, a adoção de meios alternativos de prevenção e resolução de controvérsias, como os especificados no art. 151.

O princípio da eficiência foi expressamente definido como critério de decisão em diversos dispositivos da Lei nº 14.133/2021, a saber: para a definição da estrutura de governança das contratações e para a implantação de processos, inclusive de gestão de riscos e controles internos (art. 11, parágrafo único, e art. 169); para a escolha da modalidade de licitação, do critério de julgamento e do modo de disputa, para os fins de seleção da proposta apta a gerar o resultado de contratação mais vantajoso para a Administração Pública, considerado todo o ciclo de vida do objeto (art. 18, inc. VII); para a previsão de utilização ou não de mão de obra, materiais, tecnologias e matérias-primas existentes no local da execução, conservação e operação do bem, serviço ou obra (art. 25, §2º); e para os licenciamentos ambientais de obras e serviços de engenharia (art. 25, §6º).

Além disso, ele é o fundamento da nova modalidade contratual denominada contrato de eficiência, cujo objeto é a prestação de serviços, que pode incluir a realização de obras e o fornecimento de bens, com o objetivo de proporcionar economia ao contratante, na forma de redução de despesas correntes, remunerado o contratado com base em percentual da economia gerada (art. 6º, inc. LIII).

Ademais, é possível vislumbrar a consideração do princípio da eficiência na previsão de meios alternativos de prevenção e resolução de controvérsias nas contratações regidas pela nova lei, conforme o art. 151.

Por fim, ele está presente em uma importante novidade trazida pela Lei nº 14.133/2021: na avaliação do interesse público para a suspensão da execução ou para a declaração de nulidade do contrato, mediante o exame dos aspectos indicados no art. 147. Tais critérios buscam induzir uma análise de custo-benefício da suspensão ou anulação do contrato, ao impor o exame de aspectos econômicos, financeiros e sociais, inclusive de custo de oportunidade, na concretização do que vem a ser o interesse público a ser usado como critério de decisão.

Apresentamos as seguintes decisões do TCU nas quais o princípio da eficiência foi usado como critério de decisão, no contexto da legislação anterior (teses extraídas do repositório da jurisprudência selecionada do Tribunal):

É *viável juridicamente ao Ministério das Relações Exteriores (MRE), desde que tecnicamente motivado, o estabelecimento de regra que dispense a obrigatoriedade da emissão de parecer jurídico nas licitações e contratações de bens e serviços efetuadas pelos postos no exterior*, cujos valores sejam inferiores a US$150,000.00, excetuadas as referentes a locação de imóveis, em consonância com o art. 123 da Lei 8.666/1993, com *os princípios da eficiência* e da economicidade e ainda considerando as peculiaridades institucionais do MRE. (Acórdão nº 2.633/2014-Plenário. Rel. Min. Aroldo Cedraz)

A celebração de contrato por inexigibilidade de licitação não dispensa a necessidade de *especificação precisa do produto a ser adquirido*, incluindo os prazos de execução de cada etapa do objeto, e deve ser precedida de justificativa de preços, a partir de orçamento detalhado que contenha demonstração de que os valores apresentados sejam razoáveis e atendam aos *princípios da eficiência* e economicidade. (Acórdão nº 10.057/2011-Primeira Câmara. Rel. Min. José Mucio)

Incumbe ao *gestor demonstrar que a ausência de parcelamento do objeto da licitação não restringe indevidamente a competitividade do certame*, bem como promove ganhos para a Administração Pública. O postulado que veda a restrição da competitividade (art. 3º, §1º, inciso I, da Lei 8.666/1993) não é um fim em si mesmo, devendo ser observado igualmente o *princípio constitucional da eficiência administrativa* (art. 37, caput, da Constituição Federal) e, ainda, o ganho de escala nas contratações consolidadas (art. 23, §1º, in fine, da Lei 8.666/1993). (Acórdão nº 2.529/2021-Plenário. Rel. Min. Raimundo Carreiro)

A Administração deve formalizar *processo para acompanhamento da execução dos contratos*, com a documentação física e financeira necessária, bem como incluir em sistema contábil, ou em outro sistema gerencial, informações sobre o contrato e/ou projeto ao qual está vinculado, a fim de aperfeiçoar sua gestão e atender ao *princípio da eficiência*. (Acórdão nº 2.605/2012-Plenário. Rel. Marcos Bemquerer)

A *adesão, por entidade do Sistema S, a registro de preços realizado por órgãos ou entidades da Administração Pública, ainda que sem previsão no seu regulamento de compras e no Decreto 7.892/2013*, não é conduta grave o suficiente para macular as contas do gestor quando restar demonstrado que ele agiu motivado pela busca do melhor preço. Nesse caso, os *princípios da eficiência* e da busca pela proposta mais vantajosa para a Administração devem preponderar sobre o princípio da legalidade estrita, porquanto atendidos o interesse público e a economicidade do ato. (Acórdão nº 2.678/2019-Primeira Câmara. Rel. Vital do Rêgo)

A *observância das normas e das disposições do edital*, consoante o art. 41, caput, da Lei 8.666/93, deve ser aplicada mediante a consideração dos princípios basilares que norteiam o procedimento licitatório, dentre eles *os da eficiência* e da seleção da proposta mais vantajosa. Diante do caso concreto, e a fim de melhor viabilizar a concretização do interesse público, pode o princípio da legalidade estrita ser afastado frente a outros princípios. (Acórdão nº 119/2016-Plenário. Rel. Min. Vital do Rêgo)

As *entidades do Sistema S devem adotar preferencialmente o pregão para a contratação de serviços de natureza comum*, com padrões de desempenho e qualidade objetivamente definidos pelo edital a partir das especificações usuais de mercado, em *sintonia com os princípios da eficiência*, celeridade e economicidade, com vistas a obter a proposta mais vantajosa para a entidade. (Acórdão nº 8.290/2021-Segunda Câmara. Rel. Min. Raimundo Carreiro)

A *exigência de fotocópia integral do livro diário, como requisito de habilitação em licitação, contraria o princípio da eficiência administrativa*, pelo fato de o livro conter elevado número de páginas, decorrentes dos registros contábeis das operações realizadas diariamente pela empresa, sendo suficiente para a análise da qualificação econômico-financeira apenas cópia das páginas referentes ao balanço patrimonial, às demonstrações contábeis e aos termos de abertura e de encerramento. (Acórdão nº 2.962/2015-Plenário. Rel. Min. Benjamin Zymler)

3.2.6 Princípio do interesse público

O princípio do interesse público constitui uma das novidades do rol anunciado no art. 5º. Embora seja despropositado imaginar que as contratações públicas não estivessem subordinadas ao aludido princípio, até porque ele é um dos alicerces do direito público e, por via de consequência, do próprio direito administrativo, a sua previsão expressa no novel estatuto se mostra relevante, especialmente em razão do movimento doutrinário que se formou nas duas últimas décadas, defendendo a releitura ou mesmo o abandono do princípio da supremacia do interesse público.

Antes de avançar sobre essa temática, cumpre trazer algumas considerações sobre as ideias vigentes sobre o conceito de interesse público.

3.2.6.1 Noção de interesse público

Inicialmente, cabe destacar que o interesse público é mais uma das expressões do direito que são caracterizadas pela polissemia e pela profunda divergência quanto ao seu exato sentido. Dito de outra forma, o termo se insere no rol de expressões adotadas pelo direito que carregam um conceito jurídico indeterminado.

Todavia, o fato de ser bastante difícil extrair uma noção exata do instituto não impede que se busque dar um viés científico ao seu estudo. Para tanto, é importante trazer à baila a contribuição de Emerson Gabardo e Daniel Wunder Hachem, que resumiram o pensamento dos autores clássicos e dos administrativistas que se contrapõe às ideias daqueles.

Segundo Celso Antônio Bandeira de Mello, o interesse público deve ser conceituado como o "[...] resultante do conjunto de interesses que os indivíduos pessoalmente têm quando considerados em sua qualidade de membros da Sociedade e pelo simples fato de o serem".[64]

Quatro aspectos podem ser extraídos do pensamento desse autor clássico: o interesse público não é antagônico ao dos indivíduos, em sua dimensão privada; ele não é desvinculado dos interesses das partes que compõem o todo; ele não se confunde com o interesse do Estado enquanto pessoa jurídica; o que é concretamente considerado como interesse público só pode ser encontrado no próprio direito positivo.

Quanto a este último aspecto, Celso Antônio Bandeira de Mello adverte que uma coisa é a estrutura do interesse público; outra é a sua inclusão e o próprio delineamento na ordem jurídica. Assim, é considerado interesse público aquele que tenha sido qualificado como tal em dado sistema normativo.[65]

---

[64] BANDEIRA DE MELLO, Celso Antônio. *Curso de direito administrativo*. São Paulo: Malheiros, 2008. p 61.
[65] BANDEIRA DE MELLO, Celso Antônio. *Curso de direito administrativo*. São Paulo: Malheiros, 2008. p 68.

Adiante, o autor esclarece a quem compete a determinação, em concreto, dessa categoria jurídica: "[...] a Constituição e, a partir dela, o Estado, primeiramente através dos órgãos legislativos, e depois por via dos órgãos administrativos, nos casos e limites da discricionariedade que a lei lhes haja conferido".[66] Isso implica que a fonte primária do que vem a ser interesse público é a Constituição e as leis, de modo que a administração somente atua nos espaços deixados pelo sistema normativo.

A propósito do assunto, Emerson Gabardo entende que a flexibilidade conceitual de interesse público é vital para a existência de uma sociedade plural e é característica de uma república democrática. Nesse contexto, a especificação do conteúdo do interesse público exige um debate público e um posicionamento institucional típicos de uma realidade política baseada nessa ordem de ideias.[67]

Dessa forma, a melhor satisfação do interesse público exige uma maior abertura democrática por parte da Administração, que deve permitir a participação dos interessados na construção dos meios adequados para o atingimento dos fins por ela perseguidos. Considerando que a atuação estatal visa satisfazer necessidades coletivas, identificadas pelo governo de ocasião, nada mais natural que o povo participe da construção desse caminho, em um processo organizado e com ampla abertura aos diversos grupos de interesse.

Tal proposta está em linha com a doutrina do jurista português Paulo Otero, que defende, no contexto de seu país, a existência de um amparo constitucional para o que chama de contratualização da administração pública, que ocorre mediante o aprofundamento da democracia participativa, fazendo dos particulares colaboradores da Administração na busca de uma melhor prossecução do interesse público dentro da ideia de subordinação da decisão a um princípio de boa administração.[68]

A Lei nº 14.133/2021 parece alinhada a essa nova postura do direito administrativo, já que admite a realização de audiências e consultas públicas previamente às licitações, nos termos do art. 21.

Ainda a pretexto da discussão sobre o conceito de interesse público, é oportuno destacar a advertência de Daniel Wunder Hachem de que a divisão deste entre primário e secundário, adotada por muitos administrativistas, não têm amparo nas teorias de Celso Antônio Bandeira de Mello e de Renato Alessi, que supostamente lhe serviram de inspiração.

Em verdade, o primeiro autor, baseado na obra do segundo, utiliza as categorias interesses públicos propriamente ditos – isto é, interesses primários do Estado – e interesses secundários.[69]

---

[66] BANDEIRA DE MELLO, Celso Antônio. *Curso de direito administrativo*. São Paulo: Malheiros, 2008. p 68.
[67] GABARDO, Emerson. O princípio da supremacia do interesse público sobre o interesse privado como fundamento do direito administrativo social. *Revista de Investigações Constitucionais*, Curitiba, v. 4, n. 2, p. 95-130, maio/ago. 2017. p. 99.
[68] OTERO, Paulo. *Legalidade e Administração Pública*: o sentido da vinculação administrativa à juridicidade. Coimbra: Almedina, 2003. p. 838.
[69] BANDEIRA DE MELLO, Celso Antônio. *Curso de direito administrativo*. São Paulo: Malheiros, 2008. p 66.

Na feliz síntese de Daniel Wunder Hachem, o interesse coletivo primário é formado pelo complexo de interesses individuais prevalentes em determinada organização jurídica da coletividade, de modo que somente este poderá ser considerado interesse público. Ele se difere tanto do interesse de um particular individualmente considerado, quanto do interesse do aparato administrativo. Estes últimos são interesses secundários. Assim, o único interesse considerado público é o coletivo primário.[70]

O autor traz dois conceitos de interesse público: um em sentido amplo, outro em sentido estrito.

O primeiro consiste no interesse público genericamente considerado, que compreende todos os interesses juridicamente protegidos, englobando tanto o interesse da coletividade em si mesma considerada (interesse geral) quanto interesses individuais e coletivos (interesses específicos), quando albergados pelo direito positivo.[71]

Já o interesse público em sentido estrito é da coletividade em si mesma considerada (interesse geral), a ser identificado no caso concreto pela Administração Pública, em razão de uma competência que lhe tenha sido outorgada expressa ou implicitamente pelo ordenamento jurídico. Pode se manifestar na forma de um conceito legal ou de uma competência discricionária.[72]

O interesse público em sentido amplo é pressuposto negativo de validade da atuação administrativa, pois proíbe a prática de qualquer ato que o contrariar, bem como a expedição de um ato com o fito de atender a uma finalidade diversa daquela que o ordenamento jurídico prevê (abuso ou desvio de poder).

O interesse público em sentido estrito é pressuposto positivo de validade da atuação administrativa, já que o ordenamento jurídico só autorizará a prática do ato quando ele estiver presente, hipótese em que estará autorizada a sua prevalência sobre interesses individuais e coletivos (interesses específicos) também protegidos pelo sistema normativo.

Assim, conforme a teoria de Daniel Wunder Hachem, somente o interesse público em sentido estrito, ou seja, o identificado a partir de uma norma do ordenamento jurídico, possui preponderância sobre os demais interesses secundários, incluindo os privados.

Essa abordagem do administrativista paranaense é o gancho para a discussão a respeito da denominação do princípio em estudo, adotada na Lei nº 14.133/2021, e da persistência ou não da ideia subjacente ao outrora implícito princípio da supremacia do interesse público sobre o privado.

---

[70] HACHEM, Daniel Wunder. A dupla noção jurídica de interesse público em direito administrativo. *A&C – Revista de Direito Administrativo & Constitucional*, Belo Horizonte, ano 11, n. 44, p. 59-110, abr./jun. 2011. p. 64-65.

[71] HACHEM, Daniel Wunder. A dupla noção jurídica de interesse público em direito administrativo. *A&C – Revista de Direito Administrativo & Constitucional*, Belo Horizonte, ano 11, n. 44, p. 59-110, abr./jun. 2011. p. 69.

[72] HACHEM, Daniel Wunder. A dupla noção jurídica de interesse público em direito administrativo. *A&C – Revista de Direito Administrativo & Constitucional*, Belo Horizonte, ano 11, n. 44, p. 59-110, abr./jun. 2011. p. 69.

3.2.6.2 Existe o princípio da supremacia do interesse público sobre o privado?

Inicialmente, cabe mais uma vez destacar que a Lei nº 14.133/2021 usou a denominação "princípio do interesse público", não adotando a clássica expressão "princípio da supremacia do interesse público sobre o privado", que é acolhido pela doutrina tradicional como um dos princípios do direito administrativo.

Na acepção clássica, extraída da doutrina de Celso Antônio Bandeira de Mello, o princípio da supremacia do interesse público é considerado princípio geral do direito inerente a qualquer sociedade, um verdadeiro pressuposto lógico do convívio social.[73]

Todavia, o aludido princípio tem sofrido críticas de um segmento da doutrina, as quais, partindo de uma visão liberal do direito administrativo, enfatizam a necessidade de prestigiar os direitos individuais e coletivos, que também possuem o *status* de norma fundamental reconhecido pela própria Constituição.

Segundo Gustavo Binenbojm, o princípio da supremacia do interesse público sobre o privado foi estruturado dentro de uma lógica que prestigiava a ideia de autoridade, preservando a concepção vigente no Antigo Regime francês, a despeito de sua superação pelo Estado de direito. Haveria, na visão do autor, uma inconsistência teórica e uma incompatibilidade visceral do referido princípio com a sistemática constitucional dos direitos fundamentais.[74] Para ele, o direito administrativo não tem mais como ser explicado a partir de um postulado de supremacia do interesse público, mas de proporcionalidade.[75]

Humberto Ávila critica a própria denominação dada ao princípio, ao afirmar que, da forma como considerado, impondo a supremacia do interesse público ao privado, ele não seria sequer um princípio, na medida em que não admite ponderação nem concretização gradual. Segundo ele, "sua descrição abstrata não permite uma concretização em princípio gradual, pois a prevalência é a única possibilidade (ou grau) normal de sua aplicação, e todas as outras possibilidades de concretização somente consistiriam em exceções e, não, graus".[76]

Emerson Gabardo rebate essas críticas ao consignar que o fato de o princípio estabelecer um pressuposto – o da supremacia do interesse público – não indica que ele sempre será aplicado, pois o sistema *não* admite decisões com base em apenas um pressuposto. Dito de outra forma, o aludido princípio não é um critério exclusivo de

---

[73] BANDEIRA DE MELLO, Celso Antônio. *Curso de direito administrativo*. São Paulo: Malheiros, 2008. p 96.
[74] BINENBOJM, Gustavo. Da supremacia do interesse público ao dever de proporcionalidade: um novo paradigma para o direito administrativo. *Revista Brasileira de Direito Público – RBDP*, Belo Horizonte, ano 3, n. 8, p. 77-113, jan./mar. 2005. p. 110.
[75] BINENBOJM, Gustavo. Da supremacia do interesse público ao dever de proporcionalidade: um novo paradigma para o direito administrativo. *Revista Brasileira de Direito Público – RBDP*, Belo Horizonte, ano 3, n. 8, p. 77-113, jan./mar. 2005. p. 85.
[76] ÁVILA, Humberto Bergmann. Repensando o princípio da supremacia do interesse público sobre o particular. *In*: SARMENTO, Daniel (Org.). *Interesses públicos versus interesses privados*: desconstruindo o princípio da supremacia do interesse público. Rio de Janeiro: Lumen Juris, 2005. p. 184-185.

decisão, assim como os princípios da legalidade, da publicidade ou da impessoalidade também não são. Assim, o significado que se pode extrair do princípio da supremacia do interesse público é que ele fornece um dado *a priori*, um ponto de partida preferencial.[77]

Adiante, o autor traz uma interessante observação quanto à ideia subjacente a todo e qualquer princípio, a de que o valor nele contido deve, preferencialmente, ser aplicado, o que não impede a sua ponderação, em concreto, com outros princípios e valores, no momento de sua aplicação.

> Um princípio da legalidade que não afirmasse sua preferência, um princípio da publicidade que não afirmasse sua preferência e um princípio da impessoalidade que não afirmasse a sua preferência, não seria um princípio. Então, um princípio da supremacia do interesse público que não afirme a preferência do interesse público, não é princípio (e isso por uma questão ontológica imediata, antes mesmo da normativa). Mesmo que fosse mudado para simplesmente "princípio do interesse público", ainda assim restaria como sua decorrência lógica, a imposição de uma supremacia de um interesse (o público), sobre outro (o privado).[78]

Concorda-se com a visão de Emerson Gabardo. Quando se fala em princípio do interesse público, o que se está a dizer, de modo implícito, é o mesmo que se extrai do clássico princípio da supremacia do interesse público sobre o privado: que a atuação administrativa deve respeitar, em concreto, o interesse público especificado na norma que fundamenta a sua ação ou, dentro de um espaço de discricionariedade, extrair o interesse geral que deve preponderar, numa eventual situação de conflito com interesses privados. Afinal, o Estado existe para assegurar o alcance do bem comum, ou seja, para cumprir as finalidades públicas que lhe foram incumbidas pelo sistema normativo.

A propósito, são precisas as palavras de Raquel Urbano Carvalho a respeito da importância de se reconhecer a supremacia do interesse público sobre o particular, no contexto de uma vida em sociedade:

> somente na medida em que os interesses da sociedade prevaleçam perante os interesses particulares torna-se possível evitar a desagregação que fatalmente ocorreria se cada membro ou grupo da coletividade buscasse a concretização dos seus interesses particulares.[79]

Isso não implica, por evidente, que o Estado deve aniquilar os interesses privados, ou mesmo desconsiderá-los completamente na aplicação em concreto do direito. É preciso considerar todos os outros princípios e valores que sejam relevantes para resolver a

---

[77] GABARDO, Emerson. O princípio da supremacia do interesse público sobre o interesse privado como fundamento do direito administrativo social. *Revista de Investigações Constitucionais*, Curitiba, v. 4, n. 2, p. 95-130, maio/ago. 2017. p. 105-106.

[78] GABARDO, Emerson. O princípio da supremacia do interesse público sobre o interesse privado como fundamento do direito administrativo social. *Revista de Investigações Constitucionais*, Curitiba, v. 4, n. 2, p. 95-130, maio/ago. 2017. p. 107.

[79] CARVALHO, Raquel Melo Urbano de. *Curso de direito administrativo*. Salvador: JusPodivm, 2009. p. 68.

situação de conflito, inclusive, por evidente, os direitos individuais envolvidos, a partir do uso da técnica da ponderação.

Como bem disse Emerson Gabardo, o princípio da supremacia do interesse público precisa ser entendido como o resultado de sua interação com outros princípios e outras regras, sem que com isso seja esquecida a relação de prioridade típica do ponto de partida da decisão.[80]

Essa releitura do princípio da supremacia do interesse público pode ser vista na obra de Maria Sylvia Zanella Di Pietro. Segundo a autora, ele convive com os direitos fundamentais do homem e não os coloca em risco. Ele encontra fundamento em inúmeros dispositivos da Constituição e tem que ser aplicado em consonância com outros princípios consagrados no ordenamento jurídico brasileiro, em especial com observância do princípio da legalidade. A exigência de razoabilidade na interpretação do princípio da supremacia do interesse público se faz presente na aplicação de qualquer conceito jurídico indeterminado; atua como método de interpretação do princípio (na medida em que permite a ponderação entre o interesse individual e o público), e não como seu substituto.[81]

Da mesma forma, Marcelo Figueiredo assinala que, em nenhum momento, o exercício da função administrativa, com todas as suas prerrogativas, está a autorizado a anular ou comprimir direitos fundamentais do cidadão. Tais casos, quando existentes no mundo real, não refletem a utilização legítima e regular do princípio da supremacia do interesse público (ou do interesse público, na acepção da nova lei), mas uma espécie de patologia na aplicação do direito. Em suas palavras, "é preciso, pois, não confundir a supremacia do interesse público com as suas manipulações e desvirtuamentos por determinados agentes mal-intencionados ou despreparados".[82]

Assim, se adequadamente interpretado e manipulado pelos operadores do direito, não há porque ter o princípio da supremacia do interesse público como imprestável. Como bem disse Marcelo Figueiredo, ao contrário, ele "[...] deve ser sim, um válido mecanismo de defesa da comunidade administrada, tendo como parâmetro de aplicação às normas constitucionais e seus princípios".[83]

Da mesma forma, Alice Maria Gonzalez Borges entende que os frequentes desvirtuamentos do verdadeiro interesse público por governantes bem ou mal-intencionados não devem conduzir ao propósito de desconstruir a noção de supremacia do interesse

---

[80] GABARDO, Emerson. O princípio da supremacia do interesse público sobre o interesse privado como fundamento do direito administrativo social. *Revista de Investigações Constitucionais*, Curitiba, v. 4, n. 2, p. 95-130, maio/ago. 2017. p. 113.

[81] DI PIETRO, Maria Sylvia Zanella. *Discricionariedade administrativa na Constituição de 1988*. São Paulo: Atlas, 2007. p. 54.

[82] FIGUEIREDO, Marcelo. Breve síntese da polêmica em torno do interesse público e sua supremacia: tese consistente ou devaneios doutrinários? *In*: MARRARA, Thiago. *Princípios de direito administrativo*. Belo Horizonte: Fórum, 2021. p. 513.

[83] FIGUEIREDO, Marcelo. Breve síntese da polêmica em torno do interesse público e sua supremacia: tese consistente ou devaneios doutrinários? *In*: MARRARA, Thiago. *Princípios de direito administrativo*. Belo Horizonte: Fórum, 2021. p. 513.

público, sob pena de sérias consequências para a estabilidade e segurança dos cidadãos em uma sociedade organizada. Trata-se, sim, de reconstruir a noção, à luz sobretudo dos princípios e fundamentos constitucionais.[84]

Na feliz síntese de Emerson Gabardo, o princípio da supremacia do interesse público é uma "manifestação clara da alocação ao Estado do dever primordial de promoção dos objetivos republicanos do artigo 3º da Constituição de 1988",[85] sendo importante reconhecer a sua plena validade na ordem constitucional.

Dessa forma, compreende-se que a denominação dada na Lei nº 14.133/2021 não implica o reconhecimento de que não mais existe a tal supremacia do interesse público. Entende-se que todas as considerações expostas pela doutrina clássica, reinterpretadas e reforçadas nos trabalhos anunciados acima, têm plena aplicação ao princípio do interesse público, na terminologia adotada no novel estatuto de licitações e contratos.

Assim, o que se deve oferecer é uma releitura do aludido princípio, não porque ela não pudesse ser depreendida em sua clássica acepção, mas para evitar eventuais incompreensões ou, mesmo, tentativas de afastar a supremacia do interesse público sobre o privado, como um dado fornecido *a priori*, um ponto de partida que, naturalmente, pode ser afastado mediante a técnica da ponderação.

3.2.6.3 Concretização escalonada

A especificação do que vem a ser interesse público, a preponderar, como ponto de partida, sobre o interesse privado, ocorre de forma escalonada. Conforme já exposto, essa qualificação ocorre primeiro pela Constituição, depois pelas leis e normas infralegais, podendo se dar, ainda, via ato administrativo, nos espaços discricionários deixados pela ordem normativa.

Tomando como referência a doutrina de Daniel Wunder Hachem, o interesse público em sentido amplo é condição negativa de validade dos atos administrativos. Isso implica dizer que a Administração, para satisfazer aquele, deve aplicar a norma jurídica de acordo com a finalidade por ela prevista, pois quem desatende ao fim desatende à própria lei.[86] Nessa perspectiva, o princípio em causa tem relação com o da finalidade, no sentido de que o administrador deve realizar os fins públicos subjacentes a toda norma jurídica, tal como previsto.

Conforme visto, o autor defende a existência do interesse público em sentido estrito, que é aquele cuja identificação deve ser efetuada no caso concreto pelo Estado,

---

[84] BORGES, Alice Maria Gonzalez. Supremacia do interesse público: desconstrução ou reconstrução? *Interesse Público*, Porto Alegre, v. 8, n. 37, p. 29-48, maio/jun. 2006. p. 29.

[85] GABARDO, Emerson. O princípio da supremacia do interesse público sobre o interesse privado como fundamento do direito administrativo social. *Revista de Investigações Constitucionais*, Curitiba, v. 4, n. 2, p. 95-130, maio/ago. 2017. p. 103.

[86] HACHEM, Daniel Wunder. A dupla noção jurídica de interesse público em direito administrativo. *A&C – Revista de Direito Administrativo & Constitucional*, Belo Horizonte, ano 11, n. 44, p. 59-110, abr./jun. 2011. p. 77.

nas hipóteses em que a norma jurídica atribui a determinado órgão, explícita ou implicitamente, uma competência para tanto. Nesse caso, esse interesse é condição positiva de validade dos atos administrativos, já que se trata de um *plus*, de um interesse público qualificado, que ultrapassa o simples respeito ao direito positivo (interesse público em sentido amplo).[87]

Daniel Wunder Hachem assinala que essa atribuição para que o Poder Público especifique o interesse público em sentido estrito pode ocorrer de duas formas: explicitamente, utilizando o interesse público como conceito legal; ou implicitamente, atribuindo uma competência discricionária ao agente público.[88]

Nessa perspectiva, o interesse público passa a ser mais um critério de ação administrativa nos espaços discricionários deixados pela lei. Nesse particular ele serve, assim como o princípio da eficiência, para integrar o sentido da lei, atuando, portanto, numa relação de complementaridade com o princípio da legalidade.

A Lei nº 14.133/2021 atribui competência explícita para a autoridade administrativa apreciar concretamente o que convém ao interesse público nas seguintes situações:
– na elaboração do estudo técnico preliminar: caracterizar o interesse público envolvido na contratação (arts. 6º, inc. XX, e 18, inc. I e §1º, inc. I);
– no anteprojeto: definir os parâmetros de adequação do projeto básico ao interesse público (art. 6º, inc. XXIV, alínea "e");
– na alienação de bens da Administração Pública: justificar a existência de interesse público na adoção da medida (art. 76);
– na decisão pela dispensa de licitação no caso de doação com encargo: justificar o interesse público na adoção da medida (art. 76, §6º);
– na modificação unilateral dos contratos: demonstrar que a medida é necessária para a melhor adequação às finalidades de interesse público, respeitados os direitos do contratado (art. 104, inc. I);
– na extinção do contrato: demonstrar as razões de interesse público para a adoção desta medida (art. 137, inc. VIII);
– na decisão sobre a suspensão da execução ou sobre a declaração de nulidade do contrato: somente será adotada na hipótese em que se revelar medida de interesse público, com avaliação dos aspectos indicados, entre outros (arts. 147 e 148).

A nova lei sugere que tribunal de contas deve avaliar o interesse público, por ocasião da decisão que suspender cautelarmente o processo licitatório. Conforme o art. 171, §1º, inc. I, ele deverá definir objetivamente "o modo como será garantido o atendimento do interesse público obstado pela suspensão da licitação, no caso de objetos essenciais ou de contratação por emergência".

---

[87] HACHEM, Daniel Wunder. A dupla noção jurídica de interesse público em direito administrativo. *A&C – Revista de Direito Administrativo & Constitucional*, Belo Horizonte, ano 11, n. 44, p. 59-110, abr./jun. 2011. p. 87.
[88] HACHEM, Daniel Wunder. A dupla noção jurídica de interesse público em direito administrativo. *A&C – Revista de Direito Administrativo & Constitucional*, Belo Horizonte, ano 11, n. 44, p. 59-110, abr./jun. 2011. p. 89.

3.2.6.4 Aplicação em concreto do princípio

Nessa atividade de concretização do interesse público, é importante destacar o dever de motivação expressa, a ser obedecido pelo administrador. Por se tratar de um interesse determinado, especial e titularizado pela coletividade, que se justifica no caso concreto, concorda-se com a assertiva de Daniel Wunder Hachem de que os órgãos públicos não o podem invocar abstratamente, ao fazer prevalecê-los sobre outros interesses albergados pelo direito positivo (individuais e coletivos).

Em suas exatas palavras, "é imprescindível que haja uma motivação expressa, que indique claramente os fundamentos que conduziram o ente a praticar o ato, demonstrando que as circunstâncias existentes na realidade fática correspondem efetivamente ao interesse da coletividade".[89]

Como bem disse o autor, essa obrigação, além de decorrer do princípio da motivação, pode ser deduzida do art. 50, inc. I, da Lei nº 9.784/1999, o qual estabelece que "os atos administrativos deverão ser motivados, com indicação dos fatos e dos fundamentos jurídicos, quando [...] neguem, limitem ou afetem direitos ou interesses".

Na exata dicção de Daniel Wunder Hachem:

> Como o manejo do conceito de interesse público em sentido estrito sempre acabará por negar, limitar ou afetar direitos ou interesses, conclui-se que, na República Federativa do Brasil, sempre que a Administração Pública fundamentar um ato nessa categoria, quando essa se apresentar como um requisito positivo de validade da sua atuação, será exigível a apresentação racional dos motivos fáticos e jurídicos que renderam ensejo à prática do ato, sob pena de nulidade.[90]

Em nossa visão, isso exige o que se costuma chamar de *soft control* sobre as decisões administrativas baseadas no princípio em exame. Deve-se perquirir, inicialmente, se houve motivação. Daí, poderá ser examinada a existência dos pressupostos de fato que subsidiariam a aplicação do direito, a ponderação em concreto dos diversos princípios, regras e valores incidentes sobre o caso. Em caso positivo, dever ser respeitada a atuação motivada, compatível com a margem de discricionariedade permitida pelo direito.

Apenas nos casos extremos, nas zonas de certeza positiva de descumprimento do princípio do interesse público, é que poderá ser invalidado o ato administrativo. Nas zonas de penumbra, deve ser respeitada a visão do administrador sobre o que vem a ser a medida que atenda ao interesse público, ou seja, a solução que ele deu para concretizar o princípio. Do contrário, estar-se-á se admitindo substituir a visão do administrador pela do Poder Judiciário ou do órgão controlador.

---

[89] HACHEM, Daniel Wunder. A dupla noção jurídica de interesse público em direito administrativo. *A&C – Revista de Direito Administrativo & Constitucional*, Belo Horizonte, ano 11, n. 44, p. 59-110, abr./jun. 2011. p. 95.
[90] HACHEM, Daniel Wunder. A dupla noção jurídica de interesse público em direito administrativo. *A&C – Revista de Direito Administrativo & Constitucional*, Belo Horizonte, ano 11, n. 44, p. 59-110, abr./jun. 2011. p. 96.

Da mesma forma, a esfera judicial e controladora deve motivar suas decisões baseada no interesse público, como deve fazê-lo em todas as deliberações fundadas em princípios jurídicos.

Além disso, é preciso respeitar o art. 20 da LINDB, a saber: "Art. 20. Nas esferas administrativa, controladora e judicial, não se decidirá com base em valores jurídicos abstratos sem que sejam consideradas as consequências práticas da decisão".

Em outra oportunidade, afirmou-se que o mencionado dispositivo se aplica quando a decisão se basear em conceitos indeterminados, seja os decorrentes dos princípios jurídicos, cláusulas gerais e valores jurídicos, seja os extraídos de regras com alto grau de vagueza tendo em vista imprecisões de seu texto.[91] Tal ocorre em decisões baseadas unicamente no princípio em causa, assim como nos demais suscitados pelo novel estatuto licitatório.

3.2.6.5 Aplicação em concreto do princípio da supremacia do interesse público pelo TCU

Eis alguns precedentes do TCU envolvendo a aplicação do princípio do interesse público (supremacia) no regime da lei anterior (teses extraídas do repositório da jurisprudência selecionada do Tribunal):

> O fato de o licitante apresentar *composição de custo unitário contendo salário de categoria profissional inferior ao piso estabelecido em acordo*, convenção ou dissídio coletivo de trabalho é, em tese, somente erro formal, o qual não enseja a desclassificação da proposta, podendo ser saneado com a apresentação de nova composição de custo unitário desprovida de erro, em face do princípio do formalismo moderado e da supremacia do interesse público. (Acórdão nº 719/2018-Plenário. Rev. Min. Benjamin Zymler)
>
> É juridicamente viável a *compensação entre o conjunto de acréscimos e de supressões no caso de empreendimentos de grande relevância socioeconômica do setor de infraestrutura hídrica* que integrem termo de compromisso pactuado com o Ministério da Integração Nacional, desde que o contrato tenha sido firmado antes da data de publicação do Acórdão 2.059/2013 Plenário e as alterações sejam necessárias para a conclusão do objeto, sem que impliquem seu desvirtuamento, *observada a supremacia do interesse público* e demais princípios que regem a Administração Pública. (Acórdão nº 1.536/2016-Plenário. Rel. Min. Bruno Dantas)
>
> O Tribunal pode determinar a anulação da licitação e autorizar, em caráter excepcional, a *continuidade da execução contratual*, em face de circunstâncias especiais que desaconselhem a anulação do contrato, em razão da prevalência do *atendimento ao interesse público*. (Acórdão nº 2.789/2013-Plenário. Rel. Min. Benjamin Zymler)
>
> Em observância ao *princípio da supremacia do interesse público, não se configura hipótese de anulação do procedimento licitatório ou do contrato firmado*, o fato de empresa ter sido impedida de participar do certame, por força de interpretação errônea na aplicação da penalidade de suspensão prevista no art. 87, inciso III, da Lei 8.666/1993 (válida apenas em relação ao órgão ou

---

[91] ALVES, Francisco Sérgio Maia Alves. O novo paradigma da decisão a partir do art. 20 da LINDB: análise do dispositivo segundo as teorias de Richard Posner e Neil MacCormick. *Revista de Direito Administrativo*, Rio de Janeiro, v. 278, n. 3, p. 113-144, dez. 2019. p. 134.

entidade que a aplicou) quando é baixa a materialidade do objeto, não houve restrição à competitividade da licitação e nem indícios de conluio entre licitantes e gestores. (Acórdão nº 1.457/2014-Plenário. Rel. Min. Subst. Augusto Sherman)

3.2.7 Princípio da probidade administrativa

O princípio da probidade administrativa é um dos princípios clássicos da licitação, estando presente na Lei nº 8.666/1993 e no estatuto anterior, o Decreto-Lei 2.300/1986. Para avançar o seu estudo, é preciso explorar o conceito de probidade administrativa.

Thiago Marrara a considera uma subespécie do princípio da moralidade. O autor utiliza a probidade administrativa como vetor de intepretação deste, ao assinalar que "a moralidade como probidade exige que o agente público exerça sua função com boa-fé, visando concretizar o interesse público, sem perseguir interesses pessoais ou de terceiros".[92]

Outra forma de estudar o conceito de probidade administrativa é explorando o do instituto antagônico, o da improbidade administrativa. Conforme Calil Simão, esta se refere a uma conduta desonesta e desleal. Segundo o autor, a desonestidade consubstancia-se na manifestação direta em sentido oposto à probidade, à decência, à moral e aos costumes, enquanto a deslealdade decorre do abuso das prerrogativas administrativas que foram facultadas para o desempenho de determinada função administrativa.[93]

Tomando como referência a Lei nº 8.429, de 2.6.1992, a improbidade administrativa envolve a prática de ato, por agente público ou terceiros, em desacordo com a integridade do patrimônio público ou social. Tais atos estão tipificados nos arts. 9º, 10 e 11 da aludida norma, com a redação dada pela Lei nº 14.230, de 25.10.2021.

Consoante as referidas disposições, os atos de improbidade administrativa envolvem três modalidades de comportamento:

a) os que importem em enriquecimento ilícito visando auferir, mediante a prática de ato doloso, qualquer tipo de vantagem patrimonial indevida em razão do exercício de cargo, de mandato, de função, de emprego ou de atividade no âmbito da Administração Pública;

b) os que causem lesão ao Erário, ou seja, qualquer ação ou omissão dolosa, que enseje, efetiva e comprovadamente, perda patrimonial, desvio, apropriação, malbaratamento ou dilapidação dos bens ou haveres de entidades da Administração Pública; e

---

[92] MARRARA, Thiago. O conteúdo do princípio da moralidade: probidade, razoabilidade e cooperação. In: MARRARA Thiago (Coord.). *Princípios de direito administrativo*. Belo Horizonte: Fórum, 2021. p. 214.
[93] SIMÃO, Calil. *Improbidade administrativa*. Teoria e prática. São Paulo: Mizuno, 2021. p. 56.

c) que atentem contra os princípios da Administração Pública, isto é, a ação ou omissão dolosa que viole os deveres de honestidade, de imparcialidade e de legalidade.

É preciso ressaltar que os atos de improbidade administrativa não se confundem com meros erros de administração ou eventuais casos de má-gestão, por incapacidade técnica ou desatenção ordinária. Usando mais uma vez a doutrina de Thiago Marrara, a improbidade é o ato de má-administração marcado pela desonestidade de quem o pratica, ou seja, pelo desvio intencional do agente público, seja para se enriquecer indevidamente, seja para causar dano ao Erário, seja para simplesmente violar os princípios que regem a Administração Pública.[94]

Isso implica que nem todo ato ilegal será ímprobo, ensejando a aplicação das penas previstas na Lei nº 8.429/1992. Isso, porém, não significa que o agente que pratique uma irregularidade, com culpa grave, esteja livre de qualquer sancionamento. Ele pode ser objeto de processo disciplinar autuado pela própria Administração e, ainda, de processo sancionador no tribunal de contas competente, o que pode desencadear a aplicação de multas e inabilitação para o exercício do cargo ou função e, se for o caso, a imputação do dever de ressarcir o prejuízo causado ao Erário.

Os atos de improbidade administrativa possuem certa sobreposição conceitual com os atos lesivos à Administração Pública nacional ou estrangeira, catalogados na Lei nº 12.846, de 1º.8.2013 (Lei Anticorrupção).

Por conseguinte, além das penas especificadas na Lei nº 8.429/1992, nos estatutos funcionais e nas leis orgânicas dos tribunais de contas, o agente público pode sofrer, ainda, as sanções da Lei nº 12.846/2013, o que suscita a discussão sobre o problema da superposição dos órgãos de controle, da multiplicidade de sanções e, por consequência, da própria racionalidade do aparato de proteção da Administração Pública. Esse debate, contudo, foge aos objetivos desta obra, voltada à interpretação da Lei de Licitações e Contratos.

3.2.8 Princípio da igualdade

O princípio da igualdade é nuclear de nossa ordem jurídica, um dos pilares centrais de nosso Estado democrático, prescrito no *caput* do art. 5º da Constituição Federal.

Como não poderia deixar de ser, ele também constitui um dos elementos estruturantes da licitação pública, que foi concebida como um processo administrativo destinado a permitir a participação de todos os interessados que atendessem aos critérios impessoais estabelecidos pela administração.

---

[94] MARRARA, Thiago. O conteúdo do princípio da moralidade: probidade, razoabilidade e cooperação. *In*: MARRARA Thiago (Coord.). *Princípios de direito administrativo*. Belo Horizonte: Fórum, 2021. p. 215.

Esse aspecto pode ser evidenciado no art. 37, inc. XXI, da Constituição Federal, quando se estabeleceu que obras, serviços, compras e alienações seriam contratados mediante processo de licitação pública que assegurasse igualdade de condições a todos os concorrentes.

O princípio da igualdade é, portanto, um dos princípios fundamentais da licitação, estando presente na Lei nº 8.666/1993 e no estatuto anterior, o Decreto-Lei nº 2.300/1986.

O aludido princípio admite que se estabeleçam distinções entre pessoas, porém, essa diferenciação deve ocorrer a partir de critérios racionais, estabelecidos por lei ou pelo administrador, nos espaços discricionários permitidos por aquela, desde que sejam embasados em valores protegidos pela ordem normativa.

São esses os critérios anunciados por Celso Antônio Bandeira de Mello para que esse discrímen possua respaldo constitucional:

> a) que a desequiparação não atinja de modo atual e absoluto, um só indivíduo;
> b) que as situações ou pessoas desequiparadas pela regra de direito sejam efetivamente distintas entre si, vale dizer, possuam características, traços, nelas residentes, diferençados;
> c) que exista, em abstrato, uma correlação lógica entre os fatores diferenciais existentes e a distinção de regime jurídico em função deles, estabelecida pela norma jurídica;
> d) que, in concreto, o vínculo de correlação supra-referido seja pertinente em função dos interesses constitucionalmente protegidos, isto é, resulte em diferenciação de tratamento jurídico fundada em razão valiosa – ao lume do texto constitucional – para o bem público.[95]

No caso das licitações públicas, o valor a ser prestigiado no estabelecimento de exceções ao princípio da igualdade é a seleção da proposta que melhor atenda à necessidade de Administração Pública. Assim, a igualdade é instrumental à competitividade que, por sua vez, é útil ao interesse público.

Por esse motivo, é admissível que o administrador estabeleça condições de habilitação e de aceitação da proposta, ou seja, institua uma discriminação justificada entre os licitantes, de forma a somente aceitar a participação de uma fração do universo de interessados que seja capaz de realizar satisfatoriamente o objeto pretendido pela administração.

O princípio da igualdade mantém relação com o da impessoalidade, já que este veda o tratamento desigual entre administrados a partir do estabelecimento de perseguições e favorecimentos. Porém, esses princípios, ainda que similares, não se confundem. Nesse sentido, corretas as palavras de Dora Ramos:

> O princípio da igualdade dos administrados perante a Administração significa que não podem ser criadas situações destituídas de fundamento jurídico razoável para que pessoas ou grupos recebam tratamento diferenciado do Poder Público. O princípio da impessoalidade tomado sob a faceta da isonomia, em ligeira variante, significa que não pode o ato da Administração criar uma hipótese que personalize uma situação de favorecimento ou

---

[95] BANDEIRA DE MELLO, Celso Antônio. *Conteúdo do princípio da igualdade*. São Paulo: Revista dos Tribunais, 1978. p. 41.

perseguição. Não pode a atuação do Poder Público criar situação de privilégio a pessoa específica ou grupo determinado de pessoas individualizado ou individualizável no momento da edição do ato, sem que exista razão jurídica razoável para tanto.[96]

A diferença entre os princípios é sutil, está na intenção do agente administrativo. Se o propósito deste for favorecer ou perseguir alguém, violado estará o princípio da impessoalidade. Se ele estabelecer uma discriminação injustificada entre interessados, sem o desejo de atender especificamente ao interesse de determinada pessoa ou prejudicá-la, terá ocorrido infração ao princípio da igualdade.

O princípio se irradia por todo o sistema normativo da Lei nº 14.133/2021, estando presente expressamente em algumas disposições:

a) no art. 9º, inc. I, alínea "b", que vedou ao agente público designado para atuar na área de licitações e contratos, ressalvados os casos previstos em lei, que admitisse ou tolerasse situações que estabeleçam preferências ou distinções em razão da naturalidade, da sede ou do domicílio dos licitantes;

b) no art. 9º, inc. II, que vedou ao agente público designado para atuar na área de licitações e contratos, ressalvados os casos previstos em lei, que estabelecesse tratamento diferenciado de natureza comercial, legal, trabalhista, previdenciária ou qualquer outra entre empresas brasileiras e estrangeiras, inclusive no que se refere a moeda, modalidade e local de pagamento, mesmo quando envolvido financiamento de agência internacional;

c) no art. 11, inc. II, que assinalou que o processo licitatório tem por objetivo assegurar tratamento isonômico entre os licitantes, bem como a justa competição;

d) no art. 80, §7º, que preceituou a igualdade de condições entre licitantes no procedimento de pré-qualificação; e

e) no art. 87, §4º, que impôs a igualdade de condições entre os contratados, no cadastro de atesto de cumprimento de obrigações pelo contratado.

A nova Lei de Licitações, assim como o estatuto anterior, oferece algumas exceções legais ao princípio da igualdade. São elas:

a) os critérios de preferência em caso de desempate aos bens e serviços produzidos ou prestados, sucessivamente, por empresas locais, brasileiras, que invistam em pesquisa e no desenvolvimento de tecnologia no país; e que comprovem a prática de mitigação, nos termos da Lei nº 12.187, de 29.12.2009 (art. 60, §1º); e

b) o tratamento diferenciado às microempresas e empresas de pequeno porte (art. 4º c/c os arts. 42 a 49 da Lei Complementar nº 123/2006).

O princípio da igualdade se confunde com o da isonomia.

O TCU possui enunciado sumular que envolve o princípio da igualdade, erigido no âmbito do regime jurídico anterior:

---

[96] RAMOS, Dora Maria de Oliveira. Notas sobre o princípio da impessoalidade e sua aplicação no direito brasileiro. *In*: MARRARA Thiago (Coord.). *Princípios de direito administrativo*. Belo Horizonte: Fórum, 2021. p. 146.

SÚMULA TCU 177: A definição precisa e suficiente do objeto licitado constitui regra indispensável da competição, até mesmo como pressuposto do postulado de igualdade entre os licitantes, do qual é subsidiário o princípio da publicidade, que envolve o conhecimento, pelos concorrentes potenciais das condições básicas da licitação, constituindo, na hipótese particular da licitação para compra, a quantidade demandada uma das especificações mínimas e essenciais à definição do objeto do pregão.

Seguem algumas decisões do TCU nas quais o princípio da igualdade foi usado como critério de decisão, no contexto da legislação anterior (teses extraídas do repositório da jurisprudência selecionada do Tribunal):

O *uso de programas 'robô' por parte de licitante viola o princípio da isonomia*. (Acórdão nº 2.601/2011-Plenário. Rel. Min. Valmir Campelo)

Não viola o princípio da isonomia a participação de pessoa jurídica enquadrada no regime de desoneração tributária previsto na Lei 12.546/2011 em licitação *cujo objeto caracteriza atividade econômica distinta da atividade principal* que vincula a empresa ao referido regime. (Acórdão nº 437/2020-Plenário. Rel. Min. Raimundo Carreiro)

É irregular a exigência de que o *contratado instale escritório em localidade específica, sem a devida demonstração de que tal medida seja imprescindível à adequada execução do objeto licitado*, considerando os custos a serem suportados pelo contratado, sem avaliar a sua pertinência frente à materialidade da contratação e aos impactos no orçamento estimativo e na competitividade do certame, devido ao potencial de restringir o caráter competitivo da licitação, afetar a economicidade do contrato e ferir o *princípio da isonomia*, em ofensa ao art. 3º, caput e §1º, inciso I, da Lei 8.666/1993. (Acórdão nº 2.274/2020-Plenário. Rel. Min. Raimundo Carreiro; Acórdão nº 1.176/2021-Plenário. Rel. Min. Subst. Marcos Bemquerer)

Viola os princípios da igualdade e da moralidade a participação de licitante que possua quaisquer *relações de parentesco com agente público* que detenha poder de influência na decisão de contratação. (Acórdão nº 5.277/2009-Segunda Câmara. Rel. Min. Subst. André de Carvalho; Acórdão nº 1.620/2013-Plenário. Rel. Min. José Mucio)

A *reprodução de especificações técnicas mínimas idênticas* às *de equipamento de informática de determinada marca*, em edital de licitação visando à aquisição desse item, restringe o caráter competitivo do certame, viola o *princípio da isonomia* e compromete a obtenção da proposta mais vantajosa. (Acórdão nº 2.005/2012-Plenário. Rel. Min. Subst. Weder de Oliveira)

É indevida a celebração de contratos, pelas entidades do Sistema S, com *empresas que detenham em seus quadros societários cônjuge, companheiro ou parente em linha reta, colateral ou por afinidade, até o terceiro grau, do presidente ou dos membros*, efetivos e suplentes, dos órgãos colegiados dos serviços sociais autônomos, bem como de dirigentes de entidades civis ou sindicais, patronais ou de empregados, vinculadas ao sistema, em razão de que tal prática possibilita o surgimento de conflito de interesses e representa infração aos princípios constitucionais do art. 37 da Constituição Federal, mormente os da moralidade, da impessoalidade e da *isonomia*. (Acórdão nº 11.516/2016-Segunda Câmara. Rel. Min. Augusto Nardes)

A apresentação de amostra não é procedimento obrigatório nas licitações, *mas, uma vez prevista no instrumento convocatório, não se deve outorgar ao gestor a faculdade de dispensá-la*, sob pena *de violação dos princípios da isonomia* e da impessoalidade (art. 3º, caput e §1º, inciso I, da Lei 8.666/1993). (Acórdão nº 1.948/2019-Plenário. Rel. Raimundo Carreiro)

A *redefinição dos requisitos de qualificação técnica relativos* às *parcelas de maior relevância e valor significativo do objeto no decorrer da licitação*, ainda que objetive o estabelecimento de parâmetros de avaliação mais adequados, além de infringir o art. 30, §2º, da Lei 8.666/1993, *ofende os princípios da isonomia*, da impessoalidade, da publicidade e da vinculação ao instrumento convocatório. A alteração desses critérios exige nova publicação do edital, observados os prazos e as exigências legais. (Acórdão nº 6.750/2018-Primeira Câmara. Rel. Min. Walton Alencar)

A *alteração de cláusula editalícia capaz de afetar a formulação das propostas das licitantes sem a republicação do edital* e a reabertura dos prazos para apresentação de novas propostas ofende os princípios da publicidade, da vinculação ao instrumento convocatório e *da isonomia.* (Acórdão nº 2.032/2021-Plenário. Rel. Min. Raimundo Carreiro)

3.2.9 Princípio do planejamento

O princípio do planejamento é uma das novidades do art. 5º da Lei nº 14.133/2021. Em verdade, ele já era um dos princípios fundamentais da Administração Federal, tendo sido previsto no Decreto-Lei nº 200, de 25.2.1967, que, entre outras novidades, estabeleceu a necessidade de se observar planos e programas, de caráter setorial e regional e com duração plurianual (arts. 6º e 7º).

Embora não expressamente previsto na Lei nº 8.666/1993, é evidente que as contratações públicas realizadas sob a sua égide eram precedidas de uma etapa de planejamento. Isso envolvia a elaboração de estudos técnicos preliminares, incluindo os de viabilidade técnica e de impacto ambiental, e do projeto básico, que, por sua vez, contemplava a avaliação do custo da obra e a definição dos métodos e do prazo de execução, entre outros.

Em suma, o planejamento abrangia a realização de uma série de medidas visando identificar os problemas a serem equacionados e as necessidades a serem supridas, bem como o desenvolvimento das soluções e dos objetos a serem contratados, incluindo os aspectos práticos da contratação (especificações, condições de habilitação, critérios de participação e estimativas de preço).

Na Lei nº 14.133/2021, o princípio do planejamento envolve as seguintes ações:
a) elaboração de estudo técnico preliminar: "documento constitutivo da primeira etapa do planejamento de uma contratação que caracteriza o interesse público envolvido e a sua melhor solução e dá base ao anteprojeto, ao termo de referência ou ao projeto básico a serem elaborados caso se conclua pela viabilidade da contratação" (art. 6º, inc. XX);
b) implementação de processos e estruturas, inclusive de gestão de riscos e controles interno, com o objetivo de avaliar, direcionar e monitorar os processos licitatórios e os respectivos contratos, bem como de alcançar os objetivos da licitação, promover um ambiente íntegro e confiável, assegurar o alinhamento das contratações ao planejamento estratégico e às leis orçamentárias e promover eficiência, efetividade e eficácia em suas contratações (art. 11, parágrafo único);
c) elaboração de plano de contratações anual, com o objetivo de racionalizar as contratações dos órgãos e entidades sob sua competência, garantir o

alinhamento com o seu planejamento estratégico e subsidiar a elaboração das respectivas leis orçamentárias (art. 12, inc. VII);

d) realização das demais providências consignadas na fase preparatória do processo licitatório (definição do objeto para o atendimento da necessidade, por meio de termo de referência, anteprojeto, projeto básico ou projeto executivo; das condições de execução e pagamento, das garantias exigidas e ofertadas e das condições de recebimento; elaboração do orçamento estimado, com as composições dos preços utilizados para sua formação; e do edital de licitação; entre outras) (art. 18); e

e) elaboração do sistema de planejamento e gerenciamento de contratações, incluído o cadastro de atesto de cumprimento de obrigações, a ser incluído como funcionalidade no Portal Nacional de Contratações Públicas (PNCP) (art. 174, §3º, inc. III).

Existem vários precedentes do TCU lavrados sob a égide da Lei nº 8.666/1993, que envolvem a aplicação de sanção devido à falta de planejamento em contratações públicas. Eis algumas teses extraídas do repositório da jurisprudência selecionada do Tribunal:

> A aquisição de merenda escolar por meio de dispensa de licitação, em regra, configura falta de planejamento e, não havendo justificativa para o fato, conduz ao julgamento pela irregularidade das contas e à consequente aplicação de multa. (Acórdão nº 2.191/2012-Primeira Câmara. Rel. Min. Walton Alencar)
>
> Se a situação fática exigir a dispensa, mesmo considerando a ocorrência de falta de planejamento, não pode o gestor deixar de adotá-la, pois se assim proceder responderá não apenas pela falta de planejamento, mas também pelos possíveis danos que sua inércia possa causar. (Acórdão nº 1.667/2008-Plenário. Rel. Min. Ubiratan Aguiar)
>
> A dispensa de licitação também se mostra possível quando a situação de emergência decorrer da falta de planejamento, da desídia administrativa ou da má gestão dos recursos púbicos, pois a inércia do gestor, culposa ou dolosa, não pode vir em prejuízo de interesse público maior tutelado pela Administração. Nessas situações, contudo, o reconhecimento da situação de emergência não implica convalidar ou dar respaldo jurídico à conduta omissiva do administrador, a quem cabe a responsabilidade pela não realização da licitação em momento oportuno. (Acórdão nº 2.240/2015-Primeira Câmara. Rel. Min. Benjamin Zymler)
>
> A Administração deve adotar medidas para a realização de adequado planejamento das necessidades de consumo anual da entidade, realizando um único procedimento licitatório, com preservação da modalidade pertinente ao valor total da aquisição, quando da compra/contratação de material/serviço, que deve abranger o exercício financeiro a fim de evitar fracionamento de despesas. (Acórdão nº 665/2008-Plenário. Rel. Min. Subst. Augusto Sherman)
>
> As compras devem ser planejadas por exercício, mediante processo licitatório, evitando-se compras diretas com dispensa de licitação, a partir de fracionamento da despesa. (Acórdão nº 2.636/2008-Primeira Câmara. Rel. Min. Valmir Campelo)
>
> Cada ato de prorrogação equivale a uma renovação contratual, motivo pelo qual a decisão pela prorrogação de contratação direta deve ser devidamente planejada e motivada, principalmente mediante a indicação da hipótese legal ensejadora da dispensa ou da inexigibilidade de licitação, válida no momento do ato de prorrogação contratual. (Acórdão nº 213/2017-Plenário. Rel. Min. Bruno Dantas)

3.2.10 Princípio da transparência

O princípio da transparência possui estreita relação com o da publicidade, embora com ele não se confunda.

Segundo Fabrício Motta, tais princípios são, em verdade, complementares. Tomando como base a acepção comum das palavras, o autor entende a publicidade como característica do que é público, conhecido, não mantido secreto. Já a transparência é atributo do que é transparente, límpido, cristalino, visível; é o que se deixa perpassar pela luz e ver nitidamente o que está por trás. Nessa perspectiva:

> Os atos administrativos, impõe a conclusão, devem ser públicos e transparentes – públicos porque devem ser levados a conhecimento dos interessados por meio dos instrumentos legalmente previstos (citação, publicação, comunicação, etc.); transparentes porque devem permitir enxergar com clareza seu conteúdo e todos os elementos de sua composição, inclusive o motivo e a finalidade, para que seja possível efetivar seu controle.[97]

Assim, o princípio da transparência seria uma espécie de *plus* com relação ao da publicidade. Enquanto esta implica a divulgação dos atos da Administração, aquela exige que as informações sejam divulgadas com clareza e objetividade, de modo a permitir o seu conhecimento e a sua compreensão pela sociedade. Nesse sentido, o princípio da transparência corresponde ao da publicidade em sentido material, viabilizando o controle social e o exercício da democracia.

Não é por outra razão que Evandro Homercher assinala que a democracia, consolidada no texto da Constituição da República, imprime sua marca na transparência das ações estatais, ou seja, no "governo do poder público em público", segundo a frase de Norberto Bobbio. A visibilidade das ações do Estado é condição sem a qual não há o controle dos governantes, pelo cidadão, característica que é subjacente à clássica formulação de democracia como governo do povo, pelo povo e para o povo.[98]

No mesmo sentido, o cientista social Klaus Frey prescreve:

> o acesso livre e transparente protege o cidadão de intromissões indevidas e atos arbitrários por parte dos governos e, por outro lado, é precondição para a participação do cidadão e dos grupos organizados da sociedade nos processos políticos e na gestão da coisa pública e, portanto, para uma democracia mais efetiva.[99]

---

[97] MOTTA, Fabrício. Notas sobre publicidade e transparência na Lei de Responsabilidade Fiscal no Brasil. *A&C – Revista de Direito Administrativo & Constitucional*, Belo Horizonte, ano 7, n. 30, p. 91-108, out./dez. 2007. p. 96-97.
[98] HOMERCHER, Evandro T. O princípio da transparência: uma análise dos seus fundamentos. *Interesse Público – IP*, Belo Horizonte, ano 10, n. 48, p. 275-303, jan./abr. 2008. p. 280.
[99] FREY, Klaus; CEPIK, Marco; VAZ, José Carlos; EINSENBERG, José; FOWLER, Marcos Bittencourt; ASSUMPÇÃO, Rodrigo Ortiz. *In*: SPECK, Bruno Wilhelm. *Caminhos da transparência*. Campinas: Editora da Unicamp, 2002. p. 169.

Não obstante a sutil diferença entre os princípios da publicidade e da transparência, eles são utilizados, em regra, como sinônimos, na prática comum da jurisprudência. Por essa razão, remete-se o leitor aos precedentes indicados no item 3.3.5.

Além dos casos em que prestigia a publicidade dos atos, a Lei nº 14.133/2021 consubstancia o princípio da transparência ao impor a gravação das sessões públicas nas licitações presenciais e das reuniões com os licitantes pré-selecionados, em certames sob a modalidade diálogo competitivo (art. 17, §2º e 32, §1º, inc. VI, respectivamente). Além disso, o §5º do art. 17 e o inc. VII do §1º do art. 32 determinam que essas gravações devem ser juntadas aos autos do processo licitatório depois de seu encerramento e quando encerrada a fase de diálogo, respectivamente.

3.2.11 Princípio da eficácia

O princípio da eficácia é uma das novidades da Lei nº 14.133/2021, não obstante a necessidade de sua observância pela Administração Pública pudesse ser deduzida do sistema normativo, pois ele é pressuposto elementar de qualquer organização.

A propósito, a eficácia constitui um dos parâmetros de controle utilizados pelo sistema de controle interno, na avaliação dos resultados da gestão orçamentária, financeira e patrimonial nos órgãos e entidades da Administração Federal, bem como da aplicação de recursos públicos por entidades de direito privado, nos termos do art. 74, inc. II, da Constituição Federal.

A ideia de eficácia pode ser extraída da ciência da administração, que serviu de fonte de inspiração ao direito e aos estudos empreendidos sobre a Administração Pública, principalmente, no âmbito de avaliação de políticas públicas e no próprio formato das organizações.

Segundo o *Manual de auditoria operacional* do TCU, a eficácia é definida como o grau de alcance das metas programadas em determinado período, independentemente dos custos implicados. Conforme o referido manual, o conceito diz respeito à capacidade da gestão de cumprir objetivos imediatos, traduzidos em metas de produção ou de atendimento, ou seja, a capacidade de prover bens ou serviços de acordo com o estabelecido no planejamento das ações.[100]

Dentro dessa perspectiva, as contratações públicas devem ser planejadas e formatadas de modo a permitir o alcance dos resultados almejados pela Administração Pública. Considerando que as contratações são um importante instrumento para a consecução das políticas públicas, é essencial que cada entidade adote medidas para acompanhar e medir a eficácia de seus ajustes, dando ênfase especial aos que impactem, de modo significativo, no atendimento de sua missão finalística.

---

[100] BRASIL. Tribunal de Contas da União. Secretaria de Fiscalização e Avaliação de Programas de Governo (Seprog). *Manual de auditoria operacional*. 3. ed. Brasília: TCU, 2010. p. 12.

O princípio em exame é um dos fundamentos da obrigação estatuída no art. 11, parágrafo único. Conforme o dispositivo:

> a alta administração do órgão ou entidade deve implementar processos e estruturas, inclusive de gestão de riscos e controles internos, para avaliar, direcionar e monitorar os processos licitatórios e os respectivos contratos, com o intuito de alcançar, dentre outros objetivos, a eficácia em suas contratações.

A violação do princípio da eficácia pode ensejar a responsabilização da alta administração, caso a infração dos deveres especificados acima seja considerada uma causa relevante da ocorrência de prejuízos ao Erário. A título de exemplo, menciona-se a execução parcial de uma obra pública, com o posterior abandono e perda dos recursos investidos. Caso a alta administração da entidade não comprove que implementou processos e estruturas visando à prevenção e correção das irregularidades verificadas na execução do contrato, nem supervisionou adequadamente a atuação da eventual estrutura existente, ela poderá ser responsabilizada pelo tribunal de contas competente, por grave omissão na gestão e monitoramento das contratações de sua alçada.

3.2.12 Princípio da segregação de funções

O princípio da segregação das funções é uma das novidades da Lei nº 14.133/2021.
Em verdade, ele constitui um dos princípios fundamentais da atividade de controle, tendo sido previsto expressamente no *Manual do Sistema de Controle Interno do Poder Executivo Federal*, aprovado pela Instrução Normativa-SFCI nº 1, de 6.4.2001. Consoante o inc. IV do item 3 de sua Seção VIII, a segregação de funções implica que "a estrutura das unidades/entidades deve prever a separação entre as funções de autorização/aprovação de operações, execução, controle e contabilização, de tal forma que nenhuma pessoa detenha competências e atribuições em desacordo com este princípio".

A segregação de funções também consta como prática recomendável pelo TCU no *Referencial básico de governança aplicável a órgãos e entidades da Administração Pública*, como se verifica na seguinte passagem:

> Implica que as decisões críticas que demandam segregação de funções estejam identificadas e as funções a elas relacionadas estejam segregadas, de modo que o poder para tais decisões não fique concentrado em uma única instância. Outrossim, pressupõe a definição de um limite de tempo para que o mesmo indivíduo exerça uma função ou papel associado a decisões críticas de negócio, e a implantação de controles destinados a reduzir o risco de que decisões críticas sejam tomadas sem garantia do princípio da segregação de funções.[101]

---

[101] BRASIL. Tribunal de Contas da União. Secretaria de Planejamento, Governança e Gestão. *Referencial básico de governança aplicável a órgãos e entidades da Administração Pública*. Versão 2. Brasília: TCU, Secretaria de Planejamento, Governança e Gestão, 2014. p. 47.

Além disso, o princípio em exame foi reconhecido na vasta jurisprudência do TCU, inclusive no campo das contratações públicas, como se verifica nas seguintes decisões, exaradas sob a égide do regime jurídico anterior (teses extraídas do repositório da jurisprudência selecionada do Tribunal):

Os *documentos apresentados para lastrear a liquidação da despesa* devem possuir o devido atesto da execução dos serviços por pessoa diversa da que autorizou o pagamento, em atenção ao *princípio da segregação de funções*. (Acórdão nº 18.587/2021-Primeira Câmara. Rel. Min. Vital do Rêgo; Acórdão nº 185/2012-Plenário. Rel. Min. Subst. André de Carvalho)

Em *observância ao princípio da segregação de funções*, não se deve permitir, em certames licitatórios para a contratação de serviços de monitoramento ambiental, a *participação de empresa já contratada para a execução de outros serviços que podem causar impacto no ambiente a ser monitorado*. (Acórdão nº 4.204/2014-Segunda Câmara. Rel. Min. Ana Arraes)

As boas práticas administrativas impõem que as atividades de *fiscalização e de supervisão do contrato devem ser realizadas por agentes administrativos distintos (princípio da segregação das funções)*, o que favorece o controle e a segurança do procedimento de liquidação de despesa. (Acórdão nº 2.296/2014-Plenário. Rel. Min. Benjamin Zymler)

Não cabe à *comissão de licitação avaliar o conteúdo da pesquisa de preços realizada pelo setor competente do órgão*, pois são de sua responsabilidade, em regra, apenas os *atos relacionados à condução do procedimento licitatório*. (Acórdão nº 594/2020-Plenário. Rel. Min. Vital do Rêgo)

É irregular a *atribuição de responsabilidade ao órgão de controle interno para a instrução de processos de tomada de contas especial, por falta de amparo legal e por ofensa ao princípio da segregação de funções*. (Acórdão nº 499/2019-Plenário. Rel. Min. Subst. Marcos Bemquerer)

Não é razoável exigir que o *dirigente maior de entidade pública verifique, em cada caso, o cumprimento de disposições legais corriqueiras em procedimentos de execução rotineiros*, adotados pelos responsáveis dos diversos setores da instituição, a menos que tenha sido omisso diante de fatos irregulares a ele submetidos, sob pena de se tornar inviável *a segregação de funções* e ineficiente o mecanismo da delegação de competência. (Acórdão nº 2.948/2010-Plenário. Rel. José Jorge

É *vedado o exercício, por uma mesma pessoa, das atribuições de pregoeiro e de fiscal do contrato celebrado*, por atentar contra o *princípio da segregação das funções*. (Acórdão nº 1375/2015-Plenário. Rel. Min. Bruno Dantas)

Solicitação de compra efetuada por comissão de licitação infringe o princípio de segregação de funções, que requer que a pessoa responsável pela solicitação não participe da condução do processo licitatório. (Acórdão nº 4.227/2017-Primeira Câmara. Rel. Min. Walton Alencar)

A *atribuição, ao pregoeiro, da responsabilidade pela elaboração do edital cumulativamente* às *atribuições de sua estrita competência afronta o princípio da segregação de funções* adequado à condução do pregão, inclusive o eletrônico, e não encontra respaldo nos normativos legais que regem o procedimento. (Acórdão nº 3381/2013-Plenário. Rel. Min. Valmir Campelo)

A *segregação de funções*, princípio básico de controle interno que consiste na separação de atribuições ou responsabilidades entre diferentes pessoas, deve possibilitar o controle das etapas do processo de pregão por setores distintos e impedir *que a mesma pessoa seja responsável por mais de uma atividade sensível ao mesmo tempo*. (Acórdão nº 2829/2015-Plenário. Rel. Min. Bruno Dantas)

A *participação de servidor na fase interna do pregão eletrônico (como integrante da equipe de planejamento) e na condução da licitação (como pregoeiro ou membro da equipe de apoio) viola os princípios da moralidade e da segregação de funções*. (Acórdão nº 1278/2020-Primeira Câmara. Rel. Min. Walton Alencar)

O acompanhamento e controle dos contratos administrativos devem se dar por meio de processos organizados, inclusive com o rol de documentos necessários à verificação prévia aos pagamentos, bem como devem ser segregados os papéis e responsabilidades dos envolvidos na contratação, mormente as atividades a serem desenvolvidas pelos fiscais de campo e gestores do contrato. (Acórdão nº 748/2011-Plenário. Rel. Min. Ubiratan Aguiar)

3.2.13 Princípio da motivação

O princípio da motivação não estava previsto explicitamente na Lei nº 8.666/1993, mas é possível afirmar que já era aplicável no âmbito das contratações públicas, até porque ela viabiliza o controle da legalidade dos atos administrativos, sendo exigida, inclusive, em vários dispositivos do antigo estatuto.

A título de exemplo, mencionam-se os seguintes: para justificar o retardamento na execução da obra ou serviço (art. 8º, parágrafo único); para alienação e bens (art. 17); para a aceitação das condições decorrentes de acordos, protocolos, convenções ou tratados internacionais aprovados pelo Congresso Nacional, com vistas à realização de obras, prestação de serviços ou aquisição de bens com recursos provenientes de financiamento ou doação oriundos de agência oficial de cooperação estrangeira ou organismo financeiro multilateral de que o Brasil seja parte (art. 42, §5º); para a rescisão contratual (art. 78, parágrafo único); para atribuir efeito suspensivo a recursos administrativos, fora das hipóteses expressas na lei (art. 109, §2º), entre outros.

Além disso, o princípio da motivação consta do rol de princípios anunciados no art. 2º da Lei nº 9.874/1999, a qual possui regra expressa indicando as situações em que se faz impositiva a indicação dos fatos e dos fundamentos jurídicos. Segue a redação do art. 50 da aludida norma:

> Art. 50. Os atos administrativos deverão ser motivados, com indicação dos fatos e dos fundamentos jurídicos, quando:
> I - neguem, limitem ou afetem direitos ou interesses;
> II - imponham ou agravem deveres, encargos ou sanções;
> III - decidam processos administrativos de concurso ou seleção pública;
> IV - dispensem ou declarem a inexigibilidade de processo licitatório;
> V - decidam recursos administrativos;
> VI - decorram de reexame de ofício;
> VII - deixem de aplicar jurisprudência firmada sobre a questão ou discrepem de pareceres, laudos, propostas e relatórios oficiais;
> VIII - importem anulação, revogação, suspensão ou convalidação de ato administrativo.

Por fim, não se pode esquecer do art. 20, parágrafo único do Decreto-Lei nº 4.657, de 4.9.1942 (Lei de Introdução às Normas do Direito Brasileiro – LINDB), o qual preconiza que "a motivação demonstrará a necessidade e a adequação da medida imposta ou da invalidação de ato, contrato, ajuste, processo ou norma administrativa, inclusive em face das possíveis alternativas".

Da mesma forma que o estatuto anterior, a Lei nº 14.133/2021 impôs a necessidade de motivação para a prática de vários atos. Seguem alguns:

a) para a demonstração e justificativa do programa de necessidades, avaliação de demanda do público-alvo, motivação técnico-econômico-social do empreendimento, quando da elaboração do anteprojeto (art. 6º, inc. XXIV, alínea "a");

b) para a inversão de fases (realização da habilitação antes do julgamento das propostas) (art. 17, §1º);

c) para a realização de licitação na forma presencial (art. 17, §2º); e

d) para a justificativa das condições do edital, tais como das exigências de qualificação técnica, mediante indicação das parcelas de maior relevância técnica ou valor significativo do objeto, e de qualificação econômico-financeira, dos critérios de pontuação e julgamento das propostas técnicas, nas licitações com julgamento por melhor técnica ou técnica e preço, e das regras pertinentes à participação de empresas em consórcio (art. 18, inc. IX).

O TCU tem vários precedentes envolvendo a aplicação do princípio da motivação (teses extraídas do repositório da jurisprudência selecionada do Tribunal):

> A decisão da Administração de permitir a *participação de empresas sob a forma de consórcio nas licitações deve ser devidamente motivada* e não deve implicar a proibição da participação de empresas que, individualmente, possam cumprir o objeto a ser contratado, sob pena de restrição à competitividade. (Acórdão nº 1.711/2017-Plenário. Rel. Min. Vital do Rêgo)
>
> O *impedimento de participação de consórcios de empresas em licitações públicas requer a fundamentação do ato*, à luz do princípio da motivação. (Acórdão nº 1.305/2013-Plenário. Rel. Min. Valmir Campelo)
>
> Em pregões para registro de preços, *eventual previsão em edital da possibilidade de adesão à ata por órgãos ou entidades não participantes (art. 9º, inciso III, in fine, do Decreto 7.892/2013) deve estar devidamente motivada no processo administrativo*. (Acórdão nº 2.037/2019-Plenário. Rel. Min. Augusto Sherman)
>
> Eventual previsão em edital da possibilidade de adesão à ata de registro de preços por órgãos ou entidades não participantes deve estar devidamente motivada no processo administrativo. (Acórdão nº 757/2015-Plenário. Rel. Min. Bruno Dantas)
>
> A *vedação, sem justificativa técnica, ao somatório de atestados para comprovar os quantitativos mínimos exigidos na qualificação técnico-operacional contraria os princípios da motivação* e da competitividade. (Acórdão nº 7.982/2017-Segunda Câmara. Rel. Min. Ana Arraes)
>
> A vedação, sem justificativa técnica, ao somatório de atestados para comprovar os quantitativos mínimos exigidos na qualificação técnico-operacional contraria os princípios da motivação e da competitividade. (Acórdão nº 2.291/2021-Plenário. Rel. Min. Bruno Dantas)

3.2.14 Princípio da vinculação ao edital

O princípio da vinculação ao edital é um dos princípios fundamentais da licitação, estando presente na Lei nº 8.666/1993 e no estatuto anterior, o Decreto-Lei nº 2.300/1986.

Ele consubstancia os princípios da impessoalidade e da igualdade, que, por sua vez, são dois pressupostos para a justa competição.

Segundo a clássica síntese de Hely Lopes Meirelles, o edital é a lei interna da licitação e vincula inteiramente a administração e os proponentes,[102] que devem pautar-se de acordo com as regras ali estabelecidas, a menos que estas contrariam a lei e/ou a Constituição. Nessa hipótese, a autoridade competente poderá declarar a sua anulação, total ou parcial, de ofício ou em face de impugnação de qualquer pessoa, nos termos do art. 164.

Como sói ocorrer na aplicação de qualquer princípio, é possível que em determinadas situações ele entre em conflito com outros, como o da eficiência e do interesse público, tornando recomendável a sua relativização em nome destes últimos.

Tal ocorre, por exemplo, na regra veiculada no inc. III do art. 12 da Lei nº 14.133/2021, segundo a qual "o desatendimento de exigências meramente formais que não comprometam a aferição da qualificação do licitante ou a compreensão do conteúdo de sua proposta não importará seu afastamento da licitação ou a invalidação do processo".

É possível verificar uma outra situação em que esse princípio é ressalvado, quando a lei admite a apresentação de novos documentos, após a entrega dos exigidos para a habilitação, com vistas à complementação de informações acerca dos documentos já apresentados pelos licitantes e desde que necessária para apurar fatos existentes à época da abertura do certame (art. 64, inc. I).

Os dispositivos supramencionados consubstanciam o que a doutrina chama de formalismo moderado, que pode ser considerado um princípio implícito das licitações públicas. A ideia por trás deste último princípio é o de que a licitação não é um fim em si mesma, sendo instrumental à seleção da proposta apta a gerar o resultado de contratação mais vantajoso para a Administração Pública e para evitar contratações com sobrepreço ou com preços manifestamente inexequíveis e superfaturamento na execução dos contratos, que, por sua vez, materializam os princípios do interesse público e da eficiência nas contratações públicas.

O princípio da vinculação ao edital é de uso corriqueiro na jurisprudência do TCU, cabendo transcrever um precedente em que ele foi usado expressamente (tese extraída do repositório da jurisprudência selecionada do Tribunal):

> É obrigatória, em observância *ao princípio da vinculação ao edital*, a verificação de *compatibilidade entre as regras editalícias e as propostas de licitantes*. Propostas em desacordo com o instrumento convocatório devem ser desclassificadas. (Acórdão nº 460/2013-Segunda Câmara. Rel. Min. Ana Arraes)

Ademais, há precedente admitindo a leitura do princípio da vinculação ao edital a partir do princípio da seleção da proposta mais vantajosa, de forma que é possível a

---

[102] MEIRELLES, Hely Lopes. *Direito administrativo brasileiro*. São Paulo: Malheiros, 2016. p. 321.

relativização daquele em nome do interesse público. Segue a tese extraída do repositório da jurisprudência selecionada no TCU:

> O disposto no caput do art. 41 da Lei 8.666/1993, que proíbe a Administração de descumprir as normas e o edital, deve ser aplicado mediante a consideração dos princípios basilares que norteiam o procedimento licitatório, dentre eles o da seleção da proposta mais vantajosa. (Acórdão nº 3.381/2013-Plenário. Rel. Min. Valmir Campelo)

3.2.15 Princípio do julgamento objetivo

O princípio do julgamento objetivo é um dos princípios fundamentais da licitação, estando presente na Lei nº 8.666/1993 e no estatuto anterior, o Decreto-Lei 2.300/1986. Ele impõe que o julgamento das propostas seja pautado por critérios objetivos, que reduzam ao máximo possível o espaço de avaliação discricionária do administrador.

Ele é um desdobramento do princípio da vinculação ao edital, pois de nada adianta o administrador seguir estritamente as regras do instrumento convocatório, se esse é permeado por normas vagas e subjetivas, que não possibilitem um julgamento objetivo.

Por essa razão, entende-se que para que seja alcançada a impessoalidade e a igualdade na licitação e, por conseguinte, a justa competição, é necessário que ambos os princípios, o da vinculação ao edital e o do julgamento objetivo, sejam atendidos simultaneamente.

O aludido princípio está presente em várias disposições da Lei nº 14.133/2021, como:

a) na caracterização de bens e serviços comuns, cujos padrões de desempenho e qualidade devem ser objetivamente definidos pelo edital, por meio de especificações usuais de mercado (art. 6º, inc. XII);

b) na seleção de licitantes para a participação na modalidade de licitação diálogo competitivo (art. 6º, inc. XLII);

c) na definição de padrões de desempenho e qualidade do objeto da licitação na modalidade pregão (art. 29);

d) na definição dos critérios de mensuração dos custos indiretos, relacionados com as despesas de manutenção, utilização, reposição, depreciação e impacto ambiental do objeto licitado, entre outros fatores vinculados ao seu ciclo de vida, com vistas à sua consideração no cálculo do menor dispêndio, no caso de julgamento por menor preço ou maior desconto (art. 34, §1º);

e) no cálculo da pontuação obtida a partir da ponderação das notas atribuídas aos aspectos de técnica e de preço da proposta, no julgamento por técnica e preço (art. 36);

f) na definição de critérios claros e objetivos para a disciplina, em regulamento, dos procedimentos auxiliares (art. 78, §1º); e

g) na definição dos programas de obras e serviços que serão objeto de pré-qualificação dos licitantes que reúnam condições de habilitação para participar de futura licitação (art. 80, inc. I).

Eis alguns precedentes do TCU envolvendo a aplicação do princípio do julgamento objetivo no regime da lei anterior (teses extraídas do repositório da jurisprudência selecionada do Tribunal):

> Em caso de exigência de amostra, *o edital de licitação deve estabelecer critérios objetivos*, detalhadamente especificados, para apresentação e avaliação do produto que a Administração deseja adquirir. Além disso, as decisões relativas às amostras apresentadas devem ser devidamente motivadas, a fim de atender aos *princípios do julgamento objetivo* e da igualdade entre os licitantes. (Acórdão nº 529/2018-Plenário. Rel. Min. Bruno Dantas; Acórdão nº 1491/2016-Plenário. Rel. Min. Subst. André de Carvalho)
>
> A *ausência de critérios pré-definidos para seleção da proposta mais vantajosa* viola mandamentos básicos da impessoalidade, da isonomia e do *julgamento objetivo*, estampados no art. 37, caput e inciso XXI, da CF/1988, art. 3º da Lei 8.666/1993, e no próprio art. 1º do Decreto 2.745/1998, podendo, inclusive, dar margem a direcionamentos indevidos nos procedimentos licitatórios. (Acórdão nº 549/2006-Plenário. Rel. Min. Walton Alencar)
>
> Para realização de obras custeadas com recursos de organismo financeiro internacional *poderão ser efetuadas exigências de qualificação econômico-financeira e de qualificação técnica mais rigorosas que as contidas na Lei 8.666/1993, desde que não conflitem com o princípio do julgamento objetivo* e de que sejam compatíveis com a dimensão e complexidade do objeto a ser executado. (Acórdão nº 324/2012-Plenário. Rel. Min. Raimundo Carreiro)
>
> A *adjudicação e a homologação do objeto do certame à empresa declarada vencedora com base em critério de classificação desconforme com os requisitos do edital e do termo de referência*, introduzido em sistema oficial (Comprasnet) sem a republicação do instrumento convocatório, afronta os princípios da legalidade, da vinculação ao instrumento convocatório e do *julgamento objetivo*. (Acórdão nº 1.681/2013-Plenário. Rel. Min. Benjamin Zymler)
>
> A *inabilitação com base em critério não previsto em edital e a ocultação de informações relevantes à habilitação dos licitantes ferem* os princípios da legalidade, publicidade, *do julgamento objetivo* e da vinculação ao disposto no instrumento convocatório. (Acórdão nº 6.979/2014-Primeira Câmara. Rel. Min. Subst. Augusto Sherman)

3.2.16 Princípio da segurança jurídica

O princípio da segurança jurídica é uma das novidades da Lei nº 14.133/2021. Porém, é possível afirmar que ele incidia sobre as licitações e os contratos regidos pelo estatuto anterior, uma vez que ele constitui princípio implícito da Constituição, visto que subjacente à ideia de Estado de direito. Além disso, ele foi positivado como princípio geral aplicável ao processo administrativo federal na Lei nº 9.784/1999, que se aplica subsidiariamente aos processos administrativos específicos, conforme o seu art. 69.

Pela sua importância no arcabouço normativo e pela sua afluência nas contratações públicas, cabe uma exposição mais aprofundada do princípio em tela.

3.2.16.1 Ideias gerais e evolução do princípio na legislação brasileira

Segundo Celso Antônio Bandeira de Mello, direito e segurança jurídica são noções inseparáveis. Tal ocorre por duas razões: primeiro, porque é da natureza humana apoiar-se naquilo que seja seguro; segundo, porque o direito, em si mesmo, é um projeto de implantação da segurança. Nesse sentido, indaga o célebre autor:

> a que se destinam as normas jurídicas senão a predefinir, ou seja, a antecipar, quais são as condutas que recebem seu aval, quais as que são por ele repelidas e que efeitos decorrerão em uma e outra hipóteses? Que é isto senão oferecer de antemão a certeza e a segurança, sobre o que sucederá aos sujeitos de Direito dependendo da conduta que adotem?[103]

Além de constituir um dos objetivos do direito, a segurança jurídica é vista pelo doutrinador como um pressuposto para a realização daquele na prática. Afinal, se o direito é um projeto de ajustar os comportamentos humanos a determinadas pautas, não haveria outro modo de atingir esse propósito sem informar previamente aos sujeitos de direito, como condição lógica preliminar, quais as condutas aprovadas e quais as qualificadas como desaprovadas, atribuindo-lhes as consequências.[104]

Não é por outra razão que Hely Lopes Meirelles assinala que o princípio da segurança jurídica é considerado uma das vigas mestras da ordem jurídica, sendo considerado por José Joaquim Gomes Canotilho um dos subprincípios básicos do próprio conceito do Estado de direito.[105]

A vinculação entre o princípio da segurança jurídica e a noção de Estado de direito foi reconhecida por ampla jurisprudência Supremo Tribunal Federal, como ilustram os seguintes precedentes catalogados por Fernando Menezes de Almeida:

> Em verdade, *a segurança jurídica, como subprincípio do Estado de Direito*, assume valor ímpar no sistema jurídico, cabendo-lhe papel diferenciado na realização da própria idéia de justiça material. (MS nº 22.357. Rel. Min. Gilmar Mendes. Tribunal Pleno, j. 27.5.2004) Considera-se, hodiernamente que *o tema [segurança jurídica] tem, entre nós, assento constitucional (princípio do Estado de Direito)* e está parcialmente disciplinado no plano federal, na Lei nº 9.784/99. (MS nº 22.357. Rel. Min. Gilmar Mendes. Tribunal Pleno, j. 27.5.2004) *Obrigatoriedade da observância do princípio da segurança jurídica enquanto subprincípio do Estado de Direito*. Necessidade da estabilidade das situações criadas administrativamente. Princípio da confiança como elemento do princípio da segurança jurídica. Presença de um componente de ética jurídica e sua aplicação nas relações jurídicas de direito público. (RE nº 348.364-AgR. Rel. Min. Eros Grau. Primeira Turma, j. 14.12.2004)

---

[103] BANDEIRA DE MELLO, Celso Antônio. Estado de direito e segurança jurídica. *In*: VALIM, Rafael; OLIVEIRA, José Roberto Pimenta; DAL POZZO, Augusto Neves (Coord.). *Tratado sobre o princípio da segurança jurídica no direito administrativo*. Belo Horizonte: Fórum, 2013. p. 41.

[104] BANDEIRA DE MELLO, Celso Antônio. Estado de direito e segurança jurídica. *In*: VALIM, Rafael; OLIVEIRA, José Roberto Pimenta; DAL POZZO, Augusto Neves (Coord.). *Tratado sobre o princípio da segurança jurídica no direito administrativo*. Belo Horizonte: Fórum, 2013. p. 41-42.

[105] MEIRELLES, Hely Lopes. *Direito administrativo brasileiro*. São Paulo: Malheiros, 2016. p. 106.

Este aspecto temporal diz intimamente com o *princípio da segurança jurídica*, projeção objetiva do princípio da dignidade da pessoa humana e *elemento conceitual do Estado de Direito*. (MS nº 24.448. Rel. Min. Carlos Britto. Tribunal Pleno, j. 27.09.2007) [...]

Na realidade, *os postulados da segurança jurídica e da proteção da confiança, enquanto expressões do Estado Democrático de Direito*, mostram-se impregnados de elevado conteúdo ético, social e jurídico, projetando-se sobre as relações jurídicas, inclusive as de direito público. (RE nº 587.604 AgR. Rel. Min. Celso de Mello. Segunda Turma, j. 16.12.2008).[106] (Grifos nossos)

Com base nessas ideias, é possível afirmar que o princípio em estudo está implícito na Constituição, como subprincípio ou expressão da ideia de Estado de direito.

Rafael Valim analisa o princípio da segurança jurídica sob duas perspectivas: da certeza e da estabilidade.

Quanto à primeira, ela implica a necessidade de se imprimir o seguro conhecimento das normas jurídicas sobre os destinatários, para que estes tenham previsibilidade, podendo projetar sua vida e assim realizar seus desígnios pessoais.[107]

Para tanto, é preciso que o administrado tenha algumas certezas quanto às normas jurídicas: de sua vigência; de sua eficácia prospectiva, ou seja, que elas não alcançarão situações anteriores; e de seu conteúdo.[108]

Com relação à perspectiva da estabilidade, ela exige o respeito aos atos concedentes de vantagens em favor dos administrados, do que deriva a criação de mecanismos para a sua defesa e a difusão, no âmbito do direito administrativo, dos institutos do direito adquirido e do ato jurídico perfeito.[109]

Desse modo, conclui-se que o princípio em exame também está consubstanciado no art. 5º, inc. XXXVI, da Constituição Federal, o qual prescreve que "a lei não prejudicará o direito adquirido, o ato jurídico perfeito e a coisa julgada". Em verdade, a estabilidade das situações jurídicas formadas sob o império de uma norma constitui direito individual expresso assegurado desde a Constituição de 1934, tendo sido reproduzido em todas as ordens constitucionais posteriores.

Essa perspectiva de estabilidade das situações jurídicas se aplica mesmo para aquelas que apresentem vícios de ilegalidade. Isso implica que a segurança jurídica pode entrar em colisão com outro subprincípio do Estado de direito, que é o da legalidade, podendo prevalecer sob determinados contextos. Esse pensamento está ilustrado na seguinte passagem da obra de Almiro do Couto e Silva:

---

[106] ALMEIDA, Fernando Menezes de. Princípios da Administração Pública e segurança jurídica. *In*: VALIM, Rafael; OLIVEIRA, José Roberto Pimenta; DAL POZZO, Augusto Neves (Coord.). *Tratado sobre o princípio da segurança jurídica no direito administrativo*. Belo Horizonte: Fórum, 2013. p. 57.

[107] VALIM, Rafael Ramires Araújo. *O princípio da segurança jurídica no direito administrativo brasileiro*. 2009. 145 f. Dissertação (Mestrado em Direito) – Pontifícia Universidade Católica de São Paulo, São Paulo, 2009. p. 83. Disponível em: https://repositorio.pucsp.br/jspui/handle/handle/8546. Acesso em: 5 fev. 2022.

[108] VALIM, Rafael Ramires Araújo. *O princípio da segurança jurídica no direito administrativo brasileiro*. 2009. 145 f. Dissertação (Mestrado em Direito) – Pontifícia Universidade Católica de São Paulo, São Paulo, 2009. p. 84-96. Disponível em: https://repositorio.pucsp.br/jspui/handle/handle/8546. Acesso em: 5 fev. 2022.

[109] VALIM, Rafael Ramires Araújo. *O princípio da segurança jurídica no direito administrativo brasileiro*. 2009. 145 f. Dissertação (Mestrado em Direito) – Pontifícia Universidade Católica de São Paulo, São Paulo, 2009. p. 96. Disponível em: https://repositorio.pucsp.br/jspui/handle/handle/8546. Acesso em: 5 fev. 2022.

[...] no direito público, não constitui uma excrescência ou uma aberração admitir-se a sanatória ou o convalescimento do nulo. Ao contrário, em muitas hipóteses o interesse público prevalecente estará precisamente na conservação do ato que nasceu viciado mas que, após, pela omissão do Poder Público em invalidá-lo, por prolongado período de tempo, consolidou nos destinatários a crença firme na legitimidade do ato. Alterar esse estado de coisas, sob o pretexto de restabelecer a legalidade, causará mal maior do que preservar o status quo. Ou seja, em tais circunstâncias, no cotejo dos dois subprincípios do Estado de Direito, o da legalidade e o da segurança jurídica, este último prevalece sobre o outro, como imposição da justiça material. Pode-se dizer que é esta a solução que tem sido dada em todo o mundo, com pequenas modificações.[110]

As condições sob as quais haverá a incidência de um ou outro princípio ou, alternativamente, a concordância prática entre eles foram estudadas por ampla doutrina, de forma que o tema foi, paulatinamente, positivado em regras expressas do ordenamento jurídico.

A primeira delas foi veiculada no art. 21 da Lei nº 4.717, de 29.6.1965 (Lei da Ação Popular). Conforme o seu art. 1º, qualquer cidadão poderá pleitear a anulação ou a declaração de nulidade de atos lesivos ao patrimônio da União, do Distrito Federal, dos estados, dos municípios. Porém, foi estabelecido que esse direito de ação estava sujeito ao prazo prescricional de 5 anos, nos termos do art. 21 da aludida norma. Após o transcurso desse período, haveria a estabilização dos atos administrativos, ainda que lesivos ao patrimônio público.

Partindo dessa premissa e de uma visão sistêmica do ordenamento jurídico, Almiro do Couto e Silva defendeu que a pretensão da Administração Pública de anular seus atos estava sujeita ao mesmo prazo quinquenal, independentemente da ação adotada. Em suas palavras:

> [...] a lógica que se predica ao sistema jurídico, como a qualquer sistema, está a exigir que se, na ação popular, a pretensão da Administração Pública a invalidar seus próprios atos prescreve em cinco anos, a mesma solução se deverá dar quanto a toda e qualquer pretensão da Administração Pública no pertinente à anulação de seus atos administrativos.[111]

Todavia, o autor assinalou, na época, que o instituto da prescrição não se mostrava adequado para a afirmação do princípio da segurança jurídica, tendo em vista o poder da administração de anular, de ofício, os seus próprios atos, sem que haja necessidade de formular uma pretensão perante o Poder Judiciário. Assim, defendeu a instituição

---

[110] SILVA, Almiro do Couto e. Prescrição quinquenária da pretensão anulatória da Administração Pública com a relação a seus atos administrativos. *Revista de Direito Administrativo*, Rio de Janeiro, v. 204, p. 21-31, abr./jun. 1996. p. 25.

[111] SILVA, Almiro do Couto e. Prescrição quinquenária da pretensão anulatória da Administração Pública com a relação a seus atos administrativos. *Revista de Direito Administrativo*, Rio de Janeiro, v. 204, p. 21-31, abr./jun. 1996. p. 30.

de norma legal prevendo a decadência ou a preclusão dessa faculdade administrativa,[112] o que somente veio a se concretizar, posteriormente, com a edição da Lei nº 9.784/1999.

A propósito, essa lei foi a primeira que positivou, de modo expresso, o princípio da segurança jurídica no ordenamento jurídico brasileiro. Além de previsto em seu art. 2º, o aludido princípio foi consubstanciado em diversas disposições esparsas desta norma, conforme catalogação de Almiro do Couto e Silva, em outro trabalho doutrinário sobre o tema:[113]

a) no inc. IV do parágrafo único do art. 2º: "nos processos administrativos serão observados, entre outros, os critérios de: [...] atuação segundo padrões éticos de probidade, decoro e boa-fé" (perspectiva da boa-fé a ser comentado adiante);
b) no inc. XIII do parágrafo único do mesmo art. 2º: "nos processos administrativos serão observados, entre outros, os critérios de: [...] interpretação da norma administrativa da forma que melhor garanta o atendimento do fim público a que se dirige, vedada aplicação retroativa de nova interpretação" (na perspectiva da estabilidade e da proteção da confiança);
c) no art. 54, que trata da decadência do direito de a Administração anular seus atos.

Além disso, é preciso destacar que outras duas normas previram a segurança jurídica como valor constitucional: a Lei nº 9.868, de 11.11.1999 (Lei da Ação Direta de Inconstitucionalidade e da Ação Declaratória de Constitucionalidade) e a Lei nº 9.882, de 3.12.1999 (Lei da Arguição de Descumprimento de Preceito Fundamental).

Pela sua importância no estudo do princípio em tela, cabe transcrever a redação do *caput* do art. 54 da Lei nº 9.784/1999: "O direito da Administração de anular os atos administrativos de que decorram efeitos favoráveis para os destinatários decai em cinco anos, contados da data em que foram praticados, salvo comprovada má-fé".

Dentro do contexto da relação entre os princípios da segurança jurídica e o da legalidade, o mencionado dispositivo expressou uma clara ponderação do legislador em favor do primeiro princípio. Tal disposição veicula uma regra jurídica, não sujeita à nova ponderação, como bem assinala a doutrina de Almiro Couto e Silva.[114]

> Como se trata de regra, ainda que inspirada num princípio constitucional, o da segurança jurídica, não há que se fazer qualquer ponderação entre o princípio da legalidade e o da segurança jurídica, como anteriormente à edição dessa regra era necessário proceder. O legislador ordinário é que efetuou essa ponderação, decidindo-se pela prevalência da segurança jurídica, quando verificadas as circunstâncias perfeitamente descritas no preceito. Atendidos os requisitos estabelecidos na norma, isto é, transcorrido o prazo de

---

[112] SILVA, Almiro do Couto e. Prescrição quinquenária da pretensão anulatória da Administração Pública com a relação a seus atos administrativos. *Revista de Direito Administrativo*, Rio de Janeiro, v. 204, p. 21-31, abr./jun. 1996. p. 30-31.
[113] SILVA, Almiro do Couto e. O princípio da segurança jurídica (proteção à confiança) no direito público brasileiro. *Revista de Direito Administrativo*, Rio de Janeiro, v. 237, p. 271-316, jul. 2004. p. 280.
[114] SILVA, Almiro do Couto e. O princípio da segurança jurídica (proteção à confiança) no direito público brasileiro. *Revista de Direito Administrativo*, Rio de Janeiro, v. 237, p. 271-316, jul. 2004. p. 289.

cinco anos e inexistindo a comprovada má fé dos destinatários, opera-se, de imediato, a decadência do direito da Administração Pública federal de extirpar do mundo jurídico o ato administrativo por ela exarado, quer pelos seus próprios meios, no exercício da autotutela, quer pela propositura de ação judicial visando a decretação de invalidade daquele ato jurídico. Com a decadência, mantém-se o ato administrativo com todos os efeitos que tenha produzido, bem como fica assegurada a continuidade dos seus eleitos no futuro.

O art. 54 revogou, em parte, o art. 114 da Lei nº 8.112, de 11.12.1990 (Lei do Regime Jurídico Único), segundo o qual "a Administração deverá rever seus atos, a qualquer tempo, quando eivados de ilegalidade". Da mesma forma, ele impôs uma releitura às súmulas nºs 346 e 473 do Supremo Tribunal Federal,[115] que reconheciam o poder de autotutela da Administração Pública, sem impor-lhe nenhum prazo de exercício.

Retomando a análise do art. 54 da Lei nº 9.784/1999, é importante assinalar que a boa-fé a que alude o preceito é a do destinatário do ato. Dito de outra forma, é preciso que ele não tenha contribuído, com sua conduta, para a prática do ato administrativo ilegal.

Afinal, como bem disse Almiro do Couto e Silva:

> seria incoerente proteger a confiança de alguém que, intencionalmente, mediante dolo, coação ou suborno, ou mesmo por haver fornecido dados importantes falsos, inexatos ou incompletos, determinou ou influiu na edição de ato administrativo em seu próprio benefício.[116]

Assim, presente a má-fé do administrado, destinatário do ato, cabe anular o ato viciado, ainda que, eventualmente, não haja qualquer intenção dolosa por parte do agente público que o produziu.

Rafael Valim listou alguns mecanismos oferecidos pelo ordenamento jurídico, aptos a prestigiar a estabilidade dos atos, atendendo a essa perspectiva do princípio da segurança jurídica: projeção *ex nunc* da invalidação dos atos administrativos ampliativos; convalidação dos atos administrativos; estabilização dos atos ampliativos inválidos; adoção de disposições transitórias e responsabilidade estatal para mudanças radicais de regime jurídico; coisa julgada administrativa; e prescrição e decadência.[117]

O princípio da segurança jurídica costuma ser analisado juntamente com outro princípio, o da proteção à confiança, com quem guarda estreita relação. Segundo Almiro do Couto e Silva, aquele é um princípio jurídico que se ramifica em duas partes: uma de natureza objetiva e outra de natureza subjetiva.

---

[115] Súmula-STF nº 346: "A administração pública pode declarar a nulidade dos seus próprios atos"; e Súmula-STF nº 473: "A administração pode anular seus próprios atos, quando eivados de vícios que os tornam ilegais, porque deles não se originam direitos; ou revogá-los, por motivo de conveniência ou oportunidade, respeitados os direitos adquiridos, e ressalvada, em todos os casos, a apreciação judicial."

[116] SILVA, Almiro do Couto e. O princípio da segurança jurídica (proteção à confiança) no direito público brasileiro. *Revista de Direito Administrativo*, Rio de Janeiro, v. 237, p. 271-316, jul. 2004. p. 305.

[117] VALIM, Rafael Ramires Araújo. *O princípio da segurança jurídica no direito administrativo brasileiro*. 2009. 145 f. Dissertação (Mestrado em Direito) – Pontifícia Universidade Católica de São Paulo, São Paulo, 2009. p. 103-128. Disponível em: https://repositorio.pucsp.br/jspui/handle/handle/8546. Acesso em: 5 fev. 2022.

A primeira é aquela que envolve a questão dos limites à retroatividade dos atos do Estado até mesmo quando estes se qualifiquem como atos legislativos. Diz respeito, portanto, à proteção ao direito adquirido, ao ato jurídico perfeito e à coisa julgada. A outra, de natureza subjetiva, concerne à proteção à confiança das pessoas no pertinente aos atos, procedimentos e condutas do Estado, nos mais diferentes aspectos de sua atuação.[118]

Partindo dessa premissa, é preciso deixar claro que o princípio da segurança jurídica, em sua perspectiva subjetiva de proteção à confiança legítima do administrado, visa proteger os beneficiários de boa-fé, não aqueles que tomaram parte da cadeia de violação da legalidade. Adiante, serão comentadas algumas decisões do TCU envolvendo a temática.

Por fim, não se poderia deixar de comentar as mudanças ocorridas na LINDB a partir da Lei nº 13.655/2018. Conforme anuncia a própria ementa desta norma, o seu objetivo foi incluir naquela disposições sobre segurança jurídica e eficiência na criação e na aplicação do direito público.

O princípio em análise está consubstanciado em vários dispositivos da LINDB:

a) no art. 23: "a decisão administrativa, controladora ou judicial que estabelecer interpretação ou orientação nova sobre norma de conteúdo indeterminado, impondo novo dever ou novo condicionamento de direito, deverá prever regime de transição quando indispensável para que o novo dever ou condicionamento de direito seja cumprido de modo proporcional, equânime e eficiente e sem prejuízo aos interesses gerais". O dispositivo visa prestigiar a perspectiva da certeza do conteúdo das normas jurídicas, evitando nova interpretação retroativa;

b) no art. 24: "a revisão, nas esferas administrativa, controladora ou judicial, quanto à validade de ato, contrato, ajuste, processo ou norma administrativa cuja produção já se houver completado levará em conta as orientações gerais da época, sendo vedado que, com base em mudança posterior de orientação geral, se declarem inválidas situações plenamente constituídas". A disposição visa preservar atos jurídicos produzidos segundo a orientação e a interpretação vigente na época em que ele se completou. Ela busca assegurar o princípio da segurança jurídica, sob a perspectiva da estabilidade;

c) no art. 30 e em seu parágrafo único: "as autoridades públicas devem atuar para aumentar a segurança jurídica na aplicação das normas, inclusive por meio de regulamentos, súmulas administrativas e respostas a consultas; [...] os instrumentos previstos no caput deste artigo terão caráter vinculante em relação ao órgão ou entidade a que se destinam, até ulterior revisão". O dispositivo busca prestigiar a certeza das normas jurídicas, a partir da disseminação da

---

[118] SILVA, Almiro do Couto e. O princípio da segurança jurídica (proteção à confiança) no direito público brasileiro. *Revista de Direito Administrativo*, Rio de Janeiro, v. 237, p. 271-316, jul. 2004. p. 273-274.

regulamentação e orientação vigentes, impondo a sua aplicação pelos órgãos ou entidades a que se destinam.

3.2.16.2 O princípio da segurança jurídica e os contratos

Um dos espaços de incidência mais significativos do princípio da segurança jurídica são os contratos públicos. Como bem observa Carlos Coelho Motta, as finalidades públicas são atendidas por particulares com base em um contrato, o qual é firmado sob os postulados de fiel execução e respeito a cláusulas estabelecidas, de forma que o "[...] seu pressuposto inafastável é a confiança que o empreendedor privado deposita nos atos e retornos do contratante público".[119]

Todavia, cabe mais uma vez lembrar que, para que essa confiança seja protegida pelo ordenamento jurídico, é preciso que o contratado não tenha participado da cadeia causal de eventuais irregularidades ocorridas na formação do negócio jurídico, atuando em desacordo com a boa-fé objetiva.

Por essa razão, é recomendável que as empresas instituam departamentos internos a fim de ajustar as suas condutas e, em particular, as suas propostas às normas de regência das contratações públicas. Dito de outra forma, é importante que os agentes privados criem estruturas de *compliance* e melhorem seus sistemas internos de controle, com vistas à participação em licitações públicas.

Uma das medidas mais importantes a serem adotadas pelos particulares, antes de sua decisão pela participação de um certame público, é a conformação de sua proposta aos critérios de estimativa de preço anunciados no art. 23 da Lei nº 14.133/2021. Embora o dispositivo seja precipuamente dirigido à própria administração, na determinação do valor estimado da contratação, os agentes privados têm o dever de apresentar propostas de acordo com o preço de mercado, não podendo se valer de eventual vício cometido pelo Estado na precificação da contratação.

Defende-se, aqui, a aplicação da doutrina suscitada por Almiro Couto e Silva, extraída do direito alemão, segundo o qual o conhecimento da ilegalidade do ato administrativo pelo destinatário, ou seu desconhecimento, por grave negligência, é excludente da aplicação do princípio da proteção à confiança.[120]

O princípio da segurança jurídica deve ser adotado na interpretação das cláusulas contratuais. Tomando como base o art. 23 da LINDB, a administração deve seguir a orientação vigente na época em que o contrato se formou, evitando a aplicação retroativa

---

[119] MOTTA, Carlos Pinto Coelho. A estabilidade do contrato administrativo à luz da segurança jurídica. *In*: VALIM, Rafael; OLIVEIRA, José Roberto Pimenta; DAL POZZO, Augusto Neves (Coord.). *Tratado sobre o princípio da segurança jurídica no direito administrativo*. Belo Horizonte: Fórum, 2013. p. 547.

[120] SILVA, Almiro do Couto e. O princípio da segurança jurídica (proteção à confiança) no direito público brasileiro. *Revista de Direito Administrativo*, Rio de Janeiro, v. 237, p. 271-316, jul. 2004. p. 305.

de novos entendimentos, que se mostrem em desacordo com a expectativa de certeza depositada pelo particular.

Para a identificação do exato sentido dos termos contratuais, é importante que as partes levam em conta não apenas os eventuais pareceres jurídicos elaborados pela consultoria jurídica do órgão contratante, como as orientações do órgão de controle interno e a jurisprudência do tribunal de contas competente. Afinal, não se pode olvidar que estes últimos são competentes para apreciar irregularidades na aplicação da Lei nº 14.133/2021, podendo aplicar sanções e imputar a responsabilidade financeira por eventuais prejuízos, de forma que suas decisões são importantes balizadores para identificar os comportamentos permitidos e proibidos em matéria de licitações públicas.

Carlos Pinto Motta defende a utilização do Código Civil na interpretação dos contratos, mais precisamente dos arts. 112 (prioridade à intenção das partes com relação ao sentido literal da linguagem), 113 (uso da boa-fé e dos usos do local da celebração) e 422 (boa-fé).[121] Entende-se adequada essa posição, uma vez que a própria Lei nº 14.133/2021 estabelece, em seu art. 89, que os princípios da teoria geral dos contratos e as disposições de direito privado incidem sobre os contratos regidos pelo novo estatuto licitatório.

Porém, é preciso deixar claro que somente pode ser legitimamente tutelada a intenção da parte que implique um comando contratual compatível com a ordem jurídica vigente. Afinal, não cabe dar guarida a uma exegese contrária às regras e aos princípios do sistema normativo das licitações e contratos, bem como a orientação vigente no sistema de controle interno e no tribunal de contas competente.

Carlos Pinto Motta elenca alguns fatores de desestabilização do contrato, os quais, quando presentes, abalam o princípio da segurança jurídica. São eles a inadimplência ou atraso de pagamento pelo Poder Público; a alteração na forma de pagamento; e o sistema de execução de valores devidos pelo Estado (precatórios).[122]

O alerta do autor é importante, pois, muitas vezes, o abalo na confiança da relação contratual ocorre devido a comportamentos materiais da administração, que, na prática, implicam o descumprimento dos termos do ajuste pelo próprio Estado. Tais situações deveriam ser evitadas, pois acabam contribuindo para o aumento no preço das contratações públicas, na medida em que os particulares tendem a embutir em seus preços os riscos decorrentes de comportamentos indevidos do Poder Público.

O princípio da segurança jurídica em matéria contratual também se expressa por meio dos institutos do ato jurídico perfeito e do direito adquirido, os quais consubstanciam a ideia da força obrigatória das convenções, ou seja, da intangibilidade dos contratos (*pacta sunt servanda*). Todavia, esses valores ganham contornos próprios

---

[121] MOTTA, Carlos Pinto Coelho. A estabilidade do contrato administrativo à luz da segurança jurídica. *In*: VALIM, Rafael; OLIVEIRA, José Roberto Pimenta; DAL POZZO, Augusto Neves (Coord.). *Tratado sobre o princípio da segurança jurídica no direito administrativo*. Belo Horizonte: Fórum, 2013. p. 550.

[122] MOTTA, Carlos Pinto Coelho. A estabilidade do contrato administrativo à luz da segurança jurídica. *In*: VALIM, Rafael; OLIVEIRA, José Roberto Pimenta; DAL POZZO, Augusto Neves (Coord.). *Tratado sobre o princípio da segurança jurídica no direito administrativo*. Belo Horizonte: Fórum, 2013. p. 569-577.

no âmbito das contratações públicas, devido às regras especiais a que estão sujeitos os pactos, por conta do regime jurídico que lhes é aplicável.

É possível afirmar que a intangibilidade contratual possui uma outra acepção no mundo dos contratos firmados pelo Poder Público, haja vista a possibilidade de rescisão e alteração unilaterais dos ajustes, nas condições estabelecidas, atualmente, pela Lei nº 14.133/2021.

Conforme será visto em capítulo próprio mais adiante, a legislação atual prestigiou, de uma forma mais intensa, o princípio da segurança jurídica e o subprincípio correlato da força obrigatória das convenções, ao reduzir as hipóteses de extinção unilateral dos contratos a apenas uma: o atraso injustificado na execução do contato (art. 104, inc. II, c/c o art. 162, parágrafo único).

Comparativamente à Lei nº 8.666/1993, não é mais possível a extinção unilateral dos contratos públicos em decorrência do não cumprimento de cláusulas contratuais, especificações, projetos ou prazos; do cumprimento irregular de cláusulas contratuais, especificações, projetos e prazos; da lentidão do seu cumprimento, levando a Administração a comprovar a impossibilidade da conclusão da obra, do serviço ou do fornecimento, nos prazos estipulados; da paralisação da obra, do serviço ou do fornecimento, sem justa causa e prévia comunicação à Administração; da subcontratação total ou parcial do seu objeto, da associação do contratado com outrem, da cessão ou transferência, total ou parcial, bem como da fusão, cisão ou incorporação, não admitidas no edital e no contrato; do desatendimento das determinações regulares da autoridade designada para acompanhar e fiscalizar a sua execução, assim como as de seus superiores; do cometimento reiterado de faltas na sua execução; da decretação de falência ou a instauração de insolvência civil; da dissolução da sociedade ou o falecimento do contratado; da alteração social ou a modificação da finalidade ou da estrutura da empresa, que prejudique a execução do contrato; de razões de interesse público, de alta relevância e amplo conhecimento; e do descumprimento da proibição de trabalho noturno, perigoso ou insalubre aos menores de dezoito e de qualquer trabalho a menores de quatorze anos, salvo na condição de aprendiz; que eram as hipóteses previstas na legislação anterior.

Somente por acordo entre as partes, por conciliação, por mediação ou por comitê de resolução de disputas, desde que haja interesse da Administração, ou, ainda, por determinação de decisão arbitral, é possível a rescisão do contrato com base nos fatos anunciados acima. Isso implica um maior equilíbrio e uma maior comutatividade da relação contratual regida pela Lei nº 14.133/2021, ou seja, uma proteção mais intensa do princípio da segurança jurídica.

É preciso deixar claro um ponto importante. Considerando que os contratos públicos podem ser considerados uma espécie de ato administrativo, de natureza bilateral, por evidente, o regime jurídico de manutenção e retirada daqueles, quando eivados de vícios, é o mesmo dos atos administrativos (estrito senso) inválidos. Acolhe-se, assim, a doutrina de André Freire.[123]

A obrigação de invalidar os atos administrativos inválidos, incluindo os contratos, deriva do princípio da legalidade. Embora o art. 54 da Lei nº 9.784/1999 fale em direito da administração de anulá-los, entende-se que a medida revela um poder-dever do Estado, a ser exercido sempre que ausentes os critérios normativos que autorizam a sua conservação.

A propósito do assunto, a Lei nº 14.133/2021 caminhou mais uma vez no sentido da estabilização dos contratos públicos, ao instituir critérios adicionais para a declaração de nulidade do contrato por parte da administração, a qual somente será adotada quando isso se revelar medida de interesse público, com avaliação, entre outros, dos aspectos anunciados no art. 147 da referida norma.

André Freire entende que o princípio da legalidade não impõe, em todas as situações, a expulsão do ato inválido do sistema jurídico, a partir da decretação de sua invalidade. Segundo ele:

> Em muitos casos, a retirada do ato inválido irá provocar um distúrbio indevido na estabilidade das relações constituídas, frustrando expectativas legítimas dos administrados. Aliás, no âmbito dos contratos administrativos, é comum que a sua desconstituição leve à não fruição pela sociedade dos benefícios que seriam obtidos a partir da conclusão do ajuste. Em tais hipóteses, estará caracterizada a ofensa ao princípio da segurança jurídica.[124]

O autor defende haver um compromisso ao administrador, de sempre buscar a preservação do ato inválido, ao assinalar que "a retirada só se põe quando for impossível a conservação do ato".[125]

Todavia, é importante ressaltar mais uma vez que a preservação do contrato somente pode ocorrer nas circunstâncias autorizadas pela ordem normativa. Com base no regime jurídico atualmente vigente, existem duas hipóteses que permitem a manutenção de um ajuste, ainda que viciado: o transcurso do tempo e a boa-fé do destinatário (art. 54 da Lei nº 9.874/1999); e a presença do interesse público a partir da verificação dos aspectos anunciados no art. 147 da Lei nº 14.133/2021.

Quanto à primeira hipótese supramencionada, isso implica dizer que os contratos públicos estão sujeitos ao mesmo prazo decadencial dos atos administrativos, no que se refere ao poder-dever da administração, de cinco anos. No que se refere à segunda condição, há o dever de demonstração dos valores relacionados aos aspectos econômicos

---

[123] FREIRE, André Luiz. Segurança jurídica e invalidade dos contratos administrativos. *In*: VALIM, Rafael; OLIVEIRA, José Roberto Pimenta; DAL POZZO, Augusto Neves (Coord.). *Tratado sobre o princípio da segurança jurídica no direito administrativo*. Belo Horizonte: Fórum, 2013. p. 601.

[124] FREIRE, André Luiz. Segurança jurídica e invalidade dos contratos administrativos. *In*: VALIM, Rafael; OLIVEIRA, José Roberto Pimenta; DAL POZZO, Augusto Neves (Coord.). *Tratado sobre o princípio da segurança jurídica no direito administrativo*. Belo Horizonte: Fórum, 2013. p. 606.

[125] FREIRE, André Luiz. Segurança jurídica e invalidade dos contratos administrativos. *In*: VALIM, Rafael; OLIVEIRA, José Roberto Pimenta; DAL POZZO, Augusto Neves (Coord.). *Tratado sobre o princípio da segurança jurídica no direito administrativo*. Belo Horizonte: Fórum, 2013. p. 606.

suscitados no dispositivo, sendo incabível a utilização genérica da satisfação do interesse público, sem o respaldo das premissas supramencionadas.

Em suma, a decisão que optar pela continuidade do contrato deve ser exaustivamente motivada pelo administrador, sendo passível de revisão pela esfera controladora e judicial, caso ausentes os pressupostos indicados nas normas e a pretensão não tenha sido atingida pelo transcurso da prescrição.

3.2.16.3 O princípio da segurança jurídica e as sanções

O princípio da segurança jurídica possui enorme relevância no exercício do poder sancionatório. Ele exige a máxima clareza possível na especificação dos comportamentos proibidos, bem como a delimitação das penas cabíveis e dos critérios objetivos para a dosimetria das sanções.

No campo do direito penal, vige a ideia de tipicidade cerrada dos delitos e das penas, a qual está consubstanciada no inc. XLVIII do art. 5º da Constituição Federal, segundo o qual "não há crime sem lei anterior que o defina, nem pena sem prévia cominação legal".

Embora seja possível falar que o princípio da legalidade se irradia por todo o direito sancionador, a tipicidade das penas ganha contorno mais brando no campo do direito administrativo, devido ao fato de o agente público somente poder agir de acordo com as regras postas, sendo, a rigor, ilícito todo comportamento que destoe dos limites impostos pelo direito.

Na visão de Heraldo Vitta, essa tipicidade decorre da supremacia especial do Estado sobre o agente público, a qual se justifica pelo fato de este se inserir numa relação jurídica, por assim dizer, íntima, com o Poder Público, cujo fundamento, a par da lei, é o próprio vínculo que há entre ele e a administração.[126]

Assim, a mera infração a um comando normativo pode, em tese, ensejar a aplicação de sanção ao agente estatal, desde que verificados os pressupostos estabelecidos no art. 28 da LINDB (dolo ou erro grosseiro) e os demais aspectos quanto à gravidade e à culpabilidade do fato e da conduta.

Apesar dessa relação de supremacia especial do Estado sobre o agente público, defende-se uma tipicidade um pouco mais fechada, também no campo do direito administrativo sancionador. Tal regramento poderia ocorrer pela via infralegal, a partir de regulamentos de cada entidade, que poderia completar as bases estabelecidas nas leis.

Essa medida se justifica pela dificuldade natural de interpretar o exato conteúdo da norma aplicável ao exercício da função administrativa, especialmente quando ela é

---

[126] VITTA, Heraldo Garcia. A atividade administrativa sancionadora e o princípio da segurança jurídica. In: VALIM, Rafael; OLIVEIRA, José Roberto Pimenta; DAL POZZO, Augusto Neves (Coord.). *Tratado sobre o princípio da segurança jurídica no direito administrativo*. Belo Horizonte: Fórum, 2013. p. 677.

carregada de termos imprecisos ou veicula um princípio jurídico. Tal situação é agravada ainda mais no espaço de discricionariedade admitido ao administrador, que, apesar de possuir uma maior liberdade quanto ao mérito, não está dispensado de cumprir os princípios e os postulados superiores da ordem normativa.

Cabe, aqui, a advertência de Francisco Prado Filho no sentido de que a falta de segurança e, mais precisamente, a ausência de certeza quanto às infrações e sanções administrativas "são capazes de subverter a própria finalidade da norma sancionadora, transformando o Estado em mero aplicador de sanções que deixam de cumprir sua finalidade precípua de desestimular a prática dos atos descritos como infração".[127]

Nessa perspectiva, seria recomendável um esforço da Administração para melhor delimitar as condutas proibidas e as penas cabíveis. Invoca-se mais uma vez a doutrina de Francisco Prado Filho, segundo o qual é impensável negar ao administrado o direito de saber, previamente, quais os atos vedados e quais as possíveis consequências, de forma a poder evitá-los.[128]

Além disso, as leis administrativas não oferecem critérios absolutos para o cálculo do *quantum* da sanção. Apesar de algumas normas estabelecerem valores mínimos e máximos para as penas, não há regras absolutas estabelecendo um método para o cálculo da sanção, tal como ocorre no direito penal.

Não se pode olvidar que as recentes mudanças ocorridas na LINDB impuseram a consideração dos obstáculos e das dificuldades reais do gestor e das exigências das políticas públicas a seu cargo, bem como das circunstâncias agravantes ou atenuantes, dos antecedentes do agente e da existência de outras sanções de mesma natureza relacionadas ao mesmo fato.

Todavia, essa alteração normativa exige a regulamentação do exercício do poder sancionador pelos diversos órgãos, como forma de dar mais objetividade à fixação de suas penas. A adoção dessa medida implicaria um aumento na segurança jurídica na aplicação de sanções administrativas, beneficiando o agente público e o próprio funcionamento da máquina estatal.

Nessa perspectiva, concorda-se com o pensamento de Francisco Prado Filho, quando ele afirma que é exigível, no campo do direito administrativo sancionador, uma tipicidade próxima daquela prevista para o direito penal.[129] Como afirmado anteriormente, essa tipificação mais fechada poderia se dar mediante regulamento, que preencheria o espaço normativo iniciado pela lei.

---

[127] PRADO FILHO, Francisco Octavio de Almeida. Segurança jurídica e sanções administrativas. *In*: VALIM, Rafael; OLIVEIRA, José Roberto Pimenta; DAL POZZO, Augusto Neves (Coord.). *Tratado sobre o princípio da segurança jurídica no direito administrativo*. Belo Horizonte: Fórum, 2013. p. 682.
[128] PRADO FILHO, Francisco Octavio de Almeida. Segurança jurídica e sanções administrativas. *In*: VALIM, Rafael; OLIVEIRA, José Roberto Pimenta; DAL POZZO, Augusto Neves (Coord.). *Tratado sobre o princípio da segurança jurídica no direito administrativo*. Belo Horizonte: Fórum, 2013. p. 687.
[129] PRADO FILHO, Francisco Octavio de Almeida. Segurança jurídica e sanções administrativas. *In*: VALIM, Rafael; OLIVEIRA, José Roberto Pimenta; DAL POZZO, Augusto Neves (Coord.). *Tratado sobre o princípio da segurança jurídica no direito administrativo*. Belo Horizonte: Fórum, 2013. p. 687.

Por fim, cabe chamar atenção a dois aspectos importantes que devem ser considerados na formatação de um direito administrativo sancionador condizente com o princípio da segurança jurídica.

Primeiro, a necessidade de se evitar a aplicação retroativa de normas e interpretações, com vistas à imposição de sanções. Segundo, a importância de se estabelecer prazos prescricionais para o exercício do poder sancionatório, como forma de assegurar a pacificação social e a estabilidade das situações jurídicas constituídas. Nesse particular, é digna de nota a omissão de diversas normas quanto à existência e ao prazo de prescrição para as sanções administrativas instituídas, o que configura um cenário de absoluta insegurança jurídica, com riscos de ineficácia e ineficiência de seus processos sancionadores, pela tendência de judicialização.

A título de exemplo, mencionam-se os processos de controle externo no âmbito do TCU, cuja lei orgânica foi silente quanto ao assunto.

O tema foi resolvido, no âmbito do órgão de contas, por meio do Acórdão nº 1.441/2016-Plenário, que tratou de incidente de uniformização de jurisprudência destinado a dirimir dúvida acerca da subsunção da pretensão punitiva do tribunal ao instituto da prescrição. Na ocasião, foi decidido que o poder sancionatório do TCU está sujeito ao prazo geral de prescrição indicado no art. 205 da Lei nº 10.406/2002 (Código Civil), dez anos. Consoante o referido *decisum*, a contagem se inicia da ocorrência do fato e é interrompida pelo ato que ordenar a citação, a audiência ou oitiva da parte.

Todavia, há diversos precedentes de ambas as turmas do STF,[130] lavrados após a mencionada deliberação do TCU, no sentido de que a prescrição da pretensão punitiva da Corte de Contas é regida pela Lei nº 9.873, de 23.11.1999, ou seja, está sujeita ao prazo de cinco anos contados da ocorrência do fato, com vários marcos interruptivos e a incidência do instituto da prescrição intercorrente de três anos.

A matéria foi objeto de análise mais detida no MS nº 32.201, que enfrentou os diversos fundamentos do Acórdão nº 1.441/2016-Plenário e concluiu pela inadequação do uso das normas do Código Civil para suprir suposta omissão quanto ao prazo prescricional do exercício do poder punitivo do TCU. Nas palavras do relator:

> 23. Sobre este ponto, friso, inicialmente, que, conforme já defendi em estudo acerca do tema, o direito administrativo tem autonomia científica, razão pela qual *não há nenhuma razão plausível pela qual se deva suprir a alegada omissão com recurso* às *normas de direito civil, e não* às *de direito administrativo*.
> 24. Assim, à falta de norma regulamentadora, o prazo prescricional referencial em matéria de direito administrativo deve ser de cinco anos, como decorrência de um amplo conjunto de normas: [...]
> 27. A solução que se afigura mais adequada, a meu ver, não é a criação de um regime híbrido para regular a prescrição da pretensão administrativa sancionadora exercida pelo TCU, mas a aplicação integral da regulação estabelecida pela Lei nº 9.783/1999. (Grifos nossos)

---

[130] A título de exemplo, mencionam-se o MS nº 35.940 (Rel. Min. Luiz Fux, *DJe*, 14.7.2020); o MS nº 32.201 (Rel. Min. Roberto Barroso, 1ª Turma, *DJe*, 7.8.2017); e o MS nº 35.512-AgR (Rel. Min. Ricardo Lewandowski, 2ª Turma, *DJe*, 21.6.2019), entre outros.

Não obstante esse posicionamento do STF, o TCU tem seguido até então a sua jurisprudência, sob o argumento principal de que a matéria ainda não foi objeto de consolidação pelo Plenário da Corte Suprema em decisão com efeitos *erga omnes*.

De toda sorte, o Tribunal decidiu, por meio do Acórdão nº 459/2022-Plenário (Rel. Min. Antônio Anastasia), ordenar à sua Secretaria-Geral de Controle Externo (Segecex):

> a formação de grupo técnico de trabalho para que, em processo apartado, apresente a este Plenário projeto de normativo que discipline, de forma completa e detalhada, o tema da prescrição da pretensão ressarcitória e da prescrição da pretensão punitiva no âmbito do controle externo, tendo por base jurisprudência predominante do Supremo Tribunal Federal, adequando-a às especificidades das diversas formas de atuação do Tribunal de Contas da União, devendo incluir, no estudo que fundamentará o projeto de normativo, avaliação do impacto das teses prescricionais discutidas sobre as responsabilidades e danos apurados nos processos em andamento no Tribunal, sobretudo os mais sensíveis, relevantes e de elevada materialidade.

3.2.16.4 O princípio da segurança jurídica em face da atuação do TCU no controle objetivo de atos e contratos

Conforme os art. 70 e 71, da Constituição Federal, o TCU possui a competência de promover, em auxílio ao Congresso Nacional, a fiscalização contábil, financeira, orçamentária, operacional e patrimonial da União e das entidades da Administração direta e indireta, quanto à legalidade, legitimidade, economicidade, aplicação das subvenções e renúncia de receitas.

Entre as diversas atribuições conferidas diretamente à Corte de Contas, cabe destacar, para os propósitos deste tópico, a consignada no inc. IX do art. 71. Segundo o dispositivo, compete ao TCU "assinar prazo para que o órgão ou entidade adote as providências necessárias ao exato cumprimento da lei, se verificada ilegalidade". Trata-se do chamado controle corretivo ou objetivo de atos e contratos, cujo propósito é eliminar eventuais vícios na atuação administrativa das diversas entidades da União, mediante a imposição de determinação cogente para a correção de atos (em sentido largo) irregulares.

Como não poderia deixar de ser, o exercício dessa competência abrange o poder do TCU de impor, de modo cogente, a anulação de atos e contratos, quando os vícios neles contidos não forem passíveis de saneamento. Todavia, é importante esclarecer que a Corte de Contas não tem competência para invalidar os contratos administrativos ilegais, ilegítimos e antieconômicos, mas, sim, para determinar que a autoridade administrativa assim proceda, nos termos do inc. IX do art. 71 da Constituição.

Esse entendimento encontra-se pacificado no TCU e no próprio STF, como se extrai da seguinte passagem do voto condutor do Acórdão nº 81/2022-Plenário, da lavra do Ministro Bruno Dantas:

13. Ressalto que, embora não tenha poder para anular ou sustar contratos diretamente, esta Corte tem competência constitucional (art. 71, inciso IX) para determinar à autoridade administrativa que promova a anulação da licitação e, se for o caso, do contrato que dela se originou.

14. Nesse sentido, é a jurisprudência desta Corte, a exemplo dos Acórdãos 2.105/2008 e 2.343/2009, ambos do Plenário.

15. O próprio Supremo Tribunal Federal já se manifestou nesse sentido, no âmbito do Mandado de Segurança 23.550/DF, trazido pela própria AGU em suas razões recursais e cujo teor reproduzo aqui:

"EMENTA: I. Tribunal de Contas: competência: contratos administrativos (CF, art. 71, IX e §§1º e 2º). *O Tribunal de Contas da União - embora não tenha poder para anular ou sustar contratos administrativos - tem competência, conforme o art. 71, IX, para determinar* à *autoridade administrativa que promova a anulação do contrato e, se for o caso, da licitação de que se originou.* [...] (MS 23550, Relator (a): MARCO AURÉLIO, Relator (a) p/ Acórdão: SEPÚLVEDA PERTENCE, Tribunal Pleno, julgado em 04.4.2001, DJ 31-10-2001 PP-00006 EMENT VOL-02050-03 PP-00534)". (Grifos nossos)

Essa competência atrai a discussão quanto à prescritibilidade da pretensão anulatória pelos tribunais de contas e, em caso positivo, quanto ao prazo para o exercício desse poder.

Compulsando o repositório da jurisprudência do TCU, observa-se que a questão foi pouco debatida. No Acórdão nº 44/2019-Plenário, de relatoria do Ministro Bruno Dantas, a defesa das partes pugnou pela aplicação do instituto da decadência, consignado no art. 54 da Lei nº 9.784/1999, o que foi rechaçado pelo Tribunal, sob o argumento principal, pacificado em sua jurisprudência, de que tal instituto não tem incidência nos processos por meio dos quais o TCU exerce a sua competência constitucional de controle externo. Além disso, pontuou-se, na ocasião, que ainda assim não teria ocorrido a decadência, em concreto, pois, no caso de contrato, a contagem se iniciaria após a sua conclusão. Segue o trecho do voto apresentado:

51. Sobre o prazo decadencial a que alude o art. 54 da Lei 9.784/1999, o entendimento nesta Corte de Contas é de que ele não se aplica aos processos de controle externo, tendo em vista que, no cumprimento de suas atribuições, o TCU não está exercendo autotutela administrativa, mas desempenhando função de controle externo dos atos de gestão da administração, conferida diretamente pela Constituição Federal. Nesse sentido, cabe transcrever o elucidativo excerto da Decisão 1.020/2000: [...]

51. Por todo o exposto, restam inaplicáveis, de forma obrigatória, os preceitos da Lei nº 9.784/99 aos processos da competência constitucional deste Tribunal de Contas, do mesmo modo que *não se impõem aos atos administrativos que meramente cumprem as decisões do controle externo proferidas para a correção de ilegalidades observadas na atividade administrativa.*

52. Além disso, ainda que se considerasse aplicável o art. 54 da Lei 9.784/1999 ao controle externo de atos e contratos exercido pelo TCU, o que admito apenas para fins de debate, a decadência administrativa não teria se consumado no caso em exame.

53. Conforme a jurisprudência do STJ citada no relatório precedente, tratando-se de contrato administrativo, *o termo a quo para contagem do prazo a que alude o caput do art. 54 da Lei 9.784/1999 é o término do ajuste celebrado.* (Grifos nossos).

Cabem alguns comentários ao entendimento acima esposado.

Inicialmente, é preciso advertir que o entendimento de que o prazo decadencial a que alude o art. 54 da Lei nº 9.784/1999 não se aplica aos processos de controle externo foi construído em processos de apreciação de atos de aposentadoria, reforma e pensão, os quais têm contornos bastante específicos ante os demais processos de controle externo.

Em verdade, houve uma ligeira modificação na posição do TCU sobre a matéria, sendo que o entendimento atual é no sentido de que a decadência administrativa se aplica às decisões do TCU que tratem de atos de pessoal, de modo que a contagem do prazo de cinco anos se inicia com a chegada do processo de pessoal ao Tribunal, conforme a decisão do STF no julgamento do RE nº 636.553 – Tema nº 445 da Repercussão Geral (acórdãos nºs 4.397/2020-Segunda Câmara, Rel. Min. Raimundo Carreiro; e 8.660/2021-Primeira Câmara, Min. Vital do Rêgo).

Com relação aos demais processos, entende-se que a decadência do art. 54 da Lei nº 9.784/1999 não incide, de fato, sobre a atuação do Tribunal, uma vez que ela não exerce função tipicamente administrativa, mas de controle externo, em auxílio a uma das funções típicas do Poder Legislativo, a de controle dos atos da administração pública.[131] Porém, é necessário perquirir se o controle corretivo do TCU está sujeito à prescrição, assim como o controle subjetivo (relacionado à aplicação de sanções).[132]

Sem a pretensão de esgotar a matéria, até porque isso comportaria digressões mais amplas que fogem ao escopo da presente obra, de analisar as disposições da nova Lei de Licitações, entende-se que não há nenhum dispositivo na Constituição Federal que respalde eventual posição de que é imprescritível a pretensão corretiva do TCU fundada no inc. IX do art. 71.

Como é sabido, os únicos casos de imprescritibilidade estabelecidos pela Lei Maior são os de persecução penal dos crimes de racismo e de ação de grupos armados, civis ou militares, contra a ordem constitucional e o Estado democrático (arts. 5º, incs. XLII e XLIV) e as ações de ressarcimento (art. 37, §5º), sendo que, no caso destas últimas, o STF tem alterado a sua posição original sobre o tema, ao considerar imprescritíveis apenas as fundadas na prática de ato doloso tipificado na Lei de Improbidade Administrativa (Tema nº 897).

---

[131] Em verdade, há ampla discussão doutrinária quanto ao enquadramento ou não da função de controle do TCU entre as exercidas pelos três poderes tradicionais. Quanto ao tema, os autores se dividem entre considerar o TCU um órgão integrante do Poder Legislativo, na condição de auxiliar do Parlamento, ou que não faz parte de nenhum dos poderes estatais tradicionais. Sem a pretensão de traçar um quadro completo do posicionamento dos autores, compõem o primeiro grupo Alfredo Buzaid, no contexto da Constituição de 1967, Eduardo Lobo Botelho Gualazzi, Luís Roberto Barroso, Ives Gandra Martins e José Carvalho dos Santos Filho. Entre os adeptos do segundo entendimento, mencionam-se Castro Nunes, Odete Medauar, Jarbas Maranhão, Celso Antônio Bandeira de Mello, Diogo de Figueiredo Moreira Neto, Carlos Ayres Brito, Wremyr Scliar e Evandro Guerra e Denise Mariano de Paula.

[132] É importante lembrar que a incidência ou não de prescrição sobre a competência do TCU de impor débito aos responsáveis em caso de dano ao Erário está sendo objeto de intensa discussão, após o julgamento do RE nº 636.886 AL (Tema nº 899) pelo STF, o qual decidiu que "é prescritível a pretensão de ressarcimento ao erário fundada em decisão de Tribunal de Contas". A tendência é que seja revisada a posição atual do TCU, pela imprescritibilidade dos processos de controle externo que apurem prejuízos ao Erário.

Além disso, não faz nenhum sentido, sob o ponto de vista da coerência sistêmica, o administrado estar protegido do poder da administração de anular ou alterar atos administrativos (em sentido largo), por meio do instituto da decadência, e, ao mesmo tempo, estar sujeito a sofrer as consequências de eventual determinação do TCU, dirigida ao órgão jurisdicionado, para que invalide ou modifique determinado ato ou contrato. Tal exegese implicaria tornar inútil o aparato protetivo ao administrado de boa-fé inaugurado pela Lei nº 9.784/1999, o que, em nossa visão, concretiza o princípio da segurança jurídica em face da administração.

Assim, sem embargo de eventual discussão mais aprofundada sobre o tema, a partir de aportes de argumentos e informações mais abrangentes a respeito do assunto, em trabalho específico, entende-se que a decisão do TCU que determinar a correção de atos e contratos ou a sua invalidação está sujeita a prazo prescricional de cinco anos, podendo ser adotadas, por analogia, a Lei nº 9.784/1999, mantendo a coerência do sistema de controle dos atos praticados pela Administração Pública, e as regras da Lei nº 9.873/1999.

Cabe lembrar que tal posição não tem amparo em nenhuma decisão do TCU, estando, ainda, em desacordo com o entendimento atual da Corte de Contas quanto ao prazo prescricional de seu poder sancionatório, que é de dez anos, como visto.

Afora essa discussão quanto ao prazo prescricional, é insofismável que o TCU tem o poder-dever de mandar invalidar atos e contratos com vícios de legalidade, legitimidade e economicidade. As únicas condições existentes quanto ao exercício dessa competência são as estabelecidas atualmente na LINDB, nos arts. 20, 21, 22, §1º e 24, devendo ser observados, ainda, em matéria de licitações e contratos, os aspectos indicados no art. 147 da Lei nº 14.133/2021, como será discutido em capítulo próprio desta obra.

Tal competência corretiva do TCU não implica um abalo aos princípios da segurança jurídica e da proteção da confiança nem aos postulados da força obrigatória do contrato e do ato jurídico perfeito, sendo que estes últimos ganham contornos especiais no regime jurídico-administrativo, como se verifica no seguinte trecho do voto condutor do Acórdão nº 1.455/2018-Plenário (Min. Benjamin Zymler):

> 32. Quanto aos argumentos no sentido de que a responsabilização da empresa pelo débito, no contexto analisado, implicaria ofensa ao princípio pacta sunt servanda, cumpre registrar *que a autonomia da vontade no* âmbito *dos contratos administrativos sofre limitações devido ao regime jurídico especial ao qual estão submetidos tais instrumentos jurídicos.*
>
> 33. Sendo a Administração tutora do interesse público e estando submetida aos princípios da legalidade, da moralidade, da eficiência, da economicidade, e em última ratio, à satisfação do interesse público, *não pode estar subsumida, de modo inflexível, às obrigações constantes de um contrato celebrado e/ou decorrente de um procedimento licitatório em desacordo com as normas de regência.*
>
> 34. Nesse ponto, cabe ressaltar a característica peculiar dos contratos firmados pela Administração: estão sujeitos às balizas rígidas impostas pelo regime jurídico-administrativo, as quais não podem ser afastadas por ato voluntário ou involuntário dos contratantes, por concretizarem os princípios constitucionais da legalidade, impessoalidade, moralidade, publicidade, eficiência, legitimidade e economicidade.

35. Dessa forma, *como o administrador público não é dono da coisa pública, não tem liberdade para dela dispor. Não pode, por consequência, pactuar a partir do exercício da autonomia da vontade, própria ao direito civil. Sendo assim, não se queda aplicável, em toda sua amplitude, aos contratos administrativos o princípio do pacta sunt servanda, especificamente se os pactos não forem ajustados de acordo com as normas de regência.*

36. Desse modo, *para que o contrato goze da força obrigatória pretendida pela responsável, é necessário que seja celebrado de acordo com as disposições legais vigentes. Nesse sentido, cabe ressaltar que o ordenamento jurídico somente dá guarida ao ato jurídico perfeito, assim entendido aquele que foi praticado segundo as premissas estabelecidas na lei.* Porém, no caso concreto, não é possível sequer afirmar que o contrato decorreu de licitação regularmente processada, pois tanto o orçamento como a proposta apresentada não seguiram os parâmetros do Sinapi. Com isso, não assiste razão à empresa. (Grifos nossos)

Essa compreensão dos preceitos do ato jurídico perfeito e da força obrigatória dos contratos, no âmbito da Administração Pública, implica a possibilidade de se imputar o dever de ressarcir aos particulares e aos agentes públicos que tenham participado na formação de um negócio jurídico lesivo aos cofres públicos. Nesse sentido, cabe transcrever excerto do voto condutor do Acórdão nº 1.304/2017-Plenário (Rel. Min. Benjamin Zymler):

54. Dispõe a Carta Magna que a lei não prejudicará o direito adquirido, o ato jurídico perfeito e a coisa julgada, o que nos leva e perquirir se realmente uma decisão condenatória do TCU poderia obrigar o particular ressarcir o erário em vista de superfaturamento por preços excessivos observado no contrato.

55. Ocorre que um contrato eivado por sobrepreço não é um ato jurídico perfeito, assim entendido como aquele já realizado, acabado segundo a lei vigente ao tempo em que se efetuou, satisfazendo todos os requisitos formais para gerar a plenitude dos seus efeitos. [...]

64. Diante disso, observo que as disposições da Lei Orgânica do TCU prevendo a condenação do terceiro que contrata com a Administração ao ressarcimento do prejuízo ao erário estão devidamente harmonizados com os princípios da unidade e coerência do ordenamento jurídico.

Na mesma trilha, quanto à possibilidade de se incluir terceiros estranhos à Administração Pública no polo passivo dos processos que imputam o dever de ressarcir ao Erário, deve-se mencionar o Acórdão nº 301/2018-Plenário (Rel. Min. Benjamin Zymler), de cujo voto se extrai o seguinte trecho:

Apesar de o agente privado contratado pela Administração não ter a incumbência direta de gerir os recursos públicos, não se pode olvidar ser o beneficiário final das verbas públicas. Nessa perspectiva, é legítima a inclusão das três empresas constituintes do consórcio como responsáveis solidárias neste processo, na medida em que concorreram para a prática do dano apurado, nos termos da lei, ao deixar de ofertar preços compatíveis com os de mercado.

Nos contratos administrativos, a vontade do contratado também é relevante para a formação do negócio jurídico. Apesar de ele se submeter à potestade do Estado no que concerne às cláusulas e às disposições formais do ajuste – a minuta do contrato é parte do edital –, a vontade do contratado se faz plena na decisão de participar da licitação e na oferta da proposta de preço.

Dessa forma, o particular responde plenamente por essa manifestação voluntária tendente ao aperfeiçoamento do vínculo contratual, podendo a sua proposta ser desclassificada por sobrepreço ou por inexequibilidade. Mais ainda, firmada a avença, a vontade do contratado se integra à da Administração, motivo pelo qual ele também responde por eventual superfaturamento.

Seria medida extremamente injusta deste Tribunal afastar a condenação das construtoras – que de fato foram as grandes beneficiárias dos pagamentos com sobrepreço – e manter a condenação apenas dos demais agentes da Infraero envolvidos, que deram causa ao dano ao erário, mas que dele supostamente não se beneficiaram.

Em verdade, a responsabilização de terceiros pelo TCU é objeto de disposição expressa no §2º do art. 16 da Lei nº 8.443/1992, o qual prevê que o TCU:

> ao julgar irregulares as contas, fixará a responsabilidade solidária do agente público que praticou o ato irregular e do terceiro que, como contratante ou parte interessada na prática do mesmo ato, de qualquer modo haja concorrido para o cometimento do dano apurado.

Tal obrigação de ressarcir o Erário, imposta aos particulares nos casos de contratos eivados com sobrepreço, não é afastada nem mesmo na hipótese de o preço contratado estar abaixo do orçamento estimativo da licitação, se tais parâmetros estiverem acima dos de mercado. A propósito do assunto, segue excerto do voto condutor do Acórdão nº 2.262/2015-Plenário (Ministro Benjamin Zymler):

> 36. Ainda que o preço orçado pela administração esteja acima dos valores passíveis de serem praticados no mercado, têm as empresas liberdade para oferecerem propostas que sabem estar de acordo com os preços de mercado. Não devem as empresas tirar proveito de orçamentos superestimados, elaborados por órgãos públicos contratantes, haja vista que o regime jurídico-administrativo a que estão sujeitos os particulares contratantes com a Administração não lhes dá direito adquirido à manutenção de erros de preços unitários, precipuamente quando em razão de tais falhas estiver ocorrendo o pagamento de serviços acima dos valores de mercado. O regime de contratação administrativa possui regras próprias de Direito Público, mais rígidas, sujeitas a aferição de legalidade, legitimidade e economicidade por órgãos de controle interno ou externo da Administração Pública. Portanto, a responsabilização solidária do particular pelo dano resta sempre evidenciada quando, recebedor de pagamentos por serviços superfaturados, contribui de qualquer forma para o cometimento do débito, nos termos do §2º do art. 16 da Lei 8.443/1992. Logo, não há como acolher as alegações de defesa da empresa beneficiária dos pagamentos reputados superfaturados.

A aludida tese também foi veiculada no voto condutor do Acórdão nº 1.304/2017-Plenário, já mencionado neste capítulo:

> 68. Ainda que a Administração, por meio de seus agentes, tenha incorrido em erro, ao definir, no Pregão Presencial 10/2006, um orçamento-base superestimado, *a conduta da empresa contratada de propor preços acima dos valores de mercado constituiu ato ilícito, na*

medida em que infringiu o dever jurídico preceituado no art. 43, inciso IV, da Lei 8.666/1993. Tal comportamento foi concausa relevante do prejuízo causado ao erário, pois sem ele não teria havido o superfaturamento. [...]

70. Embora o valor orçado pela administração se situe além dos preços praticados no mercado, *o particular poderia ofertar proposta aderente aos valores de mercado. Reiterada jurisprudência desta Corte de Contas, a exemplo do Acórdão 454/2014-TCU-Plenário, da lavra do Ministro Augusto Sherman Cavalcanti, e do Acórdão 619/2015-TCU-Plenário, relatado pelo Ministro Vital do Rêgo, tem entendido que "não devem as empresas tirar proveito de orçamentos superestimados, elaborados por órgãos públicos contratantes, haja vista incidir, no regime de contratação pública, regras próprias de Direito Público, mais rígidas, sujeitas a aferição de legalidade, legitimidade e economicidade por órgãos de controle interno ou externo da Administração Pública.* Sem embargo, sua responsabilização solidária pelo dano resta sempre evidenciada quando, recebedora de pagamentos por serviços superfaturados, contribui de qualquer forma para o cometimento do dano, nos termos do §2º do art. 16 da Lei 8.443/1992". (Grifos nossos)

A responsabilização dos contratados em razão de prejuízos ao Erário decorrentes de contratos públicos com sobrepreço, além de respaldada na lei orgânica do TCU e na releitura dos postulados da força obrigatória dos contratos e do ato jurídico perfeito, é ancorada na ideia de que o regime jurídico-administrativo das contratações públicas se aplica tanto aos agentes estatais quanto aos particulares. O voto condutor do Acórdão nº 1.304/2017-Plenário também tratou do tema:

72. Ressalto que *os comandos da Lei 8.666/1993 se direcionam tanto ao agente público quanto ao privado, que renuncia em alguma medida ao ambiente de liberdade econômica que prevalece nos contratos privados.* [...]

74. Nesse sentido, recentemente o Supremo Tribunal Federal manteve condenação de ressarcimento ao erário imposta pelo TCU à empresa contratada pela Administração Pública. Tal decisão foi adotada no âmbito do Mandado de Segurança 29.599, impetrado por uma empreiteira com o objetivo de anular ato do Tribunal de Contas da União, o qual condenou a empresa a devolver valores ao erário em razão de superfaturamento de preços.

75. Naquele julgado, a situação era análoga ao caso em apreciação, pois o particular alegava exatamente ter participado de regular processo licitatório, tendo cumprido todas as especificações do edital, inclusive com relação ao preço dos serviços a serem executados. Assim, a contratada entendia não haver nenhuma ilegalidade em sua conduta e que o TCU não possuía competência constitucional para promover alteração retroativa e unilateral dos preços, modificando cláusulas econômico-financeiras do contrato. Porém, ao contrário do que afirmara a construtora, entendeu o STF que ela não foi condenada a restituir os valores recebidos em razão da execução do contrato, mas a restituição aos cofres públicos da diferença dos valores em que se identificou o sobrepreço na forma calculada pelo TCU. (Grifos nossos)

Essa, portanto, é a extensão do princípio da segurança jurídica em face da atuação do TCU no controle objetivo de atos e contratos

3.2.16.5 Manifestação do princípio da segurança jurídica na nova Lei de Licitações

Retomando a análise propriamente da Lei nº 14.133/2021, não se poderia deixar de abordar as disposições que consubstanciam o princípio da segurança jurídica em matéria de licitações e contratos. Ele está revelado nos seguintes dispositivos:

a) no art. 78, §1º, quando se assinala que "os procedimentos auxiliares de que trata o caput deste artigo obedecerão a critérios claros e objetivos definidos em regulamento" (perspectiva da certeza);

b) no art. 89, §2º, que estabelece que "os contratos deverão estabelecer com clareza e precisão as condições para sua execução, expressas em cláusulas que definam os direitos, as obrigações e as responsabilidades das partes, em conformidade com os termos do edital de licitação e os da proposta vencedora ou com os termos do ato que autorizou a contratação direta e os da respectiva proposta" (postulado da certeza).

c) no art. 115, segundo o qual "o contrato deverá ser executado fielmente pelas partes, de acordo com as cláusulas avençadas e as normas desta Lei, e cada parte responderá pelas consequências de sua inexecução total ou parcial" (postulado da força obrigatória dos contratos);

d) no art. 169, quando se previu que as práticas contínuas e permanentes de gestão de riscos e de controle preventivo, a serem implantadas pela alta administração, devem contemplar medidas que promovam relações íntegras e confiáveis, com segurança jurídica para todos os envolvidos, e que produzam o resultado mais vantajoso para a Administração, com eficiência, eficácia e efetividade nas contratações públicas.

Sobre o art. 115, é importante assinalar que ele se dirige tanto aos particulares quanto à Administração Pública, que deve atuar no sentido de adimplir as suas obrigações e oferecer as melhores condições para que o contratado cumpra as suas, a fim de que o contrato seja concluído e o interesse público alcançado, da forma mais eficaz e eficiente possível.

3.2.16.6 Jurisprudência selecionada

Por fim, seguem alguns precedentes do TCU envolvendo a aplicação do princípio da segurança jurídica no regime da lei anterior (teses extraídas do repositório da jurisprudência selecionada do Tribunal e dos informativos da jurisprudência do TCU):

> Os *contratos já encerrados ou ainda em vigor quando da publicação do Acórdão 205/2018 Plenário que tenham incluído o item "reserva técnica" nas planilhas de custos, sem a devida justificativa, podem manter as condições à época de suas celebrações,* o que implica a desnecessidade de serem cobrados das contratadas quaisquer ressarcimentos a esse título, em atenção ao

princípio da segurança jurídica, sem prejuízo da aferição de eventual sobrepreço. (Acórdão nº 205/2018-Plenário. Rel. Min. Aroldo Cedraz)

Os *contratos firmados até a data de publicação do Acórdão 950/2007 Plenário (DOU de 28/5/2007) que tenham previsto IRPJ e CSLL* nas *planilhas de preços*, como item específico (custo direto) ou no BDI, podem manter as condições à época de suas celebrações, o que implica a desnecessidade de serem cobrados das contratadas quaisquer ressarcimentos a esse título, *em atenção ao princípio da segurança jurídica* e às ressalvas constantes do Acórdão 1591/2008 Plenário, sem prejuízo da aferição de eventual sobrepreço. (Acórdão nº 205/2018-Plenário. Rel. Min. Aroldo Cedraz)

A opção pelo uso do Regime Diferenciado de Contratações deve constar de forma expressa no edital, não sendo possível que instrumento contratual celebrado no âmbito da Lei 8.666/1993 seja alterado, por meio de termo aditivo, para adoção de disposições previstas na Lei 12.462/2011, a exemplo do regime de contratação integrada, por caracterizar afronta ao art. 1º, §2º, da Lei 12.462/2011 e ao art. 65, inciso II, alínea b, da Lei 8.666/1993, bem como aos *princípios da segurança jurídica*, da isonomia e da vinculação ao instrumento convocatório. (*Informativo de Licitações e Contratos*, n. 421, 2021)

Nas licitações realizadas mediante o regime de contratação integrada, previsto no art. 9º da Lei 12.462/11 (RDC), é *recomendável inserir "matriz de riscos" no instrumento convocatório e na minuta contratual*, de modo a tornar o certame mais transparente e isonômico, assim como a conferir maior *segurança jurídica ao contrato*. (*Informativo de Licitações e Contratos*, n. 155, 2013)

3.2.17 Princípio da razoabilidade

O princípio da razoabilidade é um dos metaprincípios do direito administrativo, uma vez que ele é utilizado para solução de conflitos entre outros princípios, constituindo critério para a decisão judicial, independentemente de previsão expressa na lei. Além disso, é parâmetro para a integração da norma nos espaços de atuação discricionária do administrador, sendo considerado, ainda, um princípio implícito mesmo no regime da Lei nº 8.666/1993. O art. 2º da Lei nº 9.874/1999 o catalogou entre os princípios administrativos.

Diante da imprecisão intrínseca do princípio em estudo, fruto do caráter subjetivo da ideia do que vem a ser razoável, é preciso bastante cuidado do administrador e do julgador ao invocá-lo. Por isso, faz-se necessário recorrer a uma ampla motivação, quando o princípio da razoabilidade for utilizado como parâmetro de deliberação.

O princípio em tela é bastante usado na solução de casos envolvendo os da vinculação ao edital e do interesse público, servindo como importante paradigma para a construção, em concreto, da ideia de formalismo moderado, que está por trás do processo de licitação pública.

Eis alguns precedentes do TCU envolvendo a aplicação do princípio da razoabilidade no regime da lei anterior (teses extraídas do repositório da jurisprudência selecionada do Tribunal):

Afronta os *princípios da razoabilidade* e da finalidade a utilização, pelo órgão gerenciador, do sistema de registro de preços para *realização de contratação* única *e integral do objeto registrado, ocasionando a extinção da ata na primeira contratação*. (Acórdão nº 1.443/2015-Plenário. Rel. Min. Vital do Rêgo)

A *desclassificação de licitante por ter errado a denominação de um sindicato* é medida de injustificado rigorismo formal, que *fere o princípio da razoabilidade* e restringe o caráter competitivo da licitação. (Acórdão nº 604/2009-Plenário. Rel. Min. Augusto Sherman)

Admite-se, em respeito ao princípio da razoabilidade, a correção de proposta vencedora de pregão, em que haja o detalhamento de encargos trabalhistas obrigatórios sem que tenha havido cotação, desde que não acarrete alteração do valor final da proposta ou prejuízo à Administração e aos demais licitantes. (Acórdão nº 10.604/2011-Segunda Câmara. Rel. Min. Subst. André de Carvalho)

É possível o aproveitamento de propostas com erros materiais sanáveis, que não prejudicam o teor das ofertas, uma vez que isso não se mostra danoso ao interesse público ou aos princípios da isonomia e da razoabilidade. (Acórdão nº 187/2014-Plenário. Rel. Min. Valmir Campelo)

Na elaboração dos avisos de credenciamento, *a escolha do prazo entre a publicação do edital e a entrega dos documentos* deve guiar-se pelo interesse público e pelo *princípio da razoabilidade*, considerando as peculiaridades do objeto, a urgência da contratação, a extensão da documentação a ser apresentada e, ainda, a necessidade de atrair número de interessados que represente o universo do mercado. (Acórdão nº 436/2020-Plenário. Rel. Min. Raimundo Carreiro)

A fixação de preço mínimo para venda com base em apenas uma avaliação do preço de mercado não atende ao princípio da razoabilidade. (Acórdão nº 398/2013-Plenário. Rel. Min. Valmir Campelo)

Sendo *a visita técnica um* critério de habilitação, *não há razoabilidade em limitar sua realização a um curto período de tempo,* sendo plenamente possível sua realização até a data de recebimento das propostas. (Acórdão nº 714/2014-Plenário. Rel. Min. José Jorge)

Na contratação de *serviços de agenciamento de viagens* não é razoável exigir a instalação de *postos presenciais em diversas unidades da Federação*, tendo em vista que a marcação de passagens aéreas e a reserva de hotéis são usualmente feitas por meio eletrônico. (Acórdão nº 357/2014-Plenário. Rel. Min. José Jorge)

É irregular a prática de atos da sessão pública do pregão eletrônico fora do horário de expediente, por ofender o princípio da razoabilidade (art. 5º do Decreto 5.450/2005 e art. 2º da Lei 9.784/1999). (Acórdão nº 592/2017-Plenário. Rel. Min. Ana Arraes)

A *exigência de atestado de capacidade técnico-operacional registrado em conselho de fiscalização profissional requer* a demonstração, no processo licitatório, que *tal requisito é indispensável* à *garantia do cumprimento* das obrigações contratuais, em respeito ao art. 3º da Lei 8.666/1993 e ao *princípio da razoabilidade,* previsto no art. 37, inciso XXI, da Constituição Federal. (Acórdão nº 2.789/2016-Plenário. Rel. Min. Augusto Nardes)

Estando os preços global e unitários ofertados pelo licitante dentro dos limites fixados pela Administração, é *de excessivo rigor a desclassificação da proposta por divergência entre seus preços unitários e respectivas composições detalhadas de custos*, por afronta aos *princípios da razoabilidade*, da ampla competitividade dos certames e da busca de economicidade nas contratações. Referida divergência se resolve com a retificação das composições, sem necessidade de modificações ou ajustes em quaisquer dos valores lançados na proposta a título de preços unitários. (Acórdão nº 2.742/2017-Plenário. Rel. Min. Aroldo Cedraz)

A *desclassificação de licitantes por conta de erro material na apresentação* da proposta, fere os princípios da competitividade, proporcionalidade e *razoabilidade*, sendo medida de extremos rigor, que pode afastar do certame propostas mais vantajosas, com ofensa ao interesse público. (Acórdão nº 1.734/2009-Plenário. Rel. Min. Raimundo Carreiro)

Em licitações do tipo técnica e preço com preponderância da proposta técnica, os fatores de ponderação entre técnica e preço deverão ser expressamente fundamentados, a fim de evidenciar sua razoabilidade e demonstrar que não representam privilégio ou proporcionam aumento indevido de preço em decorrência de diferenças técnicas não substanciais. (Acórdão nº 508/2018-Plenário. Rel. Min. Benjamin Zymler; Acórdão nº 3.217/2014-Plenário. Rel. Min. Subst. Marcos Bemquerer)

No pregão eletrônico, desde a sessão inicial de lances até o resultado final do certame, *o pregoeiro deverá sempre avisar previamente, via sistema (chat), a suspensão temporária dos trabalhos*, bem como a data e o horário previstos de reabertura da sessão para o seu prosseguimento, em observância aos princípios da publicidade *e da razoabilidade*. (Acórdão nº 2.842/2016-Plenário. Rel. Min. Bruno Dantas; Acórdão nº 2.273/2016-Plenário. Rel. Min. Subst. Marcos Bemquerer; e Acórdão nº 3.486/2014-Plenário. Rel. Min. Subst. Marcos Bemquerer).

3.2.18 Princípio da competitividade

O princípio da competitividade é um dos pilares de sustentação do instituto da licitação pública, sendo um pressuposto básico para a ocorrência e eficácia do instituto, no que se refere ao atingimento de dois de seus objetivos centrais: a seleção da proposta apta a gerar o resultado de contratação mais vantajoso para a Administração Pública e o tratamento isonômico entre os licitantes.

Não é preciso esforço argumentativo para pontuar que ele era princípio implícito no regime da Lei nº 8.666/1993, de forma que o novel estatuto apenas tornou expresso algo que já poderia ser depreendido a partir da ordem normativa anterior.

Seguem alguns precedentes do TCU envolvendo a aplicação do princípio da competitividade no regime da Lei nº 8.666/1993 (teses extraídas do repositório da jurisprudência selecionada do Tribunal):

É irregular a exigência, na fase de habilitação, da indicação nominal de profissionais, comprovando vínculo mediante cópia da CTPS ou por contrato de prestação de serviços, pois impõe ônus antecipado às proponentes, com prejuízo ao *princípio da competitividade*. (Acórdão nº 2.353/2011-Plenário. Rel. Min. Raimundo Carreiro)

É recomendável que o pregoeiro, diante de indícios de anormalidade na disputa, como ausência de lances para muitos itens de bens e serviços ou de comportamentos das licitantes que *indiquem simulação de disputa*, suspenda o pregão e encaminhe a questão para avaliação da autoridade superior, para que se examine a possibilidade de revogar ou anular o certame e/ou de instaurar processo administrativo para apurar a conduta das licitantes, em deferência ao *princípio da competitividade*. (Acórdão nº 1.955/2014-Plenário. Rel. Min. Subst. Marcos Bemquerer)

3.2.19 Princípio da proporcionalidade

O princípio da proporcionalidade, assim como o da razoabilidade, é um dos metaprincípios do direito administrativo, uma vez que ele é utilizado para solução de conflitos entre outros princípios, constituindo critério para a decisão judicial, independentemente de previsão expressa na lei. Além disso, ele é parâmetro para a integração da norma nos espaços de atuação discricionária do administrador.

Por essa razão, ele pode ser considerado um princípio implícito mesmo no regime da Lei nº 8.666/1993. O art. 2º da Lei nº 9.874/1999 o catalogou entre os princípios administrativos.

A doutrina costuma dividir o princípio da proporcionalidade em três subprincípios: da adequação, da necessidade e da proporcionalidade em sentido estrito.

O primeiro significa que a escolha do meio, da solução do problema jurídico (a interpretação de uma norma ou a ação administrativa propriamente dia), deve ser apta a alcançar o resultado pretendido. Consoante o segundo subprincípio, o meio escolhido deve ser o que alcança o resultado de modo mais eficiente, implicando menos prejuízo a outros princípios e direitos e/ou acarretando maiores benefícios. Segundo o princípio da proporcionalidade em sentido estrito, há de se utilizar da ponderação na solução de conflitos, devendo o intérprete sopesar as consequências jurídicas dos princípios em colisão, aplicando-os na máxima medida possível.

Assim como o princípio da razoabilidade, é necessário que o operador do direito exponha, de modo detalhado, os motivos das escolhas amparadas no princípio da proporcionalidade.

Eis alguns precedentes do TCU envolvendo a aplicação do princípio da proporcionalidade no regime da Lei nº 8.666/1993 (teses extraídas do repositório da jurisprudência selecionada do Tribunal):

> Em *licitações do tipo técnica e preço, é indevido atribuir peso desproporcional ao critério da técnica* de forma a tornar irrisório o fator preço no julgamento das propostas. (Acórdão nº 327/2010-Plenário. Rel. Min. Benjamin Zymler)
>
> O estabelecimento de critério de pontuação técnica, em licitação do tipo técnica e preço, que valoriza excessivamente determinado quesito, em detrimento do preço, restringe o caráter competitivo do certame e compromete a obtenção da proposta mais vantajosa para a Administração. (Acórdão nº 525/2012-Plenário. Rel. Min. Subst. Weder de Oliveira)
>
> As *exigências na fase de habilitação devem guardar proporcionalidade com o objeto licitado, de sorte a proteger a Administração Pública de interessados inexperientes ou incapazes para* prestar o serviço desejado. (Acórdão nº 7.329/2014-Segunda Câmara. Rel. Min. Subst. André de Carvalho; Acórdão nº 4.914/2013-Segunda Câmara. Rel. Min. Subst. André de Carvalho; Acórdão nº 93/2015-Plenário. Rel. Min. Augusto Nardes)
>
> A *desclassificação de licitantes por conta de erro material na apresentação da proposta, fere os princípios* da competitividade, *proporcionalidade* e razoabilidade, sendo medida de extremos rigor, que pode afastar do certame propostas mais vantajosas, com ofensa ao interesse público. (Acórdão nº 1.734/2009-Plenário. Rel. Min. Raimundo Carreiro)
>
> Nas *licitações para fornecimento de vale alimentação/refeição, apesar de discricionária a fixação do número mínimo de estabelecimentos credenciados*, os critérios técnicos adotados para tanto devem estar em consonância com os princípios da razoabilidade e da *proporcionalidade*, além de claramente definidos e fundamentados no processo licitatório. (Acórdão nº 2.802/2013-Plenário. Rel. Min. Subst. Augusto Sherman)

A *fixação de prazo desarrazoado para o encaminhamento da proposta de preços ajustada*, após a fase de lances do pregão, constitui infração aos princípios da razoabilidade e da *proporcionalidade*. (Acórdão nº 122/2012-Plenário. Rel. Min. Subst. Weder de Oliveira)

3.2.20 Princípio da celeridade

O princípio da celeridade é uma das novidades da nova Lei de Licitações. Ele está relacionado com a ideia de eficiência na ação administrativa, a qual não se coaduna com comportamentos que impliquem atrasos ou procrastinação na adoção das medidas necessárias à satisfação do interesse público.

Por evidente, é preciso respeitar os prazos legais e o tempo necessário para a elaboração das peças necessárias, com a qualidade exigida, para a tomada de decisões no curso do processo licitatório. A busca de celeridade não deve ensejar ações precipitadas e a realização de contratação com base em elementos técnicos inconsistentes, quando não demonstrada a viabilidade técnica e econômica do objeto e/ou a imprecisão dos projetos.

O princípio em exame também se aplica às ações de controle dos atos praticados no curso da licitação, especialmente as que suspenderem cautelarmente o processo licitatório. Conforme o §1º do art. 171, o Tribunal de Contas deverá pronunciar-se definitivamente sobre o mérito da irregularidade que tenha dado causa à suspensão no prazo de 25 dias úteis, contado da data do recebimento das informações pelo órgão contratante, prorrogável por igual período uma única vez.

Ainda que o aludido prazo se mostre demasiado curto, diante das especificidades e das regras processuais contidas na Lei Orgânica do TCU, ele revela a preocupação do legislador em não deixar a licitação paralisada por longo período, na dependência da decisão de mérito do Tribunal de Contas a respeito das irregularidades identificadas. O tema será retomado adiante, quando serão comentadas, inclusive, as discussões em curso sobre a eventual inconstitucionalidade do §1º do art. 171.

3.2.21 Princípio da economicidade

O princípio da economicidade é uma das novidades trazidas pelo novel estatuto licitatório, não obstante ele pudesse ser deduzido da Constituição e da própria lógica do sistema de contratação pública, que tinha como um dos objetivos principais a seleção da proposta mais vantajosa para a Administração Pública.

Além disso, não se pode olvidar que a economicidade é um dos parâmetros de controle usados pelo TCU para a fiscalização contábil, financeira, orçamentária, operacional e patrimonial da União e de suas entidades, em auxílio ao Congresso Nacional, nos termos do art. 70 da Constituição Federal.

Consoante o *Manual de auditoria operacional* do TCU, a economicidade é a minimização dos custos dos recursos utilizados na consecução de uma atividade, sem comprometimento dos padrões de qualidade.[133] Nesse sentido, o termo está relacionado com a capacidade de uma instituição de gerir adequadamente os recursos financeiros colocados à sua disposição, estando, portanto, associado à busca de economia na execução de despesas, seja pela redução dos insumos alocados em uma certa atividade, seja pela busca do menor preço possível em sua aquisição.

Dentro dessa lógica, é evidente que a licitação pública deve perseguir a celebração de contratos que impliquem o menor dispêndio para o Estado, cumpridos os requisitos de qualidade e as especificações exigidas no edital. Por evidente, há algumas exceções a esse propósito, especificadas na própria Lei nº 14.133/2021. Tais situações expressam escolhas legítimas do legislador, voltadas ao uso da licitação para o atingimento de objetivos extraeconômicos, como o tratamento privilegiado a microempresas e empresas de pequeno porte, o benefício ao mercado nacional e o incentivo ao comércio local.

O princípio em tela está consubstanciado no art. 23 do novel estatuto, o qual estabelece que o valor previamente estimado da contratação deverá ser compatível com os valores praticados pelo mercado, a ser obtido conforme as regras estabelecidas no aludido dispositivo.

A infração ao princípio da economicidade pode levar à expedição de determinação para correção do contrato e, se for o caso, para a sua invalidação, caso a administração não proceda à correção do ajuste. Por evidente, a identificação de sobrepreço em contratações deve ser precedida de exaustiva fundamentação quantos aos parâmetros adotados para a especificação do preço de mercado, a qual deve ser submetida ao contraditório dos interessados.

Seguem alguns precedentes do TCU envolvendo a aplicação do princípio da economicidade no regime da Lei nº 8.666/1993 (teses extraídas do repositório da jurisprudência selecionada do Tribunal):

> *Quando a equação econômico-financeira inicial se assenta em bases antieconômicas, ocorre violação ao princípio da economicidade* desde a origem contratual. Nesse caso, não há que se falar em ato jurídico perfeito nem em direito adquirido à manutenção de situação lesiva aos cofres públicos. (Acórdão nº 2.007/2017-Plenário. Rel. Min. Benjamin Zymler)
>
> A *previsão de itens de luxo em edital de pregão realizado com base na Lei 10.520/2002*, sem a devida justificativa acerca da necessidade e incompatíveis com a finalidade da contratação, *contraria os princípios da economicidade* e da moralidade administrativa. (Acórdão nº 1.895/2021-Plenário. Rel. Min. Subst. Marcos Bemquerer)

Por evidente, há uma ampla gama de decisões imputando débito aos responsáveis diante de prejuízos ao Erário, o que consubstancia a incidência, em concreto,

---

[133] BRASIL. Tribunal de Contas da União. Secretaria de Fiscalização e Avaliação de Programas de Governo (Seprog). *Manual de auditoria operacional*. 3. ed. Brasília: TCU, 2010. p. 11.

do princípio da economicidade como um importante parâmetro para as decisões do Tribunal de Contas.

3.2.22 Princípio do desenvolvimento nacional sustentável

O princípio do desenvolvimento nacional sustentável foi incluído entre os princípios da Lei nº 8.666/1993, a partir das alterações promovidas nesta pela Lei nº 12.349, de 15.12.2010.

Na sequência, ele foi regulamentado pelo Decreto nº 7.746, de 5.6.2012, que elencou os critérios e as práticas para a promoção do desenvolvimento nacional sustentável nas contratações realizadas pela Administração Pública federal direta, autárquica e fundacional, tendo criada, ainda, a Comissão Interministerial de Sustentabilidade na Administração Pública (Cisap).

Com a edição da nova Lei de Licitações e Contratos, reputa-se possível a aplicação da aludida norma infralegal, enquanto outra não seja editada pelo Poder Executivo. Dessa forma, o art. 4º do decreto pode ser usado como norte para a delimitação do alcance do princípio em análise, o qual envolve a consideração dos seguintes critérios e práticas sustentáveis, entre outras:

> I - baixo impacto sobre recursos naturais como flora, fauna, ar, solo e água;
> II - preferência para materiais, tecnologias e matérias-primas de origem local;
> III - maior eficiência na utilização de recursos naturais como água e energia;
> IV - maior geração de empregos, preferencialmente com mão de obra local;
> V - maior vida útil e menor custo de manutenção do bem e da obra;
> VI - uso de inovações que reduzam a pressão sobre recursos naturais;
> VII - origem ambientalmente regular dos recursos naturais utilizados nos bens, serviços e obras.
> VII - origem sustentável dos recursos naturais utilizados nos bens, nos serviços e nas obras; e
> VIII - utilização de produtos florestais madeireiros e não madeireiros originários de manejo florestal sustentável ou de reflorestamento.

O princípio do desenvolvimento nacional sustentável tem respaldo nos incs. I e II do art. 3º da Constituição Federal, que incluiu entre os objetivos fundamentais da República Federativa do Brasil a construção de uma sociedade livre, justa e solidária e a garantia do desenvolvimento nacional.

A leitura de ambas as disposições sugere que o constituinte quis construir uma espécie de compromisso intergeracional, consubstanciado na busca de desenvolvimento sem que haja o uso desmedido das riquezas naturais e danos desnecessários ao meio ambiente.

Tal conclusão está em linha com a doutrina de Juarez Freitas, que compreende o desenvolvimento nacional sustentável como um princípio que busca assegurar as condições favoráveis para o bem-estar das gerações presentes e futuras, ou seja, que viabiliza o direito ao futuro.[134]

Na mesma trilha, Daniel Ferreira e Anna Giusti assinalam que "o desenvolvimento sustentável é a tradução do ótimo de Pareto 'a ser encontrado entre desenvolvimento econômico e proteção dos recursos naturais'".[135]

O princípio em tela também reflete o pensamento de Manoel Gonçalves Ferreira Filho de que o desenvolvimento não pode ser considerado um fim em si mesmo, mas um simples meio para o bem-estar geral. Em suas palavras, "tem ele de ser razoavelmente dosado para que não sejam impostos a alguns, ou mesmo a toda uma geração, sacrifícios sobrehumanos, cujo resultado somente beneficiará as futuras gerações, ou que servirão para a ostentação de potência do Estado".[136]

O princípio do desenvolvimento nacional sustentável pode ser depreendido, ainda, do inc. VI do art. 170 da Lei Maior, que elencou como princípio da ordem econômica "a defesa do meio ambiente, inclusive mediante tratamento diferenciado conforme o impacto ambiental dos produtos e serviços e de seus processos de elaboração e prestação".

Além disso, ele está associado ao direito a um meio ambiente ecologicamente equilibrado, o qual foi anunciado no art. 225 "como bem de uso comum do povo e essencial à sadia qualidade de vida, cabendo ao Poder Público e à coletividade o dever de defendê-lo e preservá-lo para as presentes e futuras gerações".

Para a compreensão do princípio em exame, cabe explorar os conceitos das expressões utilizadas.

A doutrina mais moderna entende o desenvolvimento como algo que transcende ao mero crescimento econômico. Segundo Emerson Gabardo, ele é "o aumento quantitativo do produto nacional acompanhado por modificações qualitativas referentes ao bem-estar social".[137] Luciano Reis, por sua vez, associa o desenvolvimento ao alcance da liberdade, que pode ser considerada o principal vetor de finalidade e medição daquele.[138]

Já a sustentabilidade é:

> o princípio constitucional que determina, com eficácia direta e imediata, a responsabilidade do Estado e da sociedade pela concretização solidária do desenvolvimento material e imaterial, socialmente inclusivo, durável e equânime, ambientalmente limpo, inovador, ético e eficiente, no intuito de assegurar, preferencialmente de modo preventivo e precavido, no presente e no futuro, o direito ao bem-estar social.[139]

---

[134] FREITAS, Juarez. *Sustentabilidade*: direito ao futuro. Belo Horizonte: Fórum, 2019. p. 55.

[135] FERREIRA, Daniel; GIUSTI, Anna Flávia Camilli Oliveira. A licitação pública como instrumento de concretização do direito fundamental ao desenvolvimento nacional sustentável. *A&C – Revista de Direito Administrativo & Constitucional*, Belo Horizonte, ano 12, n. 48, p. 177-193, abr./jun. 2012. p. 180.

[136] FERREIRA FILHO, Manoel Gonçalves. *Curso de direito constitucional*. São Paulo: Saraiva, 2010. p. 386

[137] GABARDO, Emerson. *Interesse público e subsidiariedade*. Belo Horizonte: Fórum, 2009. p. 243.

[138] REIS, Luciano Elias. *Compras públicas inovadoras*: o desenvolvimento científico, tecnológico e inovativo como perspectiva do desenvolvimento nacional sustentável – De acordo com a nova Lei de Licitações e o marco regulatório das startups. Belo Horizonte: Fórum, 2022. p. 101.

[139] FREITAS, Juarez. *Sustentabilidade*: direito ao futuro. Belo Horizonte: Fórum, 2019. p. 54

O princípio do desenvolvimento nacional sustentável impõe uma espécie de releitura da seleção da proposta mais vantajosa, que passa a ser compreendida como "[...] aquela que se apresentar a mais apta a gerar, direta ou indiretamente, o menor impacto negativo e, simultaneamente, os maiores benefícios econômicos, sociais e ambientais".[140]

Por essa razão, a sua previsão acaba por impactar o preço das contratações públicas, tornando-as, em tese, mais caras, pela inclusão de novas exigências relacionadas à promoção da sustentabilidade ambiental. Todavia, isso não implica que ele seja incompatível com o princípio da economicidade, até porque a administração deve seguir os preços correntes de mercado, na contração de objetos que atendam aos critérios de sustentabilidade previstos no art. 4º do Decreto nº 7.746/2012.

Além disso, é necessário haver a concordância prática entre os mencionados princípios, por ocasião da especificação do objeto, de forma a proporcionar uma contratação eficiente. Isso implica dizer que no confronto entre os objetivos de obter a proposta apta a gerar o resultado de contratação mais vantajoso para a Administração Pública, em termos de dispêndio, e de incentivar a inovação e o desenvolvimento nacional sustentável, é preciso recorrer a dois outros princípios: o da razoabilidade e da proporcionalidade. Como sói ocorrer nesses casos, o administrador deve fundamentar, de modo detalhado, os critérios e práticas sustentáveis que serão exigidos dos participantes do certame, assim como os parâmetros de sua avaliação.

O princípio do desenvolvimento nacional sustentável consubstancia uma das chamadas funções regulatórias da licitação, refletindo a função orientativa do Estado no planejamento da ordem econômica, dessa feita voltada à preservação do meio ambiente.

A discussão do tema está atrelada à concepção que se tem do papel do Estado na promoção do desenvolvimento econômico. A Constituição formatou o Estado brasileiro, atribuindo-lhe deveres relacionados ao planejamento de políticas públicas e à indução da ação da iniciativa privada. Nesse particular, é importante que o aludido princípio seja realmente levado a sério.

Eis alguns precedentes do TCU envolvendo a aplicação do princípio do desenvolvimento nacional sustentável no regime da Lei nº 8.666/1993 (teses extraídas do repositório da jurisprudência selecionada do Tribunal):

> A Administração Princípio *mesmo com o objetivo de garantir a promoção do desenvolvimento nacional sustentável, deve abster-se de promover licitações, cujo objeto seja equipamento exclusivamente de fabricação nacional*, até que o TCU delibere sobre a questão. (Acórdão nº 2.171/2012-Plenário. Rel. Min. Ana Arraes)
>
> *É legítimo que as contratações da Administração Pública se adequem a novos parâmetros de sustentabilidade ambiental, ainda que com possíveis reflexos na economicidade da contratação.* Deve constar expressamente dos processos de licitação motivação fundamentada que justifique a definição das exigências de caráter ambiental, as quais devem incidir sobre o objeto a ser contratado e não como critério de habilitação da empresa licitante. (Voto condutor do Acórdão nº 1.375/2015-Plenário. Rel. Bruno Dantas)

---

[140] FREITAS, Juarez. *Sustentabilidade*: direito ao futuro. Belo Horizonte: Fórum, 2019. p. 264.

CAPÍTULO 4

DEFINIÇÕES

Art. 6º Para os fins desta Lei, consideram-se:

I - órgão: unidade de atuação integrante da estrutura da Administração Pública;

II - entidade: unidade de atuação dotada de personalidade jurídica;

III - Administração Pública: administração direta e indireta da União, dos Estados, do Distrito Federal e dos Municípios, inclusive as entidades com personalidade jurídica de direito privado sob controle do poder público e as fundações por ele instituídas ou mantidas;

IV - Administração: órgão ou entidade por meio do qual a Administração Pública atua;

V - agente público: indivíduo que, em virtude de eleição, nomeação, designação, contratação ou qualquer outra forma de investidura ou vínculo, exerce mandato, cargo, emprego ou função em pessoa jurídica integrante da Administração Pública;

VI - autoridade: agente público dotado de poder de decisão;

VII - contratante: pessoa jurídica integrante da Administração Pública responsável pela contratação;

VIII - contratado: pessoa física ou jurídica, ou consórcio de pessoas jurídicas, signatária de contrato com a Administração;

IX - licitante: pessoa física ou jurídica, ou consórcio de pessoas jurídicas, que participa ou manifesta a intenção de participar de processo licitatório, sendo-lhe equiparável, para os fins desta Lei, o fornecedor ou o prestador de serviço que, em atendimento à solicitação da Administração, oferece proposta;

X - compra: aquisição remunerada de bens para fornecimento de uma só vez ou parceladamente, considerada imediata aquela com prazo de entrega de até 30 (trinta) dias da ordem de fornecimento;

XI - serviço: atividade ou conjunto de atividades destinadas a obter determinada utilidade, intelectual ou material, de interesse da Administração;

XII - obra: toda atividade estabelecida, por força de lei, como privativa das profissões de arquiteto e engenheiro que implica intervenção no meio ambiente por meio de um conjunto harmônico de ações que, agregadas, formam um todo que inova o espaço físico da natureza ou acarreta alteração substancial das características originais de bem imóvel;

XIII - bens e serviços comuns: aqueles cujos padrões de desempenho e qualidade podem ser objetivamente definidos pelo edital, por meio de especificações usuais de mercado;

XIV - bens e serviços especiais: aqueles que, por sua alta heterogeneidade ou complexidade, não podem ser descritos na forma do inciso XIII do caput deste artigo, exigida justificativa prévia do contratante;

XV - serviços e fornecimentos contínuos: serviços contratados e compras realizadas pela Administração Pública para a manutenção da atividade administrativa, decorrentes de necessidades permanentes ou prolongadas;

XVI - serviços contínuos com regime de dedicação exclusiva de mão de obra: aqueles cujo modelo de execução contratual exige, entre outros requisitos, que:

a) os empregados do contratado fiquem à disposição nas dependências do contratante para a prestação dos serviços;

b) o contratado não compartilhe os recursos humanos e materiais disponíveis de uma contratação para execução simultânea de outros contratos;

c) o contratado possibilite a fiscalização pelo contratante quanto à distribuição, controle e supervisão dos recursos humanos alocados aos seus contratos;

XVII - serviços não contínuos ou contratados por escopo: aqueles que impõem ao contratado o dever de realizar a prestação de um serviço específico em período predeterminado, podendo ser prorrogado, desde que justificadamente, pelo prazo necessário à conclusão do objeto;

XVIII - serviços técnicos especializados de natureza predominantemente intelectual: aqueles realizados em trabalhos relativos a:

a) estudos técnicos, planejamentos, projetos básicos e projetos executivos;

b) pareceres, perícias e avaliações em geral;

c) assessorias e consultorias técnicas e auditorias financeiras e tributárias;

d) fiscalização, supervisão e gerenciamento de obras e serviços;

e) patrocínio ou defesa de causas judiciais e administrativas;

f) treinamento e aperfeiçoamento de pessoal;

g) restauração de obras de arte e de bens de valor histórico;

h) controles de qualidade e tecnológico, análises, testes e ensaios de campo e laboratoriais, instrumentação e monitoramento de parâmetros específicos de obras e do meio ambiente e demais serviços de engenharia que se enquadrem na definição deste inciso;

XIX - notória especialização: qualidade de profissional ou de empresa cujo conceito, no campo de sua especialidade, decorrente de desempenho anterior, estudos, experiência, publicações, organização, aparelhamento, equipe técnica ou outros requisitos relacionados com suas atividades, permite inferir que o seu trabalho é essencial e reconhecidamente adequado à plena satisfação do objeto do contrato;

XX - estudo técnico preliminar: documento constitutivo da primeira etapa do planejamento de uma contratação que caracteriza o interesse público envolvido e a sua melhor solução e dá base ao anteprojeto, ao termo de referência ou ao projeto básico a serem elaborados caso se conclua pela viabilidade da contratação;

XXI - serviço de engenharia: toda atividade ou conjunto de atividades destinadas a obter determinada utilidade, intelectual ou material, de interesse para a Administração e que, não enquadradas no conceito de obra a que se refere o inciso XII do caput deste artigo, são estabelecidas, por força de lei, como privativas das profissões de arquiteto e engenheiro ou de técnicos especializados, que compreendem:

a) serviço comum de engenharia: todo serviço de engenharia que tem por objeto ações, objetivamente padronizáveis em termos de desempenho e qualidade, de manutenção, de adequação e de adaptação de bens móveis e imóveis, com preservação das características originais dos bens;

b) serviço especial de engenharia: aquele que, por sua alta heterogeneidade ou complexidade, não pode se enquadrar na definição constante da alínea "a" deste inciso;

XXII - obras, serviços e fornecimentos de grande vulto: aqueles cujo valor estimado supera R$200.000.000,00 (duzentos milhões de reais);

XXIII - termo de referência: documento necessário para a contratação de bens e serviços, que deve conter os seguintes parâmetros e elementos descritivos:

a) definição do objeto, incluídos sua natureza, os quantitativos, o prazo do contrato e, se for o caso, a possibilidade de sua prorrogação;

b) fundamentação da contratação, que consiste na referência aos estudos técnicos preliminares correspondentes ou, quando não for possível divulgar esses estudos, no extrato das partes que não contiverem informações sigilosas;

c) descrição da solução como um todo, considerado todo o ciclo de vida do objeto;

d) requisitos da contratação;

e) modelo de execução do objeto, que consiste na definição de como o contrato deverá produzir os resultados pretendidos desde o seu início até o seu encerramento;

f) modelo de gestão do contrato, que descreve como a execução do objeto será acompanhada e fiscalizada pelo órgão ou entidade;

g) critérios de medição e de pagamento;

h) forma e critérios de seleção do fornecedor;

i) estimativas do valor da contratação, acompanhadas dos preços unitários referenciais, das memórias de cálculo e dos documentos que lhe dão suporte, com os parâmetros utilizados para a obtenção dos preços e para os respectivos cálculos, que devem constar de documento separado e classificado;

j) adequação orçamentária;

XXIV - anteprojeto: peça técnica com todos os subsídios necessários à elaboração do projeto básico, que deve conter, no mínimo, os seguintes elementos:

a) demonstração e justificativa do programa de necessidades, avaliação de demanda do público-alvo, motivação técnico-econômico-social do empreendimento, visão global dos investimentos e definições relacionadas ao nível de serviço desejado;

b) condições de solidez, de segurança e de durabilidade;

c) prazo de entrega;

d) estética do projeto arquitetônico, traçado geométrico e/ou projeto da área de influência, quando cabível;

e) parâmetros de adequação ao interesse público, de economia na utilização, de facilidade na execução, de impacto ambiental e de acessibilidade;

f) proposta de concepção da obra ou do serviço de engenharia;

g) projetos anteriores ou estudos preliminares que embasaram a concepção proposta;

h) levantamento topográfico e cadastral;

i) pareceres de sondagem;

j) memorial descritivo dos elementos da edificação, dos componentes construtivos e dos materiais de construção, de forma a estabelecer padrões mínimos para a contratação;

XXV - projeto básico: conjunto de elementos necessários e suficientes, com nível de precisão adequado para definir e dimensionar a obra ou o serviço, ou o complexo de obras ou de serviços objeto da licitação, elaborado com base nas indicações dos estudos técnicos preliminares, que assegure a viabilidade técnica e o adequado tratamento do impacto ambiental do empreendimento e que possibilite a avaliação do custo da obra e a definição dos métodos e do prazo de execução, devendo conter os seguintes elementos:

a) levantamentos topográficos e cadastrais, sondagens e ensaios geotécnicos, ensaios e análises laboratoriais, estudos socioambientais e demais dados e levantamentos necessários para execução da solução escolhida;

b) soluções técnicas globais e localizadas, suficientemente detalhadas, de forma a evitar, por ocasião da elaboração do projeto executivo e da realização das obras e montagem, a necessidade de reformulações ou variantes quanto à qualidade, ao preço e ao prazo inicialmente definidos;

c) identificação dos tipos de serviços a executar e dos materiais e equipamentos a incorporar à obra, bem como das suas especificações, de modo a assegurar os melhores resultados para o empreendimento e a segurança executiva na utilização do objeto, para os fins a que se destina, considerados os riscos e os perigos identificáveis, sem frustrar o caráter competitivo para a sua execução;

d) informações que possibilitem o estudo e a definição de métodos construtivos, de instalações provisórias e de condições organizacionais para a obra, sem frustrar o caráter competitivo para a sua execução;

e) subsídios para montagem do plano de licitação e gestão da obra, compreendidos a sua programação, a estratégia de suprimentos, as normas de fiscalização e outros dados necessários em cada caso;

f) orçamento detalhado do custo global da obra, fundamentado em quantitativos de serviços e fornecimentos propriamente avaliados, obrigatório exclusivamente para os regimes de execução previstos nos incisos I, II, III, IV e VII do caput do art. 46 desta Lei;

XXVI - projeto executivo: conjunto de elementos necessários e suficientes à execução completa da obra, com o detalhamento das soluções previstas no projeto básico, a identificação de serviços, de materiais e de equipamentos a serem incorporados à obra, bem como suas especificações técnicas, de acordo com as normas técnicas pertinentes;

XXVII - matriz de riscos: cláusula contratual definidora de riscos e de responsabilidades entre as partes e caracterizadora do equilíbrio econômico-financeiro inicial do contrato, em termos de ônus financeiro decorrente de eventos supervenientes à contratação, contendo, no mínimo, as seguintes informações:
a) listagem de possíveis eventos supervenientes à assinatura do contrato que possam causar impacto em seu equilíbrio econômico-financeiro e previsão de eventual necessidade de prolação de termo aditivo por ocasião de sua ocorrência;
b) no caso de obrigações de resultado, estabelecimento das frações do objeto com relação às quais haverá liberdade para os contratados inovarem em soluções metodológicas ou tecnológicas, em termos de modificação das soluções previamente delineadas no anteprojeto ou no projeto básico;
c) no caso de obrigações de meio, estabelecimento preciso das frações do objeto com relação às quais não haverá liberdade para os contratados inovarem em soluções metodológicas ou tecnológicas, devendo haver obrigação de aderência entre a execução e a solução predefinida no anteprojeto ou no projeto básico, consideradas as características do regime de execução no caso de obras e serviços de engenharia;
XXVIII - empreitada por preço unitário: contratação da execução da obra ou do serviço por preço certo de unidades determinadas;
XXIX - empreitada por preço global: contratação da execução da obra ou do serviço por preço certo e total;
XXX - empreitada integral: contratação de empreendimento em sua integralidade, compreendida a totalidade das etapas de obras, serviços e instalações necessárias, sob inteira responsabilidade do contratado até sua entrega ao contratante em condições de entrada em operação, com características adequadas às finalidades para as quais foi contratado e atendidos os requisitos técnicos e legais para sua utilização com segurança estrutural e operacional;
XXXI - contratação por tarefa: regime de contratação de mão de obra para pequenos trabalhos por preço certo, com ou sem fornecimento de materiais;
XXXII - contratação integrada: regime de contratação de obras e serviços de engenharia em que o contratado é responsável por elaborar e desenvolver os projetos básico e executivo, executar obras e serviços de engenharia, fornecer bens ou prestar serviços especiais e realizar montagem, teste, pré-operação e as demais operações necessárias e suficientes para a entrega final do objeto;
XXXIII - contratação semi-integrada: regime de contratação de obras e serviços de engenharia em que o contratado é responsável por elaborar e desenvolver o projeto executivo, executar obras e serviços de engenharia, fornecer bens ou prestar serviços especiais e realizar montagem, teste, pré-operação e as demais operações necessárias e suficientes para a entrega final do objeto;
XXXIV - fornecimento e prestação de serviço associado: regime de contratação em que, além do fornecimento do objeto, o contratado responsabiliza-se por sua operação, manutenção ou ambas, por tempo determinado;
XXXV - licitação internacional: licitação processada em território nacional na qual é admitida a participação de licitantes estrangeiros, com a possibilidade de cotação de preços em moeda estrangeira, ou licitação na qual o objeto contratual pode ou deve ser executado no todo ou em parte em território estrangeiro;

XXXVI - serviço nacional: serviço prestado em território nacional, nas condições estabelecidas pelo Poder Executivo federal;

XXXVII - produto manufaturado nacional: produto manufaturado produzido no território nacional de acordo com o processo produtivo básico ou com as regras de origem estabelecidas pelo Poder Executivo federal;

XXXVIII - concorrência: modalidade de licitação para contratação de bens e serviços especiais e de obras e serviços comuns e especiais de engenharia, cujo critério de julgamento poderá ser:

a) menor preço;

b) melhor técnica ou conteúdo artístico;

c) técnica e preço;

d) maior retorno econômico;

e) maior desconto;

XXXIX - concurso: modalidade de licitação para escolha de trabalho técnico, científico ou artístico, cujo critério de julgamento será o de melhor técnica ou conteúdo artístico, e para concessão de prêmio ou remuneração ao vencedor;

XL - leilão: modalidade de licitação para alienação de bens imóveis ou de bens móveis inserviveis ou legalmente apreendidos a quem oferecer o maior lance;

XLI - pregão: modalidade de licitação obrigatória para aquisição de bens e serviços comuns, cujo critério de julgamento poderá ser o de menor preço ou o de maior desconto;

XLII - diálogo competitivo: modalidade de licitação para contratação de obras, serviços e compras em que a Administração Pública realiza diálogos com licitantes previamente selecionados mediante critérios objetivos, com o intuito de desenvolver uma ou mais alternativas capazes de atender às suas necessidades, devendo os licitantes apresentar proposta final após o encerramento dos diálogos;

XLIII - credenciamento: processo administrativo de chamamento público em que a Administração Pública convoca interessados em prestar serviços ou fornecer bens para que, preenchidos os requisitos necessários, se credenciem no órgão ou na entidade para executar o objeto quando convocados;

XLIV - pré-qualificação: procedimento seletivo prévio à licitação, convocado por meio de edital, destinado à análise das condições de habilitação, total ou parcial, dos interessados ou do objeto;

XLV - sistema de registro de preços: conjunto de procedimentos para realização, mediante contratação direta ou licitação nas modalidades pregão ou concorrência, de registro formal de preços relativos a prestação de serviços, a obras e a aquisição e locação de bens para contratações futuras;

XLVI - ata de registro de preços: documento vinculativo e obrigacional, com característica de compromisso para futura contratação, no qual são registrados o objeto, os preços, os fornecedores, os órgãos participantes e as condições a serem praticadas, conforme as disposições contidas no edital da licitação, no aviso ou instrumento de contratação direta e nas propostas apresentadas;

XLVII - órgão ou entidade gerenciadora: órgão ou entidade da Administração Pública responsável pela condução do conjunto de procedimentos para registro de preços e pelo gerenciamento da ata de registro de preços dele decorrente;

XLVIII - órgão ou entidade participante: órgão ou entidade da Administração Pública que participa dos procedimentos iniciais da contratação para registro de preços e integra a ata de registro de preços;

XLIX - órgão ou entidade não participante: órgão ou entidade da Administração Pública que não participa dos procedimentos iniciais da licitação para registro de preços e não integra a ata de registro de preços;

L - comissão de contratação: conjunto de agentes públicos indicados pela Administração, em caráter permanente ou especial, com a função de receber, examinar e julgar documentos relativos às licitações e aos procedimentos auxiliares;

LI - catálogo eletrônico de padronização de compras, serviços e obras: sistema informatizado, de gerenciamento centralizado e com indicação de preços, destinado a permitir a padronização de itens a serem adquiridos pela Administração Pública e que estarão disponíveis para a licitação;

LII - sítio eletrônico oficial: sítio da internet, certificado digitalmente por autoridade certificadora, no qual o ente federativo divulga de forma centralizada as informações e os serviços de governo digital dos seus órgãos e entidades;

LIII - contrato de eficiência: contrato cujo objeto é a prestação de serviços, que pode incluir a realização de obras e o fornecimento de bens, com o objetivo de proporcionar economia ao contratante, na forma de redução de despesas correntes, remunerado o contratado com base em percentual da economia gerada;

LIV - seguro-garantia: seguro que garante o fiel cumprimento das obrigações assumidas pelo contratado;

LV - produtos para pesquisa e desenvolvimento: bens, insumos, serviços e obras necessários para atividade de pesquisa científica e tecnológica, desenvolvimento de tecnologia ou inovação tecnológica, discriminados em projeto de pesquisa;

LVI - sobrepreço: preço orçado para licitação ou contratado em valor expressivamente superior aos preços referenciais de mercado, seja de apenas 1 (um) item, se a licitação ou a contratação for por preços unitários de serviço, seja do valor global do objeto, se a licitação ou a contratação for por tarefa, empreitada por preço global ou empreitada integral, semi-integrada ou integrada;

LVII - superfaturamento: dano provocado ao patrimônio da Administração, caracterizado, entre outras situações, por:

a) medição de quantidades superiores às efetivamente executadas ou fornecidas;

b) deficiência na execução de obras e de serviços de engenharia que resulte em diminuição da sua qualidade, vida útil ou segurança;

c) alterações no orçamento de obras e de serviços de engenharia que causem desequilíbrio econômico-financeiro do contrato em favor do contratado;

d) outras alterações de cláusulas financeiras que gerem recebimentos contratuais antecipados, distorção do cronograma físico-financeiro, prorrogação injustificada do prazo contratual com custos adicionais para a Administração ou reajuste irregular de preços;

LVIII - reajustamento em sentido estrito: forma de manutenção do equilíbrio econômico-financeiro de contrato consistente na aplicação do índice de correção monetária previsto no contrato, que deve retratar a variação efetiva do custo de produção, admitida a adoção de índices específicos ou setoriais;

> LIX - repactuação: forma de manutenção do equilíbrio econômico-financeiro de contrato utilizada para serviços contínuos com regime de dedicação exclusiva de mão de obra ou predominância de mão de obra, por meio da análise da variação dos custos contratuais, devendo estar prevista no edital com data vinculada à apresentação das propostas, para os custos decorrentes do mercado, e com data vinculada ao acordo, à convenção coletiva ou ao dissídio coletivo ao qual o orçamento esteja vinculado, para os custos decorrentes da mão de obra;
>
> LX - agente de contratação: pessoa designada pela autoridade competente, entre servidores efetivos ou empregados públicos dos quadros permanentes da Administração Pública, para tomar decisões, acompanhar o trâmite da licitação, dar impulso ao procedimento licitatório e executar quaisquer outras atividades necessárias ao bom andamento do certame até a homologação.

O dispositivo traz a definição dos termos e institutos que interessam à aplicação da lei. Ao todo são 60 incisos, 40 a mais do que o artigo equivalente da Lei nº 8.666/1993. Os acréscimos decorrem da inclusão de novos institutos e, ainda, da incorporação de outros previstos nas demais leis de contrações públicas (pregão, RDC).

Foram retiradas as definições de alienação, execução direta, execução indireta, imprensa oficial e sistemas de tecnologia de informação e comunicação estratégicos, muito embora esses termos ainda sejam usados na lei (exceção de imprensa oficial).

Esse capítulo analisará os conceitos novos trazidos pela Lei nº 14.133/2021, de sorte que os demais serão abordados nos comentários dos dispositivos que deles fazem uso.

4.1 Conceito amplo de licitante

A nova Lei de Licitações traz um conceito amplo de licitante, ao defini-lo, no inc. IX, como:

> pessoa física ou jurídica, ou consórcio de pessoas jurídicas, que participa ou manifesta a intenção de participar de processo licitatório, sendo-lhe equiparável, para os fins desta Lei, o fornecedor ou o prestador de serviço que, em atendimento à solicitação da Administração, oferece proposta.

Ao estender a definição a quem oferece proposta, o novel estatuto parece de acordo com a jurisprudência do TCU, exarada sob a égide do regime jurídico anterior. Isso porque o Tribunal admitia, desde então, a possibilidade de aplicação da pena do art. 46 de sua lei orgânica a quem praticasse atos passíveis de serem considerados fraude à licitação, ainda que as irregularidades tivessem sido cometidas em contratações diretas.

Essa foi a tese veiculada nos seguintes precedentes conforme o repositório da jurisprudência selecionada do Tribunal:

É cabível a aplicação da sanção de declaração de inidoneidade quando verificada fraude em procedimentos de contratação direta, uma vez que o termo "licitação" a que se refere o art. 46 da Lei 8.443/1992 não se restringe aos procedimentos licitatórios em sentido estrito, abarcando também as contratações diretas. (Acórdão nº 1.280/2018-Plenário. Rel. Min. Benjamin Zymler; Acórdão nº 1.434/2020-Plenário. Rel. Min. Subst. Marcos Bemquerer)

Embora a doutrina não inclua os procedimentos de contratação direta no conceito de licitação propriamente, devido à ausência de competição, a Corte de Contas adotou esse entendimento, por entender que a lei buscou tutelar princípios e valores jurídicos inerentes a toda contratação pública.

No primeiro precedente, o relator invocou a decisão proferida pelo STF no julgamento do RHC nº 106.481 (Rel. Min. Cármen Lúcia, Primeira Turma, 8.2.2011), no sentido de que é possível a interpretação extensiva em matéria penal quando ela for compatível com a *mens legis* da norma. Considerando a proximidade do direito administrativo sancionador com o direito penal, tal ideia poderia ser aplicada à hipótese de ampliação do conceito de licitação com vistas à imputação da sanção do art. 46 da Lei nº 8.443/1992, caso verificada fraude em procedimento de contratação direta.

A definição da nova lei inclui a pessoa que manifesta a intenção de participar de processo licitatório. Tal ideia requer interpretação. Como configurar a intenção de participar do processo licitatório? Em nossa visão, essa intenção se evidencia pela aquisição/retirada do edital ou acesso aos documentos do certame no sítio eletrônico.

A noção abrangente de licitante tem duas nuances: primeiro, amplia o rol de direitos de quem manifesta mera intenção de participar do certame; segundo, torna-o sujeito ao regime jurídico de contratação, com todas as imposições e deveres a ele pertinentes. Isso enseja a possibilidade de aplicação de sanção por infrações administrativas previstas na lei.

Em outros precedentes do TCU, foi aceita a interpretação extensiva do art. 46 da Lei nº 8.443/1992, para que o termo "licitante" contemplasse empresas que não figuraram na condição de licitantes em sentido estrito, conforme a noção vigente no regime da Lei nº 8.666/1993 (acórdãos nºs 2.851/2016, 300/2018 e 414/2018, todos do Plenário).

No primeiro precedente, o TCU aplicou a pena de inidoneidade à sociedade empresária que elaborou o orçamento de dois licitantes que atuaram em acerto prévio para a contratação de um deles, interpretando que aquela empresa havia participado da fraude.

Como se vê, a Lei nº 14.133/2021 positivou a interpretação adotada pela Corte de Contas, o que se avalia como uma opção legislativa adequada, por implicar uma maior proteção aos princípios da moralidade e da probidade nas contratações públicas.

Por fim, o dispositivo previu expressamente a possibilidade de o licitante e o contratado serem pessoas físicas.

Nesse contexto, o Governo Federal editou a Instrução Normativa Seges/ME nº 116, de 21.12.2021, por meio da qual estabeleceu procedimentos para a participação de pessoa física nas contratações públicas no âmbito da Administração Pública Federal direta, autárquica e fundacional.

Conforme o art. 2º desse normativo, podem ser assim considerados:

> o trabalhador autônomo, sem qualquer vínculo de subordinação para fins de execução do objeto da contratação pública, incluindo os profissionais liberais não enquadrados como sociedade empresária ou empresário individual, nos termos das legislações específicas, que participa ou manifesta a intenção de participar de processo de contratação pública, sendo equiparado a fornecedor ou ao prestador de serviço que, em atendimento à solicitação da Administração, oferece proposta.

4.2 Alteração do conceito de obra

O inc. XII definiu obra como:

> toda atividade estabelecida, *por força de lei, como privativa das profissões de arquiteto e engenheiro* que implica intervenção no meio ambiente por meio de um conjunto harmônico de ações que, agregadas, formam um todo que inova o espaço físico da natureza ou acarreta alteração substancial das características originais de bem imóvel. (Grifos nossos)

Como se vê, a definição destacou o aspecto legal do termo, ao restringi-lo às atividades que, por força de lei, são privativas das profissões de arquiteto e engenheiro. Ademais, realçou a característica principal dessas atividades, que seriam a possibilidade de inovar o espaço físico da natureza ou alterar substancialmente as características originais de bem imóvel.

O conceito representa notável evolução ante o da Lei nº 8.666/1993, a qual definia obra como "toda construção, reforma, fabricação, recuperação ou ampliação, realizada por execução direta ou indireta", o que, por vezes, não parecia suficiente para descrever a realidade e permitir a aplicação razoável da norma.

Talvez por esse motivo, a jurisprudência do TCU vinha adotando o conceito trazido pela Orientação Técnica OT – IBR nº 2/2009, do Instituto Brasileiro de Auditoria de Obras Públicas (Ibraop), segundo a qual obra de engenharia é "a ação de construir, reformar, fabricar, recuperar ou ampliar um bem, na qual seja necessária a utilização de conhecimentos técnicos específicos envolvendo a participação de profissionais habilitados conforme o disposto na Lei Federal nº 5.194/66".

Tal critério foi usado como razão de decidir nos acórdãos nºs 1.747/2020-Plenário (Rel. Min. Walton Alencar) e 1.238/2019-Plenário (Rel. Min. Subst. Marcos Bemquerer), entre outros.

4.3 Serviços de engenharia

A Lei nº 14.133/2021 inova ao trazer o conceito de serviço de engenharia. Conforme o inc. XXI, trata-se de:

> *toda atividade ou conjunto de atividades destinadas a obter determinada utilidade, intelectual ou material*, de interesse para a Administração e que, não enquadradas no conceito de obra a que se refere o inciso XII do caput deste artigo, *são estabelecidas, por força de lei, como privativas das profissões de arquiteto e engenheiro ou de técnicos especializados.*

Como se vê, a definição de serviço de engenharia é residual ao de obra.

Conforme visto, o conceito de serviço de engenharia é residual quanto ao de obra. Nada obstante, a definição não é tão clara a ponto de possibilitar uma distinção fácil entre os termos. Logo, persiste uma zona cinzenta entre as expressões, o que exige uma análise casuística de seu sentido.

Entretanto, essa diferenciação não é tão relevante, pois a sua única aplicação prática seria para verificar o que é passível de ser licitado por pregão (serviço de engenharia) e o que seria por concorrência (obra de engenharia). Todavia, nem mesmo essa distinção se mostra importante, pois, como se verá adiante, os dois regimes têm, em essência, o mesmo rito procedimental.

A Orientação Técnica OT – IBR nº 2/2009 do Ibraop define serviço de engenharia como:

> toda a atividade que necessite da participação e acompanhamento de profissional habilitado conforme o disposto na Lei Federal nº 5.194/66, tais como: consertar, instalar, montar, operar, conservar, reparar, adaptar, manter, transportar, ou ainda, demolir. Incluem-se nesta definição as atividades profissionais referentes aos serviços técnicos profissionais especializados de projetos e planejamentos, estudos técnicos, pareceres, perícias, avaliações, assessorias, consultorias, auditorias, fiscalização, supervisão ou gerenciamento.

Os serviços de engenharia podem ser dois tipos: comum ou especial. O primeiro corresponde àquele que "tem por objeto ações, objetivamente padronizáveis em termos de desempenho e qualidade, de manutenção, de adequação e de adaptação de bens móveis e imóveis, com preservação das características originais dos bens". O segundo é aquele que, por sua alta heterogeneidade ou complexidade, não pode se enquadrar na definição de serviço comum de engenharia. Tais definições constam das alíneas "a" e "b" do inciso em análise.

No regime da lei anterior, o TCU já usava a noção de serviço comum de engenharia, que era aquele "cujos padrões de desempenho e qualidade possam ser objetivamente definidos pelo edital, por meio de especificações usuais no mercado" (Acórdão nº 2.664/2007-Plenário. Rel. Min. Subst. Marcos Bemquerer).

Tomando como base esse conceito, o Tribunal admitiu, no regime anterior, o uso de pregão e de registro de preços para a contração de serviços comuns de engenharia, tendo editado, inclusive, um enunciado sumular a respeito do assunto:

> SÚMULA TCU 257: O uso do pregão nas contratações de serviços comuns de engenharia encontra amparo na Lei 10.520/2002. (Acórdão nº 841/2010-Plenário. Rel. Min. José Múcio Monteiro)

Conforme a jurisprudência do Tribunal, os seguintes serviços podem ser considerados comuns de engenharia:
a) serviços de engenharia consultiva com padrões de desempenho e qualidade que possam ser objetivamente definidos no edital de licitação, por meio de especificações usuais no mercado (art. 1º da Lei nº 10.520/2002 c/c art. 4º do Decreto nº 5.450/2005 (Acórdão nº 713/2019-Plenário. Rel. Min. Bruno Dantas);
b) serviço de manutenção predial (Acórdão nº 727/2009-Plenário. Rel. Min. Raimundo Carreiro);
c) serviço de conservação rodoviária (Acórdão nº 1.936/2011-Plenário. Rel. Min. Aroldo Cedraz);
d) serviços de conservação e manutenção de infraestrutura predial (*facilities*) (Acórdão nº 1.534/2020-Plenário. Rel. Min. Subst. André de Carvalho);
e) serviços de supervisão/consultoria e gerenciamento de obras (Acórdão nº 1.947/2008-Plenário. Rel. Min. Benjamin Zymler e Acórdão nº 3.395/2015-Plenário. Rel. Min. Benjamin Zymler);
f) serviços de fiscalização e controle de qualidade de obras de obras comuns (Acórdão nº 1.407/2012-Plenário. Rel. Min. Subst. André de Carvalho);
g) serviços técnicos necessários à estruturação de projeto de parceria público-privada relativo à modernização, eficientização, expansão, operação e manutenção da infraestrutura de rede de iluminação pública (Acórdão nº 1.711/2017-Plenário. Rel. Min. Vital do Rêgo); e
h) serviços de manutenção do sistema de distribuição de energia elétrica (Acórdão nº 2.314/2010-Plenário. Rel. Min. Raimundo Carreiro).

4.4 Serviços contínuos com regime de dedicação exclusiva de mão de obra

A nova lei traz como mais uma novidade a definição de serviços contínuos com dedicação exclusiva de mão de obra.

Conforme o inc. XVI, são aqueles cujo modelo de execução contratual exige, entre outros requisitos, que:

> a) os empregados do contratado fiquem à disposição nas dependências do contratante para a prestação dos serviços; b) o contratado não compartilhe os recursos humanos e materiais disponíveis de uma contratação para execução simultânea de outros contratos; e o contratado possibilite a fiscalização pelo contratante quanto à distribuição, controle e supervisão dos recursos humanos alocados aos seus contratos.

O legislador buscou, com esse conceito, viabilizar a aplicação do art. 121, §2º, que estabeleceu, exclusivamente para essas contratações, a responsabilidade solidária da administração contratante pelos encargos previdenciários e subsidiária pelos trabalhistas, desde que comprovada falha na fiscalização do cumprimento das obrigações do contratado. Ademais, o §2º do aludido dispositivo prescreveu regras de fiscalização contratual aplicáveis especificamente para as contratações de serviços contínuos com regime de dedicação exclusiva de mão de obra.

Além disso, há outras disposições da Lei nº 14.133/2021 que fazem referência a essa modalidade de contratação. São eles, os arts. 25, §8º, 92, §§4º e 6º, e 135, que tratam dos critérios e regras de reajustamento; e o art. 50, que cuida da apresentação da comprovação do cumprimento das obrigações trabalhistas e com o Fundo de Garantia do Tempo de Serviço (FGTS) em relação aos empregados diretamente envolvidos na execução desse tipo contrato.

Nesse particular, a lei parece ter se inspirado na disciplina do Decreto nº 9.507, de 21.9.2018, o qual contemplava a possibilidade de a contratação de serviços continuados ocorrer mediante dedicação exclusiva de mão de obra. A legislação atual incluiu uma outra taxonomia para os contratos de serviços contínuos: com ou sem predominância de mão de obra.

Consoante o art. 25, §8º do novel estatuto, o reajustamento em sentido estrito será aplicável quando não houver regime de dedicação exclusiva de mão de obra nem predominância de mão de obra, enquanto a repactuação será cabível quando houver esse regime ou essa predominância.

A lei não define o que seriam serviços contínuos com predominância de mão de obra. Infere-se que essa condição estará configurada quando o valor dos custos de mão de obra na planilha contratual for superior a 50% do valor total contratado.

4.5 Ampliação do conceito de notória especialidade

Conforme o inc. XIX, a notória especialização é:

qualidade de profissional ou de empresa cujo conceito, no campo de sua especialidade, decorrente de desempenho anterior, estudos, experiência, publicações, organização, aparelhamento, equipe técnica ou outros requisitos relacionados com suas atividades, permite inferir que o seu trabalho é essencial e reconhecidamente adequado à plena satisfação do objeto do contrato.

A parte final do dispositivo é singelamente diferente do dispositivo equivalente da Lei nº 8.666/1993. Na norma atual, essa característica está comprovada se a experiência anterior do licitante permitir inferir que o seu trabalho é "reconhecidamente adequado à plena satisfação do objeto do contrato".

Na lei anterior, o trabalho teria que ser "indiscutivelmente o *mais* adequado à plena satisfação do objeto do contrato". Ou seja, não é mais necessário que o trabalho seja o mais adequado, basta comprovar a experiência anterior e a sua adequação ao objeto licitado. Isso exige um menor esforço argumentativo para a adoção da hipótese de contratação direta que faz referência ao presente conceito, ampliando, em tese, as situações aptas a se enquadrarem nessa situação de dispensa de licitação.

4.6 Estudo técnico preliminar

Segundo o inc. XX, o estudo técnico preliminar é:

> documento constitutivo da primeira etapa do planejamento de uma contratação que caracteriza o interesse público envolvido e a sua melhor solução e dá base ao anteprojeto, ao termo de referência ou ao projeto básico a serem elaborados caso se conclua pela viabilidade da contratação.

Embora a lei anterior falasse em estudos técnicos preliminares, ela não conceituava o instituto. Pelo que se depreende da redação do inc. IX do art. 6º da Lei nº 8.666/1993, eles podiam ser compreendidos como o conjunto de estudos anteriores ao desenvolvimento do projeto básico que lhe serviam de suporte.

A primeira norma que tratou do estudo técnico preliminar (no singular), foi a Instrução Normativa nº 4, de 11.9.2014, editada pela então Secretaria de Logística e Tecnologia da Informação (SLTI) do então Ministério do Planejamento, Orçamento e Gestão (MPOG). Tal norma se dirigia às contratações de soluções de tecnologia da informação realizadas pelos órgãos integrantes do Sistema de Administração dos Recursos de Tecnologia da Informação (SISP), do Poder Executivo Federal. Consoante o seu art. 2º, inc. XIII, o estudo técnico preliminar da contratação, para os fins daquela norma, era o documento que demonstrava a viabilidade técnica e econômica desta.

Posteriormente, o termo ganhou acepção mais ampla na Instrução Normativa nº 1, de 4.4.2019, da Secretaria de Governo Digital do Ministério da Economia (SGD/ME), que também se destinava às contratações de soluções de tecnologia da informação. Segundo o seu art. 2º, inc. XI, o estudo técnico preliminar da contratação passou a ser compreendido como o "documento que descreve as análises realizadas em relação às condições da contratação em termos de necessidades, requisitos, alternativas, escolhas, resultados pretendidos e demais características, e que demonstra a viabilidade técnica e econômica da contratação".

Os estudos técnicos preliminares (no plural) foram previstos em diversas normas infralegais relacionadas às contratações de serviços realizadas por órgãos ou entidades integrantes do Sistema de Serviços Gerais (SISG), do Poder Executivo Federal. Na Instrução Normativa nº 2, de 30.4.2008, editada pela SLTI/MPOG, eles foram previstos como parte integrante do projeto básico ou termo de referência (art. 15, inc. I, alínea "h").

Na Instrução Normativa Seges/MPGD nº 5, de 26.5.2017, elaborada pela Secretaria de Gestão do então Ministério do Planejamento, Desenvolvimento e Gestão (MPDG), os estudos preliminares foram especificados como a primeira etapa da fase de planejamento da contratação (art. 20, inc. I). Além disso, a norma previu o seu conteúdo mínimo obrigatório, o qual abrangia a comprovação da necessidade da contratação, a estimativa das quantidades, as estimativas de preços ou preços referenciais; as justificativas para o parcelamento ou não da solução e a declaração da viabilidade ou não da contratação, além de outras peças facultativas (art. 24).

Posteriormente, tais disposições foram revogadas pela Instrução Normativa nº 49, de 30.6.2020, da Secretaria Especial de Desburocratização, Gestão e Governo Digital do Ministério da Economia. Os estudos técnicos preliminares passaram a ser disciplinados pela Instrução Normativa Seges/ME nº 40, de 22.5.2020, da referida secretaria, que os definiu, nos termos de seu art. 1º, parágrafo único, como:

> o documento constitutivo da primeira etapa do planejamento de uma contratação que caracteriza determinada necessidade, descreve as análises realizadas em termos de requisitos, alternativas, escolhas, resultados pretendidos e demais características, dando base ao anteprojeto, ao termo de referência ou ao projeto básico, caso se conclua pela viabilidade da contratação.

Como se vê, a Lei nº 14.133/2021 se inspirou nas aludidas normas infralegais e adotou a acepção mais ampla do estudo técnico preliminar (ETP), a trazida pela Instrução Normativa Seges/ME nº 40/2020.

O ETP é um dos elementos principais da fase preparatória da licitação, já que descreve a necessidade da contratação, caracteriza o interesse público envolvido, evidencia o problema a ser resolvido e a sua melhor solução, de modo a permitir a avaliação da viabilidade técnica e econômica da contratação.

O §1º do art. 18, a ser comentado em tópico específico deste trabalho, anuncia os elementos que devem integrar o mencionado estudo – não obstante, apenas os indicados no §2º são obrigatórios. Pela lista apresentada, o ETP tem um caráter bastante abrangente e minucioso, esgotando, praticamente, todas as informações necessárias à contratação buscada pela administração.

4.7 Termo de referência

Conforme o inc. XXIII, o termo de referência é o documento necessário para a contratação de bens e serviços, que deve conter os seguintes parâmetros e elementos descritivos:

> a) definição do objeto, incluídos sua natureza, os quantitativos, o prazo do contrato e, se for o caso, a possibilidade de sua prorrogação;
> b) fundamentação da contratação, que consiste na referência aos estudos técnicos preliminares correspondentes ou, quando não for possível divulgar esses estudos, no extrato das partes que não contiverem informações sigilosas;
> c) descrição da solução como um todo, considerado todo o ciclo de vida do objeto;
> d) requisitos da contratação;

e) modelo de execução do objeto, que consiste na definição de como o contrato deverá produzir os resultados pretendidos desde o seu início até o seu encerramento;

f) modelo de gestão do contrato, que descreve como a execução do objeto será acompanhada e fiscalizada pelo órgão ou entidade;

g) critérios de medição e de pagamento;

h) forma e critérios de seleção do fornecedor;

i) estimativas do valor da contratação, acompanhadas dos preços unitários referenciais, das memórias de cálculo e dos documentos que lhe dão suporte, com os parâmetros utilizados para a obtenção dos preços e para os respectivos cálculos, que devem constar de documento separado e classificado;

j) adequação orçamentária; [...].

Em apertada síntese, o termo de referência é o documento essencial à especificação do objeto de uma licitação para compra de bens ou prestação de serviços. Além disso, ele contém as principais informações para a realização da licitação e a execução do contrato, servindo de suporte para a elaboração do edital e a participação dos interessados no certame. Trata-se de peça similar ao projeto básico, que seria aplicável às contratações de obras e serviços de engenharia.

O termo de referência é mais uma das novidades das Lei nº 14.133/2021. Não há nenhuma remissão ao documento na Lei nº 8.666/1993, não obstante ele tenha sido adotado pela prática administrativa, antes de sua positivação em uma norma jurídica, como documento base para a contratação de serviços, especialmente de tecnologia da informação.

Foi justamente por essa razão que ele foi previsto, originalmente, em normas aplicáveis à licitação dessa modalidade de serviços (instruções normativas SLTI/MPOG nºs 2/2008 e 4/2008).

Posteriormente, o termo de referência foi especificado no Decreto nº 1.024, de 20.9.2020, que regulamenta o pregão na forma eletrônica no âmbito da Administração Pública Federal e na Instrução Normativa Seges/MPGD nº 5/2017 e na Instrução Normativa SGD/ME nº 1/2019.

4.8 Fornecimento e prestação de serviço associado

Conforme o inc. XXXIV, o fornecimento e a prestação de serviço associado é "o regime de contratação em que, além do fornecimento do objeto, o contratado responsabiliza-se por sua operação, manutenção ou ambas, por tempo determinado".

Trata-se de mais uma novidade da Lei nº 14.133/2021, cujo propósito é permitir ganhos de sinergia pelo contratado, a partir da junção, em um mesmo contrato, da entrega de um objeto físico, que pode ser um bem ou uma estrutura que demande a prévia realização de obras e serviços de implantação, e a prestação de serviços de operação e/ou manutenção associados àquele.

Embora a nomenclatura sugira que a primeira prestação se restrinja ao fornecimento de um bem, esse ajuste também pode contemplar a realização de obras públicas. Tanto isso é verdade que ele é catalogado como um dos regimes de execução indireta de obras e serviços de engenharia no inc. VII do art. 46. Ademais, o art. 113 prescreve, ao tratar da duração desse ajuste, que esta ocorrerá "pela soma do prazo relativo ao fornecimento inicial ou à *entrega da obra* com o prazo relativo ao serviço de operação e manutenção" (grifos nossos).

A ideia dessa modalidade contratual é interferir na estrutura de incentivos do particular, de forma a induzi-lo a executar o objeto de forma que melhor atenda à administração, considerando todo o seu ciclo de vida. Busca, assim, um aumento de eficiência e eficácia no suprimento de uma necessidade pública, com impacto no preço e/ou retorno para a Administração Pública.

Para maximizar as potencialidades desse instrumento, o ideal é combinar a sua adoção com os regimes de contratação integrada ou semi-integrada, pois, nesses casos, o particular poderá alterar as soluções contidas no anteprojeto e no projeto básico, respectivamente, no afã de executar um objeto que implique um menor dispêndio total em seu ciclo de vida (construção, operação e manutenção).

4.9 Institutos incorporados de normas especiais em matéria de contratações públicas

A Lei nº 14.133/2021 incorporou institutos existentes em normas especiais a respeito de contratações públicas, como as leis do RDC, do pregão e das estatais.

O anteprojeto foi previsto pela primeira vez na Lei nº 12.462/2011 (RDC), constituindo a peça técnica produzida para a licitação sob o regime da contratação integrada. Foi posteriormente adotado pela Lei nº 13.303/2016 (Estatais). Comparando a redação da lei nova com a da última norma, vislumbram-se duas novidades nas partes constitutivas do anteprojeto:
   a) avaliação de demanda do público-alvo, motivação técnico-econômico-social do empreendimento; e
   b) traçado geométrico e/ou projeto da área de influência, quando cabível.

As definições de contratação integrada e semi-integrada seguem as das leis anteriores. As de pré-qualificação e catálogo eletrônico de padronização de compras, serviços e obras repetem, em essência, os dispositivos similares na Lei nº 13.303/2016, sendo que o contrato de eficiência equivale ao previsto no âmbito da Lei das Estatais em licitação julgada pelo critério do maior retorno econômico (art. 54, inc. VII).

Tais institutos serão estudados adiante, por ocasião dos comentários dos dispositivos específicos que tratam da matéria.

4.10 Diálogo competitivo

Consoante o inc. XLII, o diálogo competitivo é:

> modalidade de licitação para contratação de obras, serviços e compras em que a Administração Pública realiza diálogos com licitantes previamente selecionados mediante critérios objetivos, com o intuito de desenvolver uma ou mais alternativas capazes de atender às suas necessidades, devendo os licitantes apresentar proposta final após o encerramento dos diálogos.

Como visto na definição, trata-se de uma nova modalidade de licitação especialmente direcionada para a contratação de obras, serviços e compras, sendo aplicável às situações em que a Administração Pública ainda não sabe qual a melhor alternativa capaz de atender às suas necessidades. Tomando como base a literalidade do dispositivo, não é possível o uso desse diálogo competitivo para a locação e alienação de bens.

Como bem assinala Alexandre Santos de Aragão, essa nova modalidade licitatória consubstancia a crescente tendência da consensualização e participação dos particulares nas decisões administrativas, sendo uma opção adequada para a construção conjunta da solução que melhor atenda ao interesse público, especialmente quando envolver um objeto complexo e inovador.[141]

Nada obstante, o mencionado autor alude a riscos relacionados à redução da competitividade, devido à tendência do particular em desenhar uma alternativa que seja exequível por ele próprio. Além disso, a falta de garantia de que o autor do projeto será contratado pode limitar a concorrência apenas aos agentes econômicos que tenham uma especial capacidade econômica de suportar esse risco, o que poderá impactar no preço da solução a ser oferecida.

Nesse cenário, o Estado deve limitar o uso do diálogo competitivo a situações excepcionais em que as vantagens advindas da transferência dos riscos do projeto aos particulares compensem o maior preço do objeto que atenderá à necessidade da Administração Pública.

4.11 Credenciamento

Segundo o inc. XLIII, o credenciamento é um:

> processo administrativo de chamamento público em que a Administração Pública convoca interessados em prestar serviços ou fornecer bens para que, preenchidos os requisitos

---

[141] ARAGÃO, Alexandre Santos de. O diálogo competitivo na nova lei de licitações e contratos da Administração Pública. *Revista de Direito Administrativo*, v. 280, n. 3, p. 41-66, 2021. p. 64-65. Disponível em: https://bibliotecadigital.fgv.br/ojs/index.php/rda/article/view/85147. Acesso em: 4 mar. 2022.

necessários, se credenciem no órgão ou na entidade para executar o objeto quando convocados.

Trata-se de um dos procedimentos auxiliares previstos no art. 79 da nova lei, que tem como objetivo subsidiar uma futura e eventual contratação de todos aqueles que satisfizerem os requisitos exigidos pela administração. Ele é aplicável às situações nas quais é possível a execução simultânea do objeto por mais de um contratado e quando a escolha posterior do contratado for vantajosa para a administração.

O credenciamento foi positivado pela primeira vez pela Instrução Normativa Seges/MPDG nº 5/2017, que dispõe sobre as regras e diretrizes do procedimento de contratação de serviços sob o regime de execução indireta no âmbito da Administração Pública Federal direta, autárquica e fundacional.

Segundo o seu Anexo I, ele foi definido como o ato administrativo "destinado à pré-qualificação de todos os interessados que preencham os requisitos previamente determinados no ato convocatório, visando futura contratação, pelo preço definido pela Administração".

De forma distinta, a nova lei define o credenciamento como um procedimento administrativo, o que se mostra adequado, já que ele envolve uma sequência de atos administrativos até o efetivo reconhecimento da condição de credenciado ao interessado que satisfaça os requisitos previstos no edital de chamamento.

Diferentemente da Instrução Normativa Seges/MPDG nº 5/2017, a nova lei não impôs a definição do preço das futuras contratações em todos os procedimentos de credenciamento. No caso de mercados fluidos, em que há grande flutuação no valor da prestação, a administração deverá registrar as cotações de mercado vigentes no momento da contratação, conforme o inc. IV do parágrafo único do art. 79 da nova lei.

Outra mudança trazida pela Lei nº 14.133/2021 foi a previsão de credenciamento para aquisição de bens.

Antes de sua positivação, o credenciamento já era admitido pela doutrina e pela jurisprudência do TCU, que o compreenderam como uma situação peculiar de inviabilidade de competição. Todavia, a nova lei não o colocou como umas das hipóteses de inexigibilidade, mas como um procedimento auxiliar, antecedente e preparatório de eventual contratação (art. 78).

A análise minuciosa do instituto ocorrerá mais adiante, quando do exame dos dispositivos da Lei nº 14.133/2021 que disciplinam o procedimento de credenciamento.

4.12 Sobrepreço

A definição de sobrepreço constitui uma das novidades da Lei nº 14.133/2021, comparativamente à Lei nº 8.666/1993. Trata-se de iniciativa importante, uma vez que a prática de sobrepreço constitui uma infração administrativa passível de gerar consequências à continuidade da licitação e à execução do contrato administrativo, podendo ensejar a declaração da nulidade do certame e do contrato dele decorrente, por lesão, com fundamento na Lei nº 4.717/1965 (Lei de Ação Popular), a sua suspensão cautelar e a sua correção ou anulação, por força de determinação formulada pelo tribunal de contas competente, nos termos do inc. IX do art. 71 da Constituição Federal.

Diante desse cenário, é correto que o legislador tenha se preocupado em delimitar o conceito de sobrepreço, inclusive para dar maior segurança jurídica e previsibilidade quanto às condutas esperadas do agente público e dos interessados em participar de um processo de contratação pública.

Conforme o inc. LVI, o sobrepreço é o preço orçado para licitação ou contrato:

> em valor *expressivamente* superior aos preços referenciais de mercado, seja de apenas 1 (um) item, se a licitação ou a contratação for por preços unitários de serviço, seja do valor global do objeto, se a licitação ou a contratação for por tarefa, empreitada por preço global ou empreitada integral, semi-integrada ou integrada. (Grifos nossos)

O dispositivo prevê que há sobrepreço quando o preço orçado para licitação ou o preço contratado for *expressivamente* superior aos preços referenciais de mercado. O uso do termo "expressivamente" exige um esforço hermenêutico para a sua correta delimitação. Teria a lei admitido uma margem de tolerância para sobrepreços? Que margem seria essa?

Infelizmente, a norma não é clara quanto a esses aspectos, cabendo à jurisprudência trazer melhores parâmetros para o tema. Além disso, a disposição parece incompatível com o art. 59, inc. III, que prevê a desclassificação da proposta que permanecer acima do orçamento estimado para a contratação, o qual é apurado conforme os parâmetros do art. 23, sem a inclusão de qualquer margem de tolerância quanto aos referenciais de mercado.

O sobrepreço pode ser de apenas um item, se a licitação ou a contratação for por preços unitários de serviço; ou correspondente ao valor global do objeto, se a licitação ou a contratação for por tarefa, empreitada por preço global ou empreitada integral, semi-integrada ou integrada.

Assim, caso a licitação seja realizada em um desses últimos regimes (tarefa, empreitada por preço global ou empreitada integral, semi-integrada ou integrada), não há margem legal para o apontamento de sobrepreço unitário, de forma que não é mais possível o uso do método de limitação dos preços unitários ajustado (MLPUA), adotado pelo TCU em suas fiscalizações, conforme o Acórdão nº 2.319/2009-Plenário.

Consoante o *Roteiro de auditoria de obras públicas* do TCU, aprovado pela Portaria Segecex nº 33, de 7.12.2012, o aludido método parte da premissa de que o preço unitário de nenhum serviço, contratado originalmente ou posteriormente acrescido, pode ser injustificadamente superior ao respectivo paradigma de mercado.[142]

---

[142] BRASIL. Tribunal de Contas da União. *Roteiro de auditoria de obras públicas*. Brasília: TCU, 2012. p. 58.

Posteriormente, a jurisprudência do TCU evoluiu no sentido de permitir o uso do MLPUA apenas para a avaliação do sobrepreço na etapa da licitação, tendo preconizado a utilização do MLPG (método de limitação do preço global) – que permite a compensação de sobrepreços unitários com subpreços unitários – para a análise da ocorrência ou não de sobrepreço no contrato.[143]

Pela literalidade da nova Lei de Licitações, o MLPG deve ser aplicado se a licitação for por tarefa, empreitada por preço global ou empreitada integral, semi-integrada ou integrada. Nesse caso, a avaliação da existência ou não de sobrepreço deve sempre considerar o valor global do orçamento ou do contrato, independentemente da fase da contratação (edital ou contrato). O MLPUA pode ser utilizado apenas se o regime da licitação for empreitada por preço unitário. Ainda assim, tomando como norte o roteiro de auditoria do Tribunal, este método somente é aplicável na fase editalícia.

A despeito do uso do MLPG, não há margem para a prática de jogo de planilha, pois, em qualquer caso, o contratado deve manter, nas contratações de obras e serviços de engenharia, a diferença percentual entre o valor global do contrato e o preço global de referência, nos termos do art. 127.

O inciso em causa deve ser usado para interpretar o §3º do art. 58, *in verbis*:

> §3º No caso de obras e serviços de engenharia e arquitetura, para efeito de avaliação da exequibilidade e de sobrepreço, serão considerados o preço global, os quantitativos e os preços unitários tidos como relevantes, observado o critério de aceitabilidade de preços unitário e global a ser fixado no edital, conforme as especificidades do mercado correspondente.

Tomado isoladamente, esse dispositivo poderia levar à interpretação de que é obrigatória a estipulação de critérios de aceitabilidade de preço unitário e global, no caso de obras e serviços de engenharia e arquitetura. Ocorre que o referido parágrafo deve ser lido segundo a definição de sobrepreço contida no inc. LVI. Assim, a administração deve definir critério de aceitabilidade de preço unitário, se o regime de execução for empreitada de preço unitário, deixando o critério de aceitabilidade de preço global para os demais regimes de execução. O assunto será retomado adiante, por ocasião do comentário do mencionado dispositivo.

4.13 Superfaturamento

Da mesma forma, a nova lei trouxe o conceito de superfaturamento.

Consoante o inc. LVII, o superfaturamento é o dano provocado ao patrimônio da Administração, caracterizado, entre outras situações, por:

---

[143] Nesse sentido, invocam-se os acórdãos nºs 3.650/2013-Plenário (Rel. Ana Arraes); 2.677/2015-Plenário (Rel. Min. Subst. André de Carvalho) e 2.510/2016-Plenário (Rel. Min. Subst. Augusto Sherman), entre outros.

a) medição de quantidades superiores às efetivamente executadas ou fornecidas;
b) deficiência na execução de obras e de serviços de engenharia que resulte em diminuição da sua qualidade, vida útil ou segurança;
c) alterações no orçamento de obras e de serviços de engenharia que causem desequilíbrio econômico-financeiro do contrato em favor do contratado;
d) outras alterações de cláusulas financeiras que gerem recebimentos contratuais antecipados, distorção do cronograma físico-financeiro, prorrogação injustificada do prazo contratual com custos adicionais para a Administração ou reajuste irregular de preços; [...].

A lista indicada no mencionado inciso é meramente exemplificativa, o que nos parece razoável, uma vez que existem múltiplas formas de se causar dano à administração, sendo inadequado tentar esgotar todas as hipóteses plausíveis no contexto da legislação. A propósito, o dispositivo não incluiu o superfaturamento por preços excessivos, que vem a ser a forma clássica de se impor prejuízo à Administração Pública, assim definido no *Roteiro de auditoria de obras públicas* do TCU: "pagamentos com preços manifestamente superiores aos praticados pelo mercado ou incompatíveis com os constantes em tabelas referenciais de preços".[144]

O superfaturamento difere do sobrepreço, pelo fato de que, neste último, o dano é apenas potencial, sendo que no superfaturamento já houve a liquidação e o pagamento dos valores tidos como em excesso. A lei se inspirou na sistemática de atuação do Tribunal e em sua jurisprudência, a qual permanece aplicável à análise da ocorrência de sobrepreço e superfaturamento, devido à própria vocação institucional do TCU de julgar as contas daqueles que causem dano ao Erário.

4.14 Reajustamento em sentido estrito

Conforme o inc. LVIII, o reajustamento em sentido estrito é a "forma de manutenção do equilíbrio econômico-financeiro de contrato consistente na aplicação do índice de correção monetária previsto no contrato, que deve retratar a variação efetiva do custo de produção, admitida a adoção de índices específicos ou setoriais".

Essa forma de manutenção do reequilíbrio econômico-financeiro é aplicável a contratos de obras e serviços em geral, bem como de serviços contínuos sem regime de dedicação exclusiva de mão de obra nem predominância de mão de obra, nos termos do art. 25, §8º, inc. I.

4.15 Repactuação

Segundo o inc. LIX, a repactuação é:

---

[144] BRASIL. Tribunal de Contas da União. *Roteiro de auditoria de obras públicas*. Brasília: TCU, 2012. p. 61.

forma de manutenção do equilíbrio econômico-financeiro de contrato utilizada para serviços contínuos com regime de dedicação exclusiva de mão de obra ou predominância de mão de obra, por meio da análise da variação dos custos contratuais, devendo estar prevista no edital com data vinculada à apresentação das propostas, para os custos decorrentes do mercado, e com data vinculada ao acordo, à convenção coletiva ou ao dissídio coletivo ao qual o orçamento esteja vinculado, para os custos decorrentes da mão de obra.

Conforme se depreende da definição, trata-se de uma forma de manutenção do equilíbrio econômico-financeiro que se preocupa em reconhecer, tempestivamente, o impacto da variação dos custos de mão de obra sobre o contrato, devido a acordo, convenção ou dissídio coletivo.

Conforme o §4º do art. 135, a repactuação poderá ser dividida em tantas parcelas quantas forem necessárias, observado o princípio da anualidade do reajuste de preços da contratação. Ademais, ela pode ocorrer em momentos distintos para discutir a variação de custos que tenham sua anualidade resultante em datas diferenciadas, como os decorrentes de mão de obra e os decorrentes dos insumos necessários à execução dos serviços.

4.16 Agente de contratação

Segundo o inc. LX, agente de contratação é:

a pessoa designada pela autoridade competente, entre servidores efetivos ou empregados públicos dos quadros permanentes da Administração Pública, para tomar decisões, acompanhar o trâmite da licitação, dar impulso ao procedimento licitatório e executar quaisquer outras atividades necessárias ao bom andamento do certame até a homologação.

Conforme o art. 7º, *caput* e inc. I, a ser comentado mais detalhadamente no próximo capítulo, a autoridade máxima do órgão ou da entidade irá designar os agentes públicos para o desempenho das funções essenciais à execução da Lei nº 14.133/2021, os quais devem ser escolhidos, *preferencialmente*, entre os servidores efetivos ou empregados públicos dos quadros permanentes da Administração Pública.

Isso implica que uma pessoa fora dos quadros permanentes da entidade pode ser designada para a realização de funções relacionadas à condução do certame licitatório e o acompanhamento da execução do contrato. Todavia, essa pessoa não pode tomar decisões, nem exercer determinadas atribuições, por força de restrições estabelecidas na própria Lei de Licitações.

Conforme será detalhado oportunamente adiante, as pessoas estranhas à Administração Pública estão impedidas de participar de: comissão de contratação para a realização de diálogo competitivo (inc. XI do art. 32); banca para atribuição de notas a quesitos de natureza qualitativa, em licitações julgadas sob o critério da técnica e preço (inc. I do §1º do art. 37); comissão para aplicação das sanções previstas nos incs. III e IV do *caput* do art. 156, nos termos do art. 158.

DOS AGENTES PÚBLICOS

5.1 Das regras de nomeação dos agentes públicos destinados à execução da nova Lei de Licitações

> Art. 7º Caberá à autoridade máxima do órgão ou da entidade, ou a quem as normas de organização administrativa indicarem, promover gestão por competências e designar agentes públicos para o desempenho das funções essenciais à execução desta Lei que preencham os seguintes requisitos:
> I - sejam, preferencialmente, servidor efetivo ou empregado público dos quadros permanentes da Administração Pública;
> II - tenham atribuições relacionadas a licitações e contratos ou possuam formação compatível ou qualificação atestada por certificação profissional emitida por escola de governo criada e mantida pelo poder público; e
> III - não sejam cônjuge ou companheiro de licitantes ou contratados habituais da Administração nem tenham com eles vínculo de parentesco, colateral ou por afinidade, até o terceiro grau, ou de natureza técnica, comercial, econômica, financeira, trabalhista e civil.
> §1º A autoridade referida no caput deste artigo deverá observar o princípio da segregação de funções, vedada a designação do mesmo agente público para atuação simultânea em funções mais suscetíveis a riscos, de modo a reduzir a possibilidade de ocultação de erros e de ocorrência de fraudes na respectiva contratação.
> §2º O disposto no caput e no §1º deste artigo, inclusive os requisitos estabelecidos, também se aplica aos órgãos de assessoramento jurídico e de controle interno da Administração.

O dispositivo criou regras próprias para a designação, pela autoridade máxima de cada órgão ou entidade, das pessoas encarregadas de desempenhar funções essenciais à execução dos atos relacionados ao processo de contratação pública.

Ao estabelecer critérios objetivos para a escolha desses agentes públicos, o art. 7º positivou algo que estava subentendido na própria ideia de delegação, que é a seleção de pessoas para o exercício de funções administrativas, conforme as suas competências e a capacidade profissional de bem executar os seus misteres.

Tal iniciativa se mostra importante, tanto para a profissionalização dos setores com atribuições voltadas à condução dos certames licitatórios e ao acompanhamento dos contratos, como para delimitar melhor a responsabilidade dos dirigentes em função da chamada culpa *in eligendo*. Com a novel disposição, é insofismável a possibilidade de responsabilização da autoridade máxima de cada órgão, no caso de irregularidades praticadas por agentes por ele designados, em desacordo com os critérios estabelecidos no dispositivo em exame.

Isso abrange a seleção de pessoas que não possuam, considerando o escopo de seu cargo, atribuições relacionadas à função específica que exercerá na condução de licitações e na fiscalização de contratos ou não detenham condições técnicas para o exercício da função. Tal ocorreria, por exemplo, na nomeação de um advogado para supervisionar tecnicamente a elaboração de projetos e orçamentos de obras de engenharia, ou, de modo contrário, na designação de um engenheiro para chefiar a assessoria jurídica do órgão.

Nessa perspectiva, o dispositivo visa evitar a ocupação de cargos de natureza técnica segundo critérios estritamente políticos, prática infelizmente comum em alguns órgãos, prejudicando a eficiência e a eficácia das contratações públicas.

Para que a autoridade não seja instada a responder pelos atos de seus subordinados, é preciso que ela cumpra os parâmetros estabelecidos no art. 7º, isto é, que designe agentes com formação compatível ou qualificação atestada por certificação profissional emitida por escola de governo criada e mantida pelo Poder Público.

Além disso, é necessário que estes sejam, preferencialmente, servidor efetivo ou empregado público dos quadros permanentes da Administração Pública e não tenham relações de parentesco, colateral ou por afinidade, até o terceiro grau, nem de natureza técnica, comercial, econômica, financeira, trabalhista e civil com a autoridade.

O art. 7º concretizou o princípio da segregação de funções, já comentado no Capítulo 3. Consoante o §1º, é proibida a designação do mesmo agente público para atuação simultânea em funções mais suscetíveis a riscos, o que se mostra importante para reduzir a possibilidade de ocultação de erros e permitir a detecção de eventuais falhas na sequência de atos do procedimento licitatório.

Como não poderia deixar de ser, esta regra se aplica à segunda linha de defesa do controle das licitações e contratos, que contempla os órgãos de assessoramento jurídico e de controle interno da administração. Trata-se de duas funções distintas que não podem ser exercidas, cumulativamente, pelo mesmo agente público.

Nesse ponto, é preciso advertir que não basta a autoridade máxima designar agentes de contratação conforme as regras supramencionadas. É preciso, ainda, que ela supervisione o trabalho de seus subalternos, especialmente nos casos de licitações e contratos materialmente relevantes e nas situações em que haja a detecção de irregularidades pelos órgãos de controle, a tempo para a sua correção.

A propósito, a jurisprudência do TCU é farta em casos de responsabilização de dirigentes por culpa *in vigilando*, quando evidenciado que estes possuíam condição de detectar a má-atuação de seus agentes subordinados. Seguem algumas decisões a respeito do tema (teses extraídas do repositório da jurisprudência selecionada do Tribunal):

> A autoridade delegante pode ser responsabilizada sempre que verificada [...] a fiscalização deficiente dos atos delegados, pela lesividade, materialidade, abrangência e caráter reiterado das falhas e pelo conhecimento efetivo ou potencial dos atos irregulares praticados (culpa in vigilando). (Acórdão nº 8.799/2019-Primeira Câmara. Rel. Min. Benjamin Zymler)
> Não cabe a responsabilização de dirigente de órgão ou entidade por irregularidade que só poderia ser detectada mediante completa e minuciosa revisão dos atos praticados pelos subordinados, sobretudo na presença de pareceres técnico e jurídico recomendando a prática do negócio jurídico, salvo quando se tratar de falha grosseira ou situação recorrente, que impede o reconhecimento da irregularidade como caso isolado. (Acórdão nº 1.529/2019-Plenário. Rel. Min. Benjamin Zymler)

A propósito do assunto, cabe destacar a obrigação estatuída no parágrafo único do art. 11, a ser comentado adiante, no sentido de que a alta administração do órgão ou entidade implemente uma estrutura de governança de contratações apta a avaliar, direcionar e monitorar os processos licitatórios e os respectivos contratos. Tal disposição pode auxiliar na delimitação da responsabilidade dos dirigentes por culpa *in vigilando*.

5.2 Das pessoas e profissionais designados para dar impulso e auxiliar nos atos pertinentes à licitação e ao acompanhamento de contratos públicos

> Art. 8º A licitação será conduzida por agente de contratação, pessoa designada pela autoridade competente, entre servidores efetivos ou empregados públicos dos quadros permanentes da Administração Pública, para tomar decisões, acompanhar o trâmite da licitação, dar impulso ao procedimento licitatório e executar quaisquer outras atividades necessárias ao bom andamento do certame até a homologação.
> §1º O agente de contratação será auxiliado por equipe de apoio e responderá individualmente pelos atos que praticar, salvo quando induzido a erro pela atuação da equipe.

> §2º Em licitação que envolva bens ou serviços especiais, desde que observados os requisitos estabelecidos no art. 7º desta Lei, o agente de contratação poderá ser substituído por comissão de contratação formada por, no mínimo, 3 (três) membros, que responderão solidariamente por todos os atos praticados pela comissão, ressalvado o membro que expressar posição individual divergente fundamentada e registrada em ata lavrada na reunião em que houver sido tomada a decisão.
>
> §3º As regras relativas à atuação do agente de contratação e da equipe de apoio, ao funcionamento da comissão de contratação e à atuação de fiscais e gestores de contratos de que trata esta Lei serão estabelecidas em regulamento, e deverá ser prevista a possibilidade de eles contarem com o apoio dos órgãos de assessoramento jurídico e de controle interno para o desempenho das funções essenciais à execução do disposto nesta Lei.
>
> §4º Em licitação que envolva bens ou serviços especiais cujo objeto não seja rotineiramente contratado pela Administração, poderá ser contratado, por prazo determinado, serviço de empresa ou de profissional especializado para assessorar os agentes públicos responsáveis pela condução da licitação.
>
> §5º Em licitação na modalidade pregão, o agente responsável pela condução do certame será designado pregoeiro.

5.2.1 Do agente de contratação

O *caput* do dispositivo basicamente repete o disposto no inc. LX do art. 6º, que instituiu e conceituou o chamado agente de contratação. Pelo que se depreende da norma, o objetivo é vincular cada certame licitatório a determinado agente público, que será responsável pelos diversos atos praticados no curso do procedimento até a homologação.

O agente de contratação não atuará de forma isolada, tendo sido previsto o suporte de uma equipe de apoio. Embora o art. 8º indique que aquele será auxiliado por esta, compreende-se que a atuação desta não é obrigatória, podendo o agente de contratação atuar sozinho, especialmente em contratações envolvendo objetos comuns baseadas em instrumentos padronizados ou quando houver limitação de recursos humanos nas entidades, como nos pequenos municípios.

Pelo disposto no art. 7º, infere-se que a equipe de apoio será designada pela autoridade máxima de cada órgão ou entidade, a menos que haja delegação desta atribuição, por norma infralegal. Reitera-se, aqui, o compromisso estabelecido na referida disposição, de se indicarem pessoas com competência técnica para o exercício das atribuições exigidas à equipe de apoio.

Consoante o §1º do art. 8º, o agente de contratação responderá individualmente pelos atos que praticar, salvo quando induzido a erro pela atuação da equipe de apoio. Em nossa visão, o dispositivo *não* afasta a possibilidade de responsabilização do agente de contratação, juntamente com os integrantes da equipe de apoio, quando se tratar de falha grosseira, situação recorrente ou o vício for de fácil detecção. Dito de outra forma, o agente de contratação tem o poder-dever de supervisionar os atos da equipe de apoio, podendo responder por atos irregulares praticados por esta, em circunstâncias que revelem uma atuação negligente, por culpa *in vigilando*.

Nesse sentido, cabe transcrever os seguintes precedentes extraídos do repositório da jurisprudência selecionada do Tribunal:

> Não cabe a responsabilização de dirigente de órgão ou entidade por irregularidade que só poderia ser detectada mediante completa e minuciosa revisão dos atos praticados pelos subordinados, sobretudo na presença de pareceres técnico e jurídico recomendando a prática do negócio jurídico, salvo quando se tratar de falha grosseira ou situação recorrente, que impede o reconhecimento da irregularidade como caso isolado. (Acórdão nº 1.529/2019-Plenário. Rel. Benjamin Zymler).
>
> O parecer técnico não vincula o gestor, que tem a obrigação de examiná-lo ou questioná-lo junto à equipe técnica, exigindo a correta fundamentação para os quantitativos físicos e financeiros. A decisão tomada com base em parecer deficiente não afasta, por si só, a responsabilidade do gestor-supervisor por atos considerados irregulares pelo TCU, se os vícios não forem de difícil detecção. (Acórdão nº 250/2014-Plenário. Rel. Min. André de Carvalho)
>
> A decisão adotada com base em pareceres técnicos não afasta, por si só, a responsabilidade da autoridade hierarquicamente superior por atos considerados irregulares, uma vez que o parecer técnico não vincula o gestor, que tem a obrigação de examinar a sua correção, em razão do dever legal de supervisão que lhe cabe. (Acórdão nº 2.781/2016-Plenário. Rel. Min. Benjamin Zymler)

5.2.2 Da comissão de contratação

O §2º do artigo em exame admitiu a possibilidade de o agente de contratação ser substituído por comissão de contratação formada por, no mínimo, 3 membros, em licitação que envolva bens ou serviços especiais. Observa-se, aqui, a manifestação dos princípios da razoabilidade e da proporcionalidade, na estruturação das equipes encarregadas de dar cabo às contratações públicas, a exigir a soma de esforços e a diluição de responsabilidades, em situações envolvendo objetos mais complexos e menos usuais.

Como não poderia deixar de ser, a nomeação dos integrantes da comissão de contratação deve respeitar os requisitos estabelecidos no art. 7º. Nessa hipótese, os seus membros responderão solidariamente pelos atos praticados, "ressalvado o membro que expressar posição individual divergente fundamentada e registrada em ata lavrada na reunião em que houver sido tomada a decisão", conforme o §2º.

5.2.3 Da estrutura interna de suporte às licitações e contratos públicos

O §3º impôs a cada entidade o dever de regulamentar as regras relativas à atuação do agente de contratação e da equipe de apoio, ao funcionamento da comissão de contratação e à atuação de fiscais e gestores de contratos de que trata a Lei nº 14.133/2021.

Segundo o mencionado dispositivo, o regulamento deverá prever a possibilidade de tais agentes contarem com o apoio dos órgãos de assessoramento jurídico e de controle interno para o desempenho das funções essenciais à execução do disposto no novel estatuto. Tais profissionais formam a estrutura interna de suporte dos atos praticados no bojo das licitações e do acompanhamento dos contratos públicos.

Com relação ao assunto, cabe destacar que o controle interno faz parte da estrutura de cada poder, sendo organizado sob a forma de um sistema, nos termos do art. 74 da Constituição. Conforme será comentado adiante, entende-se que as atividades de consultoria e assessoramento do conjunto de atos administrativos relacionados às licitações e aos contratos são mais afetas às procuradorias dos entes contratantes, que devem promover o apoio necessário aos fiscais dos ajustes, no exercício de suas funções. Em nossa visão, o suporte dos órgãos de controle interno aos procedimentos licitatórios deve ocorrer em situações excepcionais, de maior relevância e complexidade, sob pena de se congestionar demasiadamente a atuação daqueles e violar o princípio da segregação de funções.

Adiante, serão descritas as atribuições inerentes ao fiscal dos contratos. O novel estatuto foi silente quanto aos deveres e atributos pertinentes ao gestor dos contratos.

5.2.4 Da contratação de terceiros para apoio aos atos praticados no âmbito das contratações públicas

Além dos agentes públicos designados no §3º, o §4º admitiu a contratação, por prazo determinado, de serviço de empresa ou de profissional especializado para assessorar os aludidos agentes públicos. Tal opção é restrita às licitações que envolvam bens ou serviços especiais cujo objeto não seja rotineiramente contratado pela administração.

A atuação de empresa ou profissional especializado, em auxílio ao agente ou comissão de contratação, ao fiscal e ao gestor do contrato, atrai a regra do §1º, sendo cabível o afastamento da responsabilidade individual destes, quando eles tiverem sido induzidos a erro pela atuação da empresa ou do profissional especializado. Todavia, também cabe a ressalva consignada acima, de que é possível a responsabilização conjunta do agente ou comissão de contratação, do fiscal e do gestor do contrato, caso ocorra erro grosseiro na atuação da empresa ou profissional especializado contratado, falhas recorrentes na atuação destes últimos, passíveis de serem detectadas a partir de uma atuação mais diligente daqueles.

Por fim, o §5º do dispositivo em análise mantém a denominação pregoeiro para o agente responsável pela condução da licitação na modalidade pregão.

5.3 Das vedações aos agentes públicos e terceiros responsáveis pela condução das contratações públicas

> Art. 9º É vedado ao agente público designado para atuar na área de licitações e contratos, ressalvados os casos previstos em lei:
> I - admitir, prever, incluir ou tolerar, nos atos que praticar, situações que:
> a) comprometam, restrinjam ou frustrem o caráter competitivo do processo licitatório, inclusive nos casos de participação de sociedades cooperativas;
> b) estabeleçam preferências ou distinções em razão da naturalidade, da sede ou do domicílio dos licitantes;
> c) sejam impertinentes ou irrelevantes para o objeto específico do contrato;
> II - estabelecer tratamento diferenciado de natureza comercial, legal, trabalhista, previdenciária ou qualquer outra entre empresas brasileiras e estrangeiras, inclusive no que se refere a moeda, modalidade e local de pagamento, mesmo quando envolvido financiamento de agência internacional;
> III - opor resistência injustificada ao andamento dos processos e, indevidamente, retardar ou deixar de praticar ato de ofício, ou praticá-lo contra disposição expressa em lei.
> §1º Não poderá participar, direta ou indiretamente, da licitação ou da execução do contrato agente público de órgão ou entidade licitante ou contratante, devendo ser observadas as situações que possam configurar conflito de interesses no exercício ou após o exercício do cargo ou emprego, nos termos da legislação que disciplina a matéria.
> §2º As vedações de que trata este artigo estendem-se a terceiro que auxilie a condução da contratação na qualidade de integrante de equipe de apoio, profissional especializado ou funcionário ou representante de empresa que preste assessoria técnica.

O dispositivo estabelece vedações aplicáveis ao agente público designado para atuação na área de licitações e contratos, com vistas ao pleno cumprimento do princípio da impessoalidade e à promoção da eficiência e da eficácia das contratações. As regras se aplicam ao agente de contratação, à equipe de apoio, ao fiscal, ao gestor do contrato e ao pregoeiro.

O §1º proíbe, de forma ampla, a participação, direta ou indireta, de agente público da entidade contratante em licitação ou na execução de contrato celebrado por esta. Além disso, a disposição impõe a observância das situações que possam configurar conflito de interesses no exercício ou após o exercício do cargo ou emprego, nos termos da legislação que disciplina a matéria. Tais regras podem ensejar o afastamento provisório do agente público da função ocupada na entidade ou a imposição de restrições à sua atuação, de modo que ele que não pratique atos de ofício envolvendo a licitação ou o contrato.

Consoante o §2º, as vedações de que trata este artigo estendem-se a terceiro que auxilie a condução da contratação, na qualidade de integrante de equipe de apoio, profissional especializado ou funcionário ou representante de empresa contratada para tanto. O dispositivo faz referência à hipótese trazida no §4º do art. 8º, que admite a contratação de empresa ou de profissional especializado para assessorar os agentes públicos responsáveis pela condução da licitação, no caso de licitação que envolva bens ou serviços especiais.

A prática das condutas vedadas no art. 9º pode configurar infração administrativa apta a ensejar a aplicação de multa do art. 58, inc. II, da Lei nº 8.443/1992, caso presentes os demais pressupostos para aplicação de sanção, a saber, ilicitude e culpabilidade, além de dolo ou erro grosseiro.

A pergunta que surge é se o elasticimento do campo de incidência das vedações para eventuais particulares estranhos à Administração (ou funcionário ou representante de empresa que preste assessoria técnica) implica a possibilidade de tais pessoas serem alcançadas pelo poder sancionatório do TCU (art. 58, inc. II).

Em nossa visão, a positivação de uma obrigação jurídica às pessoas privadas com função pública, atuando como agentes públicos equiparados, é apta a atrair a jurisdição dos tribunais de contas, com vistas à eventual imputação de multa, haja vista a expressa competência destes de fiscalizar os atos relacionados à aplicação da Lei nº 14.133/2021.

5.4 Da defesa das autoridades e servidores públicos perante as esferas administrativa, controladora ou judicial

> Art. 10. Se as autoridades competentes e os servidores públicos que tiverem participado dos procedimentos relacionados às licitações e aos contratos de que trata esta Lei precisarem defender-se nas esferas administrativa, controladora ou judicial em razão de ato praticado com estrita observância de orientação constante em parecer jurídico elaborado na forma do §1º do art. 53 desta Lei, a advocacia pública promoverá, a critério do agente público, sua representação judicial ou extrajudicial.
> §1º Não se aplica o disposto no caput deste artigo quando:
> I - (VETADO);
> II - provas da prática de atos ilícitos dolosos constarem nos autos do processo administrativo ou judicial.
> §2º Aplica-se o disposto no caput deste artigo inclusive na hipótese de o agente público não mais ocupar o cargo, emprego ou função em que foi praticado o ato questionado.

Os agentes públicos que praticarem irregularidades e estiverem sendo objeto de procedimentos de apuração de responsabilidade, nas esferas administrativa,

controladora e judicial, poderão ter sua defesa patrocinada pela advocacia pública, desde que sejam respeitadas as seguintes condições:
 a) solicitação do agente público;
 b) atuação com estrita observância de orientação parecer jurídico elaborado nos termos do §1º do art. 53; e
 c) não houver prova da prática de atos ilícitos dolosos nos autos do processo administrativo ou judicial.

O dispositivo se aplica, inclusive, na hipótese de o agente público não mais ocupar o cargo, emprego ou função em que foi praticado o ato questionado.

As regras estatuídas no art. 10 visam beneficiar os agentes públicos que tenham atuado exatamente de acordo com o parecer jurídico elaborado ao final da fase preparatória, no âmbito do controle prévio de legalidade da contratação. Cuida-se, portanto, de disposição destinada a proteger a boa-fé das autoridades e servidores públicos, que, na sequência do processo licitatório, cumpriram estritamente as orientações do órgão de assessoramento jurídico da Administração.

Existem precedentes do TCU a respeito do assunto, à época da legislação anterior.

Por meio do Acórdão nº 35/2000-Plenário (Rel. Min. Guilherme Palmeira), o Tribunal determinou ao Banco do Brasil que se abstivesse:

> [...] de utilizar os serviços advocatícios de seu corpo técnico (mesmo advogados contratados) para defender ex-dirigentes da entidade em processos administrativos ou judiciais, quando comprovado que os atos praticados foram manifestamente ilegais ou contrários aos interesses do Banco.

Esse entendimento também foi adotado no Acórdão nº 176/2017-Plenário (Rel. Min. José Múcio), quando se estabeleceu a seguinte tese, conforme o repositório da jurisprudência selecionada do Tribunal:

> É regular o custeio pelas empresas estatais de despesas relacionadas à defesa de seus dirigentes, desde que não envolva atos manifestamente ilegais, contrários aos interesses da entidade, praticados com dolo ou culpa, cabendo à estatal escolher a opção que se revele mais vantajosa ao interesse público: utilizar advogados de seu quadro, contratar escritório de advocacia ou fazer seguro de responsabilidade civil.

Como se vê, a novel legislação estabeleceu um parâmetro objetivo para a assunção da defesa dos agentes públicos pelo Estado, que é a atuação estritamente conforme o parecer elaborado no controle prévio da contratação. Caso os dirigentes e servidores tenham agido em desacordo com essa orientação ou não haja disposição expressa no parecer jurídico que dê suporte ao ato praticado, não será admitida a representação judicial ou extrajudicial pela advocacia pública, ainda que o ato *não* seja manifestamente ilegal e inexista dolo.

Quanto a esse último aspecto, o §2º proíbe expressamente a atuação da advocacia pública na defesa de dirigentes e servidores públicos se houver provas da prática de atos ilícitos dolosos no processo administrativo ou judicial. Assim, os órgãos jurídicos de cada entidade devem avaliar previamente as evidências existentes contra o responsável antes de decidir pela assunção da causa perante as esferas administrativa, controladora ou judicial.

O dispositivo em análise autoriza a defesa pela advocacia pública das autoridades competentes e dos servidores públicos junto às esferas administrativa, controladora ou judicial, cumpridas as condições especificadas. Todavia, a hipótese não contempla o custeio, pelo Poder Público, de advogados privados ou de seguro de responsabilidade que cubra tais despesas.

A propósito, essa modalidade de seguro de responsabilidade civil, conhecido no jargão securitário como D & O (*Directors & Office Liability Insurance*), vem sendo aceito no âmbito das empresas estatais, não obstante o Tribunal tenha entendido que eles não podem beneficiar responsáveis por prejuízos decorrentes de atos praticados com dolo ou culpa grave (Acórdão nº 921/2022-Plenário. Rel. Antônio Anastasia).

CAPÍTULO 6

DO PROCESSO LICITATÓRIO

6.1 Objetivos

> Art. 11. O processo licitatório tem por objetivos:
> I - assegurar a seleção da proposta apta a gerar o resultado de contratação mais vantajoso para a Administração Pública, inclusive no que se refere ao ciclo de vida do objeto;
> II - assegurar tratamento isonômico entre os licitantes, bem como a justa competição;
> III - evitar contratações com sobrepreço ou com preços manifestamente inexequíveis e superfaturamento na execução dos contratos;
> IV - incentivar a inovação e o desenvolvimento nacional sustentável.
> Parágrafo único. A alta administração do órgão ou entidade é responsável pela governança das contratações e deve implementar processos e estruturas, inclusive de gestão de riscos e controles internos, para avaliar, direcionar e monitorar os processos licitatórios e os respectivos contratos, com o intuito de alcançar os objetivos estabelecidos no caput deste artigo, promover um ambiente íntegro e confiável, assegurar o alinhamento das contratações ao planejamento estratégico e às leis orçamentárias e promover eficiência, efetividade e eficácia em suas contratações.

O dispositivo em exame trata dos objetivos do processo licitatório. São duas as novidades introduzidas pela Lei nº 14.133/2021.

A primeira diz respeito à consideração do ciclo de vida do objeto na avaliação da vantajosidade da proposta. Tal aspecto já constava da Lei das Estatais (art. 31). A segunda novidade é inclusão da finalidade de evitar contratações com sobrepreço ou com preços manifestamente inexequíveis e com superfaturamento na execução dos contratos.

Nessa última perspectiva, não basta que a licitação pública logre encontrar a proposta mais vantajosa. É necessário que o preço desta seja exequível e esteja de acordo com os parâmetros de mercado. Do contrário, será possível a decretação da nulidade da licitação e do contrato subsequente, uma vez desentendida uma das finalidades estabelecidas no art. 11. Por evidente, a invalidação do certame será precedida da consideração dos aspectos anunciados no art. 147, o que será objeto de comentários específicos adiante.

O parágrafo único do art. 11 tornou expressa a obrigação da alta administração do órgão ou entidade de criar uma estrutura de governança de suas contratações. Isso abrange o dever de implementar processos e estruturas, inclusive de gestão de riscos e controles internos, para avaliar, direcionar e monitorar os processos licitatórios e os respectivos contratos.

Nesse contexto, o Governo Federal editou a Portaria Seges/ME nº 8.678, de 19.7.2021, que dispôs sobre a governança das contratações públicas realizadas no âmbito da Administração Pública Federal direta, autárquica e fundacional.

O art. 11 da lei elencou as finalidades a serem buscadas pelo sistema de governança a ser implantado:

a) alcançar os objetivos estabelecidos no *caput* do artigo;
b) promover um ambiente íntegro e confiável;
c) assegurar o alinhamento das contratações ao planejamento estratégico e às leis orçamentárias e;
d) promover eficiência, efetividade e eficácia das contratações da entidade.

O descumprimento desses deveres abre espaço para a responsabilização da alta gerência, por eventuais irregularidades decorrentes da deficiente estruturação de um sistema de governança. Dito de outra forma, há fundamento na própria Lei de Licitações para a configuração de *culpa in vigilando* dos dirigentes caso ocorra alguma ilicitude no certame que implique grave infração a um dos valores jurídicos tutelados pelo art. 11.

Trata-se de um avanço da nova lei ante o regime anterior. Sob a égide da Lei nº 8.666/1993 e legislação correlata, os agentes da alta administração procuravam se esquivar de eventual responsabilidade, alegando que não praticaram diretamente o ato inquinado ou agiram segundo a atuação técnica anterior de seus subordinados. Atualmente, os gestores somente poderão invocar esse argumento, caso fique demonstrado que há uma estrutura de governança e análise de riscos de contratações, que, no caso concreto, não tenha sido suficiente para detectar as irregularidades verificadas.

6.2 Aspectos formais

> Art. 12. No processo licitatório, observar-se-á o seguinte:
> I - os documentos serão produzidos por escrito, com data e local de sua realização e assinatura dos responsáveis;
> II - os valores, os preços e os custos utilizados terão como expressão monetária a moeda corrente nacional, ressalvado o disposto no art. 52 desta Lei;
> III - o desatendimento de exigências meramente formais que não comprometam a aferição da qualificação do licitante ou a compreensão do conteúdo de sua proposta não importará seu afastamento da licitação ou a invalidação do processo;
> IV - a prova de autenticidade de cópia de documento público ou particular poderá ser feita perante agente da Administração, mediante apresentação de original ou de declaração de autenticidade por advogado, sob sua responsabilidade pessoal;
> V - o reconhecimento de firma somente será exigido quando houver dúvida de autenticidade, salvo imposição legal;
> VI - os atos serão preferencialmente digitais, de forma a permitir que sejam produzidos, comunicados, armazenados e validados por meio eletrônico;
> VII - a partir de documentos de formalização de demandas, os órgãos responsáveis pelo planejamento de cada ente federativo poderão, na forma de regulamento, elaborar plano de contratações anual, com o objetivo de racionalizar as contratações dos órgãos e entidades sob sua competência, garantir o alinhamento com o seu planejamento estratégico e subsidiar a elaboração das respectivas leis orçamentárias.
> §1º O plano de contratações anual de que trata o inciso VII do caput deste artigo deverá ser divulgado e mantido à disposição do público em sítio eletrônico oficial e será observado pelo ente federativo na realização de licitações e na execução dos contratos.
> §2º É permitida a identificação e assinatura digital por pessoa física ou jurídica em meio eletrônico, mediante certificado digital emitido em âmbito da Infraestrutura de Chaves Públicas Brasileira (ICP-Brasil).

O dispositivo visa disciplinar alguns aspectos do procedimento licitatório, como a forma exigida para os documentos, os requisitos para a demonstração de sua autenticidade e as peças necessárias ao planejamento do certame.

O inc. I estabelece que os documentos da licitação serão produzidos na forma escrita, com data, local e assinatura. Por conseguinte, passa a ser irregular a edição de documentos, como editais e planilhas orçamentárias, sem a identificação de seu autor, prática infelizmente comum no regime da Lei nº 8.666/199, a qual dificultava a responsabilização por eventuais irregularidades na condução da licitação.

A previsão do uso da forma escrita parece um tanto obsoleta, diante do estado atual de desenvolvimento da tecnologia da informação, que admite, já há algum tempo, assinatura e certificação digitais. Ademais, os próprios projetos de engenharia são corriqueiramente desenvolvidos em programas de computador, com pranchas e planilhas digitais, de forma que a tendência é o uso cada vez mais intenso dos meios digitais, especialmente com o próprio incentivo dado pela nova lei à tecnologia BIM.

Não obstante, é preciso ler o inc. I em conjunto com o inc. VI, que prevê a realização dos atos do procedimento licitatório preferencialmente na forma digital. Nesse contexto, o §2º do artigo em exame admite a identificação e assinatura digitais mediante certificado digital emitido em âmbito da Infraestrutura de Chaves Públicas Brasileira (ICP-Brasil). Como consequência, será possível a substituição da forma escrita dos documentos pela forma digital, desde que assegurados os requisitos de identificação e assinatura dos seus autores.

O inc. II repete disposição do estatuto anterior, de que valores, preços e custos consignados nos documentos da licitação serão expressos em moeda corrente nacional. A única ressalva consignada no dispositivo diz respeito às licitações de âmbito internacional, que poderão admitir a apresentação de proposta em moeda estrangeira, tanto pelo licitante estrangeiro como pelo brasileiro.

O inc. III consubstancia o princípio do formalismo moderado em matéria de licitações e contratos, o qual pode ser considerado um princípio implícito ao regime jurídico aplicável às contratações públicas, mesmo durante a vigência do estatuto anterior.

Consoante o dispositivo, o desatendimento de exigências meramente formais que não comprometam a aferição da qualificação do licitante ou a compreensão do conteúdo de sua proposta não importará o seu afastamento da licitação nem a invalidação do processo. A regra significa uma espécie de relativização do princípio da vinculação ao edital, o qual se justifica em nome da seleção da proposta mais vantajosa e dos princípios da eficiência e da eficácia das contratações.

Seguem alguns precedentes abordando o aludido princípio, extraídos do repositório da jurisprudência selecionada no TCU, durante a vigência da Lei nº 8.666/1993:

> O fato de o licitante apresentar composição de custo unitário contendo salário de categoria profissional inferior ao piso estabelecido em acordo, convenção ou dissídio coletivo de trabalho é, em tese, somente erro formal, o qual não enseja a desclassificação da proposta, podendo ser saneado com a apresentação de nova composição de custo unitário desprovida de erro, em face do princípio do formalismo moderado e da supremacia do interesse público. (Acórdão nº 719/2018-Plenário. Rev. Min. Benjamin Zymler)
>
> Falhas formais, sanáveis durante o processo licitatório, não devem levar à desclassificação da licitante. No curso de procedimentos licitatórios, a Administração Pública deve pautar-se pelo princípio do formalismo moderado, que prescreve a adoção de formas simples e suficientes para propiciar adequado grau de certeza, segurança e respeito aos direitos dos administrados, promovendo, assim, a prevalência do conteúdo sobre o formalismo extremo, respeitadas, ainda, as praxes essenciais à proteção das prerrogativas dos administrados. (Acórdão nº 357/2015-Plenário. Rel. Min. Bruno Dantas)
>
> É irregular a inabilitação de licitante em razão de ausência de informação exigida pelo edital, quando a documentação entregue contiver de maneira implícita o elemento supostamente faltante e a Administração não realizar a diligência prevista no art. 43, §3º, da

Lei 8.666/1993, por representar formalismo exagerado, com prejuízo à competitividade do certame. (Acórdão nº 1.795/2015-Plenário. Rel. Min. José Mucio Monteiro)

É ilegal a exigência de autenticação de documentos previamente à abertura dos documentos de habilitação da licitante, em dissonância ao disposto no art. 32 da Lei 8.666/1993, que não estabelece nenhuma restrição temporal. A comissão de licitação pode realizar a autenticação dos documentos apresentados por meio de cópia na própria sessão de entrega e abertura das propostas, em atenção aos princípios do formalismo moderado e da seleção da proposta mais vantajosa para a Administração, e em consonância com o art. 43, §3º, da Lei 8.666/1993. (Acórdão nº 2.835/2016-Plenário. Rel. Min. Benjamin Zymler. Acórdão nº 1.574/2015-Plenário. Rel. Min. Benjamin Zymler)

Não se desclassifica propostas de licitante pelo descumprimento de exigências pouco relevantes, em respeito ao princípio do formalismo moderado e da obtenção da proposta mais vantajosa à Administração. (Acórdão nº 11.907/2011-Segunda Câmara. Rel. Min. Subst. Augusto Sherman)

A inabilitação de licitantes por divergência entre assinaturas na proposta e no contrato social deve ser considerada formalismo exacerbado, uma vez que é facultada à comissão, em qualquer fase do certame, a promoção de diligência destinada a esclarecer ou a complementar a instrução do processo. (Acórdão nº 5.181/2012-Primeira Câmara. Rel. Min. Walton Alencar)

Os incs. IV e V do art. 12 cuidam de disposições que buscam racionalizar procedimentos e reduzir custos administrativos para o cidadão, no trato com o Estado.

De acordo com o primeiro dispositivo, não é mais exigida a prova de autenticidade de documentos mediante autenticação em cartório. Ela poderá ser feita perante agente da administração, mediante apresentação de original ou de declaração de autenticidade por advogado, sob sua responsabilidade pessoal.

Já o inc. V assinala que "o reconhecimento de firma somente será exigido quando houver dúvida de autenticidade, salvo imposição legal".

As aludidas regras estão em linha com a Lei nº 13.726, de 8.10.2018, que tratou da racionalização de atos e procedimentos administrativos dos poderes da União, dos estados, do Distrito Federal e dos municípios mediante a supressão ou a simplificação de formalidades ou exigências desnecessárias ou superpostas (Lei da Desburocratização).

Consoante o art. 3º desta norma, ficou dispensada, na relação dos órgãos e entidades dos poderes da União, dos estados, do Distrito Federal e dos municípios com o cidadão, a exigência de:

I - reconhecimento de firma, devendo o agente administrativo, confrontando a assinatura com aquela constante do documento de identidade do signatário, ou estando este presente e assinando o documento diante do agente, lavrar sua autenticidade no próprio documento;
II - autenticação de cópia de documento, cabendo ao agente administrativo, mediante a comparação entre o original e a cópia, atestar a autenticidade; [...].

Retomando a análise do art. 12, o inc. VI revela a preferência da lei pela realização dos atos do processo licitatório na forma digital, de forma a permitir que sejam produzidos, comunicados, armazenados e validados por meio eletrônico. Além de refletir a tendência de informatização da Administração Pública, alinhada à estratégia de implantação do chamado governo digital, a medida é instrumental ao funcionamento do Portal Nacional de Contratações Públicas (PNCP), que irá armazenar uma série de informações e dados sobre as licitações e os contratos.

O inc. VII trata de matéria não diretamente relacionada à descrição dos aspectos formais do processo licitatório. O dispositivo cuida da elaboração do plano de contratações anual (PCA), o qual está inserido no contexto do planejamento das licitações, realizada em sua fase preparatória.

Segundo a disposição, os órgãos responsáveis pelo planejamento de cada ente federativo poderão, a partir de documentos de formalização de demandas, elaborar plano de contratações anual (PCA), na forma especificada em regulamento. Tal documento, *de elaboração facultativa*, tem os objetivos de racionalizar as contratações dos órgãos e entidades vinculados ao órgão central de planejamento, de garantir o alinhamento com o seu planejamento estratégico e de subsidiar a elaboração das respectivas leis orçamentárias.

Dessa forma, a concepção do PCA está alinhada com vários princípios aplicáveis às contratações públicas, como se verifica na seguinte passagem do voto condutor do Acórdão nº 1.637/2021-Plenário, de lavra do Ministro Augusto Sherman, editado já na vigência na nova lei:

> Ainda que o legislador não tenha previsto, ao menos de modo expresso, a obrigatoriedade de utilização do referido plano (art. 12, inciso VII), é forçoso reconhecer que se trata de mecanismo integralmente alinhado aos princípios expressos do planejamento e da eficiência (Lei 14.133/2021, art. 5º, caput) e, no tocante às compras, da responsabilidade fiscal (art. 40, inciso V, alínea "c"), além de fomentar a transparência das atividades logísticas do Estado (Lei 14.133/2021, art. 12, §1º).

O plano de contratações anual consignado no inc. VII do art. 12 da nova lei não deve ser confundido com o quase homônimo plano anual de contrações (PAC) de que trata a Instrução Normativa nº 1, de 10.1.2019. Além da própria incompatibilidade temporal – estamos comparando uma norma infralegal anterior com um novo regime jurídico das licitações e contratos, não havendo, por evidente, uma necessária relação entre tais normas –, o PAC é menos abrangente, porquanto elaborado por cada unidade de administração de serviços gerais (UASG).

Tal documento reúne todos os itens que cada UASG pretende contratar no exercício subsequente, consolidando informações dos diversos setores demandantes. Já o PCA é o documento similar elaborado pelo órgão central de planejamento de cada ente federativo, servindo de suporte tanto ao planejamento mais macro da administração, como para a elaboração das leis orçamentárias.

Consoante o §1º, o PCA deverá ser divulgado e mantido à disposição do público em sítio eletrônico oficial e será observado pelo ente federativo na realização de licitações e na execução dos contratos. Pela literalidade dos dispositivos, é possível afirmar que o planejamento estratégico do ente federativo e o seu respectivo PCA são os documentos centrais que irão pautar as decisões de cada unidade federativa em matéria de licitações e contratos, respeitadas, por evidente, a disponibilidade de recursos e a programação contida em suas respectivas leis orçamentárias.

O inc. VI do dispositivo em análise foi regulamentado pelo Decreto nº 10.947, de 25.1.2022, que tratou dos procedimentos para a elaboração do PCA, entre outros aspectos.

Além disso, a mencionada norma instituiu o Sistema de Planejamento e Gerenciamento de Contratações (PGC) no âmbito da Administração Pública Federal direta, autárquica e fundacional, o qual armazenará os dados relativos ao PCA, inclusive de outros órgãos ou entidades dos poderes da União, dos estados, do Distrito Federal e dos municípios, se houver interesse, após a expedição de termo de acesso pela Secretaria de Gestão da Secretaria Especial de Desburocratização, Gestão e Governo Digital do Ministério da Economia.

6.3 Publicidade

> Art. 13. Os atos praticados no processo licitatório são públicos, ressalvadas as hipóteses de informações cujo sigilo seja imprescindível à segurança da sociedade e do Estado, na forma da lei.
> Parágrafo único. A publicidade será diferida:
> I - quanto ao conteúdo das propostas, até a respectiva abertura;
> II - quanto ao orçamento da Administração, nos termos do art. 24 desta Lei.

O dispositivo, como não poderia deixar de ser, torna expresso o caráter público dos atos praticados no processo licitatório, estando ressalvadas apenas as hipóteses de informações cujo sigilo seja imprescindível à segurança da sociedade e do Estado, *na forma da lei*. Assim, apenas ato legislativo formal elaborado pelo Parlamento pode restringir o caráter público dos documentos e informações relacionados aos processos de contratação pública.

Além de instrumental à participação dos interessados e ao próprio atingimento dos objetivos da licitação, de selecionar a proposta mais vantajosa, assegurar o tratamento isonômico entre os licitantes e garantir a justa competição, a publicidade dos certames licitatórios pode ser extraída do inc. XXXIII do art. 5º da Constituição Federal. Consoante o dispositivo:

> todos têm direito a receber dos órgãos públicos informações de seu interesse particular, ou de interesse coletivo ou geral, que serão prestadas no prazo da lei, sob pena de responsabilidade, ressalvadas aquelas cujo sigilo seja imprescindível à segurança da sociedade e do Estado.

Conforme será exposto adiante, há duas exceções ao princípio da publicidade estabelecidas pela própria Lei nº 14.133/2021:

a) quanto às soluções propostas ou às informações sigilosas comunicadas por um licitante na licitação sob a modalidade de diálogo competitivo (art. 32, §1º, inc. IV); e

b) quanto aos contratos e termos aditivos, quando imprescindível à segurança da sociedade e do Estado, nos termos da legislação que regula o acesso à informação (art. 91, §1º).

Além disso, a publicidade pode ser diferida com relação aos seguintes documentos:

a) propostas, até a data e hora designadas para sua divulgação (art. 13, parágrafo único, inc. I, c/c o art. 56, inc. II);

b) orçamento estimativo do certame, até a conclusão da licitação (art. 13, parágrafo único, inc. II, c/c o art. 18, §1º, inc. VI, e o art. 24).

A violação de sigilo em licitação constitui crime tipificado no art. 337-J do Código Penal, com a redação conferida pelo novel estatuto licitatório, a saber: "devassar o sigilo de proposta apresentada em processo licitatório ou proporcionar a terceiro o ensejo de devassá-lo".

O eventual caráter sigiloso de documentos contidos no processo licitatório não se aplica aos órgãos de controle interno e externo, nos termos do art. 24, inc. I.

Ademais, cabe ressaltar o disposto no §2º do art. 169, o qual estabelece que "os órgãos de controle deverão ter acesso irrestrito aos documentos e às informações necessárias à realização dos trabalhos, inclusive aos documentos classificados pelo órgão ou entidade nos termos da Lei nº 12.527, de 18.11.2011". Nessa hipótese, o órgão de controle com o qual foi compartilhada eventual informação sigilosa tornar-se-á corresponsável pela manutenção do seu sigilo.

6.4 Vedações à participação

Art. 14. Não poderão disputar licitação ou participar da execução de contrato, direta ou indiretamente:

I - autor do anteprojeto, do projeto básico ou do projeto executivo, pessoa física ou jurídica, quando a licitação versar sobre obra, serviços ou fornecimento de bens a ele relacionados;

II - empresa, isoladamente ou em consórcio, responsável pela elaboração do projeto básico ou do projeto executivo, ou empresa da qual o autor do projeto seja dirigente, gerente, controlador, acionista ou detentor de mais de 5% (cinco por cento) do capital com direito a voto, responsável técnico ou subcontratado, quando a licitação versar sobre obra, serviços ou fornecimento de bens a ela necessários;

III - pessoa física ou jurídica que se encontre, ao tempo da licitação, impossibilitada de participar da licitação em decorrência de sanção que lhe foi imposta;

IV - aquele que mantenha vínculo de natureza técnica, comercial, econômica, financeira, trabalhista ou civil com dirigente do órgão ou entidade contratante ou com agente público que desempenhe função na licitação ou atue na fiscalização ou na gestão do contrato, ou que deles seja cônjuge, companheiro ou parente em linha reta, colateral ou por afinidade, até o terceiro grau, devendo essa proibição constar expressamente do edital de licitação;

V - empresas controladoras, controladas ou coligadas, nos termos da Lei nº 6.404, de 15 de dezembro de 1976, concorrendo entre si;

VI - pessoa física ou jurídica que, nos 5 (cinco) anos anteriores à divulgação do edital, tenha sido condenada judicialmente, com trânsito em julgado, por exploração de trabalho infantil, por submissão de trabalhadores a condições análogas às de escravo ou por contratação de adolescentes nos casos vedados pela legislação trabalhista.

§1º O impedimento de que trata o inciso III do caput deste artigo será também aplicado ao licitante que atue em substituição a outra pessoa, física ou jurídica, com o intuito de burlar a efetividade da sanção a ela aplicada, inclusive a sua controladora, controlada ou coligada, desde que devidamente comprovado o ilícito ou a utilização fraudulenta da personalidade jurídica do licitante.

§2º A critério da Administração e exclusivamente a seu serviço, o autor dos projetos e a empresa a que se referem os incisos I e II do caput deste artigo poderão participar no apoio das atividades de planejamento da contratação, de execução da licitação ou de gestão do contrato, desde que sob supervisão exclusiva de agentes públicos do órgão ou entidade.

§3º Equiparam-se aos autores do projeto as empresas integrantes do mesmo grupo econômico.

§4º O disposto neste artigo não impede a licitação ou a contratação de obra ou serviço que inclua como encargo do contratado a elaboração do projeto básico e do projeto executivo, nas contratações integradas, e do projeto executivo, nos demais regimes de execução.

§5º Em licitações e contratações realizadas no âmbito de projetos e programas parcialmente financiados por agência oficial de cooperação estrangeira ou por organismo financeiro internacional com recursos do financiamento ou da contrapartida nacional, não poderá participar pessoa física ou jurídica que integre o rol de pessoas sancionadas por essas entidades ou que seja declarada inidônea nos termos desta Lei.

O art. 14 traz os casos de vedação absoluta à participação na licitação e na execução do contrato devido a características subjetivas dos potenciais licitantes. Tais restrições têm em mira o atendimento dos princípios da isonomia e da moralidade

Estão proibidos de disputar o certame e de participar dos contratos:
a) o autor do anteprojeto, do projeto básico ou do projeto executivo (pessoa física ou jurídica, isoladamente ou em consórcio);
b) a empresa da qual o autor do projeto seja dirigente, gerente, controlador, acionista ou detentor de mais de 5% do capital com direito a voto, responsável técnico ou subcontratado;
c) empresas do mesmo grupo econômico do autor do projeto;

d) pessoa impossibilitada de participar da licitação e quem atue, dolosamente, substituindo-a, com o intuito de burlar a efetividade da sanção aplicada àquela;
e) pessoa com vínculo de natureza técnica, comercial, econômica, financeira, trabalhista ou civil com dirigente da entidade contratante ou de agente público que desempenhe função na licitação ou atue na fiscalização ou na gestão do contrato;
f) pessoa com vínculo familiar com dirigente da entidade contratante ou de agente público que desempenhe função na licitação ou atue na fiscalização ou na gestão do contrato (cônjuge, companheiro, ou parente em linha reta, colateral ou por afinidade, até o terceiro grau);
g) empresas controladoras, controladas ou coligadas, concorrendo entre si;
h) pessoa física ou jurídica que, nos 5 anos anteriores à divulgação do edital, tenha sido condenada judicialmente, com trânsito em julgado, por exploração de trabalho infantil, por submissão de trabalhadores a condições análogas ao de escravo ou por contratação de adolescentes nos casos vedados pela legislação trabalhista; e
i) pessoa sancionada por agência oficial de cooperação estrangeira ou por organismo financeiro internacional, no caso de licitações internacionais custeadas com recursos do financiamento destas entidades.

A lei não vedou a participação de pessoa jurídica com vínculo com o autor do anteprojeto, como fez no inc. II para as empresas com relação societária, trabalhista, técnica ou comercial com o autor do projeto básico ou executivo – do qual seja dirigente, gerente, controlador, acionista ou detentor de mais de 5% do capital com direito a voto, responsável técnico ou subcontratado.

Não obstante se possam invocar os mesmos riscos à quebra da impessoalidade e da isonomia devido à participação de empresa vinculada ao autor do anteprojeto, compreende-se que houve um silêncio eloquente da lei, uma vez que o legislador não incluiu o autor desta peça no inc. II, como fez no inc. I.

Além disso, avalia-se que as situações não são exatamente iguais, não sendo desarrazoado o tratamento distinto. Isso porque o grau de conhecimento do autor do anteprojeto quanto às especificações do objeto a ser licitado é menor do que o do autor dos projetos básico e executivo, porquanto o grau de precisão daquela peça é bem inferior ao desses projetos.

Assim, considerando que não há uma grande assimetria de informações entre o autor do anteprojeto e os demais licitantes, pelo baixo grau de maturidade deste documento para a compreensão exata do objeto, entende-se que deve ser respeitada a legítima opção do legislador de somente proibir a participação do autor do anteprojeto, por expressa disposição legal. Logo, empresas com vínculo com o autor do anteprojeto não estão proibidas de participar de licitações.

A vedação estabelecida nos incs. I e II, dirigida aos autores do anteprojeto e dos projetos básico e executivo e às empresas relacionadas aos autores dos dois últimos documentos, não impede que a administração decida por contratá-los para o apoio das atividades de planejamento da contratação, de execução da licitação ou de gestão do contrato, desde que sob supervisão exclusiva de agentes públicos do órgão ou entidade. Tal permissão se encontra no §2º do dispositivo em exame. Como se vê, a proibição é para participar como licitante ou como subcontratado do vencedor da licitação, não se estendendo para atividades auxiliares à entidade contratante.

Consoante o §3º, equiparam-se aos autores do projeto as empresas integrantes do mesmo grupo econômico. Isso implica dizer que o impedimento de participar de licitação ou da execução do contrato abrange, no caso de pessoa física autora do projeto básico ou executivo, não apenas as pessoas jurídicas com quem mantém relação societária, trabalhista, técnica ou comercial, como também as que pertencem ao mesmo grupo econômico destas.

Segundo o inc. III, está vedada a participação em licitação ou na execução de contrato de pessoa física ou jurídica que se encontre, ao tempo da licitação, impossibilitada de participar da licitação em decorrência de sanção que lhe foi imposta. Trata-se de uma consequência natural da pena imputada pela administração a determinado licitante, durante o seu prazo de vigência.

O inc. IV proíbe a participação em licitação ou na execução de contrato de licitante ou pessoa com vínculo de natureza técnica, comercial, econômica, financeira, trabalhista, civil ou familiar (até o terceiro grau) com:

a) dirigente da entidade contratante; ou
b) com agente público que desempenhe função na licitação ou atue na fiscalização ou na gestão do contrato.

Conforme se depreende do texto da norma, *não* está vedada a participação de licitante ou pessoa vinculada a agente público se este, embora pertencente aos quadros da entidade contratante, não participar da condução da licitação nem atuar na gestão do contrato celebrado. Tal ocorre porque a pessoa integrante da administração não teria poder de influência sobre os atos da contratação, não havendo, *a priori*, risco potencial a ser evitado.

Ainda sobre o inc. IV, a lei exige que o impedimento nele veiculado conste expressamente do edital de licitação. Tal providência tem como objetivo assegurar o prévio conhecimento pelos licitantes da proibição constante da lei, no intuito de tornar mais efetivo o seu atendimento. Nada obstante, entende-se que a eventual ausência desse registro no edital de licitação não impede a aplicação da regra de vedação consignada no dispositivo em exame, até porque a proibição decorre da lei, não do edital.

Os incs. V e VI estabelecem critérios objetivos de impedimento de participação em licitação e na execução de contrato. Eles incidem sobre empresas controladoras, controladas ou coligadas, cujos conceitos podem ser extraídos da Lei nº 6.404, de 15.12.1976; e sobre pessoa física ou jurídica que, nos 5 anos anteriores à divulgação do edital, tenha sido condenada judicialmente, com trânsito em julgado, por exploração de trabalho infantil, por submissão de trabalhadores a condições análogas às de escravo ou por contratação de adolescentes nos casos vedados pela legislação trabalhista.

No primeiro caso, o objetivo da regra é impedir que as empresas controladoras, controladas e coligadas concorram entre si, durante a licitação.

Conforme o art. 243, §1º, da Lei nº 6.404/1976, são coligadas as sociedades nas quais a investidora tenha influência significativa. O §2º do mencionado dispositivo define controlada como "[...] a sociedade na qual a controladora, diretamente ou através de outras controladas, é titular de direitos de sócio que lhe assegurem, de modo permanente, preponderância nas deliberações sociais e o poder de eleger a maioria dos administradores".

Quanto ao assunto, o novel estatuto assimilou parcialmente a jurisprudência do TCU, que possui uma visão ainda mais rigorosa quanto à participação de empresas com relações entre si.

Existem vários precedentes do Tribunal, lavrados à época do regime anterior, que consideraram irregular a participação simultânea, em certames licitatórios, não apenas de sociedades do mesmo grupo econômico, mas de empresas com sócios em comum ou outros vínculos societários. Todavia, alguns requisitos costumavam ser exigidos para a configuração da irregularidade, como a demonstração de fraude e o prejuízo à competitividade.

Seguem alguns precedentes extraídos do repositório da jurisprudência selecionada do Tribunal:

> Não existe vedação legal à participação, no mesmo certame licitatório, de empresas do mesmo grupo econômico ou com sócios em relação de parentesco, embora tal situação possa acarretar quebra de isonomia entre as licitantes. A demonstração de fraude à licitação exige a evidenciação do nexo causal entre a conduta das empresas com sócios em comum ou em relação de parentesco e a frustração dos princípios e dos objetivos da licitação. (Acórdão nº 2.803/2016-Plenário. Rel. Min. Subst. André de Carvalho)
> A vedação de participação em licitações sob a modalidade concorrência de empresas com sócios comuns é ilícita, apesar de poder constituir indício que, somado a outros, conforme o caso concreto, configure fraude ao certame. (Acórdão nº 2.341/2011-Plenário. Rel. Min. Augusto Nardes)
> Não existe vedação legal para a participação, em licitações, de empresas com sócios comuns, a despeito de que, em tese, tal situação pode determinar graves prejuízos à isonomia, ao sigilo das propostas e à ampla competitividade, configurando até mesmo fraude à licitação. É preciso que se verifiquem, em cada caso, os efetivos efeitos dessa condição no processo licitatório e no resultado alcançado pela Administração Pública. (Acórdão nº 2.589/2012-Plenário. Rel. Min. Augusto Nardes)

Todavia, a jurisprudência do TCU sobre a matéria era mais rigorosa quando a participação simultânea ocorria em uma licitação sob a modalidade convite. Seguem algumas decisões a respeito do tema:

> Em licitações na modalidade convite, é irregular a participação de empresas com sócios em comum, pois tal situação afasta o caráter competitivo do certame e configura fraude

à licitação. (Acórdão nº 3.108/2016-Primeira Câmara. Rel. Min. Bruno Dantas; Acórdão nº 864/2011-Plenário. Rel. Min. Aroldo Cedraz; Acórdão nº 2.003/2011-Plenário. Rel. Min. Augusto Nardes)

Apesar de não haver vedação legal à participação de empresas geridas por pessoas com relações de parentesco, não atende ao princípio da moralidade a realização de convite em que as únicas empresas participantes possuem sócios em comum. Nessa hipótese, há afinidade pessoal suficiente para afastar o ânimo de competição comercial que supostamente possa existir. (Acórdão nº 1.047/2012-Plenário. Rel. Min. Ana Arraes)

A participação simultânea de empresas com sócios comuns em licitação não afronta a legislação vigente e somente merece ser considerada irregular quando puder alijar do certame outros potenciais participantes, como nos casos de: a) convite; b) contratação por dispensa de licitação; c) existência de relação entre as licitantes e a empresa responsável pela elaboração do projeto executivo; d) contratação de uma das empresas para fiscalizar serviço prestado por outra. (Acórdão nº 526/2013-Plenário. Rel. Min. Subst. Marcos Bemquerer)

A existência de relação de parentesco ou de afinidade familiar entre sócios de distintas empresas ou sócios em comum não permite, por si só, caracterizar como fraude a participação dessas empresas numa mesma licitação, mesmo na modalidade convite. Sem a demonstração da prática de ato com intuito de frustrar ou fraudar o caráter competitivo da licitação, não cabe declarar a inidoneidade de licitante. (Acórdão nº 952/2018-Plenário. Rel. Min. Vital do Rêgo)

À vista da condição aposta na parte final do inc. V do art. 14 (concorrendo entre si), compreende-se que não há óbice a que empresa vinculada à contratada participe da execução do ajuste como subcontratada. Todavia, avalia-se que não cabe a atuação da empresa controladora, controlada ou coligada da contratada no apoio das atividades de fiscalização, supervisão e gestão do ajuste, uma vez que isso implicaria uma violação dos princípios da impessoalidade, da moralidade e da segregação das funções.

O §1º traz uma outra hipótese de vedação à participação em contratação pública. A redação do dispositivo parece um tanto confusa, sendo necessária a interpretação.

Segundo o dispositivo, não poderá disputar licitação ou participar da execução de contrato pessoa que atue em substituição à outra, física ou jurídica, que se encontre, ao tempo da licitação, impossibilitada de participar de certame licitatório em decorrência de sanção que lhe foi imposta. No caso, a disposição exige a presença de duas condições: o intuito de burlar a efetividade da sanção a ela aplicada; e a comprovação do lícito ou da utilização fraudulenta da personalidade jurídica do licitante.

A parte final do parágrafo nos remete a um dos critérios usados no art. 50 do Código Civil para a desconsideração da personalidade jurídica, o abuso de personalidade jurídica – neste caso, para efeitos obrigacionais.

Por evidente, essa hipótese somente se aplica se o licitante ou partícipe da execução do contrato for uma empresa. No caso de pessoa física, não há de se cogitar de utilização fraudulenta de pessoa jurídica.

O disposto no §1º também se aplica à controladora, controlada ou coligada da pessoa jurídica impedida de participar de licitação, desde que cumpridas as condições estabelecidas no dispositivo.

A disposição em exame desafia o princípio da intranscendência da pena, ou da pessoalidade, segundo o qual a sanção não pode passar da pessoa que cometeu o ilícito. Por essa razão, o afastamento desse princípio exige a demonstração de fraude, ou seja, o intuito de não se submeter ao poder sancionatório do Estado.

A extensão da proibição de participar de licitação para empresas que atuem em situação de fraude e abuso de direito já era praticada pelo TCU, como se observa nos seguintes precedentes:

> O abuso da personalidade jurídica evidenciado a partir de fatos como (i) a completa identidade dos sócios-proprietários de empresa sucedida e sucessora, (ii) a atuação no mesmo ramo de atividades e (iii) a transferência integral do acervo técnico e humano de empresa sucedida para a sucessora permitem a desconsideração da personalidade jurídica desta última para estender a ela os efeitos da declaração de inidoneidade aplicada à primeira, já que evidenciado o propósito de dar continuidade às atividades da empresa inidônea, sob nova denominação. (Acórdão nº 1.831/2014-Plenário. Rel. Min. José Múcio)
>
> A Administração Pública pode, respeitado o contraditório e a ampla defesa, desconsiderar a personalidade jurídica de sociedades empresariais alteradas ou constituídas com abuso de forma e fraude à lei, para a elas estender, em vista de suas peculiares relações com empresa suspensa de licitar e contratar com a Administração, os efeitos dessa sanção. (Acórdão nº 2.593/2013-Plenário. Rel. Min. Walton Alencar)
>
> Não é apropriado lançar mão da teoria da desconsideração da personalidade jurídica para declarar a inidoneidade dos sócios e/ou administradores de empresas envolvidas em esquema de fraudes à licitação. *No entanto, poderá ser desconsiderada a personalidade jurídica para estender os efeitos de sanção imposta pelo TCU a eventuais empresas fundadas com o intuito de ultrapassar a proibição de licitar com a Administração Pública dentro do prazo estabelecido pela decisão do Tribunal.* (Acórdão nº 1.987/2013-Plenário. Rel. Min. Raimundo Carreiro)
>
> Quando os administradores de determinada empresa, em razão de ela se encontrar na iminência de sofrer sanção administrativa restritiva de direito, transferem o seu acervo técnico a outra empresa do mesmo grupo econômico com o objetivo específico de continuar as atividades da primeira, resta caracterizada a hipótese de sucessão fraudulenta, cabendo estender à sucessora os efeitos da penalidade aplicada à sucedida. (Acórdão nº 1.246/2020-Plenário. Rel. Min. Benjamin Zymler)
>
> É cabível a declaração de inidoneidade de empresa que participa de licitação utilizando-se de recursos humanos e materiais de outra empresa, previamente declarada inidônea, com intuito de burlar a penalidade, o que caracteriza fraude à licitação, sendo desnecessária a existência de sócios em comum para a aplicação da sanção. (Acórdão nº 2.168/2018-Plenário. Rel. Min. Benjamin Zymler)

Inclusive, a possibilidade de extensão da pena costuma ser objeto de advertência nas decisões proferidas pelo Tribunal, como se vê, por exemplo, no subitem 9.3.2 do Acórdão nº 1.177/2021-Plenário (Rel. Min. Subst. André de Carvalho):

> 9.3. enviar a cópia do presente Acórdão, com o Relatório e o Voto, aos seguintes destinatários:
> 9.3.2. à [...], para ciência, informando, ainda, que a declaração de inidoneidade pode vir a ser eventualmente estendida às atuais ou supervenientes pessoas jurídicas constituídas como controladas ou subsidiárias, entre outras formas, a partir da alteração nos estatutos ou contratos sociais com vistas, precipuamente, a absorver as atividades da empresa ora

condenada para, desse modo, burlar indevidamente a presente decretação de inidoneidade; [...].

Segundo o §4º, as vedações consignadas no artigo em exame não impedem que o contratado elabore os projetos básico e executivo, nas contratações integradas, e o projeto executivo, nas contratações semi-integradas.[145] Tal encargo é inerente a esses regimes de contratação, não fazendo sentido, de fato, imaginar que haveria essa proibição.

Por fim, o §5º veda a participação de pessoas que tenham sido sancionadas com penas de inidoneidade ou de impedimento de participar em licitação e contrato, por agência oficial de cooperação estrangeira ou por organismo financeiro, em licitações e contratações realizadas no âmbito de projetos e programas parcialmente financiados por tais entidades. Tal dispositivo reflete a aplicação do princípio da extraterritorialidade em matéria de direito administrativo sancionador.

6.5 Consórcios

> Art. 15. Salvo vedação devidamente justificada no processo licitatório, pessoa jurídica poderá participar de licitação em consórcio, observadas as seguintes normas:
> I - comprovação de compromisso público ou particular de constituição de consórcio, subscrito pelos consorciados;
> II - indicação da empresa líder do consórcio, que será responsável por sua representação perante a Administração;
> III - admissão, para efeito de habilitação técnica, do somatório dos quantitativos de cada consorciado e, para efeito de habilitação econômico-financeira, do somatório dos valores de cada consorciado;
> IV - impedimento de a empresa consorciada participar, na mesma licitação, de mais de um consórcio ou de forma isolada;
> V - responsabilidade solidária dos integrantes pelos atos praticados em consórcio, tanto na fase de licitação quanto na de execução do contrato.
> §1º O edital deverá estabelecer para o consórcio acréscimo de 10% (dez por cento) a 30% (trinta por cento) sobre o valor exigido de licitante individual para a habilitação econômico-financeira, salvo justificação.
> §2º O acréscimo previsto no §1º deste artigo não se aplica aos consórcios compostos, em sua totalidade, de microempresas e pequenas empresas, assim definidas em lei.
> §3º O licitante vencedor é obrigado a promover, antes da celebração do contrato, a constituição e o registro do consórcio, nos termos do compromisso referido no inciso I do caput deste artigo.

---

[145] Embora o §4º tenha feito referência, em sua parte final, aos demais regimes de execução, a elaboração do projeto executivo pelo contratado é o que notabiliza o regime da contratação semi-integrada, sendo pertinente fazer essa leitura da disposição.

§4º Desde que haja justificativa técnica aprovada pela autoridade competente, o edital de licitação poderá estabelecer limite máximo para o número de empresas consorciadas.

§5º A substituição de consorciado deverá ser expressamente autorizada pelo órgão ou entidade contratante e condicionada à comprovação de que a nova empresa do consórcio possui, no mínimo, os mesmos quantitativos para efeito de habilitação técnica e os mesmos valores para efeito de qualificação econômico-financeira apresentados pela empresa substituída para fins de habilitação do consórcio no processo licitatório que originou o contrato.

Como regra, será admitida a participação de consórcios de empresas em licitações, devendo eventual proibição ser devidamente motivada no processo licitatório.

A disposição segue a jurisprudência do TCU produzida durante o regime anterior, que entendia que "o impedimento de participação de consórcios de empresas em licitações públicas requer a fundamentação do ato, à luz do princípio da motivação" (Acórdão nº 1.305/2013-Plenário. Rel. Min. Valmir Campelo; Acórdão nº 11.196/2011-Segunda Câmara, Acórdão nº 2.633/2019-Plenário).

O novo dispositivo revela a opção do legislador pela possibilidade de constituição de consórcio como regra, afastando, em nossa visão, o entendimento do TCU de que ambas as opções, a permissão e a vedação da constituição de consórcio, deveriam ser justificadas (Acórdão nº 1.453/2009-Plenário. Rel. Min. Subst. Marcos Bemquerer, Acórdão nº 2.303/2015-Plenário. Rel. Min. José Múcio, Acórdão nº 963/2011-Segunda Câmara. Rel. Min. Subst. Augusto Sherman). Em nossa opinião, não é mais necessário motivar a decisão que opte pela possibilidade de constituição de consórcio.

A admissão de participação de empresas em consórcio está sujeita aos seguintes requisitos, expostos no art. 15:
a) comprovação de compromisso público ou particular de constituição de consórcio, subscrito pelos consorciados;
b) indicação da empresa líder do consórcio, que será responsável por sua representação perante a Administração; e
c) impedimento de a empresa consorciada participar, na mesma licitação, de mais de um consórcio ou de forma isolada.

Além disso, o dispositivo estabelece duas regras atinentes à habilitação e à responsabilização das empresas consorciadas, em caso de qualquer prejuízo causado nas etapas de licitação e execução do contrato:
a) admissão, para efeito de habilitação técnica, do somatório dos quantitativos de cada consorciado e, para efeito de habilitação econômico-financeira, do somatório dos valores de cada consorciado; e
b) responsabilidade solidária dos integrantes pelos atos praticados em consórcio, tanto na fase de licitação quanto na de execução do contrato.

Além dos precedentes indicados, foram surgindo outros, na jurisprudência do TCU, que devem ser revisitados a fim de que seja analisada a sua aderência ao novel estatuto licitatório.

A título de exemplo, menciona-se a seguinte tese extraída do repositório da jurisprudência selecionada do TCU:

> A formação de consórcios é admitida quando o objeto a ser licitado envolve questões de alta complexidade ou de relevante vulto, em que empresas, isoladamente, não teriam condições de suprir os requisitos de habilitação do edital. Na prestação de serviços comuns, é da discricionariedade do gestor a possibilidade de participação ou não de consórcios. (Acórdão nº 22/2003-Plenário. Rel. Min. Benjamin Zymler)

Conforme visto, o novel estatuto não condicionou a admissão da participação de empresas em consórcio ao vulto ou à complexidade do objeto da licitação, de modo que há discricionariedade da administração para decidir, motivadamente, pela aceitação ou não dessa forma de participação, mesmo em contratações mais simples. O que importa, ao fim e ao cabo, é que a escolha da entidade não implique uma restrição desarrazoada da competitividade do certame.

Outro precedente digno de nota é o Acórdão nº 3.699/2019-Segunda Câmara (Rel. Min. Augusto Nardes), cuja tese foi sintetizada da seguinte forma, no repositório de jurisprudência selecionada do TCU:

> Não deve ser exigido, na licitação, registro em cartório do compromisso de constituição de consórcio, uma vez que tal exigência não consta no rol dos instrumentos sujeitos obrigatoriamente ao registro de títulos e documentos para surtir efeitos perante terceiros (art. 129 da Lei 6.015/1973) e o Estatuto das Licitações somente o exige para fim de celebração do contrato (art. 33, inciso I e §2º, da Lei 8.666/1993).

A nosso ver, o entendimento acima veiculado persiste no atual regime licitatório, pois consubstancia uma posição condizente com a simplificação e a desburocratização almejadas pelo novel estatuto licitatório.

No que se refere ao líder do consórcio, o inc. II tornou expresso que essa empresa será responsável por sua representação perante a Administração. O dispositivo torna obsoleto entendimento do TCU que exigia a expressa indicação do poder de representação do líder do consórcio em seu ato constitutivo para que ele fosse legitimado a receber as comunicações do Tribunal (Acórdão nº 929/2007-Plenário. Rel. Min. Aroldo Cedraz). Assim, se a empresa for indicada como líder do consórcio, ela automaticamente está habilitada a atuar judicial e extrajudicialmente em nome deste.

A nova lei eliminou a exigência, contida na norma anterior, de que, no consórcio de empresas brasileiras e estrangeiras, a liderança fosse obrigatoriamente de empresa brasileira. Isso implica que, atualmente, não há vedação a que a uma empresa estrangeira seja líder em um consórcio.

O art. 15 não previu, em seu inc. III, a necessidade de se levar em conta a proporção da participação de cada consorciado, ao analisar a qualificação econômico-financeira do consórcio. Segundo o novo dispositivo, basta somar os quantitativos (capital mínimo ou patrimônio líquido mínimo ou garantias) de cada consórcio, independentemente da proporção de cada um deles no consórcio. Trata-se, portanto, de uma sutil diferença ante à norma anterior.

O TCU tem precedente, no regime da lei anterior, no sentido de que basta a apresentação da garantia exigida para a contratação, por um dos integrantes do consórcio, independentemente de sua participação.

> É irregular a exigência de garantia de proposta para todas as empresas participantes de consórcio, mesmo que de modo proporcional à participação de cada uma. A garantia pode ser satisfeita por qualquer uma das integrantes, ainda que tenha participação minoritária. As empresas formadoras do consórcio são responsáveis solidárias pelos atos praticados na licitação, por força do disposto no art. 33, inciso V, da Lei 8.666/93. (Acórdão nº 1.790/2014-TCU-Plenário)

Não obstante, o §1º do dispositivo em exame prescreve que a Administração pode estabelecer, no edital, acréscimo de 10% a 30% sobre o valor exigido de licitante individual para a habilitação econômico-financeira do consórcio. Essa possibilidade já constava da lei anterior (art. 33, inc. III), com uma pequena diferença: havia apenas o limite máximo de 30%, não um valor mínimo para o acréscimo.

De todo modo, permanece a vedação ao acréscimo de quantitativos para fins de habilitação no caso de consórcios compostos, em sua totalidade, de microempresas e pequenas empresas, assim definidos em lei, consoante o §2º. Assim, na hipótese de consórcios integrados unicamente por empresas enquadradas na Lei Complementar nº 123/2006, será permitido, para efeito de habilitação técnica e habilitação econômico-financeira, o somatório dos quantitativos e dos valores de cada consorciado, respectivamente, sem nenhuma exigência adicional.

A nova lei mantém a exigência contida no regime anterior de que o licitante vencedor promova, antes da celebração do contrato, a constituição e o registro do consórcio, nos termos do compromisso referido no inc. I do *caput* do art. 15.

A Lei nº 14.133/2021 incorporou, no §4º, a jurisprudência do TCU a respeito da possibilidade, mediante justificativa técnica aprovada pela autoridade competente, de o edital de licitação estabelecer limite máximo para o número de empresas consorciadas. O objetivo do dispositivo é prestigiar a competitividade do certame, especialmente em situações de mercado restrito, com poucas empresas.

O novel estatuto traz como novidade a previsão de que a substituição de consorciado deve ser precedida de autorização expressa da entidade contratante. Essa autorização ficará condicionada à comprovação de que a nova empresa possui, no mínimo, os mesmos quantitativos para efeito de habilitação técnica e os mesmos valores para efeito de qualificação econômico-financeira apresentados pela empresa substituída à época da licitação que originou o contrato.

A dúvida que pode surgir diz respeito à aceitação ou não da substituição de todos os integrantes de um consórcio, desde que cumpridas as condições de habilitação. Em nossa visão, a substituição total dos consorciados não tem amparo na lei, pois implica a sub-rogação integral do contrato, o que viola o princípio da pessoalidade e a própria noção subjacente à licitação que é a escolha pela administração, a partir de um processo isonômico, da pessoa que irá contratar junto ao Estado.[146]

Por fim, faz-se oportuno destacar o seguinte precedente, envolvendo a apenação de empresa consorciada por ato praticado por outra empresa integrante do consórcio:

> A condição de consorciada, por si só, não é apta a subsidiar a aplicação da sanção por fraude à licitação (art. 46 da Lei 8.443/1992), caso o ilícito tenha sido cometido por outra empresa integrante do consórcio, em decorrência do caráter personalíssimo da pena, segundo o qual nenhuma sanção passará da pessoa do condenado (art. 5º, inciso XLV, da Constituição Federal). (Acórdão nº 1.083/2019-Plenário. Rel. Benjamin Zymler)

Nesse ponto, é preciso advertir que a responsabilidade solidária dos integrantes pelos atos praticados em consórcio diz respeito apenas ao dever de ressarcir eventuais prejuízos, sendo perfeitamente aplicável, em caso de sanção, a necessidade de individualização da conduta, nos termos do princípio da pessoalidade e da intranscendência das penas.

6.6 Cooperativas

> Art. 16. Os profissionais organizados sob a forma de cooperativa poderão participar de licitação quando:
> I - a constituição e o funcionamento da cooperativa observarem as regras estabelecidas na legislação aplicável, em especial a Lei nº 5.764, de 16 de dezembro de 1971, a Lei nº 12.690, de 19 de julho de 2012, e a Lei Complementar nº 130, de 17 de abril de 2009;
> II - a cooperativa apresentar demonstrativo de atuação em regime cooperado, com repartição de receitas e despesas entre os cooperados;
> III - qualquer cooperado, com igual qualificação, for capaz de executar o objeto contratado, vedado à Administração indicar nominalmente pessoas;
> IV - o objeto da licitação referir-se, em se tratando de cooperativas enquadradas na Lei nº 12.690, de 19 de julho de 2012, a serviços especializados constantes do objeto social da cooperativa, a serem executados de forma complementar à sua atuação.

---

[146] Cabe destacar que há ampla jurisprudência do TCU no sentido de que é ilegal a sub-rogação integral do contrato. Nesse sentido, merecem destaque os acórdãos nºs 7.529/2010-Segunda Câmara (Rel. Min. Subst. André de Carvalho), 954/2012-Plenário (Rel. Min. Ana Arraes) e 5.168/2020-Segunda Câmara (Rel. Min. Aroldo Cedraz).

As cooperativas são sociedades de pessoas, com forma e natureza jurídica próprias, de natureza civil, que são constituídas para prestar serviços aos associados. Esse conceito encontra-se assentado no art. 4º da Lei nº 5.764, de 16.12.1971, que definiu a Política Nacional de Cooperativismo e instituiu o regime jurídico das sociedades cooperativas, entre outras providências.

As sociedades cooperativas são regidas ainda pelo Código Civil (arts. 1.093 a 1.096), pela Lei Complementar nº 130, de 17.4.2009 e pela Lei nº 12.690, de 19.7.2012.

Com relação a este último normativo, ele regulou as chamadas cooperativas de trabalho. Conforme o art. 2º, estas são sociedades constituídas "[...] por trabalhadores para o exercício de suas atividades laborativas ou profissionais com proveito comum, autonomia e autogestão para obterem melhor qualificação, renda, situação socioeconômica e condições gerais de trabalho".

O art. 16 da Lei nº 14.133/2021 estabelece as regras para a participação de profissionais organizados sob a forma de cooperativa em licitações públicas. As condições são as seguintes:

a) cumprimento da legislação aplicável à constituição e ao funcionamento das cooperativas;

b) apresentação de demonstrativo de atuação em regime cooperado, com repartição de receitas e despesas entre os cooperados;

c) objeto da licitação referir-se a serviços especializados constantes do objeto social da cooperativa (cooperativas de trabalho).

Como se vê, as condições especificadas acima têm dois propósitos: verificar se a sociedade opera, de fato, como uma cooperativa e se há compatibilidade entre os serviços consignados no objeto social desta e o objeto da licitação.

No caso de contratações firmadas com cooperativa, qualquer cooperado, com igual qualificação, poderá executar o objeto contratado, estando vedado à Administração indicar nominalmente pessoas, nos termos do inc. III do art. 16.

Trata-se de mais uma inovação da nova lei, já que a norma anterior era omissa quanto ao tema em sua versão original. Essa situação desencadeou grande controvérsia na doutrina e na jurisprudência, que eram vacilantes quanto à aceitação das cooperativas em licitações.

Após intenso debate, a posição do TCU se consolidou pela admissão da participação dessas sociedades em certames licitatórios, desde que respeitadas determinadas condições. Seguem alguns precedentes do TCU sobre o tema:

> Não há vedação de participação de cooperativas em licitações, mas a Administração deve se abster de contratar cooperativas quando houver necessidade de subordinação jurídica entre o obreiro e o contratado, bem assim de pessoalidade e habitualidade, em decorrência do reconhecimento, pela justiça laboral, da existência de vínculo empregatício diretamente com o tomador dos serviços, no caso a Administração Pública. (Acórdão nº 724/2006-Plenário. Rel. Min. Ubiratan Aguiar)

Os serviços terceirizados que demandem trabalho subordinado em relação ao tomador ou em relação ao prestador de serviço não são passíveis de serem executados por cooperativas. (Acórdão nº 2.720/2008-Plenário. Rel. Min. Subst. André de Carvalho)

Nada obstante, Tribunal manteve a proibição de participação de cooperativas em licitações cujo objeto exigisse subordinação jurídica entre o obreiro e a empresa contratada. Tal orientação constou do seguinte enunciado sumular:

> Súmula TCU 281: É vedada a participação de cooperativas em licitação quando, pela natureza do serviço ou pelo modo como é usualmente executado no mercado em geral, houver necessidade de subordinação jurídica entre o obreiro e o contratado, bem como de pessoalidade e habitualidade. (Acórdão nº 1.789/2012-Plenário. Rel. Min. José Múcio Monteiro)

Esse entendimento parece coerente com o art. 5º da Lei nº 12.690/2012, o qual estabelece que a cooperativa de trabalho não pode ser utilizada para intermediação de mão de obra subordinada.

Não se pode deixar de ressaltar que a Lei nº 12.349/2010 havia alterado o art. 3º, §1º, inc. I, da Lei nº 8.666/1993, incluindo vedação ao estabelecimento de cláusulas que restringissem a participação de sociedades cooperativas. Essa mudança legislativa gerou nova discussão no âmbito do TCU quanto à legitimidade ou não dessa proibição de restrição, à luz da Lei nº 12.690/2012 (posterior àquela).

Em um primeiro momento, o Tribunal lavrou o Acórdão nº 2.260/2017-Primeira Câmara (Rel. Min. Walton Alencar), o qual veiculou a seguinte tese, consoante o repositório da jurisprudência selecionada do Tribunal:

> *A permissão* à *participação de cooperativas em licitações que envolvam terceirização de serviços com subordinação, pessoalidade e habitualidade afronta os arts. 4º, inciso II, e 5º da Lei 12.690/2012, a* Súmula TCU 281, o Termo de Conciliação Judicial entre a União e o Ministério Público do Trabalho, de 5/6/2003, e o art. 4º da IN-SLTI/MPOG 2/2008. A aparente economicidade dos valores ofertados pelo licitante nesses casos não compensa o risco de relevante prejuízo financeiro para a Administração Pública advindo de eventuais ações trabalhistas.

Posteriormente, o mesmo Colegiado aprovou o Acórdão nº 2.463/2019-Primeira Câmara, no qual foi veiculada posição distinta sobre o tema. Segundo a tese esposada na oportunidade, a participação de cooperativas não deveria ser proibida, bastando à administração contratante fiscalizar a execução contratual a fim de verificar a existência de relação de subordinação ilegal. Seguem as considerações expedidas pelo Ministro Bruno Dantas, no voto condutor da referida deliberação:

> 45. [...] com o advento das Leis 12.349/2010 e 12.690/2012, inaugurou-se, a meu ver, um novo regramento jurídico acerca das cooperativas, o qual requer a revisão da Súmula 281 deste Tribunal. Explico melhor o meu entendimento a seguir.
> 48. A Lei 12.349/2010 acrescentou a expressão "inclusive nos casos de sociedades cooperativas" ao §1º do art. 3º da Lei de Licitações, abaixo transcrito: [...]

49. Enfatize-se que a alteração é posterior ao termo de conciliação do Ministério Público do Trabalho, de 2003, e a Instrução Normativa 2/2008 da SLTI/MPOG, bem como aos precedentes que respaldaram a Súmula 281 desta Corte.

50. A inserção dessa expressão na lei de licitações visou, sem sombra de dúvidas, modificar o que ocorria anteriormente, quando a regra era a não admissão de sociedades cooperativas na disputa dos certames. A Lei 12.349/2010 inverteu essa lógica para que a exclusão de cooperativas de certames passasse a ser exceção, ou melhor, passasse a não existir. [...]

52. Assim, com o devido respeito a decisões passadas desta Corte, entendo que a lei proibiu explicitamente a inserção de cláusulas no edital visando impedir a participação de cooperativas.

53. Por sua vez, a Lei 12.690/2012, que dispõe sobre organização e funcionamento de cooperativas de trabalho, estabeleceu no seu art. 10, §2º:

2º A Cooperativa de Trabalho não poderá ser impedida de participar de procedimentos de licitação pública que tenham por escopo os mesmos serviços, operações e atividades previstas em seu objeto social.

54. Mais uma vez o legislador acrescentou norma que veda o impedimento de cooperativas participarem de licitação pública. [...]

56. A intenção do legislador foi a de dar concreção ao comando constitucional de estimular o cooperativismo, previsto no §2º do art. 174 da Constituição Federal, a saber:

"Art. 174. Como agente normativo e regulador da atividade econômica, o Estado exercerá, na forma da lei, as funções de fiscalização, incentivo e planejamento, sendo este determinante para o setor público e indicativo para o setor privado." [...]

§2º A lei apoiará e estimulará o cooperativismo e outras formas de associativismo. [...]"

66. *Com a edição da lei, todavia, a preocupação que deve exercer o ente público federal não é com a natureza do serviço a ser contratado, mas com a inidoneidade da cooperativa. O órgão ou entidade pública deverá certificar-se quanto à regularidade de tais sociedades e à relação mantida com seus cooperados, além de exigir a prestação do serviço de forma coordenada, nos termos do art. 7º, §6º, da referida norma.*

Esse precedente gerou a seguinte tese, exposta no repositório de jurisprudência selecionada do TCU:

A vedação à participação de cooperativas em licitação não deve levar em conta a natureza do serviço a ser contratado, sob pena de violação do art. 10 da Lei 12.690/2012, o qual admite a prestação, pelas cooperativas, de qualquer gênero de serviço, operação ou atividade, desde que prevista em seu objeto social. (Acórdão nº 2.463/2019-Primeira Câmara. Rel. Min. Bruno Dantas)

O precedente supramencionado parece coerente com a disciplina da nova lei, que não impõe condições objetivas à participação de cooperativa (em função do objeto da licitação), mas restrições de ordem subjetiva (compatibilidade do serviço a ser prestado com o objeto social e regularidade de funcionamento). Todavia, entende-se que, na prática, é difícil executar determinados objetos sem a presença de subordinação jurídica.

Cito, como exemplo, os serviços de vigilância, limpeza e copeiragem, para mencionar três dos mais habituais, nos quais é inevitável haver subordinação subjetiva entre o obreiro que goze da condição de cooperado e a respectiva cooperativa eventualmente contratada, consubstanciada pela "identificação de uma forte heterodireção dos serviços e exercício de poder punitivo, normalmente expressada nos indícios de controle de horários, emissão de ordens e aplicação de punições".[147]

A meu juízo, a contratação de cooperativas não seria aplicável a objetos que se enquadrem como terceirização de mão de obra relacionada à operação da entidade contratante.

A admissão à participação de cooperativas deveria ocorrer em objetos que envolvem a mera prestação de serviços à entidade, como a contratação de cooperativa de médicos, dentistas, taxistas e operadores de aplicativos, entre outros cujo trabalho não esteja inserido na operação propriamente dita da entidade. De toda sorte, o tema merece novos aprofundamentos, sendo pertinente aguardar a consolidação do entendimento da Corte de Contas, no contexto da nova Lei de Licitações.

6.7 Estruturação da licitação

Art. 17. O processo de licitação observará as seguintes fases, em sequência:

I - preparatória;

II - de divulgação do edital de licitação;

III - de apresentação de propostas e lances, quando for o caso;

IV - de julgamento;

V - de habilitação;

VI - recursal;

VII - de homologação.

§1º A fase referida no inciso V do caput deste artigo poderá, mediante ato motivado com explicitação dos benefícios decorrentes, anteceder as fases referidas nos incisos III e IV do caput deste artigo, desde que expressamente previsto no edital de licitação.

§2º As licitações serão realizadas preferencialmente sob a forma eletrônica, admitida a utilização da forma presencial, desde que motivada, devendo a sessão pública ser registrada em ata e gravada em áudio e vídeo.

§3º Desde que previsto no edital, na fase a que se refere o inciso IV do caput deste artigo, o órgão ou entidade licitante poderá, em relação ao licitante provisoriamente vencedor, realizar análise e avaliação da conformidade da proposta, mediante homologação de amostras, exame de conformidade e prova de conceito, entre outros testes de interesse da Administração, de modo a comprovar sua aderência às especificações definidas no termo de referência ou no projeto básico.

---

[147] OLIVEIRA, Murilo Carvalho Sampaio. A subordinação jurídica no direito do trabalho. *In*: CAMPILONGO, Celso Fernandes; GONZAGA, Álvaro de Azevedo; FREIRE, André Luiz (Coord.). *Enciclopédia jurídica da PUC-SP*. 1. ed. São Paulo: Pontifícia Universidade Católica de São Paulo, 2017. Tomo: Direito do Trabalho e Processo do Trabalho. Disponível em: https://enciclopediajuridica.pucsp.br/verbete/374/edicao-1/a-subordinacao-juridica-no-direito-do-trabalho. Acesso em: 1º jul. 2021.

> §4º Nos procedimentos realizados por meio eletrônico, a Administração poderá determinar, como condição de validade e eficácia, que os licitantes pratiquem seus atos em formato eletrônico.
>
> §5º Na hipótese excepcional de licitação sob a forma presencial a que refere o §2º deste artigo, a sessão pública de apresentação de propostas deverá ser gravada em áudio e vídeo, e a gravação será juntada aos autos do processo licitatório depois de seu encerramento.
>
> §6º A Administração poderá exigir certificação por organização independente acreditada pelo Instituto Nacional de Metrologia, Qualidade e Tecnologia (Inmetro) como condição para aceitação de:
>
> I - estudos, anteprojetos, projetos básicos e projetos executivos;
>
> II - conclusão de fases ou de objetos de contratos;
>
> III - material e corpo técnico apresentados por empresa para fins de habilitação.

A nova Lei de Licitações estruturou o procedimento licitatório com sete fases: preparatória; de divulgação do edital de licitação; de apresentação de propostas e lances, quando for o caso; de julgamento; de habilitação; recursal; e de homologação.

É nesse ponto da lei que se acentua todo o seu formalismo. Como bem assinalou Marcos Nóbrega e Ronny Charles, trata-se de um procedimento repleto de *steps* de controle,[148] seja pelo rigor dos critérios aplicáveis a cada ato de cada fase, seja pela exigência de motivação.

A divisão catalogada na lei tem fins meramente didáticos, pois, ao fim e ao cabo, o que importa é praticar a sequência de atos administrativos até a conclusão do certame, independentemente dessa divisão – por exemplo, o novel estatuto não previu uma etapa de adjudicação do objeto, muito embora fale em "adjudicar o objeto" (art. 70, inc. IV), adjudicação por item (art. 81, §1º), adjudicatário e "adjudicar e celebrar o contrato" (art. 89) e fraude decorrente da adjudicação do objeto (art. 337-F do Código Penal).[149]

O dispositivo trouxe as seguintes novidades:

a) instituição da habilitação após o julgamento como regra, podendo ocorrer a inversão de fases, mediante ato motivado com explicitação dos benefícios decorrentes, desde que expressamente previsto no edital de licitação;

b) realização da licitação preferencialmente de forma eletrônica, admitida a utilização da forma presencial, desde que motivada. Nesse caso, a sessão pública deve ser registrada em ata e gravada mediante áudio e vídeo, com a juntada posterior da gravação ao processo licitatório;

---

[148] NOBREGA, Marcos; TORRES, Ronny Charles L. de. A nova Lei de Licitações, credenciamento e e-marketplace o turning point da inovação nas compras públicas. *O Licitante*, 2020. Disponível em: https://www.olicitante.com.br/e-marketplace-turning-point-inovacao-compras-publicas.

[149] Em verdade, seria até mais apropriado falar em fase de encerramento da licitação, como, aliás, prevê o Capítulo VII do Título II da nova lei. Nesta fase, ocorrerá a adjudicação do objeto e a homologação da licitação.

c) possibilidade de realizar análise e avaliação da conformidade da proposta, mediante homologação de amostras, exame de conformidade e prova de conceito, entre outros testes de interesse da Administração, na fase de julgamento, desde que prevista no edital;
d) possibilidade de exigência de certificação por organização independente acreditada pelo Instituto Nacional de Metrologia, Qualidade e Tecnologia (Inmetro) como condição para aceitação de: estudos, anteprojetos, projetos básicos e projetos executivos; conclusão de fases ou de objetos de contratos; do material e do corpo técnico apresentados por empresa para fins de habilitação.

O TCU já possuía jurisprudência admitindo a exigência de apresentação de amostra, restrita ao licitante classificado em primeiro lugar, desde que prevista no edital e houvesse critérios objetivos para a avaliação da amostra.

> Somente é cabível exigir amostra de produto objeto de certame ao licitante classificado provisoriamente em primeiro lugar. (Acórdão nº 1.634/2007-Plenário. Rel. Min. Ubiratan Aguiar)
> A exigência de amostra ou protótipos deve ser feita apenas ao licitante provisoriamente em primeiro lugar, de forma previamente disciplinada e detalhada no instrumento convocatório. (Acórdão nº 3.130/2007-Primeira Câmara. Rel. Min. Subst. Marcos Bemquerer)
> No caso de exigência de amostra de produto, devem ser estabelecidos critérios objetivos, detalhadamente especificados, de apresentação e avaliação, bem como de julgamento técnico e de motivação das decisões relativas às amostras apresentadas. (Acórdão nº 2.077/2011-Plenário. Rel. Min. Subst. Augusto Sherman)
> Na fase de habilitação, é ilegal a exigência de apresentação de laudos de ensaios técnicos para comprovação de qualidade de insumo ou produto. Desde que previsto no instrumento convocatório, na fase de propostas a Administração pode exigir, do licitante provisoriamente classificado em primeiro lugar, em prazo razoável e suficiente para tal, a apresentação de amostra do produto ou insumo, acompanhada dos laudos técnicos necessários a comprovar a qualidade do bem a ser fornecido. (Acórdão nº 538/2015-Plenário. Rel. Min. Subst. Augusto Sherman)

A nova lei tornou assente que a avaliação da amostra ocorrerá na fase de avaliação da conformidade das propostas, ou seja, ela não integra a fase de habilitação, conforme vinha reconhecendo a jurisprudência do TCU.

Da mesma forma, a exigência de certificação do objeto já era admitida pelo Tribunal, na etapa de avaliação da proposta, desde que prevista no edital. Nesse sentido, invoca-se o seguinte precedente, lavrado sob a égide da lei anterior:

> É legítima a exigência de certificação, comprovando que o objeto licitado está em conformidade com norma da Associação Brasileira de Normas Técnicas (ABNT), de forma a garantir a qualidade e o desempenho dos produtos a serem adquiridos pela Administração, desde que tal exigência esteja devidamente justificada nos autos do procedimento administrativo. (Acórdão nº 1.225/2014-Plenário. Rel. Min. Aroldo Cedraz)

O TCU entendia ilegal a exigência de certificação como critério de habilitação do licitante. Tal posição foi adotada nas seguintes deliberações:

> A comprovação de credenciamento ou parceria junto a fabricantes, quando imprescindível e desde que devidamente motivada, deve ser exigida como requisito técnico obrigatório da contratada e não como requisito de habilitação das licitantes. (Acórdão nº 926/2017-Plenário. Rel. Min. Aroldo Cedraz)
> É ilegal a exigência de certificação PBQP-H para o fim de qualificação técnica, a qual, contudo, pode ser utilizada para pontuação técnica. (Acórdão nº 1.832/2011-Plenário. Rel. Min. Raimundo Carreiro)
> É ilegal a exigência de certificação do Inmetro como requisito de habilitação, contudo não há óbice a adoção de tal certificação como critério de pontuação técnica. Tal tese, todavia, não cabe no pregão, por ser uma modalidade focada no menor preço, e não em pontuação técnica. (Acórdão nº 545/2014-Plenário. Rel. Min. José Múcio Monteiro)

Todavia, a nova lei inovou ao admitir a exigência de certificados em diversas etapas, não apenas na avaliação da conformidade da proposta. Conforme o §6º do art. 17, é possível impor a apresentação de certificação como condição para aceitação de projetos e da própria execução do objeto, para fins de liquidação. Também se admitiu a exigência para a verificação da adequação do material e do corpo técnico, para fins de habilitação, o que vai de encontro ao entendimento anterior do TCU, como exposto.

A única dúvida que surge, da leitura do inc. III do aludido parágrafo, diz respeito à verificação da adequação do material para fins de habilitação, pois, como é de conhecimento geral, a etapa de habilitação tem como objetivo avaliar a pessoa do licitante, não dos materiais a serem incorporados à obra ou fornecidos.

O uso de certificações é mais frequente na aquisição de bens e prestação de serviços de informática, de forma que a adequação da exigência deve ser confrontada com as normas específicas e com a ampla produção jurisprudencial, principalmente no âmbito da esfera controladora, a respeito do tema.

CAPÍTULO 7

DA FASE PREPARATÓRIA

7.1 Da instrução do processo licitatório

7.1.1 Atividades de planejamento

Art. 18. A fase preparatória do processo licitatório é caracterizada pelo planejamento e deve compatibilizar-se com o plano de contratações anual de que trata o inciso VII do caput do art. 12 desta Lei, sempre que elaborado, e com as leis orçamentárias, bem como abordar todas as considerações técnicas, mercadológicas e de gestão que podem interferir na contratação, compreendidos:
I - a descrição da necessidade da contratação fundamentada em estudo técnico preliminar que caracterize o interesse público envolvido;
II - a definição do objeto para o atendimento da necessidade, por meio de termo de referência, anteprojeto, projeto básico ou projeto executivo, conforme o caso;
III - a definição das condições de execução e pagamento, das garantias exigidas e ofertadas e das condições de recebimento;
IV - o orçamento estimado, com as composições dos preços utilizados para sua formação;
V - a elaboração do edital de licitação;
VI - a elaboração de minuta de contrato, quando necessária, que constará obrigatoriamente como anexo do edital de licitação;
VII - o regime de fornecimento de bens, de prestação de serviços ou de execução de obras e serviços de engenharia, observados os potenciais de economia de escala;

VIII - a modalidade de licitação, o critério de julgamento, o modo de disputa e a adequação e eficiência da forma de combinação desses parâmetros, para os fins de seleção da proposta apta a gerar o resultado de contratação mais vantajoso para a Administração Pública, considerado todo o ciclo de vida do objeto;

IX - a motivação circunstanciada das condições do edital, tais como justificativa de exigências de qualificação técnica, mediante indicação das parcelas de maior relevância técnica ou valor significativo do objeto, e de qualificação econômico-financeira, justificativa dos critérios de pontuação e julgamento das propostas técnicas, nas licitações com julgamento por melhor técnica ou técnica e preço, e justificativa das regras pertinentes à participação de empresas em consórcio;

X - a análise dos riscos que possam comprometer o sucesso da licitação e a boa execução contratual;

XI - a motivação sobre o momento da divulgação do orçamento da licitação, observado o art. 24 desta Lei.

§1º O estudo técnico preliminar a que se refere o inciso I do caput deste artigo deverá evidenciar o problema a ser resolvido e a sua melhor solução, de modo a permitir a avaliação da viabilidade técnica e econômica da contratação, e conterá os seguintes elementos:

I - descrição da necessidade da contratação, considerado o problema a ser resolvido sob a perspectiva do interesse público;

II - demonstração da previsão da contratação no plano de contratações anual, sempre que elaborado, de modo a indicar o seu alinhamento com o planejamento da Administração;

III - requisitos da contratação;

IV - estimativas das quantidades para a contratação, acompanhadas das memórias de cálculo e dos documentos que lhes dão suporte, que considerem interdependências com outras contratações, de modo a possibilitar economia de escala;

V - levantamento de mercado, que consiste na análise das alternativas possíveis, e justificativa técnica e econômica da escolha do tipo de solução a contratar;

VI - estimativa do valor da contratação, acompanhada dos preços unitários referenciais, das memórias de cálculo e dos documentos que lhe dão suporte, que poderão constar de anexo classificado, se a Administração optar por preservar o seu sigilo até a conclusão da licitação;

VII - descrição da solução como um todo, inclusive das exigências relacionadas à manutenção e à assistência técnica, quando for o caso;

VIII - justificativas para o parcelamento ou não da contratação;

IX - demonstrativo dos resultados pretendidos em termos de economicidade e de melhor aproveitamento dos recursos humanos, materiais e financeiros disponíveis;

X - providências a serem adotadas pela Administração previamente à celebração do contrato, inclusive quanto à capacitação de servidores ou de empregados para fiscalização e gestão contratual;

XI - contratações correlatas e/ou interdependentes;

XII - descrição de possíveis impactos ambientais e respectivas medidas mitigadoras, incluídos requisitos de baixo consumo de energia e de outros recursos, bem como logística reversa para desfazimento e reciclagem de bens e refugos, quando aplicável;

> XIII - posicionamento conclusivo sobre a adequação da contratação para o atendimento da necessidade a que se destina.
>
> §2º O estudo técnico preliminar deverá conter ao menos os elementos previstos nos incisos I, IV, VI, VIII e XIII do §1º deste artigo e, quando não contemplar os demais elementos previstos no referido parágrafo, apresentar as devidas justificativas.
>
> §3º Em se tratando de estudo técnico preliminar para contratação de obras e serviços comuns de engenharia, se demonstrada a inexistência de prejuízo para a aferição dos padrões de desempenho e qualidade almejados, a especificação do objeto poderá ser realizada apenas em termo de referência ou em projeto básico, dispensada a elaboração de projetos.

O dispositivo fala sobre a fase preparatória da licitação, a qual se destina à realização do planejamento da contratação, que, por sua vez, deve estar de acordo com o plano de contratações anual (PCA) e com as leis orçamentárias. Esse planejamento deve abordar todas as considerações técnicas, mercadológicas e de gestão que podem interferir na contratação.

É nesta etapa que são definidas todas as informações relevantes relacionadas à delimitação do objeto e às condições de execução.

A fase preparatória abrange a realização das seguintes atividades:
- descrição da necessidade da contratação a partir do estudo técnico preliminar;
- definição do objeto para o atendimento da necessidade, por meio de termo de referência, anteprojeto, projeto básico ou projeto executivo; das condições de execução e pagamento, das garantias exigidas e ofertadas e das condições de recebimento; do regime de fornecimento de bens, de prestação de serviços ou de execução de obras e serviços de engenharia; da modalidade de licitação, do critério de julgamento, do modo de disputa;
- elaboração do orçamento estimado, com as composições dos preços utilizados para sua formação; do edital de licitação; e da minuta de contrato, quando necessária;
- motivação circunstanciada das condições do edital, como justificativa de exigências de qualificação técnica, de qualificação econômico-financeira e das regras pertinentes à participação de empresas em consórcio; e sobre o momento da divulgação do orçamento da licitação;
- análise dos riscos que possam comprometer o sucesso da licitação e a boa execução contratual.

O §1º traz os elementos que devem integrar o estudo técnico preliminar (ETP). Esse documento deve evidenciar o problema a ser resolvido e estabelecer a sua melhor solução, de modo a permitir a avaliação da viabilidade técnica e econômica da contratação. Muitos dos elementos consignados buscam subsidiar a elaboração dos documentos subsequentes, a saber, o anteprojeto, os projetos, o orçamento da obra, o edital e a minuta do contrato, entre outros.

O ETP possui uma abrangência maior que o EVTE da legislação anterior, que era o documento preliminar elaborado na fase de planejamento, antes da elaboração dos projetos propriamente dito, a elaboração do edital e a abertura da licitação. O ETP deve atestar a viabilidade técnica e econômica da contratação, de forma que as suas conclusões são determinantes para a continuidade das demais etapas do certame licitatório.

A quantidade de elementos que deve integrar o estudo técnico preliminar provoca certa inquietação quanto à capacidade de a administração cumprir as exigências a contento, principalmente os municípios de menor porte. Sensível a essa dificuldade, o §2º estabelece que o estudo técnico preliminar deverá conter ao menos os elementos previstos nos incs. I (problema), IV (quantitativos), VI (estimativa de valor), VIII (descrição da solução) e XIII (adequação da contratação à necessidade da administração) do §1º deste artigo e, quando não contemplar os demais elementos previstos nesse parágrafo, cabe à entidade apresentar as devidas justificativas.

O §3º prevê a possibilidade de a especificação do objeto de obras e serviços de engenharia ocorrer apenas em termo de referência, dispensada a elaboração de projetos. Tal permissão desafia o conceito de termo de referência consignado no inc. XXIII do art. 6º, o qual constitui o documento necessário para a contratação de bens e serviços, não havendo nenhuma remissão à sua utilização para obras e serviços de engenharia.

De toda sorte, avalia-se que a especificação desse tipo de objeto mediante termo de referência deve ocorrer apenas nos casos de obras e serviços comuns de engenharia. Não obstante possa haver dúvida quanto ao fato de o adjetivo "comum" se referir também à obra, até porque a nova lei não definiu o que seria "obra comum", entende-se que o §3º somente se aplica a objetos mais simples, o que implica dizer que não é toda obra que pode ser especificada a partir de um termo de referência. Sendo assim, reputa-se que o dispositivo criou um instituto não definido no art. 6º, que seriam as obras comuns.

Conforme a alínea "a" do inc. XXI do art. 6º, os serviços comuns dizem respeito às ações, objetivamente padronizáveis em termos de desempenho e qualidade, de manutenção, de adequação e de adaptação de bens móveis e imóveis, com preservação das características originais dos bens.

Quanto às obras comuns, considerando que elas não foram definidas pela Lei nº 14.133/2021, como já afirmado, o seu conceito pode ser obtido a partir da leitura combinada do inc. XXI com o XII do art. 6º.

Dito isso, as obras comuns seriam as que envolvem as atividades estabelecidas, por força de lei, como privativas das profissões de arquiteto e engenheiro, que inovem o espaço físico da natureza ou acarretem alteração substancial das características originais de bem imóvel, e sejam objetivamente padronizáveis em termos de desempenho e qualidade, de manutenção, de adequação e de adaptação desse tipo de bem.

7.1.2 Atribuições dos órgãos com competências regulamentares

> Art. 19. Os órgãos da Administração com competências regulamentares relativas às atividades de administração de materiais, de obras e serviços e de licitações e contratos deverão:
> I - instituir instrumentos que permitam, preferencialmente, a centralização dos procedimentos de aquisição e contratação de bens e serviços;
> II - criar catálogo eletrônico de padronização de compras, serviços e obras, admitida a adoção do catálogo do Poder Executivo federal por todos os entes federativos;
> III - instituir sistema informatizado de acompanhamento de obras, inclusive com recursos de imagem e vídeo;
> IV - instituir, com auxílio dos órgãos de assessoramento jurídico e de controle interno, modelos de minutas de editais, de termos de referência, de contratos padronizados e de outros documentos, admitida a adoção das minutas do Poder Executivo federal por todos os entes federativos;
> V - promover a adoção gradativa de tecnologias e processos integrados que permitam a criação, a utilização e a atualização de modelos digitais de obras e serviços de engenharia.
> §1º O catálogo referido no inciso II do caput deste artigo poderá ser utilizado em licitações cujo critério de julgamento seja o de menor preço ou o de maior desconto e conterá toda a documentação e os procedimentos próprios da fase interna de licitações, assim como as especificações dos respectivos objetos, conforme disposto em regulamento.
> §2º A não utilização do catálogo eletrônico de padronização de que trata o inciso II do caput ou dos modelos de minutas de que trata o inciso IV do caput deste artigo deverá ser justificada por escrito e anexada ao respectivo processo licitatório.
> §3º Nas licitações de obras e serviços de engenharia e arquitetura, sempre que adequada ao objeto da licitação, será preferencialmente adotada a Modelagem da Informação da Construção (Building Information Modelling - BIM) ou tecnologias e processos integrados similares ou mais avançados que venham a substituí-la.

O art. 19 estabeleceu uma série de obrigações aos órgãos da administração com competências regulamentares relativas às atividades de administração de materiais, de obras e serviços e de licitações e contratos. O objetivo do legislador foi centralizar a prática de algumas medidas relevantes, de caráter normativo e instrumental às contratações públicas, em uma única unidade administrativa de nível hierárquico superior no âmbito de cada entidade federativa.

No âmbito federal, a Secretaria Especial de Desburocratização, Gestão e Governo Digital do Ministério da Economia (Seges/ME) é, atualmente, o órgão com competência regulamentar a respeito do tema.

Os órgãos com competências regulamentares devem adotar as seguintes providências, segundo o art. 19:

a) instituir instrumentos que permitam, preferencialmente, a centralização dos procedimentos de aquisição e contratação de bens e serviços;
b) criar catálogo eletrônico de padronização de compras;
c) instituir sistema informatizado de acompanhamento de obras, inclusive com recursos de imagem e vídeo;
d) instituir, com auxílio dos órgãos de assessoramento jurídico e de controle interno, modelos de minutas de editais, de termos de referência, de contratos padronizados e de outros documentos; e
e) promover a adoção gradativa de tecnologias e processos integrados que permitam a criação, a utilização e a atualização de modelos digitais de obras e serviços de engenharia.

Como se vê, o propósito do art. 19 é permitir certa uniformidade e padronização nos processos licitatórios e no acompanhamento dos contratos realizados e celebrados no âmbito dos órgãos subordinados.

Os modelos de documentos e o tratamento dado aos temas indicados devem ser seguidos por todas as unidades sujeitas ao poder normativo dos referidos órgãos centrais de com competências regulamentares. Tanto é assim que o §2º estabelece que a não utilização do catálogo eletrônico de padronização ou dos modelos de minutas deverá ser justificada por escrito e anexada ao respectivo processo licitatório.

Conforme o inc. LI do art. 6º, o catálogo eletrônico de padronização de compras, serviços e obras é o "sistema informatizado, de gerenciamento centralizado e com indicação de preços, destinado a permitir a padronização de itens a serem adquiridos pela Administração Pública e que estarão disponíveis para a licitação".

Consoante o §1º da disposição em exame, ele conterá toda a documentação e os procedimentos próprios da fase interna de licitações, assim como as especificações dos respectivos objetos, conforme disposto em regulamento. O documento poderá ser utilizado em licitações cujo critério de julgamento seja o de menor preço ou o de maior desconto, nos termos do dispositivo supramencionado.

Buscando dar cumprimento ao inc. II do art. 19, o Governo Federal editou a Portaria Seges/ME nº 938, de 2.2.2022, por intermédio do qual instituiu o catálogo eletrônico de padronização de compras, serviços e obras, no âmbito da Administração Pública Federal direta, autárquica e fundacional.

Conforme o art. 2º dessa portaria, suas disposições deverão ser observadas pelos órgãos e entidades da Administração Pública estadual, distrital ou municipal, direta ou indireta, quando executarem recursos da União decorrentes de transferências voluntárias.

O normativo estabeleceu o procedimento a ser adotado no processo de padronização do catálogo eletrônico de compras, serviços e obras, o qual abrangerá a seguinte sequência:

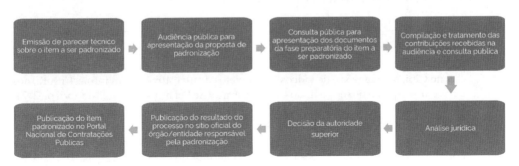

Fonte: Portal de Compras do Governo Federal.

Como se vê, o gestor terá que fazer audiência e consulta públicas antes de definir o item a ser padronizado. Além disso, há a possibilidade de qualquer interessado solicitar a revisão do padrão estabelecido, nos termos do art. 8º da Portaria Seges/ME nº 938/2022. Tais aspectos denotam o caráter dialógico da nova lei, no sentido de permitir uma maior abertura à participação dos cidadãos em decisões atinentes a licitações e contratos.

Se, por um lado, esse rito procedimental gerará maior burocracia, por outro dará maior legitimidade às escolhas da administração, o que se revela importante, devido ao impacto que a padronização de compras, serviços e materiais terá sobre as contratações futuras do ente público.

O processo de padronização será conduzido por órgãos ou entidades definidos pela Seges/ME, considerando a política e a atividade-fim desenvolvidas, conforme o art. 6º, §2º, da aludida portaria. A relação dessas entidades será divulgada no Portal de Compras do Governo Federal e no Portal Nacional de Contratações Públicas (PNCP).

Retomando a análise da Lei nº 14.133/2021, a implementação do sistema informatizado de acompanhamento de obras, inclusive com recursos de imagem e vídeo, prevista no inc. III do art. 19, tem o potencial de aperfeiçoar o controle de tais contratos pela própria Administração Pública, permitindo a identificação e a correção de erros, antes mesmo da eventual fiscalização dos tribunais de contas competentes. Avalia-se que a medida será muito importante para o acompanhamento tempestivo de convênios e acordos congêneres, o que pode contribuir para o aumento da eficácia desses importantes instrumentos de execução do orçamento público.

A propósito do assunto, o Governo Federal editou o Decreto nº 10.899, de 16.12.2021, por meio do qual estabeleceu as seguintes regras no âmbito do acompanhamento dos projetos de investimento em infraestrutura a serem registrados no Cipi (Cadastro Integrado de Projetos de Investimento):

> Art. 2º O Decreto nº 10.496, de 2020, passa a vigorar com as seguintes alterações:
> "Art. 5º [...]
> §5º O acompanhamento de que trata o caput também será realizado por meio da recepção, no Cipi, de imagens e de vídeos dos projetos de investimento em infraestrutura, nos termos do disposto no inciso III do caput do art. 19 da Lei nº 14.133, de 1º de abril de 2021.
> §6º O Ministério da Economia implantará por meio de ferramenta informatizada a recepção de imagens e de vídeos de que trata o §5º até 31 de março de 2023.
> §7º As informações referentes à execução dos contratos deverão ser disponibilizadas no Portal Nacional de Contratações Públicas, nos termos do disposto na alínea 'b'"do inciso VI do §3º do art. 174 da Lei nº 14.133, de 2021, até 31 de março de 2023".

O §3º do art. 19 do novel estatuto licitatório prevê o uso, sempre que possível, da Modelagem da Informação da Construção (*Building Information Modelling* – BIM) ou tecnologias e processos integrados similares ou mais avançados, nas licitações de obras e serviços de engenharia e arquitetura.

Isso implica que a norma positivou, em nível de lei, o que estava sendo objeto de disseminação e difusão, a partir do Decreto nº 9.983, de 22.8.2019. Consoante o parágrafo único do art. 1º desta norma:

> considera-se BIM ou Modelagem da Informação da Construção o conjunto de tecnologias e processos integrados que permite a criação, a utilização e a atualização de modelos digitais de uma construção, de modo colaborativo, de forma a servir a todos os participantes do empreendimento, potencialmente durante todo o ciclo de vida da construção.

Posteriormente, o Poder Executivo Federal editou o Decreto nº 10.306, de 2.4.2020, que impôs a utilização gradual do BIM na execução direta ou indireta de obras e serviços de engenharia, realizada pelos órgãos e pelas entidades da Administração Pública Federal. O art. 4º da referida norma estabeleceu três fases de implementação dessa modelagem, tendo sido previstos marcos temporais e providências a serem adotadas pelos órgãos para o uso do BIM.

O uso dessa tecnologia tem como objetivo melhorar a atividade de elaboração de projetos e o acompanhamento da execução de obras de engenharia, com impactos evidentes sobre a eficiência da contratação e ao interesse público. Com a positivação da modelagem na nova lei, espera-se uma maior disseminação de seu uso por toda a Administração Pública, o que vai ao encontro da digitalização dos procedimentos e da busca de maior eficiência nas contratações de obras e serviços de engenharia e arquitetura.

7.1.3 Itens de consumo comuns e de luxo

> Art. 20. Os itens de consumo adquiridos para suprir as demandas das estruturas da Administração Pública deverão ser de qualidade comum, não superior à necessária para cumprir as finalidades às quais se destinam, vedada a aquisição de artigos de luxo. Regulamento (Vigência)
> §1º Os Poderes Executivo, Legislativo e Judiciário definirão em regulamento os limites para o enquadramento dos bens de consumo nas categorias comum e luxo.
> §2º A partir de 180 (cento e oitenta) dias contados da promulgação desta Lei, novas compras de bens de consumo só poderão ser efetivadas com a edição, pela autoridade competente, do regulamento a que se refere o §1º deste artigo.
> §3º (VETADO).

O art. 20 impõe que os itens de consumo adquiridos para suprir as demandas da Administração Pública não possuam características extraordinárias, que se mostrem acima da necessária para o atendimento da finalidade a que se destina.

O dispositivo consubstancia o princípio da eficiência no exercício da função administrativa, o que implica a realização dos objetivos estatais com o menor dispêndio de recursos públicos possível.

Dessa forma, a especificação dos objetos deve ser na exata medida para a satisfação da necessidade pública, nem mais, nem menos. A regra vai ao encontro dos princípios da economicidade e da proporcionalidade, sendo uma postura condizente com a responsabilidade na gestão pública.

O §1º preceitua que cada um dos poderes definirá em regulamento os limites para o enquadramento dos bens de consumo nas categorias comum e luxo. No âmbito federal, foi editado o Decreto nº 10.818, de 27.9.2021.

Conforme o seu art. 2º, os bens de luxo são os de consumo com alta elasticidade-renda da demanda, identificável por meio de características como ostentação, opulência, forte apelo estético ou requinte. Já os bens de qualidade comum são os de consumo com baixa ou moderada elasticidade-renda da demanda. A norma também delimita, para os seus fins, o conceito de elasticidade-renda da demanda, a qual corresponde à "razão entre a variação percentual da quantidade demandada e a variação percentual da renda média" (inc. IV do art. 2º).

A ampla discricionariedade para a regulamentação dos casos excepcionais pode legitimar práticas abusivas, especialmente no alto governo. A título de exemplo, menciona-se a licitação para aquisição de medalhões de lagosta e vinhos importados – com premiação internacional –, promovida pelo STF, para as refeições servidas aos seus integrantes e convidados.[150]

---

[150] STF ignora críticas e acerta compra de menu com lagosta e vinho por R$481 mil. *Época Negócios*, 2019. Disponível em: https://epocanegocios.globo.com/Brasil/noticia/2019/05/stf-ignora-criticas-e-acerta-compra-de-menu-com-lagosta-e-vinho-por-r-481-mil.html.

A contratação foi objeto de representação perante o TCU, que decidiu, mediante o Acórdão nº 2.924/2019-Plenário (Rel. Min. Benjamin Zymler), pela legalidade da contratação, em razão do papel institucional da Alta Corte do país, que abrange a recepção de autoridades estrangeiras e representação do Estado brasileiro em organismos internacionais. Não obstante, o TCU condicionou a realização do gasto ao atendimento de algumas condições ali especificadas.

O §2º estabeleceu o prazo de 180 dias para a regulamentação da aquisição de bens, o que foi cumprido pelo Poder Executivo Federal, como visto acima. Expirado o prazo sem a edição desse regulamento, estará vedada a realização de novas compras de bens de consumo de luxo até que seja concluída a regulamentação do tema.

7.1.4 Audiência e consulta públicas

> Art. 21. A Administração poderá convocar, com antecedência mínima de 8 (oito) dias úteis, audiência pública, presencial ou a distância, na forma eletrônica, sobre licitação que pretenda realizar, com disponibilização prévia de informações pertinentes, inclusive de estudo técnico preliminar e elementos do edital de licitação, e com possibilidade de manifestação de todos os interessados.
>
> Parágrafo único. A Administração também poderá submeter a licitação a prévia consulta pública, mediante a disponibilização de seus elementos a todos os interessados, que poderão formular sugestões no prazo fixado.

O dispositivo tornou expressa a possibilidade de a administração convocar audiência pública sobre licitação que pretenda realizar. A convocação deve ocorrer com antecedência mínima de 8 dias úteis, relativamente à data da realização da audiência pública. A despeito do silêncio da norma, compreende-se que o ato de convocação deve ser divulgado no sítio eletrônico oficial do órgão ou da entidade responsável pela licitação.

Diferentemente da lei anterior, a regra atual não impôs a obrigatoriedade de realização de audiência pública para licitações de maior vulto – na Lei nº 8.666/1993, era obrigatória para aquelas com o valor estimado superior a R$150 milhões. Portanto, a realização ou não dessa etapa depende do juízo discricionário da administração, que deve levar em conta a complexidade do objeto e a sua materialidade, assim como a máxima satisfação do interesse público.

Caso decida realizar audiência pública, deve a administração disponibilizar previamente as informações pertinentes, inclusive do ETP, dos elementos do edital de licitação e outros, ressalvadas as situações de sigilo constitucional e legalmente justificadas. Conforme a parte final do art. 21, deve ser admitida a manifestação de todos os interessados.

A norma também facultou à entidade contratante a possibilidade de submeter a licitação à prévia consulta pública, mediante a disponibilização de seus elementos a todos os interessados, que poderão formular sugestões no prazo fixado.

Os dois instrumentos têm diferenças singelas. A audiência pública contempla a realização de debate entre a sociedade e o órgão responsável pela licitação. Já a consulta pública envolve a coleta de informações, opiniões e críticas dos administrados a respeito de determinado tema.

As audiências e as consultas públicas são importantes instrumentos de diálogo entre o Poder Público e os administrados, constituindo um espaço de participação democrática do cidadão na instrumentalização de políticas públicas e na escolha da solução mais adequada para a satisfação de uma necessidade pública. Tanto é assim que eles estão previstos na Lei nº 9.784/1999, como um meio de se obter a colaboração de terceiros, pessoas físicas, entidades e associações interessadas, na decisão de matéria de processo administrativo que envolva assunto de interesse geral.

7.1.5 Matriz de alocação de riscos

> Art. 22. O edital poderá contemplar matriz de alocação de riscos entre o contratante e o contratado, hipótese em que o cálculo do valor estimado da contratação poderá considerar taxa de risco compatível com o objeto da licitação e com os riscos atribuídos ao contratado, de acordo com metodologia predefinida pelo ente federativo.
> §1º A matriz de que trata o caput deste artigo deverá promover a alocação eficiente dos riscos de cada contrato e estabelecer a responsabilidade que caiba a cada parte contratante, bem como os mecanismos que afastem a ocorrência do sinistro e mitiguem os seus efeitos, caso este ocorra durante a execução contratual.
> §2º O contrato deverá refletir a alocação realizada pela matriz de riscos, especialmente quanto:
> I - às hipóteses de alteração para o restabelecimento da equação econômico-financeira do contrato nos casos em que o sinistro seja considerado na matriz de riscos como causa de desequilíbrio não suportada pela parte que pretenda o restabelecimento;
> II - à possibilidade de resolução quando o sinistro majorar excessivamente ou impedir a continuidade da execução contratual;
> III - à contratação de seguros obrigatórios previamente definidos no contrato, integrado o custo de contratação ao preço ofertado.
> §3º Quando a contratação se referir a obras e serviços de grande vulto ou forem adotados os regimes de contratação integrada e semi-integrada, o edital obrigatoriamente contemplará matriz de alocação de riscos entre o contratante e o contratado.
> §4º Nas contratações integradas ou semi-integradas, os riscos decorrentes de fatos supervenientes à contratação associados à escolha da solução de projeto básico pelo contratado deverão ser alocados como de sua responsabilidade na matriz de riscos.

O art. 22 institui a possibilidade de o edital contemplar matriz de alocação de riscos entre o contratante e o contratado.

O instrumento é obrigatório no caso de contratação de obras e serviços de grande vulto (orçamento acima de R$200 milhões, conforme o inc. XXII do art. 6º) ou quando forem adotados os regimes de contratação integrada e semi-integrada, consoante o §3º.

Nos demais casos, a elaboração de matriz de alocação de riscos é facultativa. A despeito disso, entende-se que a elaboração de matriz de alocação de riscos é uma boa prática a ser seguida pela Administração Pública, especialmente em objetos que envolvam incertezas significativas, por se tratar de instrumento que favorece a segurança jurídica aos contratos.

Conforme visto, o instrumento foi definido no inc. XXVIII do art. 6º. Trata-se de instituto inspirado na jurisprudência do TCU, que passou a recomendar a sua produção, nos casos de contratação integrada previstos na Lei nº 12.462/2011 (RDC) e em objetos com maior grau de incerteza, antes mesmo de sua positivação.

Seguem alguns precedentes da Corte de Contas, emanados sob a égide da legislação anterior:

> Nas licitações realizadas mediante o regime de contratação integrada, previsto no art. 9º da Lei 12.462/2011 (RDC), é recomendável inserir 'matriz de riscos' no instrumento convocatório e na minuta contratual, de modo a tornar o certame mais transparente e isonômico, assim como a conferir maior segurança jurídica ao contrato. (Acórdão nº 1.465/2013-Plenário. Rel. Min. José Múcio Monteiro)
>
> Nos casos em que há incertezas relevantes e mesmo assim se opta pela contratação por preço global, é recomendável que, a exemplo da contratação integrada – e, por semelhança, do EPC (Engineering Procurement and Construction) –, a Administração elabore uma matriz de riscos, com vistas à objetivação dos eventos que podem afetar o empreendimento, tais como as imprecisões de projeto ou anteprojeto, prevendo contratualmente a quem caberá suportá-los, se ocorrerem na fase de execução. (Acórdão nº 2.172/2013-Plenário. Rel. Min. Subst. André de Carvalho)
>
> É recomendável a utilização de matriz de riscos em contratações derivadas da Lei 13.303/2016 (Lei das Estatais) que envolvam incertezas significativas, ainda que sob regime de empreitada por preço global, por se tratar de elemento que agrega segurança jurídica aos contratos. (Acórdão nº 2.616/2020-Plenário. Rel. Min. Vital do Rêgo)

A matriz de alocação de riscos foi positivada pela primeira vez na Lei nº 13.190/2015, que fez modificações na Lei nº 12.462/2011 (RDC). A Lei nº 13.303/2016 (Lei das Estatais) também tratou do assunto, ao estabelecer como item obrigatório nos instrumentos convocatórios referentes às contratações semi-integradas e integradas (art. 42, §1º, inc. I, alínea "d").

Em contrapartida à maior alocação de riscos ao futuro contratado, o *caput* do art. 22 do novel estatuto admite que o cálculo do valor estimado da contratação inclua taxa de risco, que será compatível com o objeto da licitação e os riscos atribuídos ao contratado, de acordo com metodologia predefinida pelo ente federativo. Cuida-se, portanto, de mais uma matéria submetida à regulamentação pela Lei nº 14.133/2021.

A matriz de alocação de riscos deverá distribuir de modo eficiente os riscos de cada contrato, estabelecendo a responsabilidade que caiba a cada parte. O instrumento deve prever os mecanismos que afastem a ocorrência do sinistro e mitiguem os seus efeitos, caso ele ocorra durante a execução contratual, nos termos do §1º.

Cuida-se, portanto, de um verdadeiro manual de como proceder se houver algum evento futuro com impacto na execução e no custo da contratação. O instrumento serve para reduzir litígios e custos de transação relacionados à análise de pleitos de modificação contratual. Trata-se, portanto, de instituto que prestigia a manutenção do equilíbrio econômico-financeiro e a busca de eficiência e celeridade nas contratações públicas.

Conforme o §2º, o contrato deve respeitar a distribuição de riscos pactuada na matriz de riscos, cabendo àquele definir: as hipóteses de alteração da avença; a possibilidade de resolução do ajuste quando o sinistro majorar excessivamente ou impedir a continuidade da execução contratual; e os seguros obrigatórios que devem ser contratados, cujos custos devem ser integrados ao preço ofertado.

O §4º repete a disciplina da Lei das Estatais (art. 42, §3º), segundo a qual, nas contratações integradas ou semi-integradas, os riscos decorrentes de fatos supervenientes à contratação associados à escolha da solução de projeto básico pelo contratado deverão ser alocados como de sua responsabilidade na matriz de riscos.

A lógica por trás dessa regra é o fato de que, nesses regimes, o contratado é o responsável pela definição da solução de engenharia no projeto básico (contratação integrada) ou pode modificar as soluções contempladas neste, nos espaços de inovação permitidos no edital (contratação semi-integrada). Por consequência, qualquer contingência que decorra dessas soluções deverá ser arcada pelo contratado, que, assim, deve cuidar para que a sua escolha tenha um adequado balanço entre risco e retorno.

Seguem alguns precedentes a respeito da matriz de alocação de riscos, editados à luz do regime jurídico anterior, os quais se mostram aplicáveis, considerando o espírito subjacente do instituto (teses extraídas do repositório da jurisprudência selecionada do Tribunal):

> Na contratação integrada do RDC, eventuais ganhos ou encargos oriundos das soluções adotadas pelo contratado na elaboração do projeto básico devem ser auferidos ou suportados única e exclusivamente pelo particular, independentemente da existência de uma matriz de riscos disciplinando a contratação. Eventuais omissões ou indefinições no anteprojeto, em regra, não ensejam a celebração de termos de aditamento contratual, pois anteprojeto não é projeto básico. (Acórdão nº 2.903/2016-Plenário. Rel. Min. Benjamin Zymler; Acórdão nº 2.591/2017-Plenário. Rel. Min. Benjamin Zymler)
>
> Na contratação integrada do RDC (art. 9º da Lei 12.462/2011), se não houver alocação objetiva de riscos entre as partes, prevista no edital do certame, o contratado deve assumir eventuais encargos resultantes de erros, incompletudes e omissões do anteprojeto, identificados quando da elaboração dos projetos básico e executivo, uma vez que tal situação, inerente a esse regime de contratação, pode ser considerada álea ordinária. (Acórdão nº 544/2021-Plenário. Rel. Min. Walton Alencar)

7.1.6 Valor estimado da contratação

> Art. 23. O valor previamente estimado da contratação deverá ser compatível com os valores praticados pelo mercado, considerados os preços constantes de bancos de dados públicos e as quantidades a serem contratadas, observadas a potencial economia de escala e as peculiaridades do local de execução do objeto.
>
> §1º No processo licitatório para aquisição de bens e contratação de serviços em geral, conforme regulamento, o valor estimado será definido com base no melhor preço aferido por meio da utilização dos seguintes parâmetros, adotados de forma combinada ou não:
>
> I - composição de custos unitários menores ou iguais à mediana do item correspondente no painel para consulta de preços ou no banco de preços em saúde disponíveis no Portal Nacional de Contratações Públicas (PNCP);
>
> II - contratações similares feitas pela Administração Pública, em execução ou concluídas no período de 1 (um) ano anterior à data da pesquisa de preços, inclusive mediante sistema de registro de preços, observado o índice de atualização de preços correspondente;
>
> III - utilização de dados de pesquisa publicada em mídia especializada, de tabela de referência formalmente aprovada pelo Poder Executivo federal e de sítios eletrônicos especializados ou de domínio amplo, desde que contenham a data e hora de acesso;
>
> IV - pesquisa direta com no mínimo 3 (três) fornecedores, mediante solicitação formal de cotação, desde que seja apresentada justificativa da escolha desses fornecedores e que não tenham sido obtidos os orçamentos com mais de 6 (seis) meses de antecedência da data de divulgação do edital;
>
> V - pesquisa na base nacional de notas fiscais eletrônicas, na forma de regulamento.
>
> §2º No processo licitatório para contratação de obras e serviços de engenharia, conforme regulamento, o valor estimado, acrescido do percentual de Benefícios e Despesas Indiretas (BDI) de referência e dos Encargos Sociais (ES) cabíveis, será definido por meio da utilização de parâmetros na seguinte ordem:
>
> I - composição de custos unitários menores ou iguais à mediana do item correspondente do Sistema de Custos Referenciais de Obras (Sicro), para serviços e obras de infraestrutura de transportes, ou do Sistema Nacional de Pesquisa de Custos e Índices de Construção Civil (Sinapi), para as demais obras e serviços de engenharia;
>
> II - utilização de dados de pesquisa publicada em mídia especializada, de tabela de referência formalmente aprovada pelo Poder Executivo federal e de sítios eletrônicos especializados ou de domínio amplo, desde que contenham a data e a hora de acesso;
>
> III - contratações similares feitas pela Administração Pública, em execução ou concluídas no período de 1 (um) ano anterior à data da pesquisa de preços, observado o índice de atualização de preços correspondente;
>
> IV - pesquisa na base nacional de notas fiscais eletrônicas, na forma de regulamento.

> §3º Nas contratações realizadas por Municípios, Estados e Distrito Federal, desde que não envolvam recursos da União, o valor previamente estimado da contratação, a que se refere o caput deste artigo, poderá ser definido por meio da utilização de outros sistemas de custos adotados pelo respectivo ente federativo.
>
> §4º Nas contratações diretas por inexigibilidade ou por dispensa, quando não for possível estimar o valor do objeto na forma estabelecida nos §§1º, 2º e 3º deste artigo, o contratado deverá comprovar previamente que os preços estão em conformidade com os praticados em contratações semelhantes de objetos de mesma natureza, por meio da apresentação de notas fiscais emitidas para outros contratantes no período de até 1 (um) ano anterior à data da contratação pela Administração, ou por outro meio idôneo.
>
> §5º No processo licitatório para contratação de obras e serviços de engenharia sob os regimes de contratação integrada ou semi-integrada, o valor estimado da contratação será calculado nos termos do §2º deste artigo, acrescido ou não de parcela referente à remuneração do risco, e, sempre que necessário e o anteprojeto o permitir, a estimativa de preço será baseada em orçamento sintético, balizado em sistema de custo definido no inciso I do §2º deste artigo, devendo a utilização de metodologia expedita ou paramétrica e de avaliação aproximada baseada em outras contratações similares ser reservada às frações do empreendimento não suficientemente detalhadas no anteprojeto.
>
> §6º Na hipótese do §5º deste artigo, será exigido dos licitantes ou contratados, no orçamento que compuser suas respectivas propostas, no mínimo, o mesmo nível de detalhamento do orçamento sintético referido no mencionado parágrafo.

O dispositivo trata de um dos componentes essenciais de uma contratação pública: o valor estimado da contratação. Segundo o art. 23, ele deverá ser compatível com os valores praticados pelo mercado, considerados os preços constantes de bancos de dados públicos e as quantidades a serem contratadas.

Diferentemente da Lei nº 8.666/1993, que não vinculava a ideia de preço de mercado a uma referência oficial mantida pela Administração Pública, pois usava a conjunção alternativa "ou" no art. 43, inc. IV ("com os preços correntes no mercado ou fixados por órgão oficial competente"), a nova lei torna menos impreciso o conceito de preço de mercado, para os fins da lei, ao atrelá-lo aos constantes de bancos de dados públicos, respeitadas as especificidades do local de execução.

Dessa forma, havendo um sistema público que reúna informações sobre os preços de contratações similares ou os custos de referência para itens de serviços especificados, ele será considerado o ponto de partida para a estimação do preço de mercado, a ser utilizado como baliza para a definição do orçamento-base da licitação.

Por evidente, não se pode ter a pretensão de imaginar que os métodos especificados no art. 23 serão aptos a extrair o preço exato de mercado em seu sentido econômico, até porque este decorre de um processo dinâmico sujeito a muitas variáveis, sendo impactado, inclusive, por elementos subjetivos. Assim, o preço de referência obtido a partir dos métodos especificados no art. 23 é uma ficção do preço de mercado, o qual servirá como norte para a decisão da administração de proceder a uma contratação pública.

Segundo Ronny Charles, a estimativa de preços é um elemento crucial para a tomada de decisões no processo de contratação pública, de modo que essa atividade auxilia no planejamento da licitação, na decisão pela renovação contratual e na negociação dos preços como fornecedor contratado. O autor anuncia as seguintes subfunções para orçamento estimativo da licitação: delimitação dos recursos orçamentários necessários ao certame licitatório; auxílio à justificativa de preços na contratação direta; definição do patamar para percepção de sobrepreços; e identificação da proposta inexequível.[151]

O art. 23 se dirige tanto para os agentes de contratação responsáveis pela elaboração e aprovação do orçamento, como para o particular que acode à licitação, uma vez que ambos estão sujeitos ao regime jurídico-administrativo aplicável às licitações públicas. Esse entendimento está assentado na jurisprudência do TCU produzida sob a égide da lei anterior, conforme o excerto a seguir:

> Não devem as empresas tirar proveito de orçamentos superestimados pela Administração, haja vista incidirem no regime de contratação pública regras próprias de Direito Público, mais rígidas, sujeitas à aferição de legalidade, legitimidade e economicidade pelos órgãos de controle. A responsabilização solidária pelo dano resta sempre evidenciada quando, recebedora de pagamentos por serviços superfaturados, a empresa contratada contribui de qualquer forma para o cometimento do dano, nos termos do art. 16, §2º, da Lei 8.443/1992. (Acórdão nº 454/2014-Plenário. Rel. Min. Subst. Augusto Sherman, Acórdão nº 2262/2015-Plenário. Rel. Min. Benjamin Zymler, Acórdão nº 27/2018-Plenário. Rel. Min. Benjamin Zymler e Acórdão nº 7.074/2020-Primeira Câmara. Rel. Min. Benjamin Zymler)

Dessa forma, caso o orçamento estimativo da licitação esteja acima do valor obtido a partir dos critérios estabelecidos no art. 23, o contratado estará sujeito ao controle corretivo e a eventual responsabilização por sobrepreço, se, ao formular proposta, não oferecer preços compatíveis com os de mercado, segundo os critérios estabelecidos no aludido dispositivo.

Tal entendimento se aplica ao novo regime de licitações, à vista do disposto do art. 6º, inc. LVI, da nova lei, que define sobrepreço como o "preço orçado para licitação ou *contratado* em valor expressivamente superior aos preços referenciais de mercado". Logo, tanto o valor estimado pela contratação como o estabelecido no contrato devem respeitar os preços referenciais de mercado, apurados segundo o art. 23 da nova lei.

Segundo o §1º do dispositivo em causa, o valor estimado para aquisição de bens ou contratação de serviços será definido com base no melhor preço aferido por meio da utilização dos seguintes parâmetros, adotados de forma combinada ou não, conforme regulamento:

---

[151] TORRES, Ronny Charles Lopes de. *Leis de licitações públicas comentadas*. São Paulo: JusPodivm, 2021. p. 159.

a) composição de custos unitários menores ou iguais à mediana do item correspondente no painel para consulta de preços ou no banco de preços em saúde disponíveis no Portal Nacional de Contratações Públicas (PNCP);
b) contratações similares feitas pela Administração Pública;
c) dados de pesquisa publicada em mídia especializada, de tabela de referência formalmente aprovada pelo Poder Executivo Federal e de sítios eletrônicos especializados ou de domínio amplo, desde que contenham a data e hora de acesso;
d) pesquisa direta com no mínimo 3 fornecedores, mediante solicitação formal de cotação; e
e) pesquisa na base nacional de notas fiscais eletrônicas, na forma de regulamento.

Os critérios eleitos pela nova lei de licitações representam uma espécie de consolidação da jurisprudência do TCU que foi se formando ao longo do tempo no regime da Lei nº 8.666/1993.

Alguns desses entendimentos foram reproduzidos em diversas normas infralegais, como a Instrução Normativa nº 5, de 27.6.2014, da Secretária de Logística e Tecnologia da Informação do Ministério do Planejamento, Orçamento e Gestão (SLTI/MPOG), e a Instrução Normativa nº 73, de 5.8.2020, da Seges/ME, que substituiu aquela. Ambos os normativos disciplinaram o procedimento administrativo para a realização de pesquisa de preços para aquisição de bens e contratação de serviços em geral, no âmbito da Administração Pública Federal direta, autárquica e fundacional.

Após o advento do novel estatuto, a Seges/ME regulamentou o §1º do art. 23, por meio da Instrução Normativa Seges/ME nº 65, de 7.7.2021, que se aplica à aquisição de bens e contratação de serviços em geral, no âmbito da Administração Pública federal direta, autárquica e fundacional.

Segundo o §2º do art. 1º da referida norma, os órgãos e entidades da Administração Pública estadual, distrital ou municipal, direta ou indireta, quando executarem recursos da União decorrentes de transferências voluntárias, deverão observar os procedimentos de que trata esta instrução normativa.

Cabem algumas considerações sobre os parâmetros indicados no artigo da lei em exame.

Como se vê, o legislador deu prioridade, na estimação do valor da licitação, à consulta aos preços disponíveis em painel disponível no Portal Nacional de Contratações Públicas (PNCP).

Conforme exposto no manual disponibilizado no sítio eletrônico do Ministério da Economia, esse painel foi desenvolvido pela equipe da Secretaria de Gestão (Seges) da aludida pasta, de forma que ele:

> disponibiliza de forma amigável, dados e informações de compras públicas homologadas no Sistema Integrado de Administração de Serviços Gerais – SIASG e Comprasnet, com o objetivo de auxiliar os gestores públicos na tomada de decisões acerca dos processos

de compra, dar transparência aos preços praticados pela Administração e estimular o controle social.[152]

No que se refere às contratações similares feitas pela Administração Pública, a linha de corte são contratações em execução ou concluídas no período de 1 ano anterior à data da pesquisa de preços, inclusive mediante sistema de registro de preços, observado o índice de atualização de preços correspondente, nos termos do inc. II do §1º do art. 23 do novel estatuto licitatório.

A título de exemplo, se a administração estiver preparando o orçamento da licitação em março de 2022, ela somente pode consultar preços de contratações com datas de referências iguais ou posteriores a março de 2021, inclusive atas de registros de preços. Nesse caso, se uma ata de registro de preços tiver sido publicada em março de 2021, mas os preços se referirem a janeiro de 2021, os preços registrados não poderão ser usados na definição do valor orçado da licitação. O objetivo da limitação é evitar distorções na estimativa decorrente da utilização de contratações mais antigas, quando a atualização monetária não for capaz de captar o valor atual de mercado.

No caso de pesquisa direta com fornecedores, a administração deve apresentar justificativa da escolha das pessoas consultadas (inc. IV do §1º do art. 23). Ademais, há limitação para a utilização dos orçamentos fornecidos, que não podem ser anteriores a 6 meses da data de divulgação do edital. Do contrário, será necessário realizar nova cotação, a fim de dar seguimento ao certame licitatório.

Eis alguns precedentes do TCU a respeito da orçamentação de bens e serviços sob a égide do regime anterior, conforme o repositório da jurisprudência selecionada do Tribunal:

> Na elaboração do orçamento estimativo de licitação, bem como na demonstração da vantajosidade de eventual prorrogação de contrato, devem ser utilizadas fontes diversificadas de pesquisa de preços. Devem ser priorizadas consultas ao Portal de Compras Governamentais e a contratações similares de outros entes públicos, em detrimento de pesquisas com fornecedores, publicadas em mídias especializadas ou em sítios eletrônicos especializados ou de domínio amplo, cuja adoção deve ser tida como prática subsidiária. (Acórdão nº 1.445/2015-Plenário. Rel. Min. Vital do Rêgo)
>
> Na demonstração da vantajosidade de eventual renovação de contrato de serviços de natureza continuada, deve ser realizada ampla pesquisa de preços, priorizando-se consultas a portais de compras governamentais e a contratações similares de outros entes públicos, utilizando-se apenas subsidiariamente a pesquisa com fornecedores. (Acórdão nº 1.604/2017-Plenário. Rel. Min. Vital do Rêgo)
>
> É recomendável que a pesquisa de preços para a elaboração do orçamento estimativo da licitação não se restrinja a cotações realizadas junto a potenciais fornecedores, adotando-se, ainda, outras fontes como parâmetro, como contratações similares realizadas por outros

---

[152] BRASIL. Ministério do Planejamento, Desenvolvimento e Gestão. *Manual do Painel de Preços*. Versão 1.2. Brasília: 2018. p. 13. Disponível em: https://paineldeprecos.planejamento.gov.br/storage/26aef97365b8eb36c361c4b104c44bb8.pdf. Acesso em: 8 mar. 2022.

órgãos ou entidades públicas, mídias e sítios eletrônicos especializados, portais oficiais de referenciamento de custos. (Acórdão nº 2.816/2014-Plenário. Rel. Min. José Mucio Monteiro)

A pesquisa de preços para elaboração do orçamento estimativo da licitação não deve se restringir a cotações realizadas junto a potenciais fornecedores, devendo ser utilizadas outras fontes como parâmetro, a exemplo de contratações públicas similares, sistemas referenciais de preços disponíveis, pesquisas na internet em sítios especializados e contratos anteriores do próprio órgão. (Acórdão nº 713/2019-Plenário. Rel. Min. Bruno Dantas; Acórdão nº 1.548/2018-Plenário. Rel. Min. Augusto Nardes)

As pesquisas de preços para aquisição de bens e contratação de serviços em geral devem ser baseadas em uma "cesta de preços", devendo-se dar preferência para preços praticados no âmbito da Administração Pública, oriundos de outros certames. A pesquisa de preços feita exclusivamente junto a fornecedores deve ser utilizada em último caso, na ausência de preços obtidos em contratações públicas anteriores ou cestas de preços referenciais (Instrução Normativa Seges-ME 73/2020). (Acórdão nº 1.875/2021-Plenário. Rel. Raimundo Carreiro)

É válida a utilização do Banco de Preços em Saúde do Ministério da Saúde (BPS) como referência de preços para aquisição de medicamentos e, consequentemente, para fins de quantificação de superfaturamento e sobrepreço, desde que balizada por critérios adequados, que aproximem a pesquisa à contratação analisada. (Acórdão nº 527/2020-Plenário. Rel. Min. Bruno Dantas)

O §2º do dispositivo em análise dispõe sobre os parâmetros a serem utilizados, na ordem especificada, com vistas à obtenção do valor estimado para contratação de obras e serviços de engenharia. São eles:

a) composição de custos unitários menores ou iguais à mediana do item correspondente do Sistema de Custos Referenciais de Obras (Sicro), para serviços e obras de infraestrutura de transportes, ou do Sistema Nacional de Pesquisa de Custos e Índices de Construção Civil (Sinapi), para as demais obras e serviços de engenharia;

b) utilização de dados de pesquisa publicada em mídia especializada, de tabela de referência formalmente aprovada pelo Poder Executivo federal e de sítios eletrônicos especializados ou de domínio amplo, desde que contenham a data e a hora de acesso;

c) contratações similares feitas pela Administração Pública, em execução ou concluídas no período de 1 ano anterior à data da pesquisa de preços, observado o índice de atualização de preços correspondente;

d) pesquisa na base nacional de notas fiscais eletrônicas, na forma de regulamento.

A fim de regulamentar o dispositivo, o Governo Federal editou a Instrução Normativa Seges/ME nº 72, de 12.8.2021, o qual estabeleceu regras para a definição do valor estimado para a contratação de obras e serviços de engenharia nos processos de contratação direta na Administração Pública federal direta, autárquica e fundacional.

No regime da Lei nº 8.666/1993, as regras e critérios para elaboração do orçamento de referência de obras e serviços de engenharia, contratados e executados com recursos dos orçamentos da União, foram estabelecidos no Decreto nº 7.983, de 8.4.2013. Esta foi a primeira norma específica, tratando de orçamentação, que impôs o uso do Sinapi e do Sicro para a obtenção do custo global de referência de obras e serviços de engenharia.

A nova lei estabeleceu uma ordem de prioridades para a estimação do preço-paradigma de obras e serviços de engenharia. Assim, os critérios subsequentes somente serão usados quando não houver preço-paradigma conforme os critérios anteriores e assim por diante.

Dito isso, o primeiro passo de todo orçamentista é verificar, para cada item de serviço da planilha orçamentária, se ele possui preço de referência no Sicro ou Sinapi, escolhendo a composição mais adequada conforme o método construtivo, os materiais, equipamentos e mão de obra a ser empregada, segundo as informações deduzidas do projeto. Por evidente, o uso de um outro sistema depende do tipo de obra ou serviço. Logo, somente serão usados os critérios posteriores, se não houver item com especificação compatível com a definição de projeto nos sistemas supramencionados.

Na sequência, o orçamentista fará incidir o percentual de benefícios e despesas indiretas (BDI) de referência e dos encargos sociais (ES) cabíveis sobre os custos obtidos segundo os critérios elencados. No caso do uso do Sicro e do Sinapi, não cabe incluir encargos sociais, pois eles já são contemplados na orçamentação dos referidos sistemas.

É preciso cuidado na aplicação do dispositivo, pois muitas vezes o preço usado como referência já embute o BDI e os encargos sociais, como seria o caso de contratações anteriores da Administração Pública (inc. III do §2º). Nessa hipótese, seria preciso extrair o custo da contratação, sem o BDI, e, na sequência, aplicar o BDI de referência da contratação, bem como os encargos sociais, se cabíveis.

A nova lei não definiu critérios para a estimação do BDI de referência. Na falta de um critério legal, recomenda-se a utilização dos parâmetros estabelecidos pelo TCU, pelo menos no que se refere a obras e serviços de engenharia custeados com recursos federais.

Assim, devem ser usados os valores estabelecidos no Acórdão nº 2.622/2013-Plenário (Rel. Min. Subst. Marcos Bemquerer), que aprovou estudo desenvolvido por grupo de trabalho constituído por membros de várias unidades técnicas especializadas deste Tribunal, com o objetivo de definir faixas aceitáveis para valores de taxas de BDI específicas para cada tipo de obra pública e para aquisição de materiais e equipamentos relevantes.

Nas contratações realizadas pelos entes subnacionais com recursos próprios, sem recursos da União, o valor estimado da contratação poderá ser definido por meio da utilização de outros sistemas de custos adotados pelo respectivo ente federativo. Em nossa visão, o tema tem que ser objeto de normatização pelo ente subnacional, a fim de espelhar o rigor metodológico do processo de estimativa de preço de licitações verificado na norma federal.

Os §§1º, 2º e 3º também se aplicam às contratações diretas por inexigibilidade ou por dispensa, nos termos do §4º. Todavia, quando não for possível estimar o valor do objeto a partir desses critérios, o que deve ser motivado no processo de contratação direta, o contratado terá o ônus de comprovar previamente que os preços estão em conformidade com os praticados em contratações semelhantes de objetos de mesma natureza. Tal ocorrerá por meio da apresentação de notas fiscais emitidas para outros contratantes no período de até 1 ano anterior à data da contratação pela Administração ou por outro meio idôneo, consoante o §4º supramencionado.

A ideia do legislador foi transferir o ônus de demonstrar a economicidade da contratação para o potencial contratado, que, se tiver interesse em contratar, terá que renunciar ao sigilo comercial de seus negócios anteriores, fazendo juntar aos autos do processo licitatório as notas fiscais pertinentes.

Segundo o §5º, o valor orçado de obras e serviços de engenharia sob os regimes de contratação integrada ou semi-integrada deve ser definido na forma do §2º deste artigo, acrescido ou não de parcela referente à remuneração do risco. Conforme visto no art. 22, o cálculo do valor estimado da contratação poderá considerar taxa de risco compatível com o objeto da licitação e com os riscos atribuídos ao contratado, quando o edital contemplar matriz de riscos.

No caso dos regimes de contratação integrada e semi-integrada, como, em regra, há uma maior assunção de riscos, é esperado que o orçamento estimativo contemple, na prática, essa parcela adicional de remuneração. Em nossa visão, a administração deve fazer juntar ao processo licitatório a fundamentação dessa taxa.

Não obstante o contido no §5º do artigo em exame, compreende-se que a parcela referente à remuneração do risco pode ser incluída no valor estimativo, em qualquer regime de contratação, sempre que houver uma assunção extraordinária de riscos pelo contratado, por conta de especificidades do objeto, devidamente justificada pela administração.

Esse entendimento se justifica devido ao fato de a Lei nº 14.133/2021 ter permitido a distribuição dinâmica dos riscos, em matriz de alocação de riscos a ser incluída no edital do certame, em qualquer regime de contratação. Todavia, a situação excepcional que recomende essa maior assunção de risco pelo particular deve ser detalhadamente justificada pela autoridade competente e documentada no processo administrativo da licitação.

A título de exemplo, cita-se o caso em que o particular assumir a responsabilidade e os riscos de obtenção do licenciamento ambiental e/ou da realização da desapropriação autorizada pelo Poder Público, nos termos previstos no §5º do art. 25, a ser comentado adiante.

O §5º do dispositivo em exame estabelece, ainda, que, sempre que possível, a estimativa de preço será baseada em orçamento sintético, balizado nos sistemas Sicro e Sinapi, devendo a utilização de metodologia expedita ou paramétrica e de avaliação aproximada baseada em outras contratações similares às frações do empreendimento não suficientemente detalhadas no anteprojeto.

Tal disposição repete disposição similar da Lei nº 13.303/2016, que, por sua vez, inspirou-se na jurisprudência do TCU, em especial nos acórdãos nºs 1.510/2013-Plenário (Rel. Min. Valmir Campelo), 877/2016-Plenário.

O §6º impõe que os licitantes ou contratados apresentem, no orçamento que compuser suas respectivas propostas, em contratações integradas ou semi-integradas, no mínimo, o mesmo nível de detalhamento do orçamento sintético.

Conforme o *Roteiro de auditoria de obras públicas* do TCU, o orçamento sintético é aquele que contém a relação de todos os serviços com as respectivas unidades de medida, quantidades e preços unitários, calculados a partir dos projetos e demais especificações técnicas.[153]

Diante disso, avalia-se que a imposição do §6º não se mostra razoável. Isso porque ela exige do licitante a apresentação de planilha com nível de detalhamento maior do que o orçamento estimativo da entidade contratante, a qual pode se basear em metodologia expedita ou paramétrica. Além disso, a definição das soluções somente ocorrerá posteriormente, quando da conclusão do projeto básico, motivo pelo qual não nos parece adequado exigir, desde logo, quando do oferecimento das propostas, a apresentação de planilha com itens de serviços, quantitativos e preços unitários.

Em nossa visão, andou melhor o TCU ao pontuar que a entrega do orçamento deve ocorrer por ocasião da elaboração do projeto básico, no caso de contratações integradas. Tal posição consta da seguinte passagem do voto condutor do Acórdão nº 2.123/2017-Plenário, da lavra do Ministro Benjamin Zymler:

> 16. Especificamente em relação à contratação integrada, há diversos motivos para que a administração contratante exija da empresa contratada a apresentação do orçamento detalhado por ocasião da entrega dos projetos definitivos da obra, dentre os quais destaco: i) tais orçamentos serão parâmetros de controle para alterações de escopo contratual, contendo os quantitativos e preços unitários dos serviços contratados; ii) o cálculo de reajustamentos contratuais ocorrerá com maior precisão, utilizando cestas de índices setoriais ou a aplicação de índices específicos para cada serviço planilhado; iii) as planilhas orçamentárias servirão de subsídio para eventuais pleitos de reequilíbrio econômico-financeiro do contrato; iv) os orçamentos detalhados possibilitarão a confecção e a análise do cronograma físico-financeiro do contrato, a partir das produções horárias das equipes; e v) tais planilhas servirão como parâmetros de referência de preços de mercado em futuras licitações.

O entendimento esposado acima pode ser transplantado para as contratações semi-integradas, a fim de que o contratado apresente, por ocasião da entrega do projeto executivo, o orçamento detalhado das frações do objeto de que a entidade contratante permitiu a apresentação de inovações em soluções metodológicas ou tecnológicas, em termos de modificação das previamente delineadas no anteprojeto ou no projeto básico.

Conforme visto, o §6º criou uma obrigação para os licitantes em contratações integradas e semi-integradas. Todavia, a lei foi silente quanto à necessidade de apresentação

---

[153] BRASIL. Tribunal de Contas da União. *Roteiro de auditoria de obras públicas*. Brasília: TCU, 2012. p. 142.

de orçamento com o mesmo nível de detalhamento do orçamento sintético, para os demais regimes de execução.

Não obstante essa omissão, entende-se que essa é uma obrigação inerente à avaliação das propostas dos licitantes na contratação de obras e serviços de engenharia, pois somente será possível se verificar o atendimento do princípio da vinculação ao edital, a aderência da proposta ao objeto do certame e o cumprimento das especificações técnicas exigidas.

De toda sorte, essa providência pode ser deduzida do §5º do art. 56, a ser comentado adiante, o qual estabelece:

> nas licitações de obras ou serviços de engenharia, após o julgamento, o licitante vencedor deverá *reelaborar* e apresentar à Administração, por meio eletrônico, as planilhas com indicação dos quantitativos e dos custos unitários, bem como com detalhamento das Bonificações e Despesas Indiretas (BDI) e dos Encargos Sociais (ES), com os respectivos valores adequados ao valor final da proposta vencedora. (Grifos nossos)

Ora, se o licitante deve reelaborar as planilhas após uma eventual fase de lances é porque, antes disso, o fez, ou seja, fez juntá-las à sua proposta original, nos termos especificados no edital. Tal regra se aplica a qualquer regime de contratação.

Reunimos, a seguir, alguns precedentes a respeito da orçamentação de obras e serviços de engenharia, exarados à época do regime jurídico anterior, conforme o repositório de jurisprudência selecionada do Tribunal:

> É viável a aplicação do Sicro para balizar os custos das obras ferroviárias, com adoção integral dos preceitos, critérios e métodos constantes no seu Manual de Custos Rodoviários, para serviços de terraplenagem, drenagem, obras de arte correntes e especiais, sinalização vertical, obras complementares, proteção vegetal e demais serviços de infraestrutura ferroviária. (Acórdão nº 1.922/2011-Plenário. Rel. Min. Valmir Campelo; Acórdão nº 1.923/2011-Plenário. Rel. Min. Valmir Campelo)
>
> É vedada a utilização de unidade denominada "verba" para designar serviços na planilha orçamentária de projeto básico para a contratação de obra. (Acórdão nº 4.703/2012-Primeira Câmara. Rel. Min. Valmir Campelo)
>
> A Administração está obrigada a adotar, desde o projeto básico, planilhas orçamentárias que expressem a composição dos custos unitários dos itens de serviço, com detalhamento suficiente à sua precisa identificação, abstendo-se de utilizar grandes "grupos funcionais" para mão de obra ou outras unidades genéricas do tipo "quantia fixa" ou "verba". (Acórdão nº 2.827/2014-Plenário. Rel. Min. Subst. Weder de Oliveira)
>
> A pesquisa de mercado para a definição de custo da contratação de obras e serviços de engenharia deve ser utilizada apenas supletivamente, nos casos em que for inviável a parametrização com fulcro no Sinapi. (Acórdão nº 147/2013-Plenário. Rel. Min. José Jorge)
>
> A substituição das composições indicadas nos sistemas referenciais de preços de obras públicas por outras, elaboradas a partir das peculiaridades do empreendimento, somente pode ser admitida nos casos específicos em que a obra ou o serviço, por suas características únicas, em muito se diferencia da situação padrão, considerada na elaboração do sistema referencial, devidamente comprovadas. Situações que pouco se afastam dos parâmetros consagrados em sistemas referenciais de preços amplamente utilizados pela Administração e pelo TCU, a exemplo do Sicro, em regra não se mostram hábeis a autorizar

a modificação das composições neles consideradas. (Acórdão nº 1.352/2015-Plenário. Rel. Min. Walton Alencar)

É irregular a utilização de sistemas privados como referência de custos para contratação de obras e serviços de engenharia sem avaliação de sua compatibilidade com os parâmetros de mercado, e sem a realização de adequadas pesquisas de preços, para fins comparativos, uma vez que está em desacordo com o art. 6º, inciso IX, alínea f, da Lei 8.666/1993, e com os princípios da eficiência e da economicidade. (Acórdão nº 2.595/2021-Plenário. Rel. Min. Bruno Dantas)

Nos contratos executados sob regime de preço unitário, a remuneração de cada serviço passa pela efetiva conferência da atividade executada, tanto em termos quantitativos como qualitativos, implicando o reequilíbrio econômico-financeiro dos contratos a adoção pela contratada de outro método construtivo, mais racional e econômico do que o considerado no orçamento da obra, se este previu metodologia executiva claramente ineficiente, antieconômica ou contrária à boa técnica da engenharia. (Acórdão nº 826/2015-Plenário. Rel. Min. Ana Arraes)

A Administração deve elaborar o levantamento das jazidas comerciais e não comerciais da região da obra, com os respectivos estudos e ensaios acerca da viabilidade técnica e econômica do uso ou não do material na obra, com destaque para os areais, em atenção ao art. 7º c/c o art. 6º, inciso IX, alínea f, e inciso X, da Lei 8.666/1993, que dispõem, entre outras coisas, que o orçamento da obra deve estar fundamentado em quantitativos de serviços e fornecimentos propriamente avaliados. (Acórdão nº 670/2012-Plenário. Rel. Min. Subst. André de Carvalho).

Erro de orçamentação que acarrete pagamentos em duplicidade não deve ser imputado à autoridade que homologa licitação de obra pública, se não for de fácil identificação para uma pessoa leiga. Como regra, tal irregularidade deve ser atribuída a quem tem conhecimento das composições dos sistemas referencias de preço, como o orçamentista e a empresa contratada. (Acórdão nº 9.294/2020-Primeira Câmara. Rel. Min. Bruno Dantas)

Os precedentes supramencionados demonstram que os sistemas Sinapi e Sicro foram adotados como referência de preço de mercado pelo TCU, para os fins da análise da economicidade das contratações custeadas com recursos federais, antes mesmo de sua positivação no Decreto nº 7.983/2013 e na atual lei.

Em verdade, o uso desses parâmetros pelo Tribunal precede até mesmo a Lei nº 10.524, de 25.7.2002 (Lei das Diretrizes Orçamentárias de 2003) e a Lei nº 12.017, de 12.8.2009 (Lei das Diretrizes Orçamentárias de 2010), que estatuíram o Sinapi e o Sicro, respectivamente, como paradigma do custo global de obras e serviços contratados e executados com recursos dos orçamentos da União.

Como se vê, a jurisprudência do TCU já prescrevia uma ordem de preferência para a orçamentação de obras públicas, a qual envolvia a busca prioritária do custo de referência nos sistemas oficiais, que poderiam sofrer adaptações para a consideração de especificidades do empreendimento, desde que devidamente demonstradas. Na ausência dessa referência, era permitido o uso de sistemas privados, após a demonstração de sua compatibilidade com o mercado e desde que corroborados por pesquisas de preço.

7.1.7 Orçamento sigiloso

> Art. 24. Desde que justificado, o orçamento estimado da contratação poderá ter caráter sigiloso, sem prejuízo da divulgação do detalhamento dos quantitativos e das demais informações necessárias para a elaboração das propostas, e, nesse caso:
> I - o sigilo não prevalecerá para os órgãos de controle interno e externo;
> II - (VETADO).
> Parágrafo único. Na hipótese de licitação em que for adotado o critério de julgamento por maior desconto, o preço estimado ou o máximo aceitável constará do edital da licitação.

Como regra, o orçamento das contratações regidas pela nova lei será público. Todavia, desde que justificado, ele poderá ter caráter sigiloso, sem prejuízo da divulgação do detalhamento dos quantitativos e das demais informações necessárias para a elaboração das propostas.

Como não poderia deixar de ser, o sigilo do orçamento não poderá ser imposto aos órgãos de controle interno e externo. Afinal, o acesso aos documentos da licitação é pressuposto para o exercício das funções institucionais desses órgãos, as quais têm assento constitucional.

O inc. II estabelecia que o orçamento seria tornado público apenas e imediatamente após a fase de julgamento de propostas. Contudo, o dispositivo foi vetado pelo presidente da República, sob o argumento de que ele contrariava o interesse público, por impedir que o sigilo fosse mantido na fase de negociação, a qual ocorre depois do julgamento (art. 61) e se mostra estratégica para a definição da contratação.

Dessa forma, não há nenhuma regra que obrigue a entidade contratante a divulgar o orçamento estimado da contratação. Em tese, este pode permanecer sigiloso, mesmo após a conclusão do certame com a assinatura do ajuste. Por outro lado, a eliminação do inc. II dá mais flexibilidade ao Poder Público, que pode aguardar a ultimação da contratação para, de fato, tornar públicas as informações relativas aos parâmetros de preço adotados.

Consoante o parágrafo único, na hipótese de licitação em que for adotado o critério de julgamento por maior desconto, o preço estimado ou o máximo aceitável constará do edital da licitação. É preciso destacar que, nesse caso, a nova lei não impõe a divulgação do orçamento, mas apenas de seu preço máximo estimado ou máximo aceitável.

Atualmente, existem duas ações diretas de inconstitucionalidade a respeito da Lei nº 12.462/2011, que questionam, entre outras disposições, a que cuida do orçamento sigiloso (ADI nº 4.645/DF e ADI nº 4.655/DF). A apreciação do tema tem o potencial de impactar na regra em análise,[154] conquanto se entenda, *a priori*, que a regra está de acordo com outros valores constitucionais em jogo, como o princípio da eficiência.

7.1.8 Edital

> Art. 25. O edital deverá conter o objeto da licitação e as regras relativas à convocação, ao julgamento, à habilitação, aos recursos e às penalidades da licitação, à fiscalização e à gestão do contrato, à entrega do objeto e às condições de pagamento.
>
> §1º Sempre que o objeto permitir, a Administração adotará minutas padronizadas de edital e de contrato com cláusulas uniformes.
>
> §2º Desde que, conforme demonstrado em estudo técnico preliminar, não sejam causados prejuízos à competitividade do processo licitatório e à eficiência do respectivo contrato, o edital poderá prever a utilização de mão de obra, materiais, tecnologias e matérias-primas existentes no local da execução, conservação e operação do bem, serviço ou obra.
>
> §3º Todos os elementos do edital, incluídos minuta de contrato, termos de referência, anteprojeto, projetos e outros anexos, deverão ser divulgados em sítio eletrônico oficial na mesma data de divulgação do edital, sem necessidade de registro ou de identificação para acesso.
>
> §4º Nas contratações de obras, serviços e fornecimentos de grande vulto, o edital deverá prever a obrigatoriedade de implantação de programa de integridade pelo licitante vencedor, no prazo de 6 (seis) meses, contado da celebração do contrato, conforme regulamento que disporá sobre as medidas a serem adotadas, a forma de comprovação e as penalidades pelo seu descumprimento.
>
> §5º O edital poderá prever a responsabilidade do contratado pela:
>
> I - obtenção do licenciamento ambiental;
>
> II - realização da desapropriação autorizada pelo poder público.
>
> §6º Os licenciamentos ambientais de obras e serviços de engenharia licitados e contratados nos termos desta Lei terão prioridade de tramitação nos órgãos e entidades integrantes do Sistema Nacional do Meio Ambiente (Sisnama) e deverão ser orientados pelos princípios da celeridade, da cooperação, da economicidade e da eficiência.
>
> §7º Independentemente do prazo de duração do contrato, será obrigatória a previsão no edital de índice de reajustamento de preço, com data-base vinculada à data do orçamento estimado e com a possibilidade de ser estabelecido mais de um índice específico ou setorial, em conformidade com a realidade de mercado dos respectivos insumos.

---

[154] O STF tem entendido que não há perda de objeto de ação direta de inconstitucionalidade contra lei revogada, se for possível verificar a continuidade da cadeia normativa viciada (ADI nº 763, Rel. Min. Edson Fachin, j. 25.11.2015, public. 4.12.2015). Assim, mesmo com a iminente revogação da Lei nº 12.462/2011, a Corte Suprema deve prosseguir na apreciação da ADI nº 4.645/DF e da ADI nº 4.655/DF, uma vez que a Lei nº 14.133/2021 adotou o instituto do orçamento sigiloso.

> §8º Nas licitações de serviços contínuos, observado o interregno mínimo de 1 (um) ano, o critério de reajustamento será por:
> I - reajustamento em sentido estrito, quando não houver regime de dedicação exclusiva de mão de obra ou predominância de mão de obra, mediante previsão de índices específicos ou setoriais;
> II - repactuação, quando houver regime de dedicação exclusiva de mão de obra ou predominância de mão de obra, mediante demonstração analítica da variação dos custos.
> §9º O edital poderá, na forma disposta em regulamento, exigir que percentual mínimo da mão de obra responsável pela execução do objeto da contratação seja constituído por:
> I - mulheres vítimas de violência doméstica;
> II - oriundos ou egressos do sistema prisional.

Como é cediço, o edital é a lei interna da licitação. Ele deve conter o objeto da licitação, bem como as regras relativas às diversas etapas de sua operacionalização, a saber: a convocação, o julgamento, a habilitação, os recursos e as penalidades, a fiscalização e a gestão do contrato, a entrega do objeto e as condições de pagamento.

Comparativamente à Lei nº 8.666/1993, o novel estatuto reduziu o escopo de matérias que deve constar obrigatoriamente do edital. Nesse particular, o novo regime jurídico deu maior liberdade à administração, que definirá, a partir de seus órgãos centrais de regulamentação e planejamento, a estrutura de seus instrumentos convocatórios, respeitados os elementos mínimos consignados no *caput* do art. 25.

Conforme o §1º, sempre que o objeto permitir, a administração adotará minutas padronizadas de edital e de contrato com cláusulas uniformes. A definição deste documento cabe aos órgãos da administração com competências regulamentares relativas às atividades de administração de materiais, de obras e serviços e de licitações e contratos, consoante o inc. IV do art. 19.

O que determinará o atendimento dessa exigência é o tipo de objeto. No caso de bens, serviços e obras comuns, a tendência é se usar edital e contratos padronizados, já que a própria experiência da administração em contratar de forma corriqueira determinados objetos fará com que não haja maiores especificidades a superar, sendo eficiente seguir modelos previamente elaborados.

O §2º estabelece que o edital poderá prever a utilização de mão de obra, materiais, tecnologias e matérias-primas existentes no local da execução, conservação e operação do bem, serviço ou obra, desde que não isso não implique prejuízos à competitividade do processo licitatório e à eficiência do respectivo contrato. A opção pelo uso de insumos locais deve ser devidamente demonstrada no estudo técnico preliminar (ETP), por implicar, em tese, uma contratação mais onerosa e com menos competitividade.

Segundo o §3º, todos os elementos do edital deverão ser divulgados em sítio eletrônico oficial na mesma data de divulgação do edital, sem necessidade de registro ou de identificação para acesso. Por óbvio, estará de fora da regra o orçamento sigiloso, se este for adotado pela administração.

A disponibilidade de tais informações é pressuposto para que os interessados possam exercer o seu direito de participar das licitações públicas, sendo importante que ela ocorra sem dificuldades ou barreiras de acesso. Trata-se de medida consentânea com a ideia de transparência ativa, que contempla a divulgação de informações de interesse geral, independentemente de solicitação pelo público.

O §4º previu a obrigatoriedade de implantação de programa de integridade pelo licitante vencedor, nas contratações de obras, serviços e fornecimentos de grande vulto. Ressalta-se que essa imposição se aplica apenas ao contratado, não devendo ser critério para fins de habilitação.

O dispositivo impõe que esse dever seja cumprido no prazo de 6 meses, contado da celebração do contrato. Para tanto, os contratados devem atender às orientações consignadas em regulamento da entidade contratante, que deverá dispor sobre o conteúdo do programa de integridade, a forma de comprovação das medidas adotadas e as penalidades pelo seu descumprimento, consoante o §4º. Trata-se, portanto, de uma hipótese de regulamentação de pena pela via infralegal, o que pode ser objeto de eventuais questionamentos quanto à sua constitucionalidade.[155]

A inserção dessa exigência na nova Lei de Licitações reflete as preocupações mais recentes a respeito da prevenção e do combate à corrupção na Administração Pública, as quais se acentuaram após os escândalos que culminaram com a Operação Lava Jato.

Em verdade, há tempos que o combate à corrupção se insere na pauta de demandas da sociedade, no Brasil e no mundo, não obstante as ineficiências sistêmicas do aparato de persecução e repressão verificados no país. A repercussão do tema nas diversas camadas da população faz parte de um processo de amadurecimento cultural, sendo esperado que as instituições incorporem esses reclamos em mudanças legislativas e no funcionamento das organizações.

Esse quadro foi descrito na obra de Rodrigo Pirontti e Mirela Zilotto, como ilustra a passagem a seguir:

> [...] os anseios por mudanças culturais inspiram a criação e o fortalecimento de mecanismos aptos a monitorar, controlar e reprimir essa atuação imoral e antiética, que carrega consigo prejuízos à economia, agrava as desigualdades sociais e impede o adequado

---

[155] Daniel Ferreira não vê problemas ao estabelecimento de penas por norma infralegal, quando o seu destinatário forem pessoas situadas em regime de sujeição especial com a Administração Pública. Em suas palavras: "Com base nisso, sustenta-se que a lei formal (aquela que decorre do processo legislativo) se impõe como instrumento idôneo para veiculação de ilícitos administrativos no regime de sujeição geral – aquele que decorre diretamente da lei (como acontece na senda do trânsito). No regime de sujeição especial, voluntário e que se forma mediante um vínculo particular de sujeição (como o que se propõe em relação a servidores e a contratados do poder público), admite-se a possibilidade da infração ser (mais bem) prevista objetivamente por meio de ato infralegal, como o regulamento geral (da repartição) e a minuta de contrato" (FERREIRA, Daniel. Infrações e sanções administrativas. In: CAMPILONGO, Celso Fernandes; GONZAGA, Álvaro de Azevedo; FREIRE, André Luiz (Coord.). Enciclopédia jurídica da PUC-SP. 1. ed. São Paulo: Pontifícia Universidade Católica de São Paulo, 2017. Tomo: Direito Administrativo e Constitucional. Disponível em: https://enciclopediajuridica.pucsp.br/verbete/107/edicao-1/infracoes-e-sancoes-administrativas). Acesso em: 6 mar. 2022).

desenvolvimento econômico-social e sustentável, notadamente, de países em desenvolvimento, como é o caso do Brasil.[156]

Tal contexto ensejou diversas mudanças legislativas, cabendo destacar a aprovação da Lei nº 12.846, de 1º.8.2013, conhecida como Lei Anticorrupção. Esta norma concretizou, no plano jurídico nacional, compromissos internacionais firmados pelo Brasil, em especial os estabelecidos nas Convenções das Nações Unidas contra a Corrupção[157] e contra o Crime Organizado Transnacional[158] (Convenções de Mérida e de Palermo), no sentido de promover e fortalecer as medidas para prevenir e combater mais eficaz e eficientemente a corrupção e prevenir e combater mais eficazmente a criminalidade organizada transnacional.

Conforme o art. 7º, inc. VIII, da Lei nº 12.846/2013, a existência de mecanismos e procedimentos internos de integridade, entre outros, no âmbito da pessoa jurídica, foi prevista como um dos critérios que podem ser considerados na aplicação das sanções, em razão da prática de atos ilícitos previstos na norma.

Os programas de integridade foram definidos no art. 41 do Decreto nº 8.420, de 18.3.2015, para os fins da norma. Conforme o dispositivo, ele consiste, no âmbito de uma pessoa jurídica:

> no conjunto de mecanismos e procedimentos internos de integridade, auditoria e incentivo à denúncia de irregularidades e na aplicação efetiva de códigos de ética e de conduta, políticas e diretrizes com objetivo de detectar e sanar desvios, fraudes, irregularidades e atos ilícitos praticados contra a administração pública, nacional ou estrangeira.

O parágrafo único preconiza que esses programas de integridade devem ser estruturados, aplicados e atualizados de acordo com as características e riscos atuais das atividades de cada pessoa jurídica, a qual por sua vez deve garantir o constante aprimoramento e adaptação do referido programa, visando garantir sua efetividade.

O §4º do art. 42 da norma estabeleceu, ainda, que caberia ao ministro de estado-chefe da Controladoria-Geral da União expedir orientações, normas e procedimentos complementares referentes à avaliação do programa de integridade de que trata este capítulo.

Em cumprimento, a mencionada autoridade editou a Portaria nº 909, de 7.4.2015. Tal normativo pode servir de orientação e referência para a regulamentação da exigência

---

[156] CASTRO, Rodrigo Pironti Aguirre; ZILOTTO, Mirela Miró. *Compliance nas contratações públicas*: exigência e critérios normativos. Belo Horizonte: Fórum, 2021. p. 32.
[157] Aprovada pelo Congresso Nacional por meio do Decreto Legislativo nº 348, de 18.5.2005; ratificada pelo Governo brasileiro em 15.6.2005; e promulgada pelo presidente da República por intermédio do Decreto nº 5.687, de 31.1.2006.
[158] Aprovada pelo Congresso Nacional por meio do Decreto Legislativo nº 231, de 29.5.2003; ratificada pelo Governo brasileiro em 29.1.2004; e promulgada pelo presidente da República por intermédio do Decreto nº 5.015, de 12.3.2004.

de políticas de integridade no âmbito das contratações realizadas pela Administração Pública Federal.

Uma outra novidade trazida pela lei, veiculada no §5º, foi a previsão de que o edital possa atribuir ao contratado a responsabilidade pela obtenção do licenciamento ambiental e pela realização da desapropriação autorizada pelo Poder Público. Ocorrendo essa hipótese, avalia-se que os custos inerentes a essas atividades devem ser incluídos no orçamento estimativo do certame e, por conseguinte, comporão o preço da contratação. Além disso, o contratado deve assumir ou, pelo menos, compartilhar os riscos relativos a essas atividades, devendo essa responsabilidade constar expressamente da matriz de alocação de riscos.

O §6º previu que os licenciamentos ambientais de obras e serviços de engenharia licitados e contratados nos termos da nova lei terão prioridade de tramitação nos órgãos e entidades integrantes do Sistema Nacional do Meio Ambiente (Sisnama). Tal disposição visa remediar um dos principais gargalos na eficiência das contratações públicas, não obstante seja difícil imaginar que tais problemas sejam resolvidos à canetada, pela simples previsão normativa, uma vez que dependem da melhor estruturação dos órgãos responsáveis e da racionalização dos procedimentos.

A norma impôs, em seu §7º, como cláusula obrigatória do edital, a previsão de índice de reajustamento de preço com data-base vinculada à data do orçamento estimado. Conforme o dispositivo, esse item deve constar dos instrumentos convocatórios, independentemente do prazo de duração do contrato.

É preciso lembrar que o art. 2º, §1º, da Lei nº 10.192, de 14.2.2001, impõe um limite temporal a modificações de valores contratuais para fazer frente à perda do poder aquisitivo da moeda, ao prever que "é nula de pleno direito qualquer estipulação de reajuste ou correção monetária de periodicidade inferior a um ano".

Assim, a incidência do §7º, independentemente do prazo de duração do contrato, tem como objetivo prevenir eventual prorrogação de ajuste, a ponto de sua vigência ultrapassar um ano, hipótese em que caberia o reajuste. Por essa razão, é importante definir, desde logo, o índice de reajustamento cabível ao contrato.

A lei faculta à administração estabelecer mais de um índice específico ou setorial, em conformidade com a realidade de mercado dos respectivos insumos, nos termos do mencionado dispositivo.

O §8º estipula as regras pertinentes ao reajustamento de contratações de serviços contínuos:
a) deverá ser observado o interregno mínimo de 1 ano;
b) será operacionalizada mediante reajustamento em sentido estrito, quando não houver regime de dedicação exclusiva de mão de obra ou predominância de mão de obra, mediante previsão de índices específicos ou setoriais;
c) será operacionalizada por meio de repactuação, quando houver regime de dedicação exclusiva de mão de obra ou predominância de mão de obra, mediante demonstração analítica da variação dos custos.

Por fim, o §9º traz algumas regras que acentuam a função regulatória das licitações públicas. Tais dispositivos servem como mecanismo de indução de determinadas práticas que produzam resultados sociais benéficos, imediatos ou futuros, à sociedade.[159] Nesse contexto, as contratações públicas podem buscar objetivos mais amplos que não a mera seleção da proposta mais vantajosa.

Segundo o dispositivo, o edital poderá, na forma disposta em regulamento, exigir que percentual mínimo da mão de obra responsável pela execução do objeto da contratação seja constituído por:

    a) mulher vítima de violência doméstica;
    b) oriundo ou egresso do sistema prisional, na forma estabelecida em regulamento.

A disposição exigirá o estabelecimento de novas rotinas para a fiscalização da execução do contrato, decorrente de licitação com essas exigências. Não obstante o silêncio da norma, o descumprimento dessa obrigação pode configurar inexecução do contrato, cabendo à administração avaliar, em cada caso, as penas e as consequências cabíveis, segundo a extensão da infração e a sua gravidade, bem como a culpabilidade da contratada.

7.1.9 Margens de preferência

> Art. 26. No processo de licitação, poderá ser estabelecida margem de preferência para:
> I - bens manufaturados e serviços nacionais que atendam a normas técnicas brasileiras;
> II - bens reciclados, recicláveis ou biodegradáveis, conforme regulamento.
> §1º A margem de preferência de que trata o caput deste artigo:
> I - será definida em decisão fundamentada do Poder Executivo federal, no caso do inciso I do caput deste artigo;
> II - poderá ser de até 10% (dez por cento) sobre o preço dos bens e serviços que não se enquadrem no disposto nos incisos I ou II do caput deste artigo;
> III - poderá ser estendida a bens manufaturados e serviços originários de Estados Partes do Mercado Comum do Sul (Mercosul), desde que haja reciprocidade com o País prevista em acordo internacional aprovado pelo Congresso Nacional e ratificado pelo Presidente da República.
> §2º Para os bens manufaturados nacionais e serviços nacionais resultantes de desenvolvimento e inovação tecnológica no País, definidos conforme regulamento do Poder Executivo federal, a margem de preferência a que se refere o caput deste artigo poderá ser de até 20% (vinte por cento).
> §3º (VETADO).
> §4º (VETADO).

---

[159] FERRAZ, Luciano. Função regulatória da licitação. *A&C – Revista de Direito Administrativo & Constitucional*, Belo Horizonte, ano 9, n. 37, p. 133-142, jul./set. 2009. p. 133.

> §5º A margem de preferência não se aplica aos bens manufaturados nacionais e aos serviços nacionais se a capacidade de produção desses bens ou de prestação desses serviços no País for inferior:
> I - à quantidade a ser adquirida ou contratada; ou
> II - aos quantitativos fixados em razão do parcelamento do objeto, quando for o caso.
> §6º Os editais de licitação para a contratação de bens, serviços e obras poderão, mediante prévia justificativa da autoridade competente, exigir que o contratado promova, em favor de órgão ou entidade integrante da Administração Pública ou daqueles por ela indicados a partir de processo isonômico, medidas de compensação comercial, industrial ou tecnológica ou acesso a condições vantajosas de financiamento, cumulativamente ou não, na forma estabelecida pelo Poder Executivo federal.
> §7º Nas contratações destinadas à implantação, à manutenção e ao aperfeiçoamento dos sistemas de tecnologia de informação e comunicação considerados estratégicos em ato do Poder Executivo federal, a licitação poderá ser restrita a bens e serviços com tecnologia desenvolvida no País produzidos de acordo com o processo produtivo básico de que trata a Lei nº 10.176, de 11 de janeiro de 2001.
> Art. 27. Será divulgada, em sítio eletrônico oficial, a cada exercício financeiro, a relação de empresas favorecidas em decorrência do disposto no art. 26 desta Lei, com indicação do volume de recursos destinados a cada uma delas.

Da mesma forma que o §9º do artigo anterior, o art. 26 também se insere no contexto da função regulatória das licitações. Nada obstante, o dispositivo peca pela falta de clareza e pela desorganização na exposição das regras gerais e eventuais exceções. À vista disso, a disposição pode gerar várias dúvidas interpretativas a respeito das condições e dos limites para o estabelecimento de margens de preferências.

A margem de preferência é uma vantagem conferida a determinados objetos, por força de alguma razão de ordem econômica ou social, que consiste no estabelecimento de uma faixa de tolerância quanto ao preço ofertado por licitante que forneça tais objetos, relativamente à melhor proposta que não se enquadre nas condições legais. Isso significa que o preço do fornecedor pode exceder o de outros competidores e ainda assim ser selecionado, caso esteja dentro da faixa de tolerância.

O art. 26 admite o estabelecimento de margem de preferência para:
a) bens manufaturados e serviços nacionais que atendam a normas técnicas brasileiras (inc. I); e
b) bens reciclados, recicláveis ou biodegradáveis (inc. II).

No caso de bens manufaturados e serviços nacionais, o estabelecimento de margem de preferência será definido em decisão fundamentada do Poder Executivo federal, nos termos do inc. I do §1º. Quanto ao inc. II, a matéria será tratada em regulamento.

A primeira pergunta que sobressai é se é possível estabelecer margem de preferência para a contratação de serviços de engenharia. Considerando a distinção terminológica adotada na lei – que usou a expressão "serviços de engenharia" quando quis se referir a esse tipo de serviço – entende-se que a resposta é negativa. Assim, o inc. I somente se aplica a serviços nacionais (excluindo os de engenharia) que atendam a normas técnicas brasileiras.

Consoante o inc. II do §1º, a margem de preferência poderá ser de até 10% sobre o preço dos bens e serviços que não se enquadrem no disposto nos incs. I ou II do *caput* deste artigo. Assim, o preço do licitante que forneça os bens e serviços contemplados pela norma pode exceder o de outros competidores e ainda assim ser selecionado, caso esteja dentro da faixa de 10%.

O inc. III do §1º admitiu a possibilidade de se admitir margem de preferência para bens manufaturados e serviços originários de Estados-Partes do Mercado Comum do Sul (Mercosul), desde que haja reciprocidade com o país prevista em acordo internacional aprovado pelo Congresso Nacional e ratificado pelo presidente da República.

Para os bens manufaturados nacionais e serviços nacionais resultantes de desenvolvimento e inovação tecnológica no país, definidos conforme regulamento do Poder Executivo federal, o §2º dispõe que a margem de preferência poderá ser de até 20%. O dispositivo busca prestigiar as empresas nacionais do setor de tecnologia, o que se justifica pelo impacto que o segmento pode gerar no desenvolvimento do país e na própria disseminação do conhecimento junto à comunidade acadêmica, ampliando o número de profissionais habilitados a trabalhar em uma cadeia produtiva com alto valor agregado.

Por outro lado, os dispositivos que estabelecem margem de preferência acabam ensejando uma contratação mais onerosa ao Poder Público. Como já dito, trata-se de opção do legislador relacionada ao cumprimento da função regulatória da licitação, constituindo, assim, uma exceção aos princípios da eficiência e da economicidade das contratações públicas. Em nossa visão, a efetividade dessas medidas deve ser objeto de verificação periódica pelos órgãos de controle, como forma de subsidiar eventuais melhorias ou revisão da legislação pelo Parlamento.

Retomando a análise dos dispositivos, o §5º prescreve algumas condições ao estabelecimento de margem de preferência. Conforme o dispositivo, esta não se aplica quando a capacidade de produção desses bens ou de prestação desses serviços for inferior à quantidade a ser adquirida ou contratada ou aos quantitativos fixados em razão do parcelamento do objeto, quando for o caso.

O §6º estabelece a possibilidade de se exigir contrapartida das empresas contratadas a partir da margem de preferência estabelecida no art. 26. Conforme o dispositivo, os editais de licitação para a contratação de bens, serviços e obras podem prever, mediante prévia justificativa da autoridade competente, que o contratado promova, em favor de órgão ou entidade integrante da Administração Pública ou daqueles por ela indicados a partir de processo isonômico:

a) medidas de compensação comercial, industrial ou tecnológica; e/ou:
b) acesso a condições vantajosas de financiamento, na forma estabelecida pelo Poder Executivo Federal.

É possível deduzir uma imprecisão do legislador no dispositivo em exame, pois o *caput* do §6º não contempla licitação para contratação de obras, as quais não estão sujeitas à previsão de margem de preferência nos termos anunciados.

Por fim, o §7º preceitua que, nas contratações destinadas à implantação, à manutenção e ao aperfeiçoamento dos sistemas de tecnologia de informação e comunicação considerados estratégicos em ato do Poder Executivo Federal, a licitação poderá ser restrita a bens e serviços com tecnologia desenvolvida no país produzidos de acordo com o processo produtivo básico de que trata a Lei nº 10.176/2001.

Cuida-se de dispositivo que vai além do estabelecimento de margem de preferência, pois limita a participação na licitação a interessados que forneçam bens e serviços com as características designadas, a pretexto de se atender a um interesse estratégico do país, nas áreas de tecnologia da informação e comunicação. Dito de outra forma, o §7º estabelece uma espécie de reserva de mercado, o que impacta a competitividade da licitação e pode ensejar uma contratação menos eficiente.

O art. 27 impõe uma obrigação importante no sentido de dar maior transparência às contratações que envolvam o estabelecimento de margem de preferência.

Segundo o dispositivo, a administração deve divulgar, em sítio eletrônico oficial, a cada exercício financeiro, a relação de empresas favorecidas em decorrência do disposto no art. 26, com indicação do volume de recursos destinados a cada uma delas.

A disposição busca induzir o controle social dos contratos assinados a partir das regras de preferência supramencionadas, o que pode servir como um fator de intimidação de comportamentos ilícitos e, ainda, subsidiar uma eventual avaliação da efetividade da política pública de fomento aos setores beneficiados pela norma.

7.2 Das modalidades de licitação

> Art. 28. São modalidades de licitação:
> I - pregão;
> II - concorrência;
> III - concurso;
> IV - leilão;
> V - diálogo competitivo.
> §1º Além das modalidades referidas no caput deste artigo, a Administração pode servir-se dos procedimentos auxiliares previstos no art. 78 desta Lei.
> §2º É vedada a criação de outras modalidades de licitação ou, ainda, a combinação daquelas referidas no caput deste artigo.
> Art. 29. A concorrência e o pregão seguem o rito procedimental comum a que se refere o art. 17 desta Lei, adotando-se o pregão sempre que o objeto possuir padrões de desempenho e qualidade que possam ser objetivamente definidos pelo edital, por meio de especificações usuais de mercado.

Parágrafo único. O pregão não se aplica às contratações de serviços técnicos especializados de natureza predominantemente intelectual e de obras e serviços de engenharia, exceto os serviços de engenharia de que trata a alínea "a" do inciso XXI do caput do art. 6º desta Lei.

Art. 30. O concurso observará as regras e condições previstas em edital, que indicará:

I - a qualificação exigida dos participantes;

II - as diretrizes e formas de apresentação do trabalho;

III - as condições de realização e o prêmio ou remuneração a ser concedida ao vencedor.

Parágrafo único. Nos concursos destinados à elaboração de projeto, o vencedor deverá ceder à Administração Pública, nos termos do art. 93 desta Lei, todos os direitos patrimoniais relativos ao projeto e autorizar sua execução conforme juízo de conveniência e oportunidade das autoridades competentes.

Art. 31. O leilão poderá ser cometido a leiloeiro oficial ou a servidor designado pela autoridade competente da Administração, e regulamento deverá dispor sobre seus procedimentos operacionais.

§1º Se optar pela realização de leilão por intermédio de leiloeiro oficial, a Administração deverá selecioná-lo mediante credenciamento ou licitação na modalidade pregão e adotar o critério de julgamento de maior desconto para as comissões a serem cobradas, utilizados como parâmetro máximo os percentuais definidos na lei que regula a referida profissão e observados os valores dos bens a serem leiloados.

§2º O leilão será precedido da divulgação do edital em sítio eletrônico oficial, que conterá:

I - a descrição do bem, com suas características, e, no caso de imóvel, sua situação e suas divisas, com remissão à matrícula e aos registros;

II - o valor pelo qual o bem foi avaliado, o preço mínimo pelo qual poderá ser alienado, as condições de pagamento e, se for o caso, a comissão do leiloeiro designado;

III - a indicação do lugar onde estiverem os móveis, os veículos e os semoventes;

IV - o sítio da internet e o período em que ocorrerá o leilão, salvo se excepcionalmente for realizado sob a forma presencial por comprovada inviabilidade técnica ou desvantagem para a Administração, hipótese em que serão indicados o local, o dia e a hora de sua realização;

V - a especificação de eventuais ônus, gravames ou pendências existentes sobre os bens a serem leiloados.

§3º Além da divulgação no sítio eletrônico oficial, o edital do leilão será afixado em local de ampla circulação de pessoas na sede da Administração e poderá, ainda, ser divulgado por outros meios necessários para ampliar a publicidade e a competitividade da licitação.

§4º O leilão não exigirá registro cadastral prévio, não terá fase de habilitação e deverá ser homologado assim que concluída a fase de lances, superada a fase recursal e efetivado o pagamento pelo licitante vencedor, na forma definida no edital.

Art. 32. A modalidade diálogo competitivo é restrita a contratações em que a Administração:

I - vise a contratar objeto que envolva as seguintes condições:

a) inovação tecnológica ou técnica;

b) impossibilidade de o órgão ou entidade ter sua necessidade satisfeita sem a adaptação de soluções disponíveis no mercado; e

c) impossibilidade de as especificações técnicas serem definidas com precisão suficiente pela Administração;

II - verifique a necessidade de definir e identificar os meios e as alternativas que possam satisfazer suas necessidades, com destaque para os seguintes aspectos:

a) a solução técnica mais adequada;

b) os requisitos técnicos aptos a concretizar a solução já definida;

c) a estrutura jurídica ou financeira do contrato;

III - (VETADO).

§1º Na modalidade diálogo competitivo, serão observadas as seguintes disposições:

I - a Administração apresentará, por ocasião da divulgação do edital em sítio eletrônico oficial, suas necessidades e as exigências já definidas e estabelecerá prazo mínimo de 25 (vinte e cinco) dias úteis para manifestação de interesse na participação da licitação;

II - os critérios empregados para pré-seleção dos licitantes deverão ser previstos em edital, e serão admitidos todos os interessados que preencherem os requisitos objetivos estabelecidos;

III - a divulgação de informações de modo discriminatório que possa implicar vantagem para algum licitante será vedada;

IV - a Administração não poderá revelar a outros licitantes as soluções propostas ou as informações sigilosas comunicadas por um licitante sem o seu consentimento;

V - a fase de diálogo poderá ser mantida até que a Administração, em decisão fundamentada, identifique a solução ou as soluções que atendam às suas necessidades;

VI - as reuniões com os licitantes pré-selecionados serão registradas em ata e gravadas mediante utilização de recursos tecnológicos de áudio e vídeo;

VII - o edital poderá prever a realização de fases sucessivas, caso em que cada fase poderá restringir as soluções ou as propostas a serem discutidas;

VIII - a Administração deverá, ao declarar que o diálogo foi concluído, juntar aos autos do processo licitatório os registros e as gravações da fase de diálogo, iniciar a fase competitiva com a divulgação de edital contendo a especificação da solução que atenda às suas necessidades e os critérios objetivos a serem utilizados para seleção da proposta mais vantajosa e abrir prazo, não inferior a 60 (sessenta) dias úteis, para todos os licitantes pré-selecionados na forma do inciso II deste parágrafo apresentarem suas propostas, que deverão conter os elementos necessários para a realização do projeto;

IX - a Administração poderá solicitar esclarecimentos ou ajustes às propostas apresentadas, desde que não impliquem discriminação nem distorçam a concorrência entre as propostas;

X - a Administração definirá a proposta vencedora de acordo com critérios divulgados no início da fase competitiva, assegurada a contratação mais vantajosa como resultado;

XI - o diálogo competitivo será conduzido por comissão de contratação composta de pelo menos 3 (três) servidores efetivos ou empregados públicos pertencentes aos quadros permanentes da Administração, admitida a contratação de profissionais para assessoramento técnico da comissão;

XII - (VETADO).

§2º Os profissionais contratados para os fins do inciso XI do §1º deste artigo assinarão termo de confidencialidade e abster-se-ão de atividades que possam configurar conflito de interesses.

A Lei nº 14.133/2021 manteve a lógica de dividir as licitações em modalidades. Entretanto, a norma deixou de distinguir essas modalidades segundo o valor estimado do certame, o que nos pareceu positivo por eliminar o problema do fracionamento de despesa. O estatuto eliminou os criticados convite e tomada de preços, tendo criado uma modalidade: o diálogo competitivo.

Segundo o art. 28, a administração pode escolher licitar conforme as seguintes modalidades:
– pregão;
– concorrência;
– concurso;
– leilão;
– diálogo competitivo.

Da mesma forma que a lei anterior, o §2º do art. 28 veda "a criação de outras modalidades de licitação ou, ainda, a combinação daquelas referidas no caput deste artigo". Com isso, resta mantida a rigidez do processo de contratação pública, o qual deve seguir a forma estabelecida pelo legislador, a fim de assegurar a impessoalidade e a segurança jurídica dos interessados em participar de licitações públicas.

A concorrência e o pregão seguem o rito procedimental comum a que se refere o art. 17 desta lei (fases preparatória, de divulgação do edital de licitação, de apresentação de propostas e lances, quando for o caso, de julgamento, de habilitação, recursal e de homologação). Não obstante, há diferenças pontuais no processamento dessas modalidades quanto aos critérios de julgamentos aplicáveis, o qual decorre da distinção existente a respeito dos objetos aos quais elas podem ser usadas. Tais distinções serão exploradas adiante.

7.2.1 Pregão

O pregão é adotado sempre que o objeto possuir padrões de desempenho e qualidade que possam ser objetivamente definidos pelo edital, por meio de especificações usuais de mercado (art. 29, *caput*).

Ele é obrigatório para aquisição de bens e serviços comuns (art. 6º, inc. XLI), podendo ser usado em serviços comuns de engenharia (art. 29, parágrafo único, parte final c/c o art. 6º, inc. XXXVIII).

Conforme o parágrafo único do art. 29, o pregão não se aplica às contratações de serviços técnicos especializados de natureza predominantemente intelectual e de obras e serviços de engenharia, exceto os serviços comuns de engenharia.

7.2.2 Concorrência

A concorrência se aplica à contratação de bens e serviços especiais, de obras e de *serviços comuns e especiais de engenharia* (art. 6º, inc. XXXVIII).

Considerando que o rito do pregão e da concorrência é o mesmo, a teor do *caput* do art. 29, cabe perguntar: qual o efeito prático de se diferenciar as duas modalidades? Em verdade, há duas singelas diferenças no processamento dessas modalidades.

Conforme visto, a lei impôs os critérios de julgamento menor preço e maior desconto ao pregão, nos termos do inc. XLI do art. 6º. Já as concorrências podem usar qualquer critério de julgamento previsto em lei.

Isso implica uma segunda diferença. Conforme o §1º do art. 56, é vedada a utilização isolada do modo de disputa fechado quando adotados os critérios de julgamento de menor preço ou de maior desconto. Por via de consequência, o pregão somente poderá utilizar os modos disputa aberto ou combinado, diferentemente da concorrência, que pode usar estes e o fechado, isoladamente.

7.2.3 Concurso

O concurso é a modalidade de licitação para a escolha de trabalho técnico, científico ou artístico, cujo critério de julgamento será o de melhor técnica ou conteúdo artístico, e para concessão de prêmio ou remuneração ao vencedor (art. 6º, inc. XXXIX).

Essa modalidade observará as regras e condições previstas em edital, que deve contemplar: a qualificação exigida dos participantes; as diretrizes e formas de apresentação do trabalho; as condições de realização; e o prêmio ou remuneração a ser concedido ao vencedor.

Segundo o parágrafo único do art. 30, nos concursos destinados à elaboração de projeto, o vencedor deverá ceder à Administração Pública todos os direitos patrimoniais relativos ao projeto e autorizar sua execução conforme juízo de conveniência e oportunidade das autoridades competentes.

7.2.4 Leilão

O leilão é a modalidade de licitação para alienação de bens imóveis ou de bens móveis inservíveis ou legalmente apreendidos a quem oferecer o maior lance (art. 6º, inc. XL).

Segundo o art. 31, ele poderá ser cometido a leiloeiro oficial ou a servidor designado pela autoridade competente da administração. O regulamento deverá dispor sobre seus procedimentos operacionais.

Se optar pela realização de leilão por intermédio de leiloeiro oficial, a administração deverá selecioná-lo mediante credenciamento ou licitação na modalidade pregão. Nesta hipótese, o critério de julgamento será o de maior desconto para as comissões a serem cobradas, utilizados como parâmetro máximo os percentuais definidos na lei que regula a referida profissão e observados os valores dos bens a serem leiloados.

Conforme o §2º, o leilão será precedido da divulgação do edital em sítio eletrônico oficial, o qual deverá que conter: a descrição do bem, com suas características, e, no caso de imóvel, sua situação e suas divisas, com remissão à matrícula e aos registros; o valor pelo qual o bem foi avaliado, o preço mínimo pelo qual poderá ser alienado, as condições de pagamento e, se for o caso, a comissão do leiloeiro designado; a indicação do lugar onde estiverem os móveis, os veículos e os semoventes; o sítio da internet e o período em que ocorrerá o leilão; ou o local, o dia e a hora de sua realização, caso ele ocorra presencialmente; a especificação de eventuais ônus, gravames ou pendências existentes sobre os bens a serem leiloados.

Em regra, o leilão deverá ser realizado de forma eletrônica. Excepcionalmente, ele poderá ser realizado de modo presencial, se for comprovada inviabilidade técnica ou desvantagem da utilização da forma eletrônica para a administração.

A Lei nº 14.133/2021 não tratou da forma como será feita a estimativa do preço mínimo do leilão.

No caso de bens imóveis da União, aplicam-se as disposições das leis nºs 9.636/1998 (dispõe sobre regularização, administração, aforamento e alienação de bens imóveis de domínio da União) e 13.240/2015 (dispõe sobre a administração, a alienação, a transferência de gestão de imóveis da União e seu uso para a constituição de fundos).

Há de se destacar, ainda, as disposições da Instrução Normativa Seges/ME nº 205, de 18.10.2019, que estabelece as diretrizes e procedimentos utilizados na alienação por venda de imóveis da União, na forma das referidas leis.

Todas essas normas contêm dispositivos sobre a avaliação do imóvel, a qual deverá ser desenvolvida por profissional habilitado para identificar o seu valor:

> [...] os seus custos, frutos e direitos e determinar os indicadores de viabilidade de sua utilização econômica para determinada finalidade, por meio do seu valor de mercado, do valor da terra nua, do valor venal ou do valor de referência, consideradas suas características físicas e econômicas, a partir de exames, vistorias e pesquisas. (Art. 11-A da Lei nº 9.636/1998)

No caso de bens móveis federais, o tema é tratado no Decreto nº 9.373/2018, que dispõe sobre a alienação, a cessão, a transferência, a destinação e a disposição final ambientalmente adequadas de bens móveis no âmbito da Administração Pública federal direta, autárquica e fundacional. Ainda sobre o assunto, a Instrução Normativa Seges nº 11/2018 cuida de ferramenta informatizada de disponibilização de bens móveis inservíveis para fins de alienação, de cessão e de transferência no âmbito da Administração Pública federal direta, autárquica e fundacional – Reuse.Gov.

Com relação à divulgação do leilão, ela ocorrerá no sítio eletrônico oficial e mediante a afixação de aviso em local de ampla circulação de pessoas na sede da Administração, podendo, ainda, ser divulgado por outros meios necessários para ampliar a publicidade e a competitividade da licitação.

O §4º do art. 31 estabelece algumas medidas de simplificação do procedimento. Ele não exigirá registro cadastral prévio, não terá fase de habilitação e deverá ser homologado assim que concluída a fase de lances, superada a fase recursal e desde que efetivado o pagamento pelo licitante vencedor, na forma definida no edital. Dito de outra forma, a homologação do leilão ocorrerá após o pagamento do preço pelo comprador, a partir do qual serão adotadas as medidas para a autorização e registro da transferência, quando for preciso, a tradição do bem móvel e a imissão de posse do bem imóvel.

7.2.5 Diálogo competitivo

Trata-se de uma das novidades do novel estatuto licitatório. A modalidade é inspirada no direito europeu, como assinala a doutrina de Rafael Sérgio Lima de Oliveira:[160]

> O diálogo competitivo veio ao Direito Europeu com a Diretiva 2004/18/CE do Parlamento Europeu e do Conselho, de 31 de março de 2004. O artigo 29º da referida Diretiva trouxe o instituto para as normas de regência da formação dos contratos públicos como uma solução para as contratações consideradas pela Administração Pública como complexas. Ou seja, a ideia do diálogo competitivo é possibilitar que o Poder Público conte com a *colaboração dos operadores econômicos para a definição do objeto do qual o Estado necessita e, em razão da sua complexidade, não tem condições de definir sozinho o objeto da contratação.* (Grifos nossos)

Tomando como substrato a realidade europeia, o autor assinala que o diálogo competitivo seria aplicável a situações em que há dificuldade em encontrar a solução para a demanda da administração, assim como em definir o critério de julgamento das propostas. Uma vez encontrada a solução e definidos os parâmetros para a avaliação das propostas, o procedimento passaria a ser o mesmo das demais modalidades, sem possibilidade de diálogo e com parâmetros rígidos de julgamento das propostas.

O art. 32 estabelece que a modalidade diálogo competitivo é restrita a contratações em que a entidade:
a) vise a contratar objeto que envolva as seguintes condições: inovação tecnológica ou técnica; impossibilidade de o órgão ou entidade ter sua necessidade satisfeita sem a adaptação de soluções disponíveis no mercado; e impossibilidade de as especificações técnicas serem definidas com precisão suficiente pela Administração;

---

[160] OLIVEIRA, Rafael Sérgio Lima de. *O diálogo competitivo do Projeto de Lei de Licitação e Contrato Brasileiro.* Disponível em: http://licitacaoecontrato.com.br/assets/artigos/artigo_download_2.pdf. Acesso em: 4 fev. 2021.

b) verifique a necessidade de definir e identificar os meios e as alternativas que possam satisfazer suas necessidades, cabendo aos interessados especificar: a solução técnica mais adequada; os requisitos técnicos aptos a concretizar a solução já definida; e a estrutura jurídica ou financeira do contrato.

Como se vê da leitura dos requisitos acima mencionados, o diálogo competitivo se aplica a situações excepcionais em que a administração possui uma necessidade, mas não consegue definir a solução ou as soluções que sejam aptas a supri-la. Dito de outra forma, a entidade não possui *expertise* nem experiência pretérita em contratações similares que lhe possibilitem especificar, com o nível de precisão adequado, o objeto a ser licitado.

O rito do diálogo competitivo é o seguinte, conforme o §1º:

a) divulgação do edital em sítio eletrônico oficial, contendo: as necessidades e as exigências já definidas; o prazo para manifestação de interesse de participação na licitação (no mínimo 25 dias úteis); e os critérios empregados para pré-seleção dos licitantes.
b) pré-seleção dos licitantes (serão admitidos todos os interessados que preencherem os requisitos objetivos estabelecidos);
c) recebimento e análise das informações dos licitantes pré-selecionados, as quais ocorrerão segundo os critérios estabelecidos no edital, podendo ser realizadas reuniões presenciais com registro em ata e gravação mediante utilização de recursos tecnológicos de áudio e vídeo;
d) decisão justificada a respeito da solução ou das soluções que atendem às necessidades da administração, com a consequente declaração de que o diálogo foi concluído e a juntada de todos os registros e as gravações da fase de diálogo aos autos do processo licitatório;
e) início da fase competitiva com a divulgação de edital, contendo a especificação da solução que atenda às suas necessidades e os critérios objetivos a serem utilizados para seleção da proposta mais vantajosa;
f) abertura de prazo, não inferior a 60 dias úteis, para todos os licitantes pré-selecionados apresentarem suas propostas, que deverão conter os elementos necessários para a realização do projeto;
g) abertura das propostas, sendo autorizada a realização de diligência para a obtenção de esclarecimentos ou ajustes às propostas apresentadas, desde que não impliquem discriminação nem distorçam a concorrência entre as propostas; e
h) definição da proposta vencedora de acordo com critérios divulgados no início da fase competitiva, assegurada a contratação mais vantajosa como resultado.

O diálogo competitivo será conduzido por comissão de contratação composta de pelo menos 3 servidores efetivos ou empregados públicos pertencentes aos quadros permanentes da Administração, admitida a contratação de profissionais para assessoramento técnico da comissão.

Os profissionais contratados para o assessoramento técnico da comissão assinarão termo de confidencialidade e abster-se-ão de atividades que possam configurar conflito de interesses.

Além disso, reputa-se aplicável o dispositivo do art. 14, inc. IV, de modo que não poderá participar da fase de diálogo e de competição aquele que mantenha vínculo de natureza técnica, comercial, econômica, financeira, trabalhista ou civil com qualquer agente que integre a comissão de assessoramento da contratação, ou dele seja cônjuge, companheiro, ou parente em linha reta, colateral ou por afinidade, até o terceiro grau.

O inc. XII do §1º previa a participação do órgão de controle externo no acompanhamento e monitoramento dos diálogos competitivos. Conforme o dispositivo, o tribunal de contas competente deveria opinar, no prazo máximo de 40 dias úteis, sobre a legalidade, a legitimidade e a economicidade da licitação, antes da celebração do contrato.

Todavia, a disposição foi vetada pelo presidente da República, sob o argumento de que ela extrapolava as competências conferidas pelo constituinte aos tribunais de contas e violava o princípio da separação dos poderes.

Em nossa visão, o chefe do Poder Executivo agiu corretamente porquanto a emissão de opinião sobre a legalidade, a legitimidade e a economicidade da licitação se confunde com uma atividade de consultoria e assessoramento, algo incompatível com a atuação do TCU como órgão de controle externo.

7.3 Dos critérios de julgamento

> Art. 33. O julgamento das propostas será realizado de acordo com os seguintes critérios:
> I - menor preço;
> II - maior desconto;
> III - melhor técnica ou conteúdo artístico;
> IV - técnica e preço;
> V - maior lance, no caso de leilão;
> VI - maior retorno econômico.
> Art. 34. O julgamento por menor preço ou maior desconto e, quando couber, por técnica e preço considerará o menor dispêndio para a Administração, atendidos os parâmetros mínimos de qualidade definidos no edital de licitação.
> §1º Os custos indiretos, relacionados com as despesas de manutenção, utilização, reposição, depreciação e impacto ambiental do objeto licitado, entre outros fatores vinculados ao seu ciclo de vida, poderão ser considerados para a definição do menor dispêndio, sempre que objetivamente mensuráveis, conforme disposto em regulamento.
> §2º O julgamento por maior desconto terá como referência o preço global fixado no edital de licitação, e o desconto será estendido aos eventuais termos aditivos.

Art. 35. O julgamento por melhor técnica ou conteúdo artístico considerará exclusivamente as propostas técnicas ou artísticas apresentadas pelos licitantes, e o edital deverá definir o prêmio ou a remuneração que será atribuída aos vencedores.

Parágrafo único. O critério de julgamento de que trata o caput deste artigo poderá ser utilizado para a contratação de projetos e trabalhos de natureza técnica, científica ou artística.

Art. 36. O julgamento por técnica e preço considerará a maior pontuação obtida a partir da ponderação, segundo fatores objetivos previstos no edital, das notas atribuídas aos aspectos de técnica e de preço da proposta.

§1º O critério de julgamento de que trata o caput deste artigo será escolhido quando estudo técnico preliminar demonstrar que a avaliação e a ponderação da qualidade técnica das propostas que superarem os requisitos mínimos estabelecidos no edital forem relevantes aos fins pretendidos pela Administração nas licitações para contratação de:

I - serviços técnicos especializados de natureza predominantemente intelectual, caso em que o critério de julgamento de técnica e preço deverá ser preferencialmente empregado;

II - serviços majoritariamente dependentes de tecnologia sofisticada e de domínio restrito, conforme atestado por autoridades técnicas de reconhecida qualificação;

III - bens e serviços especiais de tecnologia da informação e de comunicação;

IV - obras e serviços especiais de engenharia;

V - objetos que admitam soluções específicas e alternativas e variações de execução, com repercussões significativas e concretamente mensuráveis sobre sua qualidade, produtividade, rendimento e durabilidade, quando essas soluções e variações puderem ser adotadas à livre escolha dos licitantes, conforme critérios objetivamente definidos no edital de licitação.

§2º No julgamento por técnica e preço, deverão ser avaliadas e ponderadas as propostas técnicas e, em seguida, as propostas de preço apresentadas pelos licitantes, na proporção máxima de 70% (setenta por cento) de valoração para a proposta técnica.

§3º O desempenho pretérito na execução de contratos com a Administração Pública deverá ser considerado na pontuação técnica, observado o disposto nos §§3º e 4º do art. 88 desta Lei e em regulamento.

Art. 37. O julgamento por melhor técnica ou por técnica e preço deverá ser realizado por:

I - verificação da capacitação e da experiência do licitante, comprovadas por meio da apresentação de atestados de obras, produtos ou serviços previamente realizados;

II - atribuição de notas a quesitos de natureza qualitativa por banca designada para esse fim, de acordo com orientações e limites definidos em edital, considerados a demonstração de conhecimento do objeto, a metodologia e o programa de trabalho, a qualificação das equipes técnicas e a relação dos produtos que serão entregues;

III - atribuição de notas por desempenho do licitante em contratações anteriores aferida nos documentos comprobatórios de que trata o §3º do art. 88 desta Lei e em registro cadastral unificado disponível no Portal Nacional de Contratações Públicas (PNCP).

§1º A banca referida no inciso II do caput deste artigo terá no mínimo 3 (três) membros e poderá ser composta de:

I - servidores efetivos ou empregados públicos pertencentes aos quadros permanentes da Administração Pública;

> II - profissionais contratados por conhecimento técnico, experiência ou renome na avaliação dos quesitos especificados em edital, desde que seus trabalhos sejam supervisionados por profissionais designados conforme o disposto no art. 7º desta Lei.
>
> §2º Ressalvados os casos de inexigibilidade de licitação, na licitação para contratação dos serviços técnicos especializados de natureza predominantemente intelectual previstos nas alíneas "a", "d" e "h" do inciso XVIII do caput do art. 6º desta Lei cujo valor estimado da contratação seja superior a R$300.000,00 (trezentos mil reais), o julgamento será por:)
>
> I - melhor técnica; ou
>
> II - técnica e preço, na proporção de 70% (setenta por cento) de valoração da proposta técnica."
>
> Art. 38. No julgamento por melhor técnica ou por técnica e preço, a obtenção de pontuação devido à capacitação técnico-profissional exigirá que a execução do respectivo contrato tenha participação direta e pessoal do profissional correspondente.
>
> Art. 39. O julgamento por maior retorno econômico, utilizado exclusivamente para a celebração de contrato de eficiência, considerará a maior economia para a Administração, e a remuneração deverá ser fixada em percentual que incidirá de forma proporcional à economia efetivamente obtida na execução do contrato.
>
> §1º Nas licitações que adotarem o critério de julgamento de que trata o caput deste artigo, os licitantes apresentarão:
>
> I - proposta de trabalho, que deverá contemplar:
>
> a) as obras, os serviços ou os bens, com os respectivos prazos de realização ou fornecimento;
>
> b) a economia que se estima gerar, expressa em unidade de medida associada à obra, ao bem ou ao serviço e em unidade monetária;
>
> II - proposta de preço, que corresponderá a percentual sobre a economia que se estima gerar durante determinado período, expressa em unidade monetária.
>
> §2º O edital de licitação deverá prever parâmetros objetivos de mensuração da economia gerada com a execução do contrato, que servirá de base de cálculo para a remuneração devida ao contratado.
>
> §3º Para efeito de julgamento da proposta, o retorno econômico será o resultado da economia que se estima gerar com a execução da proposta de trabalho, deduzida a proposta de preço.
>
> §4º Nos casos em que não for gerada a economia prevista no contrato de eficiência:
>
> I - a diferença entre a economia contratada e a efetivamente obtida será descontada da remuneração do contratado;
>
> II - se a diferença entre a economia contratada e a efetivamente obtida for superior ao limite máximo estabelecido no contrato, o contratado sujeitar-se-á, ainda, a outras sanções cabíveis.

O novel estatuto trouxe como novidade, em relação ao regime anterior, a inclusão dos critérios do maior desconto e do maior retorno econômico, os quais foram previstos inicialmente na Lei nº 12.462/2011 (RDC).

O julgamento das propostas será realizado de acordo com os seguintes critérios:
– menor preço;
– maior desconto;

– melhor técnica ou conteúdo artístico;
– técnica e preço;
– maior lance, no caso de leilão;
– maior retorno econômico.

7.3.1 Julgamento por menor preço ou maior desconto

Como visto na análise do art. 11, um dos objetivos da licitação, talvez o principal, é assegurar a seleção da proposta apta a gerar o resultado de contratação mais vantajoso para a Administração Pública, inclusive no que se refere ao ciclo de vida do objeto.

Tal aspecto foi evidenciado na delimitação sobre o que vem a ser considerado menor preço, em licitações que levam em conta esse critério (menor preço, maior desconto e técnica e preço). Nesses certames, a administração verificará o menor dispêndio para a Administração, o que implica a consideração não apenas do preço da contratação em si como as despesas que serão geradas durante a vida útil do objeto.

O §1º do art. 34 descreve os outros componentes do custo de uma contratação que podem ser utilizados na formação do preço da proposta: as despesas de manutenção, utilização, reposição, depreciação e impacto ambiental do objeto licitado, entre outros fatores vinculados ao seu ciclo de vida. Tais custos poderão ser considerados, sempre que objetivamente mensuráveis, conforme disposto em regulamento.

Para que tais componentes sejam incluídos na proposta dos licitantes, deve a administração evidenciar a sua exigência no edital e considerá-los no orçamento estimativo da licitação. Do contrário, haverá uma incompatibilidade congênita entre o objeto desejado e o proposto pelos interessados, a qual estará evidenciada no preço ofertado, que conterá itens não contemplados no valor orçado pela entidade contratante.

Assim, é preciso que a administração forneça os subsídios necessários para que os licitantes incluam em sua proposta os custos correspondentes à manutenção, utilização, reposição, depreciação e impacto ambiental do objeto licitado. Da mesma forma, as especificações e os preços de referência consignados pela administração servirão de base para que esta avalie as propostas dos interessados quanto aos componentes supramencionados.

O julgamento por maior desconto terá como referência o preço global fixado no edital de licitação, de forma que os licitantes, em vez de informarem os preços global e unitários de sua proposta, simplesmente indicarão o desconto que estão dispostos a ofertar sobre o valor orçado pela administração.

Cuida-se, portanto, de um critério de julgamento bastante simples e objetivo, que reduz, inclusive, o risco de litigiosidade quanto a eventuais erros na proposta dos licitantes em razão de falhas na consideração de tributos, materiais e métodos construtivos, que possam levar a questionamentos quanto à aceitação de seus preços unitários.

A parte final do §2º art. 34 estipula que o desconto será estendido aos eventuais termos aditivos. Trata-se de disposição útil a evitar a ocorrência do denominado jogo de planilha, que por vezes se verificava em licitações sob o regime de empreitada por preço unitário.

O critério do maior desconto foi aceito pela jurisprudência do TCU antes mesmo de sua positivação, como pode ser evidenciado nos acórdãos nºs 2.861/2008-Plenário (Rel. Min. Ubiratan Aguiar) e 3.344/2010-1ª Câmara (Rel. Min. Subst. Weder de Oliveira), que cuidaram de licitações para aquisição de passagens aéreas.

7.3.2 Julgamento por melhor técnica ou por técnica e preço

O julgamento por melhor técnica ou conteúdo artístico implica a análise tão somente da proposta técnica ou artística apresentada pelo licitante. Nesse caso, o prêmio ou a remuneração atribuída ao vencedor será fixada no edital.

O parágrafo único do art. 35 dispõe que o julgamento por melhor técnica ou conteúdo artístico poderá ser utilizado para a contratação de projetos e trabalhos de natureza técnica, científica ou artística.

Diferentemente da Lei nº 12.462/2011 (RDC), não há vedação ao julgamento por melhor técnica na contratação de projetos de engenharia. Pelo contrário, o inc. I do §2º do art. 37 (a ser comentado adiante) admite expressamente a utilização desse critério de julgamento na licitação de estudos técnicos, planejamentos, projetos básicos e projetos executivos (alínea "a" do inc. XVIII do *caput* do art. 6º).

Conforme o art. 36, o julgamento por técnica e preço considerará a maior pontuação obtida a partir da ponderação, segundo fatores objetivos previstos no edital, das notas atribuídas aos aspectos de técnica e de preço da proposta.

O uso do aludido critério de julgamento é cabível apenas se for satisfeita a condição imposta pelo §1º do mencionado dispositivo e o objeto se enquadrar entre os designados nos diversos incisos do aludido parágrafo.

Com relação ao requisito estabelecido no §1º, admite-se a adoção do critério da técnica e preço quando o estudo técnico preliminar demonstrar que a avaliação e a ponderação da qualidade técnica das propostas que superarem os requisitos mínimos estabelecidos no edital forem relevantes aos fins pretendidos pela administração. Dito de outra forma, não basta a superação do nível de serviço e de qualidade estabelecido no edital. É preciso que esse *plus* seja relevante ao interesse público.

Por exemplo, em obras comuns de engenharia, nas quais a solução e o método construtivo usuais satisfazem perfeitamente os requisitos de adequação, segurança, funcionalidade, a eventual superação da técnica escolhida por outra solução ou metodologia pode não ser relevante aos fins pretendidos pela administração, que estará satisfeita com a opção usual, uma vez que esta entende perfeitamente o interesse público. Nesse caso, não será cabível a adoção do critério de julgamento da técnica e preço.

É o caso, por exemplo, da licitação para a execução da pintura da fachada de um prédio público. Ainda que eventualmente haja diferentes soluções e variações de execução, com repercussões sobre sua qualidade, produtividade, rendimento e durabilidade, a ponto de o objeto se enquadrar no inc. V do §1º do art. 36 (admite soluções específicas e alternativas e variações de execução), não será cabível o uso do critério de julgamento da técnica e preço, porquanto a eventual superação de um padrão mínimo de desempenho aceitável não se mostra relevante para os fins pretendidos pela administração. Dito de outra forma, não está sendo atendida a condição estabelecida no §1º.

A regra consubstancia a aplicação do princípio da proporcionalidade, em suas três dimensões de adequação, necessidade e proporcionalidade estrito senso, para a escolha do critério de julgamento pertinente à seleção da proposta que melhor atenda ao interesse público.

Superado esse primeiro passo, qual seja, a demonstração de que a avaliação e a ponderação da qualidade técnica das propostas que superarem os requisitos mínimos estabelecidos no edital são relevantes aos fins pretendidos pela Administração, é preciso que o objeto licitado se enquadre em um dos tipos especificados a seguir:

a) serviços técnicos especializados de natureza predominantemente intelectual (utilização obrigatória);
b) serviços majoritariamente dependentes de tecnologia sofisticada e de domínio restrito, conforme atestado por autoridades técnicas de reconhecida qualificação;
c) bens e serviços especiais de tecnologia da informação e de comunicação;
d) obras e serviços especiais de engenharia;
e) os que admitam soluções específicas e alternativas e variações de execução, com repercussões significativas e concretamente mensuráveis sobre sua qualidade, produtividade, rendimento e durabilidade.

Os §§2º e 3º estabelecem balizas para a ponderação das propostas técnica e de preço. Segundo o primeiro dispositivo, poderá ser atribuído o peso máximo de 70% para a valoração da proposta técnica.

Nesse ponto, a lei incorporou a jurisprudência do TCU de que não é aceitável o estabelecimento de peso excessivamente elevado para a pontuação técnica em relação à de preço, sem justificativa plausível, uma vez que tal medida restringe o caráter competitivo do certame e compromete a obtenção da proposta mais vantajosa para a Administração (Acórdão nº 525/2012-Plenário, Rel. Min. Subst. Weder de Oliveira; Acórdão nº 2.909/2012-Plenário, Rel. Min. Subst. Augusto Sherman; entre outros).

A propósito do assunto, a regra trazida pela Lei nº 14.133/2021 é distinta da prevista no art. 21, §2º da Lei do RDC, que atribuiu o limite percentual de 70% a ambas as propostas. Segue a redação desse dispositivo:

> Art. 21. [...]
> §2º É permitida a atribuição de fatores de ponderação distintos para valorar as propostas técnicas e de preço, sendo o percentual de ponderação mais relevante limitado a 70% (setenta por cento).

Outra novidade da nova lei é a previsão expressa, no §3º, de que o desempenho pretérito na execução de contratos com a Administração Pública deverá ser considerado na pontuação técnica. Para tanto, a administração consultará o cadastro de atesto do cumprimento de obrigações, uma das importantes novidades do novel estatuto preceituada nos §§3º e 4º do art. 87. O assunto deverá ser disciplinado em regulamento.

Trata-se de um dispositivo importante por valorizar a performance anterior dos licitantes e, assim, prestigiar aqueles com melhor desempenho. A lei, portanto, cria uma estrutura de incentivos para que as empresas mais qualificadas dominem o mercado de contratações públicas, especialmente em objetos mais complexos, que possam ser licitados por técnica e preço.

Dessa forma, a efetiva implantação do cadastro de atesto do cumprimento de obrigações e o uso adequado do critério de julgamento da técnica e preço pode contribuir para que o Poder Público melhore a eficácia de suas contratações, reduzindo a duração dos contratos e o risco de inexecução ou descumprimento contratual.

O art. 37 estabelece os parâmetros para a avaliação da proposta técnica nos julgamentos por melhor técnica ou por técnica e preço. O procedimento envolverá a:

a) verificação da capacitação e da experiência do licitante, comprovadas por meio da apresentação de atestados de obras, produtos ou serviços previamente realizados;
b) atribuição de notas a quesitos de natureza qualitativa por banca designada para esse fim, de acordo com orientações e limites definidos em edital;
c) atribuição de notas por desempenho do licitante em contratações anteriores aferida nos documentos comprobatórios constantes do cadastro de atesto do cumprimento de obrigações e em registro cadastral unificado disponível no Portal Nacional de Contratações Públicas (PNCP).

No que se refere à avaliação de quesitos de natureza qualitativa, a banca deve levar em conta a demonstração de conhecimento do objeto, a metodologia e o programa de trabalho, a qualificação das equipes técnicas e a relação dos produtos que serão entregues. O penúltimo aspecto – exame da qualificação das equipes técnicas – parece se confundir com a denominada qualificação profissional do regime anterior, sendo distinta, portanto, da verificação da letra "a", que se assemelha à qualificação operacional.

A banca que avaliará os quesitos de natureza qualitativa terá no mínimo 3 membros e poderá ser composta de servidores efetivos ou empregados públicos pertencentes aos quadros permanentes da Administração Pública; e/ou profissionais contratados por conhecimento técnico, experiência ou renome na avaliação dos quesitos especificados em edital. Neste último caso, os trabalhos serão supervisionados por profissionais designados pela autoridade competente de que trata o art. 7º da lei.

Mais adiante, o art. 38 trata da avaliação do que a doutrina chama de qualificação técnico-profissional, para fins de habilitação. Segundo o dispositivo, a obtenção de pontuação devido à capacitação técnico-profissional exigirá que a execução do respectivo contrato tenha participação direta e pessoal do profissional correspondente. Essa verificação ocorrerá no âmbito do procedimento indicado na letra "a" *supra* (verificação da capacitação e da experiência do licitante).

O §2º do art. 37 dispõe que, ressalvados os casos de inexigibilidade de licitação, será utilizado o critério da melhor técnica ou da técnica e preço, na proporção de 70% de valoração da proposta técnica, na licitação para a contratação dos seguintes objetos, desde que o seu valor estimado ultrapasse R$300.000,00:
- estudos técnicos, planejamentos, projetos básicos e projetos executivos;
- fiscalização, supervisão e gerenciamento de obras e serviços; e
- controles de qualidade e tecnológico, análises, testes e ensaios de campo e laboratoriais, instrumentação e monitoramento de parâmetros específicos de obras e do meio ambiente e demais serviços de engenharia que se enquadrem na definição deste inciso.

Isso implica que, se o orçamento estimado para a contratação desses objetos for inferior a R$300.000,00 e houver viabilidade de competição, a administração pode adotar outros critérios de julgamento, inclusive o de menor preço ou maior desconto.

7.3.3 Julgamento por maior retorno econômico

Conforme o art. 39, o julgamento por maior retorno econômico será utilizado, exclusivamente, quando a administração almejar celebrar um contrato de eficiência. Trata-se de ajuste cujo objetivo é proporcionar economia ao contratante, na forma de redução de despesas correntes, sendo o contratado remunerado com base em percentual da economia gerada.

O contrato de eficiência é aquele:

> cujo objeto é a prestação de serviços, que pode incluir a realização de obras e o fornecimento de bens, com o objetivo de proporcionar economia ao contratante, na forma de redução de despesas correntes, remunerado o contratado com base em percentual da economia gerada. (Inc. LIII do art. 6º)

Assim, a proposta vencedora será a que prometer a maior economia para a administração contratante, descontada a remuneração. Para tanto, o licitante deve apresentar propostas de trabalho e de preço, assim delineadas:
a) proposta de trabalho: deverá contemplar as obras, os serviços ou os bens, com os respectivos prazos de realização ou fornecimento; e a economia que se estima gerar, expressa em unidade de medida associada à obra, ao bem ou ao serviço e em unidade monetária;
b) proposta de preço: corresponderá a percentual sobre a economia que se estima gerar durante determinado período, expressa em unidade monetária.

O edital de licitação deverá prever parâmetros objetivos para a mensuração da economia gerada com a execução do contrato, a qual servirá de base de cálculo para a remuneração devida ao contratado. Esta será obtida multiplicando-se o percentual estabelecido em sua proposta pela economia efetivamente obtida na execução do contrato.

Além disso, o particular poderá sofrer desconto correspondente à diferença entre a economia contratada (proposta) e a efetivamente obtida, se esta for inferior àquela. Caso essa diferença seja superior ao limite estabelecido contratado, o contratado se sujeitará a outras sanções cabíveis.

Apresenta-se um exemplo com números para o melhor entendimento da matéria.

Supomos uma contratação sob esse critério de julgamento em que a economia estimada pela administração seja 100; a economia contratada seja 110; a economia mínima admitida seja 100; e o percentual de remuneração proposto seja de 20%. Nesse caso, a remuneração efetiva do contratado será a seguinte, considerando os exemplos de economia efetivamente gerada a seguir:

Economia efetiva gerada	Remuneração (A)	Desconto (B)	Valor a ser pago – (B)
120	20% x 120 = 24	0	24
110	20% x 110 = 22	0	22
100	20% x 100 = 20	110 – 100 = 10	10
95	20% x 95 = 19	110 – 95 = 15	4
90	20% x 90 = 18	110 – 90 = 20	Não receberá

Na situação consignada na penúltima linha desta tabela, além do desconto supramencionado, o contratado estará sujeito a outras sanções cabíveis. A lei não especificou quais seriam essas sanções, nem indicou como ela seria fixada (edital ou regulamento).

Diferentemente da Lei do RDC, a norma também não previu o que ocorrerá se a diferença entre a economia contratada e a efetivamente obtida for superior à remuneração da contratada (última linha da tabela). Em tese, poderá ser adotada a mesma solução da Lei nº 12.462/2011, que estabelece que o valor dessa diferença poderá ser imputado ao contratado a título de multa. Nesse caso, o particular não receberá nenhuma remuneração e ainda pagará uma diferença a título de multa.

Os tipos administrativos do art. 154 não contemplam expressamente o não atingimento da economia mínima contratada em contrato de eficiência como infração administrativa passível de sanção, não obstante a ocorrência possa, em tese, configurar a hipótese veiculada no inc. I ou III (dar causa à inexecução parcial ou total do contrato).

7.4 Disposições setoriais
7.4.1 Das compras

> Art. 40. O planejamento de compras deverá considerar a expectativa de consumo anual e observar o seguinte:
> I - condições de aquisição e pagamento semelhantes às do setor privado;
> II - processamento por meio de sistema de registro de preços, quando pertinente;
> III - determinação de unidades e quantidades a serem adquiridas em função de consumo e utilização prováveis, cuja estimativa será obtida, sempre que possível, mediante adequadas técnicas quantitativas, admitido o fornecimento contínuo;
> IV - condições de guarda e armazenamento que não permitam a deterioração do material;
> V - atendimento aos princípios:
> a) da padronização, considerada a compatibilidade de especificações estéticas, técnicas ou de desempenho;
> b) do parcelamento, quando for tecnicamente viável e economicamente vantajoso;
> c) da responsabilidade fiscal, mediante a comparação da despesa estimada com a prevista no orçamento.
> §1º O termo de referência deverá conter os elementos previstos no inciso XXIII do caput do art. 6º desta Lei, além das seguintes informações:
> I - especificação do produto, preferencialmente conforme catálogo eletrônico de padronização, observados os requisitos de qualidade, rendimento, compatibilidade, durabilidade e segurança;
> II - indicação dos locais de entrega dos produtos e das regras para recebimentos provisório e definitivo, quando for o caso;
> III - especificação da garantia exigida e das condições de manutenção e assistência técnica, quando for o caso.
> §2º Na aplicação do princípio do parcelamento, referente às compras, deverão ser considerados:
> I - a viabilidade da divisão do objeto em lotes;
> II - o aproveitamento das peculiaridades do mercado local, com vistas à economicidade, sempre que possível, desde que atendidos os parâmetros de qualidade; e
> III - o dever de buscar a ampliação da competição e de evitar a concentração de mercado.
> §3º O parcelamento não será adotado quando:
> I - a economia de escala, a redução de custos de gestão de contratos ou a maior vantagem na contratação recomendar a compra do item do mesmo fornecedor;
> II - o objeto a ser contratado configurar sistema único e integrado e houver a possibilidade de risco ao conjunto do objeto pretendido;
> III - o processo de padronização ou de escolha de marca levar a fornecedor exclusivo.

§4º Em relação à informação de que trata o inciso III do §1º deste artigo, desde que fundamentada em estudo técnico preliminar, a Administração poderá exigir que os serviços de manutenção e assistência técnica sejam prestados mediante deslocamento de técnico ou disponibilizados em unidade de prestação de serviços localizada em distância compatível com suas necessidades.

Art. 41. No caso de licitação que envolva o fornecimento de bens, a Administração poderá excepcionalmente:

I - indicar uma ou mais marcas ou modelos, desde que formalmente justificado, nas seguintes hipóteses:

a) em decorrência da necessidade de padronização do objeto;

b) em decorrência da necessidade de manter a compatibilidade com plataformas e padrões já adotados pela Administração;

c) quando determinada marca ou modelo comercializados por mais de um fornecedor forem os únicos capazes de atender às necessidades do contratante;

d) quando a descrição do objeto a ser licitado puder ser mais bem compreendida pela identificação de determinada marca ou determinado modelo aptos a servir apenas como referência;

II - exigir amostra ou prova de conceito do bem no procedimento de pré-qualificação permanente, na fase de julgamento das propostas ou de lances, ou no período de vigência do contrato ou da ata de registro de preços, desde que previsto no edital da licitação e justificada a necessidade de sua apresentação;

III - vedar a contratação de marca ou produto, quando, mediante processo administrativo, restar comprovado que produtos adquiridos e utilizados anteriormente pela Administração não atendem a requisitos indispensáveis ao pleno adimplemento da obrigação contratual;

IV - solicitar, motivadamente, carta de solidariedade emitida pelo fabricante, que assegure a execução do contrato, no caso de licitante revendedor ou distribuidor.

Parágrafo único. A exigência prevista no inciso II do caput deste artigo restringir-se-á ao licitante provisoriamente vencedor quando realizada na fase de julgamento das propostas ou de lances.

Art. 42. A prova de qualidade de produto apresentado pelos proponentes como similar ao das marcas eventualmente indicadas no edital será admitida por qualquer um dos seguintes meios:

I - comprovação de que o produto está de acordo com as normas técnicas determinadas pelos órgãos oficiais competentes, pela Associação Brasileira de Normas Técnicas (ABNT) ou por outra entidade credenciada pelo Inmetro;

II - declaração de atendimento satisfatório emitida por outro órgão ou entidade de nível federativo equivalente ou superior que tenha adquirido o produto;

III - certificação, certificado, laudo laboratorial ou documento similar que possibilite a aferição da qualidade e da conformidade do produto ou do processo de fabricação, inclusive sob o aspecto ambiental, emitido por instituição oficial competente ou por entidade credenciada.

§1º O edital poderá exigir, como condição de aceitabilidade da proposta, certificação de qualidade do produto por instituição credenciada pelo Conselho Nacional de Metrologia, Normalização e Qualidade Industrial (Conmetro).

§2º A Administração poderá, nos termos do edital de licitação, oferecer protótipo do objeto pretendido e exigir, na fase de julgamento das propostas, amostras do licitante provisoriamente vencedor, para atender a diligência ou, após o julgamento, como condição para firmar contrato.

§3º No interesse da Administração, as amostras a que se refere o §2º deste artigo poderão ser examinadas por instituição com reputação ético-profissional na especialidade do objeto, previamente indicada no edital.

Art. 43. O processo de padronização deverá conter:

I - parecer técnico sobre o produto, considerados especificações técnicas e estéticas, desempenho, análise de contratações anteriores, custo e condições de manutenção e garantia;

II - despacho motivado da autoridade superior, com a adoção do padrão;

III - síntese da justificativa e descrição sucinta do padrão definido, divulgadas em sítio eletrônico oficial.

§1º É permitida a padronização com base em processo de outro órgão ou entidade de nível federativo igual ou superior ao do órgão adquirente, devendo o ato que decidir pela adesão a outra padronização ser devidamente motivado, com indicação da necessidade da Administração e dos riscos decorrentes dessa decisão, e divulgado em sítio eletrônico oficial.

§2º As contratações de soluções baseadas em software de uso disseminado serão disciplinadas em regulamento que defina processo de gestão estratégica das contratações desse tipo de solução.

Art. 44. Quando houver a possibilidade de compra ou de locação de bens, o estudo técnico preliminar deverá considerar os custos e os benefícios de cada opção, com indicação da alternativa mais vantajosa.

O art. 40 disciplina a etapa de planejamento nas compras. Conforme visto no art. 18, esta etapa abrange a elaboração do estudo técnico preliminar (ETP), que deve conter a delimitação do objeto e da solução do problema da administração.

Antes de definir pela compra, a administração deve verificar a possibilidade de locação de bens (art. 44). O ETP deverá considerar os custos e os benefícios de cada opção, com indicação da alternativa mais vantajosa.

Um pequeno parêntese deve ser aberto, nesse ponto. Conquanto a presente lei seja aplicável à locação (art. 2º, inc. II), ela não disciplinou os procedimentos que se seguem, caso a administração opte pela locação de bens móveis. Não obstante, entende-se que o regramento dos arts. 40 a 43 se aplicam a esse contrato, no que couber.

Conforme o art. 40, a administração deve estimar a quantidade a ser adquirida, a partir da expectativa de consumo anual. Ela deve disciplinar todos os aspectos importantes relacionados à etapa de contratação e de execução contratual.

A administração deve observar os seguintes aspectos no planejamento das compras: estipulação de condições de aquisição e pagamento semelhantes às do setor privado; processamento por meio de sistema de registro de preços, quando pertinente; determinação de unidades e quantidades a serem adquiridas em função de consumo e utilização prováveis; definição de condições de guarda e armazenamento que não permitam a deterioração do material; e atendimento aos princípio da padronização, do parcelamento e da responsabilidade fiscal.

A estimativa da quantidade será obtida, sempre que possível, mediante adequadas técnicas quantitativas, nos termos do inc. III do art. 40.

Uma das novidades da lei é a possibilidade de fornecimento contínuo. Esse tipo de contrato contempla o fornecimento de bens de necessidade corriqueira da administração pelo prazo de até cinco anos. O tema é disciplinado nos arts. 106 e 107, que serão comentados adiante.

Quanto aos princípios, a administração deve buscar a padronização dos bens adquiridos, considerada a compatibilidade de especificações estéticas, técnicas ou de desempenho. Para tanto, a lei definiu um processo de padronização, o qual deverá conter, conforme o art. 43:

- parecer técnico sobre o produto, devendo ser consideradas as especificações técnicas e estéticas, o desempenho, a análise de contratações anteriores e os custos e as condições de manutenção e garantia;
- despacho motivado da autoridade superior, com a adoção do padrão;
- síntese da justificativa e descrição sucinta do padrão definido, divulgadas em sítio eletrônico oficial.

A administração tanto pode instaurar processo de padronização como se basear em processo de outro órgão ou entidade de nível federativo igual ou superior ao do órgão adquirente. O ato que decidir pela adesão a outra padronização deve ser devidamente motivado, com indicação da necessidade da administração e dos riscos decorrentes dessa decisão. Ele deve ser divulgado em sítio eletrônico oficial.

Como se percebe, a Lei nº 14.133/2021 não previu a participação democrática de eventuais interessados no processo de padronização, nem conferiu publicidade aos diversos atos do procedimento. Apenas a decisão do processo ou o ato de adesão a de um outro órgão é tornada pública. Tal fechamento pode ensejar eventual direcionamento e, por consequência, eventuais questionamentos quanto às escolhas da administração.

O §2º do art. 43 trouxe regra específica a respeito da padronização de soluções baseadas em *software* de uso disseminado. Conforme o dispositivo, o processo será disciplinado em regulamento que deverá definir processo de gestão estratégica das contratações.

No que se refere ao princípio do parcelamento, o §2º do art. 40 estipula que a administração deve considerar os seguintes aspectos: a viabilidade da divisão do objeto em lotes; o aproveitamento das peculiaridades do mercado local, com vistas à economicidade, sempre que possível, desde que atendidos os parâmetros de qualidade; e o dever de buscar a ampliação da competição e de evitar a concentração de mercado.

A entidade contratante deve buscar uma solução de equilíbrio, de modo que nem haja muitos lotes, a ponto de os licitantes interessados os dividirem entre si, nem poucos lotes, a ponto de inviabilizar a competição pela existência de poucos competidores que satisfaçam os requisitos do edital.

Conforme o §3º do art. 40, o parcelamento não será adotado quando:
- houver economia de escala ou redução de custos de gestão de contratos;
- o objeto a ser contratado configurar sistema único e integrado e houver a possibilidade de risco ao conjunto do objeto pretendido;
- o processo de padronização ou de escolha de marca levar a fornecedor exclusivo.

As compras são regidas por termo de referência. Trata-se de documento que faz as vezes de projeto básico, no caso de aquisições.

Conforme o §1º do art. 40, ele deve conter todos os elementos especificados no inc. XXIII do *caput* do art. 6º desta lei, além das seguintes informações:
 a) especificação do produto, observados os requisitos de qualidade, rendimento, compatibilidade, durabilidade e segurança;
 b) indicação dos locais de entrega dos produtos e das regras para recebimentos provisório e definitivo, quando for o caso; e
 c) especificação da garantia exigida e das condições de manutenção e assistência técnica, quando for o caso.

Quanto ao primeiro aspecto, os produtos devem, preferencialmente, estar em conformidade com o catálogo eletrônico de padronização. No que se refere ao último, a administração poderá exigir que os serviços de manutenção e assistência técnica sejam prestados mediante deslocamento de técnico ou disponibilizados em unidade de prestação de serviços localizada em distância compatível com suas necessidades.

Uma interessante novidade da lei diz respeito à disciplina da prova de qualidade do produto, especificada no art. 42. Por meio desse procedimento, a administração examina a qualidade do produto apresentado pelos proponentes como similar ao das marcas eventualmente indicadas no edital.

Tal verificação ocorrerá por um dos seguintes meios, conforme o art. 42:
- comprovação de que o produto está de acordo com as normas técnicas determinadas pelos órgãos oficiais competentes, pela Associação Brasileira de Normas Técnicas (ABNT) ou por outra entidade credenciada pelo Inmetro;
- declaração de atendimento satisfatório emitida por outro órgão ou entidade de nível federativo equivalente ou superior que tenha adquirido o produto;
- certificação, certificado, laudo laboratorial ou documento similar que possibilite a aferição da qualidade e da conformidade do produto ou do processo de fabricação, inclusive sob o aspecto ambiental, emitido por instituição oficial competente ou por entidade credenciada;
- carta de solidariedade emitida pelo fabricante, que assegure a execução do contrato, no caso de licitante revendedor ou distribuidor.

Quanto à apresentação de certificado de qualidade emitido pela ABNT ou outra entidade credenciada pelo Inmetro, o novel estatuto positivou a jurisprudência do TCU, a qual admitia a exigência de tais documentos, como critério de aceitação das propostas, desde que devidamente motivado no processo licitatório (Acórdão nº 555/2008-Plenário. Rel. Min. Subst. Augusto Sherman; 898/2021-Plenário. Rel. Min. Benjamin Zymler).

O §1º tornou expressa a possibilidade de a administração exigir, como condição de aceitabilidade da proposta, certificação de qualidade do produto por instituição credenciada pelo Conselho Nacional de Metrologia, Normalização e Qualidade Industrial (Conmetro).

A administração pode oferecer protótipo do objeto e exigir, nos termos do edital de licitação, amostras do licitante provisoriamente vencedor, para atender à diligência ou, após o julgamento, como condição para firmar contrato. Como se vê, não é admitido exigir amostras de todos os licitantes, como condição de participação na licitação.

Consoante o §3º do art. 42, as amostras supramencionadas poderão ser examinadas por instituição com reputação ético-profissional na especialidade do objeto, previamente indicada no edital, caso haja interesse da administração.

No caso de licitação que envolva o fornecimento de bens, a administração poderá, excepcionalmente, nos termos do art. 41:

a) indicar uma ou mais marcas ou modelos, desde que formalmente justificado;
b) exigir amostra ou prova de conceito do bem no procedimento de pré-qualificação permanente, na fase de julgamento das propostas ou de lances (do licitante vencedor), ou no período de vigência do contrato ou da ata de registro de preços;
c) vedar a contratação de marca ou produto, quando a sua inadequação aos requisitos exigidos for atestada em processo administrativo.

No que se refere às amostras, aos protótipos e às provas de conceito, a lei também incorporou a jurisprudência do TCU, a qual possui vários precedentes no sentido de que tais documentos não podem ser exigidos como requisito de habilitação, de todos os licitantes, mas apenas do provisoriamente classificado em primeiro lugar, na fase de julgamento (Acórdão nº 3.130/2007-1ª Câmara. Rel. Min. Subst. Marcos Bemquerer; Acórdão nº 1.113/2008-Plenário. Rel. Min. Subst. André de Carvalho; e Acórdão nº 2.763/2013-Plenário. Rel. Min. Subst. Weder de Oliveira).

Além disso, avalia-se como uma boa prática permitir o acompanhamento por todos os interessados do procedimento de apresentação e análise de amostra ou prova de conceito, conforme decidiu o Tribunal nos acórdãos nºs 1.984/2008-Plenário (Rel. Min. Aroldo Cedraz) e 1.823/2017-Plenário (Rel. Min. Walton Alencar).

No que se refere à carta de solidariedade, entende-se que é aplicável o seguinte precedente do TCU, exarado no regime jurídico anterior ao novel estatuto (tese extraída do repositório da jurisprudência do Tribunal):

> A exigência de carta de solidariedade do fabricante, ainda que para fins de assinatura do contrato, por configurar restrição à competitividade, somente é admitida em casos excepcionais, quando for necessária à execução do objeto contratual, situação que deve ser adequadamente justificada nos autos do processo licitatório. (Acórdão nº 3.018/2020-Plenário. Rel. Min. Subst. Augusto Sherman)

Conforme o inc. I do art. 41, a indicação de marca ou modelo ocorrerá quando:
a) houver necessidade de padronização do objeto;
b) houver necessidade de manter a compatibilidade com plataformas e padrões já adotados pela Administração;
c) determinada marca ou modelo comercializados por mais de um fornecedor forem os únicos capazes de atender às necessidades do contratante; e
d) a descrição do objeto a ser licitado puder ser mais bem compreendida.

Tais regras também refletem a jurisprudência do TCU, a qual pode ser sintetizada na Súmula nº 270, lavrada no seguinte sentido: "Em licitações referentes a compras, inclusive de softwares, é possível a indicação de marca, desde que seja estritamente necessária para atender exigências de padronização e que haja prévia justificação".

7.4.2 Das obras e serviços de engenharia

Art. 45. As licitações de obras e serviços de engenharia devem respeitar, especialmente, as normas relativas a:
I - disposição final ambientalmente adequada dos resíduos sólidos gerados pelas obras contratadas;
II - mitigação por condicionantes e compensação ambiental, que serão definidas no procedimento de licenciamento ambiental;
III - utilização de produtos, de equipamentos e de serviços que, comprovadamente, favoreçam a redução do consumo de energia e de recursos naturais;
IV - avaliação de impacto de vizinhança, na forma da legislação urbanística;
V - proteção do patrimônio histórico, cultural, arqueológico e imaterial, inclusive por meio da avaliação do impacto direto ou indireto causado pelas obras contratadas;
VI - acessibilidade para pessoas com deficiência ou com mobilidade reduzida.
Art. 46. Na execução indireta de obras e serviços de engenharia, são admitidos os seguintes regimes:
I - empreitada por preço unitário;
II - empreitada por preço global;
III - empreitada integral;
IV - contratação por tarefa;
V - contratação integrada;
VI - contratação semi-integrada;
VII - fornecimento e prestação de serviço associado.
§1º É vedada a realização de obras e serviços de engenharia sem projeto executivo, ressalvada a hipótese prevista no §3º do art. 18 desta Lei.
§2º A Administração é dispensada da elaboração de projeto básico nos casos de contratação integrada, hipótese em que deverá ser elaborado anteprojeto de acordo com metodologia definida em ato do órgão competente, observados os requisitos estabelecidos no inciso XXIV do art. 6º desta Lei.

§3º Na contratação integrada, após a elaboração do projeto básico pelo contratado, o conjunto de desenhos, especificações, memoriais e cronograma físico-financeiro deverá ser submetido à aprovação da Administração, que avaliará sua adequação em relação aos parâmetros definidos no edital e conformidade com as normas técnicas, vedadas alterações que reduzam a qualidade ou a vida útil do empreendimento e mantida a responsabilidade integral do contratado pelos riscos associados ao projeto básico.

§4º Nos regimes de contratação integrada e semi-integrada, o edital e o contrato, sempre que for o caso, deverão prever as providências necessárias para a efetivação de desapropriação autorizada pelo poder público, bem como:

I - o responsável por cada fase do procedimento expropriatório;

II - a responsabilidade pelo pagamento das indenizações devidas;

III - a estimativa do valor a ser pago a título de indenização pelos bens expropriados, inclusive de custos correlatos;

IV - a distribuição objetiva de riscos entre as partes, incluído o risco pela diferença entre o custo da desapropriação e a estimativa de valor e pelos eventuais danos e prejuízos ocasionados por atraso na disponibilização dos bens expropriados;

V - em nome de quem deverá ser promovido o registro de imissão provisória na posse e o registro de propriedade dos bens a serem desapropriados.

§5º Na contratação semi-integrada, mediante prévia autorização da Administração, o projeto básico poderá ser alterado, desde que demonstrada a superioridade das inovações propostas pelo contratado em termos de redução de custos, de aumento da qualidade, de redução do prazo de execução ou de facilidade de manutenção ou operação, assumindo o contratado a responsabilidade integral pelos riscos associados à alteração do projeto básico.

§6º A execução de cada etapa será obrigatoriamente precedida da conclusão e da aprovação, pela autoridade competente, dos trabalhos relativos às etapas anteriores.

§7º (VETADO).

§8º (VETADO).

§9º Os regimes de execução a que se referem os incisos II, III, IV, V e VI do caput deste artigo serão licitados por preço global e adotarão sistemática de medição e pagamento associada à execução de etapas do cronograma físico-financeiro vinculadas ao cumprimento de metas de resultado, vedada a adoção de sistemática de remuneração orientada por preços unitários ou referenciada pela execução de quantidades de itens unitários.

O art. 45 traz as diversas normas que devem ser respeitadas no caso de licitações referentes a obras e serviços de engenharia. O dispositivo repete a redação do art. 4º, §1º, da Lei nº 12.462/2011 (RDC).

O artigo impõe o atendimento de critérios de sustentabilidade quanto à disposição final de resíduos sólidos; mitigação por condicionantes e compensação ambiental; uso de insumos que favoreçam a redução do consumo de energia e de recursos naturais; avaliação do impacto de vizinhança; proteção do patrimônio histórico, cultural, arqueológico e imaterial; promoção da acessibilidade. Os aspectos indicados fazem parte do que se chama de função social da licitação pública.

Em tese, a administração deve buscar atender aos aspectos relacionados ao especificar o objeto do certame, o que implica a necessidade de estipular tais deveres aos contratados, no instrumento do ajuste. Por conseguinte, a verificação do cumprimento das normas indicadas deve fazer parte da fiscalização do objeto, de forma que eventual violação pelo contratado pode configurar inadimplemento contratual e gerar as sanções cabíveis.

Na execução indireta de obras e serviços de engenharia, são admitidos os seguintes regimes de execução, a teor do art. 46:

– empreitada por preço unitário;
– empreitada por preço global;
– empreitada integral;
– contratação por tarefa;
– contratação integrada;
– contratação semi-integrada;
– fornecimento e prestação de serviço associado.

A empreitada por preço global é o regime de contratação no qual a execução da obra ou do serviço ocorre por preço certo e total (inc. XXIX do art. 6º).

A empreitada por preço unitário é o regime de contratação no qual a execução da obra ou do serviço se dá por preço certo de unidades determinadas (inc. XXVIII do art. 6º).

A empreitada integral é o regime no qual a contratação do empreendimento ocorre em sua integralidade (inc. XXX do art. 6º):

> [...] compreendida a totalidade das etapas de obras, serviços e instalações necessárias, sob inteira responsabilidade do contratado até sua entrega ao contratante em condições de entrada em operação, com características adequadas às finalidades para as quais foi contratado e atendidos os requisitos técnicos e legais para sua utilização com segurança estrutural e operacional.

A tarefa é o regime de contratação de mão de obra para pequenos trabalhos por preço certo, com ou sem fornecimento de materiais (inc. XXXI do art. 6º).

A contratação integrada é o:

> regime de contratação de obras e serviços de engenharia em que o contratado é responsável por elaborar e desenvolver os projetos básico e executivo, executar obras e serviços de engenharia, fornecer bens ou prestar serviços especiais e realizar montagem, teste, pré-operação e as demais operações necessárias e suficientes para a entrega final do objeto. (Inc. XXXII do art. 6º)

A contratação semi-integrada é o:

> regime de contratação de obras e serviços de engenharia em que o contratado é responsável por elaborar e desenvolver o projeto executivo, executar obras e serviços de engenharia,

fornecer bens ou prestar serviços especiais e realizar montagem, teste, pré-operação e as demais operações necessárias e suficientes para a entrega final do objeto. (Inc. XXXIII do art. 6º)

O fornecimento e prestação de serviço associado é o "regime de contratação em que, além do fornecimento do objeto, o contratado responsabiliza-se por sua operação, manutenção ou ambas, por tempo determinado" (inc. XXXIV do art. 6º).

Conforme o §1º do art. 46, é vedada a realização de obras e serviços de engenharia sem projeto executivo, ressalvados os casos de obras e os serviços comuns de engenharia licitados mediante termo de referência, nos termos do §3º do art. 18.

Já o §2º do art. 46 preconiza que a administração é dispensada de elaborar o projeto básico no caso da contratação integrada. Nesse regime, a entidade contratante irá produzir apenas o anteprojeto, ficando a elaboração daquela a cargo da contratada.

O §3º traz regra aplicável ao regime da contratação integrada. Consoante o dispositivo, o projeto básico elaborado pelo contratado deverá ser submetido à aprovação da administração, juntamente com o conjunto de desenhos, especificações, memoriais e cronograma físico-financeiro. Segundo o dispositivo, a entidade contratante avaliará a adequação do projeto e dos elementos em relação aos parâmetros definidos no edital e conformidade com as normas técnicas.

Cabe indagar se o contratado deve fazer juntar o orçamento detalhado do custo global da obra ao projeto básico, nos termos do art. 6º, inc. XXV, nessa oportunidade. Não obstante esse produto faça parte do conceito de projeto básico, seria o caso de questionar a necessidade dessa peça, já que ela não servirá de base à medição do contrato, nem poderá ensejar a revisão do valor contratual, para mais ou para menos.

Tomando como base a jurisprudência do TCU produzida sob a égide do regime anterior, a resposta é positiva. Nesse sentido, transcreve-se a seguinte tese extraída do repositório da jurisprudência selecionada do Tribunal:

> A Administração deve exigir das empresas contratadas no regime de contratação integrada, por ocasião da entrega dos projetos básico e executivo, a apresentação de orçamento detalhado contendo descrições, unidades de medida, quantitativos e preços unitários de todos os serviços da obra, acompanhado das respectivas composições de custo unitário, bem como do detalhamento dos encargos sociais e da taxa de BDI, nos termos do art. 2º, parágrafo único, da Lei 12.462/2011, aplicável a todos os regimes de execução contratual do RDC, e da Súmula 258 do TCU. (Acórdão nº 2.433/2016-Plenário. Rel. Min. Benjamin Zymler; Acórdão nº 2.123/2017-Plenário. Rel. Min. Benjamin Zymler; e Acórdão nº 2.136/2017-Plenário. Rel. Min. Aroldo Cedraz)

A justificativa dessa exigência está bem sintetizada no voto condutor do primeiro aresto:

> 92. [...] posso elencar diversos motivos para a que a administração contratante, quando adotada o regime de contratação integrada, exija da empresa contratada a apresentação do orçamento detalhado por ocasião da entrega dos projetos definitivos da obra:

- tais orçamentos serão parâmetros de controle para alterações de escopo contratual, contendo os quantitativos e preços unitários dos serviços contratados;
- o cálculo de reajustamentos contratuais ocorrerá com maior precisão, utilizando cestas de índices setoriais ou a aplicação de índices específicos para cada serviço planilhado;
- as planilhas orçamentárias servirão de subsídio para eventuais pleitos de reequilíbrio econômico-financeiro do contrato;
- os orçamentos detalhados possibilitarão a confecção e a análise do cronograma físico-financeiro do contrato, a partir das produções horárias das equipes; e
- servirão como parâmetros de referência de preços de mercado em futuras licitações.

Conforme visto, o art. 25, §5º, inc. II, permite que a administração atribua ao contratado a responsabilidade pela realização da desapropriação autorizada pelo Poder Público. Sendo este o caso, o §4º do art. 46 prescreve que o edital e o contrato, nos regimes de contratação integrada e semi-integrada, deverão prever as providências necessárias à efetivação da medida, bem como:

a) o responsável por cada fase do procedimento expropriatório;
b) a responsabilidade pelo pagamento das indenizações devidas;
c) a estimativa do valor a ser pago a título de indenização pelos bens expropriados, inclusive de custos correlatos;
d) a distribuição objetiva de riscos entre as partes, incluído o risco pela diferença entre o custo da desapropriação e a estimativa de valor e pelos eventuais danos e prejuízos ocasionados por atraso na disponibilização dos bens expropriados; e
e) em nome de quem deverá ser promovido o registro de imissão provisória na posse e o registro de propriedade dos bens a serem desapropriados.

Nesse ponto, o novel estatuto se inspirou na experiência das leis das concessões públicas e das parcerias público-privadas.

A transferência do encargo e dos riscos associados à desapropriação ao contratado pode reduzir o tempo médio de execução dos ajustes e contribuir para a melhoria da eficiência das contratações públicas, especialmente nos casos em que são notórias a expertise e a capacidade econômica do particular em cumprir com o encargo.

A lógica por trás do dispositivo é aproveitar a maior agilidade do setor privado, que não está sujeito às amarras da burocracia administrativa, e o próprio interesse do contratado em remover os obstáculos existentes à execução da obra, permitindo que cumpra o cronograma e receba os pagamentos programados.

A menção apenas à contratação integrada e à contratação semi-integrada, no §4º do art. 46, leva à dúvida se a transferência da responsabilidade pela realização da desapropriação ao contratado pode ocorrer nos demais regimes. Tal pergunta se justifica pelo fato de o art. 25, §5º, ter admitido a estipulação dessa medida no edital, sem qualquer restrição quanto ao regime.

Em nossa opinião, não há nenhuma razão lógica de se vedar que o particular assuma esse encargo nos demais regimes de execução de obra pública. Se a nova lei permitiu a livre distribuição dos riscos entre o contratante e o contratado e se o art. 25,

§5º admitiu a transferência dessa responsabilidade ao particular, sem qualquer restrição, não há óbice a que a providência seja estipulada em todo e qualquer regime de execução.

Conforme o inc. IV, a administração possui a liberdade de distribuir os riscos associados à desapropriação, devendo assim proceder no edital. Caso esse risco tenha sido transferido ao particular, ele não pode ser cobrado a devolver a eventual diferença que tenha decorrido de uma negociação mais eficiente com o antigo proprietário do imóvel desapropriado, se o valor de indenização for menor do que o estimado. Da mesma forma, o contrato não poderá pleitear a revisão do contrato, na hipótese de a indenização superar o valor previsto.

Conforme o art. 6º, na contratação semi-integrada, o encargo de elaborar o projeto básico permanece com a administração contratante, restando ao particular a responsabilidade pelo projeto executivo, além, é claro, pela execução e entrega da obra, pronta para a sua operação.

Não obstante, o §5º do art. 46 admite a possibilidade de o particular modificar o projeto básico, desde que haja autorização da administração, se ficar demonstrada a superioridade das inovações propostas em termos de redução de custos, de aumento da qualidade, de redução do prazo de execução ou de facilidade de manutenção ou operação.

A nova lei não tornou claro se essa modificação pode ensejar alteração do valor contratado, para mais ou para menos, em face da mudança do equilíbrio econômico-financeiro da avença. Especificamente, cabe indagar se a economia gerada pela redução de custos pode implicar a diminuição do preço contratado e, por outro lado, se o eventual aumento de qualidade, redução de prazo ou maior facilidade de manutenção/operação pode acarretar o seu aumento.

Em nossa visão, vale a regra geral da preservação do equilíbrio econômico-financeiro. Como houve a alteração do projeto básico autorizada pela administração, ocorreu, a rigor, uma modificação nas condições iniciais de execução do objeto pactuado, a qual exige uma nova definição do equilíbrio econômico-financeiro inicial. Na prática, é como se tivesse sido pactuado um novo contrato, a partir de um novo projeto básico (modificado apenas em parte, é verdade).

Nessa hipótese, os ganhos advindos da melhoria do projeto devem ser compartilhados entre as partes, o que implica a necessidade de haver uma negociação entre a administração e o particular quanto ao novo preço da parte modificada. Do contrário, não haverá nenhum incentivo ao particular para que ele apresente soluções mais econômicas ante as consignadas no projeto básico, o que faria com que essa possibilidade (de alteração do projeto básico) não fosse exercida pelo contratado, o que levaria à inefetividade do regime da contratação semi-integrada.

De todo modo, o particular deve assumir a responsabilidade técnica pela parte modificada do projeto básico e, sob o ponto de vista civil e administrativo, responder por todos os riscos associados à essa modificação (parte final do §5º do art. 46). Dessa forma, se posteriormente for detectado um erro de projeto na parte alterada que implique maiores custos de execução, o particular não terá direito a reequilíbrio econômico-financeiro.

O §6º repete a regra já presente na legislação anterior de que a execução de cada etapa será obrigatoriamente precedida da conclusão e da aprovação, pela autoridade competente, dos trabalhos relativos às etapas anteriores. Em nossa visão, o dispositivo foi equivocadamente inserido nesta parte da nova lei, pois a regra vale para todo e qualquer regime de execução, incidindo, inclusive, na etapa de licitação.

Os regimes de empreitada por preço global, empreitada integral, contratação por tarefa, contratação integrada e contratação semi-integrada serão licitados por preço global e adotarão sistemática de medição e pagamento associada à execução de etapas do cronograma físico-financeiro vinculadas ao cumprimento de metas de resultado (§9º). O dispositivo veda expressamente a adoção de sistemática de remuneração orientada por preços unitários ou referenciada pela execução de quantidades de itens unitários.

7.4.3 Dos serviços em geral

> Art. 47. As licitações de serviços atenderão aos princípios:
> I - da padronização, considerada a compatibilidade de especificações estéticas, técnicas ou de desempenho;
> II - do parcelamento, quando for tecnicamente viável e economicamente vantajoso.
> §1º Na aplicação do princípio do parcelamento deverão ser considerados:
> I - a responsabilidade técnica;
> II - o custo para a Administração de vários contratos frente às vantagens da redução de custos, com divisão do objeto em itens;
> III - o dever de buscar a ampliação da competição e de evitar a concentração de mercado.
> §2º Na licitação de serviços de manutenção e assistência técnica, o edital deverá definir o local de realização dos serviços, admitida a exigência de deslocamento de técnico ao local da repartição ou a exigência de que o contratado tenha unidade de prestação de serviços em distância compatível com as necessidades da Administração.
> Art. 48. Poderão ser objeto de execução por terceiros as atividades materiais acessórias, instrumentais ou complementares aos assuntos que constituam área de competência legal do órgão ou da entidade, vedado à Administração ou a seus agentes, na contratação do serviço terceirizado:
> I - indicar pessoas expressamente nominadas para executar direta ou indiretamente o objeto contratado;
> II - fixar salário inferior ao definido em lei ou em ato normativo a ser pago pelo contratado;
> III - estabelecer vínculo de subordinação com funcionário de empresa prestadora de serviço terceirizado;
> IV - definir forma de pagamento mediante exclusivo reembolso dos salários pagos;
> V - demandar a funcionário de empresa prestadora de serviço terceirizado a execução de tarefas fora do escopo do objeto da contratação;

> VI - prever em edital exigências que constituam intervenção indevida da Administração na gestão interna do contratado.
>
> Parágrafo único. Durante a vigência do contrato, é vedado ao contratado contratar cônjuge, companheiro ou parente em linha reta, colateral ou por afinidade, até o terceiro grau, de dirigente do órgão ou entidade contratante ou de agente público que desempenhe função na licitação ou atue na fiscalização ou na gestão do contrato, devendo essa proibição constar expressamente do edital de licitação.
>
> Art. 49. A Administração poderá, mediante justificativa expressa, contratar mais de uma empresa ou instituição para executar o mesmo serviço, desde que essa contratação não implique perda de economia de escala, quando:
>
> I - o objeto da contratação puder ser executado de forma concorrente e simultânea por mais de um contratado; e
>
> II - a múltipla execução for conveniente para atender à Administração.
>
> Parágrafo único. Na hipótese prevista no caput deste artigo, a Administração deverá manter o controle individualizado da execução do objeto contratual relativamente a cada um dos contratados.
>
> Art. 50. Nas contratações de serviços com regime de dedicação exclusiva de mão de obra, o contratado deverá apresentar, quando solicitado pela Administração, sob pena de multa, comprovação do cumprimento das obrigações trabalhistas e com o Fundo de Garantia do Tempo de Serviço (FGTS) em relação aos empregados diretamente envolvidos na execução do contrato, em especial quanto ao:
>
> I - registro de ponto;
>
> II - recibo de pagamento de salários, adicionais, horas extras, repouso semanal remunerado e décimo terceiro salário;
>
> III - comprovante de depósito do FGTS;
>
> IV - recibo de concessão e pagamento de férias e do respectivo adicional;
>
> V - recibo de quitação de obrigações trabalhistas e previdenciárias dos empregados dispensados até a data da extinção do contrato;
>
> VI - recibo de pagamento de vale-transporte e vale-alimentação, na forma prevista em norma coletiva.

Da mesma forma que as compras, as licitações de serviços seguem os princípios da padronização e do parcelamento, quando tecnicamente viável e economicamente vantajoso (incs. I e II do art. 47).

Na decisão a respeito do parcelamento ou não do objeto, a administração deve considerar a responsabilidade técnica; o custo de vários contratos ante as vantagens da redução de custos, com divisão do objeto em itens; e o dever de buscar a ampliação da competição e de evitar a concentração de mercado. Aqui, valem as mesmas considerações expostas no tópico anterior a respeito do parcelamento de compras.

O §2º dispõe que, na licitação de serviços de manutenção e assistência técnica, o edital deverá definir o local de realização dos serviços, admitida a exigência de deslocamento de técnico ao local da repartição ou a exigência de que o contratado tenha unidade de prestação de serviços em distância compatível com as necessidades da Administração.

Avalia-se que a última exigência não pode ser requisito para participação da licitação, como condição de habilitação, uma vez que o art. 9º, inc. I, alínea "b", veda o estabelecimento de preferência ou distinção em razão da naturalidade, da sede ou do domicílio dos licitantes.

Dessa forma, entende-se que a aludida exigência deve ser cobrada na fase de execução contratual, constituindo, portanto, um dever a ser cumprido pelo contratado ao longo de sua vigência, sob pena de configurar inadimplemento e ensejar as sanções cabíveis.

A nova lei não tratou do critério de remuneração nos contratos de prestação de serviços, tendo silenciado quanto à vedação do pagamento com base em horas de serviço ou em postos de trabalho, como faz a Instrução Normativa Seges/MPDG nº 5/2017 e a jurisprudência do TCU, elaborada sob a égide do regime anterior.

A despeito do silêncio da norma, compreende-se que se aplicam os seguintes precedentes do Tribunal, exarados no contexto do regime jurídico anterior – teses extraídas do repositório da jurisprudência do TCU:

> Nas contratações para a prestação de serviços de tecnologia da informação, a remuneração deve estar vinculada a resultados ou ao atendimento de níveis de serviço, admitindo-se o pagamento por hora trabalhada ou por posto de serviço somente quando as características do objeto não o permitirem, hipótese em que a excepcionalidade deve estar prévia e adequadamente justificada nos respectivos processos administrativos. (Súmula-TCU nº 269)
>
> Sempre que possível, deve se dar preferência ao modelo de contratação de execução indireta baseada na remuneração por resultados, sempre que a prestação do serviço puder ser avaliada por determinada unidade quantitativa de serviço prestado ou por nível de serviço alcançado, evitando-se, assim, a mera alocação de mão de obra e o pagamento por hora trabalhada. (Acórdão nº 1.631/2011-Plenário. Rel. Min. Subst. André de Carvalho)
>
> Em contratos de terceirização de mão de obra, a adoção de critério de remuneração com base na quantidade de horas de serviço só será possível quando restar comprovada a inviabilidade de adoção do critério de aferição dos resultados. (Acórdão nº 860/2012-Plenário. Rel. Min. Subst. Weder de Oliveira)

O art. 48 anuncia as condições para a contratação de serviços terceirizados. Segundo o dispositivo, poderão ser objeto de execução por terceiros as atividades materiais acessórias, instrumentais ou complementares aos assuntos que constituam área de competência legal do órgão ou da entidade.

A regra mantém a vedação à terceirização de atividades-fim na administração direta, autárquica e fundacional, como não poderia ser diferente, haja vista a plena incidência do princípio do concurso público (art. 37, II da Constituição).

A execução indireta de serviços no âmbito da Administração Pública federal foi disciplinada pelo Decreto nº 9.507/2017, que substituiu a norma anterior, o Decreto nº 2.271/1997. Em nossa visão, a regulamentação do assunto mantém-se compatível com as disposições da nova Lei de Licitações, sendo, portanto, aplicável à administração direta, autárquica e fundacional.

Diferentemente da norma anterior, que anunciava algumas das atividades passíveis de ser objeto de execução indireta, o Decreto nº 9.507/2017 previu os serviços que não podem ser terceirizados pela Administração Pública, ficando admitidos aqueles que não se enquadram nessa vedação. Segue a redação do art. 3º:

> Art. 3º Não serão objeto de execução indireta na administração pública federal direta, autárquica e fundacional, os serviços:
> I - que envolvam a tomada de decisão ou posicionamento institucional nas áreas de planejamento, coordenação, supervisão e controle;
> II - que sejam considerados estratégicos para o órgão ou a entidade, cuja terceirização possa colocar em risco o controle de processos e de conhecimentos e tecnologias;
> III - que estejam relacionados ao poder de polícia, de regulação, de outorga de serviços públicos e de aplicação de sanção; e
> IV - que sejam inerentes às categorias funcionais abrangidas pelo plano de cargos do órgão ou da entidade, exceto disposição legal em contrário ou quando se tratar de cargo extinto, total ou parcialmente, no âmbito do quadro geral de pessoal.
> §1º Os serviços auxiliares, instrumentais ou acessórios de que tratam os incisos do caput poderão ser executados de forma indireta, vedada a transferência de responsabilidade para a realização de atos administrativos ou a tomada de decisão para o contratado.

Cabe citar, ainda, a distinção efetivada por Luciano Ferraz, entre terceirização de serviços e terceirização de mão de obra, sendo a primeira permitida e a segunda vedada pela ordem normativa:[161]

> Uma leitura mais detida do dispositivo revela que a autorização legislativa é pertinente à "terceirização de atividade", e não à "terceirização de mão de obra". É dizer que existem determinadas atividades, as quais, sobre não serem consideradas como típicas do órgão ou da entidade administrativa, podem ser contratadas com terceiros (terceirizadas). Dessa forma, distinguindo os dois tipos de terceirização, garante-se que não haja uma superposição de funções entre os terceirizados e os servidores ou empregados de carreira, afastando-se cogitações de infringência à regra do concurso público (artigo 37, II da Constituição.

Retomando a leitura do art. 48, é vedado à administração nas licitações de serviços:
a) indicar pessoas expressamente nominadas para executar direta ou indiretamente o objeto contratado (quebra do princípio da impessoalidade);
b) fixar salário inferior ao definido em lei ou em ato normativo a ser pago pelo contratado;

---

[161] FERRAZ, Luciano. A terceirização na Administração Pública depois das decisões do STF. *Conjur*, 31 jan. 2019. Disponível em: https://www.conjur.com.br/2019-jan-31/interesse-publico-terceirizacao-administracao-publica-depois-decisoes-stf. Acesso em: 8 fev. 2021.

c) estabelecer vínculo de subordinação com funcionário de empresa prestadora de serviço terceirizado;
d) definir forma de pagamento mediante exclusivo reembolso dos salários pagos;
e) demandar a funcionário de empresa prestadora de serviço terceirizado a execução de tarefas fora do escopo do objeto da contratação; e
f) prever em edital exigências que constituam intervenção indevida da Administração na gestão interna do contratado.

Tais medidas visam evitar a caracterização do contrato de terceirização como um contrato de mão de obra, com as suas características intrínsecas de pessoalidade, subordinação e não eventualidade, o que implicaria uma situação de burla ao instituto do concurso público, além do risco de responsabilização subsidiária por eventuais débitos trabalhistas.

Como forma de prestigiar os princípios da impessoalidade e da moralidade, o parágrafo único do art. 48 veda a contratação pela empresa contratada de cônjuge, companheiro ou parente em linha reta, colateral ou por afinidade, até o terceiro grau, de dirigente do órgão ou entidade contratante ou de agente público que desempenhe função na licitação ou atue na fiscalização ou na gestão do contrato, devendo essa proibição constar expressamente do edital de licitação. Tal proibição vale durante todo o período de vigência do contrato de terceirização.

É preciso destacar que essa vedação se aplica a toda e qualquer função da empresa contratada, independentemente do local e de sua relação com a atividade prestada para a Administração Pública. Por exemplo, caso os serviços terceirizados ocorram em Brasília, é irregular a contratação do cônjuge do dirigente do órgão, mesmo que ele trabalhe na filial da empresa no Rio de Janeiro, exercendo atribuição completamente alheia ao contrato terceirizado.

O art. 49 disciplinou a denominada contratação simultânea, que havia sido prevista, pela primeira vez, na Lei nº 12.462/2011 (RDC). Segundo o dispositivo, a administração poderá, mediante justificativa expressa, contratar mais de uma empresa ou instituição para executar o mesmo serviço, desde que essa contratação não implique perda de economia de escala.

Além disso, é necessária a satisfação de dois requisitos:
– o objeto da contratação puder ser executado de forma concorrente e simultânea por mais de um contratado; e
– a múltipla execução for conveniente para atender à Administração.

Na contração simultânea, a administração deverá manter o controle individualizado da execução do objeto contratual relativamente a cada um dos contratados.

A contratação simultânea não se confunde com o parcelamento, uma vez que aquela implica a realização de um mesmo objeto, de forma concorrente e simultânea, por mais de um contratado, enquanto esta implica a divisão do objeto em lotes distintos. Trata-se um objeto único, no primeiro caso, e de vários objetos, no segundo.

A doutrina costuma citar como exemplos de contratação simultânea a de telefonia, fornecimento de passagens aéreas, serviços de logística, instalação de equipamentos e manutenção de aparelhos.[162]

O instituto da contratação simultânea apresenta traços de semelhança com o credenciamento, já que em ambos os casos há mais de uma empresa previamente admitida pela administração para a realização de um mesmo serviço. Todavia, a primeira se distingue da segunda pelo fato de haver uma licitação prévia para a celebração dos contratos. Já o credenciamento constitui uma hipótese de inexigibilidade de licitação (inc. IV do art. 74).

Não obstante a ausência de vedação expressa na lei, entende-se que não é possível a contratação simultânea de obras e serviços de engenharia, já que o dispositivo em causa só se refere a serviços.

A lei poderia ter inovado e previsto a contratação simultânea de compras, especialmente no âmbito do fornecimento contínuo. A título de exemplo, a administração poderia contratar simultaneamente várias empresas fornecedoras de papel ou toners de impressão, de forma que as compras ocorreriam segundo as melhores condições praticadas no momento do pedido.

O art. 50 dispõe sobre as contratações de serviços com regime de dedicação exclusiva de mão de obra.

Antes de avançar sobre a disciplina do tema, é preciso compreender o que vem a ser tais serviços. Segundo o art. 17 da Instrução Normativa Seges/MPDG nº 5/2017, são aqueles em que o modelo de execução contratual exija, entre outros requisitos, que:

> I - os empregados da contratada fiquem à disposição nas dependências da contratante para a prestação dos serviços;
> II - a contratada não compartilhe os recursos humanos e materiais disponíveis de uma contratação para execução simultânea de outros contratos; e
> III - a contratada possibilite a fiscalização pela contratante quanto à distribuição, controle e supervisão dos recursos humanos alocados aos seus contratos.
> Parágrafo único. Os serviços de que trata o caput poderão ser prestados fora das dependências do órgão ou entidade, desde que não seja nas dependências da contratada e presentes os requisitos dos incisos II e III.

São exemplos desse tipo de serviço os de copeiragem, secretariado, portaria, limpeza e vigilância.

Uma interessante abordagem sobre o conceito de mão de obra com regime de dedicação exclusiva encontra-se no *Manual para utilização das minutas* elaborado pela Procuradoria-Geral da Fazenda Nacional (PGFN).[163] Segundo o documento:

---

[162] TORRES, Ronny Charles Lopes de. *Leis de licitações públicas comentadas*. São Paulo: JusPodivm, 2021. p. 270.
[163] Disponível em: https://www.gov.br/pgfn/pt-br/assuntos/consultoria-administrativa/3-1-manual-de-orientacao/MANUAL-PARA-UTILIZACaO-DAS-MINUTAS_2107.doc. Acesso em: 8 fev. 2021.

Um mesmo serviço pode, dependendo da forma de execução, ser classificado como contínuo com dedicação exclusiva de mão de obra ou como contínuo sem dedicação exclusiva de mão de obra.

Exemplo didático é o serviço de manutenção preventiva e corretiva de aparelhos de ar condicionado. Em uma pequena unidade administrativa, detentora de poucos aparelhos, na qual o serviço de manutenção será executado eventualmente, não faz sentido a disposição diária de um trabalhador da empresa terceirizada, que restará ocioso, pois a efetiva execução da atividade contratada será realizada, apenas, quando provocada a demanda. Já em uma unidade administrativa de maior porte, na qual existam dezenas ou centenas de aparelhos, a constante necessidade de manutenção pode tornar mais econômica e vantajosa a disposição de um ou mais trabalhadores da empresa, diariamente, no interior da organização pública.

Consoante o art. 50, nesse tipo de contratação o contratado deve apresentar, quando solicitado pela Administração, sob pena de multa, comprovação do cumprimento das obrigações trabalhistas e com o Fundo de Garantia do Tempo de Serviço (FGTS) em relação aos empregados diretamente envolvidos na execução do contrato.

Essa comprovação deve abranger: registro de ponto; recibo de pagamento de salários, adicionais, horas extras, repouso semanal remunerado e décimo terceiro salário; comprovante de depósito do FGTS; recibo de concessão e pagamento de férias e do respectivo adicional; recibo de quitação de obrigações trabalhistas e previdenciárias dos empregados dispensados até a data da extinção do contrato; recibo de pagamento de vale-transporte e vale-alimentação, na forma prevista em norma coletiva.

A disciplina da matéria visa evitar a responsabilização da Administração por inadimplência de encargos trabalhistas por parte da empresa terceirizada, conforme os recentes entendimentos do STF.

A propósito do tema, cabe historiar que a Suprema Corte, no julgamento da ADC nº 16, Rel. Min. Cezar Peluso, declarou a constitucionalidade do art. 71, §1º, da Lei nº 8.666/1993, que assim dispôs:

> A inadimplência do contratado, com referência aos encargos trabalhistas, fiscais e comerciais não transfere à Administração Pública a responsabilidade por seu pagamento, nem poderá onerar o objeto do contrato ou restringir a regularização e o uso das obras e edificações, inclusive perante o Registro de Imóveis.

Todavia, o relator assinalou que isto não significava que eventual omissão da Administração Pública, na obrigação de fiscalizar as obrigações do contratado, não poderia gerar responsabilidade. A partir daí, passou-se a admitir a condenação subsidiária do ente público ao pagamento de verbas trabalhistas inadimplidas por suas contratadas, desde que caracterizada a culpa *in vigilando* ou *in eligendo* da Administração.

Nesse cenário, alguns precedentes do STF negaram seguimento a reclamações ajuizadas contra decisões da Justiça do Trabalho e mantiveram decisões daquela instância atribuindo responsabilidade subsidiária da Administração, desde que fundamentadas em evidências de ausência de fiscalização do contrato. Esta linha foi observada na

Rcl nº 23.282 AgR, Rel. Min. Luiz Fux; Rcl nº 13.739 AgR, Rel. Min. Rosa Weber; Rcl nº 12.050 AgR, Rel. Min. Celso de Mello; e Rcl nº 24.545 AgR, entre outros.[164]

Todavia, diversas outras reclamações direcionadas ao STF indicaram o descumprimento da *ratio decidendi* da ADC nº 16, sob o argumento de que os órgãos da Justiça Trabalhista, em muitos casos, condenavam o ente público por *culpa in vigilando* sem sequer aferir, em concreto, se a Administração praticou ou não atos fiscalizatórios.

Por esse motivo, o STF decidiu, sob repercussão geral, que essa responsabilização não era automática, conforme a tese proferida no julgamento do RE nº 760.931/DF (Red. do acórdão Min. Luiz Fux, j. 26.4.2017, public. 12.9.2017):

> O inadimplemento dos encargos trabalhistas dos empregados do contratado não transfere automaticamente ao Poder Público contratante a responsabilidade pelo seu pagamento, seja em caráter solidário ou subsidiário, nos termos do art. 71, §1º, da Lei nº 8.666/93.

Segundo a fundamentação dos votos que formaram a maioria do STF, cabe aos empregados o ônus de demonstrar a omissão da Administração na fiscalização do contrato, o que levaria à sua responsabilização subsidiária, por culpa no cumprimento de um dever contratual.

Retomando o art. 50, a clara especificação dos deveres da Administração Pública, no que se refere à fiscalização do contratado sob o regime de dedicação exclusiva de mão de obra, quanto ao cumprimento dos encargos trabalhistas, implica uma medida favorável à segurança jurídica e à pacificação de futuras questões envolvendo o assunto. Assim, ficará mais nítida a prova de eventual omissão, para fins de eventual responsabilização da Administração.

7.4.4 Locação de imóveis

> Art. 51. Ressalvado o disposto no inciso V do caput do art. 74 desta Lei, a locação de imóveis deverá ser precedida de licitação e avaliação prévia do bem, do seu estado de conservação, dos custos de adaptações e do prazo de amortização dos investimentos necessários.

Ressalvados os casos de inexigibilidade de licitação (art. 73, inc. V), a locação de imóveis deverá ser precedida de licitação e avaliação prévia do bem, do seu estado de conservação, dos custos de adaptações e do prazo de amortização dos investimentos necessários.

O dispositivo se aplica tanto aos casos de locação de imóveis de terceiros, nos quais a União figure como locatária, como de locação de imóveis do patrimônio da União e de suas entidades autárquicas e fundacionais.

Avalia-se que é aplicável o disposto na Instrução Normativa nº 5, de 28.11.2018, da Secretaria do Patrimônio da União, do Ministério do Planejamento, Desenvolvimento

---

[164] RCL nº 23.664 AGR/SP, Relator do Reclamo. Luís Roberto Barroso (Disponível em: http://redir.stf.jus.br/paginadorpub/paginador.jsp?docTP=TP&docID=15000680. Acesso em: 8 fev. 2021).

e Gestão, que dispõe sobre as diretrizes de avaliação dos imóveis da União ou de seu interesse, bem como define os parâmetros técnicos de avaliação para cobrança em razão de sua utilização.

Conforme o art. 7º da norma:

> Art. 7º As avaliações dos imóveis da União e de seu interesse poderão, a critério das unidades gestoras e da SPU, ser realizadas mediante a contratação:
> I - da Caixa Econômica Federal, com dispensa de licitação; ou
> II - por empresa especializada, observados os procedimentos licitatórios previstos em lei;
> III - por profissional devidamente habilitado com registro no CREA ou no CAU para fins de pedidos de revisão de valores de taxas patrimoniais.
> Parágrafo único. As avaliações fornecidas por terceiros deverão ser homologadas pela SPU ou, se for o caso, pela unidade gestora contratante, no que se refere à observância das normas técnicas pertinentes.

A nova lei não estipulou a modalidade de licitação cabível para o caso de locação de imóveis de terceiros, em que haja viabilidade de competição (hipótese inusual, mas juridicamente possível).

Cabe destacar que, no caso de locação de bens imóveis da União para quaisquer interessados, o Decreto-Lei nº 9.760/1946, em seu art. 95, parágrafo único, estabelece que ela "[...] se fará em concorrência pública e pelo maior preço oferecido na base mínima do valor locativo fixado". Como na época da edição dessa norma vigia um regime de licitações completamente distinto, não é possível afirmar que a concorrência a que se referiu o legislador possa ser interpretada como a modalidade de idêntico nome, na legislação atual.

Assim, também há um silêncio normativo a respeito da modalidade aplicável a locações de bens imóveis da União.

Conforme visto, a licitação para a escolha do bem a ser utilizado pela administração, em situações que não se enquadrem no inc. V do art. 74 (contratação direta), é inteiramente regida pela Lei nº 14.133/2021. Tal decorre do art. 2º, inc. III, do novel estatuto.

Porém, os contratos nos quais a administração figure como locatária serão disciplinados integralmente pela legislação civil específica, *in casu*, a Lei nº 8.245, de 18.10.1991, conforme visto.

Isso porque o novel estatuto não possui dispositivo equivalente ao art. 62, §3º, inc. I, da Lei nº 8.666/1993, que determinava a aplicação de algumas de suas disposições aos contratos de direito privado, a exemplo do de locação. Além disso, o art. 3º, inc. II, da Lei nº 14.133/2021 prescreve que a nova lei não se impõe às contratações sujeitas a normas previstas em legislação própria. Logo, entende-se que a Lei do Inquilinato rege totalmente os mencionados ajustes.

7.4.5 Das licitações internacionais

> Art. 52. Nas licitações de âmbito internacional, o edital deverá ajustar-se às diretrizes da política monetária e do comércio exterior e atender às exigências dos órgãos competentes.
> §1º Quando for permitido ao licitante estrangeiro cotar preço em moeda estrangeira, o licitante brasileiro igualmente poderá fazê-lo.
> §2º O pagamento feito ao licitante brasileiro eventualmente contratado em virtude de licitação nas condições de que trata o §1º deste artigo será efetuado em moeda corrente nacional.
> §3º As garantias de pagamento ao licitante brasileiro serão equivalentes àquelas oferecidas ao licitante estrangeiro.
> §4º Os gravames incidentes sobre os preços constarão do edital e serão definidos a partir de estimativas ou médias dos tributos.
> §5º As propostas de todos os licitantes estarão sujeitas às mesmas regras e condições, na forma estabelecida no edital.
> §6º Observados os termos desta Lei, o edital não poderá prever condições de habilitação, classificação e julgamento que constituam barreiras de acesso ao licitante estrangeiro, admitida a previsão de margem de preferência para bens produzidos no País e serviços nacionais que atendam às normas técnicas brasileiras, na forma definida no art. 26 desta Lei.

O dispositivo traz uma série de disposições voltadas a assegurar a igualdade de tratamento entre licitantes brasileiros e estrangeiros em licitações internacionais.

Antes de tratar do assunto, cabe lembrar a definição de licitação internacional, estipulada no art. 6º, inc. XXXIV:

> licitação processada em território nacional na qual é admitida a participação de licitantes estrangeiros, com a possibilidade de cotação de preços em moeda estrangeira, ou licitação na qual o objeto contratual pode ou deve ser executado no todo ou em parte em território estrangeiro.

Conforme o art. 51, *caput*, nas licitações de âmbito internacional, o edital deverá ajustar-se às diretrizes da política monetária e do comércio exterior e atender às exigências dos órgãos competentes. Tal dispositivo se mostra dispensável, uma vez que, em qualquer contrato comercial contendo algum componente de extraterritorialidade, é preciso cumprir as normas de regência aplicáveis ao comércio internacional e à entrada e saída de divisas.

O §1º anuncia a igualdade entre licitantes estrangeiros e brasileiros, no que se refere à apresentação de propostas em licitações internacionais. Segundo o dispositivo, se for permitido ao licitante estrangeiro cotar preço em moeda estrangeira, o brasileiro igualmente poderá fazê-lo.

Todavia, o pagamento feito ao licitante brasileiro eventualmente contratado em virtude de licitação nas condições supramencionadas será efetuado em moeda corrente nacional.

Tal disposição também se aplica a licitantes estrangeiros, no caso de contratos com obrigações exequíveis no território nacional, por força do art. 1º do Decreto-Lei nº

857, de 11.9.1969, do art. 1º, parágrafo único, inc. I, da Lei nº 10.192/2001, e do art. 318 do Código Civil. Senão vejamos:

> Art. 1º São nulos de pleno direito os contratos, títulos e quaisquer documentos, bem como as obrigações que exeqüíveis no Brasil, estipulem pagamento em ouro, em moeda estrangeira, ou, por alguma forma, restrinjam ou recusem, nos seus efeitos, o curso legal do cruzeiro.
>
> Art. 1º As estipulações de pagamento de obrigações pecuniárias exeqüíveis no território nacional deverão ser feitas em Real, pelo seu valor nominal.
> Parágrafo único. São vedadas, sob pena de nulidade, quaisquer estipulações de:
> I - pagamento expressas em, ou vinculadas a ouro ou moeda estrangeira, ressalvado o disposto nos arts. 2º e 3º do Decreto-Lei no 857, de 11 de setembro de 1969, e na parte final do art. 6º da Lei no 8.880, de 27 de maio de 1994; [...].
>
> Art. 318. São nulas as convenções de pagamento em ouro ou em moeda estrangeira, bem como para compensar a diferença entre o valor desta e o da moeda nacional, excetuados os casos previstos na legislação especial.

O §3º também prestigia a igualdade entre licitantes nacional e estrangeiro, ao preceituar que as garantias de pagamento ao licitante brasileiro serão equivalentes àquelas oferecidas ao licitante estrangeiro.

Esse princípio também está presente na imposição do §4º, de que os gravames incidentes sobre os preços constarão do edital e serão definidos a partir de estimativas ou médias dos tributos. Busca-se, assim, submeter as propostas a um mesmo regime de tributação, a fim de permitir a competição em bases uniformes, não obstante, na prática, cada licitante esteja sujeito a uma normatização específica.

O que o legislador busca, ao fim e ao cabo, é alcançar o disposto no §5º: que as propostas de todos os licitantes estejam sujeitas às mesmas regras e condições, na forma estabelecida no edital.

Assim, o edital não poderá prever condições de habilitação, classificação e julgamento que constituam barreiras de acesso ao licitante estrangeiro, nos termos do §6º. A única exceção estabelecida na lei, que, por sinal, joga por terra todas as regras de uniformização dos parágrafos anteriores, é a admissão de margem de preferência para bens produzidos no país e serviços nacionais que atendam às normas técnicas brasileiras, na forma definida no art. 26 da lei.

Cabe destacar que, em maio de 2020, o Brasil formalizou sua intenção de aderir ao Acordo de Compras Governamentais (GPA) da Organização Mundial do Comércio. Esse acordo possibilitará a abertura do mercado de compras públicas a empresas estrangeiras e, da mesma forma, permitirá que empresas brasileiras tenham acesso ao mercado de compras governamentais de todos os países signatários, entre eles os Estados Unidos, a União Europeia e o Reino Unido.

Para tanto, será preciso alinhar o regime de licitações do Brasil com o das economias mundiais mais desenvolvidas, o que pode implicar a necessidade de revisitar algumas regras da nova lei, em especial a margem de preferência a empresas nacionais prevista no art. 26 da norma.

DA DIVULGAÇÃO DO EDITAL DE LICITAÇÃO

Art. 53. Ao final da fase preparatória, o processo licitatório seguirá para o órgão de assessoramento jurídico da Administração, que realizará controle prévio de legalidade mediante análise jurídica da contratação.
§1º Na elaboração do parecer jurídico, o órgão de assessoramento jurídico da Administração deverá:
I - apreciar o processo licitatório conforme critérios objetivos prévios de atribuição de prioridade;
II - redigir sua manifestação em linguagem simples e compreensível e de forma clara e objetiva, com apreciação de todos os elementos indispensáveis à contratação e com exposição dos pressupostos de fato e de direito levados em consideração na análise jurídica;
III - (VETADO).
§2º (VETADO).
§3º Encerrada a instrução do processo sob os aspectos técnico e jurídico, a autoridade determinará a divulgação do edital de licitação conforme disposto no art. 54.
§4º Na forma deste artigo, o órgão de assessoramento jurídico da Administração também realizará controle prévio de legalidade de contratações diretas, acordos, termos de cooperação, convênios, ajustes, adesões a atas de registro de preços, outros instrumentos congêneres e de seus termos aditivos.
§5º É dispensável a análise jurídica nas hipóteses previamente definidas em ato da autoridade jurídica máxima competente, que deverá considerar o baixo valor, a baixa complexidade da contratação, a entrega imediata do bem ou a utilização de minutas de editais e instrumentos de contrato, convênio ou outros ajustes previamente padronizados pelo órgão de assessoramento jurídico.
§6º (VETADO).

> Art. 54. A publicidade do edital de licitação será realizada mediante divulgação e manutenção do inteiro teor do ato convocatório e de seus anexos no Portal Nacional de Contratações Públicas (PNCP).
> §1º (VETADO).
> §1º Sem prejuízo do disposto no caput, é obrigatória a publicação de extrato do edital no Diário Oficial da União, do Estado, do Distrito Federal ou do Município, ou, no caso de consórcio público, do ente de maior nível entre eles, bem como em jornal diário de grande circulação. (Promulgação partes vetadas)
> §2º É facultada a divulgação adicional e a manutenção do inteiro teor do edital e de seus anexos em sítio eletrônico oficial do ente federativo do órgão ou entidade responsável pela licitação ou, no caso de consórcio público, do ente de maior nível entre eles, admitida, ainda, a divulgação direta a interessados devidamente cadastrados para esse fim.
> §3º Após a homologação do processo licitatório, serão disponibilizados no Portal Nacional de Contratações Públicas (PNCP) e, se o órgão ou entidade responsável pela licitação entender cabível, também no sítio referido no §2º deste artigo, os documentos elaborados na fase preparatória que porventura não tenham integrado o edital e seus anexos.

8.1 Controle prévio de legalidade dos atos administrativos da fase preparatória da licitação

A divulgação do edital de licitação dá início ao que a doutrina costuma chamar de fase externa da licitação. Todavia, antes dessa medida, a Lei nº 14.133/2021 introduziu uma novidade: o controle prévio dos atos administrativos praticados na fase preparatória da licitação.

O *caput* do art. 53 prevê que, antes da efetiva divulgação, o processo licitatório seguirá para o órgão de assessoramento jurídico da Administração, que realizará controle prévio de legalidade mediante análise jurídica da contratação.

Como se sabe, as procuradorias da Administração realizam atividades de consultoria, assessoramento e, também, de controle. Em verdade, tais órgãos formam a primeira barreira de controle da legalidade dos atos administrativos, a qual é seguida pela atuação dos órgãos de controle interno e externo.

Uma novidade da nova lei diz respeito à delimitação precisa de como deverá ser a atuação do órgão de assessoramento jurídico da Administração, ao elaborar o parecer jurídico sobre o processo licitatório. Conforme o §1º, este deverá apreciar o processo licitatório conforme critérios objetivos prévios de atribuição de prioridade. Além disso, deve redigir sua manifestação em linguagem simples e compreensível e de forma clara e objetiva. Por fim, ele deve apreciar todos os elementos indispensáveis à contratação e expor os pressupostos de fato e de direito levados em consideração na análise jurídica.

O dispositivo é objeto de críticas da doutrina, por descer a minúcias incompatíveis com o que se espera de uma lei nacional de licitações e contratos. Dito de outra forma, ele consubstanciaria uma indevida invasão da norma federal em assuntos mais afetos à organização administrativa interna de cada ente subnacional, ultrapassando, em muito, a natureza da norma geral sobre licitações que a nova lei deveria resguardar.[165]

Não obstante, avalia-se que a disciplina do tema traz um importante norte para a atuação dos advogados públicos, servindo como uma espécie de *standard* para as suas atividades. Compreende-se que ele será útil para configurar ou não a atuação com erro grosseiro desse agente público, em eventual responsabilização com base no art. 28 da LINDB.

Além disso, as regras veiculadas no §1º permitirão que a autoridade consulente tenha fácil compreensão sobre o assunto e possa atender às orientações contidas na parte conclusiva do parecer jurídico. Mais uma vez, o dispositivo vai na linha de estabelecer critérios claros para a eventual responsabilização dos agentes encarregados de dar seguimento ao processo licitatório, caso estes cometam algum ato contrário à norma, a despeito de uma clara orientação do órgão de assessoramento jurídico.

O §6º da lei estabelece que "o membro da advocacia pública será civil e regressivamente responsável quando agir com dolo ou fraude na elaboração do parecer jurídico de que trata este artigo".

Todavia, o dispositivo foi vetado pelo presidente da República sob o seguinte argumento:

> o advogado, público ou privado, já conta com diversas outras disposições sobre a sua responsabilização profissional (Lei nº 8.906, de 1994; art. 184 do CPC; e, para os profissionais da Advocacia Geral da União, também na Lei nº 13.327, de 2016), as quais não estão sendo revogadas e nem harmonizadas com essa propositura.[166]

Além disso, foi levantada a dúvida sobre se a disposição, por se referir apenas à responsabilidade civil, havia afastado a possibilidade de se responsabilizar administrativa e penalmente o advogado.

Com a revogação do dispositivo, permanece aplicável o art. 32 da Lei nº 8.906 (OAB), segundo o qual "o advogado é responsável pelos atos que, no exercício profissional, praticar com dolo ou culpa". O dispositivo cuida da responsabilidade civil por exercício profissional deficiente.

Com relação à responsabilização do advogado público perante as esferas administrativa, judicial e controladora, com vistas à aplicação de sanção, incide o art. 28 da

---

[165] TORRES, Ronny Charles Lopes de. Abrangência federativa e normas gerais – Dr. Ronny Charles. *YouTube*, 4 fev. 2021. Disponível em: https://www.youtube.com/results?search_query=ronny+charles+pgm+rj. Acesso em: 9 fev. 2021.
[166] BRASIL. Congresso Nacional. *Estudo do Veto nº 13/2021*. Disponível em: https://legis.senado.leg.br/sdleg-getter/documento?dm=8953793&ts=1645204819869&disposition=inline. Acesso em: 12 mar. 2022.

LINDB, segundo o qual "o agente público responderá pessoalmente por suas decisões ou opiniões técnicas em caso de dolo ou erro grosseiro".

Dessa forma, caso seja configurado erro grosseiro na emissão de parecer sobre procedimento licitatório custeado com recursos federais, no qual tenham sido identificadas grave infração à norma legal ou prática de ato de gestão ilegítimo ou antieconômico de que resulte injustificado dano ao Erário, é possível a aplicação de multa ao parecerista jurídico com base no art. 58, incs. II e III, da Lei nº 8.443/1992 c/c o art. 28 da LINDB.

O §2º admite a possibilidade de a autoridade responsável pela condução dos atos do certame não aprovar o parecer jurídico, no todo ou em parte, apresentando a devida motivação. Nessa hipótese, esta passará a responder pessoal e exclusivamente pelas irregularidades que, em razão desse fato, lhe forem eventualmente imputadas. Isso implica que o parecer jurídico elaborado a pretexto do art. 53 do novel estatuto licitatório não é vinculante para a autoridade responsável pela aprovação da fase preparatória.

A disposição traz uma novidade em relação ao regime da lei anterior: a antecipação da análise da legalidade da licitação para o fim da fase preparatória, o que antes só ocorria após o julgamento das propostas, por ocasião da homologação.

Isso implica que o controle prévio de legalidade das licitações ocorrerá em dois momentos, segundo a lei atual: no encerramento da fase preparatória e por ocasião da homologação.

A aprovação dos atos praticados na fase preparatória pela autoridade competente, após o parecer jurídico favorável, marca o encerramento da instrução do processo sob os aspectos técnico e jurídico. Encerrada a instrução do processo, a autoridade determinará a divulgação do edital de licitação, nos termos do §3º.

O §4º do art. 53 estabelece que as regras pertinentes à elaboração de parecer jurídico consignadas no dispositivo também se aplicam à análise de contratações diretas, acordos, termos de cooperação, convênios, ajustes, adesões a atas de registro de preços e outros instrumentos congêneres e de seus termos aditivos. Também, nesses casos, o órgão de assessoramento jurídico da Administração realizará controle prévio de legalidade.

A despeito do silêncio da norma, avalia-se que a Administração deve promover o controle prévio da legalidade das minutas de contrato e de termo aditivo, a partir da elaboração de parecer jurídico.

Com relação à minuta do contrato, como ela consta obrigatoriamente como anexo do edital de licitação, nos casos em que a figura do contrato é obrigatória (art. 18, inc. VI), a verificação realizada pelo órgão de assessoramento jurídico ao final da fase preparatória contempla esse documento.

É preciso lembrar, nesse ponto, que, diferentemente do texto da lei anterior,[167] o parecerista jurídico irá analisar o processo licitatório como um todo, com todos os seus

---

[167] "Art. 38. [...] Parágrafo único. As minutas de editais de licitação, bem como as dos contratos, acordos, convênios ou ajustes devem ser previamente examinadas e aprovadas por assessoria jurídica da Administração".

elementos constituintes, não apenas a minuta do edital, para o fim de aprovar ou não a continuidade da contratação, como previa o regime anterior (parágrafo único do art. 38).

Isso implica que ele irá verificar o atendimento das regras pertinentes à fase preparatória e analisar, sob o ponto de vista jurídico, todos os atos praticados e documentos produzidos nesta fase, a exemplo do estudo técnico preliminar, do anteprojeto, do projeto básico, do termo de referência e do projeto executivo, se for o caso, além do ato convocatório de audiências públicas e das minutas do edital, com todas as suas partes constituintes, inclusive o orçamento estimativo.

Por exemplo, é possível, em tese, a responsabilização do parecerista jurídico, nos limites legais supramencionados (dolo ou erro grosseiro, para fins de aplicação de sanção), se o valor estimativo da contratação for produzido em desacordo com as regras estatuídas no art. 23 – se o projetista não tiver baseado o orçamento no sistema oficial Sicro, no caso de uma obra de construção de estrada rodoviária, sem que tenha elaborado qualquer justificativa técnica para a não utilização desse sistema.

A conduta exigível do parecerista jurídico, nessa hipótese, é verificar os critérios usados para a precificação e, caso constatado o desatendimento dos parâmetros legais, apontar o descumprimento da norma, recomendando a desaprovação do processo licitatório. Não se trata, por evidente, de exigir que o advogado público se manifeste sobre questões técnicas de engenharia, como a adequação de um item serviço ou a justeza dos preços unitários e global. O que se busca é o exame, pelo órgão de assessoramento jurídico, do efetivo atendimento das regras estipuladas para a condução do planejamento do certame.

No que se refere ao processo administrativo para a celebração de um termo aditivo de alteração contratual, entende-se que é impositiva a elaboração de parecer jurídico, nos moldes do art. 53 em exame, com fulcro no princípio do paralelismo: se o processo licitatório que culminou com a assinatura do contrato foi objeto de análise de parecer jurídico, a alteração do ajuste, a partir de um processo administrativo, também deve sofrer o mesmo crivo, estando sujeito ao controle prévio do mesmo órgão de assessoramento.

No caso, o controle não deve se restringir à minuta do termo aditivo, mas de todo o processo administrativo que culminou com a proposta de alteração do contrato, desde a sua motivação até a sua análise pelos órgãos técnicos competentes, exatamente como ocorre no exame de legalidade do processo licitatório, antes de sua divulgação.

O §5º atribuiu à autoridade jurídica máxima do órgão ou entidade a definição das hipóteses em que é dispensável a elaboração de parecer jurídico sobre a legalidade do processo licitatório.

Não obstante essa delegação legislativa, a norma estabeleceu algumas balizas para a exceção: o baixo valor, a baixa complexidade da contratação, a entrega imediata do bem ou a utilização de minutas de editais e instrumentos de contrato, convênio ou outros ajustes previamente padronizados pelo órgão de assessoramento jurídico. Em nossa visão, a autoridade não pode criar outras hipóteses de dispensa de parecer jurídico, a partir de critérios não anunciados na nova lei.

8.2 Publicidade do edital de licitação

O art. 54 dispõe que a publicidade do edital de licitação será realizada mediante divulgação e manutenção do inteiro teor do ato convocatório e de seus anexos no Portal Nacional de Contratações Públicas (PNCP).

Não obstante o disposto no *caput*, a nova lei manteve a custosa e obsoleta necessidade de publicação do extrato do edital no *Diário Oficial* da União, do estado, do Distrito Federal ou do município, ou, no caso de consórcio público, do ente de maior nível entre eles, bem como em jornal diário de grande circulação.

Perdeu-se, portanto, uma ótima oportunidade de reduzir custos administrativos e prestigiar, nesse particular, a eficiência e a economicidade, que constituem princípio e diretriz das licitações, como já visto.

Por outro lado, o §2º estabeleceu como facultativa a divulgação adicional e a manutenção do inteiro teor do edital e de seus anexos em sítio eletrônico oficial do ente federativo do órgão ou entidade responsável pela licitação ou, no caso de consórcio público, do ente de maior nível entre eles.

Também aqui se avalia que foi tímido o avanço da nova lei, uma vez que a divulgação e, principalmente, a manutenção desses elementos no *site* viabilizaria o controle social e o próprio trabalho dos órgãos de controle, pela facilidade no acesso de informações e documentos úteis ao exercício de sua missão institucional.

De positivo, o §2º, supramencionado, facultou a divulgação do edital e seus anexos diretamente a interessados devidamente cadastrados para esse fim.

O §3º veio remediar o que se falou anteriormente sobre o caráter apenas facultativo da divulgação e manutenção dos principais documentos da licitação no sítio eletrônico oficial do ente. Conforme o dispositivo, após a homologação do processo licitatório, os documentos elaborados na fase preparatória que porventura não tenham integrado o edital e seus anexos deverão ser disponibilizados no Portal Nacional de Contratações Públicas (PNCP).

O aludido parágrafo também preconiza que o órgão ou entidade responsável pela licitação poderá, se lhes aprouver, disponibilizar tais elementos em seu sítio eletrônico. Aqui reiteram-se as críticas entabuladas ao §2º, pois o correto seria essa divulgação ser obrigatória, a fim de facilitar a transparência e o controle da Administração Pública.

A regra parece incoerente com a antecipação da análise da legalidade dos documentos elaborados durante a fase preparatória, que, na atual lei, ocorrerá no final desta fase. Ressalvadas as hipóteses de orçamento sigiloso, não há razão lógica para não disponibilizar, desde logo, no PNCP, todos os documentos elaborados na fase preparatória que porventura não tenham integrado o edital e seus anexos.

A medida iria ao encontro da necessidade de incrementar o controle social das licitações públicas, já que traria maiores subsídios para o eventual exercício do poder de impugnar o edital da licitação, por parte de qualquer cidadão, nos termos estabelecidos no art. 163 da nova lei. Da mesma forma, a disposição também subsidiaria o direito de representação de qualquer licitante, na forma estatuída no art. 170, §4º.

CAPÍTULO 9

DA APRESENTAÇÃO DE PROPOSTAS E LANCES

Art. 55. Os prazos mínimos para apresentação de propostas e lances, contados a partir da data de divulgação do edital de licitação, são de:
I - para aquisição de bens:
a) 8 (oito) dias úteis, quando adotados os critérios de julgamento de menor preço ou de maior desconto;
b) 15 (quinze) dias úteis, nas hipóteses não abrangidas pela alínea "a" deste inciso;
II - no caso de serviços e obras:
a) 10 (dez) dias úteis, quando adotados os critérios de julgamento de menor preço ou de maior desconto, no caso de serviços comuns e de obras e serviços comuns de engenharia;
b) 25 (vinte e cinco) dias úteis, quando adotados os critérios de julgamento de menor preço ou de maior desconto, no caso de serviços especiais e de obras e serviços especiais de engenharia;
c) 60 (sessenta) dias úteis, quando o regime de execução for de contratação integrada;
d) 35 (trinta e cinco) dias úteis, quando o regime de execução for o de contratação semi-integrada ou nas hipóteses não abrangidas pelas alíneas "a", "b" e "c" deste inciso;
III - para licitação em que se adote o critério de julgamento de maior lance, 15 (quinze) dias úteis;
IV - para licitação em que se adote o critério de julgamento de técnica e preço ou de melhor técnica ou conteúdo artístico, 35 (trinta e cinco) dias úteis.
§1º Eventuais modificações no edital implicarão nova divulgação na mesma forma de sua divulgação inicial, além do cumprimento dos mesmos prazos dos atos e procedimentos originais, exceto quando a alteração não comprometer a formulação das propostas.
§2º Os prazos previstos neste artigo poderão, mediante decisão fundamentada, ser reduzidos até a metade nas licitações realizadas pelo Ministério da Saúde, no âmbito do Sistema Único de Saúde (SUS).

Art. 56. O modo de disputa poderá ser, isolada ou conjuntamente:

I - aberto, hipótese em que os licitantes apresentarão suas propostas por meio de lances públicos e sucessivos, crescentes ou decrescentes;

II - fechado, hipótese em que as propostas permanecerão em sigilo até a data e hora designadas para sua divulgação.

§1º A utilização isolada do modo de disputa fechado será vedada quando adotados os critérios de julgamento de menor preço ou de maior desconto.

§2º A utilização do modo de disputa aberto será vedada quando adotado o critério de julgamento de técnica e preço.

§3º Serão considerados intermediários os lances:

I - iguais ou inferiores ao maior já ofertado, quando adotado o critério de julgamento de maior lance;

II - iguais ou superiores ao menor já ofertado, quando adotados os demais critérios de julgamento.

§4º Após a definição da melhor proposta, se a diferença em relação à proposta classificada em segundo lugar for de pelo menos 5% (cinco por cento), a Administração poderá admitir o reinício da disputa aberta, nos termos estabelecidos no instrumento convocatório, para a definição das demais colocações.

§5º Nas licitações de obras ou serviços de engenharia, após o julgamento, o licitante vencedor deverá reelaborar e apresentar à Administração, por meio eletrônico, as planilhas com indicação dos quantitativos e dos custos unitários, bem como com detalhamento das Bonificações e Despesas Indiretas (BDI) e dos Encargos Sociais (ES), com os respectivos valores adequados ao valor final da proposta vencedora, admitida a utilização dos preços unitários, no caso de empreitada por preço global, empreitada integral, contratação semi-integrada e contratação integrada, exclusivamente para eventuais adequações indispensáveis no cronograma físico-financeiro e para balizar excepcional aditamento posterior do contrato.

Art. 57. O edital de licitação poderá estabelecer intervalo mínimo de diferença de valores entre os lances, que incidirá tanto em relação aos lances intermediários quanto em relação à proposta que cobrir a melhor oferta.

Art. 58. Poderá ser exigida, no momento da apresentação da proposta, a comprovação do recolhimento de quantia a título de garantia de proposta, como requisito de pré-habilitação.

§1º A garantia de proposta não poderá ser superior a 1% (um por cento) do valor estimado para a contratação.

§2º A garantia de proposta será devolvida aos licitantes no prazo de 10 (dez) dias úteis, contado da assinatura do contrato ou da data em que for declarada fracassada a licitação.

§3º Implicará execução do valor integral da garantia de proposta a recusa em assinar o contrato ou a não apresentação dos documentos para a contratação.

§4º A garantia de proposta poderá ser prestada nas modalidades de que trata o §1º do art. 96 desta Lei.

9.1 Prazos mínimos para apresentação de propostas e lances

O art. 55 trata dos prazos mínimos para apresentação de propostas e lances, contados a partir da data de divulgação do edital de licitação. Eles variam conforme o objeto da licitação e os critérios de julgamento:
   a) critério de julgamento de menor preço ou maior desconto
      • aquisição de bens: 8 dias úteis
      • serviços comuns e obras e serviços comuns de engenharia: 10 dias úteis
      • serviços especiais e obras e serviços especiais de engenharia: 25 dias úteis
   b) aquisição com outros critérios de julgamento: 15 dias úteis
   c) critério de julgamento de maior lance: 15 dias úteis
   d) critério de julgamento de técnica e preço ou de melhor técnica ou conteúdo artístico: 35 dias úteis
   e) regime de contratação semi-integrada: 35 dias úteis
   f) regime de contratação integrada: 60 dias úteis

Como se vê, o novel estatuto uniformizou os prazos em dias úteis, aproximando o processo administrativo licitatório, nesse particular, às disposições do Código de Processo Civil de 2015.

O §1º repete a regra de que eventuais modificações no edital implicarão nova divulgação na mesma forma de sua divulgação inicial, além do cumprimento dos mesmos prazos dos atos e procedimentos originais, exceto quando a alteração não comprometer a formulação das propostas. O objetivo, por evidente, é proporcionar a chance de eventuais interessados se adaptarem às novas regras do certame, evitando erros substanciais em suas propostas.

Como novidade, a nova lei admite, no §2º, a redução dos prazos previstos neste artigo até a metade, mediante decisão fundamentada, nas licitações realizadas pelo Ministério da Saúde, no âmbito do Sistema Único de Saúde (SUS). O propósito é balancear melhor a necessidade de divulgação com uma maior celeridade na ultimação de processos licitatórios envolvendo objetos relacionados à execução da política pública de saúde. Essa necessidade foi verificada, em um nível mais crítico, durante a pandemia da Covid-19, o que motivou a criação de normas especiais para licitações e contratos mais condizente com a situação de emergência vivenciada – Lei nº 13.979, de 6.2.2020, Lei nº 14.124, de 10.3.2021 e Lei nº 14.217, de 13.10.2021.

9.2 Modos de disputa

Conforme o art. 56, as licitações podem ser disputadas pelo modo aberto, fechado ou combinado. A nova lei incorporou a disciplina introduzida pela Lei nº 12.462/2011 (RDC), conferindo uma maior flexibilidade para a fase de apresentação de propostas e lances.

Pelo modo de disputa aberto, os licitantes apresentarão suas propostas por meio de lances públicos e sucessivos, crescentes ou decrescentes. Pelo modo de disputa fechado, as propostas permanecerão em sigilo até a data e hora designadas para sua divulgação.

O §1º dispõe que a utilização isolada do modo de disputa fechado será vedada quando adotados os critérios de julgamento de menor preço ou de maior desconto. Nesses casos, deverá ser usado o modo de disputa aberto ou combinado. Considerando que o inc. XLI do art. 6º impôs os critérios de julgamento menor preço e maior desconto ao pregão, não é possível que este seja disputado pelo modo fechado, isoladamente.

Já o §2º prescreve que a utilização do modo de disputa aberto será vedada quando adotado o critério de julgamento de técnica e preço. Interpreta-se que, nesta hipótese, deverá ser adotado o modo de disputa fechado, sendo também proibido o uso do modo combinado. Assim se entende porque o legislador não usou a expressão "utilização isolada", ao vedar o modo de disputa aberta no aludido parágrafo, como o fez no dispositivo anterior. Assim, seja isolado, seja combinado, não será permitida a adoção desse modo de disputa.

Conforme o §3º, serão considerados lances intermediários os:
– iguais ou inferiores ao maior já ofertado, quando adotado o critério de julgamento de maior lance;
– iguais ou superiores ao menor já ofertado, quando adotados os demais critérios de julgamento.

O objetivo da aceitação de lances intermediários é permitir que a Administração obtenha propostas de licitantes que, em princípio, não vencerão a disputa, mas que poderão vir a ser convocados para contratação, caso o vencedor seja inabilitado, desista de assinar o termo de contrato ou tenha seu contrato rescindido.

Após a definição da melhor proposta, se a diferença em relação à proposta classificada em segundo lugar for de pelo menos 5%, a Administração poderá admitir o reinício da disputa aberta, nos termos estabelecidos no instrumento convocatório, para a definição das demais colocações. A nova lei reduziu o parâmetro para o reinício da disputa, comparativamente ao regime do RDC – de pelo menos 10%, conforme o art. 17, §1º, inc. II. O objetivo da regra é permitir a aproximação entre as propostas subsequentes e classificada em primeiro lugar, a fim de proporcionar uma contratação mais econômica, caso haja necessidade de convocar os licitantes remanescentes.

De acordo com o §5º, o licitante classificado em primeiro lugar deverá, no caso de licitações de obras ou serviços de engenharia, reelaborar e apresentar à Administração, por meio eletrônico, as planilhas com indicação dos quantitativos e dos custos unitários, bem como com detalhamento das Bonificações e Despesas Indiretas (BDI) e dos Encargos Sociais (ES), com os respectivos valores adequados ao valor final da proposta vencedora.

Além disso, o §5º admite que o licitante utilize preços unitários dos itens de serviço, na planilha da proposta, mesmo no caso de empreitada por preço global, empreitada integral, contratação semi-integrada e contratação integrada. A finalidade dessa especificação em preços unitários, segundo a própria lei, é servir exclusivamente para "eventuais adequações indispensáveis no cronograma físico-financeiro e para balizar excepcional aditamento posterior do contrato".

O dispositivo exige interpretação. Se o vencedor deve reelaborar e apresentar a planilha com indicação de quantitativos e custos unitários, após uma eventual etapa de lances ou negociação, é porque tinha o dever de elaborar e apresentar antes, quando da apresentação da proposta. Essa observação se faz necessária porque o novel estatuto não foi claro quanto a esse dever.

Logo, os licitantes devem obrigatoriamente elaborar e juntar à sua proposta original a planilha com quantitativos e custos unitários, bem como com o detalhamento do BDI e dos encargos sociais, independentemente do regime de execução. Tal obrigação deve constar dos regulamentos licitatórios, das minutas-padrão da administração e, por evidente, dos editais, como forma de dar segurança jurídica a essa exigência.

Esse entendimento se encontra pacificado no TCU, no contexto do estatuto anterior, que também não era claro quanto a esse dever. O tema foi tratado na Súmula-TCU nº 258:

> As composições de custos unitários e o detalhamento de encargos sociais e do BDI integram o orçamento que compõe o projeto básico da obra ou serviço de engenharia, devem constar dos anexos do edital de licitação e das propostas das licitantes e não podem ser indicados mediante uso da expressão "verba" ou de unidades genéricas.

Na visão do TCU, essa obrigação existe mesmo que a licitação seja do tipo menor preço global (Acórdão nº 3.076/2010-Plenário. Rel. Min. Augusto Nardes).

Retomando a análise da Lei nº 14.133/2021, a única ressalva que se faz é com relação à contratação integrada. Nesta hipótese, entende-se que os licitantes devem respeitar o mesmo nível de detalhamento do orçamento estimativo da licitação, quando da apresentação de suas propostas, desde que aquele seja público. Caso o orçamento seja sigiloso, compreende-se que os licitantes têm ampla liberdade de apresentar propostas contendo planilhas com o nível de agregação que entenderem conveniente, dado que, neste caso, não há parâmetros seguros para elaboração de um orçamento sintético, ainda mais porque não existe sequer um projeto básico – somente será elaborado posteriormente pelo contratado. Em resumo, os licitantes devem apresentar, por ocasião da licitação, planilha orçamentária condizente com as informações disponibilizadas pela entidade contratante.

Aplica-se a jurisprudência do TCU, já comentada no item 7.4.2 deste livro, no sentido de que a empresa contratada no regime de contratação integrada deve apresentar orçamento detalhado, apenas por ocasião da entrega dos projetos básico e executivo (Acórdão nº 2.433/2016-Plenário. Rel. Min. Benjamin Zymler; Acórdão nº 2.123/2017-Plenário. Rel. Min. Benjamin Zymler; e Acórdão nº 2.136/2017-Plenário. Rel. Min. Aroldo Cedraz).

O segundo comentário a fazer sobre o §5º diz respeito ao verbo "admitir". Compreende-se que a apresentação dos preços unitários dos itens de serviço (orçamento sintético) pelos licitantes não pode ser uma faculdade, mesmo nos casos de empreitada por preço global, empreitada integral, contratação semi-integrada e contratação integrada. Em nossa opinião, aplica-se a jurisprudência do TCU a respeito do tema,[168] que exige a formulação e apresentação de orçamento detalhado pelos licitantes, uma vez que tal medida auxilia a solução de eventuais pleitos de aditivos e o melhor entendimento do custo e da forma de execução dos serviços, contribuindo, assim, para o aumento da eficácia e eficiência da contratação.

O art. 57 estabelece que o edital de licitação poderá estabelecer intervalo mínimo de diferença de valores entre os lances, que incidirá tanto em relação aos lances intermediários quanto em relação à proposta que cobrir a melhor oferta. O dispositivo repete regra já existente na legislação do pregão, cujo propósito é dar celeridade à etapa de disputa, evitando competição de propostas em torno de valores insignificantes.

Segundo o art. 58, o edital do certame pode exigir que, no momento da apresentação da proposta, seja comprovado o recolhimento de quantia a título de garantia de proposta, como requisito de pré-habilitação. A medida seria uma antecipação da fase seguinte, a fim de evitar a perda de tempo com licitantes aventureiros, cujo objetivo seja apenas tumultuar a disputa ou direcionar a licitação para alguém de seu interesse.

Conforme o §1º, a garantia de proposta não poderá ser superior a 1% do valor estimado para a contratação. A nova lei mantém o valor de garantia especificado no regime anterior (art. 31, inc. III). Essa garantia será devolvida aos licitantes no prazo de 10 dias úteis, contado da assinatura do contrato ou da data em que for declarada fracassada a licitação. Trata-se de uma inovação da nova lei ante o regime anterior, que não especificava prazo para essa devolução.

A título de exemplo, em uma licitação com valor estimativo de R$100 milhões e exigência de garantia de proposta de 1% do valor estimado para a contratação, os licitantes devem apresentar garantia de proposta no valor de R$1 milhão, independentemente do valor efetivo de suas propostas.

O valor integral da garantia de proposta será executado se o licitante se recusar a assinar o contrato ou a apresentar os documentos exigidos para a contratação (§3º). Por evidente, isso não implica que haverá execução da garantia, caso o licitante seja inabilitado por problemas existentes em sua documentação.

Conforme o §4º, a garantia de proposta poderá ser prestada nas modalidades de que trata o §1º do art. 95 (caução em dinheiro ou em títulos da dívida pública, seguro-garantia ou fiança bancária).

---

[168] Acórdão nº 3.036/2010-Plenário (Rel. José Múcio); Acórdão nº 662/2011-Plenário (Rel. Min. Ubiratan Aguiar); entre outros.

CAPÍTULO 10

DO JULGAMENTO

Art. 59. Serão desclassificadas as propostas que:
I - contiverem vícios insanáveis;
II - não obedecerem às especificações técnicas pormenorizadas no edital;
III - apresentarem preços inexequíveis ou permanecerem acima do orçamento estimado para a contratação;
IV - não tiverem sua exequibilidade demonstrada, quando exigido pela Administração;
V - apresentarem desconformidade com quaisquer outras exigências do edital, desde que insanável.
§1º A verificação da conformidade das propostas poderá ser feita exclusivamente em relação à proposta mais bem classificada.
§2º A Administração poderá realizar diligências para aferir a exequibilidade das propostas ou exigir dos licitantes que ela seja demonstrada, conforme disposto no inciso IV do caput deste artigo.
§3º No caso de obras e serviços de engenharia e arquitetura, para efeito de avaliação da exequibilidade e de sobrepreço, serão considerados o preço global, os quantitativos e os preços unitários tidos como relevantes, observado o critério de aceitabilidade de preços unitário e global a ser fixado no edital, conforme as especificidades do mercado correspondente.
§4º No caso de obras e serviços de engenharia, serão consideradas inexequíveis as propostas cujos valores forem inferiores a 75% (setenta e cinco por cento) do valor orçado pela Administração.
§5º Nas contratações de obras e serviços de engenharia, será exigida garantia adicional do licitante vencedor cuja proposta for inferior a 85% (oitenta e cinco por cento) do valor orçado pela Administração, equivalente à diferença entre este último e o valor da proposta, sem prejuízo das demais garantias exigíveis de acordo com esta Lei.

Art. 60. Em caso de empate entre duas ou mais propostas, serão utilizados os seguintes critérios de desempate, nesta ordem:

I - disputa final, hipótese em que os licitantes empatados poderão apresentar nova proposta em ato contínuo à classificação;

II - avaliação do desempenho contratual prévio dos licitantes, para a qual deverão preferencialmente ser utilizados registros cadastrais para efeito de atesto de cumprimento de obrigações previstos nesta Lei;

III - desenvolvimento pelo licitante de ações de equidade entre homens e mulheres no ambiente de trabalho, conforme regulamento;

IV - desenvolvimento pelo licitante de programa de integridade, conforme orientações dos órgãos de controle.

§1º Em igualdade de condições, se não houver desempate, será assegurada preferência, sucessivamente, aos bens e serviços produzidos ou prestados por:

I - empresas estabelecidas no território do Estado ou do Distrito Federal do órgão ou entidade da Administração Pública estadual ou distrital licitante ou, no caso de licitação realizada por órgão ou entidade de Município, no território do Estado em que este se localize;

II - empresas brasileiras;

III - empresas que invistam em pesquisa e no desenvolvimento de tecnologia no País;

IV - empresas que comprovem a prática de mitigação, nos termos da Lei nº 12.187, de 29 de dezembro de 2009.

§2º As regras previstas no caput deste artigo não prejudicarão a aplicação do disposto no art. 44 da Lei Complementar nº 123, de 14 de dezembro de 2006.

Art. 61. Definido o resultado do julgamento, a Administração poderá negociar condições mais vantajosas com o primeiro colocado.

§1º A negociação poderá ser feita com os demais licitantes, segundo a ordem de classificação inicialmente estabelecida, quando o primeiro colocado, mesmo após a negociação, for desclassificado em razão de sua proposta permanecer acima do preço máximo definido pela Administração.

§2º A negociação será conduzida por agente de contratação ou comissão de contratação, na forma de regulamento, e, depois de concluída, terá seu resultado divulgado a todos os licitantes e anexado aos autos do processo licitatório.

10.1 Verificação da conformidade das propostas

Transcorrido o prazo para apresentação das propostas e encerrada a etapa de apresentação dos lances, no caso de modo de disputa aberto ou combinado, a comissão de contratação dará início à verificação da conformidade das propostas de preço.

Conforme o art. 59, serão desclassificadas as propostas que:
- contiverem vícios insanáveis;
- não obedecerem às especificações técnicas pormenorizadas no edital;

- apresentarem preços inexequíveis ou permanecerem acima do preço máximo definido em edital;
- não tiverem sua exequibilidade demonstrada, quando exigida pela Administração; e
- apresentarem desconformidade com quaisquer outras exigências do edital, desde que insanáveis.

Antes de adentrar nos demais aspectos do presente artigo, cabe ressaltar que ele se inspirou no art. 24 da Lei nº 12.462/2011 (RDC), que disciplinou de modo mais detalhado a etapa de verificação da conformidade das propostas.

Como forma de dar celeridade e conferir eficiência à etapa de julgamento, o §1º permite que a verificação da conformidade das propostas seja feita exclusivamente em relação à proposta mais bem classificada. Trata-se de uma faculdade da Administração, que poderá examinar a conformidade de todas as propostas apresentadas, se assim preferir. Porém, não há razão para que a permissão legal não seja usada na prática.

Conforme visto, o novel estatuto, assim como o anterior, exige que a Administração elabore o orçamento estimado, com as composições dos preços utilizados para sua formação (art. 18, inc. IV). Tal obrigação se estende aos licitantes, por interpretação extensiva do §5º do art. 56, conforme visto no capítulo anterior.

Para cumprir esse dever, os licitantes devem seguir as especificações do projeto e as composições de custos unitários elaboradas pela administração, como documento anexo ao edital. Estas, por sua vez, devem guardar compatibilidade com a planilha de serviços, contendo os quantitativos e preços unitários. Por evidente, a apresentação deste documento deve guardar compatibilidade com o nível de detalhamento dos itens serviços consignados no orçamento estimativo, especialmente no caso de contratações integradas, cuja orçamentação pode ser valer de metodologia expedita ou paramétrica. Neste caso, a apresentação das composições de custos unitários pode ocorrer por ocasião da entrega do projeto básico.

A elaboração e entrega das composições de custos unitários pelos licitantes têm como objetivo balizar eventuais pleitos de aditivos. A ausência de tal documento ou, mesmo, a sua incompatibilidade com a planilha de itens de serviços não deve ensejar a desclassificação da proposta, desde que os preços unitários e global desta seja compatível com os critérios estabelecidos pela entidade contratante. Essa tese foi veiculada no seguinte precedente, extraído do repositório da jurisprudência selecionada do Tribunal:

> Estando os preços global e unitários ofertados pelo licitante dentro dos limites fixados pela Administração, é de excessivo rigor a desclassificação da proposta por divergência entre seus preços unitários e respectivas composições detalhadas de custos, por afronta aos princípios da razoabilidade, da ampla competitividade dos certames e da busca de economicidade nas contratações. Referida divergência se resolve com a retificação das composições, sem necessidade de modificações ou ajustes em quaisquer dos valores lançados na proposta a título de preços unitários. (Acórdão nº 2.742/2017-Plenário. Rel. Min. Aroldo Cedraz)

Nessa hipótese, a Administração deve estabelecer prazo razoável para que o licitante vencedor apresente ou corrija eventuais inconsistências em suas composições de custos unitários. Do contrário, valerá o detalhamento dos itens de serviços estabelecido pela Administração, o que implica a adoção dos materiais, equipamentos, mão de obra, métodos construtivos e produtivos deduzidos das composições de custos unitários elaborados pela Administração, em discussões de eventuais termos aditivos.

Há outros precedentes importantes do TCU, exarados à época do regime jurídico anterior, a respeito da apresentação das propostas pelos licitantes. Cabem transcrever algumas teses extraídas do repositório da jurisprudência do TCU:

> Súmula-TCU nº 260: É dever do gestor exigir apresentação de Anotação de Responsabilidade Técnica - ART referente a projeto, execução, supervisão e fiscalização de obras e serviços de engenharia, com indicação do responsável pela elaboração de plantas, orçamento-base, especificações técnicas, composições de custos unitários, cronograma físico-financeiro e outras peças técnicas.
>
> O fato de o licitante apresentar composição de custo unitário contendo salário de categoria profissional inferior ao piso estabelecido em acordo, convenção ou dissídio coletivo de trabalho é, em tese, somente erro formal, o qual não enseja a desclassificação da proposta, podendo ser saneado com a apresentação de nova composição de custo unitário desprovida de erro, em face do princípio do formalismo moderado e da supremacia do interesse público. (Acórdão nº 719/2018-Plenário. Rev. Min. Benjamin Zymler)
>
> No pregão, em sua forma eletrônica, não se exige a apresentação de composição unitária dos custos dos serviços a serem contratados, mas a apresentação, entre outros elementos, de orçamento detalhado. (Acórdão nº 158/2015-Plenário. Rel. Min. Walton Alencar).
>
> não lhes dá direito adquirido à manutenção de erros observados nas composições de preços unitários, precipuamente quando em razão de tais falhas estiver ocorrendo o pagamento de serviços acima dos custos necessários e realmente incorridos para a sua realização. (Acórdão nº 117/2014-Plenário. Rel. Min. Benjamin Zymler)
>
> Divergências entre as planilhas de composição de custos e formação de preços da licitante e as da Administração, inclusive relativas a cotação de lucro zero ou negativo, não são, em princípio, motivo de desclassificação, devendo para tanto haver o exame da exequibilidade da proposta, uma vez que as planilhas possuem caráter subsidiário e instrumental. (Acórdão nº 906/2020-Plenário. Rel. Min. Subst. Weder de Oliveira)

Retomando a análise da lei, o §2º do art. 59 prescreve que a Administração poderá realizar diligências para aferir a exequibilidade das propostas ou exigir dos licitantes que ela seja demonstrada.

Assim como no regime anterior, a nova lei somente instituiu critérios objetivos de inexequibilidade para obras e serviços de engenharia. Conforme o §3º, para efeito de avaliação da exequibilidade nesses objetos, serão considerados o preço global, os quantitativos e os preços unitários tidos como relevantes. Para avaliação do sobrepreço, será observado o critério de aceitabilidade de preços unitário e global a ser fixado no edital, conforme as especificidades do mercado correspondente.

Entende-se que o critério de aceitabilidade de preço unitário somente será definido no edital quando o regime de execução for empreitada por preço unitário. Já o critério de aceitabilidade de preço global é o orçamento estimado da licitação, conforme o inc. III do *caput*.

A Lei nº 14.133/2021 inova ao limitar a análise da exequibilidade a itens tidos como relevantes, quando, no regime anterior, essa verificação se limitava ao preço global da proposta. Todavia, a regra atual não disciplinou o que vem a ser "preço unitário relevante", o que implicará a necessidade de regulamentação, seja em edital, seja em normativo da entidade, sob pena de gerar grande insegurança jurídica.

Depreende-se que a avaliação da exequibilidade de itens relevantes ocorrerá quando o regime de execução for empreitada por preço unitário, sendo dispensada quando o regime for empreitada por preço global, cuja avaliação tomará em conta o valor total da proposta. A avaliação da exequibilidade global ocorrerá em todos os casos.

Segundo o §4º, na contratação de obras e serviços de engenharia, serão consideradas inexequíveis as propostas cujos valores forem inferiores a 75% do valor orçado pela Administração.[169]

Estando o valor da proposta abaixo do percentual indicado, haverá presunção relativa de inexequibilidade. Assim, a Administração deve sempre abrir prazo para que o licitante possa comprovar a exequibilidade de sua proposta, a menos em situações excepcionais de preços simbólicos, irrisórios ou de valor zero, nos termos da jurisprudência do TCU.

A propósito, entende-se que os julgados do Tribunal a respeito do tema permanecem aplicáveis ao regime licitatório que se inaugura, uma vez que se baseiam em regras que não destoam da nova legislação, além de estarem em consonância com diversos princípios licitatórios.

Seguem alguns precedentes extraídos do repositório de informativos de licitações e contratos do TCU:

> Pregão para contratação de serviços: por constituir presunção relativa, suposta inexequibilidade de proposta comercial de licitante não autoriza imediata desclassificação, excetuando-se situação extremas nas quais a Administração Pública se veja diante de preços simbólicos, irrisórios ou de valor zero. (*Informativo de Licitações e Contratos*, n. 75, 2011)
>
> A desclassificação de proposta por inexequibilidade deve ser objetivamente demonstrada, a partir de critérios previamente publicados, e deve ser franqueada oportunidade de o licitante defender sua proposta e demonstrar sua capacidade de bem executar os serviços, nos termos e condições exigidos pelo instrumento convocatório, antes de ter sua proposta desclassificada. (*Informativo de Licitações e Contratos*, n. 323, 2017)
>
> O juízo do pregoeiro acerca da aceitabilidade da proposta deve ser feito após a etapa competitiva do certame (fase de lances), devendo o licitante ser convocado para comprovar a exequibilidade da sua proposta antes de eventual desclassificação. Apenas em situações extremas, quando os lances ofertados configurarem preços simbólicos, irrisórios ou de valor zero, gerando presunção absoluta de inexequibilidade, admite-se a exclusão de lance durante a etapa competitiva do pregão. (*Informativo de Licitações e Contratos*, n. 350, 2018)

---

[169] O parâmetro é ligeiramente superior ao da lei anterior, que estabelecia o percentual de 70% do menor dos seguintes valores: a média aritmética dos valores das propostas superiores a 50% do valor orçado pela Administração; ou o valor orçado pela Administração.

O §5º trouxe uma salvaguarda adicional, ao prever que, nas contratações de obras e serviços de engenharia, será exigida garantia adicional do licitante vencedor cuja proposta for inferior a 85% do valor orçado pela Administração. A garantia será no montante equivalente à diferença entre este último parâmetro e o valor da proposta e deverá ser ofertada sem prejuízo das demais garantias exigíveis de acordo com a nova lei.

A título de exemplo, em uma licitação com valor estimativo de R$100 milhões, com exigência de garantia de execução de 5% do valor inicial do contrato, caso o valor da proposta vencedora seja de R$80 milhões, o licitante deverá apresentar garantia adicional equivalente a R$5 milhões, conforme a memória de cálculo a seguir:

- Garantia original: 5% do valor da proposta: 5% x R$80 milhões = R$4 milhões
- 85% do valor estimativo = 85% x R$100 milhões = R$85 milhões
- Garantia adicional: R$85 milhões – R$80 milhões = R$5 milhões

10.2 Empate

Em caso de empate entre duas ou mais propostas, serão utilizados os seguintes critérios de desempate, nesta ordem, conforme o art. 60 da lei:

a) disputa final, hipótese em que os licitantes empatados poderão apresentar nova proposta em ato contínuo à classificação;
b) avaliação do desempenho contratual prévio dos licitantes, para a qual deverão preferencialmente ser utilizados registros cadastrais para efeito de atesto de cumprimento de obrigações previstos nesta lei;
c) desenvolvimento pelo licitante de ações de equidade entre homens e mulheres no ambiente de trabalho, conforme regulamento;
d) desenvolvimento pelo licitante de programa de integridade, conforme orientações dos órgãos de controle.

A disciplina do assunto exige rígida regulamentação a fim de conferir objetividade ao processo e eliminar riscos de quebra dos princípios da impessoalidade e da isonomia.

Para a avaliação do desempenho contratual prévio dos licitantes, a lei estabeleceu o uso preferencial do cadastro de atesto de cumprimento de obrigações de que trata o §4º do art. 87. Trata-se de documento cujo propósito é registrar, a partir de indicadores objetivamente definidos e aferidos, a performance dos contratados no cumprimento dos ajustes pactuados com a Administração Pública.

Considerando que a norma utilizou o adjetivo "preferencial", conclui-se que a administração pode se valer de outros critérios para aferir a atuação pretérita dos licitantes. A propósito, a lei foi silente quanto à forma como será avaliado o desempenho prévio dos licitantes em contratações privadas. Entende-se que a matéria pode ser tratada na regulamentação, pois, do contrário, haverá prejuízo ao princípio da isonomia com relação aos interessados sem experiência anterior com contratos públicos.

No que se refere ao desenvolvimento pelo licitante de programa de integridade, trata-se de mais um dispositivo da lei que busca incentivar a adoção de medidas voltadas à prevenção da corrupção – nesse contexto, também se insere o §4º do art. 25, já comentado.

Embora o licitante não seja obrigado a possuir um programa de integridade para participar de licitações públicas, a sua implementação, conforme orientações dos órgãos de controle, passa a ter um incentivo adicional, já que ela será usada como um dos critérios de desempate em contratações públicas.[170] Para que os interessados possam usufruir dessa vantagem, é preciso que eles cumpram, no âmbito federal, a regulamentação que venha a ser editada pela CGU e pelo TCU, conforme se depreende da parte final do inc. IV do art. 60. Considerando que a lei fez remissão a órgãos de controle, o ideal é que o tema seja tratado conjuntamente pelos órgãos.

O §1º traz outras regras de desempate, que serão aplicáveis caso persista uma situação de empate após a adoção dos critérios do *caput*. Segundo o dispositivo, será assegurado direito de preferência, sucessivamente, aos bens e serviços produzidos ou prestados por:

a) empresas estabelecidas no território do estado ou do Distrito Federal do órgão ou entidade da Administração Pública estadual ou distrital licitante ou, no caso de licitação realizada por órgão ou entidade de município, no território do estado em que este se localize;
b) empresas brasileiras;
c) empresas que invistam em pesquisa e no desenvolvimento de tecnologia no país;
d) empresas que comprovem a prática de mitigação, nos termos da Lei nº 12.187/2009.

É preciso lembrar que, além dos direitos de preferência estabelecidos no §1º, existem ainda as margens de preferência estatuídas no art. 26. Ambas as disposições devem ser observadas a fim de definir a ordem de classificação da licitação.

Os dispositivos se inserem no âmbito da função regulatória da licitação, de indução de comportamentos desejáveis, condizentes com o objetivo da ordem econômica de assegurar existência digna a todos, conforme os ditames da justiça social, observado, entre outros, o princípio da função social da propriedade (art. 170, *caput* e inc. III da Constituição).

No que se refere às hipóteses dos incs. II e III, é preciso lembrar o que foi dito no tópico referente à concessão de margem de preferência em licitações internacionais.

Caso o Brasil, de fato, adira ao Acordo de Compras Governamentais (GPA) da Organização Mundial do Comércio, talvez seja necessário também revisitar essas regras

---

[170] Anteriormente, a Lei nº 12.846/2013 (Lei Anticorrupção) havia previsto que a existência de mecanismos e procedimentos internos de integridade seria considerada na aplicação das sanções nela especificadas (art. 7º, inc. VIII).

de preferência a empresas brasileiras ou que invistam em pesquisa e no desenvolvimento de tecnologia no país, em caso de empate.

No que se refere ao inc. IV do §1º, é preciso resgatar o que vem a ser a prática de mitigação. Conforme o art. 2º, inc. VII, da Lei nº 12.187/2009 (institui a Política Nacional sobre Mudança do Clima – PNMC e dá outras providências), trata-se de "mudanças e substituições tecnológicas que reduzam o uso de recursos e as emissões por unidade de produção, bem como a implementação de medidas que reduzam as emissões de gases de efeito estufa e aumentem os sumidouros".

Também nesse caso, será preciso regulamentar esse critério de desempate sob pena de ele ocorrer com base em critérios bastante subjetivos.

Segundo o §2º, as regras previstas no *caput* deste artigo não prejudicarão a aplicação do disposto no art. 44 da Lei Complementar nº 123/2006, que trata dos critérios de desempate e preferência de contratação para as microempresas e empresas de pequeno porte.

Dessa forma, antes da adoção de procedimentos indicados no *caput*, cabe verificar se existem empresas enquadradas no aludido dispositivo e adotar as medidas especificadas naquela norma. Se, após a adoção dessas regras, a empresa de pequeno porte ou a microempresa não cobrir a melhor proposta e eventualmente houver dois licitantes empatados, serão adotados os critérios do *caput* e do §1º do art. 60 da Lei nº 14.133/2021.

10.3 Negociação

Após a verificação da conformidade das propostas e a resolução de eventuais empates, real ou ficto, com a definição do resultado do julgamento, a Administração poderá negociar condições mais vantajosas com o primeiro colocado, nos termos do art. 61.

Trata-se de novidade com relação à Lei nº 8.666/1993, que somente admitia a negociação na licitação julgada pelo critério da melhor técnica (art. 46, §1º, inc. II).

Conforme o §1º do art. 61, a negociação:

> [...] poderá ser feita com os demais licitantes, segundo a ordem de classificação inicialmente estabelecida, quando o primeiro colocado, mesmo após a negociação, for desclassificado em razão de sua proposta permanecer acima do preço máximo definido pela Administração.

O dispositivo requer interpretação. A rigor, o exame da adequação da proposta ao orçamento estimado da licitação deve ocorrer na etapa anterior, de verificação da conformidade das propostas, nos termos do art. 59, inc. III. Assim, se esta análise já foi feita, teoricamente, não haveria como o primeiro colocado ser desclassificado, nesse momento, pelo fato de sua proposta permanecer acima do preço máximo definido pela administração.

Dessa forma, avalia-se que o §1º é aplicável quando todos os licitantes tiverem sido desclassificados em razão de suas propostas estarem acima do orçamento estimativo do certame, na etapa de verificação da conformidade da proposta. Mesmo nessa hipótese, a Administração deverá estabelecer uma ordem de classificação, após decidir eventuais empates conforme os critérios do art. 60, e abrir negociação com os licitantes a fim de viabilizar o oferecimento de proposta abaixo do preço máximo admitido.

Dessa forma, a Administração deve promover a negociação com o primeiro colocado e, ser for o caso, com os demais licitantes, seguindo a ordem de classificação, à medida que as propostas permaneçam acima do preço máximo admitido para a contratação.

Conforme o §2º, a negociação será conduzida por agente de contratação ou comissão de contratação, na forma de regulamento, e, depois de concluída, terá seu resultado divulgado a todos.

A nova lei não especificou a forma como será divulgado o resultado do julgamento, assim como as respectivas atas elaboradas nesta fase. Em nossa visão, devem ser adotados os mesmos meios de divulgação do edital de licitação e seus anexos, ou seja, o PNCP, os diários oficiais, os jornais de grande circulação e o sítio eletrônico do órgão.

DA HABILITAÇÃO

Art. 62. A habilitação é a fase da licitação em que se verifica o conjunto de informações e documentos necessários e suficientes para demonstrar a capacidade do licitante de realizar o objeto da licitação, dividindo-se em:
I - jurídica;
II - técnica;
III - fiscal, social e trabalhista;
IV - econômico-financeira.
Art. 63. Na fase de habilitação das licitações serão observadas as seguintes disposições:
I - poderá ser exigida dos licitantes a declaração de que atendem aos requisitos de habilitação, e o declarante responderá pela veracidade das informações prestadas, na forma da lei;
II - será exigida a apresentação dos documentos de habilitação apenas pelo licitante vencedor, exceto quando a fase de habilitação anteceder a de julgamento;
III - serão exigidos os documentos relativos à regularidade fiscal, em qualquer caso, somente em momento posterior ao julgamento das propostas, e apenas do licitante mais bem classificado;
IV - será exigida do licitante declaração de que cumpre as exigências de reserva de cargos para pessoa com deficiência e para reabilitado da Previdência Social, previstas em lei e em outras normas específicas.
§1º Constará do edital de licitação cláusula que exija dos licitantes, sob pena de desclassificação, declaração de que suas propostas econômicas compreendem a integralidade dos custos para atendimento dos direitos trabalhistas assegurados na Constituição Federal, nas leis trabalhistas, nas normas infralegais, nas convenções coletivas de trabalho e nos termos de ajustamento de conduta vigentes na data de entrega das propostas.

> §2º Quando a avaliação prévia do local de execução for imprescindível para o conhecimento pleno das condições e peculiaridades do objeto a ser contratado, o edital de licitação poderá prever, sob pena de inabilitação, a necessidade de o licitante atestar que conhece o local e as condições de realização da obra ou serviço, assegurado a ele o direito de realização de vistoria prévia.
>
> §3º Para os fins previstos no §2º deste artigo, o edital de licitação sempre deverá prever a possibilidade de substituição da vistoria por declaração formal assinada pelo responsável técnico do licitante acerca do conhecimento pleno das condições e peculiaridades da contratação.
>
> §4º Para os fins previstos no §2º deste artigo, se os licitantes optarem por realizar vistoria prévia, a Administração deverá disponibilizar data e horário diferentes para os eventuais interessados.
>
> Art. 64. Após a entrega dos documentos para habilitação, não será permitida a substituição ou a apresentação de novos documentos, salvo em sede de diligência, para:
>
> I - complementação de informações acerca dos documentos já apresentados pelos licitantes e desde que necessária para apurar fatos existentes à época da abertura do certame;
>
> II - atualização de documentos cuja validade tenha expirado após a data de recebimento das propostas.
>
> §1º Na análise dos documentos de habilitação, a comissão de licitação poderá sanar erros ou falhas que não alterem a substância dos documentos e sua validade jurídica, mediante despacho fundamentado registrado e acessível a todos, atribuindo-lhes eficácia para fins de habilitação e classificação.
>
> §2º Quando a fase de habilitação anteceder a de julgamento e já tiver sido encerrada, não caberá exclusão de licitante por motivo relacionado à habilitação, salvo em razão de fatos supervenientes ou só conhecidos após o julgamento.

A Lei nº 14.133/2021 mantém, em seu art. 62, os tipos de habilitação previstos na norma anterior: jurídica; técnica; fiscal, social e trabalhista; e econômico-financeira.

De novidade, a antiga "regularidade fiscal e trabalhista" passa a incluir o termo "social", o que parece condizente com a exigência de comprovação da regularidade relativa à Seguridade Social e ao FGTS, que demonstre cumprimento dos encargos sociais instituídos por lei (inc. IV do art. 68).

O art. 63 traz algumas regras importantes da fase de habilitação das licitações. Além de estabelecer que os documentos, em regra, serão exigidos apenas do licitante classificado em primeiro lugar, o dispositivo elenca várias declarações que poderão ou deverão ser exigidas dos licitantes, conforme o caso, em acréscimo à documentação especificada nos quatro tipos de habilitação.

Além dos documentos de habilitação propriamente ditos, o novel estatuto prevê duas declarações a serem entregues pelos licitantes, uma facultativa e outra obrigatória sob a perspectiva da Administração Pública.

Conforme o inc. I, a Administração pode exigir dos licitantes declaração de que atendem aos requisitos de habilitação, de modo que o declarante responderá pela veracidade das informações prestadas, na forma da lei. Trata-se de regra facultativa, podendo a Administração exigi-la ou não em cada edital, conforme sua conveniência.

O dispositivo, que não constava da norma anterior, tem como objetivo inibir a participação de empresas que não teriam condições de ser contratadas pela Administração ou de cumprir a obrigação avençada, seja por irregularidade na sua documentação, seja por inaptidão financeira ou técnica. O desincentivo à presença de licitantes nessas condições evita que a Administração incorra em custos administrativos desnecessários e eventualmente contrate alguém que não seja capaz de entregar o bem pretendido pela entidade. Trata-se, portanto, de uma medida voltada à melhoria da eficiência e da eficácia dos processos licitatórios.

O inc. IV, por sua vez, estabelece que será exigida do licitante declaração de que cumpre as exigências de reserva de cargos para pessoa com deficiência e para reabilitado da Previdência Social, previstas em lei e em outras normas específicas. Diferentemente da declaração anterior, esta última é obrigatória, devendo constar como condição de habilitação em todas as licitações.

De qualquer forma, estando previstas no edital, a não entrega de qualquer das referidas declarações sujeitará o licitante à inabilitação, com a consequente execução da garantia de proposta, consoante o §3º do art. 58.

Por outro lado, a expedição de declaração falsa passou a ser catalogada como infração administrativa no inc. VIII do art. 155. Conforme o §3º do art. 156, a sua ocorrência pode ensejar ao infrator a pena de multa, a ser calculada na forma do edital, com valor entre 0,5% e 30% do valor do contrato licitado.

Além disso, caso a falsidade da declaração especificada no inc. I do art. 63 seja configurada pela não apresentação dos documentos exigidos para a contratação, a sua caracterização implicará a inabilitação do licitante e a execução do valor integral da garantia de proposta, conforme o §3º do art. 58.

Já a configuração da falsidade da declaração indicada no inc. IV do art. 63 (reserva de cargos para pessoa com deficiência e para reabilitado da Previdência Social) depende de uma denúncia, com juntada de provas, e/ou de eventual diligência por parte da entidade promotora da licitação. Embora a lei não seja clara quanto a esse ponto, entende-se que a comprovação, por qualquer meio de prova, de que o licitante não cumpre as referidas exigências pode ensejar a sua inabilitação, com a consequente execução da garantia de proposta, nos termos do §3º do art. 58.

Por conta das novas regras, recomenda-se uma maior cautela aos interessados antes da decisão de participar ou não de certames licitatórios. É salutar que eles verifiquem se atendem às condições exigidas no edital da licitação, especialmente nas situações em que seja exigida a declaração prevista no inc. I. Afinal, ele estará sujeito à multa e à perda da garantia de proposta, caso ele seja convocado para a fase de habilitação e venha a ser inabilitado do certame devido à falta de alguma documentação.

Consoante o inc. II, será exigida a apresentação dos documentos de habilitação apenas pelo licitante vencedor, exceto quando a fase de habilitação anteceder a de julgamento. Tal medida decorre do próprio sequenciamento do processo de licitação estabelecido pela nova lei, a qual impôs, como regra, a fase de julgamento antes da habilitação, incorporando a disciplina do RDC.

Assim, apenas quando houver inversão dessa ordem, a documentação de habilitação será exigida de todos os licitantes. A única exceção diz respeito aos documentos relativos à regularidade fiscal, social e trabalhista, que, em todos os casos, deverão ser apresentados após o julgamento das propostas e apenas do licitante mais bem classificado, nos termos do inc. III do art. 63. O dispositivo repete a disciplina da Lei nº 12.462/2011, que nitidamente serviu de inspiração a essa parte da nova lei.

Os §§1º, 2º e 3º do art. 63 estabelecem mais duas declarações a serem apresentadas pelos licitantes, uma de especificação obrigatória no edital, outra, facultativa, conforme a conveniência da Administração.

Segundo o §1º, deverá constar do edital de licitação cláusula que exija dos licitantes, sob pena de desclassificação, declaração de que suas propostas econômicas compreendem a integralidade dos custos para atendimento dos direitos trabalhistas assegurados na Constituição Federal, nas leis trabalhistas, nas normas infralegais, nas convenções coletivas de trabalho e nos termos de ajustamento de conduta vigentes na data de entrega das propostas. Trata-se de exigência obrigatória, que deve constar de todos os editais de licitação.

O dispositivo tem como objetivo evitar eventuais pleitos de aditivos contratuais por parte do contratado, sob o argumento de que sua proposta não contemplou todos os custos relacionados a encargos sociais e trabalhistas.

Pedidos dessa natureza não são aceitáveis, ainda que o erro ou omissão tenha ocorrido no próprio orçamento estimativo da Administração. Isso porque o particular deveria ter impugnado o edital, a fim de que fosse incluído o custo pertinente na planilha da licitação, antes da formulação de sua proposta. Não tendo feito, o simples ato de apresentar preço em um certame licitatório implica que este é suficiente, sob a perspectiva do particular, para que ele entregue o bem pretendido pela Administração, de forma que a declaração consignada no §1º somente reforça tal presunção.

Com isso, a nova lei transferiu, de modo expresso, todos os riscos associados ao cumprimento da legislação trabalhista e social ao contratado, de modo que ele não poderá reivindicar a modificação do contrato, por omissão ou esquecimento de algum encargo previsto na norma aplicável.

Em verdade, o entendimento do TCU a respeito do assunto ainda é mais abrangente, pois abarca qualquer omissão de custo na proposta do licitante. Nesse sentido, oportuno transcrever a seguinte tese extraída da jurisprudência selecionada do Tribunal:

> A constatação de inexequibilidade de preço unitário durante a execução do contrato não é motivo, por si só, para ensejar o reequilíbrio econômico-financeiro da avença, uma vez que não se insere na álea econômica extraordinária e extracontratual exigida pelo art. 65, inciso II, alínea d, da Lei 8.666/1993. A oferta de preço inexequível na licitação deve onerar exclusivamente o contratado, mesmo diante de aditivo contratual, em face do que

prescreve o art. 65, §1º, da mencionada lei. (Acórdão nº 2.901/2020-Plenário. Rel. Min. Benjamin Zymler)

Essa posição também se refletiu no Acórdão nº 5.686/2010-2ª Câmara (Rel. Min. Benjamin Zymler), sendo oportuno transcrever a seguinte fundamentação contida no voto condutor do *decisum*:

> "mesmo que, apenas por argumentar, estivesse demonstrada a inadequação da proposta aos preços de mercado". Segundo o relator, em havendo erro em determinada proposta de empresa licitante, deve ela responder por isso, rescindindo eventual contrato, por exemplo, e arcando com as consequências daí decorrentes. Para ele, não importa "que o orçamento base esteja equivocado, pois as licitantes devem elaborar as propostas de acordo com o seu conhecimento do mercado e não de acordo com o conhecimento da Administração".

A expedição de declaração falsa quanto ao §1º também poderá sujeitar o licitante à sanção do §3º do art. 155, não cabendo falar, nesse caso, em inabilitação, visto que a sua configuração, como regra, somente ocorrerá na fase de execução contratual.

Consoante o §2º do art. 63, o edital de licitação poderá prever, sob pena de inabilitação, a necessidade de o licitante atestar que conhece o local e as condições de realização da obra ou serviço, assegurado a ele o direito de realização de vistoria prévia, quando a avaliação prévia do local de execução for imprescindível para o conhecimento pleno das condições e peculiaridades do objeto a ser contratado. Trata-se de exigência facultativa, a ser prevista no edital segundo a conveniência da Administração, caso a complexidade do objeto a recomende.

De qualquer forma, estando previstas no edital, a não entrega de qualquer das referidas declarações sujeitará o licitante à inabilitação, com a consequente execução da garantia de proposta, consoante o §3º do art. 58.

Do mesmo modo que o parágrafo anterior, o §2º tem como objetivo evitar eventuais pleitos de aditivos contratuais por parte do contratado, sob o argumento de que havia especificidades no local e nas condições de realização da obra ou serviço que não foram consideradas no orçamento estimativo da licitação e, por consequência, em sua proposta.

Com isso, a nova lei transferiu, de modo expresso, todos os riscos de execução associados às características do local e das condições de realização do objeto, de modo que ele não poderá reivindicar a modificação do contrato, por omissão ou esquecimento de algum detalhe técnico ou característica do objeto que poderia ser percebida mediante vistoria técnica.

É preciso destacar que a Administração não pode obrigar o licitante a realizar visita técnica ao local da obra ou prestação dos serviços. Conforme o §3º, para os fins previstos no §2º deste artigo, o edital de licitação sempre deverá prever a possibilidade de substituição da vistoria por declaração formal assinada pelo responsável técnico do licitante acerca do conhecimento pleno das condições e peculiaridades da contratação.

Por outro lado, a entidade promotora do certame deve oferecer todas as condições necessárias para que os licitantes realizem vistoria prévia no local de execução do objeto, se lhes aprouver. Ademais, o §4º obrigou a Administração a disponibilizar data e horário diferentes para os eventuais interessados, o que vem a ser uma medida de prudência, a fim de evitar o contato prévio dos potenciais interessados e eventuais acertos ilícitos.

Os §§2º a 4º positivaram ampla jurisprudência do TCU sobre o tema. Em verdade, a mudança trazida pelo §2º é substancial, quando comparada com a prática do regime anterior de exigir dos licitantes a apresentação de certificado de visita técnica emitido pela própria entidade promotora do certame, após, evidentemente, a devida visita *in loco*.

Na nova lei, é o próprio interessado quem irá atestar o conhecimento do local da obra e das condições do serviço, o que pode ser precedido ou não de visita técnica. Com isso, não é necessária a expedição de atestado de visita técnica pela Administração, mesmo que tenha ocorrido a tal vistoria *in loco*. Desse modo, sempre cabe ao interessado, de próprio punho, atestar que conhece o local e as condições de realização da obra ou serviço, fazendo juntar o documento à sua proposta.

O art. 64 estabelece que, após a entrega dos documentos para habilitação, não será permitida a substituição ou a apresentação de novos documentos, salvo em sede de diligência, para:

a) complementação de informações acerca dos documentos já apresentados pelos licitantes desde que necessária para apurar fatos existentes à época da abertura do certame;

b) atualização de documentos cuja validade tenha expirado após a data de recebimento das propostas.

No que se refere à complementação de documentos, a regra reflete a jurisprudência do TCU no sentido de que é possível a realização de diligência para a entrega de documento que simplesmente ateste situação pré-constituída à época da habilitação, que não tenha sido juntado por lapso do licitante. Essa tese foi veiculada nos seguintes precedentes do Tribunal, extraídos do repositório de sua jurisprudência selecionada:

> A vedação à inclusão de novo documento, prevista no art. 43, §3º, da Lei 8.666/1993 e no art. 64 da Lei 14.133/2021 (nova Lei de Licitações), não alcança documento ausente, comprobatório de condição atendida pelo licitante quando apresentou sua proposta, que não foi juntado com os demais comprovantes de habilitação e da proposta, por equívoco ou falha, o qual deverá ser solicitado e avaliado pelo pregoeiro. (Acórdão nº 1.211/2021-Plenário. Rel. Min. Walton Alencar; e Acórdão nº 2.443/2021-Plenário. Rel. Min. Subst. Augusto Sherman)

Há, inclusive, precedente mais recente do TCU, já editado sob a égide da legislação atual. Conforme assinalado pelo Ministro Walton Alencar, no voto condutor do Acórdão nº 1.211/2021-Plenário:

> a vedação à inclusão de novo documento, prevista no art. 43, §3º, da Lei 8.666/1993 e no art. 64 da Nova Lei de Licitações (Lei 14.133/2021), não alcança documento ausente, comprobatório de condição atendida pelo licitante quando apresentou sua proposta, que não foi juntado com os demais comprovantes de habilitação e/ou da proposta, por equívoco ou falha, o qual deverá ser solicitado e avaliado pelo pregoeiro.

Na segunda hipótese, tem-se o caso das certidões negativas de débito perante as Fazenda federal, estadual e municipal do domicílio ou sede do licitante, as quais são emitidas com prazo de validade que pode expirar no curso da licitação. Não sendo este o caso, haverá a preclusão do direito de juntar a documentação referente à habilitação no certame.

O dispositivo representa uma solução de compromisso entre os princípios da vinculação ao instrumento convocatório, da seleção da proposta mais vantajosa e da eficiência.

Como já dito, tais princípios devem ser conciliados em cada caso concreto, mediante a técnica da ponderação e a avaliação do grau de violação das regras editalícias e o efetivo prejuízo ao interesse público e ao direito subjetivo dos licitantes.

A nova lei repete a disciplina da norma anterior, no que se refere à convivência dos dois valores jurídicos acima elencados. A propósito, cabe destacar um interessante exemplo prático de uma situação de confronto entre os dois princípios, extraído da jurisprudência do TCU sob a égide da lei anterior.[171]

O processo tratava de uma representação formulada por uma licitante, que questionava a habilitação da vencedora do certame, que teria descumprido a exigência de apresentação de registro ou inscrição na entidade profissional competente (art. 30, inc. I). No caso, a empresa apresentou "certidão de registro e quitação de pessoa jurídica" emitida pelo Crea/CE, considerada inválida pela autora da representação, "pois continha informações desatualizadas da licitante, no que concerne ao capital e ao objeto social".

A comissão de licitação havia decidido manter a sua habilitação, por entender que a certidão do Crea "não tem o fito de comprovação de capital social ou do objeto da empresa licitante, o que é realizado mediante a apresentação do contrato social devidamente registrado na Junta Comercial".

A autora da representação aduziu, por seu turno, que o procedimento teria violado o princípio da vinculação ao instrumento convocatório, pois a comissão de licitação habilitara proponente que "apresentou documento técnico em desacordo com as normas reguladoras da profissão, sendo, portanto, inválido, não tendo o condão de produzir qualquer efeito no mundo jurídico".

Ao analisar o teor da certidão emitida pelo Crea/CE e as alterações no contrato social da empresa vencedora do certame, o TCU verificou que as mudanças importaram em aumento no capital social e acréscimo de objeto. Nesse quadro, o relator ponderou:

> embora tais modificações não tenham sido objeto de nova certidão, seria de rigor excessivo desconsiderar o efetivo registro da empresa no CREA/CE, entidade profissional competente, nos termos exigidos no edital e no art. 30, I, da Lei nº 8.666/1993, até porque tais modificações "evidenciam incremento positivo na situação da empresa".

Acompanhando a manifestação do relator, a Corte de Contas decidiu considerar a representação improcedente (Acórdão nº 352/2010-Plenário, Rel Min. Subst. Marcos Bemquerer).

---

[171] Informativo de Licitações e Contratos nº 6/2010. Acórdão nº 352/2010-Plenário, TC-029.610/2009-1, Rel. Min. Subst. Marcos Bemquerer Costa.

Em nosso juízo, não houve violação ao núcleo essencial do princípio da vinculação ao instrumento convocatório, pois a empresa demonstrou que estava registrada na entidade profissional competente, embora suas informações estivessem desatualizadas. A diligência serviu, portanto, para apurar a existência de condição pré-constituída, ou seja, fatos existentes à época da abertura do certame (inc. I do art. 64).

Além disso, a desatualização da certidão não implicava nenhum prejuízo à comprovação da qualificação técnica da licitante, até porque os elementos faltantes poderiam ser consultados em outros documentos já apresentados à Administração, *in casu*, o contrato social em vigor (art. 28, inc. I).

O §1º do art. 64 preceitua que, no julgamento da habilitação, a comissão de licitação poderá relevar erros ou falhas que não alterem a substância dos documentos e sua validade jurídica, mediante despacho fundamentado, registrado e acessível a todos, atribuindo-lhes eficácia para fins de habilitação e classificação. Seria o caso, por exemplo, de propostas com data nitidamente equivocada, reportando ao ano anterior, ou direcionada a órgão distinto.

O §2º dispõe que, quando a fase de habilitação anteceder a de julgamento e já tiver sido encerrada, não caberá exclusão de licitante por motivo relacionado à habilitação, salvo em razão de fatos supervenientes ou só conhecidos após o julgamento.

Haverá, neste caso, a preclusão administrativa ou decadência do direito de a Administração inabilitar o licitante. O dispositivo repete regra similar contida na lei anterior (art. 43, §5º). Ele consubstancia a ideia de que o processo administrativo é uma marcha para frente, constituindo uma evidente limitação ao dever de anular atos administrativos.

Não obstante, caso a comissão ou o agente de contratação responsável verifique uma nulidade insanável na etapa de habilitação, não percebida antes de sua conclusão, ele poderá provocar a autoridade superior para que, no exercício da competência estatuída no art. 71, inc. III, anule, de ofício, o ato de habilitação, aproveitando os atos anteriores hígidos ou refazendo todo o procedimento licitatório, se a extensão do vício recomendar.

Nesse caso, não é necessário concluir a etapa de julgamento para somente assim adotar a providência estabelecida no art. 71, uma vez que isso implicaria desperdício de tempo e recursos, em detrimento dos princípios da eficiência, do interesse público e da celeridade.

O §2º do art. 64 não impede a atuação do tribunal de contas que eventualmente identifique irregularidades na fase habilitação e determine, com fulcro no inc. IX do art. 71 da Constituição Federal, a anulação dos atos administrativos correspondentes, ainda que o processo de licitação já se encontre na etapa de julgamento.

Conforme o art. 65, o edital define as condições de habilitação. Trata-se de cláusula obrigatória, na medida em que delimita os critérios de avaliação da aptidão jurídica, técnica, econômica e fiscal dos interessados em contratar com a Administração.

O §1º do art. 65 traz regra especial às empresas criadas no exercício financeiro da licitação, as quais deverão atender a todas as exigências da habilitação e ficarão autorizadas a substituir os demonstrativos contábeis pelo balanço de abertura.

O §2º busca concretizar a busca de digitalização dos processos licitatórios, ao especificar que a habilitação poderá ser realizada por processo eletrônico de comunicação a distância, nos termos dispostos em regulamento. Entende-se que a regra pode ser implantada, mesmo que a licitação não seja realizada sob a forma eletrônica.

11.1 Habilitação jurídica

> Art. 66. A habilitação jurídica visa a demonstrar a capacidade de o licitante exercer direitos e assumir obrigações, e a documentação a ser apresentada por ele limita-se à comprovação de existência jurídica da pessoa e, quando cabível, de autorização para o exercício da atividade a ser contratada.

A habilitação jurídica visa a demonstrar a capacidade de o licitante exercer direitos e assumir obrigações. Conforme o art. 66, a documentação a ser apresentada limita-se à comprovação de existência jurídica da pessoa e, quando cabível, de autorização para o exercício da atividade a ser contratada.

Diferentemente da norma anterior, a nova lei não elencou os documentos exigíveis para fins de habilitação jurídica. Assim, o tema pode ser disciplinado no regulamento ou em cada edital, cabendo destacar a importância de se utilizarem minutas padronizadas (art. 25, §1º), a fim de proporcionar maior previsibilidade às exigências necessárias à participação nos certames.

11.2 Habilitação técnica

> Art. 67. A documentação relativa à qualificação técnico-profissional e técnico-operacional será restrita a:
> I - apresentação de profissional, devidamente registrado no conselho profissional competente, quando for o caso, detentor de atestado de responsabilidade técnica por execução de obra ou serviço de características semelhantes, para fins de contratação;
> II - certidões ou atestados, regularmente emitidos pelo conselho profissional competente, quando for o caso, que demonstrem capacidade operacional na execução de serviços similares de complexidade tecnológica e operacional equivalente ou superior, bem como documentos comprobatórios emitidos na forma do §3º do art. 88 desta Lei;
> III - indicação do pessoal técnico, das instalações e do aparelhamento adequados e disponíveis para a realização do objeto da licitação, bem como da qualificação de cada membro da equipe técnica que se responsabilizará pelos trabalhos;
> IV - prova do atendimento de requisitos previstos em lei especial, quando for o caso;
> V - registro ou inscrição na entidade profissional competente, quando for o caso;

VI - declaração de que o licitante tomou conhecimento de todas as informações e das condições locais para o cumprimento das obrigações objeto da licitação.

§1º A exigência de atestados será restrita às parcelas de maior relevância ou valor significativo do objeto da licitação, assim consideradas as que tenham valor individual igual ou superior a 4% (quatro por cento) do valor total estimado da contratação.

§2º Observado o disposto no caput e no §1º deste artigo, será admitida a exigência de atestados com quantidades mínimas de até 50% (cinquenta por cento) das parcelas de que trata o referido parágrafo, vedadas limitações de tempo e de locais específicos relativas aos atestados.

§3º Salvo na contratação de obras e serviços de engenharia, as exigências a que se referem os incisos I e II do caput deste artigo, a critério da Administração, poderão ser substituídas por outra prova de que o profissional ou a empresa possui conhecimento técnico e experiência prática na execução de serviço de características semelhantes, hipótese em que as provas alternativas aceitáveis deverão ser previstas em regulamento.

§4º Serão aceitos atestados ou outros documentos hábeis emitidos por entidades estrangeiras quando acompanhados de tradução para o português, salvo se comprovada a inidoneidade da entidade emissora.

§5º Em se tratando de serviços contínuos, o edital poderá exigir certidão ou atestado que demonstre que o licitante tenha executado serviços similares ao objeto da licitação, em períodos sucessivos ou não, por um prazo mínimo, que não poderá ser superior a 3 (três) anos.

§6º Os profissionais indicados pelo licitante na forma dos incisos I e III do caput deste artigo deverão participar da obra ou serviço objeto da licitação, e será admitida a sua substituição por profissionais de experiência equivalente ou superior, desde que aprovada pela Administração.

§7º Sociedades empresárias estrangeiras atenderão à exigência prevista no inciso V do caput deste artigo por meio da apresentação, no momento da assinatura do contrato, da solicitação de registro perante a entidade profissional competente no Brasil.

§8º Será admitida a exigência da relação dos compromissos assumidos pelo licitante que importem em diminuição da disponibilidade do pessoal técnico referido nos incisos I e III do caput deste artigo.

§9º O edital poderá prever, para aspectos técnicos específicos, que a qualificação técnica seja demonstrada por meio de atestados relativos a potencial subcontratado, limitado a 25% (vinte e cinco por cento) do objeto a ser licitado, hipótese em que mais de um licitante poderá apresentar atestado relativo ao mesmo potencial subcontratado.

§10. Em caso de apresentação por licitante de atestado de desempenho anterior emitido em favor de consórcio do qual tenha feito parte, se o atestado ou o contrato de constituição do consórcio não identificar a atividade desempenhada por cada consorciado individualmente, serão adotados os seguintes critérios na avaliação de sua qualificação técnica:

I - caso o atestado tenha sido emitido em favor de consórcio homogêneo, as experiências atestadas deverão ser reconhecidas para cada empresa consorciada na proporção quantitativa de sua participação no consórcio, salvo nas licitações para contratação de serviços técnicos especializados de natureza predominantemente intelectual, em que todas as experiências atestadas deverão ser reconhecidas para cada uma das empresas consorciadas;

> II - caso o atestado tenha sido emitido em favor de consórcio heterogêneo, as experiências atestadas deverão ser reconhecidas para cada consorciado de acordo com os respectivos campos de atuação, inclusive nas licitações para contratação de serviços técnicos especializados de natureza predominantemente intelectual.
>
> §11. Na hipótese do §10 deste artigo, para fins de comprovação do percentual de participação do consorciado, caso este não conste expressamente do atestado ou da certidão, deverá ser juntada ao atestado ou à certidão cópia do instrumento de constituição do consórcio.
>
> §12. Na documentação de que trata o inciso I do caput deste artigo, não serão admitidos atestados de responsabilidade técnica de profissionais que, na forma de regulamento, tenham dado causa à aplicação das sanções previstas nos incisos III e IV do caput do art. 156 desta Lei em decorrência de orientação proposta, de prescrição técnica ou de qualquer ato profissional de sua responsabilidade.

Da mesma forma que na lei anterior, a habilitação técnica se subdivide em qualificação técnico-profissional e técnico-operacional, consoante o *caput* do art. 67.

11.2.1 Qualificação técnico-profissional

A qualificação técnico-profissional diz respeito à capacidade técnica dos profissionais disponíveis para a realização do objeto, sob a orientação e responsabilidade da licitante.

A diferenciação entre esta e a qualificação técnico-operacional, a ser tratada adiante, possui fins meramente didáticos, porquanto, na prática, o licitante deve apresentar os documentos listados, os quais servirão para o mesmo fim: demonstrar a capacidade da empresa em cumprir, sob o ponto de vista técnico, o contrato com o qual se comprometeu.

Diferentemente do dispositivo anterior, o art. 67 elenca os documentos necessários à comprovação da qualificação técnico-profissional e técnico-operacional, os quais ficarão restritos a (enumeração taxativa):

a) apresentação de profissional, devidamente registrado no conselho profissional competente, quando for o caso, detentor de atestado de responsabilidade técnica por execução de obra ou serviço de características semelhantes, para fins de contratação;

b) certidões ou atestados, regularmente emitidos pelo conselho profissional competente, quando for o caso, que demonstrem capacidade operacional na execução de serviços similares de complexidade tecnológica e operacional equivalente ou superior, bem como documentos comprobatórios emitidos na forma do §3º do art. 87 desta lei;

c) indicação do pessoal técnico, das instalações e do aparelhamento adequados e disponíveis para a realização do objeto da licitação, bem como da qualificação de cada membro da equipe técnica que se responsabilizará pelos trabalhos;
d) prova de atendimento de requisitos previstos em lei especial, quando for o caso;
e) registro ou inscrição na entidade profissional competente, quando for o caso;
f) declaração de que o licitante tomou conhecimento de todas as informações e das condições locais para o cumprimento das obrigações objeto da licitação.

O inc. I alterou substancialmente a disciplina da qualificação técnico-profissional da lei anterior, a qual exigia que o profissional designado integrasse o quadro permanente da empresa, na data prevista para entrega da proposta (art. 30, §1º, inc. I).

Em verdade, a nova lei foi além até mesmo da jurisprudência do TCU, que havia flexibilizado a regra contida no art. 30, §1º, ao prescrever:

> a comprovação da capacidade técnico-profissional da licitante deve limitar-se à indicação de profissional detentor do acervo técnico estabelecido no edital que, à data da celebração da avença com a Administração, esteja vinculado à empresa por meio de contrato de prestação de serviços celebrado de acordo com a legislação civil comum, sem, necessariamente, possuir liame com o quadro permanente da empresa licitante. (Acórdão nº 3.291/2014-Plenário. Rel. Min. Walton Alencar)

No regime atual, basta a empresa apresentar o profissional com atestado de responsabilidade nas condições designadas para fins de contratação, ou seja, não é necessário sequer haver qualquer tipo de vínculo entre ele e a pessoa jurídica, na data prevista para entrega da proposta. Assim, basta a declaração de que o profissional estará disponível para execução do objeto, caso a empresa venha a ser contratada.

De todo modo, os profissionais indicados pelo licitante deverão participar da obra ou serviço objeto da licitação, sendo admitida a sua substituição por profissionais de experiência equivalente ou superior, desde que aprovada pela Administração, nos termos do §6º do art. 67.

Nesse ponto, cabe destacar a obrigação estatuída no inc. XVI do art. 92 da nova lei, erigido à condição de cláusula obrigatória do contrato, de o contratado manter, durante toda a execução do contrato, em compatibilidade com as obrigações por ele assumidas, todas as condições exigidas para a habilitação na licitação.

Assim, a não participação dos profissionais indicados pelo licitante, na fase de execução contratual, em desacordo com o §6º do art. 67 c/c o inc. XVI do art. 92, configura a execução irregular da avença, podendo ensejar a aplicação das sanções previstas na nova lei e, no limite, a própria extinção unilateral do contrato, nos termos do art. 138, inc. I.

Por óbvio, a última medida somente será adotada, após o esgotamento de todas as providências para sanear a irregularidade e se for verificado um prejuízo real à execução do ajuste, conforme as especificações e o padrão de qualidade exigido no edital. Cabe, aqui, a aplicação dos princípios da razoabilidade e da proporcionalidade.

Ainda sobre a qualificação técnico-profissional, a exigência de atestados será restrita às parcelas de maior relevância ou valor significativo do objeto da licitação, nos termos do §1º. A propósito do assunto, o referido parágrafo se aplica tanto a essa modalidade de qualificação como a técnico-operacional.

O §1º não reproduziu as condições estipuladas na parte final do art. 30, §1º, inc. I, da Lei nº 8.666/1993, de que a exigência de atestado de responsabilidade técnica de obras ou serviços semelhantes não poderia conter quantidades mínimas nem prazos máximos.

Com relação aos quantitativos mínimos, o §2º do art. 67 admite expressamente que eles sejam limitados a até 50% das parcelas de que trata o §1º, para as qualificações técnico-profissional e técnico-operacional. Quanto ao estabelecimento de prazos máximos, o mesmo §2º veda limitações de tempo e de locais específicos relativas aos atestados.

O novel estatuto vai um pouco além da jurisprudência do TCU, a qual entendia que a vedação de quantidade mínima somente incidia sobre a qualificação técnico-profissional, sendo admitida na qualificação técnico-operacional. O assunto chegou, inclusive, a ser objeto da Súmula-TCU nº 263/2011:

> Para a comprovação da capacidade técnico-operacional das licitantes, e desde que limitada, simultaneamente, às parcelas de maior relevância e valor significativo do objeto a ser contratado, é legal a exigência de comprovação da execução de quantitativos mínimos em obras ou serviços com características semelhantes, devendo essa exigência guardar proporção com a dimensão e a complexidade do objeto a ser executado.

Conforme visto, é possível, no regime da nova lei, a exigência, no atestado de responsabilidade técnica do profissional indicado pela licitante, de comprovação da execução de quantitativos mínimos em obras ou serviços com características semelhantes, devendo essa exigência guardar proporção com a dimensão e a complexidade do objeto a ser executado.

Conforme o §12, não serão admitidos atestados de responsabilidade técnica de profissionais que, na forma de regulamento, tenham dado causa à aplicação das sanções de impedimento de licitar e contratar e de declaração de inidoneidade para licitar ou contratar, em decorrência de orientação proposta, de prescrição técnica ou de qualquer ato profissional de sua responsabilidade.

Na prática, o dispositivo implica a extensão das referidas penas aos aludidos profissionais, como pessoa física, o que, embora salutar, pode ser de difícil aplicação prática, devido aos obstáculos eventualmente existentes para a identificação dos verdadeiros responsáveis, no âmbito de cada empresa, pelas irregularidades que ensejaram as sanções de impedimento de licitar e contratar e de declaração de inidoneidade.

Das irregularidades elencadas para a imputação da sanção de impedimento de licitar e contratar (art. 156, inc. III c/c o §4º), apenas as elencadas nos incs. II, III e

VII[172] podem ter alguma relação com a atuação do profissional responsável técnico por execução de obra ou serviço. Ainda assim, a perquirição do nexo causal entre alguma orientação, prescrição técnica ou ato do referido agente e a irregularidade, em si, cometida pela pessoa jurídica, pode esbarrar na dificuldade de obtenção dos meios de prova, já que essas condutas teriam sido cometidas no seio da estrutura interna das empresas.

Com relação às infrações catalogadas para a aplicação da pena de inidoneidade para licitar ou contratar (art. 156, inc. IV c/c o §5º), nenhuma delas tem qualquer pertinência com a atuação finalística do profissional responsável técnico por execução de obra ou serviço.

A menos que seja possível perquirir a participação desse agente nas diversas situações de fraude ali elencadas, é pouco provável que tais irregularidades, cometidas em situação de desvio de finalidade ou abuso de direito, decorra de orientação, prescrição técnica ou de qualquer ato profissional no exercício regular de sua profissão. Da mesma forma, o exame desse liame causal pode esbarrar na dificuldade de obtenção dos meios de prova, pelos mesmos motivos já indicados.

De todo modo, sendo possível identificar um nexo de causalidade entre a conduta de profissional, na condição de responsável técnico por execução de obra ou serviço, e o cometimento, pela pessoa jurídica, de qualquer infração que tenha suscitado a aplicação das sanções de impedimento de licitar e contratar e de declaração de inidoneidade para licitar ou contratar, será vedado o uso do atestado correspondente para fins de qualificação técnico-profissional em outra licitação.

Além das observações anteriores quanto à eficácia do dispositivo, é preciso estabelecer uma limitação temporal à extensão dessa pena à figura do responsável técnico, pois, do contrário, será instituída, por via oblíqua, uma sanção de caráter perpétuo. Ainda que se possa argumentar que o dispositivo não implica uma punição à pessoa física do profissional, ela cria restrições de ordem prática à sua atuação profissional, uma vez que ele ficará impedido de participar de outras contratações como responsável técnico. Por esse motivo, considerando a ordem constitucional vigente, em matéria de direito sancionador, Entende-se razoável limitar a vedação do §12 ao período que as penas de impedimento de licitar e contratar e de declaração de inidoneidade para licitar ou contratar estejam em vigor.

11.2.2 Qualificação técnico-operacional

A qualificação técnico-operacional diz respeito à capacidade técnica da pessoa jurídica de entregar o objeto, considerando seus processos internos, cultura organizacional e recursos materiais e humanos. Ela abrange, portanto, as instalações, o aparelhamento,

---

[172] "Art. 154. [...] II - dar causa à inexecução parcial do contrato que cause grave dano à Administração, ao funcionamento dos serviços públicos ou ao interesse coletivo; III - dar causa à inexecução total do contrato; VII - ensejar o retardamento da execução ou da entrega do objeto da licitação sem motivo justificado; [...]".

as metodologias de trabalho e os processos internos, entre outros aspectos, os quais são consubstanciados na execução de trabalhos anteriores, de complexidade tecnológica e operacional equivalente ou superior ao objeto licitado.

No que se refere à qualificação técnico-operacional, o inc. II da norma atual destoa da anterior (art. 30), ao aceitar apenas certidões ou atestados regularmente emitidos pelo conselho profissional competente. Com isso, os atestados fornecidos por pessoas jurídicas de direito público ou privado, ainda que devidamente registrados nas entidades profissionais competentes, não fazem parte do rol de documentos admitidos textualmente pela lei, para fins de comprovação da experiência anterior dos licitantes.

A exigência de atestados será restrita às parcelas de maior relevância ou valor significativo do objeto da licitação, nos termos do §1º do art. 67. O dispositivo se aplica tanto para a qualificação técnico-profissional como para a qualificação técnico-operacional, uma vez que a lei se referiu a "atestados", de modo geral, sem especificar o inciso correspondente.

Diferentemente da lei anterior, que remetia à disciplina do assunto ao instrumento convocatório (art. 30, §2º), o §1º do art. 67 já delimita o que vem a ser as parcelas de maior relevância ou valor significativo. Segundo o dispositivo, são assim consideradas as "que tenham valor individual igual ou superior a 4% (quatro por cento) do valor total estimado da contratação".

Nesse ponto, cabe ressaltar uma pequena mudança na redação dos dispositivos. Enquanto o art. 30, §1º, inc. I, da lei anterior se reportava "às parcelas de maior relevância e valor significativo do objeto da licitação", a redação do §1º do art. 67 fala em "parcelas de maior relevância *ou* valor significativo do objeto da licitação" (grifos nossos).

Isso significa que é possível exigir atestados relativos a parcelas do objeto de maior relevância *ou* de maior valor significativo, não sendo necessário o atendimento de ambas as circunstâncias. Não obstante, a ausência de definição quanto ao que vem a ser caracterizado como relevante, no texto da nova lei, impõe ao administrador o dever de motivar a exigência de atestado quanto ao item.

Por outro lado, é salutar o estabelecimento de um critério objetivo para a definição de valor significativo, para fins de exigência de atestado de qualificação técnico-operacional. Com isso, aumenta-se a segurança jurídica e eliminam-se subjetivismos em matéria de licitações públicas.

O §2º do art. 67 incorpora a jurisprudência do TCU, emitida sob a égide da norma anterior, ao preceituar que será admitida a exigência de atestados com quantidades mínimas de exigência de experiência anterior de *até* 50% (cinquenta por cento) das parcelas de maior relevância ou valor significativo.

Da mesma forma que o §1º, essa disposição se aplica tanto aos atestados de responsabilidade técnica (qualificação técnico-profissional) como aos atestados ou certidões que demonstrem a capacidade operacional na execução de serviços similares (qualificação técnico-operacional). Em ambos os casos, são vedadas limitações de tempo e de locais específicos relativas aos atestados, nos termos da parte final do §2º do art. 67.

O §3º flexibiliza a exigência de atestados de qualificação técnico-profissional e qualificação técnico-operacional, em contratações que não sejam de obras e serviços de engenharia. Nesses outros objetos, as exigências a que se referem os incs. I e II do *caput* poderão, a critério da Administração, ser substituídas por outra prova de que o profissional ou a empresa possui conhecimento técnico e experiência prática na execução de serviço de características semelhantes. Todavia, as provas alternativas aceitáveis para a habilitação técnica deverão ser previstas em regulamento.

O §4º é mais um dispositivo que busca reduzir as barreiras para a participação de empresas estrangeiras em licitações públicas, ampliando, assim, a competitividade dos certames. Conforme o dispositivo, serão aceitos atestados ou outros documentos hábeis emitidos por entidades estrangeiras, desde que acompanhados de tradução para o português. Embora a lei tenha sido silente quanto à natureza dessas entidades estrangeiras certificadoras, compreende-se que são as instituições com atribuições similares aos conselhos de registro profissional. Ainda segundo o dispositivo em análise, a recusa de tal documento somente ocorrerá se ficar comprovada a inidoneidade da entidade emissora.

O §4º se contrapõe à vetusta regra do §4º do art. 32, da lei anterior, o qual exigia a autenticação dos documentos de habilitação apresentados por empresas estrangeiras que não funcionavam no país, pelos respectivos consulados, bem como a sua tradução por tradutor juramentado.

De toda sorte, o dispositivo em exame parece coerente com o parágrafo único, do art. 70, a ser comentado adiante, segundo o qual "as empresas estrangeiras que não funcionem no País deverão apresentar documentos equivalentes, na forma de regulamento emitido pelo Poder Executivo federal".

Mais uma vez, invoca-se a intenção do Brasil em aderir ao Acordo de Compras Governamentais (GPA) da Organização Mundial do Comércio, o que implicará a necessidade de o país adaptar suas regras licitatórias a um ambiente de maior abertura a empresas estrangeiras, na linha da legislação praticada nos países signatários do acordo.

O §5º traz regras específicas de habilitação técnica para serviços contínuos. Nesses casos, o edital poderá exigir certidão ou atestado que demonstre que o licitante tenha executado serviços similares ao objeto da licitação, em períodos sucessivos ou não, por um prazo mínimo, que não poderá ser superior a 3 anos.

O dispositivo positivou exigência similar contida na Instrução Normativa Seges/MPDG nº 5/2017, mais especificamente o item 10.6, letra "b", que assim preconizava:

> 10.6. Na contratação de serviço continuado, para efeito de qualificação técnico-operacional, a Administração poderá exigir do licitante:
> b) comprovação que já executou objeto compatível, em prazo, com o que está sendo licitado, mediante a comprovação de experiência mínima de três anos na execução de objeto semelhante ao da contratação, podendo ser aceito o somatório de atestados; [...].

Como se vê, a nova lei flexibilizou o prazo mínimo de execução de serviços similares ao objeto da licitação, a ser exigido dos licitantes para fins de qualificação técnico-operacional, que passou *de 3 anos* para *até 3 anos*. Assim, a Administração pode definir outro prazo mínimo de experiência anterior para comprovação da qualificação técnico-operacional na execução de serviços, desde que ele não supere o limite de 3 anos.

Considerando que a nova lei admite a celebração de contratos de serviços continuados pelo prazo de 10 anos, é possível concluir que a norma atual tornou menos rigoroso o requisito de participação em licitações para execução desses objetos, ampliando, assim, a competitividade.

O registro ou inscrição na entidade profissional competente não é documento exigível das sociedades empresárias estrangeiras, na fase de habilitação. Conforme o §7º, para o atendimento do requisito, basta que essas empresas apresentem, no momento da assinatura do contrato, a solicitação de registro perante a entidade profissional competente no Brasil.

Trata-se de mais um dispositivo que busca ampliar a participação de sociedades estrangeiras em licitações públicas, o que se mostra salutar pela ampliação de competitividade, com reflexos positivos no preço das contratações e na incorporação de novas tecnologias.

O §8º permite que a Administração exija, no edital de licitação, a apresentação da relação dos compromissos por ele assumidos que importem em diminuição da disponibilidade do pessoal técnico referido nos incs. I e III do *caput* deste artigo.

O dispositivo não se confunde com a relação de compromissos assumidos pelo licitante que importem em diminuição de sua capacidade econômico-financeira, prevista no art. 68, §3º da nova lei, que, por sua vez, inspirou-se em dispositivo similar da Instrução Normativa Seges/MPDG nº 5/2017 (item 11.1, letra "d").

Trata-se de regra adequada para avaliar a capacidade de a empresa realmente alocar, na execução do objeto, o pessoal indicado na documentação de habilitação. Afinal, de nada adianta a empresa ser formada por profissionais excelentes, se a sua quantidade não for suficiente para cumprir todos os compromissos firmados pela sociedade.

O §9º dá maior flexibilidade à comprovação da habilitação técnica do licitante, ao permitir que o edital preveja, para aspectos técnicos específicos, que ela ocorra por meio da apresentação de atestados relativos a potencial subcontratado, limitado a 25% do objeto a ser licitado.

A título de exemplo, é possível que, em um certame para execução de um prédio residencial, a Administração admita que os licitantes apresentem atestados em nome de uma terceira empresa a ser subcontratada, relativos à execução dos elevadores, desde que essa parcela da obra não ultrapasse 25% do valor do prédio residencial a ser construído.

Ainda sobre o §9º, cabe ressaltar a grande abertura que o dispositivo deu à subcontratação de terceiros e à comprovação da habilitação técnica, ao permitir que o mesmo atestado relativo a um potencial subcontratado seja apresentado por mais de um licitante.

A regra procura remediar situações em que há muitas empresas habilitadas para a execução da parte comum do objeto, mas existem poucas opções no mercado para a realização de uma parte específica, de maior expertise e conhecimento mais restrito. Nessa hipótese, seria possível a apresentação do mesmo atestado do potencial subcontratado por mais de um licitante, o que vai ao encontro da ampliação da competitividade, que ficaria restrita caso esse atestado só pudesse ser apresentado por uma única empresa.

O §10 disciplina a apropriação de quantitativos consignados em atestados de desempenho anterior emitido em favor de consórcios, quando o atestado ou o contrato de constituição do consórcio não identificar a atividade desempenhada por cada consorciado individualmente.

Nesse caso, a comissão de contratação deve seguir as seguintes regras para verificar os quantitativos de serviços executados pelo licitante:
   a) caso o atestado tenha sido emitido em favor de consórcio homogêneo, as experiências atestadas deverão ser reconhecidas para cada empresa consorciada na proporção quantitativa de sua participação no consórcio;
   b) caso o atestado tenha sido emitido em favor de consórcio heterogêneo, as experiências atestadas deverão ser reconhecidas para cada consorciado de acordo com os respectivos campos de atuação.

Embora a lei não tenha definido o que vem a ser consórcio homogêneo, deduz-se que seja aquele formado por empresas com objeto social comum.

A regra estatuída na letra "a" *supra* (inc. I do §10) *não* se aplica a licitações para contratação de serviços técnicos especializados de natureza predominantemente intelectual. Nesse caso, as experiências atestadas deverão ser reconhecidas para cada uma das empresas consorciadas, integralmente, independentemente da participação de cada uma delas no consórcio.

Por hipótese, imagine uma licitação para o patrocínio ou defesa de causa judicial, no qual a empresa "A" apresente, como comprovante de experiência anterior, atestado relativo a objeto similar, apresentado em nome de consórcio formado por ela e mais duas empresas, B e C, com participação de 30%, 40% e 30%, respectivamente. Nessa situação, caso não haja a identificação da atividade desempenhada por cada consorciada individualmente, no atestado, todo o quantitativo executado poderá ser utilizado pela empresa A, para fins de habilitação na licitação.

Por outro lado, não sendo o caso de serviços técnicos especializados, como exemplo, a execução de uma obra de engenharia, os quantitativos atestados serão atribuídos, no caso de consórcio homogêneo, a cada umas das sociedades integrantes, na proporção quantitativa de sua participação no consórcio, designada em seu contrato de constituição.

Por exemplo, suponha um atestado em nome de consórcio homogêneo formado pelas empresas X, Y e Z, em que não haja a identificação da atividade desempenhada por cada integrante individualmente, no atestado. Caso a participação de cada empresa no consórcio seja de 20%, 40% e 40%, respectivamente, conforme o instrumento de constituição do consórcio, os quantitativos indicados no atestado serão distribuídos nessa proporção para cada uma das empresas. Dessa forma, se a empresa X for usar o atestado em algum outro certame, para fins de comprovação de experiência anterior, ele somente poderá comprovar a realização de 20% dos quantitativos designados no atestado, para fins de qualificação técnico-operacional.

O dispositivo revela uma dificuldade adicional a ser superada pela doutrina ou, de preferência, por regulamento: como caracterizar um consórcio como homogêneo. Acima, defende-se que ele seria formado por empresas com objeto social comum. Mas a pergunta que se segue é: como identificar um objeto comum?

Seria a partir do regulamento jurídico-profissional aplicável ao exercício da atividade ou serviço (as leis de regência das profissões de engenharia, arquitetura, contabilidade, direito, entre outras)? Ou seria pela verificação do ramo de especialização ou do conjunto de conhecimentos técnicos específicos, dentro de cada uma dessas profissões? Um consórcio formado por uma empresa cujo objeto seja execução de obras civis e outra de execução de obras hidráulicas seria homogêneo?

Em determinadas situações, será evidente a identificação de consórcios heterogêneos. Isso ocorrerá, por exemplo, em contratos de parcerias público-privadas, nos quais uma empresa financeira se une a uma outra de engenharia para a execução de projetos de elevado investimento. Porém, nem sempre será nítida essa diferenciação.

Como regra, o enquadramento do consórcio como homogêneo ou heterogêneo ocorrerá em cada situação concreta. Isso demandará a análise dos objetos sociais, sendo adequado, em nossa visão, o cotejo dos contratos sociais com a descrição da obra e dos serviços consignados nos atestados, quando não houver a divisão.

Para o futuro, o ideal é que o contrato de constituição do consórcio ou a própria a Administração contratante identifique a atividade desempenhada por cada consorciado individualmente, a fim de viabilizar a devida apropriação dos serviços realizados, com vistas à habilitação em futuras licitações.

Conforme visto, caso o atestado tenha sido emitido em favor de consórcio heterogêneo, as experiências atestadas deverão ser reconhecidas para cada consorciado de acordo com os respectivos campos de atuação. Nessa hipótese, a apropriação dos serviços realizados entre os integrantes do consórcio é mais fácil, já que eles têm diferentes objetos sociais. Mesmo que o objeto contratado seja a realização de serviços técnicos especializados de natureza predominantemente intelectual, ainda assim deverá haver a apropriação, nos termos da parte final do inc. II do §10.

De todo modo, quando não for possível deduzir a participação do licitante em atestado emitido em nome do consorciado, será necessária a apresentação pelo interessado de cópia do instrumento de constituição do consórcio, juntamente com o atestado, a fim de possibilitar a aplicação das regras do §10.

As regras anteriores dizem respeito à habilitação técnica de empresas individualmente a partir de atestados emitidos em nome de consórcio nos quais ela integrou. Com relação à habilitação técnica de consórcios, cabe lembrar a regra estatuída no art. 15, inc. III, segundo o qual é admitida, para esse efeito, o somatório dos quantitativos de cada consorciado.

Dessa forma, se um edital exige a apresentação de atestado que demonstre a experiência anterior na execução de 6.000 m³ de escavação em material de terceira categoria, pela expressa dicção legal, seria possível somar três atestados de 2.000 m³ de três empresas, cada, integrantes de um consórcio.

Não obstante, a nova lei não tratou da possibilidade de se estabelecer vedação ou limitação ao somatório de atestados de qualificação técnico-operacional, seja em nome de uma mesma empresa, seja de empresas integrantes de consórcios, no caso de obras e serviços cuja materialidade, especificidade técnica e modo de execução assim recomende.

Acerca do assunto, entende-se plenamente aplicável a jurisprudência do TCU sobre o tema, ressalvados os casos que destoem frontalmente da disciplina da nova lei. Assim, compreende-se que, em regra, é permitida a soma de atestados para a comprovação da qualificação técnico-profissional; e é vedada a imposição de limites ou de quantidade certa de atestados ou certidões para fins de comprovação da qualificação técnica. As exceções devem ser justificadas pela Administração.

A propósito do assunto, cabem mencionar os principais precedentes extraídos do repositório de jurisprudência selecionada do TCU:

> É vedada a imposição de limites ou de quantidade certa de atestados ou certidões para fins de comprovação da qualificação técnica. Contudo, caso a natureza e a complexidade técnica da obra ou do serviço mostrem indispensáveis tais restrições, deve a Administração demonstrar a pertinência e a necessidade de estabelecer limites ao somatório de atestados ou mesmo não o permitir no exame da qualificação técnica do licitante. (Acórdão nº 849/2014-Segunda Câmara. Rel. Min. Subst. Marcos Bemquerer)
>
> Em licitações de serviços de terceirização de mão de obra, é admitida restrição ao somatório de atestados para a aferição da capacidade técnico-operacional das licitantes, pois a execução sucessiva de objetos de pequena dimensão não capacita a empresa, automaticamente, para a execução de objetos maiores. Contudo, não cabe a restrição quando os diferentes atestados se referem a serviços executados de forma concomitante, pois essa situação se equivale, para fins de comprovação de capacidade técnico-operacional, a uma única contratação. (Acórdão nº 2.387/2014-Plenário. Rel. Min. Benjamin Zymler)
>
> Para o fim de comprovação de capacidade técnica deve ser aceito o somatório de atestados, sempre que não houver motivo para justificar a exigência de atestado único. (Acórdão nº 1.231/2012-Plenário. Rel. Min. Walton Alencar)
>
> Não configura irregularidade a inexistência de regra expressa no edital permitindo o somatório de atestados de capacidade técnica. O impedimento à utilização de mais de um atestado é que demanda, além da demonstração do seu cabimento por parte do contratante, estar expressamente previsto no edital. (Acórdão nº 1.983/2014-Plenário. Rel. Min. José Múcio Monteiro)
>
> É vedada a imposição de limites ou de quantidade certa de atestados ou certidões para fins de comprovação da qualificação técnica. Contudo, caso a natureza e a complexidade técnica da obra ou do serviço mostrem indispensáveis tais restrições, deve a Administração demonstrar a pertinência e a necessidade de estabelecer limites ao somatório de atestados ou mesmo não o permitir no exame da qualificação técnica do licitante. (Acórdão nº 1.095/2018-Plenário. Rel. Min. Augusto Nardes)
>
> Em licitações de serviços de terceirização de mão de obra, só deve ser aceito o somatório de atestados para fins de qualificação técnico-operacional quando eles se referirem a serviços executados de forma concomitante, pois essa situação equivale, para comprovação da

capacidade técnica das licitantes, a uma única contratação. (Acórdão nº 505/2018-Plenário. Rel. Min. Augusto Nardes)

A vedação ao somatório de atestados, para o fim de comprovação da capacidade técnico-operacional, deve estar restrita aos casos em que o aumento de quantitativos acarretarem, incontestavelmente, o aumento da complexidade técnica do objeto ou uma desproporção entre quantidades e prazos de execução, capazes de exigir maior capacidade operativa e gerencial da licitante e ensejar potencial comprometimento da qualidade ou da finalidade almejadas na contratação, devendo a restrição ser justificada técnica e detalhadamente no respectivo processo administrativo. (Acórdão nº 7.105/2014-Segunda Câmara. Rel. Min. Subst. Marcos Bemquerer

11.3 Habilitações fiscal, social e trabalhista

> Art. 68. As habilitações fiscal, social e trabalhista serão aferidas mediante a verificação dos seguintes requisitos:
> I - a inscrição no Cadastro de Pessoas Físicas (CPF) ou no Cadastro Nacional da Pessoa Jurídica (CNPJ);
> II - a inscrição no cadastro de contribuintes estadual e/ou municipal, se houver, relativo ao domicílio ou sede do licitante, pertinente ao seu ramo de atividade e compatível com o objeto contratual;
> III - a regularidade perante a Fazenda federal, estadual e/ou municipal do domicílio ou sede do licitante, ou outra equivalente, na forma da lei;
> IV - a regularidade relativa à Seguridade Social e ao FGTS, que demonstre cumprimento dos encargos sociais instituídos por lei;
> V - a regularidade perante a Justiça do Trabalho;
> VI - o cumprimento do disposto no inciso XXXIII do art. 7º da Constituição Federal.
> §1º Os documentos referidos nos incisos do caput deste artigo poderão ser substituídos ou supridos, no todo ou em parte, por outros meios hábeis a comprovar a regularidade do licitante, inclusive por meio eletrônico.
> §2º A comprovação de atendimento do disposto nos incisos III, IV e V do caput deste artigo deverá ser feita na forma da legislação específica.

Conforme o art. 68, as habilitações fiscal, social e trabalhista serão aferidas mediante a verificação dos seguintes requisitos (enumeração taxativa):

a) inscrição no Cadastro de Pessoas Físicas (CPF) ou no Cadastro Nacional da Pessoa Jurídica (CNPJ);

b) inscrição no cadastro de contribuintes estadual e/ou municipal, se houver, relativo ao domicílio ou sede do licitante, pertinente ao seu ramo de atividade e compatível com o objeto contratual;

c) comprovação de regularidade perante a Fazenda federal, estadual e/ou municipal do domicílio ou sede do licitante, ou outra equivalente, na forma da lei;

d) comprovação da regularidade relativa à Seguridade Social e ao FGTS, que demonstre cumprimento dos encargos sociais instituídos por lei;

e) comprovação de regularidade perante a Justiça do Trabalho;

f) comprovação de que não submete menores de dezoito anos a trabalho noturno, perigoso ou insalubre e menores de dezesseis anos a qualquer trabalho, salvo na condição de aprendiz, a partir de quatorze anos (inc. XXXIII do art. 7º da Constituição Federal).

O dispositivo repete a disciplina do art. 29 e do art. 27, inc. V, da lei anterior, com uma pequena inclusão na letra "c" (inc. III).

A comprovação de regularidade perante o fisco está vinculada à atividade da empresa, que, por sua vez, deve ser compatível com o objeto contratado. Usa-se como exemplo uma licitação de um órgão estadual para a prestação de serviços de limpeza. Caso o licitante não seja contribuinte do ICMS, apenas de ISS, devido à sua condição de prestador de serviços, não será exigível a apresentação de certidão de regularidade com a Fazenda estadual. Nesse caso, bastará a juntada de comprovação de regularidade perante a Fazenda federal e municipal do seu domicílio ou sede.

Como novidade, o §1º estabelece que os documentos supramencionados poderão ser substituídos ou supridos, no todo ou em parte, por outros meios hábeis a comprovar a regularidade do licitante, inclusive por meio eletrônico. Há, portanto, ampla abertura para que o licitante demonstre o atendimento das exigências supramencionadas.

Conforme o §2º, a comprovação de atendimento do disposto nas letras "c", "d" e "e" (incs. III, IV e V) deverá ser feita na forma da legislação específica.

A título de exemplo, a Administração deve exigir da empresa contratada comprovante da matrícula da obra junto ao INSS (matrícula CEI), nos termos do art. 49, §1º, da Lei nº 8.212/1991, bem como, a cada pagamento, comprovação da regularidade previdenciária e trabalhista da empresa, nos termos do art. 219, §§5º e 6º, do Decreto nº 3.048/1999.

Cabe destacar a plena incidência das disposições da Lei Complementar nº 123/2006 sobre a comprovação da regularidade fiscal e trabalhista de microempresas e empresas de pequeno porte em licitações públicas.

Segundo o art. 42 da Lei Complementar nº 123/2006, nas licitações públicas, essa comprovação somente será exigida para efeito de assinatura do contrato. Assim, mesmo que haja inversão de fases, a habilitação das microempresas e empresas de pequeno porte se limitará à verificação da documentação relativa às habilitações jurídica, técnica e econômico-financeira, ficando a comprovação da regularidade fiscal, social e trabalhista para fase posterior ao julgamento, caso alguma empresa assim enquadrada seja classificada em primeiro lugar.

Já o art. 43 da aludida lei complementar estabelece que as microempresas e empresas de pequeno porte deverão apresentar toda a documentação exigida para efeito de comprovação de regularidade fiscal, mesmo que esta apresente alguma restrição, por ocasião da participação em certames licitatórios.

Se houver alguma restrição nesta comprovação, a Administração deve abrir o prazo de 5 dias úteis, prorrogável por igual período, a critério da Administração Pública, para que o licitante nessa condição regularize a documentação, para pagamento ou parcelamento do débito e para emissão de eventuais certidões negativas ou positivas com efeito de certidão negativa (§1º). O termo inicial da contagem do aludido corresponderá ao momento em que o proponente for declarado vencedor do certame.

A não regularização da documentação, no prazo mencionado, implicará decadência do direito à contratação, sem prejuízo da sanção prevista, nesse caso, no art. 89, §5º, da nova lei (dispositivo equivalente ao art. 81 da Lei nº 8.666/1993). Nessa hipótese, será facultado à Administração convocar os licitantes remanescentes, na ordem de classificação, para a assinatura do contrato, ou revogar a licitação.

11.4 Habilitação econômico-financeira

> Art. 69. A habilitação econômico-financeira visa a demonstrar a aptidão econômica do licitante para cumprir as obrigações decorrentes do futuro contrato, devendo ser comprovada de forma objetiva, por coeficientes e índices econômicos previstos no edital, devidamente justificados no processo licitatório, e será restrita à apresentação da seguinte documentação:
> I - balanço patrimonial, demonstração de resultado de exercício e demais demonstrações contábeis dos 2 (dois) últimos exercícios sociais;
> II - certidão negativa de feitos sobre falência expedida pelo distribuidor da sede do licitante.
> §1º A critério da Administração, poderá ser exigida declaração, assinada por profissional habilitado da área contábil, que ateste o atendimento pelo licitante dos índices econômicos previstos no edital.
> §2º Para o atendimento do disposto no caput deste artigo, é vedada a exigência de valores mínimos de faturamento anterior e de índices de rentabilidade ou lucratividade.
> §3º É admitida a exigência da relação dos compromissos assumidos pelo licitante que importem em diminuição de sua capacidade econômico-financeira, excluídas parcelas já executadas de contratos firmados.
> §4º A Administração, nas compras para entrega futura e na execução de obras e serviços, poderá estabelecer no edital a exigência de capital mínimo ou de patrimônio líquido mínimo equivalente a até 10% (dez por cento) do valor estimado da contratação.
> §5º É vedada a exigência de índices e valores não usualmente adotados para a avaliação de situação econômico-financeira suficiente para o cumprimento das obrigações decorrentes da licitação.
> §6º Os documentos referidos no inciso I do caput deste artigo limitar-se-ão ao último exercício no caso de a pessoa jurídica ter sido constituída há menos de 2 (dois) anos.

Conforme o art. 69, a habilitação econômico-financeira tem como objetivo demonstrar a aptidão econômica do licitante para cumprir as obrigações decorrentes do futuro contrato. Ela deve ser comprovada de forma objetiva, por coeficientes e índices econômicos previstos no edital, devidamente justificados no processo licitatório, mediante a entrega dos seguintes documentos (enumeração taxativa):

a) balanço patrimonial, demonstração de resultado de exercício e demais demonstrações contábeis dos 2 últimos exercícios sociais; e

b) certidão negativa de feitos sobre falência expedida pelo distribuidor da sede do licitante.

Como novidade, a Lei nº 14.133/2021 passou a exigir os documentos contábeis designados referentes aos 2 últimos exercícios sociais – a lei anterior determinava a entrega do relativo ao último exercício social. Nesse contexto, deduz-se que os índices contábeis e os valores de capital mínimo ou de patrimônio líquido mínimo sejam calculados a partir das informações dos últimos 2 exercícios.

Tal opção legislativa causa certa estranheza, já que a situação econômico-financeira de uma empresa, ou seja, sua aptidão para cumprir as obrigações decorrentes do futuro contrato, é refletida pela sua condição presente, não pela do passado.

A depender da forma de cálculo dos índices contábeis, a ser definida no edital – imagina-se que eles serão calculados pela média –, podemos ter a situação de uma empresa com ótima situação econômico-financeira no último exercício ser inabilitada em razão de sua situação ruim no penúltimo, enquanto outra, em pior situação no presente, seja habilitada por uma condição do passado que não mais se reflete hoje.

Nesse ponto, cabe lembrar o conceito de balanço patrimonial, trazido pela NBC T.3 (Norma Brasileira de Contabilidade), aprovada pela Resolução CFC nº 686/1990: "3.2.1.1 – O balanço patrimonial é a demonstração contábil destinada a evidenciar, quantitativa e qualitativamente, numa determinada data, a posição patrimonial e financeira da Entidade".

Portanto, as informações contidas no balanço patrimonial refletem uma espécie de fotografia da empresa, naquele momento, o que, a nosso ver, parece mais adequado para representar a sua aptidão para cumprir as obrigações sociais futuras.

Retomando o texto da nova lei, é relevante pontuar que, no caso de empresa constituída há menos de 2 anos, o §6º preconiza que os documentos contábeis limitar-se-ão ao último exercício.

Com relação às empresas recém-constituídas, cabe a apresentação do balanço de abertura, na linha do seguinte precedente do STJ:

> Tratando-se de sociedade constituída há menos de um ano e não havendo qualquer exigência legal a respeito do tempo mínimo de constituição da pessoa jurídica para participar da concorrência pública, não se concebe condicionar a comprovação da idoneidade financeira à apresentação dos demonstrativos contábeis do último exercício financeiro, sendo possível demonstrá-la por outros documentos, a exemplo da exibição do balanço de abertura. (STJ, REsp nº 1.381.152/RJ)

A nova lei não reproduziu o permissivo contido na norma anterior, de que os balanços fossem atualizados por índices oficiais quando encerrados há mais de 3 (três) meses da data de apresentação da proposta. Por consequência, não cabe essa atualização, no regime atual, o que se avalia como adequado, pois o que importa, ao final, é comparar as situações econômico-financeiras das licitantes em determinado momento do tempo, sendo despiciendo trazer tais valores ao presente.

A nova lei não exigiu a apresentação de certidão negativa de recuperação judicial, figura que sucedeu ao instituto da concordata, após a edição da Lei nº 11.101/2005.

A propósito do assunto, parte da doutrina e da jurisprudência entendia que os licitantes deveriam apresentar certidão negativa de recuperação judicial, sucedânea da concordata, em face da mudança legislativa trazida pela Lei nº 11.101/2005.

A discussão somente foi pacificada em 2018, quando o STJ decidiu, no Agravo em Recurso Especial sob nº 309.867/ES, de relatoria do Ministro Gurgel de Faria, que a Lei nº 8.666/1993 não prevê a necessidade da apresentação de certidão negativa para casos de recuperação judicial. A empresa que esteja nessa condição poderá comprovar sua aptidão econômico-financeira de outras formas, independentemente da respectiva certidão.

A decisão do STJ tomou como fundamento a própria finalidade do instituto da recuperação judicial, que, nos termos do art. 47 da Lei nº 11.101/2005, consiste em:

> viabilizar a superação da situação de crise econômico-financeira do devedor, a fim de permitir a manutenção da fonte produtora, do emprego dos trabalhadores e dos interesses dos credores, promovendo, assim, a preservação da empresa, sua função social e o estímulo à atividade econômica.

Cabe ressaltar, por fim, a recente alteração do art. 52, inc. II, da Lei nº 11.101/2005, realizada pela Lei nº 14.112/2020. Segundo o dispositivo, o juiz, ao deferir o processamento da recuperação judicial:

> determinará a dispensa da apresentação de certidões negativas para que o devedor exerça suas atividades, observado o disposto no §3º do art. 195 da Constituição Federal e no art. 69 desta Lei [acrescer ao nome empresarial, a expressão "em Recuperação Judicial].

Com isso, é clara a opção legislativa de que as empresas em recuperação judicial não podem, por essa condição, ser impedidas de participar do certame licitatório, a menos que não satisfaçam os demais requisitos de habilitação econômico-financeira estabelecidos em lei. Assim, não é exigível a expedição de certidão negativa de recuperação judicial no regime da nova Lei de Licitações.

O §1º do art. 69 admitiu a possibilidade de, a critério da Administração, ser exigida declaração, assinada por profissional habilitado da área contábil, que ateste o atendimento pelo licitante dos índices econômicos previstos no edital. Em nosso juízo, essa declaração não implica a dispensa de entrega dos documentos contábeis nem impede a entidade contratante de fazer seus próprios cálculos.

O dispositivo visa dar maior credibilidade às informações trazidas a partir da documentação, servindo, inclusive, como um primeiro filtro para que empresas em má-situação financeira participem da licitação. Afinal, é de imaginar que nenhum profissional irá atestar o atendimento dos índices econômicos, se a situação real da empresa não estiver adequadamente refletida na documentação contábil.

Conforme o §5º, é vedada a exigência de índices e valores não usualmente adotados para a avaliação de situação econômico-financeira suficiente para o cumprimento das obrigações decorrentes da licitação. O dispositivo, com grande abertura semântica, busca trazer à praxe da ciência contábil, especialmente da avaliação de balanços, a análise da habilitação em licitações públicas. Assim, a Administração deve se basear na boa técnica advinda das normas de contabilidade e do costume, na avaliação da habilitação econômico-financeira.

O TCU possui súmula sobre o tema, editada na vigência da lei anterior:

> SÚMULA TCU 289: A exigência de índices contábeis de capacidade financeira, a exemplo dos de liquidez, deve estar justificada no processo da licitação, conter parâmetros atualizados de mercado e atender às características do objeto licitado, sendo vedado o uso de índice cuja fórmula inclua rentabilidade ou lucratividade. (Acórdão nº 354/2016-Plenário. Súmula nº 289. Rel. Min. José Múcio Monteiro)

O §2º veda a exigência de valores mínimos de faturamento anterior e de índices de rentabilidade ou lucratividade. O dispositivo repete a legislação anterior, não havendo nenhuma novidade quanto ao tema.

Conforme o §3º, "é admitida a exigência da relação dos compromissos assumidos pelo licitante que importem em diminuição de sua capacidade econômico-financeira, excluídas parcelas já executadas de contratos firmados". A disposição repete, em linha gerais, o art. 31, §4º, da norma anterior, cabendo destacar a expressa exclusão das parcelas já executadas dos contratos, por motivos evidentes.

A nova lei deu mais flexibilidade à Administração para definir a forma como o eventual comprometimento da empresa será aferido, já que eliminou a previsão da regra anterior de que a diminuição de sua disponibilidade financeira seria calculada "em função do patrimônio líquido atualizado e sua capacidade de rotação" (parte final do art. 31, §4º).

A título de exemplo, a Administração pode estimar as entradas no caixa da empresa no curso da execução do contrato, a partir da verificação do ativo circulante e do passivo circulante, confrontando este com o cronograma de pagamentos dos contratos firmados. Tal estimativa pode ser comparada com a dos custos diretos e indiretos necessários à satisfação dos compromissos assumidos, conforme o cronograma de execução de seus contratos, atribuindo alguma margem de risco em função da capacidade de endividamento da empresa e demais contingências que prejudiquem a execução dos contratos e o recebimento de pagamentos.

A metodologia para aferição da limitação da capacidade econômico-financeira das licitantes deverá ser prevista no edital, de forma que a Administração poderá inabilitar uma empresa que não satisfaça a condição mínima estabelecida no instrumento convocatório.

O §4º preconiza que a Administração, nas compras para entrega futura e na execução de obras e serviços, *poderá* estabelecer, no edital, a exigência de capital mínimo ou de patrimônio líquido mínimo equivalente a até 10% do valor estimado da contratação. A norma atual reproduziu a redação do artigo equivalente da lei anterior (art. 31, §2º), com a diferença de ter estabelecido, desde logo, um limite máximo para essa exigência.

O novo dispositivo não repetiu a parte final do aludido artigo, que estabelecia, como alternativa à exigência de capital mínimo ou de patrimônio líquido mínimo, a apresentação das garantias previstas no §1º do art. 56 da Lei nº 8.666/1993 (garantia contratual).

No regime da lei anterior, a jurisprudência do TCU se firmou no sentido de que era vedada a existência conjunta de capital mínimo, patrimônio líquido mínimo e de garantia de proposta, devendo a entidade contratante escolher uma delas (Acórdão nº 1.229/2008-Plenário. Rel. Min. Guilherme Palmeira; Acórdão nº 1.905/2009-Plenário. Rel. Min. Benjamin Zymler; Acórdão nº 2.272/2011-Plenário. Rel. Min. Subst. Augusto Sherman, entre outros).

Dando uma interpretação histórica ao §4º do art. 69 da nova lei, entende-se que é possível, no regime atual, a exigência de capital mínimo ou de patrimônio líquido mínimo, cumulada com a apresentação da garantia da proposta de que trata o art. 58. Assim, julga-se permitida a seguinte combinação para fins de habilitação econômico-financeira:

– capital social mínimo e garantia de proposta de até 1% do valor estimado para a contratação; ou
– patrimônio líquido mínimo e garantia de proposta de até 1% do valor estimado para a contratação.

Com isso, a habilitação econômico-financeira ocorrerá mediante os seguintes parâmetros (requisitos obrigatórios):

a) apresentação de balanço patrimonial, demonstração de resultado de exercício e demais demonstrações contábeis dos 2 últimos exercícios sociais;
b) apresentação de certidão negativa de feitos sobre falência expedida pelo distribuidor da sede do licitante; e
c) cumprimento dos índices contábeis estabelecidos no edital.

A Administração pode exigir ainda (requisitos facultativos):

a) declaração assinada por profissional habilitado da área contábil, que ateste o atendimento pelo licitante dos índices econômicos previstos no edital;
b) capital mínimo ou de patrimônio líquido mínimo equivalente a até 10% do valor estimado da contratação; e
c) garantia da proposta.

Com relação à habilitação econômico-financeira de consórcios, cabe lembrar a regra estatuída no art. 15, inc. III, segundo o qual é admitida, para esse efeito, o somatório dos valores de cada consorciado. Ademais, deve ser aplicado o comando do §1º do dispositivo supramencionado, o qual estabelece que o edital deve definir um acréscimo de 10% a 30% sobre o valor exigido de licitante individual para a habilitação econômico-financeira de consórcio, salvo justificação.

Dessa forma, se um edital exige a apresentação um capital social mínimo de 10% do valor estimado da contratação, para o licitante individual, com o acréscimo de 30% desse valor, no caso de consórcio, supondo que o orçamento estimativo da licitação seja R$10 milhões, somente poderão participar empresas e consórcios que cumpram os seguintes requisitos:

- R$1 milhão, no caso de empresas participando individualmente;
- R$1,3 milhão, no caso de consórcios (1,30 x R$1 milhão).

Nesse exemplo, estaria habilitado um consórcio formado por duas empresas, cada uma com capital social de R$650 mil.

11.5 Disposições gerais

> Art. 70. A documentação referida neste Capítulo poderá ser:
> I - apresentada em original, por cópia ou por qualquer outro meio expressamente admitido pela Administração;
> II - substituída por registro cadastral emitido por órgão ou entidade pública, desde que previsto no edital e que o registro tenha sido feito em obediência ao disposto nesta Lei;
> III - dispensada, total ou parcialmente, nas contratações para entrega imediata, nas contratações em valores inferiores a 1/4 (um quarto) do limite para dispensa de licitação para compras em geral e nas contratações de produto para pesquisa e desenvolvimento até o valor de R$300.000,00 (trezentos mil reais).
> Parágrafo único. As empresas estrangeiras que não funcionem no País deverão apresentar documentos equivalentes, na forma de regulamento emitido pelo Poder Executivo federal.

Conforme o art. 70, a documentação relativa à habilitação, de modo geral, poderá ser:

a) apresentada em original, por cópia ou por qualquer outro meio expressamente admitido pela Administração;

b) substituída por registro cadastral emitido por órgão ou entidade pública, desde que previsto no edital e que o registro tenha sido feito em obediência ao disposto nesta lei;

c) dispensada, total ou parcialmente, nas contratações para entrega imediata, nas contratações em valores inferiores a 1/4 (um quarto) do limite para dispensa de licitação para compras em geral e nas contratações de produto para pesquisa e desenvolvimento até o valor de R$300.000,00.

No que se refere à letra "a" (inc. I), a nova lei trouxe uma boa novidade, que foi a eliminação da exigência de que a cópia da documentação fosse autenticada por cartório competente ou por servidor da Administração ou publicação em órgão da imprensa oficial. Trata-se de uma boa iniciativa no sentido de desburocratizar as licitações públicas e a atividade administrativa como um todo.

Quanto à letra "b" (inc. II), trata-se de mera repetição do art. 32, §3º, que cuida de registro cadastral. Adiante, será abordado esse importante procedimento auxiliar, que, da mesma forma, tem o propósito de agilizar as licitações públicas, a partir do prévio cadastramento de empresas com aptidão para contratar com o Poder Público.

Sobre a letra "c" (inc. III), o dispositivo reitera a dispensa, total ou parcial, dos documentos relativos à habilitação, em licitações menos complexas. Na legislação atual, o critério para essa dispensa é a entrega imediata dos bens e o valor da licitação, não a sua modalidade nem o modo de fornecimento.

Conforme visto, a Administração pode simplificar a etapa de habilitação para contrações com valor estimado menor do que 1/4 do limite para dispensa de licitação para compras em geral, ou seja, com orçamento inferior a R$12.500,00, e nas contratações de produto para pesquisa e desenvolvimento até o valor de R$300.000,00.

Consoante o parágrafo único, as empresas estrangeiras que não funcionem no país deverão apresentar documentos equivalentes, na forma de regulamento emitido pelo Poder Executivo federal. Pela expressa dicção da norma, é vedada a regulamentação da matéria por lei do ente subnacional.

CAPÍTULO 12

DO ENCERRAMENTO DA LICITAÇÃO

> Art. 71. Encerradas as fases de julgamento e habilitação, e exauridos os recursos administrativos, o processo licitatório será encaminhado à autoridade superior, que poderá:
> I - determinar o retorno dos autos para saneamento de irregularidades;
> II - revogar a licitação por motivo de conveniência e oportunidade;
> III - proceder à anulação da licitação, de ofício ou mediante provocação de terceiros, sempre que presente ilegalidade insanável;
> IV - adjudicar o objeto e homologar a licitação.
> §1º Ao pronunciar a nulidade, a autoridade indicará expressamente os atos com vícios insanáveis, tornando sem efeito todos os subsequentes que deles dependam, e dará ensejo à apuração de responsabilidade de quem lhes tenha dado causa.
> §2º O motivo determinante para a revogação do processo licitatório deverá ser resultante de fato superveniente devidamente comprovado.
> §3º Nos casos de anulação e revogação, deverá ser assegurada a prévia manifestação dos interessados.
> §4º O disposto neste artigo será aplicado, no que couber, à contratação direta e aos procedimentos auxiliares da licitação.

O art. 71 trata da última fase do procedimento licitatório, a saber, o encerramento da licitação. Em verdade, a sequência de artigos da nova lei não respeitou a ordem estabelecida no art. 17, já que o legislador deixou para disciplinar a fase recursal no distante Capítulo II do Título IV da nova lei (art. 165).

A opção tem uma razão de ser: concentrar em um único capítulo as impugnações, os pedidos de esclarecimentos e os recursos opostos aos diversos atos praticados no curso de uma contratação, não apenas os ocorridos na fase de licitação, como os praticados na execução contratual.

Retomando o art. 71, ele estabelece que, encerradas as fases de julgamento e habilitação e exauridos os recursos administrativos, o processo licitatório será encaminhado à autoridade superior, que poderá:

a) determinar o retorno dos autos para saneamento de irregularidades;
b) revogar a licitação por motivo de conveniência e oportunidade;
c) proceder à anulação da licitação, de ofício ou mediante provocação de terceiros, sempre que presente ilegalidade insanável; e
d) adjudicar o objeto e homologar a licitação.

Como se vê, a autoridade superior tem a competência de proceder à avaliação da oportunidade e da conveniência da contratação e realizar o controle da legalidade de todo o procedimento licitatório, antes de encaminhar a sua conclusão.

A adjudicação do objeto e a homologação da licitação constituem os atos que marcam o encerramento do processo licitatório. A adjudicação é o ato por meio do qual a Administração atribui o objeto do certame ao licitante vencedor, enquanto a homologação é o que atesta a regularidade do procedimento licitatório.

Sob o regime anterior, costumava-se discutir qual ato ocorreria antes, a adjudicação ou a homologação. O art. 38, VII, da Lei nº 8.666/1993 sugeria que o primeiro antecederia o segundo. Já o art. 43, inc. VI, induzia o entendimento de que a homologação se seguiria à adjudicação. Em nosso juízo, a questão é despida de interesse prático, uma vez que, o que importa, ao fim e ao cabo, é que haja a manifestação formal da autoridade superior quanto à adjudicação do objeto e à homologação da licitação. Seria possível, até mesmo, a expedição de um único ato administrativo contendo ambas as manifestações, o que representaria o fim do processo licitatório.

Nesse ponto, cabe destacar que o licitante classificado em primeiro lugar tem mera expectativa à adjudicação do objeto. Afinal, mesmo que ausente qualquer ilegalidade no processo licitatório, a Administração pode revogá-lo, por motivo de conveniência e oportunidade. Todavia, optando a entidade pela adjudicação, ela somente o poderá fazer com o licitante classificado em primeiro lugar.

O §1º estatui que a autoridade superior, ao pronunciar a nulidade, indicará expressamente os atos com vícios insanáveis, tornando sem efeito todos os subsequentes que deles dependam. Além disso, ela dará ensejo à apuração de responsabilidade de quem lhes tenha dado causa.

Essa apuração de responsabilidade se desenvolverá em autos apartados do procedimento licitatório, inserindo-se no bojo do poder disciplinar da Administração Pública. Por evidente, o ato de anulação deve ser devidamente fundamentado, devendo ser assegurada a prévia manifestação dos interessados, conforme o §3º.

O §2º, por sua vez, estabelece que a revogação do processo licitatório somente poderá ocorrer se o seu motivo determinante for resultante de fato superveniente devidamente comprovado. Dessa forma, a disposição repete a disciplina da lei anterior (art. 49), de modo que é vedado revogar a licitação se o motivo de interesse público que o imponha for anterior à abertura do certame.

Há objeção a essa regra, pois ela parece impor a continuidade de contratação em desacordo com o interesse público, pelo simples fato de a administração não ter perquirido adequadamente este, por erro ou desconhecimento de seus agentes, antes da abertura do certame.

Imagine-se uma situação em que determinado órgão desse início a uma concorrência para adquirir carteiras escolares para a sua rede de ensino. Na época da fase preparatória, havia uma oferta de doação de carteiras escolares por uma entidade privada, recebido e conhecido pela autoridade administrativa competente, mas que, por descuido, não foi levado ao conhecimento da comissão de contratação.

Entende-se que, também neste caso, no qual o motivo de interesse público é anterior ao da abertura da licitação, a Administração pode revogar o certame licitatório, pois, do contrário, haverá uma espécie de preclusão à verificação dos pressupostos para a satisfação do interesse público.

Nada obstante, a regra do §2º gera um direito aos licitantes: o de que a administração avalie adequadamente o interesse público que cerca a licitação, antes da abertura do certame. Havendo uma infração a esse dever, o Estado até pode revogar o certame, mas deve indenizar os interessados que acudiram à licitação, pelos custos que incorreram para participar desta. Esse é o efeito prático do dispositivo em exame.

Da mesma forma que a anulação, a revogação deverá ser precedida de manifestação dos interessados, nos termos do §3º.

Nesse ponto, cabe discutir quem seriam os interessados legitimados a se manifestar previamente à anulação e à revogação da licitação.

Inicialmente, cabe destacar que a autoridade superior pode revogar ou anular a licitação a qualquer momento ao longo do curso do processo licitatório, desde que presentes os requisitos para tanto.

Não obstante a lei tenha previsto o exame da legalidade e da oportunidade e da conveniência do certame, na fase de encerramento da licitação, não há óbice a que a administração o faça anteriormente, a partir de provocação da comissão ou qualquer agente de contratação.[173]

Tal medida possibilitará a imediata correção de eventuais ilegalidades e a eventual mudança de escolhas discricionárias da Administração, em prol do interesse público, da celeridade e da eficiência das contratações.

---

[173] É preciso lembrar, ainda, que a autoridade máxima da entidade contratante realizará o controle prévio de legalidade dos atos relativos à fase preparatória do certame, antes da divulgação do edital, conforme o art. 52.

Todavia, entende-se que o direito de manifestação dos interessados somente ocorrerá se a anulação ou revogação da licitação ocorrerem na fase de encerramento, ou seja, após encerradas as fases de julgamento e habilitação e exauridos os recursos administrativos.

Assim se compreende porque o §3º disciplina justamente esta última etapa do processo licitatório, ou seja, quando ele é submetido à autoridade superior para a sua manifestação terminativa. É possível afirmar que, nessa ocasião, já há uma expectativa legítima do primeiro classificado para a ultimação da contratação.

Justamente por esse motivo, o direito de manifestação se aplica apenas ao licitante classificado em primeiro lugar, que vem a ser o único interessado do processo licitatório neste último estágio, uma vez encerradas as fases de julgamento, habilitação e apreciação de recursos administrativos.

Pela sequência de atos prevista no art. 71, são considerados inaplicáveis os entendimentos do STJ e do TCU, que somente impunham a necessidade de contraditório após a adjudicação do objeto ou no caso de o licitante ter dado causa ao desfazimento do certame (MS nº 7.017/DF, Rel. Min. José Delgado; e Acórdão nº 2.656/2019-Plenário, Rel. Min. Ana Arraes).

Se a nova lei exige a manifestação dos interessados antes da revogação da licitação, a qual, por sua vez, é medida alternativa à adjudicação do objeto e à homologação da licitação (inc. III), isso implica que o contraditório daqueles antecede estes dois últimos atos.

Por via de consequência, também cabe a oitiva da empresa classificada em primeiro lugar, no processo de controle externo destinado ao controle corretivo de atos, após encerradas as fases de julgamento e habilitação, e exauridos os recursos administrativos.

Caso a Administração, provocada por alguma denúncia ou fato novo superveniente, decida anular ou revogar o certame, após a homologação e a adjudicação e antes da celebração do contrato, a medida também deve ser precedida do contraditório do interessado. O mesmo entendimento se aplica, por evidente, à anulação e extinção do ajuste na fase contratual.

As disposições do presente artigo também são aplicadas à contratação direta e aos procedimentos auxiliares da licitação, conforme o §4º. Isso implica que, encerrado o processo administrativo correspondente à contratação direta ou ao procedimento auxiliar, a autoridade máxima irá verificar a legalidade e o interesse público de sua ultimação, assegurando o contraditório da empresa que teve a sua proposta aceita, antes da decisão pela anulação ou revogação.

Compreende-se que o direito de indenização do licitante se submete ao regime geral de responsabilização civil, quando ela decorre de um ato ilícito da administração. Assim, provada a existência de dano decorrente da revogação ou anulação da licitação, decorrente de infração à lei, o particular pode pleitear indenização perante o órgão do Poder Judiciário competente.

Não obstante a nova lei não tenha reproduzido o dispositivo da norma anterior, de que a nulidade do procedimento licitatório induz à do contrato, por certo, a invalidação da licitação terá essa consequência, caso ela seja declarada após a assinatura do ajuste.

De toda sorte, a decisão da administração pela anulação da licitação e/ou do contrato deverá ser precedida da análise do interesse público envolvido, nos termos dos arts. 147 e 148 da Lei nº 14.133, que serão comentados adiante.

Outrossim, é preciso seguir as disposições da LINDB, em especial o art. 21:

> Art. 21. A decisão que, nas esferas administrativa, controladora ou judicial, decretar a invalidação de ato, contrato, ajuste, processo ou norma administrativa deverá indicar de modo expresso suas consequências jurídicas e administrativas. (Incluído pela Lei nº 13.655, de 2018)
>
> Parágrafo único. A decisão a que se refere o caput deste artigo deverá, quando for o caso, indicar as condições para que a regularização ocorra de modo proporcional e equânime e sem prejuízo aos interesses gerais, não se podendo impor aos sujeitos atingidos ônus ou perdas que, em função das peculiaridades do caso, sejam anormais ou excessivos.

CAPÍTULO 13

DA CONTRATAÇÃO DIRETA

13.1 Do processo de contratação direta

> Art. 72. O processo de contratação direta, que compreende os casos de inexigibilidade e de dispensa de licitação, deverá ser instruído com os seguintes documentos:
> I - documento de formalização de demanda e, se for o caso, estudo técnico preliminar, análise de riscos, termo de referência, projeto básico ou projeto executivo;
> II - estimativa de despesa, que deverá ser calculada na forma estabelecida no art. 23 desta Lei;
> III - parecer jurídico e pareceres técnicos, se for o caso, que demonstrem o atendimento dos requisitos exigidos;
> IV - demonstração da compatibilidade da previsão de recursos orçamentários com o compromisso a ser assumido;
> V - comprovação de que o contratado preenche os requisitos de habilitação e qualificação mínima necessária;
> VI - razão da escolha do contratado;
> VII - justificativa de preço;
> VIII - autorização da autoridade competente.
> Parágrafo único. O ato que autoriza a contratação direta ou o extrato decorrente do contrato deverá ser divulgado e mantido à disposição do público em sítio eletrônico oficial.

O art. 72 trata das peças que devem integrar o processo de contratação direta. Conforme o dispositivo, ele deverá ser instruído com os seguintes elementos:

a) documento de formalização de demanda e, se for o caso, estudo técnico preliminar, análise de riscos, termo de referência, projeto básico ou projeto executivo;

b) estimativa de despesa, que deverá ser calculada na forma estabelecida no art. 23 desta lei;

c) parecer jurídico e pareceres técnicos, se for o caso, que demonstrem o atendimento dos requisitos exigidos;

d) demonstração da compatibilidade da previsão de recursos orçamentários com o compromisso a ser assumido;

e) comprovação de que o contratado preenche os requisitos de habilitação e qualificação mínima necessária;

f) razão da escolha do contratado;

g) justificativa de preço; e

h) autorização da autoridade competente.

A norma atual é mais detalhada que a anterior quanto ao conteúdo do processo de contratação direta. Enquanto a Lei nº 8.666/1993 somente previa a inclusão da razão da escolha do fornecedor ou executante e da justificativa do preço – além da caracterização da situação emergencial, calamitosa ou de grave e iminente risco à segurança pública que justifique a dispensa, na hipótese do inc. IV do art. 24, e do documento de aprovação dos projetos de pesquisa aos quais os bens serão alocados, somente aplicável ao caso do inc. XXI do art. 24 – a Lei nº 14.133/2021 trouxe seis novas exigências.

Em verdade, muitos dos elementos acima enumerados já eram produzidos e constavam do processo de dispensa ou inexigibilidade, até porque eles se faziam necessários para o início e a viabilização da contratação. A título de exemplo, citam-se a especificação do objeto, o termo de referência ou o projeto básico, a verificação da existência de créditos orçamentários e a autorização da autoridade competente.

O documento de formalização de demanda é o que dá início ao processo de contratação e descreve as principais informações do objeto a ser contratado, a fim de suprir uma necessidade da área demandante.

Antes da nova lei, a Instrução Normativa Seges/MPDG nº 5/2017 já previa a necessidade de elaboração desse documento, na contratação de serviços sob o regime de execução indireta no âmbito da Administração Pública federal direta, autárquica e fundacional.

Consoante o Anexo II da referida norma, ele deveria conter as seguintes informações: dados do setor e responsável pela demanda; justificativa da necessidade da contratação de serviço terceirizado, considerando o planejamento estratégico, se for o caso; quantidade de serviço a ser contratado; previsão de data em que deve ser iniciada a prestação dos serviços; e indicação do membro da equipe de planejamento e se necessário o responsável pela fiscalização.

Quanto ao instrumento da Lei nº 14.133/2021, ora em análise, espera-se que o tema seja disciplinado mediante regulamento, a ser elaborado no âmbito de cada esfera.

O inc. I do art. 72 prescreve que, se for o caso, serão elaborados e juntados ao processo o estudo técnico preliminar (ETP), a análise de riscos, o termo de referência, o projeto básico ou o projeto executivo.

Conforme visto na análise do art. 6º (inc. XX), o estudo técnico preliminar é:

> o documento constitutivo da primeira etapa do planejamento de uma contratação que caracteriza o interesse público envolvido e a sua melhor solução e dá base ao anteprojeto, ao termo de referência ou ao projeto básico a serem elaborados caso se conclua pela viabilidade da contratação.

Ele seria uma espécie de justificativa do objeto previsto no documento de formalização de demanda, com um maior nível de detalhamento.

A análise de riscos é o documento por meio do qual a Administração identifica os principais fatores que podem comprometer a efetividade da contratação, mensura a probabilidade de sua ocorrência e define as ações necessárias ao seu enfrentamento e mitigação.

A necessidade de verificação desses aspectos também consta da Instrução Normativa Seges/MPDG nº 5/2017, que prevê uma etapa de gerenciamento de riscos por ocasião do planejamento da contratação. Da mesma forma que o documento de formalização de demanda, o tema deve ser disciplinado mediante regulamento.

O termo de referência é o documento que contém os parâmetros e os elementos descritivos para a contratação de bens e serviços, conforme o inc. XXIII do art. 6º.

O projeto básico é a peça que contempla o conjunto de elementos necessários e suficientes, com nível de precisão adequado para definir e dimensionar a obra ou o serviço, nos termos do inc. XXV do aludido artigo.

O projeto executivo é a peça que contém o conjunto de elementos necessários e suficientes à execução completa da obra, com o detalhamento das soluções previstas no projeto básico, consoante o inc. XXVI.

O inc. I do art. 72 parece sugerir que a elaboração do estudo técnico preliminar, da análise de riscos, do termo de referência e do projeto básico ou projeto executivo é facultativa nas contratações diretas. Entende-se que essa não é a melhor leitura do disposto.

Em nossa visão, persiste a obrigação de a Administração elaborar esses documentos, mesmo nos casos de dispensa e inexigibilidade da licitação, uma vez que eles balizam a definição do objeto pretendido e contribuem para a eficiência e eficácia da contratação. Por óbvio, haverá situações em que a urgência ou o próprio valor do bem pretendido pode levar à dispensa de um e outro desses elementos, ou a sua elaboração mais simplória, o que deve ser objeto de justificação. A entidade pública deve levar em conta os princípios da proporcionalidade e da razoabilidade na instrução de seus processos de contratação direta.

A posição acima anunciada encontra respaldo no Acórdão nº 943/2011-Plenário (Rel. Min. Valmir Campelo), exarado à época da Lei nº 8.666/1993. Na ocasião, o TCU admitiu, excepcionalmente, a elaboração de projetos básicos com o nível de detalhamento inferior ao exigido pela norma, no caso de dispensa de licitação por emergência. Segue a parte dispositiva da decisão que tratou da matéria:

> 9.2. conferir a seguinte redação ao item 1.6 do Acórdão 1644/2008-TCU-Plenário: "Determinação/Recomendação:
> 1.6. determinar ao DNIT que, mesmo em obras emergenciais, providencie projeto básico com todos os elementos indicados no art. 6º, inciso IX, da Lei nº 8.666/93, em consonância com o disposto no art. 7º, §2º, inciso II e §9º da mesma Lei, sendo admissível, com a finalidade precípua de afastar risco de dano a pessoas ou aos patrimônios público e particular, que os primeiros serviços sejam iniciados ou executados previamente à conclusão do projeto básico;
> 1.6.1. em casos excepcionais e devidamente justificados, poderão ser utilizados projetos básicos que não apresentem todos os elementos do art. 6º, inc. IX da Lei nº 8.666/1993, devendo constar do processo de contratação as razões que impossibilitam a elaboração do projeto completo; [...].

O processo de dispensa ou inexigibilidade deve conter a estimativa de despesa, que deverá ser calculada na forma estabelecida no art. 23 da Lei nº 14.133/2021. O valor estimado da contratação deverá ser compatível com os praticados pelo mercado, os quais deverão serão extraídos dos bancos de dados públicos, de contratações similares feitas pela Administração Pública e de sistemas oficiais de preços, conforme o objeto da contratação. Para a elaboração dessa estimativa, o Poder Público deve levar em conta as quantidades a serem contratadas e observar a potencial economia de escala e as peculiaridades do local de execução do objeto.

O inc. III exige a inclusão, nos processos de contratação direta, do parecer jurídico e dos pareceres técnicos, se for o caso, que demonstrem o atendimento dos requisitos exigidos. Em nossa visão, a expressão "se for o caso" somente se aplica aos últimos pareceres. Com relação à manifestação jurídica, avalia-se que ela é obrigatória no processo administrativo de dispensa ou inexigibilidade.[174]

Todavia, o dispositivo não especificou quando deverá ser elaborado o parecer do órgão de assessoramento jurídico. No silêncio da norma, defende-se que ela ocorra ao final da fase preparatória da contratação direta, nos termos do art. 53, aplicado por analogia. Dito de outra forma, entende-se que a Administração deve providenciar o controle prévio de legalidade do processo administrativo de contratação direta.

---

[174] Não obstante, a doutrina e a jurisprudência, inclusive do TCU, eram pacíficas no sentido de que o art. 38 da Lei nº 8.666/1993 se aplicavam às contratações diretas. A título de exemplo, menciona-se o Acórdão nº 11.907/2011-Segunda Câmara (Rel. Min. Subst. Augusto Sherman), cujo excerto extraído do repositório da jurisprudência selecionada do TCU prescreve que "é obrigatória a emissão de pareceres jurídicos em relação às minutas dos editais de licitação, dispensa ou inexigibilidade e de contratos, bem como que tais pareceres constem nos processos licitatórios".

A demonstração da compatibilidade da previsão de recursos orçamentários com o compromisso a ser assumido é medida que se impõe às contratações diretas, mesmo antes da Lei nº 14.133/2021, por força da Constituição. Afinal, o art. 167, inc. II, veda a realização de despesas ou a assunção de obrigações diretas que excedam os créditos orçamentários ou adicionais.

Com relação à verificação dos requisitos de habilitação e qualificação mínima necessária, cabe ressaltar que, no regime da lei anterior, a jurisprudência do TCU tinha o entendimento de que era obrigatória a verificação da documentação de regularidade jurídica e fiscal das empresas, inclusive nos casos de contratações por dispensa e inexigibilidade de licitação (Acórdão nº 1.405/2011-Plenário. Rel. Min. Subst. Augusto Sherman).

Segundo a Corte de Contas, também era impositiva a comprovação de regularidade junto à Seguridade Social, em todas as hipóteses de contratação direta, conforme os acórdãos nºs 2.004/2007-Plenário (Rel. Min. Benjamin Zymler), 2.575/2009-Plenário (Rel. Min. Raimundo Carreiro) e 3.146/2010-Plenário (Rel. Min. Augusto Nardes).

Tais precedentes também se impõem ao regime atual da Lei nº 14.133/2021, haja vista o disposto no §3º do art. 195 da Constituição, que proíbe a pessoa jurídica em débito com o sistema da Seguridade Social, como estabelecido em lei, de contratar com o Poder Público e de receber benefícios ou incentivos fiscais ou creditícios.

Com relação à comprovação dos demais requisitos de habilitação (técnica e econômico-financeira), a sua exigência ou não no processo de contratação direta depende do que for estipulado no estudo técnico preliminar, que pode dispensar ou exigir essa demonstração nos casos de dispensa e inexigibilidade.

O processo de contratação direta não pode deixar de contemplar a razão da escolha do contratado. Afinal é esse elemento que possibilitará a eventual verificação sobre se o procedimento foi impessoal e atendeu ao interesse público.

Quanto à justificativa do preço, entende-se que essa análise está, de certa forma, contemplada no documento que cuidar da estimativa de despesa. Afinal, estando o preço contratado igual ou inferior ao estimado, não haverá maiores necessidade de motivação, devendo apenas ser documentados eventuais negociações ocorridas e acréscimos de valores por conta de circunstâncias específicas da proposta que não tenham sido contempladas na cotação de preços junto a outros fornecedores, nos bancos de dados públicos, em contratações similares feitas pela Administração Pública e nos sistemas oficiais de preços.

Por fim, é imprescindível que a Administração faça constar do processo administrativo de contratação direta o ato formal de autorização desta pela autoridade competente. Afinal, é esse documento que irá possibilitar a celebração do instrumento contratual, viabilizando a execução e a entrega do objeto. Além disso, esse ato jurídico serve para definir o agente público responsável pela regularidade do procedimento, o que se mostra útil para eventuais ações de controle.

Conforme o parágrafo único do artigo em análise, a entidade contratante deve disponibilizar em seu sítio eletrônico oficial o ato que autorizar a contratação direta e o extrato do contrato celebrado. Diferentemente da norma anterior, a nova lei não definiu nenhum prazo para essa publicação, o que impõe a interpretação de que ela deve ocorrer de forma imediata, uma vez que tal medida é condição de eficácia ao ato jurídico de contratação direta, por força do princípio da publicidade.

13.2 Da responsabilidade reintegratória

> Art. 73. Na hipótese de contratação direta indevida ocorrida com dolo, fraude ou erro grosseiro, o contratado e o agente público responsável responderão solidariamente pelo dano causado ao erário, sem prejuízo de outras sanções legais cabíveis.

Assim como o art. 25, §2º, da Lei nº 8.666/1993, o art. 73 da norma atual fixa a responsabilidade solidária do contratado e do agente público em caso de dano ao Erário.

O dispositivo trata do que a doutrina chama de responsabilidade administrativa reintegratória.

Segundo Emerson César da Silva Gomes, a responsabilidade reintegratória é a que importa na obrigação de repor as quantias correspondentes ao dano causado ao Erário em razão da violação de normas e princípios pertinentes à gestão de bens, dinheiros e valores públicos.[175] Ela pode ser fixada pela própria Administração Pública, pela atuação dos tribunais de contas, quando se fala em responsabilidade financeira, ou pelo Poder Judiciário, em ação civil pública ou de improbidade administrativa.

Com relação à responsabilidade financeira reintegratória, a jurisprudência atual do TCU é pacífica no sentido de que ela é de natureza subjetiva, podendo ser fixada caso seja comprovada a culpa ou o dolo dos agentes. Nesse sentido, invocam-se os acórdãos nºs 3.051/2008-Plenário (Rel. Min. Valmir Campelo), 2.420/2015-Plenário (Rel. Min. Benjamin Zymler), 2.781/2016-Plenário (Rel. Min. Benjamin Zymler), entre outros.

Tal entendimento não mudou nem mesmo após o advento do art. 28 da LINDB, o qual prescreveu que "o agente público responderá pessoalmente por suas decisões ou opiniões técnicas em caso de dolo ou erro grosseiro".

A questão foi inicialmente enfrentada no paradigmático Acórdão nº 2.391/2018-Plenário, o qual veiculou a tese de que o erro grosseiro, para fins de incidência do dispositivo mencionado, é aquele praticado com culpa grave.[176]

---

[175] GOMES, Emerson César da Silva. *Responsabilidade financeira*: uma teoria sobre a responsabilidade no âmbito dos tribunais de contas. São Paulo: Faculdade de Direito, Universidade de São Paulo, 2009. p. 168. Dissertação (Mestrado em Direito Econômico e Financeiro) – USP, 2009. Disponível em: https://teses.usp.br/teses/disponiveis/2/2133/tde-26092011-093734/pt-br.php. Acesso em: 30 set. 2021.

[176] Esse entendimento foi posteriormente positivado no art. 12, §1º, do Decreto nº 9.830, de 10.6.2019, segundo o qual "considera-se erro grosseiro aquele manifesto, evidente e inescusável praticado com culpa grave, caracterizado por ação ou omissão com elevado grau de negligência, imprudência ou imperícia".

Porém, a referida decisão assinalou que o art. 28 somente se aplica ao exercício do poder sancionatório, não incidindo sobre a responsabilidade por dano ao Erário. A tese foi assentada da seguinte forma no repositório de jurisprudência selecionada do TCU:

> *O dever de indenizar os prejuízos ao erário permanece sujeito* à *comprovação de dolo ou culpa*, sem qualquer gradação, como é de praxe no âmbito da responsabilidade aquiliana, inclusive para fins do direito de regresso (art. 37, §6º, da Constituição Federal). As alterações promovidas na Lei de Introdução às Normas do Direito Brasileiro (LINDB) pela Lei 13.655/2018, em especial a inclusão do art. 28, não provocaram modificação nos requisitos necessários para a responsabilidade financeira por débito. (Acórdão nº 2.391/2018-Plenário. Rel. Min. Benjamin Zymler) (Grifos nossos)

Em nossa visão, não andou bem o Tribunal ao afastar o regime do art. 28 da LINDB à responsabilidade financeira reintegratória. Além de o dispositivo não ter expressamente consignado que apenas incidia sobre o exercício do poder sancionatório, não nos parece adequado invocar o art. 37, §6º, da Constituição Federal para concluir que a imputação de débito exige somente a demonstração de culpa ordinária, sem qualquer gradação. Isso porque a disposição constitucional não trata da responsabilidade de natureza financeira, mas sim da decorrente de ilícitos civis.

Nesse ponto, invoca-se mais uma vez a doutrina de Emerson César da Silva Gomes:

> A responsabilidade financeira reintegratória tem por paradigma a responsabilidade civil subjetiva, sem, entretanto, se confundir com esta espécie tradicional de responsabilidade jurídica. Acrescenta-se aos requisitos da responsabilidade civil, o exercício da gestão de bens, dinheiros e valores públicos e a violação de normas pertinentes.[177]

Para o autor, a responsabilidade financeira constitui:

> categoria jurídica autônoma ou um instituto jurídico não englobado pelas demais espécies de responsabilização, apesar de, sob alguns aspectos, apresentar semelhanças importantes com algumas dessas categorias [responsabilidade civil, responsabilidade penal, responsabilidade administrativa e responsabilidade por ato de improbidade administrativa].[178]

Em nossa visão, não há óbice constitucional a que os elementos subjetivos para a responsabilização por dano ao Erário sejam definidos em lei. O legislador pode estabelecer parâmetros diferentes para a imposição do dever de ressarcir, restringindo condenações à ocorrência de dolo ou culpa grave, a fim de dar mais segurança ao gestor público para a tomada de decisões, especialmente em um ambiente de regras jurídicas com elevado grau de indeterminação.

---

[177] GOMES, Emerson César da Silva. *Responsabilidade financeira*. Uma teoria sobre a responsabilidade no âmbito dos tribunais de contas. Porto Alegre: Almedina, 2012. p. 170.

[178] GOMES, Emerson César da Silva. *Responsabilidade financeira*. Uma teoria sobre a responsabilidade no âmbito dos tribunais de contas. Porto Alegre: Almedina, 2012. p. 302.

Foi justamente o que fez a Lei nº 14.133/2021 em seu art. 73. Conforme o dispositivo, "na hipótese de contratação direta indevida ocorrida com *dolo, fraude ou erro grosseiro*, o contratado e o agente público responsável responderão solidariamente pelo dano causado ao erário, sem prejuízo de outras sanções legais cabíveis".

Considerando a noção de erro grosseiro extraída da jurisprudência do TCU e do próprio Decreto nº 9.830/2019, conforme exposto, a conclusão imediata é a de que a responsabilidade reintegratória decorrente da contratação direta indevida está sujeita expressamente a um novo regime, o subjetivo qualificado, pois exige, para a sua configuração, a comprovação de dolo, fraude ou culpa grave.

Fora dessas hipóteses, não há que se falar em responsabilização por dano ao Erário devido a irregularidades cometidas em processos de dispensa ou inexigibilidade de licitação.

Nada obstante essa posição, sugerimos o acompanhamento da posição do TCU a respeito do assunto, até porque, ao fim e ao cabo, será este órgão que julgará as contas e constituirá título executivo em caso de dano ao Erário, no caso de licitações custeadas com recursos federais.

13.3 Da inexigibilidade de licitação

> Art. 74. É inexigível a licitação quando inviável a competição, em especial nos casos de:
> I - aquisição de materiais, de equipamentos ou de gêneros ou contratação de serviços que só possam ser fornecidos por produtor, empresa ou representante comercial exclusivos;
> II - contratação de profissional do setor artístico, diretamente ou por meio de empresário exclusivo, desde que consagrado pela crítica especializada ou pela opinião pública;
> III - contratação dos seguintes serviços técnicos especializados de natureza predominantemente intelectual com profissionais ou empresas de notória especialização, vedada a inexigibilidade para serviços de publicidade e divulgação:
> a) estudos técnicos, planejamentos, projetos básicos ou projetos executivos;
> b) pareceres, perícias e avaliações em geral;
> c) assessorias ou consultorias técnicas e auditorias financeiras ou tributárias;
> d) fiscalização, supervisão ou gerenciamento de obras ou serviços;
> e) patrocínio ou defesa de causas judiciais ou administrativas;
> f) treinamento e aperfeiçoamento de pessoal;
> g) restauração de obras de arte e de bens de valor histórico;
> h) controles de qualidade e tecnológico, análises, testes e ensaios de campo e laboratoriais, instrumentação e monitoramento de parâmetros específicos de obras e do meio ambiente e demais serviços de engenharia que se enquadrem no disposto neste inciso;
> IV - objetos que devam ou possam ser contratados por meio de credenciamento;
> V - aquisição ou locação de imóvel cujas características de instalações e de localização tornem necessária sua escolha.

> §1º Para fins do disposto no inciso I do caput deste artigo, a Administração deverá demonstrar a inviabilidade de competição mediante atestado de exclusividade, contrato de exclusividade, declaração do fabricante ou outro documento idôneo capaz de comprovar que o objeto é fornecido ou prestado por produtor, empresa ou representante comercial exclusivos, vedada a preferência por marca específica.
>
> §2º Para fins do disposto no inciso II do caput deste artigo, considera-se empresário exclusivo a pessoa física ou jurídica que possua contrato, declaração, carta ou outro documento que ateste a exclusividade permanente e contínua de representação, no País ou em Estado específico, do profissional do setor artístico, afastada a possibilidade de contratação direta por inexigibilidade por meio de empresário com representação restrita a evento ou local específico.
>
> §3º Para fins do disposto no inciso III do caput deste artigo, considera-se de notória especialização o profissional ou a empresa cujo conceito no campo de sua especialidade, decorrente de desempenho anterior, estudos, experiência, publicações, organização, aparelhamento, equipe técnica ou outros requisitos relacionados com suas atividades, permita inferir que o seu trabalho é essencial e reconhecidamente adequado à plena satisfação do objeto do contrato.
>
> §4º Nas contratações com fundamento no inciso III do caput deste artigo, é vedada a subcontratação de empresas ou a atuação de profissionais distintos daqueles que tenham justificado a inexigibilidade.
>
> §5º Nas contratações com fundamento no inciso V do caput deste artigo, devem ser observados os seguintes requisitos:
>
> I - avaliação prévia do bem, do seu estado de conservação, dos custos de adaptações, quando imprescindíveis às necessidades de utilização, e do prazo de amortização dos investimentos;
>
> II - certificação da inexistência de imóveis públicos vagos e disponíveis que atendam ao objeto;
>
> III - justificativas que demonstrem a singularidade do imóvel a ser comprado ou locado pela Administração e que evidenciem vantagem para ela.

O art. 74 anuncia, de modo exemplificativo, os casos em que a licitação é inexigível. Conforme a ampla doutrina e o próprio texto legal, isso ocorre quando a competição for inviável, devido a fatores ligados às condições do mercado.

As hipóteses de inexigibilidade trazidas pela lei são as seguintes:

a) aquisição de materiais, de equipamentos ou de gêneros ou contratação de serviços que só possam ser fornecidos por produtor, empresa ou representante comercial exclusivos (inc. I);

b) contratação de profissional do setor artístico, diretamente ou por meio de empresário exclusivo, desde que consagrado pela crítica especializada ou pela opinião pública (inc. II);

c) contratação dos serviços técnicos especializados de natureza predominantemente intelectual designados na lei, que deve ocorrer junto a profissionais ou empresas de notória especialização, vedada a inexigibilidade para serviços de publicidade e divulgação (inc. III);

d) objetos que devam ou possam ser contratados por meio de credenciamento (inc. IV);

e) aquisição ou locação de imóvel cujas características de instalações e de localização tornem necessária sua escolha (inc. V).

13.3.1 Contratação de fornecedor ou prestador de serviços exclusivo

O inc. I do art. 74 basicamente repete a redação do dispositivo equivalente da lei anterior (inc. I do art. 25), havendo uma mudança apenas quanto à forma de comprovação da exclusividade da pessoa ou da empresa que será contratada, que, a propósito, passou a ser tratada no §1º.

Consoante o dispositivo, foram previstas outras formas de se demonstrar a inviabilidade de competição, tendo sido admitidos, além do atestado de exclusividade, o contrato de exclusividade, a declaração do fabricante e qualquer outro documento idôneo capaz de comprovar que o objeto é fornecido ou prestado por produtor, empresa ou representante comercial exclusivos.

Em nossa visão, permanece perfeitamente aplicável a Súmula-TCU nº 255:

> Nas contratações em que o objeto só possa ser fornecido por produtor, empresa ou representante comercial exclusivo, é dever do agente público responsável pela contratação a adoção das providências necessárias para confirmar a veracidade da documentação comprobatória da condição de exclusividade.

Tal se justifica porque o referido enunciado encerra uma medida de diligência administrativa compatível com o interesse público, ainda mais se forem consideradas as implicações da decisão pela contratação direta, que é o afastamento circunstancial do dever de licitação pública.

A norma atual silenciou sobre quem seria a entidade legitimada para expedir o atestado de exclusividade. Não obstante, entende-se aplicável a solução conferida pela lei anterior, uma vez que tanto o órgão de registro do comércio do local, como o sindicato, a federação ou a confederação patronal ou, ainda, entidades equivalentes, têm condições materiais de verificar essa situação.

No regime da lei anterior, o TCU decidiu que o atestado fornecido pelo próprio fabricante não era instrumento hábil para comprovar a condição de exclusividade para a prestação dos serviços a ele associados, uma vez que somente podiam ser aceitos os documentos emitidos pelos entes designados no inc. I do art. 25 da Lei nº 8.666/1993 (Acórdão nº 723/2005-Plenário. Rel. Min. Ubiratan Aguiar).

Em nossa visão, esse entendimento encontra-se parcialmente superado, haja vista a maior liberdade conferida pela legislação atual para a comprovação da situação de exclusividade, que pode ocorrer mediante a apresentação de qualquer instrumento hábil, conforme a parte final do §1º do art. 74.

A despeito da omissão da Lei nº 14.133/2021, parece-nos evidente que a comprovação de exclusividade deve ocorrer na área de abrangência territorial do fornecimento do bem ou da prestação do serviço, uma vez que o objetivo da medida é aferir as condições de inviabilidade de competição no local de execução do objeto.

O contrato de exclusividade é aquele celebrado entre o fabricante do produto, o detentor de propriedade industrial, o detentor de direitos de distribuição, o detentor de propriedade imaterial ou o detentor de direitos econômicos sobre esta, por um lado, e determinada pessoa ou empresa para que forneça determinados bens, os distribua ou preste serviços, de forma exclusiva. Diferentemente do atestado, que somente declara determinação situação fática ou jurídica, o instrumento contratual serve para demonstrar a relação jurídica existente entre os contraentes.

Mesmo durante o regime da Lei nº 8.666/1993, o TCU já admitia a apresentação de contrato de exclusividade para os fins do inc. I de seu art. 25, como se vê na seguinte passagem extraída do repositório da jurisprudência selecionada do Tribunal:

> Uma vez comprovada, na forma do art. 25, inciso I, da Lei 8.666/1993, a exclusividade de fabricação do produto por determinada empresa, a condição de comerciante único desse bem pode ser demonstrada por meio de contrato de exclusividade firmado entre as empresas fabricante e comerciante, cuja legitimidade não é afetada pelo fato de essas empresas serem do mesmo grupo, sendo dispensável, nesse caso, novo atestado fornecido nos termos do citado dispositivo legal para comprovar a exclusividade de comercialização. (Acórdão nº 3.661/2016-Primeira Câmara, Rel. Min. José Mucio Monteiro)

Da mesma forma, a Corte de Contas aceitou a contratação de livros, por inexigibilidade de licitação, junto a editoras que possuíssem contratos de exclusividade com os autores para editoração e comercialização das obras, desde que fossem justificados os preços (Acórdão nº 3.290/2011-Plenário. Rel. Min. José Jorge).

Outra situação interessante analisada pela jurisprudência do TCU, também sob a égide da legislação anterior, foi a contratação direta de empresa detentora da patente de determinado medicamento, por inexigibilidade de licitação, não obstante houvesse outras empresas com direito de comercialização deste. No caso, o TCU entendeu que foi irregular o enquadramento da situação no inc. I do art. 25, uma vez que era evidente a viabilidade de competição (Acórdão nº 2.590/2020-Plenário. Rel. Min. Benjamin Zymler).

Da mesma forma que o consignado na Lei nº 8.666/1993, encontra-se vedada a preferência por marca específica. Trata-se de medida salutar para evitar falsas situações de inviabilidade de competição fundamentadas em fornecedor ou prestador exclusivos, as quais ocorreriam se a administração fizesse exigências indevidas quanto à especificação do objeto, de forma a restringir o certame e direcionar a contratação para uma única empresa ou pessoa que fosse capaz de fornecer o bem ou prestar o serviço pretendido.

13.3.2 Contratação de profissional do setor artístico

O inc. II do art. 74, basicamente, repete a redação do dispositivo equivalente da lei anterior (inc. III do art. 25), havendo apenas uma mudança singela para excluir a expressão "qualquer", o que não implica nenhuma alteração quanto ao sentido e abrangência da norma.

Esse caso de inexigibilidade de licitação se justifica porque o que se busca, em nome do interesse público, é a contratação de uma obra intelectual de determinado profissional consagrado pela crítica especializada ou opinião pública, não havendo, nesse contexto, a possibilidade de este mesmo objeto ser prestado por outros competidores de um hipotético mercado artístico, dado o caráter personalíssimo de cada expressão cultural.

Em outras palavras, cuida-se de contratação de serviço ou bem infungível, que somente pode ser prestado ou fornecido por uma determinada pessoa, detentora daquela expressão cultural almejada.

Por evidente, é necessário satisfazer um critério objetivo para a escolha da obra: a consagração pela crítica especializada ou pela opinião pública. Nesse caso, a opinião que deve ser levada em conta para a justificativa da contratação é a da crítica ou das pessoas que fazem parte da comunidade do local onde será oferecido o produto cultural, ou seja, pelos potenciais beneficiários do evento a ser realizado.

Contudo, isso não impede que, na etapa de planejamento da licitação, antes da definição do objeto, ou seja, da obra cultural a ser contratada, o setor responsável da Administração promova uma espécie de seleção informal entre os diversos artistas do ramo, baseada em critérios como o gosto da população e/ou de setores da crítica consultados (por telefone, por enquete no sítio eletrônico da entidade ou qualquer outro meio). Ademais, a escolha do artista deve levar em conta os custos e os recursos disponíveis e ser precedida de uma avaliação das alternativas disponíveis, considerando o leque de atrações consagradas pela crítica e pela opinião pública, no setor artístico buscado.

Seria adequado verificar a possibilidade de contratação de outras expressões artísticas – em vez de se promover a apresentação de um *show* musical no aniversário da cidade, poder-se-ia realizar um concerto da orquestra sinfônica do estado ou a apresentação de uma renomada peça teatral, por exemplo. Tais medidas preparatórias seriam condizentes com os princípios da economicidade, da razoabilidade e do interesse público.

A contratação direta de profissional do setor artístico pode ocorrer diretamente ou por meio de empresário exclusivo. Consoante o §2º, considera-se este a pessoa física ou jurídica que possua *contrato, declaração, carta ou outro documento que ateste a exclusividade permanente e contínua* de representação, *no país ou em estado específico*, do profissional do setor artístico.

Diferentemente da lei anterior, que não especificou as condições para que alguém pudesse legitimamente figurar como empresário exclusivo com vistas à contratação direta em análise, a atual parece ter incorporado a jurisprudência do TCU a respeito do assunto.

Tal opção legislativa nos parece adequada, tendo em vista a situação de abuso verificada no regime anterior, consubstanciada na contratação direta de artistas por meio de intermediários que detinham carta de exclusividade apenas para determinada data e município específicos. Isso acabava encarecendo os ajustes, pois em vez de se pagar apenas os custos do artista e de seu verdadeiro empresário, o Poder Público acabava arcando também com os do intermediário.

Foi nesse contexto que o TCU produziu vasta jurisprudência sobre o assunto, a qual acabou influenciando a Lei nº 14.133/2021, como se verifica no seguinte excerto extraído do repositório de sua jurisprudência selecionada:

> Na contratação direta, por inexigibilidade de licitação, de profissional do setor artístico por meio de empresário exclusivo, *a apresentação de autorização/atesto/carta de exclusividade restrita aos dias e à localidade do evento não atende aos pressupostos do art. 25, inciso III, da Lei 8.666/1993*. Para tanto, é necessária a apresentação do contrato de representação exclusiva do artista consagrado com o empresário contratado, registrado em cartório. (Acórdão nº 1.435/2017-Plenário. Rel. Min. Vital do Rêgo) (Grifos nossos)

Como visto, o §2º do art. 74 admitiu que a demonstração da relação de exclusividade entre o artista e o empresário ocorresse não apenas mediante a apresentação de contrato, mas também de declaração, carta ou outro documento que atestasse essa situação de modo permanente.

Por via de consequência, está superada a jurisprudência do TCU que limitava essa demonstração à existência de contrato de exclusividade registrado em cartório, negando eficácia às demais formas, como autorizações ou cartas de exclusividade (Acórdão nº 1.590/2015-Segunda Câmara. Rel. Min. Subst. Marcos Bemquerer; Acórdão nº 3.430/2015-Segunda Câmara. Rel. Min. Subst. Marcos Bemquerer; Acórdão nº 3.530/2016-1ª Câmara. Rel. Min. Subst. Weder de Oliveira, entre outros).

13.3.3 Contratação de serviços técnicos especializados de natureza predominantemente intelectual designados na lei como empresa de notória especialização

Conforme o inc. III do art. 74, é inexigível a licitação para a contratação dos seguintes serviços técnicos especializados de natureza predominantemente intelectual com profissionais ou empresas de notória especialização:

   a) estudos técnicos, planejamentos, projetos básicos ou projetos executivos;
   b) pareceres, perícias e avaliações em geral;
   c) assessorias ou consultorias técnicas e auditorias financeiras ou tributárias;
   d) fiscalização, supervisão ou gerenciamento de obras ou serviços;

e) patrocínio ou defesa de causas judiciais ou administrativas;
f) treinamento e aperfeiçoamento de pessoal;
g) restauração de obras de arte e de bens de valor histórico; e
h) controles de qualidade e tecnológico, análises, testes e ensaios de campo e laboratoriais, instrumentação e monitoramento de parâmetros específicos de obras e do meio ambiente e demais serviços de engenharia que se enquadrem no disposto neste inciso.

Comparando o dispositivo com o equivalente da Lei nº 8.666/1993 (inc. II do art. 25), verifica-se que a redação atual não assinalou expressamente que os serviços técnicos especializados de natureza predominantemente intelectual deveriam ter natureza singular para que eles pudessem ser contratados diretamente por inexigibilidade de licitação.

Em nossa visão, a singularidade do objeto a ser contratado era o que justificava a existência dessa hipótese de inexigibilidade de licitação, uma vez que, sem esse atributo, haveria, em tese, viabilidade de competição, a despeito de sua natureza predominantemente intelectual.

Isso ocorreria, por exemplo, na contratação de projetos básicos ou executivos referentes a obras civis ordinárias, de fiscalização, supervisão ou gerenciamento de obras ou serviços com complexidade comum, de treinamento e aperfeiçoamento de pessoal envolvendo assunto corriqueiro, assim como nas demais hipóteses trazidas pela lei, desde que o serviço fosse comum.

Foi justamente em razão da importância desse atributo, para os fins do inc. II do art. 25 da Lei nº 8.666/1993, que o TCU editou dois enunciados disciplinando o tema:

a) Súmula-TCU nº 252:

A inviabilidade de competição para a contratação de serviços técnicos, a que alude o art. 25, inciso II, da Lei 8.666/1993, decorre da presença simultânea de três requisitos: serviço técnico especializado, entre os mencionados no art. 13 da referida lei, natureza singular do serviço e notória especialização do contratado. (Acórdão nº 618/2010-Plenário. Rel. Min. Valmir Campelo)

b) Súmula-TCU nº 39:

A inexigibilidade de licitação para a contratação de serviços técnicos com pessoas físicas ou jurídicas de notória especialização somente é cabível quando se tratar de serviço de natureza singular, capaz de exigir, na seleção do executor de confiança, grau de subjetividade insuscetível de ser medido pelos critérios objetivos de qualificação inerentes ao processo de licitação, nos termos do art. 25, inciso II, da Lei 8.666/1993. (Acórdão nº 1.437/2011-Plenário. Rel. Min. Valmir Campelo)

A despeito do silêncio do dispositivo da lei atual, entende-se que a singularidade do serviço técnico a ser contratado continua sendo um dos critérios para a contratação direta por inexigibilidade de licitação fundada no inc. III do art. 74, uma vez que, sem esse atributo, não cabe falar em inviabilidade de competição.

Essa posição também é adotada por Marçal Justen Filho:

> A inviabilidade de competição ocorre em casos em que a necessidade estatal apresenta especificidades que demandam uma solução diferenciada. Quando o interesse estatal puder ser satisfeito por uma prestação padrão, desvestida de alguma particularidade, a competição será possível e será obrigatória a licitação. Portanto, a singularidade se configura tanto em relação ao serviço a ser prestado como relativamente à necessidade administrativa a ser atendida.[179]

Não se pode olvidar, contudo, as recentes mudanças promovidas na Lei nº 8.906, de 4.7.1994 (Estatuto da OAB) e no Decreto-Lei nº 9.295, de 27.5.1946 (cria o Conselho Federal de Contabilidade), por meio da Lei nº 14.039, de 17.8.2020.

Conforme a última norma, os serviços profissionais de advogado e os serviços profissionais de contabilidade são, por sua natureza, técnicos e singulares, quando comprovada sua notória especialização, nos termos da lei. Diante desse quadro normativo, basta a demonstração do último requisito, notória especialização, para a contratação direta desses profissionais.

A lista do inc. III do art. 74 é a mesma da especificada no dispositivo equivalente do regime anterior, com o acréscimo dos designados na alínea "h". A relação da lei é taxativa, uma vez que ela usa o adjetivo "seguintes" para anunciar quais os serviços técnicos especializados de natureza predominantemente intelectual podem ser contratados diretamente.

Não obstante, é possível visualizar certa abertura semântica na última alínea, quando o legislador se valeu da expressão "demais serviços de engenharia que se enquadrem no disposto neste inciso". Assim, qualquer serviço de engenharia relacionado às atividades de controle tecnológico e de qualidade e ao monitoramento de obras e do meio ambiente pode ser considerado serviço técnico especializado de natureza predominantemente intelectual para os fins da lei, desde que haja a devida fundamentação.

Da mesma forma que a anterior, a nova lei veda expressamente a contratação direta de serviços de publicidade e divulgação.

Para a contração por inexigibilidade é necessário cumprir não apenas o critério objetivo do inc. III do art. 74 – a caracterização do serviço entre os especificados no rol exaustivo da lei – como também o subjetivo, qual seja, os profissionais ou as empresas contratadas possuam notória especialização.

Segundo o §3º, considera-se de notória especialização o profissional ou a empresa cujo conceito no campo de sua especialidade, decorrente de desempenho anterior, estudos, experiência, publicações, organização, aparelhamento, equipe técnica ou outros requisitos relacionados com suas atividades, permita inferir que o seu trabalho é essencial e reconhecidamente adequado à plena satisfação do objeto do contrato.

---

[179] JUSTEN FILHO, Marçal. *Comentários à Lei de Licitações e Contratações Administrativas*. São Paulo: Revista dos Tribunais, 2021. p. 981.

Houve uma singela, mas substancial alteração na redação comparativamente a do dispositivo equivalente na Lei nº 8.666/1993 (§1º do art. 25). Enquanto a anterior exigia que o trabalho do profissional ou empresa contratada fosse o mais adequado à plena satisfação do objeto do contrato, a atual se contenta que este seja essencial e reconhecidamente adequado para tanto.

Ou seja, não é mais necessário demonstrar que se escolheu o contratado reconhecidamente mais qualificado para fazer o serviço técnico especializado, basta que ele seja um dos reconhecidamente qualificados, em seu campo de atuação.

Conforme o §4º, é vedada a subcontratação de empresas ou a atuação de profissionais distintos daqueles que tenham justificado a contratação direta de serviços técnicos especializados de natureza predominantemente intelectual.

Trata-se de uma regra moralizadora, que já era imposta pela jurisprudência do TCU, nos casos de dispensa de licitação em que a identidade do contratado era a razão que fundamentava sua escolha (acórdãos nºs 1.705/2007-Plenário e 662/2008-Plenário, ambos de relatoria do Ministro Raimundo Carreiro).

Apesar de o §4º ter se referido apenas a uma hipótese de contratação direta por inexigibilidade de licitação, compreende-se que a subcontratação é indevida para todos os casos em que os atributos peculiares do fornecedor ou prestador dos serviços tiverem justificado a não realização de licitação, o que ocorre, por evidente, na contratação de profissional do setor artístico com base no inc. II do art. 74.

13.3.4 Contratação de objeto por credenciamento

A nova lei de licitação especificou duas novas hipóteses de contratação direta por inexigibilidade de licitação. A primeira delas consta do inc. IV do art. 74 e trata da contratação de objetos que devam ou possam ser contratados por meio de credenciamento.

O credenciamento é um dos procedimentos auxiliares previstos na Lei nº 14.133/2021.

Consoante o art. 6º, inc. XLIII, ele é definido como o processo administrativo de chamamento público em que a Administração Pública convoca interessados em prestar serviços ou fornecer bens para que, preenchidos os requisitos necessários, se credenciem no órgão ou na entidade para executar o objeto quando convocados.

Segundo o art. 79, o credenciamento pode ser usado em três hipóteses de contratação:

a) paralelas e não excludentes, quando for viável e vantajosa para a Administração a realização de contratações simultâneas em condições padronizadas;
b) nas quais a seleção do contratado estiver a critério e a cargo de terceiros não integrantes da Administração Pública, os beneficiários diretos da prestação; e

c) em mercados fluidos: caso em que a flutuação constante do valor da prestação e das condições de contratação inviabiliza a seleção de agente por meio de processo de licitação.

Trata-se, portanto, de situações em que não há, propriamente, viabilidade de competição ou esta é ineficiente para captar a proposta mais vantajosa no momento da ultimação da contratação (hipótese aludida na letra "c" *supra*). Todos os credenciados são aptos a executar o objeto, paralela e simultaneamente, desde que satisfaçam os critérios estabelecidos no edital do credenciamento.

Essa forma de contratação era admitida pela jurisprudência do TCU, mesmo antes da edição da nova lei. A matéria foi enfrentada pela primeira vez no Acórdão nº 351/2010-Plenário (Rel. Min. Subst. Marcos Bemquerer), que proferiu o seguinte entendimento, exposto no repositório de jurisprudência do Tribunal:

> Embora não esteja previsto nos incisos do art. 25 da Lei 8.666/1993, *admite-se o credenciamento como hipótese de inexigibilidade inserida no caput do referido dispositivo legal, porquanto a inviabilidade de competição configura-se pelo fato de a Administração dispor-se a contratar todos os que tiverem interesse e que satisfaçam as condições por ela estabelecidas, não havendo, portanto, relação de exclusão*. Para a regularidade da contratação direta, é indispensável a garantia da igualdade de condições entre todos os interessados hábeis a contratar com a Administração, pelo preço por ela definido. (Grifos nossos)

A partir de então, foram proferidas diversas deliberações que admitiram o uso do credenciamento para a contratação dos mais diversos serviços. O instituto será tratado adiante, a pretexto da análise do art. 79.

13.3.5 Aquisição ou locação de imóvel

A outra hipótese de contratação direta por inexigibilidade de licitação introduzida pela Lei nº 14.133/2021 foi a destinada à aquisição ou locação de imóvel cujas características de instalações e de localização tornem necessária sua escolha (inc. V do art. 74).

Em verdade, a situação constituía uma das hipóteses de contratação direta por dispensa de licitação da lei anterior, consignada no inc. X de seu art. 24.

Em nossa visão, andou bem o legislador em enquadrar o caso entre as hipóteses de inexigibilidade de licitação, uma vez que se trata de situações em que não há viabilidade de competição, por conta de eventuais necessidades impostas pela administração quanto à localização e características físicas. Nesse contexto, só haverá um único imóvel apto a satisfazer as exigências da entidade e, por conseguinte, atender ao interesse público, sendo absolutamente inócuo proceder a uma licitação pública.

O §5º listou os requisitos que devem ser cumpridos para a contratação em análise:

a) avaliação prévia do bem, do seu estado de conservação, dos custos de adaptações, quando imprescindíveis às necessidades de utilização, e do prazo de amortização dos investimentos (inc. I);
b) certificação da inexistência de imóveis públicos vagos e disponíveis que atendam ao objeto (inc. II); e
c) justificativas que demonstrem a singularidade do imóvel a ser comprado ou locado pela Administração e que evidenciem vantagem para ela (inc. III).

As condições listadas acima devem, por evidente, compor o processo administrativo referente à contratação.

Como visto, o legislador incluiu entre os requisitos para a aquisição ou locação do imóvel, no inc. I do §5º, a avaliação dos custos de adaptações, quando imprescindíveis às necessidades de utilização, e do prazo de amortização dos investimentos.

Cuida-se de situações em que a responsabilidade pela realização de reforma no imóvel, a fim de adaptá-lo fielmente às necessidades do serviço público, caberá ao antigo proprietário do imóvel, o qual incorporará os custos correspondentes ao preço do bem ou ao valor do aluguel.

No caso de aquisição, esse valor pode ser pago no ato da transferência definitiva da propriedade ou de forma parcelada, configurando uma aquisição financiada pelo próprio vendedor.

No caso de locação, a realização de obras de adaptação do bem e a sua incorporação ao valor do aluguel, como forma de proceder à amortização desses investimentos, consubstancia o que a doutrina chama de locação sob medida ou *built to suit* sem reversão do bem. No regime anterior, essa forma de contratação foi prevista no art. 47-A da Lei nº 12.462/2011 (RDC), incluído pela Lei nº 13.190, de 19.11.2015.

A despeito da precária normatização dessa forma de contratação, a prática tem permitido a celebração de contratos de locação sob medida com ou sem a reversão do bem construído ou adaptado. Neste caso, de reversão integral, o bem passa para o patrimônio do Poder Público ao final do período de amortização.

Esse é o caso da construção do Novo Centro de Processamento Final de Imunobiológicos de Bio-Manguinhos – RJ (NCPFI), localizado em Santa Cruz, zona oeste do município do Rio de Janeiro/RJ, pela Fundação Oswaldo Cruz (Fiocruz). Tal contratação foi apreciada pelo Acórdão nº 1.928/2021-Plenário (Rel. Min. Benjamin Zymler), que a enquadrou como uma espécie de aquisição financiada de bens imóveis, a despeito de sua denominação como *built to suit*.

Longe de querer discutir as especificidades do modelo de contratação *built to suit*, até porque as regras suscitadas acima perderão a eficácia com a vigência da Lei nº 14.133/2021, o fato é que esse ajuste foi timidamente regulamentado pela novel legislação.

Dadas as complexidades práticas e jurídicas que esse modelo carrega, precipuamente quando há reversão do bem – não se pode olvidar as implicações fiscais e orçamentárias existentes, caso a amortização do imóvel exija longos períodos –, seria esperado que o tema tivesse merecido maior atenção do legislador.

Não obstante, entende-se que a regulamentação da aquisição ou locação de imóvel mediante amortização de investimentos realizados pelo contratado, mediante inexigibilidade de licitação, pode ser objeto de regulamentação via decreto, o que certamente dará maior flexibilidade à Administração para implantar, com eficiência, esse modelo de contratação.

Não se pode esquecer, todavia, que essa forma de aquisição ou locação de imóvel por contratação direta deve ser devidamente motivada pelo Poder Público, pois, do contrário, haverá uma burla ao princípio da licitação pública, principalmente quando houver a construção de uma obra nova a ser revertida para a Administração Pública, ou seja, quando a natureza do contrato for uma empreitada de obra pública.

Nesse caso, é possível afirmar que há plena viabilidade de competição entre os potenciais interessados em construir o empreendimento, de modo que a administração pode perfeitamente abrir uma licitação pública para a sua implantação, especialmente se o terreno for público.

A propósito, há precedente do TCU, emitido antes mesmo da alteração da lei do RDC, admitindo a contratação direta de locação sob medida (*built to suit*) com base no 24, inc. X, da Lei nº 8.666/1993, desde que fossem observadas as disposições legais aplicáveis e o terreno fosse de propriedade do particular, na condição de futuro locador (Acórdão nº 1.301/2013-Plenário. Rel. Min. Subst. André Luís).

Entende-se que esse precedente não é aplicável se a locação tiver sido pactuada com a reversão do imóvel, pois, neste caso, também há uma autêntica empreitada de mão de obra, com plena viabilidade de competição. Nessa situação, bastaria que a administração procedesse à desapropriação do terreno do particular, como é de praxe, abrindo posteriormente uma licitação apenas para a escolha do investidor (construção financiada do imóvel para posterior aquisição).

Os riscos aventados acima são uma amostra dos problemas e complexidades associados à escolha desse modelo de contratação, especialmente no cenário de falta de norma disciplinando a sua operacionalização.

13.4 Da dispensa de licitação

> Art. 75. É dispensável a licitação:
> I - para contratação que envolva valores inferiores a R$100.000,00 (cem mil reais), no caso de obras e serviços de engenharia ou de serviços de manutenção de veículos automotores;
> II - para contratação que envolva valores inferiores a R$50.000,00 (cinquenta mil reais), no caso de outros serviços e compras;

III - para contratação que mantenha todas as condições definidas em edital de licitação realizada há menos de 1 (um) ano, quando se verificar que naquela licitação:

a) não surgiram licitantes interessados ou não foram apresentadas propostas válidas;

b) as propostas apresentadas consignaram preços manifestamente superiores aos praticados no mercado ou incompatíveis com os fixados pelos órgãos oficiais competentes;

IV - para contratação que tenha por objeto:

a) bens, componentes ou peças de origem nacional ou estrangeira necessários à manutenção de equipamentos, a serem adquiridos do fornecedor original desses equipamentos durante o período de garantia técnica, quando essa condição de exclusividade for indispensável para a vigência da garantia;

b) bens, serviços, alienações ou obras, nos termos de acordo internacional específico aprovado pelo Congresso Nacional, quando as condições ofertadas forem manifestamente vantajosas para a Administração;

c) produtos para pesquisa e desenvolvimento, limitada a contratação, no caso de obras e serviços de engenharia, ao valor de R$300.000,00 (trezentos mil reais);

d) transferência de tecnologia ou licenciamento de direito de uso ou de exploração de criação protegida, nas contratações realizadas por instituição científica, tecnológica e de inovação (ICT) pública ou por agência de fomento, desde que demonstrada vantagem para a Administração;

e) hortifrutigranjeiros, pães e outros gêneros perecíveis, no período necessário para a realização dos processos licitatórios correspondentes, hipótese em que a contratação será realizada diretamente com base no preço do dia;

f) bens ou serviços produzidos ou prestados no País que envolvam, cumulativamente, alta complexidade tecnológica e defesa nacional;

g) materiais de uso das Forças Armadas, com exceção de materiais de uso pessoal e administrativo, quando houver necessidade de manter a padronização requerida pela estrutura de apoio logístico dos meios navais, aéreos e terrestres, mediante autorização por ato do comandante da força militar;

h) bens e serviços para atendimento dos contingentes militares das forças singulares brasileiras empregadas em operações de paz no exterior, hipótese em que a contratação deverá ser justificada quanto ao preço e à escolha do fornecedor ou executante e ratificada pelo comandante da força militar;

i) abastecimento ou suprimento de efetivos militares em estada eventual de curta duração em portos, aeroportos ou localidades diferentes de suas sedes, por motivo de movimentação operacional ou de adestramento;

j) coleta, processamento e comercialização de resíduos sólidos urbanos recicláveis ou reutilizáveis, em áreas com sistema de coleta seletiva de lixo, realizados por associações ou cooperativas formadas exclusivamente de pessoas físicas de baixa renda reconhecidas pelo poder público como catadores de materiais recicláveis, com o uso de equipamentos compatíveis com as normas técnicas, ambientais e de saúde pública;

k) aquisição ou restauração de obras de arte e objetos históricos, de autenticidade certificada, desde que inerente às finalidades do órgão ou com elas compatível;

l) serviços especializados ou aquisição ou locação de equipamentos destinados ao rastreamento e à obtenção de provas previstas nos incisos II e V do caput do art. 3º da Lei nº 12.850, de 2 de agosto de 2013, quando houver necessidade justificada de manutenção de sigilo sobre a investigação;

m) aquisição de medicamentos destinados exclusivamente ao tratamento de doenças raras definidas pelo Ministério da Saúde;

V - para contratação com vistas ao cumprimento do disposto nos arts. 3º, 3º-A, 4º, 5º e 20 da Lei nº 10.973, de 2 de dezembro de 2004, observados os princípios gerais de contratação constantes da referida Lei;

VI - para contratação que possa acarretar comprometimento da segurança nacional, nos casos estabelecidos pelo Ministro de Estado da Defesa, mediante demanda dos comandos das Forças Armadas ou dos demais ministérios;

VII - nos casos de guerra, estado de defesa, estado de sítio, intervenção federal ou de grave perturbação da ordem;

VIII - nos casos de emergência ou de calamidade pública, quando caracterizada urgência de atendimento de situação que possa ocasionar prejuízo ou comprometer a continuidade dos serviços públicos ou a segurança de pessoas, obras, serviços, equipamentos e outros bens, públicos ou particulares, e somente para aquisição dos bens necessários ao atendimento da situação emergencial ou calamitosa e para as parcelas de obras e serviços que possam ser concluídas no prazo máximo de 1 (um) ano, contado da data de ocorrência da emergência ou da calamidade, vedadas a prorrogação dos respectivos contratos e a recontratação de empresa já contratada com base no disposto neste inciso;

IX - para a aquisição, por pessoa jurídica de direito público interno, de bens produzidos ou serviços prestados por órgão ou entidade que integrem a Administração Pública e que tenham sido criados para esse fim específico, desde que o preço contratado seja compatível com o praticado no mercado;

X - quando a União tiver que intervir no domínio econômico para regular preços ou normalizar o abastecimento;

XI - para celebração de contrato de programa com ente federativo ou com entidade de sua Administração Pública indireta que envolva prestação de serviços públicos de forma associada nos termos autorizados em contrato de consórcio público ou em convênio de cooperação;

XII - para contratação em que houver transferência de tecnologia de produtos estratégicos para o Sistema Único de Saúde (SUS), conforme elencados em ato da direção nacional do SUS, inclusive por ocasião da aquisição desses produtos durante as etapas de absorção tecnológica, e em valores compatíveis com aqueles definidos no instrumento firmado para a transferência de tecnologia;

XIII - para contratação de profissionais para compor a comissão de avaliação de critérios de técnica, quando se tratar de profissional técnico de notória especialização;

XIV - para contratação de associação de pessoas com deficiência, sem fins lucrativos e de comprovada idoneidade, por órgão ou entidade da Administração Pública, para a prestação de serviços, desde que o preço contratado seja compatível com o praticado no mercado e os serviços contratados sejam prestados exclusivamente por pessoas com deficiência;

XV - para contratação de instituição brasileira que tenha por finalidade estatutária apoiar, captar e executar atividades de ensino, pesquisa, extensão, desenvolvimento institucional, científico e tecnológico e estímulo à inovação, inclusive para gerir administrativa e financeiramente essas atividades, ou para contratação de instituição dedicada à recuperação social da pessoa presa, desde que o contratado tenha inquestionável reputação ética e profissional e não tenha fins lucrativos;

XVI - para aquisição, por pessoa jurídica de direito público interno, de insumos estratégicos para a saúde produzidos por fundação que, regimental ou estatutariamente, tenha por finalidade apoiar órgão da Administração Pública direta, sua autarquia ou fundação em projetos de ensino, pesquisa, extensão, desenvolvimento institucional, científico e tecnológico e de estímulo à inovação, inclusive na gestão administrativa e financeira necessária à execução desses projetos, ou em parcerias que envolvam transferência de tecnologia de produtos estratégicos para o SUS, nos termos do inciso XII do caput deste artigo, e que tenha sido criada para esse fim específico em data anterior à entrada em vigor desta Lei, desde que o preço contratado seja compatível com o praticado no mercado.

§1º Para fins de aferição dos valores que atendam aos limites referidos nos incisos I e II do caput deste artigo, deverão ser observados:

I - o somatório do que for despendido no exercício financeiro pela respectiva unidade gestora;

II - o somatório da despesa realizada com objetos de mesma natureza, entendidos como tais aqueles relativos a contratações no mesmo ramo de atividade.

§2º Os valores referidos nos incisos I e II do caput deste artigo serão duplicados para compras, obras e serviços contratados por consórcio público ou por autarquia ou fundação qualificadas como agências executivas na forma da lei.

§3º As contratações de que tratam os incisos I e II do caput deste artigo serão preferencialmente precedidas de divulgação de aviso em sítio eletrônico oficial, pelo prazo mínimo de 3 (três) dias úteis, com a especificação do objeto pretendido e com a manifestação de interesse da Administração em obter propostas adicionais de eventuais interessados, devendo ser selecionada a proposta mais vantajosa.

§4º As contratações de que tratam os incisos I e II do caput deste artigo serão preferencialmente pagas por meio de cartão de pagamento, cujo extrato deverá ser divulgado e mantido à disposição do público no Portal Nacional de Contratações Públicas (PNCP).

§5º A dispensa prevista na alínea "c" do inciso IV do caput deste artigo, quando aplicada a obras e serviços de engenharia, seguirá procedimentos especiais instituídos em regulamentação específica.

§6º Para os fins do inciso VIII do caput deste artigo, considera-se emergencial a contratação por dispensa com objetivo de manter a continuidade do serviço público, e deverão ser observados os valores praticados pelo mercado na forma do art. 23 desta Lei e adotadas as providências necessárias para a conclusão do processo licitatório, sem prejuízo de apuração de responsabilidade dos agentes públicos que deram causa à situação emergencial.

§7º Não se aplica o disposto no §1º deste artigo às contratações de até R$8.000,00 (oito mil reais) de serviços de manutenção de veículos automotores de propriedade do órgão ou entidade contratante, incluído o fornecimento de peças.

O art. 75 trata das hipóteses em que a licitação é dispensável. Como diz a melhor doutrina, trata-se de situações em que a realização do certame licitatório regular seria perfeitamente viável, mas o legislador optou por não o exigir devido a outros objetivos de interesse público, como a economicidade, o risco de ineficácia da contratação e a promoção de determinados valores que o Estado tem o dever de assegurar.

Segundo a ampla doutrina, o elenco de situações em que a licitação é dispensável forma um rol taxativo ou exaustivo. Isso decorre do próprio comando estatuído no inc. XXI do art. 37 da Constituição, o qual estabeleceu que obras, serviços, compras e alienações serão contratados mediante processo de licitação pública que assegure igualdade de condições a todos os concorrentes, *ressalvados os casos especificados na legislação*.

Passa-se, então, à análise das situações previstas na norma.

13.4.1 Obras e serviços de engenharia ou de serviços de manutenção de veículos automotores de baixo valor

Segundo o inc. I do art. 75, é dispensável a licitação para a contratação de obras e serviços de engenharia ou de serviços de manutenção de veículos automotores que envolva valores inferiores a R$100.000,00 (cem mil reais).

Houve um aumento no valor nominal do limite de dispensa, tanto em relação ao previsto originalmente na Lei nº 8.666/1993, após a sua expressão em reais (R$15.000,00), como em comparação ao valor atualizado pelo Decreto nº 9.412, de 18.6.2018 (R$33.000,00).

A nova lei estatuiu, em seu art. 182, que o Poder Executivo federal atualizará os valores nela fixados, a cada dia 1º de janeiro, pelo Índice Nacional de Preços ao Consumidor Amplo Especial (IPCA-E) ou por índice que venha a substituí-lo. Cuida-se de medida adequada para manter a avaliação de custo-benefício do legislador, ao definir as situações em que não é necessária a licitação pública, por fatores estritamente econômicos. O dispositivo protege os limites legais dos efeitos da perda do poder aquisitivo da moeda.

A propósito, a atual legislação parece ter disciplinado melhor do assunto, uma vez que tornou obrigatória a atualização anual dos valores, a qual era facultativa no regime da Lei nº 8.666/1993 – o art. 120 prescrevia que eles *poderiam* ser anualmente revistos, o que conferia certa discricionariedade à Administração Pública para a adoção dessa providência. Como consequência, os valores da legislação anterior ficaram congelados por 20 anos, tendo sido modificados recentemente pelo Decreto nº 9.412/2018.

O dispositivo em análise enquadrou a realização de serviços de manutenção de veículos automotores na mesma faixa de valor das obras e serviços de engenharia, no tocante ao limite de dispensa de licitação. Não há propriamente uma razão evidente para essa escolha legislativa, considerando que os primeiros não guardam nenhuma semelhança com os últimos.

O §1º do art. 75 trouxe regras que buscam combater o chamado fracionamento de despesa. Essa prática ocorre quando se divide a despesa para utilizar modalidade de licitação inferior à recomendada pela legislação para o total do dispêndio ou para efetuar contratação direta.[180]

Considerando que a legislação atual não mais classificou as modalidades de licitação conforme o seu valor, o conceito de fracionamento de despesa ganha uma nova roupagem, referindo-se, agora, às situações em que o dispêndio total para a realização de obras, serviços e compras de mesma natureza, em determinado exercício, é dividido em vários para o fim de permitir a contratação por dispensa de licitação.

Consoante o dispositivo, a entidade contratante não deve comparar o valor isolado de cada contratação com o aludido limite, mas o somatório do que for despendido no exercício financeiro pela respectiva unidade gestora com objetos de mesma natureza, entendidos como tais aqueles relativos a contratações no mesmo ramo de atividade.

A definição sobre o que vem a ser o mesmo ramo de atividade, para os fins da lei, guarda certa subjetividade, não obstante se possa usar como fonte de consulta a Classificação Nacional de Atividades Econômicas (CNAE) realizada pelo Instituto Brasileiro de Geografia e Estatística (IBGE).[181]

De toda sorte, a análise do que vem a ser objeto de mesma natureza será casuística e dependerá da verificação das peculiaridades de cada situação concreta.

Consoante o Portal do Orçamento do Senado Federal, a unidade gestora é a "unidade responsável por administrar dotações orçamentárias e financeiras próprias ou descentralizadas. Cada órgão tem a sua U.G., que contabiliza todos os seus atos e fatos administrativos".[182] Cuida-se, portanto, de conceito técnico do direito orçamentário e financeiro, o que impõe a necessidade de se consultar a catalogação do Sistema Integrado de Administração Financeira (Siafi), para fins de aplicação da norma.

Segundo o §7º, as contratações de serviços de manutenção de veículos automotores de propriedade do órgão ou entidade contratante, incluído o fornecimento de peças, até o montante de R$8.000,00, não estão sujeitas à regra que impõe o somatório das despesas no exercício financeiro e com objeto de mesma natureza. Isso implica que, estando abaixo desse montante, as contratações isoladas envolvendo esses serviços poderão ser realizadas livremente pela unidade gestora, tanto quanto forem necessárias ao longo do exercício, mediante dispensa de licitação.

O §1º impõe que seja realizado o devido planejamento das obras e serviços de engenharia no âmbito de cada unidade gestora, de forma a permitir a identificação do

---

[180] BRASIL. Tribunal de Contas da União. *Licitações e contratos*: orientações e jurisprudência do TCU. Brasília: Senado Federal, Secretaria Especial de Editoração e Publicações, 2010. p. 104. Disponível em: https://portal.tcu.gov.br/lumis/portal/file/fileDownload.jsp?fileId=8A8182A24D6E86A4014D72AC81CA540A&inline=1. Acesso em: 6 out. 2021.

[181] Disponível em: https://concla.ibge.gov.br/classificacoes/por-tema/atividades-economicas/classificacao-nacional-de-atividades-economicas.

[182] Disponível em: https://www12.senado.leg.br/orcamento/glossario/unidade-gestora-u.g.

valor estimativo total dos objetos de mesma natureza e a verificação quanto à possibilidade ou não de contratação direta.

Efetivada a contratação por dispensa de licitação, caso surja uma nova demanda não estimada pela entidade, cujo valor importe a extrapolação do que foi despendido com o objeto ao longo do exercício, será necessária a realização de licitação para a contratação isolada da parcela do objeto não prevista originalmente. Esse entendimento preserva o espírito da legislação de somente permitir a contratação direta nos casos e condições previstos na lei, além de induzir a melhoria no planejamento da unidade gestora para o futuro.

Todavia, será cabível a dispensa de licitação para a contratação da parcela isolada, se for possível configurar uma situação emergencial, passível de ser enquadrada no inc. VIII do art. 75, a ser comentado adiante.

Por fim, não há nenhuma ilegalidade na efetivação de aditivo que implique aumento no valor de contratos celebrados com base no dispositivo em análise, por força de modificação do projeto ou das especificações ou de acréscimo quantitativo de seu objeto, desde que tais circunstâncias tenham decorrido de fatores supervenientes ou não passíveis de serem conhecidos pelo agente que autorizou a contratação direta, nem tenham sido intencionalmente omitidos por este para possibilitar a dispensa de licitação.

Esta posição também é adotada por Joel de Menezes Niebuhr, como se vê na seguinte passagem de sua obra:

> [...] é lícito contratar com dispensa, em razão do valor econômico do contrato, e, posteriormente, em razão de nova configuração do interesse público, alterar o seu objeto, mesmo que isso implique ultrapassar os valores inicialmente entabulados. Entretanto, isso só é lícito na medida em que a nova textura do objeto do contrato não podia ser prevista, porém tenha resultado, realmente, de nova demanda amparada pelo interesse público, devidamente justificado. Em sentido oposto, se o agente administrativo define inicialmente o objeto do contrato em quantidade menor ou com características mais simples justamente para adequá-lo aos limites de valor da dispensa e depois pretende alterá-lo, então incorre em ilegalidade, cuja conduta se subsume ao tipo penal estatuído no artigo 89 da Lei nº 8.666/93.[183]

Consoante o §2º, o limite de dispensa para a execução de obras e serviços de engenharia ou de serviços de manutenção de veículos automotores poderá ser duplicado no caso de contratações realizadas por consórcio público ou por autarquia ou fundação qualificadas como agências executivas na forma da lei.

A figura do consórcio público foi criada pela Emenda Constitucional nº 19, de 4.6.1998, que incluiu um novo art. 241 na Constituição, instituindo a possibilidade de a União, os estados, o Distrito Federal e os municípios se unirem, por meio de lei, para a gestão associada de serviços públicos, bem como a transferência total ou parcial de encargos, serviços, pessoal e bens essenciais à continuidade dos serviços transferidos.

---

[183] NIEBUHR, Joel de Menezes. *Dispensa e inexigibilidade de licitação pública*. São Paulo: Dialética, 2003. p. 270-271.

Já as agências executivas são autarquias ou fundações dotadas de maior autonomia administrativa, orçamentária e financeira, assim qualificadas pelo Poder Executivo, com vistas ao cumprimento dos objetivos e metas pactuadas em um contrato de gestão. Essa figura está disciplinada no art. 51 da Lei nº 9.649, de 27.5.1998.

O §3º trouxe uma regra especial de publicidade aplicável às hipóteses de contratação direta em função do valor. O objetivo é possibilitar uma eventual competição entre potenciais interessados, mesmo na ausência de uma licitação pública.

Conforme o dispositivo, as contratações fundadas nos incs. I e II do art. 75 serão preferencialmente precedidas de divulgação de aviso em sítio eletrônico oficial, pelo prazo mínimo de 3 dias úteis, com a especificação do objeto pretendido e com a manifestação de interesse da Administração em obter propostas adicionais de eventuais interessados.

Caso sejam apresentadas propostas adicionais, a Administração promoverá a seleção daquela que for mais vantajosa. Trata-se da chamada dispensa eletrônica, que já se encontra regulamentada no âmbito da Administração Pública Federal, nos termos da Instrução Normativa Seges/ME nº 67, de 8.7.2021.

As contratações de que tratam os incs. I e II do 75 estão sujeitas a uma forma de pagamento diferenciada, consubstanciada na utilização preferencial de cartão de pagamento, cujo extrato deverá ser divulgado e mantido à disposição do público no Portal Nacional de Contratações Públicas (PNCP), nos termos do §4º. Cuida-se de medida adequada à baixa materialidade desses ajustes e que tem como escopo proporcionar mais agilidade e segurança jurídica aos contratos firmados com base nesses dispositivos.

13.4.2 Outros serviços e compras de baixo valor

Segundo o inc. II do art. 75, é dispensável a licitação para a contratação de outros serviços e compras que envolva valores inferiores a R$50.000,00.

Houve um aumento no valor nominal do limite de dispensa, tanto em relação ao previsto originalmente na Lei nº 8.666/1993, após a sua expressão em reais (R$8.000,00), como em comparação ao atualizado pelo Decreto nº 9.412/2018 (R$17.600,00).

Os §§1º, 2º, 3º e 4º também se aplicam à hipótese de dispensa de licitação em exame, o que impõe a leitura das considerações feitas no item anterior.

O único ponto a ser destacado diz respeito à utilização da classificação de produtos por categorias econômicas (CGCE) do IBGE,[184] como fonte de inspiração para o somatório da despesa realizada com objetos de mesma natureza, a fim de verificar o atendimento do limite legal.

---

[184] Disponível em: https://concla.ibge.gov.br/images/concla/documentacao/cgce-publicacao.pdf.

13.4.3 Licitação deserta e licitação fracassada

Segundo o inc. III do art. 75, é dispensável a licitação para a contratação que mantenha todas as condições definidas em edital de licitação realizada há menos de um ano, quando se verificar que naquela licitação:
a) não surgiram licitantes interessados ou não foram apresentadas propostas válidas; ou
b) as propostas apresentadas consignaram preços manifestamente superiores aos praticados no mercado ou incompatíveis com os fixados pelos órgãos oficiais competentes.

As situações descritas correspondem ao que a doutrina e a jurisprudência chamam de licitação deserta (quando não comparecem licitantes ao procedimento licitatório) e de licitação fracassada (quando há participantes no processo licitatório, mas todos são inabilitados ou todas as propostas são desclassificadas). As alíneas "a" e "b" do presente inciso corresponde, com mudanças de redação, às previstas nos incs. V e VII da Lei nº 8.666/1993.

Comparando as redações, observa-se que a legislação atual deixou de exigir, na alínea "a" do inciso em exame, a comprovação de que o certame não poderia ser repetido sem prejuízo para a Administração. Da mesma forma, o dispositivo não exigiu a abertura de prazo para que os licitantes cujas propostas tivessem sido consideradas inválidas apresentassem outras propostas escoimadas das causas impugnadas, antes da adoção das providências para a contratação direta.

Dessa forma, tomando como base a interpretação histórica e literal do texto, não são obrigatórias a repetição do certame nem a abertura de novo prazo para correção das propostas quando ocorrer a situação aventada na alínea "a". Logo, a Administração pode imediatamente proceder à contratação direta por dispensa, desde que mantidas as condições definidas no edital da licitação e o certame não tenha sido realizado há mais de um ano.

Por evidente, a administração deve verificar se houve alguma condição que tenha restringido a competitividade do certame e se eram razoáveis exigências para a aceitação das propostas e a habilitação dos licitantes interessados, antes de decidir pela dispensa de licitação. Identificadas falhas na divulgação do edital anterior ou havendo mudanças no projeto ou termo de referência que importe uma flexibilização dos requisitos estabelecidos, é impositiva a realização de nova licitação, com vistas à seleção da proposta mais vantajosa, a menos que o prazo de duração desta seja prejudicial ao interesse público – situação de emergência ou necessidade imediata da obra, do bem ou do serviço.

Com relação à alínea "b", verifica-se que a Lei nº 14.133/2021 deixou de exigir que a Administração abrisse prazo para que os licitantes apresentassem propostas com novos preços, antes da adoção das providências para a contratação direta. Assim, cumpridas as condições do inc. III, a entidade pode proceder à imediata dispensa de licitação, devendo ser juntados ao processo administrativo todos os elementos indicados no art. 72.

Da mesma forma, a Administração deve verificar se houve alguma condição que tenha restringido a competitividade do certame ou a sua publicidade e se era adequado o orçamento estimativo da licitação. Identificadas falhas na divulgação do edital anterior ou havendo mudanças no projeto ou termo de referência que importe um aumento no valor estimativo, é impositiva a realização de nova licitação, com vistas à seleção da proposta mais vantajosa.

13.4.4 Bens, componentes ou peças necessárias à manutenção durante o prazo de garantia técnica

Conforme a alínea "a" do inc. IV do art. 75, é dispensável a licitação para contratação que tenha por objeto

> bens, componentes ou peças de origem nacional ou estrangeira necessários à manutenção de equipamentos, a serem adquiridos do fornecedor original desses equipamentos durante o período de garantia técnica, quando essa condição de exclusividade for indispensável para a vigência da garantia.

O dispositivo em análise manteve a redação do inc. XVII do art. 24 da Lei nº 8.666/1993, sendo aplicável a produção doutrinária e jurisprudencial a respeito, desde que compatível com o espírito geral do novel regime jurídico.

Para a caracterização dessa hipótese de contratação direta, é preciso o cumprimento de três condições objetivas:

a) que o equipamento a que se destinará o bem, o componente ou a peça se encontre no período de garantia técnica;
b) que tais insumos somente possam ser adquiridos do fornecedor original desse equipamento; e
c) que a aquisição dos insumos produzidos pelo fornecedor original seja indispensável para a vigência da garantia.

Ultrapassado o período de garantia, a Administração é obrigada a fazer licitação pública para aquisição de peças ou componentes necessários à manutenção do equipamento, a menos que estes somente possam ser adquiridos junto ao fornecedor original, quando estará configurada a situação de inexigibilidade catalogada no inc. I do art. 74.

Por outro lado, estando o equipamento em garantia, mas havendo uma pluralidade de fornecedores das peças necessárias à sua manutenção, será obrigatória a realização de certame licitatório ainda que elas possam ser adquiridas junto ao fabricante do equipamento. Isso ocorrerá se houver viabilidade de competição entre a empresa fabricante do bem e os eventuais revendedores de suas peças.

No que se refere à condição indicada na letra "c", é indispensável que a entidade promotora da licitação realize diligência junto à fornecedora original do equipamento, a fim de verificar se a aquisição dos insumos por ela fabricados é condição indispensável para a vigência da garantia.

Por evidente, essa exigência de fidelização pode suscitar discussões na esfera do direito da concorrência, mais precisamente sobre a ocorrência ou não de abuso de poder econômico, consubstanciado na indevida exigência de peças originais. Todavia, havendo essa imposição, a Administração deve decidir por realizar a compra direta, principalmente se os equipamentos forem dispendiosos e tecnicamente complexos, não sendo razoável que o Estado fique exposto ao risco de perda de garantia. Isso não impede, contudo, que a Administração possa, futura e eventualmente, questionar a exigência junto às instâncias judiciais e administrativas competentes, cobrando supostos prejuízos que lhe forem causados, desde que demonstrada a abusividade da imposição de peças originais.

13.4.5 Bens, serviços, alienações ou obras no âmbito de acordo internacional

Conforme a alínea "b" do inc. IV do art. 75, é dispensável a licitação para contratação que tenha por objeto "bens, serviços, alienações ou obras, nos termos de acordo internacional específico aprovado pelo Congresso Nacional, quando as condições ofertadas forem manifestamente vantajosas para a Administração".

O dispositivo em análise manteve a redação do inc. XIV do art. 24 da Lei nº 8.666/1993, sendo aplicável a produção doutrinária e jurisprudencial a respeito, desde que compatível com o espírito geral do novel regime jurídico.

A lei utilizou a expressão "acordo internacional" no sentido usual, não técnico, até porque a doutrina do direito internacional diverge quanto à exata compreensão do termo, havendo autores que defendem que ele é sinônimo de tratado internacional, havendo outros que assinalam que ele é espécie deste, sendo reservado a atos internacionais com reduzido número de participantes e menor importância política.[185]

Já os tratados seriam "acordos escritos firmados por Estados e organizações internacionais dentro de parâmetros estabelecidos pelo Direito Internacional Público, com o objetivo de produzir efeitos jurídicos no tocante a temas de interesse comum".[186]

De toda sorte, é preciso lembrar que os tratados e acordos internacionais são internalizados no direito nacional, mediante a aprovação de um decreto legislativo pelo Congresso Nacional, nos termos do art. 49, inc. I, da Constituição Federal, seguido da

---

[185] PORTELA, Paulo Henrique Gonçalves. *Direito internacional público e privado*. Salvador: JusPodivm, 2010. p. 86.
[186] PORTELA, Paulo Henrique Gonçalves. *Direito internacional público e privado*. Salvador: JusPodivm, 2010. p. 83.

expedição de um decreto de promulgação pelo presidente da República, com fulcro no art. 84, inc. IV, da Lei Maior.

Segundo a ampla doutrina e jurisprudência, inclusive do STF, os tratados e convenções internacionais ingressam no ordenamento jurídico com *status* de lei ordinária, a menos que eles versem sobre direitos humanos e sejam aprovados, em cada casa do Congresso Nacional, em dois turnos, por três quintos dos votos dos respectivos membros, quando terão força de emenda constitucional (§3º do art. 5º da Constituição Federal).

Como a alínea em análise trata de contratação de bens, serviços, alienações ou obras amparada em acordos internacionais, não cabe cogitar a incidência do aludido dispositivo da Constituição.

Dessa forma, a realização de contratação direta com base em texto de acordo internacional sobre a matéria tem como fundamento o *status* de lei ordinária especial desses instrumentos, o que impõe o afastamento da disciplina da lei geral de licitações e contratos, naquilo que for expressamente disciplinado por aquele.

Todavia, é preciso observar a parte final do dispositivo em comento, segundo o qual a dispensa de licitação somente é admitida se as condições ofertadas forem manifestamente vantajosas para a Administração. Isso implica que a contratação direta apenas pode ser efetivada se o preço pactuado for compatível com o praticado no mercado nacional, conforme os critérios de aferição previstos na Lei nº 14.133/2021.

Tal decorre da plena incidência dos princípios constitucionais aplicáveis à Administração Pública sobre os acordos internacionais, mais precisamente dos da eficiência e da economicidade.

13.4.6 Produtos para pesquisa e desenvolvimento

Conforme a alínea "c" do inc. IV do art. 75, é dispensável a licitação para contratação que tenha por objeto "produtos para pesquisa e desenvolvimento, limitada a contratação, no caso de obras e serviços de engenharia, ao valor de R$300.000,00 (trezentos mil reais)".

O dispositivo em análise manteve a disciplina do inc. XXI do art. 24 da Lei nº 8.666/1993, introduzido pela Lei nº 13.243, de 11.1.2016, diferenciando-se apenas quanto à atualização do valor limite, que antes havia sido fixado em apenas R$30.000,00. Por isso, é aplicável a produção doutrinária e jurisprudencial a respeito, desde que compatível com o espírito geral do novel regime jurídico.

Cuida-se de disposição que se insere no escopo das medidas e incentivo à inovação e à pesquisa científica e tecnológica no ambiente produtivo, com vistas à capacitação tecnológica, ao alcance da autonomia tecnológica e ao desenvolvimento do sistema produtivo nacional e regional do país, nos termos do art. 1º da Lei nº 10.973, de 2.12.2004, segundo a nova redação dada pela Lei nº 13.243/2016.

A regra corresponde a mais uma hipótese de dispensa de licitação por valor, aplicável especificamente às aquisições, obras e serviços realizados no âmbito de projetos de pesquisa e desenvolvimento científico e tecnológico. Ela visa dar maior dinamismo e agilidade às contratações necessárias ao desenvolvimento de projetos na área de ciência e tecnologia, permitindo que os órgãos e entidades com essa missão institucional gastem mais tempo em suas atividades finalísticas, em vez de se perderem nos tormentosos caminhos da burocracia administrativa.

Conforme o §5º, a dispensa de licitação em exame seguirá procedimentos especiais instituídos em regulamentação específica, quando aplicada a obras e serviços de engenharia.

A Lei nº 14.133/2021 não remete os casos de dispensa de licitação da presente alínea às prescrições do §1º do art. 75, que tratam da necessidade de se proceder ao somatório dos valores despendidos no exercício financeiro quanto aos dispêndios realizados com objetos de mesma natureza.

Não obstante o silêncio da lei, não se vislumbra razão para que seja admitido o fracionamento de despesas em contratações para pesquisa e desenvolvimento científico, por mais nobre que seja o propósito dessa modalidade de dispensa de licitação. Incide aqui o conhecido brocardo "onde há a mesma razão de fato deve haver a mesma razão de direito" (*ubi eadem ratio ibi eadem dispositio*).

Seria o caso, por exemplo, da compra de pipetas, tubos de ensaio e material de laboratório por parte de uma instituição encarregada de pesquisar vacinas e outros imunobiológicos, uma vez que tais insumos são de uso corriqueiro em suas atividades, sendo plenamente possível a sua estimativa.

Assim, compreende-se que os órgãos encarregados de promover pesquisa e o desenvolvimento científico devem buscar, sempre que possível, planejar as compras relacionadas à sua missão institucional, realizando a devida licitação sempre que o somatório das de mesma natureza, no mesmo exercício, ultrapassar a quantia de R$300.000,00.

13.4.7 Transferência de tecnologia ou licenciamento de direito de uso ou de exploração de criação protegida por instituição científica, tecnológica e de inovação (ICT) pública ou por agência de fomento

Conforme a alínea "d" do inc. IV do art. 75, é dispensável a licitação para contratação que tenha por objeto:

> transferência de tecnologia ou licenciamento de direito de uso ou de exploração de criação protegida, nas contratações realizadas por instituição científica, tecnológica e de inovação (ICT) pública ou por agência de fomento, desde que demonstrada vantagem para a Administração.

O dispositivo em análise manteve a disciplina do inc. XXV do art. 24 da Lei nº 8.666/1993, introduzido pela Lei nº 10.973/2004, sendo aplicável a produção doutrinária e jurisprudencial a respeito, desde que compatível com o espírito geral do novel regime jurídico.

A presente hipótese de contratação direta somente pode ser utilizada por instituição científica, tecnológica e de inovação (ICT) ou por agência de fomento integrantes da Administração Pública. Tais entidades foram definidas da seguinte forma no art. 2º da Lei nº 10.973/2004:

a) agência de fomento pública: órgão ou instituição de natureza pública que tenha entre os seus objetivos o financiamento de ações que visem a estimular e promover o desenvolvimento da ciência, da tecnologia e da inovação;

b) instituição científica, tecnológica e de inovação (ICT) pública: órgão ou entidade da Administração Pública direta ou indireta que inclua em sua missão institucional ou em seu objetivo estatutário a pesquisa básica ou aplicada de caráter científico ou tecnológico ou o desenvolvimento de novos produtos, serviços ou processos.

Por meio do contrato de transferência de tecnologia, as entidades públicas acima designadas transferem certa tecnologia por elas desenvolvidas para determinada empresa que tenha interesse em desenvolvê-la e explorar comercialmente.

O licenciamento de direito de uso ou de exploração de criação protegida corresponde a um ajuste mediante o qual as entidades supramencionadas cedem os direitos patrimoniais que detêm sobre suas criações a um terceiro, para que este as explorem comercialmente.

Tomando como base a literalidade da alínea em exame e partindo da premissa de que os casos de dispensa de licitação são exceções ao dever geral de licitar e, portanto, devem ser interpretados de forma restritiva, entende-se que as fundações de apoio não podem se valer dessa hipótese de contratação direta, ainda que estejam atuando em projeto científico, tecnológico e de estímulo à inovação de interesse das ICTs.

13.4.8 Hortifrutigranjeiros, pães e outros gêneros perecíveis

Segundo a alínea "e" do inc. IV do art. 75, é dispensável a licitação que tenha por objeto a aquisição de "hortifrutigranjeiros, pães e outros gêneros perecíveis, no período necessário para a realização dos processos licitatórios correspondentes, hipótese em que a contratação será realizada diretamente com base no preço do dia".

O dispositivo possui a mesma redação do inc. XXII do art. 24 da Lei nº 8.666/1993, sendo aplicável a produção doutrinária e jurisprudencial a respeito, desde que compatível com o espírito geral do novel regime jurídico.

Em nossa visão, a disposição somente aplicável à aquisição dos gêneros alimentícios supramencionados em situações eventuais e extraordinárias, que decorram de fatos imprevistos ou previsíveis de consequências incalculáveis. Seria o caso, por exemplo, de uma crise humanitária em uma região de fronteira, quando houvesse um grande fluxo de pessoas em situação de vulnerabilidade, fugindo de uma situação extrema no exterior e que precisassem de alimentos para a sua sobrevivência.

Por outro lado, as necessidades usuais de hortifrutigranjeiros, pães e outros gêneros perecíveis devem ser objeto de planejamento e serem objeto de licitação pública, como é o caso da aquisição de alimentos para a merenda escolar.

O dispositivo também revela uma preocupação com o princípio da economicidade, ao impor a necessidade de se observar o preço do dia, quando da aquisição dos insumos.

13.4.9 Bens ou serviços produzidos ou prestados no país de alta complexidade tecnológica e defesa nacional

Segundo a alínea "f" do inc. IV do art. 75, é dispensável a licitação que tenha por objeto a aquisição de "bens ou serviços produzidos ou prestados no País que envolvam, cumulativamente, alta complexidade tecnológica e defesa nacional".

A redação do dispositivo é idêntica à do inc. XXVIII do art. 24 da Lei nº 8.666/1993, com exceção da eliminação da exigência de que a contratação seja precedida de parecer de comissão especialmente designada pela autoridade máxima do órgão, a qual constava do regime anterior. Ressalvada essa mudança, é aplicável a produção doutrinária e jurisprudencial a respeito, desde que compatível com o espírito geral do novel regime jurídico.

Não obstante a desnecessidade do aludido parecer, é dever da autoridade responsável justificar adequadamente qualquer aquisição fundada neste dispositivo, como é de praxe em quaisquer hipóteses do art. 75.

Essa hipótese de contratação direta tem duplo objetivo: induzir o desenvolvimento de uma indústria nacional destinada à produção de bens de alta complexidade para a defesa do país; e a própria preservação da soberania nacional, consubstanciada na existência de forças armadas que não sejam tecnológica e logisticamente dependentes de fornecedores externos. O escopo da lei é induzir a construção de uma cadeia de suprimentos de materiais bélicos no próprio território nacional.

13.4.10 Materiais padronizados de uso das Forças Armadas

Segundo a alínea "g" do inc. IV do art. 75, é dispensável a licitação que tenha por objeto a aquisição de:

> materiais de uso das Forças Armadas, com exceção de materiais de uso pessoal e administrativo, quando houver necessidade de manter a padronização requerida pela estrutura

de apoio logístico dos meios navais, aéreos e terrestres, mediante autorização por ato do comandante da força militar.

A redação do dispositivo é idêntica à do inc. XXIX do art. 24 da Lei nº 8.666/1993, com exceção da retirada da exigência de que a contratação seja precedida de parecer de comissão especialmente designada pela autoridade máxima do órgão, constante do regime anterior. Ressalvada essa mudança, é aplicável a produção doutrinária e jurisprudencial a respeito, desde que compatível com o espírito geral do novel regime jurídico.

Tendo em vista a supressão dessa condição, aplicam-se as considerações anteriores no sentido de que não é mais necessária a manifestação dessa comissão para que a dispensa de licitação seja realizada. Não obstante, é dever do comandante da força militar justificar adequadamente qualquer aquisição fundada neste dispositivo, como é de praxe em quaisquer hipóteses do art. 75.

Do mesmo modo que a alínea anterior, a presente hipótese de dispensa tem como objetivos induzir o desenvolvimento de uma indústria nacional de suprimento de materiais de interesse para a operação militar e a preservação da soberania nacional.

13.4.11 Bens e serviços para atendimento dos contingentes militares das forças singulares brasileiras empregadas em operações de paz no exterior

Segundo a alínea "h" do inc. IV do art. 75, é dispensável a licitação que tenha por objeto *a aquisição de*:

> bens e serviços para atendimento dos contingentes militares das forças singulares brasileiras empregadas em operações de paz no exterior, hipótese em que a contratação deverá ser justificada quanto ao preço e à escolha do fornecedor ou executante e ratificada pelo comandante da força militar.

O dispositivo possui a mesma redação do inc. XXIX do art. 24 da Lei nº 8.666/1993, sendo aplicável a produção doutrinária e jurisprudencial a respeito, desde que compatível com o espírito geral do novel regime jurídico.

A presente hipótese de dispensa de licitação se justifica pela temporalidade e excepcionalidade da atuação das forças armadas em operações de paz no exterior, que podem estar envolvidas, ainda, na remediação de uma situação de emergência, calamidade pública ou grave crise humanitária, circunstâncias que tornariam inviável a realização de uma licitação. Além disso, o próprio contexto de crise ou turbulência política e social do país ou a ser atendida pode ser um fator impeditivo para a realização de um certame competitivo, devido à eventual e periódica desorganização dos fatores de produção do país onde está ocorrendo a missão.

A disposição em análise prescreve que a contratação deverá ser justificada quanto ao preço e à escolha do fornecedor ou executante e ratificada pelo comandante da força militar. Tais medidas são, de fato, obrigatórias, mas a sua previsão na presente alínea é absolutamente dispensável, já que tais providências devem ser adotadas em toda e qualquer dispensa de licitação, nos termos do art. 72 da Lei nº 14.133/2021.

13.4.12 Abastecimento ou suprimento de efetivos militares em estada eventual de curta duração

Conforme a alínea "i" do inc. IV do art. 75, é dispensável a licitação que tenha por objeto a contratação de "abastecimento ou suprimento de efetivos militares em estada eventual de curta duração em portos, aeroportos ou localidades diferentes de suas sedes, por motivo de movimentação operacional ou de adestramento".

O dispositivo apresenta algumas diferenças quanto à redação do inc. XVIII do art. 24 da Lei nº 8.666/1993, o que implica a necessidade de interpretação, considerando que a presente norma tem como objetivo substituir a anterior.

A disposição atual usou as expressões "abastecimento" e "suprimento", o que abarca tanto a compra dos gêneros alimentícios e insumos básicos, como o próprio serviço de transporte e descarga desses bens até os portos, aeroportos ou acampamentos terrestres onde o efetivo militar se encontre.

Diferentemente da norma anterior, o dispositivo da Lei nº 14.133/2021 deixou de prever que essa contratação poderia ocorrer "quando a exiguidade dos prazos legais puder comprometer a normalidade e os propósitos das operações e desde que seu valor não exceda ao limite previsto na alínea 'a' do inc. II do art. 23 desta Lei".

Em nossa visão, permanece a necessidade de se justificar a impossibilidade de se promover a licitação, uma vez que a permanência dos efetivos militares durante um maior período retiraria o caráter de estada eventual de curta duração, que é um dos requisitos a ser cumprido para a configuração da presente hipótese de dispensa de licitação.

Quanto à sujeição da contratação direta em exame a um limite de valor, a ausência de previsão na lei atual torna inaplicável qualquer restrição do tipo. Por consequência, o abastecimento ou suprimento de efetivos militares em estada eventual poder ocorrer em qualquer montante, desde que caracterizada a permanência de curta duração do efetivo militar em localidade diferente de sua sede, ou seja, o atendimento das condições objetivas para a dispensa de licitação. Por evidente, a autoridade responsável deve justificar o preço pactuado e adotar as demais medidas preconizadas no art. 72 da legislação atual.

13.4.13 Coleta, processamento e comercialização de resíduos sólidos urbanos recicláveis ou reutilizáveis, realizados por associações ou cooperativas formadas exclusivamente de pessoas físicas de baixa renda

Consoante a alínea "j" do inc. IV do art. 75, é dispensável a licitação que tenha por objeto a contratação de:

> coleta, processamento e comercialização de resíduos sólidos urbanos recicláveis ou reutilizáveis, em áreas com sistema de coleta seletiva de lixo, realizados por associações ou cooperativas formadas exclusivamente de pessoas físicas de baixa renda reconhecidas pelo poder público como catadores de materiais recicláveis, com o uso de equipamentos compatíveis com as normas técnicas, ambientais e de saúde pública.

O dispositivo possui a mesma redação do inc. XXIX do art. 24 da Lei nº 8.666/1993, sendo aplicável a produção doutrinária e jurisprudencial a respeito, desde que compatível com o espírito geral do novel regime jurídico.

A presente hipótese de contratação direta tem como objetivo incentivar a atuação associativa ou cooperativista de catadores de materiais recicláveis, possuindo, portanto, um foco social. Além disso, ela busca facilitar a implementação de práticas de sustentabilidade ambiental no âmbito da Administração Pública.

O dispositivo contém uma condição objetiva a ser atendida pela associação ou cooperativa contratada, que é a utilização de equipamentos compatíveis com as normas técnicas, ambientais e de saúde pública.

Como se vê, a norma não especificou os critérios para a avaliação dos equipamentos segundo os aspectos indicados, o que significa que a disciplina do assunto será regulamentada pela Administração Pública. Tal medida viabilizará a atuação sustentável e a eventual contratação direta das associações e cooperativas de catadores segundo as regras pertinentes.

13.4.14 Aquisição ou restauração de obras de arte e objetos históricos

Segundo a alínea "k" do inc. IV do art. 75, é dispensável a licitação que tenha por objeto a "aquisição ou restauração de obras de arte e objetos históricos, de autenticidade certificada, desde que inerente às finalidades do órgão ou com elas compatível".

O dispositivo possui redação bastante similar à do inc. XV do art. 24 da Lei nº 8.666/1993, com pequenos ajustes de forma e estilo. Por via de consequência, é aplicável a produção doutrinária e jurisprudencial a respeito, desde que compatível com o espírito geral do novel regime jurídico.

A presente hipótese de contratação direta tem como objetivos contribuir para a manutenção do acervo histórico e artístico do país e, por consequência, permitir o acesso da sociedade a nossas expressões culturais. Afinal, o Poder Público tem melhores condições materiais e econômicas de reunir os diferentes bens em um único acervo e exibi-los ao público, inclusive subsidiando o acesso a estudantes e à população de menor poder aquisitivo.

Cabe lembrar que é competência comum da União, dos estados, do Distrito Federal e dos municípios proteger os documentos, as obras e outros bens de valor histórico, artístico e cultural, nos termos do art. 23, inc. III, da Constituição Federal. No campo da cultura propriamente, o Estado tem o dever de garantir a todos o pleno exercício dos direitos culturais e acesso às fontes da cultura nacional e de apoiar e incentivar a valorização e a difusão das manifestações culturais, conforme o art. 215 da Constituição.

Assim, essa modalidade de dispensa de licitação se insere no âmbito da política de incentivo à história e à cultura, constituindo um importante instrumento para a concretização desses direitos difusos.

A depender da singularidade ou da notoriedade da expressão cultural ou de seu autor, a aquisição de obras de arte e objetos históricos poderia muito bem ser enquadrada como uma hipótese de inexigibilidade de licitação, por configurar uma situação de inviabilidade de competição. Seria o caso, por exemplo, da aquisição do famoso quadro *Abaporu*, de Tarsila do Amaral, junto aos seus familiares ou atuais proprietários.

Quanto às obras de arte e objetos históricos não singulares nem notórios, seja porque o autor ainda não tem o reconhecimento do público e da crítica especializada (uma pintura de um artista iniciante), seja porque são produzidas em escala industrial (gravuras com valor artístico impressas em grande quantidade), seja porque dizem respeito a fatos antigos mas não marcantes, trata-se de situações nas quais existe, em tese, viabilidade de competição, mas o legislador optou por autorizar a contratação direta.

Isso não impede que o Poder Público se valha da modalidade licitatória concurso para escolher e adquirir um ou mais trabalhos artísticos, adotando o critério de julgamento melhor conteúdo artístico e concedendo prêmio aos vencedores, que cederiam os diretos patrimoniais da obra ao Estado.

Para a aquisição de obras de arte e objetos históricos, é necessário que a Administração previamente se certifique da autenticidade do bem, que vem a ser condição para a celebração do ajuste e o consequente pagamento ao seu proprietário ou detentor.

13.4.15 Serviços especializados ou aquisição ou locação de equipamentos destinados ao rastreamento e à obtenção de provas mediante captação ambiental de sinais eletromagnéticos, ópticos ou acústicos e interceptação de comunicações telefônicas e telemáticas

Consoante a alínea "l" do inc. IV do art. 75, é dispensável a licitação que tenha por objeto a contratação de:

> serviços especializados ou aquisição ou locação de equipamentos destinados ao rastreamento e à obtenção de provas previstas nos incisos II e V do caput do art. 3º da Lei nº 12.850, de 2 de agosto de 2013, quando houver necessidade justificada de manutenção de sigilo sobre a investigação.

O dispositivo não possui similar na Lei nº 8.666/1993. Em verdade, essa hipótese de contratação direta constava do §1º do art. 3º da Lei nº 12.850/2013, que foi incluído pela Lei nº 13.097, de 19.1.2015.

O objetivo dessa hipótese de contratação direta é evidente: evitar que as pessoas e grupos criminosos conheçam as condições e características dos equipamentos que serão adquiridos pelos órgãos de persecução penal para posterior utilização em suas investigações.

Todavia, a nova Lei de Licitações não reproduziu a regra contida no §2º do art. 3º da Lei nº 12.850/2013, que dispensava a publicação resumida do instrumento de contrato ou de seus aditamentos na imprensa oficial, exigindo apenas a comunicação ao órgão de controle interno, no caso de contratação direta com base no dispositivo em exame.

Trata-se, em nossa visão, de omissão relevante na disciplina do assunto, que deve ser corrigida oportunamente nas futuras e eventuais alterações da lei, já que, sem o resguardo do sigilo não apenas do contrato como do processo de licitação, poderá ser prejudicado o objetivo dessa hipótese de dispensa de licitação.

13.4.16 Aquisição de medicamentos destinados exclusivamente ao tratamento de doenças raras

Conforme a alínea "m" do inc. IV do art. 75, é dispensável a licitação que tenha por objeto a "aquisição de medicamentos destinados exclusivamente ao tratamento de doenças raras definidas pelo Ministério da Saúde".

O dispositivo também não possui similar na Lei nº 8.666/1993.

O conceito de doença rara está relacionado ao seu índice de incidência no mundo. Segundo o Ministério da Saúde, recebe essa classificação a doença que afeta até 65 pessoas em cada 100.000 indivíduos, ou seja, 1,3 pessoas para cada 2.000 indivíduos.[187]

Essas enfermidades são caracterizadas por uma ampla diversidade de sinais e sintomas e variam não apenas de acordo com a doença, mas conforme as condições individuais de cada pessoa. Conforme a pasta da saúde do Governo Federal, "manifestações relativamente frequentes podem simular doenças comuns, dificultando o seu diagnóstico, causando elevado sofrimento clínico e psicossocial aos afetados, bem como para suas famílias".

Diante de todo esse contexto, o objetivo dessa modalidade de contratação direta é desburocratizar e facilitar o tratamento dessas enfermidades, o qual poderia ser prejudicado caso o Poder Público tivesse que realizar uma licitação para contratar medicamentos em maiores condições de incerteza quanto à necessidade e quantidade.

A configuração dessa modalidade de dispensa de licitação exige o cumprimento de uma circunstância objetiva: que a enfermidade seja catalogada como doença rara pelo Ministério da Saúde.

13.4.17 Contratação no âmbito de alianças estratégicas e o desenvolvimento de projetos de cooperação envolvendo empresas, instituições científica, tecnológica e de inovação e entidades privadas sem fins lucrativos voltados para atividades de pesquisa e desenvolvimento

Conforme o inc. V do art. 75, é dispensável a licitação que tenha por objeto a contratação "com vistas ao cumprimento do disposto nos arts. 3º, 3º-A, 4º, 5º e 20 da Lei nº 10.973, de 2.12.2004, observados os princípios gerais de contratação constantes da referida Lei".

O dispositivo possui a mesma redação do inc. XXXI do art. 24 da Lei nº 8.666/1993, sendo aplicável a produção doutrinária e jurisprudencial a respeito, desde que compatível com o espírito geral do novel regime jurídico.

A Lei nº 10.973/2004 dispõe sobre incentivos à inovação e à pesquisa científica e tecnológica no ambiente produtivo.

No que se refere aos dispositivos suscitados na hipótese de dispensa de licitação em exame, o art. 3º trata das alianças estratégicas e dos projetos de cooperação.

Cuida-se de acordos firmados entre a União, os estados, o Distrito Federal, os municípios e as respectivas agências de fomento, por um lado, e as empresas, instituições

---

[187] Disponível em: https://www.gov.br/saude/pt-br/assuntos/saude-de-a-a-z/d/doencas-raras. Acesso em: 11 out. 2021.

científica, tecnológica e de inovação (ICTs)[188] e entidades privadas sem fins lucrativos, por outro, com o objetivo de gerar produtos, processos e serviços inovadores e transferir e difundir tecnologia.

Para a efetivação da contratação direta com base no aludido dispositivo, a legislação exige o atendimento de um requisito objetivo por parte da instituição: que ela não tenha fins lucrativos.

Consoante o §3º do art. 12 da Lei nº 9.532, de 10.12.1997, considera-se entidade sem fins lucrativos "a que não apresente superávit em suas contas ou, caso o apresente em determinado exercício, destine referido resultado, integralmente, à manutenção e ao desenvolvimento dos seus objetivos sociais".

O art. 3º-A, por sua vez, trata dos convênios e contratos celebrados entre a Financiadora de Estudos e Projetos (Finep), o Conselho Nacional de Desenvolvimento Científico e Tecnológico (CNPq) e as Agências Financeiras Oficiais de Fomento, por um lado, e as fundações de apoio, por outro, com fulcro no inc. XIII do art. 24 da Lei nº 8.666/1993, "com a finalidade de dar apoio às IFES e demais ICTs, inclusive na gestão administrativa e financeira dos projetos mencionados no caput do art. 1º da Lei nº 8.958, de 20.12.1994, com a anuência expressa das instituições apoiadas".

Com o advento da Lei nº 14.133/2021, os contratos indicados no dispositivo passam a se fundamentar no inc. XV do art. 75, a ser analisado adiante.

O art. 5º da Lei nº 10.973/2004 prevê outra forma de o Estado realizar projetos na área de ciência e tecnologia. Conforme o dispositivo, a União e os demais entes federativos e suas entidades autorizadas, nos termos de regulamento, poderão:

> participar minoritariamente do capital social de empresas, com o propósito de desenvolver produtos ou processos inovadores que estejam de acordo com as diretrizes e prioridades definidas nas políticas de ciência, tecnologia, inovação e de desenvolvimento industrial de cada esfera de governo.

Por fim, o art. 20 da Lei nº 10.973/2004 trata dos chamados contratos de encomenda tecnológica. Segundo o dispositivo, os órgãos e entidades da Administração Pública:

> poderão contratar diretamente ICT, entidades de direito privado sem fins lucrativos ou empresas, isoladamente ou em consórcios, voltadas para atividades de pesquisa e de reconhecida capacitação tecnológica no setor, visando à realização de atividades de pesquisa, desenvolvimento e inovação que envolvam risco tecnológico, para solução de problema técnico específico ou obtenção de produto, serviço ou processo inovador.

---

[188] O art. 2º, inc. V, da Lei nº 10.973/2004 define a ICT como um "órgão ou entidade da administração pública direta ou indireta ou pessoa jurídica de direito privado sem fins lucrativos legalmente constituída sob as leis brasileiras, com sede e foro no País, que inclua em sua missão institucional ou em seu objetivo social ou estatutário a pesquisa básica ou aplicada de caráter científico ou tecnológico ou o desenvolvimento de novos produtos, serviços ou processos".

Para a efetivação da contratação direta com base no aludido dispositivo, a legislação exige o atendimento de dois requisitos objetivos por parte da instituição: que ela não tenha fins lucrativos e que ela desenvolva as atividades descritas acima, conforme o seu regulamento ou estatuto.

A título ilustrativo, a aquisição do Insumo Farmacêutico Ativo (IFA) para o processamento final da vacina contra a Covid-19, pela Fundação Oswaldo Cruz, ocorreu mediante a celebração de um contrato de encomenda tecnológica junto à sociedade estrangeira Astrazeneca UK Limited, por dispensa de licitação.[189]

Todas as contratações estatais voltadas ao cumprimento dos dispositivos mencionados poderão ser realizadas por meio de dispensa de licitação, devendo ser observados os princípios gerais de contratação constantes da Lei nº 14.133/2021.

Isso implica que os órgãos e entidades públicas do setor podem adotar procedimentos simplificados de escolha de projetos e empresas parceiras em projetos de inovação e de pesquisa científica e tecnológica, caso haja viabilidade de competição, em cumprimento ao princípio da isonomia.

13.4.18 Contratação que possa acarretar comprometimento da segurança nacional

Segundo o inc. VI do art. 75, é dispensável a licitação para "contratação que possa acarretar comprometimento da segurança nacional, nos casos estabelecidos pelo Ministro de Estado da Defesa, mediante demanda dos comandos das Forças Armadas ou dos demais ministérios".

Comparando a redação do dispositivo com a do inc. IX do art. 24 da Lei nº 8.666/1993, houve uma alteração da autoridade responsável por especificar os casos passíveis de contratação direta por acarretarem comprometimento da segurança nacional.

Enquanto na Lei nº 8.666/1993 isso seria definido por decreto do presidente da República, ouvido o Conselho de Defesa Nacional, na legislação atual essa especificação se dará por ato do ministro de estado da defesa, mediante demanda dos comandos das Forças Armadas ou dos demais ministérios.

Assim, a realização de contratação direta com base no presente dispositivo depende da caracterização da situação objetiva constante do ato formal aprovado pelo ministro de estado da defesa.

O mérito das situações elencadas pela referida autoridade pode ser objeto de questionamento, no que se refere ao atendimento ou não do pressuposto legal (comprometimento da segurança nacional). Esse controle pode ser exercido pelo Congresso Nacional, no exercício de sua atribuição de sustar os atos normativos do Poder Executivo

---

[189] Disponível em: https://portal.fiocruz.br/sites/portal.fiocruz.br/files/documentos/contrato_vacina_astrazaneca_fiocruz.pdf. Acesso em: 14 out. 2021.

que exorbitem do poder regulamentar ou dos limites de delegação legislativa, nos termos do art. 49, inc. V, da Constituição.

13.4.19 Casos de guerra, estado de defesa, estado de sítio, intervenção federal ou de grave perturbação da ordem

Consoante o inc. VII do art. 75, é dispensável a licitação "nos casos de guerra, estado de defesa, estado de sítio, intervenção federal ou de grave perturbação da ordem".

Comparando a redação do dispositivo com a do inc. III do art. 24 da Lei nº 8.666/1993, houve o acréscimo do estado de defesa, do estado de sítio e da intervenção federal como fatores justificadores da contratação direta. Quanto às situações já previstas na legislação anterior (guerra e grave perturbação da ordem), entende-se aplicável a produção doutrinária e jurisprudencial a respeito, desde que compatível com o espírito geral do novel regime jurídico.

Curiosamente, mesmo antes da edição da nova Lei de Licitações, o TCU já admitia a realização de contratações diretas com base no inc. III do art. 24 da Lei nº 8.666/1993, durante intervenção federal decretada em razão de grave comprometimento da ordem pública, nos termos do art. 34, inc. III.

Tal entendimento se deu em face de consulta formulada pelo interventor federal na área de segurança pública no estado do Rio de Janeiro, a qual mereceu a seguinte resposta, nos termos do Acórdão nº 1.358/2018-Plenário (Rel. Min. Vital do Rêgo):

> 9.2.1. é possível a realização de contratações diretas com fulcro no art. 24, incisos III, da Lei 8.666/1993 durante intervenção federal decretada em razão de grave comprometimento da ordem pública, nos termos do art. 34, inciso III, da Constituição Federal/1988, desde que o processo de dispensa seja instruído com os seguintes requisitos:
> 9.2.1.1. demonstração de que a *contratação está restrita* à área *temática abrangida pelo documento que decretou a intervenção, assim entendidos os bens e serviços essenciais à consecução dos seus objetivos, sejam eles relacionados com as atividades finalísticas ou de apoio dos* órgãos *formalmente envolvidos com a intervenção federal*, por meio da descrição das circunstâncias fáticas, documentos e dados que ensejaram essa conclusão;
> 9.2.1.2. *caracterização da urgência* que acarreta a impossibilidade de se aguardar o tempo necessário a um procedimento licitatório regular;
> 9.2.1.3. limitação e justificativa dos quantitativos de bens e serviços a serem adquiridos, os quais devem ser suficientes ao atendimento da demanda;
> 9.2.1.4. vigência dos contratos firmados limitada à data final estabelecida para a intervenção, não admitidas prorrogações; e
> 9.2.1.5. comprovação nos autos do atendimento às disposições do art. 26, parágrafo único, da Lei 8.666/1993, em especial a razão da escolha do fornecedor ou executante e a justificativa do preço contratado, a partir de pesquisa prioritariamente junto a fontes públicas, na linha preconizada na jurisprudência deste Tribunal de Contas da União;
> 9.2.2. a intervenção federal, por si só, não autoriza a dispensa de licitação fundamentada nos incisos IV, IX e XVIII do art. 24 da Lei 8.666/1993, exceto se preenchidos os requisitos legais para tanto estabelecidos; [...]. (Grifos nossos)

Com a inclusão formal da decretação de intervenção federal entre os motivos ensejadores da contratação direta, entende-se que não mais se aplica o subitem 9.2.1.2 do aludido *decisum*, uma vez que a caracterização da urgência não consta como requisito para a realização de dispensa de licitação no inc. VII do art. 75.

Em nossa visão, cumprida essa condição objetiva (decreto de intervenção federal), toda e qualquer contratação que seja relacionada à operacionalização dessa medida ou que envolva setores de mercado cujo funcionamento regular tenha sido prejudicado pela intervenção pode ser realizada mediante dispensa de licitação.

O ato de declaração de guerra compete privativamente ao presidente da República, no caso de agressão estrangeira, devendo ser precedido de autorização do Congresso Nacional ou ser posteriormente referendado por ele, quando ocorrido no intervalo das sessões legislativas, nos termos do art. 84, inc. XIX, da Constituição.

O ato de decretação de estado de defesa também compete privativamente ao presidente da República, ouvidos o Conselho da República e o Conselho de Defesa Nacional, sendo posteriormente submetido à aprovação do Congresso Nacional. Ele tem como objetivo "preservar ou prontamente restabelecer, em locais restritos e determinados, a ordem pública ou a paz social ameaçadas por grave e iminente instabilidade institucional ou atingidas por calamidades de grandes proporções na natureza", nos termos do art. 136 da Constituição.

O estado de sítio pode ser decretado pelo presidente da República, ouvidos o Conselho da República e o Conselho de Defesa Nacional, devendo ser precedido de autorização do Congresso Nacional. Conforme o art. 137, essa medida pode ser adotada em duas hipóteses: comoção grave de repercussão nacional ou ocorrência de fatos que comprovem a ineficácia de medida tomada durante o estado de defesa; declaração de estado de guerra ou resposta à agressão armada estrangeira.

A intervenção federal pode ocorrer nos casos especificados no art. 34 da Constituição e depende da expedição de decreto pelo presidente da República, o qual deverá ser submetido à aprovação do Congresso Nacional.

A caracterização de grave perturbação da ordem independe de ato formal, podendo estar associada a situações não enquadradas nas hipóteses anteriores, ou seja, que não são suficientes para ensejar a deflagração de estado de defesa, estado de sítio ou intervenção federal, mas que causam uma alteração tal no funcionamento normal da sociedade e do mercado que inviabiliza a realização da licitação, durante certo período. Por evidente, a configuração desse motivo de dispensa de licitação deve ser exaustivamente demonstrada no processo administrativo, mediante a indicação expressa dos fatores que impediram o regular processamento do certame licitatório.

Em nossa visão, as contratações diretas com base no inciso em tela não devem ocorrer em todo e qualquer caso, mas apenas para a aquisição de bens, prestação de serviços e realização de obras que tenham sido efetivamente afetadas pela situação excepcional que motivou a declaração de guerra, a decretação do estado de defesa, do estado de sítio e da intervenção federal ou o reconhecimento de grave perturbação da ordem. Nesse ponto, concorda-se com a doutrina de Marçal Justen Filho quando ele afirma que "a dispensa será limitada a hipóteses em que se verifiquem obstáculos à observância do procedimento licitatório apropriado".[190]

Da mesma forma, podem ser enquadradas no inciso em exame as contratações voltadas à operacionalização da guerra e da atuação do aparato de segurança e militar destinado à manutenção da ordem pública durante os estados de defesa e de sítio, da intervenção federal e de grave perturbação da ordem.

13.4.20 Casos de emergência ou de calamidade pública

Consoante o inc. VIII do art. 75, é dispensável a licitação:

> nos casos de emergência ou de calamidade pública, quando caracterizada urgência de atendimento de situação que possa ocasionar prejuízo ou comprometer a continuidade dos serviços públicos ou a segurança de pessoas, obras, serviços, equipamentos e outros bens, públicos ou particulares, e somente para aquisição dos bens necessários ao atendimento da situação emergencial ou calamitosa e para as parcelas de obras e serviços que possam ser concluídas no prazo máximo de 1 (um) ano, contado da data de ocorrência da emergência ou da calamidade, vedadas a prorrogação dos respectivos contratos e a recontratação de empresa já contratada com base no disposto neste inciso.

A presente hipótese de dispensa de licitação foi certamente a mais utilizada entre as previstas na Lei nº 8.666/1993, cenário que deve perdurar no atual regime, já que é normal surgirem necessidades imprevistas, seja por eventos alheios à vontade da administração, como acidentes e catástrofes da natureza, seja por falha de planejamento da própria Administração.

Comparando a redação do dispositivo com a do inc. IV do art. 24 da Lei nº 8.666/1993, houve três mudanças.

A primeira foi o acréscimo de um bem jurídico cujo risco de comprometimento passou a justificar a utilização dessa hipótese de dispensa de licitação: a continuidade de serviço público. Com isso, a legislação atual passou a tutelar três bens jurídicos:

a) o Erário;
b) a continuidade do serviço público; e
c) a segurança de pessoas, obras, serviços, equipamentos e outros bens, públicos ou particulares.

Essa nova modalidade de contratação emergencial ocorre, por exemplo, quando um contrato de prestação de serviços contínuos tem a sua vigência máxima expirada, após todas as prorrogações possíveis, sem que a Administração tenha concluído a licitação para a sua substituição. Trata-se de situação infelizmente bastante corriqueira,

---

[190] JUSTEN FILHO, Marçal. *Comentários à Lei de Licitações e Contratações Administrativas*. São Paulo: Revista dos Tribunais, 2021. p. 1.039.

que justifica a contratação direta para execução do objeto durante o período necessário à ultimação da licitação, com fulcro no princípio da continuidade do serviço público.

Segundo o §6º do art. 75, na contratação emergencial para a continuidade de serviço público, devem ser observados os valores praticados pelo mercado na forma do art. 23 desta lei. Ademais, devem ser adotadas as providências necessárias para a conclusão do processo licitatório, sem prejuízo de apuração de responsabilidade dos agentes públicos que deram causa à situação emergencial.

O comando contido na parte final do aludido dispositivo teve inspiração na jurisprudência do TCU, a qual entendia que era possível a contratação por dispensa de licitação com base no art. 24, inc. IV, da Lei nº 8.666/1993, ainda que a emergência decorresse da falta de planejamento, inércia administrativa ou má gestão dos recursos públicos, sem prejuízo da responsabilização dos gestores que não providenciaram, tempestivamente, o devido processo licitatório (Acórdão nº 285/2010-Plenário, Rel. Min. Benjamin Zymler; Acórdão nº 3.521-Segunda Câmara, Rel. Min. Benjamin Zymler; e Acórdão nº 1.842/2017-Plenário, Rel. Min. Vital do Rêgo; entre outros).

Outra mudança verificada na nova lei foi o aumento do período contratual para a aquisição de bens e/ou a execução de parcela das obras e serviços com vistas ao atendimento da situação emergencial ou calamitosa, que passou de 180 dias para um ano da data de ocorrência da emergência ou calamidade pública.

Por fim, a Lei nº 14.133/2021 vedou a recontratação da empresa contratada com base nessa modalidade de dispensa, ou seja, mesmo que ela participe e apresente a melhor proposta na licitação eventualmente realizada para a conclusão das obras e serviços e para a aquisição de bens, após o término do contrato emergencial, ela deverá ser sumariamente desclassificada do certame, por força desse impedimento legal.

Como se vê, o legislador privilegiou o princípio da isonomia em detrimento do princípio da seleção da proposta mais vantajosa, uma vez que a ausência dessa vedação faria com que a empresa contratada por dispensa de licitação tivesse uma vantagem competitiva na licitação para a contratação do remanescente das obras/serviços e bens, seja pela assimetria de informações entre ela e os demais competidores, seja pela sua presença física no local de execução da avença, o que poderia implicar menores custos administrativos para a realização do objeto complementar.

Pela proximidade da redação atual com a da legislação anterior, avalia-se que a jurisprudência e a doutrina produzidas a respeito da modalidade de contratação direta em exame são aplicáveis.

A título de exemplo, mencionam-se as seguintes teses extraídas do repositório da jurisprudência do TCU:

> É possível a prorrogação contratual emergencial acima de 180 dias, em hipóteses restritas, resultantes de fato superveniente, e desde que a duração do contrato se estenda por lapso de tempo razoável e suficiente para enfrentar a situação emergencial. (Acórdão nº 1.801/2014-Plenário, Rel. Min. Raimundo Carreiro) [Por evidente, onde se lê 180 dias, no precedente mencionado, deve-se entender 1 ano, no contexto da atual legislação]

Para caracterizar situação emergencial passível de dispensa de licitação, deve restar evidente que a contratação imediata é a via adequada e efetiva para eliminar iminente risco de dano ou de comprometimento da segurança de pessoas, obras, serviços, equipamentos e outros bens, públicos ou particulares, restringindo-se ao estritamente necessário ao atendimento da situação calamitosa. Deve-se divisar a conduta dos agentes públicos que concorreram para originar a situação emergencial da ação daqueles que apenas atuaram para elidir o risco de dano. (Acórdão nº 1.217/2014-Plenário, Rel. Min. Ana Arraes)

A mera existência de decreto municipal declarando a situação do município como emergencial não é suficiente para justificar a contratação por dispensa de licitação com fundamento no art. 24, inciso IV, da Lei 8.666/1993, devendo-se verificar se os fatos relacionados à contratação amoldam-se à hipótese de dispensa prevista na lei. (Acórdão nº 2.504/2016-Plenário, Rel. Min. Bruno Dantas)

Mesmo no caso de dispensa de licitação por situação emergencial, é dever da instituição contratante formalizar o respectivo processo, caracterizando a situação, a razão da escolha do prestador de serviço e a justificativa do preço, e publicar o ato de dispensa na imprensa oficial, sendo vedada a prestação de serviços sem a cobertura de contrato devidamente formalizado, por expressa previsão do art. 60, parágrafo único, da Lei 8.666/1993. (Acórdão nº 3.083/2007-Primeira Câmara, Rel. Min. Subst. Marcos Bemquerer)

13.4.21 Aquisição de bens produzidos ou serviços prestados por órgão ou entidade que integrem a Administração Pública e que tenham sido criados para esse fim específico

Segundo o inc. IX do art. 75, é dispensável a licitação:

para a aquisição, por pessoa jurídica de direito público interno, de bens produzidos ou serviços prestados por órgão ou entidade que integrem a Administração Pública e que tenham sido criados para esse fim específico, desde que o preço contratado seja compatível com o praticado no mercado.

Comparando a redação do dispositivo com a do inc. VIII do art. 24 da legislação anterior, houve uma mudança significativa: a retirada da exigência de que o órgão ou a entidade fornecedora dos bens ou prestadora dos serviços tivesse sido criada em data anterior à vigência da lei.

Em nossa concepção, a alteração é adequada, pois se o propósito da norma é apoiar o cumprimento da missão institucional das entidades criadas para fornecer bens e/ou prestar serviços à Administração Pública, não faz o menor sentido impor um corte temporal a esse objetivo.

A parte final do dispositivo anuncia que o preço contratado deve ser compatível com o praticado no mercado. Quanto a isso, entende-se que ele traz uma redundância, uma vez que todo e qualquer ajuste firmado pela Administração, incluindo os decorrentes de dispensa de licitação, deve cumprir esse requisito. Afinal, a autoridade responsável pelo processo de contratação direta deve estimar a despesa conforme as regras do art. 23 e justificar o preço praticado, nos termos dos incs. II e VII do art. 72 da presente lei.

A propósito do assunto, cabe destacar um interessante caso apreciado pelo TCU envolvendo a aplicação do inc. VIII do art. 24 da Lei nº 8.666/1993, no qual estava sendo questionada a compra de gêneros alimentícios pela Secretaria de Educação do Distrito Federal, por dispensa de licitação, junto à Sociedade de Abastecimento de Brasília (SAB).

A SAB era uma empresa pública distrital que havia sido criada em 1962 para, entre outros objetivos, fornecer "gêneros alimentícios e outros produtos de sua linha de comercialização a pessoas jurídicas de direito público interno", conforme o seu estatuto social.

Assim, apesar de o relator ter considerado correto o enquadramento da contratação no inc. VIII do art. 24 da Lei nº 8.666/1993, ele questionou a economicidade do ajuste, uma vez que não se mostrava razoável que a aquisição de produtos alimentícios junto a uma empresa intermediária, que não produzia bens, apenas os adquiria junto ao mercado.

Seguem as considerações do Ministro Substituto Lincoln Magalhães da Rocha, no voto condutor do Acórdão nº 1.119/2004-Segunda Câmara:

> 13. Está sendo discutida nos presentes autos a opção entre a "delegação" a uma empresa pública, ou seja, ente cujo capital pertence inteiramente ao Estado, para realizar compras, e a aquisição direta dos produtos pela Administração. O acréscimo de um "intermediário", vulgo "atravessador", insere um diferencial de preços, que resulta da própria manutenção de uma estrutura administrativa que fará a execução dessa intermediação, coordenará o fluxo de caixa da empresa, cuidará de manter os compromissos com o Estado e com os fornecedores em um ambiente negocial instável como o de gêneros alimentícios. Entretanto, cabe salientar que ao remeter essa tarefa a um ente da administração descentralizada, essa estrutura administrativa e os seus conseqüentes custos estão sendo subtraídos da administração direta, que não teria necessidade de manter servidores para realizar esse tipo de serviço, apenas a atribuição a uma comissão de licitações para fazer uma grande contratação, na qual, em relação ao caso sub examine, foi escolhida a SAB. Também adiciono que eventual "lucro" dessa empresa, como ente inteiramente pertencente ao Estado, também reverterá para os cofres públicos. Assim, concluo que, à época, em vez de um ato de gestão antieconômico, foi feita uma escolha política, de descentralização administrativa, de transferência de atribuições da administração direta para a indireta.

Não obstante, o Tribunal não adotou nenhuma medida corretiva à época, após verificar que o órgão distrital havia mudado sua forma de adquirir gêneros alimentícios, passando a efetuá-la junto a uma central de compras mediante registro de preços.

De modo distinto, o TCU imputou débito a uma empresa pública municipal contratada pelo município de Campina Grande/PB para a execução de uma obra pública, com base no inc. VIII do art. 24 da Lei nº 8.666/1993, após verificar que ela não detinha qualificação técnica para tanto e havia subcontratado outra empresa, a um preço menor, embolsando a diferença.

O caso, apreciado pelo Acórdão nº 448/2017-Plenário (Rel. Min. Benjamin Zymler), traz vários ensinamentos a respeito da hipótese de contratação direta em exame, cabendo destacar a necessidade de a entidade pública possuir qualificação para prestar os serviços pactuados e de ser vedada a subcontratação para a realização do objeto do contrato celebrado com base no inc. VIII do art. 24 da Lei nº 8.666/1993.

Seguem alguns trechos do voto condutor do referido *decisum*:

> 12. Diante desse cenário, compreendo que não foi regular a contratação da [...], uma vez que a contratação direta com base no art. 24, inciso VIII, da Lei 8.666/1993 [...] tem como pressuposto elementar a entidade contratada dispor de qualificação técnica e operacional para executar os serviços objeto do contrato, o que não foi demonstrado, em absoluto, no presente caso concreto.
>
> 13. Se a empresa pública municipal não tinha condições de cumprir o objeto do contrato, a despeito de sua finalidade institucional, não havia razão legítima para a sua escolha por dispensa de licitação, de forma que caberia ao Município proceder o regular certame licitatório, o que lhe possibilitaria selecionar a proposta mais vantajosa para a Administração, junto a empresas aptas a fornecer o bem almejado.
>
> 14. Com relação à diferença entre o preço do contrato original e o da subcontratação, entendo que a matéria foi devidamente enfrentada pelo Ministro Relator a quo, que distinguiu acertadamente a situação em análise daquelas em que uma empresa regularmente contratada após um certame competitivo realize subcontratações parciais e aufira ganhos decorrentes de uma eficiente gestão das obras: [...]
>
> 15. Dessa forma, acolho a análise da Serur no sentido de que a [...] foi mera intermediária dos recursos federais repassados para o Município de Campina Grande, de forma que a sua contratação causou prejuízo aos cofres da União correspondente à diferença entre o preço cobrado pela empresa municipal e o efetivamente despendido para a execução das obras.

Ainda sob a égide da legislação anterior, o TCU respondeu consulta formulada pelo presidente da Câmara dos Deputados acerca da possibilidade de contratação direta de instituição financeira oficial para a prestação de serviços relativos à gestão financeira da folha de pagamento e de outros serviços. Conforme o Acórdão nº 1.940/2015-Plenário (Rel. Min. Walton Alencar), a Corte de Contas decidiu, no essencial:

> 9.3.3.1. É viável a contratação direta de instituição financeira oficial, com fundamento no artigo 24, inciso VIII, da Lei 8.666/1993, para a prestação de serviço, em caráter exclusivo, de pagamento de remuneração de servidores ativos, inativos e pensionistas e outros serviços similares, devendo, ainda, serem observadas as condições de validade do ato administrativo estabelecidas no artigo 26, caput, e parágrafo único, do referido diploma legal, bem como demonstrada a vantagem da contratação direta em relação à adoção do procedimento licitatório; [...].

O precedente supramencionado parece ter flexibilizado a exigência de que a entidade contratada deva ter sido criada para esse fim específico, na medida em que admitiu a contratação direta do Banco do Brasil e da Caixa Econômica Federal para a gestão financeira da folha de pagamento dos servidores públicos, algo que nem de longe constitui a missão finalística dessas instituições.

Cabe ressaltar, ainda, a jurisprudência pacífica do TCU de que apenas as entidades criadas com o fim específico de prestar suporte à Administração Pública podem ser contratadas com base na hipótese de dispensa de licitação em exame, estando de fora desse universo as empresas estatais que exploram atividade econômica para o mercado de maneira geral. Nesse sentido, oportuno transcrever a seguinte passagem do voto condutor do Acórdão nº 6.931/2009-Primeira Câmara (Rel. Min. Walton Alencar):

> Firme a jurisprudência do Tribunal no sentido de que apenas as entidades que prestam serviços públicos de suporte à Administração Pública, criadas para esse fim específico, podem ser contratadas com dispensa de licitação, nos termos do art. 24, inciso VIII, da Lei 8.666/1993 (acórdãos 1.733/2004, 2.063/2005, 1.705/2007, Plenário; 1.171/2006, 2ª Câmara).
> 55. Pondero, em divergência à análise promovida pela unidade técnica, que o Serpro diferencia-se das entidades que exploram atividade econômica e não podem ser contratadas por meio da dispensa de licitação, conforme posicionamento do Tribunal adotado em relação aos Correios e à Petrobras no já citado Acórdão 6931/2009-TCU-Primeira Câmara:
> "As empresas públicas e sociedades de economia mista que se dedicam à exploração de atividade econômica de produção ou comercialização de bens ou de prestação de serviços sujeitam-se ao regime jurídico das empresas privadas (CF, 173), em consonância com os princípios constitucionais da livre concorrência e da isonomia, e não podem ser contratadas com dispensa de licitação fundamentada no art. 24, VIII, da Lei 8.666/1993.
> Ainda que se acreditasse que os serviços de logística pudessem ser classificados como serviço postal, descaberia a dispensa de licitação, porque os Correios não foram criados para atender a demanda específica da Administração Pública.
> O Tribunal, em reiteradas ocasiões, entendeu indevida a contratação da Petrobras, com dispensa de licitação, porque ela 'não foi criada com o fim exclusivo de promover fornecimento de combustível à Administração Pública, faltando assim o quesito necessário à aplicação da norma do art. 24, inciso VIII, da Lei 8.666/93' (Acórdão 2063/2005-TCU-Plenário. Nesse sentido: decisões 253/1997, Plenário, e 118/1998, 2ª Câmara; Acórdão 56/1999-TCU-Plenário, 38/1999 e 1.481/2005, 1ª Câmara; 142/1996, 2ª Câmara)".

Por fim, é importante mencionar outro importante precedente do TCU envolvendo contratações baseadas no inc. VIII do art. 24 da Lei nº 8.666/1993. O caso tratava de consulta formulada pelo presidente da Comissão de Ciência e Tecnologia, Comunicação e Informática da Câmara dos Deputados sobre a necessidade de rescisão dos contratos celebrados com dispensa de licitação com a empresa estatal que prestava serviços de tecnologia e comunicação ao Estado, após a sua desestatização.

O Tribunal concluiu que era possível a continuidade do contrato junto à empresa que tivesse sucedido a entidade pública desestatizada, até o término de sua vigência, nos termos do Acórdão nº 2.930/2019-Plenário (Rel. Min. Benjamin Zymler):

> 9.1.1. em caso de desestatização de empresa estatal, nos termos do art. 2º, §1º, alínea "a" da Lei 9.491/1997, os contratos administrativos firmados com entes públicos federais com base no art. 24, incisos VIII e XVI, da Lei 8.666/1993 podem permanecer em execução até o término de sua vigência, desde que ausente a situação de prejudicialidade especificada na parte final do inciso XI do art. 78 da referida lei;
> 9.1.2. a continuidade da execução desses contratos até o término de sua vigência está condicionada à manutenção das demais condições estabelecidas originalmente no ajuste, especialmente as que disserem respeito ao objeto contratual, à prestação de garantia e aos requisitos de habilitação a serem mantidos pela contratada no decorrer da execução contratual, nos termos do art. 55, inciso XIII, da Lei 8.666/1993;

9.1.3. é facultada à administração contratante a prorrogação desses contratos, desde que prevista no instrumento convocatório e demonstrados o interesse público e a vantajosidade da medida; [...].

Em nossa visão, os precedentes listados se aplicam ao inc. IX do art. 75, uma vez que eles abrangem aspectos do dispositivo equivalente na legislação anterior que foram mantidos pelo atual regime, além do que as prescrições da Corte de Contas estão de acordo com o espírito da nova lei.

13.4.22 Intervenção no domínio econômico para regular preços ou normalizar o abastecimento

Consoante o inc. X do art. 75, é dispensável a licitação "quando a União tiver que intervir no domínio econômico para regular preços ou normalizar o abastecimento".

O dispositivo possui a mesma redação do inc. VI do art. 24 da Lei nº 8.666/1993, sendo aplicável a produção doutrinária e jurisprudencial a respeito, desde que compatível com o espírito geral do novel regime jurídico.

Em pesquisa ao repositório de jurisprudência do TCU, foi encontrado apenas um precedente abordando a disposição equivalente da legislação anterior. Por meio da Decisão nº 310/1993 (Rel. Min. Fernando Gonçalves), o Tribunal expediu determinação à então Fundação de Assistência ao Estudante (FAE) a fim de que eliminasse a prática de adquirir alimentos para o Programa Nacional de Alimentação Escolar (PNAE) diretamente da Companhia Nacional de Abastecimento (Conab).

Na ocasião, entendeu-se como irregular a compra de produtos no âmbito do PNAE com base no dispositivo equivalente do Decreto-Lei nº 2.300, de 21.11.1986 (legislação anterior à Lei nº 8.666/1993), nos termos do voto do relator:

> Quanto ao inciso VIII [em verdade, inciso XIII do art. 22], *é inconcebível que se possa considerar que as compras de alimentos para o PNAE se caracterizam como intervenção do Estado no domínio econômico para regular preços ou normalizar o abastecimento*. Diógenes Gasparini, em seu "Direito Administrativo" (2ª edição, 1992, pág 321), comentando este inciso, diz que "contrata-se sem licitação a aquisição de certo produto para pô-lo no mercado e, desse modo, forçar a queda ou a regularização do preço ou para obrigar os particulares a desovarem seus estoques e normalizar o abastecimento." Toshio Mukai, "in" "Estatutos Jurídicos de Licitação e Contratos Administrativos" (2ª edição, 1990, pág. 37), diz, a respeito do mesmo dispositivo, "que a intervenção da União no mercado se dá com a aquisição e venda de bens, por preços inferiores aos praticados, exatamente para torná-los compatíveis com o poder aquisitivo da população. O mesmo ocorre quando a União necessita normalizar o abastecimento em setores onde haja especulação, com a prática da sonegação de produtos ao mercado." Como se vê, as aquisições para um programa de suplementação alimentar não se enquadra nesse dispositivo. Mesmo porque, se fosse o caso, a própria FAE, ao comprar formulados para o PNAE, valer-se-ia desse permissivo para contratar seus fornecedores com dispensa de licitação.

Essa modalidade de dispensa de licitação é bastante utilizada pelo Conab na execução da Política de Garantia de Preços Mínimos (PGPM) do Governo Federal e na implementação de outros instrumentos de sustentação de preços agropecuários e regulação de estoques.

Dentro da PGPM, ocorre a chamada Aquisição do Governo Federal (AGF), que:

> visa apoiar produtores rurais, agricultores familiares e/ou suas cooperativas, por meio da aquisição de produtos, realizada quando o preço de mercado estiver abaixo do preço mínimo estabelecido para a safra vigente de qualquer produto da pauta da PGPM, condicionada ao repasse pelo Tesouro Nacional dos recursos para a operacionalização das aquisições.[191]

Além de contribuir para a própria continuidade da atividade produtiva, a PGPM acaba por influenciar a formação dos preços de mercado, já que enxuga a oferta de produtos em períodos de preços baixos e, posteriormente, a aumenta em ciclos de preços mais altos e menor disponibilidade.

Como se vê, essa modalidade de contratação direta tem nítida função social, qual seja, utilizar o poder de compra do Governo para normalizar os preços e a disponibilidade de determinado segmento do mercado interno.

13.4.23 Celebração de contrato de programa com ente federativo ou com entidade de sua Administração Pública indireta

Segundo o inc. XI do art. 75, é dispensável a licitação:

> para celebração de contrato de programa com ente federativo ou com entidade de sua Administração Pública indireta que envolva prestação de serviços públicos de forma associada nos termos autorizados em contrato de consórcio público ou em convênio de cooperação.

O dispositivo possui redação praticamente idêntica à do inc. XXVI do art. 24 da Lei nº 8.666/1993, havendo uma tênue alteração de forma, sem qualquer mudança de sentido. Por conseguinte, é aplicável a produção doutrinária e jurisprudencial a respeito, desde que compatível com o espírito geral do novel regime jurídico.

Os consórcios públicos e os convênios de cooperação foram previstos originalmente pelo art. 241 da Constituição Federal, com a redação dada pela Emenda Constitucional nº 19/1998. Trata-se de instrumentos que materializam a união entre os entes federados, objetivando a gestão associada de serviços públicos, bem como a

---
[191] Disponível em: https://www.conab.gov.br/estoques/aquisicoes/aquisicao-do-governo-federal-agf. Acesso em: 13 out. 2021.

transferência total ou parcial de encargos, serviços, pessoal e bens essenciais à continuidade dos serviços transferidos.

Eles são regidos pela Lei nº 11.107, de 6.4.2005, que estatuiu normas gerais a respeito do tema. A diferença entre os consórcios públicos e os convênios de cooperação reside no fato de os primeiros ensejarem a constituição de uma pessoa jurídica distinta dos entes federativos que os integram, a qual pode assumir a forma de uma associação pública ou de uma pessoa jurídica de direito privado. Já os convênios de cooperação correspondem à união entre unidades da federação para os mesmos fins acima anunciados, sem a constituição de pessoa jurídica autônoma.

O contrato de programa é o ajuste celebrado com o objetivo de regular as obrigações que um ente da Federação constitui para com outro ente da Federação, em convênio de cooperação, ou para com consórcio público, no âmbito de gestão associada em que haja a prestação de serviços públicos ou a transferência total ou parcial de encargos, serviços, pessoal ou bens necessários à continuidade dos serviços transferidos. Cuida-se, portanto, de um instrumento de delegação de serviços públicos dos entes consorciados para o consórcio ou dos entes conveniados entre si.

13.4.24 Contratação em que houver transferência de tecnologia de produtos estratégicos para o Sistema Único de Saúde (SUS)

Conforme o inc. XII do art. 75, é dispensável a licitação:

> para contratação em que houver transferência de tecnologia de produtos estratégicos para o Sistema Único de Saúde (SUS), conforme elencados em ato da direção nacional do SUS, inclusive por ocasião da aquisição desses produtos durante as etapas de absorção tecnológica, e em valores compatíveis com aqueles definidos no instrumento firmado para a transferência de tecnologia.

Comparando a redação do dispositivo com a do inc. XXXII do art. 24 da Lei nº 8.666/1993, foi incluída regra segundo a qual a aquisição dos produtos no curso da transferência deve ocorrer em valores compatíveis com aqueles definidos no instrumento firmado para tanto.

A hipótese de dispensa de licitação em análise guarda similaridade com a prevista na alínea "d" do inc. IV, comentada no item 13.4.7 *retro*, com a especificidade de que o contrato de transferência de tecnologia envolve produtos estratégicos para o Sistema Único de Saúde (SUS).

Para que seja admitida a contratação direta com base no dispositivo, é necessário o atendimento de um requisito objetivo: que o produto seja considerado estratégico para o SUS, conforme ato da direção nacional deste. Segundo o art. 7º, parágrafo único, do Decreto nº 9.245, de 20.12.2017, essa providência cabe ao ministro de estado da saúde, ouvido o Grupo Executivo do Complexo Industrial da Saúde (Gecis). Atualmente, a lista dos produtos estratégicos para o SUS consta da Portaria-MS nº 704, de 8.3.2017.

No âmbito do Ministério da Saúde, os contratos de transferência de tecnologia recebem a denominação de parcerias para o desenvolvimento produtivo (PDP). Conforme o art. 2º da Portaria GM/MS nº 2.531, de 12.11.2014, a parceria para o desenvolvimento produtivo (PDP) é um acordo entre instituições públicas e entre instituições públicas e entidades privadas, que envolve cooperação "para desenvolvimento, transferência e absorção de tecnologia, produção, capacitação produtiva e tecnológica do País em produtos estratégicos para atendimento às demandas do SUS".

A formalização da PDP ocorre mediante a assinatura de contrato entre o Ministério da Saúde e os parceiros público e privado. Este último se compromete a transferir ao segundo a tecnologia para a produção de determinado medicamento dentro do prazo especificado. Durante esse período, o parceiro privado é responsável pela produção do princípio ativo e transferência da tecnologia ao laboratório público. Após esse prazo, o laboratório público nacional inicia, de forma autônoma, a produção completa do medicamento visando atender à demanda nacional.

Dada a similaridade dos dispositivos da legislação anterior e atual, entende-se aplicável a produção doutrinária e jurisprudencial a respeito. Assim, cabe comentar alguns precedentes.

No Acórdão nº 1.730/2017-Plenário (Rel. Min. Benjamin Zymler), o TCU analisou as regras para a celebração de Parcerias para o Desenvolvimento Produtivo (PDP) estatuídas na Portaria GM/MS nº 2.531/2014 e concluiu serem necessárias algumas modificações. Na ocasião, o Tribunal proferiu as seguintes determinações ao Ministério da Saúde:

> 9.1.2. inclua, entre os critérios para aprovação da PDP, a verificação de que a escolha da entidade particular pelo laboratório público observou os princípios constitucionais do art. 37 da Constituição Federal de 1988, em particular os da publicidade, legalidade e moralidade, como também os princípios e as normas insculpidos nos arts. 3º, 4º, 26 e 41 da Lei nº 8.666/1993; [...]
>
> 9.1.3. oriente os laboratórios públicos sobre a necessidade de realizar um processo seletivo ou de pré-qualificação do parceiro privado, justificando adequadamente quando a sua realização for inviável; [...].

Em sua fundamentação, o relator consignou o seguinte:

> 57. Outra questão relevante diz respeito à transparência do processo. Afinal, é dispensável a licitação quando se objetiva celebrar uma PDP, mas, deve ser conferida ampla divulgação para as parcerias que se pretendem iniciar, em homenagem ao princípio constitucional da publicidade.
>
> 58. Em que pese isso, na amostra selecionada pela equipe de auditoria não consta nenhuma *publicidade prévia* por parte dos laboratórios públicos a respeito das parcerias que chegaram a celebrar. *A divulgação só ocorre após a publicação do termo de dispensa de licitação, momento em que a escolha do parceiro privado já foi sacramentada pelo MS.*

59. Nesse contexto, verifica-se que são violados dois princípios básicos, uma vez que não se garante a todos os interessados a possibilidade de participar do processo de escolha dos parceiros privados nem é implementada uma busca pela melhor proposta para a Administração Pública.

60. Assim sendo, entendo que a norma em tela deve ser alterada para estabelecer a necessária observância dos princípios da publicidade, legalidade e moralidade e do disposto nos arts. 3º, 4º, 26 e 41 da Lei nº 8.666/1993.

61. Saliento que, de forma isolada e voluntária, alguns laboratórios farmacêuticos oficiais, a exemplo da Hemobras e do Lafepe promovem pregões presenciais ou encaminham cartas consulta. Julgo que *cabe recomendar ao Ministério da Saúde que avalie a conveniência e a oportunidade de estender esses procedimentos para o conjunto de entidades federais que selecionam parceiros privados para celebrar PDPs.*

62. Cada laboratório público levanta os potenciais parceiros privados e indica aquele que poderá trazer maiores benefícios para o ente público e para o Ministério da Saúde. *Cumpre ressaltar que a escolha da empresa privada deve ser fundamentada por meio da realização de estudos técnicos e econômicos. Contudo, uma parcela das PDPs analisadas não foi precedida pela realização desses estudos.*

63. Considerando que essa falha pode, em tese, facilitar o direcionamento da escolha do agente privado, entendo que ela deve ser evitada. Com esse desiderato, deve ser inserida uma regra específica na portaria que rege as PDPs. (Grifos nossos)

A decisão do Tribunal parece ter extrapolado os limites normativos vigentes à época, uma vez que a Lei nº 8.666/1993 somente impunha a publicação do ato de ratificação dos processos de dispensa de licitação após a sua ultimação (art. 26), não tendo sido prevista a divulgação prévia do procedimento administrativo em sua fase interna, de escolha do parceiro privado.

Assim como na legislação anterior, o parágrafo único do art. 72 da Lei nº 14.133/2021 somente preceitua a publicidade do ato que autoriza a contratação direta e do extrato decorrente do contrato. As únicas exceções são as dispensas de valor, que serão preferencialmente precedidas de divulgação de aviso em sítio eletrônico oficial, com a manifestação de interesse da administração em obter propostas adicionais de eventuais interessados, nos termos do §3º do art. 75.

Nada obstante, a decisão do TCU parece constituir uma boa prática, na medida em que amplia o universo de potenciais interessados para a contratação em que haja transferência de tecnologia de produtos estratégicos para SUS.

Cabe destacar que o Ministério da Saúde acolheu a orientação do TCU, no contexto do regime jurídico anterior, uma vez que, conforme o art. 9º do Decreto nº 9.245/2017, "a seleção do parceiro privado a ser contratado pela Administração Pública, no âmbito da PDP, será feita por meio de procedimentos objetivos, transparentes e simplificados, definidos em ato do Ministro de Estado da Saúde, após ouvido o Gecis".

Em outro precedente, a Corte de Contas estabeleceu alguns parâmetros para a apuração do valor da transferência de tecnologia. Por meio do Acórdão nº 725/2018-Plenário (Rel. Min. Benjamin Zymler), foi determinado ao Ministério da Saúde que definisse "os critérios e as metodologias que deverão ser observados para apuração do valor de transferência de tecnologia (know how), inclusive para fins de fixação de cláusula penal, em observância ao disposto no art. 55, VII, da Lei 8.666/1993".

Em outra importante decisão a respeito do assunto, o TCU decidiu, no Acórdão nº 1.171/2020-Plenário (Rel. Min. Benjamin Zymler), que não há obrigatoriedade de transferência da tecnologia de produção do Insumo Farmacêutico Ativo (IFA) para o parceiro público, em parcerias para o desenvolvimento produtivo (PDP) de medicamentos.

No caso, o Tribunal avaliou a legislação pertinente ao assunto e concluiu que é impositiva apenas nacionalização da cadeia produtiva do IFA, podendo a tecnologia de sua produção permanecer sob o domínio restrito do parceiro privado. Em outras palavras, a transferência de tecnologia ocorre apenas para a produção do medicamento, não do IFA. Seguem as considerações proferidas pelo relator:

> 102. Da leitura do normativo acima referido, verifica-se que a celebração de PDP envolve os seguintes agentes: i) o Ministério da Saúde, a quem cabe aprovar os respectivos projetos e adquirir os medicamentos na constância da PDP; ii) o laboratório público, a quem cabe absorver a tecnologia de fabricação do produto ao final da fase de internalização de tecnologia da PDP e motivar a escolha das entidades privadas participantes da PDP; iii) a entidade privada, detentora ou desenvolvedora da tecnologia do produto, a quem cabe realizar a transferência da tecnologia para o laboratório público; e iv) a instituição pública ou entidade privada, desenvolvedora nacional e produtora do insumo farmacêutico ativo em território brasileiro (nacionalização da produção do IFA).
> 103. Tem-se, assim, que não há obrigatoriedade para a transferência de tecnologia de produção de insumo farmacêutico ativo (IFA) para o parceiro público. Há, sim, a obrigatoriedade de nacionalização de toda a cadeia produtiva, inclusive da fabricação do IFA, e da internalização da tecnologia por parte do laboratório público, tornando-o detentor de todas as informações que garantam o domínio tecnológico e apto à portabilidade tecnológica para o atendimento das demandas do SUS, não havendo, repita-se, obrigatoriedade do domínio da tecnologia de todas as etapas de produção do medicamento, muito embora fosse desejável. [...]
> 108. Do exposto, evoluindo na posição anteriormente adotada, entendo não ser o caso de se expedir qualquer determinação ao Ministério da Saúde no sentido de que sejam implementadas medidas que assegurem a transferência de tecnologia de produção de insumo farmacêutico ativo (IFA) para o parceiro público no âmbito das Parcerias para o Desenvolvimento Produtivo (PDP) a serem celebradas.

13.4.25 Contratação de profissionais para compor a comissão de avaliação de critérios de técnica

Conforme o inc. XIII do art. 75, é dispensável a licitação "para contratação de profissionais para compor a comissão de avaliação de critérios de técnica, quando se tratar de profissional técnico de notória especialização".

O dispositivo não possui similar na Lei nº 8.666/1993, constituindo uma novidade da Lei nº 14.133/2021.

Não há na lei uma definição do que vem a ser a comissão de avaliação de critérios de técnica. A única comissão referenciada na norma é a de contratação (inc. L do art. 6º).

Assim, infere-se que a comissão aludida na norma é a formada pela administração contratante, em caráter permanente ou especial, para tratar de assuntos técnicos de interesse da contratação. Isso poderia ocorrer, por exemplo, no julgamento da proposta técnica em licitações cujo critério de julgamento fosse a melhor técnica ou conteúdo artístico ou técnica e preço (incs. III e IV do art. 33).

Essa comissão também poderá ser formada para a avaliação dos requisitos de habilitação técnica em licitações com objeto complexo; para a aprovação de projetos básicos e suas modificações em contratações integrada e semi-integrada, para a análise dos procedimentos de pré-qualificação; para a aprovação de termos aditivos; e para o recebimento do objeto.

A legislação exige o atendimento de um requisito objetivo para a efetivação da contratação direta de que trata o dispositivo: que os profissionais escolhidos tenham notória especialização.

13.4.26 Contratação de associação de pessoas com deficiência, sem fins lucrativos e de comprovada idoneidade

Conforme o inc. XIV do art. 75, é dispensável a licitação:

> para contratação de associação de pessoas com deficiência, sem fins lucrativos e de comprovada idoneidade, por órgão ou entidade da Administração Pública, para a prestação de serviços, desde que o preço contratado seja compatível com o praticado no mercado e os serviços contratados sejam prestados exclusivamente por pessoas com deficiência.

Comparando a redação do dispositivo com a do inc. XX do art. 24 da Lei nº 8.666/1993, houve duas alterações. A primeira foi a retirada da possibilidade de contratação de associação de pessoas com deficiência para o fornecimento de mão de obra, ou seja, para a terceirização de serviços. A segunda foi a inclusão da obrigatoriedade de os serviços contratados serem prestados exclusivamente por pessoas com deficiência.

Com relação à última modificação, compreende-se que ela já era exigível, mesmo no silêncio da Lei nº 8.666/1993, uma vez que essa modalidade de contratação é do tipo no qual a pessoa do contratado, *in casu*, do obreiro, é fundamental para que seja atendido o interesse público que fundamenta a dispensa de licitação.

Para a efetivação da contratação direta, a legislação exige o atendimento de um requisito objetivo: que a associação de pessoas com deficiência seja sem fins lucrativos.

Consoante o §3º do art. 12 da Lei nº 9.532, de 10.12.1997, considera-se entidade sem fins lucrativos "a que não apresente superávit em suas contas ou, caso o apresente em determinado exercício, destine referido resultado, integralmente, à manutenção e ao desenvolvimento dos seus objetivos sociais".

A parte final do dispositivo em exame anuncia que o preço contratado deve ser compatível com o praticado no mercado. Conforme afirmado anteriormente, trata-se de uma obrigação já imposta pela lei. Todo e qualquer ajuste firmado pela Administração, incluindo o decorrente de dispensa de licitação, deve cumprir esse requisito. Afinal, a autoridade responsável pelo processo de contratação direta deve estimar a despesa conforme as regras do art. 23 e justificar o preço praticado, nos termos dos incs. II e VII do art. 72 da presente lei.

13.4.27 Contratação de instituição brasileira que tenha por finalidade estatutária apoiar, captar e executar atividades de ensino, pesquisa, extensão, desenvolvimento institucional, científico e tecnológico e estímulo à inovação

Consoante o inc. XV do art. 75, é dispensável a licitação:

para contratação de instituição brasileira que tenha por finalidade estatutária apoiar, captar e executar atividades de ensino, pesquisa, extensão, desenvolvimento institucional, científico e tecnológico e estímulo à inovação, inclusive para gerir administrativa e financeiramente essas atividades, ou para contratação de instituição dedicada à recuperação social da pessoa presa, desde que o contratado tenha inquestionável reputação ética e profissional e não tenha fins lucrativos.

Houve sensível mudança na abrangência da hipótese de dispensa de licitação em exame, devido à inclusão de outras atividades passíveis de serem contratadas com base no dispositivo. Segue quadro comparativo das normas.

QUADRO 1
Atividades e funções institucionais que podem ser objeto de contratação direta

Lei nº 8.666/1993	Lei nº 14.133/2021
– pesquisa – ensino – desenvolvimento institucional – recuperação social do preso	– pesquisa – ensino – desenvolvimento institucional – recuperação social do preso – extensão – desenvolvimento científico – desenvolvimento tecnológico – estímulo à inovação

Além disso, a nova lei admitiu que as instituições sejam contratadas não apenas para executar as atividades acima designadas, como também para apoiar a sua realização; captar outras entidades aptas a fazê-las; e gerir administrativa e financeiramente tais atividades.

Em verdade, no caso específico das chamadas fundações de apoio, o art. 1º da Lei nº 8.958, de 20.12.1994, permitia a consecução dessas funções de suporte e gestão administrativa e financeira, inclusive das atividades de extensão, desenvolvimento científico e tecnológico e de estímulo à inovação, junto às instituições federais de ensino superior (IFES) e às demais instituições científicas e tecnológicas (ICTs) de que trata a Lei nº 10.973/2004.[192]

Com a nova lei de licitações, qualquer entidade com as funções institucionais indicadas no escopo do inc. XV do art. 75 podem ser contratadas diretamente por qualquer entidade pública, não apenas IFES ou ICTs, para realizar as atividades ali designadas, mediante dispensa de licitação.

A Lei nº 14.133/2021 não definiu o que vem a ser desenvolvimento institucional. Com isso, entende-se aplicável o conceito trazido pelo §1º do art. 1º da Lei nº 8.958/1994, adaptado para contemplar os órgãos e entidades sujeitos à nova Lei de Licitações.

Assim, o desenvolvimento institucional, para os fins da lei, envolve a realização de programas, projetos, atividades e operações especiais, inclusive de natureza infraestrutural, material e laboratorial, que levem à melhoria mensurável das condições dos órgãos e entidades das administrações públicas diretas, autárquicas e fundacionais da União, dos estados, do Distrito Federal e dos municípios, para cumprimento eficiente e eficaz de sua missão, conforme descrita no plano de desenvolvimento institucional. A norma prescreve que é vedada, em qualquer caso, a contratação de objetos genéricos, desvinculados de projetos específicos.

Do mesmo modo, entende-se que cabe a interpretação extensiva dos §§3º e 4º do art. 1º da Lei nº 8.958/1994, de forma a fazer incidir suas regras à contratação direta de projeto de desenvolvimento institucional realizada por qualquer órgão ou entidade sujeito à Lei nº 14.133/2021, com base no inc. XV do art. 75. Segue a redação dos dispositivos:

> §3º É vedado o enquadramento no conceito de desenvolvimento institucional, quando financiadas com recursos repassados pelas IFES e demais ICTs às fundações de apoio, de:
> I - atividades como manutenção predial ou infraestrutural, conservação, limpeza, vigilância, reparos, copeiragem, recepção, secretariado, serviços administrativos na área de informática, gráficos, reprográficos e de telefonia e demais atividades administrativas de rotina, bem como as respectivas expansões vegetativas, inclusive por meio do aumento no número total de pessoal; e
> II - outras tarefas que não estejam objetivamente definidas no Plano de Desenvolvimento Institucional da instituição apoiada.
> §4º É vedada a subcontratação total do objeto dos ajustes realizados pelas IFES e demais ICTs com as fundações de apoio, com base no disposto nesta Lei, bem como a subcontratação parcial que delegue a terceiros a execução do núcleo do objeto contratado.

---

[192] "Art. 1º As Instituições Federais de Ensino Superior - IFES e as demais Instituições Científicas e Tecnológicas - ICTs, de que trata a Lei nº 10.973, de 2 de dezembro de 2004, poderão celebrar convênios e contratos, nos termos do inciso XIII do caput do art. 24 da Lei no 8.666, de 21 de junho de 1993, por prazo determinado, com fundações instituídas com a finalidade de apoiar projetos de ensino, pesquisa, extensão, desenvolvimento institucional, científico e tecnológico e estímulo à inovação, inclusive na gestão administrativa e financeira necessária à execução desses projetos. (Redação dada pela Lei nº 12.863, de 2013)".

Com isso, reputa-se proibida a contratação de atividades de rotina administrativa de órgão ou entidade com base no inc. XV do art. 75, bem como a subcontratação total ou do núcleo do objeto de ajustes firmados com espeque na hipótese de dispensa de licitação em exame.

A vedação à realização de atividades meramente administrativas no âmbito de projeto de desenvolvimento institucional está sedimentada na jurisprudência do TCU emitida com base na legislação anterior (Acórdão nº 2.448/2007-Segunda Câmara. Rel. Aroldo Cedraz; Acórdão nº 297/2018-Plenário. Rel. Min. Benjamin Zymler). Avalia-se que tais precedentes se aplicam às contratações realizadas com base no dispositivo equivalente da nova lei.

A propósito, cabe transcrever interessante excerto do voto condutor do último *decisum*, o qual limitou o que pode ser legitimamente considerado atividade de apoio a projetos de desenvolvimento institucional:

> 3. Como se vê, as atividades realizadas pela Fiotec para o cumprimento das metas da contratação envolveram, principalmente, serviços burocráticos relativos à contratação de pessoa jurídica para a prestação de serviços administrativos tais como (lista exemplificativa): locação de espaço físico, reprografia, locação de veículo, avaliação de possíveis interferências na execução simultânea das atividades de terraplenagem e estaqueamento, execução de ensaios, apoio a sistemas de automação, aquisição de suprimentos (frascos, rolhas, selos de alumínio), manutenção para as impressoras, aquisição de baterias, tradução de contrato, limpeza e conservação, confecção de carimbos, limpeza de caixa de água, pagamento das mensalidades dos carnês de IPTU, dentre outros.
>
> 24. *Com isso, é possível afirmar que parte significativa do objeto do Contrato 70/2016 envolveu a realização de atividades administrativas de rotina, o que está terminantemente vedado pelo art. 1º, §3º, inciso I, da Lei 8.958/1994, conforme visto.*
>
> 25. Ademais, verifico que a Fiotec atuou basicamente como intermediária da Fiocruz na contratação de serviços de interesse do projeto de Bio-Manguinhos junto a pessoas jurídicas. Do total de R$45.173.449,58, correspondente à soma das rubricas previstas no orçamento do Contrato 70/2016 (peça 39, p. 40), R$29.344.179,58 estavam destinados à contratação de pessoas jurídicas, o que equivale a aproximadamente 65% dos dispêndios do ajuste.
>
> 26. *A contratação de uma fundação de apoio para executar uma atividade de rotina administrativa, tal como a realização de procedimentos licitatórios de interesse da entidade apoiada, somente se justifica quando a natureza peculiar dos serviços e das aquisições exige a atuação especializada daquela e os objetos contratados estiverem intimamente relacionados ao seu propósito institucional: projetos de ensino, pesquisa, extensão, desenvolvimento institucional, científico e tecnológico e estímulo à inovação, inclusive na gestão administrativa e financeira necessária* à *execução desses projetos.*
>
> 27. Pelo caráter genérico da especificação dos serviços indicados no Contrato 70/2016 e pela descrição contida nos relatórios de faturamento, compreendo que a Fiotec e a Fiocruz não comprovaram a aderência do objeto do ajuste aos ditames da Lei 8.958/1994, não assistindo, portanto, razão, às defendentes. (Grifos nossos)

Usando a *ratio* da decisão supramencionada na interpretação do inc. XV do art. 75, uma instituição brasileira com a função institucional de apoiar projeto de desenvolvimento institucional poderia até ser contratada, mediante dispensa de licitação, para gerir administrativa e financeiramente projeto com essa natureza de um determinado órgão público. Porém, ela somente poderia legitimamente conduzir licitações e administrar despesas que fossem diretamente relacionadas ao projeto de desenvolvimento institucional.

Em nossa visão, também permanece aplicável a Súmula-TCU nº 250 de 27.6.2007:

> A contratação de instituição sem fins lucrativos, com dispensa de licitação, com fulcro no art. 24, inciso XIII, da Lei 8.666/1993, somente é admitida nas hipóteses em que houver nexo efetivo entre o mencionado dispositivo, a natureza da instituição e o objeto contratado, além de comprovada a compatibilidade com os preços de mercado.

Por fim, para a efetivação da contratação direta com base no presente dispositivo, a legislação exige o atendimento de mais três requisitos por parte da instituição contratada: que ela seja brasileira, tenha inquestionável reputação ética e profissional e não tenha fins lucrativos.

Conforme o art. 1.126 do Código Civil, é considerada nacional a sociedade organizada de conformidade com a lei brasileira e que tenha no país a sede de sua administração. Tal conceito pode ser aplicado para a caracterização da instituição como brasileira.

A lei não disciplinou como aferir a reputação ética e profissional de uma instituição para fins de contratação direta com base na presente disposição. Uma vez que o exame de tais aspectos interfere no direito do particular de contratar junto ao Estado, é necessário que o tema seja objeto de regulamentação.

Na falta de outros critérios, avalia-se que a reputação ética e profissional pode ser configurada pelo histórico de bons serviços prestados pela instituição, ao longo de sua existência. Além disso, a ausência de condenações definitivas, na esfera administrativa, controladora e judicial, é um fator de corroboração desse juízo valorativo, podendo ser usado na avaliação pelo Poder Público.

Em nossa visão, uma entidade que tenha sido sancionada com as penas de impedimento de licitar e contratar e de declaração de inidoneidade para licitar ou contratar (incs. III e IV do art. 156) sofre um abalo em sua reputação ética, não podendo mais ser contratada diretamente com base no inc. XV do art. 75.

Consoante o §3º do art. 12 da Lei nº 9.532, de 10.12.1997, considera-se entidade sem fins lucrativos "a que não apresente superávit em suas contas ou, caso o apresente em determinado exercício, destine referido resultado, integralmente, à manutenção e ao desenvolvimento dos seus objetivos sociais".

13.4.28 Aquisição de insumos estratégicos para a saúde produzidos por fundação que, regimental ou estatutariamente, tenha por finalidade apoiar órgão da Administração Pública direta, sua autarquia ou fundação

Segundo o inc. XVI do art. 75, é dispensável a licitação:

> para aquisição, por pessoa jurídica de direito público interno, de insumos estratégicos para a saúde produzidos por fundação que, regimental ou estatutariamente, tenha por

finalidade apoiar órgão da Administração Pública direta, sua autarquia ou fundação em projetos de ensino, pesquisa, extensão, desenvolvimento institucional, científico e tecnológico e de estímulo à inovação, inclusive na gestão administrativa e financeira necessária à execução desses projetos, ou em parcerias que envolvam transferência de tecnologia de produtos estratégicos para o SUS, nos termos do inciso XII do caput deste artigo, e que tenha sido criada para esse fim específico em data anterior à entrada em vigor desta Lei, desde que o preço contratado seja compatível com o praticado no mercado.

Comparando o dispositivo com o equivalente da Lei nº 8.666/1993 (inc. XXXIV do art. 24), verifica-se que foi excluída a possibilidade aquisição, por dispensa de licitação, de insumos estratégicos que tenham sido *distribuídos*, não produzidos, por fundação que tenha as finalidades estatutárias ou regimentais preconizadas acima.

Em nossa visão, essa mudança se insere dentro da lógica dos projetos de ensino, pesquisa, extensão, desenvolvimento institucional, científico e tecnológico e de estímulo à inovação, assim como dos procedimentos de transferência de tecnologia de produtos estratégicos para o Sistema Único de Saúde (SUS), consignados no inc. XII do artigo em exame. Tais iniciativas visam justamente dotar um órgão da Administração Pública – neste caso uma fundação que tenha por finalidade apoiar órgão da Administração Pública direta, sua autarquia ou fundação em projetos com essa natureza – da capacidade de *produzir* determinado insumo que seja considerado estratégico para a saúde.

Para a contratação direta com base na presente disposição é necessário o cumprimento de alguns requisitos objetivos.

O primeiro deles é que o contratante seja pessoa jurídica de direito público interno. Tomando como norte a catalogação do art. 41 do Código Civil, podem se valer da presente hipótese de dispensa de licitação: a União, os estados, o Distrito Federal, os territórios, os municípios, as autarquias, inclusive as associações públicas e as demais entidades de caráter público criadas por lei. Por consequência, as fundações criadas pelo Estado com personalidade jurídica de direito privado estão fora do espaço de abrangência desse dispositivo.

O segundo requisito é que o bem adquirido seja um insumo estratégico para a saúde. A propósito do assunto, cabe lembrar que a relação desses produtos é definida em ato da direção nacional do SUS, conforme exposto anteriormente, a pretexto da análise do inc. XII do art. 75 (item 13.4.24 *retro*).

O terceiro é que os aludidos insumos tenham sido produzidos por fundação que, regimental ou estatutariamente, tenha por finalidade apoiar órgão da Administração Pública direta, sua autarquia ou fundação em:
   a) projetos de ensino, pesquisa, extensão, desenvolvimento institucional, científico e tecnológico e de estímulo à inovação, inclusive na gestão administrativa e financeira necessária à execução desses projetos; ou
   b) parcerias que envolvam transferência de tecnologia de produtos estratégicos para o SUS, nos termos do inc. XII do *caput* do art. 75.

O quarto é que a fundação tenha sido criada para esse fim específico em data anterior à entrada em vigor da Lei nº 14.133/2021.

Trata-se de critério objetivo imposto pelo legislador, com o qual, infelizmente, não se concorda. Afinal, não há razão lógica para proibir uma fundação eventualmente criada pelo Estado com esse fim específico, no futuro, de fornecer insumos considerados estratégicos pelo SUS à pessoa jurídica de direito público interno, somente porque a autorização de sua criação ocorreu após a vigência da lei.

A propósito, como a instituição de qualquer entidade pública depende de lei ou autorização legislativa, não haveria, na prática, nenhum óbice, pelo menos no plano federal, a que a própria lei que disciplinasse a fundação permitisse a sua contratação direta mediante dispensa de licitação, tornando sem efeito o disposto no inciso em comento. Logo, tudo dependerá do regime jurídico ao qual a nova instituição estará inserida.

O último critério especificado é o de que o preço contratado seja compatível com o praticado no mercado. Conforme afirmado anteriormente, entende-se que essa exigência se aplica a qualquer ajuste firmado pela Administração, incluindo os decorrentes de dispensa de licitação, de modo que a sua previsão no inciso em exame é desnecessária. Afinal, a autoridade responsável pelo processo de contratação direta deve estimar a despesa conforme as regras do art. 23 e justificar o preço praticado, nos termos dos incs. II e VII do art. 72 da presente lei.

13.4.29 Dispositivos excluídos

O art. 75 da Lei nº 14.133/2021 deixou de prever as seguintes hipóteses de dispensa de licitação consignadas no regime anterior:

> X - para a compra ou locação de imóvel destinado ao atendimento das finalidades precípuas da administração, cujas necessidades de instalação e localização condicionem a sua escolha, desde que o preço seja compatível com o valor de mercado, segundo avaliação prévia;
> XI - na contratação de remanescente de obra, serviço ou fornecimento, em conseqüência de rescisão contratual, desde que atendida a ordem de classificação da licitação anterior e aceitas as mesmas condições oferecidas pelo licitante vencedor, inclusive quanto ao preço, devidamente corrigido;
> XVI - para a impressão dos diários oficiais, de formulários padronizados de uso da administração, e de edições técnicas oficiais, bem como para prestação de serviços de informática a pessoa jurídica de direito público interno, por órgãos ou entidades que integrem a Administração Pública, criados para esse fim específico;
> XXII - na contratação de fornecimento ou suprimento de energia elétrica e gás natural com concessionário, permissionário ou autorizado, segundo as normas da legislação específica;
> XXIII - na contratação realizada por empresa pública ou sociedade de economia mista com suas subsidiárias e controladas, para a aquisição ou alienação de bens, prestação ou obtenção de serviços, desde que o preço contratado seja compatível com o praticado no mercado.
> XXIV - para a celebração de contratos de prestação de serviços com as organizações sociais, qualificadas no âmbito das respectivas esferas de governo, para atividades contempladas no contrato de gestão.

XXX - na contratação de instituição ou organização, pública ou privada, com ou sem fins lucrativos, para a prestação de serviços de assistência técnica e extensão rural no âmbito do Programa Nacional de Assistência Técnica e Extensão Rural na Agricultura Familiar e na Reforma Agrária, instituído por lei federal.

XXXIII - na contratação de entidades privadas sem fins lucrativos, para a implementação de cisternas ou outras tecnologias sociais de acesso à água para consumo humano e produção de alimentos, para beneficiar as famílias rurais de baixa renda atingidas pela seca ou falta regular de água.

XXXV - para a construção, a ampliação, a reforma e o aprimoramento de estabelecimentos penais, desde que configurada situação de grave e iminente risco à segurança pública.

Com relação à compra ou locação de imóvel destinado ao atendimento das finalidades precípuas da Administração (inc. X do art. 24 da Lei nº 8.666/1993), a nova lei a estatuiu como uma das hipóteses de inexigibilidade de licitação, conforme vimos no item 13.3.5 *supra*.

A contratação de remanescente de obra, serviço ou fornecimento, em consequência de rescisão contratual (inc. XI do art. 24 da Lei nº 8.666/1993) deixou de ser tratada como dispensa de licitação, mas ela permanece admitida no §7º do art. 90 da Lei nº 14.133/2021, *in verbis*:

> §7º Será facultada à Administração a convocação dos demais licitantes classificados para a contratação de remanescente de obra, de serviço ou de fornecimento em consequência de rescisão contratual, observados os mesmos critérios estabelecidos nos §§2º e 4º deste artigo.

Como será comentado por ocasião da análise desse dispositivo, a grande mudança verificada no atual regime é a possibilidade de a contratação do remanescente da obra, serviço ou fornecimento ocorrer conforme as condições ofertadas pelos demais licitantes, observados o valor estimado e sua eventual atualização nos termos do edital.

A hipótese do inc. XVI do art. 24 da Lei nº 8.666/1993 deixou de existir no atual regime, mas a contratação dos serviços ali designados pode, em tese, ser enquadrada no inc. IX do art. 75 da Lei nº 14.133/2021:

> trata da aquisição, por pessoa jurídica de direito público interno, de bens produzidos ou serviços prestados por órgão ou entidade que integrem a Administração Pública e que tenham sido criados para esse fim específico, desde que o preço contratado seja compatível com o praticado no mercado.

Assim, entende-se possível a contratação direta da impressão dos diários oficiais, de formulários padronizados de uso da Administração e de edições técnicas oficiais, bem como para prestação de serviços de informática, junto a entidades criadas para esse fim específico, desde que atendidos os requisitos estabelecidos no inc. IX do art. 75.

A contratação de fornecimento ou suprimento de energia elétrica e gás natural com concessionário, permissionário ou autorizado (inc. XXII do art. 24 da Lei nº 8.666/1993) pode ser realizada diretamente, por inexigibilidade de licitação, se não houver viabilidade de competição devido à existência de um único fornecedor disponível. Todavia, havendo a possibilidade de competição, em função da existência de vários fornecedores,[193] a Administração deve promover licitação pública.

A hipótese do inc. XXII do art. 24 da Lei nº 8.666/1993 foi excluída por razões evidentes: a Lei nº 14.133/2021 não se aplica às empresas públicas, às sociedades de economia mista e às suas subsidiárias, que são regidas pela Lei nº 13.303, de 30.6.2016. A única exceção quanto ao exposto acima diz respeito ao art. 178 da nova lei (crimes em licitações e contratos), que se aplica a toda Administração Pública.

Com relação à contratação direta de organizações sociais, qualificadas no âmbito das respectivas esferas de governo, para a realização das atividades contempladas no contrato de gestão, a qual não foi reproduzida na nova lei, cabem as seguintes considerações.

As organizações sociais são pessoas jurídicas de direito privado, sem fins lucrativos, não integrantes da Administração Pública, que recebem essa qualificação pelo Poder Executivo com vistas à eventual formação de contrato de gestão para fomento e execução das seguintes atividades consignadas no art. 1º da Lei nº 9.637, de 15.5.1998: ensino, pesquisa científica, desenvolvimento tecnológico, proteção e preservação do meio ambiente, cultura e saúde.

Essas entidades privadas se inserem na nova lógica estatal de prestação de serviços públicos, na qual o Poder Público se associa a entidades privadas para a realização de atividades de interesse público. Essa associação ocorre mediante um vínculo de direito público, no qual ocorre a delegação de serviços públicos para um ente não integrante da estrutura da Administração Pública. Isso pode ocorrer por meio de lei, contrato, ato administrativo complexo ou, ainda, simples ato administrativo, conforme o caso.[194]

Segundo Diogo de Figueiredo Moreira Neto, a denominação utilizada – contrato de gestão – é tecnicamente inadequada, uma vez que essa relação não apresenta natureza contratual. Em sua visão:

> não se trata de contrato, porque não são pactuadas prestações recíprocas, voltadas à satisfação de interesses de cada uma delas em separado, senão que, distintamente, as partes ajustam prestações conjugadas, em regime de colaboração, dirigidas à satisfação de um mesmo interesse público que lhes é comum, elemento que caracteriza um pacto não contratual.[195]

Tal posição foi assentada pelo STF, ao julgar a ADI nº 1.923/DF (Rel. Min. Ayres Britto, Red. p/ acórdão Min. Luiz Fux), como se vê no seguinte trecho da ementa do julgamento:

---

[193] Essa situação deverá ocorrer no setor de gás natural em razão da abertura do mercado proporcionada pelo novo marco regulatório aprovado pela Lei nº 14.134, de 8.4.2021.
[194] MOREIRA NETO, Diogo de Figueiredo. *Curso de direito administrativo*. Rio de Janeiro: Forense, 2005. p. 268.
[195] MOREIRA NETO, Diogo de Figueiredo. *Curso de direito administrativo*. Rio de Janeiro: Forense, 2005. p. 277.

12. A figura do contrato de gestão configura hipótese de convênio, por consubstanciar a conjugação de esforços com plena harmonia entre as posições subjetivas, que buscam um negócio verdadeiramente associativo, e não comutativo, para o atingimento de um objetivo comum aos interessados: a realização de serviços de saúde, educação, cultura, desporto e lazer, meio ambiente e ciência e tecnologia, razão pela qual se encontram fora do âmbito de incidência do art. 37, XXI, da CF.

Para a celebração desse instrumento, é preciso atender às seguintes balizas estatuídas no art. 7º da Lei nº 9.637/1998:

> Art. 7º Na elaboração do contrato de gestão, devem ser observados os princípios da legalidade, impessoalidade, moralidade, publicidade, economicidade e, também, os seguintes preceitos:
> I - especificação do programa de trabalho proposto pela organização social, a estipulação das metas a serem atingidas e os respectivos prazos de execução, bem como previsão expressa dos critérios objetivos de avaliação de desempenho a serem utilizados, mediante indicadores de qualidade e produtividade;
> II - a estipulação dos limites e critérios para despesa com remuneração e vantagens de qualquer natureza a serem percebidas pelos dirigentes e empregados das organizações sociais, no exercício de suas funções.

Como se vê, há uma aparente antinomia entre este dispositivo e o inc. XXIV do art. 24 da Lei nº 8.666/1993, que estabelece a contratação direta de organizações sociais para a prestação dos serviços estipulados no contrato de gestão. Isso porque a primeira disposição exige a observância do princípio da impessoalidade na contratação de organizações sociais, o que sugere a realização de algum tipo de procedimento simplificado de seleção.

Em verdade, a inconstitucionalidade do último dispositivo chegou a ser suscitada na ADI nº 1.923/DF, supramencionada, sob o argumento de que teria ocorrido violação ao dever constitucional de licitação, estatuído no art. 37, inc. XXI c/c o art. 175 da Lei Maior, uma vez que esta não previu dispensa de licitação para a concessão ou permissão de serviços públicos.

Todavia, o STF concluiu que essa hipótese de contratação direta se mostra compatível com a Constituição e faz parte do que se chama de função regulatória da licitação, tendo compatibilizado a redação do inc. XXIV do art. 24 da Lei nº 8.666/1993 com a do *caput* do art. 7º da Lei nº 9.637/1998, ao decidir o seguinte:

> 14. As dispensas de licitação instituídas no art. 24, XXIV, da Lei nº 8.666/93 e no art. 12, §3º, da Lei nº 9.637/98 têm a finalidade que a doutrina contemporânea denomina de função regulatória da licitação, através da qual a licitação passa a ser também vista como mecanismo de indução de determinadas práticas sociais benéficas, fomentando a atuação de organizações sociais que já ostentem, à época da contratação, o título de qualificação, e que por isso sejam reconhecidamente colaboradoras do Poder Público no desempenho dos deveres constitucionais no campo dos serviços sociais. O afastamento do certame licitatório não exime, porém, o administrador público da observância dos princípios constitucionais, de modo que a contratação direta deve observar critérios objetivos e impessoais, com publicidade de forma a permitir o acesso a todos os interessados.

Com a decisão do STF, erigiu-se um procedimento de contratação direta dotado de uma etapa preliminar competitiva e pública, anterior à celebração do ajuste, no qual deveria ser assegurado o devido cumprimento aos princípios constitucionais e legais acima anunciados. Assim, muito embora o Poder Público não estivesse obrigado a proceder a uma licitação para celebrar um contrato de gestão com uma entidade qualificada como organização social, ele deveria abrir um processo seletivo visando à escolha de uma instituição entre as interessadas, a partir de critérios objetivos e ampla transparência.

Tal posição foi reforçada pela Lei nº 14.133/2021, que simplesmente excluiu a celebração de contratos de gestão entre as hipóteses de dispensa de licitação, o que a nosso juízo parece mais adequado, já que a sua conclusão exige um procedimento de seleção prévia, conduzido de forma pública, objetiva e impessoal, com a observância dos princípios do *caput* do art. 37 da Constituição e das balizas impostas pelo art. 7º da Lei nº 9.637/1998.

Quanto aos demais casos de dispensa de licitação não contemplados na nova lei, eles consubstanciavam escolhas do legislador no âmbito da função regulatória da licitação, as quais deixaram de ser contempladas no atual regime. Com isso, é necessária a realização de licitação para a contratação dos objetos ali mencionados.

13.4.30 Dispensas de licitação verificadas em outras leis

Como se sabe, a produção legislativa é bastante dinâmica, ainda mais no contexto vivido entre 2020 e 2021, em que se buscou endereçar soluções aos problemas sociais existentes, agravados pela pandemia da Covid-19.

Nesse cenário, foi aprovada a Lei nº 14.284, de 29.12.2001, que instituiu os Programas Auxílio Brasil e Alimenta Brasil.

Conforme o art. 24, *caput* e §1º, foi dispensada a licitação para a contratação de instituição financeira federal para exercer a função de agente operador do Programa Auxílio Brasil e dos recursos e benefícios financeiros previstos nesta lei, mediante condições a serem pactuadas com o Governo Federal, observadas as formalidades legais, nos termos do regulamento.

O art. 29, por sua vez, autorizou a União, por meio do Ministério da Cidadania, a contratar, com dispensa de licitação, instituições financeiras federais para a adoção das medidas especificadas no art. 28:

> a fim de obter a restituição dos valores indevidamente pagos a título de auxílio emergencial com amparo na Lei nº 13.982, de 2020, na Medida Provisória nº 1.000, de 2020, e na Medida Provisória nº 1.039, de 2021, bem como os ressarcimentos de benefícios recebidos indevidamente no Programa Bolsa Família, previsto na Lei nº 10.836, de 2004, e no Programa Auxílio Brasil.

Por fim, o art. 34 permitiu que os poderes executivos federal, estadual, distrital e municipal adquirissem alimentos produzidos por agricultores familiares e demais beneficiários da Política Nacional da Agricultura Familiar e Empreendimentos Familiares Rurais (Lei nº 11.326, de 24.7.2006), com dispensa de licitação, observadas as exigências especificadas.

CAPÍTULO 14

DAS ALIENAÇÕES

Art. 76. A alienação de bens da Administração Pública, subordinada à existência de interesse público devidamente justificado, será precedida de avaliação e obedecerá às seguintes normas:
I - tratando-se de bens imóveis, inclusive os pertencentes às autarquias e às fundações, exigirá autorização legislativa e dependerá de licitação na modalidade leilão, dispensada a realização de licitação nos casos de:
a) dação em pagamento;
b) doação, permitida exclusivamente para outro órgão ou entidade da Administração Pública, de qualquer esfera de governo, ressalvado o disposto nas alíneas "f", "g" e "h" deste inciso;
c) permuta por outros imóveis que atendam aos requisitos relacionados às finalidades precípuas da Administração, desde que a diferença apurada não ultrapasse a metade do valor do imóvel que será ofertado pela União, segundo avaliação prévia, e ocorra a torna de valores, sempre que for o caso;
d) investidura;
e) venda a outro órgão ou entidade da Administração Pública de qualquer esfera de governo;
f) alienação gratuita ou onerosa, aforamento, concessão de direito real de uso, locação e permissão de uso de bens imóveis residenciais construídos, destinados ou efetivamente usados em programas de habitação ou de regularização fundiária de interesse social desenvolvidos por órgão ou entidade da Administração Pública;
g) alienação gratuita ou onerosa, aforamento, concessão de direito real de uso, locação e permissão de uso de bens imóveis comerciais de âmbito local, com área de até 250 m² (duzentos e cinquenta metros quadrados) e destinados a programas de regularização fundiária de interesse social desenvolvidos por órgão ou entidade da Administração Pública;

h) alienação e concessão de direito real de uso, gratuita ou onerosa, de terras públicas rurais da União e do Instituto Nacional de Colonização e Reforma Agrária (Incra) onde incidam ocupações até o limite de que trata o §1º do art. 6º da Lei nº 11.952, de 25 de junho de 2009, para fins de regularização fundiária, atendidos os requisitos legais;

i) legitimação de posse de que trata o art. 29 da Lei nº 6.383, de 7 de dezembro de 1976, mediante iniciativa e deliberação dos órgãos da Administração Pública competentes;

j) legitimação fundiária e legitimação de posse de que trata a Lei nº 13.465, de 11 de julho de 2017;

II - tratando-se de bens móveis, dependerá de licitação na modalidade leilão, dispensada a realização de licitação nos casos de:

a) doação, permitida exclusivamente para fins e uso de interesse social, após avaliação de oportunidade e conveniência socioeconômica em relação à escolha de outra forma de alienação;

b) permuta, permitida exclusivamente entre órgãos ou entidades da Administração Pública;

c) venda de ações, que poderão ser negociadas em bolsa, observada a legislação específica;

d) venda de títulos, observada a legislação pertinente;

e) venda de bens produzidos ou comercializados por entidades da Administração Pública, em virtude de suas finalidades;

f) venda de materiais e equipamentos sem utilização previsível por quem deles dispõe para outros órgãos ou entidades da Administração Pública.

§1º A alienação de bens imóveis da Administração Pública cuja aquisição tenha sido derivada de procedimentos judiciais ou de dação em pagamento dispensará autorização legislativa e exigirá apenas avaliação prévia e licitação na modalidade leilão.

§2º Os imóveis doados com base na alínea "b" do inciso I do caput deste artigo, cessadas as razões que justificaram sua doação, serão revertidos ao patrimônio da pessoa jurídica doadora, vedada sua alienação pelo beneficiário.

§3º A Administração poderá conceder título de propriedade ou de direito real de uso de imóvel, admitida a dispensa de licitação, quando o uso destinar-se a:

I - outro órgão ou entidade da Administração Pública, qualquer que seja a localização do imóvel;

II - pessoa natural que, nos termos de lei, regulamento ou ato normativo do órgão competente, haja implementado os requisitos mínimos de cultura, de ocupação mansa e pacífica e de exploração direta sobre área rural, observado o limite de que trata o §1º do art. 6º da Lei nº 11.952, de 25 de junho de 2009.

§4º A aplicação do disposto no inciso II do §3º deste artigo será dispensada de autorização legislativa e submeter-se-á aos seguintes condicionamentos:

I - aplicação exclusiva às áreas em que a detenção por particular seja comprovadamente anterior a 1º de dezembro de 2004;

II - submissão aos demais requisitos e impedimentos do regime legal e administrativo de destinação e de regularização fundiária de terras públicas;

III - vedação de concessão para exploração não contemplada na lei agrária, nas leis de destinação de terras públicas ou nas normas legais ou administrativas de zoneamento ecológico-econômico;

> IV - previsão de extinção automática da concessão, dispensada notificação, em caso de declaração de utilidade pública, de necessidade pública ou de interesse social;
> V - aplicação exclusiva a imóvel situado em zona rural e não sujeito a vedação, impedimento ou inconveniente à exploração mediante atividade agropecuária;
> VI - limitação a áreas de que trata o §1º do art. 6º da Lei nº 11.952, de 25 de junho de 2009, vedada a dispensa de licitação para áreas superiores;
> VII - acúmulo com o quantitativo de área decorrente do caso previsto na alínea "i" do inciso I do caput deste artigo até o limite previsto no inciso VI deste parágrafo.
> §5º Entende-se por investidura, para os fins desta Lei, a:
> I - alienação, ao proprietário de imóvel lindeiro, de área remanescente ou resultante de obra pública que se tornar inaproveitável isoladamente, por preço que não seja inferior ao da avaliação nem superior a 50% (cinquenta por cento) do valor máximo permitido para dispensa de licitação de bens e serviços previsto nesta Lei;
> II - alienação, ao legítimo possuidor direto ou, na falta dele, ao poder público, de imóvel para fins residenciais construído em núcleo urbano anexo a usina hidrelétrica, desde que considerado dispensável na fase de operação da usina e que não integre a categoria de bens reversíveis ao final da concessão.
> §6º A doação com encargo será licitada e de seu instrumento constarão, obrigatoriamente, os encargos, o prazo de seu cumprimento e a cláusula de reversão, sob pena de nulidade do ato, dispensada a licitação em caso de interesse público devidamente justificado.
> §7º Na hipótese do §6º deste artigo, caso o donatário necessite oferecer o imóvel em garantia de financiamento, a cláusula de reversão e as demais obrigações serão garantidas por hipoteca em segundo grau em favor do doador.
> Art. 77. Para a venda de bens imóveis, será concedido direito de preferência ao licitante que, submetendo-se a todas as regras do edital, comprove a ocupação do imóvel objeto da licitação.

A alienação é o negócio jurídico por meio do qual o titular transfere a propriedade do bem a uma outra pessoa, de forma gratuita ou onerosa, voluntária ou compulsória.

Segundo Diogo de Figueiredo Moreira Neto, "a alienação é o gênero que engloba todas as formas de disposição extrema do domínio, transferindo um bem, definitivamente ou por um lapso de tempo, a terceiros, neste caso, com sujeição a termo ou condição, caracterizando um domínio resolúvel".[196]

No âmbito da Administração Pública, a alienação de bens públicos deve cumprir a eventual legislação especial a respeito do assunto, as normas gerais trazidas pela Lei nº 14.133/2021 e pelo Código Civil.

A propósito da norma civilista, o art. 98 conceitua os bens públicos como aqueles do domínio nacional pertencentes às pessoas jurídicas de direito público interno. Segundo o dispositivo, todos os outros são particulares, seja qual for a pessoa a que pertencerem, o que implica dizer que os bens das empresas públicas, sociedades de

---

[196] MOREIRA NETO, Diogo de Figueiredo. *Curso de direito administrativo*. Rio de Janeiro: Forense, 2005. p. 347.

economia mista e fundações de direito privado têm esta natureza, não se sujeitando à ordem normativa dos bens públicos.

O art. 99 do Código Civil divide os bens públicos em três espécies:

a) os de uso comum do povo, como rios, mares, estradas, ruas e praças;

b) os de uso especial, como edifícios ou terrenos destinados a serviço ou estabelecimento da Administração federal, estadual, territorial ou municipal, inclusive os de suas autarquias; e

c) os dominicais, que constituem o patrimônio das pessoas jurídicas de direito público, como objeto de direito pessoal, ou real, de cada uma dessas entidades.

Conforme o art. 100 do Código Civil, os dois primeiros são inalienáveis, enquanto conservarem a sua qualificação, na forma que a lei determinar. Somente os bens públicos dominicais podem ser alienados, observadas as exigências da lei, nos termos do art. 101. Os bens de uso especial podem ser tornados dominicais, mediante a chamada desafetação. Trata-se de ato administrativo mediante o qual o bem é formalmente desvinculado do uso de interesse público ao qual servia, por não ser mais necessário ao cumprimento de necessidades estatais e coletivas.

Segundo Diogo de Figueiredo Moreira Neto, há várias modalidades de alienação de bens públicos. Ela poderá se realizar pelas formas civis contratuais mais usuais, como a venda, a doação e a permuta, como, também, por outras especiais, a exemplo da dação em pagamento, da investidura e da incorporação.[197]

Passando ao exame do art. 76 da Lei nº 14.133/2021, verifica-se que ele tratou de outros institutos não necessariamente abarcados no conceito de alienação, como o aforamento, a concessão de direito real de uso, a locação e a permissão de uso de bens imóveis, os quais não envolvem transferência de domínio. Trata-se de mera opção do legislador, a qual não implica uma alteração na abrangência científica do termo, que permanece atrelada à sua origem civil.

A redação do dispositivo é praticamente idêntica à do art. 17 da Lei nº 8.666/1993. Houve uma alteração na alínea "c" do inc. I, a ser comentada adiante, relacionada ao valor mínimo do bem a ser ofertado em permuta ao da Administração, a inclusão de uma outra hipótese de licitação dispensada em se tratando de alienação de bem imóvel (alínea "j" do inc. I) e a substituição da modalidade de licitação aplicável de concorrência por leilão. Ressalvadas essas mudanças, entende-se aplicável a produção doutrinária e jurisprudencial a respeito da disposição da legislação anterior, desde que compatível com o espírito geral do novel regime jurídico.

Os requisitos para a alienação de bens da Administração Pública são os seguintes:

a) existência de interesse público devidamente justificado;

b) avaliação prévia dos bens;

c) autorização legislativa, tratando-se de bens imóveis;

d) licitação na modalidade leilão.

---

[197] MOREIRA NETO, Diogo de Figueiredo. *Curso de direito administrativo*. Rio de Janeiro: Forense, 2005. p. 347.

O §1º veicula uma exceção a essa regra, ao dispor que "a alienação de bens imóveis da Administração Pública cuja aquisição tenha sido derivada de procedimentos judiciais ou de dação em pagamento dispensará autorização legislativa e exigirá apenas avaliação prévia e licitação na modalidade leilão".

As alíneas dos incs. I e II do art. 76 contemplam os casos em que a licitação é dispensada. Trata-se de uma relação exaustiva, uma vez que elas contemplam exceções ao dever geral de licitar. Passa-se, então, ao exame da matéria.

14.1 Licitação dispensada envolvendo bens imóveis da Administração Pública direta, autárquica e fundacional

O inc. I do art. 76 dispõe sobre os casos em que está dispensada a realização de licitação envolvendo bens imóveis pertencentes à Administração Pública direta, autárquica e fundacional.

14.1.1 Dação em pagamento

A alínea "a" do inc. I preconiza que a realização de licitação é dispensada no caso de dação em pagamento.

A dação em pagamento é uma modalidade de extinção de obrigação por meio da qual o credor concorda em receber um bem ofertado pelo devedor no lugar da prestação que lhe é devida (arts. 356 a 359 do Código Civil).

A hipótese da alínea "a" do inc. I envolve, portanto, a entrega de um bem público em substituição a uma dívida do Estado.

Para que a dação em pagamento seja legítima, é necessário, primeiro, que ela seja a opção mais vantajosa para o ente público, comparativamente à alternativa de realizar um leilão para a alienação do imóvel com a posterior utilização da quantia obtida para o pagamento da dívida. Dito de outra forma, é preciso que o valor a ser compensado da dívida seja no mínimo igual à estimativa do valor de alienação do bem, descontados os custos administrativos em que a Administração incorreria para realizar o leilão, procedendo-se à comparação em uma mesma data-base.

É necessário respeitar, ainda, a ordem cronológica dos pagamentos devidos pela Administração, consoante o disposto no art. 141 da Lei nº 14.133/2021. Assim, havendo mais de um credor interessado em receber o bem imóvel, será obrigatória a dação em pagamento àquele mais bem posicionado na fila, bastando que a sua dívida seja igual ou superior à estimativa do bem imóvel na mesma data-base, como visto.

Caso exista mais de um credor interessado, na mesma posição na ordem cronológica de pagamentos, a dação em pagamento deverá ser ofertada àquele cuja dívida tenha maior valor presente líquido.

Em nossa visão, não há espaço para se cogitar da realização de uma licitação para a seleção de um credor com vistas à oferta de um bem em dação em pagamento, uma vez que sempre será possível a escolha de um deles a partir de um dos critérios acima anunciados: o cronológico ou o maior valor da dívida a ser compensada.

Sendo essas premissas insuficientes, ou seja, havendo um ou mais credores com dívidas de igual valor e mesma data de vencimento, também não seria razoável imaginar a abertura de um processo competitivo para a seleção de um deles, já que não existiria um critério de escolha aceitável para tanto. Neste caso, a Administração deve realizar o sorteio de um deles e promover a contratação direta nos termos do dispositivo em análise.

14.1.2 Doação para outro órgão ou entidade da Administração Pública de qualquer esfera de governo

A alínea "b" do inc. I estabelece que a realização de licitação é dispensada no caso de "doação, permitida exclusivamente para outro órgão ou entidade da Administração Pública, de qualquer esfera de governo, ressalvado o disposto nas alíneas 'f', 'g' e 'h' deste inciso".

A doação para outro órgão ou entidade da Administração Pública, de qualquer esfera de governo, tem como fundamento a viabilização de políticas públicas que também sejam do interesse de órgão ou entidade da Administração direta, autárquica e fundacional da União.

Isso pode ocorrer no campo das competências administrativas comuns da União, dos estados, do Distrito Federal e dos municípios (art. 23 da Constituição), quando se fizer necessária a atuação cooperativa e coordenada na execução de determinadas atividades ou projetos, e na execução de convênios, contratos de repasse e instrumentos congêneres que envolvam a realização de obras públicas.

Conforme o §2º do art. 76, os imóveis doados com base no presente dispositivo da Lei nº 14.133/2021 serão revertidos ao patrimônio da pessoa jurídica doadora, vedada sua alienação pelo beneficiário, quando cessadas as razões que justificaram sua doação. Isso implica dizer que a doação de que trata a alínea "b" do inc. I é condicionada a persistência da razão de interesse público que motivou a sua efetivação.

14.1.3 Doação para particulares

A alínea "b" do inc. I manteve a confusa redação do dispositivo equivalente da legislação anterior, o qual suscitou discussões sobre se estaria proibida ou não a doação (gratuita ou onerosa) de bem imóvel da Administração Pública a entidades privadas, devido à ressalva "permitida exclusivamente para outro órgão ou entidade da Administração Pública, de qualquer esfera de governo".

Para Marçal Justen Filho, a interpretação razoável da disposição é considerar que ela veicula uma restrição à doação de um bem imóvel mediante dispensa de licitação. Caso a Administração pretenda adotar esse ato de liberalidade para um sujeito não integrante de sua estrutura, será obrigatória a realização de um certame licitatório.[198]

Todavia, compreende-se que não há como instrumentalizar a doação gratuita mediante licitação, conforme as regras estipuladas na Lei nº 14.133/2021. Isso porque a modalidade licitatória aplicável à alienação é o leilão (inc. I do art. 76), figura que se mostra incompatível com um contrato de doação gratuita, por necessariamente contemplar a oferta de um lance, ou seja, algum tipo de contrapartida.

Assim, a interpretação correta é a de que a nova lei de licitações não admite a doação gratuita de bem imóvel do Poder Público a particulares, ressalvadas apenas as hipóteses das alíneas "f", "g" e "h" do inciso em exame, que ocorrem mediante dispensa de licitação.

Todavia, não há óbice a que sejam criadas outras hipóteses de doação gratuita de bem público a particulares, desde que isso ocorra mediante a edição de lei. Nesse caso, não cabe cogitar da existência de vedação da Lei nº 14.133/2021 a essa medida, até porque suas disposições podem ser superadas por qualquer norma do mesmo nível hierárquico que trate do tema de modo diverso.

Com relação à doação com encargo, o §6º dispõe que ela será licitada e que o instrumento do certame conterá, obrigatoriamente, os encargos, o prazo de seu cumprimento e a cláusula de reversão, sob pena de nulidade do ato. Todavia, o oferecimento de encargo parece incompatível com a modalidade elegível para esse objeto, o leilão, o qual contempla a oferta de maior lance, normalmente em valores financeiros.

Assim, é preciso criar critérios objetivos para expressar monetariamente o encargo oferecido, sob pena de não se possível aplicar simultaneamente o inc. I (adoção de leilão) e o §6º (oferecimento de encargo).

O §7º estatui que, no caso de doação com encargo, se o donatário necessitar oferecer o imóvel em garantia de financiamento, a cláusula de reversão e as demais obrigações serão garantidas por hipoteca em segundo grau em favor do doador.

A hipoteca é um direito real de garantia que recai sobre bens imóveis e outros assim considerados pelo art. 1.473 do Código Civil, que assegura ao credor o pagamento de uma dívida.

O art. 1.476 da legislação civilista admite a efetivação de várias hipotecas sobre o mesmo imóvel, mediante a constituição de novo título pelo seu dono, em favor do mesmo ou de outro credor. No caso do §7º do art. 76, ora em análise, o credor do

---

[198] JUSTEN FILHO, Marçal. *Comentários à Lei de Licitações e Contratações Administrativas*. São Paulo: Revista dos Tribunais, 2021. p. 1.108.

financiamento realizado pelo donatário possuirá uma hipoteca de primeiro grau, enquanto a Administração, que havia doado o bem a este, deterá uma hipoteca de segundo grau.

Isso implica que o credor dessa dívida terá direito de preferência sobre o bem, caso haja necessidade de execução. Nessa hipótese, sobejará ao ente público doador e credor do encargo o valor remanescente da venda do bem em hasta pública, após o pagamento da dívida do financiamento, que tem prioridade sobre as demais.

Em resumo, são essas as possibilidades de doação de bens a particulares:

Tipo de doação	Forma	
	Mediante licitação	Mediante dispensa de licitação
Gratuita	Inaplicável	Apenas nas hipóteses das alíneas "f", "g" e "h" do inc. I do art. 76
Com encargo	Regra geral	Apenas em caso de interesse público devidamente justificado

14.1.4 Permuta por outros imóveis que atendam aos requisitos relacionados às finalidades precípuas da Administração

A alínea "c" do inc. I do art. 76 estabelece que a realização de licitação é dispensada no caso de:

> permuta por outros imóveis que atendam aos requisitos relacionados às finalidades precípuas da Administração, desde que a diferença apurada não ultrapasse a metade do valor do imóvel que será ofertado pela União, segundo avaliação prévia, e ocorra a torna de valores, sempre que for o caso.

Comparando a redação transcrita acima com à da alínea "c" do inc. I do art. 17 da Lei nº 8.666/1993,[199] observa-se que a norma atual deixou de fazer referência aos requisitos para a aquisição de imóvel mediante inexigibilidade de licitação, atualmente consignada no inc. V do art. 74, que é a disposição equivalente ao inc. X do art. 24 da norma anterior.

Quanto a isso, a alínea apenas condicionou a permuta ao atendimento das finalidades precípuas da Administração, deixando de exigir a singularidade do imóvel em função das necessidades de instalação e localização da entidade pública, como constava do regime jurídico anterior.

Não obstante a maior abertura para utilização dessa hipótese de licitação dispensada, o gestor deve estar atento à eventual existência de outros interessados em permutar imóveis que também sirvam às finalidades precípuas da Administração. Havendo mais

---

[199] "c) permuta, por outro imóvel que atenda aos requisitos constantes do inciso X do art. 24 desta Lei".

de uma opção, a autoridade administrativa deve selecionar a mais vantajosa para o Poder Público, seja pelas características do imóvel ofertado (localização, padrão construtivo e funcionalidades), seja pelo menor desembolso de recursos.

Veja-se um exemplo. Supondo que uma entidade pública deseje permutar um imóvel de seu patrimônio, avaliado em R$10 milhões, tendo logrado encontrar outros três que atendam a suas finalidades, cujos proprietários tenham interesse em trocá-los pelo bem indicado pela Administração. Após os procedimentos de avaliação dos imóveis pelas partes, os particulares chegaram às seguintes propostas:

Imóvel	Valor da avaliação (X) (em milhões)	Preço do bem pedido pelo particular (Y) (em milhões)	Desconto (X-Y) (em milhões)	Diferença (Y-10) (valor a ser pago pela Administração) (em milhões)
A	14,0	13,0	1,0	4,0
B	15,0	14,5	0,5	4,5
C	16,0	14,8	1,2	4,8

Nesse caso, a Administração deverá realizar a permuta com o imóvel A, não obstante o imóvel C envolva um maior desconto e, por conseguinte, represente um maior ganho patrimonial em favor do Estado (R$1,2 milhão). Tomando como base a parte final da alínea "c" do inc. I do art. 76, que estabelece a preferência pela permuta com torna de valores, entende-se que o critério para a escolha do imóvel é o que envolver o menor desembolso de recursos.

Em nossa visão, o objetivo da norma é limitar o uso de dinheiro público com operações do tipo, sendo preferível, inclusive, o ingresso de valores mediante a permuta com imóveis de menor valor. A opção legislativa é justificável devido à magnitude do patrimônio imobiliário da União, a exigir certo esforço para transformar os bens do ativo imobilizado em recursos públicos.

O uso da presente hipótese de dispensa de licitação demanda a realização de pesquisa prévia sobre as opções disponíveis no mercado e as condições exigidas para uma eventual permuta. Além disso, a Administração deve explicitar os critérios adotados para a escolha do bem, no processo administrativo de contratação direta. O importante é conferir transparência e impessoalidade na condução dos atos, visando ao pleno atendimento do interesse público.

A propósito, existe precedente do TCU, exarado à época do regime jurídico anterior, admitindo a realização de um chamamento público para a permuta de imóveis da União. Cabe transcrever a seguir a tese extraída do repositório da jurisprudência selecionada do Tribunal:

> É permitida a utilização do chamamento público para permuta de imóveis da União como mecanismo de prospecção de mercado, para fim de identificar os imóveis elegíveis que atendam às necessidades da União, com atendimento aos princípios da impessoalidade, moralidade e publicidade, devendo, posteriormente, ser utilizadas várias fontes

de pesquisa para certificação de que os preços atinentes aos imóveis propostos estejam compatíveis com os de mercado, considerando as especificidades de cada um, a exemplo de permutas realizadas anteriormente por órgãos ou entidades públicas, mídias e sítios eletrônicos especializados. Caso o chamamento público resulte em mais de uma oferta, a União pode promover, observada a proposta mais vantajosa aos seus interesses, a contratação direta, mediante dispensa de licitação, condicionada ao atendimento dos requisitos constantes do art. 24, inciso X, da Lei 8.666/1993, ou realizar o procedimento licitatório, nos termos do art. 17, inciso I, da Lei 8.666/1993 e do art. 30, §2º, da Lei 9.636/1998, devendo observar a adequada motivação para a opção escolhida. (Acórdão nº 1.273/2018-Plenário. Rel. Min. Vital do Rêgo)

O dispositivo em exame incluiu uma outra condição para que a licitação possa ser dispensada: que a diferença apurada entre o bem do particular e do Estado não ultrapasse a metade deste, segundo avaliação prévia, e ocorra a torna de valores, sempre que for o caso. Dito de outra forma, o preço a ser pago pelo bem do particular deve ser, no máximo, 50% superior ao do da Administração.

14.1.5 Investidura

A alínea "d" do inc. I estabelece que a realização de licitação é dispensada no caso de investidura. Segundo o §5º, entende-se por investidura, para os fins da Lei nº 14.133/2021, a alienação:

a) ao proprietário de imóvel lindeiro, de área remanescente ou resultante de obra pública que se tornar inaproveitável isoladamente, por preço que não seja inferior ao da avaliação nem superior a 50% do valor máximo permitido para dispensa de licitação de bens e serviços previsto nessa norma – atualmente, esse limite totaliza R$25.000,00 (inc. I); e

b) ao legítimo possuidor direto ou, na falta dele, ao Poder Público, de imóvel para fins residenciais construído em núcleo urbano anexo à usina hidrelétrica, desde que considerado dispensável na fase de operação da usina e que não integre a categoria de bens reversíveis ao final da concessão (inc. II).

Quanto à primeira hipótese, a norma, assim como a anterior, estatui uma condição objetiva para que a licitação seja dispensada: que o preço ofertado seja superior ao da avaliação e inferior ao limite especificado. No primeiro caso, o não atendimento do preço mínimo inviabilizará a alienação. No segundo, será impositiva a licitação.

Além disso, a contratação direta somente pode ocorrer junto ao proprietário de imóvel lindeiro, ou seja, àquele contíguo ao que será objeto de alienação.

Com relação à segunda hipótese, o dispositivo contempla mais um caso de dispensa de licitação a fim de prestigiar um valor jurídico de interesse da Administração: a promoção do direito de habitação ou, alternativamente, a realização de políticas públicas de interesse local.

A disposição limita a alienação aos bens que não sejam necessários à operação da usina e que não integrem a categoria de bens reversíveis ao final da concessão.

Quanto à última condição, trata-se de exigência absolutamente redundante, pois, se o bem é dispensável na fase de operação da usina, ele *não* estará afetado à prestação de serviço público, ou seja, *não* integrará a categoria de bens reversíveis no âmbito de um contrato concessão. Em outras palavras, ele estará sob o domínio e a posse do Poder Público concedente, podendo ser objeto de alienação aos destinatários especificados no inc. II.

Essa hipótese de dispensa de licitação também possui uma condição objetiva: que o destinatário do bem seja o legítimo possuidor direto ou, na falta dele, ao Poder Público. Não havendo interesse dos então possuidores ou do ente local, o bem ficará com o Poder Público responsável pela construção da usina hidroelétrica, que poderá mantê-lo em seu patrimônio, licitá-lo a terceiros ou usar outros instrumentos de alienação.

Não obstante a norma fale em usina hidrelétrica, entende-se que a presente hipótese de licitação dispensada se aplica à alienação de imóveis construídos em núcleo urbano anexo a qualquer obra pública que posteriormente não se façam úteis à operação do bem construído.

Imagine-se, por exemplo, um pequeno conjunto habitacional implantado para alojar os operários durante a construção de uma nova cidade, por exemplo, a capital de um Estado recém-implantado. Após a conclusão das obras, seria possível a alienação dos imóveis aos seus respectivos possuidores, com base na alínea "c" do inc. I do art. 76, sem a necessidade de licitação, desde que os bens fossem considerados desnecessários pela Administração local. Incide aqui o conhecido brocardo "onde há a mesma razão de fato deve haver a mesma razão de direito" (*ubi eadem ratio ibi eadem dispositio*).

14.1.6 Venda a outro órgão ou entidade da Administração Pública de qualquer esfera de governo

A alínea "e" do inc. I estabelece que a realização de licitação é dispensada no caso de "venda a outro órgão ou entidade da Administração Pública de qualquer esfera de governo".

Mesmo que eventualmente haja mais de uma entidade pública interessada em adquirir o bem, não cabe cogitar da realização de licitação pública, devendo a administração promover a alienação do bem a quem oferecer a melhor proposta, desde que superior ao preço de avaliação. Nesse caso, o Poder Público deve assegurar aos potenciais interessados o direito de oferecer proposta, cabendo-lhe instruir o processo com todos os documentos pertinentes.

O inc. I do §3º prescreve que o ente estatal poderá conceder título de propriedade ou de direito real de uso de imóvel, admitida a dispensa de licitação, quando o uso se destinar a outro órgão ou entidade da Administração Pública, qualquer que seja a localização do imóvel. No segundo caso, a Administração mantém a propriedade do bem.

Conforme visto, a concessão de direito real de uso de bem público é uma submodalidade da concessão de uso privativo de bem público. Enquanto a concessão de uso pode ter por objeto qualquer bem, a de direito real de uso somente abrange terrenos não edificados. Como o próprio nome indica, tem a natureza de direito real sobre coisa alheia.

14.1.7 Alienação, aforamento, concessão de direito real de uso, locação e permissão de uso de bens imóveis residenciais no âmbito de programas de habitação ou de regularização fundiária de interesse social

A alínea "f" do inc. I preconiza que a realização de licitação é dispensada nos casos de:

> alienação gratuita ou onerosa, aforamento, concessão de direito real de uso, locação e permissão de uso de bens imóveis residenciais construídos, destinados ou efetivamente usados em programas de habitação ou de regularização fundiária de interesse social desenvolvidos por órgão ou entidade da Administração Pública.

O dispositivo trata de diferentes institutos, não apenas da alienação, que intitula o presente capítulo da Lei nº 14.133/2021.

A alienação de bens imóveis residenciais de propriedade da União é disciplinada na Lei nº 8.025, de 12.4.1990, que impõe a observância das normas gerais a respeito de licitações e contratos, havendo, assim, plena submissão ao disposto na presente norma. A alienação gratuita nada mais é do que uma doação, sujeita ao novel estatuto licitatório, aos preceitos de direito público e, supletivamente, aos princípios da teoria geral dos contratos e às disposições de direito privado.

O aforamento público ou enfiteuse pública é um direito real de natureza pública, por meio do qual o ente estatal (senhorio direto) transfere o uso de determinado imóvel de seu patrimônio a um particular (enfiteuta ou foreiro), mediante o pagamento do foro anual. Conforme o art. 64, §2º, do Decreto-Lei nº 9.760, de 5.9.1946, a Administração utilizará esse instituto quando coexistirem a conveniência de radicar-se o indivíduo ao solo e a de manter-se o vínculo da propriedade pública.

O aforamento em exame é regido, no âmbito da União, pelo supramencionado decreto-lei e pela Lei nº 9.636, de 15.5.1998, sendo, portanto, um instituto de direito público.

A concessão de direito real de uso é o contrato administrativo por meio do qual a Administração Pública concede a utilização privativa de bem imóvel público, de forma remunerada ou gratuita, por tempo certo ou indeterminado, a fim de atender às finalidades anunciadas no art. 7º do Decreto-Lei nº 271, de 28.2.1967, a saber:

[...] regularização fundiária de interesse social, urbanização, industrialização, edificação, cultivo da terra, aproveitamento sustentável das várzeas, preservação das comunidades tradicionais e seus meios de subsistência ou outras modalidades de interesse social em áreas urbanas.

A locação de bem imóvel público é um contrato por meio do qual o ente estatal transfere o domínio direto ou a posse de determinado imóvel de seu patrimônio a um particular (locatário), mediante o pagamento de uma remuneração mensal chamada aluguel.

No âmbito da União, a locação de imóvel público é regulada pelo Decreto-Lei nº 9.760/1946, mais precisamente pelos arts. 64, §1º e 86 a 98. Conforme o primeiro dispositivo, o instituto é utilizado quando "houver conveniência em tornar o imóvel produtivo, conservando porém, a União, sua plena propriedade". Quando se objetivar a exploração de frutos ou prestação de serviços, será denominada arrendamento mediante condições especiais, consoante referido dispositivo.

A permissão de uso de bem público é um ato administrativo unilateral, discricionário e precário, pelo qual a Administração Pública faculta ao particular a utilização privativa de bem público.[200]

Segundo o art. 22 da Lei nº 9.636/1998, que disciplina o instituto, a:

utilização, a título precário, de áreas de domínio da União para a realização de eventos de curta duração, de natureza recreativa, esportiva, cultural, religiosa ou educacional, poderá ser autorizada, na forma do regulamento, sob o regime de permissão de uso, em ato do Secretário do Patrimônio da União, publicado no Diário Oficial da União.

A alínea em exame permite o uso de quaisquer dos institutos designados acima, sem a necessidade de prévia licitação, em programas de habitação ou de regularização fundiária de interesse social desenvolvidos por órgão ou entidade da Administração Pública. Cuida-se, portanto, de mais um exemplo de dispensa de licitação com vistas ao cumprimento de determinada finalidade de interesse público.

14.1.8 Alienação, aforamento, concessão de direito real de uso, locação e permissão de uso de bens imóveis comerciais de âmbito local no âmbito de programas de regularização fundiária de interesse social

A alínea "g" do inc. I preconiza que a realização de licitação é dispensada nos seguintes casos:

---

[200] DI PIETRO, Maria Sylvia Zanella. *Uso privativo de bem público por particular*. São Paulo: Atlas, 2014. p. 96.

alienação gratuita ou onerosa, aforamento, concessão de direito real de uso, locação e permissão de uso de bens imóveis comerciais de âmbito local, com área de até 250 m² (duzentos e cinquenta metros quadrados) e destinados a programas de regularização fundiária de interesse social desenvolvidos por órgão ou entidade da Administração Pública.

Da mesma forma que o dispositivo anterior, a presente alínea cuida de diferentes institutos, não apenas da alienação. Para a compreensão de cada um dos contratos indicados, remete-se o leitor ao item precedente.

A dispensa de licitação em causa tem como objetivo viabilizar programas de regularização fundiária de interesse social, ao permitir que os seus beneficiários extraiam proveito econômico de bens imóveis comerciais de âmbito local, com área de até 250 m² e, assim, tenham condições de permanecer na área ocupada, com dignidade. Trata-se, portanto, de mais um exemplo de contratação direta com vistas ao cumprimento de determinada finalidade de interesse público.

14.1.9 Alienação e concessão de direito real de uso de terras públicas rurais da União e do Incra ocupadas

A alínea "h" do inc. I assinala que a realização de licitação é dispensada nos seguintes casos:

> alienação e concessão de direito real de uso, gratuita ou onerosa, de terras públicas rurais da União e do Instituto Nacional de Colonização e Reforma Agrária (Incra) onde incidam ocupações até o limite de que trata o §1º do art. 6º da Lei nº 11.952, de 25 de junho de 2009, para fins de regularização fundiária, atendidos os requisitos legais.

A Lei nº 11.952/2009 dispõe sobre a regularização fundiária das ocupações incidentes em terras situadas em áreas da União, no âmbito da Amazônia Legal, definida no art. 2º da Lei Complementar nº 124, de 3.1.2007, mediante alienação e concessão de direito real de uso de imóveis.

A presente hipótese de licitação dispensada se aplica a qualquer terra pública rural da União e do Instituto Nacional de Colonização e Reforma Agrária (Incra) onde incidam ocupações. A remissão à Lei nº 11.952/2009, que incide sobre imóveis rurais na Amazônia Legal, diz respeito apenas à área limite das ocupações passíveis de alienação e concessão de direito real de uso: até 2.500 ha, nos termos do §1º do seu art. 6º.

Para a concessão de título de propriedade ou de direito real de uso de imóvel situado em área rural mediante dispensa de licitação, é necessário que o beneficiário seja pessoa natural que, nos termos de lei, regulamento ou ato normativo do órgão competente, haja implementado os requisitos mínimos de cultura, de ocupação mansa e pacífica e de exploração direta sobre área rural, conforme o inc. II do §3º do art. 76 da Lei nº 14.133/2021.

Além disso, há outros condicionamentos estabelecidos no §4º do referido dispositivo:

> I - aplicação exclusiva às áreas em que a detenção por particular seja comprovadamente anterior a 1º de dezembro de 2004;
> II - submissão aos demais requisitos e impedimentos do regime legal e administrativo de destinação e de regularização fundiária de terras públicas;
> III - vedação de concessão para exploração não contemplada na lei agrária, nas leis de destinação de terras públicas ou nas normas legais ou administrativas de zoneamento ecológico-econômico;
> IV - previsão de extinção automática da concessão, dispensada notificação, em caso de declaração de utilidade pública, de necessidade pública ou de interesse social;
> V - aplicação exclusiva a imóvel situado em zona rural e não sujeito a vedação, impedimento ou inconveniente à exploração mediante atividade agropecuária;
> VI - limitação a áreas de que trata o §1º do art. 6º da Lei nº 11.952, de 25 de junho de 2009, vedada a dispensa de licitação para áreas superiores;
> VII - acúmulo com o quantitativo de área decorrente do caso previsto na alínea "i" do inciso I do caput deste artigo até o limite previsto no inciso VI deste parágrafo.

Como se vê, há limitações ao uso da terra para fins distintos dos admitidos na lei agrária, nas leis de destinação de terras públicas ou nas normas legais ou administrativas de zoneamento ecológico-econômico. Havendo desvio de finalidade, será declarada a resolução de pleno direito do título de domínio ou do termo de concessão, em processo administrativo instaurado para esse propósito, assegurados os princípios da ampla defesa e do contraditório, consoante o art. 18 da Lei nº 11.952/2009.

Para a verificação do atendimento do limite objetivo de área a ser objeto de alienação ou concessão de direito real de uso, a Administração deve verificar se o particular foi beneficiário de legitimação de posse de ocupação de terra pública de que trata a Lei nº 6.983/1976, descontando o valor da área objeto de licença de ocupação.

Por exemplo, se o particular foi beneficiário de legitimação da posse de um imóvel de 500 ha, ele somente poderá se valer da hipótese de dispensa de licitação de que trata a alínea "h" do inc. I em comento para adquirir a propriedade ou o direito real de uso de um terreno público de até 2.000 ha.

Segundo o §4º do art. 76, não é necessária a autorização legislativa para a alienação e concessão de direito real de uso, gratuita ou onerosa, de terras públicas rurais da União e do Instituto Nacional de Colonização e Reforma Agrária, com base na hipótese de licitação dispensada em comento.

A Lei nº 11.952/2009 traz outras condições específicas para a alienação e concessão de direito real de uso das terras públicas abrangidas pelo espaço de incidência da norma. A Administração pode escolher entre vender ou doar o bem, transferindo a sua propriedade, ou apenas conceder o seu uso privativo, conforme seu juízo de conveniência e oportunidade, devidamente justificado nos autos do processo administrativo.

Porém, tratando-se de áreas ocupadas que abranjam parte ou a totalidade de terrenos de marinha, terrenos marginais ou reservados, seus acrescidos ou outras áreas insuscetíveis de alienação, a regularização somente pode ocorrer mediante outorga de título de concessão de direito real de uso, nos termos do art. 20 da Constituição Federal c/c o §1º do art. 4º da Lei nº 11.952/2009.

A presente hipótese de licitação dispensada tem como pano de fundo o atendimento de relevante interesse público, qual seja, a fixação do homem no campo e a possibilidade de exploração econômica de terras públicas da União, gerando renda e uma melhoria de bem-estar social, especialmente na faixa das pessoas menos favorecidas.

Não atendidas as condições para a alienação da terra pública ao seu ocupante mediante a presente hipótese de licitação dispensada, a Administração pode promover a venda do imóvel a terceiros, mediante licitação na modalidade leilão, desde que não haja vedação constitucional à sua alienação e sejam cumpridos os requisitos do presente artigo (interesse público devidamente justificado e autorização legislativa). Nesta hipótese, será concedido direito de preferência ao licitante que, submetendo-se a todas as regras do edital, comprove a ocupação do imóvel objeto da licitação, conforme o art. 77.

14.1.10 Legitimação de posse de ocupante de terras públicas – Lei nº 6.983/1976

A alínea "i" do inc. I estabelece que a realização de licitação é dispensada nos casos de "legitimação de posse de que trata o art. 29 da Lei nº 6.383, de 7.12.1976, mediante iniciativa e deliberação dos órgãos da Administração Pública competentes".

A referida norma dispõe sobre o processo discriminatório de terras devolutas da União. Cuida-se de processo, administrativo ou judicial, com o objetivo de discriminar e delimitar essas terras públicas, separando-as das particulares.

Segundo Maria Sylvia Zanella Di Pietro, as terras devolutas são aquelas que não estão destinadas a qualquer uso público nem incorporadas ao domínio privado.[201] Em regra, elas pertencem ao patrimônio dos estados, ressalvadas as indispensáveis à defesa das fronteiras, das fortificações e construções militares, das vias federais de comunicação e à preservação ambiental, definidas em lei, as quais pertencem à União (arts. 20, inc. II, e 26, inc. IV, da Constituição Federal). Há ainda terras devolutas pertencentes aos municípios, após transferência de sua propriedade pelos estados.

A Lei nº 6.983/1976 trouxe uma série de disposições visando identificar e legitimar a ocupação de terras devolutas da União por particulares. Conforme o art. 29, o ocupante que as tenha tornado produtivas com o seu trabalho e o de sua família fará jus à legitimação da posse de área contínua até 100 (cem) hectares, desde que preencha os seguintes requisitos:

I - não seja proprietário de imóvel rural;
II - comprove a morada permanente e cultura efetiva, pelo prazo mínimo de 1 (um) ano.

---

[201] DI PIETRO, Maria Sylvia Zanella. *Direito administrativo*. Rio de Janeiro: Forense, 2017. p. 957.

A legitimação da posse se materializará mediante o fornecimento de uma licença de ocupação pelo prazo mínimo de mais 4 anos, findo o qual o ocupante terá a preferência para aquisição do lote, pelo valor histórico da terra nua, nos termos do §1º do art. 29. Para tanto, o dispositivo exige que o ocupante da terra preencha os requisitos de morada permanente e cultura efetiva e comprove a sua capacidade para desenvolver a área ocupada.

Conforme o §2º do art. 29, o portador dessa licença também terá direito de preferência para aquisição da área que exceder o limite de 100 ha. Porém, neste caso, a compra se dará pelo valor atual da terra nua.

Dessa forma, a legitimação de posse é um instrumento de regularização da ocupação de área situada em terra pública, após o qual será concedido direito de preferência para alienação do bem imóvel ao seu ocupante, segundo as condições especificadas na Lei nº 6.983/1976.

Segundo o art. 30 dessa norma, a licença de ocupação dará acesso aos financiamentos concedidos pelas instituições financeiras integrantes do Sistema Nacional de Crédito Rural.

Assim, é possível afirmar que a hipótese de licitação dispensada trazida na alínea em comento é mais um exemplo de contratação direta com vistas ao cumprimento de determinada finalidade de interesse público, qual seja, a ocupação de áreas integrantes de terras devolutas e a sua exploração econômica.

Não atendidas as condições para a legitimação de posse de que trata a presente alínea, a Administração pode, se houver interesse público devidamente justificado e autorização legislativa, promover a venda do imóvel a terceiros, mediante licitação na modalidade leilão. Nesta hipótese, será concedido direito de preferência ao licitante que, submetendo-se a todas as regras do edital, comprove a ocupação do imóvel objeto da licitação, conforme o art. 77.

14.1.11 Legitimação fundiária e legitimação de posse de que trata a Lei nº 13.465, de 11.7.2017

A alínea "j" do inc. I estabelece que a realização de licitação é dispensada nos casos de "legitimação fundiária e legitimação de posse de que trata a Lei nº 13.465, de 11.7.2017".

A referida norma dispõe sobre a regularização fundiária rural e urbana, entre outros mecanismos para aprimorar a eficiência dos procedimentos de alienação de imóveis da União.

Os instrumentos mencionados na presente hipótese de licitação dispensada são aplicáveis no âmbito da Regularização Fundiária Urbana (Reurb), de que trata o art. 9º da Lei nº 13.465/2017. Segundo o seu §2º, ela poderá ser aplicada para os núcleos urbanos informais comprovadamente existentes, até 22.12.2016.

Consoante o art. 23 da aludida lei, a legitimação fundiária constitui forma originária de aquisição do direito real de propriedade conferido por ato do Poder Público, exclusivamente no âmbito da Reurb, àquele que detiver unidade imobiliária com destinação urbana, em área pública ou privada integrante dos núcleos urbanos abrangidos pela norma.

A legitimação de posse, por sua vez, constitui ato do Poder Público destinado a conferir título, por meio do qual fica reconhecida a posse de imóvel objeto da Reurb, com a identificação de seus ocupantes, do tempo da ocupação e da natureza da posse, o qual é conversível em direito real de propriedade, na forma desta lei.

Da mesma forma que as hipóteses de licitação dispensada trazidas nas alíneas anteriores, cuida-se de mais um exemplo de contratação direta voltada à concretização do direito de habitação, consubstanciando, assim, relevante interesse público.

Não atendidas as condições para a legitimação fundiária e a legitimação de posse de que trata a presente alínea, a Administração pode, se houver interesse público devidamente justificado e autorização legislativa, promover a venda do imóvel a terceiros, mediante licitação na modalidade leilão. Nesta hipótese, será concedido direito de preferência ao licitante que, submetendo-se a todas as regras do edital, comprove a ocupação do imóvel objeto da licitação, conforme o art. 77.

14.2 Licitação dispensada envolvendo bens móveis da Administração Pública direta, autárquica e fundacional

O inc. II do art. 76 dispõe sobre os casos em que é dispensada a realização de licitação envolvendo bens móveis pertencentes à Administração Pública direta, autárquica e fundacional.

14.2.1 Doação para fins e uso de interesse social

A alínea "a" do inc. II do aludido dispositivo estabelece que a realização de licitação é dispensada nos casos de "doação, permitida exclusivamente para fins e uso de interesse social, após avaliação de oportunidade e conveniência socioeconômica em relação à escolha de outra forma de alienação".

Conforme visto, a norma impõe duas condições para a alienação gratuita de bens móveis: que eles sejam destinados exclusivamente para fins e uso de interesse social e que essa opção seja a mais oportuna e conveniente, considerando outra forma de alienação.

Diante das múltiplas obrigações estatais, no âmbito das diversas políticas públicas de responsabilidade das três esferas de governo, os bens móveis deverão ser doados, em regra, para outros órgãos e entidades de qualquer esfera de governo. Seria o caso, por exemplo, da doação de computadores e mobiliário de um tribunal federal, substituídos por outros mais novos, para escolas municipais que tenham carência de material com essas características.

Porém, a lei não veda a alienação gratuita de bens móveis a entidades particulares não pertencentes à Administração Pública, desde que elas sejam regimentalmente incumbidas de realização de atividades de interesse social e haja a avaliação de conveniência e oportunidade especificada acima. Esse é o sentido que se extrai do dispositivo em exame, que, diferentemente, da alínea "b" do inc. I, não restringiu a doação a outro órgão ou entidade estatal.

14.2.2 Permuta entre órgãos ou entidades da Administração Pública

A alínea "b" do inc. II preconiza que a realização de licitação é dispensada nos casos de "permuta, permitida exclusivamente entre órgãos ou entidades da Administração Pública".

Como se vê, a presente hipótese de licitação dispensada tem aplicação estrita à Administração Pública, estando vedada a permuta de bens móveis públicos por outros bens pertencentes a particulares.

Não obstante o silêncio da norma, compreende-se que o ente público deve avaliar, também nessa hipótese, a oportunidade e conveniência socioeconômica em relação à escolha de outra forma de alienação.

14.2.3 Venda de ações

A alínea "c" do inc. II prescreve que a realização de licitação é dispensada nos casos de "venda de ações, que poderão ser negociadas em bolsa, observada a legislação específica".

O dispositivo permite a alienação de ações detidas pelas pessoas jurídicas de direito público interno, na condição de controladora de sociedade de economia mista ou de mera participante de capital de empresa privada como acionista majoritário.[202]

Porém, é preciso respeitar o decidido no julgamento da ADI nº 5.624 MC-Ref/DF, segundo o qual "a alienação do controle acionário de empresas públicas e sociedades de economia mista exige autorização legislativa e licitação pública". Assim, a presente

---

[202] Carolina Barros Fidalgo elenca os seguintes motivos para participação estatal sem controle em sociedades privadas: possibilitar uma maior fiscalização e determinado grau de controle sobre determinada sociedade privada na qual o Estado possui especial interesse (concessionária de serviços públicos, sociedade estatal recém-privatizada ou sociedade financiada pelo Estado); financiar uma atividade econômica explorada por determinada entidade privada; explorar determinada atividade diretamente, em parceria com a iniciativa privada, a fim de dividir os ônus e obter *know how* (FIDALGO, Carolina Barros. *O Estado empresário*. São Paulo: Almedina, 2017. p. 362).

hipótese de dispensa de licitação somente se aplica se a venda das ações não implicar a perda do controle acionário da sociedade investida.

De qualquer forma, mesmo que a alienação não implique modificação na estrutura societária da sociedade investida, é preciso respeitar as normas de transparência impostas pela legislação específica, caso a venda constitua fato relevante apto a influir de modo ponderável, na decisão dos investidores do mercado.

14.2.4 Venda de títulos

A alínea "d" do inc. II estabelece que a realização de licitação é dispensada nos casos de "venda de títulos, observada a legislação pertinente".

Não obstante a norma tenha se referido apenas a "título", o que poderia sugerir a sua aplicação também para títulos de crédito eventualmente detidos pela Administração, compreende-se que o dispositivo cuida da venda de títulos públicos, prática bastante comum na execução da política monetária pelo Banco Central.

14.2.5 Venda de bens produzidos ou comercializados

A alínea "e" do inc. II preconiza que a realização de licitação é dispensada nos casos de "venda de bens produzidos ou comercializados por entidades da Administração Pública, em virtude de suas finalidades".

O dispositivo tem aplicação reduzida no âmbito da Administração direta, autárquica e fundacional, na medida em que o exercício de atividade econômica de produção e comercialização de bens é, em regra, exercido por empresas públicas e sociedades de economia mista. Porém, cabe invocar um exemplo no qual a presente hipótese de licitação dispensada incide, que é a venda de imunizantes produzidos pela Fundação Oswaldo Cruz (Fiocruz) a outros órgãos no âmbito do Sistema Único de Saúde.

O exercício de anômala atividade econômica por parte dessa fundação pública foi objeto de considerações no voto condutor do Acórdão nº 1.928/2021-Plenário:

> 45. A entidade iniciou suas atividades no início do século passado e sofreu diversas transformações quanto a sua denominação, seu regime jurídico e suas finalidades, até assumir a configuração atual. Dentre as diversas mudanças ocorridas em sua base jurídica, cabe ressaltar a inclusão da competência de *elaborar e fabricar produtos biológicos, profiláticos e medicamentos necessários* às *atividades do Ministério da Saúde,* às *necessidades do País,* e as exigências da Segurança Nacional", conforme o Decreto 66.624, de 22 de maio de 1970.
> 46. Essa atribuição também consta do art. 1º, inciso VI, do Anexo I do Decreto 8.932, de 14 de dezembro de 2016, que cuida do estatuto da Fiocruz. Conforme o dispositivo a entidade tem a finalidade de "fabricar produtos biológicos, diagnósticos, profiláticos, prognósticos, medicamentos, fármacos e outros produtos de interesse para a saúde".

47. O exercício dessas atividades de forma direta pelo Estado tem respaldo no art. 200, inciso I, da Constituição Federal de 1988, segundo o qual compete ao sistema único de saúde, dentre outros, "controlar e fiscalizar procedimentos, produtos e substâncias de interesse para a saúde e *participar da produção de medicamentos, equipamentos, imunobiológicos, hemoderivados e outros insumos*" (Grifos nossos).

48. Dentro da estrutura da Fiocruz, o Instituto de Tecnologia em Imunobiológicos (Bio-Manguinhos) é a unidade responsável pela "pesquisa, inovação, desenvolvimento tecnológico e pela produção de vacinas, reativos e biofármacos voltados para atender prioritariamente às demandas da saúde pública nacional" (fonte: <https://www.bio.fiocruz.br/index.php/br/home/quem-somos>. Acesso em: 24/7/2021).

49. Conforme informações colhidas do site da entidade, Bio-Manguinhos tem atuação destacada no cenário internacional, não só pela exportação do excedente de sua produção para mais de 70 países, através da Organização Pan-Americana da Saúde (Opas) e do Unicef, como também pelo fato de ter sido pré-qualificado pela Organização Mundial da Saúde (OMS) para o fornecimento da vacina contra a febre amarela e, em 2008, da vacina meningocócica AC para agências das Nações Unidas.

50. *Sendo assim, embora a Fiocruz seja uma fundação pública ou uma autarquia fundacional, ela está autorizada a exercer, e, na prática, exerce atividades de produção e fornecimento de bens, que, por sua vez, podem ser consideradas como econômicas, já que geram excedente econômico a partir da transformação de insumos.* (Grifos nossos)

Assim, a venda de vacinas, reativos e biofármacos produzidos pela Fiocruz para outros órgãos da Administração Pública poderá ocorrer mediante a presente hipótese de licitação dispensada.

14.2.6 Venda de materiais e equipamentos para outros órgãos ou entidades da Administração Pública

A alínea "f" do inc. II prescreve que a realização de licitação é dispensada nos casos de "venda de materiais e equipamentos sem utilização previsível por quem deles dispõe para outros órgãos ou entidades da Administração Pública".

A presente hipótese de licitação dispensada é uma alternativa à doação desses mesmos bens a outros órgãos e entidades da Administração Pública. Em nossa visão, a única exigência para essa alienação é que o bem seja vendido por valor igual ou superior ao de avaliação.

Havendo múltiplos interessados, o Poder Público pode fazer uma consulta prévia entre eles e alienar o bem àquele que ofertar o melhor preço. Alternativamente, o ente pode proceder à alienação a quem demonstrar uma utilização com maior alcance social – por exemplo, a venda de caminhões para o combate à seca em regiões do semiárido ou de veículos para a fiscalização de casos de devastação ambiental.

CAPÍTULO 15

DOS PROCEDIMENTOS AUXILIARES

> Art. 78. São procedimentos auxiliares das licitações e das contratações regidas por esta Lei:
> I - credenciamento;
> II - pré-qualificação;
> III - procedimento de manifestação de interesse;
> IV - sistema de registro de preços;
> V - registro cadastral.
> §1º Os procedimentos auxiliares de que trata o caput deste artigo obedecerão a critérios claros e objetivos definidos em regulamento.
> §2º O julgamento que decorrer dos procedimentos auxiliares das licitações previstos nos incisos II e III do caput deste artigo seguirá o mesmo procedimento das licitações.

Os procedimentos auxiliares são processos administrativos destinados a subsidiar uma futura e eventual pretensão contratual da Administração, cujos atos podem ser aproveitados em mais de uma licitação.

Dos institutos previstos na norma, o credenciamento e o procedimento de manifestação de interesse (PMI) são as principais novidades ante o regime anterior, não obstante o primeiro já fosse utilizado na prática administrativa, tendo sido admitido, ainda, pela jurisprudência do TCU, e o segundo já constasse da Lei nº 13.303/2016 (Lei das Estatais).

A pré-qualificação especificada na lei atual possui características distintas da consignada na Lei nº 8.666/1993, tendo se inspirado no instituto de idêntico nome da

Lei nº 13.303/2016. O sistema de registro de preços e o registro cadastral já constavam da legislação anterior, mas eles sofreram várias mudanças na legislação atual, as quais serão comentadas adiante.

O §1º impõe a edição de regulamento para a disciplina dos procedimentos auxiliares. Não obstante, o julgamento que decorrer da pré-qualificação e do procedimento de manifestação de interesse (PMI) seguirá o mesmo procedimento das licitações, nos termos do §2º.

Todos os instrumentos designados no art. 78 culminam com a expedição de atos decisórios, de modo que eles devem se desenvolver a partir de critérios claros e objetivos, sendo impositiva a devida fundamentação. Em nossa opinião, as decisões proferidas nos procedimentos auxiliares estão sujeitas aos recursos previstos no art. 165, muito embora a alínea "a" do inc. I desse dispositivo tenha se reportado apenas às proferidas na pré-qualificação e no registro cadastral.

15.1 Do credenciamento

> Art. 79. O credenciamento poderá ser usado nas seguintes hipóteses de contratação:
> I - paralela e não excludente: caso em que é viável e vantajosa para a Administração a realização de contratações simultâneas em condições padronizadas;
> II - com seleção a critério de terceiros: caso em que a seleção do contratado está a cargo do beneficiário direto da prestação;
> III - em mercados fluidos: caso em que a flutuação constante do valor da prestação e das condições de contratação inviabiliza a seleção de agente por meio de processo de licitação.
> Parágrafo único. Os procedimentos de credenciamento serão definidos em regulamento, observadas as seguintes regras:
> I - a Administração deverá divulgar e manter à disposição do público, em sítio eletrônico oficial, edital de chamamento de interessados, de modo a permitir o cadastramento permanente de novos interessados;
> II - na hipótese do inciso I do caput deste artigo, quando o objeto não permitir a contratação imediata e simultânea de todos os credenciados, deverão ser adotados critérios objetivos de distribuição da demanda;
> III - o edital de chamamento de interessados deverá prever as condições padronizadas de contratação e, nas hipóteses dos incisos I e II do caput deste artigo, deverá definir o valor da contratação;
> IV - na hipótese do inciso III do caput deste artigo, a Administração deverá registrar as cotações de mercado vigentes no momento da contratação;
> V - não será permitido o cometimento a terceiros do objeto contratado sem autorização expressa da Administração;
> VI - será admitida a denúncia por qualquer das partes nos prazos fixados no edital.

O credenciamento é um procedimento auxiliar utilizado para viabilizar a eventual e futura contratação direta de todos aqueles que cumprirem as condições estabelecidas pela Administração para o fornecimento de bens ou a prestação de serviços. Ele é aplicável quando for mais vantajoso para o ente estatal selecionar uma rede de prestadores, de forma que a efetiva contratação dos eventuais contratados ocorrerá posteriormente, a depender da necessidade e segundo os critérios estabelecidos na lei e no edital de chamamento.

Conforme visto, esse instituto era adotado na prática administrativa, antes mesmo de sua positivação, que ocorreu na Instrução Normativa Seges/MPDG nº 5/2017. Além disso, ele era admitido pela jurisprudência do TCU, que o enquadrava como uma hipótese de inexigibilidade de licitação.

Nesse ponto, cabe destacar algumas decisões proferidas pelo Tribunal, no contexto do regime jurídico anterior (teses extraídas do repositório da jurisprudência selecionada do TCU):

> *O credenciamento é hipótese de inviabilidade de competição não expressamente mencionada no art. 25 da Lei 8.666/1993* (cujos incisos são meramente exemplificativos). Adota-se o credenciamento quando a Administração tem por objetivo dispor da *maior rede possível de prestadores de serviços*. Nessa situação, a *inviabilidade de competição* não decorre da ausência de possibilidade de competição, mas sim da *ausência de interesse da Administração em restringir o número de contratados*. (Acórdão nº 3.567/2014-Plenário. Rev. Min. Benjamin Zymler) (Grifos nossos)
>
> O credenciamento pode ser considerado como hipótese de inviabilidade de competição quando observados requisitos como: i) contratação de todos os que tiverem interesse e que satisfaçam as condições fixadas pela Administração, *não havendo relação de exclusão*; ii) garantia de igualdade de condições entre todos os interessados hábeis a contratar com a Administração, pelo preço por ela definido; iii) *demonstração inequívoca de que as necessidades da Administração somente poderão ser atendidas dessa forma*. (Acórdão nº 2.504/2017-Primeira Câmara. Rel. Min. Subst. Augusto Sherman) (Grifos nossos)
>
> O credenciamento é legítimo quando a administração planeja a realização de múltiplas contratações de um mesmo tipo de objeto, em determinado período, e demonstra que a opção por dispor da maior rede possível de fornecedores para contratação direta, sob condições uniformes e predefinidas, é *a única viável ou é mais vantajosa do que outras alternativas para atendimento das finalidades almejadas, tais como licitação única ou múltiplas licitações*, obrigando-se a contratar todos os interessados que satisfaçam os requisitos de habilitação e que venham a ser selecionados segundo procedimento objetivo e impessoal, a serem remunerados na forma estipulada no edital. (Acórdão nº 2.977/2021-Plenário. Rel. Min. Subst. Weder de Oliveira)

O credenciamento não pode ser confundido com o procedimento de pré-qualificação, uma vez que, naquele, haverá a contratação simultânea e direta de vários credenciados, conforme critérios predefinidos, enquanto este é um procedimento auxiliar que viabilizará a posterior escolha de um único licitante pré-qualificado, em futura licitação envolvendo os bens que cumpram as exigências técnicas de qualidade ou os sujeitos que reúnam as condições de habilitação.

Dito de outra forma, a Administração poderá fazer várias contratações diretas após o credenciamento, diferentemente da pré-qualificação, que consiste numa espécie de antecipação da fase de habilitação de futuras e eventuais licitações, as quais são necessárias para a ultimação da contratação.

Dessa forma, são duas as diferenças entre os institutos:

a) a presença inexorável de uma relação de exclusão, na contratação que se seguirá ao procedimento de pré-qualificação;

b) o tipo de procedimento que sucederá aos institutos: uma contratação direta, no credenciamento; uma licitação, na pré-qualificação.

A Lei nº 14.133/2021 parece ter alterado a vocação original do credenciamento, de viabilizar a contratação simultânea de vários fornecedores sem relação de exclusão. Isso porque o art. 79 admitiu o seu uso em três hipóteses de contratação:

a) paralela e não excludente: caso em que é viável e vantajosa para a Administração a realização de contratações simultâneas em condições padronizadas;

b) com seleção a critério de terceiros: caso em que a seleção do contratado está a cargo do beneficiário direto da prestação;

c) em mercados fluidos: caso em que a flutuação constante do valor da prestação e das condições de contratação inviabiliza a seleção de agente por meio de processo de licitação.

Diante da literalidade e da própria razão subjacente da hipótese veiculada na letra "c" (inc. III do dispositivo em análise), ela não necessariamente levará a contratações simultâneas de todos os interessados. Afinal, a Administração deve escolher, no momento da contratação, o fornecedor ou os fornecedores que possuam os menores preços no momento, excluindo aqueles com preços menos competitivos. A quantidade de fornecedores contratados, a cada momento, depende da demanda do ente estatal e da capacidade de suprimento dos credenciados.

Quanto às hipóteses indicadas nas letras "a" e "b", existe, *a priori*, a possibilidade de contratação de todos os interessados previamente credenciados, de modo que a escolha ocorrerá futuramente, conforme a demanda pelos bens ou serviços. A seleção do contratado poderá se dar pela própria Administração segundo critérios previamente definidos ou pelo próprio beneficiário direto da prestação.

Seguem alguns exemplos de credenciamento extraídos do repositório da jurisprudência selecionada do TCU, ainda sob a égide do regime jurídico anterior:

a) contratação de pessoas físicas e jurídicas para a produção de coberturas e programas jornalísticos, de vídeos institucionais e empresariais, documentários, bem como serviços de produção de áudio para programas de rádio, locução, *spots* e gravações externas, pela Empresa Brasil de Comunicação – EBC (Acórdão nº 1.150/2013-Plenário. Rel. Min. Aroldo Cedraz);

b) contratação de profissionais de saúde, tanto para atuar em unidades públicas de saúde quanto em seus próprios consultórios e clínicas (Acórdão nº 352/2016-Plenário. Rel. Min. Benjamin Zymler);

c) contratação de empresas agenciadoras de transporte individual de passageiros (Uber, Cabify etc.) para o transporte terrestre de servidores e empregados públicos e colaboradores da Administração por demanda (Acórdão nº 1.223/2017-Plenário. Rel. Min. Benjamin Zymler);
d) contratação de empresas aéreas para o fornecimento de passagens em linhas regulares domésticas, sem a intermediação de agência de viagem (Acórdão nº 1.545/2017-Plenário. Rel. Min. Aroldo Cedraz); e
e) contratação de instituições financeiras visando à prestação do serviço de pagamento da remuneração de servidores públicos, desde que demonstrado que a adoção desse modelo é mais vantajosa para a Administração Pública (Acórdão nº 1.191/2018-Plenário. Rel. Min. Benjamin Zymler).

Considerando as hipóteses de contratação previstas no art. 79, os casos apreciados acima poderiam ser enquadrados da seguinte forma, conforme as hipóteses trazidas pela legislação atual:

- inc. I: contratação de pessoas físicas e jurídicas para a produção de coberturas e programas jornalísticos e outros serviços pela EBC;
- inc. II: contratação de profissionais de saúde, tanto para atuar em unidades públicas de saúde quanto em seus próprios consultórios e clínicas; contratação de instituições financeiras visando à prestação do serviço de pagamento da remuneração de servidores públicos;
- inc. III: contratação de empresas agenciadoras de transporte individual de passageiros; contratação de empresas aéreas para o fornecimento de passagens em linhas regulares domésticas.

O procedimento do credenciamento será definido em regulamento, sem prejuízo do cumprimento das regras estatuídas nos diversos incisos do parágrafo único do art. 79.

Conforme o inc. I, o edital de chamamento para o credenciamento de interessados será divulgado e mantido permanentemente aberto no sítio eletrônico oficial do órgão ou entidade.

Além disso, o art. 174, inc. III, exige que o edital seja divulgado no Portal Nacional de Contratações Públicas (PNCP). Dessa forma, não há que se falar em prazo de vigência do aludido instrumento, não obstante se possa exigir a reavaliação periódica do atendimento dos requisitos editalícios por parte dos interessados, a ensejar eventual descredenciamento em caso de descumprimento.

Na hipótese de credenciamento fundado no inc. I do *caput* do art. 79, deverão ser adotados critérios objetivos de distribuição da demanda, quando o objeto não permitir a contratação imediata e simultânea de todos os credenciados. A título de sugestão, recomenda-se o uso de sorteio, ordem de antiguidade no credenciamento ou rodízio, a fim de permitir uma distribuição equânime da demanda entre todos os possíveis interessados.

No caso dos incs. I e II do *caput* do dispositivo em análise, o edital de chamamento deve definir o valor da contratação. Na hipótese do inc. III do *caput* deste artigo, a Administração deve registrar as cotações de mercado vigentes no momento da contratação, com vistas à definição do valor desta e à escolha do fornecedor ou prestador de serviços. Em todos os casos, o edital de chamamento deve especificar as condições padronizadas de contratação.

Conforme o inc. V, não será permitido o cometimento a terceiros do objeto contratado sem autorização expressa da Administração. Tal regra decorre do caráter pessoal das contratações públicas, inclusive as decorrentes de credenciamento, que exigem o atendimento de requisitos predeterminados para a celebração de vínculo obrigacional perante a Administração.

Segundo o inc. VI, será admitida a denúncia por qualquer das partes nos prazos fixados no edital. Assim, é possível o descredenciamento do interessado a pedido ou por iniciativa da Administração.

No primeiro caso, o ente estatal tem o dever de excluir o requerente de seu cadastro, não cabendo nenhuma sanção. No segundo, a Administração deve instaurar procedimento administrativo para apurar eventual descumprimento das condições estabelecidas no edital de chamamento, assegurado o direito de contraditório e ampla defesa ao interessado.

A decisão que credenciar ou descredenciar determinado interessado está sujeita a pedido de reconsideração, nos termos do art. 165, inc. II.

Não há óbice a que a Administração delibere por extinguir o credenciamento para a execução de determinado objeto, revogando o edital de chamamento e o cadastro existente, por entender viável outra forma de contratação. Nesta hipótese, não há que se falar em direito ao contraditório dos interessados, uma vez que não há direito subjetivo dos credenciados à ultimação das contratações.

15.2 Da pré-qualificação

> Art. 80. A pré-qualificação é o procedimento técnico-administrativo para selecionar previamente:
> I - licitantes que reúnam condições de habilitação para participar de futura licitação ou de licitação vinculada a programas de obras ou de serviços objetivamente definidos;
> II - bens que atendam às exigências técnicas ou de qualidade estabelecidas pela Administração.
> §1º Na pré-qualificação observar-se-á o seguinte:
> I - quando aberta a licitantes, poderão ser dispensados os documentos que já constarem do registro cadastral;
> II - quando aberta a bens, poderá ser exigida a comprovação de qualidade.
> §2º O procedimento de pré-qualificação ficará permanentemente aberto para a inscrição de interessados.

> §3º Quanto ao procedimento de pré-qualificação, constarão do edital:
> I - as informações mínimas necessárias para definição do objeto;
> II - a modalidade, a forma da futura licitação e os critérios de julgamento.
> §4º A apresentação de documentos far-se-á perante órgão ou comissão indicada pela Administração, que deverá examiná-los no prazo máximo de 10 (dez) dias úteis e determinar correção ou reapresentação de documentos, quando for o caso, com vistas à ampliação da competição.
> §5º Os bens e os serviços pré-qualificados deverão integrar o catálogo de bens e serviços da Administração.
> §6º A pré-qualificação poderá ser realizada em grupos ou segmentos, segundo as especialidades dos fornecedores.
> §7º A pré-qualificação poderá ser parcial ou total, com alguns ou todos os requisitos técnicos ou de habilitação necessários à contratação, assegurada, em qualquer hipótese, a igualdade de condições entre os concorrentes.
> §8º Quanto ao prazo, a pré-qualificação terá validade:
> I - de 1 (um) ano, no máximo, e poderá ser atualizada a qualquer tempo;
> II - não superior ao prazo de validade dos documentos apresentados pelos interessados.
> §9º Os licitantes e os bens pré-qualificados serão obrigatoriamente divulgados e mantidos à disposição do público.
> §10. A licitação que se seguir ao procedimento da pré-qualificação poderá ser restrita a licitantes ou bens pré-qualificados.

A pré-qualificação é o procedimento auxiliar destinado a selecionar, previamente, um conjunto de licitantes ou de bens para futuras e eventuais licitações a serem realizadas pelo ente público. Ele tem como objetivo antecipar, parcial ou totalmente, as etapas de habilitação e de verificação do atendimento das especificações técnicas e de qualidade do bem a ser adquirido, em eventuais certames licitatórios da entidade.

O art. 114 da Lei nº 8.666/1993 admitia a pré-qualificação de licitantes, porém, esse procedimento era vinculado a determinado certame, na modalidade concorrência, e era aplicável quando o objeto desta recomendasse a análise mais detida da qualificação técnica dos interessados.

Sob essa primeira perspectiva, a pré-qualificação da legislação atual difere da prevista na norma anterior, uma vez que ela não se dirige a uma licitação específica, mas a um conjunto indeterminado de eventuais certames a serem abertos pela Administração.

O procedimento é recomendável a situações em que o Poder Público precise contratar habitualmente determinado objeto. Nesse caso, a existência de licitantes previamente habilitados e/ou bens antecipadamente avaliados quanto à sua qualidade será útil a uma contratação mais célere, o que vai ao encontro do princípio da eficiência.

Conforme o art. 80, há duas espécies de pré-qualificação:
- a subjetiva, destinada à seleção de licitantes que reúnam condições de habilitação para participar de futura licitação ou de licitação vinculada a programas de obras ou de serviços objetivamente definidos (inc. I); e
- a objetiva, voltada à escolha de bens que atendam às exigências técnicas ou de qualidade estabelecidas pela Administração.

Considerando a redação do inc. I do art. 80, a pré-qualificação subjetiva pode se destinar a quaisquer licitações futuras do ente estatal, não determinadas, ou ser vinculada a programas de obras ou de serviços objetivamente definidos. No último caso, poderão ser estabelecidas exigências específicas de habilitação, destinadas à verificação da aptidão ou de condições peculiares à execução de determinado serviço ou obra, não exigíveis em outras situações mais corriqueiras. Seria o caso, por exemplo, da pré-qualificação de empresas especializadas na execução de estruturas pré-moldadas ou alvenaria estrutural para futuras e eventuais contratações no âmbito de um programa de construção de escolas com essa técnica construtiva.

Conforme o inc. I do §1º, poderão ser dispensados os documentos que já constarem do registro cadastral, na pré-qualificação subjetiva. Tal medida é revestida de toda a lógica, pois, se a lei admite a substituição, em licitações, da documentação exigida a título de habilitação por registro cadastral, nos termos do inc. II do art. 70, nada mais natural que também o faça no procedimento de pré-qualificação. Por óbvio, o ente contratante deve atentar para a validade da documentação existente, promovendo as diligências cabíveis, sempre que necessárias.

Segundo o inc. II do §1º, poderá ser exigida a comprovação de qualidade, na pré-qualificação objetiva. Tal faculdade é condizente com o objetivo desse procedimento, de avaliar se o bem atende às exigências técnicas ou de qualidade estabelecidas pela Administração.

Em nossa visão, a entidade contratante pode adotar as seguintes providências na fase de pré-qualificação objetiva, antecipando medidas que poderiam ser realizadas na fase de julgamento:
- verificação da compatibilidade dos bens com as especificações técnicas do produto, constantes de catálogo eletrônico de padronização ou definidas no edital de pré-qualificação, quanto aos requisitos de qualidade, rendimento, durabilidade e segurança (art. 40, §1º, inc. I, c/c o art. 59, inc. II);
- exame da amostra ou prova de conceito do bem (art. 41, inc. II);
- análise da prova de qualidade de produto apresentado pelos proponentes como similar ao das marcas eventualmente indicadas no edital de pré-qualificação.

Consoante o §2º, o procedimento de pré-qualificação ficará permanentemente aberto para a inscrição de interessados. Essa medida vai ao encontro da finalidade desse procedimento auxiliar, de servir a várias licitações futuras do ente público. Aqui reside a principal diferença do instituto ante o de nome equivalente da Lei nº 8.666/1993.

Todavia, não se deve confundir o prazo de validade do edital de pré-qualificação (indeterminado) com o do ato administrativo que declarar o cumprimento dos requisitos de pré-qualificação (objetiva ou subjetiva). Quanto a este, o §8º assinala que ele terá validade:

a) de 1 ano, no máximo, e poderá ser atualizada a qualquer tempo;
b) não superior ao prazo de validade dos documentos apresentados pelos interessados.

Assim, caso o interessado deixe expirar o prazo de validade de algum documento que ampare a sua condição de pré-qualificado (subjetiva ou objetiva) ou não apresente a documentação exigida para nova pré-qualificação, uma vez transcorrido um ano da anterior, ele perderá a condição de pré-qualificado. Por óbvio, o particular pode, a qualquer momento, apresentar os documentos pertinentes e, assim, retomar o seu *status* anterior.

O edital de pré-qualificação deve conter as informações mínimas necessárias para definição do objeto e especificar a modalidade, a forma da futura licitação e os critérios de julgamento, consoante o §3º.

Inicialmente, cabe advertir que o objeto a que o dispositivo se refere é o do edital de pré-qualificação, qual seja, a seleção de empresas que satisfaçam requisitos de habilitação minuciosamente detalhados (inc. I do *caput*) ou de bens que atendam às exigências técnicas ou de qualidade precisamente definidas (inc. II do *caput*). Em ambos os casos, as informações devem ser completas e suficientes para permitir o completo entendimento do objeto pelos interessados, a fim de viabilizar a sua participação no certame.

Dentro do mesmo propósito, é recomendável que o edital de chamamento especifique o objeto das futuras e eventuais licitações que poderão se servir do procedimento de pré-qualificação, a fim de subsidiar a decisão dos potenciais licitantes quanto à participação ou não do procedimento.

Afinal, o §10 permite que a licitação que se seguir ao procedimento da pré-qualificação seja restrita a licitantes ou bens pré-qualificados, o que poderia gerar prejuízo à transparência e à competitividade, caso as informações pertinentes às contratações vindouras não fossem expostas, desde logo, no edital de pré-qualificação.

Além de tratar do objeto da futura contratação, o edital de chamamento deve trazer informações sobre a modalidade, a forma e os critérios de julgamento daquela, conforme já destacado.

Com relação ao primeiro aspecto, sabe-se que as licitações são divididas quanto à modalidade, na legislação atual, em pregão, concorrência, concurso, leilão e diálogo competitivo (art. 28). Os critérios de julgamento previstos na lei são o de menor preço, maior desconto, melhor técnica ou conteúdo artístico, técnica e preço, maior lance, no caso de leilão e maior retorno econômico (art. 33). Porém, não há na norma nem na doutrina uma classificação das licitações quanto à forma, termo usado no inc. II do §3º. Sob essa perspectiva, de evidente falha na técnica legislativa, o dispositivo é inaplicável.

O edital de pré-qualificação deve ser divulgado no Portal Nacional de Contratações Públicas (PNCP), nos termos do art. 174, inc. III.

O §4º trata do procedimento administrativo com vistas à pré-qualificação. Segundo o dispositivo, a apresentação de documentos far-se-á perante órgão ou comissão indicados pela Administração, que deverá examiná-los no prazo máximo de 10 dias úteis.

Transcorrido este, a Administração poderá adotar três decisões:
- expedir ato declaratório da pré-qualificação do interessado (subjetiva ou objetiva);
- determinar a correção de documentos; ou
- requerer a reapresentação da documentação, quando, nesse meio tempo, forem alteradas as condições para pré-qualificação, com vistas à ampliação da competição.

O ato que deferir ou indeferir pedido de pré-qualificação de interessado está sujeito a recurso hierárquico, nos termos do art. 165, inc. I, alínea "a". Isso exige a ampla publicidade do referido ato decisório, que deverá se dar no PNCP, obedecendo à forma de divulgação do edital.

O §9º exige que os licitantes e os bens pré-qualificados sejam obrigatoriamente divulgados e mantidos à disposição do público. Pela mesma razão, entende-se que essa divulgação deve ocorrer no PNCP.

O §5º determina que os bens e os serviços pré-qualificados deverão integrar o catálogo de bens e serviços da Administração. A redação do dispositivo causa estranheza, pois o inc. II do *caput* do art. 80 somente tratou da pré-qualificação de bens, não de serviços. Avalia-se que houve mais uma falha na técnica legislativa, já que a avaliação do atendimento de exigências técnicas ou de qualidade somente se aplica a bens, seja na fase de julgamento, seja antecipadamente, por ocasião da pré-qualificação de produtos apresentados pelos interessados com vistas à futura compra pela Administração.

Não se deve confundir o catálogo de bens e licitantes pré-qualificados de que trata do o §5º com o catálogo eletrônico de padronização, definido no inc. LI do art. 6º. Enquanto o primeiro tem como objetivo registrar documentalmente produtos e empresas que satisfizeram os requisitos definidos em edital de pré-qualificação, gozando da condição de pré-qualificadas, o segundo se destina "a permitir a padronização de itens a serem adquiridos pela Administração Pública e que estarão disponíveis para a licitação". O catálogo do §5º do presente artigo se refere a bens e fornecedores em concreto, enquanto o do inc. LI do art. 6º diz respeito a itens em abstrato.

Segundo o §6º, a pré-qualificação poderá ser realizada em grupos ou segmentos, segundo as especialidades dos fornecedores. Tal medida se mostra útil para a própria organização interna da Administração, no aproveitamento dos resultados desse procedimento auxiliar em futuras licitações envolvendo a compra do objeto pré-qualificado ou a atividade econômica principal exercida pelos licitantes pré-qualificados.

Conforme o §7º, a pré-qualificação poderá ser parcial ou total, com alguns ou todos os requisitos técnicos ou de habilitação necessários à contratação, assegurada, em qualquer hipótese, a igualdade de condições entre os concorrentes. Isso implica dizer que, no caso de pré-qualificação parcial, será exigida dos licitantes pré-qualificados a apresentação do rol de documentos que não constaram desse procedimento auxiliar.

15.3 Do procedimento de manifestação de interesse

> Art. 81. A Administração poderá solicitar à iniciativa privada, mediante procedimento aberto de manifestação de interesse a ser iniciado com a publicação de edital de chamamento público, a propositura e a realização de estudos, investigações, levantamentos e projetos de soluções inovadoras que contribuam com questões de relevância pública, na forma de regulamento.
> §1º Os estudos, as investigações, os levantamentos e os projetos vinculados à contratação e de utilidade para a licitação, realizados pela Administração ou com a sua autorização, estarão à disposição dos interessados, e o vencedor da licitação deverá ressarcir os dispêndios correspondentes, conforme especificado no edital.
> §2º A realização, pela iniciativa privada, de estudos, investigações, levantamentos e projetos em decorrência do procedimento de manifestação de interesse previsto no caput deste artigo:
> I - não atribuirá ao realizador direito de preferência no processo licitatório;
> II - não obrigará o poder público a realizar licitação;
> III - não implicará, por si só, direito a ressarcimento de valores envolvidos em sua elaboração;
> IV - será remunerada somente pelo vencedor da licitação, vedada, em qualquer hipótese, a cobrança de valores do poder público.
> §3º Para aceitação dos produtos e serviços de que trata o caput deste artigo, a Administração deverá elaborar parecer fundamentado com a demonstração de que o produto ou serviço entregue é adequado e suficiente à compreensão do objeto, de que as premissas adotadas são compatíveis com as reais necessidades do órgão e de que a metodologia proposta é a que propicia maior economia e vantagem entre as demais possíveis.
> §4º O procedimento previsto no caput deste artigo poderá ser restrito a startups, assim considerados os microempreendedores individuais, as microempresas e as empresas de pequeno porte, de natureza emergente e com grande potencial, que se dediquem à pesquisa, ao desenvolvimento e à implementação de novos produtos ou serviços baseados em soluções tecnológicas inovadoras que possam causar alto impacto, exigida, na seleção definitiva da inovação, validação prévia fundamentada em métricas objetivas, de modo a demonstrar o atendimento das necessidades da Administração.

O procedimento de manifestação de interesse (PMI) é o instrumento auxiliar por meio do qual a Administração solicita à iniciativa privada, em um edital de chamamento público, a propositura e a realização de estudos, investigações, levantamentos e projetos de soluções inovadoras que contribuam com questões de relevância pública, na forma de regulamento.

Não obstante o silêncio da norma, entende-se que a publicação do edital deve ocorrer no sítio eletrônico do órgão e no PNCP, neste caso, com base no art. 174, §2º, inc. III, aplicado por analogia.

Conforme pontuou Ronny Charles, esse procedimento auxiliar é adequado para situações nas quais a Administração possui uma necessidade, mas tem dificuldade em definir a pretensão contratual devido à complexidade ou à diversidade das soluções possíveis.[203] Nessas circunstâncias, o ente estatal busca extrair a *expertise* do setor privado para definir a forma mais eficiente de satisfazer o interesse público.

A publicação do edital de chamamento público de um PMI não gera nenhum direito subjetivo a quem se propor a realizar esses estudos, investigações, levantamentos e projetos. Conforme o §2º, a execução destes:

- não atribuirá ao realizador direito de preferência no processo licitatório;
- não obrigará o Poder Público a realizar licitação;
- não implicará, por si só, direito a ressarcimento de valores envolvidos em sua elaboração; e
- será remunerada somente pelo vencedor da licitação, vedada, em qualquer hipótese, a cobrança de valores do Poder Público.

Segundo se depreende do *caput* do art. 81, o setor privado pode propor ou, ele próprio, realizar estudos, investigações, levantamentos e projetos. Em qualquer dos casos, os produtos dos trabalhos estarão à disposição dos interessados e o vencedor da licitação deverá ressarcir os dispêndios incorridos pelo autor dos trabalhos, conforme especificado no edital deste certame, nos termos do §1º.

Isso implica dizer que o ato administrativo que aceitar os estudos, levantamentos e projetos de soluções inovadoras realizados por particular no bojo de um PMI, com vistas à utilização em futura licitação, acarreta a celebração de um contrato com deveres recíprocos entre as partes, mas sem remuneração.

Do lado do particular, o ajuste estipula a obrigação de disponibilizar o trabalho intelectual aos interessados e ao vencedor do certame licitatório. Não obstante o silêncio da norma, é decorrência lógica desse modelo que o autor dos estudos ou projetos ceda os direitos patrimoniais relacionados ao trabalho desenvolvido, que passam a ser propriedade do ente estatal que tenha autorizado a sua produção e os aceitado, após a conclusão do PMI. Por evidente, isso não implica nenhum prejuízo à preservação da identificação dos respectivos autores e da responsabilidade técnica a eles atribuída.

Da parte da Administração, a avença impõe o dever de incluir, no contrato decorrente de eventual licitação para a contratação do projeto, cláusula estipulando que o vencedor do certame irá ressarcir o autor dos estudos pelas despesas incorridas com a sua elaboração.

---

[203] TORRES, Ronny Charles Lopes de. *Leis de licitações públicas comentadas*. São Paulo: JusPodivm, 2021. p. 476.

Tem-se, portanto, um contrato administrativo aleatório entre o ente estatal e o autor dos estudos, investigações, levantamentos e projetos, uma vez que a remuneração deste depende de evento futuro e incerto, a saber, a realização da licitação e a ultimação da contratação com o vencedor do certame. De toda sorte, trata-se de um negócio jurídico administrativo *sui generis*, uma vez que ele não envolverá a realização de gasto público, não possuindo repercussão orçamentária nem financeira.

A inclusão do procedimento de manifestação de interesse na Lei nº 14.133/2021 consubstancia uma tendência de incorporação de institutos das concessões e parcerias público-privadas no regime geral de licitações e contratos.

Tal se justifica pelo cenário de recorrente escassez de recursos públicos para o custeio de bens e serviços de interesse da sociedade, especialmente na área de infraestrutura, o que impõe a busca de soluções a partir da transferência de determinadas atividades para terceiros e da utilização de capitais privados. Outro motivo invocado para a busca de apoio de terceiros para a execução de funções originalmente a cargo do Poder Público é o cada vez mais reduzido quadro técnico da Administração Pública, especialmente em setores ligados à engenharia e projetos, o que remete, mais uma vez, às limitações geradas pela crise fiscal.

O instrumento auxiliar em exame tem a sua gênese no art. 21 da Lei nº 8.987, de 13.2.1995. Conforme o dispositivo:

> os estudos, investigações, levantamentos, projetos, obras e despesas ou investimentos já efetuados, vinculados à concessão, de utilidade para a licitação, realizados pelo poder concedente ou com a sua autorização, estarão à disposição dos interessados, devendo o vencedor da licitação ressarcir os dispêndios correspondentes, especificados no edital.

Posteriormente, o art. 3º da Lei nº 11.079, de 30.12.2004, estendeu essa possibilidade às parcerias público-privadas, o que foi regulamentado pelo Decreto nº 5.977, de 1º.12.2006. Segundo André Luiz dos Santos Nakamura, foi a partir daí que o instrumento começou a ser usado, quando finalmente passou a ocorrer a estruturação de projetos pelo setor privado, no âmbito das concessões de serviços públicos e parcerias público-privadas.[204]

Posteriormente, o art. 2º da Lei nº 11.922, de 13.4.2009, previu instituto similar ao que se estuda, denominado pela doutrina de manifestação de interesse privado (MIP). Conforme o dispositivo, os poderes executivos da União, dos estados, do Distrito Federal e dos municípios estavam autorizados "a estabelecer normas para regular procedimento administrativo, visando a estimular a iniciativa privada a apresentar, por sua conta e risco, estudos e projetos relativos à concessão de serviços públicos, concessão de obra pública ou parceria público-privada".

---

[204] NAKAMURA, André Luiz dos Santos. Formas de participação privada na modelagem dos projetos de infraestrutura: diálogo competitivo, procedimento de manifestação de interesse (PMI) e manifestação de interesse privado (MIP). *Revista Brasileira de Infraestrutura – RBINF*, Belo Horizonte, ano 7, n. 14, p. 31-50, jul./dez. 2018. p. 33.

A diferença entre os instrumentos pode ser verificada nessa feliz síntese de André Luiz dos Santos Nakamura:

> O que diferencia, em tese, o PMI da MIP é que esta decorre da iniciativa privada, enquanto aquele decorre de uma provocação da autoridade pública. Nos casos em que já existe uma necessidade pública identificada, o ente público, por meio de chamamento público, inicia um PMI. Já a MIP seria um instrumento hábil a gerar futuros projetos a serem realizados pela Administração Pública mediante a apresentação de propostas pela iniciativa privada.[205]

O Decreto nº 8.428, de 2.4.2015, foi a primeira norma a utilizar a expressão "procedimento de manifestação de interesse" (PMI). Consoante o seu art. 1º, este seria:

> observado na apresentação de projetos, levantamentos, investigações ou estudos, por pessoa física ou jurídica de direito privado, com a finalidade de subsidiar a administração pública na estruturação de desestatização de empresa e de contratos de parcerias, nos termos do disposto no §2º do art. 1º da Lei nº 13.334, de 13 de setembro de 2016.

O PMI foi previsto, ainda, nos §§4º e 5º do art. 31 da Lei nº 13.303/2016 (Lei das Estatais), que assim dispôs sobre o tema:

> §4º A empresa pública e a sociedade de economia mista poderão adotar procedimento de manifestação de interesse privado para o recebimento de propostas e projetos de empreendimentos com vistas a atender necessidades previamente identificadas, cabendo a regulamento a definição de suas regras específicas.
> §5º Na hipótese a que se refere o §4º, o autor ou financiador do projeto poderá participar da licitação para a execução do empreendimento, podendo ser ressarcido pelos custos aprovados pela empresa pública ou sociedade de economia mista caso não vença o certame, desde que seja promovida a cessão de direitos de que trata o art. 80.

A propósito, a Lei das Estatais foi a primeira a admitir expressamente que o autor dos estudos e projetos participasse da licitação para a execução do empreendimento. Antes disso, havia disposição semelhante no art. 18 do Decreto nº 8.428/2015, mas o permissivo se limitava à estruturação de desestatização de empresa e contratos de Parcerias de Investimentos – PPI.

Quanto aos procedimentos realizados com base nas leis nºs 8.987/1995 e 11.922/2009, como eles estavam sujeitos à aplicação da Lei nº 8.666/1993, por força do art. 124 desta norma, incidia o art. 9º do Estatuto de Licitações e Contratos, que vedava expressamente essa participação.

---

[205] NAKAMURA, André Luiz dos Santos. Formas de participação privada na modelagem dos projetos de infraestrutura: diálogo competitivo, procedimento de manifestação de interesse (PMI) e manifestação de interesse privado (MIP). *Revista Brasileira de Infraestrutura – RBINF*, Belo Horizonte, ano 7, n. 14, p. 31-50, jul./dez. 2018. p. 33.

Assim, a nova lei de licitações seguiu a tendência de maior abertura à presença do autor dos projetos, levantamentos e estudos no certame licitatório destinado à sua implantação.

O §3º prescreve que, para a aceitação dos produtos e serviços elaborados no âmbito do PMI, a Administração deverá elaborar parecer fundamentado com a demonstração de que:

a) os projetos e estudos entregues são adequados e suficientes à compreensão do objeto;
b) as premissas adotadas são compatíveis com as reais necessidades do órgão;
c) a metodologia proposta é a que propicia maior economia e vantagem entre as demais possíveis.

Como se vê, a análise dos produtos apresentados pelos interessados no âmbito de um PMI carrega certa dose de subjetividade. Considerando que o PMI é aplicável a situações em que o Poder Público não sabe qual é a melhor solução para uma necessidade administrativa e precisa recorrer à *expertise* do setor privado, cabe indagar se ele terá a capacidade de escolher, com a precisão desejada, qual o produto que melhor satisfaz os critérios aludidos no §3º.

Além da grande assimetria de informações entre os autores dos projetos e o setor público demandante, é difícil saber, *a priori*, qual a metodologia proposta que irá propiciar maior economia, algo que somente irá se comprovar no futuro, quando da efetiva implantação da solução.

A despeito dessas limitações, deve a Administração buscar contorná-las a partir do estabelecimento de critérios objetivos de análise, segundo os parâmetros acima anunciados, mitigando o grau de subjetividade na escolha dos produtos apresentados no âmbito de um PMI.

Conforme o §4º, o instrumento auxiliar em exame poderá ser restrito a *startups*:

> assim considerados os microempreendedores individuais, as microempresas e as empresas de pequeno porte, de natureza emergente e com grande potencial, que se dediquem à pesquisa, ao desenvolvimento e à implementação de novos produtos ou serviços baseados em soluções tecnológicas inovadoras que possam causar alto impacto, exigida, na seleção definitiva da inovação, validação prévia fundamentada em métricas objetivas, de modo a demonstrar o atendimento das necessidades da Administração.

O dispositivo revela a opção do legislador de incentivar o setor de tecnologia e inovação, constituindo mais uma medida que se insere na função regulatória das licitações públicas.

A utilização de instrumentos semelhantes ao PMI é objeto de críticas quanto a sua distribuição de riscos, estrutura de incentivos e baixa efetividade. O tema foi discutido pelo TCU no Acórdão nº 1.873/2016-Plenário (Rel. Min. Walton Alencar), cabendo destacar os seguintes trechos de seu voto:

> Os resultados até agora verificados, entretanto, estão bem aquém dos esperados. A experiência mostra que a utilização do mecanismo na preparação de projetos de infraestrutura apresenta consideráveis riscos. Não por menos que, em alguns países, o PMI é expressamente proibido, ou, ao menos, não possui previsão legal, como é caso do Reino Unido, Canadá e União Europeia (vide o estudo "Estruturação de projetos de infraestrutura: experiência internacional e lições para o Brasil", de Fernando Tavares Camacho e Bruno da Costa Lucas Rodrigues, ambos da Área de Estruturação de Projetos do BNDES, disponível em http://www.sefaz.ba.gov.br/scripts/redeppp/docs/TD-PMI-1.pdf, acessado em 6/6/2016).
>
> O primeiro risco diz respeito à baixa conversão de PMIs em contratos assinados, que parece advir direta e inevitavelmente das características do mecanismo, ao menos da forma como vem sendo regulamentado e aplicado no país.
>
> No Brasil, os procedimentos de manifestação de interesse ganharam força nos últimos anos. Estima-se que, atualmente, até 50% dos projetos de infraestrutura das três esferas de governo sejam lançados por meio de PMIs. O grande número de editais de chamamento, porém, não encontra correspondência com o número de contratos assinados. [...]
>
> A *principal razão da diminuta efetividade do PMI parece ser o expressivo risco a ser assumido pelos interessados de, mesmo após terem sido autorizados pelo Poder Público, gastarem tempo e recursos para elaborarem estudos que não serão selecionados e, portanto, não serão objeto de ressarcimento, ou realizar estudos que, selecionados, ainda assim não serão ressarcidos, ou serão ressarcidos em valor insuficiente para retribuir os esforços empreendidos.* [...]
>
> Ao assim fazê-lo, a Administração Pública passa a depender, inexoravelmente, do setor privado, no mais das vezes representado por potenciais licitantes, para preparar o projeto e apoiá-la durante todo o procedimento licitatório. *Não raro, o autorizado possui objetivos opostos aos do governo, tendentes à maximização do seu lucro, e acaba induzindo à elaboração de projetos de engenharia caros e regras contratuais que não privilegiam a concorrência, nem maximizam o bem-estar da sociedade.*
>
> *A assimetria das informações entre autorizado, governo e demais interessados na futura licitação cria a possibilidade de o primeiro direcionar, a seu favor ou a favor de associados, as premissas do projeto e as regras que regerão a licitação e o futuro contrato.*
>
> *Entre as vantagens que podem ser indevidamente obtidas destacam-se: repartição desequilibrada dos riscos do empreendimento; estabelecimento de menores níveis de investimento ou de maior remuneração; obstrução à participação de potenciais licitantes mediante requisitos de qualificação prescindíveis; adoção de soluções de engenharia para as quais apresente alguma vantagem competitiva e ocultação de informações relevantes à análise da rentabilidade do empreendimento.*
>
> O setor privado tem como objetivo primordial a maximização do lucro e não o interesse público. É principalmente esse conflito de interesses que levou os governos de países desenvolvidos a proibirem ou limitarem fortemente a estruturação de projetos por agentes privados. Ingenuidade crer que o autorizado e potencial licitante conduza a soluções que melhor alcancem o interesse público, sem considerações de realização de lucro máximo no futuro empreendimento, nem de aumento de suas chances de êxito no certame. [...]
>
> Conquanto mitigado, esse viés subsiste latente ainda no caso de o autorizado estar impedido de participar da futura licitação. *Bem verdade que estruturadoras independentes são movidas pelo ressarcimento do projeto/estudo e pela obtenção de boa reputação, com que possam aumentar suas chances de serem novamente selecionadas no futuro. Todavia, não se deve menosprezar a real perspectiva de captura da estruturadora independente, por investidores interessados na implantação do futuro empreendimento, nem de existência de vínculos entre eles, desconhecidos pela Administração.* (Grifos nossos)

A despeito dessas incertezas quanto à eficiência e eficácia do PMI, não se deve objetar, *ab initio*, a sua implantação mais ampla no mundo das contratações públicas.

Afinal, é importante a abertura do direito administrativo a novas formas de atuação estatal, especialmente no segmento da infraestrutura, cuja demanda de capital supera a atual capacidade de investimento do Estado brasileiro.

Porém, é preciso acompanhar a operacionalização desse instrumento auxiliar, a fim de verificar suas falhas e oportunidades de melhorias ou, se for o caso, constatar a sua inviabilidade, se comprovados os riscos indicados na decisão supramencionada.

15.4 Do sistema de registro de preços

> Art. 82. O edital de licitação para registro de preços observará as regras gerais desta Lei e deverá dispor sobre:
> I - as especificidades da licitação e de seu objeto, inclusive a quantidade máxima de cada item que poderá ser adquirida;
> II - a quantidade mínima a ser cotada de unidades de bens ou, no caso de serviços, de unidades de medida;
> III - a possibilidade de prever preços diferentes:
> a) quando o objeto for realizado ou entregue em locais diferentes;
> b) em razão da forma e do local de acondicionamento;
> c) quando admitida cotação variável em razão do tamanho do lote;
> d) por outros motivos justificados no processo;
> IV - a possibilidade de o licitante oferecer ou não proposta em quantitativo inferior ao máximo previsto no edital, obrigando-se nos limites dela;
> V - o critério de julgamento da licitação, que será o de menor preço ou o de maior desconto sobre tabela de preços praticada no mercado;
> VI - as condições para alteração de preços registrados;
> VII - o registro de mais de um fornecedor ou prestador de serviço, desde que aceitem cotar o objeto em preço igual ao do licitante vencedor, assegurada a preferência de contratação de acordo com a ordem de classificação;
> VIII - a vedação à participação do órgão ou entidade em mais de uma ata de registro de preços com o mesmo objeto no prazo de validade daquela de que já tiver participado, salvo na ocorrência de ata que tenha registrado quantitativo inferior ao máximo previsto no edital;
> IX - as hipóteses de cancelamento da ata de registro de preços e suas consequências.
> §1º O critério de julgamento de menor preço por grupo de itens somente poderá ser adotado quando for demonstrada a inviabilidade de se promover a adjudicação por item e for evidenciada a sua vantagem técnica e econômica, e o critério de aceitabilidade de preços unitários máximos deverá ser indicado no edital.
> §2º Na hipótese de que trata o §1º deste artigo, observados os parâmetros estabelecidos nos §§1º, 2º e 3º do art. 23 desta Lei, a contratação posterior de item específico constante de grupo de itens exigirá prévia pesquisa de mercado e demonstração de sua vantagem para o órgão ou entidade.

§3º É permitido registro de preços com indicação limitada a unidades de contratação, sem indicação do total a ser adquirido, apenas nas seguintes situações:

I - quando for a primeira licitação para o objeto e o órgão ou entidade não tiver registro de demandas anteriores;

II - no caso de alimento perecível;

III - no caso em que o serviço estiver integrado ao fornecimento de bens.

§4º Nas situações referidas no §3º deste artigo, é obrigatória a indicação do valor máximo da despesa e é vedada a participação de outro órgão ou entidade na ata.

§5º O sistema de registro de preços poderá ser usado para a contratação de bens e serviços, inclusive de obras e serviços de engenharia, observadas as seguintes condições:

I - realização prévia de ampla pesquisa de mercado;

II - seleção de acordo com os procedimentos previstos em regulamento;

III - desenvolvimento obrigatório de rotina de controle;

IV - atualização periódica dos preços registrados;

V - definição do período de validade do registro de preços;

VI - inclusão, em ata de registro de preços, do licitante que aceitar cotar os bens ou serviços em preços iguais aos do licitante vencedor na sequência de classificação da licitação e inclusão do licitante que mantiver sua proposta original.

§6º O sistema de registro de preços poderá, na forma de regulamento, ser utilizado nas hipóteses de inexigibilidade e de dispensa de licitação para a aquisição de bens ou para a contratação de serviços por mais de um órgão ou entidade.

Art. 83. A existência de preços registrados implicará compromisso de fornecimento nas condições estabelecidas, mas não obrigará a Administração a contratar, facultada a realização de licitação específica para a aquisição pretendida, desde que devidamente motivada.

Art. 84. O prazo de vigência da ata de registro de preços será de 1 (um) ano e poderá ser prorrogado, por igual período, desde que comprovado o preço vantajoso.

Parágrafo único. O contrato decorrente da ata de registro de preços terá sua vigência estabelecida em conformidade com as disposições nela contidas.

Art. 85. A Administração poderá contratar a execução de obras e serviços de engenharia pelo sistema de registro de preços, desde que atendidos os seguintes requisitos:

I - existência de projeto padronizado, sem complexidade técnica e operacional;

II - necessidade permanente ou frequente de obra ou serviço a ser contratado.

Art. 86. O órgão ou entidade gerenciadora deverá, na fase preparatória do processo licitatório, para fins de registro de preços, realizar procedimento público de intenção de registro de preços para, nos termos de regulamento, possibilitar, pelo prazo mínimo de 8 (oito) dias úteis, a participação de outros órgãos ou entidades na respectiva ata e determinar a estimativa total de quantidades da contratação.

§1º O procedimento previsto no caput deste artigo será dispensável quando o órgão ou entidade gerenciadora for o único contratante.

> §2º Se não participarem do procedimento previsto no caput deste artigo, os órgãos e entidades poderão aderir à ata de registro de preços na condição de não participantes, observados os seguintes requisitos:
> I - apresentação de justificativa da vantagem da adesão, inclusive em situações de provável desabastecimento ou descontinuidade de serviço público;
> II - demonstração de que os valores registrados estão compatíveis com os valores praticados pelo mercado na forma do art. 23 desta Lei;
> III - prévias consulta e aceitação do órgão ou entidade gerenciadora e do fornecedor.
> §3º A faculdade conferida pelo §2º deste artigo estará limitada a órgãos e entidades da Administração Pública federal, estadual, distrital e municipal que, na condição de não participantes, desejarem aderir à ata de registro de preços de órgão ou entidade gerenciadora federal, estadual ou distrital.
> §4º As aquisições ou as contratações adicionais a que se refere o §2º deste artigo não poderão exceder, por órgão ou entidade, a 50% (cinquenta por cento) dos quantitativos dos itens do instrumento convocatório registrados na ata de registro de preços para o órgão gerenciador e para os órgãos participantes.
> §5º O quantitativo decorrente das adesões à ata de registro de preços a que se refere o §2º deste artigo não poderá exceder, na totalidade, ao dobro do quantitativo de cada item registrado na ata de registro de preços para o órgão gerenciador e órgãos participantes, independentemente do número de órgãos não participantes que aderirem.
> §6º A adesão à ata de registro de preços de órgão ou entidade gerenciadora do Poder Executivo federal por órgãos e entidades da Administração Pública estadual, distrital e municipal poderá ser exigida para fins de transferências voluntárias, não ficando sujeita ao limite de que trata o §5º deste artigo se destinada à execução descentralizada de programa ou projeto federal e comprovada a compatibilidade dos preços registrados com os valores praticados no mercado na forma do art. 23 desta Lei.
> §7º Para aquisição emergencial de medicamentos e material de consumo médico-hospitalar por órgãos e entidades da Administração Pública federal, estadual, distrital e municipal, a adesão à ata de registro de preços gerenciada pelo Ministério da Saúde não estará sujeita ao limite de que trata o §5º deste artigo.
> §8º Será vedada aos órgãos e entidades da Administração Pública federal a adesão à ata de registro de preços gerenciada por órgão ou entidade estadual, distrital ou municipal.

O sistema de registro de preços é, juntamente com o registro cadastral, o procedimento auxiliar mais utilizado pela Administração.

Conforme Sidney Bittencourt, ele é recomendável nos casos de contratações frequentes da Administração Pública e de compras de demandas incertas ou de difícil mensuração.[206] Por via de consequência, esse instrumento proporciona um ganho de

---

[206] BITTENCOURT, Sidney. *Licitação de registro de preços*: comentários ao Decreto nº 7.892, de 23 de janeiro de 2013, alterado pelos Decretos nº 8.250, de 23 de maio de 2014, e nº 9.488, de 30 de agosto de 2018. Belo Horizonte: Fórum, 2021. p. 28.

eficiência para a Administração Pública, na medida em que permite a realização de vários contratos a partir de um único procedimento administrativo de seleção.

No regime do Decreto nº 7.892/2013, a ser comentado adiante, o art. 2º elencava outras situações ensejadoras do uso do registro de preços:

> II - quando for conveniente a aquisição de bens com previsão de entregas parceladas ou contratação de serviços remunerados por unidade de medida ou em regime de tarefa; III - quando for conveniente a aquisição de bens ou a contratação de serviços para atendimento a mais de um órgão ou entidade, ou a programas de governo; [...].

Avalia-se que tais premissas continuam válidas no contexto da nova Lei de Licitações, como circunstâncias justificadoras da escolha desse procedimento.

Por via de consequência, julga-se que são aplicáveis os seguintes precedentes do TCU, exarados durante o regime jurídico anterior – teses extraídas do repositório da jurisprudência selecionada do Tribunal:

> É inadequada a utilização do sistema de registro de preços quando: (i) as peculiaridades do objeto a ser executado e sua localização indiquem que só será possível uma única contratação ou (ii) quando não for possível a contratação de itens isolados em decorrência da indivisibilidade das partes que compõem o objeto, a exemplo de serviços de realização de eventos. (Acórdão nº 1.712/2015-Plenário. Rel. Min. Benjamin Zymler).
>
> O sistema de registro de preços não é aplicável nas situações em que o objeto não é padronizável, tais como os serviços de promoção de eventos, em que os custos das empresas são díspares e impactados por vários fatores, a exemplo da propriedade dos bens ou da sua locação junto terceiros; de sazonalidades (ocorrência de feiras, festas, shows e outros eventos nos mesmos dia e localidade); do local e do dia de realização do evento; e do prazo de antecedência disponível para realização do evento e reserva dos espaços. (Acórdão nº 1.712/2015-Plenário. Rel. Min. Benjamin Zymler)
>
> A utilização do Sistema de Registro de Preços (SRP) é possível, nos termos do art. 3º, inciso II, do Decreto 7.892/13, quando for conveniente para a Administração contratante realizar várias aquisições do objeto licitado (entrega parcelada dos produtos), o que não se confunde com aquisições em que são demandadas partes do objeto licitado (entrega de parcelas do produto), situação não albergada na legislação de regência. (Acórdão nº 125/2016-Plenário. Rel. Marcos Bemquerer)

O instrumento possibilita o registro de fornecedores de bens, prestadores de serviços ou executores de obras, sendo que os registrados assumem a obrigação de contratar com as entidades participantes ou autorizadas a participar, pelo prazo de 1 ano, por um preço certo e conforme a eventual necessidade da Administração, até determinado limite de quantitativos ou unidades de medida registrados.

Dessa forma, o sistema de registro de preços permite que se estabeleça um vínculo com o particular, consubstanciado na ata de registro de preços, sem que a Administração esteja obrigada a concluir o contrato. Por esse motivo, não há sequer a necessidade de prévia existência de dotação orçamentária para a realização desse procedimento, a qual somente será exigida por ocasião da ultimação da contratação.

Tal característica está assentada no art. 83. Conforme o dispositivo, a existência de preços registrados implicará compromisso de fornecimento nas condições estabelecidas, mas não obrigará a Administração a contratar. Porém, caso o ente participante da ata opte por realizar licitação específica para a aquisição pretendida, deverá motivar a escolha.

Essa escolha seria razoável, por exemplo, se os preços praticados no mercado se tornassem inferiores aos registrados e os licitantes constantes da ata não concordassem em reduzir seus preços, após a realização de negociação pela entidade gerenciadora.

A possibilidade de reunir vários órgãos, inclusive mediante posterior adesão, em um único procedimento de seleção de colaboradores e fornecedores, permite que a Administração obtenha ganhos de escala e economize tempo e custos administrativos.

Do lado dos particulares, ainda que não haja a certeza da contratação, o sistema de registro de preços possibilita que o mercado tenha um indicativo da demanda da Administração, o que contribui para um melhor planejamento empresarial e uma política de preços mais embasada.

A ata de registro de preços não tem natureza de contrato administrativo de compra, prestação de serviços ou execução de obras, uma vez que ele não encerra obrigações de pagamento ao contratado, como é da natureza desses ajustes.

Em verdade, o acordo entabulado na ata até poderia ser considerado um tipo especial de contrato administrativo, de natureza preliminar a um outro, que concretizará a prestação pretendida pela Administração.

Porém, para evitar interpretações equivocadas quanto aos direitos envolvidos, talvez seja melhor enquadrar a ata de registro de preços como um negócio jurídico administrativo, na linha do que decidiu o TCU no Acórdão nº 1.285/2015-Plenário (Rel. Min. Benjamin Zymler), consoante a tese extraída do repositório de sua jurisprudência selecionada:

> A ata de registro de preços caracteriza-se como um negócio jurídico em que são acordados entre as partes, Administração e licitante, apenas o objeto licitado e os respectivos preços ofertados. A formalização da ata gera apenas uma expectativa de direito ao signatário, não lhe conferindo nenhum direito subjetivo à contratação.

15.4.1 Cláusulas obrigatórias do edital da licitação para registro de preços

O registro de preços pode decorrer de uma licitação ou de um processo de contratação direta, mediante dispensa ou inexigibilidade. A propósito, esta é uma das novidades da Lei nº 14.133/2021, que será comentada adiante.

Caso a Administração decida por fazer um certame licitatório, uma vez presentes as circunstâncias que imponham a licitação, o edital deverá observar as regras gerais do novel estatuto e cumprir as exigências dispostas no art. 82.

Segundo o dispositivo, o edital deve obrigatoriamente conter cláusulas que disponham sobre:

a) as especificidades da licitação e de seu objeto, inclusive a quantidade máxima de cada item que poderá ser adquirida;
b) a quantidade mínima a ser cotada de unidades de bens ou, no caso de serviços, de unidades de medida;
c) a possibilidade de prever preços diferentes:
d) a possibilidade de o licitante oferecer ou não proposta em quantitativo inferior ao máximo previsto no edital, obrigando-se nos limites dela;
e) o critério de julgamento da licitação, que será o de menor preço ou o de maior desconto sobre tabela de preços praticada no mercado;
f) as condições para alteração de preços registrados;
g) o registro de mais de um fornecedor ou prestador de serviço, desde que aceitem cotar o objeto em preço igual ao do licitante vencedor, assegurada a preferência de contratação de acordo com a ordem de classificação;
h) a vedação à participação do órgão ou entidade em mais de uma ata de registro de preços com o mesmo objeto no prazo de validade daquela de que já tiver participado, salvo na ocorrência de ata que tenha registrado quantitativo inferior ao máximo previsto no edital;
i) as hipóteses de cancelamento da ata de registro de preços e suas consequências.

A legislação atual disciplinou o sistema de registro de preços de forma minuciosa, o que nos parece adequado diante da importância do instituto e de seu uso disseminado no âmbito da Administração Pública.

No regime anterior, havia poucas disposições sobre esse procedimento, de modo que a sua regulamentação se deu por decreto, como impunha a própria Lei nº 8.666/1993 em seu art. 15, §3º.[207] O instrumento foi tratado pelos decretos nºs 2.743, de 21.8.1998, e 3.931, de 19.9.2001, e atualmente era disciplinado pelo Decreto nº 7.892, de 23.1.2013.

Há várias novidades no sistema de registro de preços da Lei nº 14.133/2021, cabendo destacar a possibilidade de sua utilização para a contratação de obras e serviços de engenharia. Além disso, ele pode ser adotado em contratações diretas por inexigibilidade e dispensa de licitação, nos termos dos §§5º e 6º do art. 82.

A nova lei trouxe outras mudanças de procedimento e formatação.

Inicialmente, cabe destacar que o atual estatuto não incluiu como cláusula obrigatória a indicação no edital das "condições quanto ao local, prazo de entrega, forma de pagamento, e nos casos de serviços, quando cabível, frequência, periodicidade, características do pessoal, materiais e equipamentos a serem utilizados, procedimentos, cuidados, deveres, disciplina e controles a serem adotados", como aludido no inc. V do art. 9º do decreto.

---

[207] "§3º O sistema de registro de preços será regulamentado por decreto, atendidas as peculiaridades regionais, observadas as seguintes condições: [...]".

Não obstante, compreende-se que a Administração deve, como em toda e qualquer licitação, trazer todas as informações necessárias à exata compreensão do objeto, incluindo as indicadas nos dispositivos supramencionados, além de outras especificadas em regulamento.

Há, ainda, outras disposições da norma anterior que não foram reproduzidas na atual legislação.[208] Quanto ao prazo de validade da ata de registro de preços, a sua inclusão como cláusula obrigatória no decreto se justificava porque ela poderia ser de *até* 12 meses. Como ela foi fixada em um ano pelo art. 84, a informação é de fato dispensável no instrumento editalício.

A propósito deste dispositivo, ele estabelece que o prazo de vigência da ata poderá ser prorrogado por igual período (de 1 ano), desde que o preço seja vantajoso. Trata-se de uma outra boa novidade da Lei nº 14.133/2021, considerando que o prazo total estava limitado a 12 meses na norma anterior, incluindo eventuais prorrogações.

Essa disposição tem o potencial de ampliar ainda mais a economia de custos gerada pelo uso desse procedimento auxiliar, especialmente quando os preços registrados forem vantajosos e essa situação perdurar durante o período de dois anos (vigência inicial mais prorrogação). Nessas circunstâncias, um único procedimento pode ser aproveitado para possibilitar contratações durante um tempo mais extenso, o que implica um ganho de eficiência.

Cabe advertir que a prorrogação da vigência da ata não implica o reestabelecimento dos quantitativos originalmente registrados. Sobre o assunto, entende-se que permanece aplicável a lição extraída da jurisprudência do TCU, em precedente lavrado no âmbito da legislação anterior:

> No caso de eventual prorrogação da ata de registro de preços, dentro do prazo de vigência não superior a um ano, não se restabelecem os quantitativos inicialmente fixados na licitação, sob pena de se infringirem os princípios que regem o procedimento licitatório, indicados no art. 3º da Lei nº 8.666/1993. (Acórdão nº 991/2009-Plenário. Rel. Min. Subst. Marcos Vinicios Vilaça – tese extraída do repositório da jurisprudência selecionada do Tribunal)

O parágrafo único do art. 84 assevera que o contrato decorrente da ata de registro de preços terá sua vigência estabelecida em conformidade com as disposições nela contidas.

Sobre o assunto, cabe ressaltar a advertência trazida por Ronny Charles, de que não se deve confundir a vigência da ata (1 ano + 1 ano, se for o caso), com a do contrato dela decorrente. A título de exemplo, o autor asseverou que uma ata de registro de preços pode gerar um contrato de serviço ou fornecimento contínuo, cujo prazo de

---

[208] "Art. 19. [...] VI - prazo de validade do registro de preço, observado o disposto no caput do art. 12; VII - órgãos e entidades participantes do registro de preço; VIII - modelos de planilhas de custo e minutas de contratos, quando cabível; IX - penalidades por descumprimento das condições; X - minuta da ata de registro de preços como anexo; [...]".

vigência é de cinco anos. Para ele, a vigência limitada da ata não afeta a da contratação realizada em função dela, até porque os contatos regidos pela Lei nº 14.133/2021 têm regras próprias de vigência.[209] Anuímos a esse posicionamento.

Não se deve esquecer que o edital de licitação para registro de preços deve observar as regras gerais da Lei nº 14.133/2021, como destacado no *caput* do art. 82, o que implica a sujeição do instrumento ao disposto no art. 25. Segundo a aludida norma, "o edital deverá conter o objeto da licitação e as regras relativas à convocação, ao julgamento, à habilitação, aos recursos e às penalidades da licitação, à fiscalização e à gestão do contrato, à entrega do objeto e às condições de pagamento".

Passa-se à análise dos dispositivos, comparando-os, sempre que possível, com os do regime jurídico anterior.

O inc. I do art. 82 da Lei nº 14.133/2021 exige que o instrumento do certame contenha a quantidade máxima de cada item que poderá ser adquirida, não tendo expressamente previsto a discriminação desses quantitativos por órgão ou entidade, como estipulado nos incs. II e III do art. 9º do Decreto nº 7.892/2013.[210]

A despeito disso, compreende-se que o *edital deve especificar as quantidades máximas de cada item por* órgão *ou entidade*, como forma de dar transparência à estimativa realizada na fase preparatória do processo licitatório, conforme o art. 86. Além disso, entende-se que *a contratação por cada* órgão *ou entidade participante deve ficar limitada à quantidade máxima que ele indicou por item*. Tal medida se mostra importante para possibilitar o aproveitamento mais abrangente da ata de registro de preços por todos os participantes.

O inc. II do art. 82 estabelece que o edital deve contemplar a quantidade mínima a ser cotada de unidades de bens ou, no caso de serviços, de unidades de medida. Essa exigência constava do regime jurídico anterior (inc. IV do art. 9º do decreto), havendo um esclarecimento na atual lei quanto à forma de apresentação da informação – por unidade de bem ou unidade de medida.

A Lei nº 14.133/2021 deu mais flexibilidade às empresas interessadas em participar de licitação para registro de preços, ao admitir a possibilidade de se oferecer preços diferentes e proposta em quantitativo inferior ao máximo previsto no edital, nos termos dos incs. III e IV do art. 82.

A indicação de preços distintos somente será possível quando o objeto for realizado ou entregue em locais diferentes; a medida for recomendável em razão da forma e do local de acondicionamento; for admitida cotação variável em face do tamanho do lote; ou existirem outros motivos justificados no processo. Já a oferta de quantidades inferiores depende de expressa autorização no edital, ficando o licitante obrigado ao seu cumprimento, no limite de sua proposta.

---

[209] TORRES, Ronny Charles Lopes de. *Leis de licitações públicas comentadas*. São Paulo: JusPodivm, 2021. p. 495.

[210] "Art. 9º [...] II - estimativa de quantidades a serem adquiridas pelo órgão gerenciador e órgãos participantes; III - estimativa de quantidades a serem adquiridas por órgãos não participantes, observado o disposto no §4º do art. 22, no caso de o órgão gerenciador admitir adesões; [...]".

O inc. III do art. 82 busca remediar um problema comum do sistema de registro de preços, que era a necessidade de manter um único preço para o fornecimento de bens e serviços em diferentes regiões, sujeitas a diferentes custos logísticos.

Sob essa perspectiva, o registro de um preço único pelo fornecedor, que deveria ser praticado em toda e qualquer contratação, independentemente do local do órgão participante ou aderente, fazia com que o empresário fosse obrigado a diluir os custos logísticos em sua proposta, o que poderia ensejar preços menos vantajosos para os órgãos mais próximos dos centros de produção e fornecimento.

O exemplo a seguir mostra o problema. Suponha-se que uma empresa sediada no município de Uberlândia se sagrou vencedora em uma licitação de registro de preços para o fornecimento de 10.000 kg de café. No caso, os órgãos participantes do certame especificaram as seguintes quantidades máximas de aquisição:

Órgão	Localização	Quantidade (kg)
A	Governador Valadares	5.000
B	Brasília	2.500
C	Ribeirão Preto	1.500
D	Uberlândia	1.000

Nesse contexto, o preço praticado pela empresa embutiria seus custos logísticos até o local de fornecimento, o que, por óbvio, apresenta variações conforme a distância de transporte.

Órgão	Localização	Preço do produto	Custo do frete	Preço unitário total	Quantidade	Preço total
A	Governador Valadares	10,00	0,50	10,50	5.000	52.500,00
B	Brasília	10,00	0,30	10,30	2.500	25.750,00
C	Ribeirão Preto	10,00	0,20	10,20	1.500	15.300,00
D	Uberlândia	10,00	0,02	10,02	1.000	10.020,00
				Total	10.000	103.570,00
					Preço médio	R$10,357

No cenário da legislação anterior, a empresa ofertaria o preço de R$10,537, que seria o registrado na ata para o fornecimento aos órgãos A, B, C e D. Isso implica que a contratação seria vantajosa apenas para o órgão sediado em Governador Valadares. Para todos os demais, a adesão à ata de registro de preços não seria a medida mais racional sob o ponto de vista econômico, uma vez que o preço registrado estaria acima do praticado no mercado. Sob a perspectiva da empresa, ocorreria o contrário. Todos os fornecimentos seriam superavitários para ela, à exceção do destinado ao órgão A, na medida em que preço registrado estaria abaixo do que seria praticado estritamente naquele mercado. Para ela, a contratação somente seria vantajosa se todos os órgãos aderissem à ata de registro de preços durante a sua vigência.

Com a nova lei, o problema indicado seria afastado, pois o licitante registraria preços distintos para cada local, eliminando o risco de não adesões por conta uma eventual desvantagem da ata de registro de preços.

Retomando a exposição da nova lei, o inc. V do artigo impõe como uma das cláusulas obrigatórias do edital a indicação do critério de julgamento da licitação, que será o de menor preço ou o de maior desconto sobre tabela de preços praticada no mercado.

A disposição basicamente repete o contido no §1º do art. 9º do Decreto nº 7.892/2013, com exceção da exigência de que o critério de maior desconto fosse tecnicamente justificado, não mais presente na legislação atual. Em nossa visão, essa exclusão se mostra razoável, pois as duas opções parecem igualmente adequadas para proporcionar a escolha da proposta mais vantajosa, especialmente quando há disponibilidade de uma tabela de preços praticados no mercado.

A propósito, a escolha do critério do maior desconto oferece a vantagem de eliminar riscos do chamado jogo de planilha, durante a execução dos contratos, especialmente quando os itens forem organizados em lotes ou grupos com diferentes itens.

Assim, caso houvesse um aumento nos quantitativos de itens com sobrepreço unitário e uma diminuição daqueles com desconto, por força de um aditivo durante a execução do contrato, o preço global do lote poderia ser alterado de forma que a proposta do licitante vencedor não seria a mais vantajosa, caso a licitação tivesse ocorrido nas condições atuais.

Esse risco é evitado quando o critério de julgamento é o de maior desconto sobre um preço tabelado, pois este incidirá linearmente sobre os de uma tabela, não havendo qualquer alteração no equilíbrio econômico-financeiro inicial do ajuste por força de eventuais aditivos contratuais.

O inc. VI do art. 82 estipula que o edital deve prever as condições para alteração de preços registrados.

Essa possibilidade constava do art. 17 do Decreto nº 7.892/2013, segundo o qual os preços registrados poderiam ser revistos em decorrência de eventual redução dos preços praticados no mercado ou de fato que elevasse o custo dos serviços ou bens registrados. Nesse caso, o órgão gerenciador deveria promover as negociações junto aos fornecedores, observadas as disposições contidas na alínea "d" do inc. II do *caput* do art. 65 da Lei nº 8.666/1993.

Embora não se possa falar em direito a reequilíbrio econômico-financeiro em ata de registro de preços, uma vez que este instrumento não tem natureza contratual, parece-nos razoável admitir a negociação para alteração do preço registrado, caso fique demonstrada a ocorrência de fato superveniente que inviabilize o cumprimento da ata como pactuado e que essa situação de onerosidade excessiva comprovadamente alcance todo o mercado.

Dito de outra forma, o aumento do preço registrado pode ser a opção mais eficiente para a Administração, desde que seja comprovado que o novo preço está abaixo do praticado no mercado nesse novo cenário. Isso porque a realização de nova licitação certamente iria ensejar uma contratação a preços acima do negociado, implicando uma solução antieconômica, não apenas porque gerou perda de recursos como maiores custos administrativos e desperdício de tempo.

De toda sorte, o órgão gerenciador deve consultar os demais fornecedores registrados que tenham aceitado cotar o objeto em preço igual ao do licitante vencedor ou que tenham mantido sua proposta original. Em situações de desequilíbrio de mercado, a Administração pode aproveitar a ata, fazendo as negociações devidas nas condições previstas no edital, conforme o inc. VI do art. 82.

Como visto, o dispositivo não previu a possibilidade de alteração dos quantitativos registrados na ata. Todavia, isso *não* implica que, assinado o contrato a partir de uma ata de registro de preços, este não possa ser modificado conforme as regras e os limites da Lei nº 14.133/2021. Essa possibilidade somente seria afastada caso o edital expressamente a vedasse.

Eis o que decidiu o TCU a respeito do assunto, em precedente lavrado no contexto da legislação anterior:

> Aplicam-se aos contratos decorrentes de ata de registro de preços os limites de alterações contratuais previstos no art. 65 da Lei 8.666/1993, de forma que não há possibilidade de utilização deste sistema para viabilizar alterações ilimitadas de quantitativo de serviço constante no contrato celebrado com base na respectiva ata. (Acórdão nº 1.391/2014-Plenário. Rel. Min. Ana Arraes – tese extraída do repositório da jurisprudência selecionada do Tribunal)

O inc. VII estabelece que o edital deve dispor sobre o registro de mais de um fornecedor ou prestador de serviço, desde que aceitem cotar o objeto em preço igual ao do licitante vencedor, assegurada a preferência de contratação de acordo com a ordem de classificação.

Essa possibilidade constava do art. 11, inc. II, do Decreto nº 7.892/2013, com a redação introduzida pelo Decreto nº 8.250/2.014.[211] Trata-se de importante disposição, uma vez que previne eventual recusa do licitante vencedor em celebrar o contrato ou mesmo o abandono deste com a interrupção no suprimento dos bens ou prestação dos serviços, aumentando a eficácia desse procedimento auxiliar.

Dessa forma, caso a empresa classificada em primeiro lugar não honre o compromisso pactuado com a Administração, esta poderá convocar os demais licitantes registrados que tenham aceitado oferecer o bem ou prestar o serviço pelo mesmo preço, os quais também estão obrigados a ultimar a contratação. Nessa situação, a empresa com preços registrados e o licitante que não acudir à convocação do ente público praticarão a infração catalogada no art. 155, inc. V, estando sujeitos à sanção.

---

[211] "Art. 11. [...] II - será incluído, na respectiva ata na forma de anexo, o registro dos licitantes que aceitarem cotar os bens ou serviços com preços iguais aos do licitante vencedor na sequência da classificação do certame, excluído o percentual referente à margem de preferência, quando o objeto não atender aos requisitos previstos no art. 3º da Lei nº 8.666, de 1993".

O inc. VIII assinala que o instrumento editalício deve conter disposição vedando a participação do órgão ou entidade em mais de uma ata de registro de preços com o mesmo objeto no prazo de validade daquela de que já tiver participado, salvo na ocorrência de ata que tenha registrado quantitativo inferior ao máximo previsto no edital.

Cuida-se de uma novidade do regime atual, que não constava do decreto anterior. O dispositivo é útil para evitar uma sobrestimativa no quantitativos de bens e de unidades de medidas de serviços e de obras passíveis de serem contratadas pela Administração Pública, fato que prejudicaria a formação de preços pelos interessados e contribuiria para o descrédito do instituto. Com essa medida, os licitantes podem conhecer, de uma forma mais aproximada, a real demanda estatal por bens e serviços, o que lhes permite ofertar preços mais condizentes com o volume pretendido.

O inc. IX preconiza que o edital deve dispor sobre as hipóteses de cancelamento da ata de registro de preços e suas consequências. A matéria era tratada nos arts. 20 e 21 do Decreto nº 7.982/2013, que admitia o uso da medida em razão do comportamento do contratado[212] ou de ato superveniente, decorrente de caso fortuito ou força maior, que prejudicasse o cumprimento do pactuado, desde que devidamente motivado.

A menos que a matéria seja disciplinada em regulamento, a remessa do assunto ao edital implicará uma maior liberdade de cada entidade em definir as hipóteses de cancelamento, o que nos parece razoável devido à discricionariedade da Administração em ultimar as contratações decorrentes de atas de registros de preços. Tal circunstância permite que o Estado reavalie periodicamente a real necessidade e adequação dos bens, serviços e obras contempladas no aludido instrumento, bem como dos preços registrados, conferindo a este o poder de cancelar as atas que não sejam mais convenientes ao interesse público.

Não obstante o silêncio da norma, compreende-se que a aplicação das sanções de impedimento de licitar e contratar ou inidoneidade para licitar ou contratar, de que tratam os incs. III e IV do art. 156, em decisão administrativa não mais passível de recurso, constituem fatores que impedem a contratação de empresa com preços registrados e podem levar ao cancelamento da ata de registro de preços, a depender do prazo das sanções.[213]

Tal conclusão se impõe, haja vista a exigência estatuída no inc. XVI do art. 92, no sentido de que o contratado deve manter, durante toda a execução do contrato, todas as condições exigidas para a habilitação na licitação, ou para a qualificação, na contratação direta, o que pode ser aplicado, por analogia, às empresas integrantes de atas de registros de preços, como condição para a celebração de cada contratação.

---

[212] "Art. 20. O registro do fornecedor será cancelado quando: I - descumprir as condições da ata de registro de preços; II - não retirar a nota de empenho ou instrumento equivalente no prazo estabelecido pela Administração, sem justificativa aceitável; III - não aceitar reduzir o seu preço registrado, na hipótese deste se tornar superior àqueles praticados no mercado; ou IV - sofrer sanção prevista nos incisos III ou IV do caput do art. 87 da Lei nº 8.666, de 1993, ou no art. 7º da Lei nº 10.520, de 2002".

[213] No caso da declaração de inidoneidade para licitar ou contratar, o cancelamento da ata se faz inevitável, pois o prazo mínimo desta pena é de três anos.

Além disso, é importante lembrar a obrigação imposta no §4º do art. 91, para que a Administração, antes de formalizar ou prorrogar o prazo de vigência do contrato, consulte o Cadastro Nacional de Empresas Inidôneas e Suspensas (Ceis) e o Cadastro Nacional de Empresas Punidas (Cnep).

A propósito do assunto, é relevante ressaltar o entendimento do TCU, exarado durante o regime jurídico anterior, de que também não é possível a contratação de empresa com preços registrados que tenha sido declarada inidônea pelo Tribunal, com base no art. 46 da Lei nº 8.443/1992. Eis a tese extraída do Acórdão nº 2.537/2020-Plenário (Rel. Min. Benjamin Zymler), consoante o repositório da jurisprudência selecionada do TCU:

> É irregular a utilização de ata de registro de preços para contratação de empresa que foi, por decisão transitada em julgado, declarada inidônea pelo TCU (art. 46 da Lei 8.443/1992) durante a vigência da referida ata, pois a contratada deixou de atender aos requisitos do art. 55, inciso XIII, da Lei 8.666/1993. A penalidade acarreta o cancelamento do registro do fornecedor inidôneo.

Avalia-se que o precedente continua aplicável durante a legislação atual, pois a existência de sanção desta natureza é fator impeditivo de qualquer contratação.

15.4.2 Critério de julgamento do menor preço por grupo de itens

Conforme o §1º do art. 82, o critério de julgamento de menor preço por grupo de itens somente poderá ser adotado quando for demonstrada a inviabilidade de se promover a adjudicação por item e for evidenciada a sua vantagem técnica e econômica.

Esse critério de julgamento se aplica quando houver a reunião de vários itens diferentes em lotes ou grupos, o que exige a comprovação da inviabilidade da adjudicação por item, que vem a ser a lógica subjacente do sistema de registro de preços. Para tanto, deve ser comprovada a vantagem técnica e econômica da adjudicação por lote, a qual estaria relacionada a ganhos de economia de escala e à redução de custos administrativos em face da diminuição do número de contratos a serem gerenciados e fiscalizados durante a execução.

A escolha dessa forma de adjudicação e, por consequência, desse critério de julgamento pressupõe que a Administração irá adquirir todo o lote, pois, do contrário, pode haver aquisições antieconômicas. Nesse sentido, entende-se aplicável o seguinte precedente do TCU, editado antes da atual lei:

> Nas licitações para registro de preços, a modelagem de aquisição por preço global de grupo de itens é medida excepcional que precisa ser devidamente justificada, a ser utilizada apenas nos casos em que a Administração pretende contratar a totalidade dos itens do grupo, respeitadas as proporções de quantitativos definidos no certame. (Acórdão nº 1.347/2018-Plenário. Rel. Min. Bruno Dantas)

O risco de contratações com preços superiores ao de mercado encontra-se mitigado pela nova lei, uma vez que a parte final do §1º do art. 82 impõe que, no caso de adjudicação por lote ou grupo de itens, é obrigatória a indicação no edital do critério de aceitabilidade de preços unitários máximos.

Assim, mesmo que o critério de julgamento seja o de menor preço por grupo de itens, a entidade deve verificar a compatibilidade dos preços unitários dos itens da proposta com os preços unitários do orçamento estimativo, desclassificando aquelas que apresentem preço global ou unitário superior aos máximos respectivos. Desse modo, o licitante vencedor deverá atender a ambos os parâmetros, não havendo que se falar em risco de sobrepreço, mesmo que ocorra a aquisição isolada de item.

Porém, a aludida disposição não é capaz de evitar uma prática semelhante ao conhecido jogo de planilha, a qual ocorrerá se a Administração, em registro de preços por lote ou grupo de itens, contratar isoladamente itens com menor desconto ante o orçamento estimativo.

Por exemplo, determinado licitante pode oferecer um enorme deságio no preço de determinado item apenas para ganhar a licitação, após saber, previamente e de modo escuso, que o ente estatal não irá ultimar a sua contratação e fará a aquisição isolada de outros itens. Nesse caso, se o item fosse excluído do lote, a proposta do licitante vencedor poderia não ser a mais vantajosa para o Estado, de modo que o registro de preços terá sido inapto à satisfação do interesse da Administração.

Para evitar problemas do tipo, recomenda-se o uso do critério de maior desconto sobre tabela de preços praticada no mercado como alternativa ao de menor preço por grupo de itens, no caso de registro de preços de grupo de itens. Nessa hipótese, a eventual aquisição isolada de itens não implicará risco de contratação antieconômica, na medida em que todos os preços registrados na ata estão, em tese, abaixo dos parâmetros de mercado. Por evidente, esse problema não se verificará se a Administração contratar a totalidade dos itens do grupo, nos termos indicados no Acórdão nº 1.347/2018-Plenário.

Não se deve confundir a adjudicação por lote ou grupo de itens, prevista no §1º do art. 82, com o parcelamento do objeto, eleito como um dos princípios aplicáveis às compras e serviços, nos arts. 40, inc. IV, alínea "b", e 47, inc. II. Enquanto o primeiro envolve a *reunião* de *itens diferentes* (bens ou unidades de serviços ou obras) em um mesmo lote, o segundo consiste na *divisão* da quantidade total de um *mesmo item* em lotes menores, quando técnica e economicamente viável, para possibilitar maior competitividade.

No sistema de registro de preços, a adjudicação por lote ou grupo de itens é exceção à regra, uma vez que ele somente deve ser adotado quando for demonstrada a inviabilidade de se promover a adjudicação por item. Já o parcelamento deve ser adotado sempre que o objeto for divisível, houver a possibilidade de se aproveitarem as peculiaridades do mercado local e for recomendável à ampliação da competição.

A título de exemplo, poder-se-ia adotar a adjudicação por lote ou grupo de itens, consignada no §1º do art. 82, para a escolha, mediante o critério do preço global, de empresa que oferecesse serviços de limpeza e copeiragem nas unidades administrativas designadas no edital de convocação. Assim, em vez de se registrar dois preços para cada um dos serviços, poder-se-ia admitir o registro de um único preço, ficando a empresa encarregada de prestar ambos os serviços em caso de contratação.

Tal opção poderia ser justificada pela similaridade dos serviços (ambas envolvem a administração de recursos humanos), a sua necessidade recorrente e conjunta pela Administração e pelo fato de as empresas normalmente prestarem ambos os serviços. Nesse cenário, haveria ganhos administrativos pela existência de apenas um contrato por unidade administrativa, o que proporcionaria ganhos de eficiência em sua gestão e fiscalização.

Por seu turno, considerando o mesmo exemplo, poderia ser economicamente viável a realização do parcelamento do objeto, de forma que os serviços de limpeza e copeiragem pudessem ser divididos em lotes menores por região, a fim de aproveitar as peculiaridades do mercado local.

Por exemplo, caso os órgãos participantes tivessem unidades administrativas em diversos estados, o edital poderia dividir o objeto em lotes menores, organizados por unidade da Federação. Assim, os licitantes competiriam para a realização dos serviços de limpeza e copeiragem (adjudicação por grupo de itens) em todas as unidades administrativas dos órgãos participantes situadas em determinado estado (parcelamento). Nesse caso, em vez de uma única empresa vencedora, haveria várias, uma para cada lote (estado).

15.4.3 Adjudicação por lote ou grupo de itens

Consoante o §2º do art. 82, na hipótese de adjudicação por lote ou grupo de itens, a contratação posterior de item específico exigirá prévia pesquisa de mercado, segundo o procedimento estabelecido nos §§1º, 2º e 3º do art. 23, e a demonstração de sua vantagem para o órgão ou entidade.

Dessa forma, além de estar abaixo do preço unitário máximo indicado no edital, conforme a parte final do §1º, é preciso que ele, o preço unitário do item, seja compatível com o de mercado, na época da contratação. Além disso, o Poder Público deve indicar o motivo da não aquisição da totalidade dos itens do grupo, ou seja, da vantagem de contratar apenas determinado item.

Esse dispositivo pode ser usado quando a administração, por motivo superveniente, perceber que não irá mais necessitar de itens que compõem determinado grupo, adjudicado em conjunto. Trata-se, portanto, de uma medida adequada à ideia de flexibilidade que deve permear a ultimação de contratações decorrentes de atas de registros de preços.

No regime da legislação anterior, o TCU estabeleceu o seguinte critério para a aquisição isolada de itens nos casos de adjudicação por grupo de itens:

Apesar de essa modelagem ser, em regra, incompatível com a aquisição futura de itens isoladamente, admite-se tal hipótese quando o preço unitário ofertado pelo vencedor do grupo for o menor lance válido na disputa relativa ao item. (Acórdão nº 1.347/2018-Plenário. Rel. Min. Bruno Dantas)

Em nossa visão, esse precedente está superado, uma vez que, pela nova lei, não se faz necessária essa comparação. A viabilidade da aquisição isolada depende unicamente do atendimento do §2º do art. 82.

15.4.4 Registro de preços apenas com indicação da unidade de contratação

A nova lei de licitações admite, excepcionalmente, o registro de preços sem a definição do total a ser adquirido, com a indicação somente da unidade de contratação. Segundo o §3º do art. 82, isso é possível apenas nas seguintes situações:
a) quando for a primeira licitação para o objeto e o órgão ou entidade não tiver registro de demandas anteriores;
b) no caso de alimento perecível;
c) no caso em que o serviço estiver integrado ao fornecimento de bens.

Conforme exposto, o registro de preços é aplicável, entre outros motivos, quando não for possível definir previamente o quantitativo a ser demandado pela Administração.

Essa situação parece caracterizada quando a Administração nunca tiver contratado o bem ou o serviço, de modo que inexiste experiência pretérita que possa servir de referência para a estimativa das necessidades do ente estatal (inc. I). Além disso, é preciso que a determinação do consumo e utilização prováveis não possa ser alcançada a partir de técnicas quantitativas disponíveis, inclusive mediante o auxílio da *expertise* do setor privado.

Diante da ausência de parâmetros confiáveis para a estimativa do quantitativo total e estando presentes as demais condições para o registro de preços (necessidade de contratações frequentes, previsão de entregas parceladas, contratação por unidade de medida ou em regime de tarefa e necessidade de mais de um órgão da Administração), a Administração pode se valer desse procedimento auxiliar indicando apenas a unidade de contratação, de forma que a ultimação da contratação pelos órgãos participantes dependerá apenas da existência de recursos orçamentários e da anuência do licitante vencedor.

No caso de alimento perecível (inc. II), o registro de preços sem a definição do total a ser adquirido parece decorrer de uma mera opção do legislador, pois a efemeridade do produto não implica necessariamente que a sua demanda anual não possa ser estimada, ainda mais ser for considerado que a Administração possui a liberdade de não ultimar a contratação. Em nossa visão, produtos como vegetais, leite e derivados, carne e derivados, entre outros perecíveis, podem ter a sua expectativa de consumo plenamente determinada em certo período, não havendo muito sentido em permitir registros de preço nesses casos, apenas com a indicação da unidade de contratação (kg, litros etc.).

As mesmas considerações acima se aplicam ao serviço integrado ao fornecimento de bens (inc. III). Consoante o inc. XXXIV do art. 6º, trata-se de regime de contratação em que, além do fornecimento do objeto, o contratado responsabiliza-se por sua operação, manutenção ou ambas, por tempo determinado. Em nossa opinião, tanto a estimativa dos bens como dos serviços associados é passível de ser realizada pela Administração, a menos que o objeto seja inédito e de complexidade excepcional, ou seja, se enquadre na hipótese do inc. I.

A ausência de especificação do total a ser adquirido implica a quebra de uma das premissas centrais da ideia geral de contrato, que é determinabilidade do objeto – lembrando que a ata de registro de preços é um negócio jurídico administrativo com características comuns a um contrato. Por via de consequência, entende-se que o licitante vencedor não pode ser indefinidamente obrigado a ultimar o contrato administrativo, mesmo durante a vigência da ata de registro de preços. Porém, a recusa deste à convocação da Administração deve ser justificada, sendo admitida sempre que ficar provado que a empresa não tem condições operacionais de fornecer o bem ou prestar o serviço pretendido pelo Poder Público.

Conforme o §4º do art. 82, nos casos de registro de preços apenas com indicação de unidades de contratação, é obrigatória a indicação do valor máximo da despesa e é vedada a participação de outro órgão ou entidade na ata.

A primeira medida se mostra necessária para contornar o problema indicado acima, sob a perspectiva do direito orçamentário e financeiro. Afinal, não é possível a criação ilimitada de despesa, uma vez que a realização desta depende da existência de dotação orçamentária. Quanto à segunda restrição, trata-se de mera opção do legislador para mitigar o risco que esse tipo de contratação impõe ao particular, de estar vinculado a uma ata de registro de preços sem a definição do quantitativo total máximo, contingência que seria agravada à medida do aumento de órgãos ou entidades participantes. Pelos mesmos fundamentos, está também vedada a adesão dos chamados "caronas" à ata de registro de preços celebrada nessas condições.

15.4.5 Condições para o sistema de registro de preços

O sistema de registro de preços deve observar as seguintes condições, nos termos do §5º do art. 82: realização prévia de ampla pesquisa de mercado (inc. I); seleção de acordo com os procedimentos previstos em regulamento (inc. II); desenvolvimento obrigatório de rotina de controle (inc. III); atualização periódica dos preços registrados (inc. IV); definição do período de validade do registro de preços (inc. V); e inclusão, em ata de registro de preços, do licitante que aceitar cotar os bens ou serviços em preços iguais aos do licitante vencedor na sequência de classificação da licitação e inclusão do licitante que mantiver sua proposta original.

A pesquisa de mercado com vistas à estimativa dos preços dos itens a serem registrados deve cumprir o art. 23 da nova Lei de Licitações, ou seja, a entidade gerenciadora deve considerar os preços constantes de bancos de dados públicos e as quantidades a serem contratadas, observadas a potencial economia de escala e as peculiaridades do local de execução do objeto.

Além disso, a Lei nº 14.133/2021 impõe que o procedimento de seleção seja disciplinado em regulamento. Como não poderia deixar de ser, é importante que a entidade gerenciadora adote rotinas de controle, com vistas à verificação dos quantitativos contratados pelas entidades participantes e eventuais "caronas", de forma a não ultrapassar os limites máximos permitidos.

Ademais, é preciso acompanhar o cumprimento pelo licitante vencedor das condições estabelecidas na ata de registro de preços, assim como a existência de variações no preço de mercado, de forma a justificar eventual redução no preço registrado ou cancelamento da ata. Por fim, a entidade gerenciadora também deve verificar a existência de eventuais sanções imputadas às empresas com preços registrados que impeçam a ultimação de novas contratações, a ponto de ensejar o cancelamento da ata.

Outra importante medida a ser adotada na administração de uma ata de registro de preços é a definição dos critérios de atualização dos preços registrados, ou seja, dos índices de reajuste aplicáveis aos bens, serviços ou obras contempladas no objeto. Considerando a validade anual da ata de registro de preços (art. 84), esse procedimento é aplicável quando houver a sua prorrogação.

Por evidente, a entidade gerenciadora deve verificar os preços vigentes no mercado na ocasião, antes de decidir pela dilação do prazo de validade, com o devido reajuste dos preços registrados. Afinal, pode ser mais vantajoso realizar nova licitação para formação de ata de registro de preços, caso haja uma variação negativa dos preços, não captados pelos índices de reajuste, ou um aparente aumento na competitividade devido à entrada de novas empresas no mercado ou a incorporação de novas tecnologias.

Com relação à definição do período de validade do registro de preços (inc. V), avalia-se que houve um equívoco do legislador ao determinar essa providência, pois o art. 84, logo adiante, fixa esse prazo em 1 ano.

A propósito do assunto, cabe formular o seguinte questionamento: é possível as demais unidades da Federação, ao eventualmente editarem suas normas de licitações e contratos, estabelecerem um prazo diferente para a vigência e prorrogação de suas atas de registro de preços? Em outros termos, esse assunto é norma geral ou especial, passível de ser disciplinado diferentemente pelas demais esferas?

O TCU analisou a matéria, dentro do contexto da legislação anterior, no Acórdão nº 2.368/2013-Plenário. Eis o que disse o relator, Ministro Benjamin Zymler, ao enfrentar o tema:

51. Segundo determina a Lei 8.666/1993, em seu art. 15, §3º, o sistema de registro de preços será regulamentado por decreto, atendidas as peculiaridades regionais e observadas algumas condições, dentre as quais o limite da validade do registro, que não poderá ser superior a um ano. Trata-se de norma geral, dotada de abstração e generalidade e cuja observância é obrigatória por parte dos administradores dos Poderes da União, dos Estados, do Distrito Federal e dos Municípios. A norma em questão, vale ressalvar, foi exarada na tentativa de fazer com que a ata de registro de preços não produza efeitos por um período de tempo muito longo, afastando a licitação por mais de um ano.

52. Por conseguinte, o Município de São Paulo, ao editar a Lei Municipal 13.278/2012, que autoriza a prorrogação do prazo de vigência da ata de registro de preços por mais um ano, legislou concorrentemente, invadindo a competência privativa da União para legislar sobre normas gerais de licitação e contratação.

O enquadramento de determinada norma da Lei nº 14.133/2021 como geral ou especial, para fins de definir se o assunto é da competência legislativa privativa da União ou pode ser tratado pelos demais entes, é tema bastante controverso e que comporta múltiplas posições. Talvez por isso seja mais prudente acompanhar a jurisprudência que venha a se formar sobre a matéria, sendo adequado respeitar a posição acima anunciada, até que outra venha a ser produzida, no contexto da atual legislação.

A propósito da produção jurisprudencial sobre a vigência da ata de registro de preços, compreende-se que também continuam aplicáveis os entendimentos do TCU sobre a repercussão das decisões cautelares suspensivas de atas de registros de preços sobre os seus prazos de vigência. Seguem as teses extraídas do repositório da jurisprudência selecionada do Tribunal:

> Na hipótese de suspensão cautelar, pelo TCU, da vigência de ata de registro de preços, pode o Tribunal, na decisão de mérito, analisadas as circunstâncias do caso concreto, autorizar ao órgão gerenciador a devolução do prazo em que a ata esteve suspensa. (Acórdão nº 361/2018-Plenário. Rel. Min. Walton Alencar)
>
> Na contagem do prazo de validade da ata de registro de preços, computa-se o período em que vigorou medida cautelar suspensiva adotada pelo TCU. Ultrapassados doze meses (art. 12 do Decreto 7.892/2013), a própria vantagem da contratação pode estar prejudicada, seja qual for o adquirente (gerenciador, participante ou "carona"). A proteção ao valor fundamental da licitação - obtenção da melhor proposta - se sobrepõe à expectativa do vencedor da licitação. (Acórdão nº 1.285/2015-Plenário. Rel. Min. Benjamin Zymler)

O inc. VI do §5º, admite a inclusão na ata de registro de preços:
a) do licitante que aceitar cotar os bens ou serviços em preços iguais aos do licitante vencedor na sequência de classificação da licitação;
b) do licitante que mantiver sua proposta original.

O registro de mais de um fornecedor ou prestador de serviço, desde que aceitem cotar o objeto em preço igual ao do licitante vencedor, constitui uma das cláusulas obrigatórias do edital, nos termos do inc. VII do *caput* do artigo em análise. Assim, havendo outros licitantes nessas condições, é obrigatória a sua inclusão na ata de registro de preços, mantida a sequência de classificação da licitação. Conforme visto, essa medida se revela importante para minimizar o risco de interrupção no suprimento dos bens e serviços registrados, especialmente, quando o licitante vencedor não lograr cumprir os compromissos pactuados.

Quanto ao registro do licitante que mantiver sua proposta original, essa providência também se revela importante, quando houver a necessidade de cancelamento da ata quando o preço de mercado se tornar inferior aos preços registrados e o fornecedor não aceitar reduzi-los. Nesse caso, o órgão gerenciador pode convocar os demais licitantes registrados, podendo celebrar nova ata de registro de preços com aquele que, conforme a ordem de classificação original, aceite reduzir seus preços ao novo valor de mercado.

15.4.6 Registro de preços a partir de contratação direta

O §6º do art. 82 traz uma importante novidade da Lei nº 14.133/2021. Conforme o dispositivo, o sistema de registro de preços poderá, na forma de regulamento, ser utilizado nas hipóteses de inexigibilidade e de dispensa de licitação para a aquisição de bens ou para a contratação de serviços por mais de um órgão ou entidade.

Em nossa opinião, trata-se de um avanço importante da nova lei, pois, estando presentes as condições para a contratação direta, não se mostra razoável exigir que o ente público abra um procedimento administrativo toda vez que precise do bem ou serviço ao longo do ano, sendo pertinente uso desse procedimento auxiliar, como forma de possibilitar múltiplas contratações.

Seria o caso, por exemplo, do registro de preços para a eventual contratação, durante o período de um ano, de serviços de restauração de obras de arte e de bens de valor histórico com profissional ou empresa de notória especialização (art. 74, inc. III). Nessa hipótese, os órgãos participantes e os aderentes poderiam acudir à ata de registro de preços, sempre que precisassem desse serviço durante o prazo de vigência da ata.

Sob a perspectiva da Administração, haveria a economia de custos administrativos, já que um único procedimento administrativo de inexigibilidade de licitação serviria para mais uma contratação de diferentes órgãos. Sob o ponto de vista do profissional, isso permitiria que ele planejasse melhor suas atividades e diluísse eventuais custos indiretos fixos em diversos contratos, possibilitando uma redução no preço de seus serviços, dividindo com o Poder Público os ganhos de escala.

15.4.7 Registro de preços para obras e serviços de engenharia

Outra grande novidade da Lei nº 14.133/2021 foi a possibilidade de utilização do sistema de registro de preços para a execução de obras e serviços de engenharia. Para tanto, devem ser atendidos os seguintes requisitos, nos termos do art. 85:

a) existência de projeto padronizado, sem complexidade técnica e operacional;
b) necessidade permanente ou frequente de obra ou serviço a ser contratado.

Assim, esse procedimento auxiliar é aplicável a obras e serviços de engenharia comuns, cujo projeto seja passível de ser aproveitado para a execução de vários objetos, sem a necessidade de profundas alterações. Seria o caso, por exemplo, da construção de obras civis de menor porte, segundo determinado projeto e padrão construtivo, como no caso de creches, bibliotecas, postos de saúde e escolas de menor porte.

A nova Lei de Licitações positivou o que já vinha sendo admitido pelo TCU, como se verifica na seguinte tese extraída do repositório da jurisprudência do Tribunal:

> É cabível o registro de preços para a contratação de serviços de engenharia em que a demanda pelo objeto é repetida e rotineira, a exemplo dos serviços de manutenção e conservação de instalações prediais, não podendo ser utilizado para a execução de obras. (Acórdão nº 1.381/2018-Plenário. Rel. Min. Walton Alencar)

15.4.8 Participação em ata de registro de preços

A ata de registro de preços pode ser integrada não apenas pelo órgão gerenciador, como por outros que manifestem interesse em participar dos procedimentos iniciais do sistema de registro de preços e em se aproveitar dos preços registrados. São os chamados órgãos participantes.

Caso o órgão gerenciador opte em abrir o registro de preços a outros interessados, ele deverá, na fase preparatória do processo licitatório, realizar procedimento público de intenção de registro de preços, no qual os demais órgãos terão o prazo mínimo de 8 dias úteis para manifestar seu interesse em participar da respectiva ata, de forma que a Administração usará as informações fornecidas para determinar a estimativa total de quantidades da contratação.

Esse procedimento encontra-se disciplinado no art. 86 da nova Lei de Licitações, que remeteu o detalhamento do assunto à edição de regulamento.

Conforme o §1º do dispositivo, esse procedimento será dispensável quando a entidade gerenciadora for a única contratante. Tal ocorrerá quando o objeto se destinar a uma finalidade pública específica, somente realizada pelo ente estatal encarregado de organizar o certame. Seria o caso, por exemplo, do registro de preços para execução de serviços de manutenção rotineira em instalações nucleares.

Em verdade, entende-se que a instauração do procedimento público de intenção de registro de preços pode ser dispensada por outras razões de interesse público, devidamente explicitadas no ato administrativo que a declarar. Essa também é a posição de Ronny Charles, o qual defende a possibilidade de o órgão gerenciador não realizar esse procedimento, de forma motivada, sem que esteja limitado às justificativas admitidas na lei ou regulamento.[214]

---

[214] TORRES, Ronny Charles Lopes de. *Leis de licitações públicas comentadas*. São Paulo: JusPodivm, 2021. p. 504.

O autor sugere, ainda, que o regulamento da nova Lei de Licitações reproduza as mesmas faculdades atribuídas ao órgão gerenciador pelo art. 4º, §3º, do Decreto nº 7.892/2013, a saber:[215]

> I - estabelecer, quando for o caso, o número máximo de participantes na IRP em conformidade com sua capacidade de gerenciamento;
> II - aceitar ou recusar, justificadamente, os quantitativos considerados ínfimos ou a inclusão de novos itens; e
> III - deliberar quanto à inclusão posterior de participantes que não manifestaram interesse durante o período de divulgação da IRP.

Essa sugestão nos parece razoável, inclusive para viabilizar o uso do instrumento por órgãos com menor estrutura de recursos humanos e materiais, de forma a adaptar a abrangência da ata à sua capacidade de Administração. Afinal, são variadas as competências esperadas do órgão gerenciador, que envolvem não apenas a realização do procedimento licitatório, como todo o acompanhamento da execução da ata, incluindo eventuais renegociações dos preços e a aplicação de sanções.

De toda sorte, as faculdades, competências e deveres do órgão gerenciador devem ser tratadas em regulamento, podendo a matéria ser objeto de disciplina própria, inclusive, em nível municipal e estadual.

Uma interessante questão trazida por Ronny Charles diz respeito à necessidade ou não de haver exame e aprovação da minuta do edital de licitação pela assessoria jurídica da entidade participante. Entende-se, da mesma forma que o referido autor, que não. Isso porque a lógica do sistema de registro de preços é justamente possibilitar que um único procedimento sirva a mais de uma entidade, evitando a repetição do rito burocrático da licitação por aqueles que tenham interesse em integrar a ata.

Por via de consequência, havendo irregularidade no edital de licitação ou nos preços registrados, somente os agentes da entidade gerenciadora poderão ser responsabilizados pelos órgãos de controle.

15.4.9 Adesão à ata de registro de preços

Os órgãos e entidades que não participarem do procedimento de intenção de registro de preços poderão aderir à ata na condição de não participantes. São os chamados "caronas", segundo o jargão que se popularizou no regime jurídico anterior.

Consoante o §2º do art. 86, a adesão à ata de registro de preços exige o cumprimento dos seguintes requisitos:

---

[215] TORRES, Ronny Charles Lopes de. *Leis de licitações públicas comentadas*. São Paulo: JusPodivm, 2021. p. 504.

I - apresentação de justificativa da vantagem da adesão, inclusive em situações de provável desabastecimento ou descontinuidade de serviço público;
II - demonstração de que os valores registrados estão compatíveis com os valores praticados pelo mercado na forma do art. 23 desta lei; e
III - prévias consulta e aceitação do órgão ou entidade gerenciadora e do fornecedor.

A adesão posterior a uma ata de registro de preços depende da comprovação de que essa medida é necessária e vantajosa para o órgão não participante, em matéria de tempo e custos. Além disso, é preciso que ela não cause dificuldades operacionais ao órgão gerenciador, no que se refere à sua capacidade de gestão da ata, por conta de eventuais limitações de recursos materiais e humanos. Por fim, é necessário que o fornecedor aceite a nova demanda. Não satisfeito qualquer um dos pressupostos acima anunciados, não será ultimada a adesão.

Em verdade, há uma condição anterior à adesão, não expressa na lei, mas que decorre da própria lógica do instituto, que é a compatibilidade das características do objeto registrado com as necessidades do órgão que busca se valer da ata. Tal ideia constou do seguinte precedente do TCU, que avalia-se aplicável no contexto da legislação atual:

> É irregular a permissão de adesão à ata de registro de preços derivada de licitação na qual foram impostos critérios e condições particulares às necessidades do ente gerenciador. (Acórdão nº 2.600/2017-Plenário. Rel. Min. Ana Arraes – tese extraída do repositório da jurisprudência selecionada)

As medidas adotadas nos incs. I e II do §2º do art. 86 devem ser comprovadas pela entidade não participante, antes de endereçar a consulta à entidade gerenciadora. A questão que sobressai é: se *não* existir o motivo invocado na justificativa apresentada ou o valor registrado estiver acima do praticado no mercado local, é passível a responsabilização administrativa do agente da entidade gerenciadora que aceitou a que formulou a consulta?

Em nossa visão, não. Isso porque não cabe a este proceder à verificação do atendimento das condições especificadas na lei por parte da entidade não participante, ou seja, atuar como uma instância de fiscalização das decisões praticada por esta. Tal posição está em linha com o seguinte precedente do TCU exarado durante a vigência da legislação anterior:

> No Sistema de Registro de Preços, não cabe ao órgão gerenciador a verificação da vantagem da adesão de cada interessado. Compete ao órgão ou entidade não participante utilizar os preços previstos na ata combinados com os quantitativos da contratação que pretende realizar para avaliar e demonstrar a economicidade de sua adesão. (Acórdão nº 1.151/2015-Plenário. Rel. Min. Ana Arraes – tese extraída do repositório da jurisprudência selecionada)

Assim, havendo irregularidades nas medidas preliminares adotadas pela entidade não participante com vistas à adesão a uma ata de registro de preços, somente os seus agentes devem ser responsabilizados administrativamente pelos órgãos de controle.

O §3º do art. 86 indiretamente veda o aproveitamento de uma ata de registro de preços de uma entidade da Administração Pública municipal por outras entidades de qualquer esfera, inclusive municipal. Segundo o dispositivo, somente é possível a adesão a uma ata de registro de preços de órgão ou entidade gerenciadora federal, estadual ou distrital.

Em nossa visão, essa vedação parece exagerada e despropositada, principalmente quando a adesão pretendida for de entidade da estrutura administrativa do próprio município. Afinal, se o preço registrado estiver de acordo com o mercado local, o que é esperado, e o objeto suprir a necessidade de outro órgão da Administração municipal, é evidente a vantagem da adesão, a menos que a entidade gerenciadora e o fornecedor não concordem com a medida.

Os §§4º e 5º do art. 86 tratam dos limites quantitativos, individual e global, à adesão à ata de registro de preços pelos não participantes.

Conforme o primeiro dispositivo, as aquisições ou as contratações adicionais não poderão exceder, *por órgão ou entidade*, 50% dos quantitativos registrados na ata de registro de preços *para o órgão gerenciador e para os órgãos participantes*, em cada item. É importante advertir que o aludido percentual incide sobre a soma dos quantitativos registrados de cada item, ou seja, sobre o somatório das pretensões contratuais dos órgãos integrantes da ata (gerenciador e participantes).

Já o §5º preconiza que o quantitativo decorrente das adesões à ata de registro de preços não poderá exceder, *na totalidade*, o dobro dos quantitativos registrados na ata de registro de preços para o órgão gerenciador e órgãos participantes, em cada item. A disposição enfatiza, em sua parte final, que esse limite se aplica ao conjunto dos órgãos não participantes que aderirem, independentemente de seu número. Da mesma forma, o referido percentual incide sobre a soma dos quantitativos registrados de cada item, ou seja, das pretensões contratuais dos órgãos integrantes da ata (gerenciador e participantes).

O §7º do art. 86 excepcionou a aplicação do limite global consignado no §5º para aquisição emergencial de medicamentos e material de consumo médico-hospitalar por órgãos e entidades da Administração Pública federal, estadual, distrital e municipal, mediante a adesão à ata de registro de preços gerenciada pelo Ministério da Saúde.

Cabem duas observações quanto a esse dispositivo. Primeiro, que não foi excepcionada a incidência do §4º do art. 86. Dessa forma, o quantitativo individual para aquisição emergencial de medicamentos e material, na forma especificada, por entidade não participante está sujeita a limite e não pode ultrapassar o percentual de 50%

dos quantitativos registrados. Todavia, para fins de avaliação dessa possibilidade de adesão, não será verificado se o quantitativo total adquirido ultrapassou o limite total estabelecido no §5º (regra excepcionada).

O §8º do art. 86 estabelece um limite subjetivo às adesões. Consoante as disposições, os órgãos e entidades da Administração Pública federal estão proibidos de aderir à ata de registro de preços gerenciada por órgão ou entidade estadual, distrital ou municipal.

A leitura conjunta desse dispositivo com o §3º do art. 86 implica dizer que somente é possível a adesão de uma entidade a uma ata de registro de preços gerenciada por entidade integrante de unidade federativa do mesmo nível hierárquico ou superior, ressalvadas as municipais que apenas podem se juntar a atas gerenciadas por entidades de grau acima. Assim, as entidades estaduais e distritais podem aderir a atas de entidades estaduais, distritais e da União, e estas últimas apenas às gerenciadas por entidades da própria União.

O §6º do art. 86 traz uma regra importante no sentido de favorecer a economicidade na utilização de recursos federais repassados a outras unidades federativas mediante convênios e instrumentos congêneres. Consoante o dispositivo, a União pode exigir que os órgãos e entidades da Administração Pública estadual, distrital e municipal adiram à ata de registro de preços de órgão ou entidade gerenciadora do Poder Executivo federal, para fins de transferências voluntárias.

Nesse caso, essas adesões não ficarão sujeitas ao limite quantitativo global de que trata o §5º do art. 86, se destinadas à execução descentralizada de programa ou projeto federal e comprovada a compatibilidade dos preços registrados com os valores praticados no mercado, na forma do art. 23 desta lei.

Diante da redação do §6º, encontra-se *superado* o entendimento esposado pelo TCU, em sede de consulta, no sentido de que era:

> incabível o concedente dos recursos exigir que as entidades públicas de entes federados se utilizem de Atas de Registro de Preços gerenciadas por órgãos federais como condição para a celebração de convênios, ante a ausência de amparo nas normas constitucionais e legais vigentes. (Acórdão nº 1.712/2012-Plenário. Rel. Min. Subst. Augusto Sherman – tese extraída do repositório da jurisprudência selecionada do TCU)

Embora o Tribunal entendesse como lícita a existência de cláusula no convênio que recomendasse a adesão, ele entendeu que não cabia a imposição dessa exigência, devido à inexistência de norma legal ou constitucional. Com o novel §6º do art. 86, esse obstáculo se encontra superado, podendo a medida ser imposta no instrumento convenial.

15.5 Do registro cadastral

> Art. 87. Para os fins desta Lei, os órgãos e entidades da Administração Pública deverão utilizar o sistema de registro cadastral unificado disponível no Portal Nacional de Contratações Públicas (PNCP), para efeito de cadastro unificado de licitantes, na forma disposta em regulamento.
>
> §1º O sistema de registro cadastral unificado será público e deverá ser amplamente divulgado e estar permanentemente aberto aos interessados, e será obrigatória a realização de chamamento público pela internet, no mínimo anualmente, para atualização dos registros existentes e para ingresso de novos interessados.
>
> §2º É proibida a exigência, pelo órgão ou entidade licitante, de registro cadastral complementar para acesso a edital e anexos.
>
> §3º A Administração poderá realizar licitação restrita a fornecedores cadastrados, atendidos os critérios, as condições e os limites estabelecidos em regulamento, bem como a ampla publicidade dos procedimentos para o cadastramento.
>
> §4º Na hipótese a que se refere o §3º deste artigo, será admitido fornecedor que realize seu cadastro dentro do prazo previsto no edital para apresentação de propostas.
>
> Art. 88. Ao requerer, a qualquer tempo, inscrição no cadastro ou a sua atualização, o interessado fornecerá os elementos necessários exigidos para habilitação previstos nesta Lei.
>
> §1º O inscrito, considerada sua área de atuação, será classificado por categorias, subdivididas em grupos, segundo a qualificação técnica e econômico-financeira avaliada, de acordo com regras objetivas divulgadas em sítio eletrônico oficial.
>
> §2º Ao inscrito será fornecido certificado, renovável sempre que atualizar o registro.
>
> §3º A atuação do contratado no cumprimento de obrigações assumidas será avaliada pelo contratante, que emitirá documento comprobatório da avaliação realizada, com menção ao seu desempenho na execução contratual, baseado em indicadores objetivamente definidos e aferidos, e a eventuais penalidades aplicadas, o que constará do registro cadastral em que a inscrição for realizada.
>
> §4º A anotação do cumprimento de obrigações pelo contratado, de que trata o §3º deste artigo, será condicionada à implantação e à regulamentação do cadastro de atesto de cumprimento de obrigações, apto à realização do registro de forma objetiva, em atendimento aos princípios da impessoalidade, da igualdade, da isonomia, da publicidade e da transparência, de modo a possibilitar a implementação de medidas de incentivo aos licitantes que possuírem ótimo desempenho anotado em seu registro cadastral.
>
> §5º A qualquer tempo poderá ser alterado, suspenso ou cancelado o registro de inscrito que deixar de satisfazer exigências determinadas por esta Lei ou por regulamento.
>
> §6º O interessado que requerer o cadastro na forma do caput deste artigo poderá participar de processo licitatório até a decisão da Administração, e a celebração do contrato ficará condicionada à emissão do certificado referido no §2º deste artigo.

O registro cadastral constitui outro instrumento que já existia no regime jurídico anterior. Trata-se de procedimento auxiliar que visa reunir, em um cadastro, informações e documentos de licitantes, para efeito de habilitação em eventual licitação realizada pelo órgão ou entidade responsável pelo registro cadastral.

Na previsão original da Lei nº 8.666/1993, o cadastro era mantido por órgão ou entidade (art. 34). Posteriormente, o Poder Executivo Federal instituiu, por meio do Decreto nº 3.722, de 9.1.2001, o chamado Sistema de Cadastramento Unificado de Fornecedores (Sicaf), que passou a ser mantido pelos órgãos e entidades que compõem o Sistema de Serviços Gerais (SISG), nos termos do Decreto nº 1.094, de 13.3.1994.

Esse sistema reúne as atividades de administração de edifícios públicos e imóveis residenciais, material, transporte, comunicações administrativas e documentação. Consoante o art. 1º, §1º, do último decreto, ele era integrado pelos órgãos e unidades da Administração Federal direta, autárquica e fundacional, incumbidos especificamente da execução das mencionadas atividades.

Inspirada nessa ideia, a nova lei de licitações instituiu um cadastro unificado para todos os órgãos e entidades da Administração Pública, de todas as esferas da Federação. O sistema de registro cadastral unificado deve estar disponível no Portal Nacional de Contratações Públicas (PNCP), na forma disposta em regulamento.

Cuida-se, portanto, de uma espécie de habilitação prévia dos licitantes, que terá efeito em qualquer certame licitatório no âmbito do Poder Público.

Entre as suas vantagens, ele diminui custos para a Administração Pública, na medida em que somente haverá a análise da documentação apresentada pelos interessados em uma única oportunidade, quando do cadastro e eventuais renovações, de forma que a condição de habilitado poderá ser aproveitada em qualquer licitação aberta pelo Poder Público, enquanto estiver válido o registro cadastral.

Sob a perspectiva do particular, esse procedimento também diminui custos, pois evita a juntada de documentos de habilitação a cada procedimento licitatório. Além disso, permite que eventuais falhas na documentação sejam corrigidas ou justificadas, sem que haja alegações de preclusão, aumentando a chance de o interessado participar de certames licitatórios.

Conforme o §1º do art. 87, o sistema de registro cadastral unificado será público e deverá ser amplamente divulgado e estar permanentemente aberto aos interessados. Além disso, é obrigatória a realização, no mínimo anualmente, de chamamento público pela internet para atualização dos registros existentes e para ingresso de novos interessados. O dispositivo repete a redação do §1º do art. 34, com a diferença de que o procedimento da legislação atual se desenvolverá no âmbito do PNCP.

Diferentemente da Lei nº 8.666/1993, a novel legislação não estatuiu expressamente um prazo de validade para o certificado de registro cadastral. Em nossa visão, ele será permanentemente válido até que haja a exclusão do interessado do cadastro unificado. Tal ocorrerá se o licitante, convocado para a atualização do registro existente, deixar de entregar a documentação necessária no prazo estabelecido ou se for evidenciado que ele deixou de atender às condições para a sua inscrição.

Essa conclusão está em linha com o §5º do art. 88, o qual prevê que o registro de inscrito que deixar de satisfazer exigências determinadas pela Lei nº 14.133/2021 ou por regulamento poderá ser alterado, suspenso ou cancelado a qualquer tempo. Tal circunstância não impede que o interessado possa regularizar novamente a sua situação a qualquer tempo, mediante a remessa da documentação pertinente.

A ideia de padronização e unificação dos registros cadastrais outrora mantidos pelas diversas entidades não integrantes do SISG e demais unidades da Federação é reforçada pelo §2º do art. 87. Conforme o dispositivo, é proibida a exigência, pelo órgão ou entidade licitante, de registro cadastral complementar para acesso a edital e anexos.

Como bem disse Ronny Charles, embora essa característica do cadastro unificado implique certa ingerência na autonomia administrativa das demais esferas, por outro lado, ela pode se apresentar como um instrumento de ampliação da transparência e competitividade nas licitações, reduzindo, em muito, os riscos de corrupção.[216] Dessa forma, o procedimento auxiliar em análise constitui um dos avanços da nova legislação.

Segundo o §3º do art. 87, a Administração poderá realizar licitação restrita a fornecedores cadastrados, atendidos os critérios, as condições e os limites estabelecidos em regulamento. Ademais, o edital deve dar ampla publicidade aos procedimentos para o cadastramento.

Tal dispositivo implica a não recepção do entendimento vigente no regime anterior de que o licitante não estaria obrigado a se cadastrar, uma vez que ele poderia optar por se habilitar diretamente em cada licitação. Tal compreensão constava da Súmula-TCU nº 274: "É vedada a exigência de prévia inscrição no Sistema de Cadastramento Unificado de Fornecedores – SICAF para efeito de habilitação em licitação". Com a nova a Lei nº 14.133/2021, o aludido enunciado deve ser revogado.

A propósito da solicitação de inscrição do cadastro após a abertura da licitação, em certames restritos a licitantes cadastrados, o §4º do art. 87 estabelece que será admitido aquele "que realize seu cadastro dentro do prazo previsto no edital para apresentação de propostas".

Cuida-se de uma pequena alteração ante disciplina das licitações dos órgãos e entidades que utilizavam o Sicaf, já que o parágrafo único do art. 3º do Decreto nº 3.722/2021 estabelecia que o interessado deveria atender às condições exigidas para essa inscrição até o terceiro dia útil anterior à data prevista para recebimento das propostas. Em nossa visão, esse prazo menor era desproposital, pois havia sempre a possibilidade de o interessado, alternativamente à sua inscrição no Sicaf, apresentar os documentos de habilitação junto ao órgão responsável pela licitação.

Embora o §4º do art. 87 fale em "realizar o cadastro", entende-se que o licitante deve apenas pedir a sua inscrição no cadastro ou a sua atualização no período supramencionado, podendo o efetivo registro ou atualização ocorrer posteriormente, previamente à ultimação da contratação. Tal regra consta do §6º do art. 88, segundo a qual o

---

[216] TORRES, Ronny Charles Lopes de. *Leis de licitações públicas comentadas*. São Paulo: JusPodivm, 2021. p. 522.

interessado que requerer o cadastro na forma do *caput* desse artigo poderá participar de processo licitatório até a decisão da Administração, de forma que a celebração do contrato ficará condicionada à emissão do certificado de registro cadastral.

Segundo o art. 88, o pedido de inscrição no cadastro ou de sua atualização poderá ocorrer a qualquer tempo, devendo o interessado fornecer os elementos necessários exigidos para habilitação previstos nesta lei. Assim, o registro cadastral envolve a prévia habilitação em todas as suas espécies: jurídica; técnica; fiscal, social e trabalhista; e econômico-financeira (art. 62).

Consoante o §1º do aludido artigo, os inscritos serão organizados por categorias, segundo a área de atuação, e dentro destas em grupos, conforme a qualificação técnica e econômico-financeira avaliada. Tal divisão se dará de acordo com regras objetivas divulgadas em sítio eletrônico oficial.

Não obstante a norma não tenha sido clara quanto a esse aspecto, isso implica que o Poder Público pode fazer uma licitação restrita a licitantes cadastrados em categorias e grupos predefinidos, conforme as características e a magnitude do objeto licitado, devendo a Administração justificar os critérios adotados para a restrição. Para a verificação da adequação da decisão estatal, aplica-se o parâmetro estabelecido na parte final do inc. XXI do art. 37 da Constituição, que somente permite as exigências de qualificação técnica e econômica indispensáveis à garantia do cumprimento das obrigações.

Conforme o §2º do art. 88, ao inscrito será fornecido certificado de registro cadastral, renovável sempre que atualizar este. Em verdade, não se vislumbra tanta utilidade prática desse documento, uma vez que a Administração deve consultar junto ao sistema se o licitante mantém a condição de cadastrado, quando da análise da documentação para fins de habilitação.

15.5.1 Cadastro de atesto de cumprimento de obrigações contratuais

O §3º do artigo em exame traz uma importante novidade da nova Lei de Licitações. Segundo o dispositivo, o registro cadastral de cada licitante conterá informações sobre o seu desempenho no cumprimento de obrigações assumidas em contratos por ele pactuados. Essa avaliação será realizada por cada órgão contratante, que emitirá documento comprobatório da análise realizada, com menção ao seu desempenho na execução contratual, baseado em indicadores objetivamente definidos e aferidos, e a eventuais penalidades aplicadas. Tal documento será juntado a cada registro cadastral.

Com a nova lei, a atividade de gestão e fiscalização de contratos assume novas tarefas, que são o acompanhamento e a avaliação do desempenho do contratado segundo critérios objetivos, a elaboração do tal documento comprobatório dessa análise e a remessa dessas informações pertinentes ao órgão encarregado de manter o registro cadastral unificado no PNCP.

O §4º do art. 88 preconiza que a anotação do cumprimento de obrigações por parte do contratado será condicionada à implantação e à regulamentação do cadastro de atesto de cumprimento de obrigações. O registro dessas informações deve ocorrer de forma objetiva, em atendimento aos princípios da impessoalidade, da igualdade, da isonomia, da publicidade e da transparência. Como assinalado na parte final do mencionado dispositivo, o objetivo desse instrumento é possibilitar a implementação de medidas de incentivo aos licitantes que possuírem ótimo desempenho anotado em seu registro cadastral.

A forma como será implantado o cadastro de atesto de cumprimento de obrigações e assegurada a sua interoperabilidade com o registro cadastral de cada empresa no PNCP deve ser objeto de regulamento. É importante criar mecanismos para evitar a omissão da Administração contratante em realizar a alimentação do cadastro e/ou promovê-la com atraso, de modo a beneficiar indevidamente eventuais empresas com mau desempenho no cumprimento de obrigações.

Em nossa visão, é preciso disciplinar, também, o direito do contratado de impugnar as eventuais anotações negativas sobre o seu desempenho, bem como erros, imprecisões e omissões no documento de avaliação. No silêncio da Lei nº 14.133/2021, entende-se que tais anotações estão sujeitas aos recursos administrativos cabíveis a toda e qualquer decisão administrativa, nos termos da Lei nº 9.784/1999. Além disso, cabe a interposição de *habeas data* na esfera judicial, consoante o inc. LXXII do art. 5º da Constituição Federal.

A previsão desse acompanhamento contratual nos parece positiva, mas pode ser um fator de burocratização, aumento de custos administrativos e eventual insegurança jurídica, caso os contratados busquem impugnar na justiça toda e qualquer avaliação negativa em seu desempenho contratual, mesmo que sem razão. Por esse motivo, é importante que o Poder Público discipline o direito de contraditório dos contratados nos processos administrativos de avaliação, como anotado acima, a fim de reduzir os fatores de riscos relacionados à judicialização.

DOS CONTRATOS ADMINISTRATIVOS

16.1 Da formalização dos contratos

> Art. 89. Os contratos de que trata esta Lei regular-se-ão pelas suas cláusulas e pelos preceitos de direito público, e a eles serão aplicados, supletivamente, os princípios da teoria geral dos contratos e as disposições de direito privado.
> §1º Todo contrato deverá mencionar os nomes das partes e os de seus representantes, a finalidade, o ato que autorizou sua lavratura, o número do processo da licitação ou da contratação direta e a sujeição dos contratantes às normas desta Lei e às cláusulas contratuais.
> §2º Os contratos deverão estabelecer com clareza e precisão as condições para sua execução, expressas em cláusulas que definam os direitos, as obrigações e as responsabilidades das partes, em conformidade com os termos do edital de licitação e os da proposta vencedora ou com os termos do ato que autorizou a contratação direta e os da respectiva proposta.

O Título III disciplina os contratos administrativos firmados em razão do processo de licitação pública. Embora o legislador tenha usado a expressão "contratos administrativos" no título em análise, ele utilizou o termo "contratos" no *caput* do art. 89. Trata-se de uma mudança singela com relação ao dispositivo equivalente da Lei nº 8.666/1993, que adotava a expressão "contratos administrativos" (art. 54).

Em nossa visão, a alteração tem a sua razão de ser, pois a legislação atual não contém nenhuma disposição sobre os chamados contratos da administração – contratos de seguro, de financiamento, de locação em que o Poder Público seja locatário e os regidos, predominantemente, por norma de direito privado –, os quais eram disciplinados pelo art. 62, §3º, da Lei nº 8.666/1993.

Com a exclusão desses ajustes do espaço de abrangência da Lei nº 14.133/2021, pela ausência de expressa remissão a eles no texto da norma, não é mais necessária a distinção entre contrato administrativo e contrato da Administração, tampouco o uso da primeira expressão no *caput* do at. 89, que cuida do regime geral dos contratos (administrativos) regidos pela lei atual.

O §1º do art. 89 trata das primeiras formalidades a serem cumpridas na formatação do contrato. São elas: os nomes das partes e os de seus representantes, a finalidade, o ato que autorizou sua lavratura, o número do processo da licitação ou da contratação direta e a sujeição dos contratantes às normas desta lei e às cláusulas contratuais. O dispositivo é idêntico ao art. 61 da norma anterior.

Entre as exigências acima enumeradas, cabe destacar a menção de que os contratantes estão sujeitos às normas da lei. Tal previsão se mostra importante, uma vez que os particulares *não* estão submetidos, em suas atividades comerciais e econômicas ordinárias, ao regime jurídico administrativo de contratações públicas.

Todavia, eles passam a sofrer a incidência das normas de direito público quando celebram um vínculo contratual com o Poder Público. Por esse motivo, é fundamental que os particulares anuam a essa submissão ao assinar o termo do contrato ou aceitar ou retirar o instrumento equivalente, após devidamente convocados para tanto. Essa manifestação voluntária marca a entrada do particular no mundo do *direito público contratual*.

Em verdade, compreende-se que a sujeição do particular ao regime desta lei ocorre desde o momento em que acode à licitação ou a processo de contratação direta, enviando proposta. A partir de então, ele tacitamente se compromete a cumprir as regras editalícias e passa a se submeter aos dispositivos da lei que regem o processo de contratação pública. Tanto isso é verdade que o licitante, mesmo sem nenhum vínculo formal com a Administração Pública, pode sofrer sanção administrativa por diversos atos cometidos durante a licitação ou a contratação direta.[217]

---

[217] Conforme o art. 155, as seguintes infrações praticadas pelo licitante podem acarretar sanção: "IV - deixar de entregar a documentação exigida para o certame; V - não manter a proposta, salvo em decorrência de fato superveniente devidamente justificado; VI - não celebrar o contrato ou não entregar a documentação exigida para a contratação, quando convocado dentro do prazo de validade de sua proposta; VII - ensejar o retardamento da execução ou da entrega do objeto da licitação sem motivo justificado; VIII - apresentar declaração ou documentação falsa exigida para o certame ou prestar declaração falsa durante a licitação ou a execução do contrato; IX - fraudar a licitação ou praticar ato fraudulento na execução do contrato; X - comportar-se de modo inidôneo ou cometer fraude de qualquer natureza; XI - praticar atos ilícitos com vistas a frustrar os objetivos da licitação; XII - praticar ato lesivo previsto no art. 5º da Lei nº 12.846, de 1º de agosto de 2013". A lei orgânica do TCU também prevê a possibilidade de imputação de sanção ao licitante conforme o seu art. 46: "verificada a ocorrência de fraude comprovada à licitação, o Tribunal declarará a inidoneidade do licitante fraudador para participar, por até cinco anos, de licitação na Administração Pública Federal".

Essa tese é acolhida pela jurisprudência do TCU, produzida sob a égide da lei anterior, como se vê na seguinte passagem do voto condutor do Acórdão nº 1.455/2018-Plenário, da lavra do Ministro Benjamin Zymler:

> 80. Ressalto que os comandos da Lei 8.666/1993 e das leis de diretrizes orçamentárias, no que se refere à disciplina das contratações pública, se direcionam tanto ao agente público quanto ao privado, que renuncia em alguma medida ao ambiente de liberdade econômica que prevalece nos contratos privados.
> 81. Diante desse dever jurídico, decorrente da submissão circunstancial do particular ao regime jurídico-administrativo das contratações públicas, o agente privado deve pautar sua conduta de acordo com as regras postas pelo ordenamento jurídico.
> 82. Com isso, o particular responde plenamente por essa manifestação voluntária tendente ao aperfeiçoamento do vínculo contratual, podendo responder por superfaturamento decorrente de sobrepreço se a sua proposta voluntária não atender aos ditames estabelecidos pelo ordenamento jurídico.

O §2º do art. 89 estabelece que os contratos deverão estabelecer com clareza e precisão as condições para sua execução, expressas em cláusulas que definam os direitos, as obrigações e as responsabilidades das partes, em conformidade com os termos do edital de licitação e os da proposta vencedora ou com os termos do ato que autorizou a contratação direta e os da respectiva proposta.

O dispositivo possui redação praticamente idêntica ao seu equivalente na Lei nº 8.666/1993 (art. 54, §1º), tendo estendido a sua disciplina aos ajustes decorrentes de contratação direta, o que já era subentendido.

O objetivo do §2º é reduzir a assimetria de informações e tornar o contrato o mais completo possível, diminuindo, no limite do possível, o risco de discussões entre as partes, no curso da execução contratual.

Art. 90. A Administração convocará regularmente o licitante vencedor para assinar o termo de contrato ou para aceitar ou retirar o instrumento equivalente, dentro do prazo e nas condições estabelecidas no edital de licitação, sob pena de decair o direito à contratação, sem prejuízo das sanções previstas nesta Lei.

§1º O prazo de convocação poderá ser prorrogado 1 (uma) vez, por igual período, mediante solicitação da parte durante seu transcurso, devidamente justificada, e desde que o motivo apresentado seja aceito pela Administração.

§2º Será facultado à Administração, quando o convocado não assinar o termo de contrato ou não aceitar ou não retirar o instrumento equivalente no prazo e nas condições estabelecidas, convocar os licitantes remanescentes, na ordem de classificação, para a celebração do contrato nas condições propostas pelo licitante vencedor.

§3º Decorrido o prazo de validade da proposta indicado no edital sem convocação para a contratação, ficarão os licitantes liberados dos compromissos assumidos.

§4º Na hipótese de nenhum dos licitantes aceitar a contratação nos termos do §2º deste artigo, a Administração, observados o valor estimado e sua eventual atualização nos termos do edital, poderá:

I - convocar os licitantes remanescentes para negociação, na ordem de classificação, com vistas à obtenção de preço melhor, mesmo que acima do preço do adjudicatário;

II - adjudicar e celebrar o contrato nas condições ofertadas pelos licitantes remanescentes, atendida a ordem classificatória, quando frustrada a negociação de melhor condição.

§5º A recusa injustificada do adjudicatário em assinar o contrato ou em aceitar ou retirar o instrumento equivalente no prazo estabelecido pela Administração caracterizará o descumprimento total da obrigação assumida e o sujeitará às penalidades legalmente estabelecidas e à imediata perda da garantia de proposta em favor do órgão ou entidade licitante.

§6º A regra do §5º não se aplicará aos licitantes remanescentes convocados na forma do inciso I do §4º deste artigo.

§7º Será facultada à Administração a convocação dos demais licitantes classificados para a contratação de remanescente de obra, de serviço ou de fornecimento em consequência de rescisão contratual, observados os mesmos critérios estabelecidos nos §§2º e 4º deste artigo.

Conforme o art. 90, a Administração convocará regularmente o licitante vencedor para assinar o termo de contrato ou para aceitar ou retirar o instrumento equivalente, dentro do prazo e nas condições estabelecidas no edital de licitação. Se o licitante não o fizer, ocorrerá a decadência do direito à contratação, ficando o particular sujeito às sanções previstas na nova lei (art. 156). O dispositivo repete a redação do seu equivalente na Lei nº 8.666/1993 (art. 64).

Não obstante a forma verbal ("convocará") utilizada na redação do dispositivo, a jurisprudência do STJ e do TCU, sob a égide da Lei nº 8.666/1993, entende que a Administração não tem o dever de contratar, mesmo após a adjudicação do objeto e a homologação do certame.[218] Por consequência, não haveria, sob a perspectiva do particular, direito à contratação, mas sim mera expectativa de direito.

Entende-se que esse entendimento permanece inalterado no atual regime de contratações. O único direito do licitante vencedor é o de não ser preterido caso a Administração decida ultimar a contratação. Embora a nova lei não tenha reproduzido o art. 50 da Lei nº 8.666/1993 ("a administração não poderá celebrar o contrato com preterição da ordem de classificação das propostas ou com terceiros estranhos ao

---

[218] STJ: "4. A exegese do art. 49, da Lei 8.666/93, denota que a adjudicação do objeto da licitação ao vencedor confere mera expectativa de direito de contratar, sendo certo, ainda, que eventual celebração do negócio jurídico subsume-se ao juízo de conveniência e oportunidade da Administração Pública. Precedentes: RMS 23.402/PR, SEGUNDA TURMA, DJ 02.04.2008; MS 12.047/DF, PRIMEIRA SEÇÃO, DJ 16.04.2007 e MC 11.055/RS, PRIMEIRA TURMA, DJ 08.06.2006" (RMS nº 22.447/RS, Min. Luiz Fux, 18.12.2008). TCU: "[...] o fato de o objeto de um dado certame ter sido adjudicado a uma empresa, não implica em direito subjetivo da mesma em obter a contratação. O direito do adjudicatário é o de ser convocado em primeiro lugar caso a Administração decida celebrá-lo, conforme vastamente pacificado pela jurisprudência e pela doutrina" (Acórdão nº 868/2006-2ª Câmara, Rel. Min. Lincoln Magalhães da Rocha).

procedimento licitatório, sob pena de nulidade"), avalia-se que essa vedação permanece no atual regime, até porque essa é a lógica subjacente ao processo de licitação pública – convocar interessados para oferecer proposta em um processo seletivo isonômico e celebrar contrato com aquele que se sair vencedor, se a ultimação da contratação for de interesse público.

A Administração pode deixar de convocar o licitante classificado em primeiro lugar, se essa opção for oportuna e conveniente ao interesse público. Nesse caso, o particular ficará liberado do compromisso assumido, após decorrido o prazo de validade da proposta indicado no edital. Essa é a dicção do §3º do art. 90, que, nesse aspecto, inovou com relação ao dispositivo equivalente da lei anterior, que fixava esse prazo em 60 dias da data da entrega das propostas.

Conforme o §1º, o prazo de convocação poderá ser prorrogado uma vez, por igual período, mediante solicitação justificada do particular durante seu transcurso. Essa prorrogação não é um direito do particular, cabendo à Administração aceitar ou não esse pedido.

O §2º dispõe sobre a convocação dos licitantes remanescentes, caso o licitante vencedor não assine o termo de contrato, não aceite ou não retire o instrumento equivalente no prazo e nas condições estabelecidas, após ser devidamente convocado. Nessa hipótese, a Administração pode convocar os licitantes segundo a ordem de classificação, a fim de verificar o interesse deles em assinar o contrato nas condições propostas pelo licitante vencedor.

Por óbvio, a recusa dos licitantes remanescentes em assinar o ajuste ou aceitar ou retirar o instrumento equivalente *não* caracterizará o descumprimento de nenhuma obrigação, de modo que não estarão configuradas as infrações do art. 155, incs. III e VI.

O §2º não reproduziu a parte final do dispositivo equivalente na Lei nº 8.666/1993 (art. 64, §2º), o qual preconizava que os preços da proposta do licitante vencedor seriam atualizados em conformidade com o ato convocatório e que a Administração poderia, alternativamente à convocação dos licitantes remanescentes, revogar o certame licitatório.

Quanto ao primeiro aspecto, compreende-se que se trata de uma omissão decorrente de má técnica legislativa, pois, adiante, o §4º prevê que, "na hipótese de nenhum dos licitantes aceitar a contratação nos termos do §2º deste artigo, a Administração, observados o valor estimado e *sua eventual atualização nos termos do edital*, poderá [...]" (grifos nossos). Assim, entende-se que, ao convocar os licitantes remanescentes para verificar o interesse de contratar, a entidade pode proceder à atualização do valor da proposta do licitante classificado em primeiro lugar, segundo as condições estabelecidas no edital.

Nesse ponto, cabe mais uma vez lembrar o art. 2º, §1º, da Lei nº 10.192/2001 (dispõe sobre medidas complementares ao Plano Real e dá outras providências), segundo o qual "é nula de pleno direito qualquer estipulação de reajuste ou correção monetária de periodicidade inferior a um ano". Dessa forma, a atualização somente ocorrerá se a convocação dos licitantes remanescentes ocorrer após um ano da data-base da proposta.

Com relação à possibilidade de revogar a licitação caso o licitante vencedor não assine o contrato, compreende-se que essa opção está sempre ao alcance da Administração, independentemente de haver ou não essa previsão na nova lei. Afinal, o art. 53 da Lei nº 9.784/1999 preconiza que o Poder Público pode revogar os seus por motivo de conveniência ou oportunidade, respeitados os direitos adquiridos.

No presente caso, não há nem mesmo expectativa de direito de convocação e contratação por parte dos licitantes remanescentes. Assim, essa decisão não requer a abertura de contraditório, sendo necessária apenas a devida motivação, a fim de permitir o adequado controle da sociedade e das instâncias competentes sobre a plena satisfação do interesse público.

A título de exemplo, a autoridade superior poderia ser instada a se justificar perante os órgãos de controle, caso decida pela revogação da licitação e instaure nova licitação que enseje uma contratação a preços superiores ao do certame anterior, mesmo havendo licitantes remanescentes com interesse potencial de contratar pelos mesmos preços do licitante vencedor ou seguindo seus próprios preços. Nessa hipótese, haveria potencial violação aos princípios da eficiência, da economicidade, da celeridade e do interesse público.

O §3º estabelece que, no caso de nenhum dos licitantes aceitar a contratação nos termos do §2º deste artigo, a Administração, observados o valor estimado e sua eventual atualização nos termos do edital, poderá:

a) convocar os licitantes remanescentes para negociação, na ordem de classificação, com vistas à obtenção de preço melhor, mesmo que acima do preço do adjudicatário;

b) adjudicar e celebrar o contrato nas condições ofertadas pelos licitantes remanescentes, atendida a ordem classificatória, quando frustrada a negociação de melhor condição.

Trata-se, portanto, de inovação ao regime licitatório anterior, que somente previa a contratação do licitante remanescente pelo preço do vencedor, atualizado segundo as condições do edital. A nova lei admitiu a possibilidade de negociação, mas a redução dos preços propostos depende, por óbvio, do sucesso das tratativas com a aceitação do particular. Afinal, este não está obrigado a negociar com a Administração, tampouco em aceitar condições diferentes da que ofereceu originalmente.

Por consequência, não há óbice à contratação do licitante remanescente mais bem classificado, mesmo que, ao fim e ao cabo, não haja uma diminuição de sua proposta, após a conclusão da etapa de negociação com todos os demais licitantes. A única condição, neste caso, é a observância do valor estimado da licitação. Isso implica que a Administração tem a faculdade de negociar, não a obrigação de conseguir a diminuição do preço originalmente proposto.

Avalia-se como positiva essa previsão normativa, uma vez que ela possibilita o aproveitamento da licitação e a contratação de proposta que, embora menos vantajosa que a do adjudicatário, ainda assim permanece abaixo do valor estimado da contratação.

Conforme o §5º, a recusa injustificada do adjudicatário em assinar o contrato ou em aceitar ou retirar o instrumento equivalente no prazo estabelecido pela Administração caracterizará o descumprimento total da obrigação assumida e o sujeitará às penalidades legalmente estabelecidas e à imediata perda da garantia de proposta em favor do órgão ou entidade licitante. No caso, estarão configuradas as infrações previstas no art. 155, incs. III e VI, da nova lei.

Segundo o §6º, a regra supramencionada não se aplicará aos licitantes remanescentes convocados para negociar sua proposta para fins de contratação, mesmo que acima do preço do adjudicatário (inc. I do §4º). Conforme já comentado, o particular não está obrigado a negociar com a Administração, tampouco em aceitar condições diferentes da que ofereceu originalmente. Por consequência, não estará sujeito a nenhuma sanção, caso essa negociação seja malsucedida e a Administração não aceite a sua proposta original. A mesma lógica se aplica, com muito mais razão, quando o licitante remanescente for convocado para assinar o contrato nas condições do vencedor (§2º).

Todavia, entende-se que o §5º também é aplicável ao licitante remanescente, que, regularmente convocado pela Administração, nos termos do §4º, se recusa a contratar com o preço de sua própria proposta, quando ainda não esgotado o prazo de validade desta. Nesse caso, ocorre a infração administrativa catalogada no art. 155, inc. V, que está sujeita à aplicação de sanção, nos termos do art. 156.

O §7º traz mais uma importante inovação da nova lei. Segundo o dispositivo, será facultada à Administração a convocação dos demais licitantes classificados para a contratação de remanescente de obra, de serviço ou de fornecimento em consequência de rescisão contratual, observados os mesmos critérios estabelecidos nos §§2º e 4º deste artigo. Dessa forma, não será mais obrigatória a contratação pelo mesmo preço do licitante contratado, como estabelecia o art. 24, inc. XI, da Lei nº 8.666/1993.

A lei anterior tratava o assunto como uma das hipóteses de dispensa de licitação. A regra atual, por sua vez, o deslocou para a disciplina de celebração dos contratos. A nosso juízo, essa alteração não tem nenhuma repercussão prática, sendo dignas de nota, apenas, as mudanças substanciais já mencionadas.

Art. 91. Os contratos e seus aditamentos terão forma escrita e serão juntados ao processo que tiver dado origem à contratação, divulgados e mantidos à disposição do público em sítio eletrônico oficial.

§1º Será admitida a manutenção em sigilo de contratos e de termos aditivos quando imprescindível à segurança da sociedade e do Estado, nos termos da legislação que regula o acesso à informação.

§2º Contratos relativos a direitos reais sobre imóveis serão formalizados por escritura pública lavrada em notas de tabelião, cujo teor deverá ser divulgado e mantido à disposição do público em sítio eletrônico oficial.

§3º Será admitida a forma eletrônica na celebração de contratos e de termos aditivos, atendidas as exigências previstas em regulamento.

> §4º Antes de formalizar ou prorrogar o prazo de vigência do contrato, a Administração deverá verificar a regularidade fiscal do contratado, consultar o Cadastro Nacional de Empresas Inidôneas e Suspensas (Ceis) e o Cadastro Nacional de Empresas Punidas (Cnep), emitir as certidões negativas de inidoneidade, de impedimento e de débitos trabalhistas e juntá-las ao respectivo processo.

Conforme o art. 91, os contratos e seus aditamentos terão forma escrita e serão juntados ao processo que tiver dado origem à contratação, divulgados e mantidos à disposição do público em sítio eletrônico oficial. O dispositivo anuncia o caráter formal do contrato, que deve necessariamente assumir a forma escrita, ressalvada a possibilidade de sua substituição por carta-contrato, nota de empenho de despesa, autorização de compra ou ordem de execução de serviço, conforme o art. 95.

A disposição traz uma grande novidade, que é a necessidade de sua divulgação e manutenção dos contratos e seus aditamentos em sítio eletrônico oficial. No regime da lei anterior, a Administração era obrigada a mantê-los em arquivo cronológico dos seus autógrafos e registro sistemático do seu extrato, o que exigia dos interessados a iniciativa de requerer sua cópia, caso lhes aprouvesse, nos termos da Lei nº 12.527/2011 (Lei de Acesso à Informação). Com a alteração legislativa, a Administração, por óbvio, pode manter os registros em meio físico, mas deverá disponibilizar eletronicamente os instrumentos, o que facilitará o controle social dos interessados e das próprias instâncias encarregadas de proceder ao controle da Administração Pública.

Consoante o §1º, será admitida a manutenção em sigilo de contratos e de termos aditivos quando imprescindível à segurança da sociedade e do Estado, nos termos da legislação que regula o acesso à informação. Como regra, os contratos e seus aditivos são públicos. Apenas nas situações excepcionais elencadas, a Administração pode torná-los sigilosos, devendo providenciar a devida justificativa.

A regra está de acordo com a diretriz da Lei nº 12.527/2011, de que se deve observar a publicidade como preceito geral e o sigilo como exceção (art. 3º, inc. I). Da mesma forma, o dispositivo está em consonância com o art. 5º, inc. XXXIII, da Constituição Federal, segundo o qual:

> todos têm direito a receber dos órgãos públicos informações de seu interesse particular, ou de interesse coletivo ou geral, que serão prestadas no prazo da lei, sob pena de responsabilidade, *ressalvadas aquelas cujo sigilo seja imprescindível* à *segurança da sociedade e do Estado*. (Grifos nossos)

O §2º trata da forma especial dos contratos que envolvem direitos reais sobre imóveis. No caso, eles serão formalizados por escritura pública lavrada em notas de tabelião, cujo teor deverá ser divulgado e mantido à disposição do público em sítio eletrônico oficial.

Já o §3º implica uma releitura da exigência de forma escrita aos atos administrativos em geral, incluindo os contratos. Consoante o dispositivo, será admitida a forma eletrônica na celebração de contratos e de termos aditivos, atendidas as exigências previstas em regulamento. Em nosso juízo, a substituição da forma escrita pela eletrônica se mostra coerente com a digitalização da Administração Pública, estando de acordo com o princípio da transparência e da eficiência no gasto público.

Conforme o §4º, antes de formalizar ou prorrogar o prazo de vigência do contrato, a Administração deverá seguir uma série de passos, a fim de atestar, novamente, a regularidade fiscal e a idoneidade para contratar da empresa. Nesse passo, a entidade contratante deve verificar a regularidade fiscal do contratado, consultar o Cadastro Nacional de Empresas Inidôneas e Suspensas (Ceis) e o Cadastro Nacional de Empresas Punidas (Cnep), emitir as certidões negativas de inidoneidade, de impedimento e de débitos trabalhistas e juntá-las ao respectivo processo.

Trata-se de novidade da nova lei que está de acordo com a obrigação do contratado de manter as suas condições de habilitação durante toda a vigência contratual, nos termos do art. 92, inc. XVI.

A propósito, já havia entendimento jurisprudencial do STJ, sob a égide da legislação anterior, no sentido de que a Administração pode exigir do particular, não só à época do pagamento, mas, a qualquer tempo, enquanto perdurar a vigência do contrato, a apresentação das certidões de regularidade fiscal e trabalhista. Sobre o assunto, transcreve-se o seguinte precedente do aludido tribunal:

> 2. A exigência de regularidade fiscal deve permanecer durante toda a execução do contrato, a teor do art. 55, XIII, da Lei nº 8.666/93, que dispõe ser "obrigação do contratado de manter, durante toda a execução do contrato, em compatibilidade com as obrigações por ele assumidas, todas as condições de habilitação e qualificação exigidas na licitação".
> 3. Desde que haja justa causa e oportunidade de defesa, pode a Administração rescindir contrato firmado, ante o descumprimento de cláusula contratual.
> 4. Não se verifica nenhuma ilegalidade no ato impugnado, por ser legítima a exigência de que a contratada apresente certidões comprobatórias de regularidade fiscal.
> 5. Pode a Administração rescindir o contrato em razão de descumprimento de uma de suas cláusulas e ainda imputar penalidade ao contratado descumpridor. Todavia a retenção do pagamento devido, por não constar do rol do art. 87 da Lei nº 8.666/93, ofende o princípio da legalidade, insculpido na Carta Magna. (RMS nº 24.953. Rel. Min. Castro Meira, 4.3.2008)

Com a disciplina da nova lei, foi institucionalizado novo marco para a verificação da regularidade fiscal e trabalhista e da idoneidade do contratado, a saber, a formalização da prorrogação da vigência do contrato. Caso essas condições não sejam cumpridas, a administração não deve prorrogar a vigência do contrato, podendo, inclusive, extingui-lo desde logo, nos termos da jurisprudência supramencionada.

Essa opção, contudo, deve ser sopesada concretamente pela Administração, uma vez que a imediata extinção de um contrato pode acarretar prejuízo ao interesse público, caso a Administração fique desguarnecida do bem ou do serviço oferecido em função do ajuste. Nessa hipótese, compreende-se que o Poder Público pode continuar a avença, em caráter excepcional, até que seja ultimada a nova contratação. Há, ainda, a possibilidade de a Administração proceder à contratação direta por dispensa de licitação, desde que satisfeitos os pressupostos do §6º do art. 75 (com o objetivo de manter a continuidade do serviço público).

Alternativamente, avalia-se que a Administração pode optar por suspender o contrato, se essa providência for requerida pela contratada, a fim de que esta possa regularizar eventuais débitos trabalhistas e fiscais, e não houver prejuízo à continuidade do serviço público e ao próprio interesse público. Nessas circunstâncias, o ente público pode fixar um prazo para que a contratada resolva suas pendências perante o fisco e a justiça trabalhista, após o qual ocorrerá a extinção automática do ajuste.

Art. 92. São necessárias em todo contrato cláusulas que estabeleçam:

I - o objeto e seus elementos característicos;

II - a vinculação ao edital de licitação e à proposta do licitante vencedor ou ao ato que tiver autorizado a contratação direta e à respectiva proposta;

III - a legislação aplicável à execução do contrato, inclusive quanto aos casos omissos;

IV - o regime de execução ou a forma de fornecimento;

V - o preço e as condições de pagamento, os critérios, a data-base e a periodicidade do reajustamento de preços e os critérios de atualização monetária entre a data do adimplemento das obrigações e a do efetivo pagamento;

VI - os critérios e a periodicidade da medição, quando for o caso, e o prazo para liquidação e para pagamento;

VII - os prazos de início das etapas de execução, conclusão, entrega, observação e recebimento definitivo, quando for o caso;

VIII - o crédito pelo qual correrá a despesa, com a indicação da classificação funcional programática e da categoria econômica;

IX - a matriz de risco, quando for o caso;

X - o prazo para resposta ao pedido de repactuação de preços, quando for o caso;

XI - o prazo para resposta ao pedido de restabelecimento do equilíbrio econômico-financeiro, quando for o caso;

XII - as garantias oferecidas para assegurar sua plena execução, quando exigidas, inclusive as que forem oferecidas pelo contratado no caso de antecipação de valores a título de pagamento;

XIII - o prazo de garantia mínima do objeto, observados os prazos mínimos estabelecidos nesta Lei e nas normas técnicas aplicáveis, e as condições de manutenção e assistência técnica, quando for o caso;

XIV - os direitos e as responsabilidades das partes, as penalidades cabíveis e os valores das multas e suas bases de cálculo;

XV - as condições de importação e a data e a taxa de câmbio para conversão, quando for o caso;

XVI - a obrigação do contratado de manter, durante toda a execução do contrato, em compatibilidade com as obrigações por ele assumidas, todas as condições exigidas para a habilitação na licitação, ou para a qualificação, na contratação direta;

XVII - a obrigação de o contratado cumprir as exigências de reserva de cargos prevista em lei, bem como em outras normas específicas, para pessoa com deficiência, para reabilitado da Previdência Social e para aprendiz;
XVIII - o modelo de gestão do contrato, observados os requisitos definidos em regulamento;
XIX - os casos de extinção.
§1º Os contratos celebrados pela Administração Pública com pessoas físicas ou jurídicas, inclusive as domiciliadas no exterior, deverão conter cláusula que declare competente o foro da sede da Administração para dirimir qualquer questão contratual, ressalvadas as seguintes hipóteses:
I - licitação internacional para a aquisição de bens e serviços cujo pagamento seja feito com o produto de financiamento concedido por organismo financeiro internacional de que o Brasil faça parte ou por agência estrangeira de cooperação;
II - contratação com empresa estrangeira para a compra de equipamentos fabricados e entregues no exterior precedida de autorização do Chefe do Poder Executivo;
III - aquisição de bens e serviços realizada por unidades administrativas com sede no exterior.
§2º De acordo com as peculiaridades de seu objeto e de seu regime de execução, o contrato conterá cláusula que preveja período antecedente à expedição da ordem de serviço para verificação de pendências, liberação de áreas ou adoção de outras providências cabíveis para a regularidade do início de sua execução.
§3º Independentemente do prazo de duração, o contrato deverá conter cláusula que estabeleça o índice de reajustamento de preço, com data-base vinculada à data do orçamento estimado, e poderá ser estabelecido mais de um índice específico ou setorial, em conformidade com a realidade de mercado dos respectivos insumos.
§4º Nos contratos de serviços contínuos, observado o interregno mínimo de 1 (um) ano, o critério de reajustamento de preços será por:
I - reajustamento em sentido estrito, quando não houver regime de dedicação exclusiva de mão de obra ou predominância de mão de obra, mediante previsão de índices específicos ou setoriais;
II - repactuação, quando houver regime de dedicação exclusiva de mão de obra ou predominância de mão de obra, mediante demonstração analítica da variação dos custos.
§5º Nos contratos de obras e serviços de engenharia, sempre que compatível com o regime de execução, a medição será mensal.
§6º Nos contratos para serviços contínuos com regime de dedicação exclusiva de mão de obra ou com predominância de mão de obra, o prazo para resposta ao pedido de repactuação de preços será preferencialmente de 1 (um) mês, contado da data do fornecimento da documentação prevista no §6º do art. 135 desta Lei.

Diferentemente da disciplina do edital, a respeito da qual o legislador foi mais econômico quanto ao conteúdo mínimo obrigatório, o novel estatuto trouxe uma extensa lista daquilo que deve constar necessariamente dos contratos. São cláusulas obrigatórias destes:
    a) o objeto e seus elementos característicos;
    b) a vinculação ao edital de licitação e à proposta do licitante vencedor ou ao ato que tiver autorizado a contratação direta e à respectiva proposta;

c) a legislação aplicável à execução do contrato, inclusive quanto aos casos omissos;
d) o regime de execução ou a forma de fornecimento;
e) o preço e as condições de pagamento, os critérios, a data-base e a periodicidade do reajustamento de preços e os critérios de atualização monetária entre a data do adimplemento das obrigações e a do efetivo pagamento;
f) os critérios e a periodicidade da medição, quando for o caso, e o prazo para liquidação e para pagamento;
g) os prazos de início das etapas de execução, conclusão, entrega, observação e recebimento definitivo, quando for o caso;
h) o crédito pelo qual correrá a despesa, com a indicação da classificação funcional programática e da categoria econômica;
i) a matriz de risco, quando for o caso;
j) o prazo para resposta ao pedido de repactuação de preços, quando for o caso;
k) o prazo para resposta ao pedido de restabelecimento do equilíbrio econômico-financeiro, quando for o caso;
l) as garantias oferecidas para assegurar sua plena execução, quando exigidas, inclusive as que forem oferecidas pelo contratado no caso de antecipação de valores a título de pagamento;
m) o prazo de garantia mínima do objeto, observados os prazos mínimos estabelecidos nesta lei e nas normas técnicas aplicáveis, e as condições de manutenção e assistência técnica, quando for o caso;
n) os direitos e as responsabilidades das partes, as penalidades cabíveis e os valores das multas e suas bases de cálculo;
o) as condições de importação e a data e a taxa de câmbio para conversão, quando for o caso;
p) a obrigação do contratado de manter, durante toda a execução do contrato, em compatibilidade com as obrigações por ele assumidas, todas as condições exigidas para a habilitação na licitação, ou para a qualificação, na contratação direta;
q) a obrigação de o contratado cumprir as exigências de reserva de cargos prevista em lei, bem como em outras normas específicas, para pessoa com deficiência, para reabilitado da Previdência Social e para aprendiz;
r) o modelo de gestão do contrato, observados os requisitos definidos em regulamento;
s) os casos de extinção.

A maioria das cláusulas já constava da legislação anterior. São novidades os critérios e a periodicidade de medição e o prazo para liquidação e pagamento (inc. VI), a matriz de risco (inc. IX), os prazos para a resposta aos pedidos de repactuação e reequilíbrio econômico-financeiro (incs. X e XI), o prazo de garantia mínima do objeto (inc. XIII), a obrigação de o contratado cumprir as exigências de reserva de cargos para pessoa com deficiência, para reabilitado da Previdência Social e para aprendiz (inc. XVII) e o modelo de gestão do contrato (inc. XVIII).

Com relação aos critérios e à periodicidade da medição e ao prazo para liquidação e pagamento (inc. VI), avalia-se como positiva a sua previsão, uma vez que ela aumenta a segurança jurídica do particular contratado, no que se refere às condições para aceitação do objeto executado e à regularidade de seus recebimentos.

A norma, inclusive, estabelece a periodicidade de medição mensal para os contratos de obras e serviços de engenharia, sempre que ele for compatível com o regime de execução (§6º).

A descontinuidade e o atraso nos pagamentos prejudicam o contratado e podem ensejar consequências negativas ao Erário e à própria finalidade pública almejada com a contratação. A título de exemplo, destaca-se que o atraso superior a dois meses dá ao contratado o direito de pleitear a extinção do ajuste ou optar pela suspensão do cumprimento de suas obrigações, além do reequilíbrio econômico-financeiro, nos termos do art. 137, §§2º e 3º, inc. II, da nova lei.

Tal circunstância, certamente, prejudica o interesse público, na medida que pode culminar com a interrupção de serviços públicos e a paralisação de investimentos necessários à satisfação de necessidades da população. No caso de obras, sua descontinuação pode aumentar os custos da execução do objeto, pela depredação ou deterioração da obra inacabada e pela necessidade de refazimento de serviços, onerando indevidamente os cofres públicos.

Tais fatos podem acarretar, ainda, pedidos para que seja promovido o reequilíbrio econômico-financeiro do contrato, caso a empresa demonstre a ocorrência de prejuízo em seu desfavor. Isso pode ser um fator a mais para o atraso ou mesmo para a paralisação do objeto, se não houver recursos orçamentários para fazer frente a esse incremento de custos.

Dessa forma, o inc. IV contribui para a diminuição do risco de administração e dos custos indiretos dele decorrentes, favorecendo a execução do contrato conforme as condições inicialmente pactuadas e o atendimento do cronograma de execução. Por contribuir, ao fim e ao cabo, para a redução dos custos do contratado, o dispositivo acaba por favorecer a diminuição do preço dos contratos públicos, no médio e longo prazo, estando de acordo com os princípios da eficiência, do planejamento, da segurança jurídica, da celeridade e do interesse público.

No que se refere à matriz de riscos (inc. IX), trata-se de cláusula contratual prevista inicialmente na Lei nº 12.462/2011 (RDC), após a modificação legislativa realizada pela Lei nº 13.190/2015.

Seu objetivo é definir os riscos da contratação e distribuí-los entre a Administração Pública e o contratado. Essa alocação de riscos é útil para caracterizar o equilíbrio econômico-financeiro inicial do contrato, já que especifica, desde logo, a parte responsável pelo ônus financeiro decorrente de eventos supervenientes à contratação. Dessa forma, o instituto possibilita saber, desde logo, que fato ensejará a celebração de termo aditivo.

Conforme o art. 6º, inc. XXVII, a matriz de riscos deve conter, no mínimo, as seguintes informações:

a) listagem de possíveis eventos supervenientes que possam causar impacto em seu equilíbrio econômico-financeiro e previsão de eventual necessidade de prolação de termo aditivo por ocasião de sua ocorrência;

b) no caso de obrigações de resultado, estabelecimento das frações do objeto com relação às quais haverá liberdade para os contratados inovarem em soluções metodológicas ou tecnológicas, ou seja, alterarem as soluções previstas no anteprojeto ou no projeto básico;

c) no caso de obrigações de meio, estabelecimento preciso das frações do objeto com relação às quais não haverá liberdade para os contratados inovarem em soluções metodológicas ou tecnológicas.

Com relação às obrigações de meio e de resultado, cuida-se de conceitos aplicáveis à execução de obras e serviços de engenharia, estando a primeira relacionada à definição de "como fazer" e a segunda à "do que fazer". A propósito do assunto, é útil transcrever o seguinte trecho da Orientação Técnica OT – IBR nº 6/2016, do Instituto Brasileiro de Auditoria de Obras Públicas (Ibraop):

> As soluções técnicas, tais como *definição de materiais e equipamentos a serem empregados, dimensionamento de estruturas e componentes da obra e metodologias executivas,* são elementos obrigatórios do anteprojeto quando assim definidos no instrumento convocatório, constituindo-se em *obrigações de meio.* Em caso contrário, podem ser estabelecidas posteriormente à licitação, no projeto básico.
>
> As especificações técnicas atinentes às *características finais do produto,* tais como *dimensões, acabamentos, qualidade e desempenho,* por se constituírem em obrigações de resultado (finalísticas) devem estar previamente definidas no edital, o qual também deverá explicitar quais dessas características poderão ser alteradas quando da elaboração do projeto básico.

A rigor, tanto as obrigações de resultado como as de meio poderão ser alteradas pelo contratado, conforme os limites estabelecidos no edital. Tal especificação constará do contrato, mais especificamente da matriz de riscos.

A matriz de alocação de riscos pode constar do edital de licitação de qualquer objeto, mas ela é obrigatória quando a contratação se referir a obras e serviços de grande vulto ou forem adotados os regimes de contratação integrada e semi-integrada. Nestes casos, a sua exigência é cláusula contratual obrigatória.

No tocante aos prazos para a resposta aos pedidos de repactuação de preços e reequilíbrio econômico-financeiro (incs. X e XI), trata-se de cláusulas que favorecem a segurança jurídica e diminuem os custos de transação do contratado, já que impõem uma solução mais célere à eventual discussão a respeito da modificação do preço contratado.

Da mesma forma que o dispositivo que estabeleceu critérios para medição, liquidação e pagamento em favor do contratado (inc. IV), essas cláusulas mitigam o risco de administração e reduzem os custos indiretos dele decorrentes, diminuindo atrasos por problemas de fluxo de caixa da empresa contratada, por eventual situação de desequilíbrio econômico-financeiro não resolvida, de modo célere.

As disposições estão de acordo com os princípios da eficiência, do planejamento, da segurança jurídica e da celeridade. Por contribuírem para a redução dos custos do contratado, elas acabam por favorecer a diminuição do preço dos contratos públicos, no médio e longo prazo, estando em linha de consonância com o princípio do interesse público.

Com relação à obrigação de o contratado cumprir as exigências de reserva de cargos para pessoa com deficiência, para reabilitado da Previdência Social e para aprendiz (inc. XVII), essa disposição concretiza a função regulatória das licitações públicas, como mecanismo de indução de determinadas práticas que produzam resultados sociais benéficos, imediatos ou futuros, à sociedade.

A última novidade da disposição em tela diz respeito à cláusula que define o modelo de gestão do contrato (inc. XVIII). Não obstante essa previsão tenha sido estabelecida de modo geral, para todo tipo de objeto contratado, o art. 6º, inc. XXIII, alínea "f" o estatui como parte integrante do termo de referência, que, por sua vez, constitui o documento necessário para a contratação de bens e serviços. Conforme o último dispositivo, o modelo de gestão do contrato descreve como a execução do objeto será acompanhada e fiscalizada pelo órgão ou entidade.

Trata-se de recomendação contida inicialmente no *Guia de boas práticas em contratação de soluções de tecnologia da informação* do Tribunal de Contas da União. A título ilustrativo, registro quais informações a cláusula deveria contemplar, segundo a visão do TCU:[219]

   a) definição de quais atores do órgão participarão das atividades de acompanhamento e fiscalização do contrato, bem como as atividades a cargo de cada um deles;
   b) definição de protocolo de comunicação entre contratante e contratada ao longo do contrato, devidamente justificado. Esse protocolo deve estabelecer mecanismos para que os requisitos da contratação, os termos editalícios e contratuais, bem como as políticas e normas do órgão, sejam acessíveis, compreendidos e observados pelo preposto e por todos os funcionários da contratada que tenham contato com o órgão;
   c) definição da forma de pagamento do serviço, devidamente justificada;
   d) definição do método de avaliação da conformidade dos produtos e dos serviços entregues com relação às especificações técnicas e com a proposta da contratada, com vistas ao recebimento provisório;

---

[219] BRASIL. Tribunal de contas da União. *Guia de boas práticas em contratação de soluções de tecnologia da informação – Riscos e controles para o planejamento da contratação* – versão 1.0. Brasília: TCU, 2012. p. 154-170.

e) definição do método de avaliação da conformidade dos produtos e dos serviços entregues com relação aos termos contratuais e com a proposta da contratada, com vistas ao recebimento definitivo;
f) procedimento de verificação do cumprimento da obrigação da contratada de manter todas as condições nas quais o contrato foi assinado durante todo o seu período de execução;
g) sanções, glosas e rescisão contratual, devidamente justificadas, bem como os respectivos procedimentos para aplicação; e
h) garantias de execução do contrato.

Em nossa concepção, embora a cláusula que define o modelo de gestão dos contratos seja salutar para o melhor acompanhamento desses instrumentos, ela revela uma visão excessivamente burocrática sobre o exercício da função administrativa, onde tudo é regrado por protocolos rígidos e predefinidos. Entende-se que o assunto deve ser objeto de regulamentação pela entidade contratante, sendo pertinente a sua inclusão em minutas padrão de contratos por tipo de objeto, até mesmo para que sua implantação, na prática, seja incorporada à cultura da entidade contratante.

O §1º impõe mais uma cláusula obrigatória aos contratos celebrados pela Administração Pública: a declaração de que o foro da sede da Administração é competente para dirimir qualquer questão contratual. Tal condição se aplica a todo e qualquer ajuste, inclusive o firmado com pessoas físicas ou jurídicas domiciliadas no exterior. Todavia, a própria norma prevê exceções a esta obrigação. São elas:
a) licitação internacional para a aquisição de bens e serviços cujo pagamento seja feito com o produto de financiamento concedido por organismo financeiro internacional de que o Brasil faça parte ou por agência estrangeira de cooperação;
b) contratação com empresa estrangeira para a compra de equipamentos fabricados e entregues no exterior precedida de autorização do chefe do Poder Executivo; e
c) aquisição de bens e serviços realizada por unidades administrativas com sede no exterior.

O §2º introduz importante novidade comparativamente ao regime anterior: a possibilidade de o contrato prever um período antecedente à expedição da ordem de serviço, com vistas à verificação de pendências, à liberação de áreas ou à adoção de outras providências cabíveis para a regularidade do início de sua execução.

O dispositivo se mostra importante para reduzir a assimetria de informações entre contratante e contratado, por induzir o reconhecimento, pela Administração, de que existem óbices que impedem o início imediato do serviço pactuado, possibilitando a adequação do cronograma de execução do contrato à realidade e a melhor programação do contratado com vistas à mobilização.

Essas contingências ocorrem, por exemplo, em contratos de construção de rodovias, quando há atrasos na desapropriação de áreas necessárias à execução dos serviços. Neste caso, o Poder Público pode fazer constar do contrato, desde logo, cláusula indicativa de que a ordem de serviços ocorrerá após transcorrido determinado prazo, a fim de possibilitar o equacionamento da aludida pendência.

O §3º traz maiores detalhamentos a respeito da cláusula relativa ao reajustamento de preços (inc. V do *caput*). Conforme o dispositivo, o contrato deverá conter cláusula que estabeleça o índice de reajustamento de preço, com data-base vinculada à data do orçamento estimado, independentemente do seu prazo de duração.

Poder-se-ia indagar a razão de se prever cláusula de reajustamento em contrato inferior a doze meses, considerando a vedação contida no art. 2º, §1º, da Lei nº 10.192/2001. Todavia, essa prévia estipulação se mostra útil, a fim de prevenir eventual prorrogação do contrato, por necessidade pública.

O dispositivo admite a previsão de mais de um índice específico ou setorial, em conformidade com a realidade de mercado dos respectivos insumos. Isso é bastante comum em contratos de obras de infraestrutura, onde há serviços de diferentes naturezas contemplando o uso de mão de obra, materiais e equipamentos, os quais estão sujeitos a variações inflacionárias específicas (terraplenagem, pavimentação, construção de obras de arte especial, drenagem etc.).

O §4º trata do reajustamento em contratos de serviços contínuos. Conforme o dispositivo, deverá ser observado o interregno mínimo de 1 ano, podendo ser adotados os seguintes critérios:

a) reajustamento em sentido estrito, quando não houver regime de dedicação exclusiva de mão de obra ou predominância de mão de obra, mediante previsão de índices específicos ou setoriais;

b) repactuação, quando houver regime de dedicação exclusiva de mão de obra ou predominância de mão de obra, mediante demonstração analítica da variação dos custos.

Conforme o §6º, no caso da letra "b" *supra*, o prazo para resposta ao pedido de repactuação de preços, nos contratos para serviços contínuos com regime de dedicação exclusiva de mão de obra ou com predominância de mão de obra, será preferencialmente de um mês, contado da data do fornecimento da documentação prevista no §6º do art. 135 desta norma (demonstração analítica da variação dos custos, por meio de apresentação da planilha de custos e formação de preços, ou do novo acordo, convenção ou sentença normativa que fundamenta a repactuação).

> Art. 93. Nas contratações de projetos ou de serviços técnicos especializados, inclusive daqueles que contemplem o desenvolvimento de programas e aplicações de internet para computadores, máquinas, equipamentos e dispositivos de tratamento e de comunicação da informação (software) – e a respectiva documentação técnica associada –, o autor deverá ceder todos os direitos patrimoniais a eles relativos para a Administração Pública, hipótese em que poderão ser livremente utilizados e alterados por ela em outras ocasiões, sem necessidade de nova autorização de seu autor.
>
> §1º Quando o projeto se referir a obra imaterial de caráter tecnológico, insuscetível de privilégio, a cessão dos direitos a que se refere o caput deste artigo incluirá o fornecimento de todos os dados, documentos e elementos de informação pertinentes à tecnologia de concepção, desenvolvimento, fixação em suporte físico de qualquer natureza e aplicação da obra.
>
> §2º É facultado à Administração Pública deixar de exigir a cessão de direitos a que se refere o caput deste artigo quando o objeto da contratação envolver atividade de pesquisa e desenvolvimento de caráter científico, tecnológico ou de inovação, considerados os princípios e os mecanismos instituídos pela Lei nº 10.973, de 2 de dezembro de 2004.
>
> §3º Na hipótese de posterior alteração do projeto pela Administração Pública, o autor deverá ser comunicado, e os registros serão promovidos nos órgãos ou entidades competentes.

O art. 93 trata das contratações de projetos ou de serviços técnicos especializados, inclusive do desenvolvimento de programas e aplicações de internet para computadores, máquinas, equipamentos e dispositivos de tratamento e de comunicação da informação (*software*) e da respectiva documentação técnica associada.

Neste caso, o autor deverá ceder todos os direitos patrimoniais do projeto e dos serviços técnicos especializados para a Administração Pública, hipótese em que esta poderá livremente utilizá-los e alterá-los, sem necessidade de nova autorização de seu autor. A regra já constava da Lei nº 8.666/1993 (art. 111).

Conforme o §1º, quando o projeto se referir à obra imaterial de caráter tecnológico, insuscetível de privilégio, a cessão dos direitos incluirá o fornecimento de todos os dados, documentos e elementos de informação pertinentes à tecnologia de concepção, desenvolvimento, fixação em suporte físico de qualquer natureza e aplicação da obra. O objetivo da regra é possibilitar o aperfeiçoamento do projeto tecnológico e a sua própria manutenção, inclusive mediante a contratação de terceiros que não tenham participado da etapa anterior de elaboração.

Não obstante, na hipótese de posterior alteração do projeto pela Administração Pública, o autor deverá ser comunicado e os registros serão promovidos nos órgãos ou entidades competentes, conforme o §3º.

O §2º traz uma exceção ao disposto no *caput*. Consoante o dispositivo, a administração pode deixar de exigir a cessão de direitos do projeto ou dos serviços técnicos especializados, quando o objeto envolver atividade de pesquisa e desenvolvimento de caráter científico, tecnológico ou de inovação, considerados os princípios e os mecanismos instituídos pela Lei nº 10.973, de 2.12.2004. O objetivo da regra é preservar os direitos econômicos de pesquisadores cuja atividade envolva inovação e, assim, fomentar o desenvolvimento científico e tecnológico.

> Art. 94. A divulgação no Portal Nacional de Contratações Públicas (PNCP) é condição indispensável para a eficácia do contrato e de seus aditamentos e deverá ocorrer nos seguintes prazos, contados da data de sua assinatura:
> I - 20 (vinte) dias úteis, no caso de licitação;
> II - 10 (dez) dias úteis, no caso de contratação direta.
> §1º Os contratos celebrados em caso de urgência terão eficácia a partir de sua assinatura e deverão ser publicados nos prazos previstos nos incisos I e II do caput deste artigo, sob pena de nulidade.
> §2º A divulgação de que trata o caput deste artigo, quando referente à contratação de profissional do setor artístico por inexigibilidade, deverá identificar os custos do cachê do artista, dos músicos ou da banda, quando houver, do transporte, da hospedagem, da infraestrutura, da logística do evento e das demais despesas específicas.
> §3º No caso de obras, a Administração divulgará em sítio eletrônico oficial, em até 25 (vinte e cinco) dias úteis após a assinatura do contrato, os quantitativos e os preços unitários e totais que contratar e, em até 45 (quarenta e cinco) dias úteis após a conclusão do contrato, os quantitativos executados e os preços praticados.
> §4º (VETADO).
> §5º (VETADO).

Conforme o art. 94, o contrato e seus aditamentos devem ser divulgados no Portal Nacional de Contratações Públicas (PNCP). Diferentemente do regime anterior, a nova lei não exigiu a publicação do instrumento na imprensa oficial, o que se mostra positivo devido ao menor custo e maior alcance da utilização dos recursos oferecidos pela tecnologia da informação. Cabe lembrar que a norma atual manteve a obsoleta exigência de se publicar o extrato do edital de licitação no *Diário Oficial* da União, do estado, do Distrito Federal ou do município, bem como em jornal diário de grande circulação (art. 54, §1º).

A divulgação do contrato e de seus aditamentos no PNCP é condição indispensável para a eficácia dos negócios jurídicos e deverá ocorrer nos seguintes prazos, contados da data de sua assinatura:

  a) 20 (vinte) dias úteis, no caso de licitação;
  b) 10 (dez) dias úteis, no caso de contratação direta.

Diante do disposto no *caput* do art. 94, surgiu a questão de se a Lei nº 14.133/2021 não poderia ser utilizada, na prática, antes da efetiva operação do PNCP. A questão foi enfrentada pelo TCU, ao apreciar consulta formulada por unidade administrativa interna quanto à imediata aplicação da Lei nº 14.133/2021 aos procedimentos de contratação direta, por dispensa de licitação em razão do valor, de bens e serviços para o próprio TCU.

Por meio do Acórdão nº 2.458/2021-Plenário (Rel. Min. Augusto Nardes), o Tribunal decidiu que era:

> possível a utilização do art. 75 da Lei 14.133/2021 por órgãos não vinculados ao Sistema de Serviços Gerais (Sisg), do grupo chamado órgãos "não-Sisg", em caráter transitório e excepcional, até que sejam concluídas as medidas necessárias ao efetivo acesso às funcionalidades do Portal Nacional de Contratações Públicas – PNCP.

Na ocasião, o TCU determinou à sua Secretaria-Geral de Administração que fosse "[...] utilizado o Diário Oficial da União - DOU como mecanismo complementar ao portal digital do TCU, em reforço à devida publicidade até a efetiva integração entre os sistemas internos e o PNCP".

Eis os fundamentos adotados na deliberação para que fosse dada interpretação conforme ao art. 74 ora em análise, no contexto em que o PNCP ainda estivesse em implantação:

> 18. Surge então a questão a respeito do aparente conflito de utilização de uma lei, sem que as ferramentas tecnológicas estejam concluídas. Estaria sendo ferido o princípio da publicidade com a utilização da NLLC sem que o PNCP fosse alimentado?
> 19. Nesse particular, pertinentes as observações da CONJUR deste Tribunal quanto a uma adequada interpretação lógico-sistemática da Lei 14.133/21, afastando-se a literalidade do art. 94, que exige a divulgação no Portal Nacional de Contratações Públicas (PNCP) como condição indispensável para a eficácia do contrato e de seus aditamentos:
> "Desse modo, considerando a importância do exercício de se extrair norma jurídica que contemple aspectos lógico-sistemáticos, bem como o alcance de interpretação válida que busque a máxima efetividade das disposições, considera-se possível a aplicação imediata da NLLC para realização de contratações diretas em razão do valor, contanto seja adotado procedimento que respeite o modelo de instrução definido no art. 72 da lei, inclusive quanto à necessidade de divulgação e manutenção, em sítio eletrônico oficial, do ato que autoriza a contratação direta ou o extrato decorrente do contrato." [...]
> 20. Em resumo, não me parece razoável que seja vinculada a eficácia de uma nova lei, que traz expressamente em seu art. 194 o comando de que "entra em vigor na data de sua publicação" (1º/4/2021), à necessária utilização de um Portal previsto em seu próprio texto. A referida eficácia da norma somente poderia ser limitada mediante previsão expressa no corpo da lei em análise.

Não obstante o Acórdão nº 2.458/2021-Plenário tenha se limitado a permitir a realização de contratação direta por valor antes da implantação do PNCP, entende-se que a sua parte dispositiva se aplica para qualquer contratação nesse período de transição. Afinal, os fundamentos expostos no mencionado *decisum* permanecem válidos para qualquer situação em que se busque utilizar, de imediato, o novel estatuto licitatório, cuja eficácia não parece ter sido limitada pelo legislador.

Retomando a análise da nova lei, o §1º do art. 94 estatuiu, como novidade, a eficácia imediata dos contratos celebrados em caso de urgência, o que ocorrerá a partir da assinatura. Não obstante, os instrumentos deverão ser publicados nos prazos previstos no *caput*, sob pena de nulidade.

Muito embora o dispositivo só tenha tratado dos contratos, compreende-se que ele também se aplica aos aditamentos celebrados em situação de urgência, quando eles envolverem acréscimo de serviços que se mostrem necessários ao atendimento de situação que possa ocasionar prejuízo ou comprometer a segurança de pessoas, obras, serviços, equipamentos e outros bens, públicos ou particulares.

Esses aditamentos podem ocorrer tanto em um contrato emergencial, quanto em ajustes celebrados em situação ordinária. O que importa para a aplicação do §1º do art. 94, por interpretação extensiva, é que a mudança no contrato se mostre imprescindível para equacionar uma situação emergencial ou calamitosa que eventualmente tenha surgido no curso da execução do contrato. A título de exemplo, menciona-se a reconstrução de taludes rompidos em razão de chuvas torrenciais ocorridas durante a duplicação de uma rodovia, importando risco de ruptura da faixa existente.

O §2º trouxe uma regra especial de publicidade aplicável para o caso de contratação de profissional do setor artístico por inexigibilidade. Nessa hipótese, a divulgação do contrato e dos aditamentos deverá identificar os custos do cachê do artista, dos músicos ou da banda, quando houver, do transporte, da hospedagem, da infraestrutura, da logística do evento e das demais despesas específicas. Trata-se de medida importante para viabilizar o conhecimento do público em geral sobre os custos envolvidos nessas contratações, possibilitando o controle social e dos órgãos competentes sobre a razoabilidade e a legalidade de gastos dessa natureza.

Conforme o §3º, a Administração divulgará em sítio eletrônico oficial, em até 25 dias úteis após a assinatura do instrumento, os quantitativos e os preços unitários e totais que contratar e, em até 45 dias úteis após a conclusão do contrato, os quantitativos executados e os preços praticados. Na mesma toada, o dispositivo é útil ao controle social da economicidade do ajuste, inclusive após o seu encerramento. A norma não exige a publicidade das planilhas orçamentárias dos termos aditivos, o que seria importante para possibilitar o controle mais tempestivo de eventuais irregularidades.

Nos regimes de contratação integrada e semi-integrada, o orçamento que compõe a proposta do contratado deve ter, no mínimo, o mesmo nível de detalhamento do orçamento sintético da Administração contratante, conforme o art. 23, §6º.

Todavia, vimos que o licitante vencedor, na contratação integrada, deve elaborar e entregar o orçamento detalhado por ocasião do encaminhamento do projeto básico à Administração. Em nossa visão, essa nova planilha deverá ser divulgada no sítio eletrônico oficial, no mesmo prazo indicado no §3º *supra*, contado da aprovação do projeto básico pela entidade contratante. A mesma regra se aplica às situações em que o contratado alterar a solução do projeto básico, nas contratações semi-integradas.

> Art. 95. O instrumento de contrato é obrigatório, salvo nas seguintes hipóteses, em que a Administração poderá substituí-lo por outro instrumento hábil, como carta-contrato, nota de empenho de despesa, autorização de compra ou ordem de execução de serviço:
> I - dispensa de licitação em razão de valor;
> II - compras com entrega imediata e integral dos bens adquiridos e dos quais não resultem obrigações futuras, inclusive quanto a assistência técnica, independentemente de seu valor.
> §1º Às hipóteses de substituição do instrumento de contrato, aplica-se, no que couber, o disposto no art. 92 desta Lei.
> §2º É nulo e de nenhum efeito o contrato verbal com a Administração, salvo o de pequenas compras ou o de prestação de serviços de pronto pagamento, assim entendidos aqueles de valor não superior a R$10.000,00 (dez mil reais).

Conforme o art. 95, o instrumento de contrato é obrigatório, salvo nas seguintes hipóteses, em que a Administração poderá substituí-lo por outro instrumento hábil, como carta-contrato, nota de empenho de despesa, autorização de compra ou ordem de execução de serviço:
    a) dispensa de licitação em razão de valor; e
    b) compras com entrega imediata e integral dos bens adquiridos e dos quais não resultem obrigações futuras, inclusive quanto à assistência técnica, independentemente de seu valor.

A hipótese da letra "a" (inc. I do art. 95) é uma novidade ante o regime anterior, que só permitia a dispensa do instrumento de contrato no caso de compras de entrega imediata e integral.

Nas hipóteses em que o contrato é dispensável, a Administração deve incluir no outro instrumento as condições especificadas no art. 92, naquilo que couber.

Segundo o §2º, é nulo e de nenhum efeito o contrato verbal com a Administração, salvo o de pequenas compras ou o de prestação de serviços de pronto pagamento, assim entendidos aqueles de valor não superior a R$10.000,00 (dez mil reais).

16.2 Das garantias

> Art. 96. A critério da autoridade competente, em cada caso, poderá ser exigida, mediante previsão no edital, prestação de garantia nas contratações de obras, serviços e fornecimentos.
> §1º Caberá ao contratado optar por uma das seguintes modalidades de garantia:
> I - caução em dinheiro ou em títulos da dívida pública emitidos sob a forma escritural, mediante registro em sistema centralizado de liquidação e de custódia autorizado pelo Banco Central do Brasil, e avaliados por seus valores econômicos, conforme definido pelo Ministério da Economia;
> II - seguro-garantia;
> III - fiança bancária emitida por banco ou instituição financeira devidamente autorizada a operar no País pelo Banco Central do Brasil.

> §2º Na hipótese de suspensão do contrato por ordem ou inadimplemento da Administração, o contratado ficará desobrigado de renovar a garantia ou de endossar a apólice de seguro até a ordem de reinício da execução ou o adimplemento pela Administração.
> §3º O edital fixará prazo mínimo de 1 (um) mês, contado da data de homologação da licitação e anterior à assinatura do contrato, para a prestação da garantia pelo contratado quando optar pela modalidade prevista no inciso II do §1º deste artigo.

O art. 96 prevê que poderá ser exigida a prestação de garantia nas contratações de obras, serviços e fornecimentos. Tal ocorrerá em cada caso, mediante previsão no edital, a critério da autoridade competente.

As garantias aceitas pelo Poder Público são:

a) caução em dinheiro ou em títulos da dívida pública emitidos sob a forma escritural, mediante registro em sistema centralizado de liquidação e de custódia autorizado pelo Banco Central do Brasil, e avaliados por seus valores econômicos, conforme definido pelo Ministério da Economia;
b) seguro-garantia;
c) fiança bancária emitida por banco ou instituição financeira devidamente autorizada a operar no país pelo Banco Central do Brasil.

Com relação ao assunto, também não houve modificação ante o disposto na lei anterior.

Das garantias listadas, as mais usadas são o seguro-garantia e a fiança bancária. Conforme o art. 4º da Circular Susep nº 477, de 30.9.2013, o primeiro instrumento, na versão "Segurado – Setor Público", é:

> [...] o seguro que objetiva garantir o fiel cumprimento das obrigações assumidas pelo tomador perante o segurado em razão de participação em licitação, em contrato principal pertinente a obras, serviços, inclusive de publicidade, compras, concessões ou permissões no âmbito dos Poderes da União, Estados, do Distrito Federal e dos Municípios, ou ainda as obrigações assumidas em função de [...].

Consoante o art. 6º da referida norma, o tomador é o devedor das obrigações por ele assumidas perante o segurado, que é a Administração Pública. O contrato principal é "todo e qualquer ajuste entre órgãos ou entidades da Administração Pública (segurado) e particulares (tomadores), em que haja um acordo de vontades para a formação de vínculo e a estipulação de obrigações recíprocas, seja qual for a denominação utilizada".

Tomando como norte o art. 818 do Código Civil, a fiança bancária é um contrato por meio do qual um banco ou uma instituição financeira devidamente autorizada a operar no país pelo Banco Central do Brasil garante satisfazer ao credor (a entidade contratante) uma obrigação assumida pelo devedor (o contratado), caso este não a cumpra.

Cuida-se de um contrato mediante o qual o banco (fiador) garante o cumprimento da obrigação de seu cliente (afiançado) junto a um credor em favor do qual a obrigação deve ser cumprida (beneficiário). No caso, o afiançado é a empresa contratada e o beneficiário é a entidade pública contratante.

Segundo o art. 835 do Código Civil, o fiador poderá exonerar-se da fiança que tiver assinado sem limitação de tempo, sempre que lhe convier, ficando obrigado por todos os efeitos da fiança, durante sessenta dias após a notificação do credor. Dessa forma, não há óbice jurídico à estipulação de contrato de fiança bancária com prazo indeterminado ou sujeito a uma condição, que seria a vigência do contrato principal que visa assegurar.

O §2º assegura importante direito ao contratado, que não existia no regime licitatório anterior: a liberação da obrigação de renovar a garantia ou de endossar a apólice de seguro, na hipótese de suspensão do contrato por ordem ou inadimplemento da administração. Essa liberação ocorrerá até a ordem de reinício da execução ou o adimplemento pela Administração.

Trata-se de medida bastante salutar, uma vez que diminui os custos administrativos dos particulares ao firmar negócio com o Estado, estando em linha de coerência com a busca de maior eficiência nas contratações. Por reduzir fator que integra o risco da administração, o dispositivo contribui para a redução dos preços ofertados em licitações.

Conforme o §3º, o edital fixará prazo mínimo de um mês, contado da data de homologação da licitação e anterior à assinatura do contrato, para a prestação da garantia pelo contratado quando optar pela modalidade seguro-garantia. Esse prazo tem como objetivo permitir que o particular contrate essa modalidade de seguro, buscando as melhores opções disponíveis no mercado.

16.2.1 Seguro-garantia de execução

> Art. 97. O seguro-garantia tem por objetivo garantir o fiel cumprimento das obrigações assumidas pelo contratado perante à Administração, inclusive as multas, os prejuízos e as indenizações decorrentes de inadimplemento, observadas as seguintes regras nas contratações regidas por esta Lei:
> I - o prazo de vigência da apólice será igual ou superior ao prazo estabelecido no contrato principal e deverá acompanhar as modificações referentes à vigência deste mediante a emissão do respectivo endosso pela seguradora;
> II - o seguro-garantia continuará em vigor mesmo se o contratado não tiver pago o prêmio nas datas convencionadas.
> Parágrafo único. Nos contratos de execução continuada ou de fornecimento contínuo de bens e serviços, será permitida a substituição da apólice de seguro-garantia na data de renovação ou de aniversário, desde que mantidas as mesmas condições e coberturas da apólice vigente e desde que nenhum período fique descoberto, ressalvado o disposto no §2º do art. 96 desta Lei.

A nova lei inovou ao tratar de algumas condições para aceitação do seguro-garantia. Conforme o art. 97, ele tem por objetivo garantir o fiel cumprimento das obrigações assumidas pelo contratado perante a Administração, inclusive as multas, os prejuízos e as indenizações decorrentes de inadimplemento, devendo observar as seguintes regras:

a) o prazo de vigência da apólice será igual ou superior ao prazo estabelecido no contrato principal e deverá acompanhar as modificações referentes à vigência deste mediante a emissão do respectivo endosso pela seguradora;

b) ele continuará em vigor mesmo se o contratado não tiver pago o prêmio nas datas convencionadas.

A condição indicada na letra "a" (inc. I) inova em relação ao art. 8º, inc. I, da Circular Susep nº 477/2013, que especifica que a apólice deverá ter prazo igual ao estabelecido no contrato principal, para as modalidades nas quais haja vinculação da apólice a um contrato principal.

Isso ensejará a modificação da norma infralegal pela Superintendência de Seguros Privados (Susep), que vem a ser o órgão responsável por baixar instruções e expedir circulares relativas à regulamentação das operações de seguro, de acordo com as diretrizes do CNSP (Conselho Nacional de Seguros Privados), conforme o art. 36 do Decreto-Lei nº 73, de 21.11.1966.

A regra especificada na parte final do dispositivo, por sua vez, já estava prevista no §1º do art. 8º da aludida norma infralegal, a qual preceitua que a vigência da apólice deverá acompanhar tais modificações, devendo a seguradora emitir o respectivo endosso. O mesmo se afirma da condição contida na letra "b" (inc. II), contemplada no art. 11, §1º, da Circular Susep nº 477/2013, de modo que não haverá mudança com relação à prática do setor de seguros.

O parágrafo único prescreve que, nos contratos de execução continuada ou de fornecimento contínuo de bens e serviços, será permitida a substituição da apólice de seguro-garantia na data de renovação ou de aniversário, desde que mantidas as condições e coberturas da apólice vigente e nenhum período fique descoberto. Essa substituição automática não se aplica quando o contrato estiver suspenso por ordem ou inadimplemento da Administração, conforme o §2º do art. 96.

> Art. 98. Nas contratações de obras, serviços e fornecimentos, a garantia poderá ser de até 5% (cinco por cento) do valor inicial do contrato, autorizada a majoração desse percentual para até 10% (dez por cento), desde que justificada mediante análise da complexidade técnica e dos riscos envolvidos.
>
> Parágrafo único. Nas contratações de serviços e fornecimentos contínuos com vigência superior a 1 (um) ano, assim como nas subsequentes prorrogações, será utilizado o valor anual do contrato para definição e aplicação dos percentuais previstos no caput deste artigo.

O art. 98 trata do valor da garantia, o qual será de até 5% do valor inicial do contrato. Esse limite pode passar para até 10%, desde que justificado mediante análise da complexidade técnica e dos riscos envolvidos. As disposições repetem a legislação anterior (art. 56, §§2º e 3º).

O parágrafo único traz regra aplicável às contratações de serviços e fornecimentos contínuos com vigência superior a um ano, assim como nas subsequentes prorrogações. Conforme o dispositivo, o valor anual do contrato servirá como base para incidência dos percentuais previstos no *caput* deste artigo.

A regra nos parece desproposita, uma vez que não mais persiste a limitação contida na normatização da Susep (Circular Susep nº 232/2003), que impunha apólices de seguro com vigência anual. Conforme visto acima, o contrato de seguro-garantia possui prazo de vigência atrelado ao do contrato principal, de forma que é possível uma apólice com prazo superior a um ano, se a vigência inicial do ajuste ultrapassar esse lapso temporal.

Portanto, numa análise prescritiva, o correto seria associar o valor da garantia ao do contrato, conforme o seu prazo inicial de vigência. Isso evitaria inconsistências, caso a vigência do ajuste fosse fixada em períodos maiores que um ano. Da mesma forma, evitaria a necessidade de expedição de nova apólice a cada ano.

A título de exemplo, suponha-se um contrato de fornecimento contínuo no valor de R$5 milhões, com prazo de vigência fixada, desde logo, em cinco anos e percentual de garantia de 5%. O caso se amolda, portanto, no parágrafo único em análise.

Pela literalidade do dispositivo, o contratado deveria apresentar apólices no valor de R$50 mil (5% x R$1 milhão [valor anual do contrato]), que seriam renovadas a cada ano. Todavia, seria razoável que fosse apresentada uma apólice de R$250 mil com vigência de 5 anos, uma vez que este montante já estaria compatível com o do ajuste, conforme o seu prazo de vigência (5% x R$5 milhões [valor anual do contrato]).

> Art. 99. Nas contratações de obras e serviços de engenharia de grande vulto, poderá ser exigida a prestação de garantia, na modalidade seguro-garantia, com cláusula de retomada prevista no art. 102 desta Lei, em percentual equivalente a até 30% (trinta por cento) do valor inicial do contrato.

O art. 99 traz uma grande novidade em relação ao regime anterior. Conforme o dispositivo, nas contratações de obras e serviços de engenharia de grande vulto, poderá ser exigida a prestação de garantia, na modalidade seguro-garantia, com cláusula de retomada, em percentual equivalente a até 30% do valor inicial do contrato.

As inovações seriam: maior valor da garantia e possibilidade de a seguradora assumir a execução do contrato e concluir o seu objeto, no caso de obras de grande vulto.

A ampliação do montante da garantia já era admitida pela jurisprudência do TCU em licitação sob o regime da contratação integrada para execução de obras de maior complexidade. Esse entendimento tinha como base o art. 4º, inc. IV, da Lei nº

12.462/2011 (RDC), que admitia "condições de aquisição, de seguros, de garantias e de pagamento compatíveis com as condições do setor privado [...]".

Tal exegese foi adotada no Acórdão nº 2.745/2013-Plenário, consoante as seguintes razões contidas no voto condutor do Ministro Benjamin Zymler:

> [...] para aquelas frações mais complexas, tanto se libere as contratadas para propor, cada qual, a sua metodologia, quanto, por consequência, se transfira os respectivos riscos para o particular. No que se refere à viabilidade da cobertura de seguros, deve existir uma exigência contratual de seguro para mitigar essa potencial insegurança. É um imperativo que tanto confere maior estabilidade ao contrato (em termos de certeza no seu adimplemento), como viabiliza a própria precificação do risco. Mais que isso, os seguros proporcionais aos riscos são elementos indissociáveis para a segurança da oferta da melhor proposta. Acredito, pelo que expus, que a contratação integrada tenha criado um cenário factual e *mercadológico, então não coberto pelas possibilidades então previstas pelo art. 56 da Lei de Licitações, em seu rol de garantias. Desde que devidamente motivado e proporcional aos riscos assumidos, pode-se superar aqueles limites*. Nesse ponto, entendo não haver reprimendas ao instrumento editalício criticado. (Grifos nossos)

Pela unificação dos diversos regimes licitatórios contemplados nas legislações esparsas, nada mais natural que o novo regime admitisse valores de garantia compatíveis com uma situação de maior complexidade e risco, que, no caso, foi atrelado ao vulto da obra ou serviço de engenharia. Consoante o art. 6º, inc. XII, são assim considerados os objetos com valor estimado superior a R$200 milhões.

> Art. 100. A garantia prestada pelo contratado será liberada ou restituída após a fiel execução do contrato ou após a sua extinção por culpa exclusiva da Administração e, quando em dinheiro, atualizada monetariamente.

O art. 100 prevê a liberação ou restituição da garantia prestada pelo contratado após a fiel execução do contrato ou a sua extinção por culpa exclusiva da Administração. O dispositivo repete a redação do art. 56, §4º da lei anterior, acrescentando em seu texto a previsão contida no art. 79, §2º, inc. I (devolução de garantia). A nova lei ainda pontua que a garantia prestada em dinheiro será devolvida atualizada monetariamente. A despeito do silêncio da norma, deduz-se que será adotado, neste caso, o mesmo índice de reajustamento do preço do contrato.

> Art. 101. Nos casos de contratos que impliquem a entrega de bens pela Administração, dos quais o contratado ficará depositário, o valor desses bens deverá ser acrescido ao valor da garantia.

O art. 101 reproduz o mesmo texto do dispositivo equivalente da Lei nº 8.666/1993 (art. 56, §5º). Conforme o dispositivo, nos casos de contratos que impliquem a entrega de bens pela Administração, o contratado ficará depositário e o valor desses bens deverá ser acrescido ao valor da garantia.

> Art. 102. Na contratação de obras e serviços de engenharia, o edital poderá exigir a prestação da garantia na modalidade seguro-garantia e prever a obrigação de a seguradora, em caso de inadimplemento pelo contratado, assumir a execução e concluir o objeto do contrato, hipótese em que:
>
> I - a seguradora deverá firmar o contrato, inclusive os aditivos, como interveniente anuente e poderá:
>
> a) ter livre acesso às instalações em que for executado o contrato principal;
>
> b) acompanhar a execução do contrato principal;
>
> c) ter acesso a auditoria técnica e contábil;
>
> d) requerer esclarecimentos ao responsável técnico pela obra ou pelo fornecimento;
>
> II - a emissão de empenho em nome da seguradora, ou a quem ela indicar para a conclusão do contrato, será autorizada desde que demonstrada sua regularidade fiscal;
>
> III - a seguradora poderá subcontratar a conclusão do contrato, total ou parcialmente.
>
> Parágrafo único. Na hipótese de inadimplemento do contratado, serão observadas as seguintes disposições:
>
> I - caso a seguradora execute e conclua o objeto do contrato, estará isenta da obrigação de pagar a importância segurada indicada na apólice;
>
> II - caso a seguradora não assuma a execução do contrato, pagará a integralidade da importância segurada indicada na apólice.

O art. 102 traz uma das maiores novidades da lei: o seguro-garantia com cláusula de retomada. Conforme o dispositivo, na contratação de obras e serviços de engenharia, o edital poderá exigir a prestação da garantia na modalidade seguro-garantia e prever a obrigação de a seguradora, em caso de inadimplemento pelo contratado, assumir a execução e concluir o objeto do contrato.

A decisão de exigir ou não esse tipo de garantia envolve um juízo discricionário da Administração Pública, que deve avaliar a necessidade e a adequação da medida, assim como o valor a ser exigido, de forma motivada. Embora a lei não tenha explicitado os critérios para a calibragem dessa garantia, entende-se que ela depende dos riscos envolvidos na execução do contrato, que, por sua vez, estão associados à complexidade e à materialidade do objeto.

Esse tipo de garantia naturalmente possui um maior custo, em razão do maior valor de cobertura e das responsabilidades assumidas pela seguradora. É preciso sublinhar que o instituto não se aplica a contratos de execução de serviços em geral e de aquisição de bens, sendo restrito a obras e serviços de engenharia.

Tal previsão está alinhada com a praxe das relações econômicas privadas e viabiliza, no ambiente do direito público, que um terceiro assuma uma obrigação não apenas de ordem patrimonial como também material, de entregar o objeto conforme pactuado.

Dessa forma, configurado o inadimplemento do objeto pelo contratado, mediante a não conclusão da obra ou atrasos recorrentes que tornem inviável o término do objeto no prazo avençado, a Administração pode pleitear a execução da garantia. Nesse caso, a seguradora pode escolher entre duas opções: pagar a indenização à Administração Pública (segurada), que adotará por si só as medidas necessárias para concluir o objeto (nova licitação, contratação direta do remanescente da obra, entre outros); ou assumir o encargo de executar a avença.

Havendo a exigência dessa modalidade de seguro, entende-se que a seguradora deverá assinar o contrato principal, inclusive os aditivos, como interveniente anuente. Isso implica que ela passa a ser parte do ajuste, submetendo-se às condições estabelecidas, seja atuando como interveniente, seja como contratada, em substituição à original.

O inc. I do art. 102 estabelece que, caso a seguradora resolva assumir a execução e concluir o objeto do contrato, ela poderá:

a) ter livre acesso às instalações em que for executado o contrato principal;

b) acompanhar a execução do contrato principal;

c) ter acesso à auditoria técnica e contábil;

d) requerer esclarecimentos ao responsável técnico pela obra ou pelo fornecimento.

O direito estabelecido na letra "c" permite que a seguradora obtenha vista e cópia integral dos autos dos eventuais processos de controle externo que envolvam a obra contemplada na apólice. Da mesma forma, ela pode ser habilitada como terceira interessada, unicamente para ser notificada de eventuais decisões e notificações que afetem a contratada (tomadora do seguro).

É oportuno destacar que quem decidirá, se houve ou não sinistro, para fins de acionamento da execução do seguro-garantia, é a seguradora, não a Administração Pública contratante (beneficiária). Isso ocorrerá após o registro de expectativa ou reclamação de sinistro por parte do Poder Público, após a conclusão do processo de regulação de sinistro. O assunto é atualmente tratado no Anexo "Seguro-Garantia – Segurado: Setor Público" da Circular Susep nº 477, de 30.9.2013.

Por essa razão, é conveniente que o Poder Público, ao regulamentar a aceitação do seguro-garantia com cláusula de retomada, exija a inclusão de cláusula compromissória de arbitragem na apólice, fazendo pronta utilização da faculdade estabelecida no art. 151 da nova lei. Tal iniciativa permitirá a rápida solução de eventuais litígios acerca da ocorrência ou não de sinistro, viabilizando, assim, o aproveitamento das vantagens dessa modalidade de garantia, na redução de atrasos e paralisações na execução dos contratos de obras públicas.

A adoção do seguro-garantia com cláusula de retomada permite que a seguradora atue como uma espécie de parceiro do Poder Público no acompanhamento e fiscalização da execução da obra ou serviço de engenharia, o que certamente contribuirá para uma maior eficiência e efetividade das contratações públicas. Isso porque, havendo atrasos ou desconformidades na execução do objeto, a seguradora pode se antecipar e cobrar as medidas pertinentes do contratado, a fim de evitar a ocorrência do sinistro.

O contrato de execução das obras, com a interveniência da seguradora, poderá ainda prever, conforme os incs. II e III do *caput* do art. 102: a emissão de empenho em nome da seguradora ou a quem ela indicar para a conclusão do contrato, desde que demonstrada sua regularidade fiscal; e a subcontratação da conclusão do contrato, total ou parcialmente.

Uma dúvida que pode surgir diz respeito à exigibilidade ou não dos requisitos de habilitação previstos no edital (jurídicos, técnicos, fiscal e econômico-financeiros).

Embora o inc. II tenha exigido apenas a regularidade fiscal, entende-se que a seguradora deve comprovar a habilitação jurídica; técnica; fiscal, social e trabalhista; e econômico-financeira, caso opte por executar diretamente o contrato. Afinal, ela assumirá a condição de contratada, não havendo nenhuma razão para que sejam flexibilizados os requisitos legais para tanto.

Nessa hipótese, é preciso que o seu objeto social contemple a execução de obras e serviços de engenharia e que ela seja inscrita no conselho de fiscalização profissional competente, com apresentação de todos os atestados exigidos na lei. Por conseguinte, apenas empresas com essa dupla catalogação, seguradora e construtora de obras/serviços de engenharia poderão assumir, diretamente, a execução do objeto.

Caso a seguradora decida subcontratar a execução do objeto para uma empresa do ramo de engenharia, esta deve comprovar a regularidade fiscal, já que os empenhos serão emitidos em nome desta. Ademais, a Administração deve exigir a demonstração da capacidade técnica da subcontratada, haja vista o disposto no art. 122, §1º, *in verbis*: "§1º O contratado apresentará à Administração documentação que comprove a capacidade técnica do subcontratado, que será avaliada e juntada aos autos do processo correspondente".

Quanto aos demais requisitos, é preciso prestigiar a escolha do legislador, que não fez referência à comprovação da habilitação jurídica e da habilitação econômico-financeira do subcontratado. Tal opção tem certa lógica, pois qualquer seguradora assume a responsabilidade civil pela execução e conclusão do objeto, ainda que opte pela subcontratação.

Consoante o parágrafo único do artigo em análise, na hipótese de inadimplemento do contratado original, será necessário observar as seguintes disposições:

a) caso a seguradora execute e conclua o objeto do contrato, estará isenta da obrigação de pagar a importância segurada indicada na apólice; e

b) caso a seguradora não assuma a execução do contrato, pagará a integralidade da importância segurada indicada na apólice.

Na hipótese da letra "a", a seguradora executará o contrato, diretamente ou mediante subcontratação, e receberá o saldo financeiro residual do ajuste, independentemente da parcela de serviços pendente de execução. Por exemplo, caso a empresa originalmente contratada tenha recebido o equivalente a 90% do preço pactuado e abandonado o objeto com 80% de execução física, somente detectado após vistoria, a seguradora deverá executar os 20% restantes recebendo tão somente 10% do valor do contrato remanescente. O mesmo se afirma de eventual necessidade de refazimento de serviços originalmente executados pela contratada original, que constituirá encargo da seguradora ou sua subcontratada, sem que a Administração tenha que arcar com pagamentos adicionais.

É preciso lembrar que o segurado perde direito à indenização e, por consequência, à retomada do objeto pela seguradora se ficar configurada alguma das hipóteses previstas no item 11 do Anexo "Seguro-Garantia – Segurado: Setor Público" da Circular Susep nº 477, de 30.9.2013. Entre os motivos elencados no aludido normativo, cabe mencionar a ocorrência de caso fortuito, força maior, inadimplemento em razão de fatos de responsabilidade da entidade pública e a prática de atos ilícitos dolosos ou com culpa grave dos representantes do Poder Público.

Uma questão que surge diz respeito à exigibilidade das multas contratuais impostas à contratada em função do inadimplemento, caso a seguradora opte por executar e concluir o objeto. Compreende-se que este fato não impede o Poder Público de cobrar as sanções, devendo, nesta hipótese, notificar administrativamente a empresa e descontar o valor devido de eventuais créditos desta. Não ocorrendo o pagamento nem sendo possível o desconto, a entidade contratante pode executar a garantia junto à seguradora, apenas para cobrar o valor das multas.

As mesmas considerações expostas se aplicam a eventuais perdas e danos que tenham sido causados à Administração Pública pela mera ocorrência do sinistro, que não possam ser remediadas pela conclusão da obra por parte da seguradora. A título de exemplo, cita-se o caso de atraso na construção da sede de uma repartição pública que importe o pagamento de aluguéis por período esperado, se a obra tivesse sido entregue no prazo previsto.

Por fim, é importante pontuar que o art. 13, §1º, da Circular Susep nº 477/2013 permite que, no caso de rescisão do contrato principal sem a retomada da obra pela seguradora, os saldos de créditos do tomador no contrato principal sejam utilizados na amortização do prejuízo e/ou da multa objeto da reclamação do sinistro, sem prejuízo do pagamento da indenização no prazo devido.

O dispositivo requer interpretação. Conforme o inc. II do *caput*, da referida circular, a indenização corresponderá aos prejuízos e/ou multas causados pela inadimplência do tomador. A leitura combinada dessa disposição e da anterior sugere que a seguradora pagará ao beneficiário (Administração Pública) indenização correspondente ao valor dos prejuízos e das multas apurados, descontado o saldo de créditos do tomador. Se o montante deste for maior que o daqueles, não haverá pagamento de indenização pela seguradora, ficando o tomador com os créditos remanescentes.

As regras da Circular Susep nº 477/2013 parecem em dissonância com o inc. II do parágrafo único do art. 102, que prevê o pagamento integral da importância segurada na apólice, caso a seguradora não assuma a execução do contrato. No caso, a norma não fez nenhuma menção ao valor real dos prejuízos e das multas devidas, nem a um eventual direito de compensação dos créditos do tomador. Pela literalidade da norma, a indenização corresponderá ao valor nominal contido na apólice.

Sendo essa a interpretação, imagina-se que a seguradora sempre irá optar por concluir o objeto, seja diretamente seja por subcontratado, menos em situações excepcionais nas quais a importância segurada no contrato de seguro for inferior às obrigações da seguradora.

16.3 Alocação de riscos

> Art. 103. O contrato poderá identificar os riscos contratuais previstos e presumíveis e prever matriz de alocação de riscos, alocando-os entre contratante e contratado, mediante indicação daqueles a serem assumidos pelo setor público ou pelo setor privado ou daqueles a serem compartilhados.
> §1º A alocação de riscos de que trata o caput deste artigo considerará, em compatibilidade com as obrigações e os encargos atribuídos às partes no contrato, a natureza do risco, o beneficiário das prestações a que se vincula e a capacidade de cada setor para melhor gerenciá-lo.
> §2º Os riscos que tenham cobertura oferecida por seguradoras serão preferencialmente transferidos ao contratado.
> §3º A alocação dos riscos contratuais será quantificada para fins de projeção dos reflexos de seus custos no valor estimado da contratação.
> §4º A matriz de alocação de riscos definirá o equilíbrio econômico-financeiro inicial do contrato em relação a eventos supervenientes e deverá ser observada na solução de eventuais pleitos das partes.
> §5º Sempre que atendidas as condições do contrato e da matriz de alocação de riscos, será considerado mantido o equilíbrio econômico-financeiro, renunciando as partes aos pedidos de restabelecimento do equilíbrio relacionados aos riscos assumidos, exceto no que se refere:
> I - às alterações unilaterais determinadas pela Administração, nas hipóteses do inciso I do caput do art. 124 desta Lei;
> II - ao aumento ou à redução, por legislação superveniente, dos tributos diretamente pagos pelo contratado em decorrência do contrato.
> §6º Na alocação de que trata o caput deste artigo, poderão ser adotados métodos e padrões usualmente utilizados por entidades públicas e privadas, e os ministérios e secretarias supervisores dos órgãos e das entidades da Administração Pública poderão definir os parâmetros e o detalhamento dos procedimentos necessários a sua identificação, alocação e quantificação financeira.

Conforme o art. 103, o contrato poderá identificar os riscos contratuais previstos e presumíveis e prever matriz de alocação de riscos, alocando-os entre contratante e contratado. Nesse documento, haverá a especificação de quais riscos serão assumidos pelo setor público, quais pelo setor privado e quais serão compartilhados.

Nesse ponto, é preciso lembrar que essa alocação de riscos não é exigida em todo e qualquer contrato administrativo. Conforme o art. 22, §3º, a matriz de alocação de riscos é obrigatória para obras e serviços de grande vulto e nas licitações em que forem adotados os regimes de contratação integrada e semi-integrada. Nos demais casos, o disposto neste artigo é de aplicação discricionária, cabendo ao Poder Público definir se a situação concreta recomenda ou não a identificação das contingências e a sua distribuição entre as partes.

Segundo o §1º do art. 103, a alocação de riscos considerará a natureza do risco, o beneficiário das prestações contratuais a que se vincula a parte e a capacidade de cada contraente para melhor gerenciá-lo. A título de exemplo, os riscos de engenharia, relacionados à execução dos serviços e aos materiais que serão postos na obra pela construtora, são normalmente atribuídos à contratada, uma vez que ela tem melhor capacidade de gerenciá-los. Se essa contingência fosse alocada para Administração, isso afetaria a estrutura de incentivos da empresa, que poderia não adotar as soluções e práticas mais adequadas, sob o ponto de vista técnico, a fim de aumentar o seu lucro (risco moral).

O §2º traz um norte interessante para a alocação de contingências. Conforme o dispositivo, os riscos que tenham cobertura oferecida por seguradoras serão preferencialmente transferidos ao contratado. A lógica por trás desse dispositivo é a de que os eventos cobertos por contratos de seguros são aqueles cuja extensão e probabilidade de ocorrência, segundo as condições do tomador,[220] são passíveis de serem definidas mediante técnicas econométricas, de modo que o risco pode ser precificado de forma ótima no contrato de seguro. A propósito, o ajuste entre a seguradora e a empresa tomadora retrata o gerenciamento ótimo dessas contingências, não havendo lógica de transferi-las para a Administração.

Conforme o §3º, a alocação dos riscos contratuais será quantificada para fins de projeção dos reflexos de seus custos no valor estimado da contratação. O dispositivo impõe à Administração obrigação que envolve expertise técnica, possivelmente não possuída pelo seu corpo funcional, pelo menos se for considerada a realidade de alguns órgãos e da maioria dos municípios menores.

O §4º reitera o que já foi pontuado na definição da matriz de riscos (ou de alocação de riscos, considerando que ambos os termos são usados na nova lei) contida no art. 6º, inc. XXVII: o instrumento definirá o equilíbrio econômico-financeiro inicial do contrato em relação a eventos supervenientes. Ele servirá como norte e deverá ser observado na solução de eventuais pleitos de aditivos das partes.

Justamente por esse motivo, se as condições observadas na execução do ajuste estiverem de acordo com o previsto no contrato e na matriz de alocação de riscos, isso

---

[220] Para o entendimento da terminologia adotada em contratos de seguro-garantia, na modalidade Setor Público, cabe invocar a disciplina da Circular Susep nº 477/2013, mais especificamente de seu art. 6º, *in verbis*: "Art. 6º Para fins desta Circular definem-se: [...] II - Tomador: devedor das obrigações por ele assumidas perante o segurado. §1º Especificamente para o Seguro Garantia: Segurado Setor Público definem-se: I - Contrato Principal: todo e qualquer ajuste entre órgãos ou entidades da Administração Pública (segurado) e particulares (tomadores), em que haja um acordo de vontades para a formação de vínculo e a estipulação de obrigações recíprocas, seja qual for a denominação utilizada. II - Segurado: a Administração Pública ou o Poder Concedente".

implica que está mantido o equilíbrio econômico-financeiro, não havendo motivo para a celebração de aditivo. O §5º estabelece que, nesse contexto, as partes renunciam aos pedidos de restabelecimento do equilíbrio relacionados aos riscos assumidos, exceto no que se refere:

    a) às alterações unilaterais determinadas pela Administração, nas hipóteses do inc. I do *caput* do art. 124 desta lei;

    b) ao aumento ou à redução, por legislação superveniente, dos tributos diretamente pagos pelo contratado em decorrência do contrato.

No que se refere à primeira exceção, ela foi tornada expressa pelo bem da maior clareza, pois, a rigor, as alterações contratuais por exigência da Administração implicam alteração do escopo do contrato, o que exige a definição de um novo equilíbrio econômico-financeiro.

Já a segunda exceção configura o que se conhece no direito administrativo como fato do príncipe, configurando álea econômica extraordinária e extracontratual. Como é de praxe em matéria de contrato administrativo, a entidade contratante assume o risco de eventual acréscimo dos tributos incidentes sobre a contratação, de modo que a situação contrária, de redução tributária, enseja a diminuição do preço do ajuste, pois, do contrário, estaria se permitindo o enriquecimento sem causa do contratado em detrimento da Administração.

Conforme o §6º, na alocação de riscos de que trata o *caput* do art. 103, poderão ser adotados métodos e padrões usualmente utilizados por entidades públicas e privadas. Como afirmado anteriormente, trata-se de prática que exigirá expertise técnica do Poder Público, sendo pertinente a incorporação de experiência de outros órgãos ou mesmo da iniciativa privada.

Segundo a parte final do dispositivo, os ministérios e as secretarias supervisores dos órgãos e das entidades da Administração Pública poderão definir os parâmetros e o detalhamento dos procedimentos necessários à sua identificação, alocação e quantificação financeira. Muito embora o parágrafo em análise tenha estatuído essa definição como uma possibilidade, entende-se que os órgãos de comando da Administração devem exercer o papel de orientação e coordenação a respeito do assunto. Para tanto, seria conveniente a criação de regulamentos disciplinando a elaboração de matriz de riscos, a fim de permitir a incorporação da prática na cultura dos órgãos e entidades e a adequada utilização do instituto.

16.4 Das prerrogativas da Administração

> Art. 104. O regime jurídico dos contratos instituído por esta Lei confere à Administração, em relação a eles, as prerrogativas de:
> I - modificá-los, unilateralmente, para melhor adequação às finalidades de interesse público, respeitados os direitos do contratado;

II - extingui-los, unilateralmente, nos casos especificados nesta Lei;

III - fiscalizar sua execução;

IV - aplicar sanções motivadas pela inexecução total ou parcial do ajuste;

V - ocupar provisoriamente bens móveis e imóveis e utilizar pessoal e serviços vinculados ao objeto do contrato nas hipóteses de:

a) risco à prestação de serviços essenciais;

b) necessidade de acautelar apuração administrativa de faltas contratuais pelo contratado, inclusive após extinção do contrato.

§1º As cláusulas econômico-financeiras e monetárias dos contratos não poderão ser alteradas sem prévia concordância do contratado.

§2º Na hipótese prevista no inciso I do caput deste artigo, as cláusulas econômico-financeiras do contrato deverão ser revistas para que se mantenha o equilíbrio contratual.

O art. 104 basicamente repete a redação do art. 58 da lei anterior. A única diferença diz respeito aos critérios para ocupação provisória de bens móveis e imóveis e de utilização de pessoal e serviços vinculados, os quais ganharam novos contornos (inc. V).

No regime da Lei nº 8.666/1993, esse instituto somente poderia ser utilizado no caso de serviços essenciais (art. 58, inc. V). Ainda assim, ele era cabível apenas para "acautelar apuração administrativa de faltas contratuais pelo contratado, bem como na hipótese de rescisão do contrato administrativo". Dessa forma, o instituto tinha dois propósitos: assegurar a eficácia do processo administrativo de apuração de falhas na execução do ajuste e permitir a continuidade da execução do objeto pactuado em caso de rescisão contratual. Ambas as situações estavam atreladas à execução de serviços essenciais.

Na lei atual, a ocupação provisória de bens móveis e imóveis e a utilização de pessoal e serviços vinculados ao objeto do contrato pode ocorrer nas hipóteses de:

a) risco à prestação de serviços essenciais;

b) necessidade de acautelar apuração administrativa de faltas contratuais pelo contratado, inclusive após extinção do contrato.

Conforme visto, somente o caso especificado na letra "a" está relacionado à essencialidade do serviço. Havendo necessidade de acautelar a apuração administrativa de faltas do contratado, o Poder Público pode ocupar móveis e imóveis e utilizar o pessoal e serviços relacionados ao ajuste, independentemente do caráter essencial do objeto. A nova lei, portanto, é mais abrangente quanto ao uso desse instituto.

Do mesmo modo, no caso de serviços essenciais, não é mais necessário que ocorra a rescisão do contrato para que a Administração Pública possa se valer da ocupação provisória. Havendo mero risco à prestação de serviços essenciais, o Poder Público pode utilizar da prerrogativa consignada no item V, enquanto delibera sobre a existência ou não de motivo para a rescisão do contrato. Mais uma vez, o novo regime jurídico foi mais abrangente quanto à utilização da ocupação e utilização provisória de bens e serviços.

Quanto às demais prerrogativas contratuais, o art. 104 elenca as seguintes:
a) modificar, unilateralmente, os contratos para melhor adequação às finalidades de interesse público, respeitados os direitos do contratado;
b) extingui-los, unilateralmente, nos casos especificados nesta lei;
c) fiscalizar sua execução; e
d) aplicar sanções motivadas pela inexecução total ou parcial do ajuste.

De substancial, cabe destacar que a nova lei não usa mais a expressão "rescisão", tendo a substituído por "extinção".

Permanece, portanto, o mesmo regime de cláusulas consideradas exorbitantes, segundo a doutrina administrativa tradicional. Em suma, o Poder Público pode, nas condições supramencionadas, modificar e extinguir unilateralmente o contrato; fiscalizar sua execução; aplicar sanções e ocupar provisoriamente os bens e usar o pessoal e os serviços vinculados ao objeto do contrato.

Segundo Sirlene Arêdes, a cláusula exorbitante *par excellence* do contrato administrativo é a que prevê a possibilidade de alteração unilateral do acordo por parte da Administração. Nada obstante, a autora ressalta que tal poder sempre foi sujeito a severas limitações. Por exemplo, a Administração não pode mudar o objeto nem ultrapassar certos limites legais. Essas condições decorrem da submissão da Administração a vários princípios administrativos, como a submissão ao processo licitatório, a moralidade e a impessoalidade.[221]

Em sua obra, a autora analisa as características das chamadas cláusulas exorbitantes, tendo concluído que elas estão previstas em vários contratos privados típicos, de sorte que não podem ser consideradas prerrogativas excepcionais da Administração.

A recusa à ideia de cláusula exorbitante, entendida como algo que não seria admitido na esfera das relações privadas, está presente na doutrina de Jacintho Arruda Câmara e Ana Paula Peresi de Souza, que concluíram que as prerrogativas da Administração, na prática, não são excepcionais como aparentam. Segundo eles:[222]

> Nos contratos firmados por particulares, há prerrogativas semelhantes exercidas pelos contratantes. Em certas ocasiões, a administração pública contratante possui até menos poderes que o "particular-contratante", pois este último não se sujeita às amarras que o Estado possui.
> Há, assim, certo exagero em denominar como exorbitantes as prerrogativas conferidas à administração nos contratos que celebra.

Inobstante a sua natureza de cláusula excepcional ou não, o uso das prerrogativas consignadas no art. 104 da Lei nº 14.133/2021 está sujeito a várias limitações. Tais

---

[221] ARÊDES, Sirlene Nunes. As cláusulas exorbitantes e a distinção dos contratos da administração em contratos administrativos e contratos de direito privado. *Revista de Direito Administrativo*, v. 253, p. 173-198, 2010. p. 189.

[222] CÂMARA, Jacintho de Arruda; SOUZA, Ana Paula Peresi de. Existem cláusulas exorbitantes nos contratos administrativos? *Revista de Direito Administrativo*, Belo Horizonte, v. 279, n. 2, maio/ago. 2020. p. 205. Disponível em: http://bibliotecadigital.fgv.br/ojs/index.php/rda/article/view/82011/78226. Acesso em: 24 mar. 2021.

condições serão descritas no curso dessa obra, a pretexto do comentário dos dispositivos pertinentes. De substancial, é possível afirmar que a nova lei estabeleceu contornos mais precisos ao exercício da fiscalização contratual e do poder sancionatório estatal, como será visto adiante.

Conforme o §1º, as cláusulas econômico-financeiras e monetárias dos contratos não poderão ser alteradas sem prévia concordância do contratado. É justamente por esse motivo que o §2º aduz que, na hipótese de alteração unilateral para melhor adequação às finalidades de interesse público (inc. I do *caput*), as cláusulas econômico-financeiras do contrato deverão ser revistas para que se mantenha o equilíbrio contratual.

Os parágrafos são exatamente idênticos aos dispositivos equivalentes da norma anterior (§§1º e 2º do art. 58).

16.5 Duração dos contratos

> Art. 105. A duração dos contratos regidos por esta Lei será a prevista em edital, e deverão ser observadas, no momento da contratação e a cada exercício financeiro, a disponibilidade de créditos orçamentários, bem como a previsão no plano plurianual, quando ultrapassar 1 (um) exercício financeiro.
>
> Art. 106. A Administração poderá celebrar contratos com prazo de até 5 (cinco) anos nas hipóteses de serviços e fornecimentos contínuos, observadas as seguintes diretrizes:
>
> I - a autoridade competente do órgão ou entidade contratante deverá atestar a maior vantagem econômica vislumbrada em razão da contratação plurianual;
>
> II - a Administração deverá atestar, no início da contratação e de cada exercício, a existência de créditos orçamentários vinculados à contratação e a vantagem em sua manutenção;
>
> III - a Administração terá a opção de extinguir o contrato, sem ônus, quando não dispuser de créditos orçamentários para sua continuidade ou quando entender que o contrato não mais lhe oferece vantagem.
>
> §1º A extinção mencionada no inciso III do caput deste artigo ocorrerá apenas na próxima data de aniversário do contrato e não poderá ocorrer em prazo inferior a 2 (dois) meses, contado da referida data.
>
> §2º Aplica-se o disposto neste artigo ao aluguel de equipamentos e à utilização de programas de informática.
>
> Art. 107. Os contratos de serviços e fornecimentos contínuos poderão ser prorrogados sucessivamente, respeitada a vigência máxima decenal, desde que haja previsão em edital e que a autoridade competente ateste que as condições e os preços permanecem vantajosos para a Administração, permitida a negociação com o contratado ou a extinção contratual sem ônus para qualquer das partes.
>
> Art. 108. A Administração poderá celebrar contratos com prazo de até 10 (dez) anos nas hipóteses previstas nas alíneas "f" e "g" do inciso IV e nos incisos V, VI, XII e XVI do caput do art. 75 desta Lei.

Art. 109. A Administração poderá estabelecer a vigência por prazo indeterminado nos contratos em que seja usuária de serviço público oferecido em regime de monopólio, desde que comprovada, a cada exercício financeiro, a existência de créditos orçamentários vinculados à contratação.

Art. 110. Na contratação que gere receita e no contrato de eficiência que gere economia para a Administração, os prazos serão de:

I - até 10 (dez) anos, nos contratos sem investimento;

II - até 35 (trinta e cinco) anos, nos contratos com investimento, assim considerados aqueles que impliquem a elaboração de benfeitorias permanentes, realizadas exclusivamente a expensas do contratado, que serão revertidas ao patrimônio da Administração Pública ao término do contrato.

Art. 111. Na contratação que previr a conclusão de escopo predefinido, o prazo de vigência será automaticamente prorrogado quando seu objeto não for concluído no período firmado no contrato.

Parágrafo único. Quando a não conclusão decorrer de culpa do contratado:

I - o contratado será constituído em mora, aplicáveis a ele as respectivas sanções administrativas;

II - a Administração poderá optar pela extinção do contrato e, nesse caso, adotará as medidas admitidas em lei para a continuidade da execução contratual.

Art. 112. Os prazos contratuais previstos nesta Lei não excluem nem revogam os prazos contratuais previstos em lei especial.

Art. 113. O contrato firmado sob o regime de fornecimento e prestação de serviço associado terá sua vigência máxima definida pela soma do prazo relativo ao fornecimento inicial ou à entrega da obra com o prazo relativo ao serviço de operação e manutenção, este limitado a 5 (cinco) anos contados da data de recebimento do objeto inicial, autorizada a prorrogação na forma do art. 107 desta Lei.

Art. 114. O contrato que previr a operação continuada de sistemas estruturantes de tecnologia da informação poderá ter vigência máxima de 15 (quinze) anos.

Conforme o art. 105, a duração dos contratos regidos pela nova lei será a prevista em edital. Todavia, os prazos contratuais estão sujeitos a limites, como se verá nos dispositivos subsequentes.

O dispositivo impõe, ainda, a necessidade de se verificar, no momento da contratação e a cada exercício financeiro, a disponibilidade de créditos orçamentários, bem como a previsão no plano plurianual, quando a duração do contrato ultrapassar um exercício financeiro.

A disposição inova em relação à lei anterior, uma vez que art. 57 condicionava a duração do contrato à vigência do crédito orçamentário, mas não impunha a verificação dessa aderência a cada exercício financeiro, como a norma atual.

Tal situação acabava por possibilitar a continuidade de contratos sem que houvesse recursos orçamentários no exercício financeiro, o que culminava com o não pagamento de medições e, ao final, a interrupção da execução do ajuste.

De acordo com a legislação atual, a Administração somente deve permitir a continuidade do contrato, após ultrapassado o exercício financeiro, se verificar a existência de créditos orçamentários para o pagamento das despesas previstas no cronograma de execução do ajuste.

Por evidente, isso pode implicar a interrupção do ajuste, já no início do exercício. Todavia, a sistemática da nova lei impedirá que a contratada continue a executar serviços sem que haja recursos orçamentários disponíveis, o que, de algum modo, lhe beneficia, porquanto evita que a empresa incorra em custos sem que haja perspectiva de pagamento.

Por outro lado, o novo texto pode ensejar várias interrupções contratuais, com seguidas desmobilizações e novas mobilizações, caso haja atraso na votação de leis orçamentárias e de concessão de créditos suplementares. Isso pode acarretar pleitos de aditivos contratuais para recompor os gastos adicionais incorridos pela construtora.

Antes de avançar no tema da duração dos contratos, cabe ressaltar a importante distinção acolhida pela doutrina e pela jurisprudência entre os contratos de execução continuada e os de escopo. Tal diferenciação é importante para definir o objetivo e os efeitos da estipulação de um prazo de vigência contratual.

O contrato de execução continuada é aquele no qual a parte tem o dever de realizar uma conduta que se renova ou se mantém no decurso do tempo. Já o contrato de escopo é aquele no qual a parte tem o dever de realizar uma conduta específica definida, de modo que, uma vez cumprida a obrigação, o ajuste se exaure e nada mais pode ser exigido do contratado, ressalvados eventuais vícios construtivos.[223]

Enquanto, no primeiro contrato, a duração prevista no termo contratual delimita o intervalo temporal no qual a prestação pode ser renovada, no segundo o prazo de vigência tem o objetivo de indicar o período necessário para a execução da prestação específica definida no ajuste, conforme as suas características de execução ou entrega.

Isso implica que o atingimento do termo contratual impõe duas consequências diferentes, a depender do tipo de contrato.

No contrato de escopo, o exaurimento de sua duração serve para verificar se o contratado está ou não em mora, quanto ao objetivo de entregar a prestação específica. Caso o contratado não tenha cumprido a sua obrigação, a Administração pode extinguir unilateralmente o ajuste (art. 137, inc. I) ou então prorrogá-lo por mais um período, o que é mais comum, já que o Poder Público necessita do bem ou da obra de que trata a contratação. Em ambas as situações, a entidade pode aplicar sanções àquele (arts. 155, incs. I, II e III, e 162). A dilação da duração da avença deve ser justificada e respeitar as mesmas condições indicadas no *caput* do art. 105.

Já o atingimento do termo do contrato de execução continuada impõe a imediata paralisação das prestações repetitivas que compõem o seu objeto (serviços de limpeza,

---

[223] JUSTEN FILHO, Marçal. *Comentários à Lei de Licitações e Contratos Administrativos*. São Paulo: Dialética, 2009. p. 723.

copeiragem, vigilância). Neste caso, não cabe falar em execução parcial do objeto, nem em mora. O exaurimento da duração do ajuste implica a imediata desmobilização da contatada, podendo a Administração, se não atingido o período máximo legal e for vantajoso ao interesse público, prorrogar a sua duração até o limite especificado na norma.

Os dois tipos de contratos serão analisados em tópicos específicos a seguir.

16.5.1 Contratos de serviços e fornecimentos contínuos

Consoante o art. 106, a Administração poderá celebrar contratos com prazo de até 5 anos nas hipóteses de serviços e fornecimentos contínuos. Têm-se aqui duas novidades ante o regime anterior: a possibilidade de se celebrar contratos com prazo de duração mais longos, não adstritos à vigência dos respectivos créditos orçamentários; e o fornecimento contínuo.

Com relação ao primeiro aspecto, a norma discrepa do art. 57, inc. II, da Lei nº 8.666/1993, o qual estabelecia que o contrato para prestação de serviços a serem executados de forma contínua poderia ter a sua duração *prorrogada* por iguais e sucessivos períodos, limitada a sessenta meses. A leitura combinada do dispositivo e do seu *caput* implicava que os referidos ajustes deveriam ter duração anual, como regra, podendo sofrer seguidas prorrogações até completar o período máximo indicado.

Esse era o entendimento vigente no âmbito do TCU, que admitia excepcionalmente o estabelecimento de prazos iniciais superiores a um ano, desde que houvesse motivo justo, a ser explicitado de modo objetivo no processo administrativo correspondente.

Nesse sentido, transcreve-se o seguinte precedente, extraído do repositório da jurisprudência selecionada do Tribunal:

> O prazo de vigência de contratos de serviços contínuos deve ser estabelecido considerando-se as circunstâncias de forma objetiva, fazendo-se registrar no processo próprio o modo como interferem na decisão e quais suas consequências. Tal registro é especialmente importante quando se fizer necessário prazo inicial superior aos doze meses entendidos como regra pelo TCU. Há necessidade de se demonstrar o benefício decorrente do prazo estabelecido. (Acórdão nº 3.320/2013-2ª Câmara. Rel. Min. Raimundo Carreiro)

Essa também era a posição da Advocacia-Geral da União, que editou a Orientação Normativa nº 38, de 13.12.2011, nesse sentido:

> Nos contratos de prestação de serviços de natureza continuada deve-se observar que: a) o prazo de vigência originário, de regra, é de até 12 meses; b) excepcionalmente, este prazo poderá ser fixado por período superior a 12 meses nos casos em que, diante da peculiaridade e/ou complexidade do objeto, fique tecnicamente demonstrado o benefício advindo para a administração; e c) é juridicamente possível a prorrogação do contrato por prazo diverso do contratado originariamente.

Tais entendimentos culminaram com a publicação da Instrução Normativa Seges/MPDG nº 5/2017, cujo Anexo IX reproduziu, em seu item 12, a redação consignada na orientação da AGU.

A estipulação de prazos contratuais mais longos favorece a eficiência e a economicidade das contratações públicas, na medida em que permite o melhor planejamento dos contratos e reduz a burocracia envolvida associada à celebração de aditivos.

Quanto à segunda novidade, a legislação anterior somente permitia a celebração de contratos de prestação de serviços contínuos, o que não abrangia fornecimentos por prazos mais longos. No mesmo sentido, o TCU tinha jurisprudência pacífica no sentido de que o art. 57, inc. II, somente se aplicava a contratos cujos objetos envolvessem obrigações de fazer, de forma que não era possível a realização de sucessivas prorrogações de ajustes que envolvessem fornecimento de bens de consumo (Decisão nº 1.136/2002-Plenário, acórdãos nºs 5.903/2010-2ª Câmara, 6.780/2011-2ª Câmara e 458/2011-Plenário, entre outros).

Houve, contudo, dois precedentes do Tribunal que admitiram, em caráter excepcional, com base na interpretação extensiva do aludido artigo, o enquadramento do fornecimento de insumos como serviços contínuos, para o fim de admitir sucessivas prorrogações:

a) Acórdão nº 1.859/2006-Plenário, no qual se aceitou, em caráter excepcional, a contratação de abastecimento de combustível pela Empresa Brasileira de Infraestrutura Aeroportuária (Infraero) como serviço de natureza contínua, devido às peculiaridades do caso;

b) Acórdão nº 766/2010-Plenário, no qual se admitiu, em caráter excepcional, que as contratações para aquisição de fatores de coagulação (hemoderivados) fossem consideradas serviços de natureza contínua.

No voto condutor do último aresto, o Ministro Relator José Jorge pontuou o seguinte:

> 31. Conforme precedente deste Tribunal, ao qual farei referência adiante, as características necessárias para que um serviço seja considerado contínuo são: essencialidade, execução de forma contínua, de longa duração e possibilidade de que o fracionamento em períodos venha a prejudicar a execução do serviço. Manifesto minha anuência com a equipe de auditoria no sentido de que essas características encontram-se presentes nas contratações para entrega de fatores de coagulação.
>
> 32. Não tenho dúvida de que se trata de serviço essencial, pois qualquer interrupção no fornecimento de hemoderivados deixará à própria sorte indivíduos que dependem desses medicamentos para se manterem saudáveis. [...]
>
> 38. É patente que a solução de continuidade no fornecimento dos fatores de coagulação pode causar enormes prejuízos à saúde de seus dependentes. A adoção da medida sugerida trará, sem dúvida, maior segurança à classe de hemofílicos, além de satisfazer necessidade pública permanente e atender a obrigação constitucional. Portanto, é essencial, nesse momento, que o Tribunal admita que o Ministério da Saúde realize as compras dos medicamentos com base no art. 57, II, da Lei n.º 8.666/93.

Cabe destacar, ainda, que o fornecimento contínuo foi admitido em alguns julgados de cortes de contas estaduais. A título de exemplo, cita-se a decisão proferida pelo Tribunal de Contas do Estado de São Paulo (TCE/SP), no âmbito do processo TC nº 178/026/06, em 26.7.2006, por meio do qual se decidiu:

> após a análise de cada caso em particular, poderão ser reconhecidas situações em que há um contexto de fornecimento contínuo, nas quais poderá haver uma interpretação extensiva do art. 57, II, da lei de licitações, para o fim de ser admitida a prorrogação de prazo prevista naquele dispositivo legal, desde que essas situações sejam devidamente motivadas pela administração e que sejam atendidas as condições cujos aspectos foram desenvolvidos no corpo do voto do relator [...].[224]

No mesmo sentido, ressaltam-se os seguintes precedentes:

a) Decisão nº 8.635/1999, do Tribunal de Contas do Distrito Federal (TCDF), no âmbito do Processo nº 4.942/95, por meio do qual o Tribunal decidiu aprovar e mandar publicar minuta de decisão normativa em que "firmou entendimento no sentido de permitir a interpretação extensiva do disposto no inc. II do art. 57 da Lei nº 8.666/93, aos casos caracterizados como fornecimento contínuo de materiais";[225] e

b) Acórdão nº 440/2020, do Tribunal de Contas do Estado do Paraná (TCPR), no âmbito do Processo nº 706.690/18, por meio do qual se decidiu, em sede de consulta, que "é possível a interpretação extensiva da regra do art. 57, inc. II, da Lei n.º 8.666/93 para abranger as hipóteses de contratos de fornecimento permanente de bens de uso continuado à Administração municipal".[226]

Compreende-se que o instituto do fornecimento contínuo segue a mesma lógica do contrato de serviço contínuo, com a diferença de que, naquele caso, é a permanência da necessidade do bem pela Administração Pública que justifica a celebração de contratos mais longos. Isso evita despesas administrativas desnecessárias com processos licitatórios repetidos, precipuamente se a empresa fornecedora estiver cumprindo suas obrigações contratuais e o preço estiver compatível com o mercado. Nessa perspectiva, avançou bem o legislador ordinário, que incorporou a visão de vários tribunais de contas a respeito do assunto.

Retomando a análise da nova lei, a contratação de bens e serviços contínuos deve observar as seguintes diretrizes, nos termos do art. 106:

a) a autoridade competente deverá atestar a maior vantagem econômica vislumbrada em razão da contratação plurianual (inc. I);

---

[224] Disponível em: http://www2.tce.sp.gov.br/arqs_juri/pdf/305230.pdf. Acesso em: 22 mar. 2021.
[225] Disponível em: https://etcdf.tc.df.gov.br/?a=consultaETCDF&f=formPrincipal&nrproc=4942&anoproc=1995. Acesso em: 22 mar. 2021.
[226] Disponível em: https://www1.tce.pr.gov.br/multimidia/2020/3/pdf/00343713.pdf. Acesso em: 22 mar. 2021.

b) a Administração deverá atestar, no início da contratação e de cada exercício, a existência de créditos orçamentários vinculados à contratação e a vantagem em sua manutenção (inc. II);
c) a Administração terá a opção de extinguir o contrato, sem ônus, quando não dispuser de créditos orçamentários para sua continuidade ou quando entender que o contrato não mais lhe oferece vantagem (inc. II).

Pela literalidade do dispositivo, ainda que o Poder Público celebre um contrato de serviço ou fornecimento contínuo de 5 anos, por exemplo, ele deve a cada ano verificar a existência de créditos orçamentários e avaliar se a manutenção do ajuste é vantajosa. Sendo negativa qualquer uma dessas perguntas, a entidade pode extinguir o contrato, sem que haja direito à indenização por parte da contratada.

Segundo o §1º, a extinção por falta de créditos orçamentários ou desvantagem ocorrerá apenas na próxima data de aniversário do contrato e não poderá ocorrer em prazo inferior a 2 meses, contado da referida data. Isso permitirá que o contratado planeje a interrupção do ajuste e não incorra em prejuízos adicionais devido à extinção da avença.

O disposto no art. 106 se aplica ao aluguel de equipamentos e à utilização de programas de informática, consoante o §2º.

A nova lei inovou significativamente ante o regime anterior no que se refere à prorrogação dos contratos de prestação de serviços ou fornecimento contínuos. Conforme o art. 107, tais ajustes poderão ser prorrogados sucessivamente, respeitada a vigência máxima decenal, desde que haja previsão em edital e que a autoridade competente ateste que as condições e os preços permanecem vantajosos para a Administração. A norma também admite a negociação das condições de preço com o contratado ou a extinção contratual sem ônus para qualquer das partes.

Trata-se, a nosso juízo, de importante medida visando ao melhor planejamento do Poder Público, que pode manter, por um prazo mais longo, aquelas contratações que se mostrarem eficientes, seja sob o ponto de vista da prestação do serviço ou do fornecimento, seja sob a perspectiva do preço.

16.5.2 Contratos decorrentes de dispensa de licitação com duração especial

A nova lei de licitações também admite prazos contratuais mais longos para determinados ajustes firmados por dispensa de licitação. Conforme o art. 108, a Administração poderá celebrar contratos com prazo de até 10 (dez) anos nas seguintes contratações:
a) de bens ou serviços produzidos ou prestados no país que envolvam, cumulativamente, alta complexidade tecnológica e defesa nacional;
b) de materiais de uso das Forças Armadas, com exceção de materiais de uso pessoal e administrativo, quando houver necessidade de manter a padronização

requerida pela estrutura de apoio logístico dos meios navais, aéreos e terrestres, mediante autorização por ato do comandante da força militar;
c) com vistas ao cumprimento do disposto nos arts. 3º, 3º-A, 4º, 5º e 20 da Lei nº 10.973, de 2.12.2004, observados os princípios gerais de contratação constantes da referida norma (inovação e pesquisa científica e tecnológica no ambiente produtivo);
d) que possam acarretar comprometimento da segurança nacional, nos casos estabelecidos pelo ministro de estado da defesa, mediante demanda dos comandos das Forças Armadas ou dos demais ministérios;
e) em que houver transferência de tecnologia de produtos estratégicos para o Sistema Único de Saúde (SUS), conforme elencados em ato da direção nacional do SUS, inclusive por ocasião da aquisição desses produtos durante as etapas de absorção tecnológica, e em valores compatíveis com aqueles definidos no instrumento firmado para a transferência de tecnologia;
f) para aquisição, por pessoa jurídica de direito público interno, de insumos estratégicos para a saúde produzidos por fundação que, regimental ou estatutariamente, tenha por finalidade apoiar órgão da Administração Pública direta, sua autarquia ou fundação em projetos de ensino, pesquisa, extensão, desenvolvimento institucional, científico e tecnológico e de estímulo à inovação, inclusive na gestão administrativa e financeira necessária à execução desses projetos, ou em parcerias que envolvam transferência de tecnologia de produtos estratégicos para o SUS, nos termos do inc. XII do *caput* deste artigo, e que tenha sido criada para esse fim específico em data anterior à entrada em vigor desta lei, desde que o preço contratado seja compatível com o praticado no mercado.

Se a estipulação de contratos mais longos se justifica, mesmo no contexto em que houve uma prévia competição em um certame licitatório, a medida se mostra ainda mais razoável, quando a licitação foi dispensada por razões diversas consideradas pelo legislador. Por evidente, a Administração deve verificar, a cada exercício financeiro, a disponibilidade de créditos orçamentários. Conforme visto, ela pode extinguir o contrato, sem ônus, quando não dispuser de créditos orçamentários para sua continuidade ou quando entender que o contrato não mais lhe oferece vantagem, nos termos do inc. III do art. 106.

16.5.3 Contratos de vigência indeterminada

O art. 109 traz importante novidade ante o regime da lei anterior: a possibilidade de celebrar contratos com prazo de vigência indeterminado, nos casos em que a Administração for usuária de serviço público oferecido em regime de monopólio, desde que comprovada, a cada exercício financeiro, a existência de créditos orçamentários vinculados à contratação.

Trata-se de medida compatível com a realidade fática, pois, havendo um único fornecedor, não fazia sentido se instaurar seguidos processos de contratação por inexigibilidade, com vistas à celebração de seguidos contratos com duração limitada. Trata-se, portanto, de mais uma novidade do novo regime que prestigia o princípio da eficiência nas contratações públicas.

16.5.4 Contratos que gerem receita e contratos de eficiência

O art. 110 dispõe sobre a duração dos contratos que geram receita e dos contratos de eficiência.

Com relação ao primeiro tipo, a nova lei não define o que vêm a ser esses ajustes. Considerando o campo de abrangência do novo estatuto, especificado no art. 2º, entende-se que o art. 110 se aplica a contratos de concessão de direito real de uso de bens, de locação quando a Administração for locadora e de concessão ou permissão de uso de bens públicos.

Já o contrato de eficiência é aquele

> cujo objeto é a prestação de serviços, que pode incluir a realização de obras e o fornecimento de bens, com o objetivo de proporcionar economia ao contratante, na forma de redução de despesas correntes, remunerado o contratado com base em percentual da economia gerada. (Inc. LIII do art. 6º)

Segundo o dispositivo, os prazos desses contratos serão de:
a) até 10 anos, quando não houver investimento; e
b) até 35 anos, quando houver investimento, assim considerados aqueles que impliquem a elaboração de benfeitorias permanentes, realizadas exclusivamente a expensas do contratado, que serão revertidas ao patrimônio da Administração Pública ao término do contrato.

16.5.5 Contratos de escopo

O art. 111 traz importante novidade, que vem a ser a positivação dos chamados contratos de escopo, também chamados de por escopo, incorporando a nomenclatura adotada pela doutrina e pela jurisprudência.

A propósito do assunto, a academia costuma dividir os contratos administrativos em "por escopo" e por "prazo certo", no que se refere às consequências da expiração do prazo de vigência contratual.

Segundo a festejada obra de Hely Lopes Meirelles:

> A extinção do contrato pelo término de seu prazo é a regra nos ajustes por tempo determinado. Necessário é, portanto, distinguir os contratos que se extinguem pela conclusão

de seu objeto e os que terminam pela expiração do prazo de sua vigência: nos primeiros, o que se tem em vista é a obtenção de seu objeto concluído, operando o prazo como limite de tempo para a entrega da obra ou do serviço ou da compra sem sanções contratuais; nos segundos, o prazo é de eficácia do negócio jurídico contratado, e assim sendo, expirado o prazo, extingue-se o contrato, qualquer que seja a fase de execução de seu objeto, como ocorre na concessão de serviço público ou na simples locação de coisa por tempo determinado. Há, portanto, prazo de execução e prazo extintivo do contrato.[227]

Dessa forma, expirada a vigência do contrato de escopo sem a conclusão do objeto, isso significava tão somente a mora do contratado, de forma que não havia o encerramento automático do ajuste.

Nesse sentido, cabe destacar a seguinte passagem do voto condutor do Acórdão nº 2.068/2004-Plenário, da lavra do Ministro Benjamin Zymler:

> O voto acima demonstra a tendência doutrinária de diferenciar entre os efeitos da extinção dos prazos nos contratos de obra e nos de prestação de serviços. Nos primeiros "em razão da natureza de seu objeto", a extinção do prazo não acarretaria, de imediato, a extinção do contrato, eis que essa somente ocorreria com a entrega do objeto. O término do prazo não teria por efeito a extinção do contrato, mas sim a caracterização de mora, se fosse o caso, do contratado. Já nos segundos "como, por exemplo, contrato de prestação de serviço de limpeza" o término do prazo teria o condão de encerrar o contrato. É que nesses contratos o lapso temporal previsto no contrato integraria o seu objeto, de modo que, terminado o prazo, terminado o contrato.

Todavia, mesmo nos contratos de escopo, a doutrina e a jurisprudência impunham a necessidade de celebração de termos aditivos de prorrogação de prazo *durante o período de vigência contratual*, ou seja, antes que se opere a extinção do ajuste. Do contrário, ocorreria a realização de serviços sem cobertura contratual, o que implica a existência de contrato verbal, vedada pela Lei nº 8.666/1993 (também pelo §2º do art. 95 da nova lei).

Realizada essa contextualização, cabe retornar ao art. 111 da nova lei. Segundo o dispositivo, "na contratação que previr a conclusão de escopo predefinido, o prazo de vigência será automaticamente prorrogado quando seu objeto não for concluído no período firmado no contrato".

O dispositivo sugere que não é mais necessária a celebração de termo de aditivo, caso o objeto *não* seja concluído dentro do prazo pactuado nos contratos de escopo predefinido. Nessa hipótese, o ajuste será automaticamente prorrogado, o que suscita o questionamento quanto ao prazo de dilação.

Considerando o princípio da anualidade orçamentária, entende-se que essa prorrogação deve acontecer até o término do exercício financeiro, sem prejuízo de nova prorrogação para abarcar o seguinte, se o objeto não for concluído e houver recursos orçamentários disponíveis (por restos a pagar ou novos créditos orçamentários).

---

[227] MEIRELLES, Hely Lopes. *Licitação e contrato administrativo*. São Paulo: Malheiros, 1999. p. 213.

Considerando o princípio da forma escrita que rege os atos da Administração, compreende-se que essa extensão automática do prazo contratual deve ocorrer mediante apostilamento.

É preciso destacar que a prorrogação do ajuste pode ocorrer automaticamente, mas a entidade contratante deve abrir processo administrativo para apurar a culpa do contratado. O §1º cuida do tema, ao especificar as providências a serem adotadas, caso a não conclusão do ajuste decorra de culpa do contratado:

a) o contratado será constituído em mora, aplicáveis a ele as respectivas sanções administrativas;

b) a Administração poderá optar pela extinção do contrato e, nesse caso, adotará as medidas admitidas em lei para a continuidade da execução contratual.

Exaurido o termo indicado no apostilamento, sem a conclusão do objeto, compreende-se que o particular está sujeito a novas sanções, devendo a Administração instaurar novo processo administrativo para avaliar a culpa do contratado. Da mesma forma, a entidade pode optar por extinguir o ajuste, nos termos do inc. II do §1º do art. 111.

16.5.6 Prazos especiais

Segundo o art. 112, os prazos contratuais previstos na nova lei não excluem nem revogam os prazos contratuais previstos em lei especial.

Considerando que o novo estatuto de licitações revogou a legislação esparsa a respeito do tema, a saber, as leis nºs 10.520/2002 (Pregão) e 12.462/2011 (RDC), o dispositivo se aplica aos contratos de concessão (Lei nº 8.987/1995), de parcerias público-privadas (Lei nº 11.079/2004) e de serviços de publicidade prestados por intermédio de agências de propaganda (Lei nº 12.232/2010), uma vez que as normas pertinentes não foram afetadas pela nova lei, que se aplica a elas apenas subsidiariamente, nos termos do art. 186.

Nada obstante, há todo um universo de normas que cuidam de contratos administrativos específicos, a exemplo dos contratos de arrendamento de cada setor de infraestrutura (portuário, aeroportuário etc.), sendo desnecessário mencioná-los exaustivamente, até porque se aplica, em situações do tipo, o vetusto brocardo hermenêutico de que a lei geral não revoga a lei especial, ainda que posterior a esta.

16.5.7 Contrato de fornecimento e prestação de serviço associado

O art. 113 cuida do contrato firmado sob o regime de fornecimento e prestação de serviço associado.

Consoante o dispositivo, ele terá sua vigência máxima definida pela soma do prazo relativo ao fornecimento inicial ou à entrega da obra com o prazo referente ao serviço de operação e manutenção, este limitado a 5 anos contados da data de recebimento do objeto inicial.

O dispositivo também admite a prorrogação da prestação do serviço associado, na forma do art. 107 da Lei nº 14.133/2021. Assim, é possível a dilação do prazo desta etapa até a vigência máxima decenal.

16.5.8 Contrato de operação continuada de sistemas estruturantes de tecnologia da informação

O art. 114 trata da vigência de contrato para a operação continuada de sistemas estruturantes de tecnologia da informação. Nesse caso, o legislador foi bastante flexível quanto à duração do ajuste, que poderá ter sua vigência estendida até 15 anos.

Conforme o art. 1º, §1º, da Portaria MP nº 438, de 28.10.2010, consideram-se sistemas estruturantes:

> aqueles baseados em Tecnologia da Informação, de suporte a macroprocessos de governo, com características multi-institucionais, possuindo requisitos de integração e relacionamento que remetem a funções internas ou que envolvam as diferentes esferas do Governo, bem como as relações entre o governo e os agentes econômicos e as relações entre o governo e os cidadãos.

Na descrição do Serviço Federal de Processamento de Dados (Serpro), esses sistemas oferecem apoio informatizado a atividades como a execução financeira e orçamentária do Governo federal, a administração de pessoal, contabilidade, auditoria e serviços gerais.[228] Tais atividades formam o que se chama de *sistemas estruturadores*, que são mecanismos de suporte (auxiliares) às atividades desempenhadas pelos órgãos setoriais (unidades responsáveis em cada órgão ou entidade), sob a coordenação e supervisão de um órgão central.[229]

São exemplos de sistemas estruturadores: o Sistema de Organização e Inovação institucional do Governo Federal – SIORG; o Sistema de Serviços Gerais – SISG e o Sistema de Administração Financeira Federal – Siafi, entre outros.

Segundo o art. 2º da Lei nº 5.615, de 13.10.1970, com a nova redação estatuída pela Lei nº 12.249, de 11.6.2010, os serviços relacionados a sistemas estruturantes são contratados pela União por dispensa de licitação junto ao Serpro.

Esse é, portanto, o espaço de aplicação do art. 114 da nova Lei de Licitações.

---

[228] Disponível em: https://www.serpro.gov.br/menu/noticias/noticias-antigas/noticias-2015/voce-sabe-o-que-sao-sistemas-estruturantes. Acesso em: 22 mar. 2021.

[229] Disponível em: https://www.gov.br/economia/pt-br/assuntos/sistemas-estruturadores. Acesso em: 22 mar. 2021.

16.6 Da execução dos contratos

> Art. 115. O contrato deverá ser executado fielmente pelas partes, de acordo com as cláusulas avençadas e as normas desta Lei, e cada parte responderá pelas consequências de sua inexecução total ou parcial.
> §1º É proibido à Administração retardar imotivadamente a execução de obra ou serviço, ou de suas parcelas, inclusive na hipótese de posse do respectivo chefe do Poder Executivo ou de novo titular no órgão ou entidade contratante.
> §2º (VETADO).
> §3º (VETADO).
> §4º (VETADO).
> §4º Nas contratações de obras e serviços de engenharia, sempre que a responsabilidade pelo licenciamento ambiental for da Administração, a manifestação prévia ou licença prévia, quando cabíveis, deverão ser obtidas antes da divulgação do edital.
> §5º Em caso de impedimento, ordem de paralisação ou suspensão do contrato, o cronograma de execução será prorrogado automaticamente pelo tempo correspondente, anotadas tais circunstâncias mediante simples apostila.
> §6º Nas contratações de obras, verificada a ocorrência do disposto no §5º deste artigo por mais de 1 (um) mês, a Administração deverá divulgar, em sítio eletrônico oficial e em placa a ser afixada em local da obra de fácil visualização pelos cidadãos, aviso público de obra paralisada, com o motivo e o responsável pela inexecução temporária do objeto do contrato e a data prevista para o reinício da sua execução.
> §7º Os textos com as informações de que trata o §6º deste artigo deverão ser elaborados pela Administração.

O art. 115 dispõe que o contrato deverá ser executado fielmente pelas partes, de acordo com as cláusulas avençadas e as normas da nova Lei de Licitações. Além disso, cada parte responderá pelas consequências de sua inexecução total ou parcial. O dispositivo expressa o princípio da força obrigatória dos contratos, também conhecido pela sua expressão em latim *pacta sunt servanda*. A disposição repete a redação do art. 66 da Lei nº 8.666/1993.

O §1º proíbe que a Administração retarde imotivadamente a execução de obra ou serviço, ou de suas parcelas, inclusive na hipótese de posse do respectivo chefe do Poder Executivo ou de novo titular no órgão ou entidade contratante.

Cuida-se de norma programática que, a rigor, nem precisava constar de qualquer lei, uma vez que, como qualquer pacto, as partes devem colaborar mutuamente para a conclusão do negócio jurídico. A menção a situações em que há novo titular de órgão ou chefe do Poder Executivo prestigia o princípio da continuidade administrativa.

A jurisprudência do TCU é pródiga em exemplos de responsabilização de prefeitos sucessores por terem abandonados contratos celebrados na gestão anterior. A título de exemplo, cita-se o Acórdão nº 8.558/2020-1ª Câmara, no qual se adotou o seguinte fundamento para a condenação do responsável:

> 24. Dessa forma, é possível afirmar que o Sr. [...] não adotou as medidas necessárias para a regularização da execução física e a continuidade das obras parcialmente realizadas na gestão anterior, o que denota uma atuação com grave negligência, em desacordo com os princípios da eficiência e da continuidade administrativa.
>
> 25. Por esse motivo, reputo correta a responsabilização do referido gestor pelo débito relativo ao desperdício de recursos públicos, decorrente da perda dos investimentos realizados no convênio, cuja execução foi abandonada durante a sua gestão, na linha da jurisprudência desta Casa. (Acórdãos nºs 6.363/2017-TCU-Segunda Câmara, 15.390/2016-2ª Câmara e 10.968/2015-2ª Câmara)

O §2º trazia notável inovação do novo regime licitatório: a necessidade de prévio depósito em conta vinculada dos recursos financeiros necessários para custear as despesas correspondentes à etapa a ser executada, antes da expedição da ordem de serviço para execução da etapa, nas contratações de obras. Porém, o dispositivo foi vetado pelo presidente da República.

O mesmo ocorreu com o §3º, que especificava que os valores depositados na conta vinculada seriam absolutamente impenhoráveis.

Eis as razões invocadas pelo chefe do Poder Executivo para o veto dos §§2º e 3º, consignadas na Mensagem nº 118, de 1º.4.2021:

> Entretanto, e em que pese o mérito da proposta, a medida contraria o interesse público, tendo em vista que a obrigatoriedade de depósito em conta vinculada como requisito para expedição de ordem de serviço na execução de obras contribuirá para aumentar significativamente o empoçamento de recursos, inviabilizando remanejamentos financeiros que possam se mostrar necessários ou mesmo para atender demandas urgentes e inesperadas. Ademais, tem-se que a existência de financeiro não deve ser exigência para a ordem de início do contrato, mas apenas a previsão orçamentária, caracterizada pela conhecida nota de empenho.
>
> Por fim, tal medida infringe princípios e normas de direito financeiro, como o art. 56 da Lei nº 4.320, de 1964, que exige a observância do princípio de unidade de tesouraria e veda qualquer fragmentação para criação de caixas especiais, como seriam as contas vinculadas, para a realização de antecipação de pagamentos por parte da Administração, que depositaria o valor da etapa da obra de forma antecipada, antes do cumprimento da obrigação por parte do contratado.

Não obstante o veto do §3º, cabe dar relevo ao entendimento esposado no julgamento do Recurso Extraordinário (RE) nº 607.582 e do Recurso Especial (REsp) nº 1.069.810. Nos casos, o STF e o STJ assentaram, sob as sistemáticas da repercussão geral e dos recursos repetitivos, que é possível o bloqueio de verbas públicas para garantir o fornecimento de medicamentos para portadores de doenças graves.

As decisões confirmaram o entendimento jurisprudencial pacífico dos referidos tribunais, que deu prevalência do direito à saúde em situações mais drásticas, quando cotejado com as normas constitucionais que regem o direito orçamentário e financeiro.

No que se refere a débitos trabalhistas, cabe destacar que o STF decidiu, em Arguição de Descumprimento de Preceito Fundamental (ADPF) nº 485, que verbas estaduais não podem ser objeto de bloqueio, penhora ou sequestro para pagamento de valores devidos em ações trabalhistas, ainda que as empresas envolvidas tenham créditos a receber da Administração Pública estadual.

O §4º estatui que, nas contratações de obras e serviços de engenharia, sempre que a responsabilidade pelo licenciamento ambiental for da Administração, a *manifestação prévia ou licença prévia*, quando cabíveis, deverão ser obtidas antes da divulgação do edital.

Conforme o art. 8º, inc. I, da Resolução Conama nº 237, de 19.12.1997, a licença prévia (LP) é concedida na fase preliminar do planejamento do empreendimento ou atividade aprovando sua localização e concepção e tem como objetivo atestar "[...] a viabilidade ambiental e estabelecendo os requisitos básicos e condicionantes a serem atendidos nas próximas fases de sua implementação".

Já manifestação prévia corresponde ao exame técnico procedido pelos órgãos ambientais dos municípios em que se localizar a atividade ou empreendimento, bem como, quando couber, dos demais órgãos competentes da União, dos estados, do Distrito Federal e dos municípios, que servirá como subsídio para que o órgão ambiental estadual ou do Distrito Federal faça o licenciamento ambiental dos empreendimentos designados no art. 5º da Resolução Conama nº 237/1997.

A nova lei positivou a obrigação de obter licenciamento prévio, que estava assentada na jurisprudência do TCU, a partir da intepretação do art. 6º, inc. IX, da Lei nº 8.666/1993 (acórdãos nºs 1.140/2005-Plenário, 397/2008-Plenário e 2.282/2011-Plenário, entre outros).

Esse entendimento decorria de interpretação extensiva do dispositivo mencionado e tinha como finalidade dar máxima concretude ao princípio de proteção ambiental. Nesse particular, o novo regime avançou corretamente, pois tornou expresso o dever de obtenção de manifestação prévia ou licença prévia, durante a fase preparatória do certame.

O licenciamento prévio se revela importante, pois, além de atestar a viabilidade ambiental das obras e serviços de engenharia, define, desde logo, os requisitos básicos e condicionantes a serem atendidos nas próximas fases da implementação do objeto. A verificação desses aspectos é requisito para a continuidade do projeto com vistas à contratação, além de servir como norte para a definição dos serviços relacionados à mitigação dos impactos ambientais, que constarão da planilha orçamentária da obra.

O §4º não se aplica quando a responsabilidade pela obtenção da licença prévia for da contratada, hipótese admitida no art. 25, §5º, inc. I, do novel estatuto. Essa transferência ocorrerá em contratações integradas, uma vez que, neste caso, será do contratado a obrigação de elaborar o projeto básico.

Cabe destacar, ainda, a possibilidade de se transferir a obtenção de determinadas licenças ao contratado, como autorizações de supressão vegetal e licenças de funcionamento de canteiro de obras e usinas de asfalto e concreto. Também, nesse caso, o aludido dispositivo pode ser excepcionado.

É possível conceber, ainda, que essa transferência de responsabilidade ocorra em obras mais simples como a pavimentação de vias urbanas ou a restauração de obras rodoviárias já existentes. Nesse caso, como a obtenção de licenças irá acarretar a realização de determinados serviços relacionados às condicionantes, entende-se que essa alteração ocorrerá em nível de projeto executivo pelo próprio contratado, ou seja, quando o regime de execução for a contratação semi-integrada.

O §5º preconiza que, em caso de impedimento, ordem de paralisação ou suspensão do contrato, o cronograma de execução será prorrogado automaticamente pelo tempo correspondente, anotadas tais circunstâncias mediante simples apostila. O dispositivo reproduz o art. 79, §5º, da lei anterior e tem como objetivo manter as condições de prazo pactuadas para que o contratado possa adimplir suas obrigações contratuais.

O §6º traz outra inovação. Conforme o dispositivo, nas contratações de obras, verificada a ocorrência de paralisação ou suspensão do contrato, a Administração deverá divulgar, em sítio eletrônico oficial e em placa a ser afixada em local da obra de fácil visualização pelos cidadãos, aviso público de obra paralisada, com o motivo e o responsável pela inexecução temporária do objeto do contrato e a data prevista para o reinício da sua execução. Segundo o §7º, os textos com as informações que constarão do *site* e da placa deverão ser elaborados pela Administração.

Não obstante a nobre intenção do artigo, de dar transparência dos fatos administrativos e instar o controle social, entende-se que a exigência do §6º impõe dificuldades práticas ao seu cumprimento, pois, em determinadas situações, não será fácil identificar os verdadeiros responsáveis pela paralisação ou suspensão. Isso porque esse fato pode ter sido causado por uma contingência de fatores, simultâneos ou não, como a falta de recursos orçamentários, a deficiente gestão do empreendimento, falhas na fiscalização, atuação dos órgãos de controle ou mesmo a desídia da empresa contratada.

A não ser em casos extremos relacionados à presença de fatores objetivos, como eventos da natureza ou não repasse dos recursos programados, a apuração do efetivo responsável pela inexecução temporária do objeto do contrato demanda processo administrativo, com todos os direitos assegurados pela Constituição e pela Lei nº 9.784/1999 ao arrolado. Por esses motivos, avalia-se que o dispositivo é mais um fator de burocracia e tem pouca capacidade de resolver o grave problema de interrupção de obras públicas.

> Art. 116. Ao longo de toda a execução do contrato, o contratado deverá cumprir a reserva de cargos prevista em lei para pessoa com deficiência, para reabilitado da Previdência Social ou para aprendiz, bem como as reservas de cargos previstas em outras normas específicas.
> Parágrafo único. Sempre que solicitado pela Administração, o contratado deverá comprovar o cumprimento da reserva de cargos a que se refere o caput deste artigo, com a indicação dos empregados que preencherem as referidas vagas.

O art. 116, basicamente, reproduz obrigação que foi introduzida mais recentemente na Lei nº 8.666/1993, em seu art. 66-A. Consoante o dispositivo, ao longo de toda a execução do contrato, o contratado deverá cumprir a reserva de cargos prevista em lei para pessoa com deficiência, para reabilitado da Previdência Social ou para aprendiz, bem como as reservas de cargos previstas em outras normas específicas.

Trata-se, mais uma vez, de dispositivo que materializa a função regulatória das licitações, de promover ações relacionadas a outras políticas públicas de interesse do Estado.

Segundo o parágrafo único do dispositivo, sempre que solicitado pela Administração, o contratado deverá comprovar o cumprimento da reserva de cargos a que se refere o *caput* deste artigo, com a indicação dos empregados que preencherem as referidas vagas.

A norma suscitada é a Lei nº 8.213, de 24.7.1991, cujo art. 93 prescreve que as empresas com cem ou mais empregados devem reservar de 2% a 5% dos cargos para beneficiários reabilitados ou portadores de deficiência, conforme a proporção estabelecida em seus incisos.

Por constituir uma obrigação contratual, o seu descumprimento pode levar à aplicação das sanções especificadas na lei e, no limite, à extinção do contrato. Por evidente, a última decisão deve levar em conta o art. 21 da LINDB, que impõe a indicação das consequências jurídicas e administrativas e das condições para que a regularização ocorra de modo proporcional e equânime e sem prejuízo aos interesses gerais, se for o caso. Além disso, será preciso examinar se a extinção é medida de interesse público, nos termos indicados no art. 147 da Lei nº 14.133/2021.

16.6.1 Da fiscalização da execução dos contratos

O art. 117 trata das disposições atinentes à fiscalização contratual. Conforme o dispositivo, a execução do contrato deverá ser acompanhada e fiscalizada por um ou mais fiscais do contrato, que vêm a ser os representantes da Administração especialmente designados para tanto pela autoridade máxima de cada órgão ou entidade, conforme os requisitos estabelecidos no art. 7º.

A disposição também prevê a indicação dos respectivos substitutos, os quais estão sujeitos às mesmas condições estabelecidas no já mencionado art. 7º. Ainda que a literalidade do art. 117 possa sugerir o contrário, entende-se que a designação dos substitutos deve seguir aos mesmos critérios impostos aos titulares, até porque essas regras visam garantir a eficiência e eficácia das contratações públicas e assegurar o atendimento do princípio da impessoalidade.

A propósito do assunto, é importante que a Administração Pública dimensione o número de fiscais segundo a quantidade e a complexidade de contratos em execução e por contratar. Da mesma forma, é preciso que a entidade contratante ofereça condições de materiais e equipamentos adequados ao cumprimento da atividade de fiscalização.

Nesse particular, o plano de contratações anual, consignado no art. 12, inc. VII, é um instrumento útil para subsidiar o planejamento das entidades quanto à fiscalização da execução dos contratos. Afinal, se a Administração conhece previamente as contratações que realizará no exercício, bem como as em andamento, ela terá condições de dimensionar os recursos materiais e humanos necessários ao acompanhamento dos ajustes.

A propósito, cabe destacar a existência de precedentes do TCU, nos quais foi afastada a responsabilidade de fiscal de contrato, em virtude da ausência de condições materiais para a execução de seu trabalho. Nesse sentido, invocam-se as seguintes decisões, extraídas do repositório "Jurisprudência Selecionada":

> O fiscal do contrato não pode ser responsabilizado caso não lhe sejam oferecidas condições apropriadas para o desempenho de suas atribuições. Na interpretação das normas de gestão pública, deverão ser considerados os obstáculos e as dificuldades reais do gestor e as exigências das políticas públicas a seu cargo (art. 22, caput, do Decreto-lei 4.657/1942 - Lei de Introdução às Normas do Direito Brasileiro). (Acórdão nº 2.973/2019-2ª Câmara. Rel. Min. Ana Arraes)
>
> O fiscal do contrato não pode ser responsabilizado, caso não possua condições apropriadas para o desempenho de suas atribuições. (Acórdão nº 839/2011-Plenário. Rel. Min. Raimundo Carreiro)

Essa posição, contudo, não é unânime, havendo casos em que essa responsabilidade não foi afastada, sob o argumento de que caberia ao agente fiscal reportar a situação aos superiores hierárquicos ou, no limite, solicitar o seu afastamento para que não incorresse em eventuais falhas na fiscalização. Nesse sentido, reporto o seguinte trecho do voto condutor do Acórdão nº 5.562/2019-1ª Câmara, de autoria do Ministro Walton Alencar:

> Tampouco merecem acolhimento as justificativas lastreadas em suposto excesso de atribuições. Tal condição poderia ser arguida, na melhor das hipóteses, para justificar demora na execução das tarefas ou pequenos lapsos na conferência de documentos, jamais para legitimar ateste indevido.
>
> Se não tinha condições de aferir medições e cumprir a contento suas atribuições, cabia ao fiscal do contrato expor a seus superiores tais circunstâncias ou, no limite, solicitar seu afastamento. Jamais atestar serviços em desacordo com o projeto, sem respaldo contratual, não autorizados e desnecessários. Ao assim proceder, atraiu para si as consequências da inserção de informações inverídicas nos relatórios de medição.

Digna de nota, ainda, a possibilidade de imputar responsabilidade à autoridade da Administração que não providenciar as condições institucionais para a regular fiscalização de contratos, como se verifica no seguinte caso extraído do repositório da jurisprudência selecionada do TCU:

O início de obra pública sem a contratação de empresa supervisora para subsidiar o acompanhamento e a fiscalização da execução contratual, nos casos em que a complexidade e a importância do empreendimento o exijam, afronta o art. 67 da Lei 8.666/1993 e enseja a responsabilização do gestor omisso por eventuais irregularidades verificadas no contrato. (Acórdão nº 1.989/2013-Plenário. Rel. Min. Aroldo Cedraz)

Este último precedente está em absoluta consonância com o parágrafo único do art. 11, já comentado, no sentido de que a alta administração do órgão ou entidade implemente uma estrutura de governança de contratações apta a avaliar, direcionar e monitorar os processos licitatórios e os respectivos contratos. Tal disposição pode auxiliar na delimitação da responsabilidade dos dirigentes por culpa *in vigilando*.

A parte final do *caput* do art. 117 admite a contratação de terceiros para assistir os fiscais e subsidiá-los com informações pertinentes a essa atribuição. É preciso sublinhar que a atividade do fiscal não pode ser substituída pela dos terceiros contratados, já que a lei é clara quanto ao papel de apoio que estes últimos devem exercer perante aquele.

Isso envolve a realização de tarefas como ensaios geotécnicos e de qualidade de materiais, controle tecnológico de asfalto e concreto, levantamentos topográficos, apoio à elaboração de relatórios e medições, entre outras. O importante é que a atividade decisória, no que se refere à fiscalização, seja reservada a um agente da Administração Pública contratante, que deve coordenar e supervisionar as tarefas acessórias atribuídas aos terceiros contratados.

As considerações acima expostas se baseiam no texto da nova lei. De *lege ferenda*, entende-se que o novel regime poderia ter sido mais ousado quanto à terceirização da atividade de fiscalização de contratos, principalmente daqueles mais complexos que envolvem conhecimentos bastante específicos.

Por evidente, as decisões envolvendo a aplicação de sanções ou a extinção dos contratos permaneceriam sob a alçada de servidores do quadro do órgão ou entidade. Todavia, a cadeia completa dos atos de instrução do processo poderia perfeitamente ficar a cargo de pessoas contratadas para a fiscalização de determinado objeto contratual, se isso se mostrasse eficiente para o Poder Público. Por seu turno, a empresa terceirizada poderia ser arrolada como responsável solidária por eventuais danos causados pela irregular execução do objeto, caso fosse configurada uma deficiente fiscalização do ajuste.

Conforme o §1º do art. 117, o fiscal do contrato anotará em registro próprio todas as ocorrências relacionadas à execução do ajuste, determinando o que for necessário para a regularização das faltas ou dos defeitos observados. O dispositivo é idêntico ao art. 67, §1º da Lei nº 8.666/1993.

Em nossa visão, o registro próprio das ocorrências será o instrumento hábil para caracterizar a ocorrência ou não de falha na fiscalização do contrato. Por esse motivo, é importante que o fiscal dê estrito cumprimento à obrigação estatuída no referido dispositivo, seja porque ela auxilia na evidenciação de eventuais falhas do contratado, seja porque ele serve como instrumento de defesa do próprio agente público, se a ele for imputada alguma falha no cumprimento de seu mister.

O §2º preconiza que o fiscal do contrato informará a seus superiores, em tempo hábil para a adoção das medidas convenientes, a situação que demandar decisão ou providência que ultrapasse sua competência. Da mesma forma, o não exercício dessa atribuição pode ensejar a responsabilização do fiscal, caso ocorram irregularidades e/ou danos advindos de sua postura omissiva, de deixar de informar fatos relevantes da obra às autoridades responsáveis por decidir.

No Acórdão nº 43/2015-Plenário, lavrado sob a égide do regime anterior, o TCU aplicou multa ao fiscal do contrato, em virtude de omissão quanto a esse dever de notificação das autoridades superiores. O seguinte trecho do voto condutor do Ministro Raimundo Carreiro ilustra bem a fundamentação adotada:

> [...] o senso de diligência exigível a um engenheiro fiscal de contrato, aqui considerado sob o conceito de homo medius, impor-lhe-ia o dever de conhecimento dos limites e regras para alterações contratuais definidos no Estatuto de Licitações, e, por conseguinte, a obrigação de notificar seus superiores sobre a necessidade de realizar o necessário aditivo contratual, em respeito à exigência estabelecida no caput do art. 60 da Lei 8.666/93.

Conforme o §3º, o fiscal do contrato será auxiliado pelos órgãos de assessoramento jurídico e de controle interno da Administração, que deverão dirimir dúvidas e subsidiá-lo com informações relevantes para prevenir riscos na execução contratual.

Com relação ao assunto, cabe destacar que o controle interno faz parte da estrutura de cada poder, sendo organizado sob a forma de um sistema, nos termos do art. 74 da Constituição. Conforme César Augusto Marx, o controle interno abrange um amplo conjunto de atuação que extrapola as atividades contábeis, abarcando também atividades de controle administrativo.[230]

O autor se baseia na taxonomia trazida pelas ciências contábeis para dividir os controles internos em controles contábeis e controles administrativos. Em suas palavras:[231]

> Os controles contábeis referem-se aos procedimentos diretamente relacionados à salvaguarda dos ativos contra erros e fraudes e a fidedignidade dos registros financeiros da entidade. Por outro lado, os controles administrativos constituem procedimentos relacionados à eficácia e à eficiência operacional da entidade e à obediência às diretrizes administrativas.

Entre desse amplo leque de atuação, o controle interno atua tanto na detecção de irregularidades, com vistas ao exame da legalidade dos atos e à eventual apuração de responsabilidade financeira pelo tribunal de contas competente, exercendo, assim,

---

[230] MARX, César Augusto. *A CGU e a dualidade do papel do controle interno no Brasil*. Dissertação (Mestrado em Gestão e Políticas Públicas) – Escola de Administração Pública e de Empresas, Fundação Getúlio Vargas, São Paulo, 2015. p. 52-53.

[231] MARX, César Augusto. *A CGU e a dualidade do papel do controle interno no Brasil*. Dissertação (Mestrado em Gestão e Políticas Públicas) – Escola de Administração Pública e de Empresas, Fundação Getúlio Vargas, São Paulo, 2015. p. 53.

o papel de apoio ao controle externo no exercício de sua missão institucional (art. 74, incs. II e IV), como na avaliação da execução dos programas de governo e dos resultados da gestão dos órgãos integrantes do poder (art. 74, incs. I e II).

Sob essa perspectiva, compreende-se que as atividades de consultoria e assessoramento do conjunto de atos administrativos relacionados às licitações e aos contratos são mais afetas às procuradorias dos entes contratantes, que devem promover o apoio necessário aos fiscais dos ajustes, no exercício de suas funções.

Na esfera federal, esse papel é exercício pela Advocacia-Geral da União (AGU), que tem em sua estrutura as consultorias jurídicas, que são órgãos administrativamente subordinados aos ministros de estado, ao secretário-geral e aos demais titulares de secretarias da Presidência da República e ao chefe do Estado-Maior das Forças Armadas, nos termos do art. 11 da Lei Complementar nº 73, de 10.2.1993.

Não se pode olvidar que o órgão central de controle interno na esfera federal, *in casu*, a Controladoria-Geral da União, tem como competência "a supervisão técnica e orientação normativa, na condição de órgão central dos sistemas de controle interno, correição e ouvidoria dos órgãos da Administração Pública federal direta, das autarquias, das fundações públicas, das empresas públicas, das sociedades de economia mista e das demais entidades controladas direta ou indiretamente pela União", nos termos do inc. XIII do art. 1º do Decreto nº 9.681, de 3.1.2019.

Tal atribuição encontra respaldo no inc. X da Lei nº 13.844, de 18.6.1999, que dá ao órgão a função de propor medidas legislativas ou administrativas e sugerir ações para evitar a repetição de irregularidades constatadas.

Todavia, o esclarecimento das dúvidas e a prestação de informações relacionadas à prevenção dos riscos em concreto identificados na fiscalização de cada contrato deveriam ser, preferencialmente, direcionados ao órgão de assessoramento da entidade contratante, que, na esfera federal, é formado pelas consultorias jurídicas integrantes da estrutura da AGU, como visto. É sob essa perspectiva que o §3º do art. 117 deve ser aplicado.

O §4º traz importantes balizas aplicáveis aos casos em que a Administração contratar terceiros para apoiar a atividade de fiscalização dos contratos. Nessa hipótese, deverão ser observadas as seguintes regras:
   a) a empresa ou o profissional contratado assumirá responsabilidade civil objetiva pela veracidade e pela precisão das informações prestadas, firmará termo de compromisso de confidencialidade e não poderá exercer atribuição própria e exclusiva de fiscal de contrato;
   b) a contratação de terceiros não eximirá de responsabilidade o fiscal do contrato, nos limites das informações recebidas do terceiro contratado.

Conforme visto, a empresa encarregada de apoiar a fiscalização poderá ser responsabilizada perante o TCU, caso sejam identificadas falhas em sua atuação que resulte em dano ao Erário. A título de exemplo, menciona-se o Acórdão nº 1.704/2020-Plenário, no qual o consórcio encarregado de fazer a supervisão das obras foi condenado solidariamente ao pagamento do débito, juntamente com a empresa contratada para executar os serviços e outros agentes públicos, "por ter atestado as medições dos serviços com irregularidades".

No que se refere à regra estatuída na letra "b", a nova lei reverberou entendimento jurisprudencial do TCU, expresso nos acórdãos nºs 5.562/2019-1ª Câmara e 2.987/2015-Plenário, entre outros.

Quanto à regulamentação do artigo em exame, o Governo Federal editou a Instrução Normativa Seges/ME nº 75, de 13.8.2021, a qual estabeleceu regras para a designação e atuação dos fiscais e gestores de contratos nos processos de contratação direta, no âmbito da Administração Pública federal direta, autárquica e fundacional.

Consoante o art. 1º da norma, ficou autorizada a aplicação da Instrução Normativa Seges/MPGD nº 5/2017, no que couber, para a designação dos fiscais e gestores de contratos, bem como para a atuação da gestão e fiscalização da execução contratual nos processos de contratação direta de que dispõe a Lei nº 14.133/2021.

O art. 2º da Instrução Normativa Seges/ME nº 75/2021 prescreveu que os órgãos e entidades poderiam, quando for o caso, solicitar apoio dos órgãos de assessoramento jurídico e de controle interno para o desempenho das funções essenciais à execução do disposto na Lei nº 14.133/ 2021.

Tal disposição parece mais consentânea com o papel dos órgãos de controle interno, comparativamente à regra §3º do art. 117 da lei, comentado acima, pois denota que o apoio deste aos demais órgãos e entidades não ocorrerá de modo obrigatório, mas mediante solicitação e eventual anuência daquele, segundo sua conveniência e oportunidade.

Segundo o art. 118, o contratado deverá manter preposto aceito pela Administração no local da obra ou do serviço para representá-lo na execução do contrato. A disposição repete o art. 68 da Lei nº 8.666/1993. A regra tem como objetivo criar um canal legítimo de comunicação entre as partes contratantes, de modo a possibilitar a correção de eventuais falhas na execução do ajuste e a solução de questões práticas surgidas no curso da avença.

16.6.2 Da responsabilidade contratual

> Art. 119. O contratado será obrigado a reparar, corrigir, remover, reconstruir ou substituir, a suas expensas, no total ou em parte, o objeto do contrato em que se verificarem vícios, defeitos ou incorreções resultantes de sua execução ou de materiais nela empregados.
>
> Art. 120. O contratado será responsável pelos danos causados diretamente à Administração ou a terceiros em razão da execução do contrato, e não excluirá nem reduzirá essa responsabilidade a fiscalização ou o acompanhamento pelo contratante.

Art. 121. Somente o contratado será responsável pelos encargos trabalhistas, previdenciários, fiscais e comerciais resultantes da execução do contrato.

§1º A inadimplência do contratado em relação aos encargos trabalhistas, fiscais e comerciais não transferirá à Administração a responsabilidade pelo seu pagamento e não poderá onerar o objeto do contrato nem restringir a regularização e o uso das obras e das edificações, inclusive perante o registro de imóveis, ressalvada a hipótese prevista no §2º deste artigo.

§2º Exclusivamente nas contratações de serviços contínuos com regime de dedicação exclusiva de mão de obra, a Administração responderá solidariamente pelos encargos previdenciários e subsidiariamente pelos encargos trabalhistas se comprovada falha na fiscalização do cumprimento das obrigações do contratado.

§3º Nas contratações de serviços contínuos com regime de dedicação exclusiva de mão de obra, para assegurar o cumprimento de obrigações trabalhistas pelo contratado, a Administração, mediante disposição em edital ou em contrato, poderá, entre outras medidas:

I - exigir caução, fiança bancária ou contratação de seguro-garantia com cobertura para verbas rescisórias inadimplidas;

II - condicionar o pagamento à comprovação de quitação das obrigações trabalhistas vencidas relativas ao contrato;

III - efetuar o depósito de valores em conta vinculada;

IV - em caso de inadimplemento, efetuar diretamente o pagamento das verbas trabalhistas, que serão deduzidas do pagamento devido ao contratado;

V - estabelecer que os valores destinados a férias, a décimo terceiro salário, a ausências legais e a verbas rescisórias dos empregados do contratado que participarem da execução dos serviços contratados serão pagos pelo contratante ao contratado somente na ocorrência do fato gerador.

§4º Os valores depositados na conta vinculada a que se refere o inciso III do §3º deste artigo são absolutamente impenhoráveis.

§5º O recolhimento das contribuições previdenciárias observará o disposto no art. 31 da Lei nº 8.212, de 24 de julho de 1991.

O art. 119 estatui a responsabilidade do contratado perante a Administração Pública em função de eventual defeito no serviço executado.

Consoante o dispositivo, ele será obrigado a reparar, corrigir, remover, reconstruir ou substituir, a suas expensas, no total ou em parte, o objeto do contrato em que se verificarem vícios, defeitos ou incorreções resultantes de sua execução ou de materiais nela empregados. O dispositivo é idêntico ao art. 69 da lei anterior.

A jurisprudência, sob a égide do regime da Lei nº 8.666/1993, é pacífica no sentido de que o construtor tem responsabilidade objetiva no tocante à solidez e à segurança da obra durante o prazo irredutível de cinco anos, nos termos do art. 618 do Código Civil (acórdãos nºs 1.818/2010, 2.134/2010, 2.760/2010, 1.828/2011, 2.304/2012, 2.696/2013 e 2.931/2013, todos do Plenário).

Conforme o Acórdão nº 2.801/2013-Plenário, cabe ao construtor exclusivamente o ônus de demonstrar que não possui nenhuma parcela de culpa na consecução dos vícios eventualmente encontrados.

Por outro lado, a Administração deve estar atenta a resguardar o direito de reparação do seu empreendimento, por meio da realização de vistorias periódicas seguidas e, a depender do caso, do acionamento da empresa no prazo legal. A omissão do gestor, que venha a trazer ônus ao Erário, pode implicar sua responsabilização. Tal entendimento constou do Acórdão nº 2.355/2017-Plenário (Rel. Min. Ana Arraes), o qual deu ensejo à seguinte tese, consignada no repositório da jurisprudência selecionada do TCU:

> Cabe ao administrador público verificar, por meio de avaliações periódicas, a durabilidade e a robustez das obras concluídas em sua gestão, especialmente durante o período de garantia quinquenal previsto no Código Civil (art. 618 da Lei 10.406/2002). Se, durante esse período, forem constatadas falhas na solidez e qualidade dos serviços prestados, é dever do gestor notificar a contratada para corrigir as deficiências construtivas e, caso os reparos não sejam feitos, ajuizar a devida ação judicial.

A jurisprudência do TCU também sinaliza que, se os vícios construtivos verificados não forem corrigidos pela contratada, a responsabilização civil desta deve ocorrer via ação ordinária perante o Poder Judiciário, não sendo a tomada de contas especial o instrumento adequado para tanto. Nesse sentido, transcrevo o seguinte precedente:

> Cabe aos gestores públicos, durante o prazo quinquenal de garantia, notificar a contratada para a correção de deficiências construtivas observadas em obras concluídas e, *caso os reparos não sejam realizados, ajuizar o devido processo judicial. Nessas situações, não é cabível a instauração de Tomada de Contas Especial.* (Acórdão nº 2.160/2013-Plenário. Rel. Min. Ana Arraes)

Além disso, a Administração contratante deve apurar se houve alguma falha na atuação dos fiscais do contrato, instaurando processo administrativo para tanto. Essa foi a tese esposada na seguinte decisão:

> No caso de serviços e/ou materiais que não atendam às especificações técnicas, a Administração deve instaurar procedimentos administrativos com vistas à apuração das responsabilidades do fiscal e da contratada, nos termos dos arts. 67, §1º, e 69 da Lei 8.666/1993, bem como, se for o caso, ao acionamento da garantia prevista no art. 618 do Código Civil. (Acórdão nº 754/2013-Plenário. Rel. Min. José Múcio)

O art. 120 trata da responsabilidade contratual perante a Administração Pública e extracontratual ou aquiliana perante terceiros. Conforme o dispositivo, o contratado será responsável pelos danos causados diretamente à Administração ou a terceiros em razão da execução do contrato, e não excluirá nem reduzirá essa responsabilidade à fiscalização ou ao acompanhamento pelo contratante.

Com relação à responsabilidade do Estado perante terceiros em situações do tipo, a doutrina predominante preconiza que esta é de natureza subsidiária, ou seja, a empreiteira possui responsabilidade primária e subjetiva quando atua culposamente, acarretando danos a terceiros, devendo o Poder Público responder quando aquela não satisfizer o pagamento da indenização. A responsabilização civil da contratada por ato ilícito segue a regra geral estabelecida no Código Civil (art. 927), sendo de natureza subjetiva.

Conforme o art. 121, somente o contratado será responsável pelos encargos trabalhistas, previdenciários, fiscais e comerciais resultantes da execução do contrato. O dispositivo difere do art. 71 da Lei nº 8.666/1993 pela inclusão da expressão "somente", o que retrata a posição do legislador no sentido de que não cabe a responsabilização subsidiária da Administração em razão de eventual dívida da empresa quanto aos mencionados encargos. As exceções serão pontuadas adiante.

O §1º esclarece que a inadimplência do contratado em relação aos encargos trabalhistas, fiscais e comerciais não transferirá à Administração a responsabilidade pelo seu pagamento e não poderá onerar o objeto do contrato nem restringir a regularização e o uso das obras e das edificações, inclusive perante o registro de imóveis, ressalvada a hipótese prevista no §2º do artigo. O §1º repete a redação do mesmo parágrafo do art. 71 da Lei nº 8.666/1993.

Diferentemente da norma anterior, não mais subsiste a responsabilidade solidária da Administração por encargos previdenciários. A única exceção são as contratações de serviços contínuos com regime de dedicação exclusiva de mão de obra, nas quais persiste a solidariedade entre o Poder Público e o contratado, se comprovada falha na fiscalização do cumprimento das obrigações do contratado, consoante o §2º do art. 121.

Esse dispositivo também prescreve a responsabilidade subsidiária pelos encargos trabalhistas, cumpridas as mesmas condições: exclusivamente em contratações de serviços contínuos com regime de dedicação exclusiva de mão de obra e se comprovada falha na fiscalização do cumprimento das obrigações do contratado.

A disciplina da nova lei reproduz, de certa forma, a jurisprudência mais recente do STF sobre a ausência de responsabilidade subsidiária automática da Administração por encargos trabalhistas, consubstanciada no julgamento do RE nº 760.931/DF (Red. p/ acórdão Min. Luiz Fux, j. 26.4.2017, public. 12.9.2017):

> O inadimplemento dos encargos trabalhistas dos empregados do contratado não transfere automaticamente ao Poder Público contratante a responsabilidade pelo seu pagamento, seja em caráter solidário ou subsidiário, nos termos do art. 71, §1º, da Lei nº 8.666/93.

Segundo a fundamentação dos votos que formaram a maioria do STF, cabe aos empregados o ônus de demonstrar a omissão da Administração na fiscalização do contrato, o que levaria à sua responsabilização subsidiária, por culpa no cumprimento de um dever contratual.

O ponto de inflexão da nova lei, destoante, inclusive, da exegese mais ampla do STF, sob a égide da lei anterior, é a limitação dessas responsabilidades às contratações de serviços contínuos com regime de dedicação exclusiva de mão de obra. Nos demais casos, pela literalidade do novo estatuto, não há que se falar em responsabilidade solidária nem subsidiária por quaisquer encargos.

O §3º trata das providências que devem ser adotadas pela Administração para assegurar o cumprimento de obrigações trabalhistas pelo contratado nas contratações de serviços contínuos com regime de dedicação exclusiva de mão de obra. São elas:

a) exigir caução, fiança bancária ou contratação de seguro-garantia com cobertura para verbas rescisórias inadimplidas;
b) condicionar o pagamento à comprovação de quitação das obrigações trabalhistas vencidas relativas ao contrato;
c) efetuar o depósito de valores em conta vinculada;
d) em caso de inadimplemento, efetuar diretamente o pagamento das verbas trabalhistas, que serão deduzidas do pagamento devido ao contratado;
e) estabelecer que os valores destinados a férias, a décimo terceiro salário, a ausências legais e a verbas rescisórias dos empregados do contratado que participarem da execução dos serviços contratados serão pagos pelo contratante ao contratado somente na ocorrência do fato gerador.

Conforme o §3º, tais medidas devem ser especificadas no edital ou em contrato. A inclusão dessas informações nos aludidos instrumentos tem como objetivo apenas torná-los mais completos, mitigando eventual desconhecimento da nova Lei de Licitações. A rigor, essa especificação no edital ou no contrato não era sequer necessária, uma vez que os contratados estão sujeitos ao regime jurídico dessa norma ao contratarem com o Poder Público.

Algumas das providências acima especificadas foram inspiradas na Instrução Normativa Seges/MPDG nº 5/2017, como o pagamento pelo fato gerador e a conta-depósito vinculada. De toda forma, a nova lei ampliou o rol de instrumentos à disposição do Poder Público para mitigar os riscos de eventual responsabilização por inadimplemento de obrigações trabalhistas.

Segundo o §4º, os valores depositados na conta vinculada a que se refere o inc. III do parágrafo anterior são absolutamente impenhoráveis. Além das considerações já expostas sobre a impenhorabilidade dos bens públicos, tal regra se justifica em razão da própria finalidade desta conta: o pagamento das obrigações contratuais e, por conseguinte, das obrigações trabalhistas dos empregados da empresa contratada.

O §5º traz obrigação dispensável, mas adequada ao propósito de reunir, nesta lei, todas as obrigações relacionadas ao regime jurídico de contratações públicas: o recolhimento das contribuições previdenciárias observará o disposto no art. 31 da Lei nº 8.212, de 24.7.1991.

Conforme o dispositivo:

> Art. 31. A empresa contratante de serviços executados mediante cessão de mão de obra, inclusive em regime de trabalho temporário, deverá reter 11% (onze por cento) do valor

bruto da nota fiscal ou fatura de prestação de serviços e recolher, em nome da empresa cedente da mão de obra, a importância retida até o dia 20 (vinte) do mês subsequente ao da emissão da respectiva nota fiscal ou fatura, ou até o dia útil imediatamente anterior se não houver expediente bancário naquele dia, observado o disposto no §5º do art. 33 desta Lei.

A disposição traz uma série de regras sobre a forma de retenção, destaque e abrangência do seu texto, cabendo aos administradores públicos seguirem as medidas ali especificadas.

16.6.3 Da subcontratação

> Art. 122. Na execução do contrato e sem prejuízo das responsabilidades contratuais e legais, o contratado poderá subcontratar partes da obra, do serviço ou do fornecimento até o limite autorizado, em cada caso, pela Administração.
> §1º O contratado apresentará à Administração documentação que comprove a capacidade técnica do subcontratado, que será avaliada e juntada aos autos do processo correspondente.
> §2º Regulamento ou edital de licitação poderão vedar, restringir ou estabelecer condições para a subcontratação.
> §3º Será vedada a subcontratação de pessoa física ou jurídica, se aquela ou os dirigentes desta mantiverem vínculo de natureza técnica, comercial, econômica, financeira, trabalhista ou civil com dirigente do órgão ou entidade contratante ou com agente público que desempenhe função na licitação ou atue na fiscalização ou na gestão do contrato, ou se deles forem cônjuge, companheiro ou parente em linha reta, colateral, ou por afinidade, até o terceiro grau, devendo essa proibição constar expressamente do edital de licitação.

O art. 122 dispõe sobre a possibilidade de subcontratação de partes do objeto pactuado. Conforme o dispositivo, na execução do contrato e sem prejuízo das responsabilidades contratuais e legais, o contratado poderá subcontratar partes da obra, do serviço ou do fornecimento até o limite autorizado, em cada caso, pela Administração. O texto basicamente repete a redação do art. 72 da Lei nº 8.666/1993.

Conquanto a lei fale que a subcontratação ocorrerá até o limite autorizado pelo Poder Público, a jurisprudência do TCU, sob a égide do regime anterior, se consolidou no sentido de que é vedada a subcontratação integral do objeto do ajuste (acórdãos nºs 774/2007-Plenário, 2.189/2011-Plenário, 8.657/2011-2ª Câmara, entre outros). Essa exegese se aplica ao novel regime, uma vez que o art. 122 fala em subcontratação de parte do objeto, estando, por conseguinte, vedado o repasse total do ajuste a terceiro.

A dificuldade que se põe, no contexto da norma, é saber até que limite do objeto poderá ser legitimamente objeto de subcontratação. Consoante o §2º, o regulamento ou edital de licitação disciplinará o tema, de modo que eles poderão vedar, restringir ou estabelecer condições para a subcontratação.

Em nossa visão, o percentual admitido de subcontratação depende da existência de partes específicas do objeto que possam ser segregadas e atribuídas a terceiros, com vistas ao melhor atendimento do princípio da eficiência. De toda sorte, cabe lembrar que o contratado original mantém a responsabilidade pelo contrato como um todo, independentemente da existência de subcontratação.

Conforme o §1º, o contratado apresentará à Administração documentação que comprove a capacidade técnica do subcontratado, que será avaliada e juntada aos autos do processo correspondente. Considerando que a relação jurídica se dará entre o contratado e o subcontratado e que aquele permanecerá responsável pelas obrigações pactuadas, entende-se que não é necessária a apresentação dos documentos relacionados aos demais critérios de habilitação.

Segundo o §3º, será vedada a subcontratação de pessoa física ou jurídica, se aquela ou os dirigentes desta:

a) mantiverem vínculo de natureza técnica, comercial, econômica, financeira, trabalhista ou civil com dirigente do órgão ou entidade contratante ou com agente público que desempenhe função na licitação ou atue na fiscalização ou na gestão do contrato; ou

b) forem cônjuge, companheiro ou parente em linha reta, colateral, ou por afinidade, até o terceiro grau, de dirigente do órgão ou entidade contratante ou com agente público que desempenhe função na licitação ou atue na fiscalização ou na gestão do contrato.

Tal proibição deve constar expressamente do edital de licitação, conforme a parte final do referido dispositivo.

O objetivo da regra é submeter o subcontratado ao mesmo regime jurídico a que está sujeito o contratado original, no que se refere à proteção da moralidade pública, da impessoalidade e da prevenção a conflito de interesses. Afinal, de nada adiantaria impor uma série de condições aos licitantes, se o vencedor pudesse subcontratar livremente o objeto a pessoas com vínculo de natureza técnica, comercial, econômica, financeira, trabalhista, civil ou familiar com a entidade contratante.

16.6.4 Do dever da Administração de decidir as solicitações contratuais

> Art. 123. A Administração terá o dever de explicitamente emitir decisão sobre todas as solicitações e reclamações relacionadas à execução dos contratos regidos por esta Lei, ressalvados os requerimentos manifestamente impertinentes, meramente protelatórios ou de nenhum interesse para a boa execução do contrato.
>
> Parágrafo único. Salvo disposição legal ou cláusula contratual que estabeleça prazo específico, concluída a instrução do requerimento, a Administração terá o prazo de 1 (um) mês para decidir, admitida a prorrogação motivada por igual período.

O art. 123 traz importante novidade da lei, a qual se insere no espírito de maior proteção do direito dos administrados. Segundo o dispositivo, a Administração tem o dever de explicitamente emitir decisão sobre todas as solicitações e reclamações relacionadas à execução dos contratos regidos por esta norma. O texto legal ressalva apenas os requerimentos manifestamente impertinentes, meramente protelatórios ou de nenhum interesse para a boa execução do contrato.

Essa obrigação materializa o princípio da boa-fé contratual, que impõe aos contratantes o dever de colaborar mutuamente para o cumprimento das obrigações pactuadas. Considerando a posição de supremacia do Poder Público na relação jurídica formada com o particular, é importante que haja regras especiais que lhe imponha, pelo menos, o dever de decidir e fundamentar, ante os pleitos apresentados pelo contratado.

Consoante o parágrafo único do art. 123, salvo disposição legal ou cláusula contratual que estabeleça prazo específico, concluída a instrução do requerimento, a Administração terá o prazo de 1 mês para decidir, admitida a prorrogação motivada por igual período.

Não obstante, a norma não previu nenhuma consequência administrativa para o desatendimento desse dever legal por parte da entidade contratante. Conforme será exposto no comentário do art. 137, a possibilidade de extinção do contrato ou de suspensão do cumprimento das obrigações assumidas, a pedido do contratado, não abrange a mora da Administração quanto à apreciação dos pleitos daquele, o que prejudica a efetividade do comando legal em exame.

De toda sorte, o art. 123 se revela importante para configurar eventual culpa da administração em ação judicial movida pelo contratado para a extinção do ajuste, em situação na qual for comprovado grave desequilíbrio econômico-financeiro, não apreciado no tempo legal especificado.

16.7 Das alterações contratuais

> Art. 124. Os contratos regidos por esta Lei poderão ser alterados, com as devidas justificativas, nos seguintes casos:
> I - unilateralmente pela Administração:
> a) quando houver modificação do projeto ou das especificações, para melhor adequação técnica a seus objetivos;
> b) quando for necessária a modificação do valor contratual em decorrência de acréscimo ou diminuição quantitativa de seu objeto, nos limites permitidos por esta Lei;
> II - por acordo entre as partes:
> a) quando conveniente a substituição da garantia de execução;
> b) quando necessária a modificação do regime de execução da obra ou do serviço, bem como do modo de fornecimento, em face de verificação técnica da inaplicabilidade dos termos contratuais originários;

c) quando necessária a modificação da forma de pagamento por imposição de circunstâncias supervenientes, mantido o valor inicial atualizado e vedada a antecipação do pagamento em relação ao cronograma financeiro fixado sem a correspondente contraprestação de fornecimento de bens ou execução de obra ou serviço;

d) para restabelecer o equilíbrio econômico-financeiro inicial do contrato em caso de força maior, caso fortuito ou fato do príncipe ou em decorrência de fatos imprevisíveis ou previsíveis de consequências incalculáveis, que inviabilizem a execução do contrato tal como pactuado, respeitada, em qualquer caso, a repartição objetiva de risco estabelecida no contrato.

§1º Se forem decorrentes de falhas de projeto, as alterações de contratos de obras e serviços de engenharia ensejarão apuração de responsabilidade do responsável técnico e adoção das providências necessárias para o ressarcimento dos danos causados à Administração.

§2º Será aplicado o disposto na alínea "d" do inciso II do caput deste artigo às contratações de obras e serviços de engenharia, quando a execução for obstada pelo atraso na conclusão de procedimentos de desapropriação, desocupação, servidão administrativa ou licenciamento ambiental, por circunstâncias alheias ao contratado.

Art. 125. Nas alterações unilaterais a que se refere o inciso I do caput do art. 124 desta Lei, o contratado será obrigado a aceitar, nas mesmas condições contratuais, acréscimos ou supressões de até 25% (vinte e cinco por cento) do valor inicial atualizado do contrato que se fizerem nas obras, nos serviços ou nas compras, e, no caso de reforma de edifício ou de equipamento, o limite para os acréscimos será de 50% (cinquenta por cento).

Art. 126. As alterações unilaterais a que se refere o inciso I do caput do art. 124 desta Lei não poderão transfigurar o objeto da contratação.

Art. 127. Se o contrato não contemplar preços unitários para obras ou serviços cujo aditamento se fizer necessário, esses serão fixados por meio da aplicação da relação geral entre os valores da proposta e o do orçamento-base da Administração sobre os preços referenciais ou de mercado vigentes na data do aditamento, respeitados os limites estabelecidos no art. 125 desta Lei.

Art. 128. Nas contratações de obras e serviços de engenharia, a diferença percentual entre o valor global do contrato e o preço global de referência não poderá ser reduzida em favor do contratado em decorrência de aditamentos que modifiquem a planilha orçamentária.

Art. 129. Nas alterações contratuais para supressão de obras, bens ou serviços, se o contratado já houver adquirido os materiais e os colocado no local dos trabalhos, estes deverão ser pagos pela Administração pelos custos de aquisição regularmente comprovados e monetariamente reajustados, podendo caber indenização por outros danos eventualmente decorrentes da supressão, desde que regularmente comprovados.

Art. 130. Caso haja alteração unilateral do contrato que aumente ou diminua os encargos do contratado, a Administração deverá restabelecer, no mesmo termo aditivo, o equilíbrio econômico-financeiro inicial.

Art. 131. A extinção do contrato não configurará óbice para o reconhecimento do desequilíbrio econômico-financeiro, hipótese em que será concedida indenização por meio de termo indenizatório.

> Parágrafo único. O pedido de restabelecimento do equilíbrio econômico-financeiro deverá ser formulado durante a vigência do contrato e antes de eventual prorrogação nos termos do art. 107 desta Lei.
>
> Art. 132. A formalização do termo aditivo é condição para a execução, pelo contratado, das prestações determinadas pela Administração no curso da execução do contrato, salvo nos casos de justificada necessidade de antecipação de seus efeitos, hipótese em que a formalização deverá ocorrer no prazo máximo de 1 (um) mês.

O art. 124 cuida das formas de alteração dos contratos regidos pela nova lei. O *caput* do dispositivo praticamente repete a disciplina da norma anterior (art. 65). Conforme o mencionado artigo, os ajustes poderão ser alterados, com as devidas justificativas, nos seguintes casos:

- unilateralmente pela Administração:
  a) quando houver modificação do projeto ou das especificações, *para melhor adequação técnica a seus objetivos* (alteração qualitativa);
  b) quando for necessária a modificação do valor contratual em decorrência de *acréscimo ou diminuição quantitativa de seu objeto*, nos limites permitidos por esta lei (alteração quantitativa);
- por acordo entre as partes:
  a) quando conveniente a substituição da garantia de execução;
  b) quando necessária a *modificação do regime de execução da obra ou do serviço*, bem como do modo de fornecimento, em face de verificação técnica da inaplicabilidade dos termos contratuais originários;
  c) quando necessária a modificação *da forma de pagamento por imposição de circunstâncias supervenientes*, mantido o valor inicial atualizado e vedada a antecipação do pagamento em relação ao cronograma financeiro fixado sem a correspondente contraprestação de fornecimento de bens ou execução de obra ou serviço;
  d) para restabelecer o equilíbrio econômico-financeiro inicial do contrato em caso de força maior, caso fortuito ou fato do príncipe ou em decorrência de fatos imprevisíveis ou previsíveis de consequências incalculáveis, que inviabilizem a execução do contrato tal como pactuado, respeitada, em qualquer caso, a repartição objetiva de risco estabelecida no contrato.

As circunstâncias indicadas no inc. I do art. 124 envolvem a modificação do objeto do contrato para atender a interesse da entidade contratante, na condição de beneficiária da obrigação e tutora, em última instância, do interesse público buscado pela contratação. A consequência imediata da alteração do conteúdo pactuado é a modificação do valor contratado, para mais ou para menos.

A especificação do novo valor global tomará como base os quantitativos novos e os preços unitários originalmente pactuados e, no caso de itens novos, os preços unitários definidos por acordo entre as partes, respeitados, por evidente, os parâmetros indicados no art. 23. Se o objeto envolver obras e serviços de engenharia, será necessário manter, ainda, a diferença percentual entre o valor global do contrato e o preço global de referência, nos termos do art. 127.

A alteração unilateral consignada no inc. I está sujeita a limites (tanto qualitativa como quantitativa). Conforme o art. 125, o contratado será obrigado a aceitar, nas mesmas condições contratuais, os acréscimos ou supressões de até 25% do valor inicial atualizado do contrato que se fizerem nas obras, nos serviços ou nas compras. No caso de reforma de edifício ou de equipamento, o limite para os *acréscimos* será de 50%.

Não é admitida a alteração do objeto do contrato que implique mudança no valor contratual que extrapole os limites mencionados, ainda que haja concordância pelo particular contratado.

A propósito do assunto, a jurisprudência do TCU, sob a égide do regime anterior, é bastante rica quanto ao que seria a melhor exegese do art. 65 da Lei nº 8.666/1993.

Quanto aos limites de alterações contratuais, o Tribunal consolidou entendimento no sentido de que o conjunto de reduções e o conjunto de acréscimos devem ser sempre calculados sobre o valor original do contrato, atualizado monetariamente, aplicando-se a cada um desses conjuntos, individualmente e sem nenhum tipo de compensação entre eles, os limites de alteração estabelecidos no dispositivo legal (acórdãos nºs 591/2011-Plenário, 2.530/2011-Plenário, 2.819/2011-Plenário, 2.372/2013-Plenário e 1.498/2015-Plenário, entre outros).

A título de exemplo, suponha-se um contrato com valor original de R$1 milhão, que, posteriormente, foi objeto de dois termos aditivos. O primeiro suprimindo serviços que totalizavam R$300 mil, o segundo acrescentando outros itens que somavam R$500 mil. O valor final do ajuste, após os dois termos aditivos, ficou em R$1,2 milhão (R$1 milhão – R$300 mil + R$500 mil).

Caso fosse realizada a compensação entre acréscimos e supressões, para fins de verificação de extrapolação do limite de alteração da lei, a conclusão seria a de que não foi ultrapassado o limite de alteração da lei (R$200 mil/R$1 milhão = 20%).

Porém, segundo a jurisprudência do TCU, tanto a supressão quanto o acréscimo extrapolaram, isoladamente, o limite da lei, tendo sido irregulares ambos os aditivos:
– supressão: R$300 mil/R$1 milhão = 30%;
– acréscimo: R$500 mil/R$1 milhão = 50%.

Em nossa visão, a interpretação do Tribunal a respeito a incidência isolada do limite legal sobre acréscimos e supressões parece adequada ao propósito da lei, de evitar a transfiguração do objeto licitado, em detrimento do princípio da competividade. Afinal, de nada adiantaria convocar interessados para oferecer propostas em um certame licitatório, se, ao final, o objeto executado fosse substancialmente distinto do que havia sido posto à competição.

Esse objetivo parece ainda mais evidente no novo estatuto, como se depreende da leitura de seu art. 126. Conforme o dispositivo, as alterações unilaterais a que se refere o inc. I do *caput* do art. 124 não poderão transfigurar o objeto da contratação.

Não se pode ignorar que muitas alterações de projeto não visam à melhor adequação técnica a seus objetivos, nem à alteração quantitativa do contrato para o melhor atendimento do interesse público. Com certa frequência, elas são decorrentes de falhas na etapa de planejamento, em especial, na definição das soluções e na elaboração de projetos. Isso para não falar das situações em que as modificações visam atender a interesses pessoais dos contratados, em comum acordo com agentes públicos em situação de má-fé.

Sob essa perspectiva, a adoção de limites mais rígidos à alteração contratual tem como objetivo evitar que o Poder Público, por meio de aditivos, altere substancialmente o conteúdo do contrato. Como consequência, essa restrição exige um comportamento mais eficiente da Administração na etapa de planejamento da licitação, o que vai ao encontro dos princípios da competividade, da economicidade e da moralidade, na medida em que viabiliza uma competição justa e efetiva dos interessados em torno de um objeto mais próximo do que será realmente executado.

Por essas razões, entende-se que a jurisprudência do TCU sobre a aplicação isolada dos limites de alteração aos acréscimos e supressões deve ser recepcionada no contexto da nova lei.

Retomando a análise do art. 124, o §1º dispõe que as alterações de contratos de obras e serviços de engenharia decorrentes de falhas de projeto ensejarão apuração de responsabilidade do responsável técnico e a adoção das providências necessárias para o ressarcimento dos danos causados à Administração.

O dispositivo não constava da legislação anterior, o que não impedia a responsabilização dos agentes públicos envolvidos na elaboração e aprovação de projetos deficientes, mediante a aplicação de multa, uma vez que essa conduta implicava infração ao art. 6º, inc. IX, da Lei nº 8.666/1993.

Há vários precedentes do TCU nesse sentido, cabendo listar os seguintes, extraídos do repositório da jurisprudência selecionada do Tribunal:

> A realização de licitação com base em projeto básico deficiente, impreciso e que não contempla todos os elementos necessários e suficientes para bem caracterizar e orçar a totalidade da obra constitui falha grave ensejadora de aplicação de multa aos responsáveis. (Acórdãos nºs 2.934/2014-Plenário, 2.158/2015-Plenário, 302/2016-Plenário, 725/2016-Plenário. Rel. Min. Subst. Marcos Bemquerer)
>
> Não é qualquer omissão ou modificação de itens contratuais que conduz à conclusão de que o projeto básico foi deficiente. A grave violação ao art. 6º, inciso IX, da Lei 8.666/1993, necessária à aplicação da multa do art. 58, inciso II, da Lei 8.443/1992, requer evidenciação de materialidade, impacto e aderência das modificações à concepção inicial do projeto como um todo, caracterizando transfiguração do objeto. (Acórdão nº 1.608/2015-Plenário. Rel. Min. Benjamin Zymler)
>
> A adoção de projeto básico deficiente constitui irregularidade grave passível de aplicação de multa aos responsáveis, independentemente da consumação e da identificação de dano ao erário. (Acórdão nº 707/2014-Plenário. Rel. Min. Benjamin Zymler)

No que se refere à imputação de débito por alterações contratuais decorrentes de falha de projeto, entende-se que isso é possível quando há redução do desconto ofertado na licitação, por meio de jogo de planilha, ou quando as modificações têm como propósito corrigir uma solução equivocada do projeto original, que gerou desperdício de recursos públicos.

Quanto ao superfaturamento por jogo de planilha, tais fatos ensejam, como regra, a reponsabilidade financeira dos signatários dos aditivos, de forma que o autor do projeto não é usualmente incluído no rol de responsáveis pelo dano, em face da teoria da interrupção do nexo causal, também chamada de teoria dos danos diretos.[232]

A título de exemplo, cita-se o Acórdão nº 1.114/2014-1ª Câmara, no qual foram condenados em débito o prefeito e o procurador do município que assinaram conjuntamente o termo aditivo, além da empresa contratada, beneficiária dos valores pagos a mais.

O fundamento dessa exclusão, segundo a jurisprudência do TCU, é o de que o responsável direto pelo dano são os agentes públicos que aprovaram as modificações contratuais e assinaram os termos aditivos, já que eles poderiam e deveriam, na oportunidade, manter o percentual de desconto ofertado na licitação, como forma de assegurar o mesmo equilíbrio econômico-financeiro do ajuste em sua concepção original.

Dito de outra forma, ainda que tivesse havido falha na concepção original do projeto, a posição vigente no TCU é a de que os danos decorrentes das modificações poderiam ser evitados pelos agentes públicos que participaram da celebração dos aditivos, de modo que estes últimos são os verdadeiros responsáveis pelos prejuízos decorrentes de um projeto deficiente.

Com relação às alterações contratuais para corrigir soluções equivocadas do projeto original, avalia-se adequada, como regra, a responsabilização do agente que elaborou o projeto com solução de engenharia equivocada, se houver perda dos valores gastos na implantação do projeto, pela inutilidade da solução. A título de exemplo, invoca-se o Acórdão nº 2.742/2015-Plenário, no qual se aventou a possibilidade de responsabilização da projetista, em razão de falhas no projeto de fundação do prédio do Tribunal Regional do Trabalho do Espírito Santo (TRT/ES), as quais ensejaram a realização de novo projeto e a perda dos recursos originalmente investidos, devido à falta de aproveitamento da parcela da obra executada.

De todo modo, sempre que houver alteração do projeto, será necessária a apuração da responsabilidade, por parte da entidade contratante, do autor do projeto, conforme o §1º do art. 124. A inclusão do projetista no rol de responsáveis pelo débito segue a

---

[232] Gisela Sampaio da Cruz impõe três condições para a configuração da interrupção do nexo causal: "(i) a existência de um nexo de causalidade, a ser interrompido, entre o 1º fato e o dano; (ii) que o 2º fato seja completamente independente do 1º, no sentido de que não seja sua consequência necessária; (iii) que o 2º fato tenha provocado o efeito independentemente do 1º fato, de tal maneira que só a eficácia causal do 2º fato tenha operado o dano" (CRUZ, Gisela Sampaio da. *O problema do nexo causal na responsabilidade civil*. Rio de Janeiro: Renovar, 2005. p. 159). No caso em exame, o primeiro fato, a elaboração do projeto deficiente, é interrompido pelo segundo fato, a não exigência de que o contratado mantenha o desconto originalmente pactuado, quando da celebração do aditivo. O último fato independe do primeiro e a sua eficácia é que provoca o dano.

regra geral de responsabilização por ato ilícito, sendo cabível sempre que houver uma conduta culposa que tenha dado causa a prejuízo ao Erário.

Conforme o §2º, será devida a modificação do contrato de obras e serviços de engenharia para restabelecer o seu equilíbrio econômico-financeiro inicial (alínea "d" do inc. II do *caput*), quando a execução for obstada pelo atraso na conclusão de procedimentos de desapropriação, desocupação, servidão administrativa ou licenciamento ambiental, por circunstâncias alheias ao contratado. Por conseguinte, não será devida essa alteração se tais atrasos forem imputáveis, isolada ou concorrentemente, ao contratado.

Com relação à alteração contratual por acordo entre as partes, as hipóteses elencadas nas alíneas "a" a "c" do inc. II do art. 124 *não* possuem impacto financeiro, de modo que não cabe a discussão sobre a existência de eventuais limites econômicos à sua estipulação.

Quanto à modificação de que trata a alínea "d" do inc. II, embora ela tenha evidente impacto financeiro, a lei não a submeteu a nenhum limite de valor. Afinal, o art. 125 somente se aplica aos aditivos contratuais fundados no inc. I do *caput* do art. 124 da lei, o que é de todo razoável, na medida em que a hipótese trazida no dispositivo visa restabelecer o equilíbrio econômico-financeiro inicial do contrato devido à ocorrência de situações de força maior, caso fortuito ou fato do príncipe ou em decorrência de fatos imprevisíveis ou previsíveis de consequências incalculáveis.

O dispositivo contempla as situações em que a necessidade de alteração contratual *não* decorreu de erros de projeto evitáveis, imputáveis ao seu autor, nem de condutas irregulares praticadas pelas partes. O motivo da modificação são circunstâncias novas e desconhecidas, alheias aos contraentes, de forma que a recomposição do valor da avença é necessária para fazer jus aos novos encargos decorrentes desse novo contexto.

Em verdade, o dispositivo constitui uma autêntica garantia das partes, a qual decorre do art. 37, inc. XXI, da Constituição Federal. Segundo este, as contratações públicas devem conter cláusulas que estabeleçam obrigações de pagamento, mantidas as condições efetivas da proposta. Assim, a disposição visa restabelecer a relação de igualdade entre os encargos do contratado e a justa retribuição da Administração, reafirmando a comutatividade consignada na origem do vínculo contratual.

A disposição expressa a chamada teoria da imprevisão em matéria contratual, segundo a qual a ocorrência de eventos novos, imprevistos e imprevisíveis pelas partes e a elas não imputáveis, que tenham impacto sobre a economia ou a execução do contrato, autorizam a sua revisão para ajustá-lo às circunstâncias supervenientes.[233]

Conforme Rafael Carvalho Rezende Oliveira, a referida teoria tem relação com a cláusula *rebus sic stantibus* aplicada no direito civil, a qual determina o cumprimento do contrato enquanto presentes as mesmas condições do momento da contratação.

---

[233] MEIRELLES, Hely Lopes. *Direito administrativo brasileiro*. São Paulo: Malheiros, 2016. p. 267.

Alteradas essas circunstâncias, as partes ficariam liberadas de cumprir os compromissos, da forma definida originalmente.[234]

Isso significa que a possibilidade de alteração não é um direito exclusivo do contratado, na medida em que as circunstâncias imprevistas que perturbam o equilíbrio contratual podem afetar este a ponto de exigir o aumento ou a diminuição de seu valor. A título de exemplo, invoca-se a situação em que houver a redução da carga tributária incidente sobre o ajuste, a qual impõe a revisão para reduzir o preço da avença, protegendo, assim, a posição contratual da Administração.

Dito de outra forma, as alterações supervenientes que se enquadrem na alínea "d" do inc. II do art. 124 e tenham impacto sobre os custos do contrato podem, legitimamente, ensejar a celebração de aditivo, seja para aumentar o seu valor, seja para diminuir.

A propósito do assunto, é preciso destacar que o dispositivo em análise, assim como o equivalente na legislação anterior, não incluiu a onerosidade excessiva como condição à celebração de aditivo contratual devido a situações de força maior, caso fortuito ou fato do príncipe ou em decorrência de fatos imprevisíveis ou previsíveis de consequências incalculáveis.

Nesse sentido, invoca-se o Acórdão nº 2.933/2011-Plenário, cujo voto condutor contém o seguinte trecho:

> [...] É que tanto na alínea "d", do inciso II, do art. 65, quanto no §5º do mesmo artigo, todos da Lei 8.666/93, não trazem qualquer referência à materialidade (onerosidade excessiva e insuportabilidade do novo ônus) como condição de reequilíbrio. Prevê-se, somente, a álea extraordinária e extracontratual, como ainda a comprovada repercussão nos preços contratados. Parecem-me extralegais tais condicionantes para a manutenção do equilíbrio do contratado, sagradamente protegido pela Constituição da República.
>
> Por clareza, reproduzo, novamente, trecho da obra de Marçal Justen Filho (Comentários à Lei de Licitações e Contratos Administrativos – 11ª Edição – pg. 547):
>
> "[...] O exame de diversos julgados evidencia que o C. TCU adotou como orientação de que a recomposição da equação econômico-financeira, nas hipóteses de elevação da carga tributária, dependeria da verificação de determinados pressupostos – entre os quais a insuportabilidade da execução da prestação, em vista da impossibilidade de o particular arcar com os efeitos da modificação da situação fática.
>
> Essa orientação é, data vênia, incompatível com o Direito brasileiro, que não elegeu esse requisito como condição para o surgimento do direito do particular (ou da própria Administração, frise-se) à revisão de preços contratuais. A solução constitucional consagrada no Brasil e traduzida no regime da Lei nº 8.666 configurou uma disciplina própria, que não pode ser interpretada com a pura e simples importação das soluções francesas. O art. 65, inc. II, al. 'd', não faz qualquer alusão à necessidade de que o evento superveniente seja dotado de carga de nocividade tão intensa que impeça a execução da prestação originalmente assumida. O que a Lei previu foi a ocorrência de um evento imprevisível ou previsível de consequências incalculáveis, apto a produzir a frustração da relação original entre encargos e vantagens.
>
> Mais ainda, a regra textual do art. 65, §5º, não comporta o exame proposta pelo TCU. A disposição legal não deixa margem a dúvida, ao utilizar uma expressão vocabular

---

[234] OLIVEIRA, Rafael Carvalho Rezende. *Curso de direito administrativo*. São Paulo: Método, 2016. p. 551.

ampla ('Quaisquer...'), vinculada a certo efeito ('de comprovada repercussão nos preços contratados...'). Tal como definido na Lei brasileira, o direito à revisão não introduziu alguma espécie de restrição ou condicionamento. Não se estabeleceu que o direito à revisão somente surgiria se o repercussão fosse muito intensa. Não se exigiu que a execução do contrato se tornasse inviável. Não houve qualquer referência, ainda que indireta, aos pressupostos adotados na jurisprudência francesa da teoria do fato do príncipe nem à teoria da imprevisão".

Passa-se a uma breve descrição dos termos usados no dispositivo.

O fato do príncipe é o fato extracontratual praticado pela Administração que repercute no contrato administrativo (ex.: aumento da alíquota do tributo que incide sobre o objeto contratual).[235] O caso fortuito é o evento da natureza que, por sua imprevisibilidade e inevitabilidade, cria para o contratado impossibilidade intransponível de regular execução do contrato.[236] A força maior o evento humano que, por sua imprevisibilidade e inevitabilidade, cria para o contratado impossibilidade intransponível de regular execução do contrato.[237]

Não obstante o conceito trazido dos dois últimos institutos, Rafael Carvalho lembra que parte da doutrina os define de modo contrário – caso fortuito está ligado a um evento humano, e força maior, a um evento da natureza –, o que não tem relevância prática, na medida em que as situações geram as mesmas consequências jurídicas.[238]

Os arts. 127 e 128 disciplinam a fixação dos preços unitários dos serviços novos, contemplados em termos aditivos contratuais.

Conforme o art. 127, se o contrato não contemplar preços unitários para obras ou serviços cujo aditamento se fizer necessário, esses serão fixados por meio da aplicação da relação geral entre os valores da proposta e o do orçamento-base da Administração sobre os preços referenciais ou de mercado vigentes na data do aditamento.

Suponha-se, por exemplo, um contrato celebrado no valor de R$900 mil, após uma licitação cujo orçamento-base era de R$1 milhão. Se, posteriormente, a entidade contratante resolver celebrar um aditivo para acrescentar itens novos, ela deverá consultar os preços referenciais ou de mercado vigentes na época do aditamento e fazer incidir sobre eles o percentual de 90% (R$900 mil/ R$1 milhão). Nessa hipótese, se o item novo estiver consignado no Sinapi, por exemplo, com o custo unitário de R$10,00, o seu custo unitário será fixado em R$9,00 (90% x R$10,00). Por evidente, a esse valor será aplicado o BDI contratual.

Como consequência dessa sistemática, o contrato terá itens de serviços com datas-bases distintas, para fins de reajustamento. Por conseguinte, é preciso levar em conta esse aspecto quando da aplicação dos índices de reajustes. A propósito, o acréscimo de novos serviços pode ensejar a necessidade de alteração do índice de reajustamento, caso

---

[235] OLIVEIRA, Rafael Carvalho Rezende. *Curso de direito administrativo*. São Paulo: Método, 2016. p. 552.
[236] MEIRELLES, Hely Lopes. *Direito administrativo brasileiro*. São Paulo: Malheiros, 2016. p. 268.
[237] MEIRELLES, Hely Lopes. *Direito administrativo brasileiro*. São Paulo: Malheiros, 2016. p. 268.
[238] OLIVEIRA, Rafael Carvalho Rezende. *Curso de direito administrativo*. São Paulo: Método, 2016. p. 552.

seja adotada uma cesta de índices. O assunto é tratado da seguinte forma no *Roteiro de auditoria de obras públicas* do TCU:

> 443. Uma alternativa para a solução desse problema seria a realização de reajustes distintos, um para os serviços originais do contrato e outro para os novos serviços que foram acrescidos. Entretanto, essa alternativa resulta em maior complexidade dos controles. Uma solução mais pragmática consiste em deflacionar o preço dos novos serviços para a data-base do contrato.
>
> 444. Outro ponto importante diz respeito ao índice a ser aplicado nos futuros reajustes, no caso da utilização de cesta de índices. Sendo significativo o percentual de participação dos novos serviços em relação ao valor total da obra, faz-se necessária uma alteração nos pesos dos índices na cesta. Essa alteração deve ser observada quando da formalização do termo aditivo.[239]

A parte final do art. 127 lembra a necessidade de serem respeitados os limites estabelecidos no art. 125 da lei, após a fixação dos preços unitários dos itens novos. Dessa forma, o Poder Público deverá calcular o valor global dos acréscimos, mediante a multiplicação dos quantitativos pelos preços unitários correspondentes, e comparar a quantia obtida com o valor original atualizado do contrato.

Conforme o art. 128, nas contratações de obras e serviços de engenharia, a diferença percentual entre o valor global do contrato e o preço global de referência não poderá ser reduzida em favor do contratado em decorrência de aditamentos que modifiquem a planilha orçamentária.

Essa metodologia foi originalmente prevista nas leis de diretrizes orçamentárias a partir de 2009 e no Regime Diferenciado de Contratações Públicas – RDC, instituído pela Lei nº 12.462/2011 e regulamentado pelo Decreto nº 7.581, de 11.10.2011. Ela foi incorporada no *Roteiro de auditoria de obras públicas* do TCU, que adotou esse método na aferição da existência ou não de superfaturamento por jogo de planilha.

Assim, a nova lei positivou importante disposição que tem como norte a manutenção da equação econômico-financeira inicial do ajuste, mesmo que haja alterações contratuais mediante acréscimo e supressão de itens. Trata-se, por conseguinte, de um importante antídoto à malfadada prática do jogo de planilha, que, além de desafiar a ideia de competividade e isonomia das licitações, acabava gerando significativos prejuízos.

Diante desse quadro normativo, a Administração deve cumprir duas condições para a celebração de aditivos contratuais por alteração do objeto (quantitativo e qualitativo):

– observar os limites especificados no art. 125 para acréscimos e supressões isoladamente; e
– não reduzir a diferença percentual entre o valor global do contrato e o preço global de referência, conforme o art. 128.

---

[239] BRASIL. Tribunal de Contas da União. *Roteiro de auditoria de obras públicas*. Brasília: TCU, 2012. p. 111.

Para o cumprimento do art. 128, é preciso que o Poder Público obtenha o novo preço global de referência, após o aditivo contratual.

A fim de ilustrar esse regime de modificação contratual, cabe trazer um exemplo. Suponha-se um contrato cujo valor global original é de R$8,5 milhões, com um orçamento de referência de R$10 milhões. Dessa forma a diferença percentual entre o valor global do contrato e o preço global de referência é 15% ([R$10 milhões – R$8,5 milhões]/R$10 milhões).

Se, por exemplo, o ajuste sofreu um acréscimo de serviços da ordem de R$1,7 milhão e reduções de R$850 mil, essas alterações cumpriram o art. 125, pois se mantiveram abaixo do limite legal de 25% – acréscimo de 20% (R$1,7 milhão/R$8,5 milhões) e supressão de 10% (R$850 mil/R$8,5 milhões). O valor global do ajuste, neste exemplo, passou para R$9,35 milhões.

Todavia, para saber se essas modificações cumpriram todos os requisitos legais, é preciso calcular o novo preço global de referência do contrato, após os acréscimos e supressões. Para tanto, o Poder Público deve multiplicar os quantitativos dos itens pelos respectivos preços unitários de referência, a serem obtidos segundo a metodologia especificada no art. 23, §1º.

No exemplo citado, se o novo preço de referência for de R$10,35 milhões, o aditivo é irregular, pois a nova diferença percentual ([R$10,35 milhões – R$9,35 milhões]/R$10,35 milhões = 9,66%) é menor do que a diferença original, de 15%.

De todo modo, é preciso tomar o cuidado para trazer todos os valores para a mesma data-base. Considerando que o parâmetro de comparação do art. 125 é o "valor inicial atualizado do contrato", entende-se razoável que todas as quantias sejam trazidas ao valor presente para a data de referência do termo aditivo.

Conforme o art. 129, nas alterações contratuais para supressão de obras, bens ou serviços, se o contratado já houver adquirido os materiais e os colocado no local dos trabalhos, estes deverão ser pagos pela Administração pelos custos de aquisição regularmente comprovados e monetariamente reajustados. Isso implica que o pagamento dos materiais não seguirá a composição de custos unitários, de forma que a indenização se baseará no custo efetivo de aquisição, a ser demonstrado mediante a apresentação de notas fiscais.

Ademais, o Poder Público pode indenizar outros danos eventualmente decorrentes da supressão, desde que regularmente comprovados. A título de exemplo, poderão ser acrescentados outros custos como fretes e eventuais custos de armazenagem. Cabe ressaltar que o dispositivo em exame é absolutamente idêntico ao art. 65, §4º, da Lei nº 8.666/1993.

Segundo o art. 130, caso haja alteração unilateral do contrato que aumente ou diminua os encargos do contratado, a Administração deverá restabelecer, no mesmo termo aditivo, o equilíbrio econômico-financeiro inicial.

O dispositivo procura abarcar, de forma ampla, qualquer modificação no conteúdo da avença que altere, de qualquer forma, a prestação pactuada. Isso exigirá a alteração do preço do ajuste, a fim de manter a situação de equilíbrio dos compromissos assumidos pelas partes. Da mesma forma, o artigo repete a redação da disposição equivalente da norma anterior (art. 65, §6º).

Conforme o art. 131, a extinção do contrato não é fator impeditivo para o reconhecimento do desequilíbrio econômico-financeiro. Nessa hipótese, será concedida indenização por meio de termo indenizatório.

Trata-se de disposição que inova em relação ao conteúdo da norma anterior, que era silente quanto à possibilidade de a Administração reconhecer essa situação de desequilíbrio, após o encerramento do termo contratual.

Em nosso juízo, a previsão legal é adequada, uma vez que permite a reparação de prejuízos incorridos pelo contratado durante a execução do ajuste, por conta de eventual desbalanceamento entre os seus encargos e a retribuição da Administração.

O direito ao reequilíbrio decorre da demonstração das condições legais para a sua concessão, sendo razoável o particular optar em exercê-lo posteriormente, segundo a sua conveniência, o que pode ocorrer quando o contrato estiver em vias de ser concluído ou prorrogado.

Em contrapartida, a delonga no exercício desse direito pode dificultar a evidenciação do desequilíbrio econômico-financeiro, caso, por exemplo, ele decorra da necessidade de mudança na forma de execução de serviços, seja quanto à metodologia construtiva, seja quanto aos materiais, bem como a inclusão de novos itens, cuja efetiva execução não seja aferível após a conclusão do empreendimento. A título de exemplo, menciona-se a alteração da espessura da camada de sub-base de um pavimento ou a mudança dos materiais que a integram.

Nessa hipótese, entende-se adequado que o pleito de reequilíbrio ocorra antes da execução propriamente dita desses serviços, mediante a celebração de termo aditivo específico, a fim de evitar a realização de itens sem amparo contratual, em desacordo com o art. 95, §2º (vedação a contrato verbal). A propósito, esse tema é tratado no art. 132, a ser comentado adiante.

O parágrafo único do art. 131 impôs o pedido de reequilíbrio econômico-financeiro a uma condição, ao pontuar que ele "[...] deverá ser formulado durante a vigência do contrato e antes de eventual prorrogação nos termos do art. 107 desta Lei".

O novo regime de licitações assimila, portanto, a jurisprudência do TCU sobre o assunto, consubstanciada no Acórdão nº 4.365/2014-1ª Câmara (Rel. Min. Benjamin Zymler).

Em verdade, essa ideia foi adotada como razão de decidir do Acórdão nº 4.603/2013-1ª Câmara, mas a tese foi realmente assentada, de modo textual, naquela deliberação, que apreciou recurso de reconsideração contra esta.

O caso envolvia uma tomada de contas especial na qual a empresa contratada havia sido condenada solidariamente com ex-prefeito, em razão da execução parcial de convênio firmado com o município, que tinha por objeto a construção da sede da prefeitura local.

A sociedade empresária alegou, entre outros argumentos, que:

> desde o início o contrato encontrava-se desequilibrado econômica e financeiramente por duas razões: falhas no projeto básico apresentado pelo município, fato que teria imposto modificações na fundação do empreendimento, e demora superior a um ano para expedição da ordem de início dos serviços.

Em suma, a recorrente aduziu que havia executado serviços distintos dos pactuados originalmente e que a realização do objeto, em sua integralidade, demandava recursos além dos inicialmente acordados, de forma que o contrato estava em situação de desequilíbrio econômico-financeiro.

Com relação ao primeiro ponto, o Ministro Benjamin Zymler assinalou que a ausência de manifestação do município sobre o termo aditivo para correção do projeto "[...] não deve ser visto como fato gerador de obrigações pelo Poder Público, até mesmo porque as mudanças na fundação são difíceis de se constatar com o serviço já concluído".

Sobre a demora para expedição da ordem de início dos serviços, o relator verificou que, de fato, o ajuste foi iniciado um ano e cinco meses depois da data da apresentação da proposta, muito embora o contrato tivesse vigência de apenas cento e vinte dias.

Diante desse cenário, o ministro concluiu:

> [...] tenho que a construtora, ao aceitar dar início aos serviços sem condicioná-los a uma revisão de preços, implicitamente reconheceu a adequação e a exequibilidade dos valores propostos na licitação. Dito de outro modo, o ato voluntário da recorrente trouxe consigo a renúncia ao reequilíbrio econômico-financeiro do contrato, dando azo à ocorrência de preclusão lógica.

Esse entendimento foi adotado, posteriormente, no Acórdão nº 1.689/2018-Plenário e no voto vencido do Acórdão nº 1.614/2020-Plenário, cuja tese vencedora seguiu trilha oposta, ao reconhecer, indiretamente, direito à indenização por desequilíbrio econômico-financeiro pleiteado após o encerramento do ajuste.

Segundo Ministro Vital do Rêgo, redator da última deliberação, tal ocorreu porque os valores pleiteados pela empresa envolviam o pagamento de taxas amparadas na legislação vigente e que, se não houvesse o reconhecimento da dívida, o TCU estaria admitindo "[...] a prestação de serviço mediante remuneração menor do que o custo a ele associado, o que seria desarrazoado".

Partindo dessa contextualização, é possível afirmar que o parágrafo único do art. 131 da nova lei afastou eventuais dúvidas que pudessem existir sobre o tema, a partir da divergência inaugurada pela última decisão a respeito do assunto, o Acórdão nº 1.614/2020-Plenário.

A propósito da interpretação desse dispositivo, Isabella Félix da Fonseca pontuou que a solução legal parece incompatível com o art. 114 do Código Civil, segundo o qual "os negócios jurídicos benéficos e a renúncia interpretam-se estritamente".[240]

Em nosso juízo, esse é um caso de antinomia apenas aparente, uma vez que ela pode ser perfeitamente resolvida por dois metacritérios de solução de conflitos: o cronológico (norma posterior prevalece sobre a anterior) e o da especialidade (norma especial prevalece sobre a geral).

Ambos os preceitos implicam a predominância da regra da nova lei de licitações, que deu consequências jurídicas ao silêncio do contratado quanto a eventual pedido de reequilíbrio econômico-financeiro, se ele não o fizer antes da prorrogação ou do encerramento do ajuste.

De acordo com o novel regime, o particular deve formular o referido pleito durante a vigência do ajuste, no caso de contratos por escopo,[241] e antes de eventual prorrogação, na hipótese de contratos de serviços e fornecimentos contínuos (art. 107).

No primeiro caso, considerando que o prazo de vigência será automaticamente prorrogado quando o objeto não for concluído no período pactuado, nas contratações com escopo predefinido, consoante o art. 111, entende-se que esse pedido deve ser formulado até a emissão de termo de recebimento definitivo do objeto do contrato. Afinal, o aludido documento marca a entrega da prestação acordada.

Pela expressa dicção da nova lei, esse requerimento deve respeitar as condições supramencionadas, mas o pronunciamento da Administração sobre a adequação ou não do pedido e o eventual pagamento da indenização podem ocorrer após o encerramento do contrato. Todavia, é necessário cumprir o prazo estatuído no parágrafo único do art. 123, parágrafo único, conforme visto (1 mês).

Segundo a parte final do *caput* do art. 131, a indenização será processada a partir da expedição do que a lei chamou de "termo indenizatório".

A respeito desse ato jurídico, a prática administrativa costuma utilizar as expressões "termo de reconhecimento de dívida" ou "termo de confissão de dívida", sendo esta última abarcada pelo art. 29, §1º, da Lei Complementar nº 101, de 4.5.2000 (Lei de Responsabilidade Fiscal – LRF).

Os dispêndios pertinentes ao "termo indenizatório" podem ser enquadrados como despesas de exercícios anteriores ou encerrados, consoante os arts. 37 da Lei nº 4.320, de 17.3.1964, e 22 do Decreto nº 93.872, de 23.12.1986. O pagamento dessa indenização segue a mesma lógica procedimental da prevista no art. 149 da nova lei, cabível em caso de nulidade.

---

[240] FONSECA, Isabella Félix da. A questão da preclusão lógica do direito ao reequilíbrio econômico-financeiro dos contratos administrativos sob a perspectiva da nova Lei de Licitações. *Informativo Juste, Pereira, Oliveira e Talamini*, Curitiba, n. 168, fev. 2021. Disponível em: https://justen.com.br/pdfs/IE168/IE%20168%20-%20IsaF%20-%20Licit.pdf. Acesso em: 26 mar. 2021.

[241] Segundo o art. 6º, inc. XVII, "serviços não contínuos ou contratados por escopo são aqueles que impõem ao contratado o dever de realizar a prestação de um serviço específico em período predeterminado, podendo ser prorrogado, desde que justificadamente, pelo prazo necessário à conclusão do objeto".

Segundo o art. 132, a formalização do termo aditivo é condição para a execução, pelo contratado, das prestações determinadas pela Administração no curso da execução do contrato. O dispositivo reforça o que foi afirmado anteriormente, a respeito da necessidade de se efetuar desde logo pedido de reequilíbrio econômico-financeiro, mediante a celebração de termo aditivo, caso haja necessidade de se acrescentar itens novos no contrato, por eventual falha de projeto.

O dispositivo ressalva, todavia, os casos de justificada necessidade de antecipação dos efeitos de aditivo, hipótese em que a formalização deverá ocorrer no prazo máximo de um mês. Trata-se de prazo impróprio, que não gera nenhuma consequência para as partes em caso de descumprimento. Afinal, a demora na assinatura do instrumento pode decorrer de impasse na definição do preço dos itens novos, o que pode demandar diligências adicionais, seguida de análise mais detida do Poder Público, com vistas ao atendimento dos princípios aplicáveis à Administração Pública.

Por outro lado, é possível que haja impasse quanto à própria solução a ser implantada, aos métodos construtivos e os itens de serviço adequados à execução dos itens novos contemplados no aditivo. Nessa hipótese, talvez seja recomendado iniciar a execução dos serviços, após a efetiva celebração de termo aditivo, a fim de evitar litígios sobre fatos consumados, como a recusa de pagamento por itens que a Administração avaliou como incabíveis.

Em caso de urgência, deve ser buscada alguma solução intermediária entre o interesse público e a segurança jurídica. Talvez seja o caso de assinar o termo aditivo contemplando apenas a parte incontroversa do objeto a ser executado, deixando para iniciar os serviços e complementar o ajuste, posteriormente, após a solução da controvérsia.

16.7.1 Aditivos nos regimes de contratação integrada ou semi-integrada

> Art. 133. Nas hipóteses em que for adotada a contratação integrada ou semi-integrada, é vedada a alteração dos valores contratuais, exceto nos seguintes casos:
> I - para restabelecimento do equilíbrio econômico-financeiro decorrente de caso fortuito ou força maior;
> II - por necessidade de alteração do projeto ou das especificações para melhor adequação técnica aos objetivos da contratação, a pedido da Administração, desde que não decorrente de erros ou omissões por parte do contratado, observados os limites estabelecidos no art. 125 desta Lei;
> III - por necessidade de alteração do projeto nas contratações semi-integradas, nos termos do §5º do art. 46 desta Lei;
> IV - por ocorrência de evento superveniente alocado na matriz de riscos como de responsabilidade da Administração.

O art. 133 trata dos aditivos nos regimes de contratação integrada ou semi-integrada. Conforme o dispositivo, é vedada a alteração dos valores contratuais, exceto nos seguintes casos:

a) para restabelecimento do equilíbrio econômico-financeiro decorrente de caso fortuito ou força maior (inc. I);

b) por necessidade de alteração do projeto ou das especificações para melhor adequação técnica aos objetivos da contratação, a pedido da Administração, desde que não decorrente de erros ou omissões por parte do contratado, observados os limites estabelecidos no art. 125 desta lei (inc. II);

c) por necessidade de alteração do projeto nas contratações semi-integradas, quando o particular assim o requerer, desde que demonstrada a superioridade das inovações propostas em termos de redução de custos, de aumento da qualidade, de redução do prazo de execução ou de facilidade de manutenção ou operação (inc. III); e

d) por ocorrência de evento superveniente alocado na matriz de riscos como de responsabilidade da Administração (inc. IV).

As hipóteses indicadas nas letras "a", "b" e "d" *supra* se aplicam à contratação integrada.

As situações descritas nas letras "a" e "b" repetem a disciplina do art. 9º, §4º da Lei nº 12.462/2011 (RDC). A da letra "c" incorpora a regra do art. 42, §1º, inc. IV, da Lei nº 13.303/2016 (Estatais), mantendo a lógica do regime da contratação integrada instituído, originalmente, na referida lei. A letra "d", por sua vez, segue a racionalidade por trás da matriz de alocação de riscos, ao afirmar, de modo expresso, o que se deduzia do art. 81, §8º, da Lei nº 13.303/2016[242] (por interpretação a contrário senso).

Pela literalidade da norma, apenas a modificação especificada na letra "b" (inc. II) está sujeita aos limites do art. 125 (25% e 50%). Todas as demais causas de alteração, à exceção da letra "c", a ser comentada adiante, podem ultrapassar os referidos marcos legais.

A hipótese suscitada na letra "c" (inc. III) guarda semelhança com a alteração unilateral qualitativa, consignada no art. 124, inc. I, alínea "a", com a diferença de que o pedido de modificação é feito pelo particular, após exercer a faculdade que lhe foi conferida no art. 46, §5º.

Conforme o referido dispositivo, o contratado pode propor à entidade contratante alterações no projeto básico, as quais poderão ser aprovadas pela Administração e ensejar a celebração de termo aditivo, desde que demonstrada a superioridade das inovações propostas pelo contratado em termos de redução de custos, de aumento da qualidade, de redução do prazo de execução ou de facilidade de manutenção ou operação.

---

[242] "§8º É vedada a celebração de aditivos decorrentes de eventos supervenientes alocados, na matriz de riscos, como de responsabilidade da contratada".

Tal hipótese de alteração contratual somente se aplica à contratação semi-integrada. Por consequência, não cabe a celebração de termo aditivo por requerimento do particular, no caso de contratação integrada, sob o argumento de que a solução adotada no projeto básico, de sua autoria, é superior à do anteprojeto. Afinal, a lógica por trás desse regime é justamente a de viabilizar o aperfeiçoamento do anteprojeto, a partir da transferência do encargo de elaborar os demais projetos ao contratado, sendo incabível qualquer pleito de aditivo sob essa justificativa.

Considerando que a nova lei seguiu a mesma filosofia da Lei nº 12.462/2011 (RDC), compreende-se que se aplicam os seguintes precedentes do TCU, emanados durante a vigência do regime anterior:

> Na contratação integrada do RDC, eventuais ganhos ou encargos oriundos das soluções adotadas pelo contratado na elaboração do projeto básico devem ser auferidos ou suportados única e exclusivamente pelo particular, independentemente da existência de uma matriz de riscos disciplinando a contratação. Eventuais omissões ou indefinições no anteprojeto, em regra, não ensejam a celebração de termos de aditamento contratual, pois anteprojeto não é projeto básico. (Acórdãos nºs 2.903/2016-Plenário e 2.591/2017-Plenário. Rel. Min. Benjamin Zymler)
>
> Na contratação integrada, tratando-se de obra de elevado vulto e complexidade, é provável que hipóteses, premissas, carregamentos, diretrizes e pré-dimensionamentos adotados e realizados na etapa de anteprojeto sejam revistos e alterados pelos projetos básico e executivo, fato que não se constitui em hipótese legalmente admitida de aditamento contratual, o qual somente é cabível em razão de alterações nos projetos solicitada pelo órgão contratante após já os haver aprovado. (Acórdão nº 2.433/2016-Plenário. Rel. Min. Benjamin Zymler)

Em regra, essas alterações não devem acarretar mudança no valor pactuado para recompor o equilíbrio econômico-financeiro, uma vez que a premissa da aceitação do aditivo de alteração de projeto básico, nas contratações semi-integradas, é que ela melhore a solução proposta sem implicar acréscimo de custos.

Todavia, em situações excepcionais nas quais a alteração implique aumento de qualidade e/ou reduza custos de operação ou manutenção relacionados ao ciclo de vida do objeto, proporcionando economia à administração, entende-se que o Poder Público pode, de maneira justificada, celebrar aditivo contemplando acréscimo de valor para fazer frente à essa melhor solução de engenharia, desde que os custos adicionais para a implantação da nova solução sejam inferiores ao benefício proporcionado ao Poder Público.

Nesse caso, o incremento no contrato deve respeitar o limite especificado no art. 125, da mesma forma que as alterações unilaterais a que se refere o inc. I do *caput* do art. 124.

Embora essa restrição não esteja expressa no inc. III do artigo em exame, entende-se que ela também é aplicável em aditivos de valor em contratação semi-integrada. Isso porque a interpretação contrária – no sentido de que o dispositivo não está sujeito ao limite de alteração da lei – implicará uma espécie de abertura à transfiguração do objeto licitado, principalmente quando houver a construção de uma obra nova, totalmente distinta da submetida à competição.

16.7.2 Aditivos em razão de fato do príncipe

> Art. 134. Os preços contratados serão alterados, para mais ou para menos, conforme o caso, se houver, após a data da apresentação da proposta, criação, alteração ou extinção de quaisquer tributos ou encargos legais ou a superveniência de disposições legais, com comprovada repercussão sobre os preços contratados.

O dispositivo consubstancia o que foi afirmado a pretexto do comentário do art. 124, inc. II, alínea "d", que diz respeito à revisão do contrato para restabelecer o equilíbrio econômico-financeiro inicial do contrato em decorrência de fato do príncipe. A disposição é idêntica ao art. 65, §5º da Lei nº 8.666/1993.

16.7.3 Repactuação

> Art. 135. Os preços dos contratos para serviços contínuos com regime de dedicação exclusiva de mão de obra ou com predominância de mão de obra serão repactuados para manutenção do equilíbrio econômico-financeiro, mediante demonstração analítica da variação dos custos contratuais, com data vinculada:
> I - à da apresentação da proposta, para custos decorrentes do mercado;
> II - ao acordo, à convenção coletiva ou ao dissídio coletivo ao qual a proposta esteja vinculada, para os custos de mão de obra.
> §1º A Administração não se vinculará às disposições contidas em acordos, convenções ou dissídios coletivos de trabalho que tratem de matéria não trabalhista, de pagamento de participação dos trabalhadores nos lucros ou resultados do contratado, ou que estabeleçam direitos não previstos em lei, como valores ou índices obrigatórios de encargos sociais ou previdenciários, bem como de preços para os insumos relacionados ao exercício da atividade.
> §2º É vedado a órgão ou entidade contratante vincular-se às disposições previstas nos acordos, convenções ou dissídios coletivos de trabalho que tratem de obrigações e direitos que somente se aplicam aos contratos com a Administração Pública.
> §3º A repactuação deverá observar o interregno mínimo de 1 (um) ano, contado da data da apresentação da proposta ou da data da última repactuação.
> §4º A repactuação poderá ser dividida em tantas parcelas quantas forem necessárias, observado o princípio da anualidade do reajuste de preços da contratação, podendo ser realizada em momentos distintos para discutir a variação de custos que tenham sua anualidade resultante em datas diferenciadas, como os decorrentes de mão de obra e os decorrentes dos insumos necessários à execução dos serviços.

> §5º Quando a contratação envolver mais de uma categoria profissional, a repactuação a que se refere o inciso II do caput deste artigo poderá ser dividida em tantos quantos forem os acordos, convenções ou dissídios coletivos de trabalho das categorias envolvidas na contratação.
> §6º A repactuação será precedida de solicitação do contratado, acompanhada de demonstração analítica da variação dos custos, por meio de apresentação da planilha de custos e formação de preços, ou do novo acordo, convenção ou sentença normativa que fundamenta a repactuação.

O art. 135 disciplina o instituto da repactuação dos contratos de serviços contínuos com regime de dedicação exclusiva de mão de obra ou com predominância de mão de obra. Conforme o dispositivo, os preços desses ajustes serão repactuados para manutenção do equilíbrio econômico-financeiro, mediante demonstração analítica da variação dos custos contratuais. Tal análise levará em conta as seguintes datas-bases:
   a) a da apresentação da proposta, para custos decorrentes do mercado;
   b) a do acordo, da convenção coletiva ou do dissídio coletivo ao qual a proposta esteja vinculada, para os custos de mão de obra.

Conforme o §3º, a repactuação deverá observar o interregno mínimo de um ano, contado da data da apresentação da proposta ou da data da última repactuação. A disposição merece ser interpretada, especialmente no caso de alteração contratual necessária para fazer frente à variação dos custos de mão de obra, pela superveniência do(a) primeiro(a) acordo, convenção coletiva ou dissídio coletivo, após a vigência contratual.

Isso porque, nesse caso, de primeira repactuação, a literalidade do §3º implicaria que essa mudança contratual não ocorreria tão logo houvesse o acordo, convenção coletiva ou dissídio coletivo, mas após o transcurso de um ano da proposta. Isso implicaria que o particular teria que arcar com custos de mão de obra superiores aos de sua proposta por certo tempo, que poderia chegar a quase um ano, a depender da data-base da proposta. Essa situação se repetiria no curso da execução do ajuste, já que as repactuações ocorreriam sucessivamente, ano a ano após a primeira.

Nesse contexto, parece-nos que o §3º deve ser lido em consonância com o *caput*, a fim de permitir que a primeira repactuação ocorra após um ano contado:
   a) da data-limite para apresentação das propostas, em relação aos custos decorrentes do mercado, como o dos materiais e equipamentos necessários à execução do serviço; e
   b) da data do acordo, convenção ou dissídio coletivo de trabalho vigente à época da apresentação da proposta, quando a variação dos custos for decorrente da mão de obra e estiver vinculada às datas-bases destes instrumentos.

A partir de então, as próximas repactuações seguirão a lógica do §3º e ocorrerão após um ano de cada uma das repactuações anteriores (dos custos dos insumos e serviços e dos custos de mão de obra).

Essa interpretação está em linha de consonância com a previsão contida no §4º, de que a repactuação poderá ser dividida em tantas parcelas quantas forem necessárias, observado o princípio da anualidade do reajuste de preços da contratação. Conforme o dispositivo, ela pode ser realizada em momentos distintos para discutir a variação de custos que tenham sua anualidade resultante em datas diferenciadas, como os decorrentes de mão de obra e os decorrentes dos insumos necessários à execução dos serviços.

Os §§1º e 2º do art. 135 cuidam das regras aplicáveis à incorporação da disciplina dos acordos, convenções ou dissídios coletivos de trabalho nos orçamentos dos contratos.

Conforme o §1º, a Administração não se vinculará às disposições contidas nesses instrumentos que tratem de matéria não trabalhista, de pagamento de participação dos trabalhadores nos lucros ou resultados do contratado, ou que estabeleçam direitos não previstos em lei, como valores ou índices obrigatórios de encargos sociais ou previdenciários, bem como de preços para os insumos relacionados ao exercício da atividade.

A nova lei incorporou a jurisprudência do TCU sobre o assunto, expedida sob a égide do regime anterior. Os precedentes a seguir exemplificam a posição do Tribunal:

> A participação nos lucros e resultados aos empregados de empresas que prestam serviços continuados à Administração, prevista em convenção coletiva de trabalho, não é considerada custo de venda dos serviços, uma vez que se trata de obrigação exclusiva do empregador.
> A concessão do benefício de participação nos lucros e resultados a empregados de empresas que prestam serviços continuados à Administração não pode ser invocada como justificativa para promoção de reequilíbrio econômico-financeiro do respectivo contrato. (Acórdão nº 3.336/2012-Plenário. Rel. Min. José Múcio)
> 2. A Administração não está vinculada ao cumprimento de cláusulas de convenções coletivas de trabalho, excetuadas as alusivas às obrigações trabalhistas. (Acórdão nº 2.947/2019-Plenário. Rel. Min. Ana Arraes)

Em verdade, o novo estatuto parece ter se inspirado no *caput* do art. 6º da Instrução Normativa Seges/MPDG nº 5/2017.

O mesmo se afirma do §2º, que incorporou a regra estatuída no parágrafo único do art. 6º da referida instrução normativa. Conforme o dispositivo, é vedado a órgão ou entidade contratante vincular-se às disposições previstas nos acordos, convenções ou dissídios coletivos de trabalho que tratem de obrigações e direitos que somente se aplicam aos contratos com a Administração Pública.

O objetivo da disposição é nítido: evitar que liberalidades acertadas entre determinadas categorias de empregados e empregadores ajustem, de maneira dolosa ou não, o acréscimo de custos na prestação de serviços que somente serão repassados para o Poder Público. A lógica é fazer com que os preços praticados perante a Administração sigam condições idênticas aos ofertados para contratantes privados.

O §6º preconiza que a repactuação será precedida de solicitação do contratado, acompanhada de demonstração analítica da variação dos custos, por meio de apresentação da planilha de custos e formação de preços, ou do novo acordo, convenção ou sentença normativa que fundamenta a repactuação. Trata-se de medida adequada para permitir a análise da adequação do pleito pelo Poder Público.

16.7.4 Apostilamento

> Art. 136. Registros que não caracterizam alteração do contrato podem ser realizados por simples apostila, dispensada a celebração de termo aditivo, como nas seguintes situações:
> I - variação do valor contratual para fazer face ao reajuste ou à repactuação de preços previstos no próprio contrato;
> II - atualizações, compensações ou penalizações financeiras decorrentes das condições de pagamento previstas no contrato;
> III - alterações na razão ou na denominação social do contratado;
> IV - empenho de dotações orçamentárias.

O art. 136 traz algumas hipóteses em que as novas disposições contratuais são acrescidas por simples apostila, dispensada a celebração de termo aditivo:
  a) variação do valor contratual para fazer face ao reajuste ou à repactuação de preços previstos no próprio contrato;
  b) atualizações, compensações ou penalizações financeiras decorrentes das condições de pagamento previstas no contrato;
  c) alterações na razão ou na denominação social do contratado;
  d) empenho de dotações orçamentárias.

O rol apresentado pelo dispositivo é meramente exemplificativo, já que ele assinala ser aplicável aos registros que não caracterizam alteração do contrato, como as situações acima elencadas. Desse modo, caberá ao agente público verificar, em concreto, que circunstância implicará alteração ou não da substância do contrato, o que pode suscitar dúvidas e vacilações por parte do gestor. De pronto, identifica-se um outro exemplo de registro por apostila, que seria o caso da prorrogação automática dos contratos por escopo até o término do exercício financeiro, como visto anteriormente.

16.8 Extinção dos contratos

> Art. 137. Constituirão motivos para extinção do contrato, a qual deverá ser formalmente motivada nos autos do processo, assegurados o contraditório e a ampla defesa, as seguintes situações:
> I - não cumprimento ou cumprimento irregular de normas editalícias ou de cláusulas contratuais, de especificações, de projetos ou de prazos;
> II - desatendimento das determinações regulares emitidas pela autoridade designada para acompanhar e fiscalizar sua execução ou por autoridade superior;
> III - alteração social ou modificação da finalidade ou da estrutura da empresa que restrinja sua capacidade de concluir o contrato;

IV - decretação de falência ou de insolvência civil, dissolução da sociedade ou falecimento do contratado;

V - caso fortuito ou força maior, regularmente comprovados, impeditivos da execução do contrato;

VI - atraso na obtenção da licença ambiental, ou impossibilidade de obtê-la, ou alteração substancial do anteprojeto que dela resultar, ainda que obtida no prazo previsto;

VII - atraso na liberação das áreas sujeitas a desapropriação, a desocupação ou a servidão administrativa, ou impossibilidade de liberação dessas áreas;

VIII - razões de interesse público, justificadas pela autoridade máxima do órgão ou da entidade contratante;

IX - não cumprimento das obrigações relativas à reserva de cargos prevista em lei, bem como em outras normas específicas, para pessoa com deficiência, para reabilitado da Previdência Social ou para aprendiz.

§1º Regulamento poderá especificar procedimentos e critérios para verificação da ocorrência dos motivos previstos no caput deste artigo.

§2º O contratado terá direito à extinção do contrato nas seguintes hipóteses:

I - supressão, por parte da Administração, de obras, serviços ou compras que acarrete modificação do valor inicial do contrato além do limite permitido no art. 125 desta Lei;

II - suspensão de execução do contrato, por ordem escrita da Administração, por prazo superior a 3 (três) meses;

III - repetidas suspensões que totalizem 90 (noventa) dias úteis, independentemente do pagamento obrigatório de indenização pelas sucessivas e contratualmente imprevistas desmobilizações e mobilizações e outras previstas;

IV - atraso superior a 2 (dois) meses, contado da emissão da nota fiscal, dos pagamentos ou de parcelas de pagamentos devidos pela Administração por despesas de obras, serviços ou fornecimentos;

V - não liberação pela Administração, nos prazos contratuais, de área, local ou objeto, para execução de obra, serviço ou fornecimento, e de fontes de materiais naturais especificadas no projeto, inclusive devido a atraso ou descumprimento das obrigações atribuídas pelo contrato à Administração relacionadas a desapropriação, a desocupação de áreas públicas ou a licenciamento ambiental.

§3º As hipóteses de extinção a que se referem os incisos II, III e IV do §2º deste artigo observarão as seguintes disposições:

I - não serão admitidas em caso de calamidade pública, de grave perturbação da ordem interna ou de guerra, bem como quando decorrerem de ato ou fato que o contratado tenha praticado, do qual tenha participado ou para o qual tenha contribuído;

II - assegurarão ao contratado o direito de optar pela suspensão do cumprimento das obrigações assumidas até a normalização da situação, admitido o restabelecimento do equilíbrio econômico-financeiro do contrato, na forma da alínea "d" do inciso II do caput do art. 124 desta Lei.

§4º Os emitentes das garantias previstas no art. 96 desta Lei deverão ser notificados pelo contratante quanto ao início de processo administrativo para apuração de descumprimento de cláusulas contratuais.

Art. 138. A extinção do contrato poderá ser:

I - determinada por ato unilateral e escrito da Administração, exceto no caso de descumprimento decorrente de sua própria conduta;

II - consensual, por acordo entre as partes, por conciliação, por mediação ou por comitê de resolução de disputas, desde que haja interesse da Administração;

III - determinada por decisão arbitral, em decorrência de cláusula compromissória ou compromisso arbitral, ou por decisão judicial.

§1º A extinção determinada por ato unilateral da Administração e a extinção consensual deverão ser precedidas de autorização escrita e fundamentada da autoridade competente e reduzidas a termo no respectivo processo.

§2º Quando a extinção decorrer de culpa exclusiva da Administração, o contratado será ressarcido pelos prejuízos regularmente comprovados que houver sofrido e terá direito a:

I - devolução da garantia;

II - pagamentos devidos pela execução do contrato até a data de extinção;

III - pagamento do custo da desmobilização.

Art. 139. A extinção determinada por ato unilateral da Administração poderá acarretar, sem prejuízo das sanções previstas nesta Lei, as seguintes consequências:

I - assunção imediata do objeto do contrato, no estado e local em que se encontrar, por ato próprio da Administração;

II - ocupação e utilização do local, das instalações, dos equipamentos, do material e do pessoal empregados na execução do contrato e necessários à sua continuidade;

III - execução da garantia contratual para:

a) ressarcimento da Administração Pública por prejuízos decorrentes da não execução;

b) pagamento de verbas trabalhistas, fundiárias e previdenciárias, quando cabível;

c) pagamento das multas devidas à Administração Pública;

d) exigência da assunção da execução e da conclusão do objeto do contrato pela seguradora, quando cabível;

IV - retenção dos créditos decorrentes do contrato até o limite dos prejuízos causados à Administração Pública e das multas aplicadas.

§1º A aplicação das medidas previstas nos incisos I e II do caput deste artigo ficará a critério da Administração, que poderá dar continuidade à obra ou ao serviço por execução direta ou indireta.

§2º Na hipótese do inciso II do caput deste artigo, o ato deverá ser precedido de autorização expressa do ministro de Estado, do secretário estadual ou do secretário municipal competente, conforme o caso.

O art. 137 elenca as hipóteses em que é possível a extinção do contrato. A nova lei abandonou o termo "rescisão", usado na Lei nº 8.666/1993, passando a adotar a expressão "extinção", como gênero do ato jurídico que encerra o vínculo jurídico contratual.

A extinção do contrato deverá ser formalmente motivada nos autos do processo administrativo instaurado para esse fim, assegurados o contraditório e a ampla defesa. Ela pode ser declarada nas situações indicadas no *caput* do dispositivo (relação exaustiva).

A hipótese trazida no inc. I abarca os casos de inadimplemento contratual, de descumprimento ou cumprimento irregular de qualquer uma das cláusulas estatuídas no art. 92, principalmente das relacionadas à obrigação principal do ajuste.

É preciso lembrar que as regras previstas no edital incidem durante a fase de execução contratual, ensejando ao particular as consequências estabelecidas na lei. Tanto é assim, que o contratado deve manter, durante toda a execução do contrato, em compatibilidade com as obrigações por ele assumidas, todas as condições exigidas para a habilitação na licitação, ou para a qualificação, na contratação direta (art. 92, inc. XVI).

Com relação ao motivo indicado no inc. IV, cabe destacar que a decretação de recuperação judicial e a homologação de recuperação extrajudicial não estão elencadas entre as hipóteses de extinção do contrato.

Os motivos anunciados nos incs. VI, VII e IX são novidades em relação à disciplina da Lei nº 8.666/1993. Os demais repetem, com pequenas alterações de forma, os diversos incisos do art. 78 da norma anterior.

A hipóteses especificadas no inc. VI são aplicáveis quando o contratado assume a responsabilidade pela obtenção do licenciamento ambiental e pela realização da desapropriação autorizada pelo Poder Público, nos termos do §5º do art. 25.

Já o motivo indicado no inc. IX constitui uma modalidade de violação de cláusula contratual, não relacionada ao objeto da avença, mas a uma obrigação acessória assumida em razão da função regulatória das licitações. É preciso lembrar que o dever de reservar cargo a pessoas com deficiência, reabilitados da Previdência Social e aprendizes está previsto no art. 92, inc. XVII.

Exceção seja dita ao disposto no inc. VII, que deixou de exigir que o interesse público apto a ensejar a extinção do ajuste seja "de alta relevância e amplo conhecimento", como o inc. XII do art. 78 da Lei nº 8.666/1993.

Ademais, o novo dispositivo mudou o agente público competente para a rescisão do ajuste com base na falta de interesse público: passou a ser a autoridade máxima do órgão ou da entidade contratante – na lei anterior, era a da esfera administrativa a que está subordinado o contratante. A alteração se mostra adequada, pois, a nosso juízo, não se mostra razoável submeter a tão elevada esfera da estrutura da Administração uma decisão que, muito embora drástica, é estritamente técnica.

Os procedimentos e critérios para verificação da ocorrência dos motivos previstos no *caput* do art. 137 poderão ser definidos por regulamento, nos termos do §1º.

A extinção do contrato é medida excepcional, a ser adotada apenas quando esgotadas todas as providências para o saneamento das irregularidades. Em nossa opinião, as partes devem buscar uma solução consensual a respeito de eventuais infrações contratuais, a fim de evitar, no limite do possível, o término do ajuste e a ocorrência de prejuízos ainda maiores ao interesse público.

A propósito do assunto, a decisão pela extinção do contrato deve observar, por analogia, os arts. 21 e 22 da LINDB. Isso implica que o gestor deverá indicar e sopesar, de modo expresso, no respectivo ato, as consequências jurídicas e administrativas do encerramento do vínculo contratual e verificar a possibilidade de regularização das falhas verificadas na execução.

Neste último caso, o agente público deve indicar as condições para que a regularização ocorra de modo proporcional e equânime e sem prejuízo aos interesses gerais, não podendo se impor aos sujeitos atingidos ônus ou perdas que, em função das peculiaridades do caso, sejam anormais ou excessivos, nos termos do parágrafo único do art. 21 da LINDB.

Do mesmo modo, devem ser considerados os obstáculos e as dificuldades reais do contratado, as circunstâncias práticas que houverem imposto, limitado ou condicionado a sua ação, a natureza e a gravidade da infração contratual cometida, os danos que dela provierem para a Administração Pública, o histórico do contratado e a sua capacidade de solucionar os problemas, antes da decisão pela extinção do ajuste. A inspiração aqui é o art. 22 da LINDB, aplicado por analogia.

Muito embora as hipóteses elencadas no art. 147 estejam relacionadas à ocorrência de nulidades no vínculo contratual, a extinção do ajuste merece a mesma avaliação quanto às suas consequências, a fim de evitar a adoção de medida desproporcional à gravidade das infrações, que causem prejuízos maiores ao interesse público.

Conforme o §2º, o contratado terá direito à extinção do contrato nas seguintes hipóteses:
    a) supressão, por parte da Administração, de obras, serviços ou compras que acarrete modificação do valor inicial do contrato além do limite permitido no art. 125 desta lei;
    b) suspensão de execução do contrato, por ordem escrita da Administração, por prazo superior a 3 (três) meses;
    c) repetidas suspensões que totalizem 90 (noventa) dias úteis, independentemente do pagamento obrigatório de indenização pelas sucessivas e contratualmente imprevistas desmobilizações e mobilizações e outras previstas;
    d) atraso superior a 2 (dois) meses, contado da emissão da nota fiscal, dos pagamentos ou de parcelas de pagamentos devidos pela Administração por despesas de obras, serviços ou fornecimentos;
    e) não liberação pela Administração, nos prazos contratuais, de área, local ou objeto, para execução de obra, serviço ou fornecimento, e de fontes de materiais naturais especificadas no projeto, inclusive devido a atraso ou

descumprimento das obrigações atribuídas pelo contrato à Administração relacionadas à desapropriação, à desocupação de áreas públicas ou a licenciamento ambiental.

O motivo elencado na letra "a" reproduz a redação do art. 78, inc. XIII, da Lei nº 8.666/1993.

As causas relacionadas nas letras "b" e "c" correspondem à especificada no art. 78, inc. XIV da Lei nº 8.666/1993, havendo diferenças quanto aos prazos de suspensão (antes eram de 120 dias) e à exclusão da possibilidade de rescisão em caso de calamidade pública, de grave perturbação da ordem interna ou de guerra.

Na lei anterior, se a suspensão e as repetidas suspensões do contrato decorressem dessas situações excepcionais, o contratado não poderia requerer a extinção do ajuste. Isso implica dizer que o risco de paralisações decorrentes de calamidade pública, de grave perturbação da ordem interna ou de guerra era assumido pelo particular. No estatuto atual, ainda que a suspensão decorra dessas circunstâncias, o contratado poderá pleitear o encerramento do vínculo contratual, de modo que o Poder Público assumiu o risco da ocorrência dessas contingências, ressalvado o disposto a seguir (culpa concorrente do contratado).

Da mesma forma, o motivo aduzido na letra "d" corresponde ao indicado no art. 78, inc. XV da Lei nº 8.666/1993, havendo diferenças quanto ao período de atraso (antes era de 90 dias), ao marco inicial da contagem, que passou a ser a emissão da nota fiscal (antes a lei era silente), e à exclusão da possibilidade de rescisão em caso de calamidade pública, de grave perturbação da ordem interna ou de guerra. Da mesma forma que nas letras "b" e "c", ainda que o motivo do atraso de pagamento seja a presença dessas circunstâncias, o particular terá direito a pleitear a extinção do ajuste, ressalvado o disposto a seguir (culpa concorrente do contratado).

A hipótese mencionada na letra "e" praticamente repete a redação do art. 78, inc. XVI, da Lei nº 8.666/1993, diferenciando-se desta última pela inclusão do período "inclusive devido a atraso ou descumprimento das obrigações atribuídas pelo contrato à Administração relacionadas a desapropriação, a desocupação de áreas públicas ou a licenciamento ambiental". Esse acréscimo nos parece irrelevante, pois é razoável que a não liberação do local para a execução do objeto por culpa do Poder Público seja um motivo idôneo para que o particular tenha o direito de pleitear a extinção do contrato.

Conforme o §3º, as hipóteses de extinção a que se referem os incs. II, III e IV do §2º do art. 137 (letras "b", "c" e "d" *supra*) observarão as seguintes disposições:
a) não serão admitidas em caso de calamidade pública, de grave perturbação da ordem interna ou de guerra, bem como quando decorrerem de ato ou fato que o contratado tenha praticado, do qual tenha participado ou para o qual tenha contribuído;
b) assegurarão ao contratado o direito de optar pela suspensão do cumprimento das obrigações assumidas até a normalização da situação, admitido o

restabelecimento do equilíbrio econômico-financeiro do contrato, na forma da alínea "d" do inc. II do *caput* do art. 124 desta lei.

Pelo disposto na letra "a", se o particular tiver participado ou contribuído para a cadeia causal de fatos que ensejaram a suspensão ou as repetidas suspensões do contrato pela Administração ou os atrasos de pagamento, ele não terá direito à extinção do ajuste fundada nos incs. II, III e IV do §2º do art. 137. Isso vale mesmo que a ocorrência de calamidade pública, de grave perturbação da ordem interna ou de guerra seja concausa desses atos do Poder Público.

O §4º traz importante obrigação relacionada à higidez das garantias contratuais. Conforme o dispositivo, os emitentes das garantias previstas no art. 96 deverão ser notificados pelo contratante quanto ao início de processo administrativo para apuração de descumprimento de cláusulas contratuais. O objetivo desta medida é permitir que as seguradoras adotem as medidas de sua alçada visando evitar a ocorrência do sinistro.

Tal obrigação consta do item 4.1 do Anexo I da Circular Susep nº 477/2013, o qual preconiza:

> tão logo realizada a abertura do processo administrativo para apurar possível inadimplência do tomador, este deverá ser imediatamente notificado pelo segurado, indicando claramente os itens não cumpridos e concedendo-lhe prazo para regularização da inadimplência apontada, remetendo cópia da notificação para a seguradora, com o fito de comunicar e registrar a Expectativa de Sinistro.

Conforme o art. 138, a extinção do contrato poderá ser materializada de três formas: por ato unilateral e escrito da Administração; consensual, por acordo entre as partes, por conciliação, por mediação ou por comitê de resolução de disputas; por decisão arbitral, em decorrência de cláusula compromissória ou compromisso arbitral, ou por decisão judicial.

A primeira forma de extinção contratual constitui manifestação da ideia de supremacia do Poder Público em suas relações bilaterais com os administrados. Ela pode ser usada sempre que houver interesse público e o motivo do descumprimento contratual for imputável unicamente à conduta do particular.

Se o inadimplemento do ajuste tiver sido causado, total ou parcialmente, por uma conduta omissiva ou comissiva da Administração, por meio de seus agentes, não caberá a extinção unilateral do contrato. Nessa hipótese, o contrato somente poderá ser desfeito por acordo entre as partes ou decisão judicial ou arbitral. Seria o caso, por exemplo, de um contrato de construção de linhas de transmissão de energia elétrica, para o qual o órgão ambiental competente não expedisse a licença de instalação, devido ao fato de a obra estar localizada em uma área de proteção ambiental.

A extinção consensual ocorre mediante acordo entre as partes. Não há nenhuma outra restrição a essa forma de desfazimento do vínculo contratual, a não ser a presença de interesse público. Essa hipótese de encerramento do ajuste não é aplicável quando o inadimplemento tiver sido causado pelo contratado. Nessa hipótese, o Poder Público tem o poder-dever de desfazer o ajuste de modo unilateral, fazendo jus à indenização, à execução de garantias e à aplicação de sanção contratual.

Dito de outra forma, a entidade contratante não pode renunciar ao poder-dever de receber os valores necessários a cobrir prejuízos sofridos. Todavia, ela pode transacionar as sanções cabíveis, desde que o particular atue de modo colaborativo ao encerramento do litígio e à rápida recomposição dos cofres públicos.

A extinção consensual pode ocorrer por mediação ou por comitê de resolução de disputas. Segundo o art. 1º, §1º, da Lei nº 13.140, de 26.6.2015, "a mediação é a atividade técnica exercida por terceiro imparcial sem poder decisório, que, escolhido ou aceito pelas partes, as auxilia e estimula a identificar ou desenvolver soluções consensuais para a controvérsia". O mediador distingue-se do árbitro porque, diferentemente deste, ele não possui poder de decidir a controvérsia. No caso da mediação, são as próprias partes que encontraram a solução do litígio, a partir da ajuda de um terceiro imparcial.

A mencionada norma não define o que vem a ser conciliação, mas esta é também um instrumento de autocomposição intermediado por um terceiro imparcial, havendo uma diferença sutil entre a atuação do conciliador e do mediador, no tocante ao tipo de conflito e o grau de intervenção em sua solução. Tais diferenças foram identificadas pela doutrina e decorrem do Código de Processo Civil.

Conforme o art. 165, §2º, do CPC, o conciliador atuará preferencialmente nos casos *em que não houver vínculo anterior entre as partes*, de forma que ele *poderá sugerir* soluções para o litígio, sendo vedada a utilização de qualquer tipo de constrangimento ou intimidação para que as partes conciliem.

O §3º do aludido dispositivo prescreve que o mediador atuará preferencialmente nos casos em que *houver vínculo anterior entre as partes*, de modo que ele *auxiliará os interessados a compreender* as questões e os interesses em conflito. A atuação do mediador visa permitir que as partes possam, pelo restabelecimento da comunicação, identificar, por si próprios, soluções consensuais que gerem benefícios mútuos.

Dessa forma, a técnica usada na conciliação para aproximar as partes envolve uma participação mais ativa do conciliador, que pode oferecer sugestões de acordo e, assim, participar de uma forma mais efetiva na construção da solução. Na mediação, o mediador interfere menos nessa busca de composição, de modo que ele age mais como um indutor para o diálogo e a aproximação das partes.

A nova Lei de Licitações não definiu o que vem a ser o comitê de resolução de disputas (*dispute boards*), assim como sua forma de atuação e poderes. Tal medida seria importante, uma vez que o instituto não é previsto em nenhuma outra norma de nosso ordenamento jurídico, sendo inspirado na prática e no direito estrangeiro.

Tomando como base o trabalho de Ângela Di Franco, que analisou a experiência francesa em contratos de construção civil, o comitê de resolução de disputas seria "um colegiado formado geralmente por três profissionais com formações distintas que analisará a questão conflituosa e atuará de acordo com a função para a qual foi contratado".[243]

A autora elenca os seguintes modelos de atuação desses comitês:

> (i) Dispute Review Board (DRB), que apenas emite recomendações às partes, cuja adoção é facultativa; (ii) Dispute Adjudication Board (DAB), que emite recomendações de caráter vinculante e (iii) Combined Dispute Board (CDB), que oferece uma solução intermediária entre recomendações e decisões, conforme o disposto no contrato. Os Dispute Boards também podem ser permanentes ou Ad Hoc, estes últimos instituídos apenas para a solução de um problema pontual. Ainda há a possibilidade de as partes adotarem as regras de DB de determinada instituição, assim como as da Câmara de Comércio Internacional (CCI).

Pela posição topológica do comitê de resolução de disputas da nova lei – incluído entre as soluções consensuais de litígios contratuais do inc. II do art. 138 –, esse instrumento parece se enquadrar no modelo de *dispute review board*, de forma que o colegiado somente subsidiará uma decisão mais refletida das partes, em um processo de autocomposição. Não obstante, entende-se que a matéria deve ser objeto de regulamentação, em que serão definidos a forma e os poderes dos comitê de resolução de disputas.

Segundo o *site* do Comitê Brasileiro de Mediação e Arbitragem (CBMA), os *dispute boards* consistem:

> [...] em um método de solução consensual de conflitos em contratos de execução não imediata, no qual um corpo independente de profissionais é nomeado conjuntamente pelas partes *e passa a acompanhar de forma permanente a execução do contrato*. Seu objetivo é solucionar de forma célere, técnica e com base na estrita observância das cláusulas contratuais, as disputas que venham a ocorrer durante a execução do escopo contratual, contribuindo ainda para a proteção do cronograma de execução e do escopo contratual dos interesses individuais das Partes, para o estímulo à solução de possíveis disputas contratuais no momento do seu surgimento, evitando as complicações e custos associados ao seu prolongamento no tempo e para a preservação do relacionamento entre as Partes.[244]

Ao que parece, a diferença entre esses comitês e os demais instrumentos de solução de controvérsias reside no caráter preventivo da atuação daquele e na maior proximidade de seus integrantes ao dia a dia contratual, circunstância que decorre de sua forma de atuação, mediante o acompanhamento concomitante da execução do ajuste.

Tais características foram acentuadas por Flávio Amaral Garcia, ao consignar que o monitoramento concomitante da execução da obra por profissionais altamente qualificados e imparciais constitui o grande diferencial dos chamados *dispute boards*. Segundo o autor, essa forma de atuação em tempo real evita a ocorrência do litígio, sendo razoável classificar o instituto como "um mecanismo de gestão contratual preventivo e

---

[243] FRANCO, Ângela di. Comitês de resolução de disputas e a construção civil. Comitês de resolução de disputas e a construção civil. *Jota*, 20 jun. 2018. Disponível em: https://www.jota.info/opiniao-e-analise/artigos/comites-de-resolucao-de-disputas-e-a-construcao-civil-20062018. Acesso em: 6 abr. 2021.

[244] Disponível em: http://www.cbma.com.br/dispute_o_que. Acesso em: 12 ago. 2021.

viabilizador de uma atuação ex ante do próprio conflito, dotado de uma racionalidade procedimental extremamente pragmática".[245]

A extinção com base no inc. III do art. 138 ocorre por decisão heterônoma, quando, não sendo o caso de enceramento unilateral, as partes não chegarem a um consenso sobre a melhor forma de resolver o litígio. Nessa hipótese, a controvérsia é resolvida por arbitragem ou decisão judicial.

A arbitragem consiste no julgamento do litígio por terceiro imparcial, o árbitro, escolhido pelas partes. Trata-se de meio privado de resolução de controvérsias, regido pela Lei nº 9.307, de 23.9.1996.

Conforme o art. 1º, §1º da referida norma, com a redação conferida pela Lei nº 13.129, de 26.5.2015, a Administração Pública direta e indireta poderá utilizar-se da arbitragem para dirimir conflitos relativos a direitos patrimoniais disponíveis.

A convenção de arbitragem é o instrumento por meio do qual as partes manifestam a vontade de submeter um litígio certo ou eventual a respeito de direitos patrimoniais disponíveis ao juízo de um árbitro escolhido por elas. Segundo o art. 3º, da Lei nº 9.307/1996, ela pode se consubstanciar de duas formas: cláusula compromissória ou compromisso arbitral.

Conforme o art. 4º da referida norma, a cláusula compromissória é a convenção através da qual as partes em um contrato comprometem-se a submeter à arbitragem os litígios que possam vir a surgir, relativamente a tal contrato. Trata-se, portanto, de um compromisso anterior à ocorrência do litígio.

Já o compromisso arbitral se aplica quando não houver acordo prévio sobre o cabimento e a forma de instituir a arbitragem.

Ele poderá ocorrer extrajudicialmente, quando a parte interessada manifestar à outra essa intenção, por via postal ou por outro meio qualquer de comunicação, mediante comprovação de recebimento, consoante o art. 6º da Lei nº 9.307/1996. Nesse caso, a primeira convocará a segunda para, em dia, hora e local certos, firmar o compromisso arbitral.

O compromisso arbitral poderá ocorrer mediante intervenção do juiz, quando uma parte se recusar a instituir a arbitragem, havendo cláusula compromissória (art. 7º da Lei nº 9.307/1996), ou não havendo esta as partes resolverem celebrar o instrumento por termo nos autos, perante o juízo ou tribunal, em que tem curso a demanda (art. 9º, §2º, da referida norma).

Conforme o §1º do art. 138, a extinção determinada por ato unilateral da Administração e a extinção consensual deverão ser precedidas de autorização escrita e fundamentada da autoridade competente e reduzidas a termo no respectivo processo.

---

[245] GARCIA, Flávio Amaral. Dispute boards e os contratos de concessão. *In*: CUÉLLAR, Leila; MOREIRA, Egon Bockmann; GARCIA, Flávio Amaral; CRUZ, Elisa Schmidlin. *Direito administrativo e alternative dispute resolution*: arbitragem, dispute board, mediação e negociação. Com comentários à legislação do Rio de Janeiro, São Paulo e União sobre arbitragem e mediação em contratos administrativos e desapropriações. Belo Horizonte: Fórum, 2020. p. 100.

Aplica-se, aqui, o princípio do paralelismo das formas. A mesma autoridade competente para celebrar o contrato deve atuar na decisão pela extinção do ajuste.

O §2º estabelece que, quando a extinção decorrer de culpa exclusiva da Administração, o contratado será ressarcido pelos prejuízos regularmente comprovados que houver sofrido e terá direito à devolução da garantia e aos pagamentos devidos pela execução do contrato até a data de extinção e do custo da desmobilização. O dispositivo repete a redação do art. 79, §2º da Lei nº 8.666/1993.

Cabe advertir que o contratado sempre terá direito aos pagamentos devidos pela execução do contrato até a data de extinção, independentemente da causa do encerramento do vínculo contratual. Afinal, a norma não incluiu o confisco dos créditos a receber entre as sanções cabíveis no caso de inadimplemento na execução dos serviços pactuados, de forma que a retenção de valores somente é devida, caso haja valores de multa ou indenizações a compensar. O tema é tratado no inc. IV do próximo dispositivo.

Conforme o art. 139, a extinção determinada por ato unilateral da Administração poderá acarretar, sem prejuízo das sanções previstas nesta lei, as seguintes consequências:
a) assunção imediata do objeto do contrato, no estado e local em que se encontrar, por ato próprio da Administração;
b) ocupação e utilização do local, das instalações, dos equipamentos, do material e do pessoal empregados na execução do contrato e necessários à sua continuidade;
c) execução da garantia contratual; e
d) retenção dos créditos decorrentes do contrato até o limite dos prejuízos causados à Administração Pública e das multas aplicadas.

Conforme visto acima, a entidade contratante somente pode reter os pagamentos devidos ao contratado até o limite do pagamento das indenizações e das multas regularmente aplicadas. Aquilo que exceder esse montante deve ser prontamente pago ao particular, mesmo que a execução do ajuste tenha ocorrido por sua culpa.

Segundo o inc. III, a execução da garantia tem como objetivo o ressarcimento da Administração Pública por prejuízos decorrentes do inadimplemento contratual, o pagamento de verbas trabalhistas, fundiárias e previdenciárias, quando cabível, o pagamento das multas devidas à Administração Pública e a conclusão do objeto do contrato pela seguradora, quando cabível.

Assim, a garantia é um esteio de todas as contingências ocorridas no curso da execução da avença, servindo como uma espécie de reserva de valor para o pagamento de multas e indenizações, por atos irregulares praticados pelo contratado, e ainda para possibilitar a retomada dos serviços pela seguradora, quando essa possibilidade for prevista no edital e no contrato.

Havendo multa e indenizações devidas pelo contratado em função da extinção do contrato, os valores serão descontados primeiramente da garantia ou dos créditos devidos ao particular? Segundo o art. 156, §3º, tais valores devem ser compensados, inicialmente, dos pagamentos devidos ao contratado, sendo que o remanescente será custeado pela garantia. Essa sistemática está diferente do art. 86, §3º, da Lei nº 8.666/1993, que estabelecia a utilização da garantia para o pagamento das multas, de forma que eventual diferença seria descontada dos pagamentos eventualmente devidos pela Administração ou, ainda, quando for o caso, cobrada judicialmente.

Conforme o §1º, a aplicação das medidas indicadas nas letras "a" e "b" (assunção do objeto e ocupação e utilização do local e dos insumos) ficará a critério da Administração, que poderá dar continuidade à obra ou ao serviço por execução direta ou indireta.

A ocupação e utilização do local, das instalações, dos equipamentos, do material e do pessoal empregados (letra "b") deverão ser precedidas de autorização expressa do ministro de Estado, do secretário estadual ou do secretário municipal competente, conforme o caso, nos termos do §2º.

A nosso juízo, a retenção de equipamentos e de materiais ainda não empregados na obra, mas já adquiridos pela empresa, devem compor o valor devido pelo Poder Público, cabendo ao contratado demonstrar os custos de aquisição ou utilização, se esta for provisória, para fins de cálculo da quantia devida pela entidade contratante. O mesmo se afirma do pessoal contratado pela empresa contratada, cujos salários e encargos trabalhistas devem ser assumidos pela Administração contratante, a fim de não configurar uma situação de confisco não admitida pelo ordenamento jurídico.

Tal montante será somado aos créditos do contratado, decorrentes da execução do ajuste, podendo a Administração retê-los até o limite da indenização devida pelo particular em razão de prejuízos que tenha causado à Administração, em razão da extinção do ajuste.

16.9 Do recebimento do objeto do contrato

> Art. 140. O objeto do contrato será recebido:
> I - em se tratando de obras e serviços:
> a) provisoriamente, pelo responsável por seu acompanhamento e fiscalização, mediante termo detalhado, quando verificado o cumprimento das exigências de caráter técnico;
> b) definitivamente, por servidor ou comissão designada pela autoridade competente, mediante termo detalhado que comprove o atendimento das exigências contratuais;
> II - em se tratando de compras:
> a) provisoriamente, de forma sumária, pelo responsável por seu acompanhamento e fiscalização, com verificação posterior da conformidade do material com as exigências contratuais;
> b) definitivamente, por servidor ou comissão designada pela autoridade competente, mediante termo detalhado que comprove o atendimento das exigências contratuais.

§1º O objeto do contrato poderá ser rejeitado, no todo ou em parte, quando estiver em desacordo com o contrato.

§2º O recebimento provisório ou definitivo não excluirá a responsabilidade civil pela solidez e pela segurança da obra ou serviço nem a responsabilidade ético-profissional pela perfeita execução do contrato, nos limites estabelecidos pela lei ou pelo contrato.

§3º Os prazos e os métodos para a realização dos recebimentos provisório e definitivo serão definidos em regulamento ou no contrato.

§4º Salvo disposição em contrário constante do edital ou de ato normativo, os ensaios, os testes e as demais provas para aferição da boa execução do objeto do contrato exigidos por normas técnicas oficiais correrão por conta do contratado.

§5º Em se tratando de projeto de obra, o recebimento definitivo pela Administração não eximirá o projetista ou o consultor da responsabilidade objetiva por todos os danos causados por falha de projeto.

§6º Em se tratando de obra, o recebimento definitivo pela Administração não eximirá o contratado, pelo prazo mínimo de 5 (cinco) anos, admitida a previsão de prazo de garantia superior no edital e no contrato, da responsabilidade objetiva pela solidez e pela segurança dos materiais e dos serviços executados e pela funcionalidade da construção, da reforma, da recuperação ou da ampliação do bem imóvel, e, em caso de vício, defeito ou incorreção identificados, o contratado ficará responsável pela reparação, pela correção, pela reconstrução ou pela substituição necessárias.

O art. 140 da Lei nº 14.133/2021 trata das condições e procedimentos para o recebimento do objeto do contrato. O dispositivo basicamente repete a redação do art. 73 da Lei nº 8.666/1993, com a incorporação dos arts. 75 e 76 da norma anterior e a exclusão de dois temas: as regras para o recebimento do objeto nos contratos de locação de equipamentos, que tinha o mesmo tratamento das compras (art. 73, inc. II) e a dispensa do recebimento provisório em determinados casos (art. 74).

Assim, pela leitura textual da norma e considerando a sua interpretação histórica, o recebimento provisório do objeto é obrigatório em todos os casos, inclusive no caso de gêneros perecíveis e alimentação preparada, serviços profissionais e obras e serviços de valor inferior a determinado limite, que eram as hipóteses de dispensa do procedimento preceituadas no art. 74 da Lei nº 8.666/1993.

No caso de obras e serviços, o objeto do contrato será recebido provisoriamente pelo responsável por seu acompanhamento e fiscalização, mediante termo detalhado, quando verificado o cumprimento das exigências de caráter técnico. Diferentemente da Lei nº 8.666/1993, o novel estatuto remeteu ao regulamento a definição do prazo para a emissão do termo de recebimento provisório. Dessa forma, os diversos entes possuem liberdade para definir as suas regras, seguindo critérios próprios de racionalidade.

No que se refere ao recebimento definitivo de obras e serviços, ele ocorrerá por servidor ou comissão designados pela autoridade competente, mediante termo detalhado que comprove o atendimento das exigências contratuais.

Havendo disponibilidade, recomenda-se que os agentes encarregados de receber definitivamente o objeto sejam diferentes dos que procederam ao recebimento provisório. Além de atender ao princípio da segregação de funções, a medida é salutar para corrigir eventuais erros ou omissões dos que atuaram na etapa anterior, permitindo uma melhor fiscalização da conclusão do contrato. Do mesmo modo que o recebimento provisório, o prazo de observação e emissão do termo de recebimento definitivo será estipulado em regulamento.

No caso de compras, o objeto do contrato será recebido provisoriamente, de forma sumária, pelo responsável por seu acompanhamento e fiscalização, com verificação posterior da conformidade do material com as exigências contratuais. Pela literalidade da norma, esse recebimento tem como objetivo a verificação dos aspectos de fácil visualização, ficando o exame da compatibilidade do objeto com as condições do edital para a etapa seguinte. O recebimento definitivo das compras se dará por servidor ou comissão designada pela autoridade competente, mediante termo detalhado que comprove o atendimento das exigências contratuais.

O desatendimento das condições pactuadas no contrato implicará a rejeição do objeto, no todo ou em parte, conforme o §1º. Nessa hipótese, o contratado será notificado para reparar, corrigir, remover, reconstruir ou substituir, a suas expensas, no total ou em parte, o objeto da avença, estando sujeito à aplicação das sanções cabíveis e a execução da garantia, caso o contrato não seja cumprido de acordo com o pactuado.

Conforme o §2º, o recebimento do objeto não excluirá a responsabilidade civil pela solidez e pela segurança da obra ou serviço nem a responsabilidade ético-profissional pela perfeita execução do contrato, nos limites estabelecidos pela lei ou pelo contrato.

Segundo o §6º, em se tratando de obra, o contratado terá responsabilidade objetiva pela solidez e pela segurança dos materiais e dos serviços executados e pela funcionalidade da construção, da reforma, da recuperação ou da ampliação do bem imóvel, pelo prazo mínimo de 5 (cinco) anos, admitida a previsão de prazo de garantia superior no edital e no contrato.

Em caso de vício, defeito ou incorreção identificados, o contratado ficará responsável pela reparação, pela correção, pela reconstrução ou pela substituição necessárias, no mesmo prazo supramencionado. Essa responsabilidade do construtor pela obra não é influenciada pelo recebimento definitivo do objeto do contrato pela Administração.

O prazo da nova lei vem a ser o mesmo estatuído no art. 618 do Código Civil, não obstante ele possa ser aumentado mediante previsão no edital. Tomando como base o parágrafo único do artigo supramencionado da legislação civil, o Poder Público dispõe do período de 180 dias para interpor ação contra o empreiteiro, sob pena de decadência de seu direito, contado do aparecimento do vício ou defeito.

O dispositivo comporta interpretação. Conforme decidido pelo STJ, no julgamento do REsp nº 1.717.160, o prazo trazido no parágrafo único do art. 618 somente é aplicável para a ação de redibição do contrato ou abatimento do prazo. Caso o dono da obra deseje pleitear indenização de perdas e danos, ficará sujeito ao prazo prescricional de 10 anos, nos termos do Código Civil. Segue excerto da fundamentação do aludido julgado:

> 18. Ainda em sede doutrinária, já tive a oportunidade de anotar, em conjunto com Sidnei Beneti e Vera Andrighi:
> "A análise do parágrafo único do art. 618, com efeito, revela que a intenção do legislador foi conceder prazo decadencial para que o comitente se insurja contra a insegurança ou falta de solidez da obra que lhe foi entregue. Ocorre que apenas os direitos de redibir um negócio jurídico, ou revisá-lo para obter abatimento no preço, sujeitam-se a prazo decadencial. Por isso, a dicção do art. 618, parágrafo único, não poderia, de qualquer forma, restringir temporalmente o manejo de ações ressarcitórias, que se submetem a prazo prescricional.
> Portanto, mesmo após a vigência do novo Código Civil, é certo que a Súmula 194 do STJ continua a jogar luzes sobre a questão.
> Estabelecendo que a ação indenizatória prescrevia em vinte anos, sob a égide do CC/1916, a referida Súmula deixava claro que essa pretensão escapava ao prazo quinquenal. Naturalmente, a interpretação da Súmula deve ser adaptada à nova realidade imposta pela edição do CC/2002 e, onde se lia prazo de 20 anos, aplicar-se-ão os novos prazos prescricionais.
> Dessa forma, com a constatação do vício dentro do quinquênio legal, uma série de pretensões exsurgem para o comitente. Poderá ele redibir o contrato ou pleitear abatimento no preço, desde que o faça no prazo decadencial de 180 dias seguintes ao aparecimento do vício ou defeito. Por ser decadencial, o prazo de 180 dias não se interrompe, não se suspende e é irrenunciável. Se optar, no entanto, por pleitear ressarcimento pelas perdas e danos, deverá fazê-lo no prazo prescricional assegurado pela lei civil, não estando sujeito ao prazo quinquenal. Nessa hipótese, por se tratar de prazo prescricional, pode haver suspensão ou interrupção" (Comentários ao Novo Código Civil: das várias espécies de contratos, vol. IX. Rio de Janeiro: Forense, 2008, p. 318/319) (grifos acrescentados).
> 19. Em relação ao prazo prescricional aplicável à pretensão indenizatória decorrente do vício construtivo, entende-se que deve incidir o prazo geral decenal disposto no art. 205 do CC/02, o qual, além de corresponder ao prazo vintenário anteriormente disposto no art. 177 do CC/16, é o prazo que regula as pretensões fundadas no inadimplemento contratual.
> 20. Assim, em conclusão, sob a regência do CC/02, verificando o comitente vício da obra dentro do prazo quinquenal de garantia, poderá, a contar do aparecimento da falha construtiva: a) redibir o contrato ou pleitear abatimento no preço, no prazo decadencial de 180 dias; b) pleitear indenização por perdas e danos, no prazo prescricional de 10 anos. (REsp nº 1.717.160/DF, Rel. Min. Nancy Andrighi, Terceira Turma, j. 22.3.2018. *DJe*, 26 mar. 2018)

Para o TCU, essa responsabilidade do empreiteiro subsiste mesmo que o defeito decorra de falha de projeto elaborado por terceiro. Conforme exposto no voto condutor do Acórdão nº 1.393/2016-Plenário (Rel. Min. Benjamin Zymler), a condição de especialista do construtor impõe a ele o dever de analisar e revisar os projetos fornecidos, de forma que ele deve avisar o proprietário sobre as inconsistências da obra, antes de executá-la. Em não fazendo, ele assume a responsabilidade pela reparação de eventuais vícios ou pelo pagamento da indenização cabível, caso não promova a devida correção.

Por evidente, o projetista ou o consultor também será responsabilizado de forma objetiva por danos decorrentes de falha de projeto. Conforme o §5º, essa responsabilidade não será afastada mesmo que a Administração tenha recebido o projeto.

Com relação aos demais objetos, cabe destacar que o prazo de garantia mínima do objeto constitui cláusula necessária do contrato, que poderá estabelecer as condições de manutenção e assistência técnica, quando for o caso, nos termos do art. 92, inc. XIII.

Conforme o §4º, os ensaios, os testes e as demais provas para aferição da boa execução do objeto do contrato exigidos por normas técnicas oficiais correrão por conta do contratado, salvo disposição em contrário constante do edital ou de ato normativo. Cabe destacar que as condições de recebimento do objeto devem ser definidas na fase preparatória do processo licitatório (art. 18, inc. III), sendo conveniente especificá-la claramente no edital e no contrato a fim de evitar litígios desnecessários no curso da execução do objeto.

16.10 Dos pagamentos

16.10.1 Regras gerais de pagamento

> Art. 141. No dever de pagamento pela Administração, será observada a ordem cronológica para cada fonte diferenciada de recursos, subdividida nas seguintes categorias de contratos:
> I - fornecimento de bens;
> II - locações;
> III - prestação de serviços;
> IV - realização de obras.
> §1º A ordem cronológica referida no caput deste artigo poderá ser alterada, mediante prévia justificativa da autoridade competente e posterior comunicação ao órgão de controle interno da Administração e ao tribunal de contas competente, exclusivamente nas seguintes situações:
> I - grave perturbação da ordem, situação de emergência ou calamidade pública;
> II - pagamento a microempresa, empresa de pequeno porte, agricultor familiar, produtor rural pessoa física, microempreendedor individual e sociedade cooperativa, desde que demonstrado o risco de descontinuidade do cumprimento do objeto do contrato;
> III - pagamento de serviços necessários ao funcionamento dos sistemas estruturantes, desde que demonstrado o risco de descontinuidade do cumprimento do objeto do contrato;
> IV - pagamento de direitos oriundos de contratos em caso de falência, recuperação judicial ou dissolução da empresa contratada;
> V - pagamento de contrato cujo objeto seja imprescindível para assegurar a integridade do patrimônio público ou para manter o funcionamento das atividades finalísticas do órgão ou entidade, quando demonstrado o risco de descontinuidade da prestação de serviço público de relevância ou o cumprimento da missão institucional.
> §2º A inobservância imotivada da ordem cronológica referida no caput deste artigo ensejará a apuração de responsabilidade do agente responsável, cabendo aos órgãos de controle a sua fiscalização.

> §3º O órgão ou entidade deverá disponibilizar, mensalmente, em seção específica de acesso à informação em seu sítio na internet, a ordem cronológica de seus pagamentos, bem como as justificativas que fundamentarem a eventual alteração dessa ordem.
> Art. 142. Disposição expressa no edital ou no contrato poderá prever pagamento em conta vinculada ou pagamento pela efetiva comprovação do fato gerador.
> Parágrafo único. (VETADO).
> Parágrafo único. (VETADO).
> Art. 143. No caso de controvérsia sobre a execução do objeto, quanto a dimensão, qualidade e quantidade, a parcela incontroversa deverá ser liberada no prazo previsto para pagamento.

A Lei nº 14.133/2021 disciplinou, em capítulo específico, regras mais rigorosas para o pagamento dos contratos administrativos. Trata-se de inovação ante o regime anterior, que era bastante tímido quanto à disciplina dos deveres contratuais da Administração, especialmente os de natureza econômica.

A nova lei fala, pela primeira vez, em dever de pagamento. Muito embora isso fosse evidente na Lei nº 8.666/1993, haja vista a própria exigência de se estabelecer no edital um prazo máximo para a sua efetivação – de até 30 dias, nos termos do art. 40, inc. XIV, alínea "a" –, o uso dessa expressão carrega certo simbolismo, na medida em que reforça o direito subjetivo do particular de receber os valores que lhe são devidos, no tempo certo e segundo critérios objetivos.

O art. 141 estabeleceu o dever de pagamento pela Administração segundo uma ordem cronológica para cada fonte diferenciada de recursos subdividida nas seguintes categorias de contratos: fornecimento de bens; locações; prestação de serviços; e realização de obras.

O objetivo dessa medida é evidente: dar maior segurança jurídica aos contratados, reduzindo o risco de atrasos de pagamentos devido a eventuais perseguições ou, mesmo, a concessão de tratamento privilegiado a outros contratados, por razões pessoais ou por conta do recebimento de benefícios indevidos. Dessa forma, o dispositivo se insere como uma regra importante para a diminuição do risco de atos de corrupção em contratos administrativos.

A despeito do silêncio da norma, entende-se que a ordem cronológica de pagamento deve ser estabelecida a partir da entrega pelo particular de todos os documentos necessários para que o Poder Público possa dar início a esse procedimento, quais sejam, a nota fiscal ou a fatura correspondente, acompanhadas da documentação comprobatória da regularidade fiscal do contratado.

Antes disso, é necessária a liquidação da despesa, ou seja, a verificação do direito adquirido pelo credor, por parte da autoridade administrativa competente, tendo por base os títulos e documentos comprobatórios do respectivo crédito.

Conforme o art. 63, §2º, da Lei nº 4.320, de 17.3.1964, a liquidação da despesa por fornecimentos feitos ou serviços prestados terá por base o contrato ou acordo respectivo, a nota de empenho e os comprovantes da entrega de material ou da prestação efetiva do serviço.

Dessa forma, o particular deve apresentar os elementos necessários para que o Poder Público possa atestar a realização dos serviços ou o fornecimento e, assim, dar seguimento ao processo administrativo visando ao pagamento.

Conforme o §1º, a ordem cronológica dos pagamentos poderá ser alterada, mediante prévia justificativa da autoridade competente e posterior comunicação ao órgão de controle interno da Administração e ao tribunal de contas competente, exclusivamente nas seguintes situações:

a) grave perturbação da ordem, situação de emergência ou calamidade pública;
b) pagamento à microempresa, empresa de pequeno porte, agricultor familiar, produtor rural pessoa física, microempreendedor individual e sociedade cooperativa, desde que demonstrado o risco de descontinuidade do cumprimento do objeto do contrato;
c) pagamento de serviços necessários ao funcionamento dos sistemas estruturantes, desde que demonstrado o risco de descontinuidade do cumprimento do objeto do contrato;
d) pagamento de direitos oriundos de contratos em caso de falência, recuperação judicial ou dissolução da empresa contratada;
e) pagamento de contrato cujo objeto seja imprescindível para assegurar a integridade do patrimônio público ou para manter o funcionamento das atividades finalísticas do órgão ou entidade, quando demonstrado o risco de descontinuidade da prestação de serviço público de relevância ou o cumprimento da missão institucional.

Cabe destacar que a comunicação ao órgão de controle interno e ao tribunal de contas competente, prevista no §1º, não implica que os pagamentos somente poderão ocorrer após a aprovação destes. O que se buscou viabilizar foi a mera possibilidade de o controle concomitante desses órgãos, segundo seus critérios próprios de oportunidade e materialidade, não instituir uma espécie de controle prévio, abolido do sistema constitucional desde a Constituição Federal de 1967.

O §2º impõe uma consequência à inobservância imotivada da ordem cronológica dos pagamentos. Conforme o dispositivo, esse fato ensejará a apuração de responsabilidade do agente responsável pelo próprio órgão contratante, cabendo aos órgãos de controle a sua fiscalização.

A parte final do dispositivo não implica que haverá uma espécie de controle de mérito do processo administrativo de apuração de responsabilidade, nem que o TCU atuará como instância revisora do deliberado pela Administração Pública. Tampouco é possível afirmar que o Tribunal atuará como sucedâneo da Administração Pública, caso esta se revele omissa quanto ao exercício de seu poder disciplinar.

Afinal, a jurisprudência do Tribunal é firme no sentido de que não lhe compete controlar resultados de sindicância ou de procedimentos administrativos disciplinares, sendo incabível, de sua parte, a verificação da existência de *error in judicando* (Acórdão nº 2.711/2015-Plenário, 7.468/2014-1ª Câmara, 2.052/2010-Plenário, 2.327/2008-Plenário e 3.392/2008-1ª Câmara).

Tomando como base essa premissa, o objetivo do §2º somente pode ser o de instar o TCU a verificar e corrigir, mediante a expedição de determinação, eventual omissão do órgão contratante no cumprimento do §2º. Caberá à Administração adotar as medidas pertinentes, a fim de apurar a responsabilidade do agente responsável pela inobservância imotivada da ordem cronológica dos pagamentos.

Já o §3º prescreve que o órgão ou entidade deverá disponibilizar, mensalmente, em seção específica de acesso à informação em seu sítio na internet, a ordem cronológica de seus pagamentos, bem como as justificativas que fundamentarem a eventual alteração dessa ordem. Tal medida é digna de elogios, pois catalisa adequadamente o controle social de eventuais irregularidades no cumprimento da legislação.

O art. 142 da nova lei traz uma importante novidade em relação ao regime anterior: a possibilidade de o edital ou o contrato prever pagamento dos contratos administrativos em conta vinculada.

Em nossa visão, esse dispositivo deve ser lido em conjunto com o art. 120, ou seja, essa forma de pagamento somente se aplica em contratos de serviços contínuos com regime de dedicação exclusiva de mão de obra.

Conforme visto na análise do art. 120, essa conta foi prevista para assegurar o cumprimento de obrigações trabalhistas pelo contratado. Segundo o *Caderno de logística do Ministério da Economia*, os recursos referentes ao pagamento de férias, 1/3 constitucional de férias e 13º salário, encargos previdenciários incidentes sobre as rubricas citadas e valores devidos em caso de pagamento de multa sobre o saldo do FGTS ficam resguardados nesta conta e somente são liberados com expressa autorização do órgão contratante, mediante comprovação das despesas por parte da empresa.[246]

O pagamento mediante conta vinculada e por fato gerador foi previsto inicialmente na Instrução Normativa Seges/MPDG nº 5/2017, que dispôs sobre as regras e diretrizes do procedimento de contratação de serviços sob o regime de execução indireta no âmbito da Administração Pública federal direta, autárquica e fundacional. Ele também constou do Decreto nº 9.507, de 21.9.2018, que buscou regulamentar essa forma de contratação, em nível normativo imediatamente superior.

É preciso recorrer ao mencionado normativo para a compreensão dessa forma de pagamento. Segundo o inc. XIV de seu Anexo I, o fato gerador é a situação de fato ou o conjunto de fatos, previstos na lei ou contrato, necessários e suficientes à sua materialização, que gera obrigação de pagamento do contratante à contratada.

Por essa sistemática, os valores correspondentes às férias, décimo terceiro salário, ausências legais e verbas rescisórias somente serão incluídos nas faturas da contratada,

---

[246] BRASIL. Ministério do Planejamento, Desenvolvimento e Gestão. Secretaria de Gestão. *Cartilha sobre conta-depósito vinculada* – Bloqueada para movimentação. 2018. p. 10. Disponível em: https://www.gov.br/compras/pt-br/centrais-de-conteudo/cadernos-de-logistica/midia/caderno_logistica_conta_vinculada.pdf. Acesso em: 12 ago. 2021.

para fins de pagamento, após a comprovação da efetiva ocorrência dos respectivos eventos. O objetivo da medida é evidente: eliminar o risco de inadimplência dos encargos trabalhistas devidos pelo contrato, evitando a responsabilização subsidiária da Administração sob a alegação de fiscalização deficiente.

O art. 143 contém previsão importante para diminuir os riscos do particular em caso de controvérsia envolvendo a execução do objeto, quanto à dimensão, qualidade e quantidade. Consoante o dispositivo, a parcela incontroversa deverá ser liberada no prazo previsto para pagamento, de modo que as partes permanecerão discutindo apenas a parte que envolve divergência. A regra é benéfica para ambos os contraentes, já que facilita o fluxo de pagamentos ao contratado e evita que a Administração, em caso de derrota em eventual judicialização, incorra em custos processuais acima do verdadeiro valor do litígio.

16.10.2 Remuneração variável

> Art. 144. Na contratação de obras, fornecimentos e serviços, inclusive de engenharia, poderá ser estabelecida remuneração variável vinculada ao desempenho do contratado, com base em metas, padrões de qualidade, critérios de sustentabilidade ambiental e prazos de entrega definidos no edital de licitação e no contrato.
>
> §1º O pagamento poderá ser ajustado em base percentual sobre o valor economizado em determinada despesa, quando o objeto do contrato visar à implantação de processo de racionalização, hipótese em que as despesas correrão à conta dos mesmos créditos orçamentários, na forma de regulamentação específica.
>
> §2º A utilização de remuneração variável será motivada e respeitará o limite orçamentário fixado pela Administração para a contratação.

O art. 144 estatui a possibilidade de se estabelecer remuneração variável na contratação de obras, fornecimentos e serviços, inclusive de engenharia. O dispositivo se inspirou na Lei nº 12.462/2011, cujo art. 10 admitia o uso do instituto para obras e serviços, inclusive de engenharia – a novidade da Lei nº 14.133/2021 é a previsão de remuneração variável para contratos de fornecimento.

A remuneração variável será vinculada ao desempenho do contratado, com base em metas, padrões de qualidade, critérios de sustentabilidade ambiental e prazos de entrega definidos no edital de licitação e no contrato.

Conforme o §1º, o pagamento poderá ser fixado com base em um valor percentual incidente sobre o montante economizado em determinada despesa, quando o objeto do contrato visar à implantação de processo de racionalização. Por exemplo, no caso de um contrato de execução de obra para a implantação do reuso de água, o Poder Público pode prever o pagamento de uma parcela predeterminada relacionada à execução do investimento, acrescido de uma remuneração variável correspondente a um valor percentual sobre o benefício gerado com a redução do consumo na conta de água. Por evidente, a fórmula de cálculo desse ganho adicional deverá estar prevista no edital.

Segundo o mencionado dispositivo, as despesas com o pagamento do contrato mediante remuneração variável correrão à conta dos mesmos créditos orçamentários, na forma de regulamentação específica. Isso implica dizer que o contrato terá duas fontes de custeio: o crédito orçamentário para a realização do investimento e o destinado ao pagamento da remuneração variável, que será o mesmo do utilizado no pagamento da despesa economizada.

Conforme o §2º, a utilização de remuneração variável será motivada e respeitará o limite orçamentário fixado pela Administração para a contratação.

Para a adequada compreensão do dispositivo é necessário definir o que vem a ser limite orçamentário. Segundo André Mendes, haveria duas interpretações possíveis para o termo. "Alguns entendem que é o próprio valor limite do orçamento-base da licitação, enquanto outros entendem ser um valor independente, especialmente fixado pela Administração Pública na contratação".[247]

Em nossa visão, a expressão não guarda vinculação estrita com o orçamento-base para a realização da licitação. Trata-se de valor autônomo, correspondente à soma deste com o percentual do benefício econômico esperado pela Administração, em termos de redução de despesas, em função do desempenho do contratado que supere metas, padrões de qualidade, critérios de sustentabilidade ambiental e prazos de entrega definidos no edital de licitação e no contrato.

Essa interpretação não implica a admissão da prática de superfaturamento, uma vez que, ao ser atendida a meta de economia buscada pela Administração, dois parâmetros terão sido cumpridos:
- o menor preço para a execução das obras, fornecimentos e serviços, inclusive de engenharia, pois o contrato terá decorrido de um certame aberto à competição, cujas propostas deveriam estar abaixo do orçamento estimado da licitação;
- a diminuição da despesa de operação, manutenção ou de custeio do objeto executado ou eventuais ganhos econômicos decorrentes da antecipação da entrega do objeto, em valor igual ou superior à meta buscada pela entidade contratante.

Isso significa que a remuneração total do contrato terá atingido o objetivo buscado no art. 11, inc. I, de assegurar a seleção da proposta apta a gerar o resultado de contratação mais vantajoso para a Administração Pública, inclusive no que se refere ao ciclo de vida do objeto.

Embora o novel estatuto licitatório não tenha trazido disposição similar ao art. 70, §3º, do Decreto nº 7.581/2011 (regulamenta o RDC) – o valor da remuneração variável deverá ser proporcional ao benefício a ser gerado para a Administração Pública –,

---
[247] MENDES, André. *Aspectos polêmicos de licitações e contratos de obras públicas*. São Paulo: Pini, 2013. p. 274.

compreende-se que a remuneração adicional a ser recebida pelo particular não pode ser superior ao benefício econômico auferido pela Administração, em termos de redução de despesas ou eventuais ganhos decorrentes da antecipação do ajuste.

Em verdade, a parcela a ser paga ao contratado corresponde a um percentual deste benefício, o que implica dizer que tanto a Administração como o particular compartilharão os ganhos econômicos decorrentes na melhoria do desempenho do serviço decorrente da execução do contrato em exame.

De todo modo, entende-se que a Administração deve, previamente à realização de licitação com a previsão de pagamento de remuneração variável, estipular o valor do limite orçamentário da contratação, o qual deve ser minuciosamente justificado, com a devida memória de cálculo, no processo administrativo do certame licitatório. Além disso, essa informação deve constar do edital, assim como os critérios para o pagamento da remuneração variável.

Por fim, a entidade deve motivar a própria opção de celebrar contrato com pagamento de remuneração variável. Tal modalidade de contratação somente é justificável quando a superação das metas pactuadas ou a redução dos prazos contratuais efetivamente gerar benefício econômico para a Administração Pública.

16.10.3 Pagamento antecipado

> Art. 145. Não será permitido pagamento antecipado, parcial ou total, relativo a parcelas contratuais vinculadas ao fornecimento de bens, à execução de obras ou à prestação de serviços.
> §1º A antecipação de pagamento somente será permitida se propiciar sensível economia de recursos ou se representar condição indispensável para a obtenção do bem ou para a prestação do serviço, hipótese que deverá ser previamente justificada no processo licitatório e expressamente prevista no edital de licitação ou instrumento formal de contratação direta.
> §2º A Administração poderá exigir a prestação de garantia adicional como condição para o pagamento antecipado.
> §3º Caso o objeto não seja executado no prazo contratual, o valor antecipado deverá ser devolvido.

O art. 145 traz importante novidade, ao prever o pagamento antecipado, parcial ou total, nas condições que estatui. A medida é admitida em parcelas contratuais vinculadas ao fornecimento de bens, à execução de obras ou à prestação de serviços e será cabível se propiciar sensível economia de recursos ou se representar condição indispensável para a obtenção do bem ou para a prestação do serviço. A última hipótese deverá ser previamente justificada no processo licitatório e expressamente prevista no edital de licitação ou instrumento formal de contratação direta.

O pagamento antecipado era admitido pelo TCU em contratações regidas pela Lei nº 8.666/1993 em situações excepcionais, desde que houvesse interesse público devidamente demonstrado, previsão no edital e exigência de garantias. Nesse sentido, invocam-se os acórdãos nºs 3.614/2013-Plenário, 1.565/2015-Plenário e 1.160/2016-Plenário.

A propósito, o entendimento jurisprudencial da Corte de Contas foi incorporado no dispositivo, cujo §2º estatuiu que a Administração poderá exigir a prestação de garantia adicional como condição para o pagamento antecipado. Caso o objeto não seja executado no prazo contratual, o valor antecipado deverá ser devolvido, nos termos do §3º. Por evidente, o Poder Público pode executar as garantias se o contratado não adimplir o contrato nem devolver os valores recebidos a título de adiantamento.

16.10.4 Obrigações acessórias em matéria de pagamento

> Art. 146. No ato de liquidação da despesa, os serviços de contabilidade comunicarão aos órgãos da administração tributária as características da despesa e os valores pagos, conforme o disposto no art. 63 da Lei nº 4.320, de 17 de março de 1964.

O art. 146 da nova lei traz uma obrigação tributária acessória à Administração Pública, aplicável a situações em que ela não atua na condição de contribuinte. Conforme o dispositivo, no ato de liquidação da despesa, os serviços de contabilidade comunicarão aos órgãos da administração tributária as características da despesa e os valores pagos, o que deverá servir de suporte para a eventual fiscalização sobre os recebedores dos pagamentos.

16.11 Das nulidades

> Art. 147. Constatada irregularidade no procedimento licitatório ou na execução contratual, caso não seja possível o saneamento, a decisão sobre a suspensão da execução ou sobre a declaração de nulidade do contrato somente será adotada na hipótese em que se revelar medida de interesse público, com avaliação, entre outros, dos seguintes aspectos:
> I - impactos econômicos e financeiros decorrentes do atraso na fruição dos benefícios do objeto do contrato;
> II - riscos sociais, ambientais e à segurança da população local decorrentes do atraso na fruição dos benefícios do objeto do contrato;
> III - motivação social e ambiental do contrato;
> IV - custo da deterioração ou da perda das parcelas executadas;
> V - despesa necessária à preservação das instalações e dos serviços já executados;
> VI - despesa inerente à desmobilização e ao posterior retorno às atividades;
> VII - medidas efetivamente adotadas pelo titular do órgão ou entidade para o saneamento dos indícios de irregularidades apontados;

VIII - custo total e estágio de execução física e financeira dos contratos, dos convênios, das obras ou das parcelas envolvidas;

IX - fechamento de postos de trabalho diretos e indiretos em razão da paralisação;

X - custo para realização de nova licitação ou celebração de novo contrato;

XI - custo de oportunidade do capital durante o período de paralisação.

Parágrafo único. Caso a paralisação ou anulação não se revele medida de interesse público, o poder público deverá optar pela continuidade do contrato e pela solução da irregularidade por meio de indenização por perdas e danos, sem prejuízo da apuração de responsabilidade e da aplicação de penalidades cabíveis.

Art. 148. A declaração de nulidade do contrato administrativo requererá análise prévia do interesse público envolvido, na forma do art. 147 desta Lei, e operará retroativamente, impedindo os efeitos jurídicos que o contrato deveria produzir ordinariamente e desconstituindo os já produzidos.

§1º Caso não seja possível o retorno à situação fática anterior, a nulidade será resolvida pela indenização por perdas e danos, sem prejuízo da apuração de responsabilidade e aplicação das penalidades cabíveis.

§2º Ao declarar a nulidade do contrato, a autoridade, com vistas à continuidade da atividade administrativa, poderá decidir que ela só tenha eficácia em momento futuro, suficiente para efetuar nova contratação, por prazo de até 6 (seis) meses, prorrogável uma única vez.

Art. 149. A nulidade não exonerará a Administração do dever de indenizar o contratado pelo que houver executado até a data em que for declarada ou tornada eficaz, bem como por outros prejuízos regularmente comprovados, desde que não lhe seja imputável, e será promovida a responsabilização de quem lhe tenha dado causa.

Art. 150. Nenhuma contratação será feita sem a caracterização adequada de seu objeto e sem a indicação dos créditos orçamentários para pagamento das parcelas contratuais vincendas no exercício em que for realizada a contratação, sob pena de nulidade do ato e de responsabilização de quem lhe tiver dado causa.

Os arts. 147 a 150 tratam das condições para a declaração da nulidade ou suspensão da execução dos contratos, assim como dos efeitos da decisão.

Consoante o art. 147, se constatada irregularidade no procedimento licitatório ou na execução contratual, a Administração deve preferencialmente verificar se é possível o seu saneamento, em vez de suspender a execução do contrato ou declarar a sua nulidade. Caso as falhas sejam saneáveis, ela poderá decidir pela correção das irregularidades, desde que isso se revele de interesse público.

Para tanto, a entidade contratante deve avaliar os aspectos consignados nos diversos incisos do dispositivo em análise, ou seja, promover uma espécie de "estudo do impacto invalidatório", usando a terminologia adotada pelo Ministro Benjamin Zymler. Segue a análise do dispositivo, consignada no voto condutor do Acórdão nº 3.148/2021-Plenário:

42. O disposto no art. 147 instituiu uma espécie de "estudo do impacto invalidatório" do contrato e pode ser considerado como uma das características do novo diploma legal, que demonstra a incorporação do pragmatismo como fundamento filosófico do Direito Administrativo. Impõe-se a avaliação das consequências concretas das soluções possíveis. Trata-se de uma solução de consequencialismo, na medida em que a autoridade terá que avaliar as diversas alternativas existentes em função das circunstâncias observadas.

43. Ou seja, há uma previsão dos possíveis efeitos decorrentes da anulação do ajuste, para avaliar se o desfazimento do ato é mais nocivo do que sua convalidação. Portanto, é expressamente admitido que o ato inválido produza efeitos jurídicos e seja mantido, ainda que não seja sanado. Dito de outra forma, o novo estatuto de licitações e contratos permite expressamente a convalidação do ato ou do contrato viciado, possibilidade não prevista na Lei 8.666/1993.

O art. 147 introduz expressamente um parâmetro consequencialista à deliberação pela suspensão ou declaração de nulidade de contrato, o que se mostra consentâneo com as últimas alterações havidas na LINDB.

A propósito do assunto, o art. 21 desta norma impõe:

Art. 21. A decisão que, nas esferas administrativa, controladora ou judicial, decretar a invalidação de ato, contrato, ajuste, processo ou norma administrativa deverá indicar de modo expresso suas consequências jurídicas e administrativas.
Parágrafo único. A decisão a que se refere o caput deste artigo deverá, quando for o caso, indicar as condições para que a regularização ocorra de modo proporcional e equânime e sem prejuízo aos interesses gerais, não se podendo impor aos sujeitos atingidos ônus ou perdas que, em função das peculiaridades do caso, sejam anormais ou excessivos.

Caso a paralisação ou anulação não se revele medida de interesse público, após a avaliação dos parâmetros indicados acima, o Poder Público deverá optar pela continuidade do contrato e pela solução da irregularidade por meio de indenização por perdas e danos, sem prejuízo da apuração de responsabilidade e da aplicação de penalidades cabíveis, nos termos do parágrafo único do art. 147.

Nessa hipótese, a tutela estatal implicará a substituição da obrigação de fazer (corrigir a ilegalidade) ou de desconstituir o contrato (invalidar) pela obrigação de indenizar todos os prejuízos causados ao Estado.

Tomando como norte a definição de perdas e danos consignada no art. 402 do Código Civil, a indenização deve incluir tudo que a Administração efetivamente perdeu – o eventual superfaturamento verificado no contrato – e o que ela razoavelmente deixou de ganhar ou economizar ou teve de arcar.

Em verdade, o pagamento de indenização não é devido apenas quando houver a continuidade do contrato. Em caso de declaração de nulidade, o Poder Público pode cobrar do particular o eventual superfaturamento verificado durante a sua execução, bem como as eventuais despesas decorrentes da interrupção do ajuste, os custos administrativos para a realização de uma nova contratação e as eventuais indenizações com as quais o Estado tenha de arcar perante terceiros. Por evidente, esses valores podem ser incluídos no cálculo de perdas e danos, desde que seja possível a sua apuração, quando do processo administrativo.

É preciso esclarecer, nesse ponto, que o parágrafo único do art. 147 *não* abrange as situações em que a irregularidade implique prejuízo apenas para terceiros. Nesta hipótese, deve o interessado buscar o Poder Judiciário, que é a instância competente para apurar qualquer lesão ou ameaça a direito, a teor do art. 5º, inc. XXXV, da Constituição.

A autoridade competente deve identificar os responsáveis pelo prejuízo causado ao Erário e, se for o caso, instaurar processo sancionatório para a aplicação das penalidades administrativas cabíveis. Identificada a participação de agentes públicos na cadeia causal das ilegalidades, a autoridade pode imputar-lhes as sanções estabelecidas nos respectivos estatutos administrativos, após o exercício do contraditório e da ampla defesa.

Se as irregularidades tiverem sido cometidas na gestão de recursos públicos federais, é impositivo o cumprimento das regras estatuídas na Instrução Normativa-TCU nº 71, de 28.11.2012.

Conforme o art. 3º, *caput*, da mencionada norma, a autoridade competente deve imediatamente, antes da instauração da tomada de contas especial, adotar medidas administrativas para caracterização ou elisão do dano, observados os princípios norteadores dos processos administrativos.

Além disso, ela ou o órgão de controle interno deverão representar os fatos ao Tribunal de Contas da União, "na hipótese de se constatar a ocorrência de graves irregularidades ou ilegalidades de que não resultem dano ao erário", nos termos do parágrafo único do mencionado dispositivo.

O art. 4º da Instrução Normativa-TCU nº 71/2021 estabelece, ainda:

> esgotadas as medidas administrativas de que trata o art. 3º, sem a elisão do dano, e subsistindo os pressupostos a que se refere o art. 5º desta Instrução Normativa, a autoridade competente deve providenciar a imediata instauração de tomada de contas especial, mediante a autuação de processo específico.

Segundo o art. 11 da mencionada norma, a tomada de contas especial deve ser encaminhada ao Tribunal de Contas da União em até cento e oitenta dias após a sua instauração.

Dessa forma, a declaração de nulidade de um contrato administrativo requer a análise prévia do interesse público envolvido, na forma do art. 147 da lei. Segundo o art. 148, essa decisão operará retroativamente, impedindo os efeitos jurídicos que o contrato deveria produzir ordinariamente e desconstituindo os já produzidos (efeito *ex-tunc*).

O §1º do mencionado dispositivo preconiza que, caso haja interesse público na anulação, mas não seja possível o retorno à situação fática anterior, a nulidade será resolvida pela indenização por perdas e danos, sem prejuízo da apuração de responsabilidade e da aplicação das penalidades cabíveis.

A título de exemplo, menciono o caso de irregularidades constatadas após o encerramento de um contrato, quando já houve o recebimento do objeto e o pagamento integral do preço pactuado. Nessa hipótese, a eventual declaração de nulidade não teria nenhum efeito prático, pois não seria mais possível o retorno ao *status quo ante*. Por conseguinte, a única tutela cabível será a reparatória, o que ocorrerá mediante a cobrança administrativa da indenização pelo próprio órgão, seguida da instauração da competente tomada de contas especial, caso a empresa não promova espontaneamente o pagamento da dívida.

Essa questão foi enfrentada recentemente pelo TCU, que acolheu a tese esposada no voto condutor do Acórdão nº 8.118/2021-1ª Câmara (Rel. Min. Benjamin Zymler), no sentido de que "a declaração de nulidade do contrato, que poderia ocorrer pela via administrativa ou judicial, não constitui requisito para que este Tribunal atue a fim de que eventual dano ao erário seja devidamente recomposto".

O §2º do art. 148 admite a preservação de efeitos do contrato que tenha sido declarado nulo. Trata-se de exceção à regra geral, que confere *ex tunc* à decisão de invalidação de atos administrativos, sendo cabível nos casos em que a continuidade administrativa seja justificada pelo interesse público. Nessa hipótese, a autoridade poderá decidir que a anulação só tenha eficácia em momento futuro, suficiente para efetuar nova contratação, por prazo de até 6 meses, prorrogável uma única vez.

Nesse caso, compreende-se que o particular contratado não deve receber o preço pactuado no ajuste, mas sim a indenização pelo que houver executado durante esse prazo adicional.

Aplica-se, portanto, o disposto no art. 149, segundo o qual "a nulidade não exonerará a Administração do dever de indenizar o contratado pelo que houver executado até a data em que for declarada ou tornada eficaz, bem como por outros prejuízos regularmente comprovados, desde que não lhe seja imputável".

Havendo outros prejuízos causados ao contratado por conta da declaração de nulidade, o Poder Público deverá inclui-los no valor da indenização, desde que não tenham sido causados pelo próprio contratado. Nessa hipótese, a entidade deve apurar a responsabilidade de quem lhe tenha dado causa, a fim de se ressarcir do valor pago ao particular.

A jurisprudência dominante do STJ, erigida a partir da análise de disposições da Lei nº 8.666/1993, é no sentido de que a indenização do contratado é a regra, mas ela não é devida na hipótese de o particular ter agido de má-fé ou concorrido para a nulidade. Nessas hipóteses, todos os pagamentos efetuados devem ser restituídos à Administração Pública.

Essa conclusão lastreia-se no pressuposto de que a atuação de boa-fé é requisito para que o contratado tenha direito à indenização. Sob essa perspectiva, seria inaceitável que o particular infrator, agindo de má-fé e em conluio com agentes públicos, praticasse irregularidades e se beneficiasse de sua própria torpeza, recebendo indenização pelo que houvesse executado até a declaração de nulidade do contrato.

Ademais, o contratado não poderia socorrer-se da proibição do enriquecimento sem causa para que lhe fosse assegurada a devida indenização. Esse princípio, fundamentado na equidade, não é aplicável a quem celebrou contrato com o Poder Público violando o princípio da moralidade administrativa. Assim, caracterizada a improbidade do particular, a este não socorreria qualquer fundamento jurídico para receber indenização pelo que houvesse executado.

Nesse sentido, podem ser citadas as seguintes decisões: AgRg no REsp nº 1.394.161/SC, Rel. Min. Herman Benjamin, *DJe* de 16.10.2013; REsp nº 448.442/MS, Rel. Min. Herman Benjamin, *DJe* de 24.9.2010; AgRg no Ag 1.134.084/SP, Rel. Min. Francisco Falcão, *DJe* 29.6.2009; REsp nº 928.315/MA, Rel. Min. Eliana Calmon, *DJ* de 29.6.2007; REsp nº 579.541/SP, Rel. Min. José Delgado, *DJ* de 19.4.2004.

Há decisões, contudo, em que o STJ admite, mesmo em situações de comprovada má-fé do contratado, a indenização por serviços executados. Todavia, esse valor é limitado aos custos efetivamente incorridos na consecução do objeto. É o que se verifica no REsp nº 1.153.337/AC, Rel. Min. Castro Meira, *DJe* de 24.5.2012, e no REsp nº 1.188.289/SP, Rel. Min. Herman Benjamin, *DJe* de 13.12.2013.

Entendeu-se, nesses casos, que do contratado de má-fé não é retirada a posição normal de quem sofre com a declaração de invalidade do contrato, em que o retorno ao *status quo* anterior pode envolver a necessidade de indenização por efeitos de desconstituição impossível, como os serviços devidamente prestados.

Todavia, decidiu-se que o contratado infrator não faria jus à margem de lucro relativa aos itens executados, que deveriam ser indenizados somente pelo valor do custo de produção. Assim se veria respeitado também o princípio da proibição do enriquecimento sem causa em relação à Administração.

Em suma, concluiu-se que ao contratado de má-fé, que concorreu para eivar de nulidade o contrato firmado com a Administração, impõe-se a devolução de todo o ganho auferido, podendo ser admitido abater do débito quantia suficiente para cobrir os custos incorridos na execução do objeto da avença, que se supõe lícito. Para tanto, o particular deve demonstrar os valores efetivamente incorridos para a execução do ajuste, devendo a Administração avaliar a compatibilidade dos custos apresentados, segundo os parâmetros vigentes de mercado.

A Lei nº 14.133/2021 não fala especificamente em assegurar o contraditório e a ampla defesa no procedimento de anulação do contrato. Cabe, pois, aplicar por analogia o disposto no art. 137: "Constituirão motivos para extinção do contrato, a qual deverá ser formalmente motivada nos autos do processo, assegurados o contraditório e a ampla defesa, as seguintes situações".

Tal ocorre porque o direito ao contraditório e à ampla defesa possui índole constitucional (art. 5º, inc. LV), de forma que ele incide sobre os processos judiciais e administrativos, independentemente de previsão legal. Além disso, é preciso lembrar que o art. 165, inc. I, alínea "d", da nova lei, também prevê a interposição de recurso contra ato de determinar a revogação ou anulação da licitação. Por analogia, esse dispositivo também é aplicável à invalidação do contrato.

O art. 150 anuncia expressamente duas hipóteses de nulidade do contrato: a não caracterização adequada de seu objeto e a ausência de indicação dos créditos orçamentários para pagamento das parcelas contratuais vincendas no exercício em que for realizada a contratação. Nesses casos, além da invalidação do ajuste, o Poder Público promoverá a responsabilização de quem tiver dado causa às irregularidades.

Entende-se que o primeiro fato enseja a nulidade absoluta do ajuste, uma vez que a não caracterização do objeto impede a justa competição entre os interessados na etapa de licitação, impedindo a seleção da proposta mais vantajosa e até mesmo a sua execução. Nessas circunstâncias, o Poder Público deve invalidar o contrato, não sendo aplicáveis os arts. 147 e 148 da lei.

No que se refere à ausência de indicação de créditos orçamentários, entende-se que essa irregularidade é passível de convalidação, se, antes do início da execução do ajuste, for aprovado, mediante lei, créditos suplementares ou especiais garantindo dotação orçamentária para a execução do objeto.

16.12 Dos meios alternativos de resolução de controvérsias

> Art. 151. Nas contratações regidas por esta Lei, poderão ser utilizados meios alternativos de prevenção e resolução de controvérsias, notadamente a conciliação, a mediação, o comitê de resolução de disputas e a arbitragem.
>
> Parágrafo único. Será aplicado o disposto no caput deste artigo às controvérsias relacionadas a direitos patrimoniais disponíveis, como as questões relacionadas ao restabelecimento do equilíbrio econômico-financeiro do contrato, ao inadimplemento de obrigações contratuais por quaisquer das partes e ao cálculo de indenizações.
>
> Art. 152. A arbitragem será sempre de direito e observará o princípio da publicidade.
>
> Art. 153. Os contratos poderão ser aditados para permitir a adoção dos meios alternativos de resolução de controvérsias.
>
> Art. 154. O processo de escolha dos árbitros, dos colegiados arbitrais e dos comitês de resolução de disputas observará critérios isonômicos, técnicos e transparentes.

Além da arbitragem e da mediação, já admitidas no art. 44-A da Lei nº 8.666/1993, a Lei nº 14.133/2021 permitiu o uso da conciliação e do comitê de resolução de disputas com vistas à prevenção e à solução de controvérsias. Tais institutos foram anunciados no art. 151 de forma exemplificativa, de modo que está permitida a utilização de qualquer instrumento que se mostre apto para a resolução de conflitos que surjam no curso da execução contratual.

Consoante o parágrafo único do dispositivo, esses meios alternativos são aplicáveis às controvérsias relacionadas a direitos patrimoniais disponíveis, como as questões relacionadas ao restabelecimento do equilíbrio econômico-financeiro do contrato, ao inadimplemento de obrigações contratuais por quaisquer das partes e ao cálculo de indenizações. Trata-se, mais uma vez, de uma relação meramente exemplificativa.

Conforme o art. 152, a arbitragem será sempre de direito e observará o princípio da publicidade. Isso significa dizer que não é permitida a utilização da equidade na solução de conflitos mediante esse instrumento.

O art. 153 traz importante regra voltada à ampliação do uso desses institutos. Segundo o dispositivo, os contratos poderão ser aditados para permitir a adoção dos meios alternativos de resolução de controvérsias. Em nossa visão, o dispositivo se aplica, inclusive, para os contratos assinados com base na Lei nº 8.666/1993, sendo possível, portanto, a incidência retroativa do atual regime por acordo entre as partes.

Conforme o art. 154, o processo de escolha dos árbitros, dos colegiados arbitrais e dos comitês de resolução de disputas observará critérios isonômicos, técnicos e transparentes.

Ao admitir o uso desses institutos, notadamente da arbitragem, da mediação e da autocomposição, a nova Lei de Licitações possibilitou a incidência da Lei nº 9.307/1996, que cuida da arbitragem, e da Lei nº 13.140/2015, que trata da mediação e da autocomposição, também na órbita das relações praticadas no âmbito da Administração Pública.

CAPÍTULO 17

DAS IRREGULARIDADES

O Título IV da Lei nº 14.133/2021 trata do controle dos atos administrativos praticados no curso do procedimento licitatório e na fase de execução do contrato.

Ele contém disposições sobre as infrações administrativas que podem ensejar a aplicação de sanção aos licitantes ou ao contratado, pela própria Administração, as penas cabíveis, o processo administrativo sancionatório, o regime de prescrição e os recursos cabíveis.

O referido título também dispõe sobre o controle dos atos praticados pelos agentes da Administração Pública, que se dará a partir da iniciativa dos próprios licitantes e dos cidadãos. Ele poderá ser exercido, ainda, pelo sistema de controle da Administração Pública, que é formado pelos órgãos integrantes da estrutura interna de governança, pelas unidades de assessoramento jurídico, pelos órgãos de controle interno e pelos tribunais de contas.

17.1 Das infrações e sanções administrativas

> Art. 155. O licitante ou o contratado será responsabilizado administrativamente pelas seguintes infrações:
> I - dar causa à inexecução parcial do contrato;
> II - dar causa à inexecução parcial do contrato que cause grave dano à Administração, ao funcionamento dos serviços públicos ou ao interesse coletivo;
> III - dar causa à inexecução total do contrato;

IV - deixar de entregar a documentação exigida para o certame;

V - não manter a proposta, salvo em decorrência de fato superveniente devidamente justificado;

VI - não celebrar o contrato ou não entregar a documentação exigida para a contratação, quando convocado dentro do prazo de validade de sua proposta;

VII - ensejar o retardamento da execução ou da entrega do objeto da licitação sem motivo justificado;

VIII - apresentar declaração ou documentação falsa exigida para o certame ou prestar declaração falsa durante a licitação ou a execução do contrato;

IX - fraudar a licitação ou praticar ato fraudulento na execução do contrato;

X - comportar-se de modo inidôneo ou cometer fraude de qualquer natureza;

XI - praticar atos ilícitos com vistas a frustrar os objetivos da licitação;

XII - praticar ato lesivo previsto no art. 5º da Lei nº 12.846, de 1º de agosto de 2013.

Art. 156. Serão aplicadas ao responsável pelas infrações administrativas previstas nesta Lei as seguintes sanções:

I - advertência;

II - multa;

III - impedimento de licitar e contratar;

IV - declaração de inidoneidade para licitar ou contratar.

§1º Na aplicação das sanções serão considerados:

I - a natureza e a gravidade da infração cometida;

II - as peculiaridades do caso concreto;

III - as circunstâncias agravantes ou atenuantes;

IV - os danos que dela provierem para a Administração Pública;

V - a implantação ou o aperfeiçoamento de programa de integridade, conforme normas e orientações dos órgãos de controle.

§2º A sanção prevista no inciso I do caput deste artigo será aplicada exclusivamente pela infração administrativa prevista no inciso I do caput do art. 155 desta Lei, quando não se justificar a imposição de penalidade mais grave.

§3º A sanção prevista no inciso II do caput deste artigo, calculada na forma do edital ou do contrato, não poderá ser inferior a 0,5% (cinco décimos por cento) nem superior a 30% (trinta por cento) do valor do contrato licitado ou celebrado com contratação direta e será aplicada ao responsável por qualquer das infrações administrativas previstas no art. 155 desta Lei.

§4º A sanção prevista no inciso III do caput deste artigo será aplicada ao responsável pelas infrações administrativas previstas nos incisos II, III, IV, V, VI e VII do caput do art. 155 desta Lei, quando não se justificar a imposição de penalidade mais grave, e impedirá o responsável de licitar ou contratar no âmbito da Administração Pública direta e indireta do ente federativo que tiver aplicado a sanção, pelo prazo máximo de 3 (três) anos.

> §5º A sanção prevista no inciso IV do caput deste artigo será aplicada ao responsável pelas infrações administrativas previstas nos incisos VIII, IX, X, XI e XII do caput do art. 155 desta Lei, bem como pelas infrações administrativas previstas nos incisos II, III, IV, V, VI e VII do caput do referido artigo que justifiquem a imposição de penalidade mais grave que a sanção referida no §4º deste artigo, e impedirá o responsável de licitar ou contratar no âmbito da Administração Pública direta e indireta de todos os entes federativos, pelo prazo mínimo de 3 (três) anos e máximo de 6 (seis) anos. [...]
>
> Art. 162. O atraso injustificado na execução do contrato sujeitará o contratado a multa de mora, na forma prevista em edital ou em contrato.
>
> Parágrafo único. A aplicação de multa de mora não impedirá que a Administração a converta em compensatória e promova a extinção unilateral do contrato com a aplicação cumulada de outras sanções previstas nesta Lei.

Os arts. 155, 156 e 162 tratam das infrações e sanções administrativas em matéria de licitações e contratos. Seguindo a trilha da Lei nº 12.462/2011 e evoluindo em relação ao regime anterior, que somente previa os ilícitos de "atraso injustificado na execução do contrato" (art. 86) e "inexecução total ou parcial do contrato" (art. 87), a nova lei previu doze fatos típicos passíveis de ensejar a imputação de penas administrativas.

Em verdade, considerando a incorporação dos atos lesivos da Lei Anticorrupção ao regime sancionatório da Lei nº 14.133/2021, este contempla, ao todo, 19 infrações administrativas licitatórias, já levando em conta as sobreposições dos tipos catalogados nas duas normas: as dos incs. I a XI do art. 155 da nova Lei de Licitações e as dos incs. I, II, III, IV (alíneas "c", "e", "f" e "g") e V do art. 5º da Lei nº 12.846/2013.

No que se refere às sanções administrativas, o art. 156 da Lei nº 14.133/2021 repetiu o regime anterior e previu quatro modalidades de pena: a advertência, a multa, o impedimento de licitar e contratar e a declaração de inidoneidade para licitar ou contratar.

Conforme será descrito adiante, a infração do inc. VII do art. 155 se sobrepõe à do art. 162, não obstante o último dispositivo introduza, em seu parágrafo único, uma quinta modalidade de sanção: a multa compensatória.

A propósito do assunto, o Governo Federal editou a Instrução Normativa Seges/ME nº 26, de 13.4.2022, que dispôs sobre a dispensa, o parcelamento, a compensação e a suspensão de cobrança de débito resultante de multa administrativa e/ou indenizações, previstas na Lei nº 14.133/2021, no âmbito da Administração Pública federal direta, autárquica e fundacional, não inscritas em dívida ativa. A regulamentação do tema se mostra importante a fim de reduzir o espaço de discricionariedade no tratamento do assunto.

Retomando a análise da lei, a prévia estipulação das condutas e das penas administrativas tem como finalidade proporcionar maior segurança jurídica aos administrados. Considerando o caráter exaustivo da lista de infrações catalogadas no art. 155, por conta da incidência do princípio da legalidade estrita no âmbito do direito administrativo sancionador, é possível afirmar que os licitantes e os contratados não poderão ser punidos por quaisquer outras condutas a não ser pelas indicadas no aludido dispositivo. Da mesma forma, o Poder Público não pode imputar penas distintas das consignadas nos arts. 156 e 162, parágrafo único.

Para a configuração das infrações administrativas catalogadas no art. 155, é necessário que a conduta do licitante ou do contratado se amolde a um dos fatos típicos descritos em seus incisos.

Além disso, é preciso que esse comportamento seja antijurídico, isto é, se mostre contrário ao direito, causando efetiva lesão a um bem jurídico protegido. A avaliação da antijuridicidade abrange a verificação dos aspectos anunciados nos incs. I a IV do §1º do art. 156, a saber: a natureza e a gravidade da infração cometida; as peculiaridades do caso concreto; as circunstâncias agravantes ou atenuantes; os danos que dela provierem para a Administração Pública.

Ademais, o inc. V do §1º do dispositivo supramencionado admite a consideração de conduta *post factum*, incorporando, no âmbito da legislação de licitações e contratos, a ideia de sanção premial a quem se comprometa a implantar ou aperfeiçoar programa de integridade, conforme normas e orientações dos órgãos de controle.

A leitura do §1º leva à conclusão de que a análise do cometimento do ato ilícito licitatório e a dosimetria da sanção devem levar em conta a noção de proporcionalidade, o que exige a consideração da gravidade da infração, das circunstâncias de seu cometimento e a existência de dano à Administração Pública, bem como a sua extensão.

A configuração das infrações licitatórias exige a constatação da chamada culpa contra legalidade. Os incs. IX, X e XI do art. 155 envolvem a prática de condutas dolosas, sendo que o último contempla na descrição do fato típico a intenção de frustrar os objetivos da licitação (dolo específico).

Dessa forma, será punível qualquer ato ilícito que objetivar a celebração de um contrato menos vantajoso para a Administração Pública, inclusive no que se refere ao ciclo de vida do objeto; beneficiar ou prejudicar determinado licitante, em detrimento da justa competição; a assinatura de contrato com sobrepreço ou com preços manifestamente inexequíveis; a prática de superfaturamento na execução dos contratos; prejudicar a inovação e o desenvolvimento nacional sustentável.

Do disposto na lei, é possível classificar as infrações administrativas licitatórias segundo a gravidade das sanções cabíveis. A tabela a seguir ilustra o juízo prévio de reprovabilidade do legislador quanto aos atos considerados ilícitos, em matéria de licitações e contratos:

Infração leve	Infração média	Infração grave	Infração gravíssima
a) dar causa à inexecução parcial do contrato.	a) dar causa à inexecução parcial do contrato que cause grave dano à Administração, ao funcionamento dos serviços públicos ou ao interesse coletivo.	a) dar causa à inexecução total do contrato; b) deixar de entregar a documentação exigida para o certame; c) não manter a proposta, salvo em decorrência de fato superveniente devidamente justificado; d) não celebrar o contrato ou não entregar a documentação exigida para a contratação, quando convocado dentro do prazo de validade de sua proposta; e) ensejar o retardamento da execução ou da entrega do objeto da licitação sem motivo justificado.	a) apresentar declaração ou documentação falsa exigida para o certame ou prestar declaração falsa durante a licitação ou a execução do contrato; b) fraudar a licitação ou praticar ato fraudulento na execução do contrato; c) comportar-se de modo inidôneo ou cometer fraude de qualquer natureza; d) praticar atos ilícitos com vistas a frustrar os objetivos da licitação; e e) praticar ato lesivo previsto no art. 5º da Lei nº 12.846/2013.

Passa-se à análise dos diversos tipos.

17.1.1 Dar causa à inexecução parcial do contrato

A nova Lei de Licitações atribuiu um caráter menos grave a essa infração. Enquanto na Lei do RDC essa conduta poderia ensejar a aplicação da sanção de impedimento de licitar e contratar pelo prazo de até 5 anos, sem prejuízo das multas previstas no instrumento convocatório e no contrato, bem como das demais cominações legais (art. 47, inc. VII), na Lei nº 14.133/2021, ela sujeita o responsável à pena de advertência (art. 155, inc. I).

A propósito, a aludida sanção é aplicada exclusivamente para o tipo legal em exame. Todavia, é possível a imputação de pena mais grave, desde que isso seja justificável, conforme o §2º do art. 156. Neste caso, a única sanção cabível, além da advertência, é a multa. Isso porque a nova lei excluiu expressamente a infração do inc. I entre as hipóteses de incidência das demais penas.

Assim, existem dois graus de inexecução parcial do contrato aptos a configurar o tipo administrativo do inc. I: as leves, que acarretam apenas a advertência, e as graves, que ensejam também a incidência de multa. Em ambos os casos, não terá ocorrido prejuízo significativo ao Poder Público.

Caso a inexecução parcial cause grave dano à administração, ao funcionamento dos serviços públicos ou ao interesse coletivo, estará configurado não mais o tipo administrativo do inc. I, mas sim o do inc. II, a ser comentado adiante.

Em nossa visão, o enquadramento do fato em um dos incisos depende da essencialidade do objeto contratual para o atendimento da missão finalística do órgão, do grau de inexecução do contrato e da materialidade dos prejuízos causados ao Erário. Em situações nas quais o inadimplemento diga respeito a contratos acessórios, cuja inexecução não obstaculize a fruição de serviços públicos pelos administrados, seria adequada a aplicação da pena de advertência, desde que o contratado tenha cumprido o cerne da obrigação principal e não tenha causado grave prejuízo ao Erário.

A título de exemplo, invoco o caso de um contrato para a prestação de serviços de limpeza e copeiragem, no qual o contratado esteja cumprindo o objeto com nível de qualidade abaixo do pactuado e que tenha alocado uma quantidade de profissionais inferior à pactuada, mas que, apesar disso, esteja prestando os serviços com regularidade e sem prejudicar a missão finalística do contratante. Nessa hipótese, seria possível cogitar a aplicação da sanção de advertência, até mesmo para possibilitar a eventual configuração de infração mais grave, no futuro, caso ele mantenha seu comportamento.

17.1.2 Dar causa à inexecução parcial do contrato que cause grave dano

A infração catalogada no inc. II do art. 155 é basicamente a mesma da especificada na Lei nº 12.462/2011, com a diferença de que, nesta hipótese, a conduta do contratado deve causar grave dano à administração, ao funcionamento dos serviços públicos ou ao interesse coletivo. Considerando a classificação exposta no início deste capítulo, o tipo administrativo pode ser considerado uma infração média.

Todavia, o legislador não deu nenhuma pista sobre o que deve ser considerado grave dano, deixando a tarefa aos intérpretes e aos agentes encarregados de aplicar a norma. Conforme exposto no tópico anterior, entende-se que a importância do objeto contratual para o atendimento da missão finalística do órgão, o grau de inexecução do contrato e a materialidade dos prejuízos causados ao Erário devem ser levados em conta para a tipificação da conduta do inc. II e, ainda, para determinar as penas cabíveis e a sua dosimetria.

A propósito, as sanções cabíveis para a prática da infração administrativa em exame são: multa de 0,5% a 30% do valor do contrato licitado ou celebrado com contratação direta, calculada na forma estabelecida no edital e no contrato; e impedimento de licitar e contratar no âmbito da Administração Pública direta e indireta do ente federativo que tiver aplicado a sanção, pelo prazo máximo de 3 anos (§§3º e 4º do art. 156).

Segundo o §5º do mesmo artigo, havendo motivo que justifique, poderá ser aplicada, em vez da sanção de impedimento de licitar e contratar, a pena de declaração de inidoneidade para licitar ou contratar no âmbito da Administração Pública direta e indireta de todos os entes federativos, pelo prazo mínimo de 3 anos e máximo de 6 anos, nos termos do §5º do art. 156.

As regras acima anunciadas implicam a existência de um amplo espaço de discricionariedade do administrador, pois não foram especificados os critérios para o enquadramento da multa entre os limites mínimo e máximo, bem como os de imputação de uma ou duas penas ou, ainda, da aplicação da pena mais grave, além da própria dosimetria destas.

Não obstante, o §1º traça orientações gerais para a decisão pela aplicação ou não da sanção administrativa, para a escolha da pena cabível e de seu *quantum*. Essa atividade envolve a verificação dos seguintes aspectos relacionados aos fatos e ao responsável: a natureza e a gravidade da infração cometida; as peculiaridades do caso concreto; as circunstâncias agravantes ou atenuantes; os danos que dela provierem para a Administração Pública; a implantação ou o aperfeiçoamento de programa de integridade, conforme normas e orientações dos órgãos de controle.

O dispositivo buscou atender ao princípio da individualização da pena, ao incorporar alguns institutos do direito penal na atividade de fixação da sanção administrativa. Da leitura do texto, é possível verificar que o legislador buscou induzir o exame da culpabilidade e das circunstâncias objetivas e subjetivas do cometimento da infração administrativa. A regra também incorporou algumas novidades da legislação anticorrupção, notadamente, o reconhecimento da implantação de programas de integridade como fator atenuante da sanção. Este último aspecto implica a valorização do caráter pedagógico e prospectivo da pena administrativa.

Apesar dos avanços na fixação da pena, a nova lei peca por não especificar, como no Código Penal, as circunstâncias objetivas que serão avaliadas para definir o que agrava ou atenua a pena, nem as peculiaridades do caso concreto aptas a permitir a individualização da sanção. Do mesmo modo, não há critério para diferenciar os comportamentos enquadrados em um mesmo tipo quanto à natureza e à gravidade.

Os aspectos supramencionados podem ser tratados em regulamento, até porque a Administração deve buscar adotar minutas padronizadas de edital e de contrato com cláusulas uniformes, sempre que o objeto permitir, a teor do art. 25, §1º, da nova lei. Tal postura da Administração pode reduzir o grau de litigiosidade da execução do contrato, uma vez que o exercício do poder sancionatório seria delimitado por critérios mais objetivos.

17.1.3 Dar causa à inexecução total do contrato

Diferentemente dos anteriores, a descrição deste tipo legal carrega uma maior dose de objetividade em sua caracterização. Pela literalidade do texto, a ausência de qualquer contraprestação pelo contratado, após a expedição da ordem de início de serviço, implica a ocorrência da infração administrativa, abrindo, em consequência, a possibilidade de aplicação de sanção.

Considerando a classificação exposta no início deste capítulo, o tipo administrativo pode ser considerado uma infração grave.

Ainda assim, há situações que podem gerar dúvida quanto à configuração ou não desta infração administrativa. Por exemplo, se o contratado realizar o objeto de forma distinta da especificada no projeto básico ou no termo de referência da licitação – se entregar uma obra com características arquitetônicas ou materiais diferentes dos indicados no memorial descritivo do empreendimento ou se fornecer um bem com atributos de durabilidade e qualidade divergentes dos pactuados – terá praticado o ato ilícito previsto no inc. III?

Em nosso juízo, tudo depende do grau de desconformidade entre o objeto entregue e o descrito nos documentos da licitação e do contrato, inclusive após eventuais alterações. De todo modo, a conclusão quanto ao enquadramento da irregularidade neste ou no inciso anterior demanda justificativa da autoridade competente, que estará jungida pelas especificidades de cada caso concreto.

Ocorrendo a infração do inc. III, as sanções cabíveis são a multa de 0,5% a 30% do valor do contrato licitado ou celebrado com contratação direta, calculada na forma estabelecida no edital e no contrato, e o impedimento de licitar e contratar no âmbito da Administração Pública direta e indireta do ente federativo que tiver aplicado a sanção, pelo prazo máximo de 3 anos (§§3º e 4º do art. 156).

Segundo o §5º do mesmo artigo, havendo motivo que justifique, poderá ser aplicada, em vez da sanção de impedimento de licitar e contratar, a pena de declaração de inidoneidade para licitar ou contratar no âmbito da Administração Pública direta e indireta de todos os entes federativos, pelo prazo mínimo de 3 anos e máximo de 6 anos, nos termos dos §§3º e 5º do art. 156.

Mais uma vez se verifica um amplo espaço de discricionariedade do administrador, uma vez que a norma não especificou os critérios para o enquadramento da multa entre os limites mínimo e máximo, nem os de imputação de uma ou duas penas ou, ainda, da aplicação da pena mais grave, além da própria dosimetria destas. De qualquer forma, a autoridade deve analisar as circunstâncias aludidas no §1º do art. 156, conforme já exposto.

17.1.4 Deixar de entregar a documentação exigida para o certame

A infração em exame também é marcada por um maior grau de objetividade em sua caracterização. Pela literalidade do texto, a não entrega de um dos documentos exigidos no edital de licitação implica a ocorrência desse ilícito administrativo, abrindo, em consequência, a possibilidade de aplicação de sanção.

Considerando a classificação exposta no início deste capítulo, o tipo administrativo pode ser considerado uma infração grave.

Nessa hipótese, as sanções cabíveis são a multa de 0,5% a 30% do valor do contrato licitado ou celebrado com contratação direta, calculada na forma estabelecida no edital e no contrato, e o impedimento de licitar e contratar no âmbito da Administração Pública direta e indireta do ente federativo que tiver aplicado a sanção, pelo prazo máximo de 3 anos (§§3º e 4º do art. 156).

Segundo o §5º do mesmo artigo, havendo motivo que justifique, poderá ser aplicada, em vez da sanção de impedimento de licitar e contratar, a pena de declaração de inidoneidade para licitar ou contratar no âmbito da Administração Pública direta e indireta de todos os entes federativos, pelo prazo mínimo de 3 anos e máximo de 6 anos, nos termos dos §§3º e 5º do art. 156.

Repetem-se, aqui, as mesmas críticas anteriores quanto ao grau de subjetividade para a definição da pena cabível, assim como de sua dosimetria. De qualquer forma, a autoridade deve analisar as circunstâncias aludidas no §1º do art. 156, conforme já exposto.

Neste ponto, chamo atenção para as situações em que a não entrega de documento pelo licitante é passível de ser sanada mediante a realização de diligência, especialmente quando essa providência for condizente com o princípio da eficiência e da seleção da proposta mais vantajosa. No caso, invoca-se o princípio do formalismo moderado para admitir a juntada posterior de documentos pelo licitante, numa interpretação ampliativa do art. 64 da nova lei.

Conforme exposto no comentário desse dispositivo, a vedação à inclusão de documento "que deveria constar originariamente da proposta", prevista no art. 43, §3º, da Lei nº 8.666/1993, ou de substituição ou apresentação de documentos novos, consignada no dispositivo mencionado da nova lei, deve se restringir ao que o licitante não dispunha materialmente no momento da licitação.

Na linha do voto proferido pelo Ministro Walton Alencar, que deu suporte ao Acórdão nº 1.211/2021-Plenário, "caso o documento ausente se refira a condição atendida pelo licitante quando apresentou sua proposta, e não foi entregue juntamente com os demais comprovantes de habilitação ou da proposta por equívoco ou falha, haverá de ser solicitado e avaliado pelo pregoeiro".

Atendidos os parâmetros supramencionados, o licitante não será inabilitado e, por conseguinte, não caberá falar em cometimento da infração administrativa em exame e aplicação de qualquer pena.

17.1.5 Não manter a proposta, salvo em decorrência de fato superveniente devidamente justificado

O tipo legal é o mesmo previsto no art. 47, inc. IV, da Lei nº 12.462/2011. Entende-se que o sujeito ativo desta infração é o licitante remanescente que, convocado para negociar as condições da contratação, após o vencedor se recusar a assinar o termo de contrato ou aceitar ou retirar o instrumento equivalente, não mantiver as condições ofertadas por ele próprio, desde que não decorrido o prazo de validade de sua proposta (art. 90, §4º, inc. II).

Em nossa visão, o inc. V, ora em análise, não abrange o licitante vencedor que, convocado para assinar o contrato, não mantiver a sua proposta, pois já há tipo específico para essa situação, como será descrito no próximo tópico.

Considerando a classificação exposta no início deste capítulo, o tipo administrativo pode ser considerado uma infração grave.

A imputação de sanção a este fato tem como objetivo evitar a presença de aventureiros no certame licitatório, o que acarretaria evidentes prejuízos ao Poder Público, tanto pelo desperdício dos custos administrativos incorridos para realizar o certame como pela perda de tempo decorrente de sua frustração.

A norma introduz uma espécie de excludente de tipicidade administrativa, que seria a ocorrência de fato superveniente devidamente justificado que imponha a não manutenção da proposta pelo licitante vencedor.

Configurada a ocorrência do tipo administrativo, as sanções cabíveis são a multa de 0,5% a 30% do valor do contrato licitado ou celebrado com contratação direta, calculada na forma estabelecida no edital e no contrato, e o impedimento de licitar e contratar no âmbito da Administração Pública direta e indireta do ente federativo que tiver aplicado a sanção, pelo prazo máximo de 3 anos (§§3º e 4º do art. 156).

Segundo o §5º do mesmo artigo, havendo motivo que justifique, poderá ser aplicada, em vez da sanção de impedimento de licitar e contratar, a pena de declaração de inidoneidade para licitar ou contratar no âmbito da Administração Pública direta e indireta de todos os entes federativos, pelo prazo mínimo de 3 anos e máximo de 6 anos, nos termos dos §§3º e 5º do art. 156.

Repetem-se, aqui, as mesmas críticas anteriores quanto ao grau de subjetividade para a definição da pena cabível, assim como de sua dosimetria. De qualquer forma, a autoridade deve analisar as circunstâncias aludidas no §1º do art. 156, conforme já exposto.

17.1.6 Não celebrar o contrato ou não entregar a documentação exigida para a contratação

O tipo legal é bastante semelhante ao anterior. O sujeito ativo desta infração é o licitante vencedor que, convocado para assinar o termo de contrato ou para aceitar ou retirar o instrumento equivalente, dentro do prazo de validade de sua proposta e nas condições estabelecidas no edital de licitação, não celebrar o contrato ou não entregar a documentação exigida (art. 90, *caput*).

Considerando a classificação exposta no início deste capítulo, o tipo administrativo pode ser considerado uma infração grave.

Da mesma forma que o ilícito tratado no tópico anterior, a imputação de sanção a este fato tem como objetivo evitar a presença de aventureiros no certame licitatório, o que acarretaria evidentes prejuízos ao Poder Público, tanto pelo desperdício dos custos administrativos incorridos para realizar o certame como pela perda de tempo decorrente de sua frustração.

Também neste caso, as sanções cabíveis são a multa de 0,5% a 30% do valor do contrato licitado ou celebrado com contratação direta, calculada na forma estabelecida no edital e no contrato, e o impedimento de licitar e contratar no âmbito da Administração Pública direta e indireta do ente federativo que tiver aplicado a sanção, pelo prazo máximo de 3 anos (§§3º e 4º do art. 156).

Segundo o §5º do mesmo artigo, havendo motivo que justifique poderá ser aplicada, em vez da sanção de impedimento de licitar e contratar, a pena de declaração de inidoneidade para licitar ou contratar no âmbito da Administração Pública direta e indireta de todos os entes federativos, pelo prazo mínimo de 3 anos e máximo de 6 anos, nos termos dos §§3º e 5º do art. 156.

Por evidente, não ocorrerá o fato típico administrativo se a Administração contratante não convocar o licitante vencedor dentro do prazo de validade de sua proposta ou exigir condições não estabelecidas previamente no edital.

Repetem-se, aqui, as mesmas críticas anteriores quanto ao grau de subjetividade para a definição da pena cabível, assim como de sua dosimetria. De qualquer forma, a autoridade deve analisar as circunstâncias aludidas no §1º do art. 156, conforme já exposto.

17.1.7 Ensejar o retardamento da execução ou da entrega do objeto da licitação sem motivo justificado

O tipo legal é o mesmo previsto no art. 47, inc. III, da Lei nº 12.462/2011. O dispositivo abarca qualquer comportamento imputável ao contratado que dê causa ao descumprimento dos marcos temporais previstos no instrumento contratual para a execução ou entrega do objeto pactuado. O documento que define os prazos para a satisfação da avença é o cronograma de execução do contrato, o qual, por estar relacionado à necessidade de medição e posterior pagamento, também é chamado de cronograma físico-financeiro.

Considerando a classificação exposta no início deste capítulo, o tipo administrativo pode ser considerado uma infração grave.

O descumprimento dos marcos temporais previstos na avença configura o atraso na realização ou entrega do objeto. Ele pode ser parcial ou intermediário, quando se referir a uma parcela ou etapa do contrato, ou final, quando estiver relacionado ao objeto pretendido pela Administração, em sua integralidade, após o esgotamento do prazo de vigência contratual.

A norma introduz uma espécie de excludente de tipicidade administrativa, que seria a ocorrência de um justo motivo que impeça o cumprimento dos marcos temporais do ajuste por parte do contratado.

Configurado o fato típico e não estando presente uma circunstância justificadora, o contratado está sujeito às penas de multa entre 0,5% e 30% do contrato licitado ou celebrado com contratação direta, calculada na forma estabelecida no edital e no contrato, e de impedimento de licitar e contratar no âmbito da Administração Pública direta e indireta do ente federativo que tiver aplicado a sanção, pelo prazo máximo de 3 anos, nos termos dos incs. II e III e §§3º e 4º do art. 156.

Segundo o §5º do mesmo artigo, havendo motivo que justifique, poderá ser aplicada, em vez da sanção de impedimento de licitar e contratar, a pena de declaração de inidoneidade para licitar ou contratar no âmbito da Administração Pública direta e indireta de todos os entes federativos, pelo prazo mínimo de 3 anos e máximo de 6 anos, nos termos dos §§3º e 5º do art. 156.

Repetem-se, aqui, as mesmas críticas anteriores quanto ao grau de subjetividade para a definição da pena cabível, assim como de sua dosimetria. De qualquer forma, a autoridade deve analisar as circunstâncias aludidas no §1º do art. 156, conforme já exposto.

17.1.8 Apresentar declaração ou documentação falsa exigida para o certame ou prestar declaração falsa durante a licitação ou a execução do contrato

Essa infração é a primeira entre as catalogadas na nova lei que carrega, em sua descrição, um comportamento voluntário do sujeito ativo com o intuito de frustrar os objetivos centrais de qualquer certame licitatório, quais sejam, a busca da melhor proposta, do tratamento isonômico entre os licitantes e da justa competição.

Como os demais tipos descritos nos incs. VIII a XII do art. 155, a infração em exame envolve atitudes que visam enganar a Administração, os seus agentes e, quando praticada no curso do certame licitatório, os demais competidores. Dito de outra forma, esse grupo de infrações contempla a prática de atos principais ou acessórios ao cometimento de uma fraude.

Considerando a classificação exposta no início deste capítulo, o tipo administrativo em exame pode ser considerado uma infração gravíssima.

A sua prática tem evidente repercussão na esfera penal, na medida em que o comportamento nele descrito implica a ocorrência de falsidade ideológica, assim tipificada no art. 299 do Código Penal: "omitir, em documento público ou particular, declaração que dele devia constar, ou nele inserir ou fazer inserir declaração falsa ou diversa da que devia ser escrita, com o fim de prejudicar direito, criar obrigação ou alterar a verdade sobre fato juridicamente relevante".

Entre os crimes catalogados na nova lei, o tipo administrativo em análise também pode configurar o de frustração ao caráter competitivo de licitação, previsto no art. 337-F e assim descrito: "frustrar ou fraudar, com o intuito de obter para si ou para outrem vantagem decorrente da adjudicação do objeto da licitação, o caráter competitivo do processo licitatório".

Para a sua demonstração, é possível a utilização de qualquer meio probatório admitido em direito, a exemplo da prova documental, testemunhal e da própria confissão do responsável, podendo ser requerida a produção de prova pericial, caso haja requerimento da parte contrária. Tal entendimento está em linha com a jurisprudência do STJ no que se refere ao crime de falsidade ideológica, como se depreende da ementa do julgado colacionada a seguir:

> HABEAS CORPUS SUBSTITUTIVO DE REVISÃO CRIMINAL. USO DE DOCUMENTO FALSO. PERÍCIA NÃO REQUERIDA NA FASE INSTRUTÓRIA. CONDENAÇÃO LASTREADA EM PROVA DOCUMENTAL E TESTEMUNHAL E NA CONFISSÃO DO ACUSADO. INEXISTÊNCIA DE PEDIDO DE PERÍCIA NA FASE INSTRUTÓRIA. AUSÊNCIA DE CONSTRANGIMENTO ILEGAL. HABEAS CORPUS NÃO CONHECIDO.
> 2. O crime de uso de documento falso (art. 304 do Código Penal) se consuma com a simples utilização de documento comprovadamente falso, dada a sua natureza de delito formal.
> 3. A condenação, na hipótese, está lastreada na prova documental, testemunhal e na confissão do acusado; dessa forma, nos termos da orientação desta Corte, inexistindo prévia manifestação da defesa no sentido da necessidade de realização de exame pericial na fase instrutória, não se vislumbra qualquer ilegalidade na condenação do paciente pelo delito previsto no artigo 304 do Código Penal fundamentada em documentos e testemunhos constantes do processo. (HC nº 307.586/SE. Rel. Min. Walter de Almeida Guilherme – Desembargador Convocado do TJ/SP, Quinta Turma, j. 25.11.2014. *DJe*, 3 dez. 2014)

Da mesma forma que a infração equivalente do direito penal, o tipo administrativo do inc. VIII não requer que o licitante seja vencedor do certame ou que o contratado aufira qualquer proveito do documento falso. Ele se consuma com a simples utilização de documento comprovadamente falso, motivo pelo qual ele pode ser considerado uma infração formal.

Configurada a sua ocorrência, as penas cabíveis são a multa de 0,5% a 30% do valor do contrato licitado ou celebrado com contratação direta, calculada na forma estabelecida no edital e no contrato, e a declaração de inidoneidade para licitar ou contratar no âmbito da Administração Pública direta e indireta de todos os entes federativos, pelo prazo mínimo de 3 anos e máximo de 6 anos, nos termos dos §§3º e 5º do art. 156.

Repetem-se, aqui, as mesmas críticas anteriores quanto ao grau de subjetividade para a escolha das penas, assim como para a definição de sua dosimetria. De qualquer modo, a autoridade deve analisar as circunstâncias aludidas no §1º do art. 156, conforme já exposto.

17.1.9 Fraudar a licitação ou praticar ato fraudulento na execução do contrato

Da mesma forma que a infração descrita no tópico anterior, o tipo em exame envolve a prática de um comportamento voluntário do sujeito ativo com o intuito de ludibriar a administração, na etapa da licitação ou do contrato.

Em verdade, os ilícitos descritos nos incs. IX a XI configuram a ocorrência de uma fraude à licitação ou ao contrato, isto é, de um ardil visando falsear dada realidade, em prejuízo da administração e/ou dos demais licitantes. Pela descrição dos referidos tipos, especificamente os três últimos, é difícil diferenciar, na prática, os comportamentos passíveis de ser enquadrados em um e outro.

Afinal, os atos de fraudar a licitação ou a execução do contrato (inc. IX) e de se comportar de modo inidôneo ou cometer fraude de qualquer natureza (inc. X) necessariamente implicam a frustação dos objetivos da licitação (inc. XI), que são a obtenção da proposta mais vantajosa, a promoção do tratamento isonômico entre os licitantes e da justa competição e a realização do objeto licitado de acordo com o descrito no edital, nos projetos, no termo de referência e nos documentos anexos, satisfazendo a necessidade pública pretendida.

Não obstante, é possível associar os tipos administrativos supramencionados a determinados crimes licitatórios, que podem servir de critério hermenêutico para a caracterização de cada um deles, bem como para a sua dosimetria – já que eles estão sujeitos à mesma sanção administrativa.

No caso da infração em exame, compreende-se que a sua prática pode configurar a ocorrência do crime de fraude em licitação ou contrato, especificada da seguinte forma no art. 337-L:

> Art. 337-L. Fraudar, em prejuízo da Administração Pública, licitação ou contrato dela decorrente, mediante:
> I - entrega de mercadoria ou prestação de serviços com qualidade ou em quantidade diversas das previstas no edital ou nos instrumentos contratuais;
> II - fornecimento, como verdadeira ou perfeita, de mercadoria falsificada, deteriorada, inservível para consumo ou com prazo de validade vencido;
> III - entrega de uma mercadoria por outra;
> IV - alteração da substância, qualidade ou quantidade da mercadoria ou do serviço fornecido;
> V - qualquer meio fraudulento que torne injustamente mais onerosa para a Administração Pública a proposta ou a execução do contrato.

Considerando a classificação exposta no início deste capítulo, o tipo administrativo em exame pode ser considerado uma infração gravíssima.

Configurada a sua ocorrência, as penas cabíveis são a multa de 0,5% a 30% do valor do contrato licitado ou celebrado com contratação direta, calculada na forma estabelecida no edital e no contrato, e a declaração de inidoneidade para licitar ou contratar no âmbito da Administração Pública direta e indireta de todos os entes federativos, pelo prazo mínimo de 3 anos e máximo de 6 anos, nos termos dos §§3º e 5º do art. 156.

Repetem-se, aqui, as mesmas críticas anteriores quanto ao grau de subjetividade para a escolha das penas, assim como para a definição de sua dosimetria. De qualquer modo, a autoridade deve analisar as circunstâncias aludidas no §1º do art. 156, conforme já exposto.

17.1.10 Comportar-se de modo inidôneo ou cometer fraude de qualquer natureza

O tipo em exame envolve a prática de um comportamento voluntário do sujeito ativo com o intuito de ludibriar a administração e prejudicar o regular andamento da licitação e do contrato, visando evitar que seja atendido o interesse público buscado pela entidade contratante.

Conforme visto, a presente infração praticamente se confunde com a dos incs. IX e XI, sendo difícil diferenciá-las entre si. A fim de proporcionar um critério prático para tanto, entende-se que ela é o equivalente administrativo do crime de perturbação de processo licitatório, especificado no art. 337-I: "impedir, perturbar ou fraudar a realização de qualquer ato de processo licitatório".

Considerando a classificação exposta no início deste capítulo, o tipo administrativo em exame pode ser considerado uma infração gravíssima.

Configurada a sua ocorrência, as penas cabíveis são a multa de 0,5% a 30% do valor do contrato licitado ou celebrado com contratação direta, calculada na forma estabelecida no edital e no contrato, e a declaração de inidoneidade para licitar ou contratar no âmbito da Administração Pública direta e indireta de todos os entes federativos, pelo prazo mínimo de 3 anos e máximo de 6 anos, nos termos dos §§3º e 5º do art. 156.

Repetem-se, aqui, as mesmas críticas anteriores quanto ao grau de subjetividade para a escolha das penas, assim como para a definição de sua dosimetria. De qualquer modo, a autoridade deve analisar as circunstâncias aludidas no §1º do art. 156, conforme já exposto.

17.1.11 Praticar atos ilícitos com vistas a frustrar os objetivos da licitação

O tipo em exame envolve a prática de um comportamento voluntário do sujeito ativo com o intuito de frustrar os objetivos centrais de qualquer certame licitatório, quais sejam, assegurar a seleção da proposta apta a gerar o resultado de contratação mais vantajoso para a Administração Pública, inclusive no que se refere ao ciclo de vida do objeto; assegurar tratamento isonômico entre os licitantes, bem como a justa competição; evitar contratações com sobrepreço ou com preços manifestamente inexequíveis e superfaturamento na execução dos contratos; e incentivar a inovação e o desenvolvimento nacional sustentável, nos termos do art. 11.

Conforme visto, a presente infração praticamente se confunde com a dos incs. IX e X, sendo difícil diferenciá-las entre si. A fim de proporcionar um critério prático para tanto, entende-se que ela é o equivalente administrativo do crime de frustração do caráter competitivo de licitação, previsto no art. 337-F: "frustrar ou fraudar, com o intuito de obter para si ou para outrem vantagem decorrente da adjudicação do objeto da licitação, o caráter competitivo do processo licitatório".

Considerando a classificação exposta no início deste capítulo, o tipo administrativo em exame pode ser considerado uma infração gravíssima.

Configurada a sua ocorrência, as penas cabíveis são a multa de 0,5% a 30% do valor do contrato licitado ou celebrado com contratação direta, calculada na forma estabelecida no edital e no contrato, e a declaração de inidoneidade para licitar ou contratar no âmbito da Administração Pública direta e indireta de todos os entes federativos, pelo prazo mínimo de 3 anos e máximo de 6 anos, nos termos dos §§3º e 5º do art. 156.

Repetem-se, aqui, as mesmas críticas anteriores quanto ao grau de subjetividade para a escolha das penas, assim como para a definição de sua dosimetria. De qualquer modo, a autoridade deve analisar as circunstâncias aludidas no §1º do art. 156, conforme já exposto.

17.1.12 Praticar ato lesivo previsto no art. 5º da Lei nº 12.846/2013

Segundo o art. 5º da Lei Anticorrupção (LAC), constituem atos lesivos à Administração Pública, nacional ou estrangeira, aqueles que atentem contra o patrimônio público nacional ou estrangeiro, contra princípios da Administração Pública ou contra os compromissos internacionais assumidos pelo Brasil, assim definidos:

> I - prometer, oferecer ou dar, direta ou indiretamente, vantagem indevida a agente público, ou a terceira pessoa a ele relacionada;
> II - comprovadamente, financiar, custear, patrocinar ou de qualquer modo subvencionar a prática dos atos ilícitos previstos nesta Lei;
> III - comprovadamente, utilizar-se de interposta pessoa física ou jurídica para ocultar ou dissimular seus reais interesses ou a identidade dos beneficiários dos atos praticados;
> IV - no tocante a licitações e contratos:
> a) frustrar ou fraudar, mediante ajuste, combinação ou qualquer outro expediente, o caráter competitivo de procedimento licitatório público;
> b) impedir, perturbar ou fraudar a realização de qualquer ato de procedimento licitatório público;
> c) afastar ou procurar afastar licitante, por meio de fraude ou oferecimento de vantagem de qualquer tipo;
> d) fraudar licitação pública ou contrato dela decorrente;
> e) criar, de modo fraudulento ou irregular, pessoa jurídica para participar de licitação pública ou celebrar contrato administrativo;
> f) obter vantagem ou benefício indevido, de modo fraudulento, de modificações ou prorrogações de contratos celebrados com a administração pública, sem autorização em lei, no ato convocatório da licitação pública ou nos respectivos instrumentos contratuais; ou
> g) manipular ou fraudar o equilíbrio econômico-financeiro dos contratos celebrados com a administração pública;

V - dificultar atividade de investigação ou fiscalização de órgãos, entidades ou agentes públicos, ou intervir em sua atuação, inclusive no âmbito das agências reguladoras e dos órgãos de fiscalização do sistema financeiro nacional.

Alguns tipos indicados no inc. IV do dispositivo descrevem situações que podem ser enquadradas em algumas infrações catalogadas na Lei nº 14.133/2021. O quadro comparativo a seguir ilustra essa situação:

Art. 5º, inc. IV, da Lei nº 12.846/2013	Art. 155 da Lei nº 14.133/2021
a) frustrar ou fraudar, mediante ajuste, combinação ou qualquer outro expediente, o caráter competitivo de procedimento licitatório público;	XI - praticar atos ilícitos com vistas a frustrar os objetivos da licitação;
b) impedir, perturbar ou fraudar a realização de qualquer ato de procedimento licitatório público;	X - comportar-se de modo inidôneo ou cometer fraude de qualquer natureza;
d) fraudar licitação pública ou contrato dela decorrente;	IX - fraudar a licitação ou praticar ato fraudulento na execução do contrato;

Assim, o ato ilícito da letra "a" do inc. IV do art. 5º da Lei nº 12.846/2013 se confunde com o do inc. XI; o da letra "b" do inc. IV do art. 5º da Lei nº 12.846/2013, com o do inc. X; e o da letra "d" do inc. IV do art. 5º da Lei nº 12.846/2013, com o do inc. IX.

Os demais atos lesivos do inc. IV do art. 5º da LAC são comportamentos específicos que também se configuram como fraude à licitação ou ao contrato, ou seja, em tese, também se enquadram no tipo administrativo previsto no inc. IX do art. 155 da nova Lei de Licitações.

Com relação aos demais atos lesivos da Lei Anticorrupção, eles somente são considerados infrações administrativas licitatórias se ocorrerem no contexto de uma licitação ou da execução de um contrato.

Isso se aplica aos ato atos de prometer, oferecer ou dar, direta ou indiretamente, vantagem indevida a agente público, ou a terceira pessoa a ele relacionada; comprovadamente, financiar, custear, patrocinar ou de qualquer modo subvencionar a prática dos atos ilícitos previstos na Lei nº 12.846/2013; comprovadamente, utilizar-se de interposta pessoa física ou jurídica para ocultar ou dissimular seus reais interesses ou a identidade dos beneficiários dos atos praticados; e dificultar atividade de investigação ou fiscalização de órgãos, entidades ou agentes públicos, ou intervir em sua atuação. Eles somente ensejam a aplicação das sanções da nova lei se forem praticados no âmbito de um certame licitatório e da execução de um contrato.

A configuração da infração especificada no inc. XII da Lei nº 14.133/2021 exige que o fato se amolde a um dos tipos administrativos da Lei Anticorrupção, que seja antijurídico e tenha sido praticado no bojo de um certame licitatório ou contrato, conforme visto. Nesse particular, o regime de responsabilização dos licitantes e dos contratados guarda semelhança com o da Lei Anticorrupção, que estatuiu a responsabilidade administrativa das pessoas jurídicas pelos ilícitos ali especificados.

Considerando a classificação exposta no início deste capítulo, o tipo administrativo em exame pode ser considerado uma infração gravíssima.

Configurada a sua ocorrência, as penas cabíveis são a multa de 0,5% a 30% do valor do contrato licitado ou celebrado com contratação direta, calculada na forma estabelecida no edital e no contrato, e a declaração de inidoneidade para licitar ou contratar no âmbito da Administração Pública direta e indireta de todos os entes federativos, pelo prazo mínimo de 3 anos e máximo de 6 anos, nos termos dos §§3º e 5º do art. 156.

Repetem-se, aqui, as mesmas críticas anteriores quanto ao grau de subjetividade para a escolha das penas, assim como para a definição de sua dosimetria. De qualquer modo, a autoridade deve analisar as circunstâncias aludidas no §1º do art. 156, conforme já exposto.

17.1.13 Atraso injustificado na execução do contrato

Segundo o art. 162, o atraso injustificado na execução do contrato sujeitará o contratado à multa de mora, na forma prevista em edital ou em contrato. Conforme visto no item 17.1.7, essa infração se confunde com a catalogada no inc. IV do art. 155, uma vez que o retardamento da execução ou da entrega do objeto da licitação sem motivo justificado é evidenciado pelo descumprimento dos marcos temporais estabelecidos no cronograma do contrato, configurando, por consequência, uma situação de atraso na execução da avença.

Não obstante, a multa moratória aludida no art. 162 serve como uma espécie de agravante à aplicada em função da ocorrência do fato típico designado no inc. IV do art. 155, uma vez que ela é contada por dia de atraso, segundo os critérios estabelecidos no edital ou no contrato. A matéria pode, por evidente, ser disciplinada em regulamento do órgão ou da entidade. Sendo assim, é possível a acumulação da multa do inc. II do art. 156 com a do art. 162.

Caso o retardamento ou atraso na execução da avença atinja um nível tal que a administração contratante resolva extinguir unilateralmente o contrato, por ser a medida mais adequada ao interesse público segundo parâmetros objetivos estabelecidos no edital e no contrato – que pode definir prazos de tolerância e de resolução definitiva – (inadimplemento absoluto), a Administração poderá converter a multa moratória em compensatória, com a aplicação cumulada de outras sanções previstas na lei, nos termos do parágrafo único do art. 162.

Nesse contexto, a situação passa a configurar inadimplemento do contrato, o que implica a ocorrência de um dos tipos previstos nos incs. I, II ou III do art. 155, a depender da extensão do descumprimento do objeto e do dano causado à Administração. Conforme visto, tais fatos podem ensejar a aplicação da multa prevista no inc. II do art. 156.

Pela literalidade da norma, seria possível a aplicação de três multas nessas circunstâncias: pelo retardamento da execução ou da entrega do objeto da licitação sem motivo justificado; pelo período de atraso seguido da extinção do contrato; e pelo inadimplemento do ajuste. Seriam duas multas fundadas no inc. II do art. 156 e a compensatória, lastreada no parágrafo único do art. 162. Por evidente, os critérios e a dosimetria desta sanção deverão ser previstos no edital e no contrato, podendo ser disciplinados em regulamento.

Repetem-se, aqui, as mesmas críticas anteriores quanto ao grau de subjetividade para a escolha das penas, assim como para a definição de sua dosimetria. De qualquer modo, a autoridade deve analisar as circunstâncias aludidas no §1º do art. 156, conforme já exposto.

17.2 Do processo administrativo para a configuração das infrações administrativas licitatórias e aplicação de sanção

A verificação da ocorrência das infrações administrativas catalogadas na Lei nº 14.133/2021 com vistas à aplicação das sanções nela especificadas deve ocorrer no âmbito de um processo administrativo de responsabilização, no qual devem ser assegurados aos interessados o contraditório e a ampla defesa, com os meios e recursos a eles inerentes.

17.2.1 Normas processuais da Lei Anticorrupção

> Art. 159. Os atos previstos como infrações administrativas nesta Lei ou em outras leis de licitações e contratos da Administração Pública que também sejam tipificados como atos lesivos na Lei nº 12.846, de 1º de agosto de 2013, serão apurados e julgados conjuntamente, nos mesmos autos, observados o rito procedimental e a autoridade competente definidos na referida Lei.
> Parágrafo único. (VETADO).

Os atos previstos como infrações administrativas na Lei nº 14.133/2021 que também sejam tipificados como atos lesivos na Lei nº 12.846/2013 observarão o rito procedimental e a autoridade competente definidos nesta última norma, nos termos do art. 159 do novel estatuto licitatório.

Isso se aplica aos tipos administrativos previstos nos incs. IX, X e XI do art. 155, que se confundem com os ilícitos indicados nas letras "d", "b" e "a" do inc. IV do art. 5º da Lei nº 12.846/2013, e aos próprios ilícitos capitulados no art. 5º da Lei Anticorrupção, que foram incluídos entre as infrações licitatórias, nos termos do inc. XII do art. 155 da Lei nº 14.133/2021.

Neste caso, a nova lei corrigiu um defeito do regime anterior, que era a incidência de duplo rito procedimental para a aplicação das sanções da Lei de Licitações e da Lei Anticorrupção, no caso de atos enquadrados em ambas as normas.

Assim, em vez da autuação de dois processos administrativos, um para aplicar as sanções das leis de licitações e contratos e outro para imputar as da Lei Anticorrupção, será aberto um único processo sancionador para a incidência de ambos os sistemas punitivos, o qual seguirá o rito da Lei nº 12.846/2013 e será julgado pela autoridade definida segundo as regras ali estabelecidas.

No que se refere ao direito material, o dispositivo não inova em relação ao regime anterior, pois, a rigor, os atos enquadrados em ambas as normas já podiam ser processados e punidos segundo a Lei Anticorrupção. A diferença é que, antes, a aplicação das sanções da Lei nº 8.666/1993 ocorriam em autos próprios, processados no âmbito da própria entidade responsável pela contratação, seguindo o rito do estatuto licitatório, enquanto, a partir de agora, o processo administrativo obedecerá ao rito da Lei nº 12.846/2013.

Além disso, como as infrações são apuradas e julgadas conjuntamente no mesmo processo, com o novel estatuto, a CGU passa a deter competência para aplicar as sanções da Lei de Licitações (inidoneidade e impedimento de licitar), caso ela exerça a faculdade que lhe foi conferida no art. 8º, §2º, da Lei Anticorrupção, ou seja, avoque os processos administrativos instaurados no novel estatuto e na Lei nº 12.846/2013.

Do ponto de vista dos licitantes e contratados, além das sanções indicadas nos incs. I a IV do art. 156 da Lei nº 14.133/2021, eles estarão sujeitos às seguintes penas especificadas no art. 6º da Lei Anticorrupção, todas elas aplicadas em um único processo administrativo:

a) multa, no valor de 0,1% a 20% do faturamento bruto do último exercício anterior ao da instauração do processo administrativo, excluídos os tributos, a qual nunca será inferior à vantagem auferida, quando for possível sua estimação; e

b) publicação extraordinária da decisão condenatória.

Nesta hipótese, a autoridade competente para instaurar e julgar o processo administrativo e, se for o caso, aplicar as referidas sanções é a definida no art. 8º da Lei Anticorrupção, a saber:

> Art. 8º A instauração e o julgamento de processo administrativo para apuração da responsabilidade de pessoa jurídica cabem à autoridade máxima de cada órgão ou entidade dos Poderes Executivo, Legislativo e Judiciário, que agirá de ofício ou mediante provocação, observados o contraditório e a ampla defesa.

O §1º do mencionado dispositivo admite a delegação da competência supramencionada, vedada a subdelegação. A matéria deve ser objeto de regulamentação no âmbito de cada poder.

Segundo o §2º do aludido dispositivo, a CGU terá competência concorrente, no âmbito do Poder Executivo federal, para instaurar processos administrativos de responsabilização de pessoas jurídicas ou para avocar os instaurados com fundamento na Lei Anticorrupção, para exame de sua regularidade ou para lhes corrigir o andamento.

Como a apuração e o julgamento das irregularidades enquadradas na Lei nº 12.846/2013 e na Lei nº 14.133/2021 devem ocorrer nos mesmos autos, a eventual avocação do processo sancionador pela CGU implica que esta irá reunir a competência de aplicar as sanções de ambos os estatutos, conforme visto acima.

Tal disposição revela uma inusitada avocação administrativa, na qual o órgão que exerce a função típica de controle interno no âmbito da União assume a competência de praticar atos administrativos, em vez de agir como instância controladora e revisora, consoante previsto no art. 74 da Constituição.

Segundo o art. 10 da Lei Anticorrupção, o processo administrativo sancionador será conduzido por comissão designada pela autoridade instauradora e composta por 2 ou mais servidores estáveis.

A referida norma previu uma capacidade instrutória mais ampla para a autoridade julgadora, comparativamente aos meios disponibilizados pela Lei nº 14.133/2021. Segundo o §1º do referido artigo, o ente público pode, por meio do seu órgão de representação judicial ou equivalente, a pedido da comissão processante, requerer as medidas judiciais necessárias para a investigação e o processamento das infrações, inclusive de busca e apreensão.

Nessa hipótese, a efetivação da medida constritiva depende de autorização judicial. Seria o caso, por exemplo, de realização de busca e apreensão na sede de empresas suspeitas de fraudarem determinada licitação, a fim de obter documentos aptos a configurar a ocorrência do ilícito em apuração.

O §2º do art. 10 admitiu a possibilidade de a autoridade instauradora do processo sancionador, a partir de proposta da comissão processante, suspender os efeitos do ato administrativo ou processo objeto da investigação.

Em nossa visão, a lei não inovou quanto a esse aspecto, uma vez que a competência cautelar é inerente ao exercício regular da função administrativa. Afinal, a administração tem o poder-dever de zelar pela legalidade de seus atos, sendo esperado que atue de forma preventiva, impedindo a produção de efeitos de atos irregulares.

Por exemplo, havendo indícios de apresentação de declaração ou documento falso durante a licitação ou a execução do contrato, a autoridade competente pode, de ofício, suspender o processo administrativo licitatório ou os atos de liquidação de despesa e pagamento até que os fatos sejam devidamente esclarecidos. Trata-se de medida coerente com o princípio da autotutela e de proteção do interesse público. Por conseguinte, a CGU passa a deter expressamente essa competência cautelar, quando atuar no exercício das atribuições que lhe foram conferidas na Lei Anticorrupção.

O §3º do art. 10 da Lei nº 12.846/2013 estabeleceu um marco temporal para o término da apuração dos fatos e instrução por parte da comissão processante. Conforme o dispositivo, ela terá de concluir o processo no prazo de 180 dias contados da data da publicação do ato que a instituir, quando deverá apresentar relatório sobre os fatos apurados e a eventual responsabilidade da pessoa jurídica, sugerindo de forma motivada as sanções a serem aplicadas. O aludido prazo poderá ser prorrogado, mediante ato fundamentado da autoridade instauradora, nos termos do §4º.

Dentro desse período, o licitante ou o contratado terá o prazo de 30 dias para a apresentação de defesa, contados de sua intimação. Após a conclusão do relatório, o processo administrativo será remetido à autoridade instauradora, para julgamento, nos termos do art. 12 da Lei Anticorrupção.

Considerando que a Lei nº 12.846/2013 não dispôs sobre os recursos cabíveis contra as decisões proferidas nos processos administrativos para apuração de responsabilidade com vistas à aplicação de sanção (PAR), aplicam-se os arts. 56 a 65 da Lei nº 9.784/1999, que tratam do recurso administrativo e da revisão. Tal decorre do art. 69 desta norma, que admite a aplicação subsidiária desta aos processos administrativos regidos por legislação própria.

17.2.2 Normas processuais da Lei nº 14.133/2021

> Art. 156. [...]
> §6º A sanção estabelecida no inciso IV do caput deste artigo será precedida de análise jurídica e observará as seguintes regras:
> I - quando aplicada por órgão do Poder Executivo, será de competência exclusiva de ministro de Estado, de secretário estadual ou de secretário municipal e, quando aplicada por autarquia ou fundação, será de competência exclusiva da autoridade máxima da entidade;
> II - quando aplicada por órgãos dos Poderes Legislativo e Judiciário, pelo Ministério Público e pela Defensoria Pública no desempenho da função administrativa, será de competência exclusiva de autoridade de nível hierárquico equivalente às autoridades referidas no inciso I deste parágrafo, na forma de regulamento.
> §7º As sanções previstas nos incisos I, III e IV do caput deste artigo poderão ser aplicadas cumulativamente com a prevista no inciso II do caput deste artigo.
> §8º Se a multa aplicada e as indenizações cabíveis forem superiores ao valor de pagamento eventualmente devido pela Administração ao contratado, além da perda desse valor, a diferença será descontada da garantia prestada ou será cobrada judicialmente.
> §9º A aplicação das sanções previstas no caput deste artigo não exclui, em hipótese alguma, a obrigação de reparação integral do dano causado à Administração Pública.
> Art. 157. Na aplicação da sanção prevista no inciso II do caput do art. 156 desta Lei, será facultada a defesa do interessado no prazo de 15 (quinze) dias úteis, contado da data de sua intimação.
> Art. 158. A aplicação das sanções previstas nos incisos III e IV do caput do art. 156 desta Lei requererá a instauração de processo de responsabilização, a ser conduzido por comissão composta de 2 (dois) ou mais servidores estáveis, que avaliará fatos e circunstâncias conhecidos e intimará o licitante ou o contratado para, no prazo de 15 (quinze) dias úteis, contado da data de intimação, apresentar defesa escrita e especificar as provas que pretenda produzir.

§1º Em órgão ou entidade da Administração Pública cujo quadro funcional não seja formado de servidores estatutários, a comissão a que se refere o caput deste artigo será composta de 2 (dois) ou mais empregados públicos pertencentes aos seus quadros permanentes, preferencialmente com, no mínimo, 3 (três) anos de tempo de serviço no órgão ou entidade.

§2º Na hipótese de deferimento de pedido de produção de novas provas ou de juntada de provas julgadas indispensáveis pela comissão, o licitante ou o contratado poderá apresentar alegações finais no prazo de 15 (quinze) dias úteis, contado da data da intimação.

§3º Serão indeferidas pela comissão, mediante decisão fundamentada, provas ilícitas, impertinentes, desnecessárias, protelatórias ou intempestivas.

§4º A prescrição ocorrerá em 5 (cinco) anos, contados da ciência da infração pela Administração, e será:

I - interrompida pela instauração do processo de responsabilização a que se refere o caput deste artigo;

II - suspensa pela celebração de acordo de leniência previsto na Lei nº 12.846, de 1º de agosto de 2013;

III - suspensa por decisão judicial que inviabilize a conclusão da apuração administrativa. [...]

Art. 160. A personalidade jurídica poderá ser desconsiderada sempre que utilizada com abuso do direito para facilitar, encobrir ou dissimular a prática dos atos ilícitos previstos nesta Lei ou para provocar confusão patrimonial, e, nesse caso, todos os efeitos das sanções aplicadas à pessoa jurídica serão estendidos aos seus administradores e sócios com poderes de administração, a pessoa jurídica sucessora ou a empresa do mesmo ramo com relação de coligação ou controle, de fato ou de direito, com o sancionado, observados, em todos os casos, o contraditório, a ampla defesa e a obrigatoriedade de análise jurídica prévia.

Art. 161. Os órgãos e entidades dos Poderes Executivo, Legislativo e Judiciário de todos os entes federativos deverão, no prazo máximo 15 (quinze) dias úteis, contado da data de aplicação da sanção, informar e manter atualizados os dados relativos às sanções por eles aplicadas, para fins de publicidade no Cadastro Nacional de Empresas Inidôneas e Suspensas (Ceis) e no Cadastro Nacional de Empresas Punidas (Cnep), instituídos no âmbito do Poder Executivo federal.

Parágrafo único. Para fins de aplicação das sanções previstas nos incisos I, II, III e IV do caput do art. 156 desta Lei, o Poder Executivo regulamentará a forma de cômputo e as consequências da soma de diversas sanções aplicadas a uma mesma empresa e derivadas de contratos distintos. [...]

Art. 163. É admitida a reabilitação do licitante ou contratado perante a própria autoridade que aplicou a penalidade, exigidos, cumulativamente:

I - reparação integral do dano causado à Administração Pública;

II - pagamento da multa;

III - transcurso do prazo mínimo de 1 (um) ano da aplicação da penalidade, no caso de impedimento de licitar e contratar, ou de 3 (três) anos da aplicação da penalidade, no caso de declaração de inidoneidade;

IV - cumprimento das condições de reabilitação definidas no ato punitivo;

V - análise jurídica prévia, com posicionamento conclusivo quanto ao cumprimento dos requisitos definidos neste artigo.

Parágrafo único. A sanção pelas infrações previstas nos incisos VIII e XII do caput do art. 155 desta Lei exigirá, como condição de reabilitação do licitante ou contratado, a implantação ou aperfeiçoamento de programa de integridade pelo responsável. [...]

Art. 166. Da aplicação das sanções previstas nos incisos I, II e III do caput do art. 156 desta Lei caberá recurso no prazo de 15 (quinze) dias úteis, contado da data da intimação.

Parágrafo único. O recurso de que trata o caput deste artigo será dirigido à autoridade que tiver proferido a decisão recorrida, que, se não a reconsiderar no prazo de 5 (cinco) dias úteis, encaminhará o recurso com sua motivação à autoridade superior, a qual deverá proferir sua decisão no prazo máximo de 20 (vinte) dias úteis, contado do recebimento dos autos.

Art. 167. Da aplicação da sanção prevista no inciso IV do caput do art. 156 desta Lei caberá apenas pedido de reconsideração, que deverá ser apresentado no prazo de 15 (quinze) dias úteis, contado da data da intimação, e decidido no prazo máximo de 20 (vinte) dias úteis, contado do seu recebimento.

Art. 168. O recurso e o pedido de reconsideração terão efeito suspensivo do ato ou da decisão recorrida até que sobrevenha decisão final da autoridade competente.

Parágrafo único. Na elaboração de suas decisões, a autoridade competente será auxiliada pelo órgão de assessoramento jurídico, que deverá dirimir dúvidas e subsidiá-la com as informações necessárias.

Ressalvadas as infrações designadas no item anterior, aplicam-se as disposições da Lei nº 14.133/2021 para o processamento e julgamento dos demais ilícitos indicados no art. 155. Isso implica dizer que a responsabilização administrativa em face das ocorrências indicadas no novel estatuto está sujeita aos seguintes ritos processuais:

a) da própria Lei de Licitações, no caso das infrações consignadas nos incs. I a VIII do art. 155 da Lei nº 14.133/2021;

b) da Lei nº 12.846/2013, na hipótese dos ilícitos especificados nos incs. IX a XII da Lei nº 14.133/2021.

De toda sorte, a Lei nº 9.784/1999 incide subsidiariamente aos processos administrativos sancionadores baseados em ambas as normas.

A Lei nº 14.133/2021 trata do rito processual de forma esparsa. Por questões didáticas, serão as disposições pertinentes neste capítulo do livro.

Conforme o §6º do art. 156, restou assentado que a declaração de inidoneidade para licitar ou contratar (inc. IV do *caput*) será precedida de *análise jurídica* e será aplicada pelas seguintes autoridades, de modo *exclusivo*:

a) no âmbito do Poder Executivo, pelo ministro de Estado, secretário estadual ou secretário municipal, conforme a esfera da Federação, caso o sujeito passivo da infração seja um órgão de sua estrutura; ou pela autoridade máxima da entidade, caso o sujeito passivo seja uma autarquia ou fundação; e

b) no âmbito dos poderes Legislativo e Judiciário, do Ministério Público e da Defensoria Pública, todos no desempenho da função administrativa, pela autoridade de nível hierárquico equivalente às autoridades referidas na letra anterior, na forma de regulamento.

O referido parágrafo também prescreve que a competência para aplicar a sanção de inidoneidade é exclusiva das autoridades supramencionadas, não podendo ser objeto de delegação.

Quanto às demais penas, a nova lei não especificou a autoridade competente para a sua imputação. Isso implica que o tema deve ser objeto de regulamento. A despeito do silêncio da Lei nº 14.133/2021, entende-se que a aplicação das sanções de advertência, multa e impedimento de licitar e contratar também deve ser precedida de análise jurídica, haja vista a necessidade de fundamentação de qualquer ato administrativo, precipuamente os praticados no âmbito do direito administrativo sancionador.

Segundo o §7º do art. 156, as sanções de advertência, de impedimento de licitar e contratar e de declaração de inidoneidade para licitar ou contratar (incs. I, III e IV) poderão ser aplicadas cumulativamente com a pena de multa (inc. II). O parágrafo único do art. 162 admite a incidência cumulativa da multa compensatória com as demais sanções previstas na lei.

Conforme o §8º do mencionado, o contratado perderá o pagamento eventualmente devido pela Administração, caso a multa aplicada e as indenizações cabíveis forem superiores ao seu crédito. Se a quantia retida pelo Poder Público for insuficiente para quitar a multa e a indenização apurada, a diferença será descontada da garantia prestada pelo contratado e, em caso de insucesso, será cobrada judicialmente.

O §9º anuncia, mais uma vez, o princípio da inafastabilidade da obrigação da reparação integral do dano causado à Administração, ao estatuir que a aplicação das sanções previstas no art. 156 não exclui, em hipótese alguma, tal dever.

Consoante o *caput* do art. 158, a aplicação das sanções de impedimento de licitar e contratar ou de declaração de inidoneidade para licitar ou contratar requer a instauração de processo de responsabilização, a ser conduzido por comissão composta de 2 ou mais servidores estáveis.

Em nossa visão, a imputação das penas de advertência e multa, cumulativa ou isoladamente, também requer a instauração de processo de responsabilização, uma vez que a verificação da ocorrência da infração catalogada no inc. I do art. 155 (inexecução parcial do contrato) também exige uma análise fática e jurídica, a qual deverá ocorrer no bojo de um procedimento organizado e documentado, apto a gerar uma decisão motivada e refletida.

Todavia, em razão do silêncio da norma, a composição da comissão processante para a aplicação das penas de advertência e multa deverá ser objeto de regulamentação.

Ainda sobre o art. 158, o §1º dispõe que, em órgão ou entidade da Administração Pública cujo quadro funcional *não* seja formado de servidores estatutários, a comissão processante será composta de 2 ou mais empregados públicos pertencentes aos seus quadros permanentes, preferencialmente com, no mínimo, 3 anos de tempo de serviço no órgão ou entidade.

O dispositivo parece despido de utilidade prática, no contexto normativo atual, uma vez que, no caso da Administração direta, autárquica e fundacional, ainda vige o regime jurídico único, a teor do art. 39 da Constituição. De toda sorte, a norma parece ter sido endereçada à realidade de alguns municípios, especialmente de pequeno porte, que apresentam dificuldade em formar um quadro permanente de servidores estatutários.

Segundo os arts. 157 e 158, para a aplicação das penas de multa, de impedimento de licitar e contratar ou de declaração de inidoneidade para licitar ou contratar, será facultada a defesa do interessado no prazo de 15 dias úteis, contado da data de sua intimação.

Nos dois últimos casos, o licitante ou o contratado poderá especificar, em sua resposta, as provas que pretenda produzir, o que implica dizer que poderá haver uma fase de produção de provas nos processos sancionadores envolvendo as infrações catalogadas nos incs. II a VIII do art. 155, desde que isso seja deferido pela comissão processante.

Na hipótese do inc. I do art. 155 (inexecução parcial do contrato), considerando que a pena máxima cabível é a multa, não seria possível, a rigor, a especificação de provas pelo licitante ou contratado. A despeito do silêncio da norma, compreende-se que o interessado pode requerer essa medida, caso ele seja intimado para apresentar defesa, haja vista a plena incidência do art. 5º, inc. LV, da Constituição Federal, que assegura aos litigantes, em processo judicial ou administrativo, o contraditório e a ampla defesa, com os meios e recursos a ela inerentes.

Segundo o §2º do art. 158, na hipótese de deferimento de pedido de produção de novas provas ou de juntada de provas julgadas indispensáveis pela comissão, o licitante ou o contratado será intimado para apresentar alegações finais no prazo de 15 dias úteis, contado da data da intimação.

Conforme exposto acima, o dispositivo se aplica aos casos de processos sancionadores envolvendo as infrações catalogadas nos incs. II e VIII do art. 155. Todavia, julga-se razoável que ele também incida sobre o processo de responsabilização envolvendo o ilícito do inc. I, caso o interessado seja intimado para apresentar defesa e ele requeira a produção de provas.

Segundo o §3º do art. 158, serão indeferidas pela comissão, mediante decisão fundamentada, provas ilícitas, impertinentes, desnecessárias, protelatórias ou intempestivas. Tal medida se mostra coerente com os princípios da razoável duração do processo e da utilidade processual.

O §4º do art. 158 trata da prescrição para aplicação das sanções previstas na nova lei. Conforme o dispositivo, ela ocorrerá em 5 anos, contados da ciência da infração pela Administração, e será:

> I - interrompida pela instauração do processo de responsabilização a que se refere o caput deste artigo;
>
> II - suspensa pela celebração de acordo de leniência previsto na Lei nº 12.846, de 1º de agosto de 2013;

III - suspensa por decisão judicial que inviabilize a conclusão da apuração administrativa.

Do exposto acima, observa-se que a intimação do interessado não gera nenhum efeito sobre o transcurso do prazo prescricional, que permanece correndo após a instauração do processo de responsabilização. Os únicos casos de suspensão decorrem de eventos externos aos autos, que seriam a celebração de acordo de leniência (pela autoridade administrativa ou pela Controladoria-Geral da União) e a superveniência de decisão judicial que inviabilize a conclusão da apuração administrativa.

O art. 160 admite a desconsideração da personalidade jurídica do licitante ou contratado sempre que ela for utilizada com abuso do direito para facilitar, encobrir ou dissimular a prática dos atos ilícitos previstos na Lei nº 14.133/2021 ou para provocar confusão patrimonial.

Trata-se de instituto oriundo do direito civil, cujo objetivo, naquele ramo, é possibilitar que os efeitos de certas e determinadas relações de obrigações sejam estendidos aos bens particulares de administradores ou de sócios da pessoa jurídica beneficiados direta ou indiretamente pelo abuso.

Cuida-se, portanto, de medida do direito obrigacional, voltada à ampliação da possibilidade de o credor ser ressarcido dos prejuízos causados por uma pessoa jurídica, não estando, propriamente, relacionada à aplicação de sanções.

Não obstante a adoção da mesma terminologia do instituto do direito civil, a medida tem como objetivo estender os efeitos de uma pena aplicada a determinada pessoa jurídica, a fim de que ela recaia sobre os seus administradores e sócios com poderes de administração, sobre a pessoa jurídica sucessora ou sobre a empresa do mesmo ramo com relação de coligação ou controle, de fato ou de direito, com o sancionado.

O dispositivo implica uma exceção ao princípio da intranscendência da pena, previsto no art. 5º, inc. XLV, da Constituição, segundo o qual nenhuma sanção passará da pessoa do condenado, podendo a obrigação de reparar o dano e a decretação do perdimento de bens ser, nos termos da lei, estendidas aos sucessores e contra eles executadas, até o limite do valor do patrimônio transferido.

A justificativa por trás do art. 160 é a necessidade de dar efetividade à sanção e evitar que ela possa ser contornada a partir da constituição de nova empresa pelos mesmos sócios e administradores, o que implicaria a perda do caráter retributivo do direito sancionador e a inutilidade da pena, já que ela não serviria de desincentivo para a prática de atos ilícitos.

Como não poderia ser diferente, o dispositivo em análise impõe que, em todos os casos, devem ser assegurados o contraditório e a ampla defesa das pessoas arroladas e a obrigatoriedade de análise jurídica prévia.

Outra inovação do novo regime ante o anterior foi a previsão, no art. 161, da obrigação de os órgãos e entidades dos poderes Executivo, Legislativo e Judiciário de todos os entes federativos informarem e manterem atualizados, no prazo máximo 15 dias úteis contado da data de aplicação da sanção, os dados relativos às penas por eles aplicadas, para fins de publicidade no Cadastro Nacional de Empresas Inidôneas e Suspensas (Ceis) e no Cadastro Nacional de Empresas Punidas (Cnep), instituídos no âmbito do Poder Executivo federal.

A existência de sanções com prazo de cumprimento implica a necessidade de serem estabelecidas regras para a soma de penas, especialmente quando as infrações, ainda que do mesmo tipo, ocorram em momentos, circunstâncias e desígnios distintos, ou seja, não configurem uma continuidade delitiva.

Tal problema não passou despercebido pelo legislador, que atribuiu ao Poder Executivo, no parágrafo único do art. 161, o dever de regulamentar a forma de cômputo e as consequências da soma de diversas sanções aplicadas a uma mesma empresa e derivadas de contratos distintos. Conforme o aludido dispositivo, essa regulamentação abrangerá todas as sanções previstas no *caput* do art. 156 desta lei, o que, a nosso juízo, parece desproposital, pois não há que se falar em soma das penas de advertência, nem da necessidade de regulamentar o acúmulo das sanções de multas.

A nova Lei de Licitações tratou, de forma mais detalhada, do instituto da reabilitação. Cuida-se das condições legais para a extinção das penas de impedimento de licitar e contratar e de declaração de inidoneidade para licitar ou contratar (incs. III e IV do art. 156), antes do transcurso do prazo cominado ao infrator.

A reabilitação ocorrerá perante a própria autoridade que aplicou a penalidade, desde que cumpridos os seguintes requisitos, cumulativamente, conforme o art. 163:

a) reparação integral do dano causado à Administração Pública;
b) pagamento da multa, se houver;
c) transcurso do prazo mínimo de 1 ano da aplicação da penalidade, no caso de impedimento de licitar e contratar, ou de 3 anos da aplicação da penalidade, no caso de declaração de inidoneidade;
d) cumprimento das condições de reabilitação definidas no ato punitivo.

O ato de reabilitação deve ser objeto de análise jurídica prévia, com posicionamento conclusivo quanto ao cumprimento dos requisitos definidos neste artigo.

No caso das infrações previstas nos incs. VIII e XII do *caput* do art. 155 (apresentar declaração ou documentação falsa exigida para o certame ou prestar declaração falsa durante a licitação ou a execução do contrato e praticar ato lesivo previsto no art. 5º da Lei nº 12.846/2013), a reabilitação do infrator dependerá, ainda, da implantação ou aperfeiçoamento de programa de integridade, conforme o parágrafo único do art. 163.

Não obstante o silêncio da norma, entende-se que o regulamento deve prever os requisitos mínimos do programa de integridade a serem cumpridos pelo responsável, como condição para sua reabilitação.

As decisões proferidas nos processos de responsabilização podem ser impugnadas, na forma dos arts 166 a 168.

Consoante o art. 166, da aplicação das sanções de advertência, multa e impedimento de licitar e contratar caberá recurso no prazo de 15 dias úteis, contado da data da intimação. Segundo o parágrafo único do dispositivo, o expediente recursal será dirigido à autoridade que tiver proferido a decisão recorrida. Caso ela não reconsidere sua decisão no prazo de 5 dias úteis, ela encaminhará o recurso com sua motivação à autoridade superior, a qual deverá apreciar a matéria no prazo máximo de 20 dias úteis, contado do recebimento dos autos.

Na hipótese da declaração de inidoneidade para licitar ou contratar, o art. 167 admite apenas a interposição de pedido de reconsideração, que deverá ser apresentado no prazo de 15 dias úteis, contado da data da intimação. Ele será decidido no prazo máximo de 20 (vinte) dias úteis, contado do seu recebimento.

Os expedientes recursais terão efeito suspensivo do ato ou da decisão recorrida até que sobrevenha decisão final da autoridade competente, nos termos do art. 168. Na elaboração de suas decisões, a autoridade competente será auxiliada pelo órgão de assessoramento jurídico, que deverá dirimir dúvidas e subsidiá-la com as informações necessárias, consoante o parágrafo único do dispositivo mencionado. Em nossa visão, o dispositivo citado contempla uma obrigação para a autoridade julgadora, que não poderá deliberar sem a intervenção prévia do órgão de assessoramento jurídico.

17.3 Das impugnações, dos pedidos de esclarecimento e dos recursos

Os arts. 164 a 168 tratam dos instrumentos à disposição dos administrados, sejam eles licitantes, interessados ou cidadãos, para a obtenção de informações e para a eventual impugnação, na via administrativa, dos atos praticados pelo Poder Público no curso do procedimento licitatório e da execução do contrato. Os dispositivos cuidam, portanto, dos meios para o exercício do controle social das contratações públicas.

17.3.1 Das impugnações e pedidos de esclarecimentos

> Art. 164. Qualquer pessoa é parte legítima para impugnar edital de licitação por irregularidade na aplicação desta Lei ou para solicitar esclarecimento sobre os seus termos, devendo protocolar o pedido até 3 (três) dias úteis antes da data de abertura do certame.
> Parágrafo único. A resposta à impugnação ou ao pedido de esclarecimento será divulgada em sítio eletrônico oficial no prazo de até 3 (três) dias úteis, limitado ao último dia útil anterior à data da abertura do certame.
> Art. 165. Dos atos da Administração decorrentes da aplicação desta Lei cabem:
> I - recurso, no prazo de 3 (três) dias úteis, contado da data de intimação ou de lavratura da ata, em face de:
> a) ato que defira ou indefira pedido de pré-qualificação de interessado ou de inscrição em registro cadastral, sua alteração ou cancelamento;
> b) julgamento das propostas;

> c) ato de habilitação ou inabilitação de licitante;
>
> d) anulação ou revogação da licitação;
>
> e) extinção do contrato, quando determinada por ato unilateral e escrito da Administração;
>
> II - pedido de reconsideração, no prazo de 3 (três) dias úteis, contado da data de intimação, relativamente a ato do qual não caiba recurso hierárquico.
>
> §1º Quanto ao recurso apresentado em virtude do disposto nas alíneas "b" e "c" do inciso I do caput deste artigo, serão observadas as seguintes disposições:
>
> I - a intenção de recorrer deverá ser manifestada imediatamente, sob pena de preclusão, e o prazo para apresentação das razões recursais previsto no inciso I do caput deste artigo será iniciado na data de intimação ou de lavratura da ata de habilitação ou inabilitação ou, na hipótese de adoção da inversão de fases prevista no §1º do art. 17 desta Lei, da ata de julgamento;
>
> II - a apreciação dar-se-á em fase única.
>
> §2º O recurso de que trata o inciso I do caput deste artigo será dirigido à autoridade que tiver editado o ato ou proferido a decisão recorrida, que, se não reconsiderar o ato ou a decisão no prazo de 3 (três) dias úteis, encaminhará o recurso com a sua motivação à autoridade superior, a qual deverá proferir sua decisão no prazo máximo de 10 (dez) dias úteis, contado do recebimento dos autos.
>
> §3º O acolhimento do recurso implicará invalidação apenas de ato insuscetível de aproveitamento.
>
> §4º O prazo para apresentação de contrarrazões será o mesmo do recurso e terá início na data de intimação pessoal ou de divulgação da interposição do recurso.
>
> §5º Será assegurado ao licitante vista dos elementos indispensáveis à defesa de seus interesses.

O primeiro dispositivo cuida dos mecanismos de controle social dos atos praticados no procedimento licitatório, os quais estão à disposição de qualquer pessoa física ou jurídica, licitante ou mero interessado.

Conforme o art. 164, qualquer pessoa pode impugnar o edital de licitação ou protocolar pedido de esclarecimentos de seus termos, até três dias úteis antes da data de abertura do certame.

Esse meio de controle constava da lei anterior, havendo uma pequena diferença quanto ao prazo e à pessoa legitimada – era de cinco dias úteis e o direito de impugnar cabia apenas ao cidadão, ou seja, somente a alguém com capacidade de votar e ser votado.

Não obstante o texto legal, a jurisprudência e a doutrina se consolidaram no sentido de que essa prerrogativa poderia ser exercida por qualquer interessado, inclusive pessoa jurídica, não sendo necessário que ele fosse licitante nem que estivesse no pleno gozo do direito de participar de licitações públicas. Nesse sentido, cabe invocar a seguinte passagem do voto condutor do Acórdão nº 365/2017-TCU-Plenário (Rel. Min. José Múcio):

Portanto, independentemente de ter sido declarada inidônea, a empresa poderia, na condição de interessado, apresentar impugnação ao edital, cabendo obrigatoriamente ao município julgá-la no prazo legal, visto que o pedido de impugnação de edital não é restrito às licitantes e pode, por outro lado, interessar a todas as participantes do certame.

Da forma como foi escrito o texto da nova lei, em que se optou pela expressão "pessoa", entende-se que a redação prestigiou a ideia vigente na doutrina e na jurisprudência, quanto à importância de se ampliar a legitimidade ativa para o controle das licitações públicas, como forma de aumentar o espectro de proteção do Estado contra atos ilícitos.

Consoante o parágrafo único do art. 164, a Administração deve responder à impugnação ou ao pedido de esclarecimento em até 3 dias úteis, limitado ao último dia útil anterior à data da abertura do certame. Assim, caso o interessado apresente impugnação ou pedido de esclarecimento no último dia do prazo (D-3), ou seja, no terceiro dia útil anterior ao da abertura da licitação (D), o Poder Público terá, na prática, apenas dois dias úteis para responder ao questionamento, uma vez que o limite é último dia útil anterior à data da abertura do certame (D-1).

Cabe lembrar que, se o pedido de esclarecimento ou a impugnação acarretar mudança nos termos do edital, deverá ser providenciada a divulgação do instrumento na mesma forma que ocorreu inicialmente, além do cumprimento dos mesmos prazos dos atos e procedimentos originais, exceto quando a alteração não comprometer a formulação das propostas, consoante o §1º do art. 55.

A nova Lei de Licitações não previu recurso administrativo contra a decisão que apreciar pedido de impugnação do edital, devendo o interessado, se for o caso, acionar o Poder Judiciário ou o tribunal de contas competente, caso haja lesão ou ameaça a direito próprio e/ou ao patrimônio da União, do Distrito Federal, dos estados, dos municípios e de suas entidades.

17.3.2 Do sistema recursal

O art. 165 cuida do sistema recursal à disposição dos interessados que tenham sido prejudicados, no curso do certame ou da execução do contrato, por atos praticados pelo Poder Público. Diferentemente dispositivo anterior, que envolve a tutela de direitos difusos da sociedade, a exemplo, da legalidade, da legitimidade, da probidade e da economicidade dos atos do certame, o artigo em tela contempla a defesa de direitos do licitante ou do contratado que seriam, em sua visão, abarcados pela ordem jurídica.

Os meios de impugnação passíveis de serem usados pelo interessado são o recurso e o pedido de reconsideração.

Consoante o inc. I do *caput* artigo em exame, cabe recurso, no prazo de 3 dias úteis, contado da data de intimação ou de lavratura da ata, em face do ato:

a) que defira ou indefira pedido de pré-qualificação de interessado ou de inscrição em registro cadastral, sua alteração ou cancelamento;
b) de julgamento das propostas;
c) de habilitação ou inabilitação de licitante;
d) de anulação ou revogação da licitação; e
e) de extinção do contrato, quando determinada por ato unilateral e escrito da Administração.

Já o pedido de reconsideração é cabível, no prazo de 3 dias úteis, contado da data de intimação, relativamente a ato do qual não caiba recurso hierárquico, nos termos do inc. II do art. 165. Trata-se, portanto, de meio recursal residual, aplicável nas hipóteses não contempladas no inciso anterior.

A título de exemplo, cita-se o caso em que o agente administrativo responsável pela medição para fins de pagamento recusar determinados serviços que tenham sido apresentados pelo contratado, por vício de qualidade ou quantidade. Nessa hipótese, o contratado pode ingressar com pedido de reconsideração perante a própria autoridade responsável pela medição dos serviços, a fim de reverter a decisão. Por evidente, o interessado deve apresentar elementos comprobatórios de que realizou o serviço recusado na forma indicada no contrato, a fim de possibilitar a reforma da deliberação anterior.

Os §§1º e 2º tratam de algumas regras sobre o processamento do recurso de que trata o inc. I do *caput* (recurso administrativo).

Conforme o inc. I do §1º, no caso de decisões relativas ao julgamento das propostas e habilitação (alíneas "b" e "c" do inc. I do *caput*), o interessado deverá manifestar sua intenção de recorrer imediatamente, sob pena de preclusão.

Com relação ao prazo para apresentação das razões recursais, ele será iniciado na data de intimação ou de lavratura da ata de habilitação ou inabilitação ou, na hipótese de adoção da inversão de fases, da ata de julgamento, nos termos do inc. I do §1º. Isso implica que a lei previu uma fase recursal única, no que se refere à habilitação e ao julgamento, a qual se desenvolverá após a realização da última dessas etapas. Tal opção legislativa encontra-se expressa no inc. II do §1º. Dessa forma, mesmo que o licitante tenha identificado falhas nas duas etapas, todas as impropriedades serão apreciadas na mesma oportunidade, o que se dá em nome da celeridade e da simplificação do procedimento licitatório.

Consoante o §2º, o recurso será dirigido à autoridade que tiver editado o ato ou proferido a decisão recorrida, que poderá reconsiderar o ato ou a decisão no prazo de 3 dias úteis. Do contrário, ela encaminhará o recurso com a sua motivação à autoridade superior, a qual deverá proferir sua decisão no prazo máximo de 10 dias úteis, contado do recebimento dos autos.

Os parágrafos subsequentes do art. 165 se aplicam a qualquer expediente recursal (recurso e pedido de reconsideração).

Segundo o §3º, o acolhimento do recurso implicará invalidação apenas de ato insuscetível de aproveitamento. Essa regra tem como objetivo prestigiar a celeridade e a eficácia processuais, evitando a repetição de atos que não tenham incorrido em vícios.

Quando o expediente recursal envolver interesse de terceiros, a norma exige a apresentação de contrarrazões por parte da pessoa que seria prejudicada pelo eventual provimento do recurso. Esse é o caso de recurso interposto por licitante classificada em segundo lugar contra decisão que declarar a empresa vencedora do certame. Se houver interposição de recurso questionando a decisão, esta última deverá ser instada a apresentar contrarrazões a fim de permitir uma decisão mais informada e refletida por parte da autoridade responsável, bem como o atendimento dos princípios do contraditório e da ampla defesa.

Conforme o §4º, o prazo para apresentação de contrarrazões será o mesmo do recurso e terá início na data de intimação pessoal ou de divulgação da interposição do expediente.

A Administração deverá assegurar ao licitante acesso integral aos autos do procedimento licitatório e de quaisquer documentos de que tenha posse e estejam relacionados ao certame ou à decisão proferida. Esse é o espírito do §5º, que confere ao licitante o direito de ter vista dos elementos indispensáveis à defesa de seus interesses.

CAPÍTULO 18

DO CONTROLE DAS CONTRATAÇÕES

Art. 169. As contratações públicas deverão submeter-se a práticas contínuas e permanentes de gestão de riscos e de controle preventivo, inclusive mediante adoção de recursos de tecnologia da informação, e, além de estar subordinadas ao controle social, sujeitar-se-ão às seguintes linhas de defesa:

I - primeira linha de defesa, integrada por servidores e empregados públicos, agentes de licitação e autoridades que atuam na estrutura de governança do órgão ou entidade;

II - segunda linha de defesa, integrada pelas unidades de assessoramento jurídico e de controle interno do próprio órgão ou entidade;

III - terceira linha de defesa, integrada pelo órgão central de controle interno da Administração e pelo tribunal de contas.

§1º Na forma de regulamento, a implementação das práticas a que se refere o caput deste artigo será de responsabilidade da alta administração do órgão ou entidade e levará em consideração os custos e os benefícios decorrentes de sua implementação, optando-se pelas medidas que promovam relações íntegras e confiáveis, com segurança jurídica para todos os envolvidos, e que produzam o resultado mais vantajoso para a Administração, com eficiência, eficácia e efetividade nas contratações públicas.

§2º Para a realização de suas atividades, os órgãos de controle deverão ter acesso irrestrito aos documentos e às informações necessárias à realização dos trabalhos, inclusive aos documentos classificados pelo órgão ou entidade nos termos da Lei nº 12.527, de 18 de novembro de 2011, e o órgão de controle com o qual foi compartilhada eventual informação sigilosa tornar-se-á corresponsável pela manutenção do seu sigilo.

§3º Os integrantes das linhas de defesa a que se referem os incisos I, II e III do caput deste artigo observarão o seguinte:

I - quando constatarem simples impropriedade formal, adotarão medidas para o seu saneamento e para a mitigação de riscos de sua nova ocorrência, preferencialmente com o aperfeiçoamento dos controles preventivos e com a capacitação dos agentes públicos responsáveis;
II - quando constatarem irregularidade que configure dano à Administração, sem prejuízo das medidas previstas no inciso I deste §3º, adotarão as providências necessárias para a apuração das infrações administrativas, observadas a segregação de funções e a necessidade de individualização das condutas, bem como remeterão ao Ministério Público competente cópias dos documentos cabíveis para a apuração dos ilícitos de sua competência.
Art. 170. Os órgãos de controle adotarão, na fiscalização dos atos previstos nesta Lei, critérios de oportunidade, materialidade, relevância e risco e considerarão as razões apresentadas pelos órgãos e entidades responsáveis e os resultados obtidos com a contratação, observado o disposto no §3º do art. 169 desta Lei.
§1º As razões apresentadas pelos órgãos e entidades responsáveis deverão ser encaminhadas aos órgãos de controle até a conclusão da fase de instrução do processo e não poderão ser desentranhadas dos autos.
§2º A omissão na prestação das informações não impedirá as deliberações dos órgãos de controle nem retardará a aplicação de qualquer de seus prazos de tramitação e de deliberação.
§3º Os órgãos de controle desconsiderarão os documentos impertinentes, meramente protelatórios ou de nenhum interesse para o esclarecimento dos fatos.
§4º Qualquer licitante, contratado ou pessoa física ou jurídica poderá representar aos órgãos de controle interno ou ao tribunal de contas competente contra irregularidades na aplicação desta Lei.
Art. 171. Na fiscalização de controle será observado o seguinte:
I - viabilização de oportunidade de manifestação aos gestores sobre possíveis propostas de encaminhamento que terão impacto significativo nas rotinas de trabalho dos órgãos e entidades fiscalizados, a fim de que eles disponibilizem subsídios para avaliação prévia da relação entre custo e benefício dessas possíveis proposições;
II - adoção de procedimentos objetivos e imparciais e elaboração de relatórios tecnicamente fundamentados, baseados exclusivamente nas evidências obtidas e organizados de acordo com as normas de auditoria do respectivo órgão de controle, de modo a evitar que interesses pessoais e interpretações tendenciosas interfiram na apresentação e no tratamento dos fatos levantados;
III - definição de objetivos, nos regimes de empreitada por preço global, empreitada integral, contratação semi-integrada e contratação integrada, atendidos os requisitos técnicos, legais, orçamentários e financeiros, de acordo com as finalidades da contratação, devendo, ainda, ser perquirida a conformidade do preço global com os parâmetros de mercado para o objeto contratado, considerada inclusive a dimensão geográfica.
§1º Ao suspender cautelarmente o processo licitatório, o tribunal de contas deverá pronunciar-se definitivamente sobre o mérito da irregularidade que tenha dado causa à suspensão no prazo de 25 (vinte e cinco) dias úteis, contado da data do recebimento das informações a que se refere o §2º deste artigo, prorrogável por igual período uma única vez, e definirá objetivamente:

> I - as causas da ordem de suspensão;
> II - o modo como será garantido o atendimento do interesse público obstado pela suspensão da licitação, no caso de objetos essenciais ou de contratação por emergência.
> §2º Ao ser intimado da ordem de suspensão do processo licitatório, o órgão ou entidade deverá, no prazo de 10 (dez) dias úteis, admitida a prorrogação:
> I - informar as medidas adotadas para cumprimento da decisão;
> II - prestar todas as informações cabíveis;
> III - proceder à apuração de responsabilidade, se for o caso.
> §3º A decisão que examinar o mérito da medida cautelar a que se refere o §1º deste artigo deverá definir as medidas necessárias e adequadas, em face das alternativas possíveis, para o saneamento do processo licitatório, ou determinar a sua anulação.
> §4º O descumprimento do disposto no §2º deste artigo ensejará a apuração de responsabilidade e a obrigação de reparação do prejuízo causado ao erário.
> Art. 172. (VETADO).
> Art. 173. Os tribunais de contas deverão, por meio de suas escolas de contas, promover eventos de capacitação para os servidores efetivos e empregados públicos designados para o desempenho das funções essenciais à execução desta Lei, incluídos cursos presenciais e a distância, redes de aprendizagem, seminários e congressos sobre contratações públicas.

Os arts. 169 a 173 tratam do controle exercido pelo próprio aparato estatal sobre os atos praticados no curso do processo licitatório e da execução dos contratos. A nova lei traz regras de controle preventivo e a *posteriori*, segmentando-o em linhas de defesa.

18.1 Das principais noções sobre controle

Antes de avançar na descrição da nova lei, cabe tecer breves considerações sobre o conceito de controle e suas diversas classificações.

O termo "controle" possui variadas acepções, o que torna necessário um esforço de delimitação de seu significado, a fim de permitir um adequado conhecimento da matéria em estudo.

Segundo Gerárd Bergeron, a palavra está associada às ideias de dominação, direção, limitação, vigilância, verificação e registro, sendo que a primeira representa o sentido mais forte e a última, a representação mais fraca do conceito.[248] Para o autor francês, o registro expressa o sentido original do termo "controle", que se materializava por meio da comparação entre um *rôle* ou registro oficial e um *contre-rôle* ou registro especial, por meio do qual era atestada a conformidade de uma coisa, o objeto de controle, com relação ao padrão ideal indicado no *rôle*.[249]

---

[248] BERGERON, Gérard. *Fonctionnement de l'État*. Paris: Librairie Armand Colin, 1965. p. 77-78.
[249] BERGERON, Gérard. *Fonctionnement de l'État*. Paris: Librairie Armand Colin, 1965. p. 80.

Porém, o sentido atual da expressão extrapolou o mero registro e a comparação da atividade controlada com um padrão ideal, passando a significar, além de tais aspectos, a manifestação formal do controlador sobre a conformidade da atividade e, ainda, uma medida decorrente desse juízo que acarreta efeitos (positivos ou negativos) sobre a eficácia da própria atividade.[250]

O controle adquire, nesse cenário, o poder de interferir na atividade do órgão controlado, determinando a correção das ações que não se amoldam ao padrão de conformidade exigido ou obstando a produção de seus efeitos. O poder de impor um ato ou medida vinculados ao juízo formado acerca do ato controlado constitui a chave para qualificar uma atividade como de controle.[251]

Por essa razão, afirma-se que é condição para a existência do controle a presença de dois agentes diferenciados, em que um esteja em supremacia funcional, não necessariamente hierárquica, perante o outro.[252] Nessa ordem de ideias, o controle se aproxima da noção de limitação, em que as ações do controlado estão sujeitas à crítica e a uma medida imposta pelo controlador.

Por essas razões, adota-se o conceito de Odete Medauar, segundo a qual o controle da Administração Pública consiste na verificação da conformidade da atuação desta a um cânone, possibilitando ao agente controlado a adoção de uma medida ou proposta em decorrência do juízo formado.[253]

Em um esforço de sistematização do assunto, a doutrina elaborou diversos critérios de classificação do controle da Administração Pública. Como divisão básica, o controle pode ser, quanto ao órgão que o exerce, judicial, administrativo e parlamentar.

A nova Lei de Licitações trata apenas de dois desses controles: o administrativo e o exercido pelos tribunais de contas, em auxílio ao Poder Legislativo.

Justamente por tratar desta última modalidade, há críticas quanto à constitucionalidade das disposições que cuidam da atuação dos tribunais de contas, em razão de a Lei nº 14.133/2021 ter se originado do Parlamento, o que implicaria violação das prerrogativas de autonomia e autogoverno das cortes de contas, materializada na iniciativa reservada do projeto de lei sobre sua organização e funcionamento. Adiante, será abordada a representação apreciada pelo TCU a respeito do tema, a qual culminou com requerimento para que a Procuradoria-Geral da República ingressasse com ação direta de inconstitucionalidade em face de dispositivos da nova lei.

O controle administrativo corresponde ao poder de fiscalização e correção que a Administração Pública, em sentido amplo, exerce sobre a sua própria atuação, por iniciativa própria ou mediante provocação.[254] Dito de outra forma, o próprio ente que

---

[250] FORTI. Ugo. I Controlli dell'Amministrazione Comunale. In: ORLANDO. Vittorio Emanuele. *Primo trattato completo di diritto amministrativo italiano*. Milano: Società Editrice Libraria, [s.d.]. p. 609.
[251] MEDAUAR, Odete. *Controle da Administração Pública*. São Paulo: Revista dos Tribunais, 1993. p. 22.
[252] BERGERON, Gérard. *Fonctionnement de l'État*. Paris: Librairie Armand Colin, 1965. p. 80.
[253] BERGERON, Gérard. *Fonctionnement de l'État*. Paris: Librairie Armand Colin, 1965. p. 22.
[254] DI PIETRO, Maria Sylvia Zanella. *Direito administrativo*. Rio de Janeiro: Forense, 2017. p. 638-639.

praticou o ato, usando a sua divisão funcional interna, avalia a conformidade de sua ação administrativa, adotando as medidas corretivas e sancionatórias que entender pertinentes.

Com a reforma da Administração Pública federal implantada pelo Decreto-Lei nº 200, de 25.2.1967, o controle adquiriu o *status* de princípio fundamental da atividade da Administração Federal, a ser exercido em todos os níveis e em todos os órgãos. Conforme o art. 13 da norma, ele pode se dar das seguintes formas:

a) pela chefia competente: controle da execução dos programas e da observância das normas que governam a atividade específica do órgão controlado;
b) pelos órgãos próprios de cada sistema: controle da observância das normas gerais que regulam o exercício das atividades auxiliares;
c) pelos órgãos próprios do sistema de contabilidade e auditoria: controle da aplicação dos dinheiros públicos e da guarda dos bens da União.

Segundo o art. 32 do Decreto-Lei nº 200/1967, todas as entidades da Administração federal direta ou indireta estão sujeitas à denominada supervisão do ministro de estado competente ou do presidente da República, excetuados unicamente os órgãos mencionados no art. 32, que estão submetidos à supervisão direta do presidente da República.

O controle da Administração indireta é denominado pela doutrina de tutela administrativa, que não se confunde com o controle hierárquico, desenvolvido no âmbito da estrutura hierárquica de um órgão ou de um poder, como decorrência do processo de desconcentração administrativa.

Outra forma de controle administrativo é autotutela, que corresponde ao poder-dever que tem a Administração de rever seus próprios atos, anulando os ilegais ou revogando os inoportunos e inconvenientes, sem recorrer ao Poder Judiciário. Trata-se de prerrogativa pública da Administração, verdadeira exceção no mundo do direito,[255] que se justifica pela necessidade de proteção do interesse público e do Estado de direito, que impõe aos administradores o papel de ser, de forma primária, seu guardião.

Em um esforço de sistematização do assunto, a doutrina elaborou diversos critérios de classificação do controle da Administração Pública. No que interessa à análise da nova lei, o controle se divide, em:

– quanto ao agente controlador: controle interno, quando o agente integra a própria administração, considerada em sentido amplo; e controle externo, se ele não pertence à estrutura da Administração controlada;
– quanto ao momento em que ocorre: controle prévio ou preventivo (*a priori*), quando é realizado antes da conclusão ou operatividade do ato, como requisito para sua eficácia; controle concomitante ou sucessivo, quando acompanha a realização do ato para verificar a regularidade de sua formação; e controle subsequente ou corretivo (*a posteriori*), quando se efetiva após a conclusão do

---

[255] CRETELLA JÚNIOR, José. Os cânones do direito administrativo. *Revista de Informação Legislativa*, v. 25, n. 97, p. 5-52, jan./mar. 1988. p. 37. Disponível em: http://www2.senado.leg.br/bdsf/bitstream/handle/id/181819/000435101.pdf?sequence=1. Acesso em: 15 set. 2021.

ato controlado, visando corrigir eventuais defeitos, declarar a sua nulidade ou dar-lhe eficácia;
- quanto às medidas adotadas em decorrência do controle: controle corretivo, mediante a fixação de prazo para que os órgãos corrijam as ilegalidades; controle sancionatório, por meio da aplicação de sanções aos responsáveis; controle ressarcitório, mediante a adoção de medidas para a quantificação do dano causado ao Erário, a identificação dos responsáveis e a devolução dos valores, podendo desencadear na abertura de processo de tomada de contas especial para a constituição de um débito.

Segundo a terminologia adotada na Constituição Federal, apenas o controle realizado pelo Parlamento recebe a denominação jurídico-constitucional de controle externo. Conforme o art. 71, ele será exercido pelo Congresso Nacional, com o auxílio do Tribunal de Contas da União, segundo os critérios da legalidade, legitimidade e economicidade.

18.2 Dos instrumentos de controle

Segundo o *caput* do art. 169 da Lei nº 14.133/2021, as contratações públicas deverão submeter-se a práticas contínuas e permanentes de gestão de riscos e de controle preventivo, inclusive mediante adoção de recursos de tecnologia da informação.

A gestão de riscos é um procedimento da ciência da administração, cujo propósito é auxiliar as organizações a alcançarem os resultados pretendidos, mediante a identificação e o tratamento de eventos que possam afetar o atingimento de seus objetivos. Essa técnica foi normalizada pela Associação Brasileira de Normas Técnicas (ABNT), que produziu o documento NBR ISO 31000:2018 – Gestão de Riscos – Diretrizes.

No âmbito do Poder Executivo Federal, o Decreto nº 9.203, de 22.11.2017, define gestão de riscos como:

> processo de natureza permanente, estabelecido, direcionado e monitorado pela alta administração, que contempla as atividades de identificar, avaliar e gerenciar potenciais eventos que possam afetar a organização, destinado a fornecer segurança razoável quanto à realização de seus objetivos. (Art. 2º, inc. IV)

O tema foi abordado na Instrução Normativa Conjunta MP/CGU nº 1, de 10.5.2016, que impôs aos órgãos e entidades do Poder Executivo federal a obrigação de implementar, manter, monitorar e revisar processo de gestão de riscos que fosse compatível com sua missão e seus objetivos estratégicos, devendo ser cumpridas, ainda, as diretrizes estabelecidas na referida norma.

No campo das licitações públicas, o tema foi tratado na Instrução Normativa-Seges/MPDG nº 5/2017, que tornou obrigatória a autuação de procedimento de gerenciamento de riscos, na fase de planejamento da contratação de serviços com dedicação exclusiva de mão de obra, o qual deveria ocorrer segundo a disciplina de seus arts. 25 a 28.

Posteriormente, a Instrução Normativa-SGD/ME nº 1, de 4.4.2019, disciplinou as atividades de gerenciamento de riscos nas contratações de soluções de tecnologia da informação e comunicação – TIC pelos órgãos e entidades integrantes do Sistema de Administração dos Recursos de Tecnologia da Informação – SISP do Poder Executivo Federal. Conforme o art. 8º, §1º da norma, esse procedimento deve ser realizado durante todas as fases do processo de contratação, observando o disposto no art. 38.

Dessa forma, a previsão de que as contratações devem se submeter a práticas contínuas e permanentes de gestão de riscos, no corpo da norma geral de licitações e contratos, constitui uma iniciativa importante para disseminar o uso dessa importante técnica em toda a Administração Pública, o que pode contribuir para a melhoria da eficiência e da eficácia das contratações públicas.

O art. 169, *caput*, ora em análise, também prescreve que as contratações estarão subordinadas ao controle social, como já foi retratado no item 17.3.1, que abordou os meios de impugnação do edital à disposição de toda e qualquer pessoa.

Tal direito de petição não se resume à fase de licitação, haja vista a ampla possibilidade de acionar os órgãos de controle, mediante os institutos da denúncia e representação, sendo oportuno lembrar, ainda, o direito de acionar o próprio Poder Judiciário mediante ação popular, para pleitear a anulação ou a declaração de nulidade de atos lesivos ao patrimônio da União, do Distrito Federal, dos estados, dos municípios e de suas respectivas entidades, nos termos da Lei nº 4.717, de 29.6.1965.

Nesse contexto, o §4º do art. 169 repetiu dispositivo similar na lei anterior, ao prescrever que "qualquer licitante, contratado ou pessoa física ou jurídica poderá representar aos órgãos de controle interno ou ao tribunal de contas competente contra irregularidades na aplicação desta Lei".

O art. 169, *caput*, ora em análise, incorporou o modelo de três linhas de defesa abordado originalmente no *Guidance on the 8th EU Company Law Directive*, art. 41, da ECIIA/FERMA (*European Confederation of Institutes of Internal Auditing/Federation of European Risk Management Associations*).

Esse modelo seria baseado na existência de diversas instâncias responsáveis pelo controle dos atos praticados no seio de uma organização, cada uma delas com papéis distintos.

Conforme o IAA (*The Institute of Internal Auditors*), o controle da gerência é a primeira linha de defesa no gerenciamento de riscos; as diversas funções de controle de riscos e supervisão de conformidade estabelecidas pela gerência são a segunda linha de defesa; e os órgãos de avaliação independente, a terceira.[256]

---

[256] THE INSTITUTE OF INTERNAL AUDITORS. *Declaração de Posicionamento do IIA*: As três linhas de defesa no gerenciamento eficaz de riscos e controles. Jan. 2013. Disponível em: https://repositorio.cgu.gov.br/bitstream/1/41842/12/As_tres_linhas_de_defesa_Declaracao_de_Posicionamento.pdf. Acesso em: 21 set. 2021.

Além desses, o IAA menciona a existência da auditoria externa e do regulador, que, apesar de estarem fora da estrutura da organização, podem desempenhar um papel importante em sua estrutura geral de governança e controle. Segundo essa associação:

> Quando coordenados com sucesso, os auditores externos, reguladores e outros grupos externos à organização podem ser considerados linhas adicionais de defesa, que fornecem avaliações às partes interessadas da organização, incluindo o órgão de governança e a alta administração.[257]

A figura a seguir, extraída do *Referencial básico de gestão de riscos* do TCU, ilustra o modelo de três linhas de defesa reconhecido pela literatura nacional e internacional:[258]

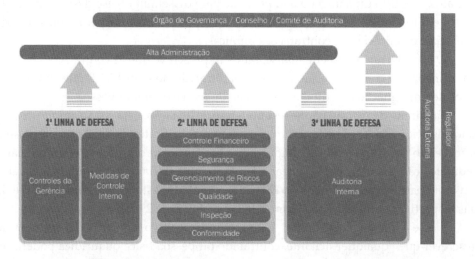

Fonte: *Referencial básico de gestão de riscos* do TCU.

No que se refere à nova Lei de Licitações, o modelo de três linhas foi estruturado da seguinte forma.

Na primeira linha de defesa, estão os servidores e empregados públicos, agentes de licitação e autoridades que atuam na estrutura de governança do órgão ou entidade. Na segunda, as unidades de assessoramento jurídico e de controle interno do próprio órgão ou entidade. Na terceira, o órgão central de controle interno da Administração e o tribunal de contas.

Não obstante a liberdade do legislador de estruturar o controle da forma que melhor lhe aprouver, a disciplina da lei não seguiu exatamente a teoria que a inspirou,

---

[257] THE INSTITUTE OF INTERNAL AUDITORS. *Declaração de Posicionamento do IIA*: As três linhas de defesa no gerenciamento eficaz de riscos e controles. Jan. 2013. p. 8. Disponível em: https://repositorio.cgu.gov.br/bitstream/1/41842/12/As_tres_linhas_de_defesa_Declaracao_de_Posicionamento.pdf. Acesso em: 21 set. 2021.

[258] BRASIL. Tribunal de Contas da União. *Referencial básico de gestão de riscos*. Brasília: TCU, Secretaria Geral de Controle Externo (Segecex), 2018. p. 60. Disponível em: https://portal.tcu.gov.br/data/files/21/96/61/6E/05A1F61 07AD96FE6F18818A8/Referencial_basico_gestao_riscos.pdf. Acesso em: 22 set. 2021.

especialmente pela inclusão dos tribunais de contas na terceira linha de controle. Isso porque tais instituições constituem um órgão de auditoria externa, sem nenhuma obrigação de se reportar, numa estrutura hierárquica, às unidades de governança e à alta administração de cada órgão ou entidade.

O *Referencial básico de gestão de riscos* do TCU abordou o tema da seguinte forma:

> órgãos *de controle externo, reguladores, auditores externos e outras instâncias externas de governança estão fora da estrutura da organização,* mas podem desempenhar um papel importante em sua estrutura geral de governança e controle, podendo ser considerados linhas adicionais de defesa, que fornecem avaliações tanto às partes interessadas externas da organização, como às instâncias internas de governança e à alta administração da entidade.[259]

A propósito do assunto, o *Referencial técnico da atividade de auditoria interna governamental* do Poder Executivo Federal, aprovado por meio da Instrução Normativa-CGU nº 3, de 9.6.2017, parece mais coerente com a teoria supramencionada, ao prescrever que "a terceira linha de defesa é representada pela atividade de auditoria interna governamental, que presta serviços de avaliação e de consultoria com base nos pressupostos de autonomia técnica e de objetividade".

Pela independência funcional e pela posição de supremacia institucional sobre os demais órgãos e entidades, no que se refere à função administrativa de gestão de recursos públicos, a atuação dos tribunais de contas não deveria ter sido disciplinada segundo os mesmos parâmetros dos demais órgãos de controle administrativo, até mesmo em função da reserva de iniciativa para dispor sobre o tema, como exposto anteriormente.

Em verdade, há dúvidas quanto à constitucionalidade das disposições da Lei nº 14.133/2021 que cuidam da forma de atuação dos tribunais de contas, devido ao fato de a norma ter se originado do Parlamento, o que implicaria violação ao princípio da reserva de iniciativa das normas que tratam do funcionamento das Cortes de Contas, nos termos do art. 96, inc. I, alínea "a" c/c o art. 73, ambos da Constituição.

O assunto foi objeto de discussão na sessão plenária do TCU de 13.10.2021, quando foi analisada proposição apresentada pelo Ministro Raimundo Carreiro acerca de possível inconstitucionalidade dos §§1º e 3º do art. 171 da Lei nº 14.133/2021 – a ser comentado adiante.

Ao analisar a matéria, a Consultoria Jurídica do Tribunal chegou às seguintes conclusões:
- trata-se de norma que interfere no funcionamento e na organização dos tribunais de contas, pois, para buscar cumprir tal prazo, precisarão reorganizar internamente sua força de trabalho, realocando auditores e redirecionando esforços de técnicos e autoridades para a análise dos processos que envolvam medidas cautelares em licitações;

---

[259] BRASIL. Tribunal de Contas da União. *Referencial básico de gestão de riscos*. Brasília: TCU, Secretaria Geral de Controle Externo (Segecex), 2018. p. 60. Disponível em: https://portal.tcu.gov.br/data/files/21/96/61/6E/05A1F61 07AD96FE6F18818A8/Referencial_basico_gestao_riscos.pdf. Acesso em: 22 set. 2021.

- o dispositivo em questão na prática altera as leis orgânicas de todos os tribunais de contas, ao estabelecer prazo uniforme, e, consequentemente, induzir prioridade, desprezando as peculiaridades de cada tribunal, bem como os critérios de oportunidade, materialidade, relevância e risco por eles adotados, em observância às normas internacionais relativas às entidades fiscalizadoras;
- a inconstitucionalidade formal do art. 171, §1º, da Lei nº 14.133/2021 é clara, pois o dispositivo em questão não trata de licitação ou contratos, mas da atuação do controle externo, impondo-lhe limitação;
- considerando que o processo legislativo que resultou na Lei nº 14.133/2021 foi de autoria da Câmara dos Deputados (Projeto de Lei nº 4.253/2020, substitutivo ao Projeto de Lei do Senado nº 559/2013), o mencionado dispositivo viola os arts. 73 c/c 96, I, "a", e II, "d", da CF, que, segundo pacífico entendimento do STF, conferem às cortes de contas as prerrogativas de autonomia e autogoverno, incluindo a iniciativa privativa para o processo legislativo atinente à alteração da sua organização e funcionamento;
- com efeito, o exíguo prazo de 25 dias úteis fixado no mencionado dispositivo tende a compelir o tribunal a adotar análises mais superficiais do mérito de irregularidades que ensejaram a suspensão cautelar do certame e/ou a preterir as demais matérias objeto do controle externo;
- não é difícil perceber, portanto, que o art. 171, §1º, da Lei nº 14.133/2021 pode frustrar os objetivos pretendidos com a adoção de medida cautelar no âmbito dos tribunais de contas, resultando na consumação das irregularidades e dos prejuízos que se pretendiam evitar, bem como na total ineficácia da futura decisão de mérito;
- não cabe ao tribunal de contas definir o modo como o interesse público deve ser atendido, eis que tal definição compreende juízo de conveniência e oportunidade que compete exclusivamente ao administrador público. A decisão sobre qual providência deve ser adotada entre aquelas que potencialmente satisfazem o interesse público é tipicamente ato de gestão discricionário, e não ato de controle externo; e
- assim, conquanto o tribunal de contas, ao suspender um processo licitatório, deva cuidar para não inviabilizar o alcance do interesse público, não pode substituir-se ao gestor, usurpando sua competência, a fim de determinar a melhor forma para que o interesse público seja alcançado.

Após o pronunciamento favorável do Ministério Público junto ao TCU, a matéria foi submetida a julgamento, tendo sido lavrado o Acórdão nº 2.463/2021-Plenário, nos seguintes termos:

9.1. Representar junto à Procuradoria-Geral da República com vistas ao ajuizamento de ação direta de inconstitucionalidade perante o Supremo Tribunal Federal, fazendo-se acompanhar do inteiro teor do presente processo, requerendo-se:

9.1.1. Preliminarmente, medida cautelar, nos termos do art. 10 e seguintes da Lei 9.868/1999, a fim de suspender, até o julgamento do mérito da referida ação:

9.1.1.1. Os efeitos da expressão "no prazo de 25 (vinte e cinco) dias úteis, contado da data do recebimento das informações a que se refere o §2º deste artigo, prorrogável por igual período uma única vez" constante do art. 171, §1º, da Lei 14.133/2021, ou, subsidiariamente, determinar que eventual descumprimento do referido prazo não implique a cessação dos efeitos da suspensão cautelar do processo licitatório, nem outra consequência jurídica;

9.1.1.2. os efeitos do inciso II do §1º e do §3º do art. 171 da Lei 14.133/2021;

9.1.2. No mérito:

9.1.2.1. Declarar a inconstitucionalidade da expressão "no prazo de 25 (vinte e cinco) dias úteis, contado da data do recebimento das informações a que se refere o §2º deste artigo, prorrogável por igual período uma única vez" constante do art. 171, §1º, da Lei 14.133/2021, por violar os arts. 18, 25, caput e §1º, c/c os arts. 73, 75 e 96 da Constituição Federal (inconstitucionalidade formal), bem como o art. 71 da Constituição Federal (inconstitucionalidade material) ou, subsidiariamente, dar interpretação conforme a Constituição à referida expressão, de modo a compatibilizá-la com os arts. 71 e 73, §§3º e 4º, da Constituição Federal, considerando, para tanto, o referido prazo como impróprio, de modo que eventual descumprimento não implique a cessação dos efeitos da suspensão cautelar do processo licitatório, nem outra consequência jurídica;

9.1.2.2. Declarar a inconstitucionalidade do inciso II do §1º e do §3º do art. 171 da Lei 14.133/2021, por violar os arts. 18, 25, caput e §1º, c/c arts. 73, 75 e 96 da Constituição Federal (inconstitucionalidade formal), bem como os arts. 2º e 71 da Constituição Federal (inconstitucionalidade material);

9.2. Encaminhar cópia da representação à Associação dos Membros dos Tribunais de Contas do Brasil (Atricon), entidade associativa reconhecida como legitimada para a propositura de ação direta de inconstitucionalidade, que tem dentre seus objetivos estatutários 'auxiliar os Tribunais de Contas na defesa de suas competências, de seus poderes e de seus interesses institucionais, em juízo ou fora dele", bem como "promover ação direta de inconstitucionalidade (ADI) e ação declaratória de constitucionalidade (ADC)".

Todavia, a Procuradoria-Geral da República resolveu, por meio da Decisão nº 99/2022, arquivar a representação formulada pelo TCU, por entender que inexistia motivos suficientes para a sua atuação na via do controle concentrado de constitucionalidade.

Retomando a análise da lei, o §1º do art. 169 estatui que as práticas a que se refere o *caput* deste artigo serão objeto de regulamento e a sua implementação constitui responsabilidade da alta administração do órgão ou entidade.

Pela leitura dessa regra, já é possível vislumbrar a inadequação de se incluírem os tribunais de contas na mesma disciplina do controle administrativo das licitações.

Afinal, o presidente da República somente possui competência para dispor, mediante decreto, sobre a organização e o funcionamento da Administração federal, não podendo disciplinar sobre a dos tribunais de contas, seja pela autonomia funcional desses órgãos, seja pela sua posição vinculada ao Poder Legislativo.

Nesse ponto, cabe lembrar que o Tribunal de Contas da União exerce, nos termos do art. 73, *caput*, da Constituição, as atribuições previstas no art. 96 desta, no que couber. Isso implica que ele possui competência para elaborar seu regimento interno, dispondo sobre a competência e o funcionamento dos respectivos órgãos jurisdicionais e administrativos, e para organizar suas secretarias e serviços auxiliares.

Não foi por outra razão que o art. 3º da Lei nº 8.443/1992 dispôs:

> ao Tribunal de Contas da União, no âmbito de sua competência e jurisdição, assiste o poder regulamentar, podendo, em conseqüência, expedir atos e instruções normativas sobre matéria de suas atribuições e sobre a organização dos processos que lhe devam ser submetidos, obrigando ao seu cumprimento, sob pena de responsabilidade.

Assim, não cabe ao Poder Executivo disciplinar a forma como os tribunais de contas exercerão a fiscalização das licitações e contratos, a qual permanecerá regida pelas suas leis orgânicas e regimentos internos, bem como pelas normas editadas pelos próprios órgãos de controle externo, no exercício de sua competência regulamentar.

Pelos mesmos motivos e com muito mais razão, não se mostra compatível com o princípio da separação de poderes e com o modelo de controle estatuído na Constituição – que prevê a supremacia funcional do Tribunal de Contas da União na fiscalização contábil, financeira, orçamentária, operacional e patrimonial da União e das entidades da Administração direta e indireta – a competência atribuída à alta administração das entidades de implementar práticas contínuas e permanentes de gestão de riscos e de controle preventivo, no âmbito dos tribunais de contas.

Essas ponderações se aplicam até mesmo ao órgão central de controle interno, que se reporta diretamente ao presidente da República e, por evidente, não possui vinculação hierárquica com os demais órgãos da Administração Pública Federal.

Assim, cabe conferir interpretação conforme o §1º do art. 169, a fim de afirmar que a responsabilidade da alta administração do órgão ou entidade de implementar as práticas a que se refere o *caput* deste artigo se limita à estrutura interna de cada órgão ou entidade, devendo a atuação do órgão central de controle interno e dos tribunais de contas ser objeto de regulamentação específica dentro de suas esferas de autonomia asseguradas pela Constituição.

Ainda sobre o §1º do art. 169, o dispositivo assevera que a implantação das medidas de controle levará em consideração os custos e os benefícios decorrentes de sua implementação, optando-se pelas medidas que promovam relações íntegras e confiáveis, com segurança jurídica para todos os envolvidos, e que produzam o resultado mais vantajoso para a Administração, com eficiência, eficácia e efetividade nas contratações públicas. Busca-se, portanto, imprimir racionalidade às regras de controle a fim de evitar que a burocracia gerada para evitar o cometimento de ilícitos prejudique a atuação finalística dos órgãos e entidades e seja mais custosa que os ilícitos que ela busca evitar.

Conforme o §3º do art. 169, os integrantes das linhas de defesa a que se referem os incs. I, II e III do *caput* deste artigo observarão o seguinte:

a) quando constatarem simples impropriedade formal, adotarão medidas para o seu saneamento e para a mitigação de riscos de sua nova ocorrência, preferencialmente com o aperfeiçoamento dos controles preventivos e com a capacitação dos agentes públicos responsáveis;

b) quando constatarem irregularidade que configure dano à Administração, sem prejuízo das medidas previstas acima, adotarão as providências necessárias para a apuração das infrações administrativas, observadas a segregação de funções e a necessidade de individualização das condutas, bem como remeterão ao Ministério Público competente cópias dos documentos cabíveis para a apuração dos ilícitos de sua competência.

Mais uma vez, esses dispositivos não se impõem aos tribunais de contas, que possuem regramento próprio, inclusive em sua lei orgânica, quanto às providências a serem adotadas quando, no curso de seus processos, constatarem impropriedades de natureza formal, irregularidades passíveis de ensejar a aplicação de sanção ou atos que tenham causado prejuízo ao Erário.

Não obstante, algumas práticas contidas no §3º do art. 169 se mostram desejáveis à atuação dos tribunais de contas, a exemplo da segregação de funções e da individualização de condutas, neste caso, em processos destinados à imputação de débito e/ou multa. Cuida-se de medidas condizentes com a busca de um processo de controle externo mais justo, estando coerente com os princípios do devido processo legal e do contraditório e da ampla defesa.

18.3 Das disposições específicas aos órgãos de controle

O §2º do art. 169 assegura aos órgãos de controle acesso irrestrito aos documentos e às informações necessárias à realização dos trabalhos, inclusive aos documentos classificados pelo órgão ou entidade nos termos da Lei nº 12.527, de 18.11.2011.

No caso do TCU, tal prerrogativa já consta do art. 42 de sua lei orgânica, o qual prescreve que nenhum processo, documento ou informação poderá ser sonegado ao Tribunal em suas inspeções ou auditorias, sob qualquer pretexto.

Do contrário, o Tribunal assinará prazo para apresentação dos documentos, informações e esclarecimentos julgados necessários, comunicando o fato ao ministro de estado supervisor da área ou à autoridade de nível hierárquico equivalente, para as medidas cabíveis (§1º). Vencido o prazo e não cumprida a exigência, o Tribunal aplicará as sanções previstas no inc. IV do art. 58 da Lei nº 8.443/1992, nos termos do §2º do art. 42 desta norma.

De qualquer sorte, havendo acesso a documentos classificados com grau restrito, o órgão de controle com o qual foi compartilhada eventual informação sigilosa tornar-se-á corresponsável pela manutenção do seu sigilo, consoante o §2º do art. 169. Nessa hipótese, há o que a doutrina e a jurisprudência denominam transferência de sigilo, o que se mostra necessário para o regular funcionamento dos diversos braços da Administração Pública, cada qual no exercício de suas competências funcionais.

Todavia, há uma questão de ordem prática que sobressai, especialmente quando a irregularidade em apuração envolve interesse de terceiros. Nesse caso, cabe indagar se a pessoa prejudicada pelo ato objeto da ação de controle poderá ter acesso a documento classificado como sigiloso com vistas ao exercício de suas prerrogativas processuais, seja para impugnação dos atos que lhe tenham prejudicado (adjudicação do objeto a terceiro), seja para exercício de seu direito de defesa, caso o propósito seja a preservação dos atos que lhe beneficiaram (adjudicação do objeto a seu favor).

A respeito do assunto, a jurisprudência do TCU evoluiu no sentido de prestigiar o direito à ampla defesa e contraditório, como se pode ver no excerto dos seguintes julgados, extraídos do repositório da jurisprudência selecionada do Tribunal:

> A aposição de sigilo em documentos por parte de empresa estatal não pode constranger o exercício do contraditório e da ampla defesa daqueles que foram, com base em tais documentos, instados a responder por seus atos. A concessão de vista e cópia, contudo, impõe aos que tiverem acesso à documentação o dever de manter o sigilo dos respectivos conteúdos. (Acórdãos nºs 2.534/2018-TCU-Plenário. Rel. Min. Benjamin Zymler; 1.476/2019-TCU-Plenário. Rel. Min. Raimundo Carreiro)
>
> O sigilo conferido a documentos constantes em procedimentos licitatórios, como o orçamento de empresa estatal, não pode ser obstáculo ao exercício do contraditório e da ampla defesa. (Acórdãos nºs 1.784/2011-TCU-Plenário. Rel. Min. Ubiratan Aguiar; 423/2019-TCU-Plenário. Rel. Min. Ana Arraes)

Conforme o *caput* do art. 170, os órgãos de controle adotarão critérios de oportunidade, materialidade, relevância e risco, na fiscalização dos atos previstos na Lei nº 14.133/2021. Apesar de a redação não ter sido clara, infere-se que esses parâmetros devem nortear a seleção dos objetos a serem objeto de ações de controle, o que se justifica em razão da limitação de recursos humanos e materiais para fazer frente ao universo de licitações e contratos passíveis de serem fiscalizados.

Conforme o art. 71, inc. IV, da Constituição, compete ao TCU:

> realizar, por iniciativa própria, da Câmara dos Deputados, do Senado Federal, de Comissão técnica ou de inquérito, inspeções e auditorias de natureza contábil, financeira, orçamentária, operacional e patrimonial, nas unidades administrativas dos Poderes Legislativo, Executivo e Judiciário, e demais entidades referidas no inciso II.

Não obstante as críticas já destacadas a respeito da regulamentação da atuação dos tribunais de contas pela Lei de Licitações e Contratos, especialmente em razão de a norma ter se originado de proposta do próprio Parlamento, o dispositivo parece de acordo as Normas de Auditoria do Tribunal de Contas da União, aprovadas por meio da Portaria nº 280, de 8.12.2010.

Segundo o documento, atualizado recentemente pela Portaria nº 185, de 30.11.2020, o planejamento geral das auditorias do TCU deve documentar e justificar as seleções realizadas:

> calcando-se em modelos que incluam métodos de seleção, hierarquização e priorização fundamentados *em critérios de relevância, materialidade, risco e oportunidade,* dentre outras

técnicas de alocação da capacidade operacional, levando-se também em conta a demanda potencial por ações de controle originadas de iniciativas externas.[260] (Grifos nossos)

Da mesma forma, o art. 19 da Resolução-TCU nº 269, de 25.3.2015, assinala que a proposta de fiscalização será elaborada com base em critérios de risco, materialidade, relevância e oportunidade.

No tocante ao sistema de controle interno, embora a Constituição não tenha expressamente previsto a função de realização de auditoria e inspeções, ela está inserida na competência de "comprovar a legalidade e avaliar os resultados, quanto à eficácia e eficiência, da gestão orçamentária, financeira e patrimonial nos órgãos e entidades da administração federal, bem como da aplicação de recursos públicos por entidades de direito privado", consignada no art. 74, inc. II.

O art. 50, da Lei nº 8.443/1992 prevê o seguinte:

> Art. 50. No apoio ao controle externo, os órgãos integrantes do sistema de controle interno deverão exercer, dentre outras, as seguintes atividades: [...]
> II - realizar auditorias nas contas dos responsáveis sob seu controle, emitindo relatório, certificado de auditoria e parecer; [...].

A realização de auditoria pelos órgãos centrais incumbidos da administração financeira, contabilidade e auditoria, no âmbito de cada ministério, estava prevista desde o Decreto-Lei nº 200/1967. A matéria é atualmente disciplinada pela Instrução Normativa-CGU nº 3, de 9.6.2017, que aprovou o Referencial Técnico da Atividade de Auditoria Interna Governamental do Poder Executivo Federal.

Conforme o aludido documento, a atividade de auditoria interna governamental tem como propósito aumentar e proteger o valor organizacional das instituições públicas, fornecendo avaliação, assessoria e aconselhamento baseados em risco.

Ela é exercida pelo conjunto de unidades de auditoria interna governamental (UAIG) elencadas a seguir:

a) Secretaria Federal de Controle Interno (SFC) e as controladorias regionais da União nos estados, que fazem parte da estrutura do Ministério da Transparência e Controladoria-Geral da União (CGU);

b) secretarias de controle interno (Ciset) da Presidência da República, da Advocacia-Geral da União, do Ministério das Relações Exteriores e do Ministério da Defesa, e respectivas unidades setoriais;

c) auditorias internas singulares (Audin) dos órgãos e entidades da Administração Pública federal direta e indireta; e

d) Departamento Nacional de Auditoria do Sistema Único de Saúde (Denasus) do Ministério da Saúde.

---

[260] BRASIL. Tribunal de Contas da União. Portaria-TCU nº 185, de 30 de novembro de 2020. *BTCU Especial*, Brasília, ano 39, n. 34, 30 nov. 2020. Disponível em: file:///C:/Users/fserg/Downloads/BTCU_34_de_30_11_2020_Especial%20-%20Normas%20de%20Auditoria%20do%20TCU.pdf. Acesso em: 1º set. 2021.

Retomando a análise do art. 170 da nova Lei de Licitações, o *caput* do dispositivo prescreve que os órgãos de controle considerarão as razões apresentadas pelos órgãos e entidades responsáveis e os resultados obtidos com a contratação, observado o disposto no §3º deste dispositivo.

Apesar das considerações já entabuladas a respeito da inconstitucionalidade das disposições da Lei nº 14.133/2021, que disciplinam a atuação dos tribunais de contas, o dispositivo em exame é compatível com as normas que regem o processo do TCU, mais especificamente com o art. 250, inc. V, do regimento interno, que preconiza o seguinte:

> Art. 250. Ao apreciar processo relativo à fiscalização de atos e contratos, o relator ou o Tribunal: [...]
> V - determinará a oitiva da entidade fiscalizada e do terceiro interessado para, no prazo de quinze dias, manifestarem-se sobre fatos que possam resultar em decisão do Tribunal no sentido de desconstituir ato ou processo administrativo ou alterar contrato em seu desfavor.

Ou seja, antes de determinar a invalidação de um ato ou de um contrato administrativo, o TCU assegura o direito de defesa e leva em conta as razões apresentadas não apenas do órgão e entidade responsáveis, como também do terceiro interessado, o licitante ou o contratado, que eventualmente seja prejudicado pela desconstituição do ato ou do contrato.

Além disso, os tribunais de contas devem levar em conta as disposições da LINDB aplicáveis à decisão a respeito da validade de um ato, contrato ou processo administrativo, a saber, os arts. 21, 22, §1º e 24, *in verbis*:

> Art. 21. A decisão que, nas esferas administrativa, controladora ou judicial, decretar a invalidação de ato, contrato, ajuste, processo ou norma administrativa deverá indicar de modo expresso suas consequências jurídicas e administrativas.
> Parágrafo único. A decisão a que se refere o caput deste artigo deverá, quando for o caso, indicar as condições para que a regularização ocorra de modo proporcional e equânime e sem prejuízo aos interesses gerais, não se podendo impor aos sujeitos atingidos ônus ou perdas que, em função das peculiaridades do caso, sejam anormais ou excessivos.
> Art. 22. Na interpretação de normas sobre gestão pública, serão considerados os obstáculos e as dificuldades reais do gestor e as exigências das políticas públicas a seu cargo, sem prejuízo dos direitos dos administrados.
> §1º Em decisão sobre regularidade de conduta ou validade de ato, contrato, ajuste, processo ou norma administrativa, serão consideradas as circunstâncias práticas que houverem imposto, limitado ou condicionado a ação do agente.
> Art. 24. A revisão, nas esferas administrativa, controladora ou judicial, quanto à validade de ato, contrato, ajuste, processo ou norma administrativa cuja produção já se houver completado levará em conta as orientações gerais da época, sendo vedado que, com base em mudança posterior de orientação geral, se declarem inválidas situações plenamente constituídas.
> Parágrafo único. Consideram-se orientações gerais as interpretações e especificações contidas em atos públicos de caráter geral ou em jurisprudência judicial ou administrativa majoritária, e ainda as adotadas por prática administrativa reiterada e de amplo conhecimento público.

Conforme o §1º do art. 170, as razões apresentadas pelos órgãos e entidades responsáveis deverão ser encaminhadas aos órgãos de controle até a conclusão da fase de instrução do processo e não poderão ser desentranhadas dos autos. Quanto a isso, a disciplina da nova lei de licitações destoa da norma processual do TCU, que estabelece o prazo de quinze dias, contados da ciência do ofício, para o exercício do direito de defesa pelas entidades e terceiros interessados.

Em nossa visão, mesmo que seja superada a tese da inconstitucionalidade das disposições da nova Lei de Licitações que tratam da organização e do processo dos tribunais de contas, por vício de iniciativa, entende-se que o §1º não se aplica ao TCU, na medida em que o tema é tratado de forma distinta em sua lei orgânica. Incide, aqui, a vetusta regra de hermenêutica segundo a qual lei geral não revoga a especial.

O §2º assinala que a omissão na prestação das informações não impedirá as deliberações dos órgãos de controle nem retardará a aplicação de qualquer de seus prazos de tramitação e de deliberação. A disposição não traz nenhuma novidade, já que o §8º do art. 202 do RITCU prescreve que "o responsável que não atender à citação ou à audiência será considerado revel pelo Tribunal, para todos os efeitos, dando-se prosseguimento ao processo".

O §3º assinala que os órgãos de controle desconsiderarão os documentos impertinentes, meramente protelatórios ou de nenhum interesse para o esclarecimento dos fatos. Essa avaliação se dará pela autoridade ou colegiado responsável pelo julgamento, que ocorrerá segundo a sua livre persuasão racional. No mesmo sentido, a autoridade dispensará a realização de diligências meramente protelatórias e que sejam inúteis ao deslinde do processo, o que se justifica pelos princípios da eficiência e da celeridade processual.

O §4º reproduz dispositivo consignado na Lei nº 8.666/1993. Segundo ele, qualquer licitante, contratado ou pessoa física ou jurídica poderá representar aos órgãos de controle interno ou ao tribunal de contas competente contra irregularidades na aplicação desta lei. A regra se insere no âmbito do controle social das licitações e contratos, tendo sido comentada no item 17.3.1 *supra*.

O art. 171 traz uma série de regras sobre o processo de fiscalização desenvolvido no âmbito dos órgãos de controle e sobre a atuação cautelar dos tribunais de contas. Conforme já exposto, entende-se que a disciplina do modo de atuação do TCU pela nova Lei de Licitações padece de inconstitucionalidade, uma vez que a iniciativa da norma, quanto a esses aspectos, não foi da Corte de Contas.

Não obstante, cabe a análise das disposições.

Conforme o inc. I do art. 171, no processo de fiscalização, deve ser viabilizada a oportunidade de manifestação aos gestores sobre possíveis propostas de encaminhamento que terão impacto significativo nas rotinas de trabalho dos órgãos e entidades fiscalizados, a fim de que eles disponibilizem subsídios para avaliação prévia da relação entre custo e benefício dessas possíveis proposições.

Em nossa visão, essa medida se mostra importante para viabilizar uma maior abertura democrática para as decisões dos órgãos de controle que expeçam determinações ou recomendações que alterem os processos de trabalho do órgão fiscalizado, afetando o seu modo de funcionamento e o cumprimento de sua missão finalística. Afinal, não se pode esquecer que a organização e os seus agentes possuem um conhecimento acumulado de seu próprio negócio, assim como dos custos e das limitações materiais de sua operação, o que lhes confere legitimidade para participar da formatação das proposições em conjunto com o órgão de controle.

Não foi por outro motivo que o TCU instituiu, antes mesmo da nova Lei de Licitações, o que a Resolução-TCU nº 315, de 22.4.2020, denominou de construção participativa de deliberações.

A aludida norma teve como objetivo disciplinar a elaboração de deliberações que contemplem medidas a serem tomadas pelas unidades jurisdicionadas no âmbito desta Corte de Contas. Consoante o seu art. 14, *caput* e §1º:

> Art. 14. A unidade técnica instrutiva deve oportunizar aos destinatários das deliberações a apresentação de comentários sobre as propostas de determinação e/ou recomendação, solicitando, em prazo compatível, informações quanto às consequências práticas da implementação das medidas aventadas e eventuais alternativas.
>
> §1º A manifestação a que se refere o caput deve ser viabilizada mediante o envio do relatório preliminar da fiscalização ou da instrução que contenha as propostas de determinação ou recomendação.

Segundo o art. 15 da Resolução-TCU nº 315/2020, as propostas finais de deliberação devem considerar as manifestações das unidades jurisdicionadas e, em especial, justificar a manutenção das propostas preliminares caso apresentadas consequências negativas ou soluções de melhor custo-benefício.

Retomando a análise da Lei nº 14.133/2021, o inc. II do art. 171 estabelece que os processos de fiscalização dos órgãos de controle adotarão procedimentos objetivos e imparciais, de forma a produzir relatórios tecnicamente fundamentados, baseados exclusivamente nas evidências obtidas e organizados de acordo com as normas de auditoria do respectivo órgão de controle. Conforme a parte final do dispositivo, o objetivo é evitar que interesses pessoais e interpretações tendenciosas interfiram na apresentação e no tratamento dos fatos levantados.

Trata-se de norma programática que, a rigor, já faz parte da rotina e da prática das atividades de fiscalização levadas a cabo pelo TCU. Não obstante as dúvidas levantadas quanto à constitucionalidade deste e de outros artigos que tratam da organização dos processos no âmbito dos tribunais de contas, a inclusão desse dever em uma lei aprovada pelo Parlamento é uma medida importante tanto para reforçar o importante compromisso ético de exercer a fiscalização segundo as normas de regência, quanto para viabilizar eventual sanção disciplinar em caso de abuso.

O inc. III do art. 171 traz uma regra que levanta dúvidas quanto ao seu exato sentido. Segundo o dispositivo, na fiscalização realizada pelos órgãos de controle deverá haver:

> definição de objetivos, nos regimes de empreitada por preço global, empreitada integral, contratação semi-integrada e contratação integrada, atendidos os requisitos técnicos, legais, orçamentários e financeiros, de acordo com as finalidades da contratação, devendo, ainda, ser perquirida a conformidade do preço global com os parâmetros de mercado para o objeto contratado, considerada inclusive a dimensão geográfica.

Infere-se que a intenção do legislador foi instituir um controle predominantemente de resultados, quanto aos contratos celebrados nos regimes de empreitada por preço global, empreitada integral, contratação semi-integrada e contratação integrada, de forma que seria afastado o controle de meios, especialmente quando a contratação atingisse a finalidade pactuada, com a conclusão do objeto e a satisfação do interesse público.

Dentro desse contexto, a parte final do dispositivo estabeleceu que o controle de economicidade desses ajustes ocorreria a partir da verificação da conformidade do preço global com os parâmetros de mercado para o objeto contratado, devendo ser levados em conta, para tanto, os preços praticados no local de realização dos serviços.

Esse parâmetro é coerente com a definição de sobrepreço do valor global do objeto, consignada no inc. LVI do art. 6º da nova Lei de Licitações e Contratos, o qual constitui o critério para a avaliação da economicidade das contratações por tarefa, por empreitada por preço global, por empreitada integral, semi-integrada e integrada.

Conforme visto, caso a licitação seja realizada em um desses últimos regimes, não há margem legal para o apontamento de sobrepreço unitário, de forma que não é mais possível a adoção do método MLPUA, estabelecido no *Roteiro de auditoria de obras públicas* do TCU, aprovado pela Portaria-Segecex nº 33, de 7.12.2012, para a avaliação de editais e a expedição de determinação corretiva. Nesse caso, a avaliação da existência ou não de sobrepreço deve sempre considerar o valor global do orçamento, independentemente da fase da contratação (edital ou contrato).

O §1º do art. 171 traz regras rígidas para o processo cautelar dos tribunais de contas. Segundo o disposto, as cortes de contas, ao suspenderem cautelarmente o processo licitatório, deverão pronunciar-se definitivamente sobre o mérito da irregularidade que tenha dado causa à suspensão no prazo de 25 dias úteis, contado da data do recebimento das informações a que se refere o §2º deste artigo, prorrogável por igual período uma única vez, e definirá objetivamente.

Não obstante a objeção quanto à constitucionalidade desse dispositivo, assim como dos outros que cuidam da organização do processo dos tribunais de contas, entende-se que o estabelecimento de um prazo para a conclusão do mérito da irregularidade que tenha dado ensejo à expedição de medida cautelar é salutar para o interesse público, uma vez que permite a adoção de providências para ultimação da contratação, seja mediante a anulação dos atos irregulares e o seu refazimento, seja por meio da continuidade da licitação.

Todavia, é criticável o estabelecimento de um prazo tão curto para a obtenção de uma solução de mérito para a irregularidade, especialmente quando o certame licitatório envolver objetos complexos e os fatos questionados exigirem longa dilação probatória, mediante a realização de estudos, ensaios e perícias.

No caso de irregularidades graves em obras e serviços de engenharia, as diversas leis de diretrizes orçamentárias já vinham prevendo um prazo para a conclusão dos processos de fiscalização que tenham ensejado o bloqueio da execução física, orçamentária e financeira.

Ademais, não se pode olvidar que as decisões de mérito proferidas nos processos de fiscalização desenvolvidos no TCU estão sujeitas a pedido de reexame, os quais possuem efeito suspensivo e devolutivo, ensejando a rediscussão de toda a matéria fática e jurídica que fundamentou as conclusões do Tribunal.

O assunto foi tratado da seguinte forma na Lei nº 14.194, de 20.8.2021 (LDO/2022):

> §2º Os processos relativos a obras ou serviços que possam ser objeto de bloqueio nos termos do disposto nos art. 137 e art. 138 serão instruídos e apreciados prioritariamente pelo Tribunal de Contas da União, devendo a decisão indicar, de forma expressa, se as irregularidades inicialmente apontadas foram confirmadas e se o empreendimento questionado poderá ter continuidade sem risco de prejuízos significativos ao erário, no prazo de até quatro meses, contado da data da comunicação prevista no caput.

A disciplina do tema na Lei nº 14.133/2021 vai ensejar a discussão quanto à sua aplicação à fiscalização de obras e serviços de engenharia pelo Tribunal em cumprimento às leis de diretrizes orçamentárias. Em nossa visão, apesar do caráter provisório dessas normas, a sua disciplina constitui regra especial e, portanto, prepondera sobre os prazos da nova Lei de Licitações.

O §1º do art. 171 assevera, ainda, que a decisão cautelar que suspender o processo licitatório deverá especificar, objetivamente, as causas da ordem de suspensão e o modo como será garantido o atendimento do interesse público obstado pela suspensão da licitação, no caso de objetos essenciais ou de contratação por emergência. Trata-se de medida consentânea com o caráter excepcional das medidas cautelares e da busca de minorar seus efeitos negativos sobre o interesse público.

Consoante o §2º do art. 171, ao ser intimado da ordem de suspensão do processo licitatório, o órgão ou entidade deverá, no prazo de 10 dias úteis, admitida a prorrogação:

a) informar as medidas adotadas para cumprimento da decisão;
b) prestar todas as informações cabíveis;
c) proceder à apuração de responsabilidade, se for o caso.

Conforme o §4º do aludido dispositivo, o descumprimento da medida cautelar pela entidade ensejará a apuração de responsabilidade e a obrigação de reparação do prejuízo causado ao Erário. Além disso, seria possível a aplicação do art. 44 da Lei nº 8.443/1992, segundo o qual o Tribunal, no início ou no curso de qualquer apuração, de ofício ou a requerimento do Ministério Público junto ao TCU, poderá determinar, cautelarmente, "o afastamento temporário do responsável, se existirem indícios suficientes de que, prosseguindo no exercício de suas funções, possa retardar ou dificultar a realização de auditoria ou inspeção, causar novos danos ao Erário ou inviabilizar o seu ressarcimento".

A competência para expedir medida cautelar não consta expressamente da lei orgânica do TCU, de forma que ela foi reconhecida pela jurisprudência do Tribunal e, posteriormente, pelo Supremo Tribunal, a partir da teoria dos poderes implícitos.

Segundo esta, a outorga de competência expressa a determinado órgão estatal importa deferimento implícito, a esse mesmo órgão, dos meios necessários à integral realização dos fins que lhe foram atribuídos.[261]

Dessa forma, se o TCU, por força de comando constitucional, possui a função de determinar a correção de ilegalidade identificada em ato e contrato e, posteriormente, sustar a sua execução, caso a irregularidade não seja corrigida, ele também pode adotar providências de natureza cautelar, com vistas a revestir suas decisões de eficácia e utilidade, paralisando situações que possam gerar danos de difícil reversão, viabilizando, assim, a sua futura correção.

A matéria foi disciplinada da seguinte forma no Regimento Interno do TCU:

> Art. 276. O Plenário, o relator, ou, na hipótese do art. 28, inciso XVI, o Presidente, em caso de urgência, de fundado receio de grave lesão ao erário, ao interesse público, ou de risco de ineficácia da decisão de mérito, poderá, de ofício ou mediante provocação, adotar medida cautelar, com ou sem a prévia oitiva da parte, determinando, entre outras providências, a suspensão do ato ou do procedimento impugnado, até que o Tribunal decida sobre o mérito da questão suscitada, nos termos do art. 45 da Lei nº 8.443, de 1992. [...]
> §2º Se o Plenário, o Presidente ou o relator entender que antes de ser adotada a medida cautelar deva o responsável ser ouvido, o prazo para a resposta será de até cinco dias úteis.
> §3º A decisão do Plenário, do Presidente ou do relator que adotar a medida cautelar determinará também a oitiva da parte, para que se pronuncie em até quinze dias, ressalvada a hipótese do parágrafo anterior.

Como se vê, além de o Regimento Interno do TCU admitir a expedição de cautelar com oitiva prévia, os prazos nele especificados para a manifestação do interessado são completamente distintos dos trazidos pela Lei nº 14.133/2021. A menos que o §2º do art. 171 da nova lei seja declarado inconstitucional, o Tribunal deve cumprir essas novas regras de procedimento, o que exige a alteração de seu regimento interno.

Outro fator de distinção do processo cautelar do Tribunal é que neste o contraditório é aberto tanto para a entidade como para o terceiro interessado, que pode ser o adjudicatário da licitação ou o contratado. Por fim, a nova Lei de Licitações somente

---

[261] Tal doutrina, construída pela Suprema Corte dos Estados Unidos da América no célebre caso McCulloch v. Maryland (1819), enfatiza que a outorga de competência expressa a determinado órgão estatal importa em deferimento implícito, a esse mesmo órgão, dos meios necessários à integral realização dos fins que lhe foram atribuídos.

trata de suspensão cautelar do processo de licitação, sendo que o TCU também admite esse provimento em contratos administrativos, o que é objeto de entendimentos divergentes no âmbito do STF.

Nesse sentido, cabe transcrever a ementa do julgamento monocrático levado a efeito pelo Ministro Celso de Mello, por ocasião do julgamento do Mandado de Segurança nº 26.547/MC-DF (*DJ* de 29.5.2007), que considerou constitucional, com base nos mesmos fundamentos do Mandado de Segurança nº 24.510-7/DF, a adoção de medida cautelar pelo TCU em matéria de contratos administrativos.

> Ementa: Tribunal de Contas da União. Poder Geral de Cautela. Legitimidade. *Doutrina dos poderes implícitos. Precedente (STF). Consequente possibilidade de o Tribunal de Contas expedir provimentos cautelares, mesmo sem audiência da parte contrária, desde que mediante decisão fundamentada.* Deliberação do TCU, que, ao deferir a medida cautelar, justificou, extensamente, a outorga desse provimento de urgência. [...] *Deliberação final do TCU que se limitou a determinar, ao diretor-presidente da [...], a invalidação do procedimento licitatório e do contrato celebrado com a empresa a quem se adjudicou o objeto da licitação.* Inteligência da norma inscrita no art. 71, inciso IX, da Constituição. Aparente observância, pelo Tribunal de Contas da União, no caso em exame, do precedente que o Supremo Tribunal Federal firmou a respeito do sentido e do alcance desse preceito constitucional (MS 23.550/DF, Rel. p/ Acórdão o Min. Sepúlveda Pertence). Inviabilidade da concessão, no caso, da medida liminar pretendida, eis que não atendidos, cumulativamente, os pressupostos legitimadores de seu deferimento. Medida cautelar indeferida. (Grifos nossos)

No mesmo sentido, cabe mencionar recente decisão proferida pelo Ministro Alexandre de Moraes, por ocasião do julgamento do RE nº 1.236.731/DF, em 11.10.2019, publicado em 4.11.2019. Na ocasião, o relator deu provimento ao recurso extraordinário para tornar insubsistente a decisão do Tribunal de Justiça do Distrito Federal e Territórios (TJDFT) que havia concedido a segurança e anulado deliberação anterior do Tribunal de Contas do Distrito Federal (TCDF), que havia suspendido cautelarmente a execução de um contrato administrativo.

Em suas razões recursais, o TCDF argumentou que:

> não ordenou a suspensão definitiva do contrato administrativo em questão, mas, apenas, a suspensão cautelar de sua execução, concluindo que "o disposto no artigo 71, §§1º e 2º, da CR/88 não se aplica às decisões estritamente cautelares proferidas pelos Tribunais de Contas, tampouco obsta o poder geral de cautela conferido a tais órgãos de controle".

Em sua deliberação, o Ministro Alexandre de Moraes apontou o seguinte:

> Não subsiste, na presente hipótese, ilegalidade decorrente do exercício do poder geral de cautela pelo Tribunal de Contas do Distrito Federal. É que o ato questionado encontra-se em consonância com o entendimento desta CORTE no sentido de que não configura ilegalidade ou abuso de poder o ato do TCU que aplique medidas cautelares, porque relacionada com a competência constitucional implícita para cumprimento de suas atribuições.

Dessa forma, se o propósito da nova Lei de Licitações foi tratar do processo cautelar dos tribunais de contas, o que, de certa forma, parece desproposital, em face da iniciativa da norma ter sido do próprio Parlamento, a norma foi omissa pois não abrangeu em seu escopo os provimentos de urgência proferidos em razão de irregularidades praticadas na execução do contrato.

Conforme o §3º do art. 171, a decisão que examinar o mérito da medida cautelar a que se refere o §1º deste artigo deverá definir as medidas necessárias e adequadas, em face das alternativas possíveis, para o saneamento do processo licitatório, ou determinar a sua anulação.

Essa prática já vem sendo adotada pelo TCU, pelo menos no que se refere à fiscalização de atos e contratos de obras e serviços de engenharia em cumprimento às leis de diretrizes orçamentárias. A propósito do assunto, o §2º do art. 142 da LDO/2022 preconiza que a decisão que confirmar as irregularidades graves inicialmente apontadas e concluir que o contrato não poderá ter continuidade sem risco de prejuízos significativos ao Erário "deverá relacionar todas as medidas a serem adotadas pelos responsáveis, com vistas ao saneamento das irregularidades graves".

A decisão de mérito da medida cautelar pode desencadear na determinação para anulação do processo licitatório ou do próprio contrato, caso as irregularidades não sejam passíveis de saneamento.

Dessa forma, cabe discutir a aplicabilidade do art. 147 da nova lei aos processos de fiscalização levado a cabo pelos órgãos de controle.

Conforme o dispositivo, se constatada irregularidade no procedimento licitatório ou na execução contratual, caso não seja possível o saneamento, a decisão sobre a suspensão da execução ou anulação do contrato somente será adotada na hipótese em que se revelar medida de interesse público, com avaliação, entre outros, dos aspectos indicados no aludido dispositivo.

Se a paralisação ou anulação não se revelar medida de interesse público, o Poder Público deverá optar pela continuidade do contrato e pela solução da irregularidade por meio de indenização por perdas e danos, sem prejuízo da apuração de responsabilidade e da aplicação de penalidades cabíveis, nos termos do parágrafo único do art. 147.

A avaliação de tais aspectos pelo sistema de controle não é novidade no ordenamento jurídico. Ela vem sendo adotada pelo Congresso Nacional para a deliberação pelo bloqueio ou desbloqueio da execução de empreendimentos, contratos, convênios, etapas, parcelas ou subtrechos relativos aos subtítulos de obras e serviços com indícios de irregularidades graves, em cumprimento a disposições de diversas leis de diretrizes orçamentárias. Essa deliberação faz parte do processo de fiscalização pelo Poder Legislativo sobre obras e serviços com indícios de irregularidades graves, o qual se desenvolve a partir de auditorias realizadas pelo TCU em obras públicas (Fiscobras).

Basta ver a redação do art. 139 da LDO/2021 – Lei nº 14.116, de 31.12.2021, a mais recente antes da edição da nova Lei de Licitações:

Art. 139. O Congresso Nacional considerará, na sua deliberação pelo bloqueio ou desbloqueio da execução física, orçamentária e financeira de empreendimentos, contratos, convênios, etapas, parcelas ou subtrechos relativos aos subtítulos de obras e serviços com indícios de irregularidades graves:
I - a classificação da gravidade do indício, nos termos estabelecidos nos incisos IV, V e VI do §1º do art. 138; e
II - as razões apresentadas pelos órgãos e entidades responsáveis pela execução, que devem abordar, em especial:
a) os impactos sociais, econômicos e financeiros decorrentes do atraso na fruição dos benefícios do empreendimento pela população;
b) os riscos sociais, ambientais e à segurança da população local, decorrentes do atraso na fruição dos benefícios do empreendimento;
c) a motivação social e ambiental do empreendimento;
d) o custo da deterioração ou perda de materiais adquiridos ou serviços executados;
e) as despesas necessárias à preservação das instalações e dos serviços já executados;
f) as despesas inerentes à desmobilização e ao posterior retorno às atividades;
g) as medidas efetivamente adotadas pelo titular do órgão ou da entidade para o saneamento dos indícios de irregularidades apontados;
h) o custo total e o estágio de execução física e financeira de empreendimentos, contratos, convênios, obras ou parcelas envolvidas;
i) empregos diretos e indiretos perdidos em razão da paralisação;
j) custos para realização de nova licitação ou celebração de novo contrato; e
k) custo de oportunidade do capital durante o período de paralisação.

As normas, por evidente, cuidam de diferentes processos de fiscalização, mas é possível verificar certa convergência nos mecanismos de controle das licitações e contratos administrativos.

O art. 147 da nova Lei de Licitações está em plena consonância com o disposto nos arts. 20 e 21 da Lei de Introdução às Normas do Direito Brasileiro (LINDB):

Art. 20. Nas esferas administrativa, controladora e judicial, não se decidirá com base em valores jurídicos abstratos sem que sejam consideradas as consequências práticas da decisão.
Parágrafo único. A motivação demonstrará a necessidade e a adequação da medida imposta ou da invalidação de ato, contrato, ajuste, processo ou norma administrativa, inclusive em face das possíveis alternativas.
Art. 21. A decisão que, nas esferas administrativa, controladora ou judicial, decretar a invalidação de ato, contrato, ajuste, processo ou norma administrativa deverá indicar de modo expresso suas consequências jurídicas e administrativas.
Parágrafo único. A decisão a que se refere o caput deste artigo deverá, quando for o caso, indicar as condições para que a regularização ocorra de modo proporcional e equânime e sem prejuízo aos interesses gerais, não se podendo impor aos sujeitos atingidos ônus ou perdas que, em função das peculiaridades do caso, sejam anormais ou excessivos. (Grifos nossos)

Conforme visto, a Lei nº 14.133/2021 instituiu uma espécie de "estudo do impacto invalidatório" do contrato. Dito de outra forma, o novo estatuto de licitações e contratos permite expressamente a convalidação do ato ou do contrato viciado pela própria

Administração, possibilidade não prevista na Lei nº 8.666/1993. Sob a perspectiva dos órgãos de controle, a norma tornou expressa a possibilidade de se decidir a partir de uma análise de consequências.

Porém, entende-se que a realização do chamado estudo de impacto invalidatório, previsto no art. 147, se dirige primariamente à Administração contratante, não cabendo ao TCU a avaliação dos aspectos ali anunciados, até porque não detém os dados brutos e as informações para o regular escrutínio dessa obrigação, tipicamente administrativa.

Não obstante, produzido o estudo pelo órgão jurisdicionado ou expostas, de modo fundamentado, as consequências práticas, jurídicas e administrativas de eventual invalidação do contrato, o TCU tem obrigação de levar em conta tais argumentos, antes de sua decisão. Na ausência de tais elementos, é salutar que o órgão de controle externo abra prazo para que os interessados elaborem o denominado estudo do impacto invalidatório e indique motivadamente as possíveis consequências, antes da decisão de mérito.

O art. 173 preconiza que os tribunais de contas deverão, por meio de suas escolas de contas, promover eventos de capacitação para os servidores efetivos e empregados públicos designados para o desempenho das funções essenciais à execução desta lei, incluídos cursos presenciais e a distância, redes de aprendizagem, seminários e congressos sobre contratações públicas.

Em nossa visão, trata-se de missão exótica atribuída aos tribunais de contas, não obstante a expertise de seu corpo técnico e de sua especialização funcional no controle da correta aplicação dos recursos públicos, o que lhe confere notória aptidão de contribuir com a disseminação de conhecimentos, especialmente os hauridos de sua jurisprudência, em matéria de licitações e contratos.

CAPÍTULO 19

DO PORTAL NACIONAL DE CONTRATAÇÕES PÚBLICAS

Art. 174. É criado o Portal Nacional de Contratações Públicas (PNCP), sítio eletrônico oficial destinado à:
I - divulgação centralizada e obrigatória dos atos exigidos por esta Lei;
II - realização facultativa das contratações pelos órgãos e entidades dos Poderes Executivo, Legislativo e Judiciário de todos os entes federativos.
§1º O PNCP será gerido pelo Comitê Gestor da Rede Nacional de Contratações Públicas, a ser presidido por representante indicado pelo Presidente da República e composto de:
I - 3 (três) representantes da União indicados pelo Presidente da República;
II - 2 (dois) representantes dos Estados e do Distrito Federal indicados pelo Conselho Nacional de Secretários de Estado da Administração;
III - 2 (dois) representantes dos Municípios indicados pela Confederação Nacional de Municípios.
§2º O PNCP conterá, entre outras, as seguintes informações acerca das contratações:
I - planos de contratação anuais;
II - catálogos eletrônicos de padronização;
III - editais de credenciamento e de pré-qualificação, avisos de contratação direta e editais de licitação e respectivos anexos;
IV - atas de registro de preços;
V - contratos e termos aditivos;
VI - notas fiscais eletrônicas, quando for o caso.
§3º O PNCP deverá, entre outras funcionalidades, oferecer:
I - sistema de registro cadastral unificado;

II - painel para consulta de preços, banco de preços em saúde e acesso à base nacional de notas fiscais eletrônicas;

III - sistema de planejamento e gerenciamento de contratações, incluído o cadastro de atesto de cumprimento de obrigações previsto no §4º do art. 88 desta Lei;

IV - sistema eletrônico para a realização de sessões públicas;

V - acesso ao Cadastro Nacional de Empresas Inidôneas e Suspensas (Ceis) e ao Cadastro Nacional de Empresas Punidas (Cnep);

VI - sistema de gestão compartilhada com a sociedade de informações referentes à execução do contrato, que possibilite:

a) envio, registro, armazenamento e divulgação de mensagens de texto ou imagens pelo interessado previamente identificado;

b) acesso ao sistema informatizado de acompanhamento de obras a que se refere o inciso III do caput do art. 19 desta Lei;

c) comunicação entre a população e representantes da Administração e do contratado designados para prestar as informações e esclarecimentos pertinentes, na forma de regulamento;

d) divulgação, na forma de regulamento, de relatório final com informações sobre a consecução dos objetivos que tenham justificado a contratação e eventuais condutas a serem adotadas para o aprimoramento das atividades da Administração.

§4º O PNCP adotará o formato de dados abertos e observará as exigências previstas na Lei nº 12.527, de 18 de novembro de 2011.

§5º (VETADO).

Art. 175. Sem prejuízo do disposto no art. 174 desta Lei, os entes federativos poderão instituir sítio eletrônico oficial para divulgação complementar e realização das respectivas contratações.

§1º Desde que mantida a integração com o PNCP, as contratações poderão ser realizadas por meio de sistema eletrônico fornecido por pessoa jurídica de direito privado, na forma de regulamento.

§2º (VETADO).

§2º Até 31 de dezembro de 2023, os Municípios deverão realizar divulgação complementar de suas contratações mediante publicação de extrato de edital de licitação em jornal diário de grande circulação local. (Promulgação partes vetadas)

Art. 176. Os Municípios com até 20.000 (vinte mil) habitantes terão o prazo de 6 (seis) anos, contado da data de publicação desta Lei, para cumprimento:

I - dos requisitos estabelecidos no art. 7º e no caput do art. 8º desta Lei;

II - da obrigatoriedade de realização da licitação sob a forma eletrônica a que se refere o §2º do art. 17 desta Lei;

III - das regras relativas à divulgação em sítio eletrônico oficial.

Parágrafo único. Enquanto não adotarem o PNCP, os Municípios a que se refere o caput deste artigo deverão:

I - publicar, em diário oficial, as informações que esta Lei exige que sejam divulgadas em sítio eletrônico oficial, admitida a publicação de extrato;

> II - disponibilizar a versão física dos documentos em suas repartições, vedada a cobrança de qualquer valor, salvo o referente ao fornecimento de edital ou de cópia de documento, que não será superior ao custo de sua reprodução gráfica.

O Portal Nacional de Contratações Públicas (PNCP) é um sítio eletrônico mantido pelo Governo Federal, com as finalidades de promover a divulgação *centralizada* e obrigatória dos atos exigidos pela Lei nº 14.133/2021 e a realização *facultativa* das contratações pelos órgãos e entidades dos poderes Executivo, Legislativo e Judiciário de todos os entes federativos.

Quanto ao primeiro objetivo, a plataforma promoverá a integração e a centralização de informações que, no regime da Lei nº 8.666/1993, encontravam-se dispersas em vários sítios eletrônicos dos mais diversos órgãos e entidades. Para tanto, é necessário que os órgãos e entidades se cadastrem no portal, consoante os procedimentos estabelecidos pela unidade encarregada pela sua gestão, o Comitê Gestor da Rede Nacional de Contratações Públicas, e enviem as informações exigidas na Lei nº 14.133/2021 sobre suas licitações e contratos.

Conforme exposto no endereço eletrônico do PNCP:

> As plataformas digitais que fornecerão os dados para publicação, representando os órgãos públicos e entidades, deverão ser previamente credenciados no sistema, com CNPJ e senha, para estarem autenticados quando do envio dos dados. A plataforma digital é responsável pela guarda e confidencialidade das suas credenciais.[262]

Muito mais do que um veículo de publicidade dos atos relativos a contratações públicas, o PNCP tem o potencial de ampliar o caráter democrático das licitações públicas e aumentar a sua competitividade. Isso porque ele facilitará o conhecimento dos licitantes interessados sobre todas as licitações abertas no âmbito da Administração Pública, permitindo uma busca mais eficiente das oportunidades de contratação existentes. Por outro lado, o caráter centralizado e abrangente do portal contribuirá para o aumento do controle social dos atos administrativos praticados no âmbito das licitações e contratos, viabilizando, inclusive, a denúncia quanto ao fornecimento de dados e informações incompatíveis com a realidade de campo, como a medição de serviços e o recebimento de obras não concluídas.

Da mesma forma, o PNCP é um instrumento importante para a atividade dos órgãos de controle da Administração Pública, na medida em que centraliza dados e informações relevantes sobre as compras públicas realizadas por todos os órgãos e entidades, incluindo as etapas de planejamento, licitação e execução contratual. Tal iniciativa viabilizará o uso mais intensivo de ferramentas de tecnologia de informação com vistas à verificação da economicidade, eficiência e eficácia da execução de despesas públicas.

---

[262] Disponível em: https://www.gov.br/compras/pt-br/pncp/credenciamento. Acesso em: 19 dez. 2021.

Além disso, o PNCP pode ser usado pela própria Administração Pública como fonte de informações para suas contratações. Nesse sentido, ele será um importante instrumento para a definição do orçamento estimativo das licitações, uma vez que conterá painel para consulta de preços, banco de preços em saúde e acesso à base nacional de notas fiscais eletrônicas, conforme o inc. II do §3º do art. 174. Essa iniciativa tem o potencial de contribuir para a aferição do preço de mercado das contratações públicas, uma vez que viabilizará a verificação do preço real de bens, serviços e obras de engenharia, segundo a região e a data-base dos respectivos contratos.

Na feliz síntese de Ronny Charles, a coleta, a análise e a utilização dos dados integrados de todos os processos de contratações públicas do país permitirão enormes ganhos para a gestão pública. Isso permitirá a redução de assimetria de informações entre a cidadãos e Administração Pública; e entre esta e fornecedores, o que pode contribuir para o aumento da eficiência e da eficácia das contratações públicas.[263]

O uso do PNCP para a divulgação dos dados e informações exigidos pela nova lei é obrigatório para todos os órgãos e entidades sujeitos à sua incidência, de todas as esferas de governo.

Exceção deve ser feita aos municípios de até 20.000 habitantes, aos quais foi previsto um período de 6 anos, contados da publicação da Lei nº 14.133/2021, para o cumprimento das regras relativas à divulgação em sítio eletrônico oficial, nos termos do art. 176, inc. III. Segundo o parágrafo único do aludido dispositivo, os entes municipais que se enquadrarem nesse critério devem, enquanto não adotarem o PNCP:

a) publicar, em diário oficial, as informações que esta lei exige que sejam divulgadas em sítio eletrônico oficial, admitida a publicação de extrato; e
b) disponibilizar a versão física dos documentos em suas repartições, vedada a cobrança de qualquer valor, salvo o referente ao fornecimento de edital ou de cópia de documento, que não será superior ao custo de sua reprodução gráfica.

Por evidente, a obrigatoriedade de divulgação dos atos no PNCP não se aplica às licitações disciplinadas pela Lei nº 8.666/1993 e pela legislação esparsa que tenham sido realizadas durante o prazo de vigência simultânea dos regimes anterior e do atual – até dois anos da publicação da nova lei, nos termos dos arts. 191 e 193, inc. II da Lei nº 14.133/2021. Caso a Administração opte em licitar com base na nova lei, durante esse período de transição, ela deve providenciar a divulgação dos atos pertinentes no PNCP. Após o transcurso do aludido prazo, com a revogação das leis anteriores e a incidência apenas da Lei nº 14.133/2021, todos os atos suscitados por esta devem ser divulgados no PNCP.

A propósito do assunto, cabe relembrar o disposto no art. 94 da nova lei, segundo o qual "a divulgação no Portal Nacional de Contratações Públicas (PNCP) é condição indispensável para a eficácia do contrato e de seus aditamentos".

---

[263] TORRES, Ronny Charles Lopes de. *Leis de licitações públicas comentadas*. São Paulo: JusPodivm, 2021. p. 814.

Cabe pontuar uma relevante celeuma durante o período em que o PNCP ainda não havia sido implantado – sua versão inicial foi lançada em 9.8.2021. Discutia-se, à época, se a ausência da plataforma implicava a impossibilidade prática de se aplicar a nova lei e, por conseguinte, a sua ineficácia.

Essa foi a conclusão da Advocacia-Geral da União, consubstanciada no Parecer nº 00002/2021/CNMLC/CGU/AGU, a qual entendeu que a Lei nº 14.133/2021 não possuía eficácia técnica, no que tange à realização das licitações e consequentes contratos administrativos, não sendo possível a sua aplicação, enquanto o PNCP não estivesse em funcionamento.[264]

Parte da doutrina se voltou contra esse entendimento, sob os argumentos principais de que a eficácia de uma norma somente poderia ser limitada ou contida por disposição expressa na própria norma – ou, como defendem alguns, no mínimo, implícita – e de que a transparência poderia ser suprida, sem qualquer prejuízo, pelo sistema de publicidade oficial dos atos administrativos e pela divulgação do ato em sítio eletrônico oficial do ente federativo e dos órgãos e entidades.[265]

A questão foi debatida pelo TCU no Acórdão nº 2.458/2021-Plenário (Rel. Min. Augusto Nardes). Conforme visto por ocasião do comentário do art. 94 da Lei nº 14.133/2021, o Tribunal decidiu que era possível a realização de contratações diretas mediante dispensa de licitação:

> [...] por órgãos não vinculados ao Sistema de Serviços Gerais (Sisg), do grupo chamado órgãos "não-Sisg", em caráter transitório e excepcional, até que sejam concluídas as medidas necessárias ao efetivo acesso às funcionalidades do Portal Nacional de Contratações Públicas – PNCP.

Na ocasião, o TCU determinou à sua Secretaria-Geral de Administração que fosse "[...] utilizado o Diário Oficial da União – DOU como mecanismo complementar ao portal digital do TCU, em reforço à devida publicidade até a efetiva integração entre os sistemas internos e o PNCP".

Muito embora a decisão tenha tratado apenas de dispensas de licitação, entende-se que as suas razões se aplicam a toda e qualquer contratação, durante o período de operação incompleta do PNCP. Da mesma forma, deve prevalecer a posição da AGU, para contratos decorrentes de licitações que tenham sido fundamentadas na Lei nº 14.133/2021, no período anterior à implantação do PNCP.

---

[264] Disponível em: https://repositorio.cgu.gov.br/bitstream/1/64847/1/PARECER%20n.%20002-2021-CONJUR-CGU-CGU-AGU.pdf. Acesso em: 19 dez. 2021.

[265] Nesse sentido, BENTO, Wesley Ricardo. A polêmica sobre o Portal Nacional de Contratações Públicas. *Conjur*, 6 jul. 2021. Disponível em: https://www.conjur.com.br/2021-jul-06/bento-polemica-portal-nacional-contratacoes-publicas. Acesso em: 19 dez. 2021; SANTOS, José Anacleto Abduch. A aplicação da nova Lei de Licitações depende da criação do Portal Nacional de Contratações Públicas? *Blog Zênite*, 7 abr. 2021. Disponível em: https://zenite.blog.br/a-aplicacao-da-nova-lei-de-licitacoes-depende-da-criacao-do-portal-nacional-de-contratacoes-publicas/. Acesso em: 19 dez. 2021.

Quanto aos demais atos de divulgação obrigatória no âmbito da nova lei, especificamente dos editais de licitação, é preciso ressaltar que o novel estatuto não condicionou a eficácia desses atos à publicação no PNCP. Apesar de a ausência desta publicação implicar uma situação de ilegalidade, entende-se que a solução quanto à anulação ou não do procedimento licitatório está na própria lei.

Caso o ato seja divulgado no *Diário Oficial* da União, do estado, do Distrito Federal ou do município, ou, no caso de consórcio público, do ente de maior nível entre eles, bem como em jornal diário de grande circulação (art. 54, §1º) e no sítio eletrônico oficial do ente federativo do órgão ou entidade responsável pela licitação (art. 54, §2º) ou, na ausência desta última providência, haja competição real e efetiva pela participação de uma quantidade de licitantes compatível com a atratividade do certame, compreende-se que, havendo interesse público, deve ser promovida a convalidação das irregularidades, sem prejuízo de fazer incluir as informações pertinentes quando da plena operação no PNCP.

Os atos de divulgação obrigatória no âmbito da nova Lei de Licitações e Contratos são:

a) o plano de contratações anual (art. 12, inc. VII, c/c o §1º e art. 174, §2º, inc. I);
b) o edital de licitação e seus anexos (arts. 54 e 174, §2º, inc. III), inclusive os estudos técnicos preliminares (art. 6º, inc. XXIII, alínea "b"), a minuta de contrato, os termos de referência, o anteprojeto, os projetos e outros anexos (art. 24, §3º), o detalhamento dos quantitativos e das demais informações necessárias para a elaboração das propostas (art. 24, *caput*) e as eventuais modificações no edital (art. 55, §1º);
c) orçamento estimativo da licitação, caso este não tenha caráter sigiloso (art. 24);
d) a relação de empresas favorecidas pelo estabelecimento de margem de preferência, com indicação do volume de recursos destinados a cada uma delas (art. 26 c/c o art. 27);
e) o edital do leilão com todos os elementos necessários à descrição e avaliação do bem, contendo as informações pertinentes ao pleno conhecimento do objeto (art. 31);
f) o edital do diálogo competitivo (art. 32, §1º);
g) a síntese da justificativa e a descrição sucinta do padrão definido, divulgadas em sítio eletrônico oficial, no processo de padronização de compras, serviços e obras (art. 43, *caput*);
h) o ato que decidir pela adesão a padronização de outro órgão ou entidade de nível federativo igual ou superior, com a devida motivação e a indicação da necessidade da Administração e dos riscos decorrentes dessa decisão (art. 43, §1º);
i) o catálogo eletrônico de padronização (art. 174, §2º, inc. II);

j) o ato que autoriza a contratação direta e o extrato decorrente do contrato (art. 72, parágrafo único);
k) o aviso de contratação direta (art. 174, §2º, inc. III)
l) o extrato dos pagamentos realizados das contratações diretas de que tratam os incs. I e II do art. 75 (dispensas de licitação por valor), realizadas por meio de cartão de pagamento (art. 75, §4º);
m) o edital de chamamento de interessados para credenciamento (art. 79, parágrafo único, inc. I e art. 174, §2º, inc. III);
n) o edital do procedimento de pré-qualificação permanente (art. 80, §2º e art. 174, §2º, inc. III);
o) a relação dos licitantes e dos bens pré-qualificados (art. 80, §9º);
p) o edital de chamamento público para o procedimento de manifestação de interesse (PMI) (art. 81);
q) o edital de licitação para registro de preços (art. 82 c/c o art. 54);
r) o edital do procedimento público de intenção de registro de preços para, nos termos de regulamento, possibilitar a participação de outros órgãos ou entidades em ata de registro de preços e determinar a estimativa total de quantidades da contratação (art. 86);
s) o sistema de registro cadastral unificado, incluindo as regras para a inscrição e classificação segundo categorias, subdivididas em grupos, segundo a qualificação técnica e econômico-financeira avaliada, e o edital de chamamento público anual para atualização dos registros existentes e para ingresso de novos interessados (arts. 87, *caput* e §1º, e 88, §1º);
t) os contratos e seus aditamentos, incluindo os relativos a direitos reais sobre imóveis (art. 91, *caput* e §2º, e art. 174, §2º, inc. V);
u) os quantitativos e os preços unitários e totais que contratar e os quantitativos executados e os preços praticados após a conclusão do contrato (art. 94, §3º);
v) o aviso público de obra paralisada, com o motivo e o responsável pela inexecução temporária do objeto do contrato e a data prevista para o reinício da sua execução (art. 115);
w) a resposta à impugnação ou ao pedido de esclarecimento (art. 164, parágrafo único);
x) a ata de registro de preços (art. 174, §2º, inc. IV); e
y) a atualização, a cada 1º de janeiro, dos valores fixados na Lei nº 14.133/2021, pelo Índice Nacional de Preços ao Consumidor Amplo Especial (IPCA-E) ou por índice que venha a substituí-lo (art. 182).

Conforme visto, as contratações diretas por dispensa de licitação em função do valor serão *preferencialmente* precedidas de divulgação de aviso em sítio eletrônico oficial, com a especificação do objeto pretendido e com a manifestação de interesse da Administração em obter propostas adicionais de eventuais interessados. Não obstante o caráter facultativo desse procedimento preliminar e a falta de menção à necessidade de publicação do aviso no PNCP na lei, entende-se que, optando a Administração pela sua realização, deve haver a divulgação desse ato no portal, como forma de ampliar o seu conhecimento pelos potenciais interessados e aumentar o número de propostas adicionais.

A busca por maior transparência das contratações públicas não será viabilizada se os órgãos não alimentarem o portal e o seu sítio eletrônico com informações fidedignas e de modo tempestivo. Para tanto, é preciso que os órgãos de controle, com o apoio da sociedade, fiscalizem a integridade desses dados e o grau de aderência das diversas entidades às regras de divulgação e transparência.

Por outro lado, a ausência de um sistema punitivo direcionado a eventuais infrações ao art. 174 pode gerar a baixa efetividade da lei quanto ao nível de transparência almejado pela norma. O ideal seria criar, mediante lei, sanções para os entes estatais que se omitirem na divulgação ou divulgarem dados falsos em seus sítios eletrônicos ou no PNCP – por exemplo, o impedimento de recebimento de recursos via transferências voluntárias ou emendas parlamentares e o estabelecimento de multas pecuniárias aos responsáveis. Tais medidas representariam um importante fator de incentivo ao comportamento de acordo com a lei, propiciando o aumento da transparência no âmbito das contratações públicas.

Além servir como portal de divulgação dos atos exigidos pela Lei nº 14.133/2021, o inc. VI do §2º do art. 174 exige que o PNCP contenha as notas fiscais eletrônicas das despesas realizadas, quando for o caso. Em nossa visão, a ressalva contida no final do dispositivo diz respeito às situações pontuais em que o contratado está dispensado de emitir a nota fiscal eletrônica, consoante a legislação tributária estadual ou municipal.

Consoante o art. 174, inc. II, o PNCP poderá ser utilizado, ainda, como plataforma para licitações eletrônicas realizadas pelos órgãos e entidades de todos os poderes de todos os entes federativos. Todavia, o uso do portal para esse propósito será facultativo, especialmente para os entes subnacionais, que podem desenvolver suas próprias plataformas para esse propósito específico.

A nova Lei de Licitações concebeu o PNCP como uma plataforma que serve não apenas para se obter informações sobre contratações públicas, como também para oferecer ao usuário serviços de interesse voltados à participação em licitações. Consoante o §3º, ele deve oferecer, entre outras funcionalidades:

- sistema de registro cadastral unificado (inc. I);
- painel para consulta de preços, banco de preços em saúde e acesso à base nacional de notas fiscais eletrônicas (inc. II);
- sistema de planejamento e gerenciamento de contratações, incluído o cadastro de atesto de cumprimento de obrigações previsto no §4º do art. 88 desta lei (inc. III);
- sistema eletrônico para a realização de sessões públicas (inc. IV);
- acesso ao Cadastro Nacional de Empresas Inidôneas e Suspensas (Ceis) e ao Cadastro Nacional de Empresas Punidas (Cnep) (inc. V);

– sistema de gestão compartilhada com a sociedade de informações referentes à execução do contrato, que possibilite: o envio, o registro, o armazenamento e a divulgação de mensagens de texto ou imagens pelo interessado previamente identificado; o acesso ao sistema informatizado de acompanhamento de obras a que se refere o inc. III do *caput* do art. 19; a comunicação entre a população e representantes da Administração e do contratado designados para prestar as informações e esclarecimentos pertinentes, na forma de regulamento; a divulgação, na forma de regulamento, de relatório final com informações sobre a consecução dos objetivos que tenham justificado a contratação e eventuais condutas a serem adotadas para o aprimoramento das atividades da Administração (inc. VI).

No que se refere ao último inc. VI, o dispositivo enumera as funcionalidades mínimas que devem ser ofertadas à sociedade para que possa ser realizado o controle social das contratações públicas. Como o próprio *caput* do §3º anuncia, não há óbice a que o PNCP contenha outras ferramentas, além das especificadas no dispositivo, o que vai ao encontro do princípio da transparência.

Segundo o §4º, o PNCP adotará o formato de dados abertos e observará as exigências previstas na Lei nº 12.527, de 18.11.2011, que regula o acesso a informações de interesse particular ou de interesse coletivo ou geral, ressalvadas aquelas cujo sigilo seja imprescindível à segurança da sociedade e do Estado.

Para atingir os propósitos almejados pelo PNCP, de aumentar a transparência e facilitar o acesso da sociedade a informações e dados sobre as contratações públicas, é preciso que o seu uso seja simples e não exija cadastros de usuários e senhas.

O PNCP será gerido pelo Comitê Gestor da Rede Nacional de Contratações Públicas, com a seguinte composição: 3 representantes da União indicados pelo presidente da República; 2 dos estados e do Distrito Federal indicados pelo Conselho Nacional de Secretários de Estado da Administração; e 2 representantes dos municípios indicados pela Confederação Nacional de Municípios. O comitê será presidido pelo representante indicado pelo presidente da República, tendo a lei silenciado quanto à forma de sua escolha. A matéria foi regulamentada pelo Decreto nº 10.764, de 9.8.2021, o primeiro que regulamentou disposições da Lei nº 14.133/2021.

O art. 175 facultou aos entes federativos instituir sítio eletrônico oficial para divulgação complementar dos atos especificados na Lei nº 14.133/2021 e realização das respectivas contratações.

Isso implica dizer que, além de utilizar obrigatoriamente o PNCP, as entidades podem se valer dos sítios eletrônicos oficiais criados pelas esferas às quais pertencem a fim de ampliar ainda mais a transparência de suas contratações. É importante ressaltar que a publicação dos atos nesses portais não afasta a necessidade de divulgação do PNCP.

Quanto à realização das respectivas contratações, considerando que o uso do PNCP é facultativo por parte dos entes federativos, nos termos do inc. II do art. 174, nada mais natural que a lei tenha admitido que eles criassem sítio eletrônico oficial para esse fim.

O art. 176 contém disposição estranha à disciplina do PNCP. Conforme os incs. I e II do *caput*, os municípios com até 20.000 habitantes terão o prazo de 6 anos, contado da data de publicação desta lei, para:

a) cumprimento dos requisitos estabelecidos no art. 7º e no *caput* do art. 8º desta lei, que cuidam das regras para gestão de competências no âmbito das licitações e para designação do agente de contratação; e

b) a obrigatoriedade de realização da licitação sob a forma eletrônica a que se refere o §2º do art. 17 desta norma.

Cuida-se de medida sensível à maior dificuldade operacional dos pequenos municípios em cumprir os rigores burocráticos do direito administrativo, especialmente em matéria de licitação e contratos, e de reunir corpo de pessoal com expertise necessária para o atendimento das novas regras trazidas pela Lei nº 14.133/2021.

CAPÍTULO 20

DAS NORMAS PENAIS

Art. 178. O Título XI da Parte Especial do Decreto-Lei nº 2.848, de 7 de dezembro de 1940 (Código Penal), passa a vigorar acrescido do seguinte Capítulo II-B:
CAPÍTULO II-B
DOS CRIMES EM LICITAÇÕES E CONTRATOS ADMINISTRATIVOS
Contratação direta ilegal
Art. 337-E. Admitir, possibilitar ou dar causa à contratação direta fora das hipóteses previstas em lei:
Pena - reclusão, de 4 (quatro) a 8 (oito) anos, e multa.
Frustração do caráter competitivo de licitação
Art. 337-F. Frustrar ou fraudar, com o intuito de obter para si ou para outrem vantagem decorrente da adjudicação do objeto da licitação, o caráter competitivo do processo licitatório:
Pena - reclusão, de 4 (quatro) anos a 8 (oito) anos, e multa.
Patrocínio de contratação indevida
Art. 337-G. Patrocinar, direta ou indiretamente, interesse privado perante a Administração Pública, dando causa à instauração de licitação ou à celebração de contrato cuja invalidação vier a ser decretada pelo Poder Judiciário:
Pena - reclusão, de 6 (seis) meses a 3 (três) anos, e multa.
Modificação ou pagamento irregular em contrato administrativo
Art. 337-H. Admitir, possibilitar ou dar causa a qualquer modificação ou vantagem, inclusive prorrogação contratual, em favor do contratado, durante a execução dos contratos celebrados com a Administração Pública, sem autorização em lei, no edital da licitação ou nos respectivos instrumentos contratuais, ou, ainda, pagar fatura com preterição da ordem cronológica de sua exigibilidade:

Pena - reclusão, de 4 (quatro) anos a 8 (oito) anos, e multa.

Perturbação de processo licitatório

Art. 337-I. Impedir, perturbar ou fraudar a realização de qualquer ato de processo licitatório:

Pena - detenção, de 6 (seis) meses a 3 (três) anos, e multa.

Violação de sigilo em licitação

Art. 337-J. Devassar o sigilo de proposta apresentada em processo licitatório ou proporcionar a terceiro o ensejo de devassá-lo:

Pena - detenção, de 2 (dois) anos a 3 (três) anos, e multa.

Afastamento de licitante

Art. 337-K. Afastar ou tentar afastar licitante por meio de violência, grave ameaça, fraude ou oferecimento de vantagem de qualquer tipo:

Pena - reclusão, de 3 (três) anos a 5 (cinco) anos, e multa, além da pena correspondente à violência.

Parágrafo único. Incorre na mesma pena quem se abstém ou desiste de licitar em razão de vantagem oferecida.

Fraude em licitação ou contrato

Art. 337-L. Fraudar, em prejuízo da Administração Pública, licitação ou contrato dela decorrente, mediante:

I - entrega de mercadoria ou prestação de serviços com qualidade ou em quantidade diversas das previstas no edital ou nos instrumentos contratuais;

II - fornecimento, como verdadeira ou perfeita, de mercadoria falsificada, deteriorada, inservível para consumo ou com prazo de validade vencido;

III - entrega de uma mercadoria por outra;

IV - alteração da substância, qualidade ou quantidade da mercadoria ou do serviço fornecido;

V - qualquer meio fraudulento que torne injustamente mais onerosa para a Administração Pública a proposta ou a execução do contrato:

Pena - reclusão, de 4 (quatro) anos a 8 (oito) anos, e multa.

Contratação inidônea

Art. 337-M. Admitir à licitação empresa ou profissional declarado inidôneo:

Pena - reclusão, de 1 (um) ano a 3 (três) anos, e multa.

§1º Celebrar contrato com empresa ou profissional declarado inidôneo:

Pena - reclusão, de 3 (três) anos a 6 (seis) anos, e multa.

§2º Incide na mesma pena do caput deste artigo aquele que, declarado inidôneo, venha a participar de licitação e, na mesma pena do §1º deste artigo, aquele que, declarado inidôneo, venha a contratar com a Administração Pública.

Impedimento indevido

Art. 337-N. Obstar, impedir ou dificultar injustamente a inscrição de qualquer interessado nos registros cadastrais ou promover indevidamente a alteração, a suspensão ou o cancelamento de registro do inscrito:

Pena - reclusão, de 6 (seis) meses a 2 (dois) anos, e multa.

Omissão grave de dado ou de informação por projetista

> Art. 337-O. Omitir, modificar ou entregar à Administração Pública levantamento cadastral ou condição de contorno em relevante dissonância com a realidade, em frustração ao caráter competitivo da licitação ou em detrimento da seleção da proposta mais vantajosa para a Administração Pública, em contratação para a elaboração de projeto básico, projeto executivo ou anteprojeto, em diálogo competitivo ou em procedimento de manifestação de interesse:
> Pena - reclusão, de 6 (seis) meses a 3 (três) anos, e multa.
> §1º Consideram-se condição de contorno as informações e os levantamentos suficientes e necessários para a definição da solução de projeto e dos respectivos preços pelo licitante, incluídos sondagens, topografia, estudos de demanda, condições ambientais e demais elementos ambientais impactantes, considerados requisitos mínimos ou obrigatórios em normas técnicas que orientam a elaboração de projetos.
> §2º Se o crime é praticado com o fim de obter benefício, direto ou indireto, próprio ou de outrem, aplica-se em dobro a pena prevista no caput deste artigo.
> Art. 337-P. A pena de multa cominada aos crimes previstos neste Capítulo seguirá a metodologia de cálculo prevista neste Código e não poderá ser inferior a 2% (dois por cento) do valor do contrato licitado ou celebrado com contratação direta.

A nova lei remeteu os crimes em licitações e contratos administrativos ao Código Penal, que passou a contemplar capítulo específico no Título XI de sua Parte Especial. Essa medida parece adequada sob o ponto de vista da organização e sistematização, uma vez que possibilita a reunião de regras jurídicas de mesma natureza em um único diploma, facilitando o estudo do tema e a sua compreensão a partir dos princípios e institutos do Código Penal.

Com isso, é possível afirmar que a Lei nº 14.133/2021 atendeu ao princípio da codificação em matéria criminal, o qual impõe que a definição de toda e qualquer infração penal, com os seus preceitos primário e secundário, devam constar do Código Penal e não de uma legislação extravagante.[266]

Ao todo foram previstos onze tipos penais, um a mais que o regime da Lei nº 8.666/1993 – foi incluído o crime de omissão grave de dado ou de informação por projetista. Além disso, a nova lei criou uma denominação para cada infração, seguindo a sistemática padrão do Código Penal.

A Lei nº 14.133/2021 recrudesceu as penas previstas em abstrato para a quase totalidade das infrações – apenas o crime de violação de sigilo em licitação manteve os limites mínimo e máximo e o modo de cumprimento da pena do regime anterior.

Essa opção legislativa parece adequada, em razão dos valores jurídicos atingidos pelas infrações penais licitatórias – a moralidade administrativa, a probidade e a

---

[266] VICENTE, Juliano Augusto Dessimoni. Crimes praticados na licitação: necessidade de readequação da política criminal. *Revista Jurídica da Escola Superior do Ministério Público de São Paulo*, São Paulo, v. 10, n. 2, 2016. p. 98. Disponível em: https://es.mpsp.mp.br/revista_esmp/index.php/RJESMPSP/article/view/301. Acesso: 5 set. 2021.

honestidade no trato da coisa pública, a impessoalidade, a eficiência e a eficácia dos gastos públicos.

Houve a substituição da pena de detenção pela de reclusão para todos os ilícitos, com exceção da perturbação de processo licitatório e da violação de sigilo em licitação, que estão sujeitos à detenção. A diferença entre esses tipos de penas reside no modo como ela é cumprida. Conforme o art. 33 do Código Penal, a pena de reclusão deve ser cumprida em regime fechado, semiaberto ou aberto; a de detenção, em regime semiaberto ou aberto, salvo necessidade de transferência a regime fechado.

Com essa mudança, passa a ser admitida a interceptação de comunicações telefônicas para a apuração da maioria das infrações penais licitatórias, uma vez superada a condição especificada no art. 2º, inc. III, da Lei nº 9.296, de 24.7.1996, que vedava o uso desse meio de prova quando o fato investigado constituísse infração penal punida, no máximo, com pena de detenção.

Ocorreu aumento nas penas das seguintes infrações penais:

Crime	Penas	
	No regime da Lei nº 8.666/1993	No regime da Lei nº 14.133/2021
Contratação direta ilegal	3 a 5 anos	4 a 8 anos
Frustração do caráter competitivo de licitação	2 a 4 anos	4 a 8 anos
Patrocínio de contratação indevida	6 meses a 2 anos	6 meses a 3 anos
Modificação ou pagamento irregular em contrato administrativo	2 a 4 anos	4 a 8 anos
Perturbação de processo licitatório	6 meses a 2 anos	6 meses a 3 anos
Afastamento de licitante	2 a 4 anos	3 a 5 anos
Fraude em licitação ou contrato	3 a 6 anos	4 a 8 anos
Contratação inidônea	6 meses a 2 anos	1 a 3 anos

Os tipos penais violação de sigilo em licitação e impedimento indevido mantiveram os limites anteriores, respectivamente, de 2 a 3 anos e de 6 meses a 2 anos.

Com esse agravamento das penas, o benefício da suspensão condicional do processo, especificado no art. 89 da Lei nº 9.099, de 26.9.1995, pode ser aplicado apenas para os crimes de patrocínio de contratação indevida, perturbação de processo licitatório, contratação inidônea, impedimento indevido, além do novo tipo omissão grave de dado ou de informação por projetista, devido ao fato de suas penas mínimas serem iguais ou inferiores a 1 ano.

Da mesma forma, o benefício da transação penal, aludido no art. 61 da referida lei, somente pode ser concedido no crime de impedimento indevido, uma vez que sua pena máxima atende ao critério ali estabelecido (igual ou inferior a 2 anos).

Por outro lado, a maioria dos tipos penais pode ser objeto do acordo de não persecução penal previsto no art. 28-A do Código de Processo Penal (introduzido pela Lei nº 13.964, de 24.12.2019 – Pacote Anticrime), uma vez que possuem penas máximas inferiores a 4 anos. Estão fora dessa relação os crimes de contratação direta ilegal, frustração do caráter competitivo de licitação, modificação ou pagamento irregular em contrato administrativo e fraude em licitação ou contrato, cujos acusados não podem se valer desse instrumento de justiça penal consensual.

Para a celebração de acordo de não persecução penal, é preciso cumprir as seguintes condições ajustadas cumulativa e alternativamente, nos termos do dispositivo supramencionado:

> I - reparar o dano ou restituir a coisa à vítima, exceto na impossibilidade de fazê-lo;
> II - renunciar voluntariamente a bens e direitos indicados pelo Ministério Público como instrumentos, produto ou proveito do crime;
> III - prestar serviço à comunidade ou a entidades públicas por período correspondente à pena mínima cominada ao delito diminuída de um a dois terços, em local a ser indicado pelo juízo da execução, na forma do art. 46 do Decreto-Lei nº 2.848, de 7 de dezembro de 1940 (Código Penal);
> IV - pagar prestação pecuniária, a ser estipulada nos termos do art. 45 do Decreto-Lei nº 2.848, de 7 de dezembro de 1940 (Código Penal), a entidade pública ou de interesse social, a ser indicada pelo juízo da execução, que tenha, preferencialmente, como função proteger bens jurídicos iguais ou semelhantes aos aparentemente lesados pelo delito; ou
> V - cumprir, por prazo determinado, outra condição indicada pelo Ministério Público, desde que proporcional e compatível com a infração penal imputada.

A nova Lei de Licitações alterou o critério de cálculo da pena da multa penal, que "não poderá ser inferior a 2% (dois por cento) do valor do contrato licitado ou celebrado com contratação direta", nos termos do art. 337-P do Código Penal.

Entende-se adequada a alteração, pois, anteriormente, o cálculo da multa dependia da estimativa da vantagem efetivamente obtida ou potencialmente auferível pelo agente (art. 99 da Lei nº 8.666/1993), o que, algumas vezes, era difícil de ser objetivamente verificado ou demandava dilação probatória. Com o novel estatuto, houve um ganho de objetividade e celeridade na atividade de aplicação da pena.

20.1 Do regime prescricional

O recrudescimento das sanções provocou, por conseguinte, a alteração da prescrição em abstrato a maioria dos crimes licitatórios, considerando que esta é regulada pela respectiva pena máxima.

As infrações licitatórias estão sujeitas aos seguintes prazos prescricionais, conforme os critérios estabelecidos no art. 109 do Código Penal:

Crime	Prescrição	
	No regime da Lei nº 8.666/1993	No regime da Lei nº 14.133/2021
Contratação direta ilegal	12 anos	12 anos
Frustração do caráter competitivo de licitação	8 anos	12 anos
Patrocínio de contratação indevida	4 anos	8 anos
Modificação ou pagamento irregular em contrato administrativo	8 anos	12 anos
Perturbação de processo licitatório	4 anos	8 anos
Violação de sigilo em licitação	8 anos	8 anos
Afastamento de licitante	8 anos	12 anos
Fraude em licitação ou contrato	12 anos	12 anos
Contratação inidônea	4 anos	8 anos
Impedimento indevido	4 anos	4 anos
Omissão grave de dado ou de informação por projetista	-	8 anos

20.2 Dos dispositivos excluídos

A norma atual não reproduziu três disposições da anterior, a saber:

> Art. 83. Os crimes definidos nesta Lei, ainda que simplesmente tentados, sujeitam os seus autores, quando servidores públicos, além das sanções penais, à perda do cargo, emprego, função ou mandato eletivo.
> Art. 84. Considera-se servidor público, para os fins desta Lei, aquele que exerce, mesmo que transitoriamente ou sem remuneração, cargo, função ou emprego público.
> §1º Equipara-se a servidor público, para os fins desta Lei, quem exerce cargo, emprego ou função em entidade paraestatal, assim consideradas, além das fundações, empresas públicas e sociedades de economia mista, as demais entidades sob controle, direto ou indireto, do Poder Público.
> §2º A pena imposta será acrescida da terça parte, quando os autores dos crimes previstos nesta Lei forem ocupantes de cargo em comissão ou de função de confiança em órgão da Administração direta, autarquia, empresa pública, sociedade de economia mista, fundação pública, ou outra entidade controlada direta ou indiretamente pelo Poder Público.
> Art. 85. As infrações penais previstas nesta Lei pertinem às licitações e aos contratos celebrados pela União, Estados, Distrito Federal, Municípios, e respectivas autarquias, empresas públicas, sociedades de economia mista, fundações públicas, e quaisquer outras entidades sob seu controle direto ou indireto.

Com isso, a perda de cargo, emprego, função ou mandato eletivo passa a ser regida pelo próprio Código Penal, mais especificamente pelo seu art. 92, que impõe essa pena quando o agente público for condenado à pena privativa de liberdade por tempo igual ou superior a um ano, nos crimes praticados com abuso de poder ou violação de dever para com a Administração Pública.

Da mesma forma, o conceito de servidor público para efeitos penais passa a ser disciplinado pelo art. 327 do Código Penal, não obstante esse dispositivo use a vetusta denominação "funcionário público". A propósito, o art. 84 da Lei nº 8.666/1993 reproduzia a redação da referida disposição da norma penal, o que implica que não haverá nenhuma alteração quanto à abrangência dos tipos penais e dos fatores de agravamento das sanções.

Quanto ao art. 85 do regime anterior, foi correta a eliminação de sua disciplina na lei atual, já que a norma parece desnecessária. Afinal, a definição de crime contra a Administração Pública abrange todos os entes da Federação, uma vez que somente a União pode dispor sobre direito penal, nos termos do art. 22, inc. I, da Constituição.

20.3 Das principais características das infrações penais licitatórias

Entre as diversas classificações deste conceito, cabe dar relevo àquela que divide os tipos penais em fechados ou abertos.

Tomando como referência a conceituação de Juliano Vicente, os delitos de tipo fechado são os que apresentam a definição completa, como exemplo, o homicídio, no qual não há necessidade de qualquer integração. Já os crimes de tipo aberto são os que não apresentam a definição completa. Por consequência, o mandamento proibitivo deste não surge explicitamente e necessita ser perquirido no caso concreto.[267]

O autor anuncia como exemplos de crimes de tipo aberto: os delitos culposos, pois é preciso estabelecer o dever de cuidado objetivo necessário que foi descumprido pelo sujeito; os crimes omissivos impróprios, uma vez que é preciso configurar o descumprimento do dever jurídico de agir; e os delitos cuja descrição apresenta elementos normativos (necessitam de um juízo de valor).[268]

Os tipos penais são divididos, ainda, em crimes de atividade e de resultado. Os primeiros, também chamados de formais ou de mera conduta, são os que se contentam com a ação humana esgotando a descrição típica, havendo ou não resultado naturalístico. Já os crimes de resultado são aqueles que necessariamente possuem resultado naturalístico, de modo que, sem a sua ocorrência, o delito é apenas uma tentativa.[269]

É importante mencionar, ainda, a divisão entre crimes de dano e de perigo, usando mais uma vez a doutrina de Guilherme Nucci. Os primeiros são os que se consumam com a efetiva lesão a um bem jurídico tutelado, exigindo, assim, a ocorrência de um

---

[267] VICENTE, Juliano Augusto Dessimoni. Crimes praticados na licitação: necessidade de readequação da política criminal. *Revista Jurídica da Escola Superior do Ministério Público de São Paulo*, São Paulo, v. 10, n. 2, 2016. p. 87. Disponível em: https://es.mpsp.mp.br/revista_esmp/index.php/RJESMPSP/article/view/301. Acesso: 5 set. 2021.
[268] VICENTE, Juliano Augusto Dessimoni. Crimes praticados na licitação: necessidade de readequação da política criminal. *Revista Jurídica da Escola Superior do Ministério Público de São Paulo*, São Paulo, v. 10, n. 2, 2016. p. 87. Disponível em: https://es.mpsp.mp.br/revista_esmp/index.php/RJESMPSP/article/view/301. Acesso: 5 set. 2021.
[269] NUCCI, Guilherme. *Manual de direito penal*. Rio de Janeiro: Forense, 2021. p. 119-120.

prejuízo efetivo e perceptível pelos sentidos humanos. Os crimes de perigo são os que se contentam, para a consumação, com a mera probabilidade de haver um dano.[270]

Os tipos penais licitatórios envolvem, muitas vezes, a atuação de uma organização criminosa. Nessas circunstâncias, será possível a aplicação da Lei nº 12.850/2013, especialmente a celebração de acordos de colaboração premiada.

20.4 Dos tipos penais
20.4.1 Contratação direta ilegal

Consoante o art. 337-E do Código Penal, configura o tipo penal contratação direta ilegal alguém "admitir, possibilitar ou dar causa à contratação direta fora das hipóteses previstas em lei".

Para fins de comparação, transcreve-se o dispositivo similar da Lei nº 8.666/1993:

> Art. 89. Dispensar ou inexigir licitação fora das hipóteses previstas em lei, ou deixar de observar as formalidades pertinentes à dispensa ou à inexigibilidade; [...]
> Parágrafo único. Na mesma pena incorre aquele que, tendo comprovadamente concorrido para a consumação da ilegalidade, beneficiou-se da dispensa ou inexigibilidade ilegal, para celebrar contrato com o Poder Público.

Como se vê, a nova lei excluiu da descrição do tipo a inobservância das formalidades pertinentes à dispensa ou à inexigibilidade. Essa redução de abrangência sinaliza a opção do legislador de somente reprimir comportamentos mais graves, que revelem a intenção dos agentes de não realizar uma licitação pública, quando ela se mostre obrigatória diante das circunstâncias concretas.

Dessa forma, não será objeto de reprimenda penal o mero desatendimento das formalidades previstas na lei, sem que isso implique a burla ao dever de licitar. Tal escolha legislativa está assentada nos princípios da insignificância e da intervenção mínima e vai ao encontro da busca de maior eficiência e eficácia do direito penal, em matéria de licitações e contratos, que deve se concentrar na persecução de ilícitos com maior grau de reprovabilidade. Da mesma forma, essa delimitação de escopo, calcada na repreensão de comportamentos mais graves, parece coerente com o aumento do grau de severidade da pena, que passou de 3 a 5 anos para de 4 a 8 anos, conforme visto.

O sujeito ativo do crime de contratação direta ilegal é a autoridade administrativa encarregada de decidir pela realização de licitação ou promoção da contratação direta.

Quanto ao agente privado, a nova lei não contém disposição similar à do parágrafo único do art. 89 da Lei nº 8.666/1993 – "na mesma pena incorre aquele que, tendo comprovadamente concorrido para a consumação da ilegalidade, beneficiou-se da dispensa

---

[270] NUCCI, Guilherme. *Manual de direito penal*. Rio de Janeiro: Forense, 2021. p. 120.

ou inexigibilidade ilegal, para celebrar contrato com o Poder Público". Tal mudança suscita a discussão quanto à possibilidade de o contratado, beneficiário da dispensa ou inexigibilidade ilegal, ser enquadrado nesse crime, após o advento do novel estatuto.

Em nossa visão, quando a Lei nº 14.133/2021 fala "em admitir, possibilitar ou dar causa", na descrição do tipo incriminador em discussão, ela permite o sancionamento penal de qualquer pessoa, integrante ou não da Administração Pública, que tenha participado, de forma relevante, da cadeia causal dos fatos que culminaram com a contratação direta fora das hipóteses previstas em lei.

Seria o caso, por exemplo, de uma pessoa física, agindo no interesse de uma sociedade empresária, que omitisse ou falseasse informações a respeito da qualificação técnica-operacional da desta, a fim de possibilitar a sua contratação direta por inexigibilidade de licitação, na condição de empresa de notória especialização (art. 74, inc. III).

Nessa hipótese, é possível afirmar que essa pessoa e todos aqueles que tenham participado do ardil deram causa à contratação direta não admitida pela lei, sendo possível o enquadramento no tipo penal em exame, desde que haja elementos de prova dessa participação.

Por outro lado, a mera situação de representante legal da empresa contratada não é suficiente para arrolar o agente no art. 337-E do Código Penal, mesmo que comprovadas a ocorrência de contratação direta fora das hipóteses da lei e a atuação dolosa do agente público para beneficiar a empresa e causar prejuízo ao Erário. Em nossa visão, é preciso demonstrar que o particular praticou alguma conduta descrita no tipo incriminador, além da avaliação do elemento subjetivo.

O bem jurídico violado do tipo penal são a competividade, a isonomia e o dever de licitação pública. Por conseguinte, o sujeito passivo é a Administração Pública e os interessados preteridos.

Não obstante a descrição do tipo não fale em intenção de alcançar algum resultado contrário ao ordenamento jurídico, a jurisprudência dos tribunais superiores, construída no regime da Lei nº 8.666/1993, é pacífica no sentido de que a configuração da infração exige dolo específico, calcado não apenas na intenção de frustrar o dever de licitar e a competição, mediante a realização de contratação direta fora das hipóteses da lei, como também de causar dano ao Erário.

Nesse sentido, cabe invocar os seguintes precedentes:

2. O delito do artigo 89 da Lei 8.666/93 exige, além do dolo genérico – representado pela vontade consciente de dispensar ou inexigir licitação fora das hipóteses legais -, a configuração do especial fim de agir, consistente no dolo específico de causar dano ao erário. Desnecessário o efetivo prejuízo patrimonial à administração pública. (Supremo Tribunal Federal. AP nº 580. Primeira Turma. Rel. Min. Rosa Weber, j. 13.12.2016, public. 26.6.2017)

1. O tipo penal do art. 89 da Lei nº 8.666/93 pressupõe, além do necessário dolo simples (vontade consciente e livre de contratar independentemente da realização de prévio procedimento licitatório), a intenção de produzir um prejuízo aos cofres públicos por meio do afastamento indevido da licitação. [...] 4. Ação penal julgada improcedente. (Supremo Tribunal Federal. AP nº 700/MA. Segunda Turma. Rel. Min. Dias Toffoli. Rev. Min. Teori Zavascki, j. 23.2.2016, public. 26.4.2016)

1. O delito tipificado no art. 89 da Lei n. 8.666/1993 pune a conduta de dispensar ou inexigir licitação fora das hipóteses previstas em lei ou deixar de observar as formalidades pertinentes à dispensa ou à inexigibilidade, sendo, conforme entendimento pacífico desta Corte, exigido para a sua consumação a demonstração, ao menos em tese, do dolo específico de causar dano ao erário, bem como o efetivo prejuízo causado à administração pública, devendo tais elementos estarem descritos na denúncia, sob pena de ser considerada inepta. (Superior Tribunal de Justiça. AgRg no REsp nº 1.674.901/MA. Sexta Turma. Decisão de 6.12.2018. *DJe*, 1º fev. 2019; RHC nº 87.389/PR. Quinta Turma. Rel. Min. Joel Ilan Paciornik. *DJe*, 6 out. 2017)

Longe de querer desafiar a inteligência dos julgados supramencionados, compreende-se que a exigência de dolo específico (STF e STJ) e da efetiva ocorrência de prejuízo ao Erário (STJ) para a configuração do tipo penal em exame foi uma construção que extrapolou a literalidade da lei, tendo sido uma espécie de resposta a uma eventual dificuldade dos gestores públicos em aplicar a Lei de Licitações.

Talvez por essa razão, a jurisprudência se consolidou no sentido de ser necessário um maior cuidado para a configuração da infração penal em exame, tendo sido exigidas a presença da intenção específica do agente de causar dano à Administração Pública e a consumação de efetivo prejuízo ao Erário. A propósito, esse entendimento chegou, inclusive, a figurar como uma das teses divulgadas pelo STJ sobre a Lei de Licitações anterior, *in verbis*: "Para a configuração do delito tipificado no artigo 89 da Lei 8.666/1993, é indispensável a comprovação do dolo específico do agente em causar dano ao erário, bem como do prejuízo à administração pública".[271]

Em razão da última circunstância, é possível afirmar, a partir da construção jurisprudencial do STJ, que a infração penal em exame é um crime de resultado, uma vez que exige um resultado naturalístico, ou seja, uma modificação sensível do mundo exterior, a saber, o prejuízo ao Erário. De acordo com a terminologia de Guilherme Nucci, a contratação direta ilegal seria um crime de dano, uma vez que ela se consuma com a efetiva lesão ao bem jurídico tutelado (os cofres públicos).[272]

20.4.2 Frustração do caráter competitivo de licitação

Conforme o art. 337-F do Código Penal, configura o tipo penal frustração do caráter competitivo de licitação alguém "frustrar ou fraudar, com o intuito de obter

---

[271] BRASIL. Superior Tribunal de Justiça. *Jurisprudência em Teses*, n. 134, 4 ago. 2019. Disponível em: https://scon.stj.jus.br/SCON/jt/. Acesso em: 14 abr. 2022.
[272] Em sentido contrário, Sidney Bittencourt entende que o bem jurídico tutelado pelo tipo penal do art. 337-F é a moralidade administrativa. Por essa razão, ele é classificado como um crime de perigo abstrato, pois não há necessidade de que o contrato (celebrado ou a ser celebrado) com a Administração venha a lhe causar prejuízo (BITTENCOURT, Sidney. *Nova Lei de Licitações passo a passo*: comentando, artigo por artigo, a nova Lei de Licitações e Contratos Administrativos, Lei nº 14.133, de 1º de abril de 2021. Belo Horizonte: Fórum, 2021. p. 919).

para si ou para outrem vantagem decorrente da adjudicação do objeto da licitação, o caráter competitivo do processo licitatório".

Para fins de comparação, transcreve-se o dispositivo similar da Lei nº 8.666/1993:

> Art. 90. Frustrar ou fraudar, mediante ajuste, combinação ou qualquer outro expediente, o caráter competitivo do procedimento licitatório, com o intuito de obter, para si ou para outrem, vantagem decorrente da adjudicação do objeto da licitação: [...].

Como se vê, a nova lei excluiu do tipo penal a expressão "mediante ajuste, combinação ou qualquer outro expediente". Isso implica que alguém atuando isoladamente pode cometer fraude em licitação ou contrato, bastando que use de algum artifício para enganar os potenciais interessados, frustrando ou fraudando o caráter competitivo de uma licitação, com o intuito de obter para si ou para outrem vantagem decorrente da adjudicação do objeto da licitação.

Dessa forma, a infração penal do art. 337-F do Código Penal é unissubjetiva, ou seja, pode ser praticada por uma única pessoa. Mesmo no regime da lei anterior, entende-se que era possível punir uma única pessoa com base nesse dispositivo, à vista da expressão "qualquer outro expediente", contida na descrição do aludido tipo penal.

A título de exemplo, cita-se o caso de um agente público que inclua indevidamente no edital de licitação, sem o conhecimento nem a participação do potencial beneficiário, um requisito de qualificação técnica que não seja necessário para o cumprimento do objeto e que somente seja atendido por determinado licitante, justamente o que ele deseja beneficiar – a empresa de um amigo que ele quer ajudar. Ainda que não seja demonstrada a combinação entre o agente público e o particular beneficiado, aquele poderá ser enquadrado no tipo penal em análise, sofrendo as consequências penais do ilícito, uma vez que a sua conduta afastou potenciais interessados do certame.

O mesmo se afirma da atitude de apresentar declaração falsa de enquadramento como microempresa ou empresa de pequeno porte, com o intuito de obter os benefícios da Lei Complementar nº 123/2006 e da própria Lei nº 14.133/2021, no que se refere aos critérios de desempate. O uso irregular dessa condição confere um benefício ilícito a quem se vale desse meio fraudulento, infringindo diretamente o caráter competitivo da licitação.

O tipo penal guarda certa similaridade com o do art. 337-I, a ser analisado adiante, em especial quanto à conduta de fraudar a realização de qualquer ato de processo licitatório. A diferença entre ambos reside na exigência de dolo específico no crime que ora se discute, que é o intuito de obter para si ou para outrem vantagem decorrente da adjudicação do objeto da licitação.

Não obstante os exemplos acima anunciados, é possível que o presente tipo penal seja realizado mediante combinação entre agentes públicos e privados. Além disso, pode ser que os fatos ilícitos se insiram em um contexto mais amplo, de acerto entre diversas pessoas visando à dominação do mercado e à eliminação da concorrência, no âmbito de várias contratações públicas.

Nesse contexto, as condutas podem ser enquadradas no art. 4º, incs. I e II, da Lei nº 8.137, de 27.12.1990, configurando infração à ordem econômica. Segue a redação do dispositivo:

> Art. 4º Constitui crime contra a ordem econômica:
> I - abusar do poder econômico, dominando o mercado ou eliminando, total ou parcialmente, a concorrência mediante qualquer forma de ajuste ou acordo de empresas;
> II - formar acordo, convênio, ajuste ou aliança entre ofertantes, visando:
> a) à fixação artificial de preços ou quantidades vendidas ou produzidas;
> b) ao controle regionalizado do mercado por empresa ou grupo de empresas;
> c) ao controle, em detrimento da concorrência, de rede de distribuição ou de fornecedores.

Nesse caso, incide o art. 70 do Código Penal (concurso formal), lavrado nos seguintes termos:

> Art. 70 - Quando o agente, mediante uma só ação ou omissão, pratica dois ou mais crimes, idênticos ou não, aplica-se-lhe a mais grave das penas cabíveis ou, se iguais, somente uma delas, mas aumentada, em qualquer caso, de um sexto até metade. As penas aplicam-se, entretanto, cumulativamente, se a ação ou omissão é dolosa e os crimes concorrentes resultam de desígnios autônomos, consoante o disposto no artigo anterior.

Se o ajuste ou combinação forem constituídos por 4 ou mais pessoas, atuando de forma estruturada e com divisão de tarefas, com vistas à obtenção de vantagem mediante o cometimento de frustração ao caráter competitivo de licitação, os agentes podem ser incursos, ainda, no crime de organização criminosa. Essa infração é assim tipificada no art. 2º, da Lei nº 12.850/2013: "promover, constituir, financiar ou integrar, pessoalmente ou por interposta pessoa, organização criminosa".

Segundo o §1º do art. 1º, define-se organização criminosa como:

> a associação de 4 (quatro) ou mais pessoas estruturalmente ordenada e caracterizada pela divisão de tarefas, ainda que informalmente, com objetivo de obter, direta ou indiretamente, vantagem de qualquer natureza, mediante a prática de infrações penais cujas penas máximas sejam superiores a 4 (quatro) anos, ou que sejam de caráter transnacional.

Dessa forma, considerando que a pena máxima do crime de frustração ao caráter competitivo de licitação é de 8 anos, os integrantes do ajuste poderiam ser enquadrados no art. 337-F do Código Penal e no art. 2º, da Lei nº 12.850/2013, em concurso material.

Nesse caso, incide o art. 69 do Código Penal, lavrado nos seguintes termos:

> Art. 69. Quando o agente, mediante mais de uma ação ou omissão, pratica dois ou mais crimes, idênticos ou não, aplicam-se cumulativamente as penas privativas de liberdade em que haja incorrido. No caso de aplicação cumulativa de penas de reclusão e de detenção, executa-se primeiro aquela.

O bem jurídico tutelado pelo tipo penal é a competividade e a impessoalidade, neste caso, quando praticadas em conjunto com o agente público. Por conseguinte, o sujeito passivo é a Administração Pública e os interessados preteridos.

Segundo Sidney Bittencourt, "frustrar significa tornar inútil, iludir, lograr alguém; fraudar, exprime a ação de falsear, burlar, adulterar algo com o intuito de prejudicar ou enganar".[273] Tomando como base essa ideia, incidirá na infração do art. 337-F do Código Penal quem iludir, falsear ou burlar algo (uma peça integrante do procedimento licitatório, a proposta ou um documento que dela faz parte), com o intuito de obter para si ou para outrem vantagem decorrente da adjudicação do objeto da licitação.

Essa infração apresenta elevado grau de reprovabilidade, pois o seu cometimento atinge um dos valores centrais da licitação pública, que são a competitividade, a isonomia e a busca da melhor proposta.

Conforme visto, o sujeito ativo deste ilícito pode ser tanto o agente público quanto uma pessoa estranha à Administração. O tipo em exame exige dolo específico para a sua configuração: a intenção de obter para si ou para outrem vantagem decorrente da adjudicação do objeto da licitação.

Trata-se de um crime de resultado, pois exige, para a sua consumação, o efetivo prejuízo à competição, que seria a existência de nenhuma ou poucas propostas, considerando o mercado potencial e a atratividade do certame. Se não houver a frustração ao caráter competitivo não ocorrerá o crime.[274]

Seria o caso, por exemplo, de um acerto prévio entre os membros da comissão de licitação e determinado grupo de empresas em conluio que não tivesse sido eficiente para impedir a participação de outros licitantes de fora do cartel, de forma que a licitação fosse vencida por empresa que não fez parte do acerto. Como não houve efetivo prejuízo à competição, a conduta dos agentes *não* terá configurado o crime do art. 337-F.

Nesse caso, entende-se que os partícipes do acerto podem ser punidos por tentativa, nos termos do art. 14, inc. II, do Código Penal, a saber: "Art. 14 - Diz-se o crime: [...] II - tentado, quando, iniciada a execução, não se consuma por circunstâncias alheias à vontade do agente".

Havendo prejuízo à competição, não é necessária a adjudicação do objeto da licitação à pessoa que se buscou beneficiar para a configuração do crime em exame. O que deve ocorrer é a frustração ou fraude à competitividade, não a contratação em si. Caso o Poder Público descubra a fraude a tempo e não ultime a contratação, ainda assim o crime terá se consumado.

---

[273] BITTENCOURT, Sidney. *Nova Lei de Licitações passo a passo*: comentando, artigo por artigo, a nova Lei de Licitações e Contratos Administrativos, Lei nº 14.133, de 1º de abril de 2021. Belo Horizonte: Fórum, 2021. p. 920.
[274] No mesmo sentido ver BITTENCOURT, Sidney. *Nova Lei de Licitações passo a passo*: comentando, artigo por artigo, a nova Lei de Licitações e Contratos Administrativos, Lei nº 14.133, de 1º de abril de 2021. Belo Horizonte: Fórum, 2021. p. 921.

Da mesma forma, não é necessário haver dano ao Erário para a configuração do tipo penal do art. 337-F do Código Penal. Esse, aliás, é o entendimento pacífico do STJ, como se verifica nas ementas dos julgados a seguir:

> 2. O objeto jurídico que se objetiva tutelar com o art. 90 da Lei n. 8.666/1993 é a lisura das licitações e dos contratos com a Administração, notadamente a conduta ética e o respeito que devem pautar o administrador em relação às pessoas que pretendem contratar com a Administração, participando de procedimento licitatório livre de vícios que prejudiquem a igualdade, aqui entendida sob o viés da moralidade e da isonomia administrativas.
> 3. Diversamente do que ocorre com o delito previsto no art. 89 da Lei n. 8.666/1993, trata-se de crime em que o resultado exigido pelo tipo penal não demanda a ocorrência de prejuízo econômico para o poder público, haja vista que a prática delitiva se aperfeiçoa com a simples quebra do caráter competitivo entre os licitantes interessados em contratar, ocasionada com a frustração ou com a fraude no procedimento licitatório. (REsp nº 1.498.982/SC. Quinta Turma. Rel. Min. Rogério Schietti Cruz, j. 5.4.2016. DJe, 18 abr. 2016)
> 3. Consoante orientação jurisprudencial desta Corte, o delito descrito no art. 90 da Lei n. 8.666/1993, é formal, bastando para se consumar a demonstração de que a competição foi frustrada, independentemente de demonstração de recebimento de vantagem indevida pelo agente e comprovação de dano ao erário (HC 341.341/MG, Rel. Ministro JOEL ILAN PACIORNIK, QUINTA TURMA, julgado em 16.10.2018. DJe, 30.10.2018). (AgRg no REsp nº 1.793.069/PR. Quinta Turma. Rel. Min. Jorge Mussi, j. 10.9.2019. DJe, 19 set. 2019)
> 2. A natureza formal da conduta descrita no art. 90 da Lei 8.666/93 dispensa a demonstração de prejuízo ou dano aos cofres públicos. Basta a comprovação da fraude para se configurar o crime em questão. (AgRg no AREsp nº 1.003.485/BA. Quinta Turma. Rel. Min. Ribeiro Dantas, j. 16.3.2021. DJe 19 mar. 2021)

Esse conjunto de julgados acabou embasando a edição da Súmula nº 645 do STJ, lavrada no seguinte sentido: "O crime de fraude à licitação é formal, e sua consumação prescinde da comprovação do prejuízo ou da obtenção de vantagem".

A propósito do assunto, entende-se, com a devida vênia, que os precedentes e o enunciado acima do STJ não seguiram, propriamente, o conceito de crime formal. Consoante a doutrina de Guilherme Nucci, já comentada, os crimes de atividade, também chamados de formais ou de mera conduta, são os que se contentam, para a sua caracterização, com a ação humana esgotando a descrição típica, havendo ou não resultado naturalístico.

Tomando como base essa premissa, não seria possível concluir que o crime do art. 90 da Lei nº 8.666/1993 e o seu correspondente no regime atual, o art. 337-F do Código Penal, se contentam com a mera ação humana de ludibriar e enganar, ou seja, de frustrar e fraudar a competitividade. É preciso que haja o resultado naturalístico, o prejuízo efetivo à competição, como os próprios precedentes mencionados revelaram. O fato de não ser necessário ocorrer dano ao Erário não transforma o ilícito em formal, até porque este elemento não consta da descrição do fato típico.

Não obstante o exposto, para efeito de concurso público, deve-se respeitar a catalogação do STJ, com a ressalva de que o que não se exige, para o ilícito em exame, é a prova de prejuízo ao Erário.

Por fim, é importante destacar a relação de vinculação da persecução deste ilícito, na esfera penal, com a apuração da infração administrativa de idêntica natureza, na esfera anticoncorrencial, a ser realizada pelo Conselho Administrativo de Defesa Econômica (Cade).

Conforme o art. 36 da Lei nº 12.529, de 30.11.2011:

> Art. 36. Constituem infração da ordem econômica, independentemente de culpa, os atos sob qualquer forma manifestados, que tenham por objeto ou possam produzir os seguintes efeitos, ainda que não sejam alcançados: [...]
> §3º As seguintes condutas, além de outras, na medida em que configurem hipótese prevista no caput deste artigo e seus incisos, caracterizam infração da ordem econômica:
> I - acordar, combinar, manipular ou ajustar com concorrente, sob qualquer forma: [...]
> d) preços, condições, vantagens ou abstenção em licitação pública; [...].

Tal relação de dependência da esfera penal com relação à administrativa é evidenciada pelo disposto no art. 87 da referida norma:

> Art. 87. Nos crimes contra a ordem econômica, tipificados na Lei nº 8.137, de 27 de dezembro de 1990, e nos demais crimes diretamente relacionados à prática de cartel, tais como os tipificados na Lei nº 8.666, de 21 de junho de 1993, e os tipificados no art. 288 do Decreto-Lei nº 2.848, de 7 de dezembro de 1940 - Código Penal, a celebração de acordo de leniência, nos termos desta Lei, determina a suspensão do curso do prazo prescricional e impede o oferecimento da denúncia com relação ao agente beneficiário da leniência.

Dessa forma, se o Cade celebrar acordo de leniência envolvendo infrações contra a ordem econômica que também configurem a prática de atos catalogados no art. 337-F do Código, isso ensejará a suspensão do prazo prescricional e será um fator impeditivo do oferecimento da denúncia contra o agente beneficiário da leniência.

20.4.3 Patrocínio de contratação indevida

Conforme o art. 337-G do Código Penal, configura o tipo penal patrocínio de contratação indevida alguém "patrocinar, direta ou indiretamente, interesse privado perante a Administração Pública, dando causa à instauração de licitação ou à celebração de contrato cuja invalidação vier a ser decretada pelo Poder Judiciário".

Para fins de comparação, transcreve-se o dispositivo similar da Lei nº 8.666/1993:

> Art. 91. Patrocinar, direta ou indiretamente, interesse privado perante a Administração, dando causa à instauração de licitação ou à celebração de contrato, cuja invalidação vier a ser decretada pelo Poder Judiciário.

A redação da nova lei é praticamente idêntica à do regime anterior, o que sugere a aplicação da mesma doutrina e jurisprudência anterior para a configuração do ilícito.

Todavia, houve o agravamento da pena, que passou de detenção para reclusão e de 6 meses a 2 anos para de 6 meses a 3 anos.

Conforme Sidney Bittencourt, patrocinar "significa advogar, proteger, beneficiar, favorecer, defender, tratando-se de infração comissiva".[275] O referido autor entende que o sujeito ativo do crime é o agente público que se aproveita das facilidades de sua posição para agir em favor de terceiros, a fim de satisfazer o interesse destes em detrimento dos da Administração Pública. No mesmo sentido, Marçal Justen Filho compreende que o sujeito ativo dessa infração é o agente público, o que implica dizer que ela é um crime próprio.[276]

Por via de consequência, o delito em análise não abarca a atuação de agentes privados em defesa de interesses próprios, influenciando a instauração de licitação ou a celebração de contratos, não necessariamente compatíveis com o interesse público (lobistas). Não obstante, se houver o oferecimento da vantagem ao agente público para praticar, omitir ou retardar ato de ofício, que acabe favorecendo interesse privado, poderá ser configurado o crime de corrupção ativa, nos termos do art. 33 do Código Penal.

A configuração deste crime depende de uma condição objetiva, que é a invalidação da licitação e/ou do contrato pelo Poder Judiciário. Todavia, o motivo da anulação deve estar associado aos mesmos fatos ilícitos apurados na esfera penal.

Em nossa visão, a configuração do ilícito exige dolo genérico, ou seja, a vontade de praticar a conduta típica, a saber, a vontade de patrocinar, direta ou indiretamente, interesse privado perante a Administração Pública e de dar causa à instauração de licitação ou à celebração de contrato.

Por outro lado, o tipo penal pode ser considerado um crime de resultado, pois ele exige a efetiva instauração da licitação ou a contratação para que ele se configure. Nesse sentido, cabe transcrever o seguinte precedente do STJ, exarado em face do dispositivo similar da Lei nº 8.666/1993:

> 2. Carece de justa causa a ação penal quando se imputa a prática do crime do art. 91 da Lei 8.666/93, que depende da invalidação da contratação, *uma vez coarctada, ab ovo, a concretização da licitação.* (HC nº 114.717/MG. Sexta Turma. Rel. p/ acórdão Min. Maria Thereza de Assis Moura, j. 3.11.2009) (Grifos nossos)

Por via de consequência, ele é um crime de dano, uma vez que se consuma com a efetiva lesão ao bem jurídico tutelado (a regularidade e a lisura de uma licitação ou contratação pública), de forma que não constitui um crime de perigo (que se contenta com a mera possibilidade de haver dano ao bem jurídico tutelado).[277]

---

[275] BITTENCOURT, Sidney. *Nova Lei de Licitações passo a passo*: comentando, artigo por artigo, a nova Lei de Licitações e Contratos Administrativos, Lei nº 14.133, de 1º de abril de 2021. Belo Horizonte: Fórum, 2021. p. 922.

[276] JUSTEN FILHO, Marçal. *Comentários à Lei de Licitações e Contratações Administrativas*. São Paulo: Revista dos Tribunais, 2021. p. 1740.

[277] Em sentido contrário, Sidney Bittencourt entende que o bem jurídico tutelado pelo tipo penal do art. 337-F é a moralidade administrativa. Por essa razão, ele é classificado como um crime de perigo abstrato, pois não há necessidade de que o contrato (celebrado ou a ser celebrado) com a Administração venha a lhe causar

20.4.4 Modificação ou pagamento irregular em contrato administrativo

Conforme o art. 337-H do Código Penal, configura o tipo penal modificação ou pagamento irregular em contrato administrativo alguém:

> admitir, possibilitar ou dar causa a qualquer modificação ou vantagem, inclusive prorrogação contratual, em favor do contratado, durante a execução dos contratos celebrados com a Administração Pública, sem autorização em lei, no edital da licitação ou nos respectivos instrumentos contratuais, ou, ainda, pagar fatura com preterição da ordem cronológica de sua exigibilidade.

Para fins de comparação, transcreve-se o dispositivo similar da Lei nº 8.666/1993:

> Art. 92. Admitir, possibilitar ou dar causa a qualquer modificação ou vantagem, inclusive prorrogação contratual, em favor do adjudicatário, durante a execução dos contratos celebrados com o Poder Público, sem autorização em lei, no ato convocatório da licitação ou nos respectivos instrumentos contratuais, ou, ainda, pagar fatura com preterição da ordem cronológica de sua apresentação.

A redação do dispositivo é a mesma da Lei nº 8.666/1993, com exceção do termo "adjudicatário", que foi substituído por "contratado" na legislação atual. Em nossa opinião, essa mudança parece adequada, pois o ato de adjudicar ocorre em contratações precedidas de licitações públicas, sendo que o comportamento que a norma busca evitar também ocorre em contratações diretas, sendo razoável evitar qualquer dúvida que possa haver quanto à incidência desse tipo.

O ilícito reúne dois comportamentos distintos, praticados em circunstâncias e momentos diferentes, sem qualquer relação entre si, em termos de finalidade e resultado. Talvez por isso melhor seria se o legislador tivesse, de fato, instituído dois crimes distintos. São esses os fatos típicos especificados no art. 337-H do Código Penal:
   a) admitir, possibilitar ou dar causa a qualquer modificação ou vantagem, inclusive prorrogação contratual, em favor do contratado, durante a execução dos contratos celebrados com a Administração Pública, sem autorização em lei, no edital da licitação ou nos respectivos instrumentos contratuais;
   b) pagar fatura com preterição da ordem cronológica de sua apresentação.

No primeiro caso, o sujeito passivo é a Administração Pública e os bens jurídicos violados são o Erário, a moralidade administrativa e a impessoalidade. A conduta pode, indiretamente, infringir os princípios da isonomia e da competitividade, se ficar comprovado que o novo objeto, após as modificações, proporcionaria uma maior

---

prejuízo (BITTENCOURT, Sidney. *Nova Lei de Licitações passo a passo*: comentando, artigo por artigo, a nova Lei de Licitações e Contratos Administrativos, Lei nº 14.133, de 1º de abril de 2021. Belo Horizonte: Fórum, 2021. p. 919).

quantidade de interessados e/ou propostas mais vantajosas, se estipulado dessa forma no edital da licitação.

Seria o caso da modificação contratual analisada pelo TCU no Acórdão nº 550/2021-Plenário – não obstante a matéria ali analisada não contemplasse a verificação da ocorrência de crime. Segue trecho do voto proferido pelo Ministro Aroldo Cedraz:

> 58. Em que pese tal entendimento, esta unidade considera que não houve apenas desmembramento dos serviços, pois ocorreram mudanças na especificação dos mesmos. Dessa forma, foram violados o princípio constitucional da isonomia e o princípio da seleção da proposta mais vantajosa para a administração, presentes no art. 3º da Lei 8.666/1993, pois outros licitantes não tiveram a chance de apresentar suas propostas para o serviço mais específico de escavação em rochas de classes III e IV. Dessa forma, a exclusão de tais itens do cálculo não seria correta e os mesmos devem ser considerados como supressões e acréscimos.

Embora o exame empreendido tenha se dado no âmbito do controle orçamentário e financeiro de contratos administrativos, com vistas à eventual imputação do dever de ressarcir prejuízos causados ao Erário e/ou à aplicação das multas da Lei nº 8.443/1992, a situação acima poderia ser enquadrada no tipo penal em exame, caso presentes os elementos subjetivos exigidos em sua descrição.

Outra situação que pode configurar a infração em análise é o chamado jogo de planilha. Isso ocorre quando, na contratação de obras públicas pelo regime de empreitada por preço unitário, é verificado um aumento no quantitativo de itens com preços unitários mais elevados e uma diminuição daqueles com menores preços unitários, de forma que, ao final, há uma alteração no equilíbrio financeiro inicial do contrato em desfavor da Administração Pública. Essa modificação acarreta a redução do desconto ofertado pelo licitante, comparativamente ao orçamento estimativo inicial, e, pode, eventualmente, ensejar uma contratação com preço global superior ao de mercado.

Para evitar situações como a ilustrada acima, vimos no item 16.7 que a nova lei impôs ao contratado a necessidade de manter o desconto ofertado na licitação durante todo o período de vigência do contrato, nos termos do art. 128 da Lei nº 14.133/2021.

O atendimento desse dispositivo implica a manutenção da equação econômico-financeira inicial do contrato, de modo que a modificação do ajuste não será lesiva à Administração Pública. O comportamento contrário, por sua vez, consubstancia a ocorrência de jogo de planilha e pode configurar o fato descrito no tipo penal do art. 337-H, ensejando a responsabilização criminal dos agentes públicos e privados, se ficar comprovada a existência de dolo.

No que se refere à concessão de vantagem em desacordo com a lei, com o edital da licitação ou com o contrato, isso ocorre quando o agente da Administração, informalmente, sem promover nenhuma alteração contratual, dispensa o contratado de cumprir determinadas obrigações acessórias assumidas no ajuste, alterando a relação de equilíbrio contratual inicialmente pactuada, em benefício o contratado.

A título de exemplo, tem-se o caso de um fiscal do contrato dispensar o particular de cumprir regras de segurança do trabalho ou de sustentabilidade ambiental exigidas pela lei e pela própria avença, gerando uma vantagem econômica indevida ao contratado.

Quando a obrigação diminuída informalmente for o próprio objeto do contrato, ou seja, os serviços ou o bem pactuados, a conduta, em verdade, se enquadra no tipo penal descrito no art. 337-L, inc. I, do Código Penal, configurando uma espécie de fraude no contrato ("entrega de mercadoria ou prestação de serviços com qualidade ou em quantidade diversas das previstas no edital ou nos instrumentos contratuais").

No tocante à conduta de pagar fatura com preterição da ordem cronológica de sua apresentação, o sujeito passivo são os contratados preteridos quando do pagamento dos documentos que atestem a execução do contrato. Nesta hipótese, os bens jurídicos infringidos são a impessoalidade, a isonomia e a moralidade administrativa.

O sujeito ativo da primeira conduta (modificar o contrato ou conceder vantagem ao contratado em desacordo com as normas) pode ser tanto o agente público, isoladamente, como o particular contratado. Isso porque a descrição do tipo incriminador fala em "admitir, possibilitar ou dar causa", o que abrange qualquer conduta com relevância jurídica que possa dar ensejo à modificação irregular do contrato ou recebimento de vantagem ilícita pelo particular.

A inclusão da pessoa privada no tipo penal depende, evidentemente, da prova de sua participação em eventual acerto ou combinação com o agente público, o que implica que a infração pode envolver o cometimento de outros ilícitos, como prevaricação e corrupção ativa e passiva.

Conforme Sidney Bittencourt, "admitir significa permitir, consentir, concordar; possibilitar quer dizer tornar possível; e dar causa é produzir, criar, fazer, gerar, causar, acarretar, originar".[278]

Em nossa visão, o tipo penal exige dolo genérico, ou seja, apenas a vontade de praticar o fato típico. Isso porque a descrição do fato típico não contempla nenhum elemento subjetivo específico, ou seja, uma finalidade especial do agente ao cometer a conduta, como se vê no art. 337-F do Código Penal – "frustrar ou fraudar, com o intuito de [...]".

Todavia, há entendimentos divergentes no Superior Tribunal de Justiça, como se vê nos seguintes precedentes envolvendo a aplicação do dispositivo similar da Lei nº 8.666/1993:

> 2. Segundo a jurisprudência desta Corte, o crime do artigo 92 da Lei 8.666/1992 depende, ademais da existência de prejuízo para a Administração, do reconhecimento de dolo direto, não se admitindo apenas a modalidade eventual. *O elemento subjetivo, entrementes, especializa-se (figura, em doutrina antiga, denominada como dolo específico), não bastando*

---

[278] BITTENCOURT, Sidney. *Nova Lei de Licitações passo a passo*: comentando, artigo por artigo, a nova Lei de Licitações e Contratos Administrativos, Lei nº 14.133, de 1º de abril de 2021. Belo Horizonte: Fórum, 2021. p. 925.

o dolo genérico. Na espécie, restou demonstrado que o paciente, na qualidade de Prefeito Municipal, *agiu com consciência e vontade, mirando na satisfação de pretensões particulares em detrimento do interesse público primário*. Ademais, restou consignado que o licitante vencedor do certame recebeu, de modo ilegal, em razão de sucessivas e írritas repactuações, mais do que a Administração, originariamente, havia se predisposto a desembolsar. (HC nº 253.013/SP. Sexta Turma. Rel. Min. Maria Thereza de Assis Moura, j. 18.6.2014. *DJe*, 4 ago. 2014) (Grifos nossos)

5. O tipo previsto no artigo 92 da Lei 8.666/93 *reclama dolo genérico*, inadmitindo culpa ou dolo eventual posto dirigido ao administrador desonesto e não ao supostamente inábil. É que a intenção de desviar e favorecer são elementos do tipo, consoante a jurisprudência da Corte. (AP nº 226/SP. Corte Especial. Rel. Min. Luiz Fux, j. 1º.8.2007. *DJ*, 8 out. 2007) (Grifos nossos)

Para a configuração do crime, basta a modificação contratual irregular, sendo irrelevante se houve ou não o pagamento, ou seja, a lesão aos cofres públicos. Quando a concessão de vantagem não é formalizada mediante termo aditivo, é preciso que esta ocorra, na prática, para que seja configurado o tipo penal em exame. Já a preterição da ordem cronológica exige o pagamento de algum credor em desrespeito à sequência preestabelecida.

Por essas razões, o ilícito descrito no art. 337-H pode ser considerado um crime de resultado, pois ele não se contenta com a ação humana esgotando a descrição típica, sendo necessário um resultado naturalístico (a modificação contratual, a vantagem e o pagamento). Por via de consequência, ele é um crime de dano, uma vez que se consuma com a efetiva lesão ao bem jurídico tutelado (a moralidade administrativa, a impessoalidade, a isonomia e a competitividade). Assim, ele não constitui um crime de perigo (que se contenta com a mera possibilidade de haver dano ao bem jurídico tutelado).

20.4.5 Perturbação de processo licitatório

Conforme o art. 337-I do Código Penal, configura o tipo penal perturbação de processo licitatório alguém "impedir, perturbar ou fraudar a realização de qualquer ato de processo licitatório".

Para fins de comparação, transcreve-se o dispositivo similar da Lei nº 8.666/1993: "Art. 93. Impedir, perturbar ou fraudar a realização de qualquer ato de procedimento licitatório".

Como se vê, a redação da nova lei é idêntica à do regime anterior, com exceção da substituição do termo "procedimento" por "processo" na legislação atual. Em nossa visão, a alteração não tem nenhuma relevância de ordem prática, não obstante se possa cogitar de um maior rigor no uso desse termo, por conta da diferença entre processo e procedimento sustentada por alguns doutrinadores.

O momento da conduta é um fator importante para o seu enquadramento ou não no tipo em análise. Somente atos praticados no curso do processo licitatório configuram o crime do art. 337-I, como se vislumbra no seguinte precedente do STJ:

> HABEAS CORPUS. WRIT SUBSTITUTIVO DE RECURSO ESPECIAL. IMPROPRIEDADE DA VIA ELEITA. ART. 93 DA LEI DE LICITAÇÕES. CONDUTAS PRATICADAS APÓS O TÉRMINO DO PROCEDIMENTO LICITATÓRIO. NÃO CARACTERIZAÇÃO DO TIPO. POSSÍVEL PRÁTICA DE FALSIDADE DOCUMENTAL (CP, ART. 297).
> ALEGAÇÃO DE AUSÊNCIA DE DOLO. INVIABILIDADE. WRIT NÃO CONHECIDO.
> [...]
> 2. O delito tipificado no art. 93 da Lei nº 8.666/93 somente se tipifica se as condutas nele previstas forem praticadas no curso do procedimento licitatório. Falsidades de documentos públicos perpetradas posteriormente à contratação administrativa preenchem, na ausência de outros elementos específicos, o tipo penal do artigo 297 do Código Penal. [...]
> 5. Habeas corpus não conhecido. (HC nº 348.414/RN. Sexta Turma. Rel. Min. Maria Thereza de Assis Moura, j. 7.4.2016. *DJe*, 19 abr. 2016)

O sujeito ativo do crime pode ser qualquer pessoa, pública ou privada.

Os bens jurídicos infringidos são a moralidade administrativa e o interesse público de ultimar a licitação, de forma regular, com a seleção da melhor proposta.

O tipo penal guarda certa similaridade com o do art. 337-F, em especial quanto à conduta de "fraudar, com o intuito de obter para si ou para outrem vantagem decorrente da adjudicação do objeto da licitação, o caráter competitivo do processo licitatório". Afinal, é difícil imaginar uma fraude ocorrida durante a fase de disputa (art. 337-I) que *não* tenha como objetivo favorecer determinado licitante e que, ao final, *não* acabe violando o caráter competitivo da licitação (art. 337-F).

Tal semelhança se tornou ainda mais evidente após a exclusão do trecho "mediante ajuste, combinação ou qualquer outro expediente" da infração em análise. Isso implica que alguém atuando isoladamente pode cometer fraude em licitação e, assim, praticar a conduta prevista em ambos os dispositivos legais.

Se for comprovado o dolo específico – o intuito de obter para si ou para outrem vantagem decorrente da adjudicação do objeto da licitação – a conduta será catalogada no art. 337-F. Se o propósito é apenas perturbar o andamento dos trabalhos, o comportamento, inclusive o fraudulento, será enquadrado no art. 337-I.

Conforme Sidney Bittencourt, impedir significa "impossibilitar, obstar, evitar; perturbar, expressa atrapalhar, tumultuar, confundir; e fraudar, indica burlar, torná-lo viciado".[279]

Em nossa visão, o tipo penal exige dolo genérico, ou seja, apenas a vontade de praticar o fato típico. Isso porque a descrição do fato típico não contempla nenhum elemento subjetivo específico.

---

[279] BITTENCOURT, Sidney. *Nova Lei de Licitações passo a passo*: comentando, artigo por artigo, a nova Lei de Licitações e Contratos Administrativos, Lei nº 14.133, de 1º de abril de 2021. Belo Horizonte: Fórum, 2021. p. 928.

Pode ser considerado um crime de resultado, pois ele não se contenta com a ação humana esgotando a descrição típica, sendo necessário um resultado naturalístico (o impedimento, a perturbação e a fraude durante o processo licitatório).

Ademais, ele é um crime de dano, uma vez que se consuma com a efetiva lesão ao bem jurídico tutelado (a moralidade administrativa e o andamento regular da licitação).

20.4.6 Violação de sigilo em licitação

Conforme o art. 337-J do Código Penal, configura o tipo penal perturbação de processo licitatório alguém "devassar o sigilo de proposta apresentada em processo licitatório ou proporcionar a terceiro o ensejo de devassá-lo".

Para fins de comparação, transcreve-se o dispositivo similar da Lei nº 8.666/1993: "Art. 94. Devassar o sigilo de proposta apresentada em procedimento licitatório, ou proporcionar a terceiro o ensejo de devassá-lo".

Como se vê, o dispositivo da nova lei é idêntico ao do regime anterior, com exceção da substituição do termo "procedimento" por "processo". Consoante já exposto quando da análise do art. 337-I, a alteração não tem nenhuma relevância de ordem prática, não obstante se possa cogitar de um maior rigor no uso da terminologia jurídica, por conta da diferença entre processo e procedimento sustentada por alguns doutrinadores.

Devassar é invadir, observar, conhecer por completo o que é defeso ou vedado.

O sujeito ativo do crime é o agente público que pratica a conduta de devassar a proposta de licitante ou, de forma omissiva, permite que um terceiro o faça. Em nossa visão, o agente privado que tiver acesso ao conteúdo da proposta, por conta de facilitação proporcionada por agente público, não será enquadrado no tipo penal, mas sim no do art. art. 337-F, caso se valha do conteúdo para elaborar a sua proposta e, assim, frustrar ou fraudar o caráter competitivo do processo licitatório, com o intuito de obter para si vantagem decorrente da adjudicação do objeto da licitação.

O mesmo se afirma do licitante que, sem qualquer ingerência ou participação de agente público, permite que outro interessado no certame tenha acesso ao conteúdo de sua proposta, com o intuito de combinar preço e o resultado do certame. Esse acerto pode configurar o crime de frustração do caráter competitivo de licitação, consignado no art. 337-F, especialmente em mercados oligopolísticos, quanto há poucos competidores aptos a fornecer o bem pretendido pela Administração.

Os bens jurídicos infringidos são a competitividade e a seleção da melhor proposta, as quais dependem da manutenção do sigilo das propostas. Esta exigência faz parte da essência da licitação.

Em nossa visão, o tipo penal exige dolo genérico, ou seja, apenas a vontade de praticar o fato típico, qual seja, devassar o sigilo da proposta ou permitir que terceiro o faça. Isso porque a descrição do fato típico não contempla nenhum elemento subjetivo específico. O crime estará consumado pelo mero conhecimento do teor da proposta comercial por parte do particular, antes do momento devido, conforme as regras do certame licitatório.

A infração pode ser considerada um crime de atividade, pois ela se contenta com a ação humana esgotando a descrição típica, o ato de devassar ou possibilitar que alguém devasse. Trata-se de um crime de perigo, pois ele se consubstancia com a mera possibilidade de haver dano ao bem jurídico tutelado, a competividade da licitação. Assim, o ilícito estará consumado mesmo que a licitação seja posteriormente anulada.

20.4.7 Afastamento de licitante

Conforme o art. 337-K do Código Penal, configura o tipo penal afastamento de licitante alguém "afastar ou tentar afastar licitante por meio de violência, grave ameaça, fraude ou oferecimento de vantagem de qualquer tipo".

Segundo o parágrafo único do dispositivo, também pratica o aludido crime aquele que se abstém ou desiste de licitar em razão de vantagem oferecida.

A título de comparação, transcreve-se o dispositivo similar da Lei nº 8.666/1993: "Art. 95. Afastar ou procurar afastar licitante, por meio de violência, grave ameaça, fraude ou oferecimento de vantagem de qualquer tipo: [...] Parágrafo único. Incorre na mesma pena quem se abstém ou desiste de licitar, em razão da vantagem oferecida".

Para a configuração do crime, é preciso que o agente utilize um dos meios descritos para dissuadir o licitante de participar do certame: a violência, a grave ameaça, a fraude ou o oferecimento de vantagem de qualquer tipo.

Os dois primeiros correspondem ao que a doutrina chama de *vis absoluta* e *vis compulsiva*. O licitante que desiste de participar da licitação em razão de violência não comete nenhum crime, pois a coação física afeta diretamente a voluntariedade do ato, eliminando, quando irresistível, a própria conduta.[280]

Como se vê, o dispositivo da nova lei é idêntico ao do regime anterior, com exceção da substituição do verbo "procurar" por "tentar" afastar. Em nossa concepção, essa mudança não guarda maior influência de ordem prática, pois, desde sempre, o que se buscou foi sancionar com a mesma pena a mera tentativa de afastar licitante.

Já a grave ameaça corresponde ao que os penalistas chamam de coação moral irresistível, a qual constitui uma causa excludente de culpabilidade do que agiu sob ameaça, por implicar uma situação de inexigibilidade de conduta diversa.

Tomando como base a doutrina de Guilherme Nucci, para a caracterização da grave ameaça é preciso que:[281]

    a) o perigo representado pela ameaça seja inevitável, ou seja, não haja meios seguros e razoáveis de se desvencilhar do mal que se apresenta diante de si;

---

[280] NUCCI, Guilherme. *Manual de direito penal*. Rio de Janeiro: Forense, 2021. p. 239.
[281] NUCCI, Guilherme. *Manual de direito penal*. Rio de Janeiro: Forense, 2021. p. 239-240.

b) a ameaça seja voltada diretamente contra a pessoa do coato ou contra pessoas queridas a ele ligadas;

c) a ameaça seja irresistível segundo o critério do homem médio e do próprio coato, concretamente. Nas palavras do autor:

> é fundamental buscar, para a configuração dessa excludente, uma intimidação forte o suficiente para vencer a resistência do homem normal, fazendo-o temer a ocorrência de um mal tão grave que lhe seria extraordinariamente difícil suportar, obrigando-o a praticar o crime idealizado pelo coator.

Por motivos evidentes, o licitante que não participa do certame em razão de fraude cometida por alguém – por exemplo, a entrega de um edital com informações erradas quanto ao objeto ou à data de abertura da licitação – também não comete nenhum crime, já que não há nenhuma conduta ilícita de sua parte, até porque ele foi vítima de um ardil.

Situação distinta é do agente que deixar de oferecer ou honrar proposta em razão de vantagem prometida por terceiro. Neste caso, ambos os sujeitos, o que oferece a vantagem e o que se abstém ou desiste de licitar em função dela podem ser incursos no tipo penal em exame.

Além de configurar crime, essa conduta também pode caracterizar a infração à ordem econômica catalogada no art. 36, §3º, inc. I, letra "d" da Lei nº 12.529/2011, uma vez que ela implica acordo, combinação, manipulação ou ajuste com concorrente, quanto à abstenção em licitação pública.

O sujeito ativo do crime é o agente público ou o privado que afasta ou tenta afastar licitante por meio de violência, grave ameaça, fraude ou oferecimento de vantagem de qualquer tipo. Também pode ser incurso neste ilícito o licitante que deixar de participar do certame em função de vantagem.

Os bens jurídicos protegidos são a moralidade administrativa e a competitividade, uma vez que a tentativa de afastar licitante está descrita no próprio tipo.

Em nossa visão, o tipo penal exige dolo genérico, ou seja, apenas a vontade de praticar o fato típico, qual seja, afastar o licitante. Isso porque a descrição do fato típico não contempla nenhum elemento subjetivo específico. Por via de consequência, o crime estará consumado pelo afastamento ou pela tentativa de afastar interessado, mediante o uso dos meios indicados no dispositivo.

É um crime de mera conduta ou de perigo, pois a simples tentativa de afastar o licitante mediante o uso dos meios supramencionados configura a conduta proibida pela norma, sendo irrelevante a efetiva desistência do interessado, já que a própria descrição do tipo fala em "tentar".

Pelos mesmos motivos, o crime estará consumado ainda que a licitação seja posteriormente anulada. Afinal, mesmo neste caso, terá sido atingido o bem jurídico protegido pelo tipo penal, qual seja, a moralidade administrativa.

20.4.8 Fraude em licitação ou contrato

Conforme o art. 337-L do Código Penal, configura o tipo penal fraude em licitação ou contrato o ato de "fraudar, em prejuízo da Administração Pública, licitação ou contrato dela decorrente, mediante" a prática das seguintes condutas:
  a) entrega de mercadoria ou prestação de serviços com qualidade ou em quantidade diversas das previstas no edital ou nos instrumentos contratuais;
  b) fornecimento, como verdadeira ou perfeita, de mercadoria falsificada, deteriorada, inservível para consumo ou com prazo de validade vencido;
  c) entrega de uma mercadoria por outra;
  d) alteração da substância, qualidade ou quantidade da mercadoria ou do serviço fornecido;
  e) qualquer meio fraudulento que torne injustamente mais onerosas para a Administração Pública a proposta ou a execução do contrato.

A título de comparação, transcreve-se o dispositivo similar da Lei nº 8.666/1993:

> Art. 96. Fraudar, em prejuízo da Fazenda Pública, licitação instaurada para aquisição ou venda de bens ou mercadorias, ou contrato dela decorrente:
> I - elevando arbitrariamente os preços;
> II - vendendo, como verdadeira ou perfeita, mercadoria falsificada ou deteriorada;
> III - entregando uma mercadoria por outra;
> IV - alterando substância, qualidade ou quantidade da mercadoria fornecida;
> V - tornando, por qualquer modo, injustamente, mais onerosa a proposta ou a execução do contrato.

A relação de condutas passíveis de configurar o tipo penal é exaustiva, conforme o princípio da taxatividade.

Nesse sentido, cabe mencionar o seguinte precedente do STJ:[282]

> RECURSO ESPECIAL. PENAL E PROCESSUAL PENAL. FRAUDE EM LICITAÇÃO. ART. 96 DA LEI N. 8.666/1993. PRESTAÇÃO DE SERVIÇOS. CONDUTA NÃO PREVISTA NO TIPO PENAL. PRINCÍPIO DA TAXATIVIDADE. INTERPRETAÇÃO EXTENSIVA EM PREJUÍZO DO RÉU. IMPOSSIBILIDADE. RECURSO ESPECIAL DESPROVIDO.
> 1. O art. 96 da Lei n. 8.666/1993 apresenta hipóteses estreitas de penalidade, entre as quais não se encontra a fraude na licitação para fins de contratação de serviços.
> 2. Considerando-se que o Direito Penal deve obediência ao princípio da taxatividade, não pode haver interpretação extensiva de determinado tipo penal em prejuízo do réu. (REsp nº 1.407.255/SC. Quinta Turma. Rel. Min. Joel Ilan Paciornik, j. 21.8.2018. *DJe*, 29 ago. 2018)

---

[282] Conforme será comentado adiante, o entendimento proferido neste julgado – não a tese a respeito da taxatividade do tipo penal – encontra-se superado, uma vez que o dispositivo equivalente da nova lei incluiu, expressamente, fraude na prestação de serviços.

Isso implica que somente os comportamentos indicados no dispositivo podem caracterizar fraude em licitação ou contrato, estando vedada a extensão de sua disciplina a qualquer outro ardil praticado no curso da licitação ou do contrato em prejuízo da Administração Pública. Nesses casos, os sujeitos podem ser incursos nos crimes de frustração do caráter competitivo de licitação (art. 337-F) ou perturbação de processo licitatório mediante fraude à realização de qualquer ato licitatório (art. 337-I).

A nova lei excluiu o ato de elevar arbitrariamente os preços da proposta ou do contrato entre os comportamentos aptos a configurar fraude em licitação ou contrato. Em nosso juízo, o dispositivo pecava pela utilização de um elemento normativo de alta subjetividade, que era a ideia de arbitrariedade. Na falta de parâmetros na lei, a pergunta que surgia era: como identificar se uma elevação nos preços da proposta ou do contrato foi ou não arbitrária?

Além disso, havia situações que poderiam, indevidamente, ser enquadradas na conduta de elevar arbitrariamente os preços da proposta, no regime da lei anterior, sem que houvesse uma real intenção de prejudicar o Erário. Esse seria o caso de propostas de fornecimento de insumos e materiais contendo preços acima da média do mercado, não porque o licitante quis praticar um ardil, mas porque sua operação era menos eficiente, seja na técnica de formação de preços, seja no próprio funcionamento do negócio.

Sob essas perspectivas, a retirada desta conduta do tipo penal em exame foi positiva, ainda mais porque é bastante difícil saber qual o preço de mercado de determinado insumo, com o nível de precisão exigido pelo direito criminal, bem como aferir a intenção de elevar os preços de forma arbitrária.

De toda sorte, o oferecimento de proposta com preços excessivos pode ser enquadrado no inc. V do artigo em exame, se o incremento de valores decorrer de uma fraude.

Isso ocorre, por exemplo, quando, em contrato de obra pública no regime de empreitada por preço unitário, o licitante indica, dolosamente, em sua proposta, distâncias médias de transporte incompatíveis com a realidade da obra – por exemplo, que irá adquirir insumos como areia, brita e insumos asfálticos de locais previamente especificados, importando maiores distância e custos de deslocamento, sendo que, pelas condições verificadas em campo, esses materiais podem e serão fornecidos por fontes mais próximas, importando menos custos de transporte. Nessa hipótese, o licitante onerará indevidamente sua proposta de preços, aumentando o custo unitário de seus serviços, de forma que ele terá praticado uma fraude em prejuízo da Administração Pública.

Outros exemplos, também verificados em contratos de obras públicas, são: a adoção intencional de um tecnologia construtiva mais onerosa, quando da proposta, não obstante o serviço possa e seja executado, na prática, mediante uma tecnologia mais eficiente e com menor custo unitário; e a indicação intencional de equipamentos com maior custo horário (escavadeiras, caminhões, carregadeiras, guindastes e tratores, entre outros), quando da proposta, não obstante o serviço possa e seja executado com máquinas mais eficientes e com menor custo).

Quanto aos demais comportamentos indicados no art. 337-L, é possível verificar um aperfeiçoamento da redação e uma melhoria na técnica legislativa, devido à inclusão de condutas que não estavam expressas na norma, mas que também configuravam o intuito de prejudicar ou enganar, como a entrega de mercadoria com qualidade ou em quantidade diversas das previstas e o fornecimento de mercadoria inservível para consumo ou com prazo de validade vencido.

Da mesma forma, é bastante louvável a criminalização de fraude mediante a prestação de serviços com qualidade ou em quantidade diversas das previstas ou alteração da substância, qualidade ou quantidade (responsabilidade por vício do serviço). Na lei anterior, o tipo penal em exame só abarcava ardis em licitação ou contrato de fornecimento de mercadorias, deixando de fora comportamentos similares ocorridos na prestação de serviços. Essa questão chegou, inclusive, a figurar como uma das teses divulgadas pelo STJ sobre a Lei de Licitações anterior, *in verbis*:

> A fraude na licitação para fins de contratação de serviço não está abrangida pelo tipo penal previsto no artigo 96 da Lei 8.666/1993, uma vez que apresenta hipóteses estreitas de penalidade, não podendo haver interpretação extensiva em prejuízo do réu, à luz do princípio penal da taxatividade.[283]

Apesar de o art. 337-L não ter textualmente incluído, na descrição do tipo, situações de fraude na contratação de obras, entende-se que a execução destas com qualidade ou em quantidade diversas das especificadas, bem como a alteração de sua substância, qualidade ou quantidade podem ser enquadradas no crime em exame, uma vez que, em matéria de responsabilização, um contrato de empreitada envolve necessariamente a realização de serviços.

No limite, a interpretação acima veiculada seria sustentada pela interpretação extensiva da norma, o que é admitido em matéria de direito penal, desde que respeitado o espírito do texto normativo. Nesse sentido, invoco a decisão proferida no âmbito do Recurso Ordinário em Habeas Corpus – RHC – nº 106.481, segundo a qual "a interpretação extensiva no direito penal é vedada apenas naquelas situações em que se identifica um desvirtuamento na mens legis" (Rel. Min. Cármen Lúcia, j. 8.2.2011, public. 3.3.2011).

O sujeito ativo do crime de fraude em licitação ou contrato é o agente privado que cometer qualquer umas das condutas especificadas, em nome do licitante ou do contratado. Todavia, entende-se possível incluir o agente público que, de qualquer modo, tenha concorrido para a fraude na licitação ou contrato, por concurso de pessoas, nos termos do art. 29 do Código Penal (quem, de qualquer modo, concorre para o crime incide nas penas a este cominadas, na medida de sua culpabilidade).

O bem jurídico protegido é o Erário, uma vez que a descrição do tipo proíbe um tipo específico de fraude, a que tem o potencial de causar prejuízo ao Estado.

---

[283] BRASIL. Superior Tribunal de Justiça. *Jurisprudência em Teses*, n. 134, 4 ago. 2019. Disponível em: https://scon.stj.jus.br/SCON/jt/. Acesso em: 14 abr. 2022.

O tipo penal exige dolo genérico, que é a vontade de praticar a conduta descrita no dispositivo, a saber, o cometimento de fraude em prejuízo da Administração Pública.

Pode ser considerado um crime de resultado, pois ele não se contenta com a ação humana esgotando a descrição típica, o ato de fraudar a proposta ou o contrato, mas a efetiva ocorrência do prejuízo. Nesse sentido, oportuno mencionar o seguinte precedente do STJ:

> 2. O tipo penal do art. 96 da Lei 8.666/93, por se tratar de delito material, exige a ocorrência do resultado naturalístico, com descrito prejuízo à Fazenda Pública.
> 3. Ausente a demonstração do prejuízo causado à Fazenda Pública, sequer descrito, mormente porque a empresa que adjudicou o objeto da licitação não integrava o cartel referido na denúncia, vê-se a atipicidade da conduta imputada. (AgRg no REsp nº 1.810.038/SP. Sexta Turma. Min. Nefi Cordeiro, j. 10.12.2019. *DJe*, 12 dez. 2019)

Por via de consequência, ele é um crime de dano, uma vez que se consuma com a efetiva lesão ao bem jurídico tutelado (o patrimônio público). Assim, ele não constitui um crime de perigo (que se contenta com a mera possibilidade de haver dano ao bem jurídico tutelado).

Isso significa que não ocorrerá o crime, caso a licitação seja anulada, antes da realização de qualquer pagamento no âmbito do contrato.

20.4.9 Contratação inidônea

Conforme o art. 337-M do Código Penal, configura o tipo penal contratação inidônea o ato de "admitir à licitação empresa ou profissional declarado inidôneo".

A título de comparação, transcreve-se o dispositivo similar da Lei nº 8.666/1993: "Art. 97. Admitir à licitação ou celebrar contrato com empresa ou profissional declarado inidôneo".

Como se vê, o dispositivo repete a redação do regime anterior, tendo sido incluído o ato de celebrar contrato. Em nossa opinião, esse acréscimo parece adequado, uma vez que abarca as situações em que não há licitação pública, mas sim contratação direta de empresa ou profissional inidôneos, circunstância que não estava contemplada no texto anterior, em sua literalidade.

O crime se consuma em duas situações: pela admissão de licitante inidôneo e pela contratação de empresa ou profissional nessa condição. No primeiro caso, o crime se configura com a decisão pela sua habilitação, que é a etapa na qual deve ser verificada a viabilidade jurídica da contratação. No segundo caso, que se aplica às situações de inexigibilidade e dispensa de licitação, o ilícito se consuma com a assinatura do instrumento contratual, pela expressa dicção da norma.

Em nossa visão, a empresa ou profissional é considerado inidôneo se estiver cumprindo a pena do inc. III ou do inc. IV do art. 156, ou seja, se estiver impedido de licitar e contratar no âmbito da Administração Pública direta e indireta do ente federativo ao qual pertence a entidade responsável pela contratação; ou se tiver sido declarado inidôneo para licitar ou contratar no âmbito da Administração Pública direta e indireta de todos os entes federativos.

Por consequência, a caracterização do crime depende de uma condição objetiva, que é aceitação ou contratação do licitante nas condições indicadas acima.

O sujeito ativo do crime de fraude em licitação ou contrato é o agente público que praticar o ato jurídico proibido pelo tipo normativo.

O bem jurídico protegido é a moralidade administrativa.

Em nossa visão, a configuração do ilícito exige dolo genérico, ou seja, a vontade de praticar a conduta típica, a saber, a admissão ou assinatura de contrato com empresa ou profissional que não reúna os requisitos jurídicos para a contratação, por ter sido sancionado com as penas de impedimento de licitar e contratar ou de inidoneidade para licitar ou contratar, previstas nos incs. III e IV do art. 156. Isso porque a descrição do fato típico não contempla nenhum elemento subjetivo específico.

Pode ser considerado um crime de mera conduta, pois ele se contenta com a ação humana esgotando a descrição típica, o ato de admitir ou contratar. O crime estará consumado mesmo que o licitante não seja contratado ou o certame ou o contrato sejam posteriormente anulados.

20.4.10 Impedimento indevido

Conforme o art. 337-N do Código Penal, configura o tipo penal impedimento indevido o ato de "obstar, impedir ou dificultar injustamente a inscrição de qualquer interessado nos registros cadastrais ou promover indevidamente a alteração, a suspensão ou o cancelamento de registro do inscrito".

A título de comparação, transcreve-se o dispositivo similar da Lei nº 8.666/1993: "Art. 98. Obstar, impedir ou dificultar, injustamente, a inscrição de qualquer interessado nos registros cadastrais ou promover indevidamente a alteração, suspensão ou cancelamento de registro do inscrito".

Como se vê, o dispositivo é absolutamente idêntico ao do regime anterior.

Para a configuração do crime, é preciso que a imposição de obstáculo, impedimento ou dificuldade à inscrição de interessado em registro cadastral seja injusta, isto é, em desacordo com a lei. Tal ocorre quando a pessoa preencher todos os requisitos exigidos para habilitação previstos na Lei nº 14.133/2021 e, ainda sim, ter a sua inscrição no cadastro ou a sua atualização indeferida.

Também caracteriza o ilícito a alteração, a suspensão ou o cancelamento indevido de registro do inscrito, ou seja, a modificação de sua situação cadastral, sem que haja motivo fático ou jurídico para tanto. Tal ocorre quando alguém, indevidamente, anotar que determinada pessoa cadastrada descumpriu obrigações contratuais ou deixou de atender às exigências legais de habilitação.

O crime se consuma com o ato de imposição de obstáculo, impedimento ou dificuldade à inscrição em registro cadastral ou com a alteração do registro, ambas indevidas. Por consequência, a caracterização do crime depende de uma condição objetiva, que é a prática do ato injusto em desfavor do interessado em fazer parte de registro cadastral.

O sujeito ativo do crime de impedimento indevido é o agente público que praticar o ato jurídico proibido pelo tipo normativo.

O bem jurídico protegido é o direito do interessado de fazer parte de registro cadastral com vistas à eventual e futura participação em licitação pública. Por via transversa, o tipo penal tutela a isonomia, a competitividade e a moralidade administrativa.

O ilícito em análise pode ser praticado juntamente com os de frustração do caráter competitivo de licitação (art. 337-F) e afastamento de licitante (art. 337-K), em concurso material. Isso ocorrerá se o obstáculo ou alteração do registro cadastral tiver como objetivo beneficiar terceiro e for praticado mediante fraude.

Em nossa visão, a configuração do ilícito exige dolo genérico, ou seja, a vontade de impedir o acesso ou a manutenção de alguém em registro cadastral. Isso porque a descrição do fato típico não contempla nenhum elemento subjetivo específico, como a vontade de causar prejuízo ao Erário ou beneficiar terceiro. Dessa forma, a intenção por trás dessa conduta não interessa para a caracterização da infração.

Pode ser considerado um crime de mera conduta, pois ele se contenta com a ação humana esgotando a descrição típica, o ato de obstar, impedir ou dificultar. O crime estará consumado mesmo que o interessado não tenha participado de nenhuma licitação pública ou consiga superar os obstáculos injustamente impostos e conseguido se cadastrar ou retificar os dados de seu cadastro.

20.4.11 Omissão grave de dado ou de informação por projetista

Conforme o art. 337-O do Código Penal, configura o tipo penal omissão grave de dado ou de informação por projetista, o ato de:

> omitir, modificar ou entregar à Administração Pública levantamento cadastral ou condição de contorno em relevante dissonância com a realidade, em frustração ao caráter competitivo da licitação ou em detrimento da seleção da proposta mais vantajosa para a Administração Pública, em contratação para a elaboração de projeto básico, projeto executivo ou anteprojeto, em diálogo competitivo ou em procedimento de manifestação de interesse.

O tipo penal não constava da Lei nº 8.666/1993. Trata-se, portanto, de uma inovação da nova lei em matéria criminal.

O dispositivo visa punir aquele que deu causa a um projeto (básico, executivo ou anteprojeto) deficiente, não porque interpretou equivocadamente os fatos da natureza e os dados disponíveis, mas porque omitiu ou falseou a realidade, com o intuito de frustrar o caráter competitivo de licitação e não permitir a seleção da proposta mais vantajosa. Nessa perspectiva, a infração pode ser considerada uma espécie de fraude.

Como se vê, a descrição do crime envolve apenas uma das ações de seu núcleo, a omissão. Todavia, ele contempla três atividades distintas: a omissão (de dados ou informações); a modificação (de dados ou informações); e a entrega (de levantamento cadastral ou condição de contorno em dissonância com a realidade). Em nosso juízo, há uma imprecisão no texto legal, pois os atos de omitir e modificar são antecedentes aos de entregar, de modo que o crime somente se consuma mediante esta última atividade.

Conforme o §1º, a condição de contorno é definida como o conjunto de informações e os levantamentos suficientes e necessários para a definição da solução de projeto e dos respectivos preços pelo licitante, incluídos sondagens, topografia, estudos de demanda, condições ambientais e demais elementos ambientais impactantes, considerados requisitos mínimos ou obrigatórios em normas técnicas que orientam a elaboração de projetos. Trata-se, portanto, de qualquer estudo ou investigação que produza um dado ou informação relevante para a elaboração do projeto básico, projeto executivo ou anteprojeto.

A lei é silente quanto à definição de levantamento cadastral. Não obstante, trata-se de um termo bastante usado em engenharia, correspondendo a uma atividade realizada em campo, por meio da qual se atesta e se descreve o que existe de fato em determinado local (área, características físicas, edificações etc.).

Conforme já anunciado, não basta a modificação ou a omissão de dados no levantamento cadastral ou na condição de contorno. É preciso que haja a entrega dessas peças à entidade pública, juntamente com os respectivos projetos e estudos que integram. Afinal, somente assim terá sido infringido o bem jurídico que a norma buscou tutelar, que é a busca de um projeto adequado que não imponha uma restrição à competitividade ou não seja apto a selecionar a proposta mais vantajosa para a Administração Pública.

Dessa forma, apesar de a denominação do crime falar em omissão grave de dado ou informação por projetista, entende-se que os sujeitos ativos do ilícito serão o projetista que omitiu ou modificou os dados ou informações e o particular que, sabendo dessas falhas, e de forma intencional, entregou o projeto e os estudos deficientes à Administração Pública.

Como se vê, a descrição do tipo contém um elemento normativo de difícil especificação, que é a ideia de relevante dissonância com a realidade. A denominação do crime também fala em omissão grave, o que também exige um esforço de caraterização.

A norma busca punir quem elaborou um levantamento cadastral ou condição de contorno contendo erro ou omissão grosseira, que acabe frustrando o caráter competitivo de licitação ou prejudicando a seleção da proposta mais vantajosa para a Administração Pública, em contratação para a elaboração de projeto básico, projeto executivo ou anteprojeto, em diálogo competitivo ou em procedimento de manifestação de interesse. A configuração do crime envolve, portanto, a interpretação de termos vagos e a verificação dessas circunstâncias em cada caso concreto.

Para a caracterização do crime é preciso que a condição de contorno ou o levantamento cadastral contendo dados imprecisos ou alterados tenham sido produzidos no contexto de estudos preparatórios para a realização das contratações indicadas em seu tipo.

A elaboração e a entrega de levantamento cadastral ou condição de contorno em desacordo com a realidade implica que as alternativas e as soluções constantes dos estudos e projetos entregues não servirão à Administração Pública e, certamente, prestar-se-ão apenas para atender a interesses particulares.

O bem jurídico protegido pela norma é a busca de estudos e projetos aptos a possibilitar uma licitação competitiva e a seleção da proposta mais vantajosa à Administração.

Em nossa visão, a configuração do ilícito exige dolo genérico, ou seja, a vontade de omitir ou alterar dados e, posteriormente, entregar um projeto básico, executivo ou anteprojeto deficientes, contendo um levantamento cadastral ou condição de contorno em relevante dissonância com a realidade.

O §2º do art. 337-O prescreve uma forma qualificada do tipo penal em análise, sujeita a uma pena ainda mais grave (o dobro), que ocorre quando as condutas previstas no *caput* são praticadas com o fim de obter benefício, direto ou indireto, próprio ou de outrem. Nesse caso, é possível falar em dolo específico – o intuito de beneficiar alguém.

O ilícito pode ser considerado um crime de atividade, pois ele se contenta com a ação humana que possa gerar o resultado, ou seja, com a omissão ou a modificação de dados ou informações em um levantamento cadastral ou condição de contorno e a posterior entrega desses elementos à Administração Pública, juntamente com o projeto básico, executivo ou anteprojeto.

Para a sua configuração, não é preciso que ocorra o resultado naturalístico, qual seja, a frustração ao caráter competitivo da licitação ou a seleção de proposta menos vantajosa para a Administração Pública.

20.5 Das multas penais

O art. 337-P trata da dosimetria e da base de cálculo das multas de caráter penal previstas em função dos crimes em licitações e contratos administrativos.

Conforme o dispositivo, elas seguirão a metodologia de cálculo prevista no Código Penal e não poderão ser inferiores a 2% do valor do contrato licitado ou celebrado com contratação direta.

A nova redação diverge da prevista na Lei nº 8.666/1993 (art. 99), a qual preconizava que ela seria fixada na sentença e "[...] calculada em índices percentuais, cuja base corresponderá ao valor da vantagem efetivamente obtida ou potencialmente auferível pelo agente".

Como se vê, a nova lei se baseia em critério mais objetivo, uma vez que a dosimetria da multa penal deixou de ser atrelada à vantagem efetivamente obtida ou potencialmente auferível pelo agente, algo sujeito à discussão e de difícil especificação na prática.

Por outro lado, é preciso interpretar o art. 337-P quando os crimes licitatórios ocorrerem em certames licitatórios que não culminaram com a celebração de contrato. Nessa hipótese, a base de cálculo da multa somente pode ser o valor estimado da contratação consubstanciado na minuta do contrato anexado ao processo administrativo correspondente.

CAPÍTULO 21

DAS MODIFICAÇÕES OCORRIDAS EM DISPOSIÇÕES DE OUTRAS NORMAS

DAS ALTERAÇÕES LEGISLATIVAS

Art. 177. O caput do art. 1.048 da Lei nº 13.105, de 16 de março de 2015 (Código de Processo Civil), passa a vigorar acrescido do seguinte inciso IV:

Art. 1.048. [...]

IV - em que se discuta a aplicação do disposto nas normas gerais de licitação e contratação a que se refere o inciso XXVII do caput do art. 22 da Constituição Federal.

Art. 179. Os incisos II e III do caput do art. 2º da Lei nº 8.987, de 13 de fevereiro de 1995, passam a vigorar com a seguinte redação:

Art. 2º [...]

II - concessão de serviço público: a delegação de sua prestação, feita pelo poder concedente, mediante licitação, na modalidade concorrência ou diálogo competitivo, a pessoa jurídica ou consórcio de empresas que demonstre capacidade para seu desempenho, por sua conta e risco e por prazo determinado;

III - concessão de serviço público precedida da execução de obra pública: a construção, total ou parcial, conservação, reforma, ampliação ou melhoramento de quaisquer obras de interesse público, delegados pelo poder concedente, mediante licitação, na modalidade concorrência ou diálogo competitivo, a pessoa jurídica ou consórcio de empresas que demonstre capacidade para a sua realização, por sua conta e risco, de forma que o investimento da concessionária seja remunerado e amortizado mediante a exploração do serviço ou da obra por prazo determinado;"

> Art. 180. O caput do art. 10 da Lei nº 11.079, de 30 de dezembro de 2004, passa a vigorar com a seguinte redação:
> Art. 10. A contratação de parceria público-privada será precedida de licitação na modalidade concorrência ou diálogo competitivo, estando a abertura do processo licitatório condicionada a:"

Como já anunciado, a Lei nº 14.133/2021 não tratou apenas da disciplina de licitações e contratos. Ela dispôs sobre regras que guardam relação com as contratações públicas, embora digam respeito a aspectos pertencentes a outros ramos do direito.

O primeiro dispositivo alterado foi o art. 1.048 do Código de Processo Civil. No caso, a Lei de Licitações introduziu um novo critério de prioridade de tramitação processual, em qualquer juízo ou tribunal: a instrução dos procedimentos judiciais em que se discuta a aplicação do disposto nas normas gerais de licitação e contratação a que se refere o inc. XXVII do *caput* do art. 22 da Constituição Federal.

Em nossa visão, cuida-se de medida relevante, especialmente em razão da multiplicidade de instâncias de controle, a suscitar um fator mais elevado de litígios envolvendo a verificação da regularidade de conduta e/ou a validade dos atos, por conta da eventual interpretação distinta dos vários órgãos.

A manifestação definitiva do Poder Judiciário quanto à legalidade ou ilegalidade de determinado ato ou contrato tem o potencial de encerrar eventuais controvérsias nas demais esferas de controle, não obstante preponderar, na doutrina e na jurisprudência dos tribunais de contas, o princípio da independência das instâncias.

Por certo, declaração do Poder Judiciário sobre a regularidade de determinado ato não afeta o poder dos tribunais de contas de julgar as contas e aplicar as sanções que entender cabíveis. Todavia, compreende-se que essa manifestação deve ser considerada pelos tribunais de contas, especialmente no controle corretivo dos atos e na avaliação de medidas cautelares.

A Lei nº 14.133/2021 alterou as leis nºs 8.987/1995 e 11.079/2004, ao incluir o diálogo competitivo como modalidade licitatória alternativa à concorrência, na licitação para a concessão de serviço público, para a concessão de serviço público precedida de obra pública e para a contratação de parceria público-privada. Esse acréscimo nos parece adequado, uma vez que permite o aproveitamento da *expertise* da iniciativa privada, no desenvolvimento de alternativas voltadas à prestação de serviços públicos.

CAPÍTULO 22

DAS DISPOSIÇÕES FINAIS TRANSITÓRIAS

Art. 181. Os entes federativos instituirão centrais de compras, com o objetivo de realizar compras em grande escala, para atender a diversos órgãos e entidades sob sua competência e atingir as finalidades desta Lei.

Parágrafo único. No caso dos Municípios com até 10.000 (dez mil) habitantes, serão preferencialmente constituídos consórcios públicos para a realização das atividades previstas no caput deste artigo, nos termos da Lei nº 11.107, de 6 de abril de 2005.

Art. 182. O Poder Executivo federal atualizará, a cada dia 1º de janeiro, pelo Índice Nacional de Preços ao Consumidor Amplo Especial (IPCA-E) ou por índice que venha a substituí-lo, os valores fixados por esta Lei, os quais serão divulgados no PNCP.

Art. 183. Os prazos previstos nesta Lei serão contados com exclusão do dia do começo e inclusão do dia do vencimento e observarão as seguintes disposições:

I - os prazos expressos em dias corridos serão computados de modo contínuo;

II - os prazos expressos em meses ou anos serão computados de data a data;

III - nos prazos expressos em dias úteis, serão computados somente os dias em que ocorrer expediente administrativo no órgão ou entidade competente.

§1º Salvo disposição em contrário, considera-se dia do começo do prazo:

I - o primeiro dia útil seguinte ao da disponibilização da informação na internet;

II - a data de juntada aos autos do aviso de recebimento, quando a notificação for pelos correios.

§2º Considera-se prorrogado o prazo até o primeiro dia útil seguinte se o vencimento cair em dia em que não houver expediente, se o expediente for encerrado antes da hora normal ou se houver indisponibilidade da comunicação eletrônica.

§3º Na hipótese do inciso II do caput deste artigo, se no mês do vencimento não houver o dia equivalente àquele do início do prazo, considera-se como termo o último dia do mês.

Art. 184. Aplicam-se as disposições desta Lei, no que couber e na ausência de norma específica, aos convênios, acordos, ajustes e outros instrumentos congêneres celebrados por órgãos e entidades da Administração Pública, na forma estabelecida em regulamento do Poder Executivo federal.

Art. 185. Aplicam-se às licitações e aos contratos regidos pela Lei nº 13.303, de 30 de junho de 2016, as disposições do Capítulo II-B do Título XI da Parte Especial do Decreto-Lei nº 2.848, de 7 de dezembro de 1940 (Código Penal).

Art. 186. Aplicam-se as disposições desta Lei subsidiariamente à Lei nº 8.987, de 13 de fevereiro de 1995, à Lei nº 11.079, de 30 de dezembro de 2004, e à Lei nº 12.232, de 29 de abril de 2010.

Art. 187. Os Estados, o Distrito Federal e os Municípios poderão aplicar os regulamentos editados pela União para execução desta Lei.

Art. 188. (VETADO).

Art. 189. Aplica-se esta Lei às hipóteses previstas na legislação que façam referência expressa à Lei nº 8.666, de 21 de junho de 1993, à Lei nº 10.520, de 17 de julho de 2002, e aos arts. 1º a 47-A da Lei nº 12.462, de 4 de agosto de 2011.

Art. 190. O contrato cujo instrumento tenha sido assinado antes da entrada em vigor desta Lei continuará a ser regido de acordo com as regras previstas na legislação revogada.

Art. 191. Até o decurso do prazo de que trata o inciso II do caput do art. 193, a Administração poderá optar por licitar ou contratar diretamente de acordo com esta Lei ou de acordo com as leis citadas no referido inciso, e a opção escolhida deverá ser indicada expressamente no edital ou no aviso ou instrumento de contratação direta, vedada a aplicação combinada desta Lei com as citadas no referido inciso.

Parágrafo único. Na hipótese do caput deste artigo, se a Administração optar por licitar de acordo com as leis citadas no inciso II do caput do art. 193 desta Lei, o contrato respectivo será regido pelas regras nelas previstas durante toda a sua vigência.

Art. 192. O contrato relativo a imóvel do patrimônio da União ou de suas autarquias e fundações continuará regido pela legislação pertinente, aplicada esta Lei subsidiariamente.

Art. 193. Revogam-se:

I - os arts. 89 a 108 da Lei nº 8.666, de 21 de junho de 1993, na data de publicação desta Lei;

II - a Lei nº 8.666, de 21 de junho de 1993, a Lei nº 10.520, de 17 de julho de 2002, e os arts. 1º a 47-A da Lei nº 12.462, de 4 de agosto de 2011, após decorridos 2 (dois) anos da publicação oficial desta Lei.

Art. 194. Esta Lei entra em vigor na data de sua publicação.

22.1 Centrais de compras

O art. 181 prescreve que os entes federativos instituirão centrais de compras, com o objetivo de realizar compras em grande escala para atender aos órgãos e entidades de sua estrutura administrativa. A redação do dispositivo revela a existência de uma obrigação às demais esferas, mas essa não nos parece ser a melhor interpretação da lei.

A uma porque não cabe ao legislador federal dispor sobre a organização administrativa dos entes subnacionais, ainda que a pretexto de editar normas gerais de licitações e contratos. Embora a centralização das contratações seja uma medida condizente com os princípios do planejamento, da eficácia e da economicidade, não deve a União disciplinar a forma como as demais esferas deve concretizar esses vetores principiológicos, sob pena de ferir a autonomia e a capacidade de auto-organização destas.

A duas porque a própria Lei nº 14.133/2021 parece sugerir, em seu art. 19, que a centralização das compras é uma opção discricionária do Poder Público, ainda que preferencial, ao dispor que os órgãos da Administração com competências regulamentares devem "instituir instrumentos que permitam, *preferencialmente*, a centralização dos procedimentos de aquisição e contratação de bens e serviços".

Assim, entende-se que o art. 181 deve ser interpretado como uma disposição que encerra uma faculdade discricionária aos demais entes federativos: de instituir, na forma que melhor lhe aprouver, uma estrutura que viabilize a centralização de suas compras, com o propósito de atingir as finalidades da lei. Em nossa visão, essas finalidades seriam a padronização, o planejamento, a eficácia e a economicidade, os quais constituem princípios aplicáveis às aquisições públicas.

Tomando como base a doutrina de Felippe Santos, a aquisição centralizada prevista na nova Lei de Licitações se amolda à estratégia de compra conjunta interorganizacional, na qual ocorre o compartilhamento das compras por organizações não pertencentes a uma mesma estrutura, com autonomia decisória e, portanto, adesão voluntária à estratégia. Segundo o autor, trata-se de um modelo no qual a ação conjunta proposta é a de cooperação, incentivada por interesses comuns e capaz de gerar sinergia pela junção de potencialidades.[284]

Segundo Felippe Santos, as principais vantagens da centralização das compras públicas são: redução de preços devido à economia de escala; otimização da força de trabalho e das gerências em razão da redução de atividades administrativas; especialização técnica das equipes envolvidas; potencial redução de estoques em decorrência da otimização de sua gestão; extinção da competição entre as organizações pelos mesmos produtos escassos; melhoria na gestão de informações, de fornecedores e da qualidade; melhor ambiente para adoção de políticas setoriais como desenvolvimento industrial local; racionalidade no controle e na prestação de contas do processo de compras, que passam a ser concentrados; redução dos riscos de corrupção; incorporação de tecnologia da informação para reduzir necessidades de deslocamento físico durante as negociações e desenvolvimento e qualificação dos compradores.[285]

---

[284] SANTOS, Felippe Vilaça Loureiro. Centralização de compras públicas: a experiência da Empresa Brasileira de Serviços Hospitalares (Ebserh). Dissertação (Mestrado – Programa de Mestrado Profissional em Governança e Desenvolvimento). Brasília: Escola Nacional de Administração Pública, 2019, p. 48.

[285] SANTOS, Felippe Vilaça Loureiro. Centralização de compras públicas: a experiência da Empresa Brasileira de Serviços Hospitalares (Ebserh). Dissertação (Mestrado – Programa de Mestrado Profissional em Governança e Desenvolvimento). Brasília: Escola Nacional de Administração Pública, 2019, p. 45-46.

No mesmo sentido, cabe destacar a teoria de Ronny Charles, que aponta como pontos positivos das centrais de compras o ganho de escala, a otimização do planejamento, a redução de seu custo burocrático e a facilitação do controle da corrupção.[286]

O autor elenca os seguintes desafios: custo de implementação; criação de rotinas locais para participação do processo centralizado; restrição à inovação devido à redução do papel dos atores locais; resistência dos fornecedores; possibilidade de concentração do mercado; divergência de prioridades entre unidade central e unidades locais.[287]

Felippe Santos aponta como desvantagens o distanciamento da realidade local e a restrição do acesso às compras públicas pelas empresas menores. Todavia, o autor entende que esses fatores negativos tendem a ser minimizados pelos "ganhos expressivos obtidos pela maior escala", bem como pelas vantagens suscitadas anteriormente.[288]

A implantação de uma central de compras exige um grande esforço de coordenação, planejamento, estruturação administrativa e treinamento de pessoal, inclusive na utilização de sistemas de gestão e controle de estoques e estimativa de demandas. Talvez, por isso, seu uso não tenha sido intensificado na esfera federal e em outras unidades federativas.

A propósito do assunto, a Central de Compras do Governo Federal foi instituída ainda no regime da lei anterior, mais precisamente pelo Decreto nº 8.189, de 21.1.2014. Essa unidade foi incluída na estrutura do então Ministério do Planejamento, Orçamento e Gestão, competindo-lhe promover, prioritariamente, as licitações para aquisição e contratação de bens e serviços de uso em comum pelos órgãos da Administração direta do Poder Executivo.

Atualmente, esse órgão está alocado na Secretaria de Gestão do Ministério da Economia, que possui a competência, entre outros, "de propor políticas, planejar, coordenar, supervisionar e normatizar as atividades [...] e aquisição e contratação centralizadas sob responsabilidade da Central de Compras", nos termos do art. 127, inc. IX, alínea "c" do Decreto nº 9.745, de 8.4.2019.

O art. 131 da mencionada norma atribuiu as seguintes ações à Central de Compras do Poder Executivo federal:

> I - desenvolver e gerir sistemas de tecnologia de informação para apoiar os processos de aquisição, contratação, alienação e gestão centralizadas de bens e serviços de uso em comum pelos órgãos e pelas entidades da administração pública federal;
> II - desenvolver, propor e implementar modelos, mecanismos, processos e procedimentos para aquisição, contratação, alienação e gestão centralizadas de bens e serviços de uso em comum pelos órgãos e pelas entidades;

---

[286] TORRES, Ronny Charles Lopes de. *Leis de licitações públicas comentadas*. São Paulo: JusPodivm, 2021. p. 827.
[287] SANTOS, Felippe Vilaça Loureiro. Centralização de compras públicas: a experiência da Empresa Brasileira de Serviços Hospitalares (Ebserh). Dissertação (Mestrado – Programa de Mestrado Profissional em Governança e Desenvolvimento). Brasília: Escola Nacional de Administração Pública, 2019. p. 46.
[288] SANTOS, Felippe Vilaça Loureiro. Centralização de compras públicas: a experiência da Empresa Brasileira de Serviços Hospitalares (Ebserh). Dissertação (Mestrado – Programa de Mestrado Profissional em Governança e Desenvolvimento). Brasília: Escola Nacional de Administração Pública, 2019, p. 46.

III - planejar, coordenar, controlar e operacionalizar ações que visem à implementação de estratégias e soluções relativas a licitações, aquisições, contratações, alienações e gestão de bens e serviços de uso em comum;

IV - planejar, coordenar, supervisionar e executar atividades para realização de procedimentos licitatórios, de contratação direta e de alienação, relativos a bens e serviços de uso em comum;

V - planejar e executar procedimentos licitatórios e de contratação direta necessários ao desenvolvimento de suas atividades finalísticas;

VI - planejar, coordenar, supervisionar e executar atividades para realização de aquisições, contratações e gestão de produtos e serviços de tecnologia da informação e comunicação, de uso comum, para atender aos órgãos e às entidades da administração pública federal; e

VII - firmar e gerenciar as atas de registros de preços e os contratos decorrentes dos procedimentos previstos nos incisos IV, V e VI.

Da mesma forma que o decreto anterior, o Decreto nº 9.745/2019 manteve o caráter preferencial, não obrigatório, da utilização da estrutura da central de compras para a aquisição e contratação de bens e *serviços de uso comum* pelos órgãos da Administração Pública federal direta, autárquica e fundacional (art. 127, §1º). O secretário especial de desburocratização, gestão e governo digital definirá os bens e os serviços de uso em comum para os fins da referida norma (art. 127, §3º).

Além de cuidar dos procedimentos licitatórios, a aludida norma infralegal permitiu que as contratações pudessem ser executadas e operadas de forma centralizada, em consonância com o disposto nos incs. II, III e VI do *caput* (art. 127, §2º).

Por fim, o §4º do Decreto nº 9.745/2019 estatuiu que a centralização das licitações, da instrução dos processos de aquisição, de contratação direta, de alienação e de gestão será implantada de forma gradual, o que se mostra razoável devido às dificuldades e desafios existentes à operacionalização desse modelo.

Com o advento da Lei nº 14.133/2021, indaga-se se o Governo Federal irá editar novo decreto disciplinando a centralização das contratações públicas ou se o Decreto nº 9.745/2019 atende às diretrizes da nova lei e pode ser por ela recepcionado. Outra pergunta diz respeito à mudança ou não da estratégia de centralização, se ela permanecerá facultativa e preferencial ou se o Poder Executivo caminhará no sentido de tornar compulsória a contratação de determinados bens e serviços por meio de uma unidade central, retirando competências de estruturas setoriais.

O parágrafo único do art. 181, estatui que, no caso dos municípios com até 10.000 habitantes, as compras centralizadas serão preferencialmente realizadas por meio de consórcios públicos de que trata a Lei nº 11.107, de 6.4.2005.

Na linha do exposto anteriormente, a adoção dessa estratégia de aquisição e a própria instituição de consórcio interfederativo para esse fim constituem competências discricionárias dos diversos entes, de forma que a Lei nº 14.133/2021 não pode ser interpretada como um comando cogente para a constituição dessa forma de associação com vistas à realização de compras centralizadas.

O dispositivo encerra, portanto, uma permissão para que seja implantado o modelo de contratação centralizada de bens e serviços de uso comum, como forma de atender aos princípios do planejamento, da eficácia e da economicidade.

22.2 Atualização dos valores da lei

Consoante o art. 182, o Poder Executivo federal atualizará, a cada dia 1º de janeiro, os valores fixados na Lei nº 14.133/2021, os quais serão divulgados no PNCP. Diferentemente da norma anterior, a atual legislação definiu, desde logo, o parâmetro a ser usado no decreto, a saber, o Índice Nacional de Preços ao Consumidor Amplo Especial (IPCA-E) ou outro que venha a substituí-lo. Além disso, a nova lei estabeleceu que a atualização será obrigatória, o que constitui mais uma inovação ante a Lei nº 8.666/1993.

Nesse contexto, o Governo Federal editou o Decreto nº 10.922, de 31.12.2021, o qual promoveu a atualização dos seguintes valores disciplinados pela lei:

Dispositivo	Valor original da lei	Valor atualizado pelo Decreto nº 10.922/2021
Definição de obras, serviços e fornecimentos de grande vulto (art. 6º, inc. XXII).	200.000.000,00	216.081.640,00
Adoção do critério de julgamento da melhor técnica ou técnica e preço, na licitação para contratação dos serviços técnicos especializados de natureza predominantemente intelectual (art. 37, §2º).	300.000,00	324.122,46
Dispensa total ou parcial, da documentação relativa à habilitação, nas contratações de produto para pesquisa e desenvolvimento (art. 70, inc. III).	300.000,00	324.122,46
Contratação direta de obras e serviços de engenharia ou de serviços de manutenção de veículos automotores (art. 75, inc. I).	100.000,00	108.040,82
Contratação direta de serviços e compras (art. 75, inc. II).	50.000,00	54.020,41
Contratação direta de produtos para pesquisa e desenvolvimento (art. 75, inc. IV, alínea "c").	300.000,00	324.122,46
Soma de despesas parceladas ao longo do exercício, para fins de verificação do atingimento do limite estabelecido no art. 75, inc. I (dispensa de licitação de valor), no caso de serviços de manutenção de veículos automotores de propriedade do órgão ou entidade contratante (art. 75, §7º).	8.000,00	8.643,27
Definição de pequenas compras ou de prestação de serviços de pronto pagamento (art. 95, §2º).	10.000,00	10.804,08

22.3 Dos prazos da lei

O *caput* do art. 183 manteve a disciplina da norma anterior (art. 110), ao estatuir que os prazos previstos na lei serão contados com exclusão do dia do começo e inclusão do dia do vencimento.

Todavia, o estatuto atual foi mais detalhista, ao estabelecer que os prazos expressos em dias corridos serão computados de modo contínuo (inc. I); os fixados em meses ou anos serão computados de data a data (inc. II); e nos expressos em dias úteis serão computados somente os dias em que ocorrer expediente administrativo no órgão ou entidade competente (inc. III). Nesse particular, o último dispositivo repetiu a redação do parágrafo único do art. 110 da Lei nº 8.666/1993.

Foram estabelecidos em dias corridos os prazos para a definição de compra parcelada (art. 6º, inc. X) e para a realização de novas compras de bens de consumo após a promulgação da Lei nº 14.133/2021 (art. 20, §2º). Todos os demais prazos do atual estatuto foram fixados em dias úteis, o que revela a influência do Código de Processo Civil na estruturação do processo administrativo de contratações públicas.

O §1º traz regras para a definição do dia do começo da contagem do prazo. Conforme o dispositivo, ele será considerado, salvo disposição em contrário, o primeiro dia útil seguinte ao da disponibilização da informação na internet (inc. I); ou a data de juntada aos autos do aviso de recebimento, quando a notificação for pelos correios (inc. II).

Isso implica dizer que, no caso de atos que exijam a notificação pessoal dos interessados, com vistas ao exercício das prerrogativas e direitos assegurados na lei, o dia de começo do prazo – é preciso lembrar que a contagem exclui este, ou seja, inicia-se no dia útil seguinte – será o da juntada do aviso de recebimento aos autos do processo administrativo correspondente, mesmo que o ato tenha sido publicado na internet.

O §2º dispõe que será considerado prorrogado o prazo até o primeiro dia útil seguinte se o vencimento cair em dia em que não houver expediente, se o expediente for encerrado antes da hora normal ou se houver indisponibilidade da comunicação eletrônica. A norma busca prevenir as situações em que o dia é considerado útil no município no qual o órgão está sediado, mas que por razões de ordem interna não há expediente na repartição ou este é encerrado mais cedo.

Conforme o §3º, na hipótese dos prazos contados em meses, se no mês do vencimento não houver o dia equivalente àquele do início do prazo, considera-se como termo o último dia do mês.

22.4 Da aplicação da nova lei à disciplina de convênios e instrumentos congêneres

Consoante o art. 184, as disposições da Lei nº 14.133/2021 se aplicam, no que couber e na ausência de norma específica, aos convênios, acordos, ajustes e outros instrumentos congêneres celebrados por órgãos e entidades da Administração Pública, na forma estabelecida em regulamento do Poder Executivo Federal.

O dispositivo basicamente repete a redação do *caput* do art. 116 da Lei nº 8.666/1993, com a diferença de que a legislação atual não trouxe regras específicas relativas à celebração desses instrumentos, como ocorreu no estatuto anterior.

Os convênios são negócios jurídicos firmados entre entes federativos ou entre um deles e órgãos e entidades de outra esfera ou instituições privadas, com o objetivo de promover a execução descentralizada de programas de trabalho, projeto ou atividade daquele, em que haja interesse comum de ambas as partes, mediante a transferência de recursos públicos. Em verdade, essa maneira de executar políticas públicas pode assumir diversas formas e denominações, daí a legislação ter usado as expressões "acordos", "ajustes" e "outros instrumentos congêneres" para referenciar esses negócios jurídicos.

Por constituir uma forma de realizar políticas públicas e executar o orçamento de determinado ente, mediante a destinação de recursos públicos, entende-se que a competência para disciplinar esses instrumentos pertence ao ente que transfere os valores. Afinal, é para atender a uma finalidade pública escolhida por este, no processo de alocação orçamentária, que os recursos públicos serão gastos, sendo razoável que ele próprio estabeleça as diretrizes, os meios e o modo como os recursos serão despendidos, assim como as regras para a prestação de contas.

Talvez por isso, o legislador não tenha tratado do assunto na nova lei de licitações e estabelecido que ele será primordialmente disciplinado em norma específica, cabendo a aplicação do novel estatuto licitatório apenas de forma subsidiária, no que couber e na ausência de regra própria.

Como é cediço, a Lei nº 14.133/2021 foi editada com base na competência privativa da União de legislar sobre normas gerais a respeito de licitações e contratos, para as administrações públicas diretas, autárquicas e fundacionais da União, estados, Distrito Federal e municípios. Dessa forma, apenas as disposições do novo estatuto que tenham o caráter de norma geral podem ser consideradas lei nacional e, assim, ser impostas aos demais entes. É esse conjunto de dispositivos que deve ser regulamentado de modo exclusivo pelo chefe do Poder Executivo da União, por força do art. 84, inc. IV, da Constituição.

Esse é o motivo pelo qual a aplicação subsidiária das disposições da nova lei aos convênios, acordos, ajustes e outros instrumentos congêneres celebrados por órgãos e entidades da Administração Pública, na ausência de norma específica, ocorrerá na forma estabelecida em regulamento do Poder Executivo federal (parte final do art. 184). O referido decreto federal terá incidência sobre todas as esferas, na medida em que se presta à disciplina da fiel execução de norma de caráter nacional.

Todavia, é preciso mais uma vez advertir que isso somente ocorrerá se não houver norma específica sobre o tema, cuja competência legislativa é de cada um dos entes federativos, como exposto acima. Dito de outra forma, as disposições (de caráter geral) da Lei nº 14.133/2021 e o decreto federal editado com base no art. 184 somente serão aplicados aos convênios e instrumentos congêneres de determinado ente, na condição de concedente, se não houver lei, decreto ou outra norma infralegal específica editada pelo respectivo ente a respeito do assunto.

No âmbito federal, as normas aplicáveis aos convênios e instrumentos congêneres celebrados são o Decreto nº 6.170, de 25.7.2007 e a Portaria Interministerial nº 424, de 30.12.2016.

A superveniência da nova Lei de Licitações não implica a revogação do mencionado decreto, até porque ele regulamentou as transferências de recursos da União mediante convênios e contratos de repasse, não se limitando às disposições da Lei nº 8.666/1993 sobre o tema. Embora o art. 116 do estatuto anterior tenha sido usado como um dos fundamentos para o aludido decreto, ele foi editado com base, ainda, no Decreto-Lei nº 200, de 25.2.1967 e na Lei de Responsabilidade Fiscal.

Assim, o Decreto nº 6.170/2007 mantém a sua vigência, independentemente da revogação definitiva da Lei nº 8.666/1993, que ocorrerá no prazo de dois anos após a promulgação da Lei nº 14.133/2021. Devem ser ressalvadas, contudo, as disposições do decreto que façam referência a regras do estatuto anterior que não tenham sido reproduzidas em outras disposições legislativas em vigor. Nesse caso, esses dispositivos perderão eficácia após a revogação definitiva da Lei nº 8.666/1993.

22.5 Da aplicação da nova lei às licitações e contratos das empresas estatais

Conforme visto, a Lei nº 14.133/2021 não abrange as licitações e contratos celebrados pelas empresas públicas, sociedades de economia mista e suas subsidiárias, os quais são regidos pela Lei nº 13.303, de 30.6.2016 (art. 1º, §1º). Tal norma dispôs sobre o estatuto jurídico dessas entidades, tendo disciplinado as suas contratações, em cumprimento ao art. 173, §1º, inc. III, da Constituição.

Não obstante, o art. 185 da Lei nº 14.133/2021 prescreve que as disposições do Capítulo II-B do Título XI da Parte Especial do Decreto-Lei nº 2.848, de 7.12.1940 (Código Penal) se aplica às licitações e aos contratos regidos pela Lei nº 13.303/2016, o que implica dizer que toda a Administração Pública, direta e indireta, está sujeita às mesmas regras de repressão criminal.

Embora esse entendimento pudesse ser deduzido do sistema jurídico – afinal, não parece razoável que as condutas catalogadas no Código Penal não fossem consideradas crimes se cometidas em licitações e contratos das empresas estatais –, compreende-se que a regra se mostra importante, a fim de espancar eventual interpretação em contrário, por conta da denominação do Capítulo II-B da norma criminal: "Dos crimes em licitações e contratos *administrativos*".

Tal ilação poderia eventualmente ser construída a partir do fato de a Lei nº 13.303/2016 não ter usado a expressão "contratos administrativos", o que poderia sugerir que os seus contratos estivessem fora do espectro de abrangência da norma penal, o que seria absolutamente desproposital.

Assim, considerando o princípio da taxatividade do direito criminal, a exigir que a conduta criminosa esteja prevista de forma clara, precisa e explícita na lei penal incriminadora, devendo ser evitado o uso de analogia, especialmente para fins de configuração de um ato como típico, compreende-se que foi salutar a iniciativa do legislador em tornar expressa a incidência do direito penal sobre as licitações e contratos firmados pelas empresas estatais.

22.6 Da aplicação da nova lei às contratações de serviços de publicidade junto a agências de propaganda, às concessões de serviço público e às parcerias público-privadas

Consoante o art. 186, as disposições da Lei nº 14.133/2021 se aplicam subsidiariamente às concessões e permissões de serviços públicos, às parcerias público-privadas e às licitações e contratações de serviços de publicidade prestados por intermédio de agências de propaganda. Assim, diante de eventual lacuna nas leis nºs 8.987/1995, 11.079/2004, 12.232/2010, o operador do direito pode se valer do novel estatuto de licitações e contratos para extrair a norma de regência e integrar a ordem jurídica.

É importante destacar que, se a matéria estiver disciplinada nessas normas específicas, a Lei nº 14.133/2021 não terá qualquer incidência. É preciso atenção do intérprete para evitar o uso inadequado da norma geral de licitações e contratos em situações disciplinadas nas aludidas leis específicas.

22.7 Da aplicação dos decretos federais pelos demais entes

Conforme visto, a Lei nº 14.133/2021 deverá ser objeto de regulamentação em diversos pontos, o que deverá ser efetivado pelo chefe do Poder Executivo da União, no que se refere às normas gerais e específicas para a sua fiel execução.

Além disso, os órgãos da administração com competências regulamentares relativas às atividades de administração de materiais, de obras e serviços e de licitações e contratos deverão expedir atos normativos em complementação à lei e aos decretos, abrangendo as matérias suscitadas no art. 19 e outras que entenderem necessárias, dentro do espaço discricionário atinente ao exercício do poder regulamentar atribuído ao Poder Executivo.

Segundo o art. 187, os estados, o Distrito Federal e os municípios poderão aplicar os regulamentos editados pela União para execução desta lei. A nosso juízo, esse artigo é endereçado aos decretos federais editados para a fiel execução de dispositivos da Lei nº 14.133/2021 que não se enquadram como normas gerais, uma vez que aqueles que regulamentam disposições com esse caráter, de norma geral, devem ser respeitados pelos demais entes, até porque não há poder regulamentar dos executivos locais quanto a essas matérias.

Para além disso, anuímos a posição de Ronny Charles no sentido de que o art. 187 parece veicular regra desnecessária, pois a indicação de um decreto federal como parâmetro procedimental por município, por estado ou pelo Distrito Federal está inserida no âmbito da autonomia administrativa do ente federativo.[289]

Não obstante, o autor vê utilidade no dispositivo, caso se interprete a norma como direcionada aos agentes públicos estaduais e municipais que executam atos administrativos relacionados às licitações e contratos, os quais estariam autorizados a utilizar o parâmetro federal, diante de eventual inexistência de regulamentação local.

22.8 Aplicação da nova lei às hipóteses em que há referência expressa a dispositivos do regime anterior

Segundo o art. 189, a Lei nº 14.133/2021 se aplica às hipóteses previstas na legislação que façam referência expressa à Lei nº 8.666/1993, à Lei nº 10.520/2002 e aos arts. 1º a 47-A da Lei nº 12.462/2011. Tais normas formavam o regime jurídico licitatório que será definitivamente revogado após transcorridos dois anos da publicação oficial do novel estatuto de licitações, conforme o art. 193, inc. II.

Por evidente, deve haver um esforço do intérprete para identificar na atual legislação os dispositivos equivalentes aos referenciados na anterior, assim como aquelas situações em que a norma não é mais aplicável, por ausência de previsão na Lei nº 14.133/2021.

22.9 Incidência do regime jurídico anterior durante o período de vigência da lei nova

Segundo o art. 190, o contrato cujo instrumento tenha sido assinado antes da entrada em vigor da Lei nº 14.133/2021 continuará a ser regido de acordo com as regras previstas na legislação revogada. A nosso ver, trata-se de disposição desnecessária, pois um contrato celebrado segundo as disposições da lei vigente ao seu tempo constitui um ato jurídico perfeito, de modo que ele não é atingido pela lei nova, por força do princípio da segurança jurídica, consubstanciado no art. 5º, inc. XXXVI, da Constituição Federal.

Em verdade, essa disposição se aplica não apenas ao contrato firmado antes da vigência da Lei nº 14.133/2021, mas a todo aquele que tenha decorrido de licitação realizada com base no regime anterior, durante o período de transição de dois anos estipulado no art. 193, inc. II. Essa regra consta do parágrafo único do art. 191, vazado nos seguintes termos: "na hipótese do caput deste artigo, se a Administração optar por licitar de acordo com as leis citadas no inc. II do caput do art. 193 desta Lei, o contrato respectivo será regido pelas regras nelas previstas durante toda a sua vigência".

---

[289] TORRES, Ronny Charles Lopes de. *Leis de licitações públicas comentadas*. São Paulo: JusPodivm, 2021. p. 848.

Assim, os contratos regidos por qualquer uma das leis do regime licitatório anterior permanecerão sujeitos às aludidas normas durante todo o período de sua vigência, mesmo após a revogação da Lei nº 8.666/1993, da Lei nº 10.520/2002 e dos arts. 1º a 47-A da Lei nº 12.462/2011, a ocorrer em 1º.4.2023.

Trata-se do fenômeno conhecido como ultratividade da norma, no qual a lei anterior continua a disciplinar situações no período em que a lei nova se define como vigente, ou seja, mesmo após a revogação daquela.

22.10 Incidência de ambos os regimes licitatórios durante o período de transição para aplicação da nova lei

Diante da complexidade e da importância da matéria, o legislador estabeleceu um período de transição de dois anos, ao longo do qual a Administração poderia optar pela utilização de qualquer um dos estatutos licitatórios, o antigo e o atual. Tal prazo se mostra importante para que os agentes encarregados de aplicar a lei possam conhecer e usar as novas regras e institutos de modo paulatino, sem que esse processo de aprendizagem possa atrapalhar o próprio funcionamento da Administração Pública.

Essa previsão consta do art. 191, o qual assevera, ainda, que a opção escolhida deverá ser indicada expressamente no edital ou no aviso ou instrumento de contratação direta, vedada a aplicação combinada desta lei com as citadas no referido inciso.

Como já exposto, caso a Administração opte por licitar de acordo com as leis citadas mencionadas no tópico anterior, o contrato respectivo será regido pelas regras nelas previstas durante toda a sua vigência.

22.11 Regime jurídico das licitações e contratos envolvendo bens imóveis do patrimônio da União

Segundo o art. 192, o contrato relativo a imóvel do patrimônio da União ou de suas autarquias e fundações continuará regido pela legislação pertinente, de forma que a Lei nº 14.133/2021 será aplicada apenas subsidiariamente, se não houver disposição pertinente.

A norma atual repete a disciplina da lei anterior, com a diferença de que ela não faz referência à legislação aplicável aos bens imóveis da União e suas autarquias e fundações – à época da Lei nº 8.666/1993, o Decreto-Lei nº 9.760, de 5.9.1946. Atualmente, há várias outras regras que tratam dos atos de disposição de bens do patrimônio da União, cabendo destacar a Lei nº 9.636/1998 (dispõe sobre regularização, administração, aforamento e alienação de bens imóveis de domínio da União) e a Lei nº 13.240/2015 (dispõe sobre a administração, a alienação, a transferência de gestão de imóveis da União e seu uso para a constituição de fundos).

Assim, o novel estatuto licitatório reconhece o seu caráter de norma subsidiária quanto às licitações e aos contratos destinados à regularização, administração, aforamento e alienação de bens imóveis de domínio da União, bem como a proeminência das normas específicas a respeito do tema. Tal conclusão poderia, de certa forma, ser deduzida, mesmo que não houvesse previsão legal nesse sentido, considerando o clássico princípio da hermenêutica segundo o qual a lei geral não revoga lei especial.

22.12 Dos dispositivos revogados

A Lei nº 14.133/2021 revogou todas as normas que faziam parte do regime licitatório anterior. Porém, ela fez cessar a vigência dos dispositivos em datas diferentes.

No que se refere aos arts. 89 a 108 da Lei nº 8.666/1993, que tratavam das normas penais, o novel estatuto os revogou na data de sua publicação. Quanto às demais disposições da Lei nº 8.666/1993, à Lei nº 10.520/2002 e aos arts. 1º a 47-A da Lei nº 12.462/2011, o art. 193 estabeleceu que elas deixarão de vigorar após decorridos 2 anos da publicação oficial da Lei nº 14.133/2021. Conforme exposto, esse período de transição se mostra importante para o aprendizado das novas regras e institutos, o que parece razoável em face da complexidade e relevância da lei para o funcionamento da máquina pública.

22.13 Da vigência do novo estatuto

Conforme o art. 194, a Lei nº 14.133/2021 entrou em vigor na data de sua publicação. O legislador optou em não estabelecer um período de *vacatio legis*, o que foi absolutamente compensado pelo fato de se ter fixado um período de transição para a aplicação obrigatória do novo estatuto, como exposto no tópico anterior.

REFERÊNCIAS

ALMEIDA, Fernanda Dias Menezes de. *Competências na Constituição de 1988*. São Paulo: Atlas, 2010.

ALVES, Francisco Sérgio Maia Alves. O novo paradigma da decisão a partir do art. 20 da LINDB: análise do dispositivo segundo as teorias de Richard Posner e Neil MacCormick. *Revista de Direito Administrativo*, Rio de Janeiro, v. 278, n. 3, p. 113-144, dez. 2019.

ALVES, Francisco Sérgio Maia. O ativismo na atuação jurídico-administrativa do Tribunal de Contas da União: estudo de casos. *Revista de Informação Legislativa: RIL*, v. 53, n. 209, p. 303-328, jan./mar. 2016. Disponível em: https://www12.senado.leg.br/ril/edicoes/53/209/ril_v53_n209_p303.

AMORIM, Letícia Balsamão. A distinção entre regras e princípios segundo Robert Alexy: esboço e críticas. *Revista de Informação Legislativa*, Brasília, v. 42, n. 165, p. 123-134, jan./mar. 2005. Disponível em: http://www2.senado.leg.br/bdsf/handle/id/273. Acesso em: 16 jan. 2022.

ARAGÃO, Alexandre Santos de. O diálogo competitivo na nova lei de licitações e contratos da Administração Pública. *Revista de Direito Administrativo*, v. 280, n. 3, p. 41-66, 2021. Disponível em: https://bibliotecadigital.fgv.br/ojs/index.php/rda/article/view/85147. Acesso em: 4 mar. 2022.

ARÊDES, Sirlene Nunes. As cláusulas exorbitantes e a distinção dos contratos da administração em contratos administrativos e contratos de direito privado. *Revista de Direito Administrativo*, v. 253, p. 173-198, 2010.

ÁVILA, Humberto. *Teoria dos princípios*: da definição à aplicação dos princípios jurídicos. São Paulo: Malheiros, 2011.

BANDEIRA DE MELLO, Celso Antônio. *Conteúdo do princípio da igualdade*. São Paulo: Revista dos Tribunais, 1978.

BANDEIRA DE MELLO, Celso Antônio. *Curso de direito administrativo*. São Paulo: Malheiros, 2008.

BANDEIRA DE MELLO, Celso Antônio. Estado de direito e segurança jurídica. *In*: VALIM, Rafael; OLIVEIRA, José Roberto Pimenta; DAL POZZO, Augusto Neves (Coord.). *Tratado sobre o princípio da segurança jurídica no direito administrativo*. Belo Horizonte: Fórum, 2013.

BENTO, Wesley Ricardo. A polêmica sobre o Portal Nacional de Contratações Públicas. *Conjur*, 6 jul. 2021. Disponível em: https://www.conjur.com.br/2021-jul-06/bento-polemica-portal-nacional-contratacoes-publicas. Acesso em: 19 dez. 2021.

BERGERON, Gérard. *Fonctionnement de l'État*. Paris: Librairie Armand Colin, 1965.

BINENBOJM, Gustavo. Da supremacia do interesse público ao dever de proporcionalidade: um novo paradigma para o direito administrativo. *Revista Brasileira de Direito Público – RBDP*, Belo Horizonte, ano 3, n. 8, p. 77-113, jan./mar. 2005.

BITTENCOURT, Sidney. *Licitação de registro de preços*: comentários ao Decreto nº 7.892, de 23 de janeiro de 2013, alterado pelos Decretos nº 8.250, de 23 de maio de 2014, e nº 9.488, de 30 de agosto de 2018. Belo Horizonte: Fórum, 2021.

BITTENCOURT, Sidney. *Nova Lei de Licitações passo a passo*: comentando, artigo por artigo, a nova Lei de Licitações e Contratos Administrativos, Lei nº 14.133, de 1º de abril de 2021. Belo Horizonte: Fórum, 2021.

BOBBIO, Norberto. *Teoria do ordenamento jurídico*. Brasília: EdUNB, 1994.

BORGES, Alice Maria Gonzalez. Supremacia do interesse público: desconstrução ou reconstrução? *Interesse Público*, Porto Alegre, v. 8, n. 37, p. 29-48, maio/jun. 2006.

BRASIL. *Exposição de Motivos nº 49, de 18 de agosto de 1995*. Brasília: Câmara dos Deputados, 1995. Disponível em: https://www2.camara.leg.br/legin/fed/emecon/1998/emendaconstitucional-19-4-junho-1998-372816-exposicaodemotivos-148914-pl.html. Acesso em: 25 jan. 2022.

BRASIL. Ministério do Planejamento, Desenvolvimento e Gestão. *Manual do Painel de Preços.* Versão 1.2. Brasília: 2018. Disponível em: https://paineldeprecos.planejamento.gov.br/storage/26aef97365b8eb36c361c4b104c44bb8.pdf. Acesso em: 8 mar. 2022.

BRASIL. Ministério do Planejamento, Desenvolvimento e Gestão. Secretaria de Gestão. *Cartilha sobre conta-depósito vinculada* – Bloqueada para movimentação. 2018. Disponível em: https://www.gov.br/compras/pt-br/centrais-de-conteudo/cadernos-de-logistica/midia/caderno_logistica_conta_vinculada.pdf. Acesso em: 12 ago. 2021.

BRASIL. Superior Tribunal de Justiça. *Jurisprudência em Teses*, n. 134, 4 ago. 2019. Disponível em: https://scon.stj.jus.br/SCON/jt/. Acesso em: 14 abr. 2022.

BRASIL. Tribunal de contas da União. *Guia de boas práticas em contratação de soluções de tecnologia da informação* – Riscos e controles para o planejamento da contratação – versão 1.0. Brasília: TCU, 2012.

BRASIL. Tribunal de Contas da União. *Licitações e contratos*: orientações e jurisprudência do TCU. Brasília: Senado Federal, Secretaria Especial de Editoração e Publicações, 2010. Disponível em: https://portal.tcu.gov.br/lumis/portal/file/fileDownload.jsp?fileId=8A8182A24D6E86A4014D72AC81CA540A&inline=1. Acesso em: 6 out. 2021.

BRASIL. Tribunal de Contas da União. *Referencial básico de gestão de riscos*. Brasília: TCU, Secretaria Geral de Controle Externo (Segecex), 2018.

BRASIL. Tribunal de Contas da União. *Roteiro de auditoria de obras públicas*. Brasília: TCU, 2012.

BRASIL. Tribunal de Contas da União. Secretaria de Fiscalização e Avaliação de Programas de Governo (Seprog). *Manual de auditoria operacional*. 3. ed. Brasília: TCU, 2010.

BRASIL. Tribunal de Contas da União. Secretaria de Planejamento, Governança e Gestão. *Referencial básico de governança aplicável a órgãos e entidades da administração pública*. Versão 2. Brasília: TCU, Secretaria de Planejamento, Governança e Gestão, 2014.

CAJU, Oona de Oliveira; GONCALVES, Roberta Candeia. Princípios, teoria da argumentação jurídica e técnica da ponderação como referenciais hermenêuticos no processo de decisão judicial. *In*: SILVA, Artur Stamford da; BEÇAK, Rubens; LEISTER, Margareth Anne (Org.). *Hermenêutica I*. Florianópolis: Compedi, 2014. v. 1.

CALETTI, Leandro; STAFFEN, Márcio Ricardo. O conflito entre princípios na teoria estruturante do direito de Friedrich Müller. *Revista Jurídica*, v. 4, n. 6, p. 74-87, abr. 2016. Disponível em: https://www.indexlaw.org/index.php/rdb/article/view/2966/2749. Acesso em: 17 jan. 2022.

CÂMARA, Jacintho de Arruda; SOUZA, Ana Paula Peresi de. Existem cláusulas exorbitantes nos contratos administrativos? *Revista de Direito Administrativo*, Belo Horizonte, v. 279, n. 2, maio/ago. 2020. Disponível em: http://bibliotecadigital.fgv.br/ojs/index.php/rda/article/view/82011/78226. Acesso em: 24 mar. 2021.

CAMMAROSANO, Márcio. *O princípio constitucional da moralidade e o exercício da função administrativa*. Belo Horizonte: Fórum, 2006.

CARVALHO, Raquel Melo Urbano de. *Curso de direito administrativo*. Salvador: JusPodivm, 2009.

CASTRO, Rodrigo Pironti Aguirre; ZILOTTO, Mirela Miró. *Compliance nas contratações públicas*: exigência e critérios normativos. Belo Horizonte: Fórum, 2021.

COSTA, Frederico Magalhães. A (in)diferença entre princípios e regras: repensando a teoria dos princípios com Aulios Aarnio. *Revista de Teorias do Direito e Realismo Jurídico*, Brasília, v. 3, n. 1, p. 104-126, jan./jun. 2017.

CRETELLA JÚNIOR, José. Os cânones do direito administrativo. *Revista de Informação Legislativa*, v. 25, n. 97, p. 5-52, jan./mar. 1988. Disponível em: http://www2.senado.leg.br/bdsf/bitstream/handle/id/181819/000435101.pdf?sequence=1. Acesso em: 15 set. 2021.

CRUZ, Gisela Sampaio da. *O problema do nexo causal na responsabilidade civil*. Rio de Janeiro: Renovar, 2005.

DI PIETRO, Maria Sylvia Zanella. *Direito administrativo*. Rio de Janeiro: Forense, 2017.

DI PIETRO, Maria Sylvia Zanella. *Discricionariedade administrativa na Constituição de 1988*. São Paulo: Atlas, 2007.

DI PIETRO, Maria Sylvia Zanella. *Uso privativo de bem por particular*. São Paulo: Atlas, 2014.

DWORKIN, Ronald. *Levando os direitos a sério*. São Paulo: Martins Fontes, 2002.

FERRAZ, Luciano. A terceirização na Administração Pública depois das decisões do STF. *Conjur*, 31 jan. 2019. Disponível em: https://www.conjur.com.br/2019-jan-31/interesse-publico-terceirizacao-administracao-publica-depois-decisoes-stf. Acesso em: 8 fev. 2021.

FERRAZ, Luciano. Função regulatória da licitação. *A&C – Revista de Direito Administrativo & Constitucional*, Belo Horizonte, ano 9, n. 37, p. 133-142, jul./set. 2009.

FERREIRA FILHO, Manoel Gonçalves. *Curso de direito constitucional*. São Paulo: Saraiva, 2010.

FERREIRA, Daniel. Infrações e sanções administrativas. *In*: CAMPILONGO, Celso Fernandes; GONZAGA, Álvaro de Azevedo; FREIRE, André Luiz (Coord.). *Enciclopédia jurídica da PUC-SP*. 1. ed. São Paulo: Pontifícia Universidade Católica de São Paulo, 2017. Tomo: Direito Administrativo e Constitucional. Disponível em: https://enciclopediajuridica.pucsp.br/verbete/107/edicao-1/infracoes-e-sancoes-administrativas. Acesso em: 6 mar. 2022.

FERREIRA, Daniel; GIUSTI, Anna Flávia Camilli Oliveira. A licitação pública como instrumento de concretização do direito fundamental ao desenvolvimento nacional sustentável. *A&C – Revista de Direito Administrativo & Constitucional*, Belo Horizonte, ano 12, n. 48, p. 177-193, abr./jun. 2012.

FIDALGO, Carolina Barros. *O Estado empresário*. São Paulo: Almedina, 2017.

FIGUEIREDO, Marcelo. Breve síntese da polêmica em torno do interesse público e sua supremacia: tese consistente ou devaneios doutrinários? *In*: MARRARA, Thiago. *Princípios de direito administrativo*. Belo Horizonte: Fórum, 2021.

FIGUEIREDO, Marcelo; GARCIA, Mônica Nicida. Corrupção e direito administrativo. *In*: SPECK, Bruno Wilhelm. *Caminhos da transparência*. Campinas: Editora da Unicamp, 2002.

FONSECA, Isabella Félix da. A questão da preclusão lógica do direito ao reequilíbrio econômico-financeiro dos contratos administrativos sob a perspectiva da nova Lei de Licitações. *Informativo Juste, Pereira, Oliveira e Talamini*, Curitiba, n. 168, fev. 2021. Disponível em: https://justen.com.br/pdfs/IE168/IE%20168%20-%20IsaF%20-%20Licit.pdf. Acesso em: 26 mar. 2021.

FORTI. Ugo. I Controlli dell'Amministrazione Comunale. *In*: ORLANDO. Vittorio Emanuele. *Primo trattato completo di diritto amministrativo italiano*. Milano: Società Editrice Libraria, [s.d.].

FRANCO, Ângela di. Comitês de resolução de disputas e a construção civil. Comitês de resolução de disputas e a construção civil. *Jota*, 20 jun. 2018. Disponível em: https://www.jota.info/opiniao-e-analise/artigos/comites-de-resolucao-de-disputas-e-a-construcao-civil-20062018. Acesso em: 6 abr. 2021.

FREITAS, Juarez. *Sustentabilidade*: direito ao futuro. Belo Horizonte: Fórum, 2019.

FREY, Klaus; CEPIK, Marco; VAZ, José Carlos; EINSENBERG, José; FOWLER, Marcos Bittencourt; ASSUMPÇÃO, Rodrigo Ortiz. *In*: SPECK, Bruno Wilhelm. *Caminhos da transparência*. Campinas: Editora da Unicamp, 2002.

GABARDO, Emerson. *Interesse público e subsidiariedade*. Belo Horizonte: Fórum, 2009.

GABARDO, Emerson. O princípio da supremacia do interesse público sobre o interesse privado como fundamento do direito administrativo social. *Revista de Investigações Constitucionais*, Curitiba, v. 4, n. 2, p. 95-130, maio/ago. 2017.

GARCIA, Flávio Amaral. Dispute boards e os contratos de concessão. *In*: CUÉLLAR, Leila; MOREIRA, Egon Bockmann; GARCIA, Flávio Amaral; CRUZ, Elisa Schmidlin. *Direito administrativo e alternative dispute resolution*: arbitragem, dispute board, mediação e negociação. Com comentários à legislação do Rio de Janeiro, São Paulo e União sobre arbitragem e mediação em contratos administrativos e desapropriações. Belo Horizonte: Fórum, 2020.

GOMES, Emerson César da Silva. *Responsabilidade financeira*. Uma teoria sobre a responsabilidade no âmbito dos tribunais de contas. Porto Alegre: Almedina, 2012.

GOMES, Emerson César da Silva. *Responsabilidade financeira*: uma teoria sobre a responsabilidade no âmbito dos tribunais de contas. São Paulo: Faculdade de Direito, Universidade de São Paulo, 2009. Dissertação (Mestrado em Direito Econômico e Financeiro) – USP, 2009. Disponível em: https://teses.usp.br/teses/disponiveis/2/2133/tde-26092011-093734/pt-br.php. Acesso em: 30 set. 2021.

GONÇALVES, Carlos Roberto. *Direito civil brasileiro*: direito das coisas. São Paulo: Saraiva, 2017.

GONÇALVES, Pedro. *Entidades privadas com poderes públicos*: o exercício de poderes públicos de autoridade por entidades privadas com funções administrativas. Coimbra: Editora Almedina, 2008.

HACHEM, Daniel Wunder. A dupla noção jurídica de interesse público em direito administrativo. *A&C – Revista de Direito Administrativo & Constitucional*, Belo Horizonte, ano 11, n. 44, p. 59-110, abr./jun. 2011.

HOMERCHER, Evandro T. O princípio da transparência: uma análise dos seus fundamentos. *Interesse Público – IP*, Belo Horizonte, ano 10, n. 48, p. 275-303, jan./abr. 2008.

JUSTEN FILHO, Marçal. *Comentários à Lei de Licitações e Contratações Administrativas*. São Paulo: Revista dos Tribunais, 2021.

JUSTEN FILHO, Marçal. *Comentários à Lei de Licitações e Contratos Administrativos*. São Paulo: Dialética, 2009.

LANNIUS, Daniele Cristina; GICO JÚNIOR, Ivo Teixeira; STRAIOTTO, Raquel Maia. O princípio da eficiência na jurisprudência do STF. *Revista de Direito Administrativo*, Belo Horizonte, v. 277, n. 2, p. 107-148, maio/ago. 2018.

MACCORMICK, Neil. *Argumentação jurídica e teoria do direito*. São Paulo: Martins Fontes, 2006.

MARRARA, Thiago. O conteúdo do princípio da moralidade: probidade, razoabilidade e cooperação. *In*: MARRARA Thiago (Coord.). *Princípios de direito administrativo*. Belo Horizonte: Fórum, 2021.

MARX, César Augusto. *A CGU e a dualidade do papel do controle interno no Brasil*. Dissertação (Mestrado em Gestão e Políticas Públicas) – Escola de Administração Pública e de Empresas, Fundação Getúlio Vargas, São Paulo, 2015.

MEDAUAR, Odete. *Controle da Administração Pública*. São Paulo: Revista dos Tribunais, 1993.

MEIRELLES, Hely Lopes. *Direito administrativo brasileiro*. São Paulo: Malheiros, 2016.

MEIRELLES, Hely Lopes. *Licitação e contrato administrativo*. São Paulo: Malheiros, 1999.

MENDES, André. *Aspectos polêmicos de licitações e contratos de obras públicas*. São Paulo: Pini, 2013.

MOREIRA NETO, Diogo de Figueiredo. *Curso de direito administrativo*. Rio de Janeiro: Forense, 2005.

MOTTA, Fabrício. Notas sobre publicidade e transparência na Lei de Responsabilidade Fiscal no Brasil. *A&C – Revista de Direito Administrativo & Constitucional*, Belo Horizonte, ano 7, n. 30, p. 91-108, out./dez. 2007.

NAKAMURA, André Luiz dos Santos. Formas de participação privada na modelagem dos projetos de infraestrutura: diálogo competitivo, procedimento de manifestação de interesse (PMI) e manifestação de interesse privado (MIP). *Revista Brasileira de Infraestrutura – RBINF*, Belo Horizonte, ano 7, n. 14, p. 31-50, jul./dez. 2018.

NIEBUHR, Joel de Menezes. *Dispensa e inexigibilidade de licitação pública*. São Paulo: Dialética, 2003.

NOBREGA, Marcos; TORRES, Ronny Charles L. de. A nova Lei de Licitações, credenciamento e e-marketplace o turning point da inovação nas compras públicas. *O Licitante*, 2020. Disponível em: https://www.olicitante.com.br/e-marketplace-turning-point-inovacao-compras-publicas.

NUCCI, Guilherme. *Manual de direito penal*. Rio de Janeiro: Forense, 2021.

OLIVEIRA, Murilo Carvalho Sampaio. A subordinação jurídica no direito do trabalho. *In*: CAMPILONGO, Celso Fernandes; GONZAGA, Álvaro de Azevedo; FREIRE, André Luiz (Coord.). *Enciclopédia jurídica da PUC-SP*. 1. ed. São Paulo: Pontifícia Universidade Católica de São Paulo, 2017. Tomo: Direito do Trabalho e Processo do Trabalho. Disponível em: https://enciclopediajuridica.pucsp.br/verbete/374/edicao-1/a-subordinacao-juridica-no-direito-do-trabalho. Acesso em: 1º jul. 2021.

OLIVEIRA, Rafael Carvalho Rezende. *Curso de direito administrativo*. São Paulo: Método, 2016.

OLIVEIRA, Rafael Sérgio Lima de. *O diálogo competitivo do Projeto de Lei de Licitação e Contrato Brasileiro*. Disponível em: http://licitacaoecontrato.com.br/assets/artigos/artigo_download_2.pdf. Acesso em: 4 fev. 2021.

OTERO, Paulo. *Legalidade e Administração Pública*: o sentido da vinculação administrativa à juridicidade. Coimbra: Almedina, 2003.

PEREIRA JÚNIOR, Jessé Torres. *Comentários à Lei de Licitações e Contratações da Administração Pública*. Rio de Janeiro: Renovar, 2002.

PIRES, Thiago Magalhães. Pós-positivismo sem trauma: o possível e o indesejável no reencontro do direito com a moral. *In*: FELLET, André Luiz Fernandes; PAULA, Daniel Giotti de; NOVELINO, Marcelo (Org.). *As novas faces do ativismo judicial*. Salvador: JusPodivm, 2011.

PORTELA, Paulo Henrique Gonçalves. *Direito internacional público e privado*. Salvador: JusPodivm, 2010.

PRADO FILHO, Francisco Octavio de Almeida. Segurança jurídica e sanções administrativas. *In*: VALIM, Rafael; OLIVEIRA, José Roberto Pimenta; DAL POZZO, Augusto Neves (Coord.). *Tratado sobre o princípio da segurança jurídica no direito administrativo*. Belo Horizonte: Fórum, 2013.

RAMOS, Dora Maria de Oliveira. Notas sobre o princípio da impessoalidade e sua aplicação no direito brasileiro. *In*: MARRARA Thiago (Coord.). *Princípios de direito administrativo*. Belo Horizonte: Fórum, 2021.

REIS, Luciano Elias. *Compras públicas inovadoras*: o desenvolvimento científico, tecnológico e inovativo como perspectiva do desenvolvimento nacional sustentável – De acordo com a nova Lei de Licitações e o marco regulatório das startups. Belo Horizonte: Fórum, 2022.

SANTOS, Felippe Vilaça Loureiro. *Centralização de compras públicas*: a experiência da Empresa Brasileira de Serviços Hospitalares (Ebserh). Dissertação (Mestrado) – Programa de Mestrado Profissional em Governança e Desenvolvimento, Escola Nacional de Administração Pública, Brasília, 2019.

SANTOS, José Anacleto Abduch. A aplicação da nova Lei de Licitações depende da criação do Portal Nacional de Contratações Públicas? *Blog Zênite*, 7 abr. 2021. Disponível em: https://zenite.blog.br/a-aplicacao-da-nova-lei-de-licitacoes-depende-da-criacao-do-portal-nacional-de-contratacoes-publicas/. Acesso em: 19 dez. 2021.

SARMENTO, Daniel. O neoconstitucionalismo no Brasil. *In*: FELLET, André Luiz Fernandes; PAULA, Daniel Giotti de; NOVELINO, Marcelo (Org.). *As novas faces do ativismo judicial*. Salvador: JusPodivm, 2011.

SILVA, Almiro do Couto e. O princípio da segurança jurídica (proteção à confiança) no direito público brasileiro. *Revista de Direito Administrativo*, Rio de Janeiro, v. 237, p. 271-316, jul. 2004.

SILVA, Almiro do Couto e. Prescrição quinquenária da pretensão anulatória da Administração Pública com a relação a seus atos administrativos. *Revista de Direito Administrativo*, Rio de Janeiro, v. 204, p. 21-31, abr./jun. 1996.

SILVA, José Afonso da. *Curso de direito constitucional positivo*. São Paulo: Malheiros, 2007.

THE INSTITUTE OF INTERNAL AUDITORS. *Declaração de Posicionamento do IIA*: As três linhas de defesa no gerenciamento eficaz de riscos e controles. Jan. 2013. Disponível em: https://repositorio.cgu.gov.br/bitstream/1/41842/12/As_tres_linhas_de_defesa_Declaracao_de_Posicionamento.pdf. Acesso em: 21 set. 2021.

TORRES, Ronny Charles Lopes de. Abrangência federativa e normas gerais – Dr. Ronny Charles. *YouTube*, 4 fev. 2021. Disponível em: https://www.youtube.com/results?search_query=ronny+charles+pgm+rj. Acesso em: 9 fev. 2021.

TORRES, Ronny Charles Lopes de. *Leis de licitações públicas comentadas*. São Paulo: JusPodivm, 2021.

VALIM, Rafael Ramires Araújo. *O princípio da segurança jurídica no direito administrativo brasileiro*. 2009. 145 f. Dissertação (Mestrado em Direito) – Pontifícia Universidade Católica de São Paulo, São Paulo, 2009. Disponível em: https://repositorio.pucsp.br/jspui/handle/handle/8546. Acesso em: 5 fev. 2022.

VICENTE, Juliano Augusto Dessimoni. Crimes praticados na licitação: necessidade de readequação da política criminal. *Revista Jurídica da Escola Superior do Ministério Público de São Paulo*, São Paulo, v. 10, n. 2, 2016. Disponível em: https://es.mpsp.mp.br/revista_esmp/index.php/RJESMPSP/article/view/301. Acesso: 5 set. 2021.

VITTA, Heraldo Garcia. A atividade administrativa sancionadora e o princípio da segurança jurídica. *In*: VALIM, Rafael; OLIVEIRA, José Roberto Pimenta; DAL POZZO, Augusto Neves (Coord.). *Tratado sobre o princípio da segurança jurídica no direito administrativo*. Belo Horizonte: Fórum, 2013.

Esta obra foi composta em fonte Palatino Linotype, corpo
10 e impressa em papel Offset 75g (miolo) e Supremo
250g (capa) pela Gráfica Impress.